2013

中国电力年鉴

《中国电力年鉴》编辑委员会

本年鉴连续三届荣获中央级年鉴评比一等奖

图书在版编目(CIP)数据

2013中国电力年鉴/《中国电力年鉴》编辑委员会编. 北京：中国电力出版社，2013.12
ISBN 978-7-5123-5111-0

Ⅰ.①2… Ⅱ.①中… Ⅲ.①电力工业-中国-2012-年鉴 Ⅳ.①F426.61-54

中国版本图书馆CIP数据核字（2013）第256239号

中国电力出版社出版、发行
（北京市东城区北京站西街19号 100005 http://www.cepp.sgcc.com.cn）
北京盛通印刷股份有限公司印刷
各地新华书店经售
*
2013年12月第一版 2013年12月北京第一次印刷
787毫米×1092毫米 16开本 44.25印张 1473千字 26插页
印数0001—3000册 定价**280.00**元

2012年5月9日，在中国国家主席胡锦涛（后排左五）和哥伦比亚总统胡安·曼努埃尔·桑托斯的共同见证下，中国电建所属水电工程顾问集团与哥伦比亚马格达莱纳河区域自治公司签署《马格达莱纳河综合开发一揽子项目合作谅解备忘录》。（中国电建 提供）

2012年6月19～20日，全国人大常委会委员长吴邦国（右三）考察金寨抽水蓄能电站项目。（国家电网公司 提供）

2012年5月28日，国务院总理温家宝（前排左二）在国电集团总经理朱永芃（前排右三）的陪同下参观首届中国(北京)国际服务贸易交易会国电科环展台。（国电集团 提供）

2012年8月2日，国务院总理温家宝（右二）到三峡工地考察防汛工作和工程运行情况。（郑斌 摄）

2012年4月6日，第十二届中国国际核工业展览会在北京国家会议中心举行。上图为全国政协主席贾庆林（前排右三）参观大唐集团展区。下图为贾庆林（前排右二）参观中电投集团展区。

（大唐集团、中电投集团 提供）

2012年7月13日，全国政协主席贾庆林（右二）在国家电网公司总经理刘振亚（左二）的陪同下，到位于河北省张北县的国家风光储输示范工程运行现场考察。 （国家电网公司 提供）

2012年7月15日，全国政协主席贾庆林（前排右一）视察河北国华沧东发电有限责任公司。

（神华国华电力 提供）

2012年8月26日，全国政协主席贾庆林（前排左三）到大唐玉门昌马第一风电场考察。

（大唐集团 提供）

2012年6月15日，中央政治局常委李长春（前排左二）到河南许继集团有限公司考察。

（国家电网公司 提供）

2012年5月13日，中央政法委书记周永康（右二）在新疆哈密出席哈密南—郑州±800kV特高压直流输电工程与新疆—西北联网750kV第二通道工程开工仪式。

（新疆公司 提供）

2012年5月22日，国务院副总理李克强（前排右一）在江苏地方和企业座谈会上与南瑞集团总经理肖世杰（前排左一）亲切交流。

（国网电科院 提供）

2012年5月17日，第十五届中国（重庆）国际投资暨全球采购会在重庆国际会议展览中心举行。左图为国务院副总理张德江（前排右二）在国家电网公司总经理刘振亚（前排左二）的陪同下参观国家电网公司展区。右图为张德江（前排左二）在国电集团党组书记乔保平（前排左一）的陪同下参观国电集团展区。

（国家电网公司、国电集团 提供）

2012年7月28日，国务院副总理张德江（左图左二）出席神华万州港电一体化项目开工奠基仪式。

（神华集团 提供）

2012年2月24日，国务院副总理王岐山（左三）一行到河南许继集团有限公司考察。

（国家电网公司 提供）

2012年1月13日，中共中央组织部部长李源潮（前排左一）出席由中国水电捐建的中国南苏丹友谊学校供水系统及学习用具移交仪式，并听取中国电建董事长范集湘（前排左二）汇报供水系统建设情况。

（中国水电 提供）

2012年1月18日，十一届全国人大常委会副委员长王兆国（右二）到河北省电力公司考察指导工作，慰问广大电力职工。

（国家电网公司 提供）

2012年3月15日，北京市朝阳区高安屯电动汽车充换电站正式投运。图为北京市委书记刘淇（前排右二）、市长郭金龙（前排右一），国家电网公司总经理刘振亚（前排右三）到高安屯电动汽车充换电站实地考察调研。

（北京公司 提供）

2012年3月25日，中共中央组织部部长李源潮（右一）考察三峡工程。

（孙荣刚 摄）

2012年7月24日，国务院副总理回良玉（左二）连夜视察三峡工程防汛工作。
（孙荣刚 摄）

2012年10月12日，国务委员刘延东（前排右一）视察河北国华沧东发电有限责任公司。
（神华国华电力 提供）

2012年11月21日，广东省委书记汪洋（右三）在大唐集团总经理陈进行（右二）的陪同下，到广东大唐国际潮州发电公司调研。
（大唐集团 提供）

2012年6月16日，国务委员马凯（前排右三）视察山东海阳核电项目施工现场。

（中电投集团 提供）

2012年7月17日，十一届全国人大常委会副委员长路甬祥（左二）到龙羊峡水电站视察。

（蔡新海 摄）

2013年1月10日，国家电监会2013年工作会议在北京召开。

（电监会 提供）

2013年1月7~9日，国家电网公司第二届职工代表大会第三次会议暨2013年工作会议在北京召开。

（国家电网公司 提供）

2013年1月24日，中国南方电网有限责任公司2013年工作会议暨二届一次职工代表大会在广州召开。

（南方电网公司 提供）

2013年1月17～18日，中国华能集团公司2013年工作会议在北京召开。

(华能集团 提供)

2013年1月15日，中国大唐集团公司2013年工作会议在北京召开。

(大唐集团 提供)

2013年1月19日，中国华电集团公司2013年工作会议在北京召开。

（华电集团 提供）

2013年2月21~22日，中国国电集团公司一届五次职工代表大会暨2013年工作会议在北京召开。

（国电集团 提供）

2013年1月17~18日，中国电力投资集团公司2013年工作会议在北京召开。

（中电投集团 提供）

2012年2月3日，国家电网公司在南瑞集团召开直属科研产业重组整合工作部署会。

（国网电科院 提供）

2012年2月25日，西藏自治区党委副书记郝鹏（前排左二）到西藏桑日光伏电站调研。

（张玉禄 摄）

2012年2月28日，广西自治区政府与南方电网公司在南宁举行电力供应和电力发展会谈纪要签字仪式。

（广西公司 提供）

2012年4月7日，国务院国有重点大型企业监事会主席武保忠（右二）在国电集团副总经理高嵩（右一）的陪同下到国电大渡河流域水电开发公司调研。

（国电集团 提供）

2012年5月7日，海南电网公司董事长刘映尚（中）到海南大英山变电站调研。

（韩海光 摄）

2012年5月13日，国家电网公司总经理刘振亚（前排右二）、副总经理郑宝森（后排右一），新疆维吾尔自治区副主席库热西·买合苏提（前排右三）到库尔勒市视察新疆电网，指导特高压疆电外送、疆内电网建设工作。

（新疆公司 提供）

截至2012年6月3日，国家电网西北电力调控分中心安全运行5000天。

（西北公司 提供）

2012年6月4日，由国家电监会和中电联联合举办的2012年全国电力可靠性监督管理工作会议暨电力可靠性指标发布会在北京召开。

（中电联 提供）

2012年6月25日，中电投四川电力有限公司揭牌仪式在成都举行。

（中电投集团 提供）

2012年6月28日，华电集团旗下清洁能源平台——华电福新能源股份有限公司在香港联交所主板上市。

（华电集团 提供）

2012年6月28日，青海省委书记强卫（左一）到黄河水电公司河南（县）光伏电站调研。

（蔡楠 摄）

2012年7月16日，国网经研院举办华北区域六省市经研院技术管理培训。

（国网经研院 提供）

2012年7月24日，三沙市成立大会暨揭牌仪式开始前，保电队员对UPS应急电源车的各个电缆接口进行最后的检查确认。

（田丹妮 摄）

2012年7月24日，国家电网公司新一代智能变电站概念设计研讨会在北京召开，国网经研院作为项目牵头单位主持会议。

（国网经研院 提供）

2012年8月2日，国家电监会主席吴新雄（后排右六）、副主席史玉波（后排右四）到广西电网公司调研。在南宁邕州变电站与值班工作人员合影。

（广西公司 提供）

2012年8月28日，南方电网公司总经理钟俊（左）、海南省副省长李国梁（右）共同为海南电网公司三沙供电局揭牌。

（韩海光 摄）

2012年9月3日，国家电网客户服务中心暨天津装备制造产业基地奠基仪式在天津举行，南瑞集团非晶合金产业园入驻国家电网天津装备制造产业基地。

（国网电科院 提供）

2012年9月3日，由中国能建所属30家装备企业重组而成的中国能建集团装备有限公司在北京正式挂牌成立。

（中国能建 提供）

2012年9月29日，中国能建成立一周年大会在北京召开，会上发布了《中国能源建设集团有限公司中长期发展战略纲要》。

（中国能建 提供）

2012年10月9日，国家电力监管委员会保证十八大电力安全工作动员会议在北京召开。

（电监会 提供）

2012年11月6日，陕西地电与中国西电集团签署战略合作协议。

（陕西地电 提供）

2012年11月29日，中电联节能环保分会在北京召开2012年火电环保产业工作座谈会。

（中电联 提供）

2012年12月11日，黄河水电公司多晶硅项目二线成功产出第一炉电子级多晶硅产品。

（解岚心 摄）

2012年12月16日，国家电网公司副总经理郑宝森（前排中）赴新疆与西北主网联网第二通道工程、哈郑直流工程施工现场检查指导，慰问工程建设一线员工。

（西北公司 提供）

2012年2月17日，陕西地电与IBM公司举行智能电网技术交流。（陕西地电 提供）

2012年3月9日，中电投集团与美国杜克能源公司在北京签署合作谅解备忘录。（中电投集团 提供）

2012年4月19日，中国电建董事长范集湘在北京钓鱼台国宾馆拜会泰国总理英拉。（中国电建 提供）

2012年5月29日，陕西地电与法国电力、法国配电国际签署合作备忘录。（陕西地电 提供）

2012年6月13～15日，国电光伏（江苏）有限公司在德国慕尼黑2012国际太阳能光伏展亮相，展示了该公司的薄膜电池组件与高效电池组件等产品。

（国电集团 提供）

2012年6月22日，国家电网公司总经理刘振亚（中）参观南瑞集团承建的国网巴西公司集控中心。

（国网电科院 提供）

2012年8月28日，华电印尼巴厘岛燃煤电厂一期工程举行开工仪式。

（华电集团 提供）

2012年8月28日，中国三峡集团与法国电力集团签订战略合作协议。

（常征 摄）

2012年8月31日，华电印尼巴淡项目建成投运。

（华电集团 提供）

2012年9月17日，华电（印尼）玻雅2×60万kW燃煤坑口电站PPA（购电协议）签字仪式在印尼巴厘岛举行。

（华电集团 提供）

2012年3月，辽宁燕山湖2×60万kW空冷超临界机组工程投产。

（中电投集团 提供）

2012年7月22日，国电荥阳煤电一体化公司2号机组锅炉等离子点火一次成功，标志着中国首台63万kW“W”火焰炉超临界燃煤发电机组等离子点火系统正式投运。

（国电集团 提供）

2012年9月19日，国电泰州发电厂二期百万千瓦超超临界二次再热燃煤发电示范项目在江苏奠基，该项目是目前世界上参数最高、热效率最高、应用新技术最多的科技创新示范项目。

（国电集团 提供）

2012年11月13日，国电濮阳热电公司2号机组成功并网，标志着中国首例21万kW背压机组正式投入运营。

（国电集团 提供）

2012年12月6日，华电莱州发电有限公司2号百万千瓦超超临界机组圆满完成168h试运行。至此，华电集团发电装机总容量突破1亿kW。

（华电集团 提供）

2012年12月6日，中国首座智能化电厂——华电莱州发电有限公司一期工程全面建成投产。

（华电集团 提供）

2012年12月12日，中国首座煤气化联合循环电站——华能天津IGCC示范电站投产。

（华能集团 提供）

2012年3月1日，金沙江溪洛渡水电站首台机组（单机容量77万kW）吊装成功。

（中国水电 提供）

2012年5月23日，锦屏一级水电站首台机组（6号机组，60万kW）吊装成功。

（中国水电 提供）

2012年7月4日，中国能建承建的三峡地下电站27号机组发电，标志着总装机34台、2250万kW的世界最大水电站——三峡水电站全部机组投产，中国能建完成65%以上工程量。图为三峡水电站全景。

（中国能建 提供）

2012年9月6日，国家“西电东送”和“云电外送”重大工程——华能糯扎渡水电站首台机组投产发电。图为糯扎渡水电站大坝。（华能集团 提供）

2012年10月30日，三峡工程175m试验性蓄水第三次成功蓄水至175m水位。（黄正平 摄）

2012年11月5日，由中国水电四局安装的世界最大单机容量国产化混流式水轮机组——向家坝水电站首台机组（单机容量80万kW）投产发电。图为向家坝水电站首台机组转子吊装成功。（中国水电 提供）

2012年10月24日，贵州省威宁县乌江源风电场项目132台风机全部并网发电，标志着贵州省最大的风电场正式运营。

（贵州公司 提供）

2012年10月30日，华能集团自主研发的中国首个超400℃太阳能热发电科技示范项目——海南省三亚市华能南山电厂投产。图为太阳能热发电集热场。

（华能集团 提供）

2012年10月31日，国电温岭江厦潮汐试验电站工业旅游示范基地一次性通过浙江省旅游局工业旅游验收组的验收，成为浙江省首批工业旅游示范点和国内首个潮汐能旅游示范基地。国电温岭江厦潮汐试验电站是中国已建成的最大潮汐电站，总装机容量3900kW。

（国电集团 提供）

2012年11月6日，国电联合动力技术有限公司自主研发的国内首台扫风面积最大的0.6万kW风电机组在山东省潍坊市顺利完成吊装。

（国电集团 提供）

2012年12月5日，亚洲最大的山地并网光伏电站——华电云南维的并网光伏电站实现首批1万kW太阳能电池方阵并网发电一次成功。

（华电集团 提供）

2012年12月21日，华能山东石岛湾核电厂高温气冷堆核电厂示范工程核岛底板第一层混凝土浇筑圆满完成。

（华能集团 提供）

2012年12月25日，河北易县太和庄2万kW光伏发电工程投产发电。

（中电投集团 提供）

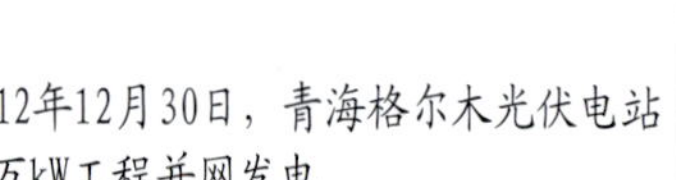

2012年12月30日，青海格尔木光伏电站二期10万kW工程并网发电。

（丁海生 摄）

2012年5月10日，贵州电网送变电公司500kV黄大线工程利用动力伞放线成功。

（潘朝选　陆熠　摄）

2012年6月6日，玉树联网工程开工建设。图为330kV变电站部分已安装的架构。

（国家电网公司　提供）

2012年7月，溪洛渡左岸—浙江金华±800kV特高压直流输电工程获得国家发改委正式核准，图为金华换流站场地平整施工。

（国家电网公司　提供）

2012年南方电网迎峰度夏期间，工作人员正在仔细检查均压环。

（南方电网公司 提供）

2012年8月17日，北京公司首次在220kV安兴Ⅰ、Ⅱ线上正式开展输电线路无人机巡视工作。

（北京公司 提供）

2012年9月5日，新疆与西北联网750kV第二通道线路工程新疆段首基铁塔组立仪式在新疆哈密举行。

（新疆公司 提供）

2012年9月19日，全长1015km，投资32.15亿元的新都桥—甘孜—石渠输电线路完全通电，结束了四川甘孜藏北地区昔日严重缺电的历史。 （四川公司 提供）

2012年11月3日，安徽皖南特高压变电站1000kV构架安装工作完成。

（国家电网公司 提供）

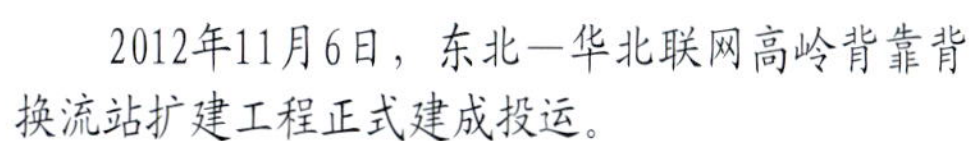

2012年11月6日，东北—华北联网高岭背靠背换流站扩建工程正式建成投运。

（国家电网公司 提供）

2012年12月1日，由四川送变电建设公司承建的锦屏二级电站—裕隆500kV双回线路全线贯通。

（高志星 摄）

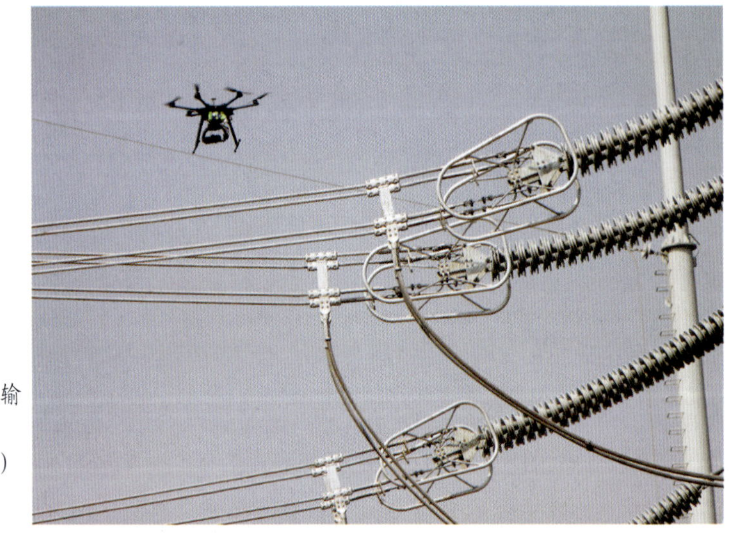

湖北公司利用飞行巡检仪开展输变电设施高空检查。

（湖北公司 提供）

武汉最长电缆隧道（宗关变电站——舵落口变电站）全长1.26km，直径2.5m。

（朱长江 摄）

2012年3月1日，国家电网公司2012年党校青干班暨挂职培养锻炼干部班举行开学典礼。
（国家电网公司党校 提供）

2012年3月，贵州电网凯里市郊供电局和龙场供电所的女职工走进龙场镇石龙寨，为村民开展春灌用电政策、春季安全用电知识的讲解和宣传，提前过了一个有意义的“三八”妇女节。
（孙煜 孙玉霞 摄）

2012年3月9日，国电集团举行“学雷锋献爱心”义务献血活动。
（国电集团 提供）

2012年3月23日，华电集团举行郭明义爱心团队授旗暨“幸福行动”启动仪式。

（华电集团 提供）

2012年4月5日，北京公司与《北京日报》合作开展“认识电磁影响”主题开放日活动。《北京日报》读者代表第一次走进变电站的大门，在110kV变压器的不同距离位置测试电场强度和磁感应强度。

（北京公司 提供）

2012年4月27日，第二届“感动南网”颁奖典礼在广州举行，广西公司董事长黄进平（中）为“南网兄弟”颁奖。

（广西公司 提供）

2012年4月27日，“感动南网”颁奖典礼在广州举行。

（南方电网公司 提供）

2012年5月4日，黑龙江公司在大庆市开展“国家电网黑龙江电力共产党员服务队”主题活动日活动。

（张新民 摄）

2012年5月18日，大唐集团举办第六届企业开放日，位于北京、江苏等9个省、区、市的16家大唐电厂邀请社会各界人士走进企业，“零距离”观察电力生产过程，感受“大唐文化景观”和大唐“同心文化”。

（大唐集团 提供）

2012年7月1日，湖北省通城县供电公司沙堆供电营业所员工乘船赶往四庄乡纸棚村4组抢修供电线路。

（邓东峰 摄）

2012年7月11日傍晚，湖北省通山县闯王镇仙岩村二组周思远小朋友端着一碗菊花凉茶送到供电抢修人员程彦水手中。

（邓东峰 摄）

2012年7月21～22日凌晨，京城暴雨如注，北京公司启动最高级别电力应急预案，4300人冒雨坚守一线，全力应对京城61年来最强降雨。

（北京公司 提供）

2012年8月29日，西北公司和陕西省慈善协会联合举行750kV电网沿线贫困大学生助学捐赠仪式。2012年，西北公司爱心捐资50万元，定向资助陕西境内750kV电网沿线地区的50名贫困大学生，电网助学将帮助这50名大学生走上成才之路。

（西北公司 提供）

2012年10月15日，新疆公司副总经理叶军前往和田地区策勒县固拉哈玛乡，向维吾尔族困难群众发放古尔邦节慰问金和大米、清油等慰问品。

（新疆公司 提供）

2012年12月28日，南方电网公司成立10周年晚会在广州召开。（南方电网公司 提供）

黑龙江500kV前进变电站安全文明施工样板工地一角。（宋海蛟 摄）

国家电网公司管理学院班主任队伍参加行动学习培训。（国家电网公司党校 提供）

《中国电力年鉴》编委会

《中国电力年鉴 2013》

《中国电力年鉴》编辑部

特约撰稿人(按姓氏笔画排列)

刁　宏　于　荣　马大庆　王　历　王立鹏　王华峰　王　庆
王红亮　王怡萍　王振清　王新波　王　聪　王　巍　车丹军
方　立　尹兰英　左　跃　卢宏亮　叶爱民　冯有维　冯　晔
朱任翔　朱　锋　乔仁贵　刘之阳　刘志坦　刘抒彦　刘　凯
刘前卫　刘富长　安华云　安晓滨　许为宁　许　旻　孙占奎
孙剑炜　孙　铮　孙德安　苏发亮　杨文春　杨吉深　杨剑非
杨　倞　李天一　李　龙　李　帅　李创军　李连存　李　炘
李　艳　李　谅　李　斌　郇凤山　肖兴立　肖克勤　吴　东
吴国健　时　伟　旷路明　邱晓伟　但　刚　余　芸　张长生
张文俊　张立先　张永军　张会福　张庆伟　张志伟　张国伟
张　建　张　猛　张　颖　陆远兴　陈　云　陈　玮　陈晓亮
陈　琛　尚伟亮　易建山　岳　嬴　金成生　周　强　郑洪华
孟继东　赵大青　赵艳玲　郝晓文　胡光泽　胡宏伟　胡耀斌
修　建　侯　毅　姚建国　姚惠珍　娜日斯　贺金照　原增光
顾　典　党亚利　钱永兵　徐剑荣　徐桂红　郭贤珊　郭泉辉
黄　元　黄龙春　黄米娜　黄雪梅　戚大安　梁　建　彭卫东
葛　俊　董是烈　蒋方帅　韩　冰　程扬清　程军生　程彦韬
谢兴发　蔡靖波　管廷福　廖业明　戴宗宝

编 辑 说 明

1.《中国电力年鉴》（简称《年鉴》）于1993年创刊，已连续出版19期，是一本融史实性、资料性为一体的专业年鉴，也是一本全面实用，文、图、表并茂的综合性大型年刊。其主要服务对象为从事电力科研、生产、建设、经营管理的有关人员，以及与电力相关的政府和企事业单位的有关人员。

2. 本《年鉴》的编纂指导思想为：围绕电力工业改革与发展的主线，全面记载电力工业改革与发展、生产与经营、科技与进步、国际交流与合作等各方面的成就和工作。

3. 本《年鉴》是在中国电力企业联合会的指导下，由国家电网公司、中国南方电网有限责任公司、中国华能集团公司、中国大唐集团公司、中国华电集团公司、中国国电集团公司、中国电力投资集团公司等共同组织编写的。《年鉴》编委会由国家电力监管委员会、中国电力企业联合会、两大电网公司、五大发电集团公司、两个建设集团公司，以及其他电力相关企业的主要负责人为委员组成，并作为《中国电力年鉴》的领导机构，决定《年鉴》编辑出版的指导思想和主要内容。

4. 本期《年鉴》主要收录了2012年中国电力工业各方面所取得的成绩，重点反映了2012年电力工业发展和电力生产的内容。本期《年鉴》的框架结构由篇目、栏目、条目3个层次组成。设有特载，电力发展，重点工程，电力工作报告，专家论坛，电力监管，行业管理，科技发展与创新，国际合作与交流，企业文化建设，电力企业，各地区电力，科研、教育与学术团体，大事记，重要文献，统计资料，企业风采，附录等篇目。本期《年鉴》仍采用文章和条目两种体裁，以条目为主，并配有具有史料价值的彩图118幅。为方便读者检索和查阅，本《年鉴》正文前有中、英文目录，正文后有内容索引。

特载：通过党和国家领导人关注电力、能源·政策反映2012年中国电力工业的大事、要事。

电力发展：介绍了2012年电力工业发展概况，2012全国电力供需形势分析及对2013年的预测，“十二五”规划研究，以及各部门相继发布的“十二五”规划报告。

重点工程：介绍了2012年中国建设工程鲁班奖项目和国家优质工程项目，收录了2012年重大电源建设和电网建设工程项目。

电力工作报告：由于各电力企业条目内容翔实，本篇目在本期《年鉴》中做了较大调整，只保留了国家电力监管委员会和中国电力企业联合会2012年工作会议报告，从本期开始不再收录各电力企业的年度工作会议报告。

专家论坛：本篇目通过专家的专题报告对2012年电力工业生产与发展的部分重大问题进行了深入的解读。

电力监管：按照国务院授权，国家电力监管委员会行使行政执法职能，依照法律、法规统一履行全国电力监管职责。

行业管理：全面介绍了中国电力企业联合会的行业管理和服务工作，并介绍了中电联分会和电力行业协会、研究会。

科技发展与创新、国际合作与交流：这两个篇目介绍了电网技术、发电技术以及电力设备制造技术的科技进步情况，以及各电力企业国际合作与交流的情况。

企业文化建设：本篇目主要反映了电力企业的文化建设、社会责任，以及新闻宣传和出版工作。

电力企业、各地区电力：全面反映了2012年度全国电力工业生产和建设的实际情况。

科研、教育与学术团体：本篇目主要反映了2012年电力科研院所、教育培训单位和学术团体的工作情况。

大事记：通过2012年的重大事件和电力企业的主要事件全面反映了电力工业改革与发展、生产与经营的脉络。

重要文献：收录了国务院、国家发展和改革委员会、财政部、国务院国有资产监督管理委员会、国家能源局、国家电力监管委员会，以及其他部委和企业有关电力的重要文件。

统计资料：给出了2012年电力行业各项统计资料。统计资料的数据未包括我国台湾省和港澳地区。

企业风采：本篇目通过展示电力设备制造企业的实力，较好地反映了电力工业技术进步的部分内容。

附录：收录了2012年发布的电力国家标准和电力行业标准。

5. 本《年鉴》实行文责自负。《年鉴》框架设计及文章类条目均由编委会审定，条目内容、数据、彩图等均由撰稿单位校核及审定。

篇　　目

目　录

编辑说明

特　载

电 力 发 展

重点工程

电力工作报告

专家论坛

电力监管

行业管理

科技发展与创新

国际合作与交流

企业文化建设

电　力　企　业

各地区电力

科研、教育与学术团体

大　事　记

重 要 文 献

统　计　资　料

企　业　风　采

附　　录

索　　引

Contents

From Editor

Special Contributions

Development of Electric Power

Key Projects

Working Reports of Electric Power

Experts Forum

Electricity Regulation

Electricity Industry Management

Science & Technology Developments and Innovations

International Cooperation and Exchanges

Enterprise Culture Construction

Electric Power Enterprises

Regional Electric Power Industry

Scientific Research, Education and Academic Organization

Key Events

Important Documents

Statistics

Enterprises

Appendix

Index

彩　图　目　录

党和国家领导人关注电力

2012年5月9日，在中国国家主席胡锦涛（后排左五）和哥伦比亚总统胡安·曼努埃尔·桑托斯的共同见证下，中国电建所属水电工程顾问集团与哥伦比亚马格达莱纳河区域自治公司签署《马格达莱纳河综合开发一揽子项目合作谅解备忘录》。

（中国电建　提供）

2012年6月19～20日，全国人大常委会委员长吴邦国（右三）考察金寨抽水蓄能电站项目。

（国家电网公司　提供）

2012年5月28日，国务院总理温家宝（前排左二）在国电集团总经理朱永芃（前排右三）的陪同下参观首届中国（北京）国际服务贸易交易会国电科环展台。

（国电集团　提供）

2012年8月2日，国务院总理温家宝（右二）到三峡工地考察防汛工作和工程运行情况。

（郑斌　摄）

2012年4月6日，第十二届中国国际核工业展览会在北京国家会议中心举行。上图为全国政协主席贾庆林（前排右三）参观大唐集团展区。下图为贾庆林（前排右二）参观中电投集团展区。

（大唐集团、中电投集团　提供）

2012年7月13日，全国政协主席贾庆林（右二）在国家电网公司总经理刘振亚（左二）的陪同下，到位于河北省张北县的国家风光储输示范工程运行现场考察。

（国家电网公司　提供）

2012年7月15日，全国政协主席贾庆林（前排右一）视察河北国华沧东发电有限责任公司。

（神华国华电力　提供）

2012年8月26日，全国政协主席贾庆林（前排左三）到大唐玉门昌马第一风电场考察。

（大唐集团　提供）

2012年6月15日，中央政治局常委李长春（前排左二）到河南许继集团有限公司考察。

（国家电网公司　提供）

2012年5月13日，中央政法委书记周永康（右二）在新疆哈密出席哈密南—郑州±800kV特高压直流输电工程与新疆—西北联网750kV第二通道工程开工仪式。

（新疆公司　提供）

2012年5月22日，国务院副总理李克强（前排右一）在江苏地方和企业座谈会上与南瑞集团总经理肖世杰（前排左一）亲切交流。

（国网电科院　提供）

2012年5月17日，第十五届中国（重庆）国际投资暨全球采购会在重庆国际会议展览中心举行。左图为国务院副总理张德江（前排右二）在国家电网公司总经理刘振亚（前排左二）的陪同下参观国家电网公司展区。右图为张德江（前排左二）在国电集团党组书记乔保平（前排左一）的陪同下参观国电集团展区。

（国家电网公司、国电集团　提供）

2012年7月28日，国务院副总理张德江（左图左二）出席神华万州港电一体化项目开工奠基仪式。

（神华集团　提供）

2012年2月24日，国务院副总理王岐山（左三）一行到河南许继集团有限公司考察。

（国家电网公司　提供）

2012年1月13日，中共中央组织部部长李源潮（前排左一）出席由中国水电捐建的中国南苏丹友谊学校供水系统及学习用具移交仪式，并听取中国电建董事长范集湘（前排左二）汇报供水系统建设情况。

（中国水电　提供）

2012 年 1 月 18 日，十一届全国人大常委会副委员长王兆国（右二）到河北省电力公司考察指导工作，慰问广大电力职工。

（国家电网公司　提供）

2012 年 3 月 15 日，北京市朝阳区高安屯电动汽车充换电站正式投运。图为北京市委书记刘淇（前排右二）、市长郭金龙（前排右一），国家电网公司总经理刘振亚（前排右三）到高安屯电动汽车充换电站实地考察调研。

（北京公司　提供）

2012 年 3 月 25 日，中共中央组织部部长李源潮（右一）考察三峡工程。

（孙荣刚　摄）

2012 年 7 月 24 日，国务院副总理回良玉（左二）连夜视察三峡工程防汛工作。

（孙荣刚　摄）

2012 年 10 月 12 日，国务委员刘延东（前排右一）视察河北国华沧东发电有限责任公司。

（神华国华电力　提供）

2012 年 11 月 21 日，广东省委书记汪洋（右三）在大唐集团总经理陈进行（右二）的陪同下，到广东大唐国际潮州发电公司调研。

（大唐集团　提供）

2012 年 6 月 16 日，国务委员马凯（前排右三）视察山东海阳核电项目施工现场。

（中电投集团　提供）

2012 年 7 月 17 日，十一届全国人大常委会副委员长路甬祥（左二）到龙羊峡水电站视察。

（蔡新海　摄）

工作会议

2013 年 1 月 10 日，国家电监会 2013 年工作会议在北京召开。

（电监会　提供）

2013 年 1 月 7～9 日，国家电网公司第二届职工代表大会第三次会议暨 2013 年工作会议在北京召开。

（国家电网公司　提供）

2013 年 1 月 24 日，中国南方电网有限责任公司 2013 年工作会议暨二届一次职工代表大会在广州召开。

（南方电网公司　提供）

2013 年 1 月 17～18 日，中国华能集团公司 2013 年工作会议在北京召开。

（华能集团　提供）

2013 年 1 月 15 日，中国大唐集团公司 2013 年工作会议在北京召开。

（大唐集团　提供）

2013 年 1 月 19 日，中国华电集团公司 2013 年工作会议在北京召开。

（华电集团　提供）

2013 年 2 月 21～22 日，中国国电集团公司一届五次职工代表大会暨 2013 年工作会议在北京召开。

（国电集团　提供）

2013 年 1 月 17～18 日，中国电力投资集团公司 2013 年工作会议在北京召开。

（中电投集团　提供）

重要电力事件

2012 年 2 月 3 日，国家电网公司在南瑞集团召开直属科研产业重组整合工作部署会。

（国网电科院　提供）

2012 年 2 月 25 日，西藏自治区党委副书记郝鹏（前排左二）到西藏桑日光伏电站调研。

（张玉禄　摄）

2012 年 2 月 28 日，广西自治区政府与南方电网公司在南宁举行电力供应和电力发展会谈纪要签字仪式。

（广西公司　提供）

2012 年 4 月 7 日，国务院国有重点大型企业监事会主席武保忠（右二）在国电集团副总经理高嵩（右一）

的陪同下到国电大渡河流域水电开发公司调研。

（国电集团　提供）

2012 年 5 月 7 日，海南电网公司董事长刘映尚（中）到海南大英山变电站调研。

（韩海光　摄）

2012 年 5 月 13 日，国家电网公司总经理刘振亚（前排右二）、副总经理郑宝森（后排右一），新疆维吾尔自治区副主席库热西·买合苏提（前排右三）到库尔勒市视察新疆电网，指导特高压疆电外送、疆内电网建设工作。

（新疆公司　提供）

截至 2012 年 6 月 3 日，国家电网西北电力调控分中心安全运行 5000 天。

（西北公司　提供）

2012 年 6 月 4 日，由国家电监会和中电联联合举办的 2012 年全国电力可靠性监督管理工作会议暨电力可靠性指标发布会在北京召开。

（中电联　提供）

2012 年 6 月 25 日，中电投四川电力有限公司揭牌仪式在成都举行。

（中电投集团　提供）

2012 年 6 月 28 日，华电集团旗下清洁能源平台——华电福新能源股份有限公司在香港联交所主板上市。

（华电集团　提供）

2012 年 6 月 28 日，青海省委书记强卫（左一）到黄河水电公司河南（县）光伏电站调研。

（蔡楠　摄）

2012 年 7 月 16 日，国网经研院举办华北区域六省市经研院技术管理培训。

（国网经研院　提供）

2012 年 7 月 24 日，三沙市成立大会暨揭牌仪式开始前，保电队员对 UPS 应急电源车的各个电缆接口进行最后的检查确认。

（田丹妮　摄）

2012 年 7 月 24 日，国家电网公司新一代智能变电站概念设计研讨会在北京召开，国网经研院作为项目牵头单位主持会议。

（国网经研院　提供）

2012 年 8 月 2 日，国家电监会主席吴新雄（后排右六）、副主席史玉波（后排右四）到广西电网公司调研。在南宁邕州变电站与值班工作人员合影。

（广西公司　提供）

2012 年 8 月 28 日，南方电网公司总经理钟俊（左）、海南省副省长李国梁（右）共同为海南电网公司三沙供电局揭牌。

（韩海光　摄）

2012 年 9 月 3 日，国家电网客户服务中心暨天津装备制造产业基地奠基仪式在天津举行，南瑞集团非晶合金产业园入驻国家电网天津装备制造产业基地。

（国网电科院　提供）

2012 年 9 月 3 日，由中国能建所属 30 家装备企业重组而成的中国能建集团装备有限公司在北京正式挂牌成立。

（中国能建　提供）

2012 年 9 月 29 日，中国能建成立一周年大会在北京召开，会上发布了《中国能源建设集团有限公司中长期发展战略纲要》。

（中国能建　提供）

2012 年 10 月 9 日，国家电力监管委员会保证十八大电力安全工作动员会议在北京召开。

（电监会　提供）

2012 年 11 月 6 日，陕西地电与中国西电集团签署战略合作协议。

（陕西地电　提供）

2012年11月29日，中电联节能环保分会在北京召开2012年火电环保产业工作座谈会。

（中电联　提供）

2012年12月11日，黄河水电公司多晶硅项目二线成功产出第一炉电子级多晶硅产品。

（解岚心　摄）

2012年12月16日，国家电网公司副总经理郑宝森（前排中）赴新疆与西北主网联网第二通道工程、哈郑直流工程施工现场检查指导，慰问工程建设一线员工。

（西北公司　提供）

国际合作与交流

2012年2月17日，陕西地电与IBM公司举行智能电网技术交流。

（陕西地电　提供）

2012年3月9日，中电投集团与美国杜克能源公司在北京签署合作谅解备忘录。

（中电投集团　提供）

2012年4月19日，中国电建董事长范集湘在北京钓鱼台国宾馆拜会泰国总理英拉。

（中国电建　提供）

2012年5月29日，陕西地电与法国电力、法国配电国际签署合作备忘录。

（陕西地电　提供）

2012年6月13～15日，国电光伏（江苏）有限公司在德国慕尼黑2012国际太阳能光伏展亮相，展示了该公司的薄膜电池组件与高效电池组件等产品。

（国电集团　提供）

2012年6月22日，国家电网公司总经理刘振亚（中）参观南瑞集团承建的国网巴西公司集控中心。

（国网电科院　提供）

2012年8月28日，华电印尼巴厘岛燃煤电厂一期工程举行开工仪式。

（华电集团　提供）

2012年8月28日，中国三峡集团与法国电力集团签订战略合作协议。

（常征　摄）

2012年8月31日，华电印尼巴淡项目建成投运。

（华电集团　提供）

2012年9月17日，华电（印尼）玻雅2×60万kW燃煤坑口电站PPA（购电协议）签字仪式在印尼巴厘岛举行。

（华电集团　提供）

发电·火力发电

2012年3月，辽宁燕山湖2×60万kW空冷超临界机组工程投产。

（中电投集团　提供）

2012年7月22日，国电荥阳煤电一体化公司2号机组锅炉等离子点火一次成功，标志着中国首台63万kW“W”火焰炉超临界燃煤发电机组等离子点火系统正式投运。

（国电集团　提供）

2012年9月19日，国电泰州发电厂二期百万千瓦超超临界二次再热燃煤发电示范项目在江苏奠基，该项目是目前世界上参数最高、热效率最高、应用新技术最多的科技创新示范项目。

（国电集团　提供）

2012年11月13日，国电濮阳热电公司2号机组成功并网，标志着中国首例21万kW背压机组正式投入运营。

（国电集团　提供）

2012年12月6日，华电莱州发电有限公司2号百万千瓦超超临界机组圆满完成168h试运行。至此，华电集团发电装机总容量突破1亿kW。

（华电集团　提供）

2012年12月6日，中国首座智能化电厂——华电莱州发电有限公司一期工程全面建成投产。

（华电集团　提供）

2012年12月12日，中国首座煤气化联合循环电站——华能天津IGCC示范电站投产。

（华能集团　提供）

发电·水力发电

2012年3月1日，金沙江溪洛渡水电站首台机组（单机容量77万kW）吊装成功。

（中国水电　提供）

2012年5月23日，锦屏一级水电站首台机组（6号机组，60万kW）吊装成功。

（中国水电　提供）

2012年7月4日，中国能建承建的三峡地下电站27号机组发电，标志着总装机34台、2250万kW的世界最大水电站——三峡水电站全部机组投产，中国能建完成65%以上工程量。图为三峡水电站全景。

（中国能建　提供）

2012年9月6日，国家“西电东送”和“云电外送”重大工程——华能糯扎渡水电站首台机组投产发电。图为糯扎渡水电站大坝。

（华能集团　提供）

2012年10月30日，三峡工程175m试验性蓄水第三次成功蓄水至175m水位。

（黄正平　摄）

2012年11月5日，由中国水电四局安装的世界最大单机容量国产化混流式水轮机组——向家坝水电站首台机组（单机容量80万kW）投产发电。图为向家坝水电站首台机组转子吊装成功。

（中国水电　提供）

发电·核电及新能源发电

2012年10月24日，贵州省威宁县乌江源风电场项目132台风机全部并网发电，标志着贵州省最大的风电场正式运营。

（贵州公司　提供）

2012年10月30日，华能集团自主研发的中国首个超400℃太阳能热发电科技示范项目——海南省三亚市华能南山电厂投产。图为太阳能热发电集热场。

（华能集团　提供）

2012年10月31日，国电温岭江厦潮汐试验电站工业旅游示范基地一次性通过浙江省旅游局工业旅游验收组的验收，成为浙江省首批工业旅游示范点和国内首个潮汐能旅游示范基地。国电温岭江厦潮汐试验电站是中国已建成的最大潮汐电站，总装机容量3900kW。

（国电集团　提供）

2012年11月6日，国电联合动力技术有限公司自主研发的国内首台扫风面积最大的0.6万kW风电机组在山东省潍坊市顺利完成吊装。

（国电集团　提供）

2012年12月5日，亚洲最大的山地并网光伏电站——华电云南维的并网光伏电站实现首批1万kW太阳能电池方阵并网发电一次成功。

（华电集团　提供）

2012年12月21日，华能山东石岛湾核电厂高温气冷堆核电厂示范工程核岛底板第一层混凝土浇筑圆满完成。

（华能集团　提供）

2012年12月25日，河北易县太和庄2万kW光伏发电工程投产发电。

（中电投集团　提供）

2012年12月30日，青海格尔木光伏电站二期10万kW工程并网发电。

（丁海生　摄）

输配电工程

2012 年 5 月 10 日，贵州电网送变电公司 500kV 黄大线工程利用动力伞放线成功。

（潘朝选　陆　熠　摄）

2012 年 6 月 6 日，玉树联网工程开工建设。图为 330kV 变电站部分已安装的架构。

（国家电网公司　提供）

2012 年 7 月，溪洛渡左岸—浙江金华±800kV 特高压直流输电工程获得国家发改委正式核准，图为金华换流站场地平整施工。

（国家电网公司　提供）

2012 年南方电网迎峰度夏期间，工作人员正在仔细检查均压环。

（南方电网公司　提供）

2012 年 8 月 17 日，北京公司首次在 220kV 安兴Ⅰ、Ⅱ线上正式开展输电线路无人机巡视工作。

（北京公司　提供）

2012 年 9 月 5 日，新疆与西北联网 750kV 第二通道线路工程新疆段首基铁塔组立仪式在新疆哈密举行。

（新疆公司　提供）

2012 年 9 月 19 日，全长 1015km，投资 32.15 亿元的新都桥—甘孜—石渠输电线路完全通电，结束了四川甘孜藏北地区昔日严重缺电的历史。

（四川公司　提供）

2012 年 11 月 3 日，安徽皖南特高压变电站 1000kV 构架安装工作完成。

（国家电网公司　提供）

2012 年 11 月 6 日，东北—华北联网高岭背靠背换流站扩建工程正式建成投运。

（国家电网公司　提供）

2012 年 12 月 1 日，由四川送变电建设公司承建的锦屏二级电站—裕隆 500kV 双回线路全线贯通。

（高志星　摄）

湖北公司利用飞行巡检仪开展输变电设施高空检查。

（湖北公司　提供）

武汉最长电缆隧道（宗关变电站——舵落口变电站）全长 1.26km，直径 2.5m。

（朱长江　摄）

精神文明建设

2012 年 3 月 1 日，国家电网公司 2012 年党校青干班暨挂职培养锻炼干部班举行开学典礼。

（国家电网公司党校　提供）

2012 年 3 月，贵州电网凯里市郊供电局和龙场供电所的女职工走进龙场镇石龙寨，为村民开展春灌用电政策、春季安全用电知识的讲解和宣传，提前过了一个有意义的“三八”妇女节。

（孙煜　孙玉霞　摄）

2012 年 3 月 9 日，国电集团举行“学雷锋献爱心”义务献血活动。

（国电集团　提供）

2012 年 3 月 23 日，华电集团举行郭明义爱心团队授旗暨“幸福行动”启动仪式。

（华电集团　提供）

2012 年 4 月 5 日，北京公司与《北京日报》合作开展“认识电磁影响”主题开放日活动。《北京日报》读者代表第一次走进变电站的大门，在 110kV 变压器的不同距离位置测试电场强度和磁感应强度。

（北京公司　提供）

2012 年 4 月 27 日，第二届“感动南网”颁奖典礼在广州举行，广西公司董事长黄进平（中）为“南网兄弟”颁奖。

（广西公司　提供）

2012 年 4 月 27 日，“感动南网”颁奖典礼在广州举行。

（南方电网公司　提供）

2012 年 5 月 4 日，黑龙江公司在大庆市开展“国家电网黑龙江电力共产党员服务队”主题活动日活动。

（张新民　摄）

2012 年 5 月 18 日，大唐集团举办第六届企业开放日，位于北京、江苏等 9 个省、区、市的 16 家大唐电厂邀请社会各界人士走进企业，“零距离”观察电力生产过程，感受“大唐文化景观”和大唐“同心文化”。

（大唐集团　提供）

2012 年 7 月 1 日，湖北省通城县供电公司沙堆供电营业所员工乘船赶往四庄乡纸棚村 4 组抢修供电线路。

（邓东峰　摄）

2012 年 7 月 11 日傍晚，湖北省通山县闯王镇仙岩村二组周思远小朋友端着一碗菊花凉茶送到供电抢修人员程彦水手中。

（邓东峰　摄）

2012 年 7 月 21～22 日凌晨，京城暴雨如注，北京公司启动最高级别电力应急预案，4300 人冒雨坚守一线，全力应对京城 61 年来最强降雨。

（北京公司　提供）

2012 年 8 月 29 日，西北公司和陕西省慈善协会联合举行 750kV 电网沿线贫困大学生助学捐赠仪式。2012 年，西北公司爱心捐资 50 万元，定向资助陕西境内 750kV 电网沿线地区的 50 名贫困大学生，电网助学将帮助这 50 名大学生走上成才之路。

（西北公司　提供）

2012 年 10 月 15 日，新疆公司副总经理叶军前往和田地区策勒县固拉哈玛乡，向维吾尔族困难群众发放古尔邦节慰问金和大米、清油等慰问品。

（新疆公司　提供）

2012 年 12 月 28 日，南方电网公司成立 10 周年晚会在广州召开。

（南方电网公司　提供）

黑龙江 500kV 前进变电站安全文明施工样板工地一角。

（宋海蛟　摄）

国家电网公司管理学院班主任队伍参加行动学习培训。

（国家电网公司党校　提供）

特　　载

党和国家领导人关注电力

吴邦国考察金寨抽水蓄能电站项目

2012年6月19～20日，中共中央政治局常委、全国人大常委会委员长吴邦国考察金寨抽水蓄能电站项目。吴邦国对国家电网公司积极推进皖电东送特高压工程建设、加快金寨抽水蓄能电站项目建设、服务革命老区经济社会发展给予充分肯定，要求国家电网公司认真组织，高质量完成金寨抽水蓄能电站项目的建设，国家电网公司副总经理、党组成员舒印彪陪同考察。

温家宝参观汉诺威工业博览会许继集团展位

2012年4月23日，中共中央政治局常委、国务院总理温家宝与德国总理默克尔一道参加了汉诺威工业博览会中国中心展区开幕式，随后参观了许继集团的展位。温家宝观看了电动汽车智能充换电设备的换电过程演示，在演示现场，温家宝勉励许继集团再接再厉，继续加快自主创新步伐，提升重大装备制造业水平，为新能源开发和节约型社会可持续发展做出新的更大贡献！

温家宝视察三峡工程

2012年8月2日下午，中共中央政治局常委、国务院总理温家宝来到三峡工地，视察三峡工程防汛工作和运行情况，并亲切慰问工程建设者和运行值班人员。

温家宝对三峡工程综合效益和防洪调度工作给予充分肯定。他说，三峡工程建成后，发挥了防洪、发电、航运、生态补水等各方面的综合效益。2010年，三峡工程抗击了7次洪峰，2012年又已抗击了3次洪峰，其中最大洪峰流量达到每秒71 200m^3。在防汛的关键时刻，三峡工程在防洪调度中坚持统筹兼顾、远近结合、蓄泄兼筹，兼顾了上下游、左右岸、江河湖泊，发挥了巨大的综合效益，保护了人民群众的生命财产安全，也保护了重大工程设施的安全，有力地促进了经济社会的发展。

温家宝指出，2012年的气候异常多变，极端天气多，暴雨多，而且雨情重，再加上降雨和台风、天文大潮相碰，使防洪形势处于非常复杂的阶段。在这种情况下，要充分发挥三峡水利枢纽工程的作用，重视堤防的安全，以确保安全度汛。温家宝要求中国三峡集团在国家防总的统一领导下，与长江防总协调配合，完成好2012年的防汛任务。

贾庆林参观中国国际核工业展览会

2012年4月6日，中共中央政治局常委、全国政协主席贾庆林来到北京国家会议中心，参观第十二届中国国际核工业展览会。

贾庆林详细了解中国自主知识产权的三代核电技术ACP系列、多用途模块式小型反应堆、中国实验快堆等核技术创新成果，并向工作人员询问有关情况。

第十二届中国国际核工业展览会由中国核学会、中国原子能工业有限公司、北京市商务委员会共同主办。展览会全面展示了中国在核电、核燃料、核仪器制造及核技术应用等方面的发展成就，集中展现了中国核工业完整的科研和制造体系，同时为全球核能界提供了一个国际一流的展览贸易和技术交流平台。

贾庆林到国家风光储输示范工程运行现场调研

2012年7月13日，中共中央政治局常委、全国政协主席贾庆林一行到位于河北省张北县的国家风光储输示范工程运行现场调研。贾庆林对国家电网公司在工程建设和推动新能源产业发展中取得的成绩表示肯定，并强调在工程建设和运行中要加强科技创新，注重环境保护，推动新能源产业健康发展。国家电网公司总经理、党组书记刘振亚等陪同考察。

贾庆林到大唐玉门昌马第一风电场考察

2012年8月26日下午，中共中央政治局常委、全国政协主席贾庆林到大唐玉门昌马3MW大型风机试验风电场考察。对项目建设情况、经济效益和社会效益、电机和齿轮的生产、核心技术国产化情况、企业开发的可再生能源在全国所占比例等问题进行了详细了解。贾庆林充分肯定了甘肃大力发展新能源产业所取得的骄人成绩。他指出，河西走廊风力资源十分丰富，一个玉门现在运行的装机容量就已经达到170万kW，“十二五”还有900多万kW，所以将河西走廊建成“陆上三峡”是大有希望的。贾庆林强调，不光要看风电的经济效益，还要看到它的社会效益、生态效益。甘肃为此做出了积极贡献，而且还有很大潜力，希望甘肃在新能源的发展方面继续做出努力。

大唐玉门昌马风电场是全省首个30万kW国产化风机示范项目，也是全国装机规模最大的大型风机示范风场。

李长春调研国家核电技术公司

2012年6月8日上午，中共中央政治局常委李长春到国家核电技术公司，就加强科普知识宣传和企业文化建设、提高自主创新能力等进行调研。

李长春观看了国家核电技术公司主要创新产品展示，通过视频连线察看公司核电建设现场，听取公司推进重大技术专项、履行社会责任、开展科普宣传、加强企业文化建设等情况介绍，与科研人员亲切交谈，对企业在重大科技工程攻关、引进消化吸收再创新、开展国际合作等方面取得的进展给予充分肯定，向国家核电技术公司全体干部职工表示亲切问候，向为中国核电技术发展做出积极贡献的专家学者和广大科技人员致以崇高敬意。

李长春指出，要始终把核电运行安全放在首要位置，完善和发展安全保障体系，不断运用最先进技术确保核电安全，为发展清洁能源、实现节能减排，建设创新型国家和资源节约型环境友好型社会做出积极贡献。

李长春强调，要加强对发展安全可靠、技术先进的核电等新能源产业的宣传，加强核电知识普及，提高公众对核电安全的认知程度，为核电事业发展营造良好的社会氛围。

李长春考察许继集团有限公司

2012年6月15日，中共中央政治局常委李长春到许继集团有限公司考察，对国家电网公司在特高压远距离输电等领域取得的成绩给予高度评价，对国家电网公司近年来通过实施“走出去”战略，带动中国装备制造产业发展的做法给予充分肯定，要求进一步加大研发投入，攻克核心技术，实现自主创新。国家电网公司总会计师、党组成员李汝革陪同考察。

周永康宣布“疆电外送”项目开工

2012年5月13日，中共中央政治局常委、中央政法委书记周永康在新疆巴州出席哈密南—郑州±800kV特高压直流输电工程、新疆—西北主网联网750kV第二通道工程开工仪式，并宣布工程开工。仪式现场宣布了国家发改委对两个项目的核准批复文件。自此，“疆电外送”工程建设全面拉开序幕。

根据国家电网公司规划，哈密南—郑州特高压直流工程起点哈密南部能源基地，落点河南郑州，途经新疆、甘肃、宁夏、陕西、山西、河南六省（区），线路全长2210km，工程投资233.9亿元。

新疆与西北主网联网750kV第二通道工程途经新疆、甘肃、青海三省（区），线路全长2180km，工程投资95.6亿元。工程是西北750kV主网架的重要组成部分，是“疆电外送”首个特高压项目，输电能力将达到800万kW，创造世界新纪录。工程将成为甘肃酒泉、新疆哈密、青海柴达木地区风能和太阳能发电的重要外送通道，促进新疆电力开发外送，推动能源资源实现更大范围消纳。同时，将有效缓解青海电网缺电局面，提高柴达木循环经济试验区的供电能力和向西藏直流输电的可靠性，有助于解决华中区域煤电运输矛盾，缓解华中电力紧张局面。

张德江参观“渝洽会”国家电网展区

2012年5月17日，中共中央政治局委员、国务院副总理、重庆市委书记张德江一行，参观了在重庆国际会议展览中心举办的第十五届中国（重庆）国际投资暨全球采购会（简称“渝洽会”）展览上的国家电网展区，肯定了国家电网公司发展成就及公司服务重庆的举措。国家电网公司总经理、党组书记刘振亚等陪同参观。

王岐山考察许继集团有限公司

2012年2月24日，中共中央政治局委员、国务院副总理王岐山到许继集团有限公司考察。王岐山对国家电网公司在特高压控制保护、柔性输电等领域取得的多项成果给予高度赞赏和评价，对国家电网公司近年来通过实施“走出去”战略、振兴民族装备制造产业的做法给予充分肯定。国家电网公司总会计师、党组成员李汝革陪同考察。

王兆国考察河北省电力公司

2012年1月18日，中共中央政治局委员、十一届全国人大常委会副委员长、中华全国总工会主席王兆国到河北省电力公司考察指导工作，慰问广大电力职工。河北省委书记张庆黎、省长张庆伟等陪同考察。

回良玉视察三峡工程

2012年7月24日，中共中央政治局委员、国务院副总理、国家防汛抗旱总指挥部总指挥回良玉到三峡工程考察汛情，指导防汛抗洪工作。

回良玉对三峡防洪调度工作给予充分肯定，他强调，当前要把防汛保安全作为第一任务，加强防洪调度，坚持蓄泄兼筹、江湖两利、上中下游协调、左右岸兼顾、干支流配合。在确保防洪安全的前提下，合理安排“拦、分、蓄、滞、排”措施，兼顾航运、发电的需要。要强化水库大坝、水电站、船闸、穿坝建筑物等安全监测和运行监管。

能源·政策

宏 观 政 策

国务院发布《中国的能源政策（2012）》白皮书

2012年10月24日，国务院新闻办公室发布《中国的能源政策（2012）》白皮书，全面介绍中国能源发展现状、面临的诸多挑战以及努力构建现代能源产业体系和加强能源国际合作的总体部署。

白皮书全文约1.4万字，分为前言、能源发展现状、能源发展政策和目标、全面推进能源节约、大力发展新能源和可再生能源、推动化石能源清洁发展、提高能源普遍服务水平、加快推进能源科技进步、深化能源体制改革、加强能源国际合作、结束语等部分。

白皮书指出，改革开放以来，中国能源工业快速增长，实现了煤炭、电力、石油天然气、可再生能源和新能源的全面发展，为保障国民经济长期平稳较快发展和人民生活水平持续提高做出重要贡献。2011年，中国一次能源生产总量达到31.8亿t标准煤，居世界第一。

白皮书提出，大力发展新能源和可再生能源，是推进能源多元清洁发展、培育战略性新兴产业的重要战略举措，也是保护生态环境、应对气候变化、实现可持续发展的迫切需要。中国坚定不移地大力发展新能源和可再生能源，到“十二五”末，非化石能源消费占一次能源消费比重将达到11.4%，非化石能源发电装机比重达到30%。

白皮书指出，改革是加快转变发展方式的强大动力。中国将坚定地推进能源领域改革，加强顶层设计和总体规划，加快构建有利于能源科学发展的体制机制，改善能源发展环境，推进能源生产和利用方式变革，保障国家能源安全。

中共十八大报告中关于能源的内容摘要

一～二（略）

三、全面建成小康社会和全面深化改革开放的目标

根据中国经济社会发展实际，要在十六大、十七大确立的全面建设小康社会目标的基础上努力实现新的要求。

资源节约型、环境友好型社会建设取得重大进展。主体功能区布局基本形成，资源循环利用体系初步建立。单位国内生产总值能源消耗和二氧化碳排放大幅下降，主要污染物排放总量显著减少。森林覆盖率提高，生态系统稳定性增强，人居环境明显改善。

四～七（略）

八、大力推进生态文明建设

建设生态文明，是关系人民福祉、关乎民族未来的长远大计。面对资源约束趋紧、环境污染严重、生态系统退化的严峻形势，必须树立尊重自然、顺应自然、保护自然的生态文明理念，把生态文明建设放在突出地位，融入经济建设、政治建设、文化建设、社会建设各方面和全过程，努力建设美丽中国，实现中华民族永续发展。

坚持节约资源和保护环境的基本国策，坚持节约优先、保护优先、自然恢复为主的方针，着力推进绿色发展、循环发展、低碳发展，形成节约资源和保护环境的空间格局、产业结构、生产方式、生活方式，从源头上扭转生态环境恶化趋势，为人民创造良好生产生活环境，为全球生态安全做出贡献。

……

全面促进资源节约。节约资源是保护生态环境的根本之策。要节约集约利用资源，推动资源利用方式根本转变，加强全过程节约管理，大幅降低能源、水、土地消耗强度，提高利用效率和效益。推动能源生产和消费革命，控制能源消费总量，加强节能降耗，支持节能低碳产业和新能源、可再生能源发展，确保国家能源安全。加强水源地保护和用水总量管理，推进水循环利用，建设节水型社会。严守耕地保护红线，严格土地用途管制。加强矿产资源勘查、保护、合理开发。发展循环经济，促进生产、流通、消费过程的减量化、再利用、资源化。

国家能源局公布《关于加强风电并网和消纳工作有关要求的通知》

2012年4月，国家能源局公布了《关于加强风电并网和消纳工作有关要求的通知》（国能新能〔2012〕135号），提出风电并网情况将作为新项目布局的重要参考指标，风电利用小时数明显偏低的地区不得进一步扩大建设规模。另外，该通知要求采取技术措施确保风电特许权项目的并网运行和所发电量的全额收购，不得限制特许权项目和国家能源主管部门批复的示范项目的出力，不得因新建风电项目限制已建成风电项目的出力。该通知还公布了去年各地风电利用小时数。2011年度，国家电网公司辖区风电平均利用小时数为1928h，南方电网公司辖区风电平均利用小时数1801h。全国风电弃风限电总量超过100亿kWh，平均利用小时数大幅减少，最低的吉林省利用小时数已经下降到1610h。风电利用小时数最高的是福建，达到3096h。南方电网公司下辖的广东、广西利用小时数则低于1700h。

国家能源局公布《关于申报新能源示范城市和产业园区的通知》

2012年8月，国家能源局公布了《关于申报新能源示范城市和产业园区的通知》（国能新能〔2012〕156号），提出为落实可再生能源发展“十二五”规划，提高城市清洁能源比例，促进资源节约型和环境友好型社会建设，国家能源局将组织开展新能源示范城市和产业园区的申报工作。该通知规定了申报新能源示范城市和产业园区的指导思想和工作思路，基本条件和评价指标，基本要求，以及新能源示范城市发展规划编制大纲和新能源示范城市评价指标体系及说明。

国家能源局公布《关于申报分布式光伏发电规模化应用示范区的通知》

2012年9月，国家能源局公布了《关于申报分布式光伏发电规模化应用示范区的通知》(国能新能〔2012〕298号),就申报分布式光伏发电规模化应用示范区做出八条指示。该通知指出,在用电价格较高的中东部地区,分布式光伏发电已经具有较好的经济性,具备了较大规模应用的条件。

节 能 减 排

2011年全国主要污染物减排情况公布

2012年9月9日,环境保护部表示环境保护部近日完成了2011年度各省、自治区、直辖市和新疆生产建设兵团以及八家中央企业主要污染物总量减排核查核算工作。

结果显示:2011年,全国化学需氧量排放总量2499.9万t,比2010年下降2.04%;氨氮排放总量260.4万t,比2010年下降1.52%;二氧化硫排放总量2217.9万t,比2010年下降2.21%;氮氧化物排放总量2404.3万t,比2010年上升5.74%。

从主要减排措施来看,2011年,全国新增城镇污水日处理能力1100万t,城镇污水再生水日利用能力130万t;新投运脱硫机组装机容量6800万kW,全国脱硫机组装机容量占火电装机容量的比重由2010年的82.6%提高到87.6%;新投运脱硝机组4952万kW,全国脱硝机组装机容量占火电装机容量的比重由2010年的11.2%提高到16.9%;新增钢铁烧结机烟气脱硫设施93台、1.58万m^2,安装脱硫设施烧结机面积占钢铁行业总烧结面积的比重由2010年的19.3%提高到32.8%;"十一五"末建成的自动监控系统充分发挥作用,脱硫设施投运率达到95%以上;56台、2370万kW机组脱硫设施拆除烟气旁路,火电综合脱硫效率由68.7%提高到73.2%。

此外,5171个规模化畜禽养殖场和养殖小区完善污水及固体废弃物处理设施。关停小火电机组346万kW、钢铁烧结机规模7000m^2,分别淘汰造纸、印染、水泥落后产能710万t、23亿m、4200万t,关闭取缔了一批涉重金属企业或生产线。

国家发改委发布《中国应对气候变化的政策与行动2012年度报告》

2012年11月21日,国家发改委发布《中国应对气候变化的政策与行动2012年度报告》(简称《报告》)。《报告》显示,2011年,中国全部非化石能源利用量约为2.83亿t,在能源消费总量中占8.1%,比2005年提高3.4个百分点。全国非化石能源发电装机占全部发电装机的比例达到27.7%,非化石能源比例比2005年提高3.4个百分点。

《报告》明确,2011年以来,国家能源局组织制定了《可再生能源发展"十二五"规划》和水电、风电、太阳能、生物质能四个专题规划,提出了到2015年中国可再生能源发展的总体目标、主要措施等。中国政府组织实施了108个绿色能源示范县、35个可再生能源建筑规模化应用示范城市及97个示范县建设试点,组织开展风电、太阳能、生物质能、页岩气等专项规划和上海等五个城市电动汽车充电设施发展规划等专项规划的制定。

《报告》提出,作为节能和发展绿色能源的重要措施,2011年,中国发布了372项能源行业标准,下达633项制(修)订计划,涵盖了包括核电、新能源和可再生能源在内的主要能源领域。中国正筹建生物燃料行业标准化管理体系,加快生物燃料产能建设。

《报告》显示,2011年,水电装机新增1400万kW,累计达到2.3亿kW,在建规模5500万kW,新开工装机规模1260万kW,发电量6626亿kWh。同时,中国核电装机新增173万kW,发电量869亿kWh;风电并网容量新增1600万kW,居全球第一,并网风电发电量800亿kWh。太阳能光伏新增装机210万kW,累计装机达到300万kW;各类生物质发电装机600万kW,发电量300亿kWh;地热能发电装机2.42万kW,海洋能发电装机0.6万kW,地热、海洋能发电量1.46亿kWh。

2011年,全国城镇太阳能光热建筑应用面积达21.5亿m^2,浅层地能建筑应用面积2.4亿m^2,已建成及正在建设的光电建筑应用装机容量达127万kW。中国还大力推进天然气和煤炭等化石能源清洁利用,加快高参数、大容量清洁燃煤机组、燃气电站建设。同小火电相比,生产同等数额的电力,现代化的大型火力发电机组节能减排效果明显。

全国在运百万千瓦超超临界燃煤机组达到40台,

数量居世界第一，30 万 kW 及以上火电机组占全部火电机组容量的 74.4%。

《报告》指出，中国还进一步加大非常规能源开发力度，提出到 2015 年基本完成全国页岩气资源潜力调查与评价，初步掌握页岩气资源潜力与分布，页岩气产量达 65 亿 m^3 的发展目标；提出 2015 年煤层气（煤矿瓦斯）产量达到 300 亿 m^3，瓦斯发电装机容量超过 285 万 kW，民用超过 320 万户，新增煤层气探明地质储量 1 万亿 m^3 的发展目标。

电 力 发 展

概　　况

2012 年全国电力工业综述（欧阳昌裕）

2012 年，世界经济持续低迷，国内经济运行缓中企稳，按可比价格计算，国内生产总值同比增长 7.8%，各季度增速分别为 8.1%、7.6%、7.4%和 7.9%。规模以上工业增加值同比增长 10.0%，增速比 2011 年回落 3.9 个百分点。固定资产投资（不含农户）比 2011 年增长 20.6%（扣除价格因素实际增长 19.3%），增速比 2011 年回落 3.4 个百分点。全社会消费品零售总额比 2011 年增长 14.3%（扣除价格因素实际增长 12.1%），增速比 2011 年回落 2.8 个百分点。进出口总额比 2011 年增长 6.2%，增速比 2011 年回落 16.3 个百分点；其中，出口增长 7.9%，进口增长 4.3%。

一、全国电力供需总体平衡

全年全国电力供需总体平衡，其中，华北、华东、华中区域电力供需平衡，东北和西北区域电力供应能力富余，南方区域电力供需前紧后松、总体平衡。

分区域看，华北区域受经济增速放缓、夏季降水偏多气温偏低等因素影响，全社会用电量同比增长 5.0%、统调最高用电负荷增长 4.9%，年底发电装机增长 7.0%；全年区域电力供需基本平衡，蒙西电网电力供应富余，北京和河北南网在 11、12 月因气温偏低、降温负荷增加，电力供需偏紧。东北区域全社会用电量同比增长 2.8%、统调最高用电负荷增长 9.2%，年底发电装机增长 7.9%；区域电力供应富余较多，机组过剩、开机运行不足，特别是冬季因供热机组较多、风电大发，风电消纳和电网调峰困难。华东区域全社会用电量同比增长 5.3%、统调最高用电负荷增长 4.8%，年底发电装机增长 6.5%；区域因水电增发、外来电增加以及空调制冷用电负荷增长放缓，电力供需基本平衡，并网风电及各类装机利用小时明显高于全国平均水平。华中区域全社会用电量同比增长 3.6%、统调最高用电负荷增长 6.6%，年底发电装机增长 8.8%；主要因水电发电量大幅增长，区域电力供需平衡略有盈余，火电设备利用小时明显低于全国平均水平，但重庆一季度电力供需偏紧、河南迎峰度夏期间电力供需偏紧。西北区域全社会用电量同比增长 11.6%、统调最高用电负荷增长 20.1%，年底发电装机增长 9.8%；区域电力供需平衡有余，甘肃酒泉风电基地因外送通道能力受限出现弃风，青海电网电力供需平衡、水电外送电量增加较多，西藏电网电力供应较为紧张。南方区域全社会用电量同比增长 6.4%、统调最高用电负荷增长 5.7%，年底发电装机增长 7.7%；区域电力供需前紧后松，前 4 个月因来水偏枯导致水电出力下降等因素，最大错峰负荷 653 万 kW，5 月以来电力供需总体平衡，全年水电无弃水现象，云南电力丰水期富余较多。

二、电力消费增长放缓

全年全国全社会用电量 4.97 万亿 kWh，同比增长 5.6%、增速同比回落 6.37 个百分点；分季用电增长依次为 6.80%、4.32%、3.60%和 7.90%。全国电力消费弹性系数为 0.72，同比降低 0.57 个百分点。

从用电结构看，第一产业用电量同比下降 1.12%；第二产业用电量同比增长 4.11%，低于全社会用电量增速 1.49 个百分点，对全社会用电量增长的贡献率为 55.09%；第三产业用电量同比增长 11.52%，高于全社会用电量增速 5.92 个百分点，贡献率为 22.32%；全国城乡居民生活用电量同比增长 10.79%，高出全社会用电量增速 5.19 个百分点，贡献率为 23.02%，其中城镇和乡村居民生活用电量分别比 2011 年增长 11.25%和 10.18%，城镇居民生活用电量占城乡居民生活用电量的比重为 57.20%。全国工业用电量同比增长 4.07%，占全社会用电量的比重为 72.74%、同比降低 1.08 个百分点，其中轻、重工业用电分别同比增长 4.96%和 3.89%。化学原料及化学制品制造业、非金属矿物制品业、黑色金属冶炼及压延加工业、有色金属冶炼及压延加工业四大重点行业用电量合计同比增长 2.57%、增速同比降低 10.97 个百分点，占全社会用电量的 31.54%，贡献率为 14.92%；四大重点行业依次同比增长 8.77%、0.41%、下降 3.72%和增长 7.72%。

分地区看，全社会用电量增速高于全国平均水平（5.60%）的省份共有 13 个，分别是新疆（37.23%）、西藏（16.80%）、海南（12.83%）、安徽（11.46%）、贵州（10.87%）、云南（9.28%）、陕西（8.58%）、内蒙古（8.19%）、甘肃（7.70%）、青海（7.41%）、山西（6.99%）、江苏（6.99%）、北京（6.40%）。西部地区除宁夏外，其他省份全社会用电量增速均高于全国平均水平。社会用电量增速低于 2%的省份有重庆（1.59%）、吉林（1.09%）、上海（1.03%）。

三、电力供应能力进一步增强

全国发电装机增速有所放缓。2012 年底全国发电装机 11.47 亿 kW，同比增长 7.9%，增速同比下降 2.05 个百分点。其中，水电 2.49 亿 kW，同比增长 7.1%；火电 8.20 亿 kW，同比增长 6.7%；核电 1257 万 kW，与 2011 年持平；并网风电容量 6142 万 kW，同比增长 32.9%；并网太阳能 341 万 kW，同比增长 60.6%。核电、并网风电、并网太阳能发电占全国发电装机容量的比重为 6.7%，而水电、火电所占比重分别为 21.8%、71.5%。

区域分布优化。华北区域发电装机 2.51 亿 kW，是装机容量最多的区域，同比增加 1650 万 kW；华东、华中区域内发电装机均超过 2.3 亿 kW，分别同比增加 1343 万 kW 和 2341 万 kW；南方区域发电装机 2.02 亿 kW，同比增加 1482 万 kW；西北区域发电装机 1.19 亿 kW，同比增长 11.16%，其中风电装机同比增长 31.11%；东北区域发电装机首次超过 1 亿 kW。全国有 12 个省份发电装机超过 4000 万 kW，其中，内蒙古、广东、江苏、山东发电装机分别为 7840 万 kW、7810 万 kW、7544 万 kW 和 7315 万 kW；浙江 6164 万 kW，湖北、河南、四川、山西超过 5000 万 kW，河北、云南、贵州超过 4000 万 kW。新疆、云南、海南三省区发电装机增长率分别达到 38.08%、19.21%和 18.57%，居全国前列。

电源结构继续优化。2012 年底非化石能源发电装机比重达到 28.52%，比 2011 年提高 0.82 个百分点。火电设备容量占全国发电设备容量的比重为 71.48%，比 2011 年降低了 0.83 个百分点；火电机组中天然气、煤矸石、生物质、垃圾、余热余压等发电装机所占比重达 8.98 %，同比提高 0.67 个百分点。水电单机容量 5.77 万 kW/台，同比增加 0.11 万 kW/台，其中单机 60 万 kW 及以上水电机组比重同比提高 2.24 个百分点。火电单机容量 11.80 万 kW/台，同比增加 0.40 万 kW/台，其中 60 万 kW 及以上火电机组比重达到 40.15%，同比提高 1.28 个百分点。

电网规模稳步增加。全国电网 35kV 及以上输电线路回路长度 148.0 万 km，同比增长 4.99%，其中 220kV 及以上输电线路回路长度 50.58 万 km，同比增长 6.50%；全国电网 35kV 及以上变电设备容量 44.59 亿 kVA，比 2011 年底增长 12.03%，其中 220kV 及以上变电设备容量 24.97 亿 kVA，比 2011 年底增长 12.96%。建成投产锦屏—苏南±800kV 特高压直流工程、东北与华北直流背靠背扩建工程等重点跨区输电联网工程，跨区域电网规模进一步扩大，电网大范围优化资源配置能力进一步增强。

跨区跨境电力输送能力继续提高。随着一批跨国跨区输电联网工程相继建成投运，电网跨区域输电和资源优化配置能力继续提高，在国家能源开发、输送和利用等能源产业体系中发挥着重要作用。2012 年底国家电网公司跨区输电工程输电能力超过 5100 万 kW，其中交直流联网工程跨区输电能力超过 4250 万 kW，跨区点对网送电能力超过 850 万 kW。南方电网内部形成“八交五直”的“西电东送”主网架，输电能力超过 2300 万 kW；江城直流与南方电网联网输电能力 300 万 kW，鲤鱼江—广东跨区点对网送电工程输电能力 180 万 kW。中国首个跨国直流联网工程 500kV 中俄直流联网黑河背靠背换流站工程建成投运，与俄罗斯、越南、缅甸及香港、澳门等周边国家和地区电力交换能力超过 200 万 kW，电网境内外优化配置资源的功能逐步显现。

四、电力生产运行安全平稳

发电量中速增长。2012 年全国发电量 4.99 万亿 kWh，比 2011 年增长 5.41%。其中，水电 8556 亿 kWh，同比增长 28.06%、同比提高 30.77 个百分点，占全部发电量比重为 17.16%、同比提高 3.04 个百分点；火电 3.93 万亿 kWh，同比增长 0.65%、同比降低 13.51 个百分点，比重为 78.72%、同比降低 3.73 个百分点；核电 983 亿 kWh，同比增长 12.75%；风电 1030 亿 kWh，同比增长 39.15%。发电量增速超过 20%的省份有新疆（35.77%）、青海（20.78%），同比下降的有西藏、上海、天津、广东和河南省市区。全国 6000kW 及以上电厂发电设备利用小时 4579h、比 2011 年降低 151h，其中水电 3591h、同比大幅提高 572h，火电 4982h、同比降低 323h，核电 7855h、同比提高 96h，风电 1929h、同比提高 54h。

电煤供应总体平衡。全国煤炭产能继续释放、进口量增加较多、煤炭市场需求下滑，电煤供需总体平衡、价格回落。全年国内原煤供应总量 39.30 亿 t、同比增加 2.42 亿 t，其中净进口 2.80 亿 t、同比增加 0.72 亿 t。全年发电供热消耗原煤 19.74 亿 t、同比减少 1.61%，其中发电耗原煤 17.90 亿 t、同比减少 1.87%，供热耗原煤 1.84 亿 t、同比增长 1.01%。市场电煤价格上半年处于下行趋势，6、7 月市场煤价下降较多，8 月至年底市场煤炭价格总体平稳。

跨区跨省送电大幅增加。全国跨区送电量完成 2018 亿 kWh，同比增长 20.18%。西北电网区域全年送出电量同比增长 9.09%，东北送华北电量同比增长 8.76%，华中送出电量同比增长 37.99%，华北送出电量同比增长 27.89%，三峡电厂送出电量同比增长 25.66%。南方电网“西电东送”电量同比增长 28.26%。全国跨省输出电量同比增长 14.58%。全国全年电力进出口电量合计 247 亿 kWh，比 2011 年下降 4.20%，其中进口电量 64 亿 kWh、同比下降 3.50%，出口电量 183 亿 kWh、同比下降 4.44%。

电力生产安全稳定。在全国电力建设保持较大规模、电力系统结构更加复杂、电网控制难度日益增大、自然灾害频发多发的情况下，电力行业认真贯彻落实党中央、国务院关于加强安全生产工作的总体部署，扎实开展电力行业“安全生产年”活动，全面加强安全生产和监督管理工作，圆满完成了党的十八大保电任务，保持了全国电力安全生产形势总体稳定。全国没有发生重大以上电力人身伤亡责任事故，没有发生重大以上电力安全事故，没有发生较大以上电力设备事故，没有发生电力系统水电站大坝垮坝、漫坝以及对社会造成重大影响的事故。全国发生电力人身伤亡责任事故 49 起，死亡 86 人，与 2011 年相比，事故起数增加 5 起，死亡人数增加 18 人。

可靠性运行水平稳步提高。纳入可靠性统计发电机组等效可用系数 92.93%，同比上升 0.13 个百分点；等效强迫停运率为 0.55%，与上一年持平；非计划停运次数每台年为 0.6 次，同比减少 0.11 次。水电机组等效可用系数 92.47%，同比上升 0.25 个百分点；等效强迫停运率 0.07%，同比减少 0.11 个百分点；非计划停运次数每台年 0.34 次，同比减少 0.11 次。架空线路、变压器、断路器三类主要设施的可用系数分别为 99.813%、99.853%、99.965%，同比分别提高 0.114、0.066 和 0.024 个百分点。在运直流输电系统合计能量可用率、能量利用率分别为 95.581%、47.87%，同比分别提高 0.504、9.92 个百分点；强迫能量不可用率为 0.174%，同比下降 0.012 个百分点。全国城市平均供电可靠率为 99.949%，同比提高了 0.029 个百分点，用户年平均停电时间 4.53h，同比减少 2.48h。全国农村用户供电可靠率为 99.839%，同比提高了 0.049 个百分点；用户年平均停电时间 14.17h，同比减少 4.26h。

五、电力建设成绩显著

电力投资下降。2012 年全国电力工程建设完成投资 7393 亿元，同比减少 2.90%，其中电源投资同比减少 4.97%、占比为 50.48%，电网投资同比减少 0.70%、占比为 49.52%。电源投资中，风电投资连续三年下降，水电投资比 2011 年有较大的增加，核电完成投资略有增加；南方、华中、华东区域完成投资均实现正增长，比重同比分别提高 4.76、2.51 和 1.42 个百分点；东北、华北和西北区域投资均同比有所减少，比重同比分别降低 3.14、4.47 和 2.07 个百分点。各区域电网中，华东区域电网投资同比增长 14.63%，占全国电网投资的 1/4；华北区域投资同比增长 8.53%；除华东、华北外的其他区域电网投资均比 2011 年有所减少。

电源开工投产结构继续优化。全国新增生产能力 8315 万 kW，同比减少 1121 万 kW。水电新增装机创历史新高，水电投产 1676 万 kW、同比增加 393 万 kW，占全部新增容量的 20.15%、同比提高 6.56 个百分点，其中抽水蓄能机组投产 165 万 kW。三峡金沙江向家坝水电站 3 台 80 万 kW 机组、三峡地下电站 2 台 70 万 kW 机组、国投四川官地水电机组 3 台 60 万 kW 及四川锦屏一级水电机组 1 台 60 万 kW、华能云南糯扎渡水电站 3 台 65 万 kW 等一批大型水电机组相继投产。火电投产 5236 万 kW、同比减少 1005 万 kW，占全部新增容量的 62.97%、同比降低 3.18 个百分点。火电继续以大容量燃煤机组为主，全国新增燃煤机组 4788 万 kW，占火电新增容量的 91.44%、同比下降 2.08 个百分点；新增燃气机组 247 万 kW，占比为 4.72%；新增余热余压发电 105 万 kW、并网生物质发电 75 万 kW、并网垃圾发电 20 万 kW。全国年底在运百万 kW 超超临界火电机组 54 台，首座煤气化联合循环电站即华能天津 IGCC 示范电站投产，标志着中国洁净煤发电技术取得了重大突破。并网风电新增规模小于 2011 年，全年新增 1296 万 kW，同比减少 15.18%，占全部新增容量的 15.59%、同比降低 0.60 个百分点，河北、内蒙古、山东、云南、山西新增并网风电容量超过 100 万 kW。并网光伏发电新增 107 万 kW，比 2011 年少投产 89 万 kW，其中甘肃、青海、新疆并网光伏发电装机分别投产 29 万 kW、23 万 kW 和 14 万 kW。全年新开工规模 4436 万 kW，同比增加 76 万 kW。其中，水电开工 926 万 kW，同比减少 80 万 kW，主要有云南观音岩水电站、云南鲁地拉水电站、云南苗尾水电站、四川大渡河枕头坝一级水电站等；火电 2445 万 kW，同比增加 302 万 kW；核电 241 万 kW；风电 831 万 kW，比 2011 年减少 283 万 kW。田湾核电站二期、阳江核电站4号机组和石岛湾高温气冷堆示范工程等相继开工。

电网结构优化。2012年全国新增110kV及以上输电线路长度66 269km，同比减少0.95%。新增输电线路长度中以220kV和110kV等级为主，其中220kV26 431km，110kV32 040km，两者合计新增占全国新增110kV及以上线路长度的88.23%、同比提高6.28个百分点；新增500kV输电线路长度4747km，同比减少35.24%。新增直流输电能力1890万kW，同比增长68.75%；全国新增110kV及以上变电设备容量28 835万kVA，同比减少5.75%，主要是330kV及220kV变电设备容量同比分别减少39.41%和6.34%，而500kV及110kV（含66kV）变电设备容量则分别增长22.76%和8.37%。部分重点电网建设项目相继投运，电网大范围内实现资源优化配置的能力进一步提升。锦屏—苏南±800kV特高压直流输电工程投运，成为目前世界上输送容量最大、送电距离最远、电压等级最高的直流输电工程。东北—华北联网高岭背靠背直流扩建工程投运，将东北—华北联网输送能力由150万kW提升到300万kW。中俄直流背靠背联网工程正式投入商业运营，既是中国首个国际直流输电项目，也是目前中国境外购电电压等级最高、输电容量最大的输变电工程。溪洛渡左岸—浙江金华±800kV特高压直流输电工程、哈密南—郑州±800kV特高压直流输电工程、新疆—西北主网联网750kV第二通道工程等相继开工。皖电东送淮南—上海1000kV特高压交流输电工程、云南普洱—广东江门±800kV特高压直流输电工程进展顺利。

电力建设工程造价稳步下降。不同容量等级燃煤发电新建工程造价水平同比均有所下降，建筑工程费、设备购置费、安装工程费和其他费用总体呈下降趋势。2×18万kW（9E级）燃气—蒸汽联合循环电站新建工程（一拖一）、2×30万kW（9E级纯凝）燃气—蒸汽联合循环电站新建工程（一拖一）造价水平与2011年基本持平。水电工程每千瓦造价约为8000～12 000元，呈现逐渐上涨趋势。陆上风电每千瓦造价约为6500～9000元，海上风电每千瓦造价约为1万～1.5万元。光伏发电电站每千瓦造价0.8万～1.5万元，同比大幅降低。核电工程每千瓦造价约为1.3万～1.8万元。垃圾发电每千瓦造价约为4万～5万元。输电线路新建工程单位造价水平与2011年相比，小幅波动、基本持平，其中110～750kV交流架空线路工程单位造价略有下降，幅度在0.87%～1.98%之间；±500kV直流架空线路工程单位造价下降1.79%；交流电缆工程单位造价略有上涨，110kV和220kV交流电缆工程的涨幅分别为1.16%、0.93%。新建变电站工程单位造价水平呈现下降趋势，下降幅度为0.74%～12.79%，其中主变压器价格全年下降2.22%左右，GIS设备价格下降7.69%左右。±500kV电压等级换流站工程单位造价水平同比下降2.93%～4.12%。

电力优质工程不断涌现。2012年有35项工程获国家优质工程奖（其中4项工程获国家优质工程金质奖、31项工程获国家优质工程银质奖），4项工程获中国建设工程鲁班奖，18项工程获中国安装工程优质奖（中国安装之星），60项工程获中国电力优质工程奖，6项工程获中国电力优质工程奖（中小型）。

六、节能减排迈出新步伐

资源节约取得新成效。2012年全国火电机组供电标准煤耗325g/kWh，同比降低4g/kWh，煤电机组供电煤耗继续居世界先进水平；除吉林和青海外，全国各省（区、市）火电机组供电煤耗均较2011年有所降低。全国发电厂用电率5.1%、同比下降0.29个百分点，其中水电0.3%、同比下降0.06个百分点，火电6.1%、同比下降0.13个百分点；有16个省区市厂用电率低于全国平均值。全国线路损失率为6.74%，同比上升0.22个百分点。

火电污染物排放控制取得新绩效。2012年全国电力烟尘年排放量约为151万t，同比下降2.6%；每千瓦时火电发电量烟尘排放量为0.39g，同比下降1.7%。全国二氧化硫排放2117.6万t，同比下降4.5%；电力二氧化硫排放883万t、同比下降3.3%，电力二氧化硫排放量约占全国二氧化硫排放量的41.7%；每千瓦时火电发电量二氧化硫排放量为2.26g、同比下降0.08g，好于美国2011年水平（2.8g/kWh）；新投运火电厂烟气脱硫机组总容量约4500万kW，年底已投运火电厂烟气脱硫机组总容量约6.8亿kW、占全部煤电装机的90%（比2011年的美国高30个百分点），同比提高1个百分点；如果扣除循环流化床锅炉和计划关停机组，全国脱硫机组占煤电装机比例接近100%。电力氮氧化物治理力度不断加大，全年电力氮氧化物排放948万t，同比下降5.5%，扭转了电力氮氧化物排放量逐年增加的局面；每千瓦时火电发电量氮氧化物排放量为2.4g，同比下降约0.2g；烟气脱硝装置大规模建设，新投运火电厂烟气脱硝机组容量约9000万kW，年底在运火电厂烟气脱硝机组总容量超过2.3亿kW、占28.1%，规划和在建的烟气脱硝机组超过5亿kW。全国火电厂每千瓦时发电量耗水量2.15kg，同比降低0.19kg；每千瓦时发电量废水排放量0.10kg，同比降低0.13kg。全国燃煤电厂产生粉煤灰约5.4亿t，与2011年持平，是2005年的1.8倍；综合利用率约为 67%（粉煤灰综合利用率比美国 2011 年水平高 28 个百分点，粉煤灰综合利用量是美国 2011 年的 11.9 倍）。电力行业产生脱硫石膏约 6800 万 t，与 2011 年持平；综合利用率约 72%，同比增加 1 个百分点（脱硫石膏综合利用率比美国 2011 年水平高 25 个百分点，脱硫石膏综合利用量是美国 2011 年的 4.2 倍）。

应对气候变化工作取得新进展。2006～2012 年，电力行业通过发展非化石能源、降低供电煤耗和线损率等措施使碳减排量逐年提高，累计减排二氧化碳 35.6 亿 t，其中供电煤耗的降低对电力行业减排的贡献率达 52%。

七、科技创新步伐加快

特高压交流输电关键技术、成套设备及工程应用获国家科学技术进步奖特等奖，中核集团先进核能技术创新工程等 8 项电力科技成果获国家科学技术进步奖二等奖。在特高压领域，通过产学研用协同攻关，在电压控制、外绝缘配置、电磁环境控制、成套设备研制、系统集成、试验能力等六大方面实现创新突破，掌握了特高压交流输电核心技术，研制成功全套设备，建成世界上电压等级最高、输电能力最强的交流输电工程。依托项目，中国建立了完整的特高压技术标准体系，包含七大类 77 项标准，输变电装备制造业实现全面升级，在国际电工领域的影响力和话语权大幅提升，首次实现了中国创造和中国引领。

在发电领域，自主研发、自主设计、自主制造、自主建设、自主运营的华能天津 IGCC 电站示范工程投产，标志着中国洁净煤发电技术取得了重大突破。世界首台单机容量 80 万 kW 的水轮发电机组在金沙江向家坝水电站 7 号机组正式投产运行。采用第三代核电技术建设的 AP1000 核电机组进入主体建设阶段，风电、太阳能发电技术均有新突破。

八、电力企业经营状况有所改善

中国已有 8 家电力企业跻身世界 500 强行列，国家电网公司、南方电网公司、华能集团公司、国电集团公司、大唐集团公司继续保持在世界企业 500 强，中国电力建设集团公司、华电集团公司、中电投集团公司首次跻身世界企业 500 强。2012 年，全国规模以上电力企业资产总额为 8.66 万亿元，同比增长 6.84%，占全国规模以上工业企业资产总额的 11.62%，同比降低 0.56 个百分点；企业利润总额为 2473 亿元，比 2011 年增长 67.41%，占全国规模以上工业企业利润总额的 4.45%，远低于全国电力企业资产总额占全国规模以上工业企业的比重。在全国 4577 家规模以上电力企业中，亏损企业 1011 家，亏损面 22.09%，经营形势仍然十分严峻。

九、国际合作取得新进展

2012 年，电力行业扎实推进“走出去”战略，实际完成对外投资总额 70.65 亿美元，比 2011 年增长 1.41 倍。国际工程承包项目取得新的进展。电力设备和技术出口规模增长，直接出口设备和技术规模有所提高，技术服务和咨询业务开拓力度加大，涉及电网、燃煤电站、水电站、风电、太阳能等领域的项目可行性研究、规划、设计等。

十、电力改革取得新进展

深化电煤市场化改革。国务院办公厅发出《国务院办公厅关于深化电煤市场化改革的指导意见》（国办发〔2012〕57 号），要求自 2013 年起，取消重点合同，取消电煤价格双轨制，加快健全区域煤炭市场，为实施电煤市场化改革提供比较完善的市场载体；继续实施并不断完善煤电价格联动机制，当电煤价格波动幅度超过 5%时，以年度为周期，相应调整上网电价，同时将电力企业消纳煤价波动的比例由 30%调整为 10%；进一步清理和取消不合理收费，严肃查处乱涨价、乱收费以及串通涨价等违法违规行为。

完善脱硝电价政策。按照《国家发展改革委关于扩大脱硝电价政策试点范围有关问题的通知》（发改价格〔2012〕4095 号）规定，自 2013 年 1 月 1 日起，脱硝电价扩大为全国所有燃煤发电机组，脱硝电价标准为每千瓦时 8 厘钱；脱硝电价资金增加部分暂由电网企业垫付，择机在销售电价中予以解决；加强对脱硝电价政策执行的监管。

出台可再生能源电价附加补助资金管理办法。按照《关于印发〈可再生能源电价附加补助资金管理暂行办法〉的通知》（财建〔2012〕102 号）要求，可再生能源发电项目上网电量的补助标准根据可再生能源上网电价、脱硫燃煤机组标杆电价等因素确定；专为可再生能源发电项目接入电网系统而发生的工程投资和运行维护费用，按上网电量给予适当补助，补助标准为：50km 以内每千瓦时 1 分钱，50～100km 每千瓦时 2 分钱，100km 及以上每千瓦时 3 分钱；国家投资或者补贴建设的公共可再生能源独立电力系统执行同一地区分类销售电价，其合理的运行和管理费用超出销售电价的部分，通过可再生能源电价附加给予适当补助，补助标准暂定为每千瓦每年 0.4 万元。

完善垃圾焚烧发电价格政策。按照《国家发展改革委关于完善垃圾焚烧发电价格政策的通知》（发改价格〔2012〕801 号）规定，自 2012 年 4 月 1 日起，每吨生活垃圾折算上网电量暂定为 280kWh，并执行全国统一垃圾发电标杆电价每千瓦时0.65元（含税）、其余上网电量执行当地同类燃煤发电机组上网电价；垃圾焚烧发电上网电价高出当地脱硫燃煤机组标杆上网电价的部分实行两级分摊，当地省级电网负担每千瓦时0.1元（电网企业由此增加的购电成本通过销售电价予以疏导），其余部分纳入全国征收的可再生能源电价附加解决；切实加强垃圾焚烧发电价格监管，当以垃圾处理量折算的上网电量低于实际上网电量的50%时，不得享受垃圾发电价格补贴。

2013中国电力行业年度发展报告（摘要）❶

第一章 综 述

1. 电力建设成绩显著，电力生产和供应能力进一步增强

截至2012年底，全国全口径发电设备容量114 676万kW，比2011年增长7.9%。其中，水电24 947万kW，比2011年增长7.1%；火电81 968万kW，比2011年增长6.7%；核电1257万kW，与2011年持平；并网风电6142万kW，比2011年增长32.9%，跃居世界第一位；并网太阳能发电341万kW，比2011年增长60.6%。截至2012年底，全国电网220kV及以上输电线路回路长度50.58万km，比2011年增长6.50%；220kV及以上变电设备容量24.97亿kVA，比2011年增长12.96%。

2012年全国电源基建新增生产能力8315万kW。其中，水电1676万kW（包括165万kW抽水蓄能机组），水电新增装机创历史新高；火电5236万kW（包括燃气机组247万kW、余热余压发电105万kW、并网生物质发电75万kW、并网垃圾发电20万kW），并网风电1296万kW，并网太阳能光伏发电107万kW。向家坝水电工程3台80万kW机组、三峡地下电站2台70万kW机组、糯扎渡水电站3台65万kW机组等水电机组投产，全国新增60万kW及以上水电机组13台。三峡地下电站全部投产，三峡水电厂总装机容量达2250万kW。

2012年全国电力工程建设完成投资7393亿元，比2011年减少2.90%。其中，电源工程建设完成投资3732亿元，比2011年减少4.97%；电网工程建设完成投资3661亿元，比2011年减少0.70%。电源投资中，火电投资继续明显减少，比2011年减少11.55%；风电投资连续3年下降，比2011年减少32.70%；水电投资有较大增加，比2011年增加27.64%；核电投资比2011年增加2.69%；太阳能发电投资大幅度下降，比2011年减少36.18%。

锦屏—苏南800kV特高压直流工程建成投产；东北—华北联网高岭背靠背直流扩建工程投运，将东北—华北联网输送能力由150万kW提升到300万kW；中国首个国际直流输电项目——中俄直流背靠背联网工程正式投入商业运营。跨区特高压建设速度加快，溪洛渡左岸—浙江金华±800kV特高压直流输电工程、哈密南—郑州±800kV特高压直流输电工程，以及新疆—西北主网联网750kV第二通道工程等相继开工。皖电东送淮南—上海1000kV特高压交流输电工程、云南普洱—广东江门±800kV特高压直流输电工程稳步推进。

世界首座模块式高温气冷堆核电站——华能石岛湾核电站示范工程正式开建；2012年12月27日，中核集团田湾核电二期工程正式开工。

2. 电源结构调整取得新成果

截至2012年底，水电、核电、风电、太阳能发电等发电设备容量占全国发电设备容量的28.5%，比2011年提高0.8个百分点；火电设备容量占全国发电设备容量的71.5%，比2011年降低0.8个百分点。火电机组中天然气、煤矸石、生物质、垃圾、余热余压等发电装机所占比重达8.98%，比2011年提高0.67个百分点；大容量、高参数高效机组比重上升，30万kW及以上机组占全国火电机组总容量的75.57%，比2011年提高1.13个百分点。

3. 电力生产运行安全平稳

2012年，全国全口径发电量49 865亿kWh，比2011年增长5.41%。其中，水电8556亿kWh，比2011年增长28.06%；火电39 255亿kWh，比2011年增长0.65%；核电983亿kWh，比2011年增长12.75%；风电1030亿kWh，比2011年增长39.15%。全年6000kW及以上电厂发电生产及供热消耗原煤19.74亿t，比2011年减少1.61%。2012年，全国电厂发电设备利用小时4579h，比2011年减少151h。其中，水电3591h，比2011年大幅度增加572h；火电4982h，比2011年减少323h；核电7855h，比2011年增加96h；风电1929h，比2011年增加54h。

2012年，全国跨区送电量完成2018亿kWh，比2011年增长20.18%；跨省输出电量7170亿kWh，比2011年增长14.58%。2012年，全国没有发生重大以上电力人身伤亡责任事故，没有发生重大以上电力安全事故，没有发生较大以上电力设备事故，没有

❶ 本报告数据未包含港澳地区及台湾省。

发生电力系统水电站大坝垮坝、漫坝以及对社会造成重大影响的事故。

2012年纳入可靠性统计的10万kW及以上燃煤发电机组等效可用系数为92.93%，比2011年提高0.13个百分点；4万kW及以上水电机组等效可用系数为92.47%，比2011年提高0.25个百分点；220kV及以上电压等级架空线路、变压器、断路器三类主要输变电设施的可用系数分别为99.813%、99.853%、99.965%，比2011年分别提高0.114、0.066和0.024个百分点；城市用户、农村用户平均供电可靠率分别为99.949%、99.839%，比2011年分别提高0.029、0.049个百分点。

4. 电力消费需求增长放缓，电力供需总体平衡

2012年全年全国全社会用电量49 657亿kWh，比2011年增长5.6%，增速较2011年回落6.37个百分点。其中，第一产业用电量1003亿kWh，比2011年下降1.12%；第二产业用电量36 733亿kWh，比2011年增长4.11%；第三产业用电量5693亿kWh，比2011年增长11.52%；城乡居民生活用电量6228亿kWh，比2011年增长10.79%。轻业用电量增速总体高于重工业增速。西部地区除宁夏外其他省份全社会用电量增速均高于全国平均水平。

5. 电力改革取得新进展

《国务院办公厅关于深化电煤市场化改革的指导意见》（国办发〔2012〕57号）就深化电煤市场化改革提出要求，规定自2013年起，取消重点合同，取消电煤价格双轨制，加快健全区域煤炭市场，为实施电煤市场化改革提供比较完善的市场载体；继续实施并不断完善煤电联动机制。

从2012年7月1日起，全国除西藏和新疆以外的29个省份开始实行居民阶梯电价。

江苏省大用户直购电试点正式启动，黑龙江省大用户直购电试点方案获国家电监会、国家发改委、国家能源局批准。吉林、广东、辽宁、安徽、福建等省的大用户直购电试点方案先后获批。广东省东莞市开展了用电企业参与竞争性高峰电力电量交易试点工作。

6. 科技创新步伐加快

2012年，特高压交流输电关键技术、成套设备及工程应用获国家科学技术进步奖特等奖，中国核工业集团先进核能技术创新工程等8项电力科技成果获国家科学技术进步奖二等奖。依托项目，中国建立了完整的特高压技术标准体系，包含七大类77项标准，输变电装备制造业实现全面升级，在国际电工领域的影响力和话语权大幅提升，首次实现了中国创造和中国引领。

在发电领域，自主研发、自主设计、自主制造、自主建设、自主运营的华能天津IGCC电站示范工程投产，标志着中国洁净煤发电技术取得了重大突破。世界首台单机容量80万kW的水轮发电机组在金沙江向家坝水电站7号机组正式投产运行。采用第三代核电技术建设的AP1000核电机组进入主体建设阶段，风电、太阳能发电技术均有新突破。

7. 节能减排迈出新步伐

2012年，全国火电机组供电标准煤耗325g/kWh，比2011年降低4g，煤电机组供电煤耗继续居世界先进水平；全国线路损失率为6.74%，比2011年上升0.22个百分点；全国发电厂用电率5.1%，比2011年下降0.29个百分点，其中火电厂用电率6.1%，比2011年下降0.13个百分点。

2012年，全国电力烟尘年排放量151万t，比2011年下降2.6%；每千瓦时火电发电量烟尘排放量0.39g，比2011年下降0.01g。烟气脱硝装置开始了大规模建设。全国新投运火电厂烟气脱硝机组容量0，9亿kW，截至2012年底，全国已投运火电厂烟气脱硝机组总容量超过2.3亿kW，占全国现役火电机组容量的28.1%，规划和在建的烟气脱硝机组5亿kW。据中电联统计，全年电力氮氧化物排放量948万t，比2011年下降5.5%，每千瓦时火电发电量氮氧化物排放量2.4g，比2011年下降0.2g，扭转了电力氮氧化物排放量逐年增加的局面。

2012年全国新投运火电厂烟气脱硫机组总容量约4500万kW，截至2012年底，全国累计投运火电厂烟气脱硫机组容量约6.8亿kW，占燃煤机组容量的90%（比2011年的美国高30个百分点），比2011年提高1个百分点；全年电力二氧化硫排放量883万t，比2011年下降3.3%。每千瓦时火电发电量二氧化硫排放量2.26g，比2011年下降0.08g（好于美国2011年每千瓦时2.8g水平）。

2006～2012年，电力行业通过发展非化石能源、降低供电煤耗和线损率等措施使碳减排量逐年提高，累计减排二氧化碳35.6亿t，其中，供电煤耗的降低对电力行业减排的贡献率达52%。

8. 电力企业经营状况有所改善

2012年，国家电网公司、中国南方电网有限责任公司、中国华能集团公司、中国国电集团公司、中国大唐集团公司继续保持在世界企业五百强，中国电力建设集团公司、中国华电集团公司、中国电力投资集团公司首次跻身世界企业五百强。2012年，全国规模以上电力企业资产总额为86 570亿元，比2011年增长6.84%，占全国规模以上工业企业资产总额的11.62%，比2011年降低0.56个百分点；企业利润总额为2473亿元，比2011年增长67.41%，占全

国规模以上工业企业利润总额的4.45%，远低于全国电力企业资产总额占全国规模以上工业企业的比重。2012年，在全国4577家规模以上电力企业中，亏损企业1011家，亏损面22.09%，经营形势仍然十分严峻。

9. 国际合作取得新成绩

2012年，电力行业实际完成对外投资总额70.65亿美元，比2011年增长1.41倍。电力设备和技术出口规模增长，直接出口设备和技术规模有所提高，技术服务和咨询业务开拓力度加大，涉及电网、燃煤电站、水电站、风电、太阳能等领域的项目可行性研究、规划、设计等。中国电力企业的国际影响力有了新的提升。

第二章　法规政策和标准化（略）

第三章　电力改革、行业管理、监管与服务（略）

第四章　电力工程建设

一、电力工程投资

2012年，全国电力工程建设完成投资7393亿元，比2011年减少2.90%。其中，电源工程建设完成投资3732亿元，比2011年减少4.97%，占全国电力工程建设完成投资总额的50.48%；电网工程建设完成投资3661亿元，比2011年减少0.70%，占全国电力工程建设完成投资总额的49.52%。

（一）电源工程完成投资情况

2012年，全国火电完成投资继续明显减少，风电完成投资连续3年下降，水电完成投资比2011年有较大的增加，核电完成投资略有增加。2012年电源工程建设项目投资完成情况见表1。

表1　2012年电源工程建设项目投资完成情况❶

类型		本年投资完成额（亿元）	比2011年增长（%）	占全部电源投资额的比例	
				比例（%）	比2011年提高（百分点）
电源工程建设投资		3732	−4.97	100.00	
其中	水电	1239	27.64	33.20	8.48
	火电	1002	−11.55	26.86	−2.00
	核电	784	2.69	21.03	1.58
	风电	607	−32.70	16.27	−6.70
	太阳能	99	−36.18	2.64	−1.36

2012年各区域电源工程建设项目投资完成情况见表2。

（二）电网工程完成投资情况

2012年，全国电网工程建设完成投资略少于2011年。2012年分区域电网工程建设项目完成投资情况见表3，2012年电网工程建设完成投资情况（按电压等级分）见表4。

表2　2012年各区域电源工程建设项目投资完成情况

区域	投资完成额（亿元）					合计完成投资比2011年增长（%）	完成投资额占全国的比重（%）
	合计	水电	火电	核电	风电		
全国合计	3732	1239	1002	784	607	−4.97	100.00
华北区域	527	14	241	65	196	−23.73	14.12
东北区域	309	11	92	101	104	−31.18	8.28
华东区域	650	34	286	263	63	3.50	17.42
华中区域	812	664	122	6	19	7.40	21.73
西北区域	376	69	103	0	127	−21.17	10.08
南方区域	1058	447	159	349	98	14.13	28.35

❶本报告表中数据西北区域包括西藏，蒙东计入东北区域，蒙西计入华北区域。

表3　　2012年分区域电网工程建设项目完成投资情况

区域		完成投资额			占全国电网工程投资的比例	
		数量（亿元）	比2011年增长（%）	增速比2011年提高（百分点）	比例（%）	比例比2011年提高（百分点）
全国		3661	−0.70	−7.63	100.00	—
国家电网区域	合计	2977	0.42	−12.82	81.33	0.91
	总部投资	30	−65.53	−2.29	0.83	−1.55
	华北区域	759	8.53	−34.66	20.72	1.77
	东北区域	286	−4.83	−37.48	7.80	−0.33
	华东区域	916	14.63	4.46	25.02	3.35
	华中区域	730	−4.37	−39.25	19.93	−0.78
	西北区域	257	−18.52	−3.29	7.03	−1.55
南方电网区域		684	−5.31	7.83	18.67	−0.91

表4　　2012年电网工程建设完成投资情况（按电压等级分）

项目		2012年完成投资额（亿元）	比2011年增长（%）
合计		3661	−0.70
其中	±800kV	226	110.51
	±500kV	51	9.73
	1000kV	60	12.29
	750kV	59	−26.95
	500kV	263	−27.62
	330kV	29	47.64
	220kV	877	−19.27
	110kV（含66kV）	804	1.82

二、电源工程建设

（一）电源新增装机情况

1. 基建新增发电装机情况

2012年，全国电源基建新增生产能力8315万kW，比2011年少投产1121万kW。其中，水电1676万kW，比2011年多投产393万kW，占全部新投产容量的20.15%，比2011年提高6.56个百分点；火电5236万kW，比2011年少投产1005万kW，占全部新投产机组容量的62.97%，比2011年降低3.18个百分点；并网风电1296万kW，比2011年少投产232万kW，占全部新投产容量的15.59%，比2011年降低0.60个百分点；并网太阳能光伏发电新增107万kW，比2011年少投产89万kW。

2. 各能源类型新增发电装机情况

水电新增装机创历史新高，2012年新增发电装机1676万kW。2012年，三峡金沙江向家坝水电工程3台80万kW机组、三峡地下电站2台70万kW机组、国投四川官地水电机组3台60万kW及四川锦屏一级水电机组1台60万kW、华能云南糯扎渡水电站3台65万kW、云南汉能金安桥水电站1台60万kW机组、华电四川泸定水电站2台23万kW、华能云南功果桥水电站2台22.5万kW机组、云南金沙江阿海水电站1台40万kW等一批大中型水电机组相继投产；抽水蓄能机组投产165万kW。

火电继续以大容量燃煤机组为主，但新增火电装机容量中燃煤机组所占比重比2011年有所下降。2012年，全国新增燃煤（含煤矸石）机组4788万kW，占火电新增容量的91.44%，比2011年下降2.08个百分点；全年新投产单机容量30万kW及以上燃煤（含煤矸石）机组87台、共4678万kW，分别占新投产燃煤机组和火电机组容量的97.70%和89.34%，其中，60万kW及以上燃煤机组40台、共3082万kW，占新投产燃煤机组容量的60.37%，包括山东莱州电厂一期工程2台、河南沁北电厂三期2台和广西贺州电厂2台等共15台百万千瓦超超临界火电机组。2012年年底，全国在运百万千瓦超超临界火电机组54台。中国首座煤气化联合循环电站——华能天津IGCC示范电站的投产，标志着中国洁净煤发电技术取得了重大突破。此外，2012年新增燃气机组247万kW，占火电新增容量的4.72%，主要分布在浙江、江苏、山西；新增余热余压发电容量105万kW、并网生物质发电容量75万kW、并网垃圾发电容量20万kW。

核电无新投产机组。

风电新增规模小于2011年，增速明显回落。2012年，全国新增并网风电容量1296万kW，比2011年减少15.18%，增速比2011年下降20.04个百分点。分省份看河北、内蒙古、山东、云南、山西新增并网风电容量超过100万kW。

2012年全年新增并网太阳能发电装机容量107万kW，其中，甘肃、青海、新疆并网太阳能发电装机投产容量分别达到29万kW、23万kW和14万kW。

3. 分区域新增装机情况

各区域中，华中区域基建新增装机容量最多，主要以水电和火电为主，在四川、湖北等一批大中型水电机组集中投产的带动下，区域新增水电装机容量占全国新增水电装机容量的57.52%，新增装机容量占全国新增装机容量的25.33%，比2011年提高7.87个百分点。

4. 分省份新增装机情况

2012年，基建新增装机容量超过500万kW的省份有四川、云南、河南、新疆、江苏、广东、山东，基本上属于资源比较丰富或用电量较多的省份；此外，湖北、辽宁、山西、安徽和河北基建新增装机容量超过300万kW。新增装机容量少于100万kW的省份有湖南、陕西、黑龙江、海南、上海、天津、重庆、西藏和北京。新增装机容量比上年减少超过100万kW的省份有内蒙古、宁夏、甘肃、山西、广东、浙江、青海、重庆；新增装机容量比上年增加超过100万kW的省份有四川、云南、河南、安徽、辽宁和广西。2012年全国各省份新增装机容量情况见“统计资料”篇。

（二）电源新开工项目

2012年全国新开工电源项目装机容量4436万kW，比2011年增加76万kW。其中，水电926万kW，比2011年减少80万kW；火电2445万kW，比2011年增加302万kW；核电241万kW；风电831万kW，比2011年减少283万kW。新开工的大中型水电项目主要有云南观音岩水电站、云南鲁地拉水电站、云南苗尾水电站、四川大渡河枕头坝一级水电站等；新开工的核电项目为田湾核电站二期、阳江核电站4号机组和石岛湾高温气冷堆示范工程；新开工单机容量60万kW及以上火电机组16台、共1300万kW，其中，百万千瓦火电机组6台。

三、电网工程建设

（一）电网新增能力情况

2012年，全国新增110kV及以上输电线路长度66 269km，比2011年减少0.95%。新增输电线路长度中，以220kV和110kV等级为主，其中220kV 26 431km，110kV 32 040km，两者合计新增占全国新增110kV及以上线路长度的88.23%，所占比重比2011年提高6.28个百分点；新增500kV输电线路长度4747km，比2011年减少35.24%。

2012年，全国新增直流输电能力1890万kW，比2011年增长68.75%；全国新增110kV及以上变电设备容量28 835万kVA，比2011年减少5.75%，主要是330kV及220kV变电设备容量分别比2011年减少39.41%和6.34%，而500kV及110kV（含66kV）变电设备容量分别比2011年增长22.76%和8.37%。2012年全国新增交直流输电线路规模见表5。

表5 2012年全国新增交直流输电线路规模

新增输电线路	能力、容量（万kW、万kVA）	长度（km）
总计		66 269
1. 直流工程	1890	2090
±800kV	1440	2090
±660kV		
±500kV	450	
±400kV		
2. 交流工程（110kV及以上）	28 835	64 179
100kV		
750kV		741
500kV	7200	4747
330kV	372	219
220kV	11 269	26 431
110kV（含66kV）	9994	32 040

（二）部分重点电网工程建设项目

2012年锦屏—苏南±800kV特高压直流输电工程投运，成为目前世界上输送容量最大、送电距离最远、电压等级最高的直流输电工程，工程可有效解决四川电力“丰余枯缺”的结构性矛盾，满足东部地区经济社会持续发展用电需求。东北—华北联网高岭背靠背直流扩建工程投运，将东北—华北联网输送能力由150万kW提升到300万kW，有助于缓解东北地区风电外送问题。中俄能源电力合作项目——中俄直流背靠背联网工程正式投入商业运营，该工程是中国首个国际直流输电项目，也是目前中国境外购电电压等级最高、输电容量最大的输变电工程。溪洛渡左岸—浙江金华±800kV特高压直流输电工程、哈密南—郑州±800kV特高压直流输电工程、新疆—西北主网联网750kV第二通道工程等相继开工。皖电东送淮南—上海1000kV特高压交流输电工程、云南普洱—广东江门±800kV特高压直流输电工程进展顺利。

四、电力建设工程造价

（一）发电工程

1. 燃煤发电工程

2012年，不同容量等级燃煤发电新建工程造价水平与2011年比均有所下降。其中，2×100万kW机组单位造价下降幅度最大，体现了中国百万千瓦容量燃煤发电机组技术的成熟和成本的节约。2011年、2012年燃煤发电工程单位造价变化情况见表6。

表6　2011年、2012年燃煤发电工程单位造价变化情况

机组容量	机组种类	单位造价（元/kW）		2012年与2011年比变化率（%）
		2011年	2012年	
2×30万kW	亚临界	4430	4349	−1.83
2×35万kW	超临界	4152	4082	−1.69
2×60万kW	超临界	3622	3554	−1.88
2×66万kW	超临界	3372	3287	−2.52
2×100万kW	超超临界（滨海）	3658	3534	−3.39
	超超临界（内陆）	3497	3355	−4.06

与2011年相比，2012年2×30万kW、2×60万kW、2×100万kW燃煤发电工程建筑工程费、设备购置费、安装工程费和其他费用总体呈下降趋势。设备购置费占工程总投资40%～50%，是影响工程单位造价的主要因素。主要设备中，锅炉价格下降5.71%～9.23%，高压加热器、给水泵等辅机价格下降3%～10%，汽轮机、发电机等其他设备价格基本持平，变化不大。2011年、2012年燃煤发电工程各项费用变化率见图1。

2. 燃气—蒸汽联合循环电站工程

2012年，2×18万kW（9E级）燃气—蒸汽联合循环电站新建工程（一拖一）、2×30万kW（9F级纯凝）燃气—蒸汽联合循环电站新建工程（一拖一）造价水平与2011年相比基本持平。2011年、2012年燃气—蒸汽联合循环电站工程单位造价变化情况见表7。

表7　2011年、2012年燃气—蒸汽联合循环电站工程单位造价变化情况

机组容量和种类	单位造价（元/kW）		2012年与2011年比变化率（%）
	2011年	2012年	
2×30万kW，9F级纯凝	2850	2830	−0.70
2×18万kW，9E级	3078	3140	2.01

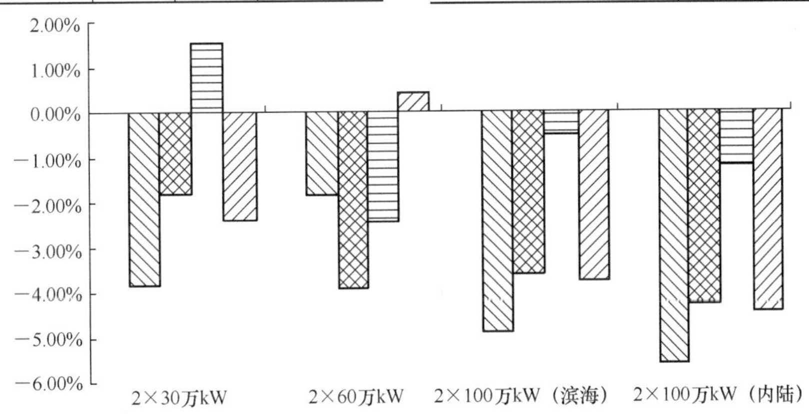

图1　2011年、2012年燃煤发电工程各项费用变化率

3. 清洁能源发电工程

2012年水电工程造价为每千瓦8000～12 000元。近年来，水电工程单位造价呈现逐渐上涨的趋势，主要原因：一是人工工资及消费价格水平上涨明显；二是优质的水电资源逐步减少，水电工程开发建设的整体难度加大；三是移民安置补偿标准大幅度提高，以及国家对环保日益重视和相关标准提高，使得环保投资增长较多。

2012年，陆上风电工程造价为每千瓦6500～9000元，海上风电工程造价为每千瓦10 000～15 000

元。与陆上风电相比，海上风电建设难度大，设备可靠性要求高，投资成本较高，造价达到了陆上风电的1.5倍左右。

2012年，根据工程规模容量及发电型式不同，太阳能发电工程造价每千瓦0.8万～1.5万元不等，较2011年有较大幅度的降低。其中设备购置费所占比重很大，为65%～88%。

核电工程2012年造价为每千瓦1.3万～1.8万元。其中设备购置费所占比重约为41%。

垃圾发电工程2012年造价为每千瓦4万～5万元。

（二）电网工程

1. 输电线路工程

2012年，输电线路新建工程单位造价水平与2011年相比，小幅波动、基本持平。其中，110kV～750kV交流架空线路工程单位造价略有下降，幅度在0.87%～1.98%之间：±500kV直流架空线路工程单位造价下降1.79%；交流电缆工程单位造价略有上涨，110kV和220kV交流电缆工程的涨幅分别为1.16%、0.93%。

2012年，导线价格全年相对平稳，略有下降，每吨价格年初为16 200元，年终为16 000元，下降1.23%；塔材价格主要由角钢、锌价格、相关加工费用及市场供求关系决定，2012年，塔材每吨价格年初约为7800元，年终约为7700元，下降下1.28%。

2012年，电缆工程的造价比2011年略有上升。电缆工程与架空线路工程单位造价呈现相反的变化趋势，是因为受到2012年铜价格上涨的影响。2011年、2012年输电线路工程单位造价变化情况见表8。

表8　2011年、2012年输电线路工程单位造价变化情况

电压等级	单位造价（万元/km）		2012年与2011年比变化率（%）
	2011年	2012年	
一、交流架空线路工程			
110kV	55.86	55.37	−0.87
220kV	75.33	74.18	−1.53
330kV	88.00	86.45	−1.76
500kV	179.81	176.69	−1.73
750kV	257.39	252.30	−1.98
二、直流架空线路工程			
±500kV	176.49	173.33	−1.79
三、交流电缆工程			
110kV	563.32	569.85	1.16
220kV	1507.30	1521.32	0.93

2. 变电站工程

2011年、2012年新建变电站工程单位造价变化情况见表9。

2011年、2012年变电站工程各项费用变化率见图2。

3. 换流站工程

2011年、2012年新建直流换流站工程单位造价变化情况见表10。

表9　2011年、2012年新建变电站工程单位造价变化情况

电压等级	变电站容量	断路器型式	单位造价（元/kVA）		2012年与2011年比变化率（%）
			2011年	2012年	
110kV	1×4万kVA	国产GIS设备	279.39	276.51	−1.03
		SF_6断路器	301.43	298.78	−0.88
	2×5万kVA	国产GIS设备	344.84	341.49	−0.97
		SF_6断路器	416.05	412.97	−0.74
220kV	2×18万kVA	柱式断路器	259.60	251.36	−3.17
		GIS组合电器	252.35	273.58	−6.42
330kV	1×24万kVA	柱式断路器	467.51	461.16	−1.36
		罐式断路器	473.49	467.11	−1.35
	1×36万kVA	GIS组合电器	420.21	385.97	−8.15
500kV	1×75万kVA	柱式断路器	250.06	236.85	−5.28
	2×100万kVA	HGIS组合电器	323.71	294.59	−9.00
		罐式断路器	165.34	149.16	−9.78
		GIS组合电器	184.22	160.65	−12.79
750kV	1×210万kVA	罐式断路器	329.12	311.26	−5.43

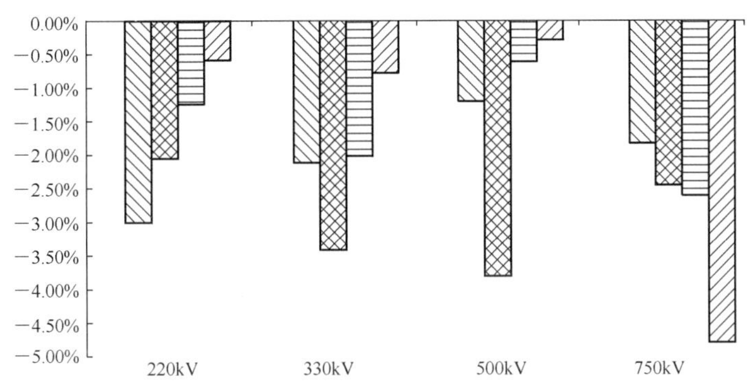

图 2　2011 年、2012 年变电站工程各项费用变化率

表 10　2011 年、2012 年新建直流换流站工程单位造价变化情况

电压等级	变电站容量	断路器型式	单位造价（元/kW）		2012 年与 2011 年比变化率（%）
			2011 年	2012 年	
±500kV	300 万 kW	户内 GIS	610.87	577.60	−5.45
		户外柱式断路器	585.69	568.51	−2.93

五、电力优质工程

2012 年，电力行业有 35 项工程获国家优质工程奖（其中，4 项工程获国家优质工程金质奖、31 项工程获国家优质工程银质奖），4 项工程获中国建设工程鲁班奖，18 项工程获中国安装工程优质奖（中国安装之星），60 项工程获中国电力优质工程奖，6 项工程获中国电力优质工程奖（中小型），具体项目名单分别见“重点工程篇”。

第五章　电力生产与供应

一、电力生产与供应能力

（一）发电装机规模

1. 全国整体情况

截至 2012 年底，全国全口径发电装机容量 114 676 万 kW，比 2011 年增长 7.9%，增速比 2011 年下降 2.05 个百分点。其中，水电 24 947 万 kW，比 2011 年增长 7.1%；火电 81 968 万 kW，比 2011 年增长 6.7%；核电 1257 万 kW，与 2011 年持平；并网风电容量 6142 万 kW，比 2011 年增长 32.9%；并网太阳能发电 341 万 kW，比 2011 年增长 60.6%。核电、并网风电、并网太阳能发电占全国发电装机容量的比重为 6.7%，而水电、火电所占比重分别为 21.8%、71.5%。2012 年底全国全口径发电装机结构情况见图 3。

截至 2012 年底，全国 6000kW 及以上电厂发电装机容量 111 214 万 kW，分类型容量结构见表 11。

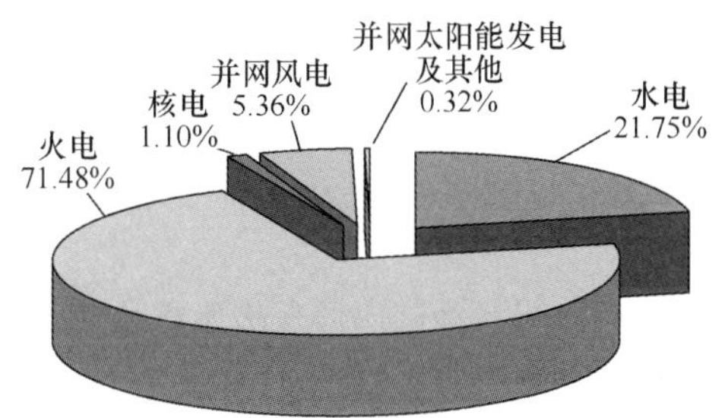

图 3　2012 年底全国全口径发电装机结构情况

表 11　2012 年底全国 6000kW 及以上电厂发电设备容量结构

类　型		装机容量（万 kW）	装机容量增速（%）
全国		111 214	8.12
水电		22 043	7.79
火电		81 426	6.71
其中	燃煤发电	75 382	6.28
	其中:煤矸石发电	1574	21.56
	燃油发电	301	−8.08
	燃气发电	3717	8.84
	其他类型发电	2025	24.19
	其中:生物质发电	769	37.54
核电		1257	—
风电		6142	32.86
其他类型发电设备（主要为光伏发电）		347	50.50

2. 分区域情况

近两年各电网供电区域发电装机容量情况见图4。

3. 分省份情况

截至2012年底，全国有12个省份的全口径发电装机容量超过4000万kW，这些省份均是用电大省或能源资源富集省份。其中，内蒙古、广东、江苏、山东全口径发电装机容量分别为7840万kW、7810万kW、7544万kW和7315万kW；浙江6164万kW，湖北、河南、四川、山西超过5000万kW，河北、云南、贵州超过4000万kW。全口径发电装机容量低于1000万kW的省份为北京、海南、西藏。

2012年，新疆、云南、海南三个省份的全口径发电装机容量增长率分别达到38.08%、19.21%和18.57%，居全国前列。陕西、浙江、广东、贵州全口径发电装机容量比上年增长均低于3%。2012年底全国各省份全口径发电装机容量情况见“统计资料篇”。

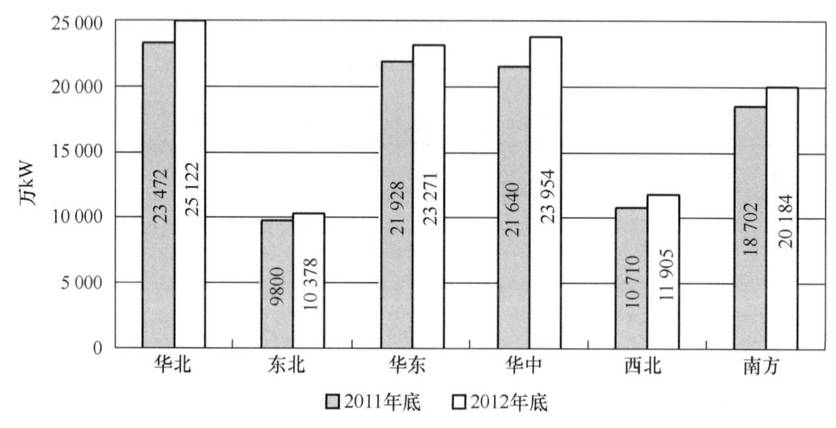

图4 2011年、2012年底各电网供电区域发电装机容量情况

（二）全国行业统计调查范围内水电、火电机组容量等级结构情况

1. 全国行业统计调查范围内水电机组容量等级结构情况

截至2012年底，纳入行业6000kW及以上机组统计调查范围的水电机组容量20 377万kW，占全国6000kW及以上水电机组容量的92.44%。在调查范围内的水电机组中，单机60万kW及以上水电机组容量所占比重比2011年提高2.24个百分点；单机30万～60万kW（不包含60万kW）、20万～30万kW（不包含30万kW）、10万～20万kW（不包含20万kW）、5万～10万kW（不包含10万kW）和5万kW以下水电机组比重分别比2011年降低0.78、0.03、0.81、0.55和0.16个百分点。2012年底全国行业统计调查范围内的水电机组容量等级结构情况见图5。

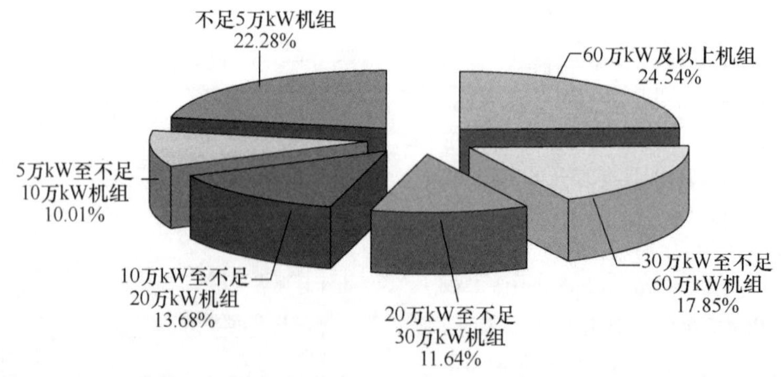

图5 2012年底全国行业统计调查范围内的水电机组容量等级结构情况图

2. 全国行业统计调查范围内火电机组容量等级结构情况

截至2012年底，纳入行业6000kW及以上机组统计调查范围的火电机组容量80 302万kW，占全国6000kW及以上火电机组容量的98.62%。调查范围内火电机组平均单机容量11.8万kW，比2011年提高0.4万kW。在调查范围内的火电机组中，60万kW及以上火电机组容量所占比重达到40.15%，比2011年提高1.28个百分点，比2005年提高28.47个百分点，反映大容量、高参数的火电机组自“十一五”以来得到迅速发展；单机30万～60万kW（不包含60万kW）、20万～30万kW（不包含30万kW）、10万～20万kW（不包含20万kW）和不足10万kW火电机组比重分别比2011年降低0.15、0.53、0.33和0.28个百分点。全国行业统计调查范围内火电机组容量等级结构见表12。

表12　　2012年底全国行业统计调查范围内火电机组容量等级结构

指标分类			计算单位	火电机组合计	占统计调查范围内火电容量比例（%）
6000kV及以上机组		合计	台	6805	100.00
			万kW	80 302	
其中	600万kW及以上机组	小计	台	488	40.15
			万kW	32 241	
	30万～60万kW机组（不含60万kW）	小计	台	882	35.42
			万kW	28 441	
	20万～30万kW机组（不含30万kW）	小计	台	250	6.49
			万kW	5212	
	10万～20万kW机组（不含20万kW）	小计	台	475	7.80
			万kW	6261	
	不足10万kW机组	小计	台	4710	10.14
			万kW	8146	

（三）部分大型发电企业情况

截至2012年底，在纳入中电联直报统计范围内的大型发电企业中，装机容量超过500万kW的企业共有19家，合计装机容量80 710万kW，占全国全口径装机容量的70.38%。截至2012年底，这19家发电企业拥有火电装机容量61 567万kW，占全国火电装机容量的75.11%。其拥有的水电、核电、风电、其他类型发电设备（绝大部分为并网太阳能发电）的装机规模合计为19 144万kW，其中，水电12 358万kW，占全国水电装机容量的49.54%；风电5318万kW，占全国风电装机容量的86.58%；其他类型发电为211万kW，占全国其他类型发电容量的58.31%。

截至2012年底，五大发电集团公司合计装机容量55 080万kW，比2011年增长7.15%，占全国总装机容量的48.03%，比重较2011年降低0.35个百分点。其中，水电装机容量7822万kW，比2011年增长8.10%，占全国水电装机容量的31.36%，比重比2011年提高0.3个百分点；火电装机容量43 191万kW，比2011年增长5.70%，占全国火电装机容量的52.69%，比重比2011年降低0.49个百分点；风电装机容量3906万kW，比2011年增长21.61%，占全国风电装机容量的63.59%，比重比2011年降低5.89个百分点。

五大发电集团公司中，中国华能集团公司发电设备容量13 508万kW，比2011年增长7.74%；中国国电集团公司装机容量达到12 008万kW，比2011年增长12.51%；中国大唐集团公司、中国华电集团公司、中国电力投资集团公司装机容量分别为11 377万kW、10 180万kW、8007万kW，分别比2011年增长2.46%、8.18%和4.26%。五大发电集团水电装机容量均超过1100万kW。中国国电集团公司并网风电装机容量达到1497万kW，中国华能、中国大唐集团公司风电并网装机容量超过800万kW。

其他发电企业中，神华集团有限责任公司装机容量为6431万kW，比2011年大幅度增长38.19%；华润电力控股公司、中国长江三峡集团公司、广东省粤电集团有限公司、浙江省能源集团有限公司、国投电力公司装机容量均超过2200万kW；北京能源投资集团有限公司、中国广核集团有限公司装机容量超过1000万kW。

（四）大型电厂情况

2012年底，全国装机容量最大的水电厂（站）是三峡水电厂（2240万kW）；装机容量最大的火电厂是大唐集团托克托发电公司（480 万 kW）；装机容量最大的核电站是中核集团核电秦山联营有限公司（262 万 kW）。

2012 年底大型电厂装机和发电情况见表 13。

（五）电网输送能力

1. 电网规模整体情况

2012 年底，全国电网 35kV 及以上输电线路回路长度 148.0 万 km，比 2011 年底增长 4.99%，其中 220kV 及以上输电线路回路长度 50.58 万 km，比 2011 年底增长 6.50%；全国电网 35kV 及以上变电设备容量 44.59 亿 kVA，比 2011 年底增长 12.03%，其中 220kV 及以上变电设备容量 24.97 亿 kVA，比 2011 年底增长 12.96%。2012 年底全国 35kV 及以上输电线路回路长度及变电设备容量情况见统计资料篇。

表 13　　2012 年底大型电厂装机和发电情况

类　型	大型电厂数量（座）	期末设备容量（万 kW）	发电量（亿 kWh）	设备利用小时（小时）
合计	151	33 807	15 208	4704
水电	48	10 554	3394	3398
火电	97	22 033	10 859	5143
核电	6	1220	955	7828

从分省份情况看，全国共有 11 个省份的 220kV 及以上输电线路回路长度超过 2 万 km，分别是江苏、广东、四川、河北、内蒙古、山东、湖北、河南、云南、辽宁和浙江，其中江苏达到 3.27 万 km，这些省份基本都是电力消费大省或电力输送、交换大省。全国共有 8 个省份的 220kV 及以上变电设备容量超过 1 亿 kVA，分别是广东、江苏、浙江、山东、河北、河南、辽宁和四川，其中广东和江苏分别达到 2.45 亿 kVA 和 2.29 亿 kVA。

2. 跨区域电网及全国联网

截至 2012 年底，华北电网通过 2012 年新投产的高岭直流背靠背扩建工程与东北电网联网。通过宁东—山东±660kV 直流与西北电网联网；同时，陕西府谷、锦界电厂通过 500kV 交流线路以点对网方式接入河北南网，向华北电网送电。通过晋东南—荆门 1000kV 特高压交流扩建工程与华中电网联网，充分发挥南北水火互济能力。

华东电网是全国重要的受端电网，通过葛南直流、龙政直流、宜华直流、向上直流、三沪二回直流（林枫直流）以及 2012 年新投产的锦苏直流线路与华中电网联网，大规模接受三峡、葛洲坝及四川的水电。山西阳城电厂通过 500kV 交流线路以点对网方式接入江苏电网，向华东电网送电。

华中电网位于全国电网的中心，通过晋东南—荆门特高压试验示范工程与华北电网联网，通过灵宝背靠背、德宝直流工程与西北电网联网，接受华北、西北煤电基地电力并实现水火互济。通过锦苏直流、葛沪直流、龙政直流等工程与华东电网联网，将三峡、葛洲坝及四川的水电送往华东负荷中心。通过江城（三广）直流与南方电网联网，将三峡水电送至广东负荷中心。

东北电网通过高岭直流背靠背扩建工程与华北电网联网。2012 年，黑河直流背靠背工程正式投入商业运营，东北电网与俄罗斯电网联网，提高了中俄两国之间电力交换规模，为口岸城市快速发展的电力需求提供了稳定可靠保障。

西北电网通过灵宝背靠背工程、德宝直流工程与华中电网联网，向华中电网送电并实现水火互济。通过宁东—山东直流工程与华北电网联网，将宁东煤电基地电力送至山东负荷中心。通过青藏联网工程与藏中电网联网，从根本上解决了西藏电网长期缺电问题。

南方电网通过江城直流与华中电网联网，并接纳三峡水电送入。通过交流输电线路与香港、澳门联网，为香港、澳门特别行政区提供电力支撑。通过 220kV 以及 110kV 交流线路与越南、缅甸、老挝等东南亚国家边境地区实现电网互联和电力互供。湖南鲤鱼江电厂通过 500kV 交流线路以点对网方式接入广东电网，向南方电网送电。在南方电网内部，建成多回交直流混合“西电东送”跨省输电通道，将云南、贵州的电力送往广东和广西负荷中心。

3. 跨区电力输送能力

截至 2012 年底，国家电网公司跨区输电工程输电能力超过 5100 万 kW。其中，交直流联网工程跨区输电能力超过 4250 万 kW，跨区点对网送电能力超过 850 万 kW。南方电网内部形成“八交五直”的

"西电东送"主网架，输电能力超过 2300 万 kW；江城直流与南方电网联网输电能力 300 万 kW，鲤鱼江—广东跨区点对网送电工程输电能力 180 万 kW。

中国内地与俄罗斯、越南、缅甸等周边国家和香港、澳门地区电力交换能力超过 200 万 kW，电网境内外优化配置资源的功能逐步显现。

二、电力生产

（一）发电量

1. 全国总体情况

2012 年全国电力生产基本情况见表 14。

表 14　2012 年全国电力生产基本情况

类　型	发电量（亿 kWh）	比 2011 年增长（%）	所占结构比例（%）	所占比例比 2011 年提高（百分点）
合计	49 865	5.41	100.00	
水电	8556	28.06	17.16	3.04
火电	39 255	0.65	78.72	−3.73
核电	983	12.75	1.97	0.13
风电	1030	39.15	2.07	0.50
其他类型发电	41	367.82	0.08	0.07

2. 分省份情况

2012 年，全口径发电量增速超过 20%的省份有新疆（35.77%）、青海（20.78%），主要是由于 2011 年基数小，增长率较高；负增长的省份有西藏、上海、天津、广东、河南。2012 年全国各省份全口径发电量见"统计资料篇"。

3. 水力发电情况

2012 年，全国 30 个有水电设备的省份中，有 15 个省份的全口径水电发电量超过 100 亿 kWh，这些水电生产大省的水电发电量合计 8116 亿 kWh，占全国水电发电量的 94.86%。与 2011 年相比，这些水电生产大省中，江西增长 94.38%；福建增长 66.96%；湖南、重庆、贵州、广东、浙江增长均超过 40%；河南、广西、青海、云南、四川、甘肃增长均超过 20%。水电装机最多的湖北增长 18.25%。

4. 火力发电情况

2012 年，全国全口径火电发电量 39 255 亿 kWh，比 2011 年增长 0.65%，增速比 2011 年降低 13.51 个百分点；占全部发电量的比重为 78.72%，比 2011 年降低 3.73 个百分点。分季度看，前三季度火电发电量增速总体呈现逐月下降的趋势，各季度增速分别为 7.00%、2.60%、−0.2%，第四季度火电发电量增速回升至 0.6%。

从分省情况看，2012 年，全口径火电发电量超过 2000 亿 kWh 的省份有江苏（3943 亿 kWh）、山东（3241 亿 kWh）、内蒙古（3029 亿 kWh）、广东（2848 亿 kWh）、河南（2465 亿 kWh）、山西（2454 亿 kWh）、浙江（2273 亿 kWh）和河北（2178 亿 kWh），低于 500 亿 kWh 的省份有云南（480 亿 kWh）、重庆（336 亿 kWh）、北京（283 亿 kWh）、海南（182 亿 kWh）、青海（120 亿 kWh）和西藏（5 亿 kWh）。

2012 年全口径火电发电量增速高于 10%的省份仅有新疆（37.57%）、海南（15.30%），有 18 个省份火电发电量负增长，其中降幅超过 10%的省份有云南（−10.49%）、福建（−12.07%）、重庆（−13.25%）、湖南（−14.97%）。

（二）发电设备平均利用小时

1. 全国总体情况

2012 年分类型发电设备累计平均利用小时数变化情况见表 15。

表 15　2012 年分类型发电设备累计平均利用小时数变化情况　单位：h

类型		2012 年	比 2011 年增加
发电设备累计平均利用小时数		4579	−151
其中	水电	3591	572
	火电	4982	−323
	核电	7855	96
	风电	1929	54

根据中电联对主要发电企业火电机组调查统计分析，2012 年各等级火电机组利用率均比 2011 年有所降低。其中，百万千瓦机组 5400h，比 2011 年降低 632h；60 万～100 万 kW（不含 100 万 kW）机组 5122h，比 2011 年降低 514h；30 万～60 万 kW（不含 60 万 kW）机组 4525h，比 2011 年降低 732h；20 万～30 万 kW（不含 30 万 kW）机组 4451h，比 2011 年降低 543h；10 万～20 万 kW（不含 20 万 kW）机组 4601h，比 2011 年降低 155h。0.6 万～10 万 kW

(不含 10 万 kW)机组 4776h,比 2011 年降低 372h。

2. 分省份情况

2012 年全国各省份发电设备利用小时情况见表 16。

表 16 2012 年全国各省份发电设备利用小时情况 单位:h

地 区	利用小时数	比 2011 年增加
全国	4579	—151
北京	3982	—178
天津	5265	—260
河北	5014	—187
山西	4790	—280
内蒙古	4389	—18
辽宁	4119	—292
吉林	3126	—243
黑龙江	3962	—97
上海	4551	—360
江苏	5617	—61
浙江	5004	—189
安徽	5299	—161
福建	4258	—304
江西	4319	—185
山东	4749	—70
河南	4724	—457
湖北	4120	—59
湖南	3814	—362
广东	4958	—307
广西	3982	—45
海南	4735	199
重庆	4220	—274
四川	4259	9
贵州	4189	438
云南	4012	—65
西藏	2100	—968
陕西	4978	46
甘肃	3891	—266
青海	4151	354
宁夏	5344	—725
新疆	5145	—53

3. 水电设备利用小时

2012 年部分省份水电设备平均利用小时统计见表 17。

表 17 2012 年部分省份水电设备平均利用小时 单位:h

地区	水电设备利用小时数	比 2011 年增加
全国	3591	571
福建	4171	1685
江西	3345	1520
湖南	3216	925
青海	4191	770
浙江	2515	962
广东	3989	320
湖北	3321	515
广西	3077	1068
贵州	3617	819
重庆	4923	781
甘肃	4352	236
四川	4125	312
云南	3591	571

4. 火电设备利用小时

2012 年,全国 6000kW 及以上火电设备平均利用小时 4982h,比 2011 年降低 323h。全国仅有海南、陕西及内蒙古三省份正增长,分别提高 310h、125h、27h。在各省份中,湖南以—1176h 领降全国,降低 900h 以上的有广西(—919h)、福建(—928h)、重庆(—944h);降低 600h 以上的有广东(—644h)、湖北(—687h)、青海(—747h)及云南(—856h);其余火电大省除山东降低 29h、江苏降低 51h 外,降幅均超过 100h。

5. 风电设备利用小时

2012 年,全国 6000kW 及以上风电设备平均利用小时 1929h,比 2011 年提高 54h。2012 年底风电装机超过 100 万 kW 的 14 个省份中,风电设备平均利用小时超过 2000h 的省份有福建(2794h)、云南(2760h)、新疆(2584h)、河北(2255h)、江苏(2112h)、广东(2109h)、宁夏(2047h);东北三省利用小时较 2011 年下降了 170~190h,山东降低 43h。占全国风电装机容量近三成的内蒙古 2012 年利用小时比 2011 年提高 105h。

(三)发电燃料

根据国家统计局统计,2012 年,全国规模以上企业原煤产量 36.50 亿 t,比 2011 年增加 1.30 亿 t。根据海关统计,全年累计进口原煤 2.89 亿 t,净进口 2.80 亿 t,比 2011 年增加 0.72 亿 t。考虑国内生产和净进口数量,全年国内原煤供应总量 39.30 亿 t,比 2011 年增加 2.42 亿 t。

2012年，受电力消费需求放缓以及水电多发影响，全国6000kW及以上电厂发电消耗原煤17.90亿吨，比2011年减少1.87%；6000kW及以上电厂供热消耗原煤1.84亿t，比2011年增长1.01%。全年6000kW及以上电厂发电生产及供热消耗原煤19.74亿t，比2011年减少1.61%。

根据中能公司统计，2012年，全国重点发电企业累计耗煤量13.1亿t，比2011年下降4.2%，日均耗煤357万t。2012年全国重点电厂各月耗煤量情况见图6。

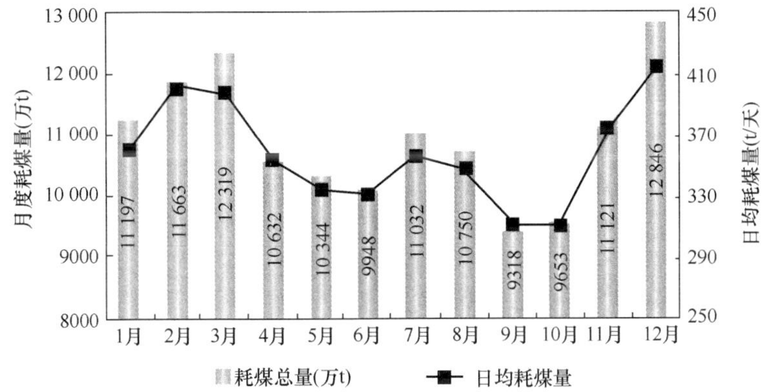

图6　2012年全国重点电厂各月耗煤量情况统计图

三、电力供应

（一）供电情况

2012年，全国电力企业供电量44 798亿kWh，比2011年增长4.75%，增速比2011年降低6.73个百分点。

2012年电力企业供电量超过2000亿kWh的省份有广东（4413亿kWh）、江苏（4085亿kWh）、山东（3504亿kWh）、浙江（2909亿kWh）、河北（2810亿kWh）、河南（2505亿kWh）；超过1000亿kWh的省份有四川、辽宁、云南、福建、山西、贵州、内蒙古、湖北、上海、安徽、湖南、广西。其中，江苏首次突破4000亿kWh。

2012年电力企业供电量增速超过全国供电量增速（4.75%）的省份有15个，其中增速超过10%的省份为新疆（40.73%）、西藏（17.52%）、海南（14.07%）、安徽（12.43%）、贵州（11.73%）。电力企业供电量增速为负的省份为云南（－12.20%）、重庆（－0.45%）、内蒙古（－0.14%）。

（二）跨区送电情况

2012年部分跨区域送电情况见表18。

（三）区域内“西电东送”情况

2012年，南方电网“西电东送”完成1243亿kWh，比2011年增长28.26%。其中，送广东完成1127亿kWh，比2011年增长25.63%；送广西完成116亿kWh，比2011年增长61.20%。

2012年，京津唐电网累计受入电量369亿kWh，比2011年增长1.92%。京津唐电网分别向河北、山东电网输出电量22亿kWh和222亿kWh，分别增长59.24%和1.10%。

（四）跨省份电量输出情况

2012年，全国跨省份输出电量7170亿kWh，比2011年增长14.58%。送出电量合计规模超过100亿kWh的省份情况见图7。

表18　2012年部分跨区域送电情况

项　目		送电量（亿kWh）	比2011年增长（%）
全国合计		2018	20.18
其中	华北送华东（阳城送江苏）	170	7.68
	华北送华中（特高压）	103	85.42
	华北送华北	109	8.76
	华东送华中	14	－42.54
	华中送华东	537	48.17
	华中送南网	262	6.04
	华中送西北	35	146.50
	华中送华北	46	231.92
	西北送华中	91	25.40
	西北送四川（德宝线）	91	5.46
	西北送山东	270	5.32
	贵州送重庆	30	－9.27
	贵州送湖南	65	21.91

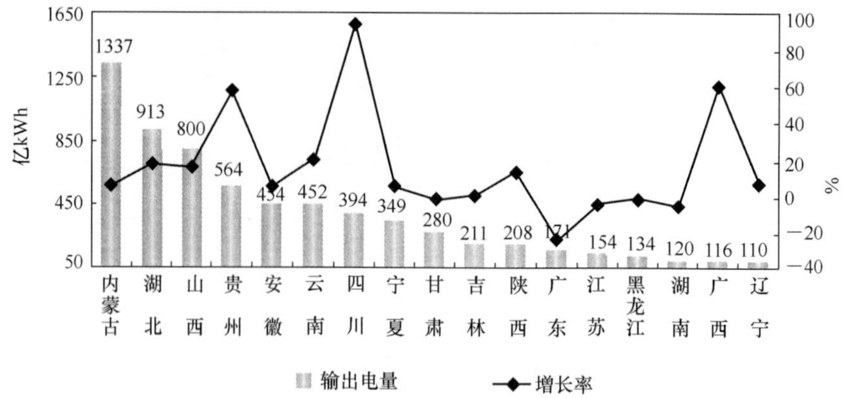

图7　2012年送出电量超过100亿kWh的省份情况

2012年省份间（省份与区域间）送出电量超过100亿kWh的情况见表19。

表19　2012年省份间（省份与区域间）送出电量超过100亿kWh的情况

输出地区	输入地区	送出电量（亿kWh）	比2011年增长（%）
内蒙古	华北	897	8.32
贵州	广东	436	63.47
内蒙古	东北	428	−0.98
云南	广东	419	29.58
山西	河北	308	24.70
湖北	上海	249	16.43
安徽	浙江	232	9.06
安徽	江苏	222	−0.28
吉林	辽宁	206	−0.95
山西	江苏	170	7.68
四川	重庆	168	28.76
山西	北京	158	−13.84
湖北	广东	156	10.85
湖北	湖南	152	7.44
黑龙江	吉林	130	−1.23
广东	香港	118	4.42
甘肃	陕西	112	−2.60
湖南	广东	106	0.13
山西	特高压送出	103	92.83

2012年送出电量超过100亿kWh的省份送出电量占本省发电量比例情况见图8。

（五）境内外电力交换

2012年，全国电力进出口电量合计247亿kWh，比2011年下降4.20%。其中，全年进口电量64亿kWh，比2011年下降3.50%，广东购香港电量18亿kWh，比2011年下降37.86%；云南购缅甸电量19亿kWh，比2011年下降20.10%；黑龙江购俄罗斯电量完成26亿kWh，比2011年增长111.03%。全年出口电量183亿kWh，比2011年下降4.44%。其中，云南向越南送电完成24亿kWh，比2011年下降45.31%；广东送香港、广东送澳门电量分别完成113亿kWh和39亿kWh，分别比2011年增长0.07%和21.82%。

四、售电情况

2012年，全国各省份电网企业累计完成售电量41 781亿kWh，比2011年增长4.50%，增速比全国电力企业供电量增速低0.25个百分点，比2011年电力企业售电量增速降低8.12个百分点。2012年售电量超过1000亿kWh的省份售电量情况见表20。

表20　2012年全国售电量超过1000亿kWh省份售电量情况

地区	售电量（亿kWh）	比2011年增长（%）
广东	4152	2.40
江苏	3799	8.25
山东	3287	5.34
浙江	2788	2.94
河北	2620	2.11
河南	2376	2.34
辽宁	1548	2.29
四川	1535	3.33
云南	1469	−11.50
福建	1350	2.74
山西	1347	6.48
贵州	1279	12.00
内蒙古	1251	0.40
湖北	1182	5.16
上海	1096	1.08
安徽	1068	12.68
湖南	1041	1.31
广西	1017	8.99

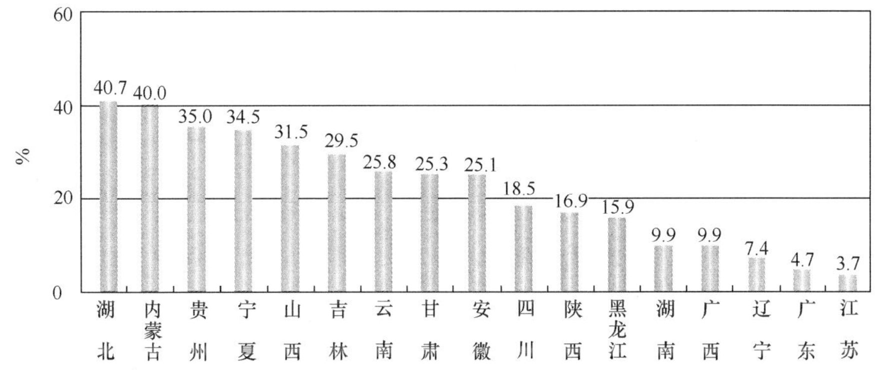

图 8　2012 年送出电量超过 100 亿 kWh 的省份送出电量占本省发电量比例情况

2012 年，售电量增速增长超过全国水平（4.50%）的省份有 16 个，其中增速超过 10%的省份为新疆（40.80%）、西藏（16.55%）、海南（14.48%）、安徽（12.68%）、贵州（12.00%）。售电量增速为负的省份为云南（－11.50%）和重庆（－0.77%）。

五、供电服务

2012 年，国家电网公司建设“平台统一、数据集中、技术先进、安全可靠”的国家电网 95598 统一客户服务平台，整合数据资源，实现客户请求统一接入、集中处理，全方位支撑 95598 传统业务和电动汽车、节能服务、电子商务等新型业务运营与发展，持续提升 95598 客户服务能力和运营水平。全年共投入资金 29.4 亿元，使 11.5 万户无电户、49.4 万人口告别煤油灯进入电气化时代。其中，在西藏地区解决无电户通电问题 23 000 户，又有 5 个县接入国家电网，累计接入国家电网的县达到 37 个，为无电地区经济社会发展和社会主义新农村建设创造了条件。

2012 年，南方电网公司深化以客户为中心的电力核心价值观，提高精细化和人性化服务水平。以第三方满意度测评为契机，建立全方位服务机制，全网第三方客户满意度总分为 77 分，比上年提高 2 分。2012 年，解决了 8.18 万户、36 万人无电人口的用电问题，提前实现南方电网供电区域内全面实现电网覆盖范围内“户户通电”的目标。着力提升农村供电能力和供电质量，完成农网建设与改造投资 242 亿元，农村供电可靠率达到 99.62%，农村居民端电压合格率达到 94.48%，农电企业综合线损率全部降到 12%以下。农村供电服务营业窗口覆盖 80%以上的乡镇和 1/3 以上的行政村，农村供电服务承诺兑现率达到 100%，“95598” 服务热线全面覆盖农村地区。

第六章　电力安全生产和可靠性

一、电力安全生产

2012 年，全国发生电力人身伤亡责任事故 49 起，死亡 86 人，与 2011 年相比，事故起数增加 5 起，死亡人数增加 18 人。其中，电力生产人身伤亡事故 33 起，死亡 39 人，与 2011 年相比，事故起数增加 3 起，死亡人数增加 1 人；电力建设人身伤亡事故 16 起，死亡 47 人，与 2011 年相比，事故起数增加 2 起，死亡人数增加 17 人。2012 年，全国发生较大以上电力人身伤亡事故 10 起，死亡 42 人，与 2011 年相比，事故起数增加 5 起，死亡人数增加 20 人。

2012 年，自然灾害引发电力人身伤亡事故 5 起，死亡（失踪）65 人，与 2011 年相比，事故起数增加 4 起，死亡（失踪）人数增加 50 人。发生境外较大以上人身伤亡事故 1 起，死亡 6 人。

2012 年，发生电力安全事故 1 起、自然灾害导致的电力安全事故 1 起，两起事故均为较大电力安全事故；发生直接经济损失 100 万元以上的一般设备事故 6 起；发生电力安全事件 33 起。

二、电力可靠性

（一）发电机组运行可靠性

1. 2012 年参与可靠性指标统计评价的发电机组装机容量构成

2012 年纳入可靠性统计的发电机组（火电 10 万 kW 及以上、水电 4 万 kW 及以上和核电机组）共计 2434 台，装机容量之和为 77 132.38 万 kW，分别比 2011 年增加 271 台和 9546.43 万 kW。其中，火电机组 1690 台（含 84 台燃气轮机组），装机容量之和为

62 104.60 万 kW，占总装机容量的 80.52%；水电机组 729 台，装机容量之和为 13 782.76 万 kW，占总装机容量的 17.87%；核电机组 15 台，装机容量之和为 1245.02 万 kW，占总装机容量的 1.61%。

2. 火电机组运行可靠性指标

2012 年纳入可靠性统计的 10 万 kW 及以上燃煤发电机组共计 1606 台，比 2011 年增加 172 台；运行系数为 79.89%，比 2011 年下降 3.36 个百分点；等效可用系数为 92.93%，比 2011 年上升 0.13 个百分点；等效强迫停运率为 0.55%，与 2011 年持平；非计划停运次数每台年为 0.6 次，比 2011 年减少 0.11 次。

2012 年纳入可靠性统计的 10 万 kW 及以上各容量常规火电机组主要运行可靠性指标见“统计资料篇”。

3. 水电机组运行可靠性指标

2012 年纳入可靠性统计的 4 万 kW 及以上水电机组共计 718 台，比 2011 年增加 77 台；运行系数为 50.71%，比 2011 年上升 5.82 个百分点；等效可用系数为 92.47%，比 2011 年上升 0.25 个百分点；等效强迫停运率为 0.07%，比 2011 年减少 0.11 个百分点；非计划停运次数每台年为 0.34 次，比 2011 年减少 0.11 次。

2012 年纳入可靠性统计的 4 万 kW 及以上各容量等级水电机组主要运行可靠性指标见“统计资料篇”。

（二）火电机组主要辅助设备运行可靠性

2012 年纳入可靠性统计的 20 万 kW 及以上容量的火电机组共有 1379 台，机组五种主要辅助设备磨煤机、给水泵组、送风机、引风机、高压加热器（以下顺序同此）的台数分别为 5014、2934、2104、2112、3150 台，比 2011 年分别增加 191、64、71、55、108 台。2012 年纳入可靠性统计的 20 万 kW 及以上容量火电机组五种辅助设备的主要可靠性指标见“统计资料篇”。

（三）输变电设施运行可靠性

截至 2012 年底，纳入可靠性统计的 220kV 及以上电压等级架空线路总里程达到510 726km，变压器、断路器总数量分别达到11 779台和 37 534 台。架空线路、变压器、断路器三类主要设施的可用系数分别为 99.813%、99.853%、99.965%，较 2011 年分别提高 0.114、0.066 和 0.024 个百分点。2012 年纳入可靠性统计的 220kV 及以上电压等级架空线路、变压器、断路器主要运行可靠性指标见统计资料篇，纳入可靠性统计的 220kV 及以上电压等级 13 类输变电设施主要运行可靠性指标完成情况见“统计资料篇”。

（四）直流输电系统运行可靠性

2012 年，全国全年在运的 15 个直流输电系统全部纳入可靠性统计，合计能量可用率、能量利用率分别为 95.581%、47.87%，较 2011 年全年在运的 13 个系统合计值分别提高 0.504 个百分点、9.92 个百分点；强迫能量不可用率为 0.174%，较 2011 年全年在运的 13 个系统合计值下降 0.012 个百分点。2012 年，全国直流输电系统总计强迫停运 18 次，其中包括单极强迫停运 16 次、复奉直流阀组强迫停运 2 次。灵宝、高岭两家背靠背换流站和宜华直流输电系统全年未发生强迫停运。2012 年纳入可靠性统计的直流输电系统可靠性指标见“统计资料篇”。

（五）用户供电可靠性

2012 年全国共 405 个地市级供电企业及所辖 2240 个县级供电企业开展了用户供电可靠性统计。2012 年全国城市 10（6、20）kV 供电系统总用户数达到 1 774 324 户，线路总长度为 699 406km，城市电缆化率为 44.98%，架空线路绝缘化率为 50.01%，配电变压器总台数为 2 060 215 台，配电变压器总容量 969 609 957kVA，平均供电可靠率为 99.949%，比 2011 年提高了 0.029 个百分点。用户年平均停电时间 4.53h，比 2011 年减少 2.48h。

2012 年全国农村 10（6、20）kV 供电系统总用户数达到 5 595 001 户，线路总长度为 3 745 284km，绝缘化率为 16.66%，配电变压器总台数为 6 068 935 台，配电变压器总容量 1 215 914 857kVA，全国农村用户供电可靠率为，99.839%，比 2011 年提高了 0.049 个百分点。用户年平均停电时间 14.17h，比 2011 年减少 4.26h。

2012 年各区域电网城市、农村 10（6、20）kV 供电系统用户供电可靠性指标见表 21。

表 21 2012 年各区域电网城市、农村 10（6、20）kV 供电系统用户供电可靠性指标

区域		用户供电可靠率（%）		用户平均停电时间（h/户）	
		城市	农村	城市	农村
国家电网	华北电网	99.966	99.895	3.00	9.17
	东北电网	99.936	99.804	5.61	17.11
	华东电网	99.973	99.889	2.38	9.73
	华中电网	99.946	99.854	4.71	12.72
	西北电网	99.921	99.803	6.94	17.26
南方电网		99.921	99.703	6.98	25.74

注 “城市”统计范围为市中心＋市区＋城镇；“农村”统计范围为城镇＋农村。

第七章　电力消费

一、电力供需形势（略）

二、电力消费

（一）用电规模

2012年，全国全社会用电量49 657亿kWh，比2011年增长5.6%，增速较2011年回落6.37个百分点。

分季度看，各季度全国全社会用电量同比分别增长6.80%、4.32%、3.60%和7.90%。分月看，各月用电量规模基本稳定在3800亿～4000亿kWh之间（迎峰度夏期间的7、8月接近4550亿kWh），2012年1月增速为−5.82%，2月增速最高22.90%，其他月份用电量增速都是个位数。

（二）用电结构

2012年迎峰度夏和迎峰度冬期间，全国大部分地区未出现极端恶劣天气，用电最高负荷增长较低，居民用电较2011年略有提高，城乡居民生活用电量和第一产业用电量占全社会用电量的比重分别比2011年提高0.59和降低0.13个百分点。而第二产业用电量所占比重为73.97%，比2011年降低1.07个百分点。

1. 各产业及居民用电

2012年分月各产业和城乡居民生活用电量增速情况见图9。

2012年各产业和城乡居民生活用电量增长情况见表22。

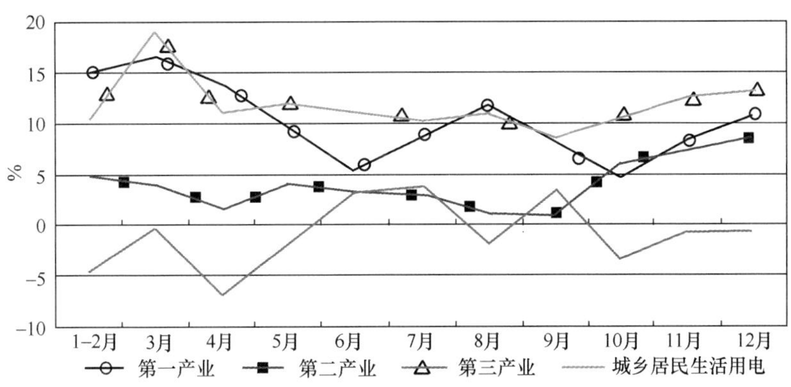

图9　2012年分月各产业及城乡居民生活用电量增速情况

表22　2012年各产业和城乡居民生活用电量增长情况

产业类型	用电量（亿kWh）	增长率		比　重		增长贡献率	
		2012年（%）	比2011年提高（百分点）	2012年（%）	比2011年提高（百分点）	2012年（%）	比2011年提高（百分点）
全社会	49 657	5.60	−6.37	100.00	—		
第一产业	1003	−1.12	−4.85	2.02	−0.13	−0.43	−1.15
第二产业	36 733	4.11	−8.09	73.97	−1.07	55.09	−21.23
第三产业	5693	11.52	−2.51	11.46	0.61	22.32	9.83
城乡居民生活	6228	10.79	0.46	12.54	0.59	23.02	12.55

2. 工业及重点行业用电

2012年，全国工业用电量36 122亿kWh，比2011年增长4.07%，略低于全社会用电量增速；占全社会用电量的比重为72.74%，比2011年降低1.08个百分点；对全社会用电量增长的贡献率为53.58%，比2011年降低20.98个百分点。2011～2012年分月工业用电量及其增速情况见图10。

2012年，全国轻、重工业用电量分别为6114亿kWh和30 008亿kWh，分别比2011年增长4.96%和3.89%，自2006年以来轻工业用电量增速首次超过重工业用电量增速；2012年轻、重工业用电量的增速分别比2011年下降4.29个百分点和8.81个百分点；轻工业用电量占工业用电量的比重比2011年提高0.15个百分点。2012年分月轻、重工业用电量增速情况见图11。

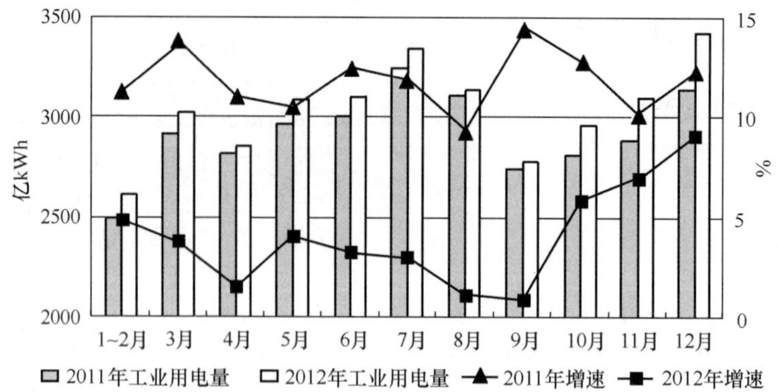

图 10 2011～2012 年分月工业用电量及其增速情况

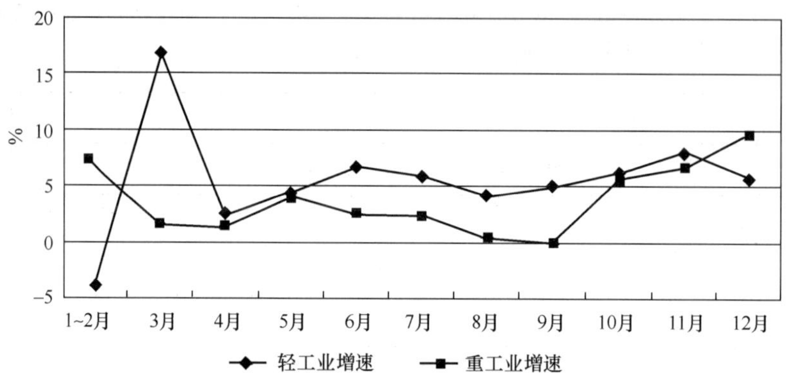

图 11 2012 年分月轻、重工业用电量增速情况

2012 年，化学原料及化学制品制造业、非金属矿物制品业、黑色金属冶炼及压延加工业、有色金属冶炼及压延加工业四大重点行业用电量合计15 662亿 kWh，比 2011 年增长 2.57%，增速比 2011 年降低 10.97 个百分点；占全社会用电量的 31.54%，比 2011 年降低 0.941 百分点；对全社会用电量增长的贡献率为 14.92%，比 2011 年降低 21.31 个百分点。分月来看，12 月份四大重点行业用电量 1394 亿 kWh，是四大重点行业用电量最多的月份。

（三）分省份用电（略）

2012 年分省用电量及其增长情况见“统计资料篇”。

（四）统调最高用电负荷（略）

2012 年分区域统调最高负荷及增长情况见表 23。

（五）电力消费弹性系数

经国家统计局初步测算，2012 年，全国国内生产总值 519 322 亿元，按可比价格计算，比 2011 年增长 7.8%，增速比 2011 年放缓 1.5 个百分点。2012 年，全国电力消费弹性系数为 0.72，比 2011 年降低 0.57 个百分点，小于 1。

表 23 2012 年分区域统调最高用电负荷及增长情况

电网名称	统调最高用电负荷（万 kW）		统调用电量（亿 kWh）		统调最高发电负荷（万 kW）	
	2012 年	比 2011 年增长（%）	2012 年	日均比 2011 年增长（%）	2012 年	比 2011 年增长（%）
全国合计	67 140	4.87	42 847	4.26	67 470	3.94
华北	16 528	4.91	10 357	3.34	16 256	8.86
华东	17 700	4.84	10 618	5.11	17 512	3.12
华中	13 063	6.64	7662	2.19	12 575	1.70
东北	4556	9.16	3083	3.84	5155	9.54
西北	5292	20.86	3598	11.49	6395	13.64
南方	11 966	5.68	7502	3.65	11 639	6.58

注 摘自国家电力调度通信中心旬报。

三、电力需求侧管理（略）

第八章　电　　价

一、电价政策

（一）继续实施并不断完善煤电价格联动机制

2012年12月31日下发的《国家发展改革委关于贯彻落实国务院办公厅关于深化电煤市场化改革的指导意见做好产运需衔接工作的通知》（发改运行〔2012〕4103号），要求继续实施并不断完善煤电价格联动机制，当电煤价格波动幅度超过5%时，以年度为周期，相应调整上网电价，同时将电力企业消纳煤价波动的比例由30%调整为10%。

（二）解除电煤临时价格干预措施

2012年12月18日下发的《国家发展改革委关于解除发电用煤临时价格干预措施的通知》（发改价格〔2012〕3956号）（见“重要文献篇”）决定解除自2012年1月1日起实施的电煤临时价格干预措施。

（三）完善脱硝电价政策

2012年12月28日下发的《国家发展改革委关于扩大脱硝电价政策试点范围有关问题的通知》（发改价格〔2012〕4095号）规定：①扩大脱硝电价试点范围。脱硝电价标准为每千瓦时8厘钱。②脱硝电价资金暂由电网企业垫付。③加强对脱硝电价政策执行的监管。

（四）出台可再生能源电价附加补助资金管理办法

2012年3月14日下发《财政部、国家发展改革委、国家能源局关于印发〈可再生能源电价附加补助资金管理暂行办法〉的通知》（财建〔2012〕102号），见“重要文献篇”。

（五）继续实施可再生能源电价补贴和配额交易

《国家发展改革委、国家电监会关于可再生能源电价补贴和配额交易方案（2010年10月～2011年4月）的通知》（发改价格〔2012〕3762号）明确了2010年10月～2011年4月可再生能源电价附加补贴的项目和金额、配额交易与电费结算和有关要求。

（六）完善垃圾焚烧发电价格政策

2012年3月28日下发的《国家发展改革委关于完善垃圾焚烧发电价格政策的通知》（发改价格〔2012〕801号）规定：①进一步规范垃圾焚烧发电价格政策。自2012年4月1日起，每吨生活垃圾折算上网电量暂定为280kWh，并执行全国统一垃圾发电标杆电价每千瓦时0.65元（含税，下同）；其余上网电量执行当地同类燃煤发电机组上网电价。②完善垃圾焚烧发电费用分摊制度。当地省级电网负担每千瓦时0.10元，电网企业由此增加的购电成本通过销售电价予以疏导；其余部分纳入全国征收的可再生能源电价附加解决。③切实加强垃圾焚烧发电价格监管。

（七）核定跨区输电价格

2012年2月，国家电监会发出通知，经国家发改委核准，核定灵宝背靠背工程输电价格为每千千瓦时45元，暂按单一制电量电价执行；核定德宝直流工程输电价格为每千千瓦时44.14元，暂按两部制电价执行，容量电价与电量电价之比为30%：70%。其中容量电价为每千瓦·年70.64元，容量电费由联网双方共同承担，四川省电力公司承担70%，陕西省电力公司承担30%；电量电价为每千千瓦时31元，由购电方承担；核定灵宝背靠背、德宝直流工程的输电损耗率，灵宝背靠背工程暂定为1%，德宝直流工程暂定为3%。实际运行中超出或低于核定值的部分均由国家电网公司承担。上述电价自2012年2月15日起执行。

二、电价水平

（一）上网电价

2012年，国家发改委没有调整上网电价，各省份燃煤机组标杆电价见表24。

表24　　2012年各省份燃煤机组标杆电价一览表　单位：元/kWh

区　域	2012年12月1日起标杆电价	
	含脱硫	2012年累计加价
一、华北电网		
北京	0.4002	0.000
天津	0.4118	0.000
河北北网	0.4243	0.000
河北南网	0.4300	0.000
山东	0.4469	0.000
山西	0.3857	0.000
内蒙古西部	0.3109	0.000
二、华东电网		
上海	0.4773	0.000
浙江	0.4820	0.000
江苏	0.4550	0.000
安徽	0.4360	0.000
福建	0.4448	0.000

续表

区　域	2012年12月1日起标杆电价	
	含脱硫	2012年累计加价
三、华中电网		
湖北	0.4780	0.000
河南	0.439 2	0.000
湖南	0.501 4	0.000
江西	0.485 2	0.000
四川	0.448 7	0.000
重庆	0.449 1	0.000
四、东北电网		
辽宁	0.4142	0.000
吉林	0.405 7	0.000
黑龙江	0.404 9	0.000
内蒙古东部	0.317 9	0.000
五、西北电网		
陕西	0.397 4	0.000
甘肃	0.334 3	0.000
青海	0.354 0	0.000
宁夏	0.288 6	0.000
新疆	0.250 0	0.000
六、南方电网		
广东	0.521 0	0.000
广西	0.477 2	0.000
云南	0.360 6	0.000
贵州	0.382 5	0.000
海南	0.490 3	0.000

注　数据来源于国家发改委。

（二）输配电价和销售电价

2012年主要电网企业输配电环节电价（不含线损）情况见表25。

表25　2012年全国电网企业输配环节电价情况

电网企业		销售电价（元/MWh）	输配环节电价（元/MWh）	输配环节电价占销售电价的比例（%）
国家电网公司		622.59	182.28	29
其中	华北电网区域	628.25	162.44	26
	东北电网区域	605.36	186.55	31
	西北电网区域	436.21	126.99	29
	华东电网区域	681.06	188.28	28
	华中电网区域	596.88	167.92	28
南方电网公司		675.09	214.83	31.82

注　1. 销售电价不含基金和附加。
2. 输配环节电价不含线损。

2012年各省份平均销售电价及平均居民电价情况见表26。

表26　2012年各省份平均销售电价及平均居民电价情况

地区	平均销售电价（元/MWh）	与2011年相比变化（%）	居民电价（元/MWh）	与2011年相比变化（%）
北京	733.14	3.2	480.12	1.4
天津	681.95	4.9	491.78	0.8
华北直属	587.29	19.2	487.67	0.0
河北（南网）	638.60	13.2	489.28	0.8
山西	514.39	7.7	472.26	1.9
山东	660.30	7.2	531.16	0.5
内蒙古东部	504.89	15.4	485.65	2.1
辽宁	627.20	4.0	501.16	0.7
吉林	617.53	5.0	528.68	1.3
黑龙江	572.70	5.2	479.52	4.6
陕西	539.39	6.8	500.92	0.6
甘肃	428.88	6.9	498.05	3.0
青海	371.43	6.3	379.11	6.1
宁夏	409.95	2.7	455.11	1.0
新疆	433.45	−4.5	528.42	5.4
上海	753.70	5.8	552.59	1.9
浙江	757.52	19.6	557.68	0.9
江苏	629.97	4.1	510.28	1.3
安徽	582.19	5.3	556.39	1.1
福建	639.32	7.2	524.16	4.4
湖北	654.27	7.5	575.79	2.1
河南	539.77	7.1	557.12	2.0

续表

地区	平均销售电价（元/MWh）	与2011年相比变化（%）	居民电价（元/MWh）	与2011年相比变化（%）
湖南	626.72	6.5	541.99	2.5
江西	658.06	10.7	610.2	1.8
四川	502.29	−0.7	517.32	1.5
重庆	658.20	17.3	527.62	1.9
西藏	596.19	−0.7	490.47	0.3
广东	759.89	2.28	662.58	1.80
广西	570.17	6.12	552.29	2.51
云南	459.32	0.47	461.48	0.65
贵州	509.45	4.66	465.19	3.93
海南	743.09	3.88	616.1	2.60

注　1. 平均销售电价含税，不含政府性基金和附加。
　　2. 平均居民电价为到户价。

2012年全国主要电网企业平均购电价格及平均销售电价情况见表27。

表27　2012年全国主要电网企业平均购电价格及平均销售电价情况　单位：元/MWh

电网企业	购电价	销售电价	政府性基金和附加
国家电网公司	413.31	622.59	36.81
南方电网公司	423.08	675.09	40.93

第九章　环境保护与资源节约

一、资源节约

（一）供电煤耗

1. 全国情况

2012年，全国火电机组供电标准煤耗每千瓦时325g，比2011年降低4g。

2005～2012年中国火电机组供电标准煤耗变化情况见图12。

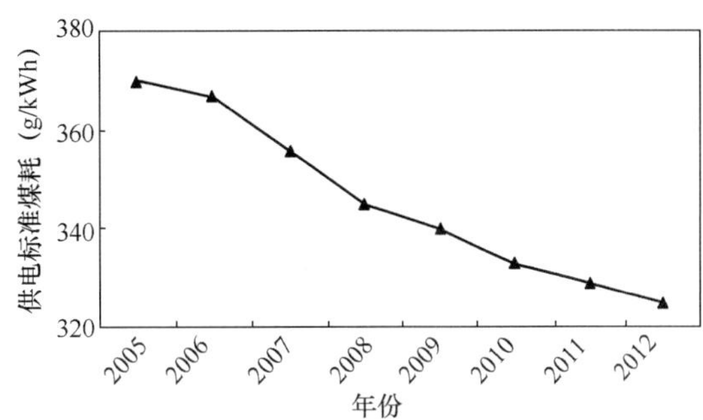

图12　2005～2012年中国火电机组供电标准煤耗变化情况

2. 各省份情况

2012年，除吉林和青海外，全国各省份火电机组供电煤耗均较2011年有所降低，其中，新疆、四川、北京、山东、西藏和宁夏降低幅度较大，每千瓦时超过10g；全国有13个省份火电机组供电煤耗低于全国平均值，其中，北京由于燃气和供热机组较多，每千瓦时供电煤耗低于全国平均值65g，上海、福建和浙江低于全国平均值超过20g。

2012年各省份供电标准煤耗情况见“统计资料篇”。

3. 主要发电集团公司情况

2012年，中电联统计调查的27家主要电力企业中，涉及火电的电力企业24家，火电装机容量6.3亿kW，占全国火电装机容量的76.9%，平均供电煤耗为每千瓦时319g，比全国平均值低6g。

2012年24家涉及火电的电力企业供电标准煤耗情况见表28。

表28　2012年24家涉及火电的电力企业供电标准煤耗情况　单位：g/kWh

单　位　名　称	2012年供电煤耗	与全国平均水平比较
中国华能集团公司	317	−8
中国大唐集团公司	319	−6
中国华电集团公司	317	−8
中国国电集团公司	315	−10
中国电力投资集团公司	318	−7
广东省粤电集团有限公司	318	−7
中国神华集团有限责任公司	326	1
华润电力控股股份有限公司	321	−4
国投电力控股股份有限公司	312	−13
浙江省能源集团有限公司	311	−14
河北省建设投资公司	334	9
江苏省国信资产管理集团有限公司	311	−14
深圳市能源集团有限公司	308	−17
中国广核集团有限公司	387	62

续表

单位名称	2012年供电煤耗	与全国平均水平比较
北京能源投资（集团）有限公司	324	−1
申能（集团）有限公司	291	−34
安徽省能源集团公司	318	−7
广州发展集团有限公司	314	−11
江西省投资集团公司	312	−13
新力能源开发有限公司	319	−6
湖北省能源集团有限公司	327	2
宁夏发电集团公司	339	14
山西国际电力集团有限公司	348	23
甘肃省电力投资集团公司	343	18

4. 对部分大型发电企业火电机组调查统计情况

2012 年，纳入中电联统计调查范围内的 24 家大型发电企业不同容量等级火电机组供电标准煤耗情况见表 29。

表 29　2012 年 24 家大型发电企业不同容量等级火电机组供电标准煤耗情况

容量等级（万 kW）	台数（台）	总装机容量（万 kW）	供电标准煤耗（g/kWh）
全部机组	1842	62 314	319
机组≥100	58	5837	292
60≤机组<100	397	24 721	313
30≤机组<60	740	23 898	322
20≤机组<30	201	4204	342
10≤机组<20	223	3025	348
0.6≤机组<10	223	629	381

注　不含境外及个别年末新投产机组。

（二）发电厂用电率

1. 全国情况

2012 年，全国发电厂用电率 5.1%，比 2011 年下降 0.29 个百分点。其中，水电 0.3%，比 2011 年下降 0.06 个百分点；火电 6.1%，比 2011 年下降 0.13 个百分点。

2005～2012 年全国发电厂用电率变化情况见图 13。

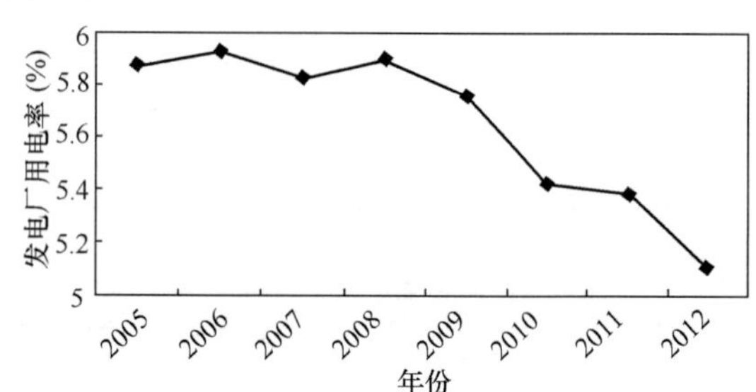

图 13　2005～2012 年全国发电厂用电率变化情况

2. 各省份情况

2012 年，全国有 16 个省份发电厂用电率低于全国平均值，23 个省份发电厂用电率均较 2011 年有所降低，西藏、山东、贵州较 2011 年降低超过 1 个百分点。

2012 年各省份发电厂用电率及与 2011 年对比情况见统计资料篇。

3. 主要发电集团公司情况

2012 年，中电联统计调查的 27 家主要电力企业厂用电率情况见表 30。

（三）线损率

1. 全国情况

2012 年，全国线路损失率为 6.74%，比 2011 年上升 0.22 个百分点。

2005～2012 年全国线损率变化情况见图 14。

表 30　2012 年 27 家主要电力企业厂用电率情况

单位名称	2012年发电厂用电率（%）			与全国平均水平比较（百分点）		
	总平均值	水电	火电	总平均值	水电	火电
中国华能集团公司	4.83	0.20	5.40	−0.27	−0.13	−0.68
中国大唐集团公司	4.78	0.27	5.47	−0.32	−0.06	−0.61
中国华电集团公司	5.18	0.19	5.98	0.08	−0.14	−0.10
中国国电集团公司	5.05	0.26	5.59	−0.05	−0.07	−0.49
中国电力投资集团公司	5.11	0.26	6.44	0.01	−0.07	0.36

续表

单位名称	2012年发电厂用电率(%)			与全国平均水平比较(百分点)		
	总平均值	水电	火电	总平均值	水电	火电
广东省粤电集团有限公司	5.49	0.18	5.74	0.39	−0.15	−0.34
中国长江三峡集团公司	0.11	0.11		−4.99	−0.22	
中国神华集团有限责任公司	6.61	0.52	6.69	1.51	0.19	0.61
华润电力控股股份有限公司	5.35		5.35	0.25		−0.73
国投电力控股股有限公司	3.54	0.19	5.11	−1.56	−0.14	−0.97
浙江省能源集团有限公司	5.01	0.39	5.09	−0.09	0.06	−0.99
河北省建设投资公司	5.82		6.28	0.72		0.20
中国核工业集团	6.32			1.22		
江苏省国信资产管理集团有限公司	4.66	1.54	4.70	−0.44	1.21	−1.38
深圳市能源集团有限公司	5.37		5.40	0.27		−0.68
中国广核集团有限公司	4.15	0.44	8.27	−0.95	0.11	2.19
北京能源投资(集团)有限公司	6.24	0.68	6.63	1.14	0.35	0.55
申能(集团)有限公司	4.05		4.05	−1.05		−2.03
安徽省能源集团公司	5.12		5.12	0.02		−0.96
广州发展集团有限公司	5.23		5.23	0.13		−0.85
江西省投资集团公司	4.59	0.96	4.78	−0.51	0.63	−1.30
新力能源开发有限公司	4.70		4.70	−0.40		−1.38
湖北省能源集团有限公司	3.69	0.33	6.62	−1.41	0.00	0.54
宁夏发电集团公司	7.24		8.04	2.14		1.96
山西国际电力集团有限公司	6.38	0.46	7.06	1.28	0.13	0.98
甘肃省电力投资集团公司	4.14	0.79	7.53	−0.96	0.46	1.45
万家寨水利枢纽	0.16	0.16		−4.94	−0.17	

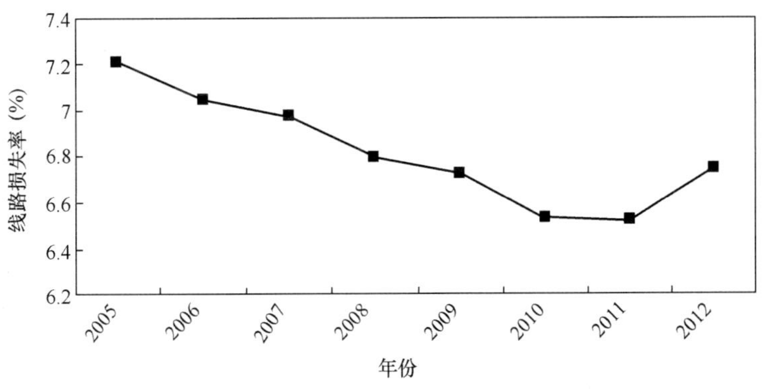

图14　2005～2012年全国线损率变化情况

2. 各省份情况

2012年各省份线损率情况见表31。

表31 2012年各省份线损率情况

地 区	2012年线损率（%）	与全国平均水平比较（百分点）
全 国	6.74	0.00
北 京	6.49	−0.25
天 津	6.57	−0.17
河 北	6.76	0.02
山 西	6.22	−0.52
内蒙古	4.92	−1.82
辽 宁	6.01	−0.73
吉 林	5.34	−1.40
黑龙江	7.04	0.30
上 海	6.15	−0.59
江 苏	6.99	0.25
浙 江	4.16	−2.58
安 徽	8.55	1.81
福 建	6.49	−0.25
江 西	7.06	0.32
山 东	6.21	−0.53
河 南	5.15	−1.59
湖 北	7.08	0.34
湖 南	8.82	2.08
广 东	5.91	−0.83
广 西	7.21	0.47
海 南	7.98	1.24
重 庆	7.48	0.74
四 川	9.42	2.68
贵 州	5.09	−1.65
云 南	6.15	−0.59
西 藏	13.45	6.71
陕 西	7.17	0.43
甘 肃	4.87	−1.87
青 海	3.46	−3.28
宁 夏	4.08	−2.66
新 疆	8.10	1.36

二、火力发电厂的污染物排放与控制

（一）大气污染物排放与控制

1. 烟尘（略）

2. 二氧化硫

2012年新投运火电厂烟气脱硫机组总容量约4500万kW；截至2012年底，累计已投运火电厂烟气脱硫机组总容量约6.8亿kW，占全国现役燃煤机组容量的90%（比美国2011年高30个百分点），比2011年提高1个百分点。如果考虑具有脱硫作用的循环流化床锅炉、减去计划关停机组，全国脱硫机组占煤电机组比例接近100%。

从脱硫机组技术采用方式看，截至2012年底，石灰石—石膏湿法占92%（含电石渣法等），海水法占3%，烟气循环流化床法占2%，氨法占2%，其他占1%。截至2012年底，已签订火电厂烟气脱硫特许经营合同的机组容量8389.5万kW，其中，已投运机组容量7645.5万kW。

3. 氮氧化物

2012年新投运火电厂烟气脱硝机组容量约9000万kW，其中，采用选择性催化还原法（SCR）的脱硝机组容量占当年投运脱硝机组总容量的98%。截至2012年底，全国已投运火电厂烟气脱硝机组总容量超过2.3亿kW，占全国现役火电机组容量的28.1%。规划和在建的烟气脱硝机组超过5亿kW。

截至2012年底，已签订火电厂烟气脱硝特许经营合同的机组容量750万kW，其中，已投运机组容量570万kW。

（二）火电厂废水排放与控制

2012年，全国火电厂每千瓦时发电量耗水量2.15kg，比2011年降低0.19kg；每千瓦时发电量废水排放量0.10kg，比2011年降低0.13kg。

（三）固体废弃物排放与综合利用

2012年，全国燃煤电厂发电和供热消耗原煤约19.7亿t，产生粉煤灰约5.4亿t，与2011年持平，是2005年的1.8倍；综合利用率约为67%。2012年，电力行业产生脱硫石膏约6800万t，与2011年持平；综合利用率约为72%，比2011年提高1个百分点。

三、应对气候变化（略）

第十章 电 力 科 技

一、部分电力企业科技资源配置情况

（一）企业科技投入

2012年14家大型电力企业科技投入金额466.59亿元，占营业收入的1.21%。科技投入中，自筹技术开发费投入376.5亿元，占科技投入总额的80.69%。

（二）企业所属科研机构及人力情况

2012年，14家大型电力企业共有科研机构140家，科研机构职工76 196人，占年末企业从业人员总数的2.33%；从职称结构来看，高级、中级和无高中级职称的大学本科及以上学历人员分别为 18 793 人、24 671 人和 32 732 人，分别占科研机构职工总人数的 24.66%、32.38%和 42.96%。

2012 年，14 家大型电力企业共有研发机构 611 家，其中，国家重点实验室 7 家、国家实验室 15 家、国家工程实验室 3 家、国家工程技术研究中心 8 家、国家级企业技术中心 15 个、省部级认定的研发机构 99 家。

二、科技成果

2012 年，电力企业获得国家科学技术进步奖 9 项（其中，特等奖 1 项，二等奖 8 项）；获得中国电力科学技术奖 89 项（其中，一等奖 7 项，二等奖 24 项，三等奖 58 项）（见“科技创新与发展篇”）。

2012 年，14 家大型电力企业的国内专利申请量和授权量分别为 14 880 项和 10 405 项，其中，发明专利申请量和授权量分别为 5989 项和 1608 项；累计发表论文 11 348 篇，其中 SCI、EI 和 ISTP 收录论文分别为 234 篇、1431 篇和 145 篇，占论文发表总篇数的比重分别为 2.06%；12.61%和 1.28%。

（一）电网领域

1. 输变电技术成果

特高压交流输电关键技术、成套设备及工程应用。该项目联合国内科研、设计、制造单位和高校等 100 余家，产学研用协同攻关，在电压控制、外绝缘配置、电磁环境控制、成套设备研制、系统集成、试验能力等六大方面实现创新突破，掌握了特高压交流输电核心技术，研制成功全套设备，建成世界上电压等级最高、输电能力最强的交流输电工程。依托项目，中国建立了完整的特高压技术标准体系，包含七大类 77 项标准，输变电装备制造业实现全面升级，在国际电工领域的影响力和话语权大幅提升，首次实现了中国创造和中国引领。

2. 智能电网技术成果

电力系统广域监测分析与控制系统的研发及应用。通过构建电力系统广域监测分析与控制体系，在广域空间中进行电网安全稳定各道防线内控制决策的自适应优化，在控制时机上进行各类控制措施决策的协调优化，实现电网安全稳定的实时预警、辅助决策，以及闭环的自适应紧急控制和校正控制。成果已应用于国调、南网总调及华东、华北、西北、江苏、四川等 23 个省级以上调度中心，防御范围覆盖了中国电网的 2/3。

3. 其他技术研发成果

（1）电源集中送出电网振荡扰动定位及振荡解列控制技术的研究与实施。

（2）高级量测体系下计量终端智能化关键技术研究与应用。

（二）电源领域

1. 火电科技成果

抗燃油分子极性吸附再生净化装置的研发及应用。

600℃超超临界锅炉关键材料特性研究及工程应用。

奥氏体不锈钢管内壁氧化物检测仪的研发与应用。

提高空冷机组凝结水精处理系统水质的关键技术研究。研究成果达到国际先进水平，部分成果填补了国内技术空白。

煤粉锅炉双尺度低氮燃烧技术。该技术可将氮排放量降低 35%～80%，锅炉效率提高 0.1%～3%，每千瓦时供电煤耗减少 1～12g。

自主知识产权的烟气海水脱硫技术研发与示范。

2. 水电科技成果

高坝动静力超载破损机理与安全评价方法。

大型水电工程地下厂房热湿环境保障技术装备研发及工程应用。

大型沉井群在深厚覆盖层基础处理中的应用。

70 万 kW 巨型水轮发电机组励磁系统研制与应用。

3. 可再生能源发电科技成果

多区域电场集中监控系统的研制与应用。

成功研制 2.5MW 直驱永磁风力发电机组。

3MW 双馈式海上风力发电机组研发及产业化。

实现了潮汐发电机组在新型高效率、高性能的转轮设计技术、正反向水泵工况运行及机组结构改进、优化设计三个方面的创新。

多兆瓦级风力发电机组系列化研发与装备技术。

4. 核电科技成果

国内首台核电百万千瓦级半速汽轮发电机组技术开发及应用。岭澳核电站二期在国内百万千瓦级电站中集成实施了多项先进技术，率先采用半速汽轮发电机组技术，填补了国内的空白。

通过对核电站主管道窄间隙自动焊工艺的焊接试验，开发出了核电站主管道自动焊焊接工艺参数，并通过配套的三维精密测量技术的开发，优化了主设备及主管道安装和焊接工艺，实现窄间隙自动焊技术在核电站主管道焊接过程中的应用，进一步提高了核电站主管道的焊接质量，压缩了焊接工期，降低了核电站的建造成本。

研发具有自主知识产权的大型核电站数字化仪控系统总体方案、先进控制室及人因工程设计和验证技术、安全仪控系统标准体系以及仪控系统技术规范，同时建立大型核电站的仪控设计验证平台，为国内仪控重大装备的研发和制造建立了上游技术要求和规范，为安全级数字化仪控系统国产化提供了规范要求和验收标准。

百万千瓦级核电机组CPR1000调试管理与技术。该项成果在充分吸收以往核电机组调试的成熟做法的基础上，进行了大量的创新与改进，形成了一套与自主化、总承包模式相适应的标准化调试程序，为CPR1000堆型多项目、多机组、批量化调试工作提供了良好的示范。

三、电力信息化（略）

第十一章　电力企业发展与经营

一、电力企业总体情况

（一）电力企业概况

2012年底电力企业按属性划分的企业单位数汇总及比重情况分别见表32和表33。

表32　2012年底按电力企业属性划分的各类控股企业单位数汇总情况　单位：家

	电力企业								
	合计	电网企业	发电企业						
			合计	火电	水电	核电	风电	太阳能	其他
总　计	4577	1541	3036	1207	1202	7	426	32	162
国有控股	3231	1464	1767	763	605	7	326	13	53
集体控股	192	30	162	61	90		9		2
私人控股	747	35	712	192	390		51	16	63
港澳台商控股	108	1	107	68	12		10	1	16
外商控股	100	1	99	54	21		14		10
其　他	199	10	189	69	84		16	2	18

表33　2012年底按电力企业属性划分的各类控股企业单位数所占比重情况　%

	电力企业								
	合计	电网企业	发电企业						
			合计	火电	水电	核电	风电	太阳能	其他
总　计	100.00	100.00	100.00	100.00	100.00	100.00	100.00	100.00	100.00
国有控股	70.59	95.00	58.20	63.21	50.33	100.00	76.53	40.63	32.72
集体控股	4.19	1.95	5.34	5.05	7.49		2.11		1.23
私人控股	16.32	2.27	23.45	15.91	32.45		11.97	50.00	38.89
港澳台商控股	2.36	0.06	3.52	5.63	1.00		2.35	3.13	9.88
外商控股	2.18	0.06	3.26	4.47	1.75		3.29		6.17
其　他	4.35	0.65	6.23	5.72	6.99		3.76	6.25	11.11

（二）电力企业人力资源情况（略）

二、电力企业经营情况（略）

三、电力上市公司情况（略）

第十二章　电力国际合作

一、电力对外投资

2012年10家主要电力企业对外投资总体情况见表34。

表34　2012年电力企业对外投资总体情况　单位：万美元

企业名称	截至2012年底境外累计实际投资总额	其中：2012年实际完成投资额
国家电网公司	567 000	307 710
中国南方电网有限责任公司	703	0
中国华能集团公司	335 952	24 758
中国大唐集团公司	65 562	13 728
中国华电集团公司	48 207	29 386
中国电力投资集团公司	208 548	4905
中国长江三峡集团公司	390 119	288 084
神华集团有限责任公司	40 459	700
广东省粤电集团有限公司	65 102	12 294
中国电力建设集团公司		24 920

二、电力对外承包工程

2012 年电力企业对外承包工程总体情况见表 35。

表 35　　2012 年电力企业对外承包工程总体情况

企业名称	2012 年底在建项目数量（个）	2012 年底在建项目合同额累计（万美元）	2012 年新签合同额合计（万美元）	2012 年对外承包项目年度营业额（万美元）
国家电网公司	62	232 038	157 765	—
中国大唐集团公司	1	2950	2950	300
中国华电集团公司	3	67 382	0	86 900
中国电力投资集团公司	1	15 000	0	13 000
中国长江三峡集团公司	77	840 352	152 186	129 993
中国电力建设集团公司	728	6 037 800	1 676 156	876 842
中国能源建设集团公司	738	2 886 400	1 082 540	257 142

三、电力设备、技术出口

2012 年电力企业设备出口情况见表 36。

表 36　　2012 年电力企业设备出口情况

单位：万美元

<table>
<tr><th>企业名称</th><th>直接出口设备总额</th><th>境外工程带动出口设备总额</th></tr>
<tr><td>国家电网公司</td><td>15 856.00</td><td>0</td></tr>
<tr><td rowspan="2">中国大唐集团公司</td><td>552.81</td><td>552.81</td></tr>
<tr><td>21.99</td><td>21.99</td></tr>
<tr><td>中国华电集团公司</td><td>4600</td><td>0</td></tr>
<tr><td>中国国电集团公司</td><td>880</td><td>0</td></tr>
<tr><td>中国电力投资集团公司</td><td>0</td><td>12 000</td></tr>
<tr><td>中国长江三峡集团公司</td><td>0</td><td>17 012.86</td></tr>
<tr><td rowspan="6">中国电力建设集团公司</td><td>452.68</td><td>0</td></tr>
<tr><td>217.80</td><td>0</td></tr>
<tr><td>183.81</td><td>0</td></tr>
<tr><td rowspan="3">0</td><td>222.52</td></tr>
<tr><td>8921.00</td></tr>
<tr><td>323.81</td></tr>
<tr><td>国家核电技术有限公司</td><td>0</td><td>205.95</td></tr>
<tr><td>中国能源建设集团公司</td><td>2235.29</td><td>42 826.30</td></tr>
</table>

2012 年电力企业技术出口情况见表 37。

表 37　　2012 年电力企业技术出口情况

单位：万美元

<table>
<tr><th>企业名称</th><th>直接出口技术服务费</th><th>境外工程带动出口技术服务费</th></tr>
<tr><td>国家电网公司</td><td>2647.00</td><td>0</td></tr>
<tr><td>国家核电技术有限公司</td><td>10</td><td>0</td></tr>
<tr><td rowspan="8">中国电力建设集团公司</td><td>158.96</td><td>0</td></tr>
<tr><td rowspan="2">0</td><td>714.76</td></tr>
<tr><td>12 187.15</td></tr>
<tr><td>90.87</td><td>0</td></tr>
<tr><td rowspan="4">0</td><td>4796.44</td></tr>
<tr><td>32.92</td></tr>
<tr><td>173.50</td></tr>
<tr><td>165.16</td></tr>
<tr><td>中国能源建设集团公司</td><td>2849.66</td><td>7455.50</td></tr>
</table>

四、电力国际交流（略）

五、电力海外分支机构或办事处

截至 2012 年底，电力企业在亚洲、欧洲、北美洲、南美洲、非洲、大洋洲的 63 个国家和地区设立的主要驻外机构或办事处共 187 家。其中亚洲国家和中国香港地区有 106 家，非洲国家有 43 家，欧洲国家有 15 家，南美洲国家有 10 家，北美洲国家有 9 家，大洋洲国家有 4 家。

2013年全国电力供需形势分析预测报告（摘要）

2012年，受世界经济持续低迷、国内经济增速放缓影响，全社会用电量同比增长5.5%，增速较2011年回落6.5个百分点。第三产业和城乡居民生活用电量保持两位数增长，第一产业用电量与2011年基本持平，第二产业尤其是高耗能行业用电量增速回落幅度较大，是全社会用电量增速回落的根本拉动因素。电力供应能力稳步增加，完成投资额有所下降；来水较好水电大发，水电设备利用小时数同比提高536h；电煤供应总体平稳、火电设备利用小时数同比下降340h；并网风电装机容量超过6000万kW，发电量超过1000亿kWh，风电设备利用小时数同比增加18h，但东北地区风电设备利用小时数比2011年有所下降；太阳能发电量增长四倍以上。电力行业节能减排成效显著，火电机组供电标准煤耗以及烟尘、二氧化硫、氮氧化物排放绩效值均比2011年有所下降。全国电力供需总体平衡，东北和西北地区电力供应能力有一定富余，南方电网区域在前四月有少量错峰限电。

2013年，中国经济将继续趋稳回升，带动用电需求增速回升，预计国内生产总值增长7.5%～9.0%、推荐8.0%左右，相应地全社会用电量同比增长6.5%～8.5%、推荐7.5%左右。预计年底全国全口径发电装机容量12.3亿kW左右，2012年全年发电设备利用小时数4700～4800h，其中火电5050～5150h、较2011年有所增加，全国电煤供应总体平稳，局部地区电煤运输偏紧。2012年全年全国电力供需总体平衡，东北地区电力富余增加，西北地区仍有电力富余，华东及华北地区的部分省份在部分高峰时段可能有少量电力缺口。

一、2012年全国电力供需情况分析

2012年，按可比价格计算，中国国内生产总值同比增长7.8%，各季度增速分别为8.1%、7.6%、7.4%和7.9%。规模以上工业增加值同比增长10.0%，增速比2011年回落3.9个百分点。固定资产投资（不含农户）比2011年增长20.6%（扣除价格因素实际增长19.3%），增速比2011年回落3.4个百分点。全社会消费品零售总额比2011年增长14.3%（扣除价格因素实际增长12.1%），增速比2011年回落2.8个百分点。进出口总额比2011年增长6.2%，增速2011上年回落16.3个百分点；其中，出口增长7.9%，进口增长4.3%。

（一）全社会用电量增速同比大幅回落

1. 第三产业和城乡居民生活用电量持续高速增长，对全社会用电量增长起到明显支撑作用（略）

2. 第二产业尤其是高耗能行业用电量增速大幅回落，是导致全社会用电量增速回落的根本拉动因素

第二产业各季度增速分别为4.5%、2.9%、1.6%和6.7%，呈现“U”型增长，第四季度各月对全社会用电量增长贡献率均超过70%，成为带动全社会用电量增速回升的主要动力。

2012年分季度四大行业合计及分行业用电量增建情况图见图1。

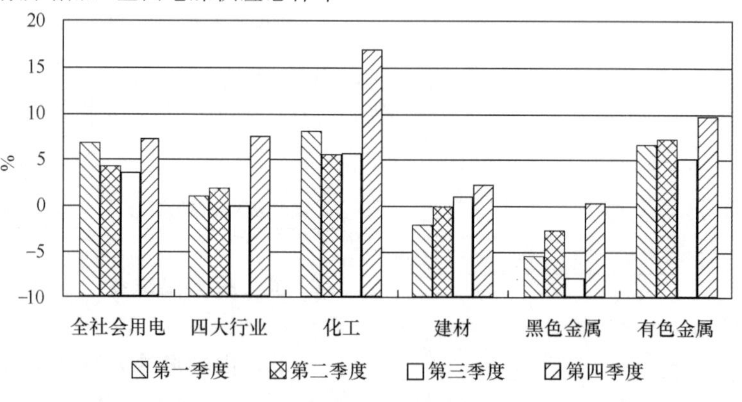

图1 2012年分季度四大行业合计及分行业用电量增速情况图

3. 绝大部分省份用电量增速比2011年回落

2012年，全国各省份用电量均实现正增长，其中，用电量增速高于全国平均增速的省份有13个，增速较高的省份有新疆（30.0%）、西藏（16.8%）、海南（12.3%）、安徽（11.5%）和贵州（10.9%）；低于全国用电平均增速的省份有18个，其中重庆、上海、吉林、辽宁分别仅增长0.8%、1.0%、1.1%和2.1%。各省份用电量增速与2011年比较，仅北

京（上年基数偏低）、新疆及西藏增速高于2011年，而宁夏、江西、重庆、青海、内蒙古、福建和云南7省份的用电量增速比2011年下降幅度超过10个百分点。

（二）电力供应能力继续增强，电力投资同比下降，水电大发，风电设备利用小时数同比略有提高，火电设备利用小时数同比下降较多，节能减排成效显著

截至2012年底，全国全口径发电设备容量11.45亿kW，比2011年增长7.8%；220kV及以上输电线路回路长度50.66万km、220kV及以上公用变设备容量22.77亿kVA。2011、2012年底发电设备容量结构图见图2。

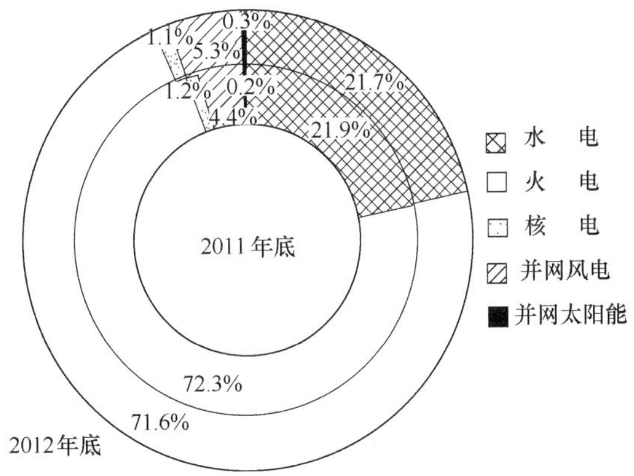

图2　2011、2012年底发电设备容量结构图

2012年，基建新增发电设备容量8020万kW，比2011年减少1416万kW，主要是火电比2011年减少1176万kW；新增220kV及以上输电线路回路长度3.23万km、变电设备容量1.82亿kVA。全国电力工程完成投资7466亿元，比2011年下降1.9%；其中电源投资3772亿元、比2011年下降3.9%，电网投资完成3693亿元、比2011年增长0.2%。

2012年，全国火电机组供电标准煤耗326g/kWh，比2011年降低3g/kWh；烟尘平均排放绩效值降至0.4g/kWh，比2011年降低0.01g/kWh；二氧化硫排放绩效值降至2.26g/kWh，比2011年降低0.04g/kWh，2012年底全国烟气脱硫机组容量达到6.75亿kW，比2005年增长近13倍，占煤电机组的比例约为90%；氮氧化物排放总量实现了近几年的首次下降，排放绩效值降至2.4g/kWh，比2011年下降0.2g/kWh；2012年底全国已投运烟气脱硝机组容量约2.3亿kW，比2011年底增长近65%。

1. 水电完成投资和发电量均实现高增长，水电设备利用小时数大幅增加

2012年，水电完成投资1277亿元，同比增长31.5%；新增装机1551万kW，其中抽水蓄能电站165万kW。2012年底全国水电装机容量2.49亿kW，继续保持世界第一。

2012年，全国平均降水量较常年偏多6.3%，比2011年偏多20.4%，加之基数原因（2011年水电发电量同比下降），全国全口径水电发电量8641亿kWh，比2011年增长29.3%。水电生产大省中，福建、江西、湖南、重庆、贵州和浙江的水电发电量增速均超过40%。

2012年，全国水电设备平均利用小时数3555h，比2011年提高536h，为“十五”以来除2005年和2008年以外的年度最高值。福建、甘肃、青海和四川的水电设备平均利用小时数超过4000h；与2011年比较，福建、江西、贵州的水电设备利用小时数提高幅度超过1000h，湖南、甘肃、青海和重庆提高幅度超过700h。

2. 并网风电装机规模跃居世界第一，发电量超过千亿kWh，风电设备利用小时数略有提高，完成投资理性回落

2012年底并网风电装机容量超过6000万kW、达到6083万kW，跃居世界第一。2012年，完成风电投资615亿元，同比下降31.8%；新增装机容量1285万kW，比2011年减少243万kW。

2012年，全国并网风电发电量1004亿kWh，比2011年增长35.5%，年度发电量首次超过1000亿kWh，并首次超过核电发电量。

2012年，全国风电设备平均利用小时数1893h，比2011年提高18h，风电设备利用率略有提高。全国共有16个省份的风电设备利用小时高于全国平均水平，其中，福建、广东、上海风电设备利用小时数超过2500h，北京、浙江、河北、河南和云南超过2200h，而青海、吉林、海南、湖北、甘肃、贵州和江西低于1700h；与2011年比较，风电装机较多的省份中，内蒙古、河北、新疆风电设备利用小时数比2011年有所提高，甘肃与上年基本持平，辽宁、黑龙江、吉林和山东比2011年有所降低。

3. 核电装机零增长，太阳能发电量增长四倍以上

2012年底核电装机容量1257万kW，与2011年持平；并网太阳能发电装机容量328万kW，同比增长47.8%。2012年，核电完成投资778亿元，同比增长1.8%；并网太阳能发电新增装机容量119万kW。

2012年，全国核电发电量982亿kWh，同比增长12.6%，核电设备利用小时数7838h，同比增加79h。并网太阳能发电量35亿kWh，比2011年增长4.1倍。

4. 火电新增装机容量及完成投资同比下降，发电量略有增长

由于需求回落及水电高增长，2012 年全国全口径火电发电量 3.91 万亿 kWh，仅比 2011 年增长 0.3%，增速比 2011 年回落 13.9 个百分点，所占全国总发电量的比重比 2011 年降低 3.9 个百分点；全国共有 18 个省份的火电发电量出现负增长，其中湖南、重庆、云南和福建下降幅度超过 10%。

2012 年，全国火电设备平均利用小时数 4965h，比 2011 年降低 340h。全国共有 13 个省份火电设备利用小时数高于全国平均水平，其中，宁夏、江苏、河北和安徽分别达到 5808、5702、5621 和 5571h，云南和吉林分别仅有 3249 和 3814h；与 2011 年比较，全国共有 29 个省份火电设备利用小时数比 2011 年降低，其中，新疆、云南、湖南、重庆、福建、广西和青海下降幅度超过 700h，消费需求放缓以及水电大发是主要原因。

5. 跨区跨省送电较快增长，积极消纳多发的水电

2012 年，全国完成跨区送电量 2018kWh，比 2011 年增长 20.2%，增速比上年提高 7.3 个百分点。西北区域外送电量 465 亿 kWh，比 2011 年增长 9.1%。由于水电发电量增长较快，华中区域积极组织水电外送，全年外送电量 879 亿 kWh，比 2011 年增长 38.0%，增速提高 53.1 个百分点，其中送华东同比增长 48.2%，送西北同比增长 146.5%，通过特高压送华北同比增长 231.9%。

2012 年，长江上游来水比 2011 年偏丰三成，三峡水库来水接近多年均值，加上三峡右岸地下电站两台机组投产发电，三峡电站累计送出电量 972 亿 kWh，创历史新高，比 2011 年增长 25.7%。

2012 年，全国跨省输出电量 7222 亿 kWh，比 2011 年增长 14.2%。在主要输出省份中，水电生产大省四川、贵州、云南和湖北累计输出电量分别比上年增长 94.0%、56.9%、20.0%和 17.1%。由于来水明显好于 2011 年，南方电网区域完成西电东送电量 1243 亿 kWh，比 2011 年增长 28.3%，增速提高 41.5 个百分点。

6. 电煤价格回落，供应总体平稳

2012 年，全国电煤供需总体宽松。全年全国新增煤炭产能 1.5 亿 t；进口煤炭 2.89 亿 t，净进口 2.8 亿 t，比 2011 年增加 7190 万 t，国内煤炭市场供应充足。全国重点发电企业累计耗煤 13.1 亿 t，比上年下降 4.2%。

（三）全国电力供需总体平衡

2012 年，全国电力供需总体平衡，其中，华北、华东、华中区域电力供需平衡，东北和西北区域电力供应能力富余，南方区域在前四月出现少量错峰限电。分区域来看：

华北区域电力供需总体平衡。2012 年全社会用电量 1.18 万亿 kWh，同比增长 5.0%。新增发电装机容量 1412 万 kW，年底发电装机容量 2.51 亿 kW，比 2011 年增长 7.0%，其中火电 2.21 亿 kW。发电设备利用小时数达 4793h，其中火电 5156h，并网风电 2071h，均略高于全国平均水平。

东北区域电力供应富余较多。2012 年全社会用电量 3768 亿 kWh，同比增长 2.8%，统调最高用电负荷 4556 万 kW，同比增长 9.2%。新增发电装机容量 755 万 kW，其中并网风电 270 万 kW；年底发电装机容量为 1.06 亿 kW，比 2011 年增长 7.9%，其中火电 7916 万 kW、并网风电 1799 万 kW。2012 年发电设备平均利用小时数仅为 3751h，其中火电为 4382h，机组过剩、开机运行不足问题非常突出。由于供热机组较多、风电机组大量投产、风电消纳和电网调峰面临很大压力，区域全年并网风电利用小时数仅为 1634h，其中吉林、蒙东地区风电设备利用小时数为 1448h 和 1605h。

华东区域电力供需基本平衡。2012 年全社会用电量 1.21 万亿 kWh，同比增长 5.3%；统调最高用电负荷 1.77 亿 kW，比 2011 年增长 4.8%。新增发电装机容量 1275 万 kW，年底发电装机容量达 2.34 亿 kW，比 2011 年增长 6.5%，其中火电 1.98 亿 kW。由于水电增发、外来电增加以及空调制冷用电负荷增长放缓，全年发电设备利用小时数 5144h，其中火电 5263h，由于风电开发与其消纳市场有序、风电设备得到了充分利用，并网风电设备利用小时数达到 2256h，各类型装机利用小时均明显高于全国平均水平。

华中区域电力供需平衡略有盈余。2012 年全社会用电量 9022 亿 kWh，同比增长 3.6%，统调最高用电负荷 1.31 亿 kW，比 2011 年增长 6.6%。新增发电设备容量 1911 万 kW，年底发电装机容量 2.35 亿 kW，比 2011 年增长 8.8%，其中水电 1.03 亿 kW、火电 1.31 亿 kW。由于水电发电量大幅增长，区域电力供需平衡略有盈余，全年水电发电设备利用小时数达 3854h，导致火电设备利用小时数仅为 4589h，明显低于全国平均水平，如湖南、湖北和四川火电设备利用小时分别为 4176h、4364h 和 4541h；重庆一季度电力供需偏紧，河南迎峰度夏期间电力供需偏紧。

西北区域电力供应平衡有余。2012 年全社会用电量 4524 亿 kWh，同比增长 11.6%；统调最高用电负荷 5292 万 kW，比 2011 年增长 20.1%。新增发电装机容量 871 万 kW；年底发电装机容量 1.18 亿

kW，比 2011 年增长 9.8%，其中火电 7714 万 kW、并网风电 1195 万 kW。区域电力供需平衡有余，全年发电设备利用小时数 4601h，其中火电 5138h，由于酒泉风电基地开发规模较大而外送通道能力有限，导致区域并网风电利用小时数仅为 1785h；青海电网电力供需平衡、水电外送电量增加较多，西藏电网电力供应较为紧张。

南方区域电力供需前紧后松、总体平衡。2012 年全社会用电量 8343 亿 kWh，同比增长 6.4%；统调最高用电负荷 1.20 亿 kW，比 2011 年增长 5.7%。新增发电装机容量 1796 万 kW；年底发电装机容量 2.02 亿 kW，比 2011 年增长 7.7%，其中水电 7889 万 kW、火电 1.13 亿 kW。南方区域电力供需前紧后松，前四月因来水偏枯导致水电出力下降等因素，电力供需有一定缺口，最大错峰负荷 653 万 kW，累计错峰电量 36 亿 kWh，五月以来电力供需总体平衡，全年水电无弃水现象；全年发电设备利用小时数达 4375h，其中水电 3314h，火电 4776h，风电分散开发，利用小时数达到 2137h；云南电力丰水期富余较多，水电设备利用小时数达到 3854h，火电设备利用小时数仅有 3249h。2011、2012 年分区域发电设备容量、用电量所占比重情况图见图 3；各区域 2012 年分季度全社会用电量增速情况图见图 4。

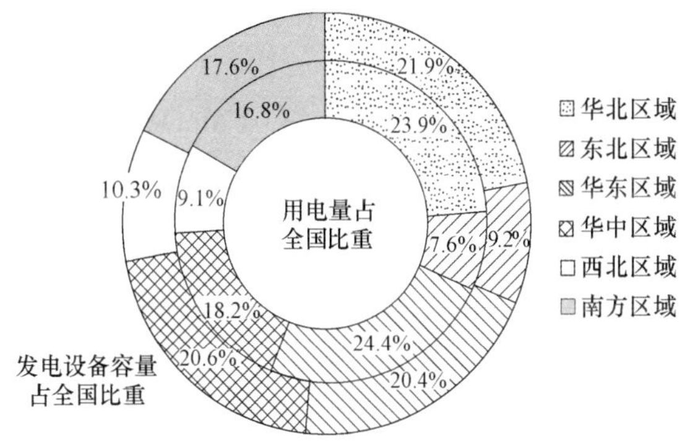

图 3　2011、2012 年分区域发电设备容量、用电量所占比重情况图

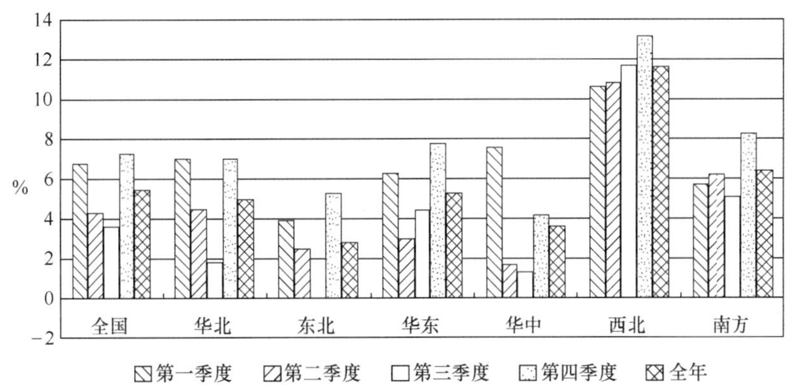

图 4　各区域 2012 年分季度全社会用电量增速情况图

二、2013 年全国电力供需形势预测

总体判断，2013 年中国经济企稳回升的势头有望进一步巩固，用电需求增速也将有所回升。预计 2013 年国内生产总值增长 7.5%～9.0%、推荐 8.0%左右，相应地全社会用电量同比增长 6.5%～8.5%、推荐 7.5%左右。2013 年全国电力供需总体平衡，东北区域电力供应富余能力进一步增加，西北区域电力供应能力仍有一定富余，华东及华北区域的部分省份在部分高峰时段可能有少量电力缺口。

（一）国内经济企稳回升势头有望进一步巩固，电力消费需求增速将有所回升

初步预计 2013 年 GDP 增长在 7.5%～9.0%，推荐 8.0%左右。与经济增长形势相一致，初步判断用电增速也将比 2011 年有所回升，预计 2013 年全国全社会用电量 5.28 万亿～5.38 万亿 kWh、增长 6.5%～8.5%，推荐 5.33 万亿 kWh 左右、增长 7.5%左右。

分产业看，第一产业用电量继续维持较低增长水平，预计增长 4.0%～6.0%；第二产业用电量增速比 2012 年有所回升，预计全年用电量增长 5.5%～7.5%；随着居民消费市场持续扩展及消费结构不断升级，第三产业和城乡居民生活用电量将继续保持 11%左右的增长速度。

2013 年全国分产业及城乡居民生活用电量情况预测见表 1。

表1 2013年全国分产业及城乡居民生活用电量情况预测

产业类型	低方案		中方案（推荐）		高方案	
	用电量（亿kWh）	增速（%）	用电量（亿kWh）	增速（%）	用电量（亿kWh）	增速（%）
全社会	52 833	6.5	53 330	7.5	53 825	8.5
第一产业	1054	4.0	1064	5.0	1074	6.0
第二产业	38 679	5.5	39 047	6.5	39 412	7.5
第三产业	6260	10.0	6316	11.0	6373	12.0
城乡居民生活	6841	10.0	6903	11.0	6965	12.0

（二）电力供应能力继续增强，新增发电装机有望超过2011年，但火电新增装机容量及完成投资继续减少

2013年，预计全国新增装机8700万kW左右。其中，水电新增装机容量2800万kW左右，比2012年明显增加，新增装机主要分布在云南、四川等大型水电基地；火电新增4000万kW左右，比2012年继续减少；核电新增2台机组、221万kW；并网风电新增1400万kW左右；并网太阳能发电新增250万kW左右（若国家政策特别是财政补贴及时足额到位，实际新增装机可能远高于此值）。综合考虑"关小"等因素后，预计2013年底全国发电设备容量将达到12.3亿kW左右，有望成为世界上发电装机规模最大的国家，其中水电2.8亿kW、火电8.6亿kW、核电1478万kW、并网风电7500万kW、并网太阳能600万kW左右（若国家政策及时出台并落实到位，有望超过1000万kW）。

2013年，预计全国电力投资完成额7500亿元左右，其中，电源投资3800亿元左右、电网投资3700亿元左右。电源完成投资中，火电投资继续减少，水电投资继续保持较快增长，核电投资保持一定增长，风电投资规模与2012年基本相当，并网太阳能发电投资快速增长。

（三）影响电力供需的外部因素分析

（1）气候变化频繁以及可能出现的极端气候将对电力供需产生较大影响。

（2）2012年蓄水情况能够保证汛前水电生产，但全年来水情况存在不确定性。

（3）电煤供应总体平稳，局部地区电煤运输偏紧。

（4）天然气供应总体偏紧，部分地区较为严重。

（四）2013年全国电力供需总体平衡

根据上述预测和初步的综合平衡分析，预计2013年全国电力供需总体平衡，东北地区电力供应富余能力增加，西北地区电力供应能力有一定富余，受跨区通道能力制约、部分机组停机进行脱硝改造以及天然气供应紧张等因素影响，考虑高温、来水等不确定性，华东和华北地区的部分省份在部分高峰时段可能有少量电力缺口。预计全年发电设备利用小时数达4700～4800h，火电设备利用小时数达5050～5150h，均比2012年有所提高。

三、有关建议（略）

中国新能源发电发展研究报告（2011）（摘要）

一、开发潜力及特点

（一）开发潜力

风能资源储量丰富。根据中国气象局第四次风能资源普查结果，中国离地50m高度陆地上风能资源潜在开发量为23.8亿kW，近海5～25m水深范围内风能资源潜在开发量约为2亿kW。"三北"地区（华北、东北和西北）以及东南沿海地区、沿海岛屿潜在风能资源开发量约占全国的80%。中国已经规划了8个千万千瓦级的风电基地。

太阳能资源十分丰富。据估算，1971～2000年中国陆地表面年均接受太阳总辐射量相当于1.7万亿t标准煤。太阳能总辐射资源分布特征是西部大于东部、高原大于平原、内陆大于沿海、干燥区大于湿润区，根据接收太阳能总辐射能的大小，全国大致上可分为四类地区。中国直接辐射年总量的空间分布特征与总辐射基本一致，内蒙古西部、青海中部、西藏西南部是直接辐射资源最丰富地区。

生物质。中国生物质原料资源年产出8.99亿t标准煤，其中有机废弃物年产出4.74亿t，边际性土地年产出4.25亿t。

地热能。中国地热可采储量约4626亿t标准煤，占全球总量的7.9%。中国地热能发电开发潜力582万kW。

海洋能。中国波浪能资源量为1285万kW，潮汐能资源量为1.1亿kW，潮流能资源量为1.4亿kW，温差能资源量可达13.2亿～14.8亿kW。

（二）新能源特点及对电力系统的影响

新能源是绿色可再生能源。中国新能源资源与能源需求呈逆向分布，资源分散、能源密度低，发电出力具有随机性、间歇性、波动性等特点，发电上网电

价较高、经济性较差，对电力系统安全稳定和经济运行带来影响，对系统运行调度管理提出更高的要求。

二、取得的成就（略）

三、存在的主要问题

（1）中长期发展目标调整频繁，各层级、各专项规划不能有效衔接。

（2）缺乏有力的项目审批统一协调机制。

（3）法律法规和政策有待进一步完善。

（4）产业发展的基础工作有待加强。

（5）设备性能和建设运行水平有待进一步提高。

四、发展思路与规划布局

（一）指导思想与基本原则

以科学发展为主题，以加快转变电力发展方式为主线，以保障安全、优化结构、节能减排、促进和谐为重点，努力构建安全、经济、绿色、和谐的现代电力工业体系，为实现2020年中国非化石能源在一次能源消费中比重达到15%左右和单位GDP二氧化碳排放量比2005年下降40%～45%的目标做出应有贡献。在发展过程中要坚持以下原则：

安全性原则：安全性主要体现在新能源发电与常规能源发电的装机能够满足系统负荷需求并留有合理备用，各类电源的出力能够互相调剂、时刻满足负荷需求并及时跟踪负荷变化，确保整个电力系统的安全、稳定、可靠运行。

鼓励性原则：新能源发电具有清洁、可再生等优势，在满足电力系统安全运行的前提下，要鼓励发展新能源发电，减少电力行业的化石能源消耗及二氧化碳、二氧化硫、氮氧化物等的排放，促进电力工业的绿色发展，为节能减排作出应有的贡献。

经济性原则：各种类型新能源发电在发电成本、出力曲线、对电力系统影响等方面具有各自不同的特性。

协调性原则：新能源发电一方面要加强与其他常规电源发展的相互协调，提高系统调节能力，保障电量的充分消纳。另一方面要加强与电网建设的相互协调，同步建成电源送出工程，加强跨区联网，加快构建坚强智能电网。

（二）规划目标与布局

1. 积极有序发展风电

根据中电联《电力工业“十二五”规划滚动研究报告》，中国风电开发要实现大中小、分散与集中、陆地与海上开发相结合，通过风电开发和建设，促进风电技术进步和产业发展，实现风电设备制造自主化，尽快使风电具有市场竞争力，力争2020年中国风电技术达到世界领先水平。在“三北”（西北、华北北部和东北）等风资源富集地区，建设大型和特大型风电场，同步开展电力外送和市场消纳研究。发展海上风电坚持海洋规划先行，避免无序发展。充分利用各地的风能资源，因地制宜地发展中小型风电场，发展低速风机，就近上网本地消纳。在偏远地区，因地制宜发展离网风电。规划2015年和2020年风电装机分别为1亿kW和1.8亿kW。关于风电开发的布局考虑是：

一是有序建设8大千万千瓦级风电基地。甘肃酒泉风电基地2015年规划风电装机超过1000万kW；新疆哈密风电基地2015年规划风电装机超过600万kW；河北风电基地2015年规划风电装机超过1100万kW，主要在华北电网消纳，还送电华中、华东负荷中心；山东沿海风电基地在继续推进陆地风电开发的基础上，重点加快潮间带和近海风电开发，2015年规划风电装机1000万kW，主要在本地区消纳；江苏沿海风电基地在继续推进陆地风电开发的基础上，重点加快潮间带和近海风电开发，2015年规划风电装机690万kW，主要在本地区消纳；吉林风电基地2015年风电超过700万kW，主要分布在四平、松原、白城、通榆4个风电场群，在本省及东北电网消纳；蒙东风电基地2015年规划装机超过700万kW，除本地区消纳外，主要在东北负荷中心消纳；蒙西风电基地2015年规划装机超过1000万kW，除本地区消纳外，还送至华北、华中、华东负荷中心消纳。

二是积极推进内陆分散风能资源的利用。

三是因地制宜稳妥开展海上风电项目。

2. 促进发展太阳能光伏发电，示范推进太阳能热发电

规划2015年太阳能发电容量达到500万kW左右，2020年太阳能发电容量达到2500万kW左右。

太阳能光伏发电按照“大规模集中开发、中高压输送”与“分散开发、低电压就地消纳”并举的思路发展。

太阳能热发电按照“示范推进”的思路发展。在内蒙古、甘肃、青海、新疆、西藏等地选择荒漠、戈壁、荒滩等空闲土地，建设太阳能热发电示范项目。

3. 因地制宜发展生物质能发电

生物质能发电包括农林生物质发电、垃圾发电和生物质燃气发电。规划2015年生物质发电装机容量达到500万kW，其中：农林生物质发电240万kW、垃圾发电240万kW、生物质燃气发电20万kW；2020年生物质发电装机容量达到1000万kW，其中：农林生物质发电480万kW、垃圾发电480万kW、生物质燃气发电40万kW。

有序发展农林生物质发电。在秸秆剩余物资源较

多、人均耕地面积较大的粮棉主产区，有序发展秸秆生物质直燃发电；在重点林区和林产品加工集中地区，结合林业生态建设，利用林业三剩物和林产品加工剩余物，有序发展林业生物质直燃发电；在“三北”地区，结合防沙治沙生态环境建设，建设灌木林种植基地，有序发展沙生灌木平茬剩余物直燃发电项目；在甘蔗种植主产区和蔗糖加工集中区，有序发展蔗渣直燃发电。

合理发展垃圾发电。在人口密集、土地资源紧张的中东部地区城市，合理发展生活垃圾焚烧发电项目。在西部地区采取垃圾填埋方式处理垃圾的城市建设填埋场沼气发电项目。大力推动垃圾发电关键设备和清洁燃烧技术进步。

积极发展生物质燃气发电。在农村生物质资源比较丰富、人口密集的乡镇，发展分布式生物质燃气发电；依托大型畜禽养殖场，结合污染治理，支持建设大型畜禽养殖废弃物沼气发电项目；积极推动造纸、酿酒、印染、皮革等工业有机废水和城市生活污水处理沼气发电。

4. 试点研究地热能和海洋能发电

规划2015年地热能装机容量达到5万kW，2020年装机容量达到20万kW。中国的地热发电已经具有一定的技术基础和生产能力，但由于地热还有其他开发利用价值，只能因地制宜地发展。

规划2015年海洋能发电装机容量达到1万kW，2020年装机容量达到2万kW。积极推进海洋能试点开发研究。

5. 加快电网骨干网架建设，合理布局建设调峰电源，研究应用储能技术，提高系统对新能源的消纳能力

（1）加快大型新能源基地外送通道建设。甘肃酒泉风电基地2015年规划风电装机超过1000万kW，除通过2回750kV线路接入西北主网外，还配套部分火电机组，通过酒泉—湖南±800kV特高压直流向华中负荷中心送电；新疆哈密风电基地2015年规划风电装机超过600万kW，除通过750kV交流接入新疆、西北主网外，还配套哈密煤电基地部分火电，通过哈密—河南、哈密—重庆±800kV特高压直流向华中负荷中心送电；河北风电基地2015年规划风电装机超过1100万kW，“十二五”期间建设张北—北京西—石家庄—武汉—南昌特高压交流通道，使张北风电通过特高压交流在更大范围消纳；江苏沿海风电基地2015年规划风电装机690万kW，主要集中在盐城地区及如东、启东的潮间带地区，就近接入3个500kV风电汇流站；吉林风电基地2015年规划风电装机超过700万kW，除通过500kV交流接入东北主网消纳外，部分电站接入220kV及以下电压等级就地消纳；蒙东风电基地2015年规划装机超过700万kW，主要通过500kV交流接入东北主网在东北负荷中心消纳；蒙西风电基地2015年规划装机超过1000万kW，乌兰察布风电主要需通过特高压交流在更大范围消纳，“十二五”期间配套建设乌兰察布—北京西特高压交流通道。

（2）构建坚强特高压网架。“十二五”期间，在特高压交流试验示范工程的基础上，结合大水电、大煤电、大风电基地外送工程以及未来大核电基地的接入系统，重点加快华北、华东、华中特高压交流同步电网建设。2015年华北、华东、华中特高压电网形成“三纵三横”主网架，锡盟、蒙西、张北、陕北能源基地通过3个纵向特高压交流通道向华北、华东、华中地区送电，北部煤电（风电）、西南水电通过3个横向特高压交流通道向华北、华中和长三角特高压环网送电。

（3）合理布局建设抽水蓄能、燃气发电等调峰电源，研究应用储能技术。规划到2015年和2020年，抽水蓄能电站达到4100万kW和6000万kW，大型天然气发电达到4000万kW和5000万kW，以解决风电等新能源开发带来的调峰问题。

加快储能技术研究应用，通过配置储能装置，有效地平滑新能源出力的波动，有效地解决电力系统的稳定性、电能质量和运行经济性问题。

五、政策措施建议

（1）加快转变发展方式，促进科学发展。
（2）明确各方责任，全方位促进发展。
（3）加强新能源发电科学统一规划。
（4）建立科学的新能源规划体系与机制。
（5）建立和完善项目审批的协调机制。
（6）健全和完善相关的法律法规和政策体系。
（7）加强产业发展的基础工作。
（8）高度重视生态环保问题。

"十二五"规划研究

电力工业"十二五"规划滚动研究报告（摘要）

一、电力发展成就和存在问题

"十一五"期间全国净增发电装机容量4.5亿kW，电力发展全面支撑了经济社会高速发展。全面掌握特高压核心输电技术，建成投产1000kV特高压交流试验示范工程和±800kV特高压直流示范工程，实现了"中国创造"和"中国引领"。电源结构和布局逐步优化，电网优化配置资源能力明显提高，绿色发展能力进一步增强，电力技术装备水平和自主创新能力显著提高。体制和机制创新取得进展，管理水平不断提高，电力企业积极承担社会责任，国际合作取得积极成效。电力工业正从大机组、超高压、西电东送、全国联网的发展阶段，向绿色发电、特高压、智能电网的新阶段转变。

电力工业发展还存在一些深层次问题，电力工业统一规划亟待加强，科学合理的电价机制尚未形成，电力企业可持续发展能力弱，现有绿色发电比重与未来发展目标差距较大，电源基地和电网送出需要加快协调发展，科技创新能力有待提高，市场化改革需要进一步深化。

二、未来电力需求预测

综合考虑能源消费总量控制影响、2011年全国经济运行与电力供需实际情况，"十二五"期间全国全社会用电量增长速度略有提高，"十三五"基本不变，适度调高了中西部地区用电量增速，调低东部地区增速。

预计2015年全社会用电量将达到6.02万亿～6.61万亿kWh，"十二五"期间年均增长7.5%～9.5%，推荐为6.4万亿kWh，年均增长8.8%；最大负荷达到9.66亿～10.64亿kW、"十二五"期间年均增长7.9%～10.0%，推荐为10.26亿kW，年均增长9.2%。

预计2020年全社会用电量将达到8万亿～8.81万亿kWh，"十三五"期间年均增长4.6%～6.6%，推荐为8.4万亿kWh，年均增长5.6%；最大负荷达到13.03亿～14.32亿kW，"十三五"年均增速为4.9%～6.9%，推荐为13.66亿kW，年均增长5.9%。预计2030年全社会用电量将达到11.3万亿～12.67万亿kWh，最大负荷达到18.54亿～20.82亿kW。

"十二五"期间电力弹性系数为1左右，"十三五"为0.80，西部地区电力需求增速高于东部地区。

三、电力工业发展思路与规划目标

"十二五"规划目标：全国发电装机容量达到14.63亿kW左右。其中，水电3.01亿kW，抽水蓄能4100万kW，煤电9.28亿kW，核电4300万kW，气电4000万kW，风电1亿kW，太阳能发电500万kW，生物质能发电及其他500万kW。与2010版规划相比，滚动规划中2015年全国发电装机容量增加2600万kW，其中，水电增加1700万kW，煤电减少500万kW，气电增加1000万kW，太阳能发电增加300万kW，生物质能发电及其他增加200万kW。按照装机容量可能达到15亿kW左右来规划安排电源前期工作，根据实际市场需求滚动安排年度开工规模。非化石能源发电装机总规模将达到4.95亿kW，占总装机的比重为33.8%，比2010年提高6.9个百分点。非化石能源发电量1.59万亿kWh左右，占总发电量的比重为24.9%，比2010年提高5个百分点左右。非化石能源发电可替代化石能源5.2亿t标准煤，占一次能源消费的比重达到12.4%左右，为全国非化石能源比重达到11.4%的贡献率超过100%。全国110kV及以上线路达到133万km，变电容量56亿kVA。

2020年规划目标：全国发电装机容量达到19.35亿kW左右。其中，水电3.6亿kW，抽水蓄能6000万kW，煤电11.7亿kW，核电8000万kW，气电5000万kW，风电1.8亿kW，太阳能发电2500万kW，生物质、潮汐、地热等1000万kW。与2010版规划相比，滚动规划中2020年全国发电装机容量增加5000万kW，其中，水电增加3000万kW，煤电增加1000万kW，核电减少1000万kW，气电增加

1000万kW，太阳能发电增加500万kW，生物质、潮汐、地热等增加500万kW。按照装机容量可能达到20亿kW来规划安排电源前期工作，根据实际市场需求滚动安排年度开工规模。非化石能源发电装机总规模将达到7.15亿kW，占总装机的比重为37.0%，比2015年提高3.1个百分点。非化石能源发电量2.3万亿kWh左右，占总发电量的比重为27.3%，比2015年提高2.4个百分点左右。非化石能源发电可替代化石能源7.3亿t标准煤左右，占一次能源消费的比重达到14.5%左右，为全国非化石能源比重达到15%的贡献率达到96.7%。全国110kV及以上线路达到176万km，变电容量79亿kVA。

四、优化电源结构与布局

（1）优先开发水电。实行大中小开发相结合，推进水电流域梯级综合开发；促进绿色和谐开发，充分体现以人为本的发展理念，使地方经济和人民群众真正从水电开发中受益；扩大资源配置范围，积极推动周边国家水电资源开发和向中国送电；加快抽水蓄能电站发展，提高电力系统运行的经济性和灵活性，促进可再生能源发电的合理消纳。

继续加快开发、尽早开发完毕开发程度较高的长江上游、乌江、南盘江红水河、黄河中上游及其北干流、湘西、闽浙赣和东北等7个水电基地，重点布局开发金沙江、雅砻江、大渡河、澜沧江、怒江、黄河上游干流等6个大型水电基地。重视境外水电资源开发利用，重点开发缅甸伊江上游水电基地。

到2015年，全国常规水电装机预计达到3.0亿kW左右，水电开发程度达到58%左右（按技术可开发容量计算，下同），其中东部和中部水电基本开发完毕，西部水电开发程度在48%左右。到2020年全国水电装机预计达到3.6亿kW左右，全国水电开发程度为69%，其中西部水电开发程度达到63%。抽水蓄能电站2015年规划装机4100万kW左右，2020年达到6000万kW左右。与2010版规划研究报告相比，西南金沙江、雅砻江、大渡河、澜沧江、怒江等五江干流水电基地电源的开发进度提前，2015年规划目标增加约1500万kW，投产容量增加较多的流域是金沙江中游；2020年规划目标增加约3000万kW，“十三五”期间投产容量增加较多的流域是大渡河与澜沧江上游。

（2）优化发展煤电。推行煤电一体化开发，加快建设大型煤电基地，贯彻落实国家西部大开发战略，加快山西、陕西、内蒙古、宁夏、新疆等煤炭资源丰富地区的大型煤电基地建设；鼓励发展热电联产，统一规划高参数、环保型机组及符合国家政策的热电联产项目；推进煤电绿色开发，大力推行洁净煤发电技术。

以开发煤电基地为中心，重点建设山西（晋东南、晋中、晋北）、陕北、宁东、准格尔、鄂尔多斯、锡盟、呼盟、霍林河、宝清、哈密、准东、伊犁、淮南、彬长、陇东、贵州16个大型煤电基地。

2015年中国煤电装机达到9.28亿kW。“十二五”期间开工3亿kW，其中煤电基地机组占66%；投产2.85亿kW，其中煤电基地机组占53%。2020年中国煤电装机达到11.7亿kW。“十三五”期间开工2.6亿kW，其中煤电基地机组占62.7%；投产2.65亿kW，其中煤电基地机组占55%。

（3）安全高效发展核电。本次滚动规划中，将电力发展方针中的“大力发展核电”调整为“安全高效发展核电”。高度重视核电安全，强化核安全文化理念；坚持以我为主，明晰技术发展路线；统一技术标准体系，加快实现核电设备制造国产化；理顺核电发展体制，加快推进市场化、专业化进程；建立立足国内、面向国际的核燃料循环体系。

规划2015年中国核电装机4294万kW，主要布局在沿海地区。2020年规划核电装机规模达到8000万kW。

（4）积极发展风电等可再生能源发电。非水可再生能源开发要在充分考虑电价承受能力和保持国际竞争力的条件下积极推进。

风电开发要实现大中小、分散与集中、陆地与海上开发相结合，通过风电开发和建设，促进风电技术进步和产业发展，实现风电设备制造自主化，尽快使风电具有市场竞争力。在“三北”（西北、华北北部和东北）等风资源富集地区，建设大型和特大型风电场，同步开展电力外送和市场消纳研究。发展海上风电坚持海洋规划先行，避免无序发展。坚持统一规划，加快制定相关政策措施，促进低风速地区资源开发，因地制宜地建设中小型风电场，采用低速风机，就近上网本地消纳。在偏远地区，因地制宜发展离网风电。规划2015年和2020年风电装机分别为1亿kW和1.8亿kW。

促进发展太阳能发电，规划发电装机2015年达到500万kW左右，2020年达到2500万kW左右，确保2030年中国太阳能发电技术达到世界领先水平。

因地制宜发展生物质能及其他可再生能源发电，2015年和2020年生物质发电装机分别达到500万kW和1000万kW。

2015年和2020年地热和海洋能发电装机分别达到1万kW和5万kW。

滚动规划中，进一步贯彻风电集中分散开发并举思路，在风电发展总量目标保持不变的前提下，合理增加分散布局的风电规模。受国家太阳能光伏发电上网电价政策的激励，太阳能光伏发电发展速度将进一步加快，2015 年太阳能发电规划目标增加 300 万 kW，2020 年规划目标增加 500 万 kW。2015 年生物质、垃圾、潮汐、地热等规划目标增加 200 万 kW，2020 年规划目标增加 500 万 kW。

（5）适度发展天然气集中发电。天然气（包括煤层气等）发电要实行大中小相结合；结合引进国外管道天然气和液化天然气在受端地区规划建设大型燃气机组，主要解决核电、风电、水电季节性电能对电网的调峰压力。在气源地规划建设燃气机组解决当地用电问题。2015 年和 2020 年大型天然气发电规划容量分别为 4000 万 kW 和 5000 万 kW。

与 2010 版规划研究报告相比，由于气源的增加，2015 年气电发展目标增加 1000 万 kW，2020 年气电发展目标增加 1000 万 kW。

（6）因地制宜发展分布式发电。结合城乡天然气管道布局规划建设分布式冷热电多联供机组。2015 年和 2020 年天然气分布式发电装机分别达到 100 万 kW 左右和 300 万 kW 左右。在电网延伸供电不经济的地区，发挥当地资源优势，建设分布式发电系统。推动分布式发电和储能设施结合的分布式能源供应系统发展。

（7）促进更大范围资源优化配置。华北京津冀鲁、东北辽宁、华东沪苏浙闽、华中豫鄂湘赣渝、南方两广等 16 个省（市、区）受端地区，2015 年外电送入合计约 2.45 亿 kW 左右，约占受端地区最大负荷的 31%，“十二五”期间增加外电送入 1.6 亿 kW；2020 年外电送入合计约 3.66 亿 kW，约占受端地区最大负荷的 38%，“十三五”期间增加外电送入 1.21 亿 kW。

2015 年大型煤电基地跨区跨省送电规模17 050 万 kW，“十二五”期间增加 11 400 万 kW。2020 年为27 050万 kW，“十三五”期间增加约 1 亿 kW。

2015 年大型水电基地跨区跨省送电规模 6690 万 kW，“十二五”期间增加 4490 万 kW；2020 年为 7990 万 kW，“十三五”期间增加 1300 万 kW。

2015 年风电跨区跨省输送规模约 3000 万 kW，2020 年约 5000 万 kW。

五、加快建设坚强智能电网

（1）建设大型电源基地外送通道，构建坚强网架。“十二五”期间，在特高压交流试验示范工程的基础上，结合西部、北部大型煤电基地，西南水电基地，酒泉、蒙西、张北等大型风电基地以及未来大核电基地的接入系统，重点加快华北、华东、华中特高压交流同步电网建设。2015 年华北、华东、华中特高压电网形成“三纵三横”主网架，锡盟、蒙西、张北、陕北能源基地通过三个纵向特高压交流通道向华北、华东、华中地区送电，北部煤电、西南水电通过三个横向特高压交流通道向华北、华中和长三角特高压环网送电。配合西南水电、西北、华北煤电和风电基地开发，建设锦屏—江苏、溪洛渡—浙江、哈密—河南、宁东—浙江、宝清—唐山、呼盟—山东、酒泉—湖南、锡盟—江苏、哈密—重庆、彬长—山东、蒙西—湖北、陇东—江西等直流输电工程。2011 年已建成投运青藏联网工程，满足西藏供电，实现西藏电网与西北主网联网。经模拟计算分析，“十二五”规划特高压骨干网架满足电网安全稳定导则要求，能够保证电网可靠运行。

2020 年，将建成以华北、华东、华中特高压同步电网为中心，东北特高压电网、西北 750kV 电网为送端，联结各大煤电基地、大水电基地、大核电基地、大可再生能源基地，各级电网协调发展的坚强智能电网。华北、华东、华中特高压同步电网形成“五纵六横”主网架。晋陕蒙宁煤电和四川水电通过特高压交流通道向华北、华东、华中电网送电；新疆、呼盟、锡盟、蒙西、宁东、彬长、陇东煤电基地电力和金沙江、锦屏、西藏水电通过特高压直流向华北、华中、华东送电；俄罗斯、蒙古、哈萨克斯坦电力通过特高压直流分别送入东北、华北、华中电网。

（2）促进城乡电网协调发展进一步加强各电压等级配电网建设，做到网架结构合理，运行方式灵活，电压层次简化，供电安全可靠。大部分城市形成 220（或 110）kV 双环网架，500（或 330）kV 变电站深入城市负荷中心并形成 500（或 330）kV 环网结构，实现 500/220（或 330/110）kV 间电磁环网解环运行，中低压配电网络具备“手拉手”环路供电或双电源供电。初步建成 220kV 电压等级为中心枢纽，110kV（66/35kV）电压等级为主网架的坚强农村配电网，县城中压配电网实现环网供电，电网整体供电能力、技术装备水平和可靠性进一步提高，满足农村地区经济社会发展和新农村建设用电需要。城乡配电网容载比满足导则要求，推广小型化、无油化、绝缘化、少（免）维护、节能型、智能型设备，配电网智能化水平显著提高。

到 2015 年，全国城市用户供电可靠率达到 99.943%以上，农村用户供电可靠率达到 99.765%以上。2020 年城市用户供电可靠率达到 99.955%以上，农网用户供电可靠率达到 99.810%以上。

（3）推进电网智能化。中国电网智能化发展将以坚强网架为基础，以通信信息平台为支撑，以智能调控为手段，包含电力系统的发电、输电、变电、配电、用电和调度六大环节，覆盖所有电压等级，实现“电力流、信息流、业务流”的高度一体化。

"十二五"期间，重点加强技术创新和试点应用，在系统总结和评价智能电网试点工程的基础上，加快修订完善相关标准，全面推进智能电网工程建设。到"十二五"末，中国智能电网技术和关键设备实现重大突破，智能化标准体系基本完善，电网智能化达到较高水平。

"十三五"期间，中国智能电网技术和设备性能进一步提升，力争主要技术指标位居世界前列，智能化水平国际领先。

六、电力科技创新

到2015年，发电技术整体接近和部分达到世界先进水平，前沿技术的研究与发达国家同步；特高压、大电网和自动化等电网技术保持国际领先水平，占领世界新能源发电及接入技术制高点，引领世界智能电网技术发展方向。

到2020年，发电技术整体位于世界先进水平，部分技术领域处于国际领先水平；继续保持电网技术整体引领世界发展。

七、促进绿色和谐发展

通过发展非化石能源、降低供电煤耗和线损等途径，与2010年相比，2015年电力工业年节约标准煤2.70亿t，减排二氧化碳6.69亿t，减排二氧化硫578万t，减排氮氧化物254万t；与2015年相比，2020年电力工业年节约标准煤2.35亿t，减排二氧化碳5.84亿t，减排二氧化硫504万t，减排氮氧化物221万t。

与2010年相比，在燃煤装机增加41.7%的情况下，2015年电力工业二氧化碳排放总量增加30.6%，排放强度降低12.5%；二氧化硫排放总量降低13.6%，排放强度下降40.7%；氮氧化物排放总量降低21.1%，排放强度下降46.4%；与2015年相比，在燃煤装机增加26%的情况下，2020年电力工业二氧化碳排放总量增加27.1%，排放强度降低4.2%；二氧化硫、氮氧化物排放总量与2015年基本持平。

与2010年比，2015年电力工业单位GDP能耗降低标准煤0.061t/万元，对实现2015年单位国内生产总值能耗下降16%目标的贡献率达到37.03%；碳减排量对实现单位国内生产总值碳排放下降17%目标的贡献率达到36.51%。

电力工业在"十二五"期间将带动社会总产出年均增加3.2万亿元左右，每年提供就业岗位310万个左右。"十三五"期间将带动社会总产出年均增加3.67万亿元左右，每年提供就业岗位360万个左右。

八、电力工业规划经济性

按照滚动规划基准方案，"十二五"期间，全国电力工业投资达到6.1万亿元，比"十一五"增长88.3%，其中电源投资3.2万亿元、占全部投资的52%，电网投资2.9万亿元、占48%。"十三五"期间，全国电力工业投资达到7.1万亿元，比"十二五"增长16.4%，其中电源投资3.6万亿元、占全部投资的51%，电网投资3.5万亿元、占49%。

在考虑煤价上涨、弥补历史欠账和电力企业净资产收益率8%的条件下，2015年合理的平均销售电价为728.7元/MWh，比2010年上涨157.5元/MWh，增长27.6%、年均增长5.0%；2020年销售电价为831.7元/MWh，比2015年增加103.0元/MWh，增长14.1%、年均增长2.7%。

九、保障措施和政策建议

（1）强化电力工业统一规划，建立科学的电力规划管理机制。建立健全政府电力规划管理体系，建立规划依法上报、审批和公布制度。完善电力规划研究协作体系和滚动调整机制。

（2）改革与完善电力项目前期管理机制。规范前期工作程序，推行项目业主市场招标制和项目备案制。

（3）优化电源结构布局，促进绿色电源发展和生态环境改善。重视水电移民和环保工作，促进一批大中型水电项目尽快开工；统一核电技术路线，开放核电投资市场；加强风电统一规划，促进风电消纳；扶持推进风电、太阳能等可再生能源发电产业化，提高技术装备水平；优化煤电布局，积极推进煤电一体化。

（4）把智能电网正式纳入国家发展战略并给以政策和资金扶持，加快制定完善新能源、特高压电网、智能电网等技术标准，推进电力系统智能化建设。

（5）适当提高电价水平，用经济调节手段促进节能减排。制定严格的节能减排标准，培育节能减排商业模式，促进节能减排技术创新和推广。

（6）加强技术创新能力建设，促进电力装备和产业技术升级。注重行业科技资源整合和有效利用。出台重大装备示范工程（首台套）鼓励政策。高度重视并积极扶持电力装备基础研究。

（7）深化电力体制改革，加强电力市场体系建设，完善法律法规体系。

“十二五”规划

能源发展“十二五”规划（摘要）[1]

第一章 发展基础和背景（略）

第二章 指导方针和目标

第一节 指 导 思 想（略）

第二节 基 本 原 则

（1）坚持节约优先。
（2）坚持立足国内。
（3）坚持多元发展。
（4）坚持保护环境。
（5）坚持深化改革。
（6）坚持科技创新。
（7）坚持国际合作。
（8）坚持改善民生。

第三节 主 要 目 标

（1）能源消费总量与效率。实施能源消费强度和消费总量双控制，能源消费总量40亿t标准煤，用电量6.15万亿kWh，单位国内生产总值能耗比2010年下降16%。能源综合效率提高到38%，火电供电标准煤耗下降到323g/kWh，炼油综合加工能耗下降到63kg（标准油）/t。

（2）能源生产与供应能力。着眼于提高安全保障水平、增强应急调节能力，适度超前部署能源生产与供应能力建设，一次能源供应能力43亿t标准煤，其中国内生产能力36.6亿t标准煤。石油对外依存度控制在61%以内。

（3）能源结构优化。非化石能源消费比重提高到11.4%，非化石能源发电装机比重达到30%。天然气占一次能源消费比重提高到7.5%，煤炭消费比重降低到65%左右。

（4）国家综合能源基地建设。加快建设山西、鄂尔多斯盆地、内蒙古东部地区、西南地区、新疆五大国家综合能源基地。到2015年，五大基地一次能源生产能力达到26.6亿t标准煤，占全国70%以上；向外输出13.7亿t标准煤，占全国跨省区输送量的90%。

（5）生态环境保护。单位国内生产总值二氧化碳排放比2010年下降17%。每千瓦时煤电二氧化硫排放下降到1.5g，氮氧化物排放下降到1.5g。能源开发利用产生的细颗粒物（PM2.5）排放强度下降30%以上。煤炭矿区土地复垦率超过60%。

（6）城乡居民用能。全面实施新一轮农村电网改造升级，实现城乡各类用电同网同价。行政村通电，无电地区人口全部用上电，天然气使用人口达到2.5亿人，能源基本公共服务水平显著提高。

（7）能源体制机制改革。电力、油气等重点领域改革取得新突破，能源价格市场化改革取得新进展，能源财税机制进一步完善，能源法规政策和标准基本健全，初步形成适应能源科学发展需要的行业管理体系。

第三章 主 要 任 务

第一节 加强国内资源勘探开发

一、安全高效开发煤炭（略）

二、加快常规油气勘探开发（略）

三、大力开发非常规天然气资源（略）

四、积极有序发展水电

全面推进金沙江中下游、澜沧江中下游、雅砻江、大渡河、黄河上游、雅鲁藏布江中游水电基地建设，有序启动金沙江上游、澜沧江上游、怒江水电基地建设，优化开发闽浙赣、东北、湘西水电基地，基本建成长江上游、南盘江红水河、乌江水电基地。统筹考虑中小流域的开发与保护，科学论证、因地制宜

[1] 本规划由国务院发布。

积极开发小水电，合理布局抽水蓄能电站。"十二五"时期，开工建设常规水电1.2亿kW、抽水蓄能电站4000万kW。到2015年，全国常规水电、抽水蓄能电站装机分别达到2.6亿kW和3000万kW。

五、安全高效发展核电

持续开展在役在建核电机组安全改造。全面加强核电安全管理，提高核事故应急响应能力。在核电建设方面，坚持热堆、快堆、聚变堆"三步走"技术路线，以百万千瓦级先进压水堆为主，积极发展高温气冷堆、商业快堆和小型堆等新技术；合理把握建设节奏，稳步有序推进核电建设；科学布局项目，对新建厂址进行全面复核，"十二五"时期只安排沿海厂址；提高技术准入门槛，新建机组必须符合三代安全标准。同步完善核燃料供应体系，满足核电长远发展需要。利用有限时间、依托有限项目完成装备自主化任务，全面提升我国装备制造业水平。加快建设现代核电产业体系，打造核电强国。到2015年，运行核电装机达到4000万kW，在建规模1800万kW。

六、加快发展风能等其他可再生能源

坚持集中与分散开发利用并举，以风能、太阳能、生物质能利用为重点，大力发展可再生能源。优化风电开发布局，有序推进华北、东北和西北等资源丰富地区风电建设，加快风能资源的分散开发利用。协调配套电网与风电开发建设，合理布局储能设施，建立保障风电并网运行的电力调度体系。积极开展海上风电项目示范，促进海上风电规模化发展。加快太阳能多元化利用，推进光伏产业兼并重组和优化升级，大力推广与建筑结合的光伏发电，提高分布式利用规模，立足就地消纳建设大型光伏电站，积极开展太阳能热发电示范。加快发展建筑一体化太阳能应用，鼓励太阳能发电、采暖和制冷、太阳能中高温工业应用。有序开发生物质能，以非粮燃料乙醇和生物柴油为重点，加快发展生物液体燃料。鼓励利用城市垃圾、大型养殖场废弃物建设沼气或发电项目。因地制宜利用农作物秸秆、林业剩余物发展生物质发电、气化和固体成型燃料。稳步推进地热能、海洋能等可再生能源开发利用。到2015年，风能发电装机规模达到1亿kW；太阳能发电装机规模达到2100万kW；生物质能发电装机规模达到1300万kW，其中城市生活垃圾发电装机容量达到300万kW。

第二节 推进能源高效清洁转化

一、高效清洁发展煤电

稳步推进大型煤电基地建设，统筹水资源和生态环境承载能力，按照集约化开发模式，采用超超临界、循环流化床、高效节水等先进适用技术，在中西部煤炭资源富集地区，鼓励煤电一体化开发，建设若干大型坑口电站，优先发展煤矸石、煤泥、洗中煤等低热值煤炭资源综合利用发电。在中东部地区合理布局港口、路口电源和支撑性电源，严格控制在环渤海、长三角、珠三角地区新增除"上大压小"和热电联产之外的燃煤机组。积极发展热电联产，在符合条件的大中城市，适度建设大型热电机组，在中小城市和热负荷集中的工业园区，优先建设背压式机组，鼓励发展热电冷多联供。继续推进"上大压小"，加强节能、节水、脱硫、脱硝等技术的推广应用，实施煤电综合改造升级工程，到"十二五"末，淘汰落后煤电机组2000万kW，火电每千瓦时供电标准煤耗下降到323g。"十二五"时期，全国新增煤电机组3亿kW，其中热电联产7000万kW、低热值煤炭资源综合利用5000万kW。

二、推进煤炭洗选和深加工升级示范（略）

三、集约化发展炼油加工产业（略）

四、有序发展天然气发电

在天然气来源可靠的东部经济发达地区，合理建设燃气蒸汽联合循环调峰电站。在电价承受能力强、热负荷需求大的中心城市，优先发展大型燃气蒸汽联合循环热电联产项目。积极推广天然气热电冷联供，支持利用煤层气发电。"十二五"时期，全国新增燃气电站3000万kW。

第三节 推动能源供应方式变革

一、大力发展分布式能源

（1）积极发展天然气分布式能源。根据常规天然气、煤层气、页岩气供应条件和用户能量需求，重点在能源负荷中心，加快建设天然气分布式能源系统。对开发规模较小或尚未联通管网的页岩气、煤层气等非常规天然气，优先采用分布式利用方式。统筹天然气和电力调峰需求，合理选择天然气分布式利用方式，实现天然气和电力优化互济利用。加强天然气分布式利用技术研发，提高技术装备自主化水平。

（2）大力发展分布式可再生能源。根据资源特性和用能需求，加快风能、太阳能、小水电、生物质能、海洋能、地热能等可再生能源的分布式开发利用。以城市、工业园区等能源消费中心为重点，完善相关配套设施，大力推进屋顶光伏等分布式可再生能

源技术应用，尽快提高分布式供能比重。因地制宜在农村、林区、牧区、海岛积极推进分布式可再生能源建设，解决偏远地区生活用能问题。

(3) 营造有利于分布式能源发展的体制政策环境。将分布式能源纳入电力和供热规划范畴，加强配套电网和热力网建设。创新体制机制，研究制定分布式能源标准，完善分布式能源价格机制和产业政策，努力实现分布式发电直供及无歧视、无障碍接入电网。

二、推进智能电网建设

加快智能电网建设，着力增强电网对新能源发电、分布式能源、电动汽车等能源利用方式的承载和适应能力，实现电力系统与用户互动，推动电力系统各环节、各要素升级转型，提高电力系统安全水平和综合效率，带动相关产业发展。

加强智能电网规划，通过关键技术研发、设备研制和示范项目建设，确定技术路线和发展模式，制定智能电网技术标准。建立有利于智能电网技术推广应用的体制机制，推行与智能电网发展相适应的电价政策。加快推广应用智能电网技术和设备，提升电网信息化、自动化、互动化水平，提高可再生能源、分布式能源并网输送能力。积极推进微电网、智能用电小区、智能楼宇建设和智能电表应用。“十二五”时期，建成若干个智能电网示范区，力争关键技术创新和装备研发走在世界前列。

三、建设新能源汽车供能设施

加强供能基础设施建设，为新能源汽车产业化发展提供必要的条件和支撑，促进交通燃料清洁化替代，降低温室气体和大气污染物排放。结合充电式混合动力、纯电动、天然气（CNG/LNG）等新能源汽车发展，在北京、上海、重庆等新能源汽车示范推广城市，配套建设充电桩、充（换）电站、天然气加注站等服务网点。着力研发高性能动力电池和储能设施，建立新能源汽车供能装备制造、认证、检测以及配套标准体系。到 2015 年，形成 50 万辆电动汽车充电基础设施体系。

第四节 加快能源储运设施建设

一、强化战略通道和骨干网络建设

（一）石油

“十二五”时期，新增原油管道 8400km，新增成品油管道 2.1 万 km，成品油年输送能力新增 1.9 亿 t。

（二）天然气

“十二五”时期，新增天然气管道 4.4 万 km；沿海液化天然气年接收能力新增 5000 万 t 以上。

（三）电力

坚持输煤输电并举，逐步提高输电比重。结合大型能源基地建设，采用特高压等大容量、高效率、远距离先进输电技术，稳步推进西南能源基地向华东、华中地区和广东省输电通道，鄂尔多斯盆地、山西、锡林郭勒盟能源基地向华北、华中、华东地区输电通道。加快区域和省级超高压主网架建设，重点实施电力送出地区和受端地区骨干网架及省域间联网工程，完善输、配电网结构，提高分区、分层供电能力。加快实施城乡配电网建设和改造工程，推进配电智能化改造，全面提高综合供电能力和可靠性。到 2015 年，建成 330kV 及以上输电线路 20 万 km，跨省区输电容量达到 2 亿 kW。

（四）煤炭

加快既有铁路干线扩能改造和新建铁路煤运通道建设，提高煤炭跨区运输能力。建设沿海配套港口码头，完善内河水运通道。

二、提升储备应急保障能力

（一）油气储备

优化储备布局和结构，建成国家石油储备基地二期工程，启动三期工程，推进石油储备方式多元化。积极推进成品油应急调节储备，研究建立企业义务储备；加快华北、西北、西南及东南沿海地区天然气地下储气库和液化天然气储备库建设，加快城市调峰储气设施建设。

（二）煤炭储备

加快在沿海、沿江港口及华东、华中、西南等地区建设国家煤炭应急储备，鼓励重点厂矿企业提高仓储能力，稳步推进地方储备应急能力建设，逐步构建科学、有序、规范的煤炭应急储备体系。

（三）应急保障

健全能源应急组织系统，明确政府及各类社会主体的应急责任和义务。按照统一领导、分级负责、分类实施、协同保障的原则，完善应急保障预案，依法采取能源生产运输紧急调度、储备动用和价格干预等措施。加强系统演练，提高全社会能源安全应急意识和能力。

第五节 实施能源民生工程

一、加快农村电网建设

加快实施新一轮农村电网改造升级工程，消除电网薄弱环节，扩大电网覆盖面，提升农村电网供电可靠性和供电能力，农村生活用电得到较好保障，农业生产用电问题基本解决。到 2015 年，基本建成安全可靠、管理规范的新型农村电网，实现行政村通电，无电地区人口全部用上电，城乡各类用电同网同价。

二、大力发展农村可再生能源

结合农村资源条件和用能习惯，因地制宜推进小水电、农林废弃物、养殖场废弃物、太阳能、风能等可再生能源开发利用，推广普及经济实用技术，促进农村炊事、取暖和洗浴用能高效化、清洁化。积极推进农村可再生能源综合利用示范工程建设。到 2015 年，建成 200 个绿色能源示范县和 1000 个太阳能示范村。

三、完善农村能源基础服务体系

推进城镇能源供应设施和服务逐步向农村延伸，加强农村液化气供应站、加油站、型煤加工点以及生物质燃气站和管网等基础设施建设，建立各类能源设施维修和技术服务站，培育农村能源专业化经营服务企业和人才，增强能源基本公共服务能力。

四、加强边疆偏远地区能源建设

建设新疆天然气利民工程，适时启动格尔木至拉萨天然气输送管线建设。完善青藏直流联网工程。实施无电地区电力建设工程，加强西藏、新疆、青海、四川、云南、内蒙古等省（区）无电地区电网建设，扩大电网覆盖面；利用当地可再生能源资源，加快建设微水电、小型风电、户用光伏系统、风光互补电站等小型电源，解决无电地区用电问题。建立健全小型电源运营和维护长效机制，提高可持续供能能力。

五、着力提高民用天然气供给普及率

加快建设天然气输配管网和储气设施，扩大天然气供应覆盖面。逐步理顺天然气价格，培育和拓展天然气消费市场，扩大居民生活用气规模。到 2015 年，天然气使用人口达到 2.5 亿人。

第六节　控制能源消费总量

一、明确总量控制目标和分解落实机制

到 2015 年，全国能源消费总量和用电量分别控制在 40 亿 t 标准煤和 6.15 万亿 kWh 左右，重点行业主要产品单位能耗总体接近世界先进水平。

二、优化产业结构和布局（略）

三、全面推进节能提效（略）

四、着力加强用能管理（略）

第七节　深化能源体制机制改革

一、加快现代能源市场体系建设

科学界定竞争性和非竞争性业务，对可以实现有效竞争的业务引入市场竞争机制，积极培育市场竞争主体；对自然垄断业务，加强监管，保障公平接入和普遍服务。加快国有能源企业改革，完善现代企业制度。完善区域性、全国性能源市场，积极发展现货、长期合约、期货等交易形式。

二、推进重点领域改革

（1）继续深化电力体制改革。加快建立现代电力市场体系，稳步开展输配分开试点，组建独立电力交易机构，在区域及省级电网范围内建立市场交易平台，分批放开大用户、独立配售电企业与发电企业直接交易。改进发电调度方式，逐步增加经济调度因素，为实行竞价上网改革探索经验。

（2）深化煤炭领域改革。

（3）推进石油天然气领域改革。

（4）推进可再生能源和分布式能源体制机制改革。研究建立水能资源开发权公平竞争、有偿取得及利益合理分配机制，创新移民安置和生态补偿机制。

三、完善能源价格机制

（1）理顺电价机制。加快推进电价改革，逐步形成发电和售电价格由市场决定、输配电价由政府制定的价格机制。加大对电网输配业务及成本的监管，核定独立输配电价。改进水电、核电及可再生能源发电定价机制。推进销售电价分类改革。大力推广峰谷电价、季节电价、可中断负荷电价等电价制度。推进工业用户按产业政策实行差别化电价和超限额能耗惩罚性电价，实施并完善居民阶梯电价制度。

（2）深化油气价格改革。

第八节　提升能源科技和装备水平

一、加快科技创新能力建设

（1）加强能源基础科学研究。

（2）推进先进适用技术研发应用。力争在煤矿高效集约开采、页岩气等非常规油气资源勘探开发、先进油气储运、高效清洁发电、新一代核电、海上风电、太阳能热发电、大容量高效率远距离输电、大容量储能等重点领域取得突破，达到或超过世界先进水平。

二、提高能源装备自主化水平（略）

三、实施重大科技示范工程

以煤层气开发利用、油气资源高效开发、高效清洁发电、特高压输电、大规模间歇式发电并网、智能电网、多能互补利用、核燃料后处理等技术领域为重点，加快重大工程技术示范，促进科技成果尽快转化为先进生产力。

第九节 深化能源国际合作

一、深入实施“走出去”战略

支持优势能源企业参与境外煤炭资源开发，开展境外电力合作。依托境外能源项目合作，带动能源装备及工程服务“走出去”。

二、提升“引进来”水平

坚持引资引智与能源产业发展相结合，优化利用外资结构，引导外资投向能源领域战略性新兴产业，带动先进技术、管理经验和高素质人才的引进。

三、扩大国际贸易

优化能源贸易结构。拓展进口来源和渠道，扩大石油贸易规模，增加管输油气进口比例。稳步开展煤炭进口贸易。适度开展跨境电力贸易。优化能源进出口品种。推进能源贸易多元化。

四、完善国际合作支持体系

鼓励国内保险机构开展“国油国保”和境外人身、财产保险。积极稳妥参与国际能源期货市场交易，合理规避市场风险。积极参与全球能源治理，充分利用国际能源多边和双边合作机制，加强能源安全、节能减排、气候变化、清洁能源开发等方面的交流对话，推动建立公平、合理的全球能源新秩序，协同保障能源安全。

第四章 保 障 措 施

第一节 健全财税金融政策

一是强化财政扶持，二是完善税收政策，三是加强金融支持。

第二节 改进能源投资管理

一是理顺能源投资及国有能源企业管理体制，二是鼓励能源投资多元化。

第三节 强化能源行业管理

一是加强能源法制建设，二是完善能源标准和统计体系，三是转变能源管理方式。

第四节 加强国际合作统筹协调

建立能源、外交、财税、外贸、金融等跨部门协调机制，加强境外能源开发利用的宏观指导和服务。完善能源“走出去”备案机制，提高企业参与境外资源开发的协调性。建立健全国际能源信息平台，开展国际能源储备和应急互助合作，制定能源安全应急预案。

第五章 规 划 实 施

一、明确目标责任

本规划中非化石能源消费比重、能源消费强度等约束性指标，以及国家明确要求考核的能源消费总量控制目标，主要由地方各级人民政府和国务院有关部门负责组织落实。

本规划中其他指标和能源开发建设、结构调整、科技创新等任务，需要依靠各类市场主体和社会有关方面共同努力实现。

二、做好衔接协调

编制电力、煤炭、天然气、可再生能源、能源科技、核电等专项能源规划，落实本规划提出的主要目标和任务。积极推动能源体制改革，制定和完善价格、财税、投资等政策，加大对能源领域战略性新兴产业发展、科技创新能力建设、提高能源基本公共服务水平等的支持力度。加强相关政策的统筹协调，形成推动规划实施的合力。

三、加强监测评估

完善规划监督执行制度，跟踪分析规划实施情况，掌握主要目标和任务完成进度。适时组织开展全面评估，提出相关对策措施。及时研究提出调整方案。

国家能源科技“十二五”规划（摘要）[1]

一、前言（略）

二、能源科技的发展形势（略）

[1] 本规划由国家能源局发布。

三、发展目标

1. 2015年能源科技发展目标

新能源技术领域。掌握6～10MW风电机组整机及关键部件的设计制造技术，实现海基和陆基风电的产业化应用。提高太阳电池效率，并实现低成本、大规模的产业化应用，发展100MW级具有自主知识产权的多种太阳能集成与并网运行技术。开发储能和多能互补系统的关键技术，实现可再生能源的稳定运行。开发以木质纤维素为原料生产乙醇、丁醇等液体燃料及适应多种非粮原料的先进生物燃料产业化关键技术，实施二代燃料乙醇技术工程示范，开发农业废弃物生物燃气高效制备及其综合利用关键技术，进行日产5000～10 000m^3生物燃气规模化示范应用。

2. 2020年能源科技发展目标

新能源技术领域。风电机组整机及关键部件的设计制造技术达到国际先进水平；发展以光伏发电为代表的分布式、间歇式能源系统，光伏发电成本降低到与常规电力相当，发展百万千瓦光伏发电集成及装备技术；开展多塔超临界太阳能热发电技术的研究，实现300MW超临界太阳能热发电机组的商业应用；实现先进生物燃料技术产业化及高值化综合利用。

四、重点任务

1. 大规模间歇式电源并网技术

目标：掌握大规模间歇式电源的集中接入、送出关键技术，掌握多能源互补发电系统的规划、设计、制造、运行控制与能量管理等关键技术，解决间歇式电源并网和输配电的技术瓶颈。

起止时间：2011～2015年。

2. 兆瓦级超级电容器储能装置

目标：实现兆瓦级超级电容器储能装置国产化，实现在智能电网电能质量控制、平抑可再生能源发电输出功率波动等方面规模应用。

起止时间：2011～2017年。

3. 兆瓦级超导储能系统

目标：研发1～10MW超导储能系统关键装置，实现并网运行；形成超导储能系列自主知识产权。

起止时间：2011～2018年。

4. 兆瓦级钠硫电池储能系统

目标：研发适合规模化核心材料及电池的低成本制造技术，实现大容量储能钠硫电池的国产化。

起止时间：2011～2015年。

5. 兆瓦级液流储能电池系统

目标：研制20kW级液流储能电池模块，集成、制造输出功率为兆瓦级的液流储能电池系统。

起止时间：2011～2015年。

6. 新能源接入设备研发平台

目标：突破大功率风电变流装置、光电逆变装置、惯性储能系统、新能源发电接入控制和能量管理等关键核心技术，实现技术的工程化和产业化；建成具有国际先进水平的新能源接入研究基地。

7. 大型风电并网系统研发平台

目标：建立完善的风电并网仿真研发平台，为研究大规模风电并网问题提供技术手段；掌握风电机组试验检测和风电场并网检测技术，为开展风电机组型式认证和风电入网检测提供技术支持；建设国家级风电试验基地，满足开展风电机组检测认证的要求。

8. 大型风力发电关键技术

目标：研发具有自主知识产权的大型陆上及海上风力发电关键技术。

起止时间：2011～2015年。

9. 大型风电场资源评估及监控技术

目标：掌握适合中国国情的大型风电场资源评估技术以及监控技术。

起止时间：2011～2015年。

10. 大型风电机组

目标：研制出具有自主知识产权的6～10MW陆地（近海）风电机组及关键部件。

起止时间：2011～2017年。

11. 风电技术及装备研发平台

目标：建立国际一流的风电技术及装备研发机构，研制出全球领先的风电装备，实现规模化生产。攻克超大型风电机组关键技术难题，形成大型风电机组关键部件的制造能力。成为在风电技术研究与制造领域有影响的国际合作科研平台和风电技术研究基地。

12. 风电运营技术研发平台

目标：解决风电运营及保障中的重大技术问题，形成国内领先、国际一流的风电运营技术研发基地。

13. 大规模太阳光伏系统技术

目标：掌握不同类型光伏发电系统设计集成、运行控制及保护技术。

起止时间：2011～2015年。

14. 大规模太阳能热发电技术

目标：掌握基于5MW单塔的多塔并联技术，完成50MW槽式太阳能热发电系统及关键部件的设计与优化。

起止时间：2011～2015年。

15. 太阳电池及产业链生产设备

目标：掌握效率20%以上的低成本晶体硅太阳

电池及产业化技术，实现先进薄膜太阳电池的产业化，研制出产业链关键设备。

起止时间：2011～2015 年。

16. 太阳光伏发电系统关键设备

目标：研制出 1MW 以上的大功率光伏并网逆变设备，实现具有自主知识产权的光伏系统关键设备的产业化。

起止时间：2011～2016 年。

17. 大规模并网光伏发电系统示范工程

目标：建设 100MW 级与公共电网并网的光伏示范电站、10MW 级用户侧并网的光伏示范系统，为中国大规模推广光伏系统提供实践经验。

起止时间：2011～2015 年。

18. 大规模太阳能热发电示范工程

目标：建设 300MW 级槽式太阳能与火电互补示范电站和 50MW 级槽式、100MW 多塔并联的太阳能热发电示范电站，解决从聚光集热到热功转换等一系列关键技术问题。

起止时间：2012～2017 年。

19. 太阳能发电技术研发平台

目标：建成中国权威的太阳能发电研究检测机构，成为世界一流的太阳能发电技术研究中心、太阳能光伏发电系统并网检测中心、太阳能光伏发电产品检测中心、太阳能光伏发电产业技术支持中心和太阳能技术交流中心，促进中国太阳能发电技术进步。

20. 与大电网并网的风/光/储互补示范工程

目标：建设 100MW 级风/光/储互补发电示范工程，掌握新设备和新技术的应用特性，为中国推广风/光/储互补发电系统积累经验。

起止时间：2011～2016 年。

21. 水/光/储互补发电系统示范工程

目标：建设 10MW 级自治运行的水/光/储互补发电系统示范工程，掌握新技术、新装备及系统的实际运行规律，为我国发展水/光/储互补发电系统提供实践经验与技术支持。

起止时间：2011～2016 年。

22. 总能系统与分布式能源技术研发平台

目标：解决能源利用中各种形式能量转换的关键技术与系统集成问题，致力于分布式供能系统的开拓创新，实现关键技术的突破，并进行分布式能源行业规范与国家相关政策的研究，引导分布式能源行业的健康有序发展。成为国内领先、国际先进的多能源综合利用研发与实验中心。

23. 生物燃气高效制备及综合利用技术

目标：实现生物质燃气的高效生产与高值化利用，形成自主知识产权的关键技术。

起止时间：2011～2015 年。

24. 生物质制备液体燃料技术

目标：掌握具有自主知识产权的非粮燃料乙醇高效生产技术，以木质纤维素为原料生产乙醇、丁醇等液体燃料的关键技术，以及高效多原料生物柴油、航空生物燃料清洁生产的关键技术。

起止时间：2011～2018 年。

25. 非粮生物质原料专用机械设备

目标：研制符合国情并具有自主知识产权的非粮生物质原料种（养）植、采收、储运及初加工的专用系列机械设备，实现非粮生物质原料专用机械的规模化生产。

起止时间：2011～2016 年。

26. 非粮燃料乙醇加工转化成套技术装备

目标：开収具有自主知识产权的 5 万 t 级及以上规模纤维素、糖类原料（如甜高粱茎秆）燃料乙醇成套技术装备并实现产业化；实现 10 万 t 级及以上淀粉质燃料乙醇成套技术装备的工程技术创新。

起止时间：2011～2016 年。

27. 纤维素水解制备液体燃料及其综合利用示范工程

目标：建设万吨级纤维素水解制备液体燃料及其醇电联产综合利用示范工程，实现纤维素乙醇、丁醇的清洁生产和能量自给。

起止日期：2011～2016 年。

28. 生物质热化学转化制备液体燃料及多联产示范工程

目标：建设拥有完全自主知识产权的万吨级生物质热化学转化制备液体燃料及热、电、化学品等多联产系统示范工程，降低液体燃料的生产成本，提高生物质资源化利用率和附加值。

起止日期：2011～2015 年。

29. 农业废弃物制备生物燃气及其综合利用示范工程

目标：建设日产 5000～10 000m^3 农业废弃物制备生物燃气及其综合利用示范工程，制定相关的技术标准。

起止日期：2011～2015 年。

30. 生物液体燃料技术研发平台

目标：建设生物液体燃料研发中心、非粮生物质原料研发中心及生物质醇电联产研发中心，成为生物液体燃料领域技术合作开发平台和科技人才创新基地；形成具有自主知识产权和国际竞争力的纤维素乙醇生产技术，支撑中国生物液体燃料的发展。

可再生能源发展“十二五”规划（摘要）❶

一、规划基础和背景（略）

二、指导方针和目标

（一）指导思想（略）

（二）基本原则

（1）市场机制与政策扶持相结合。

（2）规模开发与产业升级相结合。

（3）国内发展与国际合作相结合。

（三）发展目标

1. 总目标

扩大可再生能源的应用规模，促进可再生能源与常规能源体系的融合，显著提高可再生能源在能源消费中的比重；全面提升可再生能源技术创新能力，掌握可再生能源核心技术，建立体系完善和竞争力强的可再生能源产业。

2. 主要指标

（1）可再生能源在能源消费中的比重显著提高。到2015年全部可再生能源的年利用量达到4.78亿t标准煤，其中商品化可再生能源年利用量4亿t标准煤，在能源消费中的比重达到9.5%以上。

（2）可再生能源发电在电力体系中上升为重要电源。“十二五”时期，可再生能源新增发电装机1.6亿kW，其中常规水电6100万kW，风电7000万kW，太阳能发电2000万kW，生物质发电750万kW，到2015年可再生能源发电量争取达到总发电量的20%以上。

（3）可再生能源供热和燃料利用显著替代化石能源。不断扩大太阳能热利用规模，推进中低温地热直接利用和热泵技术应用，推广生物质成型燃料和生物质热电联产，加快沼气等各类生物质燃气发展。到2015年，可再生能源供热和民用燃料总计年替代化石能源约1亿t标准煤。

（4）分布式可再生能源应用形成较大规模。建立适应太阳能等分布式发电的电网技术支撑体系和管理体制，建设30个新能源微电网示范工程，综合太阳能等各种分布式发电、可再生能源供热和燃料利用等多元化可再生能源技术，建设100个新能源示范城市和200个绿色能源示范县。发挥分布式能源的优势，解决电网不能覆盖区域的无电人口用电问题。沼气、太阳能、生物质能气化等可再生能源在农村的入户率达到50%以上。

“十二五”时期可再生能源开发利用主要指标见表1。

表1 “十二五”时期可再生能源开发利用主要指标

内容	利用规模		年产能量		折标准煤
	数量	单位	数量	单位	（万t/a）
一、发电	39 400	万kW	12.030	亿kWh	39 000
1. 水电（不含抽水蓄能）	26 000	万kW	9.100	亿kWh	29 580
2. 并网风电	10 000	万kW	1.900	亿kWh	6180
3. 太阳能发电	2100	万kW	250	亿kWh	810
4. 生物质发电	1300	万kW	780	亿kWh	2430
农林生物质发电	800	万kW	480	亿kWh	1500
沼气发电	200	万kW	120	亿kWh	370
垃圾发电	300	万kW	180	亿kWh	560
二、供气			220	亿m^3	1750
1. 沼气用户	5000	万户	215	亿m^3	1700
2. 工业有机废水沼气	1000	处	5	亿m^3	50
三、供热制冷					6050
1. 太阳能热水器	40 000	万m^2			4550
2. 太阳灶	200	万台			
3. 地热能热利用					1500
供暖制冷	58 000	万m^2			
供热水	120	万户			
四、燃料					1000
1. 生物质成型燃料	1000	万t			500
2. 生物燃料乙醇	400	万t			350
3. 生物柴油	100	万t			150
总计					47 800

❶ 本规划由国家能源局发布。

三、重点任务

(一)积极发展水电

"十二五"时期，全国开工建设水电1.6亿kW，其中抽水蓄能电站4000万kW，新增水电装机容量7400万kW，其中新增小水电1000万kW，抽水蓄能电站1300万kW。到2015年，全国水电装机容量达到2.9亿kW，其中常规水电2.6亿kW，抽水蓄能电站3000万kW，已建成常规水电装机容量占全国技术可开发装机容量的48%。

到2015年，西部地区常规水电装机容量达到1.67亿kW，占全国常规水电装机容量的64%，水能资源开发程度为38%。中部地区常规水电装机容量达到5900万kW，占全国的23%。东部地区常规水电装机容量达到3400万kW，占全国的13%。中、东部地区水能资源开发程度达到90%左右。到2015年，全国抽水蓄能电站装机容量达到3000万kW，主要分布在我国东部和中部地区，其中东部、中部地区抽水蓄能电站装机规模分别达到2070万kW和800万kW，西部地区达到130万kW。

到2020年，全国水电总装机容量达到4.2亿kW，其中常规水电总装机容量达到3.5亿kW，抽水蓄能电站装机容量达到7000万kW。

"十二五"时期重点开工的水电站见表2。

表2 "十二五"时期重点开工的水电站

重点流域	重点项目
金沙江	白鹤滩、乌东德、龙盘、梨园、阿海、龙开口、鲁地拉、观音岩、叶巴滩、拉哇、苏洼龙、昌波、旭龙等
澜沧江	侧格、卡贡、如美、古学、古水、乌弄龙、里底、托巴、黄登、大华桥、苗尾、糯扎渡、橄榄坝等
大渡河	双江口、金川、安宁、巴底、丹巴、猴子岩、黄金坪、硬梁包，枕头坝一、二级，沙坪一、二级，安谷等
黄河上游	门堂、宁木特、玛尔挡、茨哈峡、羊曲、班多等
雅砻江	两河口、牙根一级、牙根二级、孟底沟、杨房沟、卡拉等
怒江干流	松塔、马吉、亚碧罗、六库、赛格等
雅鲁藏布江中游	大古、街需、加查等
其他河流	长江小南海、汉江旬阳、新集，堵河小漩，第二松花江丰满重建，乌江白马，红水河龙滩二期，帕隆藏布忠玉，库玛拉克河大石峡，开都河阿仁萨很托亥水电站等

"十二五"时期抽水蓄能电站重点开工项目见表3。

表3 "十二五"时期抽水蓄能电站重点开工项目

区域电网	地区	重点项目	装机规模(万kW)
东北电网	黑龙江	荒沟	120
	吉林	敦化	140
	辽宁	桓仁	80
华北电网	河北	丰宁一期	180
		丰宁二期	180
	山东	文登	180
西北电网	宁夏	中宁	60
	新疆	阜康	120
	甘肃	肃南	120
	陕西	镇安	140
华东电网	江苏	马山	70
		句容	135
	浙江	宁海	140
		天荒坪二	210
	安徽	绩溪	180
	福建	厦门	140
华中电网	河南	天池	120
		五岳	80
	重庆	蟠龙	120
	湖北	上进山	120
蒙西电网	内蒙古	锡林浩特	80
南方电网	广东	深圳	120
		梅州	120
		阳江	120
	海南	琼中	60
总计			3135

(二)加快开发风电

到2015年，累计并网风电装机达到1亿kW，年发电量超过1900亿kWh，其中海上风电装机达到500万kW，基本形成完整的、具有国际竞争力的风电装备制造产业。

到2020年，累计并网风电装机达到2亿kW，年发电量超过3900亿kWh，其中海上风电装机达到3000万kW，风电成为电力系统的重要电源。

风电开发建设布局见表4。

表 4　　风电开发建设布局　单位：万 kW

类别	开发区域	“十二五”新增容量	2015 年累计容量	2020 年展望目标
大型基地所在区域	河北	720	1100	1600
	蒙东	420	800	2000
	蒙西	670	1300	3800
	甘肃	950	1100	2000
大型基地所在区域	新疆	900	1000	2000
	吉林	400	600	1500
	江苏沿海	450	600	1000
	山东沿海	600	800	1500
	黑龙江	400	600	1500
	小计	5510	7900	16 900
其他重点开发区域	山西	450	500	800
	辽宁	270	600	800
	宁夏	230	300	400
	其他省区	420	700	1100
	小计	1370	2100	3100
合计		6830	10.000	20 000

（三）推进太阳能多元化利用

1. 太阳能发电

在太阳能资源丰富、具有荒漠化等闲置土地资源的地区，建设一批大型光伏电站；在青海、甘肃、新疆等地区建设太阳能发电基地，探索水光互补、风光互补的太阳能发电建设模式。

2. 太阳能热利用

将太阳能热利用产品纳入国家有关惠民工程支持范围，支持农村和小城镇居民安装使用太阳能热水系统、太阳灶、太阳房等设施。积极推进太阳能示范村建设，加大农村可再生能源建筑应用的实施力度，推行农村太阳能浴室，扩大太阳能热水器在农村的应用规模。

（四）因地制宜利用生物质能

（1）生物质发电。在粮棉主产区，以农作物秸秆、粮食加工剩余物和蔗渣等为燃料，优化布局建设生物质发电项目；在重点林区，结合林业生态建设，利用采伐剩余物、造材剩余物、加工剩余物和抚育间伐资源及速生林资源，有序发展林业生物质直燃发电。结合县域供暖或工业园区用热需要，建设生物质热电联产项目；鼓励对生物质进行梯级利用，建设包括燃气、液体燃料、化工产品及发电、供热的多联产生物质综合利用项目。

（2）生物质燃气。充分利用农村秸秆、生活垃圾、林业剩余物及畜禽养殖废弃物，在适宜地区继续发展户用沼气，积极推动小型沼气工程、大中型沼气工程和生物质气化供气工程建设。鼓励沼气等生物质气体净化提纯压缩，实现生物质燃气商品化和产业化发展。

（3）生物质成型燃料。鼓励因地制宜建设生物质成型燃料生产基地，在城市推广生物质成型燃料集中供热，在农村推广将生物质成型燃料作为清洁炊事燃料和采暖燃料应用。建成覆盖城乡的生物质成型燃料生产供应、储运和使用体系。

（4）生物质液体燃料。合理开发盐碱地、荒草地、山坡地等边际性土地，建设非粮生物质资源供应基地，稳步发展生物液体燃料。支持建设具备条件的木薯乙醇、甜高粱茎秆乙醇、纤维素乙醇等项目。

（五）加强农村可再生能源利用

农村可再生能源的发展布局和建设重点是：

（1）农村无电地区电力建设。在内蒙古、云南、四川、西藏、青海、新疆等省（区）推进无电地区电力建设。

（2）农村清洁能源建设。

（六）合理开发利用地热能

地热能的发展布局和建设重点是：

（1）地热发电。在青藏铁路沿线、滇西南等高温资源分布地区，启动建设兆瓦级地热能电站。

（2）浅层地温能利用。

（七）加快推进海洋能技术进步

选择有电力需求、海洋能资源丰富的海岛，建设海洋能与风能、太阳能发电及储能技术互补的独立示范电站，解决缺电岛屿的电力供应问题，满足偏远海岛居民生产和生活用电需求，促进海岛经济发展。发挥潮汐能技术和产业较为成熟的优势，在具备条件地区，建设 1～2 个万千瓦级潮汐能电站和若干潮流能并网示范电站，形成与海洋及沿岸生态保护和综合利用相协调的利用体系。到 2015 年，建成总容量 5 万 kW 的各类海洋能电站，为更大规模的发展奠定基础。

（八）推动分布式可再生能源发展

（1）绿色能源示范县。在可再生能源资源丰富地区，开展绿色能源示范县建设，建立完善的绿色能源利用体系。鼓励合理开发利用农村废弃生物质能资源，改善农村居民生产和生活用能条件。支持小城镇因地制宜发展中小型可再生能源开发利用设施，满足电力、燃气以及供热等各类用能需求。到 2015 年，建成 200 个绿色能源示范县和 1000 个太阳能示范村。

（2）新能源示范城市。选择可再生能源资源丰富、城市生态环保要求高、经济条件相对较好的城市，采取统一规划、规范设计、有序建设的方式，支持在城市及各类产业园区推进太阳能、生物质能、地热能等新能源技术的综合应用，加快推进可再生能源建筑应用，形成新能源利用的局部优势区域，替代燃煤等落后的能源利用方式。以公共机构、学校、医院、宾馆、集中住宅区为重点，推广太阳能热水系统、分布式光伏发电、地源热泵技术、生物质成型燃料利用。支持各地在新建和改造各类产业园区过程中，开展多元化的新能源利用技术示范，满足园区电力、供热、制冷等能源需求。到 2015 年，建设 100 个新能源示范城市及 1000 个新能源示范园区。

(3) 新能源微电网示范工程。在可再生能源资源丰富和具备多元化利用条件的地区，开展以智能电网、物联网和储能技术为支撑、新能源发挥重要作用的微电网示范工程，以自主运行为主的方式解决特定区域的用电问题，建立充分利用新能源发电和电网提供系统支持的新型供用电模式。到 2015 年，建成 30 个新能源微电网示范工程。

（九）加快技术装备和产业体系建设

(1) 完善产业链建设。

(2) 建立技术创新体系。

(3) 完善人才培养机制。

(4) 加强服务体系建设。

四、规划实施

（一）保障措施

(1) 建立可再生能源发展目标考核制度。

(2) 实施可再生能源电力配额制度。

(3) 完善可再生能源补贴和财税金融政策。

(4) 积极探索促进可再生能源电力发展的新机制。

(5) 健全可再生能源行业管理体系。

(6) 加强发展可再生能源的组织协调。

（二）实施机制

(1) 加强规划协调管理。

(2) 完善信息统计管理。

(3) 建立滚动调整机制。

(4) 编制年度实施计划。

(5) 加强目标监测考核。

五、投资估算和环境社会影响分析（略）

水电发展"十二五"规划(摘要)❶

一、规划基础和背景（略）

二、指导方针和目标

（一）指导思想（略）

（二）基本原则

坚持把统筹开发和重点推进相结合作为水电发展的基本思路。

坚持把妥善安置移民和保护生态环境作为水电建设的重要前提。

坚持把内外统筹和科技进步作为促进水电发展的重要举措。

坚持把体制改革和机制创新作为水电发展的重要保障。

（三）发展目标

(1) 水电建设平稳较快发展。全国新开工常规水电 1.2 亿 kW，抽水蓄能 0.4 亿 kW，新增投产 0.74 亿 kW，2015 年水电总装机容量达到 2.9 亿 kW（抽水蓄能 0.3 亿 kW），年发电量 9100 亿 kWh，折合标准煤约 3 亿 t；2020 年水电总装机容量达到 4.2 亿 kW（抽水蓄能 0.7 亿 kW），年发电量 1.2 万亿 kWh，折合标准煤约 4 亿 t。"西电东送"能力不断扩大，2015 年水电送电规模超过 8400 万 kW。

(2) 生态保护取得重大进展。环境友好的水电开发和河流生境修复技术取得新的突破，主要流域生态安全监控、环保综合措施和生态调度体系逐步形成，已开发河流生境修复与生态建设取得明显进展。水电建设环境保护技术标准与综合监管体系进一步完善。科学系统的环境影响评价体系初步建立。

(3) 移民工作机制不断完善。水电开发机制和移民安置政策体系进一步完善，水电开发与移民群众、地方政府的利益共享机制逐步建立，"先移民后建设"的水电移民政策措施体系初步形成，移民安置工作的科学化、民主化水平明显提升，移民的合法权益得到切实保障，重点水库移民遗留问题基本解决，移民社会管理工作明显加强，库区社会更加和谐稳定。

(4) 科技装备水平明显提升。水电建设坝工技术水平持续提升，复杂地质条件、高地震烈度及 300m 级高坝等筑坝关键技术取得重大突破。装备制造水平明显加强，百万千瓦级常规机组和 40 万 kW、500m 水头以上抽水蓄能机组全面实现自主化。水电科技研发、装备制造、人才队伍建设体系基本健全。

(5) 管理体制机制逐步健全。水电行业管理显著加强，开发建设市场秩序全面规范，水电开发政策体系和投资体制更加完善，水电管理体制和电价形成机制改革取得明显进展。科学合理的抽水蓄能电站建设管理和运营机制基本建立。

❶ 本规划由国家能源局发布。

(6) 国际合作取得重大进展。科技合作与技术交流进一步加强，合作领域不断扩展，合作水平明显提高。“走出去”战略实施进一步深化，国际水电资源合作开发规模不断扩大。跨界河流共同开发取得积极进展，互利共赢的国际合作格局基本建立。

“十二五”水电发展目标见表1。

表1 “十二五”水电发展目标

项目	开工规模（万 kW）	新增投产规模（万 kW）	2015 年目标规模	
			装机规模（万 kW）	年发电量（亿 kWh）
一、常规水电	12 000	6100	26 000	9100
1. 大中型水电	11 000	5100	19 200	6400
2. 小水电	1000	1000	6800	2700
二、抽水蓄能	4000	1300	3000	
合计	16 000	7400	29 000	9100

三、重点任务

（一）发展布局

(1) 全面推进西部地区大型水电能源基地建设。全面推进金沙江下游、雅砻江、大渡河、黄河上游、澜沧江大型水电能源基地建设；加快开发金沙江中游水电能源基地；启动金沙江上游和怒江中下游大型水电能源基地建设，积极推动藏东南“西电东送”接续能源基地建设；有序开展抽水蓄能电站建设。

(2) 合理开发中部地区重点流域剩余水能资源。合理开发黄河北干流、汉江下游、溇水、堵河、赣江等流域剩余水能资源，适度加快抽水蓄能电站建设。

(3) 有序开展东部地区电站扩机改造和抽水蓄能建设。重点做好丰满等已建电站的扩机和改造升级，加强抽水蓄能电站建设。

“十二五”水电发展布局见表2。

表2 “十二五”水电发展布局

项目	水电合计	常规水电			抽水蓄能	
	开发规模（万kW）	开发规模（万kW）	占全国的比例（%）	开发程度（%）	开发规模（万kW）	占全国的比例（%）
西部地区	16 830	16 700	64	38	130	4
中部地区	6700	5900	23	97	800	27
东部地区	5470	3400	13	86	2070	69
总计	29 000	26 000	100	48	3000	100

（二）重点领域

1. 水电开发前期工作

“十二五”水电前期工作重点见表3。

表3 “十二五”水电前期工作重点

前期工作内容	工作重点
河流水电规划	金沙江上游、澜沧江上游、黄河上游、雅砻江上游、雅鲁藏布江中游、通天河、那曲河、怒江、帕隆藏布江、雅鲁藏布江下游等
抽水蓄能选点规划	浙江、江苏、山东、辽宁、吉林、安徽、湖南、湖北、江西、重庆、陕西、新疆、甘肃、山西、河南、内蒙古、黑龙江、河北、贵州等
重点河段研究论证	金沙江虎跳峡、黄河黑山峡、长江宜宾至重庆、大渡河老鹰岩、澜沧江古水等河段
重大项目勘测设计	金沙江白鹤滩、乌东德、龙盘，澜沧江如美，大渡河双江口，雅砻江两河口，黄河宁木特、玛尔挡，怒江松塔、马吉等水电站

2. 大型水电基地建设

(1) 优化开发闽浙赣、东北、湘西水电基地。开工建设赣江井冈山、第二松花江丰满重建等工程，总规模130万kW。新增投产托口等水电项目，总规模80万kW。到2015年，闽浙赣、东北、湘西水电基地总规模分别为890万、660万、780万kW，除东北水电基地外，其余两基地水电基本开发完毕。

(2) 基本建成长江上游、南盘江红水河、乌江水电基地。开工建设长江干流小南海、乌江白马和红水河龙滩二期等水电站，总规模350万kW。新增投产三峡地下电站，乌江沙沱、银盘，红水河岩滩扩机等大型水电项目，总规模650万kW。

(3) 全面推进金沙江中下游、澜沧江中下游、雅砻江、大渡河、黄河上游、雅鲁藏布江中游水电基地建设。继续抓好金沙江溪洛渡、向家坝，雅砻江锦屏一级、锦屏二级、官地，大渡河长河坝、大岗山等重大项目建设，确保按期发电，投产规模达到4000万kW。开工建设金沙江乌东德、白鹤滩、梨园、鲁地拉、龙开口、观音岩，雅砻江两河口、卡拉、杨房沟，大渡河双江口、猴子岩、硬梁包、丹巴，澜沧江古水、黄登、苗尾，黄河上游玛尔挡、宁木特、茨哈峡，雅鲁藏布江中游加查、街需、大古等项目；重点加强调节性能好的龙头水库电站建设。“十二五”期间金沙江中下游、澜沧江中下游、雅砻江、大渡河、黄河上游、雅鲁藏布江中游等水电基地开工规模分别为3830万、1560万、850万、1180万、650万、140万kW。

（4）有序启动金沙江上游、澜沧江上游、怒江水电基地建设。加快推进金沙江上游和澜沧江上游水电开发步伐，开工建设叶巴滩、拉哇、苏洼龙、如美等项目，适时启动怒江中下游水电基地发，力争开工建设松塔、马吉、亚碧罗、六库、赛格等梯级电站，开工规模2400万kW。着力打造金沙江上游、澜沧江上游、怒江上游"西电东送"接续能源基地。

"十二五"期间重点推进的10个千万千瓦级大型水电基地见表4。"十二五"水电重点开工项目见表5。

表4 "十二五"期间重点推进的10个千万千瓦级大型水电基地

序号	基地名称	规划总规模（万kW）	2010年建成规模（万kW）	"十二五"开工规模（万kW）	"十二五"新增投产规模（万kW）	2015年目标规模（万kW）
1	长江上游	3400	2431	170	420	2850
2	金沙江	7700	0	4640	2390	2390
3	澜沧江	3140	885	2030	750	1640
4	雅砻江	2600	330	850	1080	1410
5	大渡河	2640	641	1180	540	1180
6	乌江	1140	933	40	170	1110
7	黄河上游	2530	1457	650	40	1500
8	南盘江、红水河	1570	1208	140	60	1270
9	雅鲁藏布江	7400	0	140	50	50
10	怒江	3600	0	1120	0	0
	合计	35 720	7885	10 960	5500	13 400

表5 "十二五"水电重点开工项目

序号	河流	重点工程
1	金沙江	叶巴滩、拉哇、苏洼龙、昌波、旭龙，龙盘、梨园、阿海、龙开口、鲁地拉、观音岩，白鹤滩、乌东德等
2	澜沧江	侧格、卡贡、如美、古学，古水、乌弄龙、里底、托巴、黄登、大华桥、苗尾、糯扎渡、橄榄坝等
3	雅砻江	两河口、牙根一级、牙根二级、孟底沟、杨房沟、卡拉等
4	大渡河	双江口、金川、安宁、巴底、丹巴、猴子岩、黄金坪、硬梁包，枕头坝一、二级，沙坪一、二级，安谷等
5	黄河上游	门堂、宁木特、玛尔挡、茨哈峡、羊曲、班多等
6	怒江干流	松塔、马吉、亚碧罗、赛格、六库等
7	雅鲁藏布江中游	大古、街需、加查等
8	其他河流	长江小南海，汉江旬阳、新集，堵河小漩，第二松花江丰满重建，乌江白马，红水河龙滩二期，帕隆藏布忠玉、库玛拉克河大石峡、开都河阿仁萨很托亥水电站等

3. 小水电开发

"十二五"期间，开工小水电1000万kW，新增小水电1000万kW。到2015年，全国小水电装机规模达到6800万kW，其中西部地区3300万kW，占全国的48%；东部地区2030万kW，占全国的30%；中部地区1470万kW，占全国的22%。

（1）推动老电站改造升级。

（2）优化新建电站开发。

（3）支持无电地区电站建设。

4. 抽水蓄能电站建设

（1）着力完善东部地区站点布局。在华东、广东等区外送电比重高和煤电核电比重大，海南、福建等核电发展较快，以及吉林、河北等风电大规模开发地区，根据电网调峰要求，合理布局一批经济指标优越的抽水蓄能电站，保障电网安全稳定运行。开工建设丰宁、荒沟、敦化、文登、宁海、厦门、深圳、琼中等一批抽水蓄能电站，总装机容量约 2300 万 kW。建成投产仙游、溧阳、清远、仙居、蒲石河等抽水蓄能电站，新增规模 878 万 kW。

（2）适度加快中部地区电站建设。着力解决中部地区因水火分布不均、水电基本开发完毕、三北地区风电受端带来的电网调峰和安全运行问题，加快建设一批条件成熟的抽水蓄能电站。开工建设绩溪、天池、五岳、上进山等抽水蓄能电站，总装机容量约 700 万 kW。建成投产响水涧、洪屏、佛子岭等抽水蓄能电站，新增规模 326 万 kW。

（3）有序推进西部地区蓄能开发。在西北风能和太阳能资源丰富地区，适应新能源基地大规模开发需要，按照分类指导、突出重点的原则，有序推进抽水蓄能电站建设。开工建设镇安、阜康、中宁、肃南和重庆蟠龙等抽水蓄能电站，总装机容量约 1000 万 kW。建成投产呼和浩特抽水蓄能电站，新增规模 120 万 kW。

“十二五”时期抽水蓄能电站重点开工项目见表 6。

表 6 “十二五”时期抽水蓄能电站重点开工项目

所在区域	省份	项目名称	总装机容量（万 kW）
东部地区	黑龙江	荒沟	120
	吉林	敦化	140
	辽宁	桓仁	80
	河北	丰宁一期	180
		丰宁二期	180
	山东	文登	180
	江苏	马山	70
		句容	135
	浙江	宁海	140
		天荒坪二	210
	福建	厦门	140
	广东	深圳	120
		梅州	120
		阳江	120
	海南	琼中	60
中部地区	安徽	绩溪	180
	河南	天池	120
		五岳	80
	湖北	上进山	120
西部地区	宁夏	中宁	60
	甘肃	肃南	120
	新疆	阜康	120
	陕西	镇安	140
	内蒙古	锡林浩特	80
	重庆	蟠龙	120
总计			3135

5. 西电东送

（1）优化北部通道。北部通道主要依托黄河上游水电，将西北电力输往华北地区。“十二五”期间，在拉西瓦和公伯峡水电站 200 万 kW 外送规模的基础上，结合黑山峡河段及黄河上游水电开发，进一步优化北部通道水电外送规模和外送方式。

（2）完善中部通道。中部通道主要将长江上游、金沙江下游、雅砻江、大渡河等水电基地的电力送往华东和华中地区。目前已建成三峡、二滩等水电站向华东和重庆输电通道，送电规模 1690 万 kW。“十二五”期间，通过陆续投产金沙江溪洛渡、向家坝及雅砻江锦屏一级和锦屏二级等特大型水电站，大幅提升中部通道外送规模，达到 4600 万 kW。

（3）加强南部通道。南部通道主要将金沙江中游、澜沧江、红水河、乌江和怒江等水电基地的电力送往两广地区。在保证广西南盘江的天生桥一级、天生桥二级以及红水河干流龙滩、平班等水电项目持续向广东送电的基础上，根据澜沧江小湾、糯扎渡以及金沙江梨园、阿海、鲁地拉、龙开口等水电站的投产进度，进一步扩大外送规模，到 2015 年南部通道输电规模达到 3700 万 kW。此外，根据东南亚缅甸等国家水电开发进程，统筹考虑当地消纳与送电我境内南方电网，合理规划和适时调整南部通道送电规模。

（4）构建互济通道。根据南北区域能源资源分布特点和电力负荷特性，合理规划能源配置范围和能源流向，建设跨流域互济通道。“十一五”已建成西北电网与四川电网直流联网工程，实现长江流域与黄河流域水电的互济运行（规模 300 万 kW）。“十二五”期间将进一步加强华中与华北、四川与西北、西藏与青海输电通道建设，形成南北跨流域互济格局。

6. 科技装备

（1）提高工程建设技术水平。

(2) 增强机电设备制造能力。

(3) 提升水电行业管理水平。

7. 国际合作

(1) 加强与东南亚国家的合作，建立健全对外协调机制。

(2) 加强政府间的交流和对话，发挥国际组织和非政府组织的作用，充分利用大湄公河次区域等合作机制，加强与其他国家和地区的区域水电合作，探索和建立跨境河流开发合作机制。

(3) 鼓励中国水电企业通过水电咨询、规划设计、工程承包、投资合作等方式参与境外水电开发，提升中国水电企业的国际影响力和竞争力。

四、规划实施

(一) 保障措施

(1) 加强前期工作。

(2) 完善移民政策。

(3) 做好生态保护。

(4) 创新体制机制。

(5) 加强统筹协调。

(二) 实施机制

(1) 强化规划组织管理。

(2) 建立滚动调整机制。

(3) 强化目标考核。

五、投资估算和环境社会影响分析

(一) 投资估算

初步测算，"十二五"期间水电建设投资需求约8000亿元，其中大中型水电约6200亿元，小水电约1200亿元，抽水蓄能电站约600亿元。按20%的资本金比例测算，"十二五"期间资本金需求为1600亿元，融资6400亿元。西部的四川省和云南省是水电建设的重点区域，水电建设投资分别达到3300亿、3400亿元。

(二) 环境和社会影响分析

1. 综合效益分析

水电具有发电、防洪、航运、灌溉、促进经济社会发展等综合效益。

"十二五"期间，水电将累计提供4.2万亿kWh的清洁电力，满足经济社会发展的需要，相应节约12.7亿t标准煤，减少排放二氧化碳36.4亿t，对减轻大气污染和控制温室气体排放将起到重要的作用。

"十二五"期间，随着溪洛渡、糯扎渡、锦屏一级等一批大型水库建成投产，金沙江、澜沧江、雅砻江等河流防洪能力进一步提高，水资源调配能力进一步增强，水电综合效益发挥进一步显现，对下游河段及河口区域的水环境改善，城市和乡村供水条件改善，河流湿地生态功能维护都有积极作用。初步统计"十二五"新投产水电可新增调节库容约240亿m^3，防洪库容约56亿m^3，灌溉面积约370万亩，改善航道900余km。以糯扎渡为例，糯扎渡是澜沧江干流骨干水库，装机规模585万kW、调节库容达114亿m^3，电站建成后每年可提供240亿kWh的清洁电力，可将景洪市城市防洪标准提高到50年一遇水平，可将下游枯水期平均流量提高70%，发电、防洪、水资源调配等综合效益十分显著。

"十二五"期间，中国水电将至少拉动11 000万t水泥、1700万t的钢筋、600万t钢材的生产。水电建设和运行期间还将为地方经济社会发展增加大量的税费收入，初步测算，运行期年均税费可达1800亿元。此外，电站建设对改善当地基础设施建设、拉动就业、促进城镇化发展都具有积极作用。

2. 环境和社会影响

水电作为可大规模开发的清洁可再生能源，其开发利用可节约和替代大量化石能源，显著减少温室气体排放和污染物，保护当地生态环境，改善当地生产生活条件，有效促进地方经济社会可持续发展以及人与自然的协调发展。

通过加强环境影响评价工作，全面分析各流域、各项目的环境影响，识别环境保护和影响对象，提出预防和减缓措施。同时，在项目实施中，可以通过建设水库分层取水设施、建设过鱼设施及鱼类增殖放流站、对施工迹地绿化恢复等工程措施，以及通过优化梯级布局，预留天然河段等非工程措施，尽量减小对环境的影响。

水电建设不可避免地会淹没土地、搬迁移民，改变移民的生产生活环境，破坏原有的社会关系，可能导致一些社会问题。同时，水电建设在改善当地的基础设施、加快城镇化建设进程、促进地方经济社会发展等方面具有积极作用。初步测算，"十二五"期间，水电建设需要搬迁安置移民约40万人，淹没耕地约60万亩。在项目实施中，通过加强移民管理，完善移民法规，创新安置方式，使水电开发与地方经济社会发展共赢，实现移民安居乐业。

太阳能发电发展"十二五"规划（摘要）[❶]

一、规划基础和背景（略）

❶ 本规划由国家能源局发布。

二、指导方针和目标

（一）指导思想（略）

（二）基本原则

（1）规模发展与提高竞争力相结合。

（2）集中开发与分散利用相结合。

（3）市场培育与发展方式创新相结合。

（4）国内发展与国际合作相结合。

（三）发展目标

太阳能发电发展的总目标是：通过市场竞争机制和规模化发展促进成本持续降低，提高经济性上的竞争力，尽早实现太阳能发电用户侧“平价上网”。加快推进技术进步，形成太阳能发电产业的技术体系，提高国际市场持续竞争力。建立适应太阳能发电发展的管理体制和政策体系，为太阳能发电发展提供良好的体制和政策环境。

具体发展指标是：

（1）实现较大规模发展。到2015年底，太阳能发电装机容量达到2100万kW以上，年发电量达到250亿kWh。重点在中东部地区建设与建筑结合的分布式光伏发电系统，建成分布式光伏发电总装机容量1000万kW。在青海、新疆、甘肃、内蒙古等太阳能资源和未利用土地资源丰富地区，以增加当地电力供应为目的，建成并网光伏电站总装机容量1000万kW。以经济性与光伏发电基本相当为前提，建成光热发电总装机容量100万kW。

（2）产业竞争力明显提高。光伏电池基础研究与技术创新能取得进步，建立比较完整的材料、生产装备、系统集成和辅助服务产业体系，提高光伏电池转化效率，优化产业链。太阳能光热电站的整体设计与技术集成能力明显提高，形成若干家技术先进的关键设备制造企业，具备光热发电全产业链的设备及零部件供应能力。

（3）政策体系和发展机制逐步完善。完善太阳能发电的政策体系和发展机制，建立有利于分布式可再生能源发电发展的市场竞争机制和电力运行管理机制。通过新能源微网工程与新能源示范城市建设开展政策和发展模式创新，探索建立适合可再生能源发展的电力系统运行和管理模式。

三、重点任务

（一）有序推进太阳能电站建设

利用青海太阳能资源丰富和黄河上游水电调节性好的优势，以满足当地用电需求为目的，重点推进柴达木盆地等地的太阳能电站建设，鼓励开展各种太阳能发电技术的试验示范。

（二）大力推广分布式太阳能光伏发电

发挥用户侧光伏发电与当地用电价格较接近、电量可就地消纳的优势，加快推广用户侧分布式并网光伏发电系统。鼓励在有条件的城镇公共设施、商业建筑及产业园区的建筑屋顶安装光伏发电系统，支持在大型工业企业的内部电网中接入光伏发电系统，探索并建立适应用户侧光伏发电的电网运行技术体系和管理方式。

（三）建设新能源微网示范工程

在可再生能源资源丰富和具备多元化利用条件的地区，结合智能电网技术，以解决当地供电问题为主，建设新能源微电网工程，建立充分利用新能源发电的新型供用电模式。

（四）创建新能源示范城市

选择生态环保要求高、经济条件相对较好、可再生能源资源丰富的城市，支持在城区及各类产业园区推进太阳能等新能源技术的综合示范应用，替代燃煤等传统的能源利用方式，形成新能源利用的区域优势。以公共机构、学校、医院、宾馆、集中住宅区为重点，推广太阳能热利用、分布式光伏发电等新能源技术的应用。支持各地在各类产业园区的新建和改造过程中，开展先进多样的太阳能等新能源技术应用示范，满足园区电力、供热、制冷等能源需求。通过政策支持和市场手段促进新能源在大中型城市的应用。

（五）完善太阳能发电技术创新体系

建立以市场为导向、企业为主体、产学研结合的多层次技术创新体系。整合太阳能发电相关科研院所、高等院校的技术力量，建立国家级太阳能发电实验室，重点开展太阳能基础理论、前沿技术、关键技术和共性技术研究。依托现有科研机构和技术创新能力基础好的企业，支持建设国家太阳能光伏发电、国家太阳能光热发电工程技术中心，加强太阳能光伏发电、光热发电设备及产品检测及认证能力建设，形成先进水平的新产品测试和试验研究基地。鼓励开展太阳能发电技术研发创新平台建设，形成具有区域产业优势的太阳能发电技术创新聚集地。支持创新能力较强的国内科研机构与国际先进水平的科研机构合作，联合设立太阳能发电技术研发中心，重点开展太阳能发电应用系统集成技术和并网运行等共性技术联合研发。

（六）提高太阳能发电产品持续竞争力

全面提升光伏发电理论研究能力和系统利用水平。开发和制造高效率、高可靠性、低成本、清洁环保、适应不同运行环境的先进太阳能光伏电池组件，提高全产业链的设备和集成技术水平。突破太阳能热发电定日镜、真空管等关键部件设计和制造技术，依托国内集成控制与工程热物理等相关前沿学科的优势，形成配套齐全的光热发电关键设备集成产业链。完善光伏电池组件设备测试和检测方法，形成全面的质量控制体系，提高光伏电池组件性能和质量。

（七）建立完善太阳能发电产业体系

逐步将目前以主要部件销售为重点的产业体系转变为以工程建设和全生命周期管理为核心的产业体系。建立以国家能源发展战略为指导，以专业技术机构为主体，以市场需求为导向，支撑太阳能发电产业全面发展的产业服务体系。完善太阳能资源评价、太阳能电站规划设计、施工安装、运行维护等领域的标准体系。建立完善的太阳能发电建设运行服务体系，提高太阳能电站选址、规划、设计、施工安装、检修维护的专业化服务能力。完善太阳能发电产业信息统计，形成太阳能发电信息监测体系。

（八）促进光伏制造业健康发展

积极扩大国内光伏产品应用市场，实现从过度依赖外需向内外需并重转变。积极推进光伏产业结构优化，鼓励企业按照市场规律兼并重组，加强光伏产业关键技术研发，从规模效益型发展向技术效益型发展的转变。规范企业采购光伏电池招投标活动和市场秩序。

（九）积极开展国际合作

开展全球化技术研发合作，重点开展太阳能发电应用技术研究开发，以及与太阳能发电相关的电网运行控制技术研究开发。与欧美国家主要研究机构和企业联合开展太阳能发电系统集成设计、太阳能资源测评、太阳能发电预测技术研究。加强国际人才交流与合作。

四、规划实施（略）

风电发展"十二五"规划（摘要）[1]

一、规划基础和背景（略）

二、指导方针和目标

（一）指导思想（略）

（二）基本原则

(1) 坚持统筹协调和规范有序发展。

(2) 坚持项目开发与电网建设相协调。

(3) 坚持集中开发与分散发展并重。

(4) 坚持陆上开发和海上示范同步进行。

(5) 坚持市场开发和产业培育相互促进。

（三）发展目标

风电发展的总目标是：实现风电规模化开发利用，提高风电在电力结构中的比重，使风电成为对调整能源结构、应对气候变化有重要贡献的新能源；加快风电产业技术升级，提高风电的技术性能和产品质量，使风电成为具有较强国际竞争力的重要战略性新兴产业。

"十二五"时期具体发展指标为：

(1) 到2015年，投入运行的风电装机容量达到1亿kW，年发电量达到1900亿kWh，风电发电量在全部发电量中的比重超过3%。其中，河北、蒙东、蒙西、吉林、甘肃酒泉、新疆哈密、江苏沿海和山东沿海、黑龙江等大型风电基地所在省（区）风电装机容量总计达到7900万kW，海上风电装机容量达到500万kW。

(2) "十二五"时期，风电机组整机设计和核心部件制造技术取得突破，海上风电设备制造能力明显增强，基本形成完整的具有国际竞争力的风电设备制造产业体系。到2015年，形成3～5家具有国际竞争力的整机制造企业和10～15家优质零部件供应企业见表1。

表1 "十二五"风电发展主要指标

指标类别	主要指标	2010年	2015年	2020年
装机容量指标	陆地风电（万kW）	3118	9900	17 000
	海上风电（万kW）	13.2	500	3000
	合计（万kW）	3131	10 400	20 000
发电量指标	总发电量（亿kWh）	500	1900	3900
	风电占全部发电量比例（%）	1.2	3	5

三、重点任务

（一）开发布局

1. 有序推进大型风电基地建设

大型风电基地开发布局及重点建设项目见表2。

[1] 本规划由国家能源局发布。

表2 大型风电基地开发布局及重点建设项目 单位：万 kW

基地名称	已建容量	新增容量	规划容量	重点开发区域	重点项目	消纳市场
河北	378	720	1100	张家口、承德、沿海地区	建成张家口二期（165）、承德一期（85），启动张家口三期、承德二期百万基地，建设唐山海上风电场项目	华北电网
蒙东	382	420	800	通辽、呼伦贝尔、兴安盟	建设通辽开鲁百万基地（150）、通辽科左中旗珠日和百万基地（200）、建设兴安盟桃合木百万基地、呼伦贝尔百万墓地	东北电网
蒙西	630	670	1300	包头、巴彦淖尔、乌兰察布、锡林郭勒	建成包头达茂旗百万基地（160）、巴彦淖尔乌拉特中旗百万基地（210）、锡林郭勒百万基地（600）．建设乌兰察布幸福和吉庆百万基地	华北电网和华东电网
吉林	202	400	600	白城、四平、松原	建设白城通榆瞻榆百万基地、白城洮南百万基地、大安百万基地、四平大黑山百万基地、松原长岭百万基地	东北电网
甘肃	144	950	1100	酒泉、武威	建成酒泉千万基地一期工程（380）和酒泉千万基地二期工程（300），建设武威民勤百万基地	西北电网
新疆	113	900	1000	哈密、乌鲁木齐	建成哈密东南部百万基地（200）．乌鲁木齐达坂城百万基地。结合哈密地区电力外送通道，建设哈密三塘湖百万基地、哈密淖毛湖百万基地	西北电网和华中电网
江苏	156	450	600	盐城、南通	建成首批特许权海上风电项目（100），建设盐城东部、南部海上百万基地	华东电网
山东	197	600	800	烟台、威海、东营、滨州、潍坊、青岛、日照	建设沿海陆地及内陆分布较广的风电项目，建设莱州湾、鲁北海上百万基地	华北电网
黑龙江	199	400	600	大庆、齐齐哈尔、哈尔滨东部（依兰、通河）、佳木斯、伊春、绥化、牡丹江等	建成大庆西部百万基地（100），建设大庆北部、齐齐哈尔富裕百万基地	东北电网
合计	2400	5500	7900			

注 新增容量一栏含重点项目和其他分散项目。

2. 加快内陆资源丰富区风能资源开发

风能资源较丰富地区风电开发布局见表3。

表3 风能资源较丰富地区风电开发布局

单位：万 kW

省份	已建容量	规划容量	重点开发区域
山西	46	500	朔州、忻州、大同、运城
辽宁	330	600	阜新、锦州、沈阳、营口
宁夏	75	300	吴忠、中卫、银川
云南	34	300	大理州、红河州、楚雄州、昆明市、曲靖市
广东	81	240	江门、汕头、阳江、湛江、汕尾、珠海
福建	57	160	福州、莆田、漳州、泉州

3. 积极开拓海上风电开发建设

重点开发建设上海、江苏、河北、山东海上风电，加快推进浙江、福建、广东、广西和海南、辽宁等沿海地区海上风电的规划和项目建设。到2015年，全国投产运行海上风电装机容量500万 kW。各省海上风电通过建设配套的220kV 或 500kV 输变电工程汇集，近期在省级电网内消纳，开发规模进一步加大后通过跨省外送通道扩大消纳范围。

4. 鼓励分散式风电发展

按照全国110kV 及以下电压等级的变电站分布，综合考虑变电站附近风能资源、土地、交通运输以及施工安装等风电开发建设条件，在原则上不新增建设110kV 和 66kV 输变电工程，以及保障电网安全运行的基础上，合理选择可接入的风电装机容量，按照“分散开发，集中管理”的方式，支持和鼓励分散式风电的开发建设。各省（区、市）可结合风能资源和电网结构等条件，提出本省（区、市）分散式接入风电的实施方案。同时，积极鼓励开展风电与其他分布式能源相结合的开发模式创新，最大限度提升清洁能源在当地电力消费中的比例。

（二）配套电网建设与系统优化

（1）加强配套电网建设，扩大风电消纳范围。进一步加强风电开发规划与电网规划的协调，衔接好风电项目开发与配套电网建设，确保风电项目与配套电网同步投产，保障风电项目的顺利并网运行和高效利用。

（2）优化电源结构，提高系统调峰能力。优化各区域电力系统的电源结构和开发布局，合理安排抽水蓄能电站和燃气电站等调峰电源建设，加强供热机组供热监测和运行控制，提高供热机组参与调峰的调节性能。到2015年，集中开发的重点省（区）的风电发电量在电力消费总量中的比重达到10%以上，各区域电网应统筹配置区域内各省级电网的调峰能力，提高区域整体上消纳风电的能力。鼓励在具备风能资源条件的地区就近分散开发风电，并在配电网内就地消纳。

（3）加强电力需求侧管理，增强消纳风电的能力。进一步加强电力需求侧管理，有效改善系统负荷特性。

（4）建立风电功率预测预报体系，促进风电与电网协调运行。建立以风电功率预测为基础的电网调度与风电协调运行机制。

（三）技术装备和产业体系

（1）建立完整的风电技术创新体系。

（2）全面提升风电设备制造水平。

（3）建立风电全产业社会化服务体系。

（4）加强风电人才培养。

（四）国际发展与合作

（1）融入全球风电技术创新体系。

（2）积极参与全球风电发展。

（3）积极参与国际标准和规则制定。

四、规划实施

（一）保障措施

（1）实施可再生能源电力配额制度。

（2）完善促进风电发展的电价政策和补贴机制。

（3）完善财政支持和税收优惠政策。

（4）提高风电并网运行的技术和管理水平。

（5）加强风电发展的协调和监管。

（二）实施机制

（1）加强规划协调管理。

（2）完善信息统计管理。

（3）建立规划滚动调整机制。

（4）统筹开发建设管理。

（5）加强目标监测考核。

五、投资估算和环境社会影响分析（略）

生物质能发展“十二五”规划（摘要）[1]

一、规划基础和背景（略）

二、指导方针和目标

（一）指导思想（略）

（二）基本原则

（1）统筹兼顾，综合利用。

（2）因地制宜，多元发展。

（3）自主创新，规模发展。

（4）政府扶持，市场推动。

（三）发展目标

在“十二五”时期，生物质能发展目标是：到2015年，生物质能产业形成较大规模，在电力、供热、农村生活用能领域初步实现商业化和规模化利用，在交通领域扩大替代石油燃料的规模。生物质能利用技术和重大装备技术能力显著提高，出现一批技术创新能力强、规模较大的新型生物质能企业。

三、重点任务

（一）加快生物质能规模化开发利用

1. 有序发展生物质发电

有序发展农林生物质发电。在秸秆剩余物资源较多、人均耕地面积较大的粮棉主产区，有序发展秸杆直燃发电，提高发电效率；在重点林区和林产品加工集中地区，结合林业生态建设，利用林业三剩物和林产品加工剩余物发展林业生物质直燃发电，结合能源林种植，建设林醇电综合利用工程；在“三北”地区，结合防沙治沙，建设灌木林种植基地，发展沙生灌木平茬剩余物直燃发电及综合利用工程；在甘蔗种植主产区和蔗糖加工集中区推进蔗渣直燃发电。鼓励将生物质发电与纤维素乙醇、生物柴油及生物化工相结合，实现生物质梯级利用。鼓励发展生物质热电联

[1] 本规划由国家能源局发布。

产，提高能源利用效率。到2015年，农林生物质发电装机容量达到800万kW。

合理发展垃圾发电。选择适宜的生活垃圾、污水处理厂污泥处理及能源利用方式，推进垃圾处理减量化资源化无害化。在人口密集、土地资源紧张的中东部地区城市，合理布局生活垃圾焚烧发电项目。在西部地区采取垃圾填埋方式处理垃圾的城市建设填埋场沼气发电项目。大力推动垃圾发电关键设备和清洁燃烧技术进步。到2015年，城市生活垃圾发电装机容量达到300万kW。

积极发展生物质燃气发电。在农村生物质资源比较丰富、人口密集的乡镇，发展分布式生物质燃气发电；建设大型畜禽养殖废弃物沼气发电项目；推动造纸、酿酒、印染、皮革等工业有机废水和城市生活污水处理沼气发电。到2015年，沼气发电装机容量达到200万kW。

到2015年，生物质发电总装机容量达到1300万kW，年发电量780亿kWh，年替代化石能源2430万t标准煤。

2. 加快发展非粮生物液体燃料

建设非粮能源原料基地。在盐碱地、荒草地、山坡地等未开发宜能荒地较多的地区，根据当地自然条件和作物植物特点，种植甜高粱、木薯、油棕、小桐子等能源作物植物，建设非粮生物液体燃料的原料供应基地。到"十二五"期末，建成油料能源林基地200万hm^2（公顷）。

建设非粮生物液体燃料示范工程。建设一批产业化规模的纤维素乙醇示范工程，建成纤维素酶批量生产基地。突破关键设备和集成工艺，提高成套设备制造能力，降低纤维素乙醇生产成本。规范和引导以废弃油脂为原料的生物柴油的产业化，推进木本油料作物为原料的生物柴油和航空生物燃料示范工程及应用。

到2015年，生物燃料乙醇年产量达到400万t，生物柴油和航空生物燃料年产量100万t。年替代化石能源500万t标准煤。

3. 积极推广生物质燃气

积极推进生物质燃气集中供气。"十二五"时期，在农林生物质资源丰富、地势易于铺设燃气管网、农民经济条件较好、居住较为集中的乡镇或较大的村庄，推广生物质气化集中供气。在居住区域附近有规模化畜禽养殖场的地区，优先发展沼气集中供气，建设大中型沼气集中供气工程。结合工业有机废水和城市污水处理，建设利用工业有机废水、城市生活污水和污泥中的有机物生产沼气的集中供气工程。"十二五"期末，生物质燃气集中供气达到30亿m^3/a，折合250万t标准煤。

稳步推进户用沼气建设。在气候适宜、人口居住分散且有家庭养殖畜禽的农村地区，继续推广户用沼气，提供清洁生活燃气。将沼气作为连接种植业和养殖业的纽带，发展"三位一体"、"四位一体"生态农业模式，提高户用沼气的综合效益。到2015年，农村沼气用户5000万户，年产沼气190亿m^3，折合1500万t标准煤。

4. 推进生物质成型燃料产业化

生物质成型燃料具有原料适应范围广、规模适应性强、易于运输储存等特点，作为供热燃料，是一种经济实用的方式。在"十二五"时期，重点在北方采暖地区推广生物质成型燃料集中供热，结合城市大气环境治理，大力推动城市燃煤锅炉改造为生物质成型燃料锅炉，减少城市燃煤量，扩大规模化的生物质成型燃料市场；在人口居住分散、不宜铺设燃气管网的农村地区，推广户用生物质成型燃料，解决户用炊事及采暖用能。到2015年，生物质成型燃料年利用量达到1000万t，相应替代化石能源500万t标准煤。

（二）推进先进生物质能综合利用产业化示范

1. 纤维素原料生物燃料多联产示范

积极推动农林剩余物（纤维素）生产生物乙醇为主产品的综合利用产业化示范。建设纤维素生物燃料综合利用示范区，利用当地丰富的农作物秸秆资源，建设产业化规模纤维素水解制备液体燃料和生物基化工产品及醇电联产综合利用示范工程。

依托示范项目，推进生物乙醇及其他替代石油基原料的化工产品的规模化生产，废水经厌氧发酵处理生产沼气及沼气发电，或者利用废水培养微藻能源作物，最终的生物质残渣用于燃烧发电和供热，整体实现生物质梯级综合利用。

到2015年底，形成若干以农林剩余物（纤维素）为原料的生物燃料多联产产业化示范区。

2. 微藻生物燃料多联产示范工程

鼓励微藻固碳生物燃料产业化示范。在条件适合地区，利用工业废水及富含二氧化碳废气，采用先进养殖技术，建设含油微藻规模化养殖场，开展微藻生物燃料多联产示范。

依托示范项目，推进商业化规模的微藻生物燃油生产，同时生产高附加值的营养藻粉和饲料藻渣等生物基产品。通过微藻生物燃料多联产，实现二氧化碳减排、工业污水处理与生物能源制备、生物基产品开发的有机结合，建设多产业组合的循环经济示范基地。

到2015年底，建成若干微藻生物燃料多联产循环经济产业化示范项目。

3. 生物质热化学转化制备液体燃料及多联产示范工程

加快生物质气化合成醇醚、生物质热解液化及直接催化转化制备烃类燃料技术进步，建设生物质热化学制备液体燃料产业化示范区，利用各类农林剩余物资源，开展万吨级生物质热化学制备液体燃料，以及燃气、热力、电力、生物质炭、多元醇生物基化学品等多联产系统示范工程，实现低成本规模化生物质资源梯级综合利用。

依托示范项目，突破大型生物质气化、先进高效净化与组分调变一体化、生物油炼制加工催化剂及相应的反应精馏分离等关键技术，降低生物燃料生产成本。结合化工项目工程和工业园区用热需求，整合生物化工技术开展综合精炼，生产生物柴油、石脑油和航空煤油等生物燃料，以及热力、电力、精细化工原料和产品、医药产品等系列化产品，拓展相关产品应用市场，全面推进各类农林生物质资源梯级综合利用，提升生物质能及综合利用的经济性和竞争力。

到 2015 年底，形成若干以农林剩余物为原料的生物质热化学转化制备液体燃料及多联产循环经济产业示范区。

4. 大型沼气综合利用示范工程

加快大型沼气工程技术进步，提高大型沼气生产成套设备、沼气净化设备、沼气管道供气和罐装成套设备制造水平。在具备资源、市场等条件的地区，建设大型混合原料沼气综合利用产业示范区，将沼气输入城市天然气管道网络。在乡镇布设沼气供应服务站点，以供应罐装沼气的方式为周边居民提供生活燃气；探索沼气作为城市公共交通车辆燃料的利用方式；推动大型沼气工程的沼液沼渣综合利用，拓展有机肥市场，支持有机蔬菜、水果种植产业发展，发展大型沼气综合利用循环经济生态园。

到 2015 年底，形成若干混合原料大型沼气多用途综合利用循环经济生态园。

（三）组织生物质能推广利用重点工程

1. 城市生物质供热工程

在城市推广生物质成型燃料和专用锅炉，替代区域集中供热及分散锅炉燃煤。

在生物质资源稳定供应、有采暖需求的北方城市建设生物质供热工程，利用农林剩余物、城市生活垃圾及有机污水、养殖场畜禽粪便等资源，采用生物质成型燃料采暖锅炉、生物质燃气供热锅炉等技术，综合发展各类生物质供热。

到 2015 年，年供热消耗生物质燃料 10 万 t 以上的城市达到 50 个，平均每个城市生物质供热总供热面积达到 100 万 m^2 以上，相应每个城市平均每年替代化石能源 5 万 t 标准煤。全国生物质供热总供热面积达到 5000 万 m^2，相应年替代化石能源 250 万 t 标准煤。

2. 农村生活燃料清洁化工程

结合绿色能源示范县建设，推广农村生活燃料清洁化工程，充分利用当地农作物秸秆、畜禽粪便、林业剩余物等生物质资源，推广生物质热解气化、生物质干馏、生物质成型燃料、大中型沼气工程和户用沼气池、省柴灶等技术。

在生物质资源比较丰富、农村居民集中的地区，建设生物质燃气集中供气工程，铺设生物质燃气管网，推进农村燃气物业化管理和服务。在具有采暖需求的北方农村，重点推广生物质成型燃料采暖技术。在林区及退耕还林地区，结合生态保护工程，重点发展分布式生物质能技术，充分利用林业剩余物建设生物质气化和成型燃料项目在农村学校、医院等公益设施和公用机构推广应用清洁生物质燃料。

到 2015 年，农村生活燃料清洁化工程惠及 1000 个乡镇、100 万户农户，年替代化石能源 100 万 t 标准煤。

3. 生物质能源作物和能源林基地建设

在有条件地区实施生物质能源作物和能源林种植工程，合理选育和科学种植能源作物植物，因地制宜开发边际性土地，规模化种植各类非食用粮糖油类作物植物，建设生物质能原料供应基地。

重点在“三北”地区的半荒漠化区、沙区等边际性土地，结合生态建设，建设以灌木林为主的木质能源林基地；在东北、内蒙古、山东等地区开展甜高粱规模化种植；在广东、广西、海南、江西、四川、云南等地种植薯类作物以及芭蕉芋、葛根等植物；在海南、福建、四川、贵州、云南、河北等地建设油棕、小桐子、黄连木等油料植物种植基地；加强富油藻类培育技术研发，开展藻类原料培育工程。

到 2015 年，建成木质能源林基地 520 万 hm^2，甜高粱原料基地 50 万亩，木薯等薯类作物基地 800 万亩，油料能源林基地 200 万 hm^2，其他非粮原料（能源草等）基地 30 万亩。种植能源作物和能源林满足年产 100 万 t 生物柴油的原料需求，年替代化石能源 140 万 t 标准煤。

（四）加强生物质能技术装备和产业体系建设

1. 构建技术研发体系

加强国家级生物质能技术研究机构建设，重点建设生物质能综合利用技术研发测试平台和先进非粮生物液体燃料技术研发平台，从事基础研究工作，组织开展联合研究，攻克产业发展的关键技术和共性技术难题。

依托骨干企业、研究院所和大学等，建立涵盖生物质发电、生物质燃气和生物液体燃料等技术的重点实验室，推动生物质能应用技术研究和相关技术创新平台建设。在大型企业建立生物质能创新中心或工程技术中心，开展应用研究和系统集成，促进科技成果的产业化。鼓励企业加强对引进的国外先进技术的消化吸收，逐步建立自主创新的技术体系。

2. 开发关键技术设备

在生物质燃气方面，开发生物质燃气高效制备及综合利用技术，重点突破高浓度、混合燃料的湿发酵、干发酵技术，以及燃气净化和高热值化转化技术，研发大功率生物质燃气发电机组；在生物液体燃料方面，重点突破木质纤维素生产乙醇等石油替代燃料、以多种原料生产生物柴油和航空生物燃料的关键技术，掌握清洁高效生产技术；在能源作物及能源林种植方面，重点突破良种选育及定向培育技术，培育多个新型生物质能源作物和能源林新品种。

重点研制非粮原料收储运和初加工、非粮燃料乙醇和微藻生物燃料加工转化、生物质热化学转化制备液体燃料及热、电、化工多联产农业剩余物制备生物质燃气及综合利用等成套装备，攻克生物质成型燃料高效、抗结渣燃烧技术，提高成型机易损件使用寿命到500h以上。

3. 完善产业服务体系

加快制定完善生物质能技术及产品标准，形成统一、规范、符合国情的生物质能技术标准体系。建设生物质能设备及产品检测中心，建立关键设备和产品的认证体系。建立完善生物质能产品质量控制和监督体系，形成有效的质量监督机制，提高产品和服务质量。

开展生物质能技术培训。对从事生物质能利用的专业技术工种实行职业资格制度，组织各地开展生物质能职业技能鉴定和认证。健全生物质能的社会化行业组织。

四、规划实施

（一）保障措施

（1）开展生物质能资源调查评价。

（2）加强生物质能开发利用管理。

（3）完善国家财税等支持政策。

（4）建立健全生物质能技术管理体系。

（5）完善市场机制和管理措施。

（6）建立原料供应保障体系。

（二）实施机制

（1）加强规划组织管理。

（2）建立滚动调整机制。

（3）加强目标监测考核。

五、投资估算和环境社会影响分析（略）

洁净煤技术科技发展“十二五”专项规划（摘要）[1]

一、形势——需求与发展（略）

二、指导思想与目标

（一）指导思想（略）

（二）基本原则

（1）国家需求、服务产业。

（2）世界一流、国际领先。

（3）承先启后、统筹发展。

（4）强化管理、培养能力。

（三）规划框架

根据近年来重点发展方向，结合立项和运行管理机制改革，以依托示范工程为牵头、关键核心技术开发为基础、技术凝练和集成创新为重点，对重点技术方向进行梳理。

（四）规划目标

在煤炭提质与资源综合利用、高效洁净燃煤发电、煤基洁净燃料、高效燃煤与工业节能、队伍建设和平台建设等方面，突破重点基础和核心关键，开发出一批具有国际领先水平的新工艺、新技术，实现重大系统技术集成，为煤电、煤转化等重点示范工程和建设洁净煤技术战略性新兴产业提供技术支持，达到世界先进、领先水平。

三、重点方向

（一）高效洁净燃煤发电

（1）大型超超临界发电成套技术和高参数超超临界关键技术。

（2）高参数、新型循环流化床燃煤锅炉。

（3）大规模整体煤气化联合循环发电关键单元技术及装备，燃气轮机及其集成示范。

（4）燃煤污染治理，二氧化碳分离、埋藏及利用技术。

（二）先进煤转化技术

（1）低阶煤综合加工提质技术。

（2）催化气化等新型煤气化技术。

（3）结合实施煤制气体、液体燃料和化工品百万吨级工业示范，开发研究大型合成反应器、高效低成

[1] 本规划由科技部发布。

本催化剂、专用设备、油品加工催化剂和新工艺、新型催化合成、副产品综合利用等关键技术。

(4) 先进煤转化发电大规模技术集成示范。

(三) 先进节能技术

(1) 工业窑炉余热余能高效回收利用新技术。

(2) 高效率、大容量工业锅炉岛成套技术、装备及应用示范。

(3) 冶金行业重点节能技术研发示范。

(4) 石油、化工、建材等工业过程节能、余能余热利用。

(5) 建筑综合节能技术。

(四) 污染物控制和资源化利用技术

"十二五"期间，主要针对燃煤 NO_x 控制、超细颗粒物和重金属控制、污染物一体化脱除和资源化利用等技术开展项目部署和研发。

四、重点任务

"十二五"期间，在高参数发电锅炉材料、煤基天然气及高密度航油、狭窄空间高效低氮煤粉燃烧、冶金电炉非稳态废热回收等方面开发出10～15项关键、核心技术，形成约100项发明专利，形成一批达到国际领先或先进水平的技术及装备，整体达到洁净煤技术研发和产业应用国际领先水平。

(一) 重点基础研究

1. 煤提质及转化基础研究（略）

2. 高效洁净燃煤发电基础研究（略）

3. 燃气轮机材料及制造技术基础研究（略）

(二) 关键核心技术研发

1. 煤提质及资源综合利用（略）

2. 高效洁净燃煤发电

(1) 开展超700℃超超临界发电机组的锅炉、汽机、辅机以及高温材料等关键技术研究，为"十三五"期间实现工程示范打下基础，主要技术指标：蒸汽温度>700℃，压力>30MPa，机组容量600MW；锅炉效率>94%；汽轮机热耗<6950kJ/kWh；发电机额定功率600MW，发电机效率≥99%；机组循环效率≥48.37%。

(2) 600MW高参数超超临界循环流化床锅炉工业装备技术研究、制造及工程示范，技术经济指标接近同容量相近燃料煤粉炉机组，达到国际领先水平。开展50～300MW节能、超低排放型CFB锅炉关键技术及装备研究，应用于工业示范。

(3) 在IGCC方面，针对高效煤气化、节能制氧、中温脱除污染物、重型燃气轮机设计及制造等关键核心技术进行研发和工业侧线示范。

(4) 超600℃/1200MW级超超临界发电关键技术及成套装备研究，并应用于工业示范。

(5) 建设3万～5万t级/年 CO_2 捕集与资源化利用全流程工艺，系统热功率为30MW，主要研究开发和示范富氢或富 CO_2 等非常规燃烧技术。

(6) 先进燃煤发电污染控制技术。研发燃煤烟气多种污染物联合脱除关键技术，并在600MW电站锅炉进行工业示范。研究开发燃煤 NO_x 过程控制关键技术集成及示范，完成适于中国各类煤种、各种燃烧方式的低 NO_x 燃烧系统的研发和示范，研发适合中国动力燃煤特性的SCR脱硝催化剂，并进行工业示范。

3. 煤基清洁燃料

(1) 结合国内工业示范，开发3～5项具有国际先进水平的煤基清洁燃料新技术，完成一批煤制清洁燃料及化工品发明专利，推动建设大规模煤基多联产工业示范，使中国煤基清洁燃气、煤制油、煤制烯烃等工业技术达到国际领先水平。

(2) 煤制清洁液体燃料及化工品核心关键技术。开发出煤基费托合成大型化成套技术软件包，开发出大型浆态床反应器及合成油产品加工精制技术；开发节能节水的关键技术和重要装备；在百万吨级/年煤基合成油工业示范工程上应用和验证。

(3) 开发新型煤气化核心技术，并实现对现有落后气化技术的替代。针对中国广泛存在的高灰熔点(1500℃)、黏结性（黏结指数30以上）煤，开发适应煤质的先进高效煤气化技术，实现每天加工煤量500吨级气化装置工业示范。

(4) 建成适用于煤制清洁燃料技术通用能效测定与评价平台，研究测定方法标准；针对示范工程，进行工艺优化并确定出合理的工序能耗标准参考值，为节能减排关键技术提供技术方案。

4. 高效燃煤及工业节能减排

开展多煤种复杂煤质研究和燃烧工艺创新基础研究，开发工业锅炉岛、冶金炉窑高效节能关键技术，建成工业示范，能效达到国际先进水平。

(1) 清洁燃煤系列化高效工业锅炉岛技术。

(2) 工业炉窑余能高效回收及梯级利用技术。

(3) 冶金工业余能高效利用技术。

(三) 重大技术集成及工业示范

1. IGCC多联产技术工业集成示范

示范工程规模：400～500MW级电力，100万t级液体燃料或相同当量级化工品，3000t/d级气化炉、9F级低热值燃气轮机等。

2. 大规模高效煤基转化多联产技术集成示范

包括大型煤焦化、煤基清洁燃料集成加工、煤气净化与污染物控制及资源化利用、余能回收梯级利用与发电等专项技术，形成数百万吨级煤转化及煤基清洁燃料、数百万兆瓦以上发电规模，达到系统能效提高5%以上、关键产品降低直接能耗10%以上的效果。

3. 超600℃超超临界发电机组工业示范

集成具有自主知识产权的大容量、高参数超临界600℃/1200MW级发电机组关键技术研发成果，包括系统设计、锅炉设计与制造、汽轮机设计与制造、机组运行与控制、机组集成与示范工程整体设计等核心关键技术。

通过示范，完成600℃/1200MW级发电机组成套技术自主开发与工程建设，全面提升中国该级别超超临界发电技术能力。

4. 重型燃气轮机关键技术集成及应用示范

对F级重型燃气轮机技术，集成热端部件（燃烧室、透平叶片）的设计与制造技术、高效低污染燃烧室设计与制造工艺、适应灵活空分配置的先进高效宽稳定裕度压气机研制、燃气轮机调节系统等研发成果，形成整机制造技术及系统集成优化设计技术。

对E级燃气轮机，集成燃气轮机及联合循环控制、变频启动系统及燃料系统、发电机组轴系分析、燃气轮机辅助系统、联合循环电站成套系统配套设备选型、参数优化及热力循环分析、燃气一蒸汽联合循环发电机组运行调试等技术成果，形成成套系统的设计、研制、调试、运行维护技术。

五、保障措施（略）

太阳能发电科技发展“十二五”专项规划（摘要）❶

一、形势——挑战与机遇（略）

二、指导思想与目标

（一）指导思想（略）

（二）基本原则

(1) 坚持以降低终端发电成本为中心。

(2) 坚持技术创新与示范工程相结合。

(3) 坚持面向全产业链布局攻关。

(4) 坚持多层次技术研发和产业服务体系并举。

（三）规划目标

“十二五”期间，实现光伏技术的全面突破，促进太阳能发电的规模化应用，晶硅电池效率20%以上，硅基薄膜电池效率10%以上，碲化镉、铜铟镓硒薄膜电池实现商业化应用，装机成本1.2万～1.3万元/kW，初步实现用户侧并网光伏系统平价上网，公用电网侧并网光伏系统上网电价低于0.8元/kWh，基本掌握多种光伏微网系统关键部件及设计集成技术，实现示范应用。太阳能热发电具备建立100MW级太阳能热发电站的设计能力和成套装备供应能力，无储热电站装机成本1.6万元/kW；带8h储热电站装机成本2.2万元/kW，上网电价低于0.9元/kWh。突破太阳能中温热能在工业节能中的应用技术和太阳能建筑采暖的长周期储热技术，并示范应用。初步建立太阳能发电国家标准体系和技术产品检测平台，形成我国完整的太阳能技术研发、装备制造、系统集成、工程建设、运行维护等产业链技术服务体系。

关键指标如下：

(1) 实现多晶硅材料生产成本降低30%，配套材料国产化率达到50%。

(2) 晶体硅太阳电池整线成套装备国产化，具备自主知识产权的晶硅整线集成“交钥匙”工程能力。

(3) 单晶硅电池产业化平均效率突破20%，拥有自主知识产权的非晶硅薄膜电池产业化平均效率突破10%。

(4) 突破100MW级并网光伏电站、100MW级城镇多点接入生态居住小区光伏系统技术、10MW级光伏微网系统与10MW级区域建筑光伏系统关键技术及设备。

(5) 突破100MW级太阳能热发电关键技术及装备并建立核心产品生产线、测试平台和示范系统；通过系统集成掌握电站设计、优化和运行技术。

(6) 突破区域建筑跨季储热供暖技术及设备。

(7) 完善太阳能中温热利用技术，并建立工业应用示范。

(8) 突破太阳能分布式发电技术。

(9) 建成太阳能利用实证性研究示范基地。

(10) 在光伏直流并网发电、太阳能热与化石燃料互补发电等创新性研究方面取得进展。

三、重点方向

（一）材料方向

在光伏产业链上，硅材料主要涉及太阳电池用的多晶硅提纯和下游的硅片、单晶和多晶铸锭。发展高效节能低成本多晶硅材料的清洁生产技术和太阳电池关键配套材料制备技术，将有利于降低光伏电池生产成本和实现硅材料生产的环境友好。相关内容包括：

❶ 本规划由科技部发布

改良西门子法、硅烷法、物理、化学冶金法多晶硅材料生产技术，太阳电池用银浆、银铝浆、TPT背板材料、EVA封装材料、薄膜电池用TCO玻璃基板等关键配套材料制备技术等。

（二）器件方向

太阳能发电效率的提高和生产成本的降低将直接影响发电成本。晶体硅电池正朝着高效率、薄片化和低成本三个方向进行改进；低能耗、低成本的薄膜太阳电池技术正朝着高效率、稳定和长寿命的方向努力。相关内容包括：效率20%以上低成本超薄晶体硅电池产业化制造技术，效率10%以上薄膜电池产业化制造技术，高倍率聚光电池及发电关键技术，柔性衬底硅基薄膜太阳电池中试制造技术，非真空电沉积柔性CIGS薄膜太阳电池中试制造技术，量子点电池、热光伏电池、硅球电池、多晶硅薄膜电池、有机电池等新型太阳电池的前沿制备技术，高温直通式真空管及槽式聚光集热实验平台等。

（三）系统方向

突破光伏规模化利用的成套关键技术与装备，建成多种形式的光伏发电示范工程，能够有效推动光伏发电技术在中国的大规模应用；开展太阳能热利用关键装备和系统集成科技攻关，依托规模化示范工程建设，能够推动太阳能热利用技术与产业发展。相关内容包括：100MW级大型并网光伏电站系统及设备技术，100MW级城镇多点接入生态居住小区光伏系统技术，10MW级光伏微网系统及设备技术，区域性高密度光伏建筑并网系统及设备技术，10MW级次高参数太阳能热发电技术，硅基高可靠光伏建筑一体化关键技术、大型多能互补光伏并网系统技术、光伏直流并网发电技术、分布式太阳能热发电技术，太阳能储热技术，太阳能中温热在工业节能中的应用技术等。

（四）装备方向

太阳能光伏生产设备是贯穿整个产业链的基础，目前亟需突破产业链部分环节核心设备的瓶颈，提升其关键生产设备的性能和成套生产线的自动化程度。相关内容包括：晶体硅太阳电池整线成套装备集成技术，效率10%以上年产能40MW硅基薄膜太阳电池制造技术，效率10%以上年产能30MW碲化镉薄膜太阳电池制造技术，效率8%以上年产能5MW染料敏化太阳电池制造技术，薄膜硅/晶体硅异质结电池中试制造技术，硅基高可靠BIPV系列组件制造装备技术等。

四、重点任务

（一）重点任务

（1）掌握太阳能材料、器件、系统核心技术和工业生产线的关键工艺及装备。

（2）突破太阳能发电系统规模化利用的关键技术及装备。

（3）建设国家重点实验室、工程中心和产业化基地。

（4）完善太阳能产品及系统的检测技术和认证标准。

（5）集成示范太阳能开发利用的新技术、新设备。

（二）任务分解

1. 材料方向

（1）高效节能多晶硅材料大规模清洁生产关键技术研究。提升改良西门子工艺大规模低成本清洁生产技术，突破硅烷法工艺规模化生产，探索物理、化学冶金法等低成本新工艺技术。

（2）太阳电池关键配套材料制备技术研究。突破太阳电池用银浆、银铝浆、TPT背板材料、EVA封装材料、薄膜电池用TCO玻璃基板等关键配套材料制备技术。

2. 器件方向

（1）新型太阳电池中试及前沿技术研究。

（2）效率20%以上低成本晶体硅电池产业化成套关键技术研究及示范生产线。

（3）规模化铜铟镓硒薄膜太阳电池成套制造工艺技术研发。

（4）效率10%以上规模化薄膜太阳电池成套制造工艺技术研发。

（5）年产能5MW效率8%染料敏化太阳电池组件成套制造技术研发。

（6）效率10%以上50MW非晶/微晶硅叠层薄膜太阳电池成套制造工艺技术研发。

（7）高倍聚光太阳电池成套制造工艺技术研发及示范。

（8）太阳能槽式集热发电技术研究与示范。

3. 系统方向

（1）大型光伏并网系统设计集成技术研究示范及装备研制。

（2）高稳定性光伏微网系统技术研究与示范。

（3）适合于微网运行的大功率光伏控制/逆变器关键技术研究及设备研制。

（4）10MW级太阳能塔式热发电技术研究与示范。

（5）大型多能互补光伏并网系统技术研究与示范。

（6）硅基高可靠光伏建筑一体化（BIPV）关键技术及示范。

（7）分布式太阳能热发电技术。

（8）太阳能储热技术研究与规模化应用。

（9）太阳能中温技术与工业应用。

（三）从基础到产业化的全链条规划

太阳能级硅材料方面，重点研究高效节能多晶硅材料的产业化技术。太阳电池方面，重点研究高效、低成本、超薄晶硅太阳电池和高效薄膜太阳电池的产业化技术，着力发展新型太阳电池关键技术。光伏系统及平衡部件方面，重点研究100MW级并网光伏电站、高密度区域建筑光伏系统、光伏微电网系统技术和大型多能互补光伏并网系统技术与关键设备的产业化技术。太阳能热利用方面，重点研究太阳能热发电和太阳能热利用技术与关键设备的产业化技术。

五、保障措施

（1）加强科技专项的组织领导和统筹协调。

（2）加强科技投入力度，鼓励各类社会资本投入。

（3）制定和落实促进科技专项实施的各项激励政策。

（4）充分发挥金太阳示范工程的带动作用。以金太阳示范工程带动太阳能开发利用技术的进步；以技术进步推动和保障金太阳示范工程的顺利实施；依托金太阳示范工程建立和完善服务支撑体系。

（5）建成第三方的与国际对等的权威检测机构。

（6）加快成果产业化，推动创新型产业集群建设工程，围绕本专项确定的主要目标，合理选择技术路径和产业路线，采取有效措施，促进产业集群的形成和创新发展。

太阳能光伏产业“十二五”发展规划（摘要）[1]

一、“十一五”发展回顾（略）

二、“十二五”面临形势（略）

三、指导思想、基本原则与发展目标

（一）指导思想（略）

（二）基本原则

（1）立足统筹规划，坚持扶优扶强。

（2）支持技术创新，降低发电成本。

（3）优化产业环境，扩大光伏市场。

（4）加强服务体系建设，推动产业健康发展。

（三）发展目标

1. 经济目标

光伏产业保持平稳较快增长，多晶硅、太阳能电池等产品适应国家可再生能源发展规划确定的装机容量要求，同时积极满足国际市场发展需要。支持骨干企业做优做强，到2015年形成：多晶硅领先企业达到5万t级，骨干企业达到万吨级水平；太阳能电池领先企业达到5GW级，骨干企业达到吉瓦级水平；1家年销售收入过千亿元的光伏企业，3～5家年销售收入过500亿元的光伏企业；3～4家年销售收入过10亿元的光伏专用设备企业。

2. 技术目标

多晶硅生产实现产业规模、产品质量和环保水平的同步提高，还原尾气中四氯化硅、氯化氢、氢气回收利用率不低于98.5%、99%、99%，到2015年平均综合电耗低于120kWh/kg。单晶硅电池的产业化转换效率达到21%，多晶硅电池达到19%，非晶硅薄膜电池达到12%，新型薄膜太阳能电池实现产业化。光伏电池生产设备和辅助材料本土化率达到80%，掌握光伏并网、储能设备生产及系统集成关键技术。

3. 创新目标

到2015年，企业创新能力显著增强，涌现出一批具有掌握先进核心技术的品牌企业，掌握光伏产业各项关键技术和生产工艺。技术成果转化率显著提高，标准体系建设逐步完善，国际影响力大大增强。充分利用已有基础，建立光伏产业国家重点实验室及检测平台。

4. 光伏发电成本目标

到2015年，光伏组件成本下降到7000元/kW，光伏系统成本下降到1.3万元/kW，发电成本下降到0.8元/ kWh，光伏发电具有一定经济竞争力；到2020年，光伏组件成本下降到5000元/kW，光伏系统成本下降到1万元/kW，发电成本下降到0.6元/kWh，在主要电力市场实现有效竞争。

四、“十二五”主要任务

（一）推动工艺技术进步，实现转型升级

发展清洁、安全、低能耗、高纯度、规模化的多晶硅生产技术，提高副产物综合利用率，缩小与国际先进生产水平的差距。实现太阳能电池生产技术的创新发展，鼓励规模化生产，提高光伏产业的核心竞争力。推动行业节能减排。密切关注清洁、环保的新型光伏电池及材料技术进展，加强技术研发。

（二）提高国产设备和集成技术的研发及应用水平

支持多晶硅、硅锭/硅片、电池片及组件、薄膜电池用关键生产设备以及发电应用设备研发与产业化，加强本地化设备的应用。推动设备企业与光伏产

[1] 本规划由工业与信息化部发布。

品企业加强技术合作与交流。

（三）提高太阳能电池的性能，不断降低产品成本

大力支持低成本、高转换效率和长寿命的晶硅太阳能电池研发及产业化，降低电池产品成本和最终发电成本，力争尽快实现平价上网。推动硅基薄膜、铜铟镓锡薄膜等电池的技术进步及产业化进程，提高薄膜电池的转率效率。

（四）促进光伏产品应用，扩大光伏发电市场

积极推动上网电价政策的制定和落实，并在农业、交通、建筑等行业加强光伏产品的研发和应用力度，支持建立一批分布式光伏电站、离网应用系统、光伏建筑一体化（BIPV）系统、小型光伏系统及以光伏为主的多能互补系统，鼓励大型光伏并网电站的建设与应用，推动完善适应光伏发电特点的技术体系和管理体制。

（五）完善光伏产业配套服务体系建设

建立健全标准、专利、检测、认证等配套服务体系，加强光伏行业管理与服务，支持行业自律协作。积极参与国际标准制定，建立完善符合中国国情的光伏国家/行业标准体系，包括多晶硅材料、电池/组件的产品标准，光伏生产设备标准和光伏系统的验收标准等。加快建设国内认证、检测等公共服务平台。

五、"十二五"发展重点

（一）高纯多晶硅

支持低能耗、低成本的太阳能级多晶硅生产技术。在现有的基础上，通过进一步的研究、系统改进及完善，支持研发稳定的电子级多晶硅生产技术，并建立千吨级电子级多晶硅生产线。突破高效节能的大型提纯、高效氢气回收净化、高效化学气相沉积、多晶硅副产物综合利用等装置及工艺技术，建设万吨级高纯多晶硅生产线，综合能耗小于120kWh/kg。

（二）硅碇/硅片

支持高效率、低成本、大尺寸铸锭技术，重点发展准单晶铸锭技术。突破150～160μm以下新型切片关键技术，如金刚砂、钢线切割技术，提高硅片质量和单位硅材料出片率，减少硅料切割损耗。

（三）晶硅电池

大力发展高转换率、长寿命晶硅电池技术的研发与产业化。重点支持低反射率的绒面制备技术、选择性发射极技术及后续的电极对准技术、等离子体钝化技术、低温电极技术、全背结技术的研究及应用。关注薄膜硅/晶体硅异质结等新型太阳能电池成套关键技术。

（四）薄膜电池

重点发展非晶与微晶相结合的叠层和多结薄膜电池。降低薄膜电池的光致衰减，鼓励企业研发5.5代以上大面积高效率硅薄膜电池，开发柔性硅基薄膜太阳电池卷对卷连续生产工艺等。及时跟进铜铟镓硒和有机薄膜电池的产业化进程，开发并掌握低成本非真空铜铟镓锡薄膜电池制备技术，磁控溅射电池制备技术，真空共蒸法电池制备技术，规模化制造关键工艺。

（五）高效聚光太阳能电池

重点发展高倍聚光化合物太阳能电池产业化生产技术，聚光倍数达到500倍以上，产业化生产的电池在非聚光条件下效率超过35%，聚光条件下效率超过40%，衬底剥离型高倍聚光电池转化效率在非聚光条件下效率超过25%。突破高倍聚光太阳电池衬底玻璃技术、高效率高倍聚光化合物太阳电池技术、高倍率聚光电池测试分析和稳定性控制技术等，及时发展菲涅尔和抛物镜等配套设备。

（六）BIPV组件

重点发展BIPV组件生产技术，包括可直接与建筑相结合的建材、应用于厂房屋顶、农业大棚及幕墙上的双玻璃BIPV组件、中空玻璃组件等，解决BIPV组件的透光、隔热等问题，设计出美观、实用、可直接作为建材和构件用的BIPV组件。扩大建筑附着光伏（BAPV）组件应用范围。

（七）光伏生产专用设备

支持还原、氢化等多晶硅生产设备，大尺寸、低能耗、全自动单晶炉，吨级多晶硅铸锭炉，大尺寸、超薄硅片多线切割机，硅片自动分选机等关键生产设备。支持多槽制绒清洗设备、全自动平板式等离子体增强化学气相沉积（PECVD）、激光刻蚀机、干法刻蚀机、离子注入机、全自动印刷机、快速烧结炉等晶硅太阳能电池片生产线设备和PECVD等薄膜太阳能电池生产设备。促进光伏生产装备的低能耗、高效率、自动化和生产工艺一体化。

（八）配套辅料

在关键配套辅料方面，实现坩埚、高纯石墨、高纯石英砂、碳碳复合材料、玻璃、乙烯一醋酸乙烯共聚物（EVA）胶、背板、电子浆料、线切割液等国产化。

（九）并网及储能系统

掌握太阳能光伏发电系统集成技术、百万千瓦光伏发电基地的设计集成和工程技术，开发大功率光伏并网逆变器、储能电池及系统、光伏自动跟踪装置、数据采集与监控系统、风光互补系统等。

（十）公共服务平台建设

支持有能力的企事业单位建设国家级光伏应用系

统检测、认证等公共服务平台，包括多晶硅、电池片和组件、薄膜电池的检测，光伏系统工程的验收等。支持相关服务平台开展行业共性问题研究，制订和推广行业标准，研发关键共性技术等。

六、政策措施（略）

风力发电科技发展“十二五”专项规划（摘要）[1]

一、现状（略）

二、形势与需求（略）

三、总体思路

（一）指导思想（略）

（二）发展原则

（1）重点解决与自主创新能力相关的关键科技问题。

（2）加强基础性、共性技术研究。

（3）重视企业在技术创新领域的主体地位。

（三）规划目标

在风电设备设计制造方面，掌握3～5MW直驱风电机组及部件设计与制造，产品性能与可靠性达到国际领先水平，并实现产业化；掌握7MW级风电机组及零部件设计、制造、安装和运营等成套产业化技术，产品性能和可靠性达到国际先进水平，推动中国大容量风电机组的产业化；突破10MW级海上风电机组整机和零部件设计关键技术，实现海上超大型风电机组的样机运行。

通过“十二五”风电科技规划的实施，促进中国风电产业的健康、有序和可持续发展，使中国风电产业和风电科技整体上达到国际先进水平，为2020年中国二氧化碳排放强度降低40%～45%、非化石能源占一次能源消费比重15%能源战略目标的实现做出直接重要贡献。

四、重点方向

（一）基础研究类

为推动风电机组和风电场设计技术的发展与完善，解决基于中国气候条件的风能资源基础理论研究和风力发电系统基础理论研究等关键科学问题。

风能资源基础理论研究主要方向包括：陆地及海上大气边界层风特性与模型、复杂地形中尺度数值模式、海上风能资源及台风基本数据的观测理论方法等。

风力发电系统基础理论研究主要方向包括：风力机空气动力学理论、风电机组及关键部件建模和仿真理论、风力发电系统工程理论等。

（二）研究开发类

围绕风电的全产业链，结合国家能源发展战略，研究开发类重点方向涉及公共试验测试系统及测试、适合中国环境特点和地形条件的风电机组整机和关键零部件设计及制造、风电场开发及运营、海上风电场建设施工等主要领域，全面提升中国风电设备的自主设计能力和风电场的设计、施工及运行管理水平。

公共试验测试系统及测试技术主要方向包括：风电公共试验测试系统设计建设、风电测试等。

大容量风电机组整机关键技术主要方向包括：整机设计、制造、检测、认证和运行等技术；独立变桨、新型传动系统、先进控制系统等技术。

风电机组零部件关键技术主要方向包括：零部件设计、制造、检测、认证和运行等技术；零部件抗疲劳、在线监测与故障诊断等技术。

风力机翼型族设计关键技术主要方向包括：先进翼型族设计及应用技术、风力机风洞实验技术及设计工具软件开发技术等。

风电场关键技术主要方向包括：大型风电场设计及优化软件开发技术，海上风电场施工建设、接入系统设计技术，海上基础设计技术，区域多风电场运行控制及智能化管理技术等。

风电并网关键技术主要方向包括：风电并网模型及仿真技术，大规模风电并网接入技术，非并网的分布式接入技术等。

中小型风电机组关键技术主要方向包括：高性价比中小型风电机组设计、制造及并/离网运行技术，中小型风电机组检测认证技术等。

风电应用技术主要方向包括：风电大规模储能技术，风能直接工业应用技术等。

（三）集成示范类

依托示范工程，加强风电全系统集成技术研究，主要方向包括：风电场智能化管理，海上风电场建设，多能互补发电系统，分布式发电系统等。

（四）成果转化类

成果转化类的主要方向包括：先进风力机翼型族的应用；大容量风电机组及其关键零部件产业化；适合中国环境条件的风电机组产业化；先进控制等风电新技术规模化应用等。

[1] 本规划由科技部发布。

五、重点任务

（一）基础研究类

1. 风能资源基础理论研究

研究复杂地形下中尺度数值模式的高精度参数化；研究中尺度模式资料四维同化；研究海上风资源及台风的测量及评价；研究卫星对地观测数据用于海上风能资源分析的方法；研究风速在不同海岸线走向、岸边不同地形条件下，由远海—近海—滩涂—陆地的变化机理；研究海上和陆上风速垂直切变、湍流变化等风特性模型及参数确定；研究台风系统的模型和参数化；研究特大型风电场风资源特性等。

2. 风力发电系统基础理论研究

研究风力机空气动力设计理论，研究风力机空气动力与结构、机械与电气等之间的耦合机理；研究风电机组建模、验证与仿真理论和方法，研究建立风力发电系统整体动态数学模型的方法。

（二）研究开发类

1. 风电机组整机关键技术研究开发

研究 10MW 级风电机组总体设计技术，包括长寿命（超过 20 年）及高可靠性设计方案、简单轻量化的新型传动技术、抗灾害性大风的气动和结构设计技术、抗盐雾和防腐蚀材料工艺设计及机械制造工艺设计技术等。

3～5MW 永磁直驱风电机组产业化技术研究，包括总体设计、永磁电机的设计制造，机组设计优化、可靠性设计技术、系统控制技术以及装配工艺等。

7MW 级风电机组研制及产业化技术研究，包括总体设计技术、载荷确定技术、强度和刚度校核技术、整体动力稳定性计算技术、先进控制技术，机组设计优化技术、可靠性设计技术、整体装配工艺流程与阶段质量控制技术和分体组装技术等。

研究风电机组结构紧凑化、轻量化等新型传动形式设计技术；研究风电机组独立变桨、载荷实时测量分析、激光雷达测速仪辅助控制等先进控制技术；研究新型传动调速技术。

研究耐低温、防沙尘、抗灾害性大风、防盐雾及适合高原地区等各类适合中国环境特点的风电机组整体结构设计技术、安全与先进控制设计优化技术、高性能电气部件设计技术、新型材料工艺设计与应用技术、制造工艺设计技术等。

研究高性价比中小型风电机组设计、制造及并/离网运行控制技术，研究中小型风电机组检测认证技术，制定中小型风电机组相关标准，建立中小型风电机组检测认证体系。

2. 零部件关键技术研究开发

研究大容量风电机组齿轮箱载荷谱分析技术，研究复杂载荷下齿轮箱的结构完整性及优化设计技术，研究齿轮箱轮齿传动齿向修正和齿形修形设计技术，研究齿轮箱箱体设计及密封技术，研究齿轮箱齿轮材料低温处理技术，研究齿轮箱轻量化设计技术，研究大容量风电机组齿轮箱产业化技术等。

研究超长叶片气动外形、结构、材料与控制一体化的设计技术，研究叶片气动控制、柔性结构设计技术，研究叶片整体装配工艺流程和结构铺层优化设计技术，研究分段式叶片设计及制造技术，研究碳纤维等先进材料在叶片结构设计中的应用技术，研究风电机组叶片性能仿真分析技术，研究超长叶片产业化技术等。

研究大容量风力发电机先进、高效的冷却技术，研究发电机结构及工艺设计技术，研究发电机电磁方案选择优化技术，研究发电机防腐设计技术，研究大容量风力发电机轻量化设计技术等。

研究大容量风电机组变流器和变桨系统等的模块化设计技术，研究变流器全数字化矢量控制、电磁兼容和中高压变流等技术，研究变桨距与变速控制技术，研究电网失电及系统内外各种故障下安全顺桨技术等；研究轴承、偏航系统等其他零部件设计技术。

3. 公共试验测试系统及测试技术研究

研究风力发电公共试验测试系统设计建设关键技术，研制大型风电机组传动链地面测试系统、野外测试风电场，研制叶片、轴承等关键零部件的公共测试系统，研究风电机组在线监测与故障诊断技术，研制大型风电机组在线综合动态测试、分析诊断和优化系统，研制风电机组/风电场并网特性测试系统，研究风电机组整机、传动链、关键零部件、并网等方面的测试技术。

4. 先进风力机翼型族设计及应用技术

研究风力机叶片先进翼型设计技术，包括大厚度翼型设计技术、翼型直接优化设计技术、钝尾缘修型方法和钝尾缘翼型减阻技术。

研究高精度风力机翼型大攻角性能仿真技术，包括翼型大攻角流场和气动特性数值模拟技术、翼型动态失速模拟技术、翼型气动噪声数值模拟技术，研究翼型数值模拟方法的软件实现技术。

研究风力机翼型大攻角风洞实验技术，包括翼型大攻角风洞实验洞壁干扰修正技术、翼型大攻角气动特性测试技术、翼型动态失速风洞实验技术、翼型绕流风洞实验技术。

研究风力机翼型在大型风力机叶片上的应用技术，包括翼型气动性能预测技术、二维翼型气动数据三维效应修正技术、翼型在风力机叶片上的优化布置技术、风力机叶片设计工具软件系统开发技术。

5. 大型风电场设计、建设及运行关键研究开发

研究高性能测试设备设计开发技术；研究复杂地形下的风能资源分析技术；研究风电场宏观选址、微观选址技术；研究符合中国环境条件和风电场特点的风电场设计、优化系统软件开发技术；研究适合陆上风电场吊装及维护专用设备的设计开发技术。

研究风电场功率预测技术，研究风电场有功/无功控制调节等风电场优化控制策略技术；研究集成功率预测、有功/无功调节的风电场综合监控技术；研究风电场集中解决低电压穿越的关键技术；研究区域多风电场远程故障诊断系统开发技术；研究风电场维护策略及优化技术；研究连接监控系统和远程诊断的区域风电场资产信息化管理系统开发技术。

研究特大型风电场与电网相互作用；研究大型风电场对局部气候、生态环境等的影响。

研究近海风电运输安装、风电场电力传输、变电及送出技术，研究近海风电场工程建设施工作业方法和技术，研究近海风电场运营维护技术和方法，研究近海风力发电场防腐蚀、抗破坏性大风、绝缘等相关技术；研究多桩式、悬浮式等不同海上风电机组基础设计技术。

6. 风电并网关键技术研究开发

研究大型风电场出力及运行特性、电压分层分区控制策略和综合控制技术、风电场支持电网调频的有功控制技术、新能源发电与系统稳定控制技术、风电场并网系统备用容量优化配置和辅助决策技术。

研究风电分布式接入电网的控制技术。

7. 储能及风能直接应用关键技术研发

研究新型储能材料，研究大容量、高效率、高可靠性、规模化储能装置和储能装置系统集成技术；研究利用风能进行制氢、海水淡化及高耗能工业领域直接应用技术；研究风电、光伏发电、水电等多能互补发电系统关键技术。

（三）集成示范类

集成示范技术的主要方向如下：

(1) 百万千瓦以上区域性多风电场的监控与智能化管理。

(2) 15万kW海上及潮间带风电场，包含单机容量7MW级风电机组。

(3) 风、光、水、储等多能互补发电系统。

(4) 分布式发电直接应用系统。

（四）成果转化类

成果转化技术的主要方向如下：

(1) 7MW级风电机组及关键零部件产业化基地。

(2) 耐低温、防沙尘、抗灾害性大风、防盐雾及适合高原地区等符合中国环境条件风电机组的产业化基地。

(3) 将新开发翼型族应用于1.5MW及以上风电机组叶片。

(4) 将独立变桨技术在3.0MW及以上主流风电机组上进行规模化应用等。

（五）公共服务体系建设（略）

（六）人才培养

(1) 加快培育建设一批高水平研究团队。

(2) 充分发挥学科建设在人才队伍培养中的作用。

(3) 支持企业培养和吸引科技人才。

(4) 加大高层次人才引进力度。

（七）国际科技合作

1. 基础科学领域合作

围绕风能资源测量与评估、风力发电系统工程等研究领域中的基础科学问题，与国外科研机构开展有针对性的合作研究，提升中国风电基础科学领域的研究能力。

2. 适应中国环境特点与地形条件的技术开发领域合作

围绕风电机组及关键零部件设计制造、风电场设计及运营、风电并网及非并网的分步式接入、风力发电系统软件等技术开发领域的重点问题，深化与拓展与国外国际组织、科研机构及企业的技术合作，开展有针对性的联合开发或合作研究，开发适应中国实际情况的风电技术与产品。

3. 产业公共服务体系与能力建设领域合作

围绕风电公共测试系统设计与建设、风电关键测试技术研究、公共数据库信息服务中心建设等产业公共服务体系的建设和完善，以及标准、检测与认证体系、人才培养体制、政策、环境与安全研究等能力建设领域中的重点问题，与欧美等风电发达国家开展有针对性的合作研究与交流，借鉴国际先进经验，逐步建立、完善和规范中国产业公共服务体系。

4. 积极参与国际组织、国际研究计划及国际标准制定

有针对性地积极参与风能领域国际组织和国际间研究计划，积极参与国际标准的研究与制定；适时发起新的由中国主导的国际研究计划，鼓励在华创建风能领域的国际或区域性科技组织；鼓励中国科学家和科研人员在国际组织及国际研究计划中任职或承担重要研究、管理工作，提高中国科研人员及科技成果的国际影响力。

六、保障措施（略）

智能电网重大科技产业化工程“十二五”专项规划（摘要）[1]

一、形势与需求（略）

二、发展思路和原则

“十二五”电网科技研发的重点方向选择必须按照“反映国家需求，体现国家目标，凝练重点方向，立足自主创新，实现整体突破”的原则，以建设智能、高效、可靠的电网为基本出发点，以实现智能应用为重要内容，针对新能源及可再生能源发电接入、输变电、配用电等各个环节，充分发挥信息通信技术的优势和潜能，通过大电网智能调度与控制技术实现对电网的协调控制，不断提升电网的输配能力和综合社会经济效益。同时，还要紧跟世界技术发展前沿，针对世界各国电网科技制高点的关键领域，开展电网前沿技术研究，为中国未来电网实现长期可持续的又好又快发展提供技术积累和储备。

智能电网专项规划的总体思路是：结合中国国情、满足国家需求、依靠自主创新、以企业为主体、加强产学研合作、攻克关键技术、形成标准体系、完成示范工程、实施推广应用，加快智能电网产业链和具有国际竞争力企业的形成，取得国际技术优势地位，推动国际标准化工作，促进清洁能源发展，为国家在应对全球气候变化等国际事务中赢得更大主动权和影响力。

三、发展目标

总体目标是突破大规模间歇式新能源电源并网与储能、智能配用电、大电网智能调度与控制、智能装备等智能电网核心关键技术，形成具有自主知识产权的智能电网技术体系和标准体系，建立较为完善的智能电网产业链，基本建成以信息化、自动化、互动化为特征的智能电网，推动中国电网从传统电网向高效、经济、清洁、互动的现代电网的升级和跨越。示范工程和产业培育方面，建成20～30项智能电网技术专项示范工程和3～5项智能电网综合示范工程，建设5～10个智能电网示范城市、50个智能电网示范园区，并通过投资和技术辐射带动能源、交通、制造、材料、信息、传感、控制等产业的技术创新和发展，培育战略性新兴产业，带动相关产业发展，打造一批具有国际竞争力的科技型企业。建设一批拥有自主知识产权和知名品牌、核心竞争力强、主业突出、行业领先的大企业（集团）。

四、重点任务

（一）大规模间歇式新能源并网技术（略）

（二）支撑电动汽车发展的电网技术

更换站作为分布式储能单元接入电网的关键技术和控制策略；电池梯次利用的筛选原则、成组方法和系统方案；更换站多用途变流装置；更换站与储能站一体化监控系统；更换站与储能站一体化示范工程。

电动汽车充电需求特性和规模化电动汽车充电对电网的影响；电动汽车有序充电控制管理系统；电动汽车有序充电试验系统。

电动汽车与电网互动的控制策略和关键技术；电动汽车智能充放电机、智能车载终端和电动汽车与电网互动协调控制系统；电动汽车与电网互动实验验证系统；电动汽车充放电设施检验检测技术。

电动汽车新型充放电技术；电动汽车智能充放电控制策略及检测技术；充电设施与电网互动运行的关键技术。

规模化电动汽车电池更换技术、计量计费、资产管理技术；充电设施运营的商业模式；基于物联网的智能充换电服务网络的运营管理系统建设方案。

（三）大规模储能系统（略）

（四）智能配用电技术

智能配电网自愈控制框架、模型、模式和技术支撑体系；含分布式电源/微网/储能装置的配电网系统分析、仿真与试验技术；考虑安全性、可靠性、经济性和电能质量的智能配电网评估指标体系；含分布式电源/微网/储能装置的配电网在线风险评估及安全预警方法、故障定位、网络重构、灾害预案和黑启动技术；智能配电单元统一支撑平台技术；智能配电网自愈控制保护设备和自愈控制系统；智能配电网自愈控制示范工程。

灵活互动的智能用电技术体系架构；智能用电高级量测体系标准、系统及终端技术；用户用电环境（特别是城市微气象）与用电模式的相互影响，不同条件下的负荷特性以及对用电交互终端、家庭用电控制设备的影响；智能用电双向互动运行模式及支撑技术。

智能配用电示范园区规划优化和供电模式优化方法。配电一次设备与智能配电终端的融合与集成技术；配电自动化系统与智能用电信息支撑平台及智能

[1] 本规划由科技部发布。

配电网自愈控制系统的集成技术；用电信息采集系统与高级量测系统、智能用电互动平台的集成技术；智能用电小区用户能效管理系统与智能家居的集成技术；智能楼宇自动化系统与建筑用电管理系统的集成技术；分布式储能系统优化配置方法和运行控制技术；提高配电网接纳间歇式电源能力的分布式储能系统优化配置方法和运行控制技术，分布式储能系统参与配电网负荷管理的优化调度方法，配电网分布式储能系统的综合能量管理技术；智能配用电示范园区。

主动配电网的网络结构及其信息控制策略，主动配电网对间歇式能源的多级分层消纳模式，主动配电网与间歇式能源的协调控制技术。

智能配电网下新型保护、量测的原理和算法；智能配用电高性能通信网技术；智能配电网广域测量、自适应保护及重合闸等关键技术；开发智能配电网新型量测、通信、保护成套设备，智能配电网新型量测、通信、保护成套设备的产业化。

智能配电网的优化调度模式、优化调度技术，面向分布式电源、配电网络以及多样性负荷的优化调度方法；包括优化调度系统以及新能源管控设备等关键装备；智能配电网运行状态的安全、可靠、经济、优质等指标评价技术。

（五）大电网智能运行与控制

电网智能调度一体化支撑关键技术；大电网运行状态感知、整体建模、风险评估与故障诊断技术；多级多维协调的节能优化调度关键技术等。

在线安全分析并行计算平台的协调优化调度技术，复杂形态下在线安全稳定运行综合安全指标、评价方法和实现架构；大电源集中外送系统阻尼控制技术，次同步谐振/次同步振荡的在线监测分析预警及阻尼控制技术；基于广域信息的大电网交直流智能协调控制和紧急控制技术等。

（六）智能输变电技术与装备

传感器接口及植入技术，电子式互感器（EVT/ECT）的集成设计技术，智能开关设备的技术标准体系及智能化实施方案；具备测量、控制、监测、计量、保护等功能的智能组件技术及其与智能开关设备的有机集成技术；适用于气体介质的压力与微水、高抗振性能的位移、红外定位温度、声学、局部放电信号等传感器及接口技术，各类传感器的可靠性设计技术和检验标准；开关设备运行、控制和可靠性等状态的智能评测和预报技术，智能开关设备与调控系统的信息互动技术，开关设备的程序化和选相合闸控制技术等。

高压设备基于 RFID、GPS 及状态传感器的一体化识别、定位、跟踪和监控的智能监测模型，输变电设备智能测量体系下的全景状态信息模型；具有数据存储能力、计算能力、联网能力、信息交换和自治协同能力的一体化智能监测装置；基于 IEC 标准的全站设备状态信息通信模型和接口体系构架，输变电设备状态信息和自动化信息的集成关键技术，标准化全站设备状态采集和集成设备关键技术；输变电高压设备智能监测与诊断技术，输变电区域内多站的分层分布式状态监测、采集和一体化数据集成、存储、分析应用系统。

（七）电网信息与通信技术

智能配用电信息及通信体系与建模方法；智能配用电系统海量信息处理技术；智能配用电信息集成架构及互操作技术；复杂配用电系统统一数据采集技术；智能配用电业务信息集成与交互技术；智能配用电信息安全技术；智能配用电高性能通信网技术等。

电力通信网络技术体制的安全机理与属性；通信安全对智能电网安全稳定运行的影响；保障智能电网各个环节的通信安全技术与组网模式；广域电网实时通信业务可靠传输技术、支持多重故障恢复的通信网自愈与重构技术；电力通信网络的安全监测及防卫防护技术；电力通信网络安全性能优化技术；电力通信网络安全评价体系；智能电网通信网络综合管理与网络智能分析技术，电力通信网综合仿真与测试平台，电力通信智能化网络管理示范工程。

实用的新型电力参量传感器，以及多参量感知集成的无线传感器网络技术、多测点多参量的光纤传感网络技术；多种传感装置的融合技术；电力传感网综合信息接入与传输平台技术；电力物联网编码技术、海量数据存储、过滤、挖掘和信息聚合技术；新一代高性能电力线载波（宽带/窄带）关键通信技术；电力新型特种光缆及试点工程，新型特种光缆设计、制造、试验、施工、运维等配套支撑技术及基本技术框架，新型特种光缆的应用模式和技术方案；智能电网统一通信的应用模式、部署方式和网络架构，统一通信在支撑调度、应急、用电管理等各环节的应用和解决方案。

智能电网统一信息模型及信息化总体框架；电网海量信息的存储结构、索引技术、混合压缩技术、数据并发处理、磁盘缓存管理、虚拟化存储和安全可靠存储机制等信息存储技术；基于计算机集群系统的并行数据库统一视图和接口、并行查优、海量负载平衡和海量并行数据的备份和恢复技术；海量实时数据与非实时数据的整合检索和利用技术；云计算在海量数据处理中的应用技术；海量实时数据库管理系统；高效存储及实时处理智能信息服务平台示范工程。

电网可视信息的模式识别、图形分析、虚拟现实等技术，可视化支撑技术架构；智能监控系统架构，计算机视觉感知方法、智能行为识别与处理算法等关键技术；智能电网双向互动的信息服务平台技术，桌面终端、移动终端、互动大屏幕等多信息展现渠道；智能电网双向互动的信息服务平台示范工程。

（八）柔性输变电技术与装备

静止同步串联补偿器、统一潮流控制器的关键技术，包括主电路拓扑、仿真分析技术、关键组件的设计制造技术、控制保护技术、试验测试技术，开发工业装置并示范应用；利用柔性交流输电设备的潮流控制和灵活调度技术。

高性能、低成本、安装运维方便的高压大容量新型固态短路限流器，包括新型固态限流装置分析建模与仿真技术、固态限流器主电路设计技术、固态限流器的控制与保护策略，工程化的高压大容量新型固态限流装置研制。

面向输电系统应用的高温超导限流器的核心关键技术，包括超导限流装置的限流机理、主电路拓扑、建模和仿真分析、优化设计方法、控制策略、保护系统、试验测试技术，220kV高温超导限流器示范装置研制。

高压直流输电系统用高压直流断路器分断原理理论分析、模型与仿真、直流断路器总体方案、成套电气与结构、关键零部件、系统集成化、成套试验方法、SF_6断路器电弧特性等，15kV级直流断路器样机研制及示范工程。

高压输电系统用高压直流陆上和海底电缆的绝缘结构型式、机械和电学特性、绝缘、结构和导电材料选择、成型工艺、相关测试和试验方法、可靠性试验，±320kV级陆上和海底电缆的研制及相关试验测试。

直流输电系统中的直流电流和电压测量方法和技术，直流输电系统直流电流和电压测试系统方法和技术路线，直流输电系统测量装置计量和标定方法，高电位直流电流和直流电压测试系统，全光直流电流互感器和全学直流电压互感器，满足特高压直流输电和柔性直流输电需求的样机及相关试验、认证和示范应用。

换流器拓扑结构和主回路优化、多端柔性直流供电系统分析、计算和仿真；多端直流供电系统与交流供电系统的相互影响和运行方式，研究多端直流供电系统的控制保护系统架构、电压、潮流和电能质量控制方法；紧凑型、模块化换流站设备及其控制保护系统，它们在城市供电中的示范应用。

直流配电网拓扑结构、基本模型、控制保护方案，直流配网仿真模型和技术，直流配电网设计技术，直流配电网换流站关键装备，直流配电网经济安全指标体系和评估方法，考虑各类分布式电源接入和电动汽车充换电设备与电网互动情况下的直流配电网建设和优化运行方案，直流配电网管理和控制系统，直流配电网示范工程及相关技术、装置和系统的有效验证。

（九）智能电网集成综合示范

智能电网集成综合示范的技术领域包括：

（1）大规模接入间歇式能源并网技术；

（2）与电动汽车充电设施协调运行电网技术；

（3）大规模储能系统；

（4）高密度多点分布式供能系统；

（5）智能配用电系统；

（6）用户与电网的互动技术；

（7）智能电网信息及通信技术。

五、保障措施（略）

中央企业"十二五"科技创新战略实施纲要（摘要）[1]

一、《纲要》的指导思想、基本原则和主要目标

（一）指导思想（略）

（二）基本原则

（1）坚持市场导向与国家发展需要相结合。

（2）坚持科技创新与体制机制创新相结合。

（3）坚持立足当前和谋划长远相结合，要围绕主导产业，针对制约企业发展的技术瓶颈，确定科技创新方向，突破关键核心技术，满足企业当前发展需要。

坚持掌握核心技术与提高系统集成能力相结合。

（三）主要目标

到"十二五"末，中央企业自主创新能力明显提升，技术创新体系和体制机制更加完善，科技人才队伍更加合理，一大批中央企业发展成为国家级创新型企业，一批关键技术攻关取得重大突破，一批重大科技成果、重要研发平台达到世界先进水平，在部分领域实现从技术跟随到技术引领的跨越。科技投入、研发投入占主营业务收入的比重分别达到2.5%和1.8%以上，其中，制造业企业科技投入占主营业务收入的比重达到5%，创新型企业研发投入比重达到国内同行业先进水平、部分创新型企业达到或接近国际同行业先进水平，科技进步贡献率达到60%以上。

[1] 本规划由国务院国有资产监督管理委员会发布。

二、《纲要》中明确国资委的主要措施

（1）加强领导。加强科技管理机构建设，进一步充实科技管理力量。指导、协调中央企业实施科技创新战略，宣贯《关于加强中央企业科技创新工作的意见》，指导中央企业修订“十二五”科技发展战略规划，细化分解企业科技创新战略的重点任务和措施。

（2）加强外部协调。深入调研，了解中央企业科技创新过程中的障碍和共性问题，积极向国家有关部门反映企业诉求，提出国家科技体制改革与创新体系建设的政策建议，推动财税、金融、科技、知识产权等各项创新政策的完善和落实。加强沟通与协调，落实企业创新的主体地位，做好企业科技创新与国家科技发展计划的衔接，争取在科技重大专项、重点科技计划、重点科研机构建设等方面获得国家更多政策、资金支持，为企业科技创新营造更加宽松的外部环境。

（3）加强信息交流。整合中央企业软科学研究力量，充分利用社会资源，及时研判国内外科技发展动态和经济技术发展趋势，为企业科技创新做好信息咨询与服务。总结典型经验，宣贯科技政策，构建常态化的信息交流机制，提升企业科技、财务人员的科技管理和政策应用水平。加强国际交流与合作，推动中央企业学习消化吸收国内外一流企业的先进技术和管理经验，提升企业科技创新的质量和水平。进一步做好中央企业技术创新信息平台的建设与管理，促进“共建、共享”，推动中央企业科技信息的沟通与交流。

（4）加强政策引导。强化国资委对中央企业创新工作的引导和推动作用，加强委内厅局联动机制，形成合力，提高国资委促进企业科技创新有关政策的有效性和适用性。在统一、规范中央企业研发费用口径的基础上，进一步完善研发费用视同业绩利润的考核政策，强化对科技投入和产出的分类考核，研究提出进入A级企业科技投入的基本条件。探索建立企业科技创新的中长期激励机制，对科研设计企业在工资总额方面实施分类调控。国有资本经营预算进一步加大对中央企业科技创新的支持力度，以资本性支出为主，重点支持围绕国家发展战略和国民经济发展的重大科技创新活动，培育和发展战略性新兴产业，并努力探索国有资本经营预算对企业科技创新的有效支持方式。

三、《纲要》中明确中央企业的主要措施

（一）落实领导职责（略）

（二）加强规划管理（略）

（三）加强资源保障（略）

（四）提高管理水平（略）

节能减排“十二五”规划（摘要）[1]

一、现状与形势（略）

二、指导思想、基本原则和主要目标

（一）指导思想（略）

（二）基本原则

强化约束，推动转型。

控制增量，优化存量。

完善机制，创新驱动。

分类指导，突出重点。

（三）总体目标

到2015年，全国万元国内生产总值能耗下降到0.869t标准煤（按2005年价格计算），比2010年的1.034t标准煤下降16%（比2005年的1.276t标准煤下降32%）。“十二五”期间，实现节约能源6.7亿t标准煤。

2015年，全国化学需氧量和二氧化硫排放总量分别控制在2347.6万t、2086.4万t，比2010年的2551.7万t、2267.8万t各减少8%，分别新增削减能力601万t、654万t；全国氨氮和氮氧化物排放总量分别控制在238万t、2046.2万t，比2010年的264.4万t、2273.6万t各减少10%，分别新增削减能力69万t、794万t。

（四）具体目标

“十二五”时期主要节能指标和主要减排指标见统计资料篇。

三、主要任务

（一）调整优化产业结构

（1）抑制高耗能、高排放行业过快增长。

（2）淘汰落后产能。

（3）促进传统产业优化升级。

（4）调整能源消费结构。

（5）推动服务业和战略性新兴产业发展。

（二）推动能效水平提高

1. 加强工业节能

（1）电力。鼓励建设高效燃气—蒸汽联合循环电站，加强示范整体煤气化联合循环技术（IGCC）和

[1] 本规划由国务院发布。

以煤气化为龙头的多联产技术。发展热电联产，加快智能电网建设。加快现役机组和电网技术改造，降低厂用电率和输配电线损。

(2) 煤炭。推广年产400万t选煤系统成套技术与装备，到2015年原煤入洗率达到60%以上，鼓励高硫、高灰动力煤入洗，灰分大于25%的商品煤就近销售。

(3) 钢铁。优化高炉炼铁炉料结构，降低铁钢比。

(4) 有色金属。重点推广新型阴极结构铝电解槽、低温高效铝电解等先进节能生产工艺技术。

(5) 石油石化。原油开采行业要全面实施抽油机驱动电机节能改造，推广不加热集油技术和油田采出水余热回收利用技术，提高油田伴生气回收水平。

(6) 化工。合成氨行业重点推广先进煤气化技术、节能高效脱硫脱碳、低位能余热吸收制冷等技术，实施综合节能改造。

(7) 建材。推广大型新型干法水泥生产线。

2. 强化建筑节能

(1) 强化新建建筑节能。严把设计关口，加强施工图审查，城镇建筑设计阶段100%达到节能标准要求。

(2) 加大既有建筑节能改造力度。以围护结构供热计量、管网热平衡改造为重点，大力推进北方采暖地区既有居住建筑供热计量及节能改造，加快实施"节能暖房"工程。开展大型公共建筑采暖、空调、通风、照明等节能改造，推行用电分项计量。

3. 推进交通运输节能

(1) 铁路运输。大力发展电气化铁路，进一步提高铁路运输能力。加强运输组织管理。

(2) 公路运输。全面实施营运车辆燃料消耗量限值标准。建立物流公共信息平台，优化货运组织。

(3) 水路运输。建设以国家高等级航道网为主体的内河航道网，推进航电枢纽建设，优化港口布局。

(4) 航空运输。优化航线网络和运力配备，改善机队结构，加强联盟合作，提高运输效率。

(5) 城市交通。合理规划城市布局，优化配置交通资源，建立以公共交通为重点的城市交通发展模式。优先发展公共交通，有序推进轨道交通建设，加快发展快速公交。

4. 推进农业和农村节能

完善农业机械节能标准体系。依法加强大型农机年检、年审，加快老旧农业机械和渔船淘汰更新。鼓励农民购买高效节能农业机械。推广节能新产品、新技术，加快农业机电设备节能改造，加强用能设备定期维修保养。

5. 强化商用和民用节能

开展零售业等流通领域节能减排行动。商业、旅游业、餐饮等行业建立并完善能源管理制度，开展能源审计，加快用能设施节能改造。宾馆、商厦、写字楼、机场、车站严格执行公共建筑空调温度控制标准，优化空调运行管理。鼓励消费者购买节能环保型汽车和节能型住宅，推广高效节能家用电器、办公设备和高效照明产品。减少待机能耗，减少使用一次性用品，严格执行限制商品过度包装和超薄塑料购物袋生产、销售和使用的相关规定。

6. 实施公共机构节能

新建公共建筑严格实施建筑节能标准。实施供热计量改造，国家机关率先实行按热量收费。推进公共机构办公区节能改造，推广应用可再生能源。全面推进公务用车制度改革，严格油耗定额管理，推广节能和新能源汽车。在各级机关和教科文卫体等系统开展节约型公共机构示范单位建设，创建2000家节约型公共机构。健全公共机构能源管理、统计监测考核和培训体系，建立完善公共机构能源审计、能效公示、能源计量和能耗定额管理制度，加强能耗监测平台和节能监管体系建设。

(三) 强化主要污染物减排

1. 加强城镇生活污水处理设施建设

加强城镇环境基础设施建设，以城镇污水处理设施及配套管网建设、现有设施升级改造、污泥处理处置设施建设为重点，提升脱氮除磷能力。到2015年，城市污水处理率和污泥无害化处置率分别达到85%和70%，县城污水处理率达到70%，基本实现每个县和重点建制镇建成污水集中处理设施，全国城镇污水处理厂再生水利用率达到15%以上。

2. 加强重点行业污染物减排

(1) 加强重点行业污染预防。

(2) 加大工业废水治理力度。

(3) 推进电力行业脱硫脱硝。

(4) 加强非电行业脱硫脱硝。

3. 开展农业源污染防治（略）

四、节能减排重点工程

(一) 节能改造工程

1. 锅炉（窑炉）改造和热电联产

实施燃煤锅炉和锅炉房系统节能改造，到2015年工业锅炉、窑炉平均运行效率分别比2010年提高5个和2个百分点。东北、华北、西北地区大城市居民采暖除有条件采用可再生能源外基本实行集中供热，中小城市因地制宜发展背压式热电或集中供热改造，提高热电联产在集中供热中的比重。"十二五"时期形成7500万t标准煤的节能能力。

2. 电机系统节能

采用高效节能电动机、风机、水泵、变压器等更新淘汰落后耗电设备。2015 年电机系统运行效率比 2010 年提高 2～3 个百分点，“十二五”时期形成 800 亿 kWh 的节电能力。

3. 能量系统优化

加强电力、钢铁、有色金属、合成氨、炼油、乙烯等行业企业能量梯级利用和能源系统整体优化改造，开展发电机组通流改造、冷却塔循环水系统优化、冷凝水回收利用等，优化蒸汽、热水等载能介质的管网配置，实施输配电设备节能改造，深入挖掘系统节能潜力，大幅度提升系统能源效率。“十二五”时期形成 4600 万 t 标准煤的节能能力。

4. 余热余压利用

能源行业实施煤矿低浓度瓦斯、油田伴生气回收利用；钢铁行业推广干熄焦、干式炉顶压差发电、高炉和转炉煤气回收发电、烧结机余热发电；有色金属行业推广冶金炉窑余热回收；建材行业推行新型干法水泥纯低温余热发电、玻璃熔窑余热发电；化工行业推行炭黑余热利用、硫酸生产低品位热能利用；积极利用工业低品位余热作为城市供热热源。到 2015 年新增余热余压发电能力 2000 万 kW，“十二五”时期形成 5700 万 t 标准煤的节能能力。

5. 节约和替代石油

推广燃煤机组无油和微油点火、内燃机系统节能、玻璃窑炉全氧燃烧和富氧燃烧、炼油含氢尾气膜法回收等技术。开展交通运输节油技术改造，鼓励以洁净煤、石油焦、天然气替代燃料油。在有条件的城市公交客车、出租车、城际客货运输车辆等推广使用天然气和煤层气。因地制宜推广醇醚燃料、生物柴油等车用替代燃料。实施乘用车制造企业平均油耗管理制度。“十二五”时期节约和替代石油 800 万 t，相当于 1120 万 t 标准煤。

6. 建筑节能

到 2015 年，累计完成北方采暖地区既有居住建筑供热计量和节能改造 4 亿 m^2 以上，夏热冬冷地区既有居住建筑节能改造 5000 万 m^2，公共建筑节能改造 6000 万 m^2，公共机构办公建筑节能改造 6000 万 m^2。“十二五”时期形成 600 万 t 标准煤的节能能力。

7. 交通运输节能

铁路运输实施内燃机车、电力机车和空调发电车节油节电、动态无功补偿以及谐波负序治理等技术改造；公路运输实施电子不停车收费技术改造；水运推广港口轮胎式集装箱门式起重机油改电、靠港船舶使用岸电、港区运输车辆和装卸机械节能改造、油码头油气回收等；民航实施机场和地面服务设备节能改造，推广地面电源系统代替辅助动力装置等措施；加快信息技术在城市交通中的应用。深入开展“车船路港”千家企业低碳交通运输专项行动。“十二五”时期形成 100 万 t 标准煤的节能能力。

8. 绿色照明

实施“中国逐步淘汰白炽灯路线图”，分阶段淘汰普通照明用白炽灯等低效照明产品。推动白炽灯生产企业转型改造，支持荧光灯生产企业实施低汞、固汞技术改造。积极发展半导体照明节能产业，加快半导体照明关键设备、核心材料和共性关键技术研发，支持技术成熟的半导体通用照明产品在宾馆、商厦、道路、隧道、机场等领域的应用。推动标准检测平台建设。加快城市道路照明系统改造，控制过度装饰和亮化。“十二五”时期形成 2100 万 t 标准煤的节能能力。

（二）节能产品惠民工程

加大高效节能产品推广力度。民用领域重点推广高效照明产品、节能家用电器、节能与新能源汽车等，商用领域重点推广单元式空调器等，工业领域重点推广高效电动机等，产品能效水平提高 10%以上，市场占有率提高到 50%以上。完善节能产品惠民工程实施机制，扩大实施范围，健全组织管理体系，强化监督检查。“十二五”时期形成 1000 亿 kWh 的节电能力。

（三）合同能源管理推广工程

到 2015 年，建立比较完善的节能服务体系，节能服务公司发展到 2000 多家，其中龙头骨干企业达到 20 家；节能服务产业总产值达到 3000 亿元，从业人员达到 50 万人。“十二五”时期形成 6000 万 t 标准煤的节能能力。

（四）节能技术产业化示范工程

示范推广低品位余能利用、高效环保煤粉工业锅炉、稀土永磁电机、新能源汽车、半导体照明、太阳能光伏发电、零排放和产业链接等一批重大、关键节能技术。建立节能技术评价认定体系，形成节能技术分类遴选、示范和推广的动态管理机制。对节能效果好、应用前景广阔的关键产品或核心部件组织规模化生产，提高研发、制造、系统集成和产业化能力。“十二五”时期产业化推广 30 项以上重大节能技术，培育一批拥有自主知识产权和自主品牌、具有核心竞争力、世界领先的节能产品制造企业，形成 1500 万 t 标准煤的节能能力。

（五）城镇生活污水处理设施建设工程

加大城镇污水处理设施和配套管网建设力度。“十二五”时期新建配套管网 16 万 km，新增污水日处理能力 4200 万 t，升级改造污水日处理能力 2600 万 t，新增再生水利用能力 2700 万 t/日。加快城镇生活垃圾处理处置设施建设，强化垃圾渗滤液处置。

"十二五"时期分别新增化学需氧量和氨氮削减能力280万、30万t。

（六）重点流域水污染防治工程

加强"三河三湖"、松花江、三峡库区及上游、丹江口库区及上游、黄河中上游等重点流域和城镇饮用水水源地的综合治理，加大长江中下游和珠江流域水污染防治力度，加强湖泊生态环境保护，推进渤海等重点海域综合治理。实施一批水污染综合治理项目。推动受污染场地、土壤及其周边地下水污染治理，重点推进湘江流域重金属污染治理。大力推进重点行业污水处理设施建设，"十二五"时期造纸、纺织、食品加工、农副产品加工、化工、石化等行业分别新增污水日处理能力300万、60万、60万、600万、200万、300万t。

（七）脱硫脱硝工程

完成5056万kW现役燃煤机组脱硫设施配套建设，对已安装脱硫设施但不能稳定达标的4267万kW燃煤机组实施脱硫改造；完成4亿kW现役燃煤机组脱硝设施建设，对7000万kW燃煤机组实施低氮燃烧技术改造。到2015年燃煤机组脱硫效率达到95%，脱硝效率达到75%以上。钢铁烧结机、有色金属窑炉、建材新型干法水泥窑、石化催化裂化装置、焦化炼焦炉配套实施低氮燃烧改造或安装脱硫脱硝设施，高速公路沿线逐步建设柴油车脱硝尿素加注站。"十二五"时期新增二氧化硫和氮氧化物削减能力277万、358万t。

（八）规模化畜禽养殖污染防治工程（略）

（九）循环经济示范推广工程（略）

（十）节能减排能力建设工程

初步测算，"十二五"时期实施节能减排重点工程需投资约23 660亿元，可形成节能能力3亿t标准煤，新增化学需氧量、二氧化硫、氨氮、氮氧化物削减能力分别为420万、277万、40万、358万t（见表1）。

表1 "十二五"节能减排规划投资需求

工程名称	投资需求（亿元）	节能减排能力（万t）
节能重点工程	9820	30000（标准煤）
减排重点工程	8160	420（化学需氧量）、277（二氧化硫）、40（氨氮）、358（氮氧化物）
循环经济重点工程	5680	支撑实现上述节能减排能力
总计	23 660	

五、保障措施

（一）坚持绿色低碳发展（略）

（二）强化目标责任评价考核

合理确定各地区、各行业节能减排目标。进一步完善节能减排统计、监测、考核体系，健全节能减排预警机制，建立健全行业节能减排工作评价制度。

（三）加强用能节能管理

明确总量控制目标和分解落实机制，实行目标责任管理。建立能源消费总量预测预警机制，对能源消费总量增长过快的地区及时预警调控。在大气联防联控重点区域开展煤炭消费总量控制试点，从严控制京津唐、长三角、珠三角地区新建燃煤火电机组。

（四）健全节能环保法律、法规和标准

完善节能环保法律、法规和标准体系。推动加快制修订大气污染防治法、排污许可证管理条例、畜禽养殖污染防治条例、重点用能单位节能管理办法、节能产品认证管理办法等。加快节能环保标准体系建设，扩大标准覆盖面，提高准入门槛。组织制修订粗钢、铁合金、焦炭、多晶硅、纯碱等50余项高耗能产品强制性能耗限额标准，高压三相异步电动机、平板电视机等40余项终端用能产品强制性能效标准，制定钢铁、水泥等行业能源管理体系标准等。健全节能和环保产品及装备标准。完善环境质量标准。加快重点行业污染物排放标准的制修订工作，根据氨氮、氮氧化物控制目标要求制定实施排放标准，加强标准实施的后评估工作。

（五）完善节能减排投入机制

加大中央预算内投资和中央节能减排专项资金对节能减排重点工程和能力建设的支持力度，继续安排国有资本经营预算支出支持企业实施节能减排项目。完善"以奖代补"、"以奖促治"以及采用财政补贴方式推广高效节能产品和合同能源管理等支持机制，强化财政资金的引导作用。支持军队重点用能设施设备节能改造。

（六）完善促进节能减排的经济政策

深化资源性产品价格改革，理顺煤、电、油、气、水、矿产等资源类产品价格关系，建立充分反映市场供求、资源稀缺程度以及环境损害成本的价格形成机制。完善差别电价、峰谷电价、惩罚性电价，尽快出台鼓励余热余压发电和煤层气发电的上网政策，全面推行居民用电阶梯价格。严格落实脱硫电价，研究完善燃煤电厂烟气脱硝电价政策。完善矿业权有偿取得制度。加快供热体制改革，全面实施热计量收费制度。完善污水处理费政策。改革垃圾处理收费方式，提高收缴率，降低征收成本。完善节能产品政府采购制度。扩大环境标志产品政府采购范围，完善促进节能环保服务的政府采购政策。落实国家支持节能减排的税收优惠政策，改革资源税，加快推进环境保护税立法工作，调整进出口税收政策，合理调整消费税范围和税率结构。推进金融产品和服务方式创新，积极改进和完善节能环保领域的金融服务，建立企业节能环保水平与企业信用等级评定、贷款联动机制，探索建立绿色银行评级制度。推行重点区域涉重金属企业环境污染责任保险。

（七）推广节能减排市场化机制

加大能效标识和节能环保产品认证实施力度，扩大能效标识和节能产品认证实施范围。建立高耗能产品（工序）和主要终端用能产品能效“领跑者”制度，明确实施时限。推进节能发电调度。强化电力需求侧管理。加快建立电能管理服务平台，充分运用电力负荷管理系统，完善鼓励电网企业积极参与电力需求侧管理的考核与奖惩机制。加强政策落实和引导，鼓励采用合同能源管理实施节能改造，推动城镇污水、垃圾处理以及企业污染治理等环保设施社会化、专业化运营。深化排污权有偿使用和交易制度改革，建立完善排污权有偿使用和交易政策体系，研究制定排污权交易初始价格和交易价格政策。开展碳排放交易试点。推进资源型经济转型改革试验。健全污染者付费制度，完善矿产资源补偿制度，加快建立生态补偿机制。

（八）推动节能减排技术创新和推广应用

深入实施节能减排科技专项行动。完善节能环保技术创新体系。加强政府指导，推动建立以企业为主体、市场为导向、多种形式的产学研战略联盟，鼓励企业加大研发投入。重点支持成熟的节能减排关键、共性技术与装备产业化示范和应用，加快产业化基地建设。加快推广先进、成熟的新技术、新工艺、新设备和新材料。加强节能环保领域国际交流合作。

（九）强化节能减排监督检查和能力建设

加强节能减排执法监督，依法从严惩处各类违反节能减排法律法规的行为，实行执法责任制。强化重点用能单位、重点污染源和治理设施运行监管，推动污染源自动监控数据联网共享。完善工业能源消费统计，建立建筑、交通运输、公共机构能源消费统计制度、地区单位生产总值能耗指标季度统计制度，强化统计核算与监测。健全节能管理、监察、服务“三位一体”节能管理体系。突出抓好重点用能单位能源利用状况报告、能源计量管理、能耗限额标准执行情况等监督检查。

（十）开展节能减排全民行动（略）

六、规划实施（略）

“十二五”节能环保产业发展规划（摘要）[1]

一、节能环保产业发展现状及面临的形势（略）

二、指导思想、基本原则和总体目标

（一）指导思想（略）

（二）基本原则

（1）政策机制驱动。

（2）技术创新引领。

（3）重点工程带动。

（4）市场秩序规范。

（5）服务模式创新。

（三）总体目标

（1）产业规模快速增长。节能环保产业产值年均增长15%以上，到2015年，节能环保产业总产值达到4.5万亿元，增加值占国内生产总值的比重为2%左右，培育一批具有国际竞争力的节能环保大型企业集团，吸纳就业能力显著增强。

（2）技术装备水平大幅提升。到2015年，节能环保装备和产品质量、性能大幅度提高，形成一批拥有自主知识产权和国际品牌，具有核心竞争力的节能环保装备和产品，部分关键共性技术达到国际先进水平。

（3）节能环保产品市场份额逐步扩大。到2015年，高效节能产品市场占有率由目前的10%左右提高到30%以上，资源循环利用产品和环保产品市场占有率大幅提高。

（4）节能环保服务得到快速发展。采用合同能源管理机制的节能服务业销售额年均增速保持30%，到2015年，分别形成20个和50个左右年产值在10亿元以上的专业化合同能源管理公司和环保服务公司。城镇污水、垃圾和脱硫、脱硝处理设施运营基本实现专业化、市场化。

三、重点领域

（一）节能产业重点领域

1. 节能技术和装备

（1）锅炉窑炉。加快开发工业锅炉燃烧自动调节

[1] 本规划由国务院发布。

控制技术装备；推进燃油、燃气工业锅炉、窑炉蓄热式燃烧技术装备产业化；加快推广等离子点火、富氧/全氧燃烧等高效煤粉燃烧技术和装备，以及大型流化床等高效节能锅炉。大力推广多喷嘴对置式水煤浆气化、粉煤加压气化、非熔渣—熔渣水煤浆分级气化等先进煤气化技术和装备，推动煤炭的高效清洁利用。

（2）电机及拖动设备。示范推广稀土永磁无铁芯电机、电动机用铸铜转子技术等高效节能电机技术和设备；大力推广能效等级为一级和二级的中小型三相异步电动机、通风机、水泵、空压机以及变频调速等技术和设备，提高电机系统整体运行效率。

（3）余热余压利用设备。完善推广余热发电关键技术和设备；示范推广低热值煤气燃气轮机、烧结及炼钢烟气干法余热回收利用、乏汽与凝结水闭式回收、螺杆膨胀动力驱动、基于吸收式换热的集中供热等技术和设备；大力推广高效换热器、蓄能器、冷凝器、干法熄焦等设备。

（4）节能仪器设备。加快研发和应用快速准确的便携或车载式能效检测设备，大力推广在线能源计量、检测技术和设备。

2. 节能产品

（1）家用电器与办公设备。加快研发空调、冰箱等高效压缩机及驱动控制器、高效换热及相变储能装置，各类家电智能控制节能技术和待机能耗技术；重点攻克空调制冷剂替代技术、二氧化碳热泵技术；推广能效等级为一级和二级的节能家用电器、办公和商用设备。

（2）高效照明产品。加快半导体照明（LED、OLED）研发，重点是金属有机源化学气相沉积设备（MOCVD）、高纯金属有机化合物（MO源）、大尺寸衬底及外延、大功率芯片与器件、LED背光及智能化控制等关键设备、核心材料和共性关键技术，示范应用半导体通用照明产品，加快推广低汞型高效照明产品。

（3）节能汽车。加快研发和示范具有自主知识产权的汽油直喷、涡轮增压等先进发动机节能技术，以及双离合式自动变速器（DCT）等多档化高效自动变速器等节能减排技术，新型车辆动力蓄电池和新型混合动力汽车机电耦合动力系统、车用动力系统和发电设备等技术装备；推广采用各类节能技术实现的节能汽车；大力推广节能型牵引车和挂车。

（4）新型节能建材。重点发展适用于不同气候条件的新型高效节能墙体材料以及保温隔热防火材料、复合保温砌块、轻质复合保温板材、光伏一体化建筑用玻璃幕墙等新型墙体材料；大力推广节能建筑门窗、隔热和安全性能高的节能膜和屋面防水保温系统、预拌混凝土和预拌砂浆。

3. 节能服务

大力发展以合同能源管理为主要模式的节能服务业，不断提升节能服务公司的技术集成和融资能力。鼓励大型重点用能单位利用自身技术优势和管理经验，组建专业化节能服务公司；推动节能服务公司通过兼并、联合、重组等方式，实行规模化、品牌化、网络化经营。鼓励节能服务公司加强技术研发、服务创新和人才培养，不断提高综合实力和市场竞争力。

（二）资源循环利用产业重点领域

1. 矿产资源综合利用

重点开发加压浸出、生物冶金、矿浆电解技术，提高从复杂难处理金属共生矿和有色金属尾矿中提取铜、镍等国家紧缺矿产资源的综合利用水平；加强中低品位铁矿、高磷铁矿、硼镁铁矿、锡铁矿等复杂共伴生黑色矿产资源开发利用和高效采选；推进煤系油母页岩等资源开发利用，提高页岩气和煤层气综合开发利用水平，发展油母页岩、油砂综合利用及高岭土、铝矾土等共伴生非金属矿产资源的综合利用和深加工。

2. 固体废物综合利用

加强煤矸石、粉煤灰、脱硫石膏、磷石膏、化工废渣、冶炼废渣等大宗工业固体废物的综合利用，研究完善高铝粉煤灰提取氧化铝技术，推广大掺量工业固体废物生产建材产品。研发和推广废旧沥青混合料、建筑废物混杂料再生利用技术装备。推广建筑废物分类设备及生产道路结构层材料、人行道透水材料、市政设施复合材料等技术。

3. 再制造

重点推进汽车零部件、工程机械、机床等机电产品再制造，研发旧件无损检测与寿命评估技术、高效环保清洗设备，推广纳米颗粒复合电刷镀、高速电弧喷涂、等离子熔覆等关键技术和装备。

4. 再生资源利用

（1）废金属资源再生利用。开发易拉罐有效组分分离及去除表面涂层技术与装备，推广废铅蓄电池铅膏脱硫、废杂铜直接制杆、失效钴镍材料循环利用等技术，提升从废旧机电、电线电缆、易拉罐等产品中回收重金属及稀有金属水平。

（2）废旧电器电子产品资源化利用。示范推广废旧电器电子产品和电路板自动拆解、破碎、分选技术与装备，推广封闭式箱体机械破碎、电视电脑锥屏机械分离等技术。研发废电器电子稀有金属提纯还原技术。

（3）报废汽车资源化利用。完善报废汽车车身机械自动化粉碎分选技术及钢铁、塑料、橡胶等组分的分类富集回收技术，研发报废汽车主要零部件精细化无损拆解处理平台技术，提升报废汽车拆解回收利用的自动化、专业化水平。

（4）废橡胶、废塑料资源再生利用。推广应用常温粉碎及低硫高附加值再生橡胶成套设备；研发各种废塑料混杂物分类技术或直接利用技术，推广应用深层清洗、再生造粒和改性技术。

5. 餐厨废弃物资源化利用

建设餐厨废弃物密闭化、专业化收集运输体系；研发餐厨废弃物低能耗高效灭菌和废油高效回收利用技术装备；鼓励餐厨废油生产生物柴油、化工制品，餐厨废弃物厌氧发酵生产沼气及高效有机肥。

6. 农林废物资源化利用

推广农作物秸秆还田、代木、制作生物培养基、生物质燃料等技术与装备，秸秆固化成型等能源化利用技术及装备；推进林业剩余物、次小薪材、蔗渣等综合利用技术和装备的应用；推动规模化畜禽养殖废物资源化利用，加快发酵制饲料、沼气、高效有机肥等技术集成应用。

7. 水资源节约与利用

推进工业废水、生活污水和雨水资源化利用，扩大再生水的应用。大力推进矿井水资源化利用、海水循环利用技术与装备。示范推广膜法、热法和耦合法海水淡化技术以及电水联产海水淡化模式。

（三）环保产业重点领域

1. 环保技术和装备

（1）污水处理。重点攻克膜处理、新型生物脱氮、重金属废水污染防治、高浓度难降解有机工业废水深度处理技术；重点示范污泥生物法消减、移动式应急水处理设备、水生态修复技术与装备。推广污水处理厂高效节能曝气、升级改造，农村面源污染治理，污泥处理处置等技术与装备。

（2）垃圾处理。研发渗滤液处理技术与装备，示范推广大型焚烧发电及烟气净化系统、中小型焚烧炉高效处理技术、大型填埋场沼气回收及发电技术和装备，大力推广生活垃圾预处理技术装备。

（3）大气污染控制。研发推广重点行业烟气脱硝、汽车尾气高效催化转化及工业有机废气治理等技术与装备，示范推广非电行业烟气脱硫技术与装备，改造提升现有燃煤电厂、大中型工业锅炉窑炉烟气脱硫技术与装备，加快先进袋式除尘器、电袋复合式除尘技术及细微粉尘控制技术的示范应用。

（4）危险废物与土壤污染治理。加快研发重金属、危险化学品、持久性有机污染物、放射源等污染土壤的治理技术与装备。推广安全有效的危险废物和医疗废物处理处置技术和装置。

（5）监测设备。加快大型实验室通用分析、快速准确的便携或车载式应急环境监测、污染源烟气、工业有机污染物和重金属污染在线连续监测技术设备的开发和应用。

2. 环保产品

（1）环保材料。重点研发和示范膜材料和膜组件、高性能防渗材料、布袋除尘器高端纤维滤料和配件等；推广离子交换树脂、生物滤料及填料、高效活性炭等。

（2）环保药剂。重点研发和示范有机合成高分子絮凝剂、微生物絮凝剂、脱硝催化剂及其载体、高性能脱硫剂等；推广循环冷却水处理药剂、杀菌灭藻剂、水处理消毒剂、固废处理固化剂和稳定剂等。

3. 环保服务

以城镇污水垃圾处理、火电厂烟气脱硫脱硝、危险废物及医疗废物处理处置为重点，推进环境保护设施建设和运营的专业化、市场化、社会化进程。大力发展环境投融资、清洁生产审核、认证评估、环境保险、环境法律诉讼和教育培训等环保服务体系，探索新兴服务模式。

四、重点工程

（一）重大节能技术与装备产业化工程

围绕应用面广、节能潜力大的锅炉窑炉、电机系统、余热余压利用等重点领域，通过重大技术和装备产业化示范、规模化应用等，形成10～15个大型流化床锅炉、粉煤气化、蓄热式燃烧、高效换热器等以高效燃烧和换热技术为特色的制造基地；15～20个稀土永磁无铁芯电机、高压变频控制、无功补偿等高效电机及其控制系统产业化基地；5～10个低品位余热发电、中低浓度煤层气利用等余热余能利用装备制造基地。到2015年，高效节能技术与装备市场占有率由目前不足5%提高到30%左右，产值达到5000亿元。

（二）半导体照明产业化及应用工程

整合现有资源，提高产业集中度，实现半导体照明技术与装备产业化。培育10～15家掌握核心技术、拥有较多自主知识产权和知名品牌的龙头企业；关键生产装备、重要原材料实现国产化，高端应用产品达到世界先进水平，建立具有国际先进水平的检测平台，建成一批产业链完善、创新能力强、特色鲜明的半导体照明新兴产业集聚区。逐步推广半导体照明产品。到2015年，通用照明产品市场占有率达到20%左右，液晶背光源达到70%以上，景观装饰产品达到80%以上，半导体照明产业产值达到4500亿元，年节电600亿kWh，形成具有国际竞争力的半导体照明产业。

（三）“城市矿产”示范工程

建设50个国家“城市矿产”示范基地，支持回收体系、资源再生利用产业化、污染治理设施和服务平台建设，推动废弃机电设备、电线电缆、家电、汽车、手机、铅酸电池、塑料、橡胶等再生资源的循环利用、规模利用和高值利用。到2015年，形成资源再生利用能力2500万t，其中再生铜200万t、再生铝250万t、废钢1000多万t、黄金10t，实现产值4300亿元。

（四）再制造产业化工程

支持汽车零部件、工程机械、机床等再制造，完善可再制造旧件回收体系，重点支持建立5～10个国家级再制造产业集聚区和一批重大示范项目。到2015年，实现再制造发动机80万台，变速箱、起动机、发电机等800万件，工程机械、矿山机械、农用机械等20万台套，再制造产业产值达到500亿元。

（五）产业废物资源化利用工程

以共伴生矿产资源回收利用、尾矿稀有金属分选和回收、大宗固体废物大掺量高附加值利用为重点，推动资源综合利用基地建设，鼓励产业集聚，形成以示范基地和龙头企业为依托的发展格局。以铁矿、铜矿、金矿、钒矿、铅锌矿、钨矿为重点，推进共伴生矿产资源和尾矿综合利用；推进建筑废物和道路沥青再生利用。到2015年，新增固体废物综合利用能力约4亿t，产值达1500亿元。

（六）重大环保技术装备及产品产业化示范工程

推动重金属污染防治、污泥处理处置、挥发性有机物治理、畜禽养殖清洁生产等核心技术产业化；重点示范膜生物反应器（MBR）、垃圾焚烧及烟气处理、烟气脱硫脱硝等先进技术装备及能源、农业等行业清洁生产重大技术装备；推广城镇生活污水脱氮除磷深度处理设备、300MW及以上燃煤电厂烟气脱硝技术装备、600MW及以上燃煤电厂烟气脱硫及布袋或电袋复合除尘设备和高效垃圾焚烧炉等重大装备。拥有高性能膜、脱硝催化剂纳米级二氧化钛载体、高效滤料等污染控制材料生产的相关知识产权。到2015年，环保装备产值超过5000亿元，环保材料产值超过1000亿元，环保关键材料基本实现产业化，形成5～10个环保产业集聚区、10～15个环保技术及装备产业化基地。

（七）海水淡化产业基地建设工程

培育由工程设计和装备制造企业、研究单位、大学、相关原材料生产企业等共同参与，集研发、孵化、生产、集成、检验检测和工程技术服务于一体的海水淡化产业基地。到2015年，建成2～3个国家级海水淡化产业化基地，关键技术与装备、相关材料研发和制造能力达到国际先进水平，海水淡化产能达到220万～260万t/日，海水淡化及相关产业产值500亿元。

（八）节能环保服务业培育工程

大力推行合同能源管理，到2015年，力争专业化节能服务公司发展到2000多家，其中年产值超过10亿元的节能服务公司约20家，节能服务业总产值突破3000亿元，累计实现节能能力6000万t标准煤。建立全方位环保服务体系。积极培育具有系统设计、设备成套、工程施工、调试运行和维护管理一条龙服务能力的总承包公司，大力推进环保设施专业化、社会化运营，扶持环境咨询服务企业。到2015年，环保服务业产值超过5000亿元，其中年产值超过10亿元的企业超过50家，城镇污水垃圾处理及电力行业烟气脱硫脱硝等领域专业化、社会化服务占全行业的比例大幅提高。

五、政策措施

（一）完善价格、收费和土地政策（略）

（二）加大财税政策支持力度（略）

（三）拓宽投融资渠道（略）

（四）完善进出口政策（略）

（五）强化技术支撑

发布国家鼓励的节能环保产业技术目录。在节能环保领域设立若干国家工程研究中心、国家工程实验室和国家产品质量监督检验中心，组建一批由骨干企业牵头组织、科研院所共同参与的节能环保产业技术创新平台，建立一批节能环保产业化科技创新示范园区，支持成套装备及配套设备研发、关键共性技术和先进制造技术研究。推进国产首台（套）重大节能环保装备的应用。

（六）完善法规标准（略）

（七）强化监督管理（略）

六、组织实施

国务院有关部门要按照职能分工，制定完善相关政策措施，形成合力，确保本规划顺利实施。各地区要按照规划确定的目标、任务和政策措施，结合当地实际抓紧制定具体落实方案，确保取得实效。

发改委、环境保护部要加强对规划实施情况的跟踪分析和监督检查，及时开展后评估，针对规划实施中出现的新情况、新问题，适时提出解决办法，重大问题及时向国务院报告。

节能与新能源汽车产业发展规划（2012～2020年）（摘要）[1]

一、发展现状及面临的形势（略）

二、指导思想和基本原则

（一）指导思想（略）

（二）基本原则

（1）坚持产业转型与技术进步相结合。

（2）坚持自主创新与开放合作相结合。

（3）坚持政府引导与市场驱动相结合。

（4）坚持培育产业与加强配套相结合。

三、技术路线和主要目标

（一）技术路线

以纯电驱动为新能源汽车发展和汽车工业转型的主要战略取向，当前重点推进纯电动汽车和插电式混合动力汽车产业化，推广普及非插电式混合动力汽车、节能内燃机汽车，提升中国汽车产业整体技术水平。

（二）主要目标

（1）产业化取得重大进展。到2015年，纯电动汽车和插电式混合动力汽车累计产销量力争达到50万辆；到2020年，纯电动汽车和插电式混合动力汽车生产能力达200万辆、累计产销量超过500万辆，燃料电池汽车、车用氢能源产业与国际同步发展。

（2）燃料经济性显著改善。到2015年，当年生产的乘用车平均燃料消耗量降至6.9L/100km，节能型乘用车燃料消耗量降至5.9L/100km以下。到2020年，当年生产的乘用车平均燃料消耗量降至5.0L/100km，节能型乘用车燃料消耗量降至4.5L/100km以下；商用车新车燃料消耗量接近国际先进水平。

（3）技术水平大幅提高。新能源汽车、动力电池及关键零部件技术整体上达到国际先进水平，掌握混合动力、先进内燃机、高效变速器、汽车电子和轻量化材料等汽车节能关键核心技术，形成一批具有较强竞争力的节能与新能源汽车企业。

（4）配套能力明显增强。关键零部件技术水平和生产规模基本满足国内市场需求。充电设施建设与新能源汽车产销规模相适应，满足重点区域内或城际间新能源汽车运行需要。

（5）管理制度较为完善。建立起有效的节能与新能源汽车企业和产品相关管理制度，构建市场营销、售后服务及动力电池回收利用体系，完善扶持政策，形成比较完备的技术标准和管理规范体系。

四、主要任务

（一）实施节能与新能源汽车技术创新工程

1. 加强新能源汽车关键核心技术研究

大力推进动力电池技术创新，重点开展动力电池系统安全性、可靠性研究和轻量化设计，加快研制动力电池正负极、隔膜、电解质等关键材料及其生产、控制与检测等装备，开发新型超级电容器及其与电池组合系统，推进动力电池及相关零配件、组合件的标准化和系列化；在动力电池重大基础和前沿技术领域超前部署，重点开展高比能动力电池新材料、新体系以及新结构、新工艺等研究，集中力量突破一批支撑长远发展的关键共性技术。加强新能源汽车关键零部件研发，重点支持驱动电机系统及核心材料，电动空调、电动转向、电动制动器等电动化附件的研发。开展燃料电池电堆、发动机及其关键材料核心技术研究。把握世界新能源汽车发展动向，对其他类型的新能源汽车技术加大研究力度。

到2015年，纯电动乘用车、插电式混合动力乘用车最高车速不低于100km/h，纯电驱动模式下综合工况续驶里程分别不低于150km和50km；动力电池模块比能量达到150Wh/kg以上，成本降至2元/Wh以下，循环使用寿命稳定达到2000次或10年以上；电驱动系统功率密度达到2.5kW/kg以上，成本降至200元/kW以下。到2020年，动力电池模块比能量达到300kW/kg以上，成本降至1.5元/Wh以下。

2. 加大节能汽车技术研发力度

以大幅提高汽车燃料经济性水平为目标，积极推进汽车节能技术集成创新和引进消化吸收再创新。重点开展混合动力技术研究，开发混合动力专用发动机和机电耦合装置，支持开展柴油机高压共轨、汽油机缸内直喷、均质燃烧以及涡轮增压等高效内燃机技术和先进电子控制技术的研发；支持研制六档及以上机械变速器、双离合器式自动变速器、商用车自动控制机械变速器；突破低阻零部件、轻量化材料与激光拼焊成型技术，大幅提高小排量发动机的技术水平。开展高效控制氮氧化物等污染物排放技术研究。

3. 加快建立节能与新能源汽车研发体系

引导企业加大节能与新能源汽车研发投入，鼓励建立跨行业的节能与新能源汽车技术发展联盟，加快建设共性技术平台。重点开展纯电动乘用车、插电式混合动力乘用车、混合动力商用车、燃料电池汽车等关键核心技术研发；建立相关行业共享的测试平台、

[1] 本规划由国务院发布。

产品开发数据库和专利数据库，实现资源共享；整合现有科技资源，建设若干国家级整车及零部件研究试验基地，构建完善的技术创新基础平台；建设若干具有国际先进水平的工程化平台，发展一批企业主导、科研机构和高等院校积极参与的产业技术创新联盟。推动企业实施商标品牌战略，加强知识产权的创造、运用、保护和管理，构建全产业链的专利体系，提升产业竞争能力。

（二）科学规划产业布局

（1）统筹发展新能源汽车整车生产能力。

（2）重点建设动力电池产业聚集区域。

（3）增强关键零部件研发生产能力。

（三）加快推广应用和试点示范

（1）扎实推进新能源汽车试点示范。

（2）大力推广普及节能汽车。建立完善的汽车节能管理制度，促进混合动力等各类先进节能技术的研发和应用，加快推广普及节能汽车。出台以企业平均燃料消耗量和分阶段目标值为基础的汽车燃料消耗量管理办法，2012年开始逐步对在中国境内销售的国产、进口汽车实施燃料消耗量管理，切实开展相关测试和评价考核工作，并提出2016～2020年汽车产品节能技术指标和年度要求。实施重型商用车燃料消耗量标示制度和氮氧化物等污染物排放公示制度。

（3）因地制宜发展替代燃料汽车。积极开展车用替代燃料制造技术的研发和应用，鼓励天然气（包括液化天然气）、生物燃料等资源丰富的地区发展替代燃料汽车。探索其他替代燃料汽车技术应用途径，促进车用能源多元化发展。

（四）积极推进充电设施建设

（1）制定总体发展规划。研究制定新能源汽车充电设施总体发展规划，支持各类适用技术发展，根据新能源汽车产业化进程积极推进充电设施建设。在产业发展初期，重点在试点城市建设充电设施。试点城市应按集约化利用土地、标准化施工建设、满足消费者需求的原则，将充电设施纳入城市综合交通运输体系规划和城市建设相关行业规划，科学确定建设规模和选址分布，适度超前建设，积极试行个人和公共停车位分散慢充等充电技术模式。通过总结试点经验，确定符合区域实际和新能源汽车特点的充电设施发展方向。

（2）开展充电设施关键技术研究。加快制定充电设施设计、建设、运行管理规范及相关技术标准，研究开发充电设施接网、监控、计量、计费设备和技术，开展车网融合技术研究和应用，探索新能源汽车作为移动式储能单元与电网实现能量和信息双向互动的机制。

（3）探索商业运营模式。试点城市应加大政府投入力度，积极吸引社会资金参与，根据当地电力供应和土地资源状况，因地制宜建设慢速充电桩、公共快速充换电等设施。鼓励成立独立运营的充换电企业，建立分时段充电定价机制，逐步实现充电设施建设和管理市场化、社会化。

（五）加强动力电池梯级利用和回收管理

制定动力电池回收利用管理办法，建立动力电池梯级利用和回收管理体系，明确各相关方的责任、权利和义务。引导动力电池生产企业加强对废旧电池的回收利用，鼓励发展专业化的电池回收利用企业。严格设定动力电池回收利用企业的准入条件，明确动力电池收集、存储、运输、处理、再生利用及最终处置等各环节的技术标准和管理要求。加强监管，督促相关企业提高技术水平，严格落实各项环保规定，严防重金属污染。

五、保障措施

（一）完善标准体系和准入管理制度

进一步完善新能源汽车准入管理制度和汽车产品公告制度，严格执行准入条件、认证要求。2013年前，基本建立与产业发展和能源规划相适应的节能与新能源汽车标准体系。

（二）加大财税政策支持力度（略）

（三）强化金融服务支撑（略）

（四）营造有利于产业发展的良好环境（略）

（五）加强人才队伍保障（略）

（六）积极发挥国际合作的作用（略）

六、规划实施

成立由工业和信息化部牵头，发展改革委、科技部、财政部等部门参加的节能与新能源汽车产业发展部际协调机制。各有关部门根据职能分工制定本部门工作计划和配套政策措施，确保完成规划提出的各项目标任务。

有关地区要按照规划确定的目标、任务和政策措施，结合当地实际制定具体落实方案，切实抓好组织实施，确保取得实效。具体工作方案和实施过程中出现的新情况、新问题要及时报送有关部门。

重点区域大气污染防治"十二五"规划（摘要）[1]

一、大气污染防治形势与挑战（略）

[1] 本规划由环境保护部发布。

二、指导思想、原则和目标

（一）指导思想（略）

（二）基本原则

（1）经济发展与环境保护相协调。

（2）联防联控与属地管理相结合。

（3）总量减排与质量改善相统一。

（4）先行先试与全面推进相配合。

（三）规划目标

到2015年，重点区域二氧化硫、氮氧化物、工业烟粉尘排放量分别下降12%、13%、10%，挥发性有机物污染防治工作全面展开；环境空气质量有所改善，可吸入颗粒物、二氧化硫、二氧化氮、细颗粒物年均浓度分别下降10%、10%、7%、5%，臭氧污染得到初步控制，酸雨污染有所减轻；建立区域大气污染联防联控机制，区域大气环境管理能力明显提高。

京津冀、长三角、珠三角区域将细颗粒物纳入考核指标，细颗粒物年均浓度下降6%；其他城市群将其作为预期性指标。

三、统筹区域环境资源，优化产业结构与布局

（一）明确区域控制重点，实施分区分类管理

1. 明确区域污染控制类型

京津冀、长三角、珠三角区域与山东城市群为复合型污染严重区，应重点针对细颗粒物和臭氧等大气环境问题进行控制，长三角、珠三角还要加强酸雨的控制，京津冀、江苏省和山东城市群还应加强可吸入颗粒物的控制。

辽宁中部、武汉及其周边、长株潭、成渝、海峡西岸城市群为复合型污染显现区，应重点控制可吸入颗粒物、二氧化硫、二氧化氮，同时注重细颗粒物、臭氧等复合污染的控制，此外，武汉及其周边、长株潭、成渝还应加强酸雨的控制，辽宁中部城市群应加强采暖季燃煤污染控制。

山西中北部、陕西关中、甘宁、新疆乌鲁木齐城市群，以传统煤烟型污染控制为主，重点控制可吸入颗粒物、二氧化硫污染，加强采暖季燃煤污染控制。

2. 划分重点控制区

依据地理特征、社会经济发展水平、大气污染程度、城市空间分布以及大气污染物在区域内的输送规律，将规划区域划分为重点控制区和一般控制区，实施差异化的控制要求，制定有针对性的污染防治策略。

京津冀地区重点控制区为北京、天津、石家庄、唐山、保定、廊坊6个城市；长三角地区重点控制区为上海、南京、无锡、常州、苏州、南通、扬州、镇江、泰州、杭州、宁波、嘉兴、湖州、绍兴14个城市；珠三角地区重点控制区为辖区内所有9个城市。

辽宁中部城市群重点控制区为沈阳市；山东城市群重点控制区为济南市、青岛市、淄博市、潍坊市、日照市；武汉及其周边城市群重点控制区为武汉市；长株潭城市群重点控制区为长沙市；成渝城市群重点控制区为重庆市主城区、成都市；海峡西岸城市群重点控制区为福州市、三明市；山西中北部城市群重点控制区为太原市；陕西关中城市群重点控制区为西安市、咸阳市；甘宁城市群重点控制区为兰州市、银川市；新疆乌鲁木齐城市群重点控制区为乌鲁木齐市。

（二）严格环境准入，强化源头管理

（1）严格控制高耗能、高污染项目建设。

（2）严格控制污染物新增排放量。

（3）实施特别排放限值 。

（4）提高挥发性有机物排放类项目建设要求。限制石化行业新建1000万t/年以下常减压、150万t/年以下催化裂化、100万t/年以下连续重整（含芳烃抽提）、150万t/年以下加氢裂化生产装置等限制类项目。新建石化项目须将原油加工损失率控制在4‰以内，并配备相应的有机废气治理设施。新、改、扩建项目排放挥发性有机物的车间有机废气的收集率应大于90%，安装废气回收/净化装置。新建储油库、加油站和新配置的油罐车，必须同步配备油气回收装置。新建机动车制造涂装项目，水性涂料等低挥发性有机物含量涂料占总涂料使用量比例不低于80%，小型乘用车单位涂装面积的挥发性有机物排放量不高于35g/m^2；电子、家具等行业新建涂装项目，水性涂料等低挥发性有机物含量涂料占总涂料使用量比例不低于50%，建筑内外墙涂饰应全部使用水性涂料。新建包装印刷项目须使用具有环境标志的油墨。

（三）加大落后产能淘汰，优化工业布局

1. 加大落后产能淘汰力度

（1）淘汰火电、钢铁、建材等重污染行业落后产能。

（2）淘汰挥发性有机物排放类行业落后产能。淘汰200万t/年及以下常减压装置，淘汰废旧橡胶和塑料土法炼油工艺。

2. 优化工业布局

对环境敏感地区及市区内已建重污染企业要结合产业布局调整实施搬迁改造，明确重点污染企业搬迁改造时间表，加快城市钢铁厂环保搬迁进程，积极推进上海高桥石化基地等安全环保搬迁。继续推动工业项目向园区集中，利用集中供热推进小企业节能减排。提升现有各级各类工业园区的环境管理水平，提高企业准入的环境门槛。建立产业转移环境监管机制，加强产业转入地在承接产业转移过程中的环境监

管，防止落后产能向经济欠发达地区转移。

四、加强能源清洁利用，控制区域煤炭消费总量

（一）优化能源结构，控制煤炭使用

（1）大力发展清洁能源。

（2）实施煤炭消费总量控制。

（3）扩大高污染燃料禁燃区。重点控制区高污染燃料禁燃区面积要达到城市建成区面积的80%以上，一般控制区达到城市建成区面积的60%以上。2013年底前重点控制区完成高污染燃料禁燃区划定工作；2014年底前一般控制区完成划定工作。已划定的高污染燃料禁燃区应根据城市建成区的发展不断调整划定范围。

（二）改进用煤方式，推进煤炭清洁化利用

（1）加大热电联供，淘汰分散燃煤小锅炉。

（2）改善煤炭质量，推进煤炭洁净高效利用。重点控制区内没有配套高效脱硫、除尘设施的燃煤锅炉和工业窑炉，禁止燃用含硫量超过0.6%、灰分超过15%的煤炭；居民生活燃煤和其他小型燃煤设施优先使用低硫低灰分并添加固硫剂的型煤。

五、深化大气污染治理，实施多污染物协同控制

（一）深化二氧化硫污染治理，全面开展氮氧化物控制

1. 全面推进二氧化硫减排

（1）深化火电行业二氧化硫治理。燃煤机组全部安装脱硫设施；对不能稳定达标的脱硫设施进行升级改造；烟气脱硫设施要按照规定取消烟气旁路，强化对脱硫设施的监督管理，确保燃煤电厂综合脱硫效率达到90%以上。

（2）加强钢铁、石化等非电行业的烟气二氧化硫治理。

2. 全面开展氮氧化物污染防治

（1）大力推进火电行业氮氧化物控制。加快燃煤机组低氮燃烧技术改造及脱硝设施建设，单机容量20万kW及以上、投运年限20年内的现役燃煤机组全部配套脱硝设施，脱硝效率达到85%以上，综合脱硝效率达到70%以上；加强对已建脱硝设施的监督管理，确保脱硝设施高效稳定运行。

（2）加强水泥行业氮氧化物治理。

（3）积极开展燃煤工业锅炉、烧结机等烟气脱硝示范。在京津冀、长三角、珠三角地区选择烧结机单台面积180m^{2}以上的2～3家钢铁企业，开展烟气脱硝示范工程建设。推进燃煤工业锅炉低氮燃烧改造和脱硝示范。

（二）强化工业烟粉尘治理，大力削减颗粒物排放

（1）深化火电行业烟尘治理。燃煤机组必须配套高效除尘设施。一般控制区按照30mg/m^{3}标准，重点控制区按照20mg/m^{3}标准，对烟尘排放浓度不能稳定达标的燃煤机组进行高效除尘改造。

（2）强化水泥行业粉尘治理。

（3）深化钢铁行业颗粒物治理。

（4）全面推进燃煤工业锅炉烟尘治理。燃煤工业锅炉烟尘不能稳定达标排放的，应进行高效除尘改造，重点控制区应达到特别排放限值的要求。沸腾炉和煤粉炉必须安装袋式除尘装置。积极采用天然气等清洁能源替代燃煤；使用生物质成型燃料应符合相关技术规范，使用专用燃烧设备；对无清洁能源替代条件的，推广使用型煤。

（5）积极推进工业炉窑颗粒物治理。

（三）开展重点行业治理，完善挥发性有机物污染防治体系（略）

（四）加强有毒废气污染控制，切实履行国际公约（略）

（五）强化机动车污染防治，有效控制移动源排放（略）

（六）加强扬尘控制，深化面源污染管理（略）

六、创新区域管理机制，提升联防联控管理能力

（一）建立区域大气污染联防联控机制

（1）建立统一协调的区域联防联控工作机制。

（2）建立区域大气环境联合执法监管机制。

（3）建立重大项目环境影响评价会商机制。

（4）建立环境信息共享机制。

（5）建立区域大气污染预警应急机制。

（二）创新环境管理政策措施

（1）完善财税补贴激励政策。

（2）深入推进价格与金融贸易政策。全面落实脱硫电价政策，继续执行差别电价和惩罚性电价政策，分步推进火电厂烟气脱硝加价政策。

（3）完善挥发性有机物等排污收费政策。

（4）全面推行排污许可证制度。继续推动排污权交易试点，针对电力、钢铁、石化、建材、有色等重点行业，探索建立区域主要大气污染物排放指标有偿使用和交易制度。

（5）实施重点行业环保核查制度。对火电、钢铁、有色、水泥、石化、化工等污染物排放量大的行业实施环保核查制度。

（6）推行污染治理设施建设运行特许经营。

(7) 实施环境信息公开制度。

(8) 推进城市环境空气质量达标管理。

(三) 全面加强联防联控的能力建设

(1) 建立统一的区域空气质量监测体系。

(2) 加强重点污染源监控能力建设。

(3) 推进机动车排污监控能力建设。

(4) 强化污染排放统计与环境质量管理能力建设。

七、重点工程项目与投资效益评估(略)

八、保障措施

(1) 加强组织领导。

(2) 严格考核评估。

(3) 加大资金投入。

(4) 完善法规标准。

(5) 强化科技支撑。

(6) 加强宣传教育。

重 点 工 程

主要奖项

2011～2012年度国家优质工程奖电力行业工程项目

金质奖

序号	工程名称	施工单位
1	云南—广东±800kV直流输电示范工程	中国南方电网有限责任公司超高压输电公司 江西省水电工程局 重庆电力建设总公司 华东送变电工程公司 广东火电工程总公司 江西省送变电建设公司 宁夏送变电工程公司 吉林省送变电工程公司 广东威恒输变电工程有限公司
2	贵州北盘江光照水电站工程	贵州北盘江电力股份有限公司 中国水利水电第十六工程局有限公司 中国水利水电第十一工程局有限公司 中国水利水电第四工程局有限公司 中国水利水电第十二工程局有限公司 中国水利水电第七工程局有限公司 中国水利水电第九工程局有限公司 中国水利水电第八工程局有限公司 江南水利水电工程公司 中国葛洲坝集团机械船舶有限公司

续表

序号	工程名称	施工单位
3	平顶山第二发电厂一期2×1000MW机组工程	中电投河南电力有限公司平顶山发电分公司 河南省第二建设集团有限公司 安徽电力建设第二工程公司 江西省水电工程局 山东电力建设第一工程公司 河南第一火电建设公司 中电投远达环保工程有限公司
4	宁东—山东±660kV直流输电示范工程	国家电网公司 国家电网公司直流建设分公司 宁夏回族自治区电力公司 陕西省电力公司 山西省电力公司 河北省电力公司 山东电力集团公司 国网信息通信有限公司 黑龙江省送变电工程公司 东北电业管理局送变电工程公司 山西省电力公司供电工程承装公司 新疆维吾尔自治区送变电工程公司 河北省送变电公司

续表

序号	工程名称	施工单位
4	宁东—山东±660kV直流输电示范工程	青海送变电工程公司 四川电力送变电建设公司 青岛恒源送变电工程有限公司 宁夏送变电工程公司 中国人民武装警察部队水电第二总队 山东送变电工程公司 湖北省输变电工程公司 天津电力建设公司 江西省水电工程局 北京送变电公司 上海送变电工程公司 山西省电力公司送变电工程公司 陕西送变电工程公司 湖南省送变电建设公司

银质奖

序号	工程名称	施工单位
1	江西景德镇发电厂2×600MW级机组“上大压小”扩建工程	中电投江西电力有限公司景德镇发电厂 江西省水电工程局 上海电力建设有限责任公司 天津电力建设公司 中电投远达环保工程有限公司 河南省第二建设集团有限公司 江西省第二建筑工程公司 江西科晨高新技术发展有限公司
2	宁夏水洞沟电厂一期2×660MW机组工程	宁夏京能宁东发电有限责任公司 天津电力建设公司 山西省电力公司电力建设二公司 浙江省火电建设公司 中铁十九局集团第一工程有限公司

续表

序号	工程名称	施工单位
3	内蒙古国华呼伦贝尔能源项目2×600MW燃煤发电机组工程	内蒙古国华呼伦贝尔发电有限公司 北京电力建设公司 中国能源建设集团东北电力第一工程公司
4	大连甘井子热电厂新建工程	大连发电有限责任公司 东北电业管理局第二工程公司 河北省电力建设第一工程公司 甘肃第一建设集团有限责任公司 中国十五冶金建设集团有限公司 中电投远达环保工程有限公司 辽宁东科电力有限公司
5	华电新疆发电有限公司昌吉热电厂2×330MW工程	华电新疆发电有限公司昌吉热电厂 山东电力建设第二工程公司 新疆电力建设公司 华电新疆苇湖梁发电厂华源电力安装公司 西北电力建设第四工程公司 华电水务工程有限公司 中国华电工程（集团）有限公司
6	福建石狮鸿山热电厂“上大压小”工程	福建省鸿山热电有限责任公司 天津电力建设公司 福建省第一电力建设公司 中交第三航务工程勘察设计院有限公司 湖北省电力建设第二工程公司 中国核工业第二二建设有限公司

续表

序号	工程名称	施工单位
7	神华神东电力有限责任公司新疆米东2×300MW煤矸石热电工程	神华神东电力有限责任公司新疆米东热电厂 中国电力工程顾问集团西北电力设计院 湖南省火电建设公司 新疆电力建设公司 甘肃第一建设集团有限责任公司 江苏省苏中建设集团股份有限公司 北京朗新明环保科技有限公司 新疆皇冠工业消防设备工程有限责任公司
8	国华宁东一期2×330MW机组工程	宁夏国华宁东发电有限公司
9	华电宁夏灵武发电有限公司二期2×1000MW工程	华电宁夏灵武发电有限公司 山东电力建设第三工程公司 宁夏电力建设工程公司 中国华电工程（集团）有限公司
10	望亭发电厂改建工程4号机组	中国华电集团公司望亭发电厂 江苏省电力建设第一工程公司 上海电力建设有限责任公司 福建龙净环保股份有限公司 中国华电工程（集团）有限公司
11	海口市垃圾焚烧发电厂	海口中电新能源环保电力有限公司 浙江创业建设工程有限公司 广西电力工程建设公司 广东电白二建工程有限公司
12	河南济源500kV变电站工程	河南电网建设管理公司 郑州市第一建筑工程集团有限公司 河南第一火电建设公司

续表

序号	工程名称	施工单位
13	常熟南500kV变电站工程	江苏省电力公司 江苏省送变电公司 南通四建集团有限公司 江苏省电力公司电力科学研究院
14	延安（洛川）750kV变电站工程	陕西省电力公司 陕西送变电工程公司
15	上海练塘500kV变电站	上海市电力公司电力经济技术研究院 上海送变电工程公司
16	山西稷山变电站—吕梁变电站500kV输电线路工程	山西省电网工程建设指挥部 山西省电力公司送变电工程公司 山西省电力公司供电工程承装公司
17	华润菏泽电厂—郓城变电站双回500kV输电线路工程	山东电力集团公司 山东送变电工程公司
18	500kV库湾变电站工程	广东电网公司清远供电局 广东威恒输变电工程有限公司 清远市电创电力工程安装有限公司 中国能源建设集团广东省电力第一工程局
19	500kV紫荆变电站工程	深圳供电局有限公司 广东省输变电工程公司 中国能源建设集团广东省电力第一工程局
20	江西景德镇洪源500kV变电站工程	江西省电力公司电网建设管理分公司 江西省送变电建设公司

续表

序号	工程名称	施工单位
21	大唐吉林向阳风电场一期（400MW）工程	大唐向阳风电有限公司 吉林省送变电工程公司 吉林省百强电力工程有限责任公司 天津电力建设公司 吉林省电力建设总公司 长春建工集团有限公司 白城地建建筑工程有限公司
22	500kV安庆（双岭）变电站工程	安徽省电力公司安庆供电公司 安徽送变电工程公司
23	宁夏大唐国际青铜峡光伏一期10MW工程	宁夏大唐国际青铜峡光伏发电有限责任公司 山西省电力公司电力建设第一公司
24	上海东海大桥100MW海上风电示范项目	上海东海风力发电有限公司 中交第三航务工程局有限公司 上海送变电工程公司
25	安徽龙源来安4×49.5MW风电项目	安徽龙源风力发电有限公司 安徽送变电工程公司 中国能源建设集团安徽电力建设第一工程公司 中国十七冶集团有限公司 滁州东源电力工程有限公司 四川省送变电建设有限责任公司 上海腾发建筑工程有限公司
26	甘肃瓜州300MW大型自主化示范风电场项目	甘肃龙源风力发电有限公司 甘肃三立工程建设有限公司 甘肃第四建设集团有限责任公司 甘肃省第二安装工程公司 甘肃省电力设计院 新疆电力建设公司

续表

序号	工程名称	施工单位
27	河北建投新能源东辛营200MW风电工程	建投燕山（沽源）风能有限公司 河北省电力建设第一工程公司 张家口输变电工程总公司 东方电气（天津）风电科技有限公司
28	大连大唐海派99MW风电场工程	大连大唐海派新能源有限公司 东北电业管理局第一工程公司
29	辽宁大唐国际阜新前后查台（2×49.5MW）风电工程	辽宁大唐国际阜新风电有限责任公司 吉林省电力建设总公司 阜新鼎兴电力安装（集团）有限公司 营口电力建设有限公司 中电大型设备安装工程有限公司 吉林省送变电工程公司 河北建设勘察研究院有限公司 山东省显通安装有限公司
30	华能东营河口风电场1～4期工程	华能东营河口风力发电有限公司 中国核工业第二二建设有限公司 山东泰山路桥工程公司 中铁十四局集团第二工程有限公司 中铁二十四局集团有限公司 东营市河口区鑫河水利工程有限责任公司 东营鲁能方大集团有限责任公司
31	安徽琅琊山抽水蓄能电站工程	华东琅琊山抽水蓄能有限责任公司 中国水利水电第一工程局有限公司 中国水利水电第五工程局有限公司

2012～2013年度中国建设工程鲁班奖电力行业工程项目

（第一批）

序号	工程名称	施工单位（参建、承建）
1	大唐南京下关发电厂"上大压小"异地新建工程	中国能源建设集团，江苏省电力建设第一工程公司，中国能源建设集团天津电力建设公司，中国能源建设集团江苏省电力建设第三工程公司，南京市水利建筑工程有限公司，陕西建工集团机械施工有限公司
2	吉林中电投白城电厂2×60万kW"上大压小"新建工程	河北省电力建设第一工程公司，江西省水电工程局，东北电业管理局第三工程公司，中电投远达环保工程有限公司
3	河北尚义龙源风电场(150MW)工程	张家口市第一建筑工程有限公司，天津蓝巢特种吊装工程有限公司，张家口建筑工程集团有限公司，中国核工业中原建设有限公司
4	河北广元（顺德）500kV变电站工程	河北省送变电公司
5	株洲南（古亭）500kV变电站工程	湖南省送变电建设公司

2011～2012年度中国安装工程优质奖电力行业工程项目

（排名不分先后）

序号	工程名称	承建单位	参建单位
1	草桥热电厂（一期）锅炉安装工程	北京城建安装工程有限公司	
2	国电宿迁热电有限公司热网一期管道工程	江苏天目建设集团有限公司	
3	章丘市供电公司电力调度中心机电安装工程	江苏江安集团有限公司	
4	南通综艺光伏项目厂务端安装工程	南通安装集团股份有限公司	
5	上海漕泾电厂（2×1000MW）安装工程		上海上电漕泾发电有限公司
6	江苏大唐吕四港电厂"上大压小"新建安装工程		江苏大唐国际吕四港发电有限责任公司
7	福建莆田燃气电厂新建安装工程		中海福建燃气发电有限公司
8	华电漯河一期（2×330MW）热电安装工程	山东电力建设第二工程公司	
9	神华神东电力郭家湾电厂(2×300MW）安装工程	山东电力建设第二工程公司	神华神东电力有限责任公司郭家湾电厂
10	大唐哈尔滨第一热电有限公司新建安装工程	黑龙江省火电第一工程公司	
11	华能九台电厂一期工程（2×660MW）1号机组安装工程	黑龙江省火电第三工程公司	
12	安徽华电芜湖电厂一期（2×660MW）干煤棚网架安装工程	中国十五冶金建设集团有限公司	

续表

序号	工程名称	承建单位	参建单位
13	大连甘井子2×300MW等级供热机组新建安装工程	中国十五冶金建设集团有限公司	
14	神华国华绥中发电厂二期(2×1000MW)安装工程		绥中发电有限责任公司
15	四川绵阳500kV变电站安装工程	四川电力送变电建设公司	
16	平城110kV智能变电站安装工程	晋城市巨能电网工程有限公司	
17	河南许昌500kV变电站安装工程	河南第一火电建设公司	
18	220kV枣东输变电安装工程	枣庄力源送变电工程有限公司	
19	220kV安康（大桥）变电站安装工程	山东格瑞德输变电工程有限公司	
20	220kV明集变电站安装工程	山东滨州东力电气有限责任公司	
21	广利220kV变电站安装工程	东营鲁能方大集团有限责任公司	
22	山东电力集团公司220kV沐山变电站安装工程	烟台东源送变电工程有限责任公司	

续表

序号	工程名称	承建单位	参建单位
23	河北建投新能源东辛营200MW风电安装工程	河北省电力建设第一工程公司	
24	大唐扎鲁特197.05MW风电场安装工程		大唐（通辽）霍林河新能源有限公司
25	华能通辽珠日河风电一场147MW安装工程	华能通辽风力发电有限公司	
26	大唐依兰晨光风电场安装工程	大唐依兰风力发电有限公司	
27	贵州北盘江光照水电站安装工程	中国水利水电第七工程局有限公司	
28	四川大渡河沙湾水电站安装工程	中国水利水电第七工程局有限公司	
29	常州西电特高压（超高压）核电站用巨型变压器项目机电安装工程	常州工业设备安装有限公司	
30	浙江富春江环保热电股份有限公司热电安装工程	江苏华能建设工程集团有限公司	
31	国电宿迁热电有限公司热网二期管道安装工程	江苏天目建设集团有限公司	
32	华能玉环电厂1～4号锅炉烟气脱硝改造安装工程	浙江华业电力工程股份有限公司	
33	镇海电厂供热改造工程厂外供热管道安装	浙江华业电力工程股份有限公司	

续表

序号	工程名称	承建单位	参建单位
34	河北华电石家庄鹿华热电2×330MW级空冷供热1号机组设备安装工程	河北省电力建设第二工程公司	河北华电石家庄鹿华热电有限公司
35	秦山二期扩建项目3号机组安装工程	中国核工业二三建设有限公司	
36	河北华电石家庄鹿华热电一期2×330MW输煤系统安装工程	中国十五冶金建设集团有限公司	
37	浙江嘉兴发电厂三期2×1000MW安装工程	浙江省火电建设公司	
38	华电宁夏灵武发电有限公司二期2×1000MW安装工程		华电宁夏灵武发电有限公司
39	宁夏水洞沟电厂一期（2×660MW）2号机组安装工程	山西省电力公司电力建设二公司	
40	大唐南京发电厂一期2×660MW安装工程	中国能源建设集团江苏省电力建设第一工程公司	
		中国能源建设集团江苏省电力建设第三工程公司	
41	国电荥阳煤电一体化有限公司一期2×600MW机组安装工程	中国能源建设集团安徽电力建设第二工程公司	
42	淮南矿业集团煤矸石综合利用顾桥电厂2×300MW CFB机组安装工程	中国能源建设集团安徽电力建设第二工程公司	

续表

序号	工程名称	承建单位	参建单位
43	华电新疆昌吉热电厂2×330MW机组脱硫安装工程	中国华电工程（集团）有限公司	
44	天津北疆电厂一期工程（2×1000MW）2号机组主厂房建筑及安装工程	山东电力建设第二工程公司	天津国投津能发电有限公司
45	华能山东发电有限公司牟平一期风电安装工程	山东电力建设第二工程公司	
46	江苏大丰风电场200MW风电场（1500kW风机集电线路）安装工程	葛洲坝集团电力有限责任公司	
47	甘肃瓜州300MW大型自主化示范风电场项目（集电线路）安装工程	甘肃省第二安装工程公司	
48	河北尚义龙源风电场(150MW)风机安装工程	天津蓝巢特种吊装工程有限公司	龙源（张家口）风力发电有限公司
		中国核工业中原建设有限公司	
49	中电投北票台吉营发电场新建安装工程		中电投东北新能源发展有限公司
50	500kV库湾变电站基建安装工程	广东威恒输变电工程有限公司	
51	山东瓦宋220kV变电站安装工程	山东中茂实业集团有限公司	
52	山东章缝220kV变电站安装工程	山东天润电气集团有限公司	
53	山东兰陵220kV变电站安装工程	临沂超越电力建设有限公司	
54	山东西王220kV变电站安装工程	山东滨州东力电气有限责任公司	

2012年度中国电力优质工程奖项目

（排名不分先后）

序号	工程名称	施　工　单　位
一、输变电工程		
1	云南—广东±800kV直流输电工程	贵州送变电工程公司（18标段线路及楚雄换流站土建1标段、电气1.1标段工程） 云南省送变电工程公司（37标段线路及楚雄换流站电气1.2标段工程） 安徽送变电工程公司（1、2标段线路及楚雄换流站电气1.3标段工程） 广东省南兴建筑工程有限公司（楚雄换流站土建2标段） 广西送变电建设公司（9标段线路及穗东换流站土建5标段） 葛洲坝集团电力有限责任公司（20、21标段线路工程） 广东省输变电工程公司（35标段线路及穗东换流站土建6标段） 湖北省输变电工程公司（26、39标段线路及穗东换流站电气2.2标段工程） 中国葛洲坝集团股份有限公司（穗东换流站土建4标段、电气2.3标段工程） 山东送变电工程公司（3、24标段线路工程） 上海送变电工程公司（4、25标段线路工程） 内蒙古送变电有限责任公司（5、29.2标段线路工程） 北京电力工程公司（7、10、30.1标段线路及5标段接地工程） 重庆电力建设总公司（8标段线路工程） 甘肃送变电工程公司（12、30.2标段线路工程） 浙江省送变电工程公司（14、15标段线路及2标段接地工程） 北京送变电公司（16、36标段线路工程） 黑龙江省送变电工程公司（17、23标段线路工程） 新疆维吾尔自治区送变电工程公司（19、27.1标段线路工程）

续表

序号	工程名称	施　工　单　位
1	云南—广东±800kV直流输电工程	青海送变电工程公司（33、28.1标段线路工程） 河南送变电建设公司（29.1、34标段线路工程） 陕西送变电工程公司（31、32标段线路及4标段接地工程）
2	宁东—山东±660kV直流输电示范工程	宁夏送变电工程公司（银川东换流站土建A包、电气B包及1标段直流线路工程） 湖北省输变电工程公司（银川东换流站土建B包） 天津电力建设公司（青岛换流站土建A包） 江西水电工程局（青岛换流站土建B包） 青岛恒源送变电工程有限公司（青岛换流站四通一平工程） 黑龙江省送变电工程公司（银川东换流站电气A包及7标段直流线路工程） 北京送变电工程公司（青岛换流站电气A包） 山东送变电工程公司（青岛换流站电气B包） 武警水电二总队（2标段直流线路工程） 陕西送变电工程公司（3标段直流线路工程） 东北电业管理局送变电工程公司（4标段直流线路工程） 山西供电工程承装公司（5标段直流线路工程） 上海送变电工程公司（6标段直流线路工程） 山西送变电工程公司（8标段直流线路工程） 河北省送变电工程公司（9标段直流线路工程） 青海送变电工程公司（10标段直流线路工程） 四川电力送变电建设公司（11标段直流线路工程） 山东送变电工程公司（12标段直流线路工程） 湖南省送变电建设公司（13标段直流线路工程） 新疆维吾尔自治区送变电工程公司（14标段直流线路工程）

续表

序号	工程名称	施　工　单　位
3	河北广元（顺德）500kV变电站工程	河北省送变电公司
4	株洲南（古亭）500kV变电站工程	湖南省送变电建设公司
5	华润菏泽电厂至郓城变双回500kV输电线路工程	山东送变电工程公司
6	500kV妙西变电站工程	浙江省火电建设公司
7	500kV景德镇（洪源）变电站新建工程	江西省送变电建设公司
8	江苏常熟南500kV变电站工程	江苏省送变电公司（电气安装工程） 南通四建集团有限公司（建筑工程）
9	延安（洛川）750kV变电站工程	陕西送变电工程公司
10	河南济源500kV变电站工程	郑州市第一建筑工程集团有限公司（建筑工程） 河南第一火电建设公司（电气安装工程）
11	稷山变电站—吕梁变电站500kV输电线路工程	山西省电力公司送变电工程公司（一、二标段线路工程施工） 山西省电力公司供电工程承装公司（三标段线路工程施工）
12	安徽500kV安庆（双岭）变电站工程	安徽送变电工程公司
13	上海练塘500kV变电站工程	上海送变电工程公司
14	500kV紫荆变电站工程	广东省输变电工程公司（电气安装工程） 广东省电力第一工程局（建筑工程）

续表

序号	工程名称	施　工　单　位
15	500kV库湾变电站工程	广东威恒输变电工程有限公司（电气安装工程）
16	青海日月山—乌兰—格尔木750kV输变电工程	青海火电工程公司（海西开关站建安工程） 华东送变电工程公司（柴达木变电站建安工程） 青海送变电工程公司（1、11标段输电线路工程） 北京送变电工程公司（2—1标段输电线路工程） 湖南省送变电建设公司（2—2标段输电线路工程） 新疆维吾尔自治区送变电工程公司（2—3标段输电线路工程） 宁夏送变电工程公司（3标段输电线路工程） 湖北省输变电工程公司（4标段输电线路工程） 吉林省送变电工程公司（5标段输电线路工程） 甘肃送变电工程公司（6标段输电线路工程） 陕西送变电工程公司（7标段输电线路工程） 中国人民武装警察部队水电第二总队（8标段输电线路工程） 北京电力工程公司（9标段输电线路工程） 山东送变电工程公司（10标段输电线路工程）
17	500kV通宝输变电工程	云南省送变电工程公司
二、水电工程		
1	安徽琅琊山抽水蓄能电站	中国水利水电第一工程局二分局（地下厂房及交通洞土建工程） 中国水利水电第五工程局六分局（上水库及出口明渠土建工程） 中国水利水电第一工程局机电安装分局（机电安装工程）
三、风电工程		
1	河北尚义龙源风电场（150MW）工程	张家口市第一建筑有限公司（33座风机基础及升压站建筑工程） 内蒙古送变电有限公司（67座风机基础工程） 四川省岳池电力建设总公司（35kV集电线路工程） 河北广建安装工程集团有限公司（升压站电气安装工程）

续表

序号	工程名称	施工单位
2	上海东海大桥100MW海上风电示范项目	中交第三航务工程局有限公司
3	华能东营河口风力发电项目一至四期（198MW）工程	中国核工业第二建设有限公司（一期A标段、二期B标段、四期A标段工程） 山东泰山路桥工程公司（一期B标段、二期A标段、四期B标段工程） 中铁十四局集团第二工程有限公司（三期风机基础及风机安装、变电站土建工程）
4	大连大唐海派99MW风电场工程	东北电业管理局第一工程公司
5	安徽龙源来安4×49.5MW风电项目	安徽省送变电工程公司（升压站建安工程） 海南省第三建筑工程公司（一至三期99台风机基础工程） 中国十七冶集团有限公司（四期33台风机基础工程） 中铁十二局电气化集团有限公司（一期33台风机安装工程） 安徽电力建设第一工程公司（二期33台风机安装及全场架空线路工程） 上海滕发建筑工程有限公司（三至四期66台风机安装工程） 四川送变电建设责任有限公司（三期集电线路工程） 滁州东源电力工程有限公司（四期集电线路工程）
6	辽宁大唐国际阜新前后查台（2×49.5MW）风电工程	吉林省送变电工程公司（升压站建安及前查台风机基础工程） 山东省显通安装有限公司（升压站综合楼建安工程） 阜新鼎兴电力安装（集团）有限公司（前查台35kV集电线路建安工程） 营口电力建设有限公司（后查台35kV集电线路建安工程） 吉林省电力建设总公司（前查台风机安装工程） 中电大型设备安装工程有限公司（后查台风机安装工程） 河北建设勘察研究院有限公司（后查台风机基础工程）

续表

序号	工程名称	施工单位
7	中电投北票台吉营风力发电工程	朝阳博远电力建设工程公司（集电线路、升压站建安工程） 辽宁国际建设工程集团有限公司（风电基础工程） 中国石化集团第四建设公司（风机安装工程）
8	甘肃瓜州300MW大型自主化示范风电场项目	甘肃三立工程建设有限公司（二期100台风机基础及二期道路工程） 甘肃第四建设集团有限责任公司（二期67台风机基础及一期道路工程） 新疆电力建设公司（133台风机安装工程） 中国十七冶集团有限公司（67台风机安装工程） 甘肃省第二安装工程公司（二期场区配电工程）
9	大唐吉林向阳风电场一期（400MW）工程	吉林省送变电工程公司（变电站建安工程） 吉林省百强电力工程有限责任公司（送出及集电线路工程） 天津电力建设公司（93台风机基础及60风机安装工程） 吉林省电力建设总公司（40台风机基础及安装工程） 长春建工集团有限公司（33台风机基础工程） 白城地建建筑工程有限责任公司（33台风机基础工程）
10	大唐平阴风电场一期工程	山东电力建设第一工程公司
11	国电黑山一、二期（2×49.5MW）风电场工程	辽宁两锦大洋电力建设集团有限公司（升压站建安工程） 凌海电力实业集团有限责任公司（35kV集电线路建安工程）
12	凌海西八千风电场（49.5MW）新建工程	凌海电力实业集团有限责任公司（35kV集电线路安装及场内道路工程） 上海滕发建筑工程有限公司（风机安装工程） 辽宁两锦大洋电力建设集团有限公司（风机承台及升压站建安工程） 中建七局第二建筑有限公司（风机承台桩基基础工程）

续表

序号	工程名称	施 工 单 位
13	翁旗西场99MW风电工程	天津电力建设公司
14	华能新疆三塘湖风电场一、二期(2×49.5MW)工程	新疆苏中建设工程有限公司（建筑工程） 西安展鸿电力建设有限公司（电气安装工程） 新疆电力建设公司（风机、塔架吊装工程）
15	通辽科左中旗国华代力吉前四井49.5万kW风力发电项目	内蒙古第三电力建设工程有限责任公司（电气安装工程） 黑龙江省火电第一工程公司（风机基础工程） 广东火电工程总公司（风机安装工程）
16	华电北清河300MW风电特许权工程	中铁十九局第一工程有限公司（一期A标段及二期B标段工程） 黑龙江火电第一工程公司（一期B标段、二期A标段及升压站工程）
17	龙源新疆阿拉山口风电场二期及升压站项目工程	乌鲁木齐市建工（集团）有限责任公司（风电基础及升压站建筑工程） 四川省广安陵江送变电安装有限责任公司（集电线路安装工程） 新疆电力建设公司（风机吊装工程） 新疆电力建设公司（升压站电气安装工程）
四、光伏工程		
1	宁夏大唐国际青铜峡光伏一期10MW工程	山西省电力公司电力建设第一公司
2	中电投格尔木200MW并网光伏电站	中国水利水电第三工程局有限公司（Ⅱ区50MW机电安装工程） 中国水利水电第十五工程局有限公司（Ⅳ-A包25MW土建工程） 葛洲坝集团电力有限责任公司（Ⅲ-B包25MW土建工程） 青海火电工程公司（升压站机电安装工程）

续表

序号	工程名称	施 工 单 位
五、火电工程		
1	平顶山第二发电厂一期2×1000MW机组工程	河南省第二建筑工程有限责任公司（主厂房区域建筑工程） 安徽电力建设第二工程公司（烟囱及冷却塔工程） 江西省水电工程局（输煤及燃油建筑工程） 山东电力建设第一工程公司（1号机组安装工程） 河南第一火电建设公司（2号机组安装工程） 中电投远达环保工程有限公司（脱硫工程）
2	大唐南京发电厂（2×660MW）一期工程	江苏电力建设第一工程公司（1号机组建安工程） 江苏电力建设第三工程公司（2号机组建安工程） 天津电力建设公司（输煤建安工程） 中环（中国）工程有限公司 中国大唐集团科技工程有限公司
3	中电投白城电厂2×600MW机组“上大压小”新建工程	河北省电力建设第一工程公司（1号机组及公用系统建安工程） 东北电业管理局第三工程公司（2号机组建安工程） 江西水电工程局（输煤建安工程） 中电投远达环保工程有限公司（脱硫工程）
4	大连甘井子热电厂2×300MW新建工程	东北电业管理局第二工程公司（1号机建安工程） 河北省电力建设第一工程公司（2号机建安工程） 甘肃第一建设集团有限责任公司（冷却塔工程） 中国十五冶金建设集团有限公司（输煤建安工程） 中电投远达环保工程有限公司（脱硫工程）
5	福建石狮鸿山热电厂“上大压小”工程	天津电力建设公司（1号机组建安工程） 福建省第一电力建设公司（2号机组及BOP建安工程）

续表

序号	工程名称	施　工　单　位
6	江西景德镇发电厂2×600MW级机组"上大压小"扩建工程	上海电力建设公司（1号机组安装工程） 天津电力建设公司（2号机组安装工程） 江西水电工程局（主厂房建筑工程） 中电投远达环保工程有限公司（脱硫工程） 河南省第二建筑工程有限责任公司（冷却塔等建筑工程）
7	中电投海口市垃圾焚烧2×12MW发电厂	广西电力工程建设公司（全厂安装工程） 浙江创业建设工程有限公司（厂区建筑工程）
8	望亭发电厂1×660MW改建工程	江苏电力建设一公司（3号标段工程） 福建龙净环保股份有限公司（脱硫工程） 中国华电工程（集团）有限公司（脱硝工程）
9	宁夏水洞沟电厂一期2×660MW机组工程	天津电力建设公司（1号机组工程） 山西省电力建设二公司（2号机组工程） 浙江省火电建设公司（化水、灰库等公用工程）
10	宁夏灵武电厂二期2×1000MW机组工程	山东电力建设第三工程公司（A、D标段工程） 宁夏电力建设工程公司（B、C标段工程） 中国华电工程（集团）有限公司
11	内蒙古国华呼伦贝尔能源项目2×600MW燃煤发电机组工程	北京电力建设公司（1号机组建安工程） 东北电业管理局第一工程公司（2号机组建安工程）
12	山西大唐临汾河西热电厂"上大压小"扩建工程	河北省电力建设第一工程公司（1号机组建安工程） 山西省电力公司电力建设一公司（2号机组建安工程）

续表

序号	工程名称	施　工　单　位
13	神华神东电力新疆米东2×300MW煤矸石热电工程	西北电力设计院（EPC总承包） 湖南省火电建设公司（1号机组及公用系统安装工程） 新疆电力建设公司（2号机组安装工程） 甘肃第一建设集团有限责任公司（主厂房建筑工程） 江苏苏中建设集团股份有限公司（厂前区土建工程） 北京朗新明环保科技有限公司（脱硫工程） 新疆皇冠工业消防设备工程有限责任公司 四川宏利建设有限公司
14	浙江浙能嘉兴发电厂三期工程	浙江省火电建设公司（主体安装工程） 浙江省二建建设集团有限公司（主厂房及炉后建筑工程） 浙江省建工集团有限责任公司（输煤建安工程）
15	华能平凉电厂二期（2×600MW）扩建工程	甘肃第一建设集团有限责任公司（主厂房及烟囱建筑工程） 北京城建四建设工程有限责任公司（主厂房地基处理及脱硫建筑工程） 甘肃火电工程公司（空冷岛安装工程） 西北电力建设第一工程公司（公用系统、5号机组及其附属系统安装工程） 四川电力建设二公司（6号机组及其附属系统安装工程）
16	国电荥阳电厂2×600MW火电工程	中国十五冶金建设有限公司（主厂房建筑工程） 中建二局第二建筑工程有限公司（烟囱及冷却塔建筑工程） 重庆电力建设总公司（输煤及化水建安工程） 河南第一火电建设公司（1号机组安装工程） 安徽电力建设第二工程公司（2号机组安装工程） 北京国电龙源环保工程有限公司（脱硫工程）

续表

序号	工程名称	施 工 单 位
17	四川华电珙县电厂一期2×600MW“上大压小”新建工程	四川电力建设三公司（桥梁检测配合与加固施工） 四川电力建设二公司
18	上海石洞口第二电厂二期“上大压小”扩建工程	天津电力建设公司（3号机组建安工程） 上海电力安装第一工程公司（4号机组及公用系统安装工程） 上海电力建筑工程公司（4号机组及公用系统土建工程） 上海市基础工程公司（厂外循环水取排水工程）
19	芜湖发电厂五期2×660MW工程	安徽电力建设第二工程公司（主厂房建筑及1号机组安装工程） 上海电力建设有限责任公司（2号机组安装及公用系统工程） 东北电业管理局烟塔工程公司（烟囱及灰库建筑工程） 安徽电力建设第一工程公司（输煤建安工程）
20	华电新疆发电有限公司昌吉热电厂2×330MW工程	山东电力建设第二工程公司（1号机组建安及烟囱工程） 新疆电力建设公司（2号机组建安工程） 华电新疆苇湖梁发电厂华源电力安装公司（输煤建安工程） 西北电力建设第四工程公司（输煤建安工程） 华电集团华电工程水处理分公司（化水建安工程）
21	国华宁东一期2×330MW机组工程	西北电力建设第三工程公司（主体建安工程） 宁夏煤炭基本建设公司（输煤及附属生产区域建筑工程）
22	中电投乌苏热电厂一期（2×300MW级机组）工程	安徽电力建设一公司（1号机组及公用建安工程） 新疆电力建设公司（2号机组建安工程）

续表

序号	工程名称	施 工 单 位
23	华能伊敏煤电联营三期2×600MW超临界燃煤发电机组工程	东北电业管理局第三工程公司（5号机组建安工程） 黑龙江省火电第三工程公司（6号机组建安工程） 东北电业管理局烟塔工程公司（烟囱及冷却塔工程） 黑龙江省火电第一工程公司（BOP工程）
六、中小型项目		
1	220kV村前输变电工程	江苏常嘉建设有限公司（建筑工程） 江苏省送变电公司（电气安装工程）
2	110kV柴米输变电工程—变电所电气安装工程	江苏中中电力工程有限公司
3	110kV广场变电所工程	无锡广盈实业有限公司变电站工程公司
4	甘肃瓜州北大桥第二风电场200MW风机安装单项工程	甘肃火电工程公司
5	中广核临朐刘王庄风电场38.5MW工程	中铁十八局集团第二工程有限公司（风机基础及场内道路工程） 潍坊华惠建安有限责任公司（风场建筑工程） 青岛泰富电力工程有限公司（35kV集电线路安装工程） 山东五洲电气股份有限公司（110kV升压站及送电线路安装工程） 伊春兴安岭风电设备安装有限公司（风机安装工程）
6	华电新疆昌吉热电厂2×330MW机组脱硫工程	湖南省工业设备安装有限公司

特高压交流、直流示范工程入选国家优质工程奖30年经典工程

2011年12月27日，“国家优质工程奖”设立30周年纪念大会在京举行，1000kV晋东南—南阳—荆门特高压交流试验示范工程、±800kV向家坝—上海特高压直流输电示范工程，在分别于2010年、2011年荣获输变电行业交流、直流工程首枚国优金奖后，双双入选“国家优质工程奖30年经典工程”。

除两项经典工程外，国家电网公司另有华北电网大同二电厂至房山500kV变电站Ⅲ回输电线路工程、辽宁电网瓦房店500kV变电站、宁夏银川东750kV变电站工程、安徽500kV肥东变电站工程等4项工程入选精品工程；河南送变电建设公司、山东送变电工程公司入选突出贡献单位；江苏省送变电公司、浙江省送变电工程公司、河南立新监理咨询有限公司、江苏省宏源电力建设监理有限公司、华北电力科学研究院入选先进单位；张光辉等7人获得突出贡献个人、先进个人奖项。

光照水电站工程获两项大奖

在2012年10月举办的第六届国际RCC（碾压混凝土）大坝会议上，华电集团贵州黔源电力股份有限公司北盘江光照水电站工程因在碾压混凝土重力坝浇筑技术领域取得一系列重大突破，获得碾压混凝土国际最高奖“国际RCC里程碑奖”，成为2012年全球唯一获此殊荣的水电工程项目。2012年11月21日，国家工程建设质量审定委员会决定授予光照水电站工程“国家优质工程金质奖”。

光照水电站工程成为国内唯一同时获得国际、国内两项顶级大奖的水电工程项目，创造了中国水电建设的新纪录。

光照水电站自2003年5月开始建设，2008年8月起，4台机组相继投产发电。于2010年10月30日全部完工，总库容32.45亿m^3，调节库容20.37亿m^3，安装4台26万kW发电机组，是“西电东送”贵州省主要电源点。

中国首个超400℃太阳能热发电项目

2012年月10月30日，由中国华能集团公司自主研发的中国首个超400℃太阳能热发电科技示范项目在海南省三亚市华能南山电厂举行投产仪式。

华能南山电厂1.5MW太阳能热发电科技示范项目是中国华能集团公司自主研发的中国第一个太阳能光热与天然气发电的混合式发电项目。该项目是国内首次利用太阳能产生超过400℃过热蒸汽的装置。华能清洁能源技术研究院已掌握了相关核心技术，获得了国家专利，项目所有设备均实现国产化，具有较强的技术经济性。

电 源 建 设

柴达木盆地光伏并网电站群

2012年3月，青海柴达木盆地建成并安全并网大规模光伏电站超过100万kW，成为目前世界上太阳能光伏装机容量最集中的地区。

截至2012年3月，青海省2011年核准的42个光伏发电项目中，已经建成并网40个，装机容量95.3万kW，加上2010年的两个特许权招标项目，青海省内已经实现并网发电的光伏电站有44个，总装机容量达到了100.3万kW。44个光伏电站中，有42个集中分布在柴达木盆地。柴达木盆地创造了同一地区短期内最大光伏电站安装量、世界上目前最大的光伏电站并网系统工程、世界范围内首度实现千兆瓦级光伏电站并网等多个“世界之最”。

三峡电站

2012年7月2日，三峡电站首次实现32台70万kW机组全部同时并网发电运行，全厂总出力达到2060万kW。7月4日，三峡电站最后一台机组三峡右岸地下电站27号机组正式移交投产，标志着三峡地下电站6台机组全部投入商业运行，三峡电站建设任务提前一年全部完工，三峡电站装机容量最终达到2250万kW设计值。7月12日，由于水位和来水量均满足要求，三峡电站全部机组首次实现2250万kW满负荷运行。7月17日，三峡电站34台机组首次成功实现2250万kW满负荷连续平稳运行100h，机组设备工况良好，各项指标正常。2012年，三峡电站2250万kW满负荷运行累计达711h。三峡电站全年共发电981亿kWh，创投产以来最高纪录。

在大型机组国产化方面，三峡地下电站32号、31号机组的成功投运，表明国产巨型全空冷机组的设计、制造、安装及调试达到成熟水平；27号、28号机组采用中国具有完全自主知识产权的“定子绕组常温自循环蒸发冷却”技术，开创了巨型机组应用该项技术的历史先河，为蒸发冷却技术的推广奠定了基础。发电机及主变压器第一次采用国产高等级硅钢片，达到国际同类产品先进水平。

糯扎渡水电站

2012年9月6日，国家“西电东送”和“云电外送”重大工程——华能糯扎渡水电站首台机组投产发电仪式举行。

华能糯扎渡水电站是国家实施西部大开发、“西电东送”的骨干项目，是新中国成立以来云南省单项投资最大的工程项目，也是目前云南省境内工程规模最大、综合效益最好的水电项目。

华能糯扎渡水电站是中国已建、在建第四大水电站，云南境内最大电站，澜沧江流域装机和库容最大的电站，共安装9台65万kW机组，总装机容量585万kW，首台机组比计划工期提前3年投产，预计2014年工程竣工。电站大坝为心墙堆石坝，高261.5m，为亚洲最高、世界第三；开敞式溢洪道规模居亚洲第一，泄洪功率和流速为世界第一；水库总容量237.03亿m^3，相当于16个滇池的蓄水量。电站动态总投资约611亿元，保证出力为240.6万kW，多年平均发电量239.12亿kWh，相当于每年为国家节约956万t标准煤，减少二氧化碳排放1877万t。

天津IGCC示范电站

2012年12月12日，中国首座煤气化联合循环电站——华能天津IGCC示范电站投产，标志着中国洁净煤发电技术取得了重大突破。同日，基于IGCC的绿色煤电国家863计划研究开发示范基地也在天津滨海新区成立。

整体煤气化联合循环发电系统（Integrated Gasification Combined Cycle）简称IGCC，是世界公认的清洁、高效煤基发电主要技术途径之一，是实现中国节能减排目标的重要技术路线。华能天津IGCC示范电站装机容量265MW，由华能联合国内多家大型国有企业和美国博地能源公司共同建设。该电站采用具有华能自主知识产权的世界首台两段式干煤粉加压纯氧燃烧气化炉以及多项新技术新工艺，发电效率高，环保性能好，污染物排放接近天然气电站排放水平，是国内最环保的燃煤电站。该电站于2009年7月开工，2012年11月6日完成试运行。与世界同类型项目相比，具有建设速度快、质量好、造价低的特点。

基于IGCC的绿色煤电国家863计划研究开发示范基地的成立，将以满足国民经济发展对低碳排放煤基能源技术的需求为目标，以研发煤基能源的清洁利用、高效转换和低碳排放等技术为核心，以传热学、热力学、流体力学、化学、材料及系统科学为基础，开展IGCC的核心技术和工程设计、燃烧前CO_2捕集利用和煤气化燃料电池（IGFC）发电等绿色煤电技术的研发与示范，推广先进的绿色煤电技术。

清苑热电厂工程

大唐清苑热电厂工程位于河北省保定市清苑县，建设2×300MW亚临界抽凝式供热机组，工程于2010年7月19日开工，2012年12月14日全部机组投产发电。该项目突出节能环保理念，大力推行新技术应用，在国内首次采用结构受力特性好、外形美观的封闭式球形储煤仓，并采用烟塔合一、布袋除尘等技术形式，实现了工程建筑与城市周边环境的和谐。

绍兴江滨天然气热电联产工程

大唐绍兴江滨天然气热电联产工程位于浙江省绍

兴市滨海新城工业园，建设2×452MW燃气—蒸汽联合循环热电联产发电机组，工程于2012年2月8日开工，2012年12月31日首台机组投产发电。项目主机采用国内首套、世界领先的三菱技术M701F4型燃机“一拖一”单轴机组，性能保证工况出力可达452.07MW，最大连续出力为504.49MW，是国内单轴容量最大的燃气机组，在同类型的9F级燃机中处于领先地位。

汉川电厂(2×1000MW)扩建工程

国电汉川电厂三期工程为规划容量2×1000MW的超超临界燃煤汽轮发电机组，两台机组分批建设，动态总投资73.5715亿元。5号机组于2010年7月30日获国家发改委核准批复，并同步建设烟气脱硫设施和脱硝装置。三大主机设备中，锅炉为超超临界参数、直流炉、单炉膛、一次再热、平衡通风、露天布置、固态排渣、全钢构架、全悬吊结构、前后墙对冲燃烧方式、Π型锅炉；汽轮机为超超临界、一次中间再热、四缸四排汽、单轴、双背压、凝汽式；发电机为水氢氢冷却、静态励磁汽轮发电机。

5号机组2010年9月27日开工，于2012年12月21日一次性通过168h满负荷运行，进入商业运营，实现了与脱硫、脱硝等环保设施与主体工程“三同时”投运。

九江发电厂“上大压小”扩建项目工程

国电九江发电厂“上大压小”扩建项目为规划容量2×660MW的超超临界燃煤发电机组，一次规划、分批建设。第一台机组（7号机组）于2011年1月5日获国家发改委核准批复，动态总投资25.3亿元。

三大主机设备中，锅炉采用高参数（出口主蒸汽压力为28MPa）变压直流炉，型式为单炉膛、一次再热、全钢构架、全悬吊Π型；汽轮机在国内同规模机组中首次采用高参数（入口蒸汽压力为27MPa）西门子引进型的中间再热、单轴、四缸四排汽凝汽式汽轮机；发电机为水氢氢冷却、自并励静止励磁系统汽轮发电机。给水系统采用1×100%容量汽动给水泵，首次在国内同等级超超临界机组中采用布袋除尘装置。

7号机组于2011年4月26日开工，2012年12月27日顺利通过168h满负荷试运行，进入商业运营，脱硫、脱硝、布袋除尘等环保设施与主体工程“三同时”投运。

锦屏一级水电站

2012年11月30日，锦屏一级水电站正式开始蓄水。这标志着大坝开始挡水，为电站2013年首批机组发电奠定了坚实基础。

由锦屏一级、二级水电站组成的锦屏“双子星座”水电站，被认为是国内乃至世界上施工布置难度最大、建设管理难度最大、工程技术难度最大、施工环境最危险的大型水电站之一，面临着最高混凝土双曲拱坝、高山峡谷、高边坡、高埋深、高地应力、高压大流量地下水、深部卸荷裂隙、高水头等世界级难题。锦屏一级水电站位于四川省凉山彝族自治州盐源县和木里县境内，是雅砻江干流下游河段的控制性水库梯级电站。锦屏一级水电站规模大，电站总装机容量360万kW，平均年发电量166.2亿kWh，这一项目有着高305m的世界第一高拱坝。

锦屏二级水电站

2012年12月30日，锦屏二级水电站首台60万kW机组正式投产发电。2号机组于12月31日完成72h试运行后投产发电，实现了2012年底“一洞双机”的发电目标。

锦屏二级水电站位于四川省凉山彝族自治州冕宁、木里、盐源三县交界处的雅砻江锦屏大河湾上，利用大河湾天然落差，截弯取直开挖隧洞引水发电。工程开挖平均长16.67km、直径12.4～13m的引水隧洞4条，是世界埋深最深、规模最大的引水隧洞群。电站总装机容量480万kW，单机容量600MW，多年平均发电量242.3亿kWh，是世界上300m水头段单机容量最大的水轮发电机组，是四川省除界河外最大的水电项目，也是雅砻江上水头最高、装机规模最大的水电站。

莱州发电有限公司一期工程

2012年12月6日，华电莱州一期2×1000MW级工程2号机组顺利完成168h试运行，标志着中国首座智能化生态电厂——华电莱州发电有限公司一期工程胜利投产。

华电莱州发电有限公司是电港一体化大型能源基地，规划装机容量为8×1000MW。一期工程建设2

台1000MW级国产超超临界燃煤发电机组，同步建设脱硫等环保工程。项目建设在海边滩涂盐碱地，并采用国内最先进的海水淡化技术和城市中水；厂内污水和废水经处理后回用，实现“零排放”。同时将循环水排水尾能加以利用，建设了小型水电站。项目采用全三维立体化工程设计，是中国第一个全寿命周期三维数字化智能火电厂。

云南金沙江中游阿海水电站

华电云南金沙江中游阿海水电站位于云南省丽江市玉龙纳西族自治县与宁蒗彝族自治县交界的金沙江中游河段，是金沙江中游河段“一库八级”规划的第四个梯级电站。电站总装机容量为200万kW，水库正常蓄水位1504m，总库容8.82亿m^3，年发电量89.92亿kWh。具有开发条件好、水库淹没和环境影响小、技术经济指标优越的特点。电站自2006年8月开始筹建，2010年12月正式通过国家核准。2012年10月，输电送出工程全线恢复施工。2012年12月13日，首台机组带电调试。2012年12月21日，1号机组顺利通过72h试运行。作为云南金沙江中游水电开发有限公司全资开发并第一个投产发电的项目，阿海水电站创造了“两个世界第一、六个全国第一”的建设佳绩：拥有世界第一高筒阀，高度达到2638.5mm；成为世界第一个采用自关闭式电气筒阀控制系统的水电站；国内同规模同类型电站碾压混凝土取芯长度第一，取芯长度19.28m；单月混凝土浇筑强度第一，达到27.9万m^3；第一个实施移民“长效补偿”机制，率先实施推广“16118”移民安置方式；第一个在电站下闸蓄水前完成水库淹没区移民搬迁工作；第一个邀请民间环保组织参与环境影响报告书技术评估会的大型电站。

河北易县太和庄20MW光伏发电工程

河北易县太和庄20MW光伏发电工程处于太行山脉易县裴山镇太和庄，全部为太行山未利用荒山，电站总共跨越五个山头，多个施工面有30°以上坡角，山体均为全新统冲洪积砂卵砾石层、坡残积黏性土中含碎石、寒武系灰岩夹泥灰岩，土质坚硬，施工难度极大。该工程于2012年12月25日投产发电。据估算电站平均每年可为电网提供清洁能源约2595.06万kWh。该项目是世界上最大的岩石山体光伏电站，其中所用的20MW逆变器，是特变电工新能源公司逆变器，这也是中电投集团逆变器产品首次大规模应用于山体光伏电站。

向家坝水电站

2012年10月10日，向家坝水电站正式开始下闸蓄水，至10月16日蓄水至初期蓄水位354m。11月5日，向家坝水电站首台机组（7台机组）顺利结束72h试运行正式投产发电。11月19日，右岸电站8号机组完成72h试运行正式投产发电。12月21日，右岸电站6号机组顺利结束72h试运行正式投产发电。

向家坝水电站位于云南省水富县和四川省宜宾县境内的金沙江上，是金沙江下游梯级开发中最末一级梯级水电站，是一座以发电为主，兼有防洪、通航、灌溉以及为溪洛渡水电站提供反调节等综合效益的巨型电站，是中国已建和在建的第三大水电站，是“西电东送”的骨干电源点之一。向家坝水电站年均发电量308亿kWh，总装机容量640万kW。电站左、右岸共安装8台机组，单机容量80万kW，是中国自主制造的当今世界上单机容量最大的水轮发电机组。

向家坝水电站于2004年3月开始筹建，2006年11月正式开工，2008年12月实现大江截流，将于2014年实现全部机组投产发电。

昌都应急电源工程

西藏昌都应急电源工程位于昌都地区昌都镇，海拔超过3300m，2012年9月26日正式开工，12月2日首批4台投产发电，2012年12月29日全面投产移交，工程全部并网发电，实现了12台柴油发电机组在藏历新年前全部投运的目标，也结束了昌都地区无备用电源的历史。此次投运21 840kW柴油发电机组，将填补当地冬春电力缺口。

江苏如东海上潮间带风电场工程

江苏龙源如东海上潮间带风电场工程是世界上首个海上潮间带工程。工程位于江苏省如东县环港区，河段为受潮汐影响的河段，潮型为规则的半日潮，潮水位每日两涨两落。工程位于标高－2.5－0m的沙洲滩面上，滩面平坦，坡度约0.03%。当地平均海平面为3.93m，平均潮差为4.61m，最大潮差为8.08m，最小潮差为1.79m，潮汐变化较大，风电水工结构施工受潮位影响非常大。工程分4期进行，一期共安装16台风电机组，首期工程试验装机容量为32MW；二期共安装28台风电机组，总装机容量为100MW；三期共安装20台风电机组，总装机容量为50MW；四期共安装8台风电机组，总装机容量为50MW。工程于2012年11月23日投产。

深溪沟水电站厂坝枢纽工程

深溪沟水电站是中国西部大开发重要工程，是四川省"十一五"期间重要能源工程项目。深溪沟水电站总投资56亿元，水库总库容0.32亿m^3，装机总容量4×165MW，多年平均发电量32.5亿kWh。深溪沟水电站厂坝枢纽坝顶高程662.50m，总长211m。左岸挡水坝长12.0m，坝顶宽15m，最大坝高49.5m。

工程于2006年12月25日开工，2007年11月6日实现截流，2010年7月1日第一台机组并网发电，2011年6月4台机组全部投产，2012年6月12～15日通过完工验收，2012年12月底全线竣工。"深溪沟电站河道截流试验研究及工程实践"通过四川省科技信息技术研究所科技查新确认：在10.2m/s的高流速、4.93m高落差情况下成功截流，在国内是首例。

安徽田集电厂二期扩建工程

田集电厂位于安徽省淮南市区西北约30km的田集乡境内，建设规模为4×600MW燃煤发电机组。田集电厂作为"皖电东送"淮南—上海特高压交流输电工程的配套工程，一期工程2×600MW超临界燃煤发电机组已于2007年相继建成投产。二期扩建工程为2×660MW超超临界燃煤发电机组，同步建设烟气脱硫和脱硝设施，并留有扩建的条件。三大主机选用超超临界660MW机组，是世界首台再热蒸汽温度达到623℃的超超临界锅炉。二期扩建工程3号机组于2012年8月18日主厂房第一罐混凝土浇灌，2013年12月28日168h完成试运行。

电 网 建 设

淮南—上海特高压交流输变电示范工程

一、工程概况

皖电东送淮南—上海特高压交流输变电示范工程起于安徽淮南变电站，经安徽皖南变电站、浙江浙北变电站，止于上海沪西变电站，变电容量2100万kVA，线路全长2×648km，途经安徽、浙江、江苏、上海四省市，先后跨越淮河和长江，是世界首条同塔双回路特高压交流输变电工程。

工程建设全面完成2012年既定的各项工作任务：输电工程总体完成基础施工，组塔完成40%以上；变电工程完成土建主体施工和构架组立，开始电气设备安装；钢管塔等物资供货满足现场需求；大件运输通行手续办理，码头、桥梁、道路整修等工作提前启动。

二、工程设计

采用联合设计模式，依托设计管理与设计监理体系，高质量完成施工图设计；组织开展40余项设计专题攻关，总结最佳实践，统一设计原则、标准和质量要求，坚持设计全过程优化理念，推进设计考核激励，组织进行关键卷册设计标准化，实现设计与设备制造、设计与建设运行有效衔接，落实标准强制性条文、反事故措施以及防质量通病要求，确保关键环节质量，避免常见病和多发病。

三、设备研制与供货

坚持设备为关键，3月签订特高压变压器、高压并联电抗器及开关设备采购合同，完成主设备监造评标，9月完成全部设备招标采购；将"控制设备批量生产质量稳定性"作为特高压主设备工作的重心，5月完成主设备设计审查及联络，6月启动开关用盆式绝缘子质量控制重大专项活动，10～12月首台主设备出厂试验顺利通过；重视大件运输，安全质量与通行许可并重，提前办理通行手续，提前安排码头、桥梁、道路整修。

科学统筹安排钢管塔供货，研究确定“样塔先行、总结提升、稳步推进”的工作思路，提前落实首批样塔原材料供货组织工作；年初完成钢管塔采购谈判后，各塔厂进入生产制造阶段，5 月完成 24 基样塔生产供货，6 月组织开展样塔生产经验总结，提出批量生产阶段设备和人员改进完善具体意见，为推进规模生产奠定基础；强化质量全过程管控，完成约 1550 余批次锻造法兰和 5 万条对接焊缝的第三方检验，有力保障了钢管塔本质质量。

四、现场建设

2012 年初印发加强工程建设安全质量工作的意见，提出 46 项提升措施并组织逐项落实；1 月组织开展“三查四防”检查，7 月组织开展钢管塔组塔试点安全检查，8 月开展批量组塔施工准备巡检，11 月组织开展现场专项安全督察，12 月检查部分标段放线准备工作和安全措施。

引导推动施工单位配备双平臂落地抱杆、大扭矩电动扳手、专用履带车、重型索道等一批先进施工装备，推动成立设备租赁公司，研制配置了 30 套新型塔机、10 台专用履带车，回购施工单位 25 套双平臂落地抱杆，实现重大施工装备的集约化管理和高效利用，提升组塔安全和施工机械化水平。

五、系统调试准备

超前启动系统调试研究工作，组织开展过电压及电磁暂态、潮流及安全稳定控制计算，深化同塔双回线路的人工接地短路、潜供电流测试以及交直流电场相互影响等关键技术研究。加快推进省公司 500kV 配套工程建设，提前组织开展配套工程启动调试准备，确保安全运行。

哈密南—郑州±800kV 特高压直流输电工程

一、工程概况

哈密南—郑州±800kV 特高压直流输电工程(简称哈郑工程)起于新疆哈密换流站，止于河南郑州换流站，途经新疆、甘肃、宁夏、陕西、山西、河南 6 省(自治区)，线路全长约 2210km(含黄河大跨越 3.9km)，额定电压±800kV，额定直流电流 5000A，额定输送功率 800 万 kW。工程静态投资估算约 222 亿元，动态投资估算约 231 亿元，计划 2014 年全部建成投产。

哈郑工程是继向上、锦苏工程后国家电网公司投资建设的第三回特高压直流工程，是首回输送容量达到 800 万 kW 的特高压直流工程，是国家实施“疆电外送”的第一个特高压输电工程，是西北地区大型火电基地送出的首个特高压直流工程。该工程建设是国家电网公司落实中央新疆开发战略、促进新疆资源优势转化成经济优势，满足华中地区用电需要的重要举措，对于实现电力资源在全国范围内优化配置，促进新疆发展和稳定，促进我国电网输电技术升级，实现装备制造业跨越式发展均具有十分重要的意义。

哈郑工程与已建成的特高压直流工程相比，输送容量更大，送电距离更远，技术要求更高，更加充分体现特高压直流技术远距离、大容量输电的优势，是±800kV 直流输电技术进入规模应用的样板工程，具有重大的示范效应。工程还是首个“风火打捆”电力送出的特高压直流输电工程。

送端哈密换流站位于新疆维吾尔自治区哈密地区哈密市南湖乡，站址北距哈密市区约 24km。换流站直流侧采用每极两个 12 脉动阀组串联的主接线方式，配置单相双绕组有载调压换流变压器 24＋4 台，单台容量 405.1MVA。直流开关场采用典型双极接线，并按换流阀组设置旁路断路器及隔离开关回路，以实现阀组在线投退。换流站交流侧包含 750、500kV 两种电压等级，750/500kV 母线通过 2 组 2100MVA 联络变压器连接。750kV 交流场规划出线 6 回，站内采用 3/2 断路器接线方式，配置 1 组 420Mvar 的 750kV 高压并联电抗器。500kV 交流场规划出线 6 回，站内采用 3/2 断路器接线方式，配置 4 大组 16 小组交流容性无功补偿设备，容性无功补偿容量 3880MVA。

受端郑州换流站位于河南省郑州市中牟县大孟镇，站址西距郑州市区约 30km，东距开封市约 24km。换流站直流侧采用每极两个 12 脉动阀组串联的主接线方式，配置单相双绕组有载调压换流变压器 24＋4 台，单台容量 377MVA。直流开关场采用典型双极接线，并按换流阀组设置旁路断路器及隔离开关回路，以实现阀组在线投退。换流站 500kV 交流场采用 3/2 断路器接线方式，规划 500kV 交流出线 8 回，本期建设 6 回，配置 4 大组 19 小组交流容性无功补偿设备，容性无功补偿容量 4940MVA。

二、工程建设难点

首台套设备研制存在一定风险。工程额定电流达到 5000A 后，换流变压器、套管、直流开关需重新研发，周期短、试验要求高。750kV、63kA 罐式断路器，750/500kV、3×700MVA 联络变压器均是国内研制的首台套设备。直流场首次引进国内厂家参与部分设备的供货，部分厂家经验不足。需加强重点设备研制跟踪，深入调研，全过程关注这些设备的研制进展，确保设备交付进度和质量风险可控以及工程进度和质量风险可控。

工程大件运输面临考验。哈郑工程大件运输难度超过以往工程：衡阳变压器厂联络变压器采用水路加公路运输方案，运输距离超过 5000km，送端特变电工沈变到哈密换流站约 3498km，重庆 ABB 厂到哈密换流站约 4524km，ABB 海外换流变压器从天津港到哈密约 2820km。国内大件运输服务商车辆资源欠缺。高端大件运输集中在 2012 年 9～12 月，车辆来回运输时间长，车辆资源严重不足。

哈密南变电站 750kV 区域先期投运压力大。每年 1～3 月，哈密为雨雪冰冻天气，不适宜户外大面积施工。哈密换流站于 2012 年 8 月正式进场施工，其中 750kV 部分需在 2013 年 6 月建成投运。750kV 区域提前投运将面临土建施工进度、设备交付进度和现场安全管理等压力。

首次实现风火打捆直流送出，直流系统运行方式须重新校核。哈郑工程按送端 500kV 全部接入火电机组开展成套设计。国家能源局批复了其中 530 万 kW 的火电电源项目开展前期工作，其余电源项目仍在规划当中，存在送端电源推迟建设或改成风电接入的可能性。

三、换流站设计特点

换流站按模块化设计理念对全站布局进行优化设计，分区功能明确，换流站布局紧凑。交流场取消交流 PLC 装置；换流变压器区域采用共轨设计，取消换流变压器风扇侧运输通道；由于北方线路覆冰问题不严重，直流场取消融冰回路且平波电抗器呈品字形布置；交流滤波器场采用“改进田字形”布置，同时取消两大组间避雷线塔；站用变压器区域采用一字形布置。

控制楼在吸收以往工程经验基础上，推进简约化、标准化设计。将阀厅空调设备间移至控制楼内，将阀外冷设备间与控制楼合并设计，压缩楼层层高，优化房间功能布局与建筑面积，提升使用方便性和工程经济性。

换流阀外冷采用空气冷却器＋冷却塔串联的冷却方式，达到节能节水目的。空气冷却器保温棚建筑首次采用可开启式屋面，满足夏季通风散热、冬季保温功能。

阀厅设计采用大量优化设计和防风防沙措施。将防风沙门斗设置于室内侧，加强阀厅防风沙、防寒保温及微正压。采用双层压型钢板复合保温围护系统，降低钢结构热桥作用，降低阀厅建筑的空调能耗。在防风紧固措施上加大结构风荷载取值和围护受力构件的设计，同时采用 270°直立缝锁边屋面系统，提高屋面抗风能力。外立面设计上落水管颜色与所经过的外墙面色带一致，保持建筑外立面完整。

四、工程建设管理情况

哈郑工程计划 2013 年双极建成投运。2012 年的重点工作如下：

推进工程建设形象进度，在完成年底目标基础上，哈密南变电站在冬歇期前实现主控楼等建筑物的砌筑封闭，低端阀厅主钢结构封顶，高端阀厅建筑确定一定进展，GIS 厂房主体结构完成，750kV 区域交流场构架组立、电缆沟施工基本完成。郑州换流站细化安排好冬季土建施工进度，在确保安全质量的基础上，推进工程建设形象进度。

抓好关键设备进入规模生产交货阶段的关键环节，重点跟踪换流变压器阀侧套管、联络变压器、换流变压器（含水冷系统）、换流阀、直流场设备的首台套产品研发、物料供应、生产组织和出厂试验等环节相关工作。及早确定大件运输车辆安排，优化、细化大件运输方案。组织好设备监造和设备研制过程中的隐患排查工作。

开展成套设计校核和施工图优化设计工作，组织做好定标直流系统设备投标参数确认，开展主回路参数、过电压绝缘配合、直流回路谐振、交直流滤波器性能、无功投切控制策略及直流动态性能研究的深入校核。组织结合联调平台做好成套设计方案的仿真验证。总结吸收向上、锦屏工程设计经验，开展设计优化，确保施工图质量和交付进度。

开展工程安稳系统专题研究工作，结合送受端安稳系统专题研究工作，开展交流接入系统特性专题研究、送受端安全稳定策略研究、直流适应性专题研究和直流防止单、双极闭锁专题研究。掌握工程的交流接入系统特点，开展风电接入和直流孤岛、次同步振荡等专项研究工作。

组织施工关键技术研究，总结以往直流工程和西北 750kV 工程施工经验，推广先进施工工艺，落实施工技术装备水平，提高施工质量和效率，降低施工成本。针对西北地区戈壁、沙漠、盐渍地、湿陷性黄土等特殊地理地形和干旱、严寒、高温、大风沙等特殊气象条件，细化施工方案和装备要求，开展机械化施工推广应用，组织换流站建筑物防沙防风工艺研究和方案实施，开展大规格角钢在低温地区的应用研究以及防磨金具研制等工作。

五、线路工程建设情况

工程现场管控。国家电网公司组建工程建设协调领导小组，发挥总部统筹、直属单位专业化和省级公司属地化优势，保障工程建设顺利进行。国网直流公司、国网信通公司发挥专业化优势，沿线各省公司克服线路施工难点，强化现场协调和施工组织，完成实质性标准化开工，采取工程周报和周例会、月度例会、专题会等电视电话会议等方式加强沟通协调。

工程科研。线路采用目前截面最大的 6 分裂 1000mm² 大截面导线；出版《国家电网公司±800kV特高压直流输电线路工程金具标准图册》。

工程设计。加强设计专题和科研成果的应用，优化设计方案。控制施工图的交付进度，图纸供应及时有序。国网经研院开展设计专项检查，为工程设计提供技术支撑。

工程设备物资。国网物资公司强化材料供应，基础插入式角钢和塔材全部按计划完成供货。开展监造工作，促进设备物资质量的提升。

工程安全质量。落实"安全年"活动部署，组织进行现场项目部标准化建设与安全、质量、环保、水土保持专项检查，开展现场安全、质量专项督察，推行现场流动红旗竞赛，工程未发生安全质量事故。

工程进度。2012 年底线路工程基础施工基本完成，铁塔组立完成 82%，国网河南、新疆电力公司提前完成京广高铁和兰新电气化铁路跨越段架线施工。

溪洛渡左岸—浙江金华±800kV特高压直流输电工程

溪洛渡左岸—浙江金华±800kV 特高压直流输电工程（简称溪浙工程）是金沙江下游溪洛渡水电开发的配套外送工程，起于四川宜宾双龙换流站，止于浙江金华换流站，途经四川、贵州、江西、湖南、浙江 5 省，线路全长 1652km，工程额定电压±800kV，额定输送功率 800 万 kW。工程静态投资 229.05 亿元，动态投资 238.55 亿元。工程于 2012 年 7 月获得国家发改委正式核准，计划直流线路 2013 年底全线架通，2014 年 3 月双极低端投运，6 月完整双极投运。

一、换流站工程建设情况

1. 工程设计

溪浙工程成套设计和阀厅设计由国网经研院承担，双龙换流站由中南电力设计院和华北电力设计院设计，金华换流站由华东电力设计院和浙江电力设计院设计。换流站工程于 2 月完成初步设计评审，3 月完成成套设计评审，7 月完成换流站、接地极和接地极线路初步设计收口，12 月获得初步设计批复。溪浙工程换流站设计充分突出模块化和标准化设计的特点，落实公司关于直流工程新的寿命周期的要求，是后续 800kV、800 万 kW 特高压直流工程设计的样板。

2. 工程主设备采购和非物资类采购

工程主设备采购工作自 7 月启动，2012 年完成交流主设备和直流主设备两批采购工作，设备采购全部采用公开招标方式，溪浙工程主设备采购推动了设备国产化，诸多设备均是第一次由国内厂家自主生产制造。换流站设计、监理、施工、设备监造、调试等非物资类招标采购工作全部完成。

3. 换流站现场建设

两端换流站 2012 年主要进行"四通一平"施工。截至 2012 年底，双龙换流站基本完成北区场平，完成大件运输道路改造工作；金华换流站完成政策处理，场平清表清淤，临建和进站道路开始施工。

二、直流线路工程建设情况

（1）工程科研。总结锦苏工程研究成果和工程应用经验，加强技术创新设计，完成包括电磁环境、铁塔优化等配套技术研究，有效降低了走廊宽度。组织完成盘式瓷绝缘子电腐蚀研究，解决了瓷绝缘子的电腐蚀问题。

（2）工程设计。工程建设初期，发挥设计"龙头"作用，在推进标准化设计的同时，结合工程实际开展专题研究并应用于工程。

（3）工程设备物资。在工程塔材供应方面，加大现场需求计划与供应计划的对接落实。在材料质量方面，加大厂内监造力度，严控材料出厂质量，严格进场管理，同时结合厂内监造有关问题，组织专家现场核查相关问题的整改，确保进场材料质量满足标准和合同要求。

（4）工程现场管控。8 月，召开工程建设动员会，推动工程实质性开工。截至 2012 年底，线路完成基础浇筑超过 80%，进入组塔施工阶段。

（5）工程安全质量。9 月，组织开展项目部标准化建设和工程标准化开工现场检查；基础转序阶段开展现场安全质量及环保、水土保持专项检查，针对连续降雨对山区运输、基坑开挖带来的风险进行监督检查。

锦屏—苏南±800kV特高压直流输电工程

锦屏—苏南±800kV 特高压直流输电工程（简称锦苏工程）是国家电网公司投资建设的第二回特高压直流工程，额定电压±800kV，额定输送功率 720 万

kW，线路全长2059km，2012年工程完成交直流系统主设备生产交付、现场安装、分系统调试，完成竣工验收、站系统调试，12月12日结束试运行正式投运。

一、换流站主设备生产

锦苏工程换流变压器、换流阀、平波电抗器、直流控制保护和直流场设备在2012年相继完成生产并交付现场。其中，低端换流阀、控制保护和直流场设备4月全部交付现场，低端换流变压器3～6月间陆续运抵换流站。4月自主设计与生产的换流阀和直流场隔离开关、接地开关、滤波器等设备全部完成生产并交付，双极低端换流变压器6月全部交付换流站现场。高端换流阀和穿墙套管等设备于7～9月交付现场，高端换流变压器10月28日全部交付现场。

二、安装施工、分系统调试和工程验收

(1) 2012年完成换流站全部交直流设备安装试验。结合工程建设特点，分步组织完成换流站交流系统、双极低端和高端直流设备安装试验工作。

(2) 组建锦苏工程启动验收委员会。3月19日召开锦苏工程第一次启动验收委员会，制订了2012年6月双极低端建成送电，12月双极建成投运的建设目标，制订了换流站、接地极及其线路、线路工程竣工验收组织形式、进度计划和实施细则。

(3) 分区域组织完成分系统调试。根据换流站交流场、高低端直流系统分步建成的实际情况，研究制订各个阶段施工区域与调试、运行区域的一次、二次和软件隔离技术措施，成功解决了特高压换流站分部建设、分部调试和分部运行的安全问题。

(4) 完成竣工验收。锦苏工程竣工验收按照分部工程分步实施：

1）同里换流站。4月27日完成接地极及其线路工程竣工验收；5月15日完成交流场竣工验收；6月4日完成双极低端直流系统竣工验收；10月15日完成极1高端直流系统竣工验收；11月15日完成极2高端直流系统竣工验收。

2）裕隆换流站。5月24日完成交流场竣工验收；5月31日完成接地极及其线路工程竣工验收；6月10日完成极1低端直流系统竣工验收；6月24日完成极2低端直流系统竣工验收。10月15日完成极1高端直流系统竣工验收；11月15日完成极2高端直流系统竣工验收。

三、直流线路全线架通

国网直流公司、各属地省公司及参建单位合理组织后续施工安排，3月中旬前实现全线架通的目标，4月底前完成所有拆迁及通道清理工作，做到通道和本体“零缺陷”移交，按时具备全线带电条件。

运行单位及早介入，分区域、分段组织各级竣工验收工作。线路工程验收按照环保验收标准进行，通道拆迁及迹地恢复等要达到环保、水土保持验收标准，确保本体和通道一次成优。

推进工程分阶段结算，启动竣工结算和决算工作，年内完成线路施工、接地极及其线路工程施工合同结算。

四、交直流系统验收和启动调试

1. 启动调试准备

2月27～28日和9月20日，分别召开锦苏工程交流系统、低端直流系统调试和高端直流系统方案评审会，讨论制订两站交流系统、双极低端和高端直流系统启动调试项目、组织方式、进度计划和相关安全技术保障措施。

2. 系统启动调试

锦苏工程换流站交直流系统启动调试根据工程建设分步组织：

(1) 同里换流站交流系统启动调试由华东分部负责，江苏省电力试验研究院、华东电力试验研究院负责实施，直流站系统调试由国网直流建设部负责，中国电力科学研究院负责实施。

1）5月17日～6月3日，完成交流系统6回出线和站内500kV系统启动调试；

2）6月4～5日，完成极1低端直流系统站调试；

3）6月21日，完成极2低端直流系统站调试；

4）10月16日，完成极1高端直流系统站调试；

5）11月16日，完成极2高端直流系统站调试。

(2) 裕隆换流站交直流系统启动调试由直流建设部负责，交流站系统调试由四川电力科学研究院负责实施，直流站系统调试由中国电力科学研究院负责实施。

1）6月3～10日，完成月锦Ⅰ、Ⅱ回线路和站内500kV系统启动调试；

2）6月12～13日，完成极1低端直流系统站调试；

3）6月26日，完成极2低端直流系统站调试；

4）10月16日，完成极1高端直流系统站调试；

5）11月17日，完成极2高端直流系统站调试。

(3) 直流系统调试由中国电力科学研究院负责实施，根据极1、极2低端直流系统和高端直流系统建设进度分阶段组织实施。

1）6月13～17日，完成极1低端直流系统调试；

2）6月26日～7月9日，完成极2和双极低端直流系统调试；

3）9月13日，在送端交流系统孤岛运行方式下完成直流系统孤岛运行试验；

4）10月16～23日，完成极1高端直流系统调试；

5）11月16～27日，完成极2高端和双极直流系统调试；

6）12月12日，工程完成试运行，举行锦苏工程投产仪式，该工程正式进入商业运行。

玉树联网工程

2012年6月6日，玉树电网与青海主网联网330kV输变电工程（简称玉树联网工程）开工建设，2012年底顺利实现工程阶段性目标，计划于2013年6月底建成投运。

玉树联网工程北起自西宁湟中县，南至玉树结古镇，工程途经西宁、海南、果洛和玉树“一市三州”。工程总投资24.36亿元，新建750kV明山—羊曲线路167.5km，330kV羊曲—唐乃亥—玉树线路637.3km，新建330kV唐乃亥变电站、330kV玉树变电站、330kV玛多开关站。工程海拔在3200～5000m，其中海拔4000m以上的线路长482km，多年冻土区线路长361km，是世界上海拔最高的330kV输变电工程。

东北—华北（高岭）直流背靠背扩建工程

2012年11月6日，位于辽宁省绥中县的东北—华北（高岭）直流背靠背换流站扩建工程（简称扩建工程）正式建成投运。扩建工程额定输送容量150万kW，与一期工程同址建设，建成后输送能力达到300万kW，是目前世界上输送容量最大的直流背靠背工程。扩建工程于2012年7月获国家核准，由国家电网公司投资建设，静态投资11.1亿元，动态投资11.5亿元。

整个扩建工程由国家电网公司自主研发、自主设计、自主建设。全部设备实现了自主研制和国产化目标，特别是换流阀控制系统、直流套管和直流控制保护软件平台等关键组部件和核心技术，实现了全面突破，打破了国外技术壁垒，并在工程中成功应用。

500kV惠茅线改造工程

500kV惠茅线改造工程于2012年4月26日投产。该工程东起汕尾，西至惠州，全长108km，在已运行15年的旧线上进行组塔改造，线路共有铁塔249基，分惠州3个标段、汕尾2个标段建设，于2011年10月28日开工。南方电网公司用5个半月的时间，完成了常规需要2～3年才能建完的项目，有效缓解了广东省电源性缺电和粤东电力送出受限的“两难”局面，为广东增加供电能力320万kW。

电 力 工 作 报 告

国家电力监管委员会工作报告（摘要）

一、2012年工作回顾

（一）认真贯彻党中央、国务院各项决策部署，在当好参谋助手上发挥积极作用

2012年，电监会共向党中央、国务院报送专题报告25份，报送专报信息71份，党中央、国务院领导同志对电监会工作的各类批示达51次，充分体现了党中央、国务院对电力事业的高度重视。

1. 围绕深入推进电力体制改革，深入调研，建言献策

明确了以改革促监管，以监管促改革的思路，结合电力监管实际，形成了《关于进一步深化电力体制改革的思考与建议》。

2. 围绕印度大停电事件，深入调研，建言献策

第一时间研究部署增强中国电网安全工作的措施，印发《关于加强电网运行管理防范大面积停电事故的紧急通知》和《关于加强电力设备（设施）安全隐患管理工作的指导意见》，防范电网大面积停电。派员赴印度实地考察，分析印度大停电原因，研究形成了《关于吸取印度大停电事故教训采取措施确保电网安全情况的报告》。

3. 围绕风电发展遇到的问题，深入调研，建言献策

针对“三北”地区风电严重弃风问题开展专项调研、重点监管，研究提出解决风电场弃风限电、风电消纳调节和可再生能源全额保障性收购等问题的操作措施，形成《关于促进我国风电健康稳定发展有关建议的汇报》。

4. 围绕光伏产业发展遇到的困难，深入调研，建言献策

针对光伏产品出口严重受阻、光伏企业经营困难重重的情况，在北京、青海、江苏、宁夏先后召开5次座谈会，与68家光伏企业、电网企业、行业协会、研究机构和地方党政领导、有关部门深入研讨，实地调研12家企业和产业园区，研究提出四个方面22条政策建议，形成了《关于支持光伏产业持续健康发展的几点建议》。

5. 针对农村电网发展，深入调研，建言献策

召开专题会议，立足监管职责，研究提出加强协调引导、保障新一轮农网改造工程顺利实施，加强供电监管、提升农村电网供电服务质量，加强安全监管、保障农村电网安全稳定运行等三个方面10项措施，形成了《关于加强监管促进农村电网发展有关情况的报告》。

（二）寓监管于服务之中，在围绕中心、服务大局上取得积极成效

1. 以保障党的十八大胜利召开为中心，加强监管，圆满完成党的十八大电力安全保障工作

电监会及早安排部署，健全组织体系、开展安全检查、督促整改落实、强化应急处置，实现了十八大电力安全保障工作万无一失。

2. 首次在全国各省（区、市）召开电力监管工作座谈会，主动服务地方经济社会发展

座谈会累计召开30场次，首次全面邀请地方政府部门、电力企业、电力用户代表等各方广泛参加，全方位听取意见和建议。参会单位达到2100余家，参会人数3400余人，共收集意见建议10大类、792条。会后，及时对意见建议进行了梳理，明确了办理意见和责任部门，提出了办理措施，由派出机构具体抓好落实并限时向当地政府做了反馈。出台《关于贯彻落实国务院〈关于支持河南省加快建设中原经济区的指导意见〉的实施意见》、《关于支持云南省加快建设面向西南开放重要桥头堡的意见》、《关于支持山东建设经济文化强省的实施意见》、《关于支持四川省建设西部经济发展高地的实施意见》、《关于进一步支持甘肃经济社会发展有关问题的批复》等5个支持地方经济发展的意见。甘肃通渭定点扶贫工作取得良好效果。

3. 做好电力运行与经济形势分析，为国务院、各省（区、市）经济决策提供参考

电监会向国务院报送电力经济形势分析报告7份。各派出机构向当地政府报送电力经济形势分析近100份。办公厅、信息中心联合编制《2012电力监管统计数据分析手册》，山西办加强电力运行监测监控，开展电力运行形势深度分析，形成专题报告，得到了省市主要领导的肯定和好评。中电联充分发挥行业协会的作用，及时加强电力供需情况分析，加强重大问题研究，取得了较好效果。

4. 加强电力发展重大问题研究与协调，服务电力事业科学发展、又好又快发展

市场部牵头开展专题调研，协调界定电源项目自建配套送出工程资产140亿元，分三大类积极督促电网企业进行回购，和谐厂网关系。输电部、福建办积极调研，推动闽粤联网，提出了《关于加快推进福建、广东联网工程建设的监管建议》，促进电力资源在更大范围优化配置。河南办研究形成《关于促进河

南电网持续健康发展的意见》，得到省政府采纳，为河南电网发展提供了政策支持。

5. 深入开展居民用电服务质量监管专项行动，促进人民群众放心用电、满意用电

一年来，专项行动取得明显成效。①供电能力不断提升。全国110kV及以下配电网完成投资近1600亿元，供电可靠率、电压合格率明显提升。②居民用电难题得到缓解。已解决610万用户低电压等问题；通过新增营业场所、增设移动缴费车等方式缓解了缴费难问题；无序停、限居民生活用电问题也明显缓解。③居民用电服务水平进一步提高。电力抢修到达现场平均时间同比减少10%以上，保障性住房报装接电实现了绿色通道。④为民服务的机制不断健全。出台了《居民用电服务质量监管专项行动有关指标》等制度，完善了居民用电故障抢修、报装接电、投诉举报等制度。

（三）突出重点、依法履职，在认真抓好六项重大监管上取得积极成效

1. 突出抓好电力安全监管，保障了电力安全稳定运行

①开展以防范电网大面积停电为主要目标的隐患排查治理专项监管。排查电力企业2220多家，排查隐患近8万处，督促电力企业及时落实治理防控措施。②认真开展电力安全事故事件调查处理。处理了深圳“4·10”、海口“3·14”、贵州六盘水“3·18”等事故事件近100起。③认真做好专项安全监管。开展了电力建设施工、燃煤发电厂贮灰场、小水电站运行安全专项监管、网络与信息安全专项监管、党的十八大保电专项监管等。④加强电力应急管理。建立健全了安全生产协调、事故应急响应、事故调查处理和应急值班等机制。

2. 突出抓好电力交易监管，促进了电力资源的优化配置

①加强跨省跨区电能交易监管。2012年1～11月，全国跨省送电量6613亿kWh，同比增长14.2%；跨区送电量1861.6亿kWh，同比增长22.3%。②加强节能调度监管，落实可再生能源全额保障性收购监管。2012年1～11月，全国共消纳水电、风电、核电等清洁能源电量8870亿kWh，同比增长24.7%，占全部上网电量的20.2%，占比较2011年同期提高3.3个百分点。③开展电力交易与市场秩序专项监管。发布《发电机组并网运行情况监管报告》，提出监管意见。

3. 突出抓好市场准入监管，市场主体及其行为逐步规范

①做好许可证颁发工作。全年颁发电力业务和承装（修、试）许可证2400家，颁发电工进网作业许可证17.1万个。②加强持证后续管理。全年依法注销发电许可证29家、容量470万kW；依法注销承装（修、试）许可证167家、降级12家；依法注销电工进网作业许可证730个。

4. 突出抓好成本与价格监管，取得积极进展

①推进成本监管，对国家电网公司、南方电网公司及所属30家省级电网企业的输配电成本及财务情况进行了统计、汇总、分析，并发布情况通报。②推进价格监管，组织开展跨省跨区电能交易价格专项监管，编制发布《西北送华中等四条跨省跨区通道2011年电能交易价格监管报告》，提出了监管意见。③组织完成德宝、灵宝、向上、苏锦、溪浙等5项跨区输电价格的审核工作。

5. 突出抓好电力节能减排监管，取得明显成效

①加强发电权交易监管。2012年前10个月，全国完成发电权交易电量798.1亿kWh，相当于节约标准煤633万t，减排二氧化硫18.2万t，减排二氧化碳1645.7万t。②加强火电机组脱硫、脱硝设施运行情况监管。2012年前三季度，全国火电企业二氧化硫、氮氧化物达标排放率平均达到95%以上。

6. 突出抓好供电服务监管，各方反响良好

①推动居民用电服务质量监管专项行动上升为居民用电满意工程，纳入地方政府民生工程、民心工程。②开展受电工程专项监管。发布《供电企业用户受电工程“三指定”专项治理监管报告》，进一步规范供电企业业扩报装工作。

（四）落实党中央、国务院决策部署，稳妥务实推进电力体制改革取得了积极进展

1. 深入调研，探索深化电力体制改革的路径与措施

组织两届电力监管论坛，集中围绕输配电体制改革、电价改革和电力市场建设等专题开展持续深入的研讨。

2. 完善试点方案，积极推进大用户直购电

吉林、广东、辽宁、安徽、福建、江苏、黑龙江等省的大用户直购电试点方案先后获批。

3. 推进电力市场建设，建立了电力信息市场

2012年6月以来，每日公开披露全国电力交易信息，供电力企业、电力用户及电力投资者参考。

4. 建立健全电力监管法律法规和配套规章制度

政法部制定了《电力监管立法规划（2012～2017年）》，加强规章制度出台前的合法、合规性审查，统筹指导立法工作。各部门根据各自业务开展需要，制

定修订《电力安全事件监督管理暂行规定》、《民用运输机场供用电安全管理规定》等安全监管法规，《电力业务许可证注销管理办法》等准入制度，《跨省跨区电能交易基本规则（试行）》、《水泥窑低温余热发电机组并网运营的监管意见》等交易规则，全年制定出台法规30余部。各派出机构结合当地实际，有针对性地加强制度建设，出台实施细则，促进依法依规监管。

（五）围绕提高能力、强化素质，在加强自身建设上取得积极成效

1. 认真开展党的十八大精神学习宣贯活动

党的十八大胜利闭幕后，电监会迅速落实中央部署，会党组多次召开会议，及时组织学习传达党的十八大精神、习近平总书记重要讲话精神，动员和部署全系统学习贯彻党的十八大精神。

2. 组织体系和干部队伍建设进一步加强

设立了西藏电力监管业务办，实现了全国省级电力监管机构全覆盖。积极推进竞争性选拔，在全系统范围内公开竞争性选拔了2名正局级干部、4名副局级干部，以及会机关3名正处级干部。积极加强干部交流锻炼，选派40多名同志在电监会系统内进行了交流任用。

3. 党的建设进一步推进

党的组织建设、作风建设、纪检监察工作得到加强。一些派出机构主要负责同志新当选为地方党代表、政协委员或在政协兼职。

4. 机关工作进一步加强，监管能力和水平进一步提升

①认真开展学习交流活动。组织到国家审计署交流学习工作经验，积极探索电力监管新理念、新方式和新方法。②监管阵地得到加强。仅2012年下半年，中央电视台就播报电监会新闻信息59次。《中国电力报》发行量19.6万份，创造了创刊31年来的最高发行纪录，“五个主阵地建设”逐步深化，报社其他事业扎实推进。③工作制度得到健全，规范了工作，提高了效率。④财务保障得到加强，较好缓解了电力监管事业资金紧张局面。⑤国际合作得到加强。深入开展与欧盟、大湄公河次区域的交流合作，服务企业“走出去”取得积极进展。⑥机关服务工作得到加强，服务保障和职工福利水平进一步提高。

二、2013年工作重点

（一）围绕中心，服务大局，进一步提高电力监管工作的主动性、针对性、实效性

1. 围绕促进发展抓监管

①抓好电力余缺调剂监管。②抓好电源项目与电网项目的配套建设。③抓好国家电力能源规划和电力能源政策的落实。

2. 围绕调整经济结构抓监管

①积极建议和推进产业差别化电价改革。通过经济杠杆促进节能减排，推进产业结构调整。②积极支持清洁能源发展，优化电力能源结构。通过监管落实鼓励清洁能源发展的各项政策，提高清洁能源在电力能源结构中的比重，到2020年实现占比15%的战略目标。③切实抓好上大压小政策的落实。提高高效节能环保机组在总装机容量中的比重，有效优化电力装机结构。

3. 围绕电力改革抓监管

①积极推进大用户直购电试点，为供需双方直接市场化交易打开突破口。②积极支持和推进电煤价格并轨改革，及时做好市场预测预警，促进电煤市场平稳过渡，供应充足。③深化输配电改革论证，为打破垄断，建立公正公平的电力市场秩序开拓进取。④加强电力市场法律法规的修订、完善，为电力市场的改革发展提供法规支撑。

4. 围绕服务群众抓监管（略）

（二）突出质量和效果，抓好19项专项监管

1. 电力安全监管方面4项

（1）开展电网安全风险防控专项监管。

（2）开展预防人身事故专项监管。

（3）开展发电设备安全专项监管。

（4）开展电力网络信息安全专项监管。

2. 市场准入监管方面2项

（1）开展企业许可制度执行情况专项监管。

（2）开展电工进网作业许可制度执行情况专项监管。

3. 电力交易监管方面4项

（1）开展电力余缺调剂专项监管。

（2）开展厂网公平交易专项监管。

（3）开展可再生能源发电全额保障性收购专项监管。

（4）开展电源项目接入电网专项监管。

4. 成本与价格监管方面4项

（1）开展电力企业财务经营与成本构成专项监管。

（2）开展发电与输电成本专项监管。

（3）开展跨区域输电价格审核、调整及运营效率专项监管。

（4）开展重点电网工程造价专项监管。

5. 供电监管方面3项

（1）继续大力实施居民用电满意工程。

（2）开展电力业扩报装行为专项监管。

（3）开展投诉处理当事人满意率专项监管。

6. 节能减排监管方面2项

（1）开展燃煤机组烟气排放在线监测系统运行情况专项监管。

（2）开展电力企业节能降耗专项监管。

（三）提高能力，提升素质，努力加强自身建设

（1）继续深入学习党的十八大精神。

（2）切实加强党的建设。

（3）切实加强干部队伍建设。

（4）切实加强党风廉政建设。

（5）切实加强作风建设。

（6）切实加强派出机构建设。

中国电力企业联合会工作报告（摘要）

一、2012年工作回顾

（一）重点工作取得显著成效

一是开展了电力体制改革研究。2012年实地调研了20余家电力企业，广泛听取各方意见建议，总结了十年电力改革成果，借鉴国外电力改革经验教训，就电力统一规划、电价机制、法律法规等十个方面问题进行了分析，提出了改革建议。

二是针对节能减排要求过严积极反映企业诉求。认真研究《火电厂大气污染物排放标准》和国家“十二五”节能减排规划对电力行业和企业的影响，提出了对策建议，并与五大发电集团、神华集团联合行文，向国家发改委等部委反映脱硝电价、排放标准等问题；就出台脱硝电价政策代表电力行业多次提出意见和建议，为促进脱硝电价出台发挥了积极作用。

三是就电煤并轨方案向政府提出建议。针对政府部门提出的重点合同煤与市场煤并轨的方案，召集和参加14次大型电煤价格问题研讨会，提出行业性意见和建议，相继形成3份专项报告报送国家发改委。

四是积极参与法规政策制修订，维护行业利益。针对《环境保护法修正案（草案）》等对行业发展有重大影响的法律法规修订，与电力企业共同研讨形成行业意见；针对全国人大预算委提出的有利于转变经济发展方式的财税政策反映了行业建议；代表电力行业对发改委等部门制定过程中的30多部政策文件提出意见建议。

（二）创新开展专业服务和社会沟通工作

一是开展电力行业同业对标。2012年第一次理事长会议决定开展电力行业同业对标工作。通过发挥中电联综合资源优势，建立了组织体系和指标体系，形成了行业对标报告。

二是加强统计工作和电力供需与经济形势分析预测。认真做好电力行业统计工作，及时向政府有关部门提供统计信息。认真开展电力供需与经济形势分析预测工作，按期完成并发布月度、季度、半年以及年度电力供需分析预测系列报告。同时启动了全国电力供需分析三年预测工作。

三是促进行业节能减排工作有效落实。编制完成电力行业节能减排和应对气候变化进展报告；开展电力行业节能减排和应对气候变化的政策、技术路线、标准体系等研究；组织制订国家重点节水技术推广目录；开展能效对标及机组竞赛活动，促进电力企业节能减排。

四是为企业“走出去”提供信息，搭建平台。开展电力企业重点国际合作项目调研，举办驻华使节“走进中国电力”座谈会，组织电力企业参加亚太电协大会，与欧电联、国际能源署等机构开展合作交流；编制中国对外投资合作政策法规汇编；成功组织举办2012年中国清洁电力峰会暨中国国际清洁能源博览会、第十四届中国国际电力技术和电力设备展（EP）等。

五是积极开展行业文化建设与对外联络，加强与社会沟通。组织编撰并发布电力行业价值白皮书；连续7年编制并发布电力行业年度发展报告；以中国有电130周年为契机，举办以“新技术、新电力、新生活”为主题的全国首个“电力主题日”活动。加强行业舆论引导，针对电力供需形势、魏桥事件等热点问题发出行业声音，及时回应社会关注。为“两会”电力行业代表委员编写《中国电力工业现状与展望》；完成了汶川特大地震抗震救灾志电力行业志的编纂。

六是加快推进国家、行业标准制修订。进一步加快了特高压、智能电网、非化石能源发电、节能环保、电动汽车充换电设施以及电力生产建设急需标准的制修订；全年完成标准报送226项，其中国家标准37项，行业标准189项，政府部门发布了122项电力标准；完成61项标准英文版翻译稿审查；申报的3项国际标准提案获得通过；组织实施电力企业“标准化良好行为企业”试点确认，开展企业标准的备案。

七是创新电力可靠性管理手段和服务方式。在完成全年电力可靠性分析发布和评价工作的基础上，积极总结交流电力企业生产技术管理经验；针对当前断路器、抽水蓄能机组等电力系统和设备存在的突出质量问题，从设计、制造、安装、运行几个方面开展可靠性专项研究并提出技术建议；根据电力企业发展需求，修订了可靠性评价的领域和方式。

八是深入开展技能鉴定和教育培训工作。有序推进《国家职业分类大典（电力行业）》修订工作；成功举办第八届全国电力行业职业技能竞赛。进一步完善了电力行业职业技能鉴定三级工作体系。

九是扎实推进电力定额管理工作。积极开展电力建设工程概预算定额、电网检修技改定额等领域的管理工作，加强对高海拔地区电力建设工程定额及有关费用计算的标准管理，推进发电检修定额的编制进程，开展定额编制、造价管理、设备材料信息发布及工程造价从业人员资格认证管理工作。

十是持续开展促进企业技术创新和管理创新的服务。组织电力行业申报中国工业大奖，推荐中国工业大奖企业1项、项目4项；4项电力建设工程获得国家优质工程金奖，31项电力建设工程获得国家优质工程银奖，4项电力建设工程获得鲁班奖；完成2012年全国电力行业企业管理创新成果、全国电力行业优秀企业、优秀企业家评选工作；164个项目通过了科技新成果、新产品鉴定；管理体系认证的业务领域不断扩大。

十一是有序推进行业市场诚信体系建设和需求侧管理试点工作。发布了《电力行业市场诚信体系建设年度报告》。受工信部委托，签署了“工业领域电力需求侧管理战略合作协议”，启动了工业园区电力需求侧管理试点工作。

（三）本部能力建设进一步提高

一是加强了对分支机构、代管学协会的管理。成立了节能环保分会，完成了后勤分会、物流分会、燃料分会在民政部的注销工作，办理了火电分会、试验分会、电力装备分会财务由中电联本部集中管理的交接工作，完成了试验分会负责人的变更登记工作，完成了火电分会的机构设立工作和负责人的变更登记工作。

二是调整本部机构，完善组织体系。根据新的功能定位，精简调整本部机构。对处室负责人岗位进行了公开竞聘。继续推进企业派驻干部交流、轮换和充实工作。健全了与各理事单位的联络员工作网络体系，新发展会员单位20家。完善顾问队伍，聘请了五位正部级老领导作为中电联高级顾问。

三是加强制度建设，促进规范化管理。全年修订11项管理办法，规范了评比表彰、行业培训、软课题管理，加强了合同管理、办公用品管理和公文管理，促进工作的规范化、制度化。强化财务集中和预算管理，严格控制费用开支，“增收、节支、堵漏”的工作目标初见成效，实际开支较年初预算有较大幅度降低。

四是不断加强党的建设，深入开展创先争优活动。加强本部思想文化建设，认真组织职工学习党的十八大、全国“两会”精神。积极发展党的组织，加强党组织建设和廉政建设，积极开展工会活动，增强了本部职工向心力和凝聚力。

二、2013年工作思路和重点工作

2013年，中电联总体工作思路是：以党的十八大精神为指引，深入贯彻落实科学发展观，牢牢把握“立足行业、服务企业、联系政府、沟通社会”的功能定位，围绕转变电力发展方式，着力开展影响行业发展的重大问题研究；围绕国家宏观经济形势变化，着力开展电力供需分析预测，为政府决策和企业生产运营提供重要参考；围绕企业的重大困难深入开展调研，着力反映企业诉求，争取政策支持；围绕专业管理和咨询服务，着力打造品牌服务项目和专业服务平台；围绕建设行业文化和提高社会认同度，着力凝聚行业力量，加强社会沟通。通过五个“着力”，深入推进电力行业和企业科学发展、和谐发展、健康发展。

围绕五个“着力”的工作思路，本部各部门应重点做好以下五个方面的工作：

（一）围绕转变电力发展方式，着力开展影响行业发展的重大问题研究

一是研究促进加快特高压、智能电网、分布式电源发展的规划和政策，提出有针对性的建议。二是高度关注电力改革动态，及时收集国内外电力体制改革的信息，听取企业意见，随时准备参与新的改革任务。三是继续开展电价机制、行业管理体制等加强改革的重大问题研究，促进厂网协调发展，为行业发展争取良好的体制环境。四是高度关注政府推进的电力行业碳排放控制和交易试点，开展相关研究，在参与政府决策中维护企业合法权益。

（二）围绕国家宏观经济形势变化，着力开展电力供需分析预测

一是开展电力市场三年供需分析预测工作，结合国家新的经济政策完善预测研究报告。二是开展全国电力供需预警系统研究，提出电力供需状况的判断标准。三是改进电力统计分析方法，确保统计数据的及时性和准确性，做好统计数据的深加工。四是组织专业力量，发挥专家顾问作用，按时编制季度、半年、年度电力供需分析报告，建立良好的分析研究机制，做深、做透、做好分析预测工作。

（三）围绕企业的重大困难深入开展调研，着力反映企业诉求

一是积极研究清洁能源的有序发展、科学发展，深入基层开展调研，针对清洁能源并网、外送、消纳、投资回收等困难和问题，及时研究并提出政策建议。二是研究提出发电企业国际一流指标评价体系，

形成初步框架方案，为发电企业科学管理提供参考，力求打造新的服务品牌。三是密切跟踪煤、电、运协调问题，关注电煤并轨对发电企业的影响，着力反映企业诉求，争取政策支持，促进从监管、电价、运力协调等方面综合解决煤电矛盾。四是针对节能减排要求过严问题积极反映企业诉求，提出电力行业节能减排政策建议，开展电力行业节能减排潜力与措施、电力行业碳排放控制政策与机制等研究，在参与政府决策中维护企业合法权益。五是进一步深化服务企业“走出去”，继续开展电力企业“走出去”重点项目调研，加强与国际同行业组织、电力企业的信息交流，为电力企业“走出去”提供决策参考。

（四）围绕专业管理和咨询服务，着力打造品牌服务项目和专业服务平台

要认真研究中电联品牌战略问题，逐步开始对中电联的品牌进行研究，提出品牌战略、进行品牌管理、加大品牌宣传、形成品牌效益。要加强服务平台建设，继续做好《中国电力行业年度发展报告》、为全国两会代表服务手册、电力节能减排分析报告、电力行业职业技能大赛、国际电力设备及技术展览会、电力可靠性发布会、经济形势与电力发展预测会、电力行业信用评价等品牌服务；要进一步提升标准化管理、可靠性管理、技能鉴定和教育培训、电力行业工程造价与定额管理等专业基础性服务的水平和质量。

（五）围绕建设行业文化和提高社会认同度，着力凝聚行业力量，加强社会沟通

一是加强行业舆论引导，提升舆情监测分析及应对能力，扩大舆情监测服务范围，重点做好行业重大问题和热点问题的舆情监测与应对，让社会更多更真实地了解电力行业。二是加快推进行业文化建设成果落地工作，加强电力行业核心价值观的传播，提前谋划，创新形式，办好 2013 年中国电力主题日的系列活动，积极向社会宣传电力行业对社会发展的贡献和电力企业践行社会责任的情况，促进与社会各界的互动沟通。三是加强诚信建设，开展电力行业社会责任标准体系研究，完善电力行业信用评价体系，健全信用评价标准，建立行业信用规范，促进改善行业形象。

三、突出重点、狠抓落实的保障措施（略）

专 家 论 坛

建议优先培育分布式光伏发电市场❶

（史立山）

截至2011年底，全球光伏发电装机已达到6740万kW，特别是德国的太阳能光伏发电容量已达到2470万kW，光伏发电量已占到其总发电量的3%，为全球光伏发电发展起到了重要的示范作用。许多国际机构预计，到本世纪末，太阳能将占到全部能源消费的50%以上。

目前，制约光伏发电规模化利用的主要因素是成本仍相对较高，促进光伏发电发展需要强有力的政策支持，特别是需要合理有效的经济激励政策。此外，现行电力管理体制也是制约光伏发电发展的重要因素。与此同时，光伏发电技术还不够成熟，特别是大型逆变技术、智能控制技术、经济储能技术等还不适应光伏发电大规模发展需要。

一、“三头在外”情况有所改变

在国际光伏发电市场的拉动下，近10多年来，中国光伏电池生产能力快速增加，产业技术水平不断提高。2011年中国光伏电池产量达到了2000万kW，占到全球光伏电池产量的60%以上，形成了从晶体硅提纯、电池生产、组件封装、系统集成等完整的光伏产品制造产业链，成为了名副其实的光伏电池制造大国。几乎全国所有的省（区、市）都有多个类似的光伏产品生产企业，都把光伏电池产品制造作为重要产业予以培育和支持，花大量的资金从欧美国家购买光伏电池生产设备。

与此同时，中国生产的光伏电池产品主要出口到欧美等光伏电站建设较多的发达地区，出口量占到中国光伏电池生产量的90%以上，特别是在2009年之前，中国不能规模化生产晶体硅材料，中国生产光伏电池的晶体硅材料主要依靠进口，致使多晶硅材料价格不断飙升，曾达到了400美元/kg以上。因此，中国太阳能光伏产业曾是典型的“三头在外”产业：一是光伏电池的生产设备主要从国外进口；二是晶体硅材料主要从国外进口；三是生产的光伏电池产品主要出口国外。中国生产的电池组件价格一般比国际市场低30%左右，极大地提高了光伏发电的市场竞争力，也为全球光伏产业发展做出了重大贡献。

二、产能过剩问题依然严重

虽然中国光伏产业继续保持增长态势，产业链不断优化，但在国际光伏行业不景气及产能相对过剩的背景下，中国光伏企业总体经营困难，也进一步暴露了中国光伏产业发展的问题。

一是产能过剩问题严重。从光伏发电市场看，2011年全球光伏发电总安装量约为3000万kW，其中欧洲地区的安装量约为2200万kW。从产量和产能来看，2011年全球电池产量已达到3300万kW，实际产能达到4500万kW，产能过剩率超过50%；从国内情况来看，2011年中国光伏电池产能已经达到3500万kW，已可以满足全球光伏电池的安装需要。从目前全球经济发展状况分析，今后几年全球光伏发电市场会有所增长，但增速不会太快，特别是全球主要的光伏发电市场——欧洲近两年可能会有较大回落，加之贸易保护主义的抬头，如美国对中国光伏产品进行的“双反”调查将影响中国光伏产品的出口，中国光伏产品产能过剩问题将在未来一段时间内持续存在。

二是多数企业经营困难。受光伏产品价格下降和国际光伏发电建设市场不景气的影响，国内光伏企业普遍经营困难。原因主要有两个方面：一是在产品过剩和激烈竞争的推动下，多晶硅和光伏产品价格大幅下降，其中多晶硅价格由2010年50～90美元/kg下降到了20～30美元/kg，降幅超过60%；光伏电池组件价格由每瓦1.5美元下降到了1美元以下，降幅超过30%；二是受需求不足和技术水平的制约，光伏产品生产企业普遍开工不足，同时生产成本也相对较高，特别是中国大部分多晶硅生产企业的生产成本明显高于国外企业，中国大部分多晶硅生产企业的成本在50美元/kg以上，明显高于目前国际多晶硅市场20～30美元的价格，难以在激烈的市场竞争中生存，光伏电池生产企业的赢利能力大幅降低，大部分企业开始亏损。

三是产业过度依赖国外。中国的光伏产业不仅市场依赖国外，而且许多关键装备和主要原辅材料的对外依赖度也很高。据统计，中国光伏电池生产所需的主要制造装备，如薄膜电池生产线、高纯多晶硅生产的氢化炉、四氯化硅闭环回收装置、大尺寸铸锭炉、多线切割机、PECVD镀膜设备、自动丝网印刷机、自动电焊机等都主要依赖进口。光伏电池生产所需要的主要原材料，如高纯多晶硅、银浆、EVA用高分子树脂、切割液等的对外依赖度很高。如2010年和2011年高纯多晶硅进口数量分别为4.75万t和6.48万t。近年来，一些企业投资光伏装备已见明显成效，如多晶硅铸锭炉已基本实现国产化，但中国光伏生产设备依赖国外的状况并未根本改变，而且企业越

❶ 本文为刊载于2012年12月11日的《中国电力报》同名文章的摘要。

大越先进，越偏爱从国外进口生产设备。这种过度依赖国外的产业模式是极不健康的。

三、应着力发展分布式光伏发电项目

受全球金融危机的影响，目前国际光伏发电建设市场增长乏力，加之贸易保护主义抬头，中国光伏产品主要依赖国际市场的状况难以持续，中国光伏产业发展已到了重要的调整时期。需要建立持续稳定的光伏发电市场，为产业发展提供稳定的市场支撑。

中国能源消费以煤为主，煤炭消费占能源消费的70%，面临的资源和环境压力很大，发展光伏发电是缓解能源环境压力的重要措施。2011年底，中国光伏发电容量约300万kW，如果达到2020年2亿kW的目标，每年需平均安装2000万kW，这将为中国光伏产业发展提供重要支撑。如果将2000万kW分摊到各省（区、市），每个省（区、市）的量都只有几十万千瓦。近两年来，光伏电池的生产成本大幅下降，目前的售价已降到5元/W以下，光伏发电的价格已降到1元/kWh以下，已经低于不少地方的商业用电价格，适当的政策支持就可以规模化利用。

开放用户端电力市场，为光伏发电发展提供重要的体制保障。太阳能资源的主要特点是分布广泛，太阳能光伏发电应该是以与用户用电相结合的方式安装光伏系统。低电压接入配电网，实现就近开发就近利用，不应该集中建设大型光伏发电，以远距离高压输电方式利用。或者说至少在近期不应该以这种方式大规模建设光伏电站，也许再过一段时间，光伏发电的成本会大大低于常规能源发电，利用西部土地资源丰富和太阳能资源条件好的优势，建设大型光伏发电基地，向中东部负荷中心送电也是可能的。因此，近期在用户侧建设分布式光伏发电系统符合目前光伏发电的技术状况，应该给予重点支持。

分布式光伏发电的应用，应该由用户自行建设或与相关投资者合作，利用建筑物顶或附近空闲土地安装小型光伏系统。所发电量主要满足用户自身用电需要，多余电量上网，并与电网进行电力交换，由电网提供备用服务。

加强光伏发电技术的研发，提高光伏产业的核心竞争力。光伏发电技术包括光伏电池材料、光电转化效率、光伏电池生产装备、光伏系统集成和建设以及以光伏发电系统为主的电力系统的运行管理等。这些技术仍都处于发展的初期，全球的差距并不很大，但总体来看，中国光伏发电技术及其应用水平都是相对落后的。要使中国光伏产业在未来的发展中立于不败之地，必须把光伏发电技术的研发放在更加突出的位置。目前，中国光伏制造产业总体是买进来的，缺乏自主发展能力，基础不牢，具有不可持续的特征。

围绕中心　服务大局
公平公正　监管为民
——关于电力监管工作的实践与思考[❶]

（吴新雄）

一、围绕中心、服务大局，电力监管取得初步成效

自2002年国家电监会成立以来，在党中央、国务院的正确领导下，在各部门、各地党委政府、广大电力企业和电力用户的大力支持下，电监会认真履行电力监管职责，电力监管成效初步显现。

10年来，围绕建立和完善电力监管法律法规体系，国家先后出台了《电力监管条例》、《电力安全事故应急处置和调查处理条例》等法规。电监会及时制定配套规章60余部，为依法监管提供了依据。10年来，围绕构建电力安全监督管理体系，电监会组建了全国、区域、省三级电力安全生产委员会和专家委员会，成立了国家和省级电网大面积停电应急指挥机构，不断健全安全监管组织体系，与政府有关部门和电力企业一道工作，电力安全生产得到了加强。10年来，围绕建立和完善市场准入制度，电监会先后出台了10多项行政许可规章，颁发发电类许可证28 664家、供电类许可证2970家、输电类许可证38家、承装（修、试）电力设施许可证11 154个、电工进网作业许可证180余万个，基本实现企业持证经营、电工持证上岗，并不断加大对持证企业和人员的监管力度，促进了市场主体守法依规经营。10年来，围绕完善电力监管手段和措施，电监会建立了电力交易合同备案、电力调度信息报送、监管约谈约访、监管报告发布等制度，在规范电力市场秩序、促进电力公平交易、构建和谐厂网关系、保障电力健康发展等方面发挥了积极作用。10年来，围绕维护消费者合法权益，电监会不断加强监管力度，开通了12398投诉举报热线，开展了全国供电服务质量检查，每年依法查处千余起消费者投诉案件。10年来，围绕推进电力体制改革，电监会认真贯彻落实党中央、国务院的决策部署，积极组织、参与和配合有关部门，按期完成920万kW发电资产股权转让和647万kW发电

❶ 本文为刊载于2012年10月16日的《中国电力报》同名文章的摘要。

权益资产出售变现的组织实施工作，分类解决了厂网分开遗留问题，努力探索建立区域内发电侧竞价机制，推进大用户直接交易试点，积极培育电力市场。

10年来，中国电力取得了举世瞩目的辉煌成就。一是电力建设实现了跨越式发展。2011年全国发电装机容量达到10.6亿kW，年发电量47万亿kWh，分别比2002年增长196.6%和184.8%；全国220kV及以上输电线路总长度达到48.1万km，变电容量22亿kVA，分别是2002年的3.4倍和5.9倍，装机容量、发电量和电网规模均居世界第一。二是转变发展方式进展明显。新能源和可再生能源快速发展，电力能源结构逐步优化。水电总装机超过23亿kW，年发电量近7000亿kWh，均居世界第一；核电已投运装机1257万kW，在建规模占世界40%以上；风电并网规模超过4500万kW，居世界第一位；太阳能发电装机规模超过220万kW。三是技术装备水平显著提高。30万kW以上火电机组占火电装机容量比重约为85%，百万千瓦级超超临界机组建成投产39台，洁净煤发电技术得到广泛应用，1.5MW以上风电设备制造技术位居世界前列，特高压等先进输电研发应用居世界领先水平。四是电力节能降耗成效明显。火电供电标准煤耗为312g/kWh，比2002年下降185%，达到世界先进水平；烟气脱硫机组占燃煤火电总装机容量的86%，单位电量二氧化硫排放比2005年减少了50%。电力工业长足发展，基本保障了国家电力能源供应，满足了经济社会发展和人民生产生活对电力的需求。

二、围绕中心、服务大局，电力监管工作必须遵循“一个共同的价值标准”

“一个共同的价值标准”，就是要坚持“五个自觉、五个检验”。

电力监管工作的好坏，必须自觉置于国家利益的大局中去衡量、去检验。我们要深刻理解并全面贯彻党中央、国务院的各项方针政策，找准工作的着力点和切入点，切实提高电力监管工作的主动性和自觉性，自觉维护国家电力能源战略利益和战略安全。

电力监管工作的成败，必须自觉置于电力事业安全发展、科学发展、又好又快发展的历史进程中去衡量、去检验。没有电力事业的发展，就没有电力监管工作的价值。面对新的形势，我们要坚持以监管促改革，以改革促发展，全面履行电力监管职责，切实为电力事业科学发展创造良好的市场环境。

电力监管工作的得失，必须自觉置于促进地方经济社会各项事业的科学发展、又好又快发展中去衡量、去检验。我们要按照“稳增长、控物价、调结构、惠民生、抓改革、促和谐”的总体要求，着力加强电力监管，寓监管于服务之中，通过有效监管，为地方经济社会发展提供安全稳定可靠的电力保障。

电力监管工作的优劣，必须自觉置于积极稳妥务实地推进电力体制改革的进程中去衡量、去检验。我们要按照让党中央、国务院满意，工作经得起历史检验，举措在复杂条件下能切实可行的要求，加强调查研究、科学论证，与其他部门一道，尽职尽责，为深入推进电力体制改革而不懈努力。

电力监管工作的功过，必须自觉置于实现好、维护好、发展好人民群众根本利益的根本要求中去衡量、去检验。我们要继续深入开展提高居民用电质量监管专项行动，努力使之成为人民群众真正得实惠的利民工程、惠民工程和满意工程，让人民群众安全用电、可靠用电、放心用电、满意用电。

通过牢固树立“一个共同的价值标准”，统一思想认识，明确价值导向，切实树立正确的电力监管政绩观和核心价值观，增强电监会全体党员和干部职工的责任感、使命感和向心力、凝聚力，增强电力监管工作的主动性、针对性和积极性、创造性，为扎实推进电力监管各项工作奠定坚实的思想基础。

三、围绕中心、服务大局，必须切实做好“四项监管服务”

“四项监管服务”就是要通过加强监管，积极主动尽责地服务中心、服务大局、服务发展、服务人民。

一要积极主动尽责地为国家电力能源发展战略和利益服务。全面贯彻落实党中央、国务院的各项方针政策，自觉维护国家能源战略利益和战略安全。遵循国家电力能源发展战略规划，确保国家电力能源的重大布局、重大结构、重大政策落实到位。围绕国家电力能源规划的组织实施，针对电厂项目与输电项目、清洁能源发电项目与储能、调峰调频电源项目等之间的衔接，积极主动地提出监管建议。积极配合有关部门，针对转变发展方式，发挥产业差别化电价杠杆作用，推动建立产业政策倒逼机制，走能源资源集约可持续发展的道路，提出监管建议。

二要积极主动尽责地为地方经济社会发展服务。加强电力监管信息统计，及时开展电力经济形势的分析研究，提出对策措施建议，充分发挥电力作为经济发展“晴雨表”和“温度计”的作用，为地方党委、政府提供决策参考。及时主动地加强电力余缺调剂监管，缓解电力供需矛盾，为地方经济社会的发展提供电力保障。配合有关部门，落实配套措施，支持分布式电源科学、合理地发展，促进地区资源能源优势转化为具有竞争力的、生产力布局合理的产业优势。完善配套政策，加大力度推进大用户直购电，重点支持高新技术产业、资源能源消耗水平全国领先、具有竞争优势的电力大用户开展直购电试点，促进产业结构调整和地方经济发展。监督清洁能源政策的落实，积极支持具备条件的地区科学发展清洁能源，针对支持风电、太阳能发电集中式开发和分布式开发相结合，鼓励就地消纳，促进清洁能源利用效率最优化、投资效益最大化提出监管建议。利用产业差别化电价，为地方政府优化产业布局，调整产业结构，培育优势产业提供监管建议。配合地方政府开展城镇化建设，督促电力企业加快旧城配电网建设和改造，为提升城市承载力和扩大内需创造条件。

三要积极主动尽责地为电力行业发展服务。加强新能源并网发电安全监管，促进新能源发电安全发展、科学发展。加强可再生能源保障性全额收购政策落实情况的监管，切实维护好企业的合法权益。加强清洁能源发电效率监管，促进清洁能源项目、储能项目、调峰项目合理配套，提高电网对清洁能源发电的消纳能力，提高电网运行的可靠性，尽量避免弃风、弃水、弃电。按照确保安全和效率最大化的原则，加强对输配电效率的监管，并就优先解决输配电通道瓶颈项目建设，大容量、远距离输送电力方式提出积极的监管意见。加强发电企业成本监测预警，并就煤电矛盾疏导、企业经营管理、债权债务等问题提出积极的监管意见，促进企业健康发展。加强厂网协调，构建和谐关系，通过公正公平监管，维护厂网双方合法权益。

四要积极主动尽责地为人民群众服务。继续深入开展提高居民用电质量监管专项行动。围绕人民群众可靠用电加强监管服务，支持电网企业加大配电网建设力度，不断提高供电能力，切实解决用户低电压问题，提高用电可靠率和用电电压合格率。围绕人民群众放心用电加强监管服务，确保及时抢修用电故障，确保不随便拉限居民生活用电，确保准确计费和收费。围绕保障政府保障性安居工程通电用电加强监管服务，畅通保障性住房接电绿色通道，提高服务效率和水平，依法依规减免有关收费。

加快转变电力发展方式势在必行[1]

（刘振亚）

当前中国能源发展面临严峻挑战，主要表现在保障能源供应任务艰巨、能源结构性矛盾突出、电力企业经营困难等方面。这些问题的长期存在和积累，将严重制约电力行业的科学发展，影响中国经济社会的可持续发展。

在这种情况下，加快转变电力发展方式势在必行。转变电力发展方式，核心是要贯彻落实科学发展观，坚持节约优先、立足国内、煤为基础、电为中心，按照科学规划、适度超前、集约发展、规模配置的原则，从根本上转变电力发展方式，优化调整电力布局和结构，推进“一特四大”战略，建设以特高压为骨干网架的坚强智能电网，实施大规模、远距离、高效率输电，集约化开发大煤电、大水电、大核电、大型可再生能源基地，保障电力的安全稳定供应。

一是要转变电力发展方式。转变电力发展方式是关系国家能源安全的重大战略问题，需要电力行业齐心协力、共同推动。首先，要共同推进电力统一规划。加强电力统一规划，需要建立由政府部门组织、企业为主体、全行业参与的统一规划体系，建立涵盖政策法规、战略规划、项目实施以及后评估的科学管理体系。要注重规划的顶层设计和统筹协调，保证电力规划与经济社会发展规划和国家能源发展规划。要积极向政府部门沟通汇报，主动参与国家有关规划的制订工作，争取将有关电源和电网规划纳入国家规划，促进电力工业可持续发展。

二是要加快电源集约化发展。应加快推进各类能源基地的规模开发和利用，重点加快西部和北部煤炭基地的煤电一体化开发，建设坑口电站群；优先推进重点流域水电梯级综合开发，建设一批大型水电项目；在保证安全的前提下高效发展核电；积极推进新能源集约有序发展。

三是要加快坚强智能电网建设。要按照特高压交直流协调发展、输电网与配电网协调发展、电源与电网协调发展的要求，加快建设特高压交流骨干网架和一批直流输电工程，加快电网智能化升级，形成大规模“西电东送”、“北电南送”的能源配置格局，全面提高电网的安全性、适应性和互动性。

四是要推动建立科学的电价机制。应尽快完善一次能源价格、上网电价、销售电价之间的联动机制，反映能源供应的合理成本、供求关系和资源状况，引导电力资源优化配置和高效利用，引导电力市场建设和有序运行，促进电力行业科学发展和可持续发展。

五是要推动电力行业创新发展。要更加注重战略性、前沿性、基础性重大关键技术攻关，提升持续创新能力；更加注重创新成果应用，将先进技术转化为生产力；更加注重标准制定，积极参与国际竞争，提高中国在世界电力和能源领域的影响力和话语权。同时，要加强行业创新体系建设，发挥协同优势，形成

[1] 本文刊载于《国企》杂志 2012 年第 1 期。

创新合力，全面增强中国电力行业的核心竞争力。

六是要推动电力行业和谐发展。一方面，加快建设团结合作、共谋发展的优秀行业文化。另一方面，加大宣传力度，与社会、媒体形成互动，正确引导舆论，增进社会各界对电力工作的理解和支持，提升电力行业形象，营造有利于行业发展的良好环境。

大力促进清洁能源发展 实现能源电力安全可持续供应[1]

（刘振亚）

在全国上下深入学习贯彻十八大精神的重要时期，今天，我们在这里召开2012年电力企业高峰会，围绕“清洁能源发展与转变能源发展方式”这一主题，交流研讨清洁能源发展的战略规划与政策措施，对于把握中国能源发展方向、转变电力发展方式、实现电力工业科学发展具有重要意义。

进入新世纪以来，全球清洁能源快速发展，过去10年中，全球风电装机年均增长25%，太阳能光伏发电装机年均增长44%。近10年来，中国新能源呈现突飞猛进的增长，风电装机容量累计增长118倍，年均增长超过60%；太阳能光伏发电装机容量累计增长67倍，年均增长超过50%。目前，中国水电装机容量（2001年超过美国）、风电装机容量（2012年超过美国）已经位居世界第一。预计到2017年左右，中国太阳能光伏发电也将超过德国跃居世界第一。

党的十八大提出到建党100周年全面建成小康社会、建国100周年建成富强民主文明和谐的社会主义现代化国家的宏伟目标，将生态文明建设纳入中国特色社会主义事业总体布局，把推动能源生产和消费革命、支持节能低碳产业和新能源、可再生能源发展，作为保障国家能源安全的战略举措，为我国能源电力行业发展指明了方向。

加快发展清洁能源，为全面建成小康社会、建设社会主义现代化国家提供充足、清洁的能源供应，是电力行业贯彻落实十八大精神的基本要求和具体实践。关键要把握好以下几个方面：

第一，把优化电源结构作为能源低碳转型的战略任务。中国能源资源以煤为主，目前火电装机容量占总装机容量的72%左右，火电发电量占总发电量的82%左右，每年消耗电煤16亿t左右。预计到2020年和2050年，全社会用电量将分别达到8.6万亿kWh和16.5万亿kWh。如果仍然维持现有的装机结构，电煤消耗量将分别达到32亿t和62亿t左右，中国的水资源、土地资源、环境资源、运力资源均无法承受。立足当前，着眼长远，解决未来能源保障和生态环境问题，必须依靠清洁能源，把清洁能源发展作为能源发展的战略重点。一般来讲，除航空和军事等少数领域外，其他方面的能源供应都可以逐步实施能源替代，大量使用新能源来满足需求。根据预测，到2020年和2050年，中国清洁能源发电装机容量将分别达到7.5亿kW和21.5亿kW，占总装机容量比重分别达到37%和54%，清洁能源发电量比重分别提高到26%和42%，消耗的电煤可分别下降至28亿t和36亿t左右。因此，必须加快优化电源结构，大力发展水电，安全高效发展核电，有效发展风电，积极利用太阳能、生物质能、地热能等新能源发电。到本世纪中期，将非化石能源发电比重提高到40%以上。从更长远看，随着光热发电、海上风电、核聚变技术的发展成熟，预计到21世纪末，电力工业将摆脱对传统化石能源的依赖，通过实施电能对其他能源品种的替代，真正形成非化石能源占绝对主导地位的能源开发利用格局，实现能源发展的重大战略转型。

第二，把建设坚强智能电网作为清洁能源发展的重要保障。中国经济发展的长期趋势和能源资源的禀赋特征，决定了能源开发重心西移北移、负荷中心在东中部地区的基本格局长期不会改变，能源资源大规模、跨区域、远距离传输和大范围优化配置势在必行。到2020年，中国水电装机容量将达到3.5亿kW、风电装机容量超过2亿kW、光伏发电超过5000万kW，这些电源绝大部分集中在西部和北部地区，需要建设以特高压电网为骨干网架的坚强智能电网，实施能源资源大范围优化配置和消纳。大力发展清洁能源，在开发上，要坚持大规模集中开发与分布式发展相结合，提高开发利用效率。在运行上，要依托大电网，充分利用不同区域负荷特性差异，实现风、光、水、火、核联合协调运行，实现多种能源开发的综合效益最大化。在消纳上，要突破清洁能源富集地区本地消纳能力有限的制约，在全国范围内消纳清洁能源发电，减少弃风弃光弃水。实现以上目标，要坚持统筹协调，加快建设“三华”（华北、华东、华中）特高压同步电网和连接能源基地到中东部负荷中心的跨区直流输电工程。我们规划，到2017年，将建成“三纵三横”特高压网架和13回特高压直流工程，2020年建成“五纵五横”目标网架，以适应清洁能源快速发展的要求。通过特高压交、直流示范工程的成功实践，特高压输电技术的安全性、经济性和可行性已经得到全面验证，中国具备了全面加快建

[1] 本文摘自2012年12月9日国家电网公司总经理刘振亚在2012年电力企业高峰会上的主旨演讲。

设特高压电网的条件。同时，要加快配电网统一规划和建设改造，适应小型、微型风电和光伏发电快速发展的需要。

第三，把建设全国电力市场作为促进清洁能源发展的重要平台。发挥市场机制作用，促进新能源发展和大范围优化配置，是电力工业科学发展的方向。目前世界许多国家是依靠政府支持来提高清洁能源的竞争性，长远来看，这种方式不可持续。必须充分发挥市场配置资源的作用，加快建设全国电力市场。要建立新能源规模化发展的市场竞争机制，通过市场手段实现资金与技术资源的优化配置，不断降低清洁能源开发成本，提高清洁能源的经济性，避免盲目投资，造成社会资源的浪费。同时，要加快建设与全国电力市场相适应的价格和交易机制，促进清洁能源有序开发和全国范围优化配置，实现清洁能源的持续健康发展。

第四，把保障电网安全作为清洁能源发展的重要基础。确保电网安全是发展清洁能源的基本前提。一方面，风电、光伏发电具有显著的随机性、间歇性，大规模并网给电网调峰调频、运行控制和功率预测带来很大挑战。特别是随着分布式电源、微电网和电动汽车的快速发展，其所具有的在电源和用户之间自由切换的特性，既增加了电力调度、运行管理、市场交易的难度，又对配电网的智能化、互动化和可靠性提出了很高要求。另一方面，中国风电和光伏发电集中的“三北”（西北、华北、东北）地区电源结构单一，抽水蓄能、燃气电站等灵活调节电源比重不足2%，远低于西班牙（34%）、美国（47%）等新能源发展较快的国家，这对电网安全是很大的挑战。因此，必须统一规划煤电、清洁能源发电与电网发展，统筹集中式与分布式电源发展，加强电网统一调度与管理，全面提升电网抵御风险的能力。

第五，把提升持续创新能力作为促进清洁能源发展的强大动力。当前，电力工业与现代信息技术、网络技术、智能技术高度融合，正在从传统产业向高技术产业加快转变。同时，许多国家都把加快发展清洁能源作为破解能源发展难题、应对气候变化、保证能源供应的战略措施，围绕清洁能源资源开发、装备供应、关键技术的竞争日趋激烈。从本质上看，这是一场创新能力和科技实力的竞争。电力行业要围绕大电网控制技术、光热发电技术、大容量储能技术、核聚变技术等前瞻性、基础性关键技术开展攻关，争取在核心技术研发和关键设备制造方面取得领先优势。同时，更加注重参与国际标准制定，提高中国在全球竞争中的影响力和话语权。

推动清洁能源发展，是电力行业的共同责任。一直以来，国家电网公司认真贯彻中国能源发展战略，积极支持、欢迎和服务新能源发展，攻坚克难、扎实工作，努力解决各种矛盾和问题，有力促进了中国新能源的安全健康发展。一是全力保障新能源发电及时并网。“十一五”以来，累计投资近600亿元，建设新能源发电并网线路1.8万km、变电容量6600万kVA，截至2012年10月，接入国家电网的风电、光伏发电、生物质能发电装机容量分别为5363万kW、276万kW和512万kW。二是大力推进标准建设等基础性工作。编制24项企业标准，承担18项行业标准和14项国家标准编制工作，制定并网技术规定、测试规程，填补国内空白。申报14项国际标准，《电动汽车换电设施安全要求》成为国际电工委员会标准。三是推进清洁能源的大范围优化配置。按照建设大基地、融入大电网的工作思路，加快发展大电网，加大跨区输电，从根本上解决制约中国清洁能源发展的消纳问题。今年通过特高压等跨区通道共消纳四川、青海等地区富余水电190亿kWh左右；东北三省消纳蒙东地区50%以上的风电电量、京津唐地区消纳蒙西地区三分之一以上的风电电量。四是推动新能源技术进步和产业升级。累计投入50亿元，开展300余项关键技术研究，取得一批具有世界先进水平的创新成果。建成国家风电技术与检测研究中心、太阳能发电研发（实验）中心，推动中国风电、太阳能发电实验检测能力达到世界先进水平。建成张北国家风光储输示范工程，开辟了中国风电、太阳能发电综合开发、打捆外送的新途径。支持分布式光伏发电发展，提供优惠并网条件，服务光伏产业持续健康发展。

面向未来，中国清洁能源已经进入全面加快发展的重要时期。这次高峰会议是一次凝聚共识、沟通交流的重要会议，将对中国清洁能源又好又快发展起到重要的促进作用。我们希望电力行业加强合作，共同努力，为中国生态文明建设和全面建成小康社会做出新的更大贡献。

中国电动汽车技术路线和充电模式的选择

——《我国电动汽车充电设施发展研究报告》解读[1]

（魏昭峰）

一、中国为什么要发展电动汽车

（一）有利于摆脱对石油资源的过度依赖，

[1] 本文为刊载于《中国电力企业管理》杂志2012年第7期同名文章的摘要。

保障国家能源和经济安全

据英国石油公司此前发布的《BP世界能源统计2009》，全球原油剩余探明储量按照2008年的年开采速度计算，还可以开采42年。目前，中国石油对外依存度已超过55%，今后在较长的一段时间内，中国汽车保有量仍将继续增长，石油短缺的局面会日益加剧。而中国汽车进入千家万户还远远没有实现，大多数老百姓还渴望拥有自己的汽车，若中国发展到当前美国家庭汽车拥有的比例，世界上的所有汽油都不可能满足中国市场的需要。这意味着，中国必须加快发展以非化石能源为主要动力的汽车。发展电动汽车将成为改变国家能源结构、实现节能目标的重要措施。初步估计，到2030年电动汽车占中国汽车总量的20%～30%，中国的石油进口可以减少20%。

（二）有利于实现中国汽车产业的跨越式发展

从汽车行业节能减排的趋势来看，发展电动汽车是中国汽车技术进步与产业升级的必然选择。尽管中国已经形成了世界级规模的汽车产业，但在内燃汽车技术等关键领域，我们在很长时间内还难以摆脱受制于人的窘境。在电动汽车领域，中国与发达国家的技术水平较为接近，中国汽车工业可以充分利用技术和生产成本优势，培育出一批新的全球领先整车企业和一批电动汽车关键零部件企业，实现中国汽车工业的跨越式发展。

（三）有利于促进电力终端能源消费，推动清洁能源发展

中国汽车保有量在今后一段时间内还将高速增长，发展电动汽车，提高电动汽车在汽车保有量中的比例，使汽车用能更多地采用电能，将提高电力在终端能源消费中的比例，不仅有利于缓解石油资源危机，还有利于降低化石能源在中国能源结构中的比例。国家为应对气候变化提出的“到2020年非化石能源占一次能源需求15%左右和单位GDP二氧化碳排放降低40%～45%”目标，发展电动汽车是实现中国承诺目标的重要手段。中国已是世界碳排放大国，如果能在电动汽车保有量上有所突破，我们在全球气候变化和环境保护方面的国际形象将会得到极大改善。根据中电联“十二五”电力规划研究报告，到2015年，中国风电、太阳能发电、核电和水电等非化石能源发电总装机规模将达到4.55亿kW，占总装机的比例为31.9%，比2010年提高5.2个百分点。发展电动汽车将有力地推动新能源的发展。

（四）可以带动相关产业发展，培育新的支柱产业

电动汽车作为新能源汽车的重要组成部分，是国家今后一个时期重点支持和发展的战略性新兴产业。电动汽车作为机械、冶金、能源、电子、新材料和计算机产品的集成，同时也是信息技术、生物技术、数字技术等多种高新技术的集成，是典型的高新技术产品，其对相关产业的拉动效应将大大超过传统汽车产业。电动汽车充换电设施和相关服务网络的建设运营，为电力行业扩大消费市场和推进技术创新提供了发展机遇。同时，电力行业在新能源发电、智能电网等领域不断创新发展，将与电动汽车产业相互配合、相互带动，实现共赢发展。电动汽车必将成为中国具有战略性的新兴产业和支柱产业。

二、中国发展电动汽车所具有的优势

中国发展电动汽车产业具有技术、成本、资源、市场和政府推动五大优势，而且有一些优势是其他西方汽车强国所不具有的。

技术优势。经过近十几年的发展，中国在电动汽车关键技术领域已经基本突破，技术成熟度正处于产业化的前沿，基础设施和市场服务体系开始建立。

成本优势。电动汽车不仅是技术密集型产业，也是劳动密集型产业。中国的劳动力成本优势还将保持较长的一段时间。

资源优势。中国是世界锂资源、稀土资源都较为丰富的国家之一，能够为电动汽车发展提供可靠保障。

市场优势。中国拥有全球最大、增长速度最快的汽车市场，2010年中国汽车产量达到1800万辆，成为全球第一。

政策优势。中国政府高度重视电动汽车发展，政府在资源配置、统筹协调、政策推动、市场号召力等方面有着巨大优势。电动汽车要想健康发展，政府的积极推动和政策支持是必不可少的。

三、决定中国电动汽车技术路线的主要因素

政策因素：应立足中国国家的战略发展需要，从长远的需求出发，符合国家的产业政策。分析和比较混合动力汽车和纯电动汽车的长远发展，是否有利于国家的发展需要，是否有利于节能环保政策的实施。

节能减排因素：中国做出了到2020年实现碳排放比2005年降低40%的目标承诺。作为刚性约束性目标，在比较纯电动汽车和混合动力汽车的优缺点时，要充分考虑节能减排的因素。

国情因素：中国的土地资源紧张，城市人口众多，城市的土地供给稀缺；中国家庭大多数只有一辆汽车，对汽车赋予的功能期望较高。要充分比较整车充电模式和电池更换模式对土地需求、消费者消费习惯的影响。

技术市场因素：中国是世界上汽车市场最具有发

展潜力的国家，但地域广阔，城乡差别大，汽车市场具有很大的不平衡性。

四、电动汽车技术路线及充电模式的主要内容

（一）电动汽车技术路线建议

优先在专业领域发展公交、公务、公安、环卫、出租、邮政、物流、集团定向用纯电动汽车。为解决电动汽车续航能力、充电服务设施的建设完善、配电网建设等问题，应当将当前电动汽车的发展类型，重点放在具有行驶里程相对较短、行驶路线稳定的特定区域和特定用途的公交、环卫、出租以及工程集团定向用车，同时加大政策扶持，配合出台合适的财政补贴政策。

国务院通过的《节能与新能源汽车产业发展规划》明确提出“要以纯电驱动为汽车工业转型的主要战略取向”。《研究报告》认为，发展纯电动汽车是电动汽车发展的方向，必须坚持，但需要一个过程，要考虑电动汽车技术产业化的成熟度。优先突出发展公交、公务、公安、环卫、出租、邮政、物流、集团定向用纯电动汽车，比较符合我国当前的发展阶段。

（二）电动汽车电能供给模式建议

通过电池更换站、交流充电桩的合理布局，以“换电为主、充换结合，多种形式、市场导向”的综合服务方式来满足电动汽车发展初期的充电需要，实现不同行驶特性的车辆的不同充电需求。

采用“换电为主、充换结合，多种形式、市场导向”的综合充电服务方式。电动汽车市场化必须考虑使用成本、续驶里程、充电服务便捷性等因素。整车充电技术相对成熟，特别是交流充电利用现存的供电网络，具有投入少，使用便捷的优点；但大规模集中充电会带来现有供电网络的改造问题。电池更换方式具有短时间内完成电能补给、方便快捷特点，同时，动力电池与电动汽车可以产业化分离，采用租赁方式使用电池，有效降低用户购车一次性成本，理论上可促进电动汽车市场的扩大；但动力电池更换服务网络的建设与运营还是一个新生事物，需要示范试点。

换电为主就是对那些行驶范围可控、每天行驶里程相对可控的出租汽车、公交环卫等集团用户，应采用电池更换模式；对城乡结合部、城际高速公路也可采用换电模式以解决电动汽车长距离的快速充电，实现电动汽车的远距离出行。

充换结合是指对停靠时间较长、行驶里程相对固定、拥有固定停车位的私人用户可以在住宅小区停车场或办公场所配置交流充电桩和配置一定的电池更换服务。平时采用交流充电解决日常电能补给，紧急时候采用电池快速更换。

多种形式是指对社会停车场（如超市、车站）的停靠车辆，可以采用电池更换模式和直流充电，进行快捷补充电能。不推荐交流充电模式，以避免车位长期占用、浪费社会资源。

市场导向是指在充电服务形式的选择上应充分考虑用户的体会感受，交流充电和电池更换各具有明显的优势和不足，充电服务网络的形式应是一个市场导向逐步完善的过程。用户的体验应是一个重要的决定因素。

注重充电服务设施建设与新能源发电的结合。充电服务设施建设，应充分考虑优先利用可再生新能源的发电能力，充分利用电网运行低谷时段的电能。应注重分布式能源发电与充电服务的结合，利用微网等智能电网技术促进风力发电、光伏的接入，为电动汽车提供清洁能源，达到节能减排，实现真正意义上的“新能源”汽车。

五、发展电动汽车的政策措施建议

促进中国电动汽车充电服务发展的措施与建议主要包括规划、政策、科研、基础设施建设、产业协作、标准体系等六个方面。

在规划方面，要建立跨部委的电动汽车发展协调机制。在产业政策方面，可通过节能减排法规为电动汽车创造良好的市场环境。在科研方面，继续加强电动汽车科研力度，着力突破动力电池核心技术。

在充电基础设施建设方面，要把电动汽车充电基础设施建设作为配电网的重要组成部分统筹规划。

在产业协作方面，要加强汽车、电池、电力三大产业的协作与沟通。通过资本与市场的纽带，建立能源供应商、汽车厂商、电池供应商跨产业联盟。

在完善标准体系方面，要坚持标准先行的原则。要在大规模推广前先行完成关键技术标准确定，以避免重复建设的浪费现象。加快完善电动汽车及充换电设施标准体系建设。

安全高效发展核电
促进电源绿色调整[1]

（欧阳昌裕）

一、发展核电是中国能源和电力发展的战略选择

核电是世界第三次能源变革的重要组成部分。自人类学会使用火以来，随着科学技术的不断进步，能

[1] 本文为刊载于《中国电力企业管理》杂志 2012 年第 5 期同名文章的摘要。

源利用发生了三次革命。第一次革命是18世纪开始的煤炭逐步代替木炭，到20世纪初全面进入了“煤炭时代”，带来了世界科技、经济和社会的巨变。第二次革命是20世纪初随着内燃机出现使油气逐步代替煤炭，到20世纪60年代中期进入了“油气时代”。第三次能源革命是20世纪70时代石油危机后带来的以开发核电技术为标志，以核能和可再生能源为主体的多元化新能源逐步代替矿物能源。第三次能源革命不仅以能源科技革命促进绿色能源逐步替代化石能源，更将改变人类对能源使用的社会行为和商业模式，深刻影响社会变革。

核电是满足中国未来能源电力需求的重要组成部分。中国长期处于社会主义初级阶段，初步预测，2020年全国全社会用电量将在2010年4.2万亿kWh的基础上翻一番，达到8.4万亿kWh左右；最终饱和需求可能达到13万亿～14万亿kWh。相应地，2020年发电装机也将在2010年9.66亿kW的基础上翻一番，达到19.3亿kW左右；最终饱和装机需求可能达到40亿kW左右，较2010年翻两番。中国一次能源资源可以概括为“有水富煤贫油少气有风光”。在优先开发水电的战略下，水电发电装机最终规模可能接近技术可开发容量，即在5亿kW左右；考虑到中国环境资源和煤炭资源的承载能力，最终煤电装机将需要控制在13亿kW左右；风能和太阳能作为绿色发电资源，最终开发规模设想在10亿～12亿kW；国内天然气资源较为贫乏，天然气发电主要用于电力系统调峰和发展分布式能源系统，最终规模设想在4亿kW左右；再考虑抽水蓄能电站2亿kW左右以及1亿kW左右其他发电装机，满足最终电力需求尚需要至少2亿kW以上的核电装机。

二、安全高效发展核电面临五大挑战

中国核电起步于20世纪70年代，目前已经建立起较为完整的核电工业体系，无论在自主设计、自主制造、自主建设和自主运营方面，还是在厂址资源储备、核燃料供应和运行安全性、经济性等方面，都已基本具备了大规模发展的基础和条件。同时，主要受核电发展起步晚、速度慢影响，安全高效发展核电主要面临五大挑战。

中国核电管理体制尚待完善，统筹协调规划尚待加强，核安全管理尚不适应大规模发展需要。政府核电管理体制不顺，存在职能交叉、多头管理、责任不清、效率不高的现象，特别是决策机制不够完善，在发展战略制定、技术路线选择、体制机制改革等重大事项上的认识得不到统一。核电发展规划缺乏足够的科学性、严肃性、权威性，与电力发展规划乃至能源发展规划统筹协调不够，超前规划不够，发展规模落后于发展需求。核安全管理政策、法律、法规、制度体系还不健全，迄今为止还没有出台类似《原子能法》、《核安全法》的核安全管理根本大法；核安全监管能力不足，核安全独立验证所需的技术能力和人员数量都非常有限；装备制造企业与建筑安全施工企业尚未建立有效的核电质量管理体系与核安全文化体系，核安全理念和意识有待提高。

自主研发能力不强，自主化和本地化程度较低，生产能力亟待提高。核能技术开发难度大、周期长、多种专业综合和资金投入大。长期以来，国家对核能科研缺乏统筹领导与管理，国内核科研机构力量分散、职责不清晰，既要做基础研究，又要面对市场进行应用研发；国家对核能研发的投入不足、配套不够，投入重点不够突出，分配机制不够合理，技术创新成效不显著，导致中国核电自主研发能力不强，自主化和本地化程度较低。特别是对引进技术后的创新研发投入不够、统筹不够，陷于“引进—落后—再引进”的怪圈，商用核电站的工程设计、设备设计和设备制造仍未摆脱对国外技术的依赖，关键设备和材料需要进口。尚未形成自主设计、制造百万千瓦级压水堆核电站的能力，不能有效降低工程造价。目前中国还没有全面掌握百万千瓦级核电站设计技术，堆芯设计、部分关键设备设计尚未掌握，设计验证的手段、工具和能力还不完备，一些关键技术的设计目前仍处在“模仿”阶段。AP1000等第三代核电技术的引进、消化、吸收仍需要相当长的过程。中国已初步形成了上海、哈尔滨、四川三大核电装备制造基地，但核电设备制造国产化总体能力有限，相关技术的掌握和制造能力的提升需要一个过程。

中国核电工业体系不够健全，市场化、专业化程度较低。一是尚未形成完整的核电工业产业链，在核电发展的一些关键环节上受制于人。目前，在核级锆材、大型锻件、主泵等设备制造方面中国尚不具备能力；在核电运行服务的高端技术方面，中国现有能力也仅限于在役检查；在核电厂乏燃料处理方面，尚未形成商业化能力。二是核电产业链中的一些关键领域和重点环节的技术能力亟待提高。与世界先进水平相比，中国核电站研发设计能力、关键设备设计制造能力、核电设备成套供应能力、先进的核工程建设管理能力都有待提高。三是核电产业链的有效衔接和协同能力需要加强。目前在中国核电研发、设计、制造、运行及核燃料循环等产业链条的各环节上，技术、管理、产能等水平不均衡，受体制的限制，没有形成资源和信息的共享机制，影响了产业协同效应的发挥。四是核电产业的市场化、专业化进程需要加快推进。中国核电产业起源于军工工业，虽然已有30多年发展历史，但目前仍然相对封闭，处于向市场化体制过渡阶段。

多条技术路线并存，没有形成统一的技术标准体系。中国已建成核电站堆型种类多，技术来源复杂，未能形成标准化、系列化体系，经验难以积累，难以形成规模效应，同时加大了核电安全的监管难度。由于引进多个国家的机组，采用多个国家的标准和技术，造成中国核电设备制造行业标准混乱，至今还没有形成符合中国国情的、统一的核电标准体系，不利于核电产业自主化和国产化发展。

现有核燃料生产能力和技术水平不适应核电大规模发展的要求。目前，核燃料循环前端没有形成经济规模，后端乏燃料处理处于科研开发和中试厂建设阶段，满足核电大规模开发需要的工业规模的核燃料闭合循环体系尚未形成。特别是随着核电规模化发展，天然铀需求将大大增加，如何充分利用国外资源、加紧发展核燃料循环利用技术、尽快形成大型商用后处理能力，是安全高效发展核电的一大挑战。

三、统筹规划、推进核电安全高效发展

理顺政府管理体制，明晰核电发展战略，统筹做好核电发展规划。建议成立国家能源部或能源委，对中国能源工业进行统筹集中管理。加快制定科学的核电发展战略和规划，以此统领核电产业的技术政策、装备政策、投资政策和体制机制改革等方面。核电发展规划要确定明确的战略目标和具体实施方，全面规划核能利用的各个环节，包括：核电站厂址与布局规划，核电装机容量进度规划，堆型选择规划，潜在堆型发展研究规划，核燃料循环规划，核废料处理规划，及核电站退役规划等。要采用先进的核电技术，在辽宁、山东、江苏、浙江、福建、广东、广西、海南等沿海省区加快发展核电；有序推进江西、湖南、湖北、安徽、重庆、河南等中部省份内陆核电项目，形成“东中部核电带”。努力实现 2020 年核电装机规模达到 8000 万 kW 左右。

高度重视核电安全，强化核安全文化理念。吸取日本福岛核事故教训，高度重视核电安全性，坚持在确保安全的基础上高效发展核电。认真研究编制核电安全规划，加快制定颁布核电安全技术标准，明确核电准入门槛，健全核电安全机制。优先采用先进安全核电技术，在核电站设计、制造、建设、运行、退役的全过程中，建立高标准质保体系和核安全文化体系。加快修订出台《核电管理条例》，加快《原子能法》、《核安全法》立法工作，明确核电控股业主资质要求，健全核安全政策、法规与制度体系。大力推进核安全监管人才培养与队伍建设，切实提升核安全监管能力。在政府及行业协会主导以及业主企业的引导下，以建设安装与制造企业为重点，在全行业大力推广普及核安全文化理念与知识。加强核电安全的宣传教育，普及安全知识，提高广大社会公众的安全意识和对核电发展的认同度。

坚持以我为主，明晰技术发展路线。核电发展要以我为主、统一方案、成熟技术、先进创新、安全经济。坚持压水堆—快中子增殖堆/高温气冷堆—核聚变堆技术路线。以引进第三代先进核电示范工程为依托，加快消化、吸收和再创新，全面掌握第三代核电工程设计和设备制造技术，加快发展三代核电后续项目，尽快实现中国先进压水堆的自主设计、自主制造、自主建设和自主运行目标。加快开工建设高温气冷堆示范工程，开工建设快中子增殖堆示范电站。组织核聚变技术攻关，争取走在世界前列。按照国家确定的核电规划目标，在优先建设第三代核电机组的条件下，不足部分应适当扩大二代加核电站的布局范围，集中力量建设一批二代加核电机组，全面提升行业能力，打好持续发展基础。

统一技术标准体系，加快实现核电设备制造国产化。要及早组织核工业、机械、冶金、电力等行业的专业人员，在系统消化吸收国外标准的基础上，结合国情，逐步建立、完善与国际接轨的国内核电技术标准体系。抓住引进第三代核电技术建设自主化依托工程和第二代改进型机组批量发展的机遇，建议国家加强统筹协调，加大资金投入，制定财税等优惠政策，引导和鼓励核电设计院与三大动力集团形成共同体，实现核反应堆主设备设计、主系统设计和主设备制造三方面的结合，对技术难题进行定点联合攻关，实现设计、制造一体化的生产模式，提高核电成套设备制造技术和能力，近期尽快具备每年 8 台（套）以上核电机组供应能力，2020 年后进一步扩大到每年 12 台（套）以上 100 万 kW 级核电机组供应能力。

创新核电发展体制机制，加快推进市场化、专业化进程。发挥市场机制，推行多业主、专业化，在确保安全的条件下有序开放核电投资市场，通过以老带新、强强联合等方式，培养更多符合资质和能力要求的投资主体，逐步增加核电建设控股业主数量。创新核电投资、建造和运营机制，大力推行核电设计、工程管理和运行维护的专业化发展，实现核电产权与经营权分开。培育广泛参与、公平竞争、健康有序的建设市场。做好核电人力资源规划，加快核电人才队伍建设。加强科技研发平台建设，建立产学研用相结合的技术创新体系。

建立立足国内、面向国际的核燃料循环体系。建议成立国家级核燃料公司，加快构筑适应国内外两种资源、两个市场的核燃料循环体系。加大国内铀资源勘探力度，增加资源储备，加强与国外铀资源勘查与开发的合作，完善铀产品贸易体系，建立国内生产、

海外开发、国际铀贸易三渠道并举的天然铀资源保障体系。加快乏燃料处理设施建设，尽快形成与核电发展相适应的能力，完善核燃料循环工业体系。

加强队伍建设 促进科学发展[1]

（赵建国）

一、公司队伍建设概况

中国南方电网公司成立以来，取得了一系列成就，这与一直致力于坚持以人为本、加强队伍建设是分不开的。我们的主要做法是：

重视领导班子和干部队伍建设。坚持德才兼备、以德为先的用人标准，坚持五湖四海、老中青三结合，重口碑、凭实绩使用干部，树立了正确的选人用人导向。建立了“1+1+10”具有南方电网特色的干部管理制度体系，创新干部选拔机制，采取公开竞聘、竞争上岗等多种方式加大干部竞争性选拔力度，首次拿出党组管理的5个副职岗位面向全国公开招聘；组织开展面向公司系统公开选拔广州、深圳供电局领导班子副职。倡导立心要“公”，程序要“透”，视野要“宽”，提高了选人用人工作满意度。加强干部交流轮岗和优秀年轻干部培养，大力推进了公司干部在东部与西部、机关与基层、企业与政府之间的双向交流和挂职，举办“百名优秀年轻干部”培训班，探索了公司干部培养的新路子。

重视党建与党员队伍建设。将南方电网公司党建与生产经营管理有机结合，以改革创新精神加强党的建设，抓基层、打基础，形成了富有特色的党建工作新格局。扎实开展党内集中学习实践活动，促进公司科学发展，做好为民服务创先争优。注重用核心价值观统一思想认识，真情服务客户，真情回报社会，真情关爱员工，党组织的领导核心作用、党支部的战斗堡垒作用、党员的先锋模范作用得到了进一步发挥。

重视员工队伍素质提升。严把员工入口关，开展大教育、大培训。推行分层分类培训，增强员工岗位胜任能力。推进人才评价体系建设，强化以考促学、以赛促培，提升一线员工技能水平。制定技术技能专家晋升、聘任管理规定，积极开展专业技术人员和技能人员的培养选拔，拓宽了公司人才发展通道。大力实施人才发展“六大工程”，积极引入高层次专业技术人才，公司被授予第三批海外高层次人才创新创业基地。

重视队伍作风建设。倡导诚信做人、规矩做事的理念，弘扬“实”和“下”的工作作风，特别要求领导干部带头做到“五讲五不讲”（讲责任，不讲权力；讲奉献，不讲索取；讲做事，不讲关系；讲能成事，不讲会忽悠；讲向下研究基层问题，不讲向上研究领导喜好）。开展艰苦奋斗作风教育月活动，去除干部员工浮躁心态，激发干事创业的热情。

总体上说，我们的团队是优秀的。这支队伍政治立场坚定、业务素质合格、工作作风过硬，是一支团结和谐、有战斗力的队伍，在完成繁重的电网建设、生产经营和改革发展任务中得到了锻炼，在承担重大活动保供电、抗击冰雪灾害等各种急难险重任务中经受住了考验，很好地践行了“主动承担社会责任、全力做好电力供应”的企业使命，为公司改革发展作出了突出贡献。

在肯定成绩的同时，我们也必须清醒地认识到，当前南方电网公司队伍还存在一些不容忽视的问题：一是部分干部经营管理能力不强。二是一些党员榜样带头作用不明显。三是部分员工业务不精。

认真分析问题的原因，根本还在于：我们的员工思想观念、管理理念还不适应企业和社会发展的新形势、新要求，市场意识、竞争意识比较淡薄；内部管理体制机制还不完善，岗位责任还不够清晰、严密，没有形成干部能上能下、员工能进能出和收入能高能低的有效机制。我们要正视这些问题，增强责任感、紧迫感，明确目标要求，采取有效措施，下大气力把队伍建设好、管理好。

二、突出重点 注重内涵

加强队伍建设，首先要在员工中培育正确的价值导向。“万家灯火、南网情深”是南方电网公司确立的核心价值观，是公司的价值追求和行为准则。对于员工来说，践行公司核心价值观，就是要发扬“辛苦我一人、点亮千万家”的优良传统与奉献精神，并把其作为个人的行为准则和精神追求。

加强队伍建设，关键要不断提高队伍管理的科学化水平。实现队伍管理的科学化，最重要的是要有完善、清晰的岗位责任规范，明晰各部门、各单位、各岗位的责任，利用政治的、经济的、行政的手段，完善员工履职的责任制体系，这是提高队伍管理科学化的基础。

加强队伍建设，还要针对干部、党员、员工队伍的不同特点，抓住关键问题和主要矛盾，有所侧重地采取措施：

1. 以提高能力素质为重点，切实加强干部队伍建设

干部队伍是南方电网公司队伍的中坚力量。我们

[1] 本文为刊载于《中国电业》杂志2012年第2期同名文章的摘要。

要着力培养各级干部的宽阔视野、系统思维、创新意识，适应公司战略实施和科学发展的需要。

加强干部思想、作风建设，带头弘扬良好风气。加强干部能力建设和实践锻炼，提升干部管理水平和领导能力。加强干部的管理和考核，激发干部干事创业动力。切实抓好班组长素质提升，提高现场工作水平。健全选人用人机制，树立正确的用人导向。

2. 以提高先进性、纯洁性为重点，切实加强党员队伍建设

党员队伍是南方电网公司队伍的先锋。党员要不断增强自我净化、自我完善、自我革新、自我提高能力；党员要做到政治素质优、岗位技能优、工作业绩优、群众评价优，只有这样，企业党的政治优势才能转化为竞争优势和发展优势。

创新党建工作方式方法，增强党组织活力和吸引力。以创先争优活动为动力，落实南方电网公司党组织先进性测评办法把党组织建设成为“政治引领力强、推动发展力强、改革创新力强、凝聚保障力强”的党组织，更好地发挥政治核心作用。大力推进“支部联建”、“牵手行动”、“双创建双连心”、“一带二”、“员工辅导计划”等载体建设，创新支部活动的内容和形式。以建设学习型党组织为抓手，以增强党性、提高能力为重点，落实党员教育培训计划，努力提高党员履职能力。重点加强对县级供电企业党员的教育管理，提高能力和素质。建立南方电网公司“优秀党员库”，在教育培训和选拔任用上给予倾斜。加大发展党员力度，把业务骨干发展成党员，把党员培养成业务骨干，逐步减少无党员班组。

加强党员自我管理，进一步发挥先锋模范作用。要自觉按照南方电网公司党员先进性测评办法要求，争做“四优”共产党员。评价一个党员的先进性，工作业绩是一个重要的指标。业务不精、业绩不佳的党员就不是一个好党员。党员还要发挥好表率作用，言传身教，做好“传帮带”。

加大党群工作者培育力度，提高党建工作专业化水平。党群工作者要树立职业自豪感，保持奋发有为的精神状态，紧密围绕企业中心任务开展工作。要健全党群工作者招聘、培养、任用、考核机制。推进党支部书记公推直选。

3. 以提高岗位胜任能力为重点，切实加强员工队伍建设

员工队伍是南方电网公司队伍的基础力量。员工队伍建设要着眼于提升员工素质和技术技能水平，增强适岗能力。

拓宽员工创造价值和职业发展平台，充分调动积极性。根据各类人员特点和成长规律，南方电网公司建立了管理、专业技术、技能和辅助四大人才队伍成长通道，设置了职位序列体系及相应薪酬体系。

完善劳动用工机制，构建和谐劳动关系。要稳妥推进劳动用工制度改革，逐步建立“以法人为责任主体，以劳动合同管理为核心，以岗位管理为基础”的市场化用工机制。

进一步规范分配秩序，加大向一线倾斜力度。要加强绩效管理，建立以绩效为导向的薪酬正常增长机制，真正建立起“绩效升、薪酬升，绩效降、薪酬降”和“干多干少不一样、干好干坏不一样”的分配机制。

重视人才的引进与培养，充分发挥人才的创造力。坚持人才优先发展、以用为本的重要方针。

加强培训与评价体系建设，提高员工队伍素质。以提高员工岗位胜任能力为目的，遵循系统培训的人才开发规律，实施人才工程，实行项目推进。进一步加强公司培训与评价体系建设，加大投入，强化专业技术及技能人员的岗位培训，加快员工培训基地建设，突出培训的针对性、实效性，为公司发展培养和储备人才。

加快创建具有国际竞争力一流企业[1]

（曹培玺）

一、今后一个时期的战略指要

做好今年（2012 年）和今后一个时期的工作，要坚持“一个引领”、“一个中心”和“一个主导”。“一个引领”，就是创建具有国际竞争力的世界一流企业。“一个中心”，就是提高发展质量和效益。“一个主导”，就是加快转型升级。

进一步加强运营改善。深入挖潜，持续改善，充分发挥自身优势，把电力产业做优，不断提高核心竞争力；突出重点，加快培育，提高煤炭、金融、科技等产业的盈利能力；多措并举，综合施策，早日实现无亏损企业的目标；有进有退，有保有压，实施战略重组，加强资本运营，调整资本布局，提高资产的流动性和盈利性。

进一步加强结构调整。坚持战略统领、效益为先，量入为出、留有余地，优化排序、把握节奏，实现有效、有度、有序发展；优化电源结构，重点发展效益型火电，大力发展水电，积极发展有效益的风电、光伏发电，努力发展核电，扎实推进其他清洁能源开发和页岩气、煤层气的勘探开发；优化产业结

[1] 本文为刊载于《中国电业》杂志 2012 年第 3 期同名文章的摘要。

构，统筹规划，协调推进，努力提高产业协同水平。

进一步加强改革创新。按照有利于促进生产力发展、有利于转变发展方式、有利于创一流的要求，进一步解放思想、深化改革，消除制约华能集团公司科学发展和创建世界一流企业的体制、机制、管理、制度等各方面的障碍，充分调动各个方面的积极性，使公司焕发出勃勃生机和活力。

二、2012年目标任务和重点工作

（一）进一步加强安全管理

全面贯彻党和国家及上级部门关于安全生产的各项部署，认真落实公司2012年第一次安委会扩大会议精神，以落实安全责任为主线，以加强安全生产过程控制为抓手，深入推进安全生产管理体系建设，做好安全生产标准化达标工作，夯实安全管理基础。

认真落实各级安全生产责任制。加大制度执行、违章考核和责任追究力度，完善奖惩机制，确保安全生产可控在控。

强化安全生产监督体系和保障体系。牢固树立违章就是事故的理念，坚持高压态势反违章，建立反违章长效机制，推广反违章工作先进经验，扎实开展隐患排查治理和安全性评价，建立安全管理长效机制。

加强外包工程安全管理。严格资质审核，把外包队伍的安全纳入可控范围，严格控制安全风险。

强化全员安全教育培训。切实提高员工的业务技能、综合素质和安全作业自觉性。

加强应急保障体系建设。不断提升应对各种突发事件和自然灾害的能力，确保重大事件、重要时段的安全稳定发电。

强化设备综合治理和运行管理。狠抓检修质量管理、运行优化调整和技术监督管理，努力提高设备的健康水平和运行经济性，努力减少非计划停运。

抓好煤炭产业安全。进一步提升煤炭产业专业化管理水平，强化煤矿安全基础管理和灾害专项治理，切实抓好安全质量标准化体系建设，深入推进“三个专项行动”，按时完成井下“六大避险系统”的建设任务，加快煤矿安全生产救援体系建设。加强煤炭生产技术管理和项目建设管理，不断提高煤炭企业安全管理水平。

（二）进一步强化经营管理

加强市场营销。充分发挥三级营销网络的作用，坚持日分析、旬对标、月总结，积极争取电量计划，多发效益电量，以各区域利用小时领先保公司整体领先；继续开展效益调电，优化电量结构，提高发电边际贡献；努力提高电价结算水平，实现电费回收率100%，确保国家电价政策执行到位。

加强燃料管理。巩固和发挥燃料统一采购调运的专业化和集约化管理优势；与大型煤炭企业建立稳定可靠的合作关系；充分利用国内国际两个市场，加强进口煤市场研判和采购策略调整；继续开展效益调煤，实现公司利益最大化；严格执行燃料闭环管理指标体系和定额标准，不断降低二次损耗；根据煤炭市场变化，及时调整采购策略，保持合理库存。

加强资金管理。巩固信贷融资主渠道，加大融资创新力度，扩大直接融资规模，确保全年资金运行安全稳定。

加强精细化管理。加强经济、电力政策研究，做好市场形势研判。

努力增收增效。全力抓好火电扭亏增盈工作；水电企业要加强经济运行和优化调度；风电企业要积极解决电量消纳问题。

（三）进一步提升发展质量

加快推进电源结构调整。优先发展效益好的清洁能源项目，重点建设好糯扎渡、藏木、功果桥等水电项目，加快龙开口、苗尾、黄登等水电项目的前期工作，积极推进西藏水电前期工作，力争雅鲁藏布江下游、澜沧江上游西藏段开发取得实质性进展；抓好效益型风电项目开发，确保祥云白鹤厂、昌图老城等优质风电项目列入2012年国家核准风电项目计划。择优开展效益型太阳能发电项目开发。

加大产业结构调整力度。要着力夯实煤炭产业的基础地位。在确保安全的前提下，加大煤矿前期和在建项目的工作力度，确保实现稳产、高产、达产，进一步提高煤炭产业盈利水平。

加强产业协同能力建设。进一步提高煤炭产业的保障能力，做好蒙西蒙东、陇东等地煤炭企业的内部煤炭供应工作，不断提高公司电煤自供率进一步提高电煤运输能力，围绕电煤运输关键环节，加强交通运输产业资源整合和物流优化，充分发挥时代、瑞宁等航运公司的现有运力，以及现有港口、码头的中转储运能力，为公司电煤运输提供有力支持。进一步发挥金融产业的服务功能，着力打造产融结合平台，实现金融产业与实体产业的协同高效发展。进一步提升科技产业的服务能力，充分发挥技术优势，积极为公司系统提供及时、高效的技术支持，为提高生产运营效率和节能减排水平做出贡献。

（四）进一步加强资本运营和“走出去”工作

坚持有进有退、有所为有所不为创新思路、开拓渠道，加大股权融资力度，推进资本布局调整。

积极引进外部资本金。通盘考虑境内和境外资产、电力和非电力资产控股和参股资产，深化与中央、地方企业的互利合作。加大与中央和地方能源等企业的合作力度，加快罗源湾港口项目股权转让整合，推进蒙冀铁路曹妃甸煤炭港务公司增资注入华能曹妃甸港口公司等项目的运作。

加大上市融资力度。坚持多业并举、多点联动，大力培育各产业板块上市资源，稳步推进有关产业上市融资和已上市公司的股权再融资工作。抓住资本市场有利时机，力争内蒙古华电增发成功。抓紧做好公司系统风电资产的整合工作。

积极盘活存量资产资源。对战略布局和支撑作用不大，利润贡献不突出，技股比例较小，市场增值潜力有限，以及非主业的参股股权进行清理盘活，优化资源配置。

加强资产并购管理和优选比较。严格资产并购项目的经济评价条件，把创造价值、提升效益作为并购的关键指标，确保并购项目符合发展战略并且有效增加 IEVA。

积极实施“走出去”战略。进一步提升境外资产的经营管理水平，不断提高投资回报。加大境外水电等资源开发力度，推进瑞丽江二级水电站前期工作，确保登布苏一期项目投入试运行。做好境外资产的整合重组，进一步做强做优“走出去”平台。

（五）进一步推进科技创新

加快示范工程建设。做好天津 IGCC 示范电站达标投产和项目运营，力争高温气冷堆核电站示范工程早日开工建设，做好海南波浪能发电示范项目。积极推进中国第一个燃烧前二氧化碳捕集示范项目技术研发和装置建设，进一步提升燃烧后二氧化碳捕集技术水平，做好太阳能光热发电技术试验和示范工作，推动节能提效、环保减排改造工程的示范。

实施重大科技项目规划。加大关键技术研究投入，推进 700℃超超临界发电技术研发，做好 120 万 kW 等级高效大型机组研发和示范项目落实工作。开展页岩气勘探开发技术跟踪研究。

加强科研平台和人才队伍建设。继续做好五个国家级研发平台和北京人才创新创业基地的建设运营工作。培育一批具有国际眼光和先进管理理念的科技领军人才，形成多个具有国际竞争力的研发团队。

（六）进一步加强节能减排

努力减少污染物排放。统筹安排、有序推进现役机组脱硫增容和脱硝改造。加强环保设施的运行维护管理，实现总量控制目标。认真做好环保工作，积极配合环保核查，确保不发生影响公司形象安全的环保事件。

加强碳资产管理。跟踪国际碳减排机制，深入研究 CDM 项目开发模式。

（七）进一步推进改革创新

要以创一流为抓手，进一步健全体制机制，完善管理方法和流程，不断提高企业管理水平。

扎实推进创一流工作。抓紧制订创建世界一流企业工作的实施方案，抓好组织实施。围绕创建世界一流企业，抓紧建立国际对标体系，增强对标的深度和广度。

健全管理体系。深化三级管理体系建设，充分发挥各层级的职能作用，缩短管理链条，提高管控能力和管理效率。进一步推进专业化改革，完善专业化管理体系，继续抓好人力流、资金流、物流、信息流建设。煤业、物资公司要抓紧组建运行，确保各项职能尽快落实到位。

加强绩效管理。完善经营绩效考核工作，探索有关市场化企业和科研单位的考核激励机制。完善企业负责人绩效考核机制，继续做好企业年薪制工作。

加强内控和风险管理。健全风险评估常态化机制，研究制定二级单位内控手册。加强风险管控，企业预算要留有余地、做好预案、动态调整。做好内部审计、审计整改和项目后评价工作，扩大审计覆盖面，提高审计效能。继续加强法律管理体制机制建设，扎实推进华能集团公司第三个三年法制工作计划和“六五”普法规划的贯彻落实。

推进信息化建设。推广信息化统一平台实施，完善移动办公系统建设，推进数据中心深化应用和灾备中心建设，做好信息化运维保障。

加强企业文化建设、群团工作和思想政治工作。

认真履行社会责任。扎实做好扶贫和援疆、援藏、援青工作，继续实施“百千万工程”、“哺农惠民工程”、“新牧区建设”、“金秋助学”和“绿色防护工程”。

学习贯彻十八大精神
加快建成世界一流能源集团❶

（云公民）

一、切实增强学习贯彻十八大精神的自觉性

党的十八大报告是十八大精神的集中体现，是党在新的历史条件下夺取中国特色社会主义新胜利的政治纲领，是全面建成小康社会的行动指南。各级领导干部要率先垂范、带头学习，把坚持和发展中国特色社会主义作为学习贯彻党的十八大精神的聚焦点、着力点、落脚点，深刻把握科学发展观的历史地位和现

❶ 本文为刊载于《中国电业》杂志 2012 年第 12 期同名的文章的摘要。

实指导意义、中国特色社会主义的丰富内涵、全面建成小康社会的宏伟目标、“五位一体”的总体布局、党的自身建设的重大任务等重大理论观点、重大方针政策和重大工作部署，引导和带动公司系统全体干部员工把思想和行动统一到党的十八大精神上来，把智慧和力量凝聚到落实党的十八大提出的重大战略部署上来，进一步增强紧密团结在以习近平同志为总书记的党中央周围的坚定性，进一步增强深入贯彻落实科学发展观的坚定性，进一步增强走中国特色社会主义道路的坚定性，进一步增强搞好国有企业、做强做优华电事业的坚定性。

二、以十八大精神为指导，全力推动“双提升”、“创一流”见成效

贯彻落实党的十八大精神，重在联系实际，重在指导实践，重在推进工作。要紧密联系华电集团公司实际，坚持用党的十八大精神指导全部工作实践，扎扎实实地推进“双提升”，全力加快“创一流”步伐，推动各项工作再上新台阶，角保“双提升”、“创一流”见到实实在在的成效。

一是要完善“双提升”、“创一流”工作思路。创造可持续价值理念，完善发展思路，创新工作举措，保持和巩固华电集团公司转折向好发展态势，科学谋划华电集团公司中长期发展战略，增强华电集团公司可持续发展能力，奋力开创华电集团公司科学发展新局面。

二是要落实“双提升”、“创一流”推进措施。要按照国务院国资委和华电集团公司总体部署，进一步提高思想认识，加强组织协调，抓好跟踪检查，强化考核激励，全面推进“双提升”第二阶段各项工作，确保活动取得实效。

要紧紧围绕国资委确定的13个领域管理提升重点，对标国际国内先进水平，落实专项提升方案，集中力量解决影响和制约华电集团公司经营发展的突出问题，实现短板消缺和瓶颈突破，努力通过专项提升来促进企业管理水平的整体提升。

要进一步健全各产业板块“创一流”体系，建立二级企业“创一流”指标，体系以及考评体系，自上而下形成对“创一流”的有力支撑和保障。

要继续抓好活动试点工作，强化日常指导，及时总结推广试点单位经验，及时解决存在的问题，努力把试点办成“双提升”、“创一流”工作的示范点，以点带面推动公司全系统工作。

三是要确保“双提升”、“创一流”取得实效。“双提升”、“创一流”是事关华电集团公司战略全局的大事，必须要确保“双提升”、“创一流”各项部署切实落到实处，见到实实在在的成效。要以当前经营状况明显改善、结构调整成效显现为契机，进一步加大转方式、调结构力度。

要进一步深化对标管理，查错纠弊，整改提高，确保华电集团公司供电煤耗、设备利用小时、电煤价格等主要经济技术指标达到同行业先进水平。

要进一步强化战略管控职能，健全“五化”管理体系，提高产业管理的精益化、规范化和标准化水平，夯实企业基础管理，努力向管理要质量、要效益、要竞争力。

三、深入贯彻十八大精神，切实做好公司当前重点工作

一是要着力在维护安全生产上下功夫。要全面落实各级安全生产责任制和各项制度措施，加强运行管理和设备消缺维护，做好燃料供应与储备，保证机组安全稳定运行，确保电力、热力安全可靠供应。要重点抓好煤矿生产安全，强化日常生产监管，坚决防止各类事故的发生。

二是要着力在可持续发展上下功夫。2012年1～10月，华电集团公司完成发电量3546亿kWh，装机容量9700万kW，控股煤矿产能2849万t/a，供电煤耗319.3g/kWh，利润总额、净利润、EVA、净资产收益率跻身发电集团前列。

三是要着力在谋划2013年工作思路上下功夫。要以十八大精神为指导，深刻分析华电集团公司当前面临的内外部形势，超前思考谋划2013年工作大局，深入研究国家最近出台或即将出台的能源发展“十二五”规划、能源科技“十二五”规划、节能减排“十二五”规划等重大举措和政策，进一步理清工作思路，创新体制机制，完善制度措施，使各方面工作更加适应新的形势和公司要求。

坚持稳中求进 深化转型升级 开创一流综合性电力集团建设新局面[1]

（朱永芃）

一、高度重视安全生产筑牢企业发展基础

安全生产关系到企业改革发展稳定大局，关系到广大员工的人身安全和各级干部的政治安全。我们要深入贯彻全国安全生产工作会议精神，正确处理安全与发展、安全与效益的关系，健全完善覆盖全产业链的安全管理体系，认真落实企业安全生产主体责任和

[1] 本文为刊载于《中国电业》杂志2012年第4期同名文章的摘要。

各级安全生产责任制，严格执行安全生产规程规定，严肃事故责任追究。

二、优化调整电源结构不断提升发展质量

围绕国电集团公司“十二五”发展规划，坚定不移地大力发展新能源，合理控制投资规模优化电源结构，强化项目前期工作和建设管理，稳步推进资产重组并购，努力实现均衡可持续发展。

加大前期工作力度。积极争取优质水电、风电、太阳能资源，落实大型火电和重点外送电基地项目。保障前期工作投入，加大前期工作深度，加强技术路线研究和方案论证，严格项目前期评估分析和经济效益测算。严格执行进度计划，加快完善项目核准条件，重点项目单位要指定专人负责项目核准催批，限期拿到“路条”或获得核准。要实行项目责任制，已开展前期工作的项目要确保不丢失，重点水电项目要明确时间表，确保按期完成前期工作，高质量开工。

优化发展火电。全年投产火电机组 860 万 kW，力争投产 960 万 kW。优先发展 60 万 kW 及以上超超临界火电项目，推进浙江、江苏、广东等沿海地区大型火电机组和新疆、内蒙古、宁夏等煤电基地项目前期工作，重点解决“上大压小”容量异地调度问题，力争谏壁第二台百万千瓦机组、黄金埠二期 2×100 万 kW、织金 2×66 万 kW、海南西南部电厂 2×35 万 kW 等项目获得核准并开工建设。

积极发展水电。坚持大中小并举、新建和收购并重，力争全年核准水电项目 200 万 kW 以上，投产 60 万 kW。

稳健发展风电。坚持多元化投资，专业化管理，坚定不移发展风电，全年投产风电项目 270 万 kW。

重视发展清洁能源。紧跟国家发展规划，因地因网制宜，优先发展经济效益好、日照时间长地区的太阳能发电项目。集中突破一批燃气机组和分布式能源、微电网等项目，积极研发小型模块化核反应堆项目，稳步推进海洋能、地热、生物质等其他新能源发展。

认真做好重组并购。坚持效益和规模并重，布局与结构并重，重点跟踪推进以水电为主体的大型电源公司的重组并购。加大资源富集地区中小水电和风电并购力度。要注重收集重组并购信息，确保信息反映畅通、研究决策及时。完善并购内控体系，加强评估论证，规范工作程序，防范并购风险。

提高工程建设质量。优化工程建设时序，优先保证重点投产项目，保证效益好、符合集团转型战略的项目，认真做好停缓建项目安全平稳过渡工作。优化工程建设方案，落实征地、移民、送出、铁路等外部建设条件。加强各级基建管理力量，强化全过程精细化管理，进一步降低工程造价，提高管理水平和建设质量，确保按期达标投产。对于投产未达标的工程项目，要明确责任，限期整改。

加快实施“走出去”战略。以新能源和战略性新兴产业为重点，在海外煤炭、优质水电风电、高科技产品、工程承包等方面开拓市场，打开局面，务求年内有所建树。积极推进南非风电项目，抓紧落实合作融资方案和风机认证及入网条件。力争加拿大风电项目年底前开工。积极稳妥推进柬埔寨柴阿润水电项目 BOT 谈判。

三、大力发展相关产业打造一流产业集群

将相关产业作为发电产业链的有机延伸，作为主营业务的重要环节，充分发挥相关产业在管理、技术、产品等方面的优势和作用，进一步加大支持力度。坚持面向市场，服务企业，对标国内外行业高端和优势企业，全力打造一批一流的专业化公司和产业集团，不断提高利润贡献和服务保障能力。

积极发展煤炭产业。坚持“三片一线”战略布局，加快构建蒙东、蒙西、山西、贵州、陕西、新疆六大煤炭基地，完善覆盖沿海沿江、华中及南方缺煤地区的储配运销体系。

大力发展科技环保产业。加大研发力度，创新商业模式，整合业务板块，培育新的利润增长点。节能环保产业要为电厂提供脱硫脱硝、水务处理、无燃油点火等业务“一站式”解决方案。不断提高外部市场占有率，联合动力风机外销达到 800 台，力争 1000 台；龙源环保脱硫、脱硝 EPC 工程外销比例达到 60%。在北美、欧洲等地区设立海外销售机构，加大太阳能电池、风机、等离子、脱硫、空冷等高新技术产品和服务的出口力度。

高效发展金融物流产业。进一步做强金融保险产业，强化金融服务平台建设，做强做优财务公司、商业银行、保险公司、信托公司和产业基金，切实提升行业地位和盈利能力。延伸发展物资物流产业，打造以物联网为核心的“中国电力商务网”品牌，拓展通用物资集采配送和集中经营业务范围，优化配送中心和物资超市的运营模式，重点做好物资服务、钢材经营、电子商务和信息化建设、装备制造四大板块业务，加快建设国内一流的物资物流产业集团。

四、加强集中经营管理全方位深化挖潜增效

加强集约化经营和专业化管理，进一步深化“双学”活动，牢固树立“永无止境、追求卓越”的理念，整合利用电厂相关产业链上一切资源，强化全员挖潜、创新挖潜、持续挖潜的意识，力争在同区域同等条件下盈利最多、亏损最少。

加大集中管理力度。加强以降低成本、提高效益

为目标的集中管理，是大型企业集团优化资源配置，实现效益最大化的必由之路，是避免资源分散使用，堵塞管理漏洞的重要手段。

优化经济技术指标。继续深化星级发电企业创建活动，深入开展对标管理，加大设备升级改造力度，持续改善供电煤耗、厂用电率等主要技术经济指标，确保30万kW级机组供电煤耗降至330g/kWh以下，60万kW级机组降至310g/kWh以下，进一步加大30万kW级机组供热改造力度。

加强市场营销。积极开展智慧营销，加强发电权交易和电量置换工作，努力提高优质电量比重，千方百计争量保价、增效保收。积极跟踪调价政策执行情况，确保调价成果落到实处。加大电热费回收力度，当年回收率达到100%。强化燃料管理，加强市场信息研究，建立煤价预警机制，推进燃料智能化管理。强化与大型煤炭企业战略合作，优化煤炭供应结构，提高重点合同兑现率。

积极开展电厂综合经营。加快推进省级公司和电厂转型，围绕电厂相关产业链，整合利用煤、水、灰、汽、土地等各种资源，不断拓展综合经营的新领域，千方百计增收增效。

深化治亏扭亏工作。继续实行重点亏损企业对口联系制度，推广治亏典型经验，发挥集团公司整体优势，标本兼治深入开展治亏活动，最大限度减亏扭亏。

五、强化财务产权管理切实防控经营风险

加强财务管理。着力提升预算精准度和管控力，确保关键指标可控在控强化融资预算管理，严控资金支付进度，严肃财经纪律。大力拓展融资渠道，优化借款结构，努力控制和降低融资成本。

加强资本运作。坚持整体上市战略以各业务板块上市公司为平台，逐步整合注入相关业务和资产，推动整体上市进程。整合业务板块资源，强化专业上市公司融资功能，加大股权融资力度，确保实现全年融资目标。加快落实龙源电力年度再融资。全力促成国电电力可转债转股开展债券融资等再融资工作。尽快完成英力特定向增发并启动新一轮股权融资。

加强风险管控。严格决策审批程序落实责任追究制度，加强投资风险管控认真制订和执行资金安全应急预案，切实防范资金风险。进一步加快基建财务内控体系建设推广工作。加大内部审计监督力度，重点抓好领导人员经济责任审计建设项目跟踪审计和经营绩效审计。依法依规做好产权登记和资产评估工作，防范并购重组中的估值风险。

六、加快科技创新步伐增强企业发展后劲

大力实施科技创新战略，不断提升自主创新能力，培育新的经济增长点，为企业持续健康发展增添不竭动力。

完善产研结合的科技研发体系。坚持依托企业办科研，充分发挥新能源研究院平台作用，以三家科研院所、六个国家级研发中心为核心，形成“集团搭台，企业唱戏”的生动局面。高标准加快新能源研究院建设，力争年底全面建成并投入使用。

加快实现重大科技项目突破。加强科技资源的优化配置、高效利用和开放共享，重点突破超超临界二次再热机组、低氮燃烧、大功率风机制造、褐煤提质、储能、核电小型堆、微电网、碳捕捉等核心关键技术。新增专利120项以上，取得国家级重大科技项目不低于5项，科技新产品贡献率不低于10%。加大科技投入力度，2012年科技研发经费支出力争不低于14亿元，筹集科技创新资金1亿元。积极承担国家重大科技攻关任务，争取国家科技资金超过5000万元。

加大技术改造和装备升级力度。全年安排合同能源管理和特许经营项目44项13.9亿元。坚决淘汰落后产能，加大“上大压小”力度，全年力争关停100万kW左右。

七、深化体制机制改革激发企业发展活力

深化管理体制改革。继续推进集团公司整体改制，完善法人治理结构，稳步推进股份制改革。健全完善“三级法人，省为实体”的管理体制，压缩管理层级，进一步明确省级公司在人、财、物等方面的职权，树立省级公司作为总部代表一口对外、统一协调管理省内集团各单位的权威。有序推进分公司改制为子公司，撤销部分无实质管理职能的区域分公司，推动宁夏、内蒙古等区域企业的管理整合。

深化干部人事制度改革。

深化激励约束机制改革。建立完善现代企业制度，根据相关同类企业的特点，稳步推进市场化程度高的相关产业劳动用工和薪酬市场化改革，推行领导干部双轨制和职业经理人制度。

八、大力弘扬国电文化增强集团发展软实力

国电集团公司成立以来，两届领导集体团结带领全体干部员工，坚持把科学的战略和先进的文化相结合，在艰苦奋斗中培育了独具特色的企业文化，“严格、高效、正义、和谐”的核心价值观、“永无止境、创造一流”的企业精神和“家园·舞台·梦”的企业愿景已经深入人心。

广泛开展文化宣贯。尊重员工的创造主体地位，创新文化载体，开展丰富多彩的企业文化活动。进一步丰富完善理念体系，规范核心理念、形象标识、行

为规范，将文化理念融入企业管理、员工意识和各项工作中，在系统上下形成统一战略思想、共同经营理念、强大精神力量、基本道德规范，构筑不可复制的企业核心竞争力。

深入实施惠民工程。坚持以人为本，改善福利待遇，创造培训机会，提供发展平台，让广大员工共享发展成果。建立完善工资正常增长机制，建立边远艰苦地区津贴制度，稳步提高中西部企业和一线员工收入水平。

着力提升品牌形象。加强新闻宣传策划，强化品牌战略管理，整合现有优势资源，提升国电集团公司整体品牌形象。

2012年是中国国电集团公司成立十周年，在国电发展史上具有重要的里程碑意义。国电集团公司将回顾奋斗历程，展示辉煌成就，展望美好愿景，激励干部员工在新的历史起点上，坚定信心，克难奋进，努力开创一流综合性电力集团建设新局面，为经济社会发展做出新的更大贡献！

巩固改革发展成果　加快转变发展方式 朝着“三步走”战略目标继续前进[1]

（陆启洲）

一、实施“三抓三保”

一抓抓管理，适应管控一体化改革带来的体制机制的新变化，加快实现管理方式的“五个转变”。

二抓抓改革，始终把改革创新作为推动发展的强大动力，努力在重点领域取得新的突破。

三抓抓发展，始终坚持发展第一要务，扎实推进结构调整和战略转型。

一保保增长，其核心即是要提高企业经济效益。

二保保安全，始终牢固树立安全第一的思想，切实把安全放在科学发展、可持续发展的高度来认识，作为保增长的重要前提和基础。

三保保稳定，始终坚持“以人为本、执政为民”的理念，积极构建和谐稳定的劳动关系，切实承担起维护稳定的政治责任。

二、全年工作目标

（一）努力提高经济效益

把抓市场作为提高经济效益的首要任务。中电投集团公司发电量、原煤产量、电解铝产量都要保持一定比例的增长。电力板块要突出做好市场营销工作，火电利用小时数不低于同区域同类型机组平均水平。认真研究电量与电价、煤价等关键要素的关系，按边际收益组织发电，开展星级机组评价，促进火电减亏增效。煤炭重点是释放产能，理顺集团内部销售价格体系，切实解决制约产能释放的关键问题。贵州具备投产条件的煤矿要在保证安全前提下年内形成产能，创造效益。充分认识铝业期货业务的高风险性，坚持套期保值的原则和定位，做好期货运作，稳定收益水平。

把发挥整体优势作为提高经济效益的重要保证。继续发挥优势板块、优势企业、产业集群利润支撑作用，各板块都要力争保持和扩大利润水平。

把内部挖潜作为提高经济效益的重要举措。加强燃料预控管理，严格按照国家要求控制燃料价格涨幅，整体涨幅控制在预算以内，确保燃料采购价格不高于区域平均水平。

把资金管理和价值管理体系建设作为提高经济效益的重要工作。继续加大资本市场运作力度，努力在打通资本市场融资通道方面实现新的突破。严格按照计划、预算控制投资规模，控制资产负债率过快增长。进一步扩大银企合作，降低资金成本。继续争取地方政府财政政策，缓解企业资金压力，提高效益水平。扎实推进价值管理体系建设试点工作，总结试点经验，在所有发电类企业推广。

（二）继续推进结构调整

加快电源结构调整。核电加快在沿海寻找新的核电厂址，继续推进内陆核电前期工作。水电积极争取其他流域大型水电项目，经济有序开发中小水电，开展对优质中小水电并购重组。风电重点推进大型风电基地建设，努力增加资源储备，加快技术进步，降低开发成本。太阳能发电重点增加资源储备，力争在较短时间内体现与其他清洁能源的成本竞争优势。优化发展火电，重点发展符合国家电力规划、有资源保障、有较高预期收益、有节能减排贡献以及产业链必需环节上的火电机组，严格控制不具备资源条件地区、高煤价低电价地区火电投资规模。

加快产业结构调整。煤炭积极推进重点煤矿项目前期工作，加快煤矿核准和矿权落实，扩大优质煤炭资源储备，不断提高电煤自给率。铝业加快打通自身产业链，大力加强国际间合作。积极推进铁路、港口建设，有效提高铁路运力。加快推进高新产业项目核准、开工。继续做好资本市场运作，推进上市公司再融资。加快九龙电力转型，巩固脱硫特许经营工作，促进中电投集团公司环保产业发展。

---

[1] 本文为刊载于《中国电业》杂志2012年第5期同名文章的摘要。

（三）坚定不移深化改革

继续大力深化管控一体化改革。落实管控一体化改革方案，全面完成三级组织机构调整和相关配套工作。加快推进管理“七统一”和专业服务平台建设，各单位要根据实施方案，制定本单位实施细则，有效推进。开展产权股权优化调整，推进区域资源整合，2012上半年完成江苏分公司、河北分公司、南方分公司改制为子公司，完成重庆分公司、川藏公司和浙江公司的组建，加快推进九龙电力资产剥离。按照三级管理定位和三级组织架构要求，强化利润中心和成本中心建设，加快三级单位管理职能调整，使之更加符合成本中心的管理要求。清理三级单位对外投资，把具备改制条件的三级单位改为分公司，继续强力推进四五级公司清理。认真落实核电管控调整任务。逐步完善支持性服务体系建设。中电投集团公司管控办要抓好督促检查和协调指导，制定验收标准，确保年内完成管控一体化改革各项工作。加快实施“管控+ERP”信息化建设总体方案，在试点基础上完成集团统一ERP软件平台的选定，下半年全面启动，管控系统和物资采购系统年内上线运行。

深化用工、分配制度改革。严格执行中电投集团公司新颁布的劳动定员标准规范用工管理，清理劳务用工。按照新企业新机制的要求，以新建非电产业金融企业为试点，探索用工机制的新突破。全面落实工资制度改革方案，推进工资分配制度改革。

（四）全面提升管理水平

大力推进“七统一”集约化管理。2012年底前完成管理机制、运营体系、运营效率的关键和重点环节的调整实施工作，从总部到二三级单位，都要尽快制定修订各项管理制度，补充完善管理流程，确立“七统一”管理机制，尽快实现按“七统一”管理机制运行。加强管控能力和专业化管理能力建设，使新的体制机制真正能够促进管理效率的提高。

扎实做好安全管理。深入开展安全健康环境管理体系建设，积极构建动态管理、持续改进的工作机制。认真贯彻煤矿瓦斯防治工作“十条禁令”，严格落实区域防突措施，开展瓦斯治理示范矿井建设。加强水文地质勘探，落实综合治理措施，严防透水事故发生。做好铝业重大安全隐患治理。确保完成核电项目建设年度安全生产与质量目标。高度重视多晶硅安全生产，坚决避免火灾爆炸和环境污染事故。强化工程建设领域安全监督管理，严格承包资质和用工资格审查，落实施工和安全生产条件。有效防范和杜绝重特大事故。

推进标准化与对标管理。建立中电投集团公司标准化工作系列标准，建立并统一集团公司基础标准，构建标准化体系框架，建立完善项目前期、工程建设、安全生产、环保节能、市场营销工作的管理和技术标准。

切实加强风险管理。对新企业或代管关联企业内控机制不健全、老企业关联交易不规范、燃料管理不规范、用工与薪酬管理不规范、不履行审批流程、潜亏与利润不实、监督不到位等7个方面的风险进行重点监控和防范。

（五）大力开展技术创新

着力构建适应集团化管控要求、与国际一流能源集团发展目标相一致的技术支撑体系。创新集团层面科技体制机制，完善科技管理组织机构，健全管理制度，积极推进重点领域技术中心的组建工作。火电要围绕产业升级、节能环保开展技术创新，开展合同能源管理，促进节能减排。水电要结合流域调度和新能源开发利用，创新降本增效技术手段，整体提高资源利用率。核电要促进与清华大学等高校合作，推动核电技术国际合作，加快核电技术中心建设，提高核电建设运营技术保障能力。煤炭物流要以信息化技术提升资源优化配置和企业管理水平，实现业务流、信息流、价值流的统一。铝业重点培育青铝技术中心，努力在电解铝生产自动化、节能技改和指标优化上取得新突破。高新产业要依托重点项目实现技术创新，形成孵化能力。有针对性地加大研发、技改、成果推广和人才培养的资金投入，完善奖励和考核机制，逐步提升技术创新投入占中电投集团公司销售收入的比重。

推进重大科技项目实施。以合川二期为依托，开展燃煤电厂多污染物协同控制一体化关键技术研究。在中试试验基础上，掌握活性焦干法脱硫工艺技术、开发关键设备，为后续工程应用提供保障。开展脱硝催化剂原材料国产化和再生技术研究。加强核电技术能力建设，合作开展小堆研发及其工程应用前沿技术研究，做好AP1000核事故应急决策技术支持和福岛核事故后经验反馈跟踪分析。加快推进产业技术升级，开展电解铝综合自动化改造和铝土矿综合机械化开采试验。继续做好铝业新型阴极钢棒技术、变频技术的推广应用，实现节能降耗。按国家科技部要求，组织好国家863重大项目——蒙东循环经济项目和褐煤提质项目的实施。

加强科技人才队伍建设。依托重点工程和重大科技项目，加快培养造就一批科技领军人才和创新团队。探索建立科技人才的中长期激励机制，创新科技人才选拔机制，建立科技带头人和技术专家制度，对科技人才实行分类管理。储备一批核电建设、运营管理技术人才和高新产业、煤化工领域技术人才。全系统都要更加重视科技工作，大力营造尊重科技人才、鼓励技术创新的良好氛围，使中电投集团公司可持续发展更多建立在科技进步的基础之上，使科技工作不断出成果、出人才、服务中电投集团公司发展。

实践证明兴建三峡工程决策完全正确

（曹广晶）[1]

2012年入汛以来，长江洪峰一轮紧接一轮。7月24日，三峡成库以来的最大洪峰抵达三峡，峰值达71 200m^3/s，超过1954年和1998年洪峰峰值。面对这一长江有水文记录以来的第三大洪峰，三峡水库按43 000m^3/s控制下泄，削减洪峰流量40%，有效减轻了中下游的防洪压力。

一、坚持民生优先，以人为本治水兴邦

水利是兴国安邦、惠及民生的大事。对中国这样一个饱尝水旱灾患之苦的国家来说，“治国先治水”已成为古训。三峡工程是治理和开发长江的关键性骨干工程，党中央、国务院决策兴建三峡工程，是为了综合治理和开发长江，既解决长江洪水问题，又充分开发和利用长江的水资源，改善民生，造福国家和人民。

三峡工程从提出设想到付诸实践，经历了70多年的漫长曲折过程。20世纪上半叶，孙中山先生设想建设三峡大坝，以改善航运和发电。新中国成立后，毛泽东主席、周恩来总理为解决长江水患问题，决策兴建三峡工程。此后数十年的论证、设计中，始终把防洪当作首要目标。在三峡水库蓄水位的问题上，相比低坝方案，中坝方案可增加100多亿m^3防洪库容，防洪作用大。1985年1月19日，邓小平同志在听取李鹏同志关于三峡工程及筹备情况的汇报后，肯定中坝方案是个好方案。

按照国家批准的三峡工程设计方案，三峡水库正常蓄水位175m，防洪库容221.5亿m^3。万里长江，险在荆江。三峡工程兴建后，可将荆江河段的防洪标准由十年一遇提高到百年一遇，配合其他措施，可以防止荆江河段发生毁灭性灾害，还可减轻洪水对武汉地区及下游的威胁。

三峡电站装机容量世界第一，共安装了32台70万kW机组和2台5万kW机组，总装机容量达2250万kW。2012年，三峡电站机组已全部投产，满负荷运行时间累积超过711h。自2003年7月首批机组发电以来，三峡电站已累计发电5800多亿kWh。

三峡水库蓄水后，从根本上改善了宜昌至重庆660km的航道，万吨级船队可从上海直达重庆，运输成本下降1/3以上。三峡船闸自2003年6月通航以来，年货运通过量持续快速增长。2011年，三峡船闸货运通过量突破1亿t，是蓄水前年均货运量的10倍，船闸上行货运量提前19年达到2030年单线通过5000万t的设计指标。三峡工程的兴建，大大促进了长江航运事业和沿江经济社会发展。

二、运用市场机制，革新体制建设三峡

三峡工程筹备期间，李鹏同志就在给国务院的报告中提出：“用改革水电建设体制来上三峡工程”。李鹏同志指出，要上三峡工程，必须改革，成立三峡总公司，使之成为自负盈亏的、既管建设又管生产的、权责利结合的经济实体。为使三峡工程能够按照现代企业制度进行管理，引入竞争机制，国务院批准成立了三峡总公司，实行业主负责制、招标投标制、工程监理制、合同管理制和资本金制。

三峡总公司是一个自负盈亏、自主经营的经济实体，是三峡工程的项目法人。三峡总公司在组织工程建设时采用国际通行的办法，实行招标投标制，通过公开招标，引进竞争机制，本着“公开、公平、公正”原则，选择最优秀的施工企业承包工程；实行工程监理制，对工程施工的质量、进度和成本进行控制；实行合同管理制，以合同为依据严格履约，使工程建设取得最好的效益。

三峡总公司作为三峡工程的项目法人和责任主体，充分发挥项目法人的组织协调作用，实施规范的招投标管理和合同管理，组织建设各方建立了既竞争又协作的新型生产关系，确保了工程建设目标的按期实现，避免了过去工程建设中出现的“工期马拉松、投资无底洞”现象。

在三峡总公司的组织下，三峡工程所有具有里程碑意义的阶段性建设任务均按照初步设计顺利完成，总工期比计划提前一年，各项功能开始全面发挥；工程质量总体优良，特别是在三期工程施工中，创造了右岸大坝500万m^3混凝土无裂缝的世界奇迹；投资控制有效，未突破国家批准的概算，动态总投资约1800亿元，比预估动态总投资节省200多亿元。通过引进技术、消化吸收、再创新，实现了巨型机组国产化目标，促进中国机电装备业实现了跨越式发展。

三峡工程规模宏伟，工期长，投资大，在国家经济困难、建设资金有限的情况下，兴建三峡工程最大的问题就是资金不足的问题。为确保三峡工程建设资金，国家决定采取以电养电方针筹集资金，将三峡电站首批机组发电以后的收益投入到建设中，将葛洲坝电厂划入三峡总公司，用葛洲坝电站的收入来支持三峡工程建设，设立三峡基金，将三峡基金作为国家的

[1] 本文为刊载于《中国三峡工程报》第1493期同名文章的摘要。

资本金投入三峡工程。三峡工程建设资金筹措的一系列决策，为三峡工程建设提供了稳定的资金来源，保证了工程建设顺利进行。

“建设三峡、开发长江”是三峡总公司的历史使命。关于长江上游的水电开发问题，李鹏同志强调采取水电滚动发展的方法。他说，水电投资大、工期长，但发电成本相对较低，而且一旦还款完了以后，就可以积累大量资金，投资建设新的电站。现在采用建设三峡工程的方法后，可以明显地看出来，它是有力量向第二个电站投资的，甚至可以向第三个电站投资。

如今，向家坝、溪洛渡水电站已开工建设，2012年和2013年将相继蓄水发电，白鹤滩、乌东德水电站已开始筹建。按现代企业制度设立的三峡总公司也逐步发展成为全球最大的水电开发企业，2009年更名为中国三峡集团，2011年建立规范董事会制度，董事会、党组、经理班子各司其职、有序运转，公司治理结构不断优化。中国三峡集团已投产、在建和筹建的水电装机超过7000万kW，资产规模达到3200多亿元，正在向国际一流清洁能源集团迈进。

三、发挥制度优势，重大问题国家决策

三峡工程的顺利建设，得益于政治优势与市场机制有机结合，体现了社会主义制度集中力量办大事的优越性和市场经济的优势。为加强对三峡工程的领导，国务院成立了三峡工程建设委员会，这是三峡工程顺利建设的体制保证，工程建设中的内重大问题都在这个平台上得到及时协调和解决。在重大问题的决策上，国务院三峡工程建设委员会发扬民主，尊重科学，实事求是。

三峡工程成败的关键在移民。完成百万移民任务，是前所未有的世界难题。在三峡移民问题决策上，党中央、国务院实施了开发性移民方针和全国性的对口支援，这是社会主义制度集中力量办大事优越性的生动体现。开发性移民方针是从中国30多年移民工作经验教训得失中总结出来的好办法，《李鹏论三峡工程》一书中记录了这一决策的形成过程，书中提到：“我们应该做出这样一个决策，通过三峡工程的建设，不但使工程顺利建成，还应该使沿江地区的国民经济有较大的发展，使当地人民较快地富裕起来。”随着三峡工程建设和开发性移民方针的贯彻落实，三峡工程移民搬迁任务圆满完成，共搬迁移民约130万人，其中外迁移民近20万人，库区经济得到稳步发展，人民生产生活水平不断提高。1997年重庆市直辖以后，经济得到长足发展，基础设施建设得到加强，城市面貌为之一新，有力地推动了三峡库区移民工作的顺利进行。

质量是三峡工程的生命线。为了加强对三峡工程质量的指导和检查，国务院三峡工程建设委员会于1999年专门成立了三峡枢纽工程质量检查专家组。在三峡工程建设过程中，我们坚持质量第一、责任至上，建立全过程、全方位、全员质量控制体系，注重细节管理、精细化管理，形成了“责任担当、创新支撑、精益求精、追求卓越”的质量文化，为建设一流工程奠定了基实基础。在二期工程建设中，提出了“零质量事故、零安全事故”的“双零”管理目标，在三期工程建设中，又将“双零”管理目标深化为“以零质量缺陷实现零质量事故、以零安全隐患保证零安全事故”的管理理念。

三峡水轮发电机组单机容量70万kW，实行国际招标，“技贸结合、转让技术、联合设计、合作制造”，是三峡工程技术引进策略的基本原则。1996年4月，国务院三峡工程建设委员会召开办公会议，集中讨论了机组额定水头、机组容量和招标组织等问题。在三峡左岸电站机组招标中，为了引进技术，规定中方设备制造厂分包不低于25%的份额。通过引进技术、消化吸收、再创新，实现了巨型机组国产化目标，提升了中国机电装备设计制造水平。

三峡大坝混凝土浇筑量大，施工强度高，采取哪种方案施工，当时存在不同意见。李鹏同志充分听取各方意见后，就把决定权和责任交给了陆佑楣同志。塔带机是三峡工程采用的新型混凝土浇筑设备，集水平运输与垂直运输于一体，通过皮带机将搅拌出的混凝土直接送至浇筑仓面。1999年，全工地完成混凝土浇筑448万m^3，创世界纪录。2000年更是达到了惊人的548万m^3。

回望三峡工程从筹备至今的非凡历程，再看三峡工程今天的成就和效益，备感三峡工程之伟大，备感兴建三峡工程决策正确。它的成功兴建，是党中央、国务院正确决策和坚强领导的结果，是全国人民关心支持、积极支援的结果，是百万移民舍己为国、无私奉献的结果，是数万三峡建设者克难攻坚、顽强拼搏的结果。今后我们要不断总结三峡工程的运行规律，继续挖掘三峡工程的潜力，保证三峡工程长期安全稳定运行，持续发挥三峡工程综合效益，为全面建成小康社会，做出新的贡献！

央企“出国经”：遵循国际规则

（范集湘）

中央企业“走出去”处于初级阶段。只有主动与现行国际规则对接，全面融入国际，尽最大努力促成

自身的国际化，才可能走得稳、走得好。

全球化思维、国际化视野，是提升国际经营管理能力的战略性前提。经济全球化是必然趋势，中国央企“走出去”参与国际分工与合作已成为不可逆转的历史潮流。中央企业必须要有全球化战略思维和国际化视野，无论是战略安排还是工作部署，都需要强化国际意识、创新意识，面向两个市场、两种资源去考量、谋划。要紧密结合国家战略，围绕国资委“一五三”总体思路，制定明确的国际化经营战略，加强集团一体化管控，强力推进实施。要坚持质量效益，把控重大风险，致力做强做优，敢于与国际先进争锋，勇于争创世界一流。战略定位与战略引领十分关键，中国电建集团公司所属水电股份公司“十一五”期间坚定不移地集团一体化实施国际业务优先发展战略，实践证明是有效的。

建筑类中央企业提升国际经营管理能力，应该把握好几个问题。

第一，着力国际化人才的优先培养使用，是提升国际经营管理能力的必要条件。国际经营的复杂性、挑战性、不确定性远远高于国内同类项目，一定要配置最强的“部队”去打最难的仗。在领导力量、人才资源、激励政策、考核奖惩上都要适应国际经营特性，优先配置，优先创新，优先变革。同时要敢于打破常规，探索“一司两制”、“一企两制”的人才配置模式，构建能够有效吸引国际高端人才、紧缺人才的政策高地，汇聚全球人才为我所用，从局部国际化向全面国际化拓展，以最快速度弥补短板，避免重复交不必要的学费。现阶段建筑类中央企业国际经营的“五支队伍”，即国际化的职业经理人队伍、专业总工队伍、部门经理队伍、专业主管队伍、高技能人才队伍系统性短缺，是严重制约国际经营管理能力的短板，是引发诸多问题的瓶颈，必须优先加以解决。

第二，主动适应，系统对接，是提升国际经营管理能力的重要抓手。当前，建筑类中央企业仍处在“走出去”的初级阶段。这一阶段的海外市场，遵循的是西方国家长期主导下的惯例和规则，对我们后入者来讲，没有对错之分，只有适应与否的问题。不少企业以国内固有的思维、习惯、标准开展国际业务，碰壁、交学费是必然的。中国电建集团公司的实践证明，在这一阶段，我们首先要主动改变自己，“削足适履”式地与现行国际规则对接，全面融入国际，尽最大努力促成自身的国际化，才可能走得稳、走得好。待自身国际化达到一定程度后，我们要坚定信心，坚韧不拔，兼容并蓄，将国内先进的理念、标准推向国际，占领行业制高点，争夺主动权，最终实现国际经营部分“中国化”。

第三，“标准化、规范化、程序化、专业化”，是提升国际经营管理能力的突破口。与国际同行相比，建筑类中央企业在管理上最大的短板就在这“四化”上，也是经过努力能够较快取得管理提升实效的突破口。其中标准化是其他“三化”的基础，简单地讲，就是把国际标准及国际经营中的成功做法和经验提炼为管理标准，并在较大范围内推行，从而达到常态管理行为标准化、管理过程程序化、模糊问题具体化、成功方法集成化、失败教训不重复的目的，实现最佳效益目标。

第四，创新体制机制，升级商业模式，是提升国际经营管理能力的助推器。一是推行“大集团、大国际、大品牌、一体化”的运营模式。如“四位一体化”的模式，即“集团公司＋海外事业部/经营平台公司/区域总部＋各子公司＋项目部”上下联动，形成目标一致、分工清晰、职责明确、高效协同的共同体，以达到聚集团之力参与国际竞争、提高资源运营效率、提升抗御重大风险能力的目的。二是加大与互补性强、合作空间大的中央企业、金融机构、国际知名企业、所在国当地企业的合作力度，整合资源，经营优势，相互促进，共同发展。三是向产业链中高端环节、高附加值服务升级。四是强化区域总部建设，管理重心下移，日常业务前移，经营决策和重大风险控制上移，积极稳健地推进国际经营的本土化，成为当地不可或缺的重要建设力量。

发挥电力和能源建设优势 服务“五位一体”国家总体战略布局

（汪建平）

一、以发展战略纲要引领转型升级

中国能建要积极主动服务国家电力和能源发展战略，始终把科学发展摆在首要位置，以中长期发展战略纲要为引领，加快转变发展方式，大力推进产业布局由价值链低端向高端、增长方式由劳动密集型向知识技术管理密集型、服务模式由价格竞争向价值竞争的转型升级。强化支柱产业核心竞争力，勇担电力和能源等基础设施建设重任，当好中国加快工业化、信息化、城镇化、农业现代化进程和加大城市基础设施、保障房、城乡一体化投资建设的主力军；推广中国能建走出的能源建设 EPC“中国道路”经验，探索并实践“以市场机制为基础，以联合体为主要特征”协同总承包模式，确保在市场竞争中获得成功，为中国基础设施又好又快建设服好务；本着“高看一眼、厚爱一分”原则，优先发展国际业务，实现由工程承包向跨国经营、由跨国经营向跨国企业集团转变，达到国际业务占"半壁江山"目标，为中国实施"走出去"战略作贡献；加大科技创新和信息化力度，努力建成世界级高端规划咨询机构、世界一流技术研发中心和装备制造中心，形成一批具有自主知识产权和国际竞争力的重大核心技术；持续巩固主营业务，不断延伸产业链条，积极参与煤炭、石油、化工、铁路、公路、城市轨道交通等基础设施投资开发建设，构筑起"大建安"格局。

二、以优化资源配置推进改革重组

中国能建要按照国家电力体制深化改革要求，遵循"整体规划、分步实施、稳中求进、量力而行"总体指导思想，在顺利完成对76家电网分离企业接收、成立国家和19个区域（省级）电力规划研究中心、重组8家试点企业、组建中国能建集团装备有限公司等基础上，进一步优化整合资源配置，稳妥有序地推进内部改革重组和价值链条再造，建立适应科学发展的体制机制和管控模式，打造市场竞争力、社会影响力一流的企业集群。建立和完善现代企业制度，按照主业突出、资源优化原则，推进公司制改造，确保"十二五"实现"跨入并站稳世界五百强"和"整体上市"两大目标；坚持以市场为导向，促进优质资源向优势产业、骨干企业集中，有序推进职工投资企业、集体企业改制和工程板块、设计板块重组整合，建成一批年收入过100亿元企业和国际业务5～8家龙头企业、10～20家骨干企业；发挥名列"最大225家国际承包商"、"全球最大的150强设计公司"前茅等资源配置优势，构筑行业领先、龙头带动格局，促进企业科学发展；开展管理提升，推进劳动、人事、分配制度改革，建立绩效考核、岗位管理、激励约束体系，促进管理集成化、业务专业化、成本节约化，建设生机蓬勃的企业集团。

三、以优秀企业文化塑造品牌形象

中国能建要按照文化强国、提升软实力的要求，用文化铸企业之魂，在唱响"集而成团"、"一家人一家亲"主旋律，实现全面大融合、和谐大发展的同时，建设既符合社会主义核心价值体系要求、又独具鲜明品牌特征的企业文化体系，实现"世界能源，中国能建"组织使命和"行业领先，世界一流"战略愿景，努力塑造良好品牌形象。深入开展社会主义核心价值体系学习教育，加强思想道德素质建设，深化群众性精神文明创建活动，开展丰富多彩、寓教于乐的职工文化体育活动，树立高度的文化自觉和文化自信；制定和实施形象视觉识别、理念、行为规范系统，形成企业核心价值观，用优秀企业文化引导人、激励人、感召人，实现由科学管理向文化管理的跨越；推进内质外形建设，坚持"三贴近"，加强新闻宣传和舆论引导，办好"一网一报一刊"，宣传和选树先进典型，展示和推介企业业绩、实力、产品、文化、品牌形象、社会责任，增强企业文化整体实力和核心竞争力；适应海外文化特征、社会习俗，推动文化融合落地，建设结构完整、概念清晰、与国际接轨的跨国企业集团文化，全面提升国际竞争力和品牌影响力。

四、以履行社会责任促进社会和谐

中国能建要主动参加和谐社会建设，认真履行社会责任，积极服务国家、回报社会，在勇担电力和能源等基础设施建设重任的同时，发挥在产业援助、投资拉动、扶贫帮困、劳动就业、国际援救等方面应有作用，努力实现企业、职工、社会的和谐发展。着力提高核心竞争力和履行社会责任能力，服务中国和世界能源产业科学发展；实施产业援疆支边、添力"中部崛起"、助推振兴东北、参加沿海经济区建设等，服务中国经济社会建设；通过援建农业基础设施、支援农村教科文卫事业、输送干部任贫困村"第一书记"、对两个国家级贫困县对口帮扶等，服务新农村建设；建立合理的用人、分配、培训、帮扶等机制，共享社会人力资源，倡导职工义务献血、捐资助学，带动劳动就业和社会保障；加强内部支持合作，建立帮扶困难企业和困难职工机制，实现改革发展成果由全体职工共享；牢固树立"以人为本，安全发展"理念，坚持依法治企，强化安全生产，遏制各类安全事故；借鉴牵头组织2011年利比亚西部华人撤离经验，在发展国际业务中带动当地经济社会发展和劳动就业，树立中国企业良好形象。

五、以科技创新推动生态文明建设

中国能建要坚持节约资源和保护环境的基本国策，着力提高科技创新核心竞争力，满足绿色发展、循环发展、低碳发展要求，引领能源产业科学发展，推动生态文明建设。充分发挥在电力和能源建设领域科技创新和技术引领优势，积极研究推广700℃超超临界发电技术、超超临界循环流化床燃烧（CFBC）技术、整体煤气化联合循环发电（IGCC）技术、碳捕捉与封存（CCS）技术，提高火电效率和降低CO_2等污染物排放，增强火电建设核心竞争力；努力攻克复杂地质条件下超高坝筑坝、超大型地下洞室群施工等关键技术难题，超前研究百万千瓦级混流式水电机组安装和调试等关键技术，大力保护自然生态环境，牢固占领水电建设制高点，增强水电建设核心竞争力；积极推进核电稳步发展，加大更安全更高效的第三代（AP1000）非能动压水堆常规岛技术研究，力争在高温气冷堆核电站商运、大型先进压水堆核电站示范、快堆核电站常规岛技术等方面取得突破，增强核电建设核心竞争力；积极研究应用风电、光伏发电、生物质发电和风光储输、分布式发电新技术，增强新能源、新技术发电建设核心竞争力；积极研究实践1000kV交流/±800、±1000、±1100kV直流特高压输电，柔性交直流输电，一、二次系统协调发展的电网升级，大规模间歇式电源并网，面向用户的智能化输配电等特高压和智能电网先进技术，增强电网建设核心竞争力等。实现能源资源优化配置，促进节能低碳和新能源、可再生能源产业发展，提高资源利用效率和生态环境保护效益，为建设美丽中国、实现美好生活做贡献。

六、以“五个建设”提高党建工作水平

中国能建要按照全面加强思想、组织、作风、反腐倡廉、制度“五个建设”要求，切实加强企业党建工作，建设学习型、服务型、创新型党组织，提高党的建设科学化水平。抓好思想理论建设，抓好党性教育，抓好道德建设。坚持先进性、纯洁性建设，推进创先争优、基层党组织建设、海外党建工作常态化；坚持党管干部、党管人才，实行领导班子、党员干部、优秀人才队伍建设主体化；坚持“支部建在项目上、作用发挥到现场”和“党建带团建、党群共建”，实现基层党建融入中心、服务群众实效化，充分发挥党组织政治核心、战斗堡垒作用和党员先锋模范作用。

电 力 监 管

综　　述

【电监会职责】 中华人民共和国国家电力监管委员会根据国务院授权，行使行政执法职能，依照法律、法规统一履行全国电力监管职责。其主要职责是：

（一）负责全国电力监管工作，建立统一的电力监管体系，对国家电力监管委员会的派出机构实行垂直领导。

（二）研究提出电力监管法律法规的制定或修改建议，制定电力监管规章，制定电力市场运行规则。

（三）参与国家电力发展规划的制定，拟定电力市场发展规划和区域电力市场设置方案，审定电力市场运营模式和电力调度交易机构设立方案。

（四）监管电力市场运行，规范电力市场秩序，维护公平竞争；监管输电、供电和非竞争性发电业务。

（五）参与电力技术、安全、定额和质量标准的制定并监督检查，颁发和管理电力业务许可证，协同环保部门对电力行业执行环保政策、法规和标准进行监督检查。

（六）根据市场情况，向政府价格主管部门提出调整电价建议；监督检查有关电价；监管各项辅助服务收费标准。

（七）具体负责电力安全监督管理工作。制订重大电力生产安全事故处置预案，建立重大电力生产安全事故应急处置制度。

（八）依法对电力市场、电力企业违法违规行为进行调查，处理电力市场纠纷。

（九）负责监督电力社会普遍服务政策的实施，研究提出调整电力社会普遍服务政策的建议；负责电力市场统计和信息发布。

（十）按照国务院的部署，组织实施电力体制改革方案，提出深化改革的建议。

（十一）承办国务院交办的其他事项。

【电监会领导】

党组书记、主席：吴新雄

党组成员、副主席：史玉波

党组成员、副主席：王禹民

党组成员、副主席：王野平

党组成员、纪检组长：江　岩

【机构设置】

一、内设机构

1. 办公厅（国际合作部）
2. 政策法规部（电改办）
3. 市场监管部
4. 输电监管部
5. 供电监管部
6. 价格与财务监管部（稽查局）
7. 人事培训部
8. 机关党委
9. 党组纪检组（监察局）
10. 安全监管局

二、直属单位

1. 信息中心
2. 电力业务资质管理中心
3. 中国电力传媒集团有限公司
4. 机关服务中心
5. 大坝安全监察中心
6. 电力可靠性管理中心

三、主管的社会团体

中国电力企业联合会

四、派出机构

1. 华北电监局
2. 东北电监局
3. 西北电监局
4. 华东电监局
5. 华中电监局
6. 南方电监局
7. 山西电监办
8. 山东电监办
9. 甘肃电监办
10. 浙江电监办
11. 江苏电监办
12. 福建电监办

13. 河南电监办
14. 湖南电监办
15. 四川电监办
16. 云南电监办
17. 贵州电监办
18. 新疆电监办

【政策法规】 编制发布《电力监管立法规划（2012～2017年）》。开展《电力监管法》制定工作，形成征求意见稿。推动《电力法》修订，形成修订稿草案。制定2012年规章和规范性文件工作计划安排。

审查审核规章规范性文件。对《关于加强风电安全工作的意见》、《民用运输机场供用电安全管理规定（试行）》、《电力业务许可注销程序管理规定》、《关于水泥窑低温余热发电机组并网运营的监管意见》等11项规范性文件进行了合法性审查，研究提出意见。

清理法规规章和规范性文件。与国务院法制办就《国务院关于修改和废止部分行政法规的决定（草案）》交换意见，建议继续保留《电力监管条例》第二十四条第三项中"对可能被转移、隐匿、损毁的文件、资料予以封存"的规定。

推进行政复议工作。印发《关于做好电力监管行政复议工作有关问题的通知》，规范完善行政复议工作制度。起草《关于印发电力监管行政复议法律文书示范文本的通知》，制定电力监管行政复议法律文书示范文本。办理三起行政复议申请。

开展行政审批制度改革。下发《关于开展行政审批事项调查的通知》，完成第六轮行政审批事项清理工作，清理结果正式向社会公布。回复《关于征求对国务院部门保留的行政许可项目目录意见的函》，明确我会保留的许可项目。贯彻国务院深入推进行政审批制度改革工作精神，制定并下发《关于进一步做好电监会行政审批制度改革工作的意见》。

做好法律法规宣传教育工作。起草《国家电力监管委员会开展"六五"普法工作情况总结》，上报全国普法办。印发《关于在"六五"法制宣传教育中加强领导干部学法用法工作的意见》。

【电力体制改革】 调研电网企业拥有的发电资产。为进一步巩固厂网分开成果，探索对非竞争性电厂实施监管，对电网企业拥有的发电资产进行了摸底调查，并形成《电网企业所属发电资产调研报告》。

开展电力体制改革重大问题研究。比较研究世界主要国家电力体制情况，梳理中国现行电力体制改革进程及现状。在全面总结国内外电力体制改革实践的基础上，研究电力改革顶层设计和改革路线图，提出"十二五"深化电力改革的建议，并研究制定开展输配电体制综合改革试点操作方案。

完成电网主辅分离改革收尾工作。落实电力体制改革工作小组决定，解决920、647项目变现处置遗留问题，基本完成电网主辅分离改革收尾工作。

贯彻落实国务院"非公36条"文件精神，研究制定相关具体措施。为贯彻落实《国务院关于鼓励和引导民间投资健康发展的若干意见》，支持民间资本投资电力，结合电力改革和电力监管实际，研究制订《加强电力监管支持民间资本投资电力的实施意见》，对市场准入、调度交易、新建机组并网、可再生能源发电调度、电价及电费结算监管、电力建设市场等提出了具体意见，印发了《关于支持民间资本投资电力有关重点工作分工的通知》。

【市场监管】 促进跨省跨区电能交易。制定出台《跨省跨区电能交易基本规则（试行）》，规范交易的组织程序和市场主体特别是交易机构的行为，使跨省区交易的制度更趋完备。印发《关于近期跨省跨区电能交易监管工作有关问题的通知》，进一步明确了交易监管任务。支持和指导各区域探索和完善省间余缺调剂机制。发布《2012年上半年跨省区电能交易与发电权交易监管报告》。

促进发电权交易深化。启动《发电权交易监管暂行办法》修订工作，进一步拓展发电权交易范畴，规范网损费用收取，提高监管的针对性和时效性。推动厂网合同电量优化试点，支持各区域开展跨省发电权交易，鼓励有条件的地区积极探索风火、水火替代交易。

初步建立电力信息超市。印发《关于电能交易信息公开及交易会商有关问题的通知》和《关于落实电能交易信息公开工作的通知》，建立电能交易信息每日公开制度。

促进辅助服务考核补偿交易机制实施。启动《并网发电厂辅助服务管理暂行办法》的修订工作，形成征求意见稿。积极鼓励在华北、西北等风电比较集中的区域，探索风电参与辅助服务市场化补偿机制试点。

开展发电机组并网运行专项监管。发布《2011年度发电机组并网运行监管报告》，对有关情况进行通报，促进高效、环保、大容量发电机组优先发电。完成《顶峰发电能力不足与火电机组利用小时数不高并存情况调研报告》。

加强市场秩序监管制度建设。各派出机构组织召开厂网联席会议百余次，对解决水电、风电消纳等问题起到良好效果。

水泥行业余热发电并网运行监管。印发《水泥窑低温余热发电机组并网运营的监管意见》，同时对钢铁、化工、玻璃等其他行业类似余热余压发电，规范并网运营管理提供了指导和借鉴。

电源项目自建配套送出工程专项监管。组织填报《发电企业自建送出工程情况表》，对部分省的电源项目自建送出工程情况进行了重点调查。发布《电源项目自建配套送出工程监管通报》。

推进大用户直接交易试点。会同发改委、能源局于批复了江苏省、黑龙江省试点方案。在广东省东莞市探索开展用电企业参与竞争性高峰电力电量交易试点工作。

【输电监管】 深入开展可再生能源电力监管。与国家发改委、能源局共同起草并联合印发《关于新疆吐鲁番新能源城市微电网示范项目的批复》。组织开展风电、太阳能发电、小水电建设及并网消纳情况调研，形成《风电太阳能发电小水电消纳调研报告》和《重点区域风电消纳监管报告》。选择风电重点省区（内蒙古）深入解剖问题，形成《关于蒙西电网风电消纳情况的报告》。

系统开展电力调度监管。印发《关于开展电力调度监管指标评价工作的指导意见》，建立电力调度指标化、常态化监管机制。

着力开展电力工程造价监管。组织召开“十一五”期间投产电力工程项目造价情况发布会，向社会公布“十一五”期间和 2009、2010 年投产电力工程项目造价情况以及 2009、2010 年投产造价控制优秀电力工程项目名单。

扎实开展电网运营监管。联合国家能源局电力司印发《“十一五”电网运营情况调研报告》。完成“缺电”、“窝电”并存原因调研，形成缺电窝电并存原因调研报告。调研福建广东联网，形成《关于加快推进福建、广东联网工程建设监管建议》。组织电网企业和咨询机构开展输变电工程运行实效评价和输电网运营评价研究，探索建立相关指标体系和评价方法，完善《输电网运行评价》标准。开展输配体制改革研究及输配界面划分相关工作，提出输配电资产划分办法。

稳步做好电力监管标准化工作。组织召开全国电力监管标委会 2012 年年会；组织形成电力监管国家标准计划项目建议、电监标委会换届材料，报国标委审批。联合国标委在南京组织召开了全国电力企业标准化良好行为试点及确认现场工作会，对已通过确认的 30 家电力企业予以授牌。

研究启动新建电源项目接入系统专项监管。组织成立《新建电源项目接入输电网信息公开监管办法》编制工作组，形成了《办法》（初稿）。

【供电监管】 扎实开展居民用电服务质量监管专项行动。印发《居民用电服务质量监管专项行动有关指标》、《关于做好保障性安居工程电力供应与服务工作的若干意见》、《关于加强重大节假日期间居民生活用电保障工作的通知》等多项法规，梳理出 270 多项制度化规范化文件。在引导电网企业增加配电网投资、解决居民用电难题、提高居民用电服务水平、加快解决无电地区无电人口用电问题以及制度化规范化等方面取得很大成效，得到党中央国务院以及地方政府的支持和肯定。

开展居民用电满意度调查。2012 年 2 月 28 日印发《开展居民用电满意度调查工作的通知》，统一编制居民用电满意度问卷内容。

建设“居民用电服务质量优质服务示范区”。指导各派出机构会同地方政府、电力企业积极行动，迅速在全国建立了 46 个“居民用电服务质量优质服务示范区”。

开展春节期间居民用电保障专项监管工作。专门印发《关于切实做好春节期间居民用电保障工作的通知》，要求派出机构和供电企业充分利用居民用电服务质量监管专项行动建立的工作机制，和辖区内供电企业保持联动，及时处理春节假日期间居民生活用电保障等相关事宜。

开展政府保障性住房电力供应与服务专项监管工作。

开展物业弃管居民小区及居民合表用电情况专项监管。

充分利用信息化手段，不断改进为民服务监管方式。在总结浙江系统基础上，扩大到辽宁、上海、广东、山东、河北、山西、江苏、福建、河南、宁夏等十个省区市，开展供电信息与监管系统建设。专门组织试点派出机构和有关电力企业赴浙江现场考察交流，在四川召开供电监管信息化试点工作会议，逐步建立供电常态监管机制。

牵头做好加强电力需求侧及能效监管调研工作。按照《关于印发 2012 年电力监管重大调研工作方案的通知》，召开应对电力紧张能效措施国际交流会，完成中国电力需求侧管理工作开展现状调研报告。

出台供电服务领域首个国家级标准《供电服务规范》，并做好相关宣传工作。

建立和完善有序用电情况专项统计工作。建立和完善电力预测预警和数据统计工作，每天将全国有序用电拉限电情况电力报上发布。

供电业务监管不断深化。开展 2012 年供电检查，发布了《2012 年供电监管报告》。

组织召开全国贯彻农电两率标准电视电话会议。贯彻实施全国农电两率标准，并对提高农村地区供电能力和供电质量、更好地开展农电监管工作做出部署。

开展全国无电地区和无电人口调研。发布《全国无电地区和无电人口有关情况监管通报》，据不完全统计，截至2012年6月，全国无电乡镇、无电村、无电户和无电人口分别为256个、3917个、913 446户和3 765 586人，解决无电人口约需资金332亿元；赴赣南原中央苏区所在地江西赣州市、吉安市就部分农村不通电、低电压问题及农网改造升级情况进行调研，起草了《关于赣南原中央苏区不通电、低电压问题及农网改造升级情况的报告》。

开展供电"两率"促进城乡供电服务一体化情况调研。对山东省枣庄市供电公司进行调研，形成《关于山东枣庄供电公司提升供电"两率"促进城乡供电服务一体化情况的调研报告》。

供电监管培训制度化。2012年11月在广西对派出机构供电监管人员、专家库专家以及广西电网公司、广西水利电业集团公司150多人进行了培训。

【价格与财务监管】 加强制度建设，为依法监管奠定法规基础。研究制定《输配电成本信息报送暂行办法》和《发电企业财务经营信息报送暂行办法》，规范电力企业财务经营信息报送行为，解决了电力监管机构与电力企业之间成本信息不对称的问题，保证电力监管机构及时、完整获得电力企业相关会计、投融资、资产处置等财务、经营信息，不仅进一步完善了成本监管制度，而且对下一步依法开展成本监管起到了重要的作用。研究起草《燃煤发电机组脱硝电价及脱硝设施运行监管办法》(代拟稿)。开展《输配电成本核算办法》和《跨区域输电价格审核暂行规定》修订工作。

突出监管重点，抓好成本与价格监管。重点围绕成本信息，开展综合分析，编制发布《电网企业2011年输配电成本及财务与经营情况通报》；审核和评价电力企业成本信息的合法性、真实性、准确性和完整性，编制发布《10省（市、区）电网公司2011年输配电成本监管报告》和《部分火力发电企业成本监管通报》；围绕重点、热点问题实施专项监管，开展跨省跨区电能交易价格专项检查，编制发布《西北送华中等四条跨省跨区通道2011年电能交易价格监管报告》；开展节能减排价格政策执行情况专项检查，编制发布《节能减排电价政策执行情况监管通报》。

审核跨区域输电价格。核批德宝、灵宝输电价格，确定灵宝背靠背工程输电价格为45元/MWh，暂按单一制电量电价执行，输电损耗率暂定为1%。德宝直流工程输电价格为44.14元/MWh，暂按两部制电价执行，容量电价与电量电价之比为3∶7，输电损耗率暂定为3%。审核向上、锦苏±800kV特高压直流输电工程输电价格。

围绕火电企业政策性亏损情况，向国务院及相关部委提出监管建议。向国资委报送了关于五大发电集团公司政策性亏损的监管意见，请国资委在对五大发电集团进行行业绩考核时予以考虑。向国务院报送了缓解五大发电集团火电企业生产、经营困难的报告，提出深化电力体制改革、适当向五大发电集团补充注册资本金等政策建议。

开展输配电业务成本独立核算试点。在华东和南方地区选择部分电网企业开展输配电业务成本独立核算试点，为输配体制改革和输配业务分开积累经验，创造条件。

【电力稽查】 圆满完成投诉举报系统升级改造，确保投诉举报渠道畅通。加强12398系统运行管理和考核，制定《12398电力监管投诉举报热线运行管理办法》，完善12398投诉举报处理和信息统计管理制度，按月发布12398投诉举报受理情况通报，闭环管理投诉举报处理。发布《2012年上半年12398热线投诉举报情况监管报告》。全年共收到电力投诉2563件，举报230件，分别占有效信息的9.06%和0.81%。

严肃查处违法违规案件，不断树立电力监管执法权威。不断拓宽案件来源渠道，进一步完善稽查部门与业务监管部门的衔接联动机制，集中力量查办有较大影响的违法违规案件，充分发挥了电力稽查促进社会公平正义、维护电力市场秩序、树立监管机构权威的重要作用。2012年，电力监管机构共立案查处违法违规案件65起，罚款及没收违法所得共计327.2万元，保障了各市场主体的合法权益。

积极开展电力争议调解和裁决，促进电力行业和谐发展。进一步完善争议纠纷解决的程序，正式颁布《电力争议纠纷调解规定》；解决争议，化解矛盾纠纷。发布《2012年上半年解决电力争议纠纷情况通报》。全年，电力监管机构组织协调、调解争议纠纷45起，共涉及金额1756万元。

完善节能减排监管工作机制，深入推进电力行业节能减排工作开展。成立电监会节能减排监管领导协调小组，制定《2012年电力行业节能减排监管工作方案》，全面部署节能减排监管工作；建立并完善电力企业节能减排统计报表制度；开展电力行业减排情况监管，重点对电网企业的线损率和发电企业煤耗、厂用电率以及脱硫装置的运行情况进行监管；组织召开电力行业节能减排监管工作会议，贯彻落实国家有关节能减排工作部署，发布《2011年电力企业节能主要指标及减排设施运行情况督查监管报告》。

协同开展针对电力行业的行政执法工作。开展整治违法排污企业保障群众健康环保专项行动、电力电信广播电视设施安全保护、建材市场专项整治、护路护线联防等联合执法工作，多次出席有关联席会议对工作提出意见和建议，并协助有关司局积极推进相关法律法规的制定和修订工作。

【安全监管】 强化电力安全监管规章和标准。修订《电力安全生产监管办法》和《水电站大坝运行安全管理规定》，印发《电力安全事件监督管理暂行规定》、《关于做好电力安全信息报送的通知》、《电监会电力安全事故调查处理程序规定》、《关于加强风电安全工作的意见》，制定《电力二次系统安全防护评估规范》、《风电、光伏和燃气电厂二次系统安全防护补充技术规定》、《核电站二次系统安全防护补充技术规定》。印发《供电企业可靠性评价实施办法》和《火力发电厂可靠性评价实施办法》。印发《电力安全工作规程》、《1000MW等级超超临界机组运行导则》、《±800kV直流换流站运行导则》、《±800kV直流架空输电线路运行规程》、《1000kV继电保护及电网安全自动装置运行管理规程》等国家标准。

完善安全生产协调工作机制。调整了全国电力安全生产委员会成员，成立电力安全生产领导协调小组，召开有关会议。印发《关于进一步加强发电企业安全生产属地监管的意见》和《电监会重大突发事件应急响应工作制度》，组织电监会有关部门和派出机构开展2012年电监会系统重大突发事件应急演练。与民航局联合制定了《民用运输机场供用电安全管理规定》。

圆满完成党的十八大电力安全保障工作。

扎实开展隐患排查整改和安全专项监管。印发《关于深入开展电力安全生产隐患排查治理工作的通知》，制定加强重大电力设备隐患排查整改监管工作的13项措施，编发多期电力安全生产简报。强化水电站机电设备和水电站大坝安全监督管理。配合水利部开展了全国大型水库大坝安全调研工作。制定《小水电机组并网安全条件及评级规范》和《燃煤发电企业贮灰场安全监督管理规定》。开展汛期前全国水电站大坝防汛检查和督查，督促企业加强安全风险管控，保证了水电站安全运行。开展贮灰场安全监管。

加强电网安全监管。组织开展了全国范围的电网安全专项调研，印发《2012年电网安全专项调研报告》和《电力二次系统安全防护工作情况通报》。印发《关于加强电网运行管理防范大面积停电事故的紧急通知》，并派员赴印度考察，吸取国外大停电事故教训，编写了《印度电网大面积停电情况考察报告》，制定了《关于加强电力安全工作防范电网大面积停电的意见》。

积极推进电力安全生产标准化达标工作。完成了近50家一级标准化发电企业审查工作。印发了电网企业和电力工程建设项目安全生产标准化规范及达标评级标准，召开了电网企业安全生产标准化工作电视电话会议，规范并网安评和标准化达标评级行为。分期分批对从事发电、电力建设和电网标准化现场评审员和电力企业专责人员进行了培训。

认真督办电力事故和电力安全事件。坚持约谈事故事件发生单位和上级管理单位，落实事故调研处理“四不放过”要求。印发深圳“4·10”停电事件等事件通报，防范同类事件重复发生；及时处置“6·28”四川白鹤滩重大泥石流灾害等事故，解事故情况，制定防范措施。发布《2011年电力安全监管情况报告》和《2011年上半年电力安全监管报告》，披露事故事件情况，提出监管要求。开展“打非治违”专项行动，对6个区域125家重点电力企业单位进行安全督查。

深化电力应急管理工作。印发《关于加强电力行业地质灾害防范工作指导意见》，落实各项防范措施。拓展电监会应急平台功能，编制《电力安全生产监管与应急信息系统需求分析报告》。制定印发《电力行业反恐怖方法标准（试行）》（电网部分、发电厂风电场部分、水电工程部分）。

夯实电力安全监管基础。印发《关于加强班组安全建设的指导意见》，出版电力企业班组安全建设图书。发布2011年度电力可靠性各项指标。完成电力安全生产科技成果评审表彰。扎实开展第十一个“安全生产月”活动。

【信息中心】 国家电力监管委员会信息中心（简称信息中心）是电监会的直属事业单位。

圆满完成电力行业“十八大”网络与信息安全保障任务。落实信息安全责任，完善防护措施，加强运行管理，确保了十八大期间电力行业网络与信息安全，圆满完成十八大电力行业信息安全保障工作。

完成电力行业信息安全检查行动。采用自查、抽查、核查相结合的方式，共对778个单位5402个重要信息系统进行了检查。加强电力行业信息安全检查和水平评价工作，提出《电力信息安全水平评价指标》，并通过电监标委会审议。

统筹推进电力行业信息安全等级保护工作。与电力二次系统安全防护评估相结合，组织信息系统安全等级保护测评。印发《电力行业信息系统安全等级保护基本要求》，规范电力行业信息安全等级保护工作。

研究启动电力工控系统信息安全监管工作。组织检测有关设备存在的信息安全漏洞，责成厂商提出整改方案，开展整改试点。深入研究工控SCADA系统信息安全标准。

编撰出版《电力监管统计数据分析手册》和《电力经济地图》，为各级领导决策和电力监管工作提供重要参考。

加强电力供需形势分析工作，为领导提供决策参考。多次组织专题研讨，听取专家意见和建议，按时完成月度电力运行情况分析专报、季度供需形势分析报告和部分专题分析报告。

完成统计报表制度改版工作。统筹会内各类报表，研究解决多头报送、相互交叉等问题，尽可能地减少报表数量、统计指标和报送频次，增强统计报表的针对性和实效性。

开展网络基础设施改造，提高办公自动化水平。顺利完成电监会门户网站改版升级工作。组织推动综合信息平台和各单项信息系统的规范和整合。

研究制定《电力监管实时信息系统指标体系》和《电力监管实时信息系统建设方案》，电力监管实时系统接入工作取得重要突破。

认真协调做好国家重大专项《基于国产CPU/OS的中央政府部门办公信息系统应用研究及示范工程》的研制开发工作。

【电力业务资质管理中心】 国家电力监管委员会电力业务资质管理中心，（简称资质管理中心）是电监会直属事业单位，负责统一管理全国电力业务资质及许可证的具体事务。电力业务资质管理中心设有办公室、电网业务处和电源业务处3个处室。

许可制度进一步完善。出台《承装（修、试）电力设施许可证监督管理实施办法》、《电工进网作业许可证续期注册办法》等后续管理制度，初步形成覆盖面较全的常态监管规则体系。出台《电力业务许可证注销管理办法》，建立市场退出的规则制度。针对许可管理中的实际问题，出台部分机组临时运营的过渡性政策。与安全局共同制定出台《电力建设工程备案管理规定》。

专项监管取得实效。市场退出专项监管。全年共注销进网电工证541个，承装（修、试）电力设施许可证206家，发电类电力业务许可证59家。发电企业许可专项监管。开展了全国接入地区调度及以上发电企业许可证持有情况排查，发布了专项监管报告，对1000多家存在问题企业下达了限期整改通知。承装（修、试）许可证制度专项监管。组织开展全国330kV及以上电网主网架工程许可制度执行情况排查和挂靠借用承装（修、试）资质投标、违规出借资质问题专项清理工作，查处一批违规企业，发布承装（修、试）许可制度执行情况监管报告。定点核查工作。资质管理中心会同湖南电监办，较好完成了电监会统一部署的对湖南省的定点核查工作任务。

证后监管得到加强。资质管理系统以持证企业综合评价试点为核心，在证后监管上进行了有益的探索。探索建立了涵盖发输供电企业、承装（修、试）企业的综合评价指标体系，并组织东北、山东等9家派出机构进行了测试。

许可普及进一步推进。2012年，共颁发电力业务许可证1331家，其中，发电类电力业务许可证1314家，输电类电力业务许可证2家，供电类电力业务许可证15家。颁发承装（修、试）电力设施许可证1818家。颁发电工进网作业许可证291 030个。

资质管理基础工作扎实推进。通过系统培训不断提升资质管理队伍素质，2012年共组织了两次综合培训、一次专题培训以及一次知识竞赛，全系统300多人（次）参加了培训。资质管理信息系统建设全面启动，制订了工作方案，明确了工作目标，开发了资质管理中心网站。组织开展专题研究，完成了《许可证功效发挥情况分析报告》、《全国持证企业所有制性质分析报告》等。许可信息公开和新闻宣传力度不断加大。

资质管理的成效与影响不断扩大。引导电力结构优化，促进节能减排，淘汰落后产能。支持不同所有制主体平等进入电力市场。通过加强许可服务，促进相关企业完善许可条件，提升经营能力和质量。分别与12家中央电力企业召开了4次进一步加强电力市场准入监管专题会议，监督落实市场准入监管制度，建立协调联动工作机制。

【大坝安全监察中心】 国家电力监管委员会大坝安全监察中心（简称大坝中心）是电监会的直属事业单位，负责水电站大坝安全技术监督服务工作。大坝安全监察中心设有办公室、专家委员会、安全监察处、技术监督处、数字工程中心、信息技术中心、图书档案中心七个部门。

1. 大坝安全注册

完成普定等25座大坝的注册换证检查，受理三峡、水布垭等45座水电站大坝的初始注册申请，及时安排三峡、水布垭等38座大坝的初始注册现场检查。

对已完成检查的76座大坝进行注册等级评审。全年发放大坝安全注册证书35份，其中换证注册证19份、初始注册证16份。

截至2012年底，在大坝安全监察中心注册的水电站大坝有263座。注册大坝水库总库容3215亿m^3，约占全国水库总库容（7201亿m^3）的44.65%；水电站装机容量101 467MW，占全国水电装机总容量230 070MW的44.1%。世界顶级的水电站大坝，如三峡、小湾、水布垭、龙滩等都已经注册。

2012年为45座已蓄水投运的水电站大坝办理了备案手续。到2012底，办理备案的大坝有49座。

2. 大坝安全定期检查

完成西藏羊湖、吉林丰满、湖南白渔潭3座大坝的三轮定检专家组工作；完成了云南漫湾等41座大坝的三轮定检审查意见审核、报备和转发。截至2012年底，第三轮定检共启动并完成了182座大坝的定检工作，其中141座为规划内大坝，41座为规划外大坝，专家组工作已经全部结束。

3. 大坝安全监测管理

受理并批复广东青溪等9座水电站的监测项目封存停测或改变监测频次的申请。开展葛洲坝等25座水电站监测系统评价和资料分析工作。

完成53座水电站大坝报送信息的甄别、处理、分析工作，并将报送水电站监测系统存在的设备、运行维护等问题及时反馈电厂，督促改进管理与维护工作。

4. 大坝安全信息化建设

除日常报送信息检查和水电站大坝安全主系统的维护工作外，还完成了喜河等18座大坝的网络报送和珠窝等15座大坝的邮件报送。截至2012年底，已有253座大坝完成了信息化建设，实现了大坝安全信息远程接入水电站大坝安全管理主系统，其中网路报送181座，邮件报送72座。

5. 开展工程安全鉴定

完成了苗家坝、盖下坝等水电站的工程蓄水安全鉴定和苏家河口、班多等水电站的工程竣工安全鉴定或机电设备安全鉴定，为这些水电站建设工程的顺利蓄水或验收创造了条件，将大坝安全管理前移。

6. 提高水电站运行管理水平

继续开展大唐国际所属的彭水等8座运行水电站的水工技术监督工作，同时新开展银盘等7座水电站的水工技术监督。定期对这些大坝开展汛前汛后现场检查和水工技术监督考核，每月对监督大坝的运行情况和监测数据进行现场检查核实，指导督促运行单位按要求编制监测年报月报，对建筑物运行缺陷诊断、分析、处理提供技术指导。

7. 推进大坝安全隐患排查治理

在通过定检、注册检查认真排查运行大坝缺陷隐患的同时，指导、帮助企业开展大坝安全评估和隐患排查治理活动，积极推进运行大坝的补强加固和缺陷治理。

2月16日广东河源发生4.8级地震、6月24日川滇交界地区发生5.7级地震、6月29日新疆发生6.5级地震后，大坝安全监察中心积极响应，指导震区水电企业对所属水电站大坝进行安全检查，跟踪、掌握大坝运行状况，监控大坝运行安全。

8. 强化大坝安全运行管理人员业务培训

11月5～16日，与河海大学在南京联合举办第6期“大坝安全监测人员上岗培训”。

9. 完善大坝安全工作交流平台

充分利用大坝安全监察中心网站和《大坝与安全》杂志两个重要平台，宣传大坝安全法规、交流大坝安全工作经验，为大坝安全管理创造良好的舆论基础。

10. 不断完善技术标准体系

积极开展学术交流，促进大坝安全技术创新和交流。组织参加了中国大坝协会组织召开的年会、国际大坝委员会水电站与水库联合运行专业委员会召开的《气候变化条件下的水电站安全运行》国际研讨会，并在会上分别做专题演讲。组织参加在日本京都召开的“国际大坝委员会（ICOLD）第24届大会暨第80届年会”。组织法国HydroKarst公司专家、瑞士大坝安全专家、美国FERC水坝安全专家等国外专家来大坝安全监察中心进行技术交流，增进了大坝安全监察中心员工与国际大坝安全管理先进国家专家、学者的交流。

11. 充分发挥社会专家的技术支撑

完善充实大坝安全远程管理信息系统的“专家信息”模块，及时收集、更新专家信息，改进专家选聘、查询功能，并及时对完成项目工作的专家进行考核。

12. 不断提升工作质量和队伍素质

编制完成《大坝安全监察中心发展战略规划（2012年版）》，明确了新形势下大坝安全监察中心的使命、愿景、指导思想和发展方向，客观分析了面临的形势，制定了未来几年的发展战略。配套编制《科技发展战略》、《人才发展战略》、《大坝安全信息化发展战略》等一系列文件，初步建立起大坝安全管理体系。修订《发文工作规则》、《管理工作规则》。编制《水电站大坝安全注册管理实绩考核评价标准》、《大坝安全监察中心重大突发事件应急响应工作制度》，并在试行中完善。

电力监管报告

【电力监管年度报告(2011)(摘要)】

一、全国未发生重大以上电网事故和设备事故

2011年，国家电监会配合国务院法制办完成《电力安全事故应急处置和调查处理条例》（以下简称《条例》）制定出台工作。这是中国第一部专门规范电力安全事故应急处置和调查处理的行政法规，旨在加强电力安全事故的应急处置，规范电力安全事故的调查处理，控制、减轻和消除电力安全事故损害。为配合《条例》的颁布施行，电监会编制了《条例》释义，并进行了大规模安全法规宣贯，培训电力企业安全负责人、安全管理人员超过4万人。

二、城市用户平均停电7h，5年来大幅下降

2011年全国城市10（6、20）kV供电系统用户平均停电时间为7.01h，其中平均故障停电时间为1.86h/户，平均预安排停电时间为5.15h/户。户均停电时间较2007年下降了3.35h。

近年来，电力可靠性监督管理工作得到进一步加强。截至2011年底，纳入可靠性统计的发电企业数量和装机容量分别增加至895家和7.479亿kW，纳入可靠性统计的地市级供电企业数量增加至402家，县级供电企业数量增加至2172家。

三、企业基本实现持证经营，退出机制初步建立

截至2011年底，全国累计颁发发电企业许可证20 299家（装机容量6000kW以上累计实际颁发5093家）；1000kW以下小水电豁免8365家，符合条件的企业已基本普及持证。全国38家输电企业获得了电力监管机构颁发的输电类电力业务许可证。全国累计颁发供电企业许可证2977家（约占全国企业总数98%），除部分偏远地区及少数供电营业区存有争议的企业外，基本实现了持证经营。

发电机组进入及退出商业运营确认制度进一步完善，出台的《发电机组进入及退出商业运营管理办法》初步建立了退出机制。2011年，在承装（修、试）电力设施及电工进网作业许可管理方面，电监会各派出机构共查处36起违反许可制度的典型案件。

四、“三指定”专项治理深化，14家供电企业被处罚

2011年，电监会继续深入开展供电企业用户受电工程“三指定”专项治理工作，对内蒙古、山西、吉林、黑龙江、甘肃、宁夏、湖北、河南、上海、福建、广东、云南、安徽、四川等省（自治区、直辖市）的20家地（市）供电企业、29家县级供电企业、66家供电关联企业进行了排查；对重庆、青岛、大连、桂林、石家庄、嘉兴、榆林以及荔浦等地的12家供电企业进行了复查。

五、可再生能源全额保障性收购得到加强

2011年，电监会在支持可再生能源发展方面做了大量卓有成效的工作，促进了可再生能源的健康发展。开展了可再生能源发电全额保障性收购情况调查，调查共涉及可再生能源发电项目552个，其中水电项目143个，风电项目298个，太阳能发电项目49个，生物质能发电项目62个。

2011年全国省级以上电网公司收购可再生能源电量4915亿kWh，较2010年的4543亿kWh增长了372亿kWh。

六、电监会2011年共发布报告和通报12项

2011年，电监会继续将发布电力监管报告、通报作为体现监管成果的重要载体和工具，进一步加强了对披露问题的整改落实。全年共发布各类监管报告和通报12项，包括《2010年全国电力安全监管报告》、《2010年供电监管报告》、《2010年电力市场交易监管报告》、《风电安全监管报告》、《关于2010年供电检查整改情况的通报》、《关于对2010年用户受电工程“三指定”专项治理电监会重点抽查企业复查情况的通报》、《关于风电机组大规模脱网事故中机组低电压脱网情况和无功补偿装置动作情况的通报》、《“十一五”期间投产电力工程项目造价监管情况通报》、《关于2010年度全国30万kW及以上常规燃煤机组发电利用小时专项监管情况的通报》、《关于2010年及“十一五”电力企业节能减排情况的通报》、《2010年度电价执行及电费结算情况通报》、《关于2010年度发电业务情况的通报》。

七、发电集中度进一步提高，今后民间资本或将扩大

中国发电环节呈现多元化竞争格局，但集中度进一步提高。截至2011年底，全国全口径装机容量为10.6亿kW。其中，华能、大唐、华电、国电、中电投等中央直属五大发电集团总装机容量51 472万kW，约占48.75%；其他7家中央发电企业（神华、三峡、华润、国开投、中核、中广核、新力能源）总装机容量13 301万kW，约占12.60%；15家规模较大的地方国有发电企业总装机容量为10 615万kW，约占10.05%。上述27家大型发电集团装机容量约占全国总装机容量的71.41%，同比提升1.33个百分点。

国家电监会出台《加强电力监管支持民间资本投资电力的实施意见》，国家能源局也出台了《关于鼓励和引导民间资本进一步扩大能源领域投资的实施意见》，作为落实"新36条"的重要举措，支持和引导民间资本进入电力领域。民间资本的进一步扩大，将强化电力投资多元化格局。

八、跨省跨区交易市场化程度有所提高，但仍以计划安排为主

2011年，全国共完成跨省（区）电能交易电量合计6240.20亿kWh，同比增长7.55%，其中跨区交易电量完成2664.31亿kWh，同比增长9.99%，跨省交易电量完成3575.89亿kWh，同比增长5.78%。

跨省（区）交易的电力余缺调剂作用更加显著。针对2011年迎峰度夏期间电力供需紧张状况，电监会积极组织协调暂停华中送华北电网电力，调整四川送华东和西北电力，合计增加华中电力供应110万kW，一定程度上缓解了华中地区高峰电力紧张形势。从近三年（2009～2011）数据看，跨省（区）交易的市场化程度有所提高，但计划安排仍是主要交易方式。

九、探索电力成本监管，出台输配电成本监管办法

输配电成本监管工作得到了加强。2011年，电监会制定并颁布《输配电成本监管暂行办法》，明确输配电监管目的、法规依据，规定了监管内容和监管措施，为深入开展输配电成本监管提供了制度保障。同时，国家电监会建立了电力企业输配电成本信息报送的工作机制。

2011年，电监会还开展发电企业成本及财务经营状况调查。选取大唐、国电两家电力集团作为试点，并确定试点集团所属的19家燃煤电厂作为调查对象，对当前燃煤发电企业的财务经营状况及存在问题的原因进行了系统分析，并提出了监管意见和建议。

十、火电工程单位造价下降，水电和交流输变电造价上升

2011年，电监会针对电力工程造价监管，编写发布了《"十一五"期间投产电力工程项目造价监管情况通报》、《"十一五"期间投产电力工程项目造价情况》和《2009、2010年投产电力工程项目造价情况》。

十一、发电权交易1075亿kWh，节煤835万t

2011年全国发电权交易电量超过1075亿kWh，据测算，完成节约标准煤约835万t，减排SO_2和CO_2约30万t和2190万t。

十二、大用户直购电试点继续推进，全年交易电量81.94亿kWh

2011年，大用户直接交易试点工作稳步推进。2011年，全国大用户直接交易电量共完成81.94亿kWh。目前，全国已有辽宁、吉林、安徽、福建、广东五个省份的大用户直接交易试点工作正式获得批复实施。其中，辽宁抚顺铝厂向华能伊敏电厂直接购电31.81亿kWh，交易电量居各省之首。吉林碳素与国电龙华吉林热电2011年交易电量为4.91亿kWh。

十三、大小机组利用小时数仍有差距，60万kW机组低于30万kW机组

2011年，电监会专门开展2010年度全国30万kW及以上常规燃煤机组发电利用小时专项监管。数据显示，全国统调常规燃煤机组平均利用小时数5240h，其中，60万kW及以上（含60万kW级和100万kW级）机组利用小时数5259h，30万kW级机组利用小时数5356h。

十四、电源投资5年来首现负增长，火电投资持续下降

2011年全国电力投资7393亿元，已连续2年下降，但仍高于2008年的6302亿元。其中，电网投资3682亿元，为除2009年外最高，同比增长了6.79%。电源投资3712亿元，同比下降了6.48%，为近5年来首次出现负增长。

2011年全国火电投资仅1054亿元，同比减少372亿元，降幅高达26%。自2005年以来，中国电源投资总额均保持在3000亿元以上，但火电投资逐年下降，2011年火电投资总额不足2005年的一半。作为电力供应主力，火电投资持续下降将对电力供应造成重大影响。

2011年风电投资829亿元，同比减少了208亿元，意味着近年来持续快速增长的风电出现了减速势头。

十五、五大发电集团合计负债率超85%，电力业务亏损151亿元

截至2011年底，华能、大唐、华电、国电、中电投等五大发电集团资产总额30 397亿元，负债26 054亿元，负债率达85.71%，同比提高了0.69个百分点。其中大唐、华电略有下降，但仍高居前两位，分别为87.75%和86.76%。国电以83.59%负债率居末，但同比上升了2.14个百分点。

华能、大唐、华电、国电、中电投等中央五大发电集团2011年主营业务收入9804.54亿元，同比增长20.14%；财务费用为946.89亿元，同比大增37.45%；电力业务亏损151.17亿元，同比负增长348.32%。除华能电力业务赢利1.92亿元外，其他均为亏损。

十六、2012年电力总体供需平衡，全国装机将突破11亿kW

2012年夏季高峰期间，预计全国供需电量平衡，部分地区、部分时段电力平衡偏紧。受电力装机增长较快、跨省跨区输电通道限制等因素的影响，东北、西北、华北的内蒙古、华中的四川、华东的福建预计存在一定程度的电力富裕能力。

【2011年电力安全监管情况报告(摘要)】 2012年7月3日，国家电监会发布《2011年电力安全监管情况报告》(以下简称《报告》)。这是国家电监会连续第六年发布电力安全监管年度报告。

2011年，电监会系统和电力企业认真贯彻落实党中央、国务院关于安全生产工作决策部署，坚持安全第一、预防为主、综合治理的方针，以保证人身安全、电网安全、水电站大坝运行安全为重点，成功应对凝冻、台风、洪水等极端气象灾害，圆满完成建党90周年、深圳大运会等重大活动电力保障任务，保证了电力系统安全稳定运行和电力可靠供应。全国电力安全生产保持了持续稳定的良好局面，没有发生重大以上电力人身伤亡责任事故，没有发生电力系统水电站大坝垮坝以及对社会造成重大影响的事故。

中国电力安全方面存在六方面问题和风险。一是电力系统运行控制难度不断增加，电网大面积停电风险依然存在。二是电力主设备故障较多，对电网安全运行造成影响。三是自然灾害和外力破坏对电力设施安全影响日益严重，电力系统防灾抗灾能力有待进一步增强。四是部分电力用户供用电安全管理薄弱，给保障其可靠供电和电网安全带来隐患。五是电力建设人身伤亡事故多发，安全形势依然严峻。六是电力安全生产管理仍然存在诸多薄弱环节。

【2011年度发电机组并网运行情况监管报告(摘要)】 2012年7月，国家电监会发布《2011年度发电机组并网运行情况监管报告》(以下简称《报告》)，这是中国首份专门针对发电机组运行情况的专项监管报告。

一、燃煤机组负荷率上升，10省区大小机组利用小时倒挂

中国发电机组并网运行及监管情况基本正常，但部分地区存在60万kW与30万kW等级机组利用小时数倒挂现象，发电机组负荷率较低、旋转备用率较高；部分电力调度机构执行并网运行管理考核工作不规范；地、市级调度电厂并网运行管理相对薄弱，并网调度及运行管理水平需要提高。

截至2011年底，全国统调（省级以上调度）的56 210万kW公用常规燃煤机组中，平均利用小时数为5357h。全国100万kW、60万kW、30万kW、10万～30万kW、10万kW以下等级分别为6005h、5362h、5402h、4592h、4447h。100万kW机组利用小时相对较高，但西北区域100万kW机组利用小时明显偏低，仅为4152h。

负荷率方面，2011年全国统调常规燃煤发电机组平均负荷率为77.74%，比2010年提高5.14个百分点。全国24个省份平均负荷率有所提高，云南提高幅度最大，由2010年的54.79%升高为87.27%，提升32.48个百分点。但内蒙古、黑龙江、海南省平均负荷率分别只为57.88%、64.55%、65.45%。

二、新能源上网致蒙西高旋备率，辅助服务补偿需进一步加强

据电网公司上报数据，全国各地旋转备用率高低不一。全国省级电网月度平均旋转备用率最小的是河南（2.85%）、云南（4.13%）、广东（4.4%），最大为青海（17.69%）、海南（13.76%）、吉林(12.5%)。检查发现，由于蒙西地区风电装机容量大，为保证可再生能源全额收购和供电可靠性，电网备用安排较大，日均旋转备用约300万kW，占全网日均负荷25%左右，机组负荷率较低。

一方面蒙西地区旋转备用率较高，另一方面，由于蒙西部分自备电厂不仅不需为系统提供调峰服务，也不参与并网运行考核，同时除满足自发自用外也安排了上网计划电量，使自备电厂利用小时数高于公用电厂机组。导致蒙西地区作为电网调峰、调频任务的主要承担方的部分公用火电厂正逐渐转为自备电厂。而公用火电厂转为自备电厂后，不再履行考核义务，造成不公平竞争，电力调度运行难度增大、风电发电能力进一步削弱，对蒙西电网安全稳定和冬季供热造成较大影响。

目前全国共有34个网省电力系统正式实施发电厂并网考核和辅助服务补偿（简称“两个细则”）并实际结算，大部分网省调度机构开展“两个细则”工作以来，发电机组运行水平明显提高、提供辅助服务能力明显增强，电网安全运行部分指标明显改善。但大部分地区没有将新能源和自备电厂等纳入“两个细则”范畴，导致常规公共电厂承担责任较重，补偿相对不足。下一步，将加大辅助服务补偿力度、完善补偿项目和补偿覆盖范围。

三、管理薄弱、用网费超收、地调并网运行差距大

电监会首次组织对地市供电公司调度的发电机组并网运行情况进行抽查，发现地市供电公司在并网运行管理、合同签订与执行方面工作差距较大。

目前全国地、市级及以下调度机组装机容量约8000万kW，约占全国装机容量的7.8%，主要是单机容量较小的水电、风电、公用火电、生物质能及垃圾焚烧发电、太阳能及光伏发电、企业自备机组、供热机组等。

电监会抽检结果显示，地调发电企业并网不规范，特别是地方集体所属或私营投资建设的中小机组并网手续不全。其中，山西、宁夏省区近半地调发电机组未取得许可证。部分地调运行管理薄弱，并网调度及运行管理水平有待提高。大部分地（市）电力调度机构未根据并网调度协议以及相关管理规定、技术标准的要求，对风电、自备电厂等机组加强并网运行管理，普遍没有建立电力调度交易信息披露制度，年度、月度发电及检修计划管理不到位，日常发电运行调度管理比较松散，涉网技术服务、专业管理指导不足。部分地、市电力公司未按照“两个范本”的基本原则与发电企业签订合同和协议，合同要素不完整、条款不公平。

对此，国家电监会明确要求，应对照“两个范本”规范签订购售电合同和并网调度协议，加强用网电量管理，严格按照国家有关规定对发电企业用网电量执行大工业电度电价，向发电企业退还多收取的用网电费。

四、数据和运行管理不规范，需要进一步改善

披露部分电力调度机构对发电机组运行数据管理、发电厂并网运行管理不规范的问题。在2012年抽查的12家省、区级电力调度机构中，半数电力调度机构存在对发电机组并网运行数据管理不规范的问题，隐瞒了发电机组非计划停运数据，没有反映电网实际运行情况，影响正常的发电机组并网运行管理秩序。其中包括江西、新疆、广西、山西、华北、宁夏等电力调度机构。

此外，还存在发电厂并网运行管理不规范问题。目前，全国除内蒙古、江西等个别地方外，均已开展了发电厂并网运行管理工作，按规定进行考核和结算，但部分调度机构存在擅自更改并网考核标准、执行免考随意性较强、推迟机组进入并网考核的时间、以及考核补偿资金结算不及时等问题。江西、山西、新疆电力公司以及内蒙古电力公司均有此类问题存在。

国家电监会提出，有关电力调度机构应加强对发电机组并网运行数据的管理，查、补瞒报和漏报的发电机组非停等有关数据和补偿费用，真实、准确反映电力系统实际运行情况。有关电力企业应按要求规范开展并网运行管理工作，明确考核标准，按时结算，涉及误考核和漏考核的费用，进行多退少补。

【重点区域风电消纳监管报告(摘要)】

一、基本情况

（一）风电发展情况

“三北”地区都是中国风电发展的主要地区，包括了国家规划的6个以陆地风电为主的千万千瓦级风电基地。截至2011年底，全国并网风电4505万kW，其中“三北”地区并网风电3952万kW，占比达到87.7%；全国电源总装机容量为105 576万kW，其中风电占比4.27%（详见图1）。

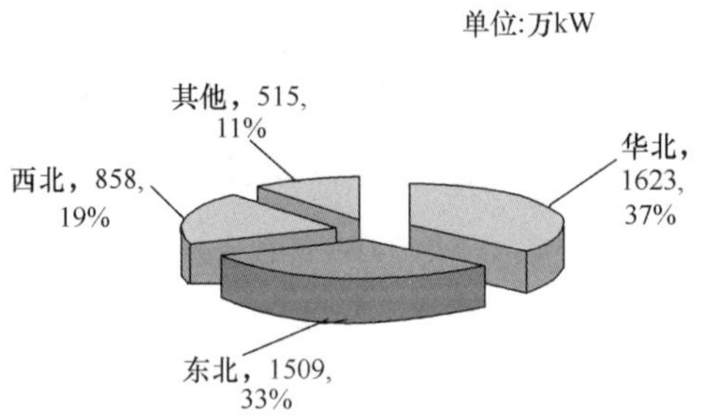

单位:万kW

其他，515，11%
华北，1623，37%
西北，858，19%
东北，1509，33%

图1 2011年重点区域风电装机容量

2011年，全国风电发电量为731.74亿kWh，其中“三北”地区风电发电量为635.37亿kWh，占比为86.8%；全国电源装机总发电量为47 217亿kWh，其中风电占比为1.55%（详见图2）。

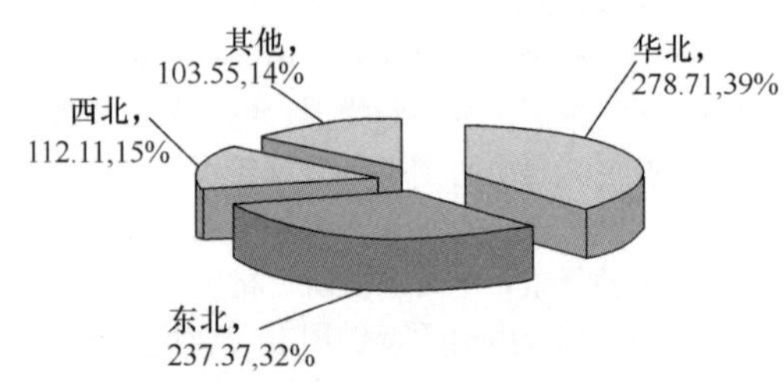

图2 2011年重点区域风电发电情况

（二）总体消纳情况

2011年，“三北”地区部分省区风电消纳情况不佳，弃风情况比较严重。“三北”地区风电场2011年

平均利用小时数1907h，同比降低266h；弃风电量达123亿kWh，弃风率约16%，弃风电量对应电费损失约66亿元，折合火电（标）煤耗384万t，折合CO_2减排量760万t；东北、华北、西北地区弃风率均超过13%；甘肃和蒙东地区弃风率超过25%。

二、工作评价

（一）电网企业

一是大力开展风电输电规划和送出工程前期工作，加快建设风电接入和送出工程。国家电网公司组织开展风电出力特性、风电消纳能力研究，完成8个千万千瓦级风电基地输电规划，积极推进大型风电基地送出工程和相应跨区跨省工程前期工作。

二是重视并网运行管理，促进风电安全可靠并网。

三是加强调度运行工作，争取多接纳风电电量。

四是大力开展技术创新及试点工作，促进风电与电力系统协调发展。

（二）发电企业

一是积极与电网企业衔接，加强风电并网消纳。在风电项目前期工作阶段，主动与电网企业进行衔接，协助研究提出切实可行的发电项目送出和消纳方案。

二是做好风电并网运行相关工作，确保安全稳定运行。按照国家规划、工程建设程序、有关技术管理规定和技术设备标准，不断优化改进所属风电项目的设计、建设与运行，配合做好风电并网后的低电压穿越、电能质量提升和风电功率预测工作。

三、存在问题

（一）风电规划与电网规划不协调加剧了部分地区风电消纳受限

部分地区风电开发规划、建设时序不断调整，风电项目规模和进度远超规划，没有形成完整和统一的风电发展规划，使得电网规划无法统筹考虑风电送出，相应配套输变电工程难以及时纳入电网规划，风电送出工程建设时序难以妥善安排，接入系统工程的及时建设难以确保。同时，部分地区核准风电项目时，重接入、轻消纳且消纳方向不明确，风电大量建成后，消纳面临困难。

（二）风电建设速度与电网建设速度不同步加剧了部分地区运行受阻

风电项目前期工作流程周期短，核准快，建设周期短，而相应配套送出电网工程，前期工作周期较长、核准程序复杂，建设周期长。同时，一些发电企业将大型风电项目分拆成多个小于5万kW的小项目（多为4.95万kW）进行申报，获得核准后，形成多个风电场分期接入电网、局部地区风电接入过于集中的局面。有些风电项目还不同程度存在提前开工现象。以上因素叠加，造成电网送出工程建设不同步，致使大量风电项目建成后无法及时接入电网或全额送出。

（三）风电本地消纳市场空间有限，部分地区输送通道能力不足，既不能就地消纳，也不能及时送出

目前，风电消纳原则上局限在省内，但是一些省区消纳空间明显不足，甚至在区域电网内，也不能完全消纳。此种情况，在东北电网、华北（蒙西）电网尤为突出。东北电网本身负荷水平、用电量不高，火电装机富余，风电装机大规模快速增长，本地消纳空间又不足，风电亟需外送消纳。但是三北地区由于网架结构原因，输送通道不同程度存在输送能力不足问题。西北区域甘肃酒泉风电基地、东北区域蒙东和吉林风电基地、华北区域蒙西和冀北风电基地输送通道能力不足问题比较严重。

（四）系统调峰问题较为突出

目前，因系统调峰困难而造成风电运行受阻的现象，在西北、华北和东北区域都普遍存在，以东北地区较为典型。系统调峰困难的原因主要有几个方面：一是区域内电力负荷总体水平较低，峰谷差大，加大了电力系统调峰难度；二是调峰电源不足，华北、东北和西北地区火电比重较大，而且火电装机中热电联产机组在“三北”一些省区的比例过高，水电、抽水蓄能和燃气等调节能力好的电源比例低，电源调峰能力不足；三是“三北”地区风电发展迅猛，占系统总装机的比例已经达到较高水平，但是风电的间歇性、波动性、随机性的特点决定了风电的发电出力难以保持稳定，因而在相当程度上增大了系统调峰需求和调峰难度。

（五）促进风电消纳的市场和各类电源协调运行机制尚不健全

一是市场机制问题。当前以发电计划电量为基础的电力运行管理模式下，电力系统内各类不同的发电资源，特别是火电机组因风电发电数量的增加而带来的利益冲突，无法通过合理的体制安排得以疏导；系统的调峰能力，无法通过辅助服务价格等市场手段实现最优配置；计划电量的刚性约束与风电发展的系统灵活性需求之间的矛盾无从化解；导致风电运行受阻现象越发严重。

二是各类电源协调运行机制问题。由于缺乏以市场配置资源的政策环境和管理手段，节能发电调度没有全面推行，发电资源间的竞争体现在计划指标的分配，难以合理评估对节能减排战略的贡献，以节能降耗、减排为指标的考核工作无法落实到位，风电等新能源的优势不能完全体现。

四、监管意见

（一）进一步加强风电电源、电网统一规划

根据能源发展总体规划，结合区域资源情况，综合考虑区域及省（区）电网消纳风电能力、负荷特性、电网及其他电源规划，制定统一的风电规划。风电规划阶段，坚持电网规划与风电发展规划相结合原则，高度重视配套电网规划和论证，保证风电送出和消纳；坚持集中开发与分布式发展相结合，在开发建设大型风电基地同时，积极建设中小型风电项目接入配电网就地消纳；积极开展电网调峰和风电消纳能力研究，通过规划抽水蓄能、燃气发电等调峰、调频电源，改善区域电源结构，促进风电与其他电源的协调发展，满足风电发电大规模并网运行的需要。

（二）加快风电项目、输电工程的配套核准、建设

进一步加快风电富集地区送出通道建设，改善现有网架结构，加强省间、区域间的电网联络线建设，提高电网输送能力和消纳能力。在考虑市场消纳能力和确保电网安全运行的前提下，科学安排风电资源开发时序及建设进度，风电项目开发与电网工程同步规划、同步核准、同步投产，充分考虑项目建设周期差异，保证风电项目与送出工程、输变电项目的协调推进，避免投资浪费和弃风损失。加强风电项目核准管理，坚持先落实电网接入条件、完成接入系统评审、获得接入电网意见函后再核准的管理程序。

（三）进一步加强和优化风力发电调度工作

科学合理安排电网运行方式，做好发电计划安排，优先调度风电；协调电网之间的调度运行方案，力争实现更长时间范围内的开机方式优化，形成科学的开停机计划、备用计划，全面提升电力系统消纳风电的能力。深入推进建立风电功率预测系统和风电场运行监控系统建设，提高风电调度运行的精细化水平。充分利用风电场15min、小时、日出力预测曲线，为电网调度部门科学精细化调度提供参考依据。加大跨省区调峰调度，挖掘系统调峰能力，加强火电机组运行管理，深入挖掘火电机组调峰潜力，实时测算火电调节空间，鼓励火电参与深度调峰。

（四）建立灵活的市场机制，协调风电与传统能源矛盾

推进变革当前以发电计划电量为基础的电力运行管理模式，落实节能发电调度办法，完善辅助服务补偿机制，在省内或区域范围内建立风电场对深度调峰火电企业的补偿机制，鼓励火电企业为风电低谷消纳进行深度调峰，解决计划电量的刚性约束与风电发展的系统灵活性需求之间的矛盾以及电力系统内各类不同的发电资源之间的利益冲突。发挥市场在优化配置资源中的灵活作用，推进风火互补发电权交易。

（五）多措并举，发展负荷，改善负荷特性

严格执行峰谷电价，加强风电富集地区需求侧管理，改善系统负荷特性；推进产业结构调整，发展和培育中西部地区负荷，促进风电就地消纳。在东北地区积极开展冬季低谷期风电供热、风电热泵等扩大风电消纳的示范项目，拓展当地风电的利用方式。利用智能电网技术，积极开展各类试验示范。在西北、华北适宜地区，开展以分散式风电及储能设施等为主、电网为辅的微型电网运行示范，创新风电就地消纳的模式。

（六）进一步完善价格财税政策，健全风电发电激励机制

完善可再生能源全额保障性收购工作机制，落实持续稳定的可再生能源电价补贴政策，提高电价补贴的时效性。研究制定风电供热价格政策。出台抽水蓄能等调峰调频电源的鼓励性电价政策。合理确定新能源接入系统工程造价的补偿标准，弥补企业合理成本。

【电监会公布2011年度全国供电可靠性金牌企业】 2012年6月13日，电监会办公厅以办安全〔2012〕58号文发出通知，公布了2011年度全国供电可靠性金牌企业。2011年度供电可靠性金属企业共20个，其中A级5个，B级15个，具体评价指标见下表。

2011年度供电可靠性金牌企业评价指标

级别	获奖企业	评价指标
A	上海市电力公司	86.85
	佛山供电局	85.55
	广州供电局有限公司	84.57
	杭州市电力局	83.98
	中山供电局	82.97
B	华北区域	
	烟台供电公司	81.37
	青岛供电公司	81.04
	北京市电力公司	79.47
	东北区域	
	大连供电公司	80.60
	哈尔滨电业局	74.24
	华东区域	
	厦门电业局	81.50
	绍兴电力局	81.17
	华中区域	
	长沙电业局	77.03
	濮阳供电公司	76.90
	武汉供电公司	76.10
	西北区域	
	银川供电局	75.21
	汉中供电局	70.97
	南方区域	
	东莞供电局	82.34
	珠海供电局	80.79
	江门供电局	80.43

【电监会公布 2011 年度火力发电可靠性金牌机组】 2012 年 6 月 4 日，电监会办公厅以办安全〔2012〕57 号文发出通知，公布了 2011 年度全国火力发电可靠性金牌机组。2011 年度 30 万 kW 级、60 万 kW 级火力发电机组可靠性金牌机组各 11 台，见下表。

2011 年度火力发电可靠性金牌机组名单及评价系数

获奖机组	评价系数
30 万 kW 级金牌机组	
1. 北京能源山西漳山发电有限责任公司 1 号机级	99.89
2. 大唐国际张家口发电厂 1 号机组	99.87
3. 内蒙古大唐国际托克托发电有限责任公司 11 号机组	99.85
4. 甘肃大唐国际连城发电有限责任公司 3 号机组	99.85
5. 大唐淮南洛河发电有限责任公司 3 号机组	99.71
6. 华能国际上安电厂 4 号机组	99.70
7. 中电投贵州黔西发电厂 3 号机组	99.70
8. 国电谏壁发电厂 8 号机组	99.70
9. 华能国际大连电厂 4 号机组	99.69
10. 国电蓬莱发电有限公司 2 号机组	99.60
11. 国电泉州发电有限公司 1 号机组	99.60
60 万 kW 级金牌机组	
1. 大唐彬长发电有限责任公司 2 号机组	99.89
2. 福建大唐国际宁德发电有限责任公司 1 号机组	99.84
3. 广东大唐国际潮州发电有限责任公司 2 号机组	99.82
4. 河北大唐国际王滩发电有限责任公司 2 号机组	99.82
5. 北京能源内蒙古岱海发电有限责任公司 2 号机组	99.78
6. 神华陕西国华锦界能源有限责任公司 4 号机组	99.70
7. 神华河北国华沧东发电有限责任公司 3 号机组	99.68
8. 国电福州发电有限公司 2 号机组	99.66
9. 神华广东国华台山发电有限责任公司 1 号机组	99.57
10. 神华广东国华台山发电有限责任公司 5 号机组	99.54
11. 华电国际邹县电厂 5 号机组	99.54

地 方 监 管

【华北电监局】 国家电力监管委员会华北监管局（简称华北电监局）成立于 2005 年 9 月 30 日，是国家电力监管委员会在华北区域的派出机构，负责北京、天津、内蒙古（西部电网）、河北的电力监管工作。华北电监局内设办公室、市场与价财监管处、输供电监管处、稽查处、安全监管处、综合监察室和资质管理处 7 个处室和河北、内蒙古、天津 3 个电力监管业务办公室。现任领导：党组书记、局长李廷勇，党组成员、副局长杨子江、张学先。

1. 安全监管

扎实开展保障十八大电力安全监管专项行动。提出“华北保北京、北京保重要电力用户”的原则，制定保电方案，开展专项安全监管行动，确保了十八大重要用户安全供电“零闪动”，确保了十八大会议期间首都重要活动供电安全万无一失，确保了华北区域电力安全生产稳定运行。

深入开展安全隐患排查治理工作。累计排查出一般隐患 38 362 项，整改完成 37 375 项，整改率

97.43%，未排查出重大隐患。累计落实隐患治理资金 23 286.72 万元。

全面推进电力安全生产标准化创建工作。对近千名发电企业负责人和专责人员开展培训，完成 34 家申报企业的达标现场评审工作。其中，取得一级达标企业 10 家，取得二级达标企业 2 家。

加强风电机组并网运行安全监管。积极督促各风电企业全面完善风电场并网安全技术措施，加大低电压穿越整改工作力度。按照整改计划，绝大部分电场已完成低电压穿越整改工作。

2. 市场与价财监管

重新启动内蒙古电力多边交易市场，进一步完善市场建设方案和运营规则作，研究提出了《关于开展内蒙古电力体制综合改革试点的建议》。

率先在全国建立辅助服务风火互补机制，出台《华北区域风电场并网运行管理实施细则（试行）》。京津唐、河北等地已执行到位。

发布全国第一份辅助服务和并网运行管理年度专项监管报告。修订完善了火电“两个细则”中的非计划停运、调峰、供热机组考核等条款。

组织开展节能减排电价政策专项检查和火电企业成本专项监管调查，组织问题整改，闭环管理价财现场监管。

出台政策支持张家口风光储电站和天津 IGCC 示范电站，在运行考核等方面给予相关的政策倾斜。

3. 输供电监管

全力推进居民用电服务质量监管专项行动。率先召开区域专项行动启动大会，颁布以八项制度建设为核心、三年三步走的实施方案；筹办全国用电服务质量监管专项行动大兴现场会；实施局领导走基层活动，对人民群众关心的多个热点难点供电问题开展调研；建立“供电保民生”网站，在全区域开展“五个一”宣传月活动。

以专项行动为契机不断拓展供电监管内涵和外延。实施供电检查三段式闭环监管模式；深入推进保障性安居工程电力供应与服务工作；积极宣贯《供电服务规范》、《农电两率标准》等标准；开展电力用户受电工程市场信息与监管系统建设试点；切实加强节日期间居民用电保障工作。

以调度监管为切入点，以点带面推动输电监管。召开电力调度年度运行方式会议，及时解决存在的输电问题。认真抓好调度信息报送及披露工作，规范信息公开行为，通过监管信息系统，重点抓好调度信息的分析和发布。积极开展可再生能源全额保障性收购监管。

4. 电力稽查

认真做好 12398 电力监管投诉举报工作。2012 年，12398 电力监管投诉举报热线登陆人次为 64785，收到有效信息 3335 件。其中，投诉 151 件，举报 23 件，咨询 3089 件，表扬、建议、催办等其他方面 72 件。受理投诉举报事项 68 件，办结率 100%。

建立起电力监管 12398 热线和供电服务 95598 热线联动制度。制定《电力监管 12398 热线与供电服务 95598 热线联动管理办法》，运用调解、裁决、约谈、责令整改等方式，加大投诉举报处理力度，维护群众用电的合法权益。

建立华北区域燃煤机组在线监测系统。实现了对辖区统调火电机组污染物排放的在线监测。制定《华北电监局节能减排工作方案》，印发《火电机组烟气排放在线监测系统联网建设运行与监督管理办法》，对华北区域电网公司、发电企业开展节能减排现场督查。

5. 电力业务许可

认真做好许可证颁发工作。2012 年，发电类电力业务许可证新颁发 43 个，变更 49 个，注销 5 个；供电类电力业务许可证变更 3 个；承装（修、试）电力设施许可证新颁发 374 个，变更 355 个，延续 91 个，注销 76 个；电工进网作业许可证新颁发近 1.9 万个，续期注册近 3 万个。

深入开展准入专项检查工作。对地调以上发电企业持证情况、在建 330kV 及以上工程许可证制度执行情况进行排查，对电力工程中挂靠借用资质、违规出借资质投标等问题进行专项清理。

重新编制电工进网作业许可续期注册学习资料和空中课堂题库。制定《华北地区电力用户进网作业电工配置管理办法》（试行），为电力监管机构执法检查提供依据。

参与北京市特种作业管理联席工作，与市安监局、住房和城乡建设委员会、质量技术监督局等成员单位共同推进进网作业电工管理工作。

【东北电监局】 国家电力监管委员会东北监管局（简称东北电监局）成立于 2004 年 5 月，是国家电力监管委员会在东北区域的派出机构，负责东北区域的电力监管工作。东北电监局设有办公室、市场和价财监管处、输供电监管处、安全监管处、稽查处、综合监察室、资质管理处、吉林电力监管业务办公室、黑龙江电力监管业务办公室 9 个职能处室。现任领导：党组书记、局长王恩志，党组成员、副局长戴俊良，党组成员、副局长吴大明，党组成员、副局长宋宏坤。

1. 安全监管

2012 年，东北区域没有发生重大以上电网事故，没有发生重大以上火灾事故和负同等责任以上的重大交通事故，没有发生重大人身事故。发生一般人身事故4起，造成6人死亡，同比分别减少43%和25%，没有发生较大人身事故。在十八大保电监管、电力设备安全隐患监管、电力建设安全监管、燃煤发电厂贮灰场安全监管、小水电运行安全监管、电力行业网络与信息安全监管、应急管理工作等方面取得良好成绩。

2. 市场与价财监管

首创跨区电能交易节能环保机制，实现东北送华北电量结构绿色优化。以创新跨区电能交易机制、促进电力节能减排为出发点，对原有东北送华北电量交易办法进行了补充完善。2012年先后组织了4次共计107亿kWh东北送华北电量年度挂牌交易，发电效率高、环保指标好的机组获得交易电量的能力得到明显提高，同时具备脱硫、脱硝能力的大容量机组中标电量总体提高了32%。

首创风火替代交易制度，在蒙东地区试点取得成功。会同内蒙古自治区经信委联合印发《蒙东地区风火替代交易暂行办法》，标志着中国首个风火替代交易市场正式建立。

首创火电企业成本与经营信息报送制度，率先启动火电成本监测工作。印发《东北区域火电企业成本与经营监测暂行办法》，率先启动火电企业财务成本监测，建立成本监测信息系统，将东北区域10万kW及以上的全部火电机组纳入监测范围。

首创风电节能调度制度，印发《东北区域风电节能调度监管暂行办法》，风电保障性收购监管工作迈上新台阶。

3. 输供电监管

分别会同三省一区住房和城乡建设厅联合下发实施方案，要求建立保障性安居工程供电服务常态沟通机制。将辽宁省保障性安居工程办电流程纳入平台监管，全程监督保障性安居工程办电流程。会同蒙东公司积极研究解决无电地区用电问题，2012年投入资金1.5亿元，解决2519户无电户、8531人口的用电问题。建立了用户受电工程规范平台的非现场监管常态机制。

居民用电服务质量监管专项行动取得显著成效。

4. 电力稽查

2012年，共接到投诉、举报、咨询208件，同比下降11.91%。其中投诉132件，占总数的63.46%；举报17件，占总数的8.17%；咨询59件，占总数的28.37%。共计立案查处违法违规案件9起，罚款63万元，没收违法所得64万元。妥善解决了营口大石桥供电分公司与腰屯灌溉站电机损坏赔偿争等数起电力争议。对5家电网企业和8家发电企业节能减排工作开展情况进行了现场督查，并对其中8家企业下发了整改意见。

5. 电力业务许可

坚持"抓中间、促两头"的工作思路，开展输供电许可检查，输供电许可率达到100%；开展发电许可普查，全区域共1018家发电企业获得许可，持证率达到95.6%；开展电工持证情况普查和开展电力工程资质检查。坚持做好许可自查。搭建发电许可综合监管平台，服务各项监管工作；开展承装（修、试）电力设施许可自查，维护电力建设市场秩序。继续做好许可审核工作，全年共受理核发输电许可证1个、发电许可证134个、承装（修、试）电力设施许可证297个、电工证4.38万个，注销供电许可证10个、承装（修、试）电力设施许可证73个。继续做好许可流程梳理工作，推动电工考试"考培分离"，实施许可考试标准化。推动电工考试远程监控和计算机考试，电工续期空中课堂等工作，利用信息化手段大幅度方便电工。率先完成全区域电力工程协会的组建工作。

【西北电监局】 国家电力监管委员会西北监管局（简称西北电监局）成立于2005年1月10日，是国家电力监管委员会在西北区域的派出机构，负责西北区域的电力监管工作。西北电监局设有办公室、市场与价格财务监管处、输供电监管处、稽查处、安全监管处、综合监察室、资质管理处等7个处室和宁夏、青海2个监管业务办公室。现任领导：党组书记、局长王天才，党组成员、副局长雷金娥，党组成员、副局长薛浒，党组成员、副局长仇毓宏。

1. 安全监管

从并网安评、隐患排查、资质许可咨询、并网接入、电量收购和补贴等方面入手，确保了青海60万kW光伏电站的顺利接入和消纳。依法对府谷电厂"11·16"机组断油烧瓦事故、中宁电厂"2·12"人身伤亡事故及陕西省电力公司330kV南郊变电站对外停电事件开展调查，依法进行处罚和处理。组织开展十八大安全保电、风电并网安全专项检查、工程建设领域突出问题专项治理和电力建设防灾避险专项行动等全专项监管。规范开展发电机组并网安全性评价，梳理出安全生产管理，电气一次、二次、通信自动化等方面55项典型问题，发出通报，督促整改。修订完善了并网接入技术标准、安评管理办法、电力安全信息报送实施细则等规范性文件。

2. 市场与价财监管

加强市场交易秩序监管，选取15家电力企业开展约谈约访，对5家电网企业开展交易检查。认真研究煤电运关系问题，通过输电与输煤对地方财政收入和税收贡献的比较分析，主动向陕西省委省政府汇报增加电力外送政策建议。认真组织跨省跨区电力交易，全年共完成跨省跨区交易电量581.26亿kWh，提高了陕西、宁夏等送电省区的火电利用小时数。修订完善了发电权交易、跨地区送电集中挂牌交易等办法。积极推动黄河梯级电量优化工作。修订完善“两个细则”，增加了对风电的并网管理考核，率先在全国启动辅助服务跨省补偿。加强对监管信息的处理分析，通过各类专报、报告、简报向省级政府就供需形势分析、跨省区电力交易、电煤供应、电网发展等事项提出监管政策建议12项。

加强对电力企业财务成本信息的分析和比较，提出监管建议。编发了区域2011年度电价电费报告及财务经营、输配电成本、电费结算等三个专项工作简报，完成了三个季度区域内电力企业财务经营情况、输配电成本和厂网电费结算报告。依法对西北送华中2011年度跨区电能交易情况，对山西、辽宁、青海省电力公司，陕西地电公司输配电成本、电价执行和电费结算情况进行重点检查，对宁夏部分火电企业财务成本开展典型调查。

3. 输供电监管

紧抓陕西两家电网企业发展中的关键问题，促使问题得以有效解决。提出了以确定榆林地区的电价形成机制为核心，统一严格执行好电网规划的建议。陕西两家电网接入问题得以有效解决，接入工作迈入历史最好时期。积极开展用电满意度调查，主动向政府汇报专项行动开展情况等措施。110kV及以下配电网完成投资近108.67亿元，配电网供电能力显著提升，供电可靠性和居民受电端电压合格率明显得到改善；26.4万居民用户低电压难题得以解决；无电地区和无电人口用电难题逐步解决；用电服务水平进一步提高，政府保障性住房用电服务水平显著提升。

4. 电力稽查

通过业务技能及礼仪培训、12398热线覆盖面普查、加强热线联动等措施抓好热线的日常管理。主动深入基层解决纠纷，全年依法及时调查处理城乡居民用电方面的合理诉求277件。共计解决城乡居民低电压、停限电、故障抢修、家电损毁以及抄表收费等民生方面的问题200余起，惠及城乡居民约60余万户。成功调解了陕西彬县某用户与电力公司之间的一起供用电争议纠纷。就供电服务、违规收费、营业区纠纷等方面问题，与10家电力企业进行稽查约谈。对违反资质许可制度的个人和企业依法进行了查处。

认真做好发电权交易、可再生能源全额保障性收购和脱硫在线监测等工作。重点对陕宁青三省（区）16家电力企业开展节能减排督查，发现问题65例。发布节能减排情况通报，三省（区）主要电力企业共实现节能65.13万t标准煤，减排二氧化硫22.36万t，减排氮氧化物26.37万t。研究电网备用容量过大问题，印发实施西北电网备用容量监管办法。办法执行情况良好，备用容量留取进一步规范，火电发电机组的负荷率大幅提升，节能减排效果成效明显。组织完成了吴新雄主席在青海、宁夏就光伏产业发展的调研。落实好有关要求，形成了有关调研报告和支持宁夏内陆经济开放试验区建设的初步意见。积极开展可再生能源消纳和西北区域缺电和窝电调研；会同宁夏回族自治区经信委开展了宁夏高耗能行业情况调研，就行业发展中存在的有关问题，提出了政策建议。

5. 电力业务许可

全年共完成71家发电企业、87家承装（修、试）电力设施企业许可证的核发。7102名各类电工通过进网作业电工考试。督促承装（修、试）企业做好年度自检，不断完善承装（修、试）企业信息档案。扎实细致开展两项排查和专项清理工作。分别向青海省送变电工程公司、华电榆横电厂下发了整改通知，要求限期整改，专项清理取得了预期效果。

【华东电监局】 国家电力监管委员会华东监管局（简称华东电监局）成立于2004年7月，是国家电力监管委员会在华东区域的派出机构，负责指导江苏、浙江、福建、安徽、上海四省一市的电力监管工作，直接负责上海市和安徽省的电力监管和行政执法各项工作。华东电监局内设8个处室：办公室、市场与价财监管处、输供电监管处、稽查处、安全监管处、综合监察室、资质管理处（资质管理中心）和安徽电力监管业务办公室。现任领导：党组书记、局长丘智健，党组成员、副局长何昌群，党组成员、副局长徐文强，党组成员、副局长杨梦云。

1. 安全监管

全面落实电力安全生产的责任分解机制。与32家主要电力企业签订年度安全生产工作责任书，将电力安全的目标、任务和责任逐级分解到各级管理和工作人员。

不断扩大设备家族性缺陷排查整治机制的适用范畴。对上海14家主力发电厂集中开展继电保护和安全自动装置专项检查，排查治理问题75项；分析梳理了上海、安徽百万千瓦超超临界机组存在的6类共性问题，督导电力企业落实治理防控措施；对区域电网240项风险逐一落实了整改责任单位和风险管控措施。

确保十八大期间的电力供应安全。成立保电领导小组，印发通知，对14家保电单位和15家重要电力用户开展安全检查，确保十八大期间电力供应万无一失。

建立健全电力安全应急响应机制。成立了应急响应领导小组，全面实行24h应急值班，进一步明确了安全信息归口接报，加强了处室应急联动。及时消除500kV肥西变电站开关故障等重要设备隐患；依法调查处理了漕泾电厂人身死亡等事故。

开展安全生产标准化和并网安评工作。

2. 市场与价财监管

积极探索市场交易模式。进一步完善了华东区域跨省电能集中竞价交易平台规则，推动交易常态化，坚持并发展了区域电力市场交易品种。积极推进大用户直接交易，提出了《关于扩大大用户直接交易试点促进安徽省经济转型发展的建议》。

加强市场秩序规范，不断强化市场意识和行为。充分发挥了厂网联席会议平台的作用，督促落实上海2011年2415.4万元电力交易违规资金的整改，规范厂网购售电合同18份。会同上海市经信委联合印发了《上海电网发电厂并网运行考核办法（试行）》，取消了并网发电企业的双重考核。将新建机组调试运行期差额资金纳入辅助服务补偿资金。在全国范围内率先开展了跨省电能交易“备案电量”、“物理电量”和“结算电量”事后统计核查工作。

逐步建立健全电力调度监管制度。进一步强化电网运行方式报送和备案制度，严格执行电力调度机构信息报送制度，建立电力调度机构现场核查制度、电力调度机构监管季度例会制度。对华东、上海、安徽的电力调度机构开展全面现场检查。先后召开了两次电力调度监管工作会议。

开展输配电成本分析及电价研究。查找出在输配电成本及价格执行、电费结算等方面存在的问题31个，提出了针对性监管建议13条。

致力电力行业节能减排监管体系建设，实现电力节能减排全覆盖。电源结构不断优化，节能高效机组和清洁能源装机比重不断增加，供电煤耗持续下降，大小机组之间的组合不断优化，输电设备和电网结构进一步优化，电网损耗进一步降低。成立了节能服务公司，为进一步降低用户侧的电能消耗打下基础；脱硫脱硝设备安装率和投运率满足环保要求，有效降低了污染排放。

3. 输供电监管

便民惠民举措不断深化。上海低电压配电网建设新增投资35亿元，惠及全市28万用户。安徽累计解决148万户农村居民低电压问题。打造“十分钟缴费圈”，为居民缴费提供便捷。保障性住房供电优质优惠服务不断提高。上海累计为保障房建设节省配套建设资金近1.4亿元，安徽将全省保障性住房平均接电时间缩短至29天。停电故障抢修效率进一步提升，上海平均抢修时间缩短至19min，安徽城市和农村平均抢修时间分别缩短至24min和45min。

建立健全供电监管长效机制。建立了常态监管工作机制，实现监管对象全覆盖，监管指标全包含。建立了工作督查推进机制。开展了8轮次现场督查，开展明察暗访100多人次，查访供电公司企业和营业网点超过150个。建立了用户信息反馈机制。走访文明办、消保委等相关部门，组织全局干部职工深入17个区县、30多个社区、6所学校对近2200名居民用户开展用电满意度调查。建立了重要舆情协同应对机制。以12398与95598热线联动为依托，建立了双方热线之间的绿色通道等五项措施。

加强舆论宣传。加大对居民用电满意工程措施和成效的宣传报道力度，通过电视、电台、报纸、网络等媒体累计发表专项行动相关报道2000多篇。

4. 电力稽查

完善12398热线投诉举报工作机制。不断规范各供电营业网点12398投诉举报热线公示告知，开展覆盖率普查，提升12398热线社会知晓度。

建立了12398与95598联动机制。进一步强化了动态监管，拓展了供电监管服务的深度和广度。

5. 电力业务许可

全面推广电力业务许可监管与市场服务平台。实现了许可准入工作全部网上在线操作和发布。对不符合许可条件的企业强制不予提交流转。全年共计未通过许可延续审核的承装修试企业12家，被注销10家，降级2家。

不断规范电工持证作业与管理。制定完善了电工基本配置标准，在上海、安徽《重要用户用电安全管理办法》和《用电检查办法》中进一步明确了电工进网作业监管要求。全年督促385家问题用户进行整改。

加强持证后续监管。通过开展发电业务许可排查，督导30家未持证或未办理许可事项变更发电企业及时办理相关手续。对在建330kV及以上电网工程许可准入制度执行情况和挂靠借用资质投标违规出借资质情况进行了专项检查清理。

【华中电监局】 国家电力监管委员会华中监管局（简称华中电监局）成立于2004年7月，是国家电力监管委员会在华中区域的派出机构，负责华中区域（湖北、江西、重庆）的电力监管工作。华中电监局设有办公室、市场与价财监管处、输供电监管处、安全处、稽查处、综合监察室、资质管理处7个处室，还在江西省、重庆市和西藏自治区设有电力监管业务办公室。现任领导：党组书记、局长何兆成，党组成员、副局长罗毅芳，党组成员、副局长葛才胜，党组成员、副局长王笃奎（兼任江西业务办主任），党组成员、副局长银车来（兼任重庆业务办主任）。

1. 安全监管

完成6家一级、22家二级、3家三级共计31家发电企业安全生产标准化达标评级工作；组织开展了电网企业安全生产标准化培训工作。

完成51家发电企业269台机组共计36 414.4MW的并网安全性评价工作，场站数、机组数、机组容量分别比2011年增长82.1%、134%、173.8%。

查出隐患12 862条，整改12 415条，整改率96.5%，其中老旧设备隐患1378条，整改1329条，整改率96.4%。

制订保电方案，加强组织领导，与电力企业共同完成十八大保电任务。

增加非现场安全监管手段，完善电力安全监管体系。约谈电力企业8次、发布监管报告13个、印发10项安全监管规章制度。

积极开展西藏电力安全监管工作。开展党的十八大保电专项督查；与西藏自治区地方人民政府相关部门加强沟通。

配合完成11座大坝的初始安全注册和7座大坝的定期安全检查工作；在汛期来临前对水布垭、三峡等重要水电站大坝进行安全检查。

2. 市场与价财监管

制定了《华中区域跨省（区）交易会商制度（试行）》，促进了资源优化利用。组织召开了8次交易会商会议，提出充分挖掘输电通道资源、调整交易和电网运行方式的建议。减少弃水损失，应急交易电量达71.7亿kWh，同比增加24.6亿kWh；开展短期临时交易，增加德宝、复奉、锦苏外送功率，四川送华东、西北水电分别比计划增加107.2亿kWh和14.5亿kWh；协调延长华中送西北、华北送电时间，四川富余水电比计划多外送10.6亿kWh。

大力推进跨省市梯级水电站水资源优化调度工作。建立嘉陵江、乌江流域跨省市水电站水资源优化调度定期会商制度，2012年，重庆电网统调水电增发电量合计9.48亿kWh。

督促电网企业优化调度，积极开展江西省“以大代小”发电权交易。2012年，江西省60万kW级大机组发电利用小时数4799h，比30万kW及以下机组高出618h。发电权交易电量达到40.8亿kWh。

每季度定期向地方政府提供电力供需形势分析报告，服务地方政府。

3. 输供电监管

深入开展居民用电服务质量监管专项行动，促进了供电企业整体服务水平的提高。在湖北、江西两省随机选择了代表城区居民、农村居民和10kV用户的30个电压监测点，开展电压数据现场实测，督促优化电压质量管理。重庆市政府将专项行动纳入民生工程。

会同江西省电力公司共同拟定了《江西省大力实施赣南等原中央苏区居民用电满意工程方案》，确定了2013年年底前全面解决赣南原中央苏区部分农村不通电问题的目标。

帮助解决保障性住房电力供应与服务中的难点问题。与三省市住建厅建立沟通联络机制，搭建服务平台。向湖北省政府提供了有关保障性住房配套电力设施建设中存在的问题的专题报告。

提高了鄂赣联络线输电能力，缓解了江西电网供需紧张。鄂赣联络线稳定控制限额由2011年的240万kW提高到了300万kW。

4. 电力稽查

建设电力节能减排信息监管平台，提升非现场监管能力。2012年底，纳入华中电监局节能减排监管信息系统的统调火电厂共有139家，348台机组，容量达到11 159.16万kW，6省（市）统调火电企业基本上线。

开展电力行业节能减排现场督查。发现电网企业主要问题3个，发电企业问题57个，下发责令改正通知书8份。

收到12398电力监管投诉举报热线信息10256件，包括有效信息1393条，受理投诉举报174件。

调查处理投诉举报案件20余件，成功调解电力争议纠纷2件。

5. 电力业务许可

2012年共颁发发电类电力业务许可证92张，承装（修、试）电力设施许可证210张（包括届满延续），电工进网作业许可证27 910张；对19家不再符合资质条件的企业资质进行了注销。

制定并发布《华中电监局支持民间资本进入电力市场实施办法》，并做好宣传工作。

开展行政许可专项检查，对在“挂靠借用资质投标违规出借资质问题专项清理”中发现的两项问题进行了立案调查。

【南方电监局】 国家电力监管委员会南方监管局（简称南方电监局）成立于2004年12月16日，是国家电力监管委员会的派出机构，负责南方区域（广东、广西、海南）的电力监管工作。南方电监局设有办公室、市场与价财监管处、输供电监管处、稽查处、安全监管处、综合监察室、资质管理处7个处室，并在广西、海南设立了电力监管业务办公室。现任领导：党组书记、局长郭智，党组成员、巡视员赵忠平，党组成员、副局长张良，党组成员、副局长黄臻宇。

1. 安全监管

出台《广东省电力应急工作“十二五”规划》，完善电力应急体系。制定《广东省电力应急救援队伍管理办法》，组建50支省级电力应急救援队，建立电力应急救援专家库，规范电力应急救援物资储备和调拨管理。协调指导地方政府和企业加强应急演练。

2. 市场与价财监管

出台《东莞市用电企业参与竞争性高峰电力电量交易试点方案》，建设交易平台，用市场手段挖掘发电潜力，调剂电力余缺。

研究提出"长期合约为主，短期、临时交易为辅"的"西电东送"跨省（区）交易机制，得到相关省政府的重视和认可，各方已基本达成共识。

加强跨省（区）余缺调剂和水电临时交易。2012年协调、支持省间水电临时交易和余缺调剂交易共60亿kWh，在保证系统安全前提下，最大限度减少水电弃水；同时，有力支持了西南地区抗灾、保电及香港在系统故障期间的电力供应。

出台《南方电监局调度监管规范》，规范了调度监管行为，明确了调度监管的方式、方法和主要内容。完成了调度监管指标试评价，完善调度监管指标和评价方法，推动在全国范围实施试评价。

探索建立电力企业财务成本排序及发布机制，从经营效率、成本管理、盈利能力方面对南方区域电力企业进行横向及纵向比较，定期发布报告，引导企业提高经营成本管理水平。

强化节能发电调度全过程监管。建立火电机组利用小时数和等效负荷率定期分析和发布机制，提高高效、清洁机组的利用率。将可再生能源全额保障性收购纳入交易及调度监管范畴，全年未发生因调度原因弃水、弃风。

3. 输供电监管

与各省住建厅等政府部门建立联动机制，为保障房等民生工程开辟绿色通道，确保及时报装接电。建立专项行动示范点和示范推动点，有力推动企业在不断加大配网投入的同时，通过优化流程、强化管理，提高供电服务水平，产生了较好的示范作用。

开展供电质量专项稽查，查处部分地区居民用户集中反映的供电质量问题。开展供电能力专项监管，督促解决部分地区报装难、用电难的问题。开展供电定点监管及专项检查，通过监管约谈、责令整改、回访用户的闭环机制，督促企业落实整改，达到以检查促服务、以整改促提高的监管目的。

4. 电力稽查

建立业务监管与稽查行政执法的联动机制，以稽查执法促监管效力。全年稽查介入执法检查4次，依法查处违法违规企业4家，行政处罚10万元，建议处理有关责任人4人。

5. 电力业务许可

强化行政许可后续监管，健全市场退出机制。结合供电检查、"打非治违"等专项行动联动开展后续监管，依法查处4大类16项违法违规行为，净化了市场环境。

针对新建发电机组发电业务许可、并网安评、转商业运行等业务设在不同处室的情况，实行首问负责制，将三项业务归口安全口统一受理，极大地提高了业务办理效率。

开展"贴近服务，送考上门"试点，提高老、少、边、山、穷地区进网作业电工的技术水平和许可证的普及率，2012年新增进网作业持证电工29 133人。

【山西电监办】 国家电力监管委员会山西省电力监管专员办公室（简称山西电监办）成立于2006年5月，是国家电力监管委员会在山西省的派出机构，负责山西省的电力监管工作。山西电监办设有综合处、市场与价财监管处、输供电监管处、稽查处、安全监管处和资质管理处等6个处。现任领导：党组书记、专员黄学农，党组成员、专员助理宋晋冀。

1. 安全监管

启动十八大保电隐患排查治理百日行动，在全省范围内建立了电力安全信息周报制度和重大隐患信息日报制度，并对全省39家主要发、供、建设企业进行了全方位监督检查，圆满完成山西区域保电工作，被国务院安委会授予电监会系统唯一"2012年全国安全生产月活动先进单位"荣誉称号。

2. 市场与价财监管

牵头制定西龙池容量电费交易方案。会同山西省电力公司制定新的西龙池抽水蓄能容量电费市场交易方案。方案下发后，发电企业全年应承担的租赁费已全部实现自愿认购，共有16家发电企业认购电量20.26亿kWh，认购电费1.11亿元，解决了西龙池抽水蓄能容量电费认购分摊不公平的问题。

3. 输供电监管

居民用电专项行动取得明显成效。大力推进人民群众用电满意工程建设，通过"优质服务示范区"创建、无电地区和人口专项调查等措施，促进供电服务水平不断提高。结合12398投诉举报热线，维护人民群众用电权益。2012年，山西12398投诉举报热线接收有效信息1561件，群众来信、来访举报31件，直接调查处理173件，办结率到达100%，用户的满意率达98%。

4. 电力稽查

扎实推进电力节能减排。2012年，组织对全省火电机组节能减排督查，检查机组共3125.5万kW，占全省火电机组的62.5%。发布了2011年山西电力企业节能减排情况督查监管报告。联合环保厅开展电力执法，对全省火电机组脱硝建设进行了考核，考核机组53台，占全省火电机组总容量的41.6%。

5. 电力业务许可

加强市场准入监管，深化许可后续监管。2012年许可颁发和变更情况：①完成地方电力有限公司下属13家供电企业供电类电力业务许可证登记事项变更。②新颁发发电类许可证20家，豁免小水电企业3家，注销发电许可证2家，许可变更36家。其中，报会资质中心进行复核并取得许可证的企业4家，完成许可事项变更企业1家。③新颁发承装（修、试）电力设施许可证28家，许可变更60家，完成许可延续5家，注销5家承装（修、试）电力设施许可证。④共颁发电工进网作业许可10 517人，续期注册电工6653人。

【山东电监办】 国家电力监管委员会山东省电力监管专员办公室（简称山东电监办）成立于2006年3月17日，是国家电力监管委员会的派出机构，负责山东省的电力监管工作。山东电监办设有综合处、市场与价财监管处、输供电监管处、稽查处、安全监管处、资质管理处6个处。现任领导：党组书记、专员郑玉平，党组成员、专员助理付海波，党组成员、综合处处长孙永成。

1. 安全监管

开展“安全生产基层基础强化年”活动，突出抓好隐患治理整改等基础工作。联合开展了电力安全文化示范企业创建活动。将地调机组和垃圾、光伏发电等可再生能源机组纳入并网安全性评价范围，制定有关标准，顺利开展并网安评。做好与全国电力安全生产标准化的衔接，将300多家二、三级电力安全标准化企业全部过渡为国家安全标准化企业，督促和推动8家发电企业完成了一级安全标准化达标创建。组织开展了全省电力建设施工安全专项检查。做好发电厂贮灰场安全专项监管，起草制定了《燃煤发电厂贮灰场安全监督管理办法》，开展现场检查，发布安全监管报告。加强电力应急管理体系建设，做好应急预案备案，推进应急管理信息平台建设。完善安全监管执法机制，约谈有关企业。

2. 市场与价财监管

做好输配电成本的统计与分析，按季编写上报分析报告。开展现场检查，加强电价政策执行情况监管。开展脱硝设施建设、运行成本调研，提出脱硝加价的政策建议。加强对“两个细则”执行情况的分析与监督，修订完善了有关实施细则。严格新建机组转商业运营和在役机组退出商业运营监督管理。加大电源接入系统工程监管力度，监督电网企业加快回购有关工程。创新厂网联席会议模式，加强议题的征集和研究工作。加强电力调度监管，制定发布了《山东省电力调度监管规范》。完善调度信息披露机制，对全省151台统调公用火电机组发电利用小时完成情况进行了分析和通报。向山东电力调度中心试点派驻监管代表，将调度监管从事后监管向事前、过程监管推进。加强电力供需形势监测与预警分析，为领导决策提供了准确、及时、可靠的信息支持。

3. 输供电监管

开展居民用电服务质量监管专项行动。狠抓供电能力监管，督促山东电力集团公司加大配网投资，提升农村地区供电能力。加强保障房供电服务监管，联合建立保障房业扩“绿色通道”制度，坚持“三优”（优先、优惠、优质）和“五快”（受理快、勘查快、施工快、验收快、送电快）原则，全年共完成33.9万套保障房的报装接电，平均业务办理时间缩短4.7天。组织开展全省供电示范企业创建活动。扎实开展专项检查，召开情况通报会督促整改。开展居民用电满意度调查，基本摸清了山东省居民用电的现状和群众集中反映的问题。开展输电监管重大课题调研，形成了《保障山东省电力长期可靠供应的监管政策建议》等3篇调研报告。

4. 电力稽查

进一步完善稽查工作机制，制定《山东电监办稽查工作联系点制度》。建立20个稽查工作联系点，防患未然。加强对12398投诉举报热线管理，各类投诉举报处理群众满意率达到100%。加大案件查处和行政处罚力度，严肃查处6起案件。加大行政执法和争议调解力度，成功协调解决了5起争议纠纷。做好投诉举报事项的统计、分析及上报。

加强电力节能减排监管，充分发挥高效环保机组的主力作用。深化可再生能源监管，完善可再生能源发电数据报送制度，督促电网企业优先调度和全额收购可再生能源发电电量。加强燃煤机组脱硫设施运行情况监管，联合进行在线核查。加强节能减排监管能力建设，制定并实施了全省电力行业节能减排监管工作专项行动方案，充分利用好燃煤机组烟气自动在线监测系统，并开设短信预警平台。

5. 电力业务许可

严格规范各类电力业务许可，修订完善了《承装（修、试）电力设施施工工器具配置标准》等3项制度。落实高效、节能、环保未核准机组临时许可政策，对符合要求的机组下发临时运营证明。加强许可后续管理，开展了发电企业持证情况和330kV及以上电网工程为重点的许可准入制度执行情况检查以及电力工程建设中挂靠借用资质、违规出借资质专项清理、在建220kV及以上电网工程许可准入制度执行情况排查。修订完善了承装（修、试）企业年度自检工作标准，加强对持证企业的监督检查。加大了对农电工及社会电工持证监管工作力度，开展了持证情况排查。深化持证发电企业综合评价试点，进一步完善综合评价体系，将机组安全稳定运行能力以及电力业务许可制度执行情况纳入评价体系，许可管理涵盖从准入到退出的各个环节，实现全过程管理。

【甘肃电监办】 国家电力监管委员会甘肃省电力监管专员办公室（简称甘肃电监办）成立于2006年6月，是国家电力监管委员会在甘肃省的派出机构，负责甘肃省的电力监管工作。甘肃电监办设有综合处、市场与价财监管处、输供电监管处、稽查处、安全监管处和资质管理处6个处。现任领导：党组书记、专员康安东，党组成员、专员助理顾平安，党组成员、综合处处长谢康。

1. 安全监管

继续深入开展“安全生产年”、安全生产“打非治违”以及电力安全生产“专项整治”活动，大力推进安全生产标准化建设，加强隐患排查治理、应急管理和基础建设，电力安全生产总体保持了相对平稳的态势。2012年，甘肃电力系统共发生1起人身死亡事故、1起淹溺事故，死亡和失踪共6人。未发生一般及以上电力生产安全事故、环境污染事故和水电站大坝垮坝、漫坝，以及其他造成重大社会影响的事故。

2. 市场与价财监管

制定《甘肃省发电企业（集团）内部合同电量优化调剂暂行办法》，建立厂网合同电量分层优化机制，大唐甘肃公司、华能平凉公司完成优化电量2.5亿kWh。调查火电企业财务成本及经营状况，检查电力企业执行上网电价、脱硫脱硝加价、可再生能源电价附加、差别电价、惩罚性电价以及违反国家政策擅自出台优惠电价的情况。深化厂网联席会议制度，做好电能交易与“三公”调度信息披露和报送。组织2011年电力交易和市场秩序情况专项检查，进一步规范跨省跨区交易行为。会同西北电监局完善发电厂并网运行管理考核及辅助服务补偿机制，制定甘肃省《发电机组进入及退出商业运营管理办法和实施细则》工作流程。加强行业节能减排，实现电力监管机构和省级电力调度机构之间燃煤机组脱硫在线监控数据联网。

3. 输供电监管

开展电力调度专项监管。组织供电服务监管检查4次，检查市级供电公司6家（次），县级6家（次）。请示省政府批转《甘肃省居民用电服务质量监管专项行动工作方案》，保障居民生活用电不随便拉限、按实计费和收费、及时抢修电力故障以及政府保障性住房及时得到报装接电；开展居民用电满意度调查，建立负荷预测常态机制，协调解决供电能力不足等问题；通过临洮县、通渭县的试点表率，带动全省专项行动有序开展。

4. 电力稽查

专题汇编电力稽查手册，公示行政处罚、举报、投诉事项办理、争议纠纷调解流程。建立集体讨论案情、拟订调查预案、分类调查处理等制度，总结五类典型案件调查方案。按月通报投诉举报受理情况，通过责令整改通知书督促企业限期整改。重视案件线索查办，在酒泉供电公司用户受电工程指定设备投诉等案件中，做到调查客观中立、案件事实清楚、结果各方满意。

5. 电力业务许可

做好许可证续期注册和后期管理，促进电力市场主体优胜劣汰。开展接入地区调度及以上发电企业排查、地方发电企业市场准入监管专项行动，营造公平公正的市场环境。配合甘肃省小水电整治活动，对190座越权审批、审批不全和未经审批的水电站实施限制发电措施，责令限期进行改正和补办手续。开展在建330kV及以上电网工程许可准入制度执行情况排查，电力工程建设中挂靠借用资质投标、违规出借资质问题专项清理，督促承装（修、试）企业和业主单位在工程招投标、施工管理、合同签订、发包分包等环节严格执行国家规定。

【浙江电监办】 国家电力监管委员会浙江省电力监管专员办公室（简称浙江电监办）成立于2005年4月，是国家电力监管委员会在浙江省的派出机构，负责浙江省的电力监管工作。浙江电监办设有综合处、市场与价财监管处、输供电监管处、稽查处、安全监管处、资质管理处6个处。现任领导：党组书记、专员谢国兴，党组成员、专员助理周志明，党组成员、综合处处长郭昌林。

1. 安全监管

完善安全监管的有关制度。修订了《浙江电监办重大突发事件应急响应工作制度》、《浙江电监办防台风应急预案》等。加强了应急响应机制建设。成立浙江电监办重大突发事件应急工作领导机构和应急中心。完善了应急响应和处理程序。现场指导6个县（市、区）开展了应急联合演练。推进了安全生产标准化达标工作。浙江省11家电力企业通过标准化达标一级评审。继续开展第二轮发电机组安全性评价工作。完成84台风电机组、22台火电机组和9台水电机组的并网安全性评价。圆满完成重大活动和自然灾害多发期的安全保电任务。开展了“打非治违”等专项监管工作。

2. 市场与价财监管

制定了《浙江省发电机组进入和退出商业运营管理实施办法》。强化交易合同的签订和备案工作，提高交易信息披露的时效性和完整性。加强电费结算监管，建立起覆盖浙江省11个地市423家发电企业的电费结算常态化监管体系。积极参与跨省跨区电能交易规则的制定。加强输配电成本监管的基础性工作。增强电力企业成本信息披露的及时性，按季编制电力企业生产经营情况分析报告。

节能减排在线监测系统建成并投入运行，提高了监管工作效率。加强节能减排统计分析，为推动节能减排和科学决策服务。建立节能减排监管专家队伍，为节能减排和监管工作提供技术支持。加大节能发电调度监管力度，彻底扭转大小机组利用小时数倒挂的现象。大力支持可再生能源发电，推动光伏发电项目并网。

3. 输供电监管

开展居民用电服务质量监管专项行动，制定了《浙江省保障居民用电服务质量监管专项行动工作考核办法》并落实考核。牵头制定了《浙江省实施民生用电满意工程的意见》，将专项行动提升为政府民生工程。提高配网供电能力和供电质量。2012年城乡供电可靠率分别达到99.9945%和99.9445%；城乡电压合格率分别达到99.957%和99.083%。制定了《浙江省供电企业供电工作评价实施细则（试行）》。完善浙江省用户受电工程信息与监管系统。制定了《电力用户受电工程中间检查和竣工检验规范》，已通过电力标准化委员会年会审议。落实《电力调度机构信息报送和披露办法》，建立调度信息披露体系。

4. 电力稽查

加强12398热线的系统建设和普及宣传工作。建立了与95598的联动机制，及时将群众用电服务方面的诉求转由电力企业办理。通过12398热线接收的有效信息和投诉举报大量增长，共受理投诉举报41件。依法开展行政执法工作。对两起个人未取得许可证或超越许可证范围进网作业、公司未按资质许可规定使用电工从事进网作业的案件，经调查核实做出了警告、罚款等行政处罚。

5. 电力业务许可

健全市场准入和退出制度。制定了《浙江省进网作业电工从业情况登记管理规定》、《浙江电监办资质许可证注销办理流程》。开展许可证申请受理、审查、颁发和注销工作。2012年，共新发发电类电力业务许可证44家，注销7家；新豁免1MW以下小水电27家，豁免变更59家。新发承装（修、试）许可证36家，许可证延续46家，注销7家，降级2家；完成分公司（项目部）跨省备案58家。新发电工证14380本，续期注册20591本。率先建立了市场准入执法责任制。与7家主要电力企业签订了执行电力市场准入有关法规责任书。深化“阳光许可”工作机制。将许可审批的七个环节全部置于网上运作。实行资质许可公告制，通过《浙江日报》等媒体公告取证企业和个人信息，累计18批次。严格电工从业登记工作，促进电工持证上岗情况明显好转，新持证人数同比较大增加。严厉打击挂靠借用许可证行为，向违规企业发出了整改通知书。

【江苏电监办】 国家电力监管委员会江苏省电力监管专员办公室（简称江苏电监办）成立于2006年12月，是国家电力监管委员会在江苏省的派出机构，负责江苏省的电力监管工作。江苏电监办设有综合处、市场与价财监管处、输供电监管处、稽查处、安全监管处和资质管理处6个处。现任领导：党组书记、专员顾瑜芳，党组成员、专员助理郑逸萌。

1. 安全监管

进一步完善电力安全监管工作机制，建立隐患排查治理工作季报制度、重大隐患即报制度以及整改督办制度。做好迎峰度夏保电工作，组织开展迎峰度夏技术监督现场检查和安全检查。加强电力基建项目安全监管，建立电力建设工程安全生产管理备案制度，实现基建安全监管关口前移。深化电力应急体系建设，出台《江苏电监办重大突发事件应急响应工作制度》，积极推进电力企业应急预案备案和应急演练，提高电力企业应对突发事件处置能力。

2. 市场与价财监管

突出抓好电力交易监管。正式启动大用户直购电试点，为促进产业结构调整和电力市场化改革迈出了重要一步。做好电力交易与市场秩序约访约谈工作，依法依规开展稽查工作。

突出抓好成本和价格监管。开展新建居住区供配电工程费用收支情况调研，为进一步做好电力工程造价监管提供依据。加强财务分析与预警监测，进一步完善电煤预警和应急机制。向江苏省政府报送江苏电力企业2011年经营情况分析及2012年预测报告。

突出抓好节能减排监管。继续提升燃煤机组烟气脱硫脱硝在线监测系统运行水平，扩大在线监控范围。进一步加强发电权交易监管，出台了《2012年度江苏电网节能发电调度工作指导意见》。

3. 输供电监管

突出抓好居民用电服务质量专项行动。以溧阳供电公司为示范典型，召开专项行动推进会、现场会，点面结合，推进全省供电服务质量全面提升。建立了提高居民用电服务质量的长效工作机制，全面建立保障性住房用电绿色通道，与江苏省电力公司联合制定了《江苏省提高居民用电满意工程实施办法》。开展示范区创建工作，制定了《江苏省创建居民用电服务质量优质服务示范区实施办法》。

4. 电力稽查

加强12398热线平台建设，确保投诉举报渠道畅通，全年共受理有效信息2407件，其中受理投诉举报167件（已全部按时办结），行政处罚1件。积极探索非现场检查监管，建立了12398与95598信息共享、协调联办、重要时段应急联动等工作机制，有效促进了各供电企业更加主动为用户做好服务，联动机制建设取得显著成效。

5. 电力业务许可

开展电力业务主体准入排查，对全省发电企业许可证持有情况以及在建电网工程许可准入制度执行情况开展现场排查，同时完成电网工程、小区配供电工程许可准入制度执行情况清理排查工作。加强电工许可管理，开展电工“检查月”活动，推动全省电工许可工作再上新台阶。组织开展电工进网作业许可证继续教学空中课堂及互联网远程教育培训，积极探索电工培训新模式。

【福建电监办】 国家电力监管委员会福建省电力监管专员办公室（简称福建电监办）成立于2006年4月13日，是国家电力监管委员会在福建省的派出机构，负责福建省的电力监管工作。福建电监办设有综合处、市场与价财监管处、输供电监管处、稽查处、安全监管处、资质管理处和机关党委（工会）。现任领导：党组书记、专员郑宝强，党组成员、专员助理张建平，党组成员、综合处处长朱文毅。

1. 安全监管

积极探索和实践安全监管新方式。研究制定国内首个火力发电机组配煤掺烧安全管理规定；制定《福建省燃气机组联合优化调度意见》；提出完善防止大面积停电的机制体制建设七个方面的具体要求；制定《福建省电力用户涉网安全监管实施办法（试行）》。

深入开展隐患排查治理。提出加强电气设备绝缘监督和设备隐患整治等十个方面的工作意见，全年已排查28 982条，整改28 001条，整改率96.6%；以电网、发电、电力建设为重点，开展“打非治违”专项行动；对全省13座燃煤发电厂贮灰场的责任落实、监测维护和安全环保情况进行检查。

2. 市场与价财监管

深入推进电力直接交易试点工作，牵头省有关部门启动福建省第二批直接交易试点，形成意向交易结果，上报国家三部委审定。

加强厂网协调。全年协调解决厂网问题38项；推动历史遗留的7家火电企业自建电源送出工程的妥善解决。

加强成本与价格监管规范化、制度化建设。完善和充实火电企业经营情况季度分析会议制度；完善厂网结算监管实施细则，进一步规范省地县厂网电费结算工作。

做好电力供需形势分析和预测。

3. 输供电监管

深化供电监管工作。开展居民用电服务质量监管专项行动，推动省政府将居民用电满意工程纳入省政府为民办实事项目，并成立了居民用电满意工程领导小组及办公室，形成了地方政府、监管机构和电力企业的共同行动。进一步巩固和深化供电整改工作，形成《福建省2012年供电检查报告》等3个报告并上报电监会，首次对地方独立供电企业开展供电专项检查。继续推进用户受电工程市场规范化建设工作，牵头组织制定《福建省新建住宅小区供配电设施建设监督管理若干规定》。

加强电力调度监管。开展年度系统运行方式分析；开展2012年福建省电力调度专项检查；推进LNG机组联合优化调度研究与协商，制定《福建省燃气机组联合优化调度意见》；积极配合电监会向国家发改委、能源局提出加快推进福建与广东联网工程建设的监管建议。

4. 电力稽查

严肃查处电力违法违规案件。对2起电力违法违规案件开展调查，对2家单位和8名无证电工实施了行政处罚并进行通报。督促供电企业做好用电“配套建设费”清退工作，全省共清退6400多万元。

认真受理、办理电力监管投诉举报件。全年12398电力监管投诉举报热线受理有效信息987件，办结率为100%；强化12398和95598的协同运作，及时协调解决低压居民用电过程中关心的热点、难点问题。

5. 电力业务许可

进一步完善电工进网作业、承装（修、试）电力设施许可政务平台，实现许可准入的网上申报受理、许可条件强制效验、实时预警提示、信息公开反馈等功能。全年共完成643家发电企业、28家承装（修、试）电力设施企业、17 047个进网作业电工许可证核发工作和20 929个进网作业电工新证培训、10 035人进网作业电工续期注册工作。

【河南电监办】 国家电力监管委员会河南省电力监管专员办公室（简称河南电监办）成立于2006年3月28日，是国家电力监管委员会的派出机构，负责河南省的电力监管工作。河南电监办设有综合处、输供电监管处、安全监管处、市场与价财处、稽查处、资质管理处6个处。现任领导：党组书记、专员匡宝珠，党组成员、专员助理阎俊超，党组成员、综合处处长刘建华。

1. 安全监管

重点抓好重大活动和重要时段保电工作。重点完成十八大和第七届全国农民运动会期间保电工作，组织对电力企业和重要电力用户开展重点督查，加强应急值班，确保了十八大期间全省电力安全稳定运行和农运会的圆满顺利召开。

重点抓好安全生产隐患排查治理。全年共排查电力企业189家，排查安全隐患8197项，已自改隐患8077项，隐患整改率98.5%，其中重大隐患5项，已全部整改。

重点抓好专项业务监管。开展了燃煤电厂贮灰场专项监管、电力建设安全专项监管、电力建设项目防灾避险防止重大人身伤亡事故专项行动、电力行业网络与信息安全专项监管，确保全省电力行业实现安全稳定运行。

2. 市场与价财监管

重点抓好跨省区外送电能交易和发电权交易专项监管。积极推进关停小火电指标交易、机组发电权指标交易和合同电量优化，鼓励大容量、低能耗机组替代高耗能、高污染小机组发电。2012年全省累计完成各类交易电量310.03亿kWh，同比增长76.7%，是推行电能交易以来，交易额最大的一年。

认真开展发电机组并网运行专项监管。做好新建发电机组商业运行管理，参与指导发电机组月度电量计划制订，制定供热机组最小最大出力参数，推进建设热负荷在线监测系统，推进“两个细则”实施，促进全省机组正常有序发电和电网稳定运行。

认真开展电力调度专项监管。全省60万kW及以上机组平均发电小时较30万、20万、13.5万kW机组分别高858、884、1124h，科学调度水平进一步提升。

加强成本价格监管。加大电力企业财务经营信息披露监管力度，选取发电企业和县级供电企业主要技术经营指标进行对比分析并定期通报，促进企业对比提高。

3. 输供电监管

认真抓好居民用电服务质量监管专项行动。结合供电检查，重点对县级供电企业进行专项督导，积极开展示范点建设，全省供电能力、质量、服务水平进一步提升。城乡配网投资同比增长，城乡“两率”有效提高，停电与故障抢修时间持续减少，保障性住房报装更加通畅，“低电压”问题得到较大改善。

4. 电力稽查

做好12398投诉举报热线值班工作。2012年，登录拨打河南12398电力监管投诉举报热线73 070人次，接听6924件，有效信息4686件。二是认真做好投诉举报事项的处理工作。全年正式受理投诉事项93件，举报事项16件，均已在规定时间内办结，平均办理时间比2011年同期缩短2天，用户投诉举报反馈满意率达100%。积极开展电力争议调解，完善电力争议纠纷调解工作机制，调解解决4件争议纠纷事项。

5. 电力业务许可

抓好发电企业许可专项监管。对11个地区的调度机构和40多家发电企业集中开展了监管约谈，对33家发电企业下发了责令整改通知书。抓好承装（修、试）许可制度专项监管。对电力工程建设中挂靠借用资质投标、违规出借资质问题开展专项清理，对发现有违规行为的10家企业进行了立案调查。认真开展市场主体退出专项监管。对不符合许可条件的10家发电企业和未进行延续或企业改制的15家承装（修、试）企业实施了许可证注销。颁证工作取得积极进展。全年颁发发电业务许可证36家，全省持证企业累计达235家；颁发承装（修、试）电力设施许可证190家，全省持证企业累计达623家；颁发电工进网作业许可证12 516人，续期17 063人，全省持证电工累计达到13万人。

【湖南电监办】 国家电力监管委员会湖南省电力监管专员办公室（简称湖南电监办）成立于2006年4月26日，是国家电力监管委员会的派出机构，负责湖南省的电力监管工作。湖南电监办设有综合处、市场与价财监管处、稽查处、输供电监管处、资质管理处、安全监管处6个处。现任领导：党组书记、专员陈建长，党组成员、专员助理夏旭，党组成员、综合处处长陈显贵。

1. 安全监管

组织开展安全监管专项行动。湖南省60家电力企业共排查出一般隐患11 216项，已经整改9973项，整改率88.92%；排查重大隐患共8项，已整改4项。强化预警和应急管理，有效应对极端气候。狠抓标准化建设，提升企业本质安全水平。有序推进标准化工作，2012年内有16家主要电力企业完成现场查评；完成13家电厂80台机组总容量为221万kW的发电机组并网安评工作；完成30多家风电场和生物质能等新能源发电项目的预评审工作。十八大保电措施得力，实现“一确保”目标。创新安全监管方式，拓宽安全监管领域。建立了民用运输机场供用电安全管理联席会议制度；进一步规范了重要电力用户供电电源及自备应急电源的配置与管理；探索安全监管约谈机制。依法组织对郴州“4·12”强雷暴引发停电等事件进行了深入调查。

2. 市场与价财监管

进一步完善辅助服务补偿及运行管理考核机制。及时印发了《关于明确实施“两个细则”中几个具体问题的通知》。加强电能交易信息披露监管，保障电力交易规范有序、公开透明、公正公平。大力推进直购电试点，试点方案已修改完毕，输配电价方案已经批复，试点双方已经见面商洽并商议签订了交易意向合同。

重点推进电力企业成本监管工作。探索电价监管职能，实现新突破。积极做好大用户直购电试点输配电价测算工作，及时将测算结果上报国家发改委和省政府办公厅。强化非统调电厂量价费结算监管。加强价财监管信息的披露，助力湖南电力企业阳光经营。发布《2011年度湖南电力企业成本与财务经营情况通报》以及《2011年度湖南省电价执行和电费结算情况通报》。

节能减排监管更重服务，助力经济结构战略性调整。抓好节能减排基础数据库建设和节能减排现场督查。组织对主要发供电企业和部分企业自备电厂开展节能减排督查。抓好节能发电调度工作。根据“以水定火”的原则对水、火电进行协调安排，确保可再生能源电量的全额收购。编制并发布《湖南省2012年前三季度电力行业节能减排情况通报》。

3. 输供电监管

着力抓好居民用电服务质量监管专项行动。体现在“四个注重”：注重争取政府支持，湖南省政府转发了湖南电监办《湖南省居民用电满意工程实施方案》；注重示范带动引领，联合湖南省电力公司组建全省雷锋电力服务队，全省已成立基层雷锋电力服务队256个，人数达到3694人；注重关注民情民意，委托第三方机构组织开展了湖南省供电企业服务质量用户满意度调查；注重新闻舆论宣传，创办《湖南居民用电服务质量监管专项行动工作简报》，每月定期印发至基层供电营业场所和班组。深入推广供电优质服务示范单位创建活动。对提出示范点创建申报的长沙等三家市级供电企业和韶山等五家县级供电企业完成评分验收环节。扎实开展居民用电服务质量暨供电专项检查。加强农村电力供应质量和能力监管。加快解决永州道县横岭瑶族自治乡民族村无电人口用电问题。

4. 电力稽查

依法受理处理投诉举报信息。全年登录、拨打12398投诉举报热线104 426人次，收到有效投诉举报信息270件（不含电力业务咨询事项）。其中，投诉253件，占93.7%；举报17件，占6.3%。目前，已经依法办结233件，办结率91%。加大投诉举报事项直接办理力度，截至2012年底，直接办理投诉举报案件84件，占比32.8%，直接办理力度较2011年大幅提升。行政处罚工作力度进一步加大，截至2012年底，下达行政处罚决定书5份，罚没收入19.8万元，有效维护了各方权益。

5. 电力业务许可

市场主体基本实现依法持证。截至2012年底，累计颁发发电类电力业务许可证1250家，输电类电力业务许可证1家，供电类电力业务许可证146家，承装（修、试）电力设施许可证394家，电工进网作业许可证105 656个。

将持证企业年度自查制度作为落实常态监管的重要手段。共对274家承装（修、试）电力设施企业进行了年度检查，并对其中5家企业依法作出了注销、降级处理；全年累计有58家发电企业完成许可证登记或许可事项变更手续，发电企业执行许可制度情况得到进一步改善。

初步建立了市场退出机制。对不符合要求的3家承装（修、试）企业重新核定了许可等级和类别，对未提出延续申请的10家企业依法注销了许可。

进一步加强输供电企业许可监管。印发《关于进一步加强输供电类电力业务许可证监督管理工作的通知》。

专项治理工作集中突破，市场秩序更加规范。组织开展了接入地区调度及以上发电企业持证情况排查、在建330kV及以上电网工程排查、电力工程建设中挂靠借用资质投标违规出借资质问题专项清理。

【四川电监办】 国家电力监管委员会四川省电力监管专员办公室（简称四川电监办）成立于2004年12月30日，是国家电力监管委员会的派出机构，负责四川省的电力监管工作。四川电监办设有综合处、市场与价财监管处、输供电监管处、稽查处、安全监管处、资质管理处6个处。现任领导：党组书记、专员张健，党组成员、专员助理马军杰，党组成员、综合处处长高晓楠。

1. 安全监管

开展形式多样的安全生产活动。认真做好十八大电力保电工作，做到责任到位，渠道通畅。

开展安全生产检查工作。肖家湾煤矿“8·29”瓦斯事故发生后，召开四川省电力安委会安全生产紧急会议，开展全省电力安全生产专项督查。印发《关于加强迎峰度夏电力安全生产隐患排查治理工作的通知》，督促企业抓好电力建设工程隐患排查治理和地质灾害防范。

提升防范事故能力。开展在建电力建设工程营地防范地质灾害专项演练，267个在建电力建设工程项目、17 565名工程建设从业人员参加演练。对凉山、攀枝花、成都等地电网防范电力安全事故进行专题调研、指导，支持四川省电力公司开展输电线路抗冰改造。

2. 市场与价财监管

加强电力形势分析。编写了各类电力供需监测、形势分析、政策建议和热点问题调研报告、简报，反映情况，提出了建议措施。

规范电力交易与市场秩序。突出约谈约访和监管报告制度的作用，约谈约访了电力企业。组织开展专项检查、专项监管，制定了《四川省新建发电机组进入及退出商业运营管理实施细则（试行）》，会同四川省发改委发文停止西昌合力锌业股份有限公司实施直购电方式的特殊电价政策。

协调解决电力运行热点问题。根据电力需求变化，适时提出增加减少外购电量建议。为发电企业提供交流平台，协调解决电网公司支付承兑汇票贴息问题。

3. 输供电监管

扎实开展居民用电服务质量监管专项行动。全省配电网投资建设力度加大，供电能力、供电服务水平明显提高，藏族、彝族地区民生用电问题得到改善。组织媒体记者参与居民用电满意“巴蜀行”活动。

完善供电常态化监管系统。修订完善管理办法，升级优化监管信息系统，将专项行动指标体系嵌入供电监管平台，对居民用电服务质量实施定性和定量相结合的方式予以衡量、考核，系统应用基本覆盖县级以上供电企业。

督导检查 2011 年供电检查整改工作情况。组织供电企业全面自查、整改，并对部分供电企业学习、整改工作落实情况进行抽查。开展了辖区内居民用电服务质量监管暨供电检查，规范企业行为，提升供电质量。

4. 电力稽查

做好投诉举报办理工作。办结投诉举报 262 件，其中 130 件属实，10 件部分属实，平均办结时间 33 天。

推进电力行业节能减排。建立四川省电力行业节能减排组织领导机构和办事机构，印发《关于加强四川省电力行业节能减排工作的意见》。完成辖区内 14 家电力企业的节能减排现场督查和复查工作，牵头对成都市和广元市的环保专项行动工作督查。实现与省调火电厂烟气在线监测系统的联网。

查处违法违规行为。完成对龙泉供电局涉嫌“三指定”、都江堰明珠公司和都江堰供电局违反电力业务许可的行政处罚，责令成都电业局清退违规收费。

5. 电力业务许可

电力建设市场准入机制基本建立。狠抓自查质量，调动各方力量，突出工作重点，召集被检企业交换意见、监管约谈。四川省电力公司等单位已建立相应制度，改进和加强招投标和分包环节的资质审验工作。

地调以上发电企业全面持证，县调发电企业情况基本摸清。对排查中发现的地调及以上 2 家发电企业未办理电力业务许可证和 9 家未及时进行许可事项变更，责令整改。深入小水电企业集中的凉山州督查、座谈。

后续监管不断加强。分公司清理工作见到成效，大多数分公司和总公司形成实实在在的资产纽带关系。对省内 16 家不符合许可持证条件的承装（修、试）电力设施企业办理了退出手续。组织 162 家省调发电企业、252 家供电企业进行自查。修订出台新的承装（修、试）电力设施企业自备设备机具标准。启动了“三员一长”培训工作。

【云南电监办】 国家电力监管委员会云南省电力监管专员办公室（简称云南电监办）成立于 2005 年 12 月 1 日，是国家电力监管委员会的派出机构，负责云南省的电力监管工作。云南电监办设有综合处、安全监管处、市场与价财监管处、稽查处、输供电监管处、资质管理处 6 个处室。现任领导：党组书记、专员李现武，党组成员、专员助理周光灿，党组成员、综合处处长杨新红。

1. 安全监管

督促电力企业继续深入开展安全生产年活动和安全生产月活动；开展事故隐患排查治理，全力防范事故隐患，管控安全风险，督促全省电力企业治理各类隐患达 7794 项；扎实开展小水电涉网安全监管，深入宣传《电力安全事故应急处置和调查处理条例》，夯实了全系统安全稳定运行基础；针对云南水电占总装机容量 70％以上、高坝大库水电站数量较多的实际，突出重点，积极开展水电站大坝安全监管，确保了 2012 年澜沧江、金沙江等省内大江大河水电站安全度汛。2012 年，圆满完成十八大保供电任务，全年电力安全生产形势保持总体平稳，未发生重大及以上电力生产事故，未发生有较大负面影响的不安全事件，实现了全省电力系统安全稳定运行。

2. 市场监管

认真做好电力经济形势分析。严格落实市场监管“五项制度”，扎实做好监管统计工作，准确把握云南电力行业发展态势，加强预测预警。扎实做好“两个细则”考核和新机商转，积极参与跨省跨区电能交易监管和电价执行督查，进一步加强稽查工作力度，开展节能减排监管，培育电力市场合格主体，维护云南电力市场正常运行秩序。

3. 输供电监管

开展提升居民用电服务质量专项监管、居民保障性安居工程电力供应与服务专项监管、解决无电地区和无电人口用电问题专项监管等输供电监管工作，规范供电企业行为，切实维护城乡居民合法用电权益和社会公共利益。2012 年，云南省供电企业累计投入建设资金 19.58 亿元，在年内提前实现了“十二五”

期间户户通电的目标。

4. 电力业务许可

认真贯彻落实电监会“两个办法”，完善市场准入和退出机制；严格执行国家节能减排政策，以“严把市场准入关、规范市场秩序”为主线，按照“规范、高效、便民、务实”原则，积极有序开展2012年电力业务许可各项工作。2012年，共审查颁发电力业务许可证（发电类）68本（涉及装机容量2567.72MW），登记事项变更60项，许可事项变更19项；颁发承装（修、试）电力设施许可证29本，许可事项变更34项、登记事项变更37项；颁发电工进网作业许可证4765本（其中高压类3955本，低压类69本，特种类电缆专业248本、继电保护专业260本、电缆专业233本）；电工进网作业许可证完成续期注册3798本。

【贵州电监办】 国家电力监管委员会贵州省电力监管专员办公室（简称贵州电监办）成立于2005年12月，是国家电力 监管委员会的派出机构，负责贵州省的电力监管工作。贵州电监办内设综合处、市场与价财监管处、输供电监管处、稽查处、安全监管处和资质管理处6个处室。现任领导：党组书记、专员向海平，党组成员、专员助理潘军，党组成员、稽查处处长沈军。

1. 安全监管

圆满完成十八大会议期间保电任务。深入开展第十一个“安全生产年”活动，组织开展全省范围内的电力安全生产大检查工作。及时宣贯《电力安全事故调查处理程序规定》，确保电力安全信息报送工作的及时、准确。紧抓隐患排查治理，2012年共发现一般及以上隐患7391项，已整改7350项，整改率99.45%，扎实开展安全监管约谈，全年共开展约谈8次。有针对性开展应急演练，做好突发事件应对。全面开展电力安全生产标准化达标评级工作。2家企业获得国家电监会授予的一级达标企业称号，1家企业已通过三级达标。督促指导贵州电力行业做好网络与信息安全工作。

2. 市场与价财监管

正式启动贵州省统调发电厂辅助服务补偿及并网运行考核结算工作，贵州电网运行质量及电厂机组运行性能显著提高。

促成贵州其亚铝业、黔桂公司和电网公司签订直供电试点框架协议，并与有关部门确定了4家大用户试点单位。

联合构建月度电力供需形势分析常态机制。

组织召开贵州电力行业统计工作座谈会，有效解决了贵州电力行业统计口径不一致和数据模糊等问题。

积极配合省物价局完成了阶梯电价推行工作和直接交易输配电价的测算工作。

3. 输供电监管

切实抓好居民用电服务质量监管专项行动。组织召开贵州省贯彻国家电监会农电“两率”标准电视电话会议。贵州省供电企业创造的“村电共建”、“省心柜台”、“网上营业厅”、“苗语客户代表”等先进经验，对全省各市（州）、县大力实施群众用电满意工程发挥了较好的示范和引导效果。2012年，贵州省城市供电可靠率同比提高0.0568个百分点，城市用户平均停电时间同比下降5.01h/户；农村供电可靠率同比提高0.5301个百分点，农村用户平均停电时间同比下降46.33h/户；城市居民端电压合格率、农村居民端电压合格率分别优于监管指标4.44和4.75个百分点。

4. 电力稽查

在《经济信息时报》连续30期登载12398热线标识，监督电网企业在营业场所显著位置固定悬挂电监会统一标准的12398热线标识，全面开展12398热线接通率普查，积极宣传12398热线。2012年，贵州电监办12398热线共接听有效电话672个，其中咨询类电话653个，投诉电话19个，收到投诉信函2封。累计受理并处理投诉事项21起，投诉人满意率100%。圆满调解处理了武汉久源电力有限公司与贵州发耳电厂工程款收付纠纷。

5. 电力业务许可

2012年，新颁发电类电力业务许可证32个、供电类电力业务许可证1个、承装（修、试）电力设施许可证30个、电工进网作业许可证6000个，注销电力施工企业承装（修、试）电力设施许可证7个，并完成3000个电工进网作业许可证的续期注册。启动贵州省持证发电企业、承装（修、试）电力设施施工企业遵守电力业务许可制度综合评价监管暨诚信体系建设试点工作，共有95家被评为优良，5家被评为合格。在许可监管工作中，先后约谈了21家电力施工企业，督促企业认真整改落实。制定了《贵州电监办电工进网作业许可证续期注册工作流程（空中培训流程）》。

【新疆电监办】 国家电力监管委员会新疆维吾尔自治区电力监管专员办公室（简称新疆电监办）成立于2010年12月，是国家电力监管委员会在新疆维吾尔自治区的派出机构，负责新疆维吾尔自治区的电力监管工作。新疆电监办设有综合处、市场与价财监管处、输供电（含稽查）监管处、安全监管处、资质管理处等5个职能处室。现任领导：党组书记、监管专员曹继耀，党组成员、专员助理刘健，党组成员、综合处处长张燕军。

1. 安全监管

开展“安全生产月、年”活动。明确年度电力安全生产工作总体要求和工作目标，制定隐患排查治理信息报告制度，落实“排查、发现、整改、完善”的闭环管理，全年共排查一般隐患3239条，已整改完成3219条，整改率99.38%。

督促电力企业强化设备运行管理，优化电网运行方式，开展事故演练，排查安全隐患，圆满完成第二届中国一亚欧博览会保电工作。

工程建设领域专项监管。开展电力行业“打非治违”专项行动，提出3大方面、19项工作要求，对三家发电、电建单位进行现场安全督察，并联合自治区安监局，加大打击力度，落实整改措施；开展电力建设基建专项督察工作，共查出问题145项。

安全性评价和安全生产达标。对44个发电厂进行并网安全性评价，共发现并督促整改安全隐患1613个；扎实推进电力安全生产标准化达标评级工作，已有2家企业获得二级达标企业称号，1家企业获得三级达标企业称号。

2. 市场与价财监管

电力市场预警预测。每季度编制电力供需形势分析报告，提出2011年电力形势分析及2012年电力发展对策建议、电力迎峰度夏形势分析及措施建议等报告，为自治区党委和政府决策提供依据。

组织厂网联席会议。披露电力运行和市场信息，通报电力监管工作，宣贯监管法规政策；将机组并网安全性评价、新机并网和转商运等涉及厂网权益的内容在会议上通报、讨论和确定，提出阶段性电力监管工作重点。

电力运营监管。开展新建机组首次并网和进入商业运营管理工作，规范地调机组和自备电厂转商运工作；妥善解决自备电厂并网问题，就并网和收费等问题形成意见上报自治区党委和政府，得到重视和采纳；核定和下发供热火电厂最小运行方式，保障供电和供热安全。

电力交易监管。审核发电权和跨省跨区交易实施方案，审定网损分摊标准，监督交易过程和结果，积极争取“疆电东送”市场份额，促进余缺调剂，限制高能耗、高排放机组作为替代方参与交易，促使小火电机组退出运行。

电力价格监管。规范电价执行和电费结算行为，开展跨省跨区电能交易价格、节能减排电价执行、发电机组调试运行期差额资金情况检查，编制专项通报，分析存在的问题，提出监管意见。

财务经营预测预警。监测电煤价格、电力企业财务经营和成本、电网输配电成本情况，研究分析电力企业财务经营和成本变化，提出监管建议。多次就火电企业电煤价格和经营情况形成专题报告，为自治区党委和政府决策提供参考。

3. 输供电监管

开展居民用电满意工程。编制供电企业加大配网建设投资力度，提升供电质量和技术水平，提高“两率”指标，增加缴费网点和缴费渠道，研究通过电网延伸的方式尽快解决无电人口问题，并组成专项检查组赴各地州指导督促工作。

深入开展兵地共建结对子活动。积极促成国家电网公司所属供电企业与兵团所属供电企业结成互助对子，交流管理经验，沟通业务技能。

可再生能源收购监管。对新疆风电、太阳能、小水电等可再生能源消纳情况开展专题调研，编制上报《新疆可再生能源消纳情况报告》。规范企业收购可再生能源电量和可再生能源电价补贴。

4. 电力稽查

加大现场稽查和行政执法力度，对光原电气有限公司违法违规作业行为进行通报批评并给予行政处罚。开展约谈工作，有关企业根据监管意见书和约谈要求进行了整改。

做好12398电力监管投诉举报热线受理工作。2012年6月开通新疆12398电力监管投诉举报热线，建立12398与95598联动机制，解决居民用户诉求。全年，共收到电力投诉举报有效信息69件，受理69件，按时办结69件。

5. 电力业务许可

做好对自治区高效、节能、环保未核准机组下发同意临时发电运营意见的工作。2012年，共计颁发发电类业务许可证24个，供电类许可证7个，承装（修、试）类业务许可证49个，电工进网作业许可证4983个。

行　业　管　理

中国电力企业联合会

【综述】

一、重点工作取得显著成效

（1）2012年是电力体制改革十周年，在以往研究成果的基础上，中国电力企业联合会（简称中电联）实地调研了20余家电力企业，广泛听取各方意见建议，总结了十年电力改革成果，借鉴国外电力改革经验教训，就电力统一规划、电价机制、法律法规等十个方面问题进行了分析，提出了改革建议。

（2）根据企业需求，认真研究《火电厂大气污染物排放标准》和国家“十二五”节能减排规划对电力行业和企业的影响，提出了对策建议，并与五大发电集团、神华集团联合行文，向国家发改委等部委反映脱硝电价、排放标准等问题；就出台脱硝电价政策代表电力行业多次提出意见和建议。

（3）针对政府部门提出的重点合同煤与市场煤并轨方案，召集和参加14次大型电煤价格问题研讨会，提出行业性意见和建议，相继形成3份专项报告报送国家发改委，受到国务院有关部委的高度重视，很多意见被吸收采纳。

（4）针对《环境保护法修正案（草案）》等对行业发展有重大影响的法律法规修订，与电力企业共同研讨形成行业意见；针对全国人大预算委提出的有利于转变经济发展方式的财税政策反映了行业建议；代表电力行业对发改委等部门制定过程中的30多部政策文件提出意见建议。

二、创新开展专业服务和社会沟通工作

（1）2012年第一次理事长会议决定开展电力行业同业对标工作。通过发挥中电联综合资源优势，建立了组织体系和指标体系，形成了行业对标报告。

（2）认真做好电力行业统计工作，及时向政府有关部门提供统计信息。认真开展电力供需与经济形势分析预测工作，按期完成并发布月度、季度、半年以及年度电力供需分析预测系列报告，在复杂的经济形势下，为政府决策和企业生产经营活动提供了重要参考和支撑。同时启动了全国电力供需分析三年预测工作。

（3）编制完成电力行业节能减排和应对气候变化进展报告；积极推动和开展电力行业节能减排和应对气候变化的政策、技术路线、标准体系等研究；组织制订国家重点节水技术推广目录；开展能效对标及机组竞赛活动，促进电力企业节能减排。

（4）开展电力企业重点国际合作项目调研，举办驻华使节“走进中国电力”座谈会，组织电力企业参加亚太电协大会，与欧电联、国际能源署等机构开展合作交流；编制中国对外投资合作政策法规汇编；成功组织举办了2012年中国清洁电力峰会暨中国国际清洁能源博览会、第十四届中国国际电力技术和电力设备展（EP）等。

（5）组织编撰并发布了《电力的价值》白皮书；连续7年编制并发布电力行业年度发展报告；以中国有电130周年为契机，举办了以“新技术、新电力、新生活”为主题的全国首个“电力主题日”活动。加强行业舆论引导，针对电力供需形势、魏桥事件等热点问题发出行业声音，及时回应社会关注。为“两会”电力行业代表委员编写《中国电力工业现状与展望》；完成了汶川特大地震抗震救灾志电力行业志的编纂。

（6）完成标准报送226项，其中国家标准37项，行业标准189项，政府部门发布了122项电力标准；完成61项标准英文版翻译稿审查；申报的3项国际标准提案获得通过；组织实施电力企业“标准化良好行为企业”试点确认，开展企业标准的备案。

（7）积极总结交流电力企业生产技术管理经验；针对当前断路器、抽水蓄能机组等电力系统和设备存在的突出质量问题，从设计、制造、安装、运行几个方面开展可靠性专项研究并提出技术建议；修订可靠性评价的领域和方式。

（8）有序推进《国家职业分类大典（电力行业）》修订工作；成功举办了第八届全国电力行业职业技能竞赛，产生了6名全国技术能手，40名电力行业技术能手；进一步完善了电力行业职业技能鉴定三级工作体系。

（9）积极开展电力建设工程概预算定额、电网检修技改定额等领域的管理工作，尤其是加强了对高海拔地区电力建设工程定额及有关费用计算的标准管理，推进发电检修定额的编制进程，在定额编制、造价管理、设备材料信息发布及工程造价从业人员资格

认证管理等方面做了大量工作。

(10) 组织电力行业申报中国工业大奖，推荐中国工业大奖企业 1 项、项目 4 项；4 项电力建设工程获得国家优质工程金奖，31 项电力建设工程获得国家优质工程银奖，4 项电力建设工程获得鲁班奖；完成 2012 年全国电力行业企业管理创新成果、全国电力行业优秀企业、优秀企业家评选工作；164 个项目通过了科技新成果、新产品鉴定；管理体系认证的业务领域不断扩大。

(11) 发布了《电力行业市场诚信体系建设年度报告》。受工信部委托，签署了“工业领域电力需求侧管理战略合作协议”，启动了工业园区电力需求侧管理试点工作。

【中电联组织机构】

一、机构设置及人员变动情况

(1) 中电联本部现设置 15 个职能部门、直属事业单位。12 个职能部门为：理事会办公厅、规划与统计信息部、研究室（电力行业应对气候变化中心）、国际合作部、人力资源部（机关党委）、财务与资产管理部、文化建设与对外联络部（新闻宣传中心）、电力定额管理部（电力工程造价与定额管理总站）、电力工程质量监督管理部（电力工程质量监督总站）、标准化管理中心、可靠性管理中心（国家电力监管委员会电力可靠性管理中心）、技能鉴定与教育培训中心（电力行业职业技能鉴定指导中心）。3 个直属单位为：中国电力企业联合会电力建设技术经济咨询中心、中国电力企业联合会科技开发服务中心，北京中电联网络信息有限公司。

(2) 人员变动情况：中电联本部 2012 年底实有职工总数 185 人（不含内退及不在岗人员），与 2011 年相比，增加长期聘用 3 人，增加企业派驻交流 2 人，退休 11 人。

二、干部配置

(1) 中电联第五届理事会领导成员（2012 年末）。

理事长：刘振亚

副理事长（按姓氏笔画排序）：云公民、王炳华、陈进行、刘吉臻、钱智民、乔保平、吴国潮、张喜武、汪建平、陆启洲、范集湘、赵建国、贺禹、曹培玺、曹广晶、潘力

常务副理事长、党组书记：孙玉才

专职副理事长、党组成员、机关党委书记：魏昭峰

秘书长、党组成员：王志轩

副秘书长：孙永安、沈维春、欧阳昌裕

(2) 中电联第五届理事会高级顾问：史大桢、柴松岳、汪恕诚、李荣融、张国宝

(3) 中电联第五届理事会顾问（按姓氏笔画排序）：王文泽、叶荣泗、刘宏、李永安、李昌富、宋密、周大兵、贺恭、赵希正、祝新民、袁懋振、翟若愚

(4) 中电联第五届理事会专职顾问：谢振华、王永干

(5) 中电联第五届理事会专家（按姓氏笔画排序）：王信茂、付元初、冉莹、张安乐、周小谦、姜绍俊、胡兆光、黄其励、黄金凯、曾鸣、霍继安、魏光耀

(6) 本年度部门（中心）负责人：

理事会办公厅主任：沈维春（兼）

理事会办公厅副主任：田卫东

理事会办公厅副主任：张志锋

理事会办公厅副局级调研员：王利

规划与统计信息部主任：欧阳昌裕（兼）

规划与统计信息部副主任：刘向东

规划与统计信息部副主任：高绍峰

规划与统计信息部副主任：佘文奇

规划与统计信息部副主任：游敏

研究室主任：潘荔

研究室副主任：李士兴

国际合作部副主任：吴添荣

国际合作部副主任：王军

人力资源部主任：孙永安（兼）

人力资源部副主任：李晓霞

人力资源部正局级调研员：赵天荣

财务与资产管理部副主任：孙红旗

文化建设与对外联络部副主任：张海洋

文化建设与对外联络部副主任：张海涛

文化建设与对外联络部副主任：徐耀强

文化建设与对外联络部副局级调研员：张晓京

电力定额管理部副主任：郭玮

电力工程质量监督管理部副主任：张天文

标准化管理中心主任：许松林

标准化管理中心副主任：刘永东

可靠性管理中心主任：米建华

可靠性管理中心副主任：陈丽娟

技能鉴定与教育培训中心主任：薛静

技能鉴定与教育培训中心副主任：孙建华

技能鉴定与教育培训中心正局级调研员：徐玉华

中国电力企业联合会电力建设技术经济咨询中心副主任，中电联兴业投资发展有限公司副总经理、党总支副书记：黄成刚

中国电力企业联合会电力建设技术经济咨询中心副主任，中电联兴业投资发展有限公司副总经理、党总支书记：崔照胜

中国电力企业联合会电力建设技术经济咨询中心副主任、中电联兴业投资发展有限公司副总经理：左晓文

中国电力企业联合会电力建设技术经济咨询中心副主任、中电联兴业投资发展有限公司副总经理：褚农

中国电力企业联合会电力建设技术经济咨询中心副局级调研员：朱二苗

中国电力企业联合会科技开发服务中心主任，中电联（北京）科技发展有限公司总经理、党总支副书记：江宇峰

中国电力企业联合会科技开发服务中心副主任，中电联（北京）科技发展有限公司副总经理、党总支书记：胡小正

中国电力企业联合会科技开发服务中心副主任、中电联（北京）科技发展有限公司副总经理：罗勇

中国电力企业联合会科技开发服务中心副主任、中电联（北京）科技发展有限公司副总经理：王慧

中国电力企业联合会科技开发服务中心总工程师、中电联（北京）科技发展有限公司副总经理：尹松

中国电力企业联合会科技开发服务中心副局级调研员：王琪

北京中电联网络信息有限公司总经理：李斌

北京中电联网络信息有限公司副总经理：白俊文

华凯投资集团有限公司董事长：蒋晓华

【电力行业发展规划与电力发展课题研究】

一、电力行业发展规划

全面完成《电力工业"十二五"规划滚动研究报告》在开展大型能源基地调研的基础上，相继完成《电力工业"十二五"规划滚动研究报告》、9个大型能源基地调研报告，正式报送国家发改委、国家能源局、国家电监会、工信部等政府主管部门。

二、电力工业发展课题研究工作

（1）开展《电力工业统一规划机制研究》编写，结合中国国情和电力规划发展工作实际，完成电力工业统一规划机制研究报告，报送国家电监会。

（2）开展电煤价格并轨相关研究工作，多次召集大型发电集团进行研讨，在广泛听取意见和建议的基础上，相继形成两份报告向国家发改委反映行业意见。

（3）开展《中国现代电力发展战略研究》编写，在分析世界电力发展经验和趋势，研究中国电力需求、资源、技术创新等主要影响因素基础上，提出了中国中长期电力结构布局、电网建设、智能电网发展等规划设想，制定出面向2050年现代电力发展的战略思路、战略目标、战略重点和路线图。

（4）开展《并网太阳能发电发展机制的深化研究》编写，在对太阳能发展较快省市实地调研、召开研讨会听取各方对并网太阳能发电发展机制深化研究工作意见的基础上，完成《并网太阳能发电发展机制深化研究报告》。

（5）开展《完善重点耗能行业差别化电价政策研究》编写，通过大量的资料收集、研究，赴有关高耗能行业协会及重点省份调研，完成《完善重点耗能行业差别化电价政策研究》。

（6）开展《电力装备与技术创新发展机制与政策研究》编写，在2011年研究基础上，2012年开展了电网设备、发电设备调研工作，完成《电力装备与技术创新发展机制与政策研究》。

（7）开展《水电前期工作主要内容及流程》研究，对大型水电项目前期工作范围、内容及流程进行了系统分析和整理，结合实际工作条件和工作深度，完成了《水电前期工作主要内容及流程》报告。

【电力统计与经济运行分析】

一、电力统计工作

根据电力工业运行情况月度分析报告，在非季度、半年以及年度报告发布月份，研究编制月度电力工业运行与供需简要情况。编制完成《2011年电力工业统计资料汇编》、《2011年电力工业统计手册》及《2011年电力工业统计提要》。接受工信部委托，完成《工业电力需求侧管理数据库维护和工业运行要素统计分析》研究工作，维护管理煤电油气统计信息平台，跟踪了解煤电油气运要素保障情况，形成的旬度和月度动态分析报告报送工信部。

二、经济运行分析

（1）2012年完成季度、半年及年度电力供需分析预测报告研究编制；完成40余份全国电力工业经济运行与供需分析月度报告。

（2）相继参加国家发改委组织召开的经济运行形势分析座谈会、国家能源局组织召开的能源形势会商会、国家电监会组织召开的电力形势座谈会和工信部组织召开的工业行业运行形势分析座谈会，在各种会议上汇报电力工业经济运行与供需形势。

【电力政策研究与电力节能环保】

一、电力政策研究

（1）2012年，研究室先后完成《电力体制改革研究》、《中电联发展规划研究（2011—2015）》、《火电厂大气污染物排放标准对企业影响研究》、《火电企业经营状况与对策建议研究》、《电力行业应对气候变化目标、空间和技术路线研究》等多项重点研究任务，尤其是深入开展《火电厂大气污染物排放标准对企业影响研究》，组织了发电、电网、环保企业参加的座谈会，对10余个典型电厂进行了现场调研，完

成数据测算分析及报告编制。由中电联牵头，联合五大发电集团、神华集团共同行文《关于加快完善火电烟气脱硝经济政策合理安排脱硝机组改造工期建议的函》，向国家发改委、环保部、财政部等部委反映脱硝电价、排放标准等问题，并就出台脱硝电价政策代表电力行业提出意见，为促进脱硝电价出台发挥了积极作用。

（2）修订《中电联软课题管理办法》；印发中电联本部2012年度软课题研究计划；编制完成《中电联本部重要软课题成果摘要汇编（2011年）》，召开3次2011年度本部软课题成果汇报会，加强软课题成果共享；制订《中电联本部订阅电子资讯产品管理办法》，开展中电联电力资讯产品共享管理工作。

（3）参与《中华人民共和国环境保护法修正案（草案）》、《中华人民共和国安全生产法修正案（送审稿）》等政府法律法规的修订工作。对《全国循环经济发展“十二五”规划》（征求意见稿）、《关于加强应对气候变化工作的决定（征求意见稿）》、《加强和完善电力监管支持民间资本进入电力行业的实施意见》等政策文件提出意见建议。

二、电力节能环保

（1）组织开展“十一五”电力行业节能减排先进个人表彰，评选出94位先进个人。创新工作方式，完成了节能环保分会组建工作，组织召开了全国燃煤电厂烟气脱硝技术交流会、燃煤电厂烟气脱硫特许经营运行维护人员培训、燃煤电厂袋式（电袋复合式）除尘器滤袋技术专题研讨会、电力行业节能专家技术交流会等。

（2）参加中国工程院中国煤炭清洁高效可持续开发利用战略研究重大咨询项目《先进燃煤发电技术》和《煤利用中的污染控制和净化技术》课题研究；开展政府、机构等委托的《电力行业应对气候变化技术标准体系研究》、《促进燃煤电厂大气污染物控制的经济政策研究》、《电力行业发展经济形势分析》、《电力促进城市低碳发展研究》、《电力行业节能潜力与措施研究》等课题研究。组织制订国家重点节水技术推广目录。

（3）通过加大统计工作力度、调整报送模式、加强沟通，提高了环保数据报送数量和质量，参与机组数量达到73%。开展环保标准相关工作。对国家环境保护标准《火电厂烟气治理设施运行管理技术规范（征求意见稿）》、《环境工程规范体系表（征求意见稿）》、《火电厂除尘工程技术规范（征求意见稿）》等提出意见建议。

【电力国际合作管理与服务】

一、电力国际合作管理

（1）为全面了解电力行业“走出去”状况，中电联成立调研组，先后调研了国网、华能、中电建等7家单位的“走出去”总体情况和重点项目情况，深入了解了电力企业“走出去”现状。在调研的基础上，策划编写电力企业“走出去”研究报告，2012年已初步形成了报告的编写框架。

（2）召开了电力行业国际合作工作会议并进行“走出去”专题讲座，为电力企业“走出去”搭建了交流沟通平台。首次会同国际知名机构——安永会计师事务所共同举办了“印度电力投资机会和环境研讨会”，帮助企业了解境外投资机会信息和投资环境，为电力企业“走出去”搭建投资促进平台。

（3）编制《中国对外投资合作政策法规汇编》，使企业集中了解当前国家“走出去”政策；会同部分电力集团编写了《国际电力同业概况》，使企业全面了解世界各国电力机构的基本概况。

二、电力国际合作服务

（1）成功主办第十四届中国国际电力技术和电力设备展（简称EP展）、中国国际清洁能源博览会暨中国清洁电力峰会、中国国际新能源汽车、充换电设施及动力电池展览会等3大境内国际性电力专业展览会，内容涵盖电源、电网、电力节能环保、电动汽车等各方面。

（2）作为国家能源局对美工作联络员单位，定期向能源局报送电力行业对美能源合作工作的动态信息、有关行业发展动向，反映企业对美国有关电力能源政策的需求。

（3）积极参与国家能源局关于大湄公河次区域（GMS）电力合作事务，与政府、企业和专家共同探讨未来大湄公河次区域电力市场建设，研究应对措施，协助建立中国电力企业在GMS的工作协调机制，形成中国电力行业合力。

三、国际交流及对外宣传

（1）先后与国际能源署、世界能源理事会、亚太电协、欧电联、英国皇家测量师学会等境外机构和企业进行交流，并与欧电联、ABB等机构签署了合作谅解备忘录，推进实质性合作。

（2）牵头组织国内电力企业参加第十九届亚太电协大会暨展览会，并组织企业向大会投递专业论文。

（3）配合国家能源局参与第22届世界能源理事大会中国内地的组织工作。

【电力行业文化建设与对外宣传服务】

一、电力行业文化建设

（1）2012年7月26日，以中国有电130周年为契机，举办了全国首个“电力主题日”活动，主题为“新技术、新电力、新生活”。活动中，向全国电力企业发出《关于开展“中国电力主题日”活动的倡议书》，倡议将每年的7月26日作为“中国电力主题日”。活动当天发布《电力的价值》、《电力的品格》、

《电力的故事》三本图书。

（2）开展全国电力行业企业文化成果等奖项评审工作，以及《中国电力行业可持续发展报告主要内容和方法研究》课题研究。

（3）完成2012年全国电力行业企业管理创新成果评选工作，共评出创新成果497项。召开了2012年管理创新成果发布交流与评审会、2012年中国电力企业管理年会，将优秀成果进行了发布交流。组织开展了全国电力行业优秀企业、优秀企业家评选工作，共评出84家"全国电力行业优秀企业"、80名"全国电力行业优秀企业家"。

二、新闻宣传与服务

（1）2012年5月举办首次电力行业新闻宣传工作会议。对推动中国电力行业新闻宣传工作及扩大中电联在行业内的影响力起到了积极作用。

（2）继续做好《中国电力工业现状与展望（2012）》（两会服务手册）的编辑出版工作。2012年以来，针对行业企业的热点和焦点问题，在中电联门户网站、中电联会刊、《城乡供电》杂志策划推出"中国电力与能源"、"2012年经济形势与电力发展分析预测会"、"清洁能源发展与展望——助力中国"清洁"能源"、"2011年电力行业企业工作大盘点"、"2011电力十大管理创新"、"喜迎十八大 电力工业发展十年回顾"、"中国有电130周年""水电发展的中国路径"、"核电求解"、"大能源观审视电力新角色"、"透视印度大停电"、"95598：一个符号与一个品牌"等20余个专题报道。

（3）加强中电联门户网站、会刊及《城乡供电》杂志建设，通过杂志、网站两个渠道，及时、准确、深入地刊发行业重要信息、专业数据、中电联重要研究成果和专家观点等，强化中电联话语权。做好行业信息报送工作，召开电力行业信息报送工作总结交流座谈会，围绕行业企业改革发展实际，积极有效地向政府反映行业诉求。

（4）首度编撰《2012年度电力行业舆情分析报告》，收集2012年以来国内各大媒体对行业企业热点、焦点话题的新闻报道、评论，对行业企业舆情信息进行全面评述、分析。2012年，中电联舆情监测系统媒体采集面为88 306家站点，每周信息采集量平均为45 000余条，信息采集点和采集量较2011年分别增加21%和32%，进一步实现了多维度、多视角为企业提供电力行业舆情监测的动态信息。完成了对"电力舆情监测系统"近500用户登录信息的注册和分发工作，扩大了中电联舆情监测服务范围。

（5）2012年，电力舆情监测围绕"十二五"时期，电力行业节能减排、煤电供需变化等热点、焦点话题开展重点舆情监测。共设定舆情监测关键词216组；呈报《提价治污》、《煤电价格并轨》、《阶梯电价》、《印度大停电舆情分析》、《2012经济形势与电力供需》等专题舆情专报11份。针对电力供需形势、魏桥事件等热点问题协调中电联领导及专家接受中央媒体及行业媒体采访，回应社会关切，积极引导舆论。截至目前，共接受各类媒体采访50余次。

【电力工程造价与定额管理及服务】

（1）2012年9月4日新《电力建设工程工期定额》，在北京通过中电联组织的专家审查，并于2013年1月1日起正式颁布施行。

（2）2012年10月25日西藏电网工程定额和费用计算规定的编制完成审查工作。12月底，上报国家能源局审批。完成四川甘孜、阿坝等高海拔地区电力建设工程有关费用计算标准的调整工作。

（3）牵头组织"电力建设工程招投标文件及合同示范文本的编制"文件范本的修编工作。截至2012年12月底，编制初稿已经完成，预计于2013年6月完成修编任务。

（4）2012年3月，定额管理部开展"电力建设工程人工费用计算标准"研究工作，2012年7月9日，形成了专题研究报告成果，并通过中电联组织的专家审查。

（5）开展全国统一安装工程消耗量标准的编制工作。完成2012年电力建设工程造价专业资格认证考试工作。

【电力工程质量监督管理与服务】

（1）经国家能源局同意，国家电网公司与中电联签署《电力建设工程质量监督总站职能移交备忘录》。决定将电力建设工程质量监督总站由原国家电网公司牵头管理调整为由中电联牵头管理，并明确了过渡期的具体工作安排和双方的责任。2012年6月，中电联成立电力工程质量监督管理部。

（2）国家能源局印发《电力工程质量监督体系调整方案》（国能电力〔2012〕306号）。正式委托中国电力企业联合会设立电力工程质量监督总站，并对电力工程质量监督工作的原则、范围、机构、职责、规则、经费和其他事项做出了明确要求。

【标准化管理与服务】

一、重点工作

（1）完成电力标准报批226项，其中国家标准37项（含工程建设国家标准27项），行业标准189项；2012年经有关政府部门批准的电力标准共251项，其中电力国家标准31项，电力行业标准220项。2012年上级主管部门报复电力标准制修订计划285项。

（2）向住房和城乡建设部申报电力标准英文版翻

译计划共63项并得到了立项；组织电力标准英文版翻译和审查工作，按照电力标准覆盖的专业技术领域，分批组织开展电力标准英文版翻译和审定工作，全年共完成61项（电网38项、火电20项、水电2项、光伏发电1项）标准英文版翻译稿的审查。

（3）《光伏发电站接入电力系统技术规定》、《光伏发电系统接入配电网技术规定》、《风电机组低电压穿越性能测试规程》等一批新能源重点标准县级编制完成；开展智能电网综合化标准化示范试点。

（4）智能调度的《基于CIM的图形交换存储格式》和《基于CIM高效模型接口》以及《电动汽车电池更换设施安全要求》三项国际标准提案获批准通过，向国际电工委员会申请成立《大容量可再生能源发电并网技术委员会》；组织召开了中德电动汽车标准化第2工作组会议及电动汽车充电通讯协议国际标准工作组会议，在新兴产业中充分发挥标准的引领作用，推动电力工业的走出去战略实施和实质性参与国际标准化活动；协调和组织电力专家参与国际标准化活动，实质性参与国际标准化活动。向国家标准委报送了国际电工委员会太阳能光热电厂（IEC/TC 117）、电气储能系统技术委员会国内技术对口单位。

（5）实施电力企业“标准化良好行为企业”试点确认工作，组织完成9家电力企业标准化良好行为AAAA级确认，使通过现场确认的企业达到30家。12月13日在南京召开电力企业标准化良好行为试点及确认现场工作会；11月29日，在京召开电力标准化工作会议。会议总结2011～2012年的电力标准化工作，分析研究电力标准化面临的新形势，交流先进经验。

二、加强标准体系建设和课题研究

（1）出版发行《电力行业标准体系表》指导电力行业标准化建设；修订和完善风电运行维护和并网标准体系；完成《中国电力百科全书》（第三版）标准化分支编纂和审查工作。

（2）组织和开展国家863（电动汽车）课题、智能电网标准体系框架、光伏发电标准体系、常规岛及BOP设备建造标准体系等课题的研究工作，接受国家科技部关于863课题的中间检查，组织申报了2013年公益性科研课题，参与组织相关课题的研究，为电力标准化长远发展做好技术积累。

（3）开展新兴领域技术标准的研究，开展智能电网用户接口标准化的研究，为智能电网标准化建设提供支持；开展电力应急标准体系建设研究，向国家能源局提交能源行业电力应急标准化技术委员会组建方案获批准，电力应急标准化工作已经有序开展。

（4）完成《工程建设领域标准化现状与对策研究（综合报告）》，完成《工程建设标准强制性条文　电力工程部分》的修订、出发、发行工作。

（5）完成《建立和完善我国智能电网标准体系框架》的研究课题，通过了国标委组织的审查。研究课题提出了应采用综合标准化的手段来加大和加快标准的制修订步伐，要注重顶层设计和综合配套。

三、完善组织机构加强制度建设

组织全国带电作业等8个标委会秘书处挂靠单位调整工作；向国家标准化管理委员会提出成立全国智能电网用户接口、电力储能等标委会申请，向国家能源局申请成立核电厂常规岛标准化技术委员会申请；对电力行业电测量、热工自动化与信息、环境保护、电气施工及调试、供用电、节能、电能质量及柔性输电等7个标委会的换届和委员调整工作，完善标准化工作的组织体系建设。

【电力可靠性管理与服务】

（1）组织召开2012年全国电力可靠性监督管理工作会议暨电力可靠性指标发布会，发布了2011年度电力可靠性指标，表彰了全国电力可靠性监督管理先进单位和个人，揭晓并表彰了2011年度全国发电可靠性金牌机组和供电可靠性金牌企业，组织先进电力企业进行经验交流。

（2）编写《中国电力行业可靠性管理成绩与展望》。报告以行业又好又快发展为前提，以可靠性提升企业整体素质为主线，总结电力体制改革和主要电力企业成立10年来生产力发展的进步，并结合国际对标和企业管理水平的大幅度跃升，展望今后发展方向。

（3）完成2011年度电力可靠性评价工作。评价产生2011年度300MW级、600MW级火力发电可靠性金牌机组各11台，2011年度供电可靠性金牌企业（A级）5个，供电可靠性金牌企业（B级）15个。

（4）完成2011年度和2012年上半年全国电力可靠性数据的采集、汇总和分析、发布等基础工作，编辑印发年度发电、输变电、供电及直流输电系统等可靠性分析报告、可靠性专项分析报告14册，各报告和数据已通过发布会、出版物、网络、电力行业信息等多种形式向政府有关部门、电力企业及相关单位机构进行了发布和反馈，实现了电力可靠性数据在全行业、全社会的共享。

（5）完成2012年电力行业同业对标工作。开展电力可靠性评价规程的制修订工作。2012年，可靠性中心正式发布行业标准3项。

【电力行业职业技能鉴定与教育培训管理及服务】

一、《国家职业分类大典（电力行业）》修订工作

结合电力工业生产技术发展与升级对电力特有职业（工种）需求变化，推进《国家职业分类大典（电力行业）》修订工作，取得阶段性成果。

二、组织全国电力行业职业技能竞赛

（1）与中国就业培训技术指导中心、中国能源化学工会全国委员会联合成功举办了第八届全国电力行业职业技能竞赛继电保护工（发电企业）决赛。

（2）与中国就业培训技术指导中心、中国能源化学工会全国委员会联合成功举办第八届全国电力行业职业技能竞赛高压线路带电检修工决赛。

三、技能鉴定工作

（1）制定和印发《电力行业高级技师鉴定考评质量督导检查办法》、《电力行业职业技能鉴定中心管理办法》。

（2）正式成立电力行业职业技能鉴定信息网络化建设工作委员会及其专家委员会，印发《电力行业职业技能鉴定信息网络化建设工作委员会工作规则》。确定今后3～4年工作目标、方式、途径，制定并印发了《电力行业职业技能鉴定考核与管理信息化建设规划纲要》。

（3）完成2011年度电力行业高级技师资格评审，部署2012年度电力行业高级技师资格评审工作。共有3328人获得2011年度电力行业高级技师资格。

（4）完成2011～2012年度电力行业技术能手评审表彰工作。共有168人获得“2011～2012年度电力行业技术能手”称号。

（5）做好2010～2011年电力行业职业资格证书信息查询上报、汇总工作，积极整理数据，做好电力行业鉴定数据上网工作。

四、教育培训工作

（1）召开了电力行业企业人才教育培训工作座谈会，会议建立了行业人才鉴定评价与教育培训工作日常联系机制；研讨《国家职业分类大典（电力行业）》修订工作基本方案及其工作计划（征求意见稿）；通报大型电力企业2012年申请新增职业技能鉴定站调研汇总情况；征集进一步完善电力行业职业技能鉴定三级工作体系框架意见和质量管理督导意见；落实第八届电力行业职业技能大赛的组织工作；研讨建立电力行业企业教育培训信息统计制度、商讨统计指标内容与信息共享等有关问题；讨论电力企业技术人员职称评审情况调研方案；评审向人力资源和社会保障部推荐的中华技能大奖、全国技术能手、国家技能人才培育突出贡献奖候选单位与个人；汇报教育部关于在企业建设国家级高等工程实践教育中心、开展电力行业职业教育指导工作等有关情况；介绍中国电力教育协会组织架构情况、电力教育基金评奖工作和《中国电力教育》杂志情况。

（2）组织做好电力行业职业教育指导工作，将原隶属教育部直管的全国电力高等职业教育教学指导委员会以及地方举办的电力、电气类专业高、中等职业教育指导职能统一并入重组，提出了电力行业职业教育教学指导委员会重组框架建议和委员推选名单报送教育部。

（3）组织修订火电机组、变电站、水电厂仿真培训设备技术规范，组织制定风电场仿真培训设备技术规范；完成首次电力行业仿真培训基地的年检工作；组织完成《电力行业仿真培训管理工作实务》编写及出版工作；完成电力行业仿真培训指导教师、高级指导教师培训考试认证和复训认证工作；开展并有序推进仿真机技术规范的修订工作；召开仿真协作网常委会议；完成2012年电力行业仿真培训基地的复查评估工作。

（4）调整电力行业职业教育培训统计报表制度内容，删减教育培训机构有关统计指标，增加行业企业人力资源相关统计指标，提出统计报表修订方案，经征求企业意见后纳入《电力行业统计报表制度（2012年修订版）》报送国家统计局批复，并印发大型电力企业，部署2012年年报工作。

【党群工作】

（1）积极组织开展创先争优活动，向电监会推荐创先争优先进基层党组织2个、优秀共产党员3名。

（2）召开机关党委会议，研究2012年度党建工作要点，明确组织发展与建设事宜。做好对申请入党积极分子的培养教育，举办入党积极分子培训班。牵头组织各部门签订2012年度三项目标责任书工作；向国家电监会报送公文写作技能大赛作品22件，其中10篇在“首届中央国家机关公文写作技能大赛”中获奖。

（3）成立专门工作小组，调查处理中国电力企业管理杂志社“农电版”合作经营问题。对年度推进惩治和预防腐败体系建设工作进行了自查，自查报告上报电监会党组纪检组。

（陈　琛）

中电联分会

【中电联供电分会】

（1）2012年5月25日，中电联供电分会部分会员代表座谈会在浙江湖州召开。会议传达了中电联2012年度职工大会精神；交流了各单位在企业改革与发展中的工作经验；听取了代表们对如何办好分会的意见和建议。

（2）2012年，中电联供电分会主要是利用《供电企业管理》、《供电行业信息》（简称供电“两刊”）加强行业文化建设传播与交流。通过宣传国家政策层面的相关精神，推动供电行业在国家方针政策的指导下健康发展；通过报道供电企业生产经营和普遍关注的问题，使各供电企业能在工作中有所借鉴；通过对城镇化、智能电网、特高压建设等方面的宣传探讨，寻找电力发展的突破口，为供电企业及时提供理论与思想的支撑。2012年全年出版发行《供电企业管理》6期，《供电行业信息》12期。

【中电联火力发电分会】

（1）2012年2月，成立了以大唐国际党组书记、总经理曹景山同志为组长的火电分会工作调整组，完成与原火电分会的财务和日常事务交接工作，将中电联火力发电分会（简称火电分会）财务交由中电联本部管理。在此基础上，形成了大唐国际发电股份有限公司等公司联合组成的分会领导集体。10月15日，中电联以中电联办〔2012〕385号文件，批复同意中电联火电分会挂靠在大唐国际发电股份有限公司，曹景山任会长。

（2）在会员发展方面，确定了“深化分会服务，广泛吸纳会员”的战略思路，在与原火电会员单位的沟通联络的基础上，面向火力发电企业、涉足电力的综合性企业、电力投资公司等，积极开展吸收发展新会员工作。在制度建设方面，建立了分会制度体系，编制了多项规章制度，着力推进与分会总体思路相配套的制度体系建设，从完善制度入手规范分会的经营行为。在平台搭建方面，完成了火电分会网络平台的顶层设计、资料准备、框架搭建。

【中电联水力发电分会】

（1）受中电联标准化中心委托，中电联水力发电分会（简称水电分会）组织编写《水电站设备状态检修管理标准》，2012年6月28日，通过专家组审查，经修改完善形成报批稿，促成标准发布。

（2）2012年6月29日，水电分会在甘肃刘家峡水电厂召开分会会长办公会议。传达了中电联2012年第一次理事长会议精神及刘振亚理事长在理事长会议上的重要讲话，汇报了水电分会2011年工作报告及2012年工作计划、工作建议，审议通过了水电分会工作计划、水电分会财务预算，还就水电分会换届大会筹备及相关工作机制完善进行了商议。

（3）2012年7月17～19日，全国水电厂企业文化建设成果展示会在宝珠寺水力发电厂召开。通报了水电分会相关工作报告，表彰了2011年度宣传工作先进单位和先进个人。宝珠寺水力发电厂等5家单位做了企业文化建设成果方面的大会交流。大会选编了21篇企业文化成果，汇编了《全国水电厂企业文化建设成果集》，34家单位共50多部书籍、报刊、专题片、企业歌曲等文化产品在大会进行展示。

（4）2012年9月13～14日，全国水电站智能化建设研讨会在白山发电厂召开。来自全国水力发电系统21家单位的58名代表出席了这次会议。白山发电厂、葛洲坝水力发电厂、松江河水力发电厂从运行、调度、控制等水力发电的各个环节和不同角度，交流了建设智能化水电厂的探索、实践经验，在管理和技术上取得的成果和体会。

（5）2012年10月16～17日，中国电力企业联合会水力发电分会联系员工作会议在广西岩滩电厂召开。会议传达了会长办公会议精神，分会副会长兼秘书长赵峰总结了水电分会2012年上半年工作和今后一个阶段的重点工作。

【中电联电力试验研究分会】

（1）2012年6月7日，在山西太原召开三届二次理事会，会议提出了2012年的工作计划，听取了分会上一年度财务报告，审议通过了分会组织机构和领导成员的变更，中国电科院成为新一届会长和常务秘书长挂靠单位；会议批准宁夏电力能源科技有限公司加入中电联电力试验研究分会，成为分会理事单位。

（2）2012年8月16日，在河北张北召开生产工作会，围绕“三集五大”体系改革后发展方向、人才引进及人员配置、电源和电网业务的同步发展以及试验室建设等方面问题进行交流，同时参观了国家能源大型风电并网技术研发（实验）中心和风光储输示范基地。

（3）2012 年 10 月 24 日，2012 年中电联电力试验研究分会技术交流会在成都召开。

【中电联电力职业安全卫生分会】

（1）2012 年 4 月 12 日，电力行业标准《电力行业缺氧危险作业监测与防护技术规范》送审稿审查会在北京召开，来自国家安监总局、中国疾病控制中心、山东省安监局、国家电网公司、中电联、广东电网公司等单位的 15 位专家组成的专家组通过了标准审查，上报国家能源局批准实施。

（2）2012 年 5 月 22 日，电力行业医院科研工作研讨会在浙江淳安召开，来自全行业各医疗机构的负责人、医疗专家 40 余人参加了会议。会议期间，探讨了做好行业内医疗科研、学术研究的具体内容，讨论了卫生系列专业技术职务评审的各项要求，确定了和《中国现代医药杂志》的合作以及组建杂志的电力编辑组的事宜。

【中电联电力装备分会】

（1）与中国水利电力质量协会一起，研究开展“全国电力行业电站装备及输变电设备制造业优秀质量奖、优秀 QC 小组”的评选工作。

（2）组织开展“电力行业电站装备及输变电设备制造业重点生产企业、研发基地、制造示范基地”等方面的认定工作。

【中电联节能环保分会】

（1）2012 年 3 月 29 日，中电联节能环保分会（简称节能环保分会）成立大会在重庆召开，并同时召开了节能环保分会一届一次会长会议；会议宣布节能环保分会组织机构和领导成员，由潘荔任分会登记负责人，国电环保研究院刘建民任会长，潘荔等 16 人任副会长。会议重点讨论并确定了 2012 年工作计划，明确了分会的工作重点。

（2）开展调研活动根据工作需要，组织进行了赴华能珞璜、淄博等 10 余次基层工作调研活动，并形成了 9 个专题工作调研总结报告；重点走访近 20 家分会会员单位，进行广泛座谈活动，并听取对节能环保分会重点工作的建议与意见。

（3）把积极搭建技术交流平台。①2012 年 4 月，在南京组织召开了全国燃煤电厂烟气脱硝技术交流会议。②2012 年 5 月，在内蒙古托克托电厂组织大唐托克托电厂 7 号机组 60 万 kW 脱硫装置提效改造的专家现场评审会。③2012 年 9 月下旬，在北京举办袋式（电袋复合式）除尘器滤袋技术经验交流活动。④2012 年 10 月，与中电联研究室共同在太原组织召开了电力行业节能专家库专家技术交流会，公布节能环保分会聘任的专家库第一批近百名节能专家名单。⑤组织电力行业《燃煤电厂烟气治理环保技术改造项目案例》的征集活动。⑥11 月 29 日，在北京举办了 2012 年火电环保产业工作座谈会。

（4）2012 年 9 月，举办了燃煤电厂脱硫特许经营运行检修及管理人员培训班；11 月 20 日在厦门举办了首次电力行业燃煤电厂电袋除尘器运行维护管理人员岗位培训。近 90 名电厂及相关会员单位企业管理人员通过培训和考核，获得了行业岗位证书。

（5）按照节能环保分会颁发的工作规则，策划开发并建立了分会专门网页，建立了节能环保分会动态、环保产业及技术服务、节能产业及技术服务、分会会长单位服务区及专家视点等特色栏目，2012 年 10 月创建了电子版双月期刊《电力节能环保信息》。

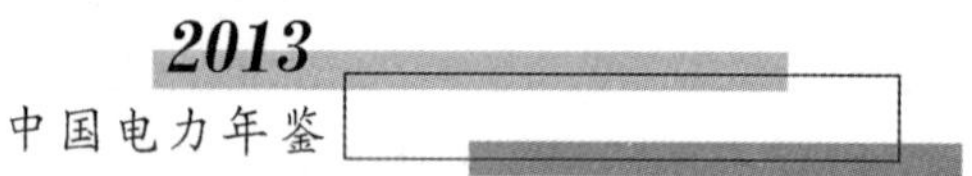

电力行业协会

【中国电力建设企业协会】

一、发挥协会作用，做好相关工作

（1）2012 年，首次接受中电联委托履行电力建设企业统计工作职能，按时向国家统计局报送了火电、水电、送变电等施工企业 2011 年的统计信息，并补充完成了 2009 年和 2010 年施工企业的统计资料，保证了电力建设企业统计工作的连续性，并荣获国家统计局颁发的 2011～2012 年度建筑业统计数据质量一等奖。

（2）根据国家有关主管部门下达的标准编制计

划，组织有关单位和专家完成《火电工程达标投产验收规程》等15项电力建设行业标准，以及《联合循环机组燃气轮机施工及质量验收规范》等2项电力建设国家标准的编写和报批工作；完成《电力建设工程安全管理规程》等11项标准编制大纲的审定、调研、搜资、初稿讨论等工作。

（3）结合以往的信用体系建设情况，针对不同性质的企业进一步完善了评价标准、访谈方式，以及信用管理办法，并组织专家完成了24家申报信用评级企业的初评和现场访谈工作（其中16家为AAA级、7家为AA级、1家为A级），36家获信用等级企业的年审工作，以及42家企业的复评工作（其中2家信用等级发生变化，由AAA级降为AA级），并及时完成向国资委和商务部的备案工作。

（4）根据电监会安监局的工作安排，组织有关单位和专家进一步细化了《电力工程建设项目安全生产标准化评价细则》，7月由国家电监会和国家安全生产监督管理总局（简称国家安监局）联合予以发布，并配合国家电监会、国家安监局完成了相关人员的培训工作（共组织了5期培训班，838人参加培训）。

（5）根据国家能源局《关于印发电力工程质量监督体系调整方案的通知》（国能电力〔2012〕306号）和中电联《关于设立电力建设工程质量监督总站直属中心站的通知》（质监〔2012〕1号）安排，成立了质量监督直属中心站，完成人员配备及开展工作前期准备。

二、开展工程建设咨询服务工作，提升建设工程质量和人员素质

（1）完成浙能嘉兴电厂2×1000MW机组等98项工程的创优咨询服务工作；华电灵武发电有限公司（2×1000MW）机组等25项工程的达标投产复验工作；完成新疆昌吉热电厂2×300MW等72项工程的质量评价工作；共有66项电力建设工程获得中国电力优质工程奖。经择优推荐和评选，“平顶山第二发电厂一期2×1000MW机组工程”等4项电力建设工程获得国家优质工程金奖。

（2）根据企业需求，组织举办17期电力工程监理师（员）培训班，共培训了2429人，经企业申报、初审、评审等程序，共有2021人获得电力工程监理从业人员岗位资格。共举办16期国家注册监理工程师继续教育培训班，培训了3007人。组织三期质评师培训班，共培训526人，全部获得质量评价师资格。开展调试人员持证上岗培训工作，举办了二期调总培训班，共420人参加了培训。并与国家档案局联合开展了电力建设档案等相关业务的培训工作。受理并初审了中国工程建设职业经理人资格评审材料，145通过人中施协审定；受理并审核通过了70人中国工程建设职业经理人年审申报材料。

三、组织开展调研工作，积极反映企业诉求

在各专委会的支持下，重点开展了招投标市场、工程结算、以及造价等问题的调研工作。加强了与有关部门的沟通工作，并利用媒体作用，多渠道开展正面宣传工作，为问题的逐步解决创造条件。承担电力工程招标文件与合同示范文本的修订工作任务。

【中国电力规划设计协会】

一、制定发展战略，适应功能转型

（1）编制《中国电力规划设计协会战略发展规划（2012—2015）》，明确协会发展的指导思想和目标。经中国电力规划设计协会七届二次常务理事会讨论通过此规划。

（2）开展水电设计企业的调研工作，在咨询资质换证、招投标协调管理、资深专家评审、行业技术交流等领域拓展为水电设计企业服务的业务。

（3）组织行业政策调研工作，修改并通过了《中国电力规划设计协会政策调研工作管理办法》，确定了10项调研课题。

二、加强与有关部门联系，当好政府的参谋

（1）参与政府及有关行业协会工作，承担《重大项目社会稳定风险分析篇章编制大纲》的编写工作；组织完成了《中国工程咨询业质量管理导则》修订；配合住建部质量安全监督司开展专有技术评审和白图替代蓝图的调研工作；受国家质检总局的委托，完成了《压力管道安全技术监察规程（动力管道篇）》、《压力管道规范 动力管道》国家标准的编写；配合住建部和中国勘察设计协会对全国工程勘察设计大师进行调查统计；对住建部编写的《注册工程师继续教育管理办法（征求意见稿）》提交了行业意见；参加住建部《关于进一步促进工程勘察设计行业改革与发展的若干意见》专家讨论会，并提交了书面意见；跟踪并参与住建部勘察设计大师评审办法的修订，对《全国工程勘察设计大师评选与管理办法（征求意见稿）》提交行业意见。

（2）2012年完成注册电气工程师注册工作。截至2012年10月底，初始注册人数发输变电专业418人，供电专业1529人；转注册人数为834人。组织专家进行了《2012年全国注册电气工程师考试试题》的命题、终审，并建立了试题、试卷、文档三级加密管理制度。

（3）2012年完成对东北院、河南院、西南院、华东院、华北院、中南院等进行了压力管道设计资格现场评审，均已取得“资格证书”或在报批之中。

三、实施行业自律，优化市场环境

（1）依据《工程勘察设计收费管理规定》（计价格〔2002〕10号）和市场现状，发布2012年电力工程（火电、燃机电厂、风电工程）勘察设计招投标行业指导价。

（2）2012年共监督22个发电项目，其中百万千瓦级火电工程4个、60万kW级火电工程8个、30万kW级火电工程4个，9F级的燃机工程2个、9E级的燃机工程1个，风电3个。

（3）组织有关专家开展《电力工程勘测设计合同范本》、《电力工程设计招投标文件与合同示范文本》的编制工作。

（4）2012年协会协助组织召开工程咨询单位资格申报初评会议，组织完成对两个集团共47家（中国能建23家，中国电建24家）单位的申报材料进行了初审。

（5）组织会员单位开展工程设计责任综合年度保险投保，并探索单项工程保险和境外工程设计责任保险的可行性。

四、强化质量管理，提升行业发展水平

（1）在行业内倡导和推行《卓越绩效评价准则》，争创国家和行业各类质量奖，华勘院、山西院获得“全国电力行业质量特别奖”称号；广东院、咨询公司保持“全国电力行业质量特别奖”；中南院、广西院保持“全国电力行业质量奖”。2012年获全国电力行业实施卓越绩效模式先进企业20个、先进企业特别奖4项；获得2012年全国电力行业用户满意企业19个、满意服务10项、满意产品9个。

（2）与中电联认证中心合作组织电力设计会员单位的三标综合管理体系的认证。2012年共组织91个单位92次审核，参加审核300人次，并组织对90名行业认证审核人员进行了一致性培训。

（3）共有46个项目获得全国电力勘测设计行业优秀QC成果奖；2项全国优秀质量管理小组奖，6项全国工程建设优秀质量管理小组奖，26项优秀QC小组活动成果奖，获得水电质协卓越领导者1名，优秀推进者1名，优秀企业1个，质量信得过班组1个。

五、加强技术管理，促进行业技术创新

（1）组建协会技术委员会，评选第二批行业资深专家；发布《电力勘测设计行业“十二五”档案工作指导意见》；《电力勘测设计行业“十二五”信息化规划》有关行业指导意见；编制了《电力勘测设计行业注册师执业导则》；组织评审《白图替代蓝图可行性研究报告》。组织行业第一批10个数字化档案馆试点单位的申报材料的验收评审。

（2）组织正版CAD软件电力行业升级服务集团采购；开展计算机软件评审工作。

（3）组织开展专有技术评审，共收到专有技术申请143项，于2012年12月下旬组织行业专家开展2012年电力勘测设计行业专有技术评审，评审出的专有技术经公示后报送住建部备案，同时在中国电力规划设计协会网站公布。

（4）开展行业技术交流，2012年组织开展电网三维数字化成果、电网、电源技术、技术质量、信息化建设等交流研讨活动，促进行业设计质量的全面提高。

六、开展标准体系研究，推进电力设计标准国际化

（1）开展协会标准体系建设，发布、出版《电力建设工程监理档案管理规定》、《数字化设计（发电）管理导则》、《电力勘测设计行业标准化良好行为活动指南》。完成《火电厂汽水管道支吊架设计手册》的编写和评审。启动《数字化设计（电网）管理导则》的编写。提出了《火力发电厂工艺系统设计说明》、《电网工程造价工程师手册》编制工作计划。

（2）2012年完成第二批15本标准的出版发行，完成第三批31本标准的审查和第四批15本标准的翻译工作。共完成了100本中国电力设计标准的英文翻译工作。

（3）电力设计标准与国外标准比较研究全面启动，2012年火力发电工程土建、电气、机务、输煤、暖通、化学、水工、仪控、勘测、环保、消防、动力管道等12个比对工作组，输变电工程输电、变电专业2个比对工作组相继启动，通过了各专业标准比对工作大纲，提出比对的国际标准和国外先进标准的主要对象和标准名称，全面开展标准对标工作。

（4）分别与美国电气制造商协会（NEMA）北京代表处、美国机械工程师协会（ASME）北京代表处、英国Mott MacDonald公司、美国电气和电子工程师协会（IEEE）等取得联系，就中国电力设计标准国际化有关事宜进行了介绍和交流。

七、规范信息统计，扩大行业信息交流

（1）组织完成省级及以上电力设计单位和供用电设计单位“2011年度行业统计报表汇总”，并发布了“2011年度行业对标标杆指标”。

（2）以《电力勘测设计》、《电力设计信息》行业期刊和协会门户网站为依托，积极宣传国家电力产业政策，介绍国内外行业发展动态，积极推动电力勘测设计技术进步。

（3）与中国电力报社组织召开了2012年全国电力勘测设计、建设企业新闻工作会，总结了3年来行业通信工作，加强了会员单位与报社的联系，促进了行业宣传报道工作。

【全国电力技术市场协会】

（1）2012年6月，以协会名义组织召开了电力集团公司科技工作年度联络会议，沟通交流情况。注册并开通了协会官网(www.etm.org.cn)。

(2) 2012年10月，组织开展了电力行业“金桥奖”推荐申报工作。

【中国水利电力质量管理协会】

(1) 组织开展2011年度全面质量管理知识普及教育工作，取得了良好的成效。宁夏回族自治区电力行业协会、广东省电力行业协会等单位和周维平（重庆市电力行业协会）、戴义勇（大唐国际发电股份有限公司北京高井热电厂）、郭亚莉（中国电力规划设计协会）、王宪兰（贵州省电力行业协会）等荣获中国质量协会表彰的2011年度全面质量管理知识普及教育先进单位和个人。

(2) 2012年6月27～30日和7月2～4日在云南省昆明市召开供、发电企业QC成果发布会，共有109个QC小组在大会上发布成果，推广先进经验，交流开展QC成果的方法。获全国电力行业优秀QC小组536个；获全国电力行业质量信得过班组79个；获全国电力行业QC小组活动优秀企业83个；获全国电力行业QC小组活动卓越领导者108名；获全国电力行业QC小组活动优秀推进者112名。

(3) 2012年5～10月，中国电力企业联合会组织专家对2012年申报全国电力行业质量奖的企业进行了资格审查和材料评审，审定授予衢州电力局、北京电力设备总厂“全国电力行业质量奖”称号。授予连续三次荣获全国电力行业质量奖的中国水电顾问集团华东勘测设计研究院、山西省电力勘测设计院“全国电力行业质量特别奖”称号。认定已获全国电力行业质量特别奖满三年的广东省电力设计研究院、中国电力建设工程咨询公司、浙江浙能嘉兴发电有限公司、中国能源建设集团安徽电力建设第一工程公司继续保持“全国电力行业质量特别奖”称号。认定已获电力行业质量奖满三年的广东粤电新丰江发电有限责任公司、靖远第二发电有限公司、中国电力工程顾问集团中南电力设计院、广西电力工业勘察设计研究院、上海核工程研究设计院继续保持“全国电力行业质量奖”。

【中国电力体育协会】

(1) 2012年3月15日，中国电力体育协会（简称电力体协）派代表参加了在四川成都召开的2012年中国电力体协会长扩大会议。会议传达学习了2012年全国群体工作会议精神，总结交流了全国电力行业2011年职工体育工作的成果和经验，研究部署了2012年电力行业职工体育工作，为获中华全国总工会和国家体育总局命名为全国职工体育示范单位的成都电业局举行授牌仪式。

(2) 2012年4月22日，在京单位乒乓球比赛在北京海淀体育中心举行。来自18家行业体协的120多名运动员参加了这次比赛。

(3) 2012年5月13日，2012年在京电力单位网球友谊赛在北京网球运动管理中心网球馆举行。来自北京七家电力单位的50多名位网球选手参加了这次友谊赛。

(4) 2012年全国电力行业职工羽毛球比赛在武汉举行，来自国家电网公司、南方电网有限公司、华能集团公司等12支代表队共180多名职工羽毛球运动员、教练员参加了比赛。

(5) 2012年8月26日～9月1日，2012年全国电力行业职工桥牌锦标赛在大唐洛阳热电厂举行。来自全国电力行业的24支代表队，160多名男、女运动员参加了比赛。

(6) 2012年底，电力体协向国家体育总局推荐的16家电力单位获得2012年全民健身优秀组织奖和先进单位。

【中国电力教育协会】

(1) 完成首次电力行业仿真培训基地的年检工作。组织完成《电力行业仿真培训管理工作实务》编写及出版工作。完成电力行业仿真培训指导教师、高级指导教师培训考试认证和复训认证工作。召开电力行业仿真培训协作网全体委员会议及常委会议，审议了协作网2012年度工作报告和2013年度工作计划，讨论了《电力行业仿真培训先进集体、先进个人评选表彰办法》和《电力行业仿真技术与培训论文评选办法》，交流了仿真培训工作经验。完成2012年电力行业仿真培训基地的复查评估工作。

(2) 召开2012年度电力教育培训新星奖评审工作会议，评审新星奖申报材料，研究了进一步做好电力教育培训新星奖申报、评审的相关问题。上网公示2012年度电力教育培训新星奖评审结果，印发公布2012年度电力教育培训新星奖评审结果的通知。

(3) 与协会代管单位（中电联）协商，落实中电联参加协会的人员，由中电联人事部门确定参加协会工作的人员及其职务安排；召开理事会议，确定换届方案、分支机构调整方案、电力教育基金奖项调整方案、《中国电力教育》杂志改版方案。

(4) 在《中国电力教育》杂志上设专栏，对第八届全国电力行业职业技能竞赛全程赛事盛况进行宣传报导，对承办单位和获奖单位的教育培训工作、获奖个人的先进事迹进行跟踪专访，扩大了行业和社会影响力。

【中国国际贸易促进委员会电力行业委员会】

(1) 会同国际知名机构——安永会计师事务所共同举办了“印度电力投资机会和环境研讨会”，帮助企业了解境外投资机会信息和投资环境。

(2) 2012年完成电力贸促会机构调整，理顺了关系，明确了职责。在 2012 会长办公会上审议通过了修订的《电力贸促会工作规则》、《电力贸促会部门机构设置方案》，发展了新委员单位共 32 家，变更和增补了电力贸促会委员共 74 名。

【中国电力发展促进会】

（1）2012 年 7 月 11 日《中国电力年鉴》编辑部会议正式提交新一届编委会领导名单，经请示国家电监会同意电监会主席吴新雄担任编委会名誉主席，中电联理事长刘振亚继续担任编委会主任，各大电力企业主要领导担任编委会副主任。

（2）《中国电力年鉴》编辑部扩大会议讨论决定在 2012 年年鉴增加“文化建设”篇目，首期主要收录各企业社会责任报告。《中国电力年鉴》按时出版并扩大发行量超过 30%。

【中国电力职工思想政治工作研究会】

（1）推进电力行业核心价值体系建设。通过理论研究、实地调研、问卷调查和组织专家座谈，积极探索有效推进社会主义核心价值体系建设的新途径、新方法和新机制，形成强大的文化推动力和感召力，并将《全国电力行业核心价值公约》贯彻落实到企业的生产实际当中。

（2）举办党的十八大精神专修班和电力企业政研会负责人培训班。研讨分析新形势下电力行业文化建设与电力思想政治工作面临的新情况新问题，探索推动电力行业文化大繁荣大发展及加强改进思想政治工作的新途径新办法，不断提高电力系统政研会围绕中心、服务大局的能力。

【中国电力文学艺术协会】

（1）先后召开电力文学艺术协会第一次主席团（扩大）会议、第二次主席团会议，制订并开始实施电力文协五年发展规划。

（2）承办、协办、举办“第三届中国职工艺术节摄影展作品评选”、“第一届全国电力职工摄影大展”、“2012 年邮协秘书长扩大会”、“第三届中国职工艺术节摄影展”、“全国第三届电力书法作品展览”等一系列重点活动，充分展示电力员工的文艺才华，提升电力行业企业文化内涵。

【电力系统人才研究会】

（1）根据中国人才研究会的统一安排，组织会员单位 2012 年科研课题申报工作；组织会员单位参加中国人才研究会的年会论文征集活动。

（2）开展电力系统人才研究会的换届工作，选举产生了理事会理事单位、理事及新一届理事会、常务理事会和领导成员，聘任了理事会副秘书长。

科技发展与创新

重大科技奖项

【2012年度国家科学技术进步奖电力行业项目】

序号	等级	项目名称	主要完成人	主要完成单位
1	特等	特高压交流输电关键技术、成套设备及工程应用	刘振亚，陈维江，宓传龙，林集明，舒印彪，张喜乐，孙昕，钟俊涛，郑宝森，印永华，张猛，韩先才，王绍武，孙永恒，彭开军，丁扬，韩书谟，汪建平，姚斯立，张建坤，袁骏，周孝信，刘泽洪，万启发，张西元，宿志一，李光范，伍志荣，王景朝，邬雄，李正，胡毅，党镇平，何民，梁琮，赵连岐，任春阳，张国良，李瑞生，王永刚，廖俊德，杨林，杨雯，孙竹森，刘开俊，郭剑波，马斌，李明节，刘洪涛，刘鹏	国家电网公司，中国西电电气股份有限公司，中国电力工程顾问集团公司，中国电力科学研究院，特变电工沈阳变压器集团有限公司，国网电力科学研究院，保定天威保变电气股份有限公司，国网交流工程建设有限公司，西安西电变压器有限责任公司，西安高压电器研究院有限责任公司，西安西电开关电气有限公司，河南平高电气股份有限公司，新东北电气（沈阳）高压开关有限公司，特变电工衡阳变压器有限公司，中国电力工程顾问集团华北电力设计院工程有限公司，中国电力工程顾问集团华东电力设计院，中国电力工程顾问集团中南电力设计院，中国电力工程顾问集团东北电力设计院，中国电力工程顾问集团西南电力设计院，中国电力工程顾问集团西北电力设计院，国网运行有限公司，清华大学，西安交通大学，山西省电力公司，河南省电力公司，湖北省电力公司，桂林电力电容器有限责任公司，许继集团有限公司，西安西电高压电瓷有限责任公司，大连电瓷集团股份有限公司
2	二等	中核集团先进核能技术创新工程		中国核工业集团公司
3	二等	水泥窑纯低温余热发电成套工艺技术及装备	彭岩，任沁新，戴义平，王继生，颜飞龙，张凯，王新建，俞章法，戚天明，王江峰	中信重工机械股份有限公司，西安交通大学，杭州锅炉集团股份有限公司
4	二等	湿法高效脱硫及硝汞控制一体化关键技术与应用	高翔，骆仲泱，倪明江，岑可法，周劲松，王树荣，余春江，张涌新，朱燕群，文雅	浙江大学，浙江蓝天求是环保集团有限公司，浙江浙大网新机电工程有限公司，蓝天环保设备工程股份有限公司，广东电网公司电力科学研究院
5	二等	开关电器大容量开断关键技术及应用	贾申利，李兴文，史宗谦，陈德桂，王立军，马志瀛，唐春潮，何广丽，魏光林，管瑞良	西安交通大学，常熟开关制造有限公司（原常熟开关厂），陕西宝光真空电器股份有限公司，河南平高电气股份有限公司

续表

序号	等级	项目名称	主要完成人	主要完成单位
6	二等	电力系统广域监测分析与控制系统的研发及应用	薛禹胜，徐泰山，李碧君，方勇杰，鲍颜红，许剑冰，薛峰，费圣英，王胜明，汪德星	国网电力科学研究院，华东电网有限公司，江苏省电力公司，四川省电力公司
7	二等	水利水电工程渗流多层次控制理论与应用	周创兵，周志芳，温彦锋，张家发，陈益峰，蔡红，王锦国，荣冠，张伟，姜清辉	武汉大学，中国水利水电科学研究院，河海大学，长江水利委员会长江科学院
8	二等	高坝动静力超载破损机理与安全评价方法	李义天，谈广鸣，卢金友，袁杰，谢鉴衡，孙昭华，邓金运，姚仕明，张为，胡晓勇	武汉大学，长江水利委员会长江科学院，三峡水利枢纽梯级调度通信中心
9	二等	高坝泄洪消能防护和雾化安全技术与应用	练继建，吴时强，张宗亮，梁宗祥，白俊光，周钟，邓毅国，尹进步，王继敏，冯树荣	天津大学，西北农林科技大学，水利部交通运输部国家能源局南京水利科学研究院，中国水电顾问集团成都勘测设计研究院，中国水电顾问集团昆明勘测设计研究院，中国水电顾问集团西北勘测设计研究院，中国水电顾问集团贵阳勘测设计研究院
10	二等	高土石坝抗震设计理论研究与工程应用	孙宪京，陈生水，迟世春，邹德高，陈五一，李国英，彭卫军，余挺，于海鸣，刘君	大连理工大学，水利部交通运输部国家能源局南京水利科学研究院，中国水电顾问集团成都勘测设计研究院，水利部新疆维吾尔自治区水利水电勘测设计研究院

【潘家铮获第九届光华工程科技成就奖】 2012年6月13日，第九届光华工程科技奖颁奖大会在京举行，26位工程科技专家获得奖励。中国著名水利水电专家、两院院士潘家铮荣获光华工程科技奖“成就奖”。

光华工程科技奖包括“成就奖”、“工程奖”和“青年奖”3个奖项，每两年颁奖一次。

光华工程科技奖被誉为中国工程科技界最高奖项。由中国工程院管理并承办，主要奖励在工程科技及管理领域取得突出成绩和重要贡献的工程师和科学家。自1996年首届颁奖，至今已是第九届，共有174人获此殊荣。

【2012年度中国电力科学技术奖】

序号	等级	获奖项目	受奖单位
1	特等	三峡地下电站大型洞室关键技术	中国长江三峡集团公司，长江勘测规划设计研究有限责任公司，长江三峡勘测研究院有限公司（武汉），长江水利委员会长江科学院，长江工程地球物理勘测武汉有限公司，中国水利水电第十四工程局有限公司，中国葛洲坝集团股份有限公司三峡工程施工指挥部
2	一等	2.5MW直驱永磁风力发电机组	新疆金风科技股份有限公司，中国三峡新能源公司
3	一等	重力坝深层抗滑稳定分析理论、方法及应用研究	中国长江三峡集团公司，河海大学，中国科学院武汉岩土力学研究所，中国水利水电科学研究院，中国水电顾问集团中南勘测设计研究院，长江水利委员会长江勘测规划设计研究院，上海交通大学
4	一等	电力系统接地基础理论、关键技术及工程应用	清华大学、中国电力科学研究院、山东电力集团公司、北京大学、电力规划设计总院、陕西电力科学研究院
5	一等	大型风电并网运行与试验检测关键技术研究及应用	中国电力科学研究院、中电普瑞张北风电研究检测有限公司、中电普瑞科技有限公司
6	一等	一体化电网调度技术支持系统关键技术研发与应用	国家电网公司、中国电力科学研究院、国网电力科学研究院、华东电网有限公司、华北电网有限公司、华中电网有限公司、江苏省电力公司、福建省电力有限公司、四川省电力公司、安徽省电力公司

续表

序号	等级	获奖项目	受奖单位
7	一等	抗燃油分子极性吸附再生净化装置的研发及应用	西安热工研究院有限公司、陕西电力科学研究院、华能伊敏煤电有限责任公司发电厂
8	一等	200m级高混凝土面板堆石坝关键施工技术研究与国内外工程应用	中国水利水电第七工程局有限公司、中国水利水电第十二工程局有限公司、中国水利水电第十五工程局有限公司、中国水利水电建设股份有限公司
9	一等	混合式凝汽器间接空冷排烟冷却塔（内置脱硫塔）技术研究及应用	陕西宝鸡第二发电有限责任公司、中国电力工程顾问集团西北电力设计院、北京国电龙源环保工程有限公司、西北电力建设集团公司
10	一等	基于全景数据平台的智能变电站自动化系统关键技术研究与工程应用	国网电力科学研究院、中国电力科学研究院、国电南瑞科技股份有限公司、华北电力科学研究院有限责任公司、江苏省电力公司、浙江省电力公司、山东电力集团公司、陕西省电力公司、湖南省电力公司、上海市电力公司

【2011年度国家能源科技进步奖电力行业项目】

序号	项目名称	主要完成单位	主要完成人
一等奖（24项）			
1	1000MW汽轮发电机励磁系统国产化研制与应用	北京国华电力有限责任公司 国电南瑞科技股份有限公司 绥中发电有限责任公司 国网电力科学研究院 神华国华（北京）电力研究院有限公司	邵宜祥、宋畅、朱晓东、许其品、刘景春、刘国华、许和平、葛怀东、吕宏水、樊联、刘建海、霍乾涛、赫卫国、赵立民、张艳华
2	500kV地下输变电工程关键技术研究与应用	上海市电力公司 中国电力工程顾问集团华东电力设计院 上海电力设计院有限公司 华东电力试验研究院有限公司 上海市第二建筑有限公司 上海送变电工程公司 上海电力电缆工程有限公司 上海电力线路器材有限公司 同济大学	曹春平、许建华、陈峥、倪镭、潘震东、王怡风、乐党救、杨文威、姜芸、方浩、黄效喜、高小庆、杨明、王杰、马骏
3	信息网络隔离与边界接入技术研究与应用	国网电力科学研究院 国网信息通信有限公司 中国电力科学研究院 上海市电力公司	刘建明、吴杏平、林为民、辛耀中、程志华、高昆仑、魏晓菁、张涛、刘冬梅、奚后玮、杨维永、刘莹、秦超、李凌、秦昊
4	电力系统在线动态安全评估和预警系统	中国电力科学研究院	周孝信、严剑峰、田芳、陈勇、严亚勤、史东宇、裘微江、于之虹、丁平、康建东、顾丽鸿、施浩波、李芳、吕颖、何春江

续表

序号	项目名称	主要完成单位	主要完成人
5	35kV 超导限流器的研制及工程应用	云南电网公司昆明供电局 北京云电英纳超导电缆有限公司 云南电力试验研究院（集团）有限公司电力研究院 天津百利机电控股集团有限公司	信赢、邹立峰、秦继承、龚伟志、周海、洪辉、字美荣、李明、吴波、胡之荣、高永全、吴娟、罗曦、陈宇民、陈铭
6	高效宽域波前时间冲击电压发生器的研制及工程应用	国网电力科学研究院 中国电力科学研究院 武汉大学 湖北工业大学 武汉华高高电压设备新技术有限公司	万启发、谢梁、陈勇、胡毅、陈水胜、杨迎建、邬雄、徐涛、马少石、曹晶、霍锋、杨鹏程、叶奇明、周文俊、周平
7	广域空间条件下大电网与外系统间电磁兼容关键技术研究	国网电力科学研究院 中国电力科学研究院 华北电力大学 国家电网公司直流建设分公司 总参谋部第五十八研究所 国家广播电影电视总局广播电视规划院 空军装备研究院雷达与电子对抗研究所 中国地震局地震研究所	邬雄、万保权、张小武、张建功、刘兴发、干喆渊、崔翔、张广洲、郑劲、赵志斌、朱锦生、蔡晓梅、李德前、孙中明、刘建平
8	秦山三核重水堆生产钴－60 同位素设计研究	上海核工程研究设计院 秦山第三核电有限公司 中国同位素有限公司 中核北方核燃料元件有限公司 上海交通大学	景益、苗富足、邱忠明、朱丽兵、杨波、梅其良、刘刚、蔡银根、陈明军、高雷、杨萍、张少泓、刘鑫、廖承奎、周云清
9	我国首台国产化百万千瓦级核电堆内构件制造技术	上海第一机床厂有限公司 中广核工程有限公司	孙忠飞、龚宏伟、戚丹鸿、金伟芳、李延葆、杨春乐、肖立新、薛松、胡晨辉、楼国华、李利景、郭亮、孔繁申、陈小荣、任大峰
10	2.5MW 直驱永磁风力发电机组	新疆金风科技股份有限公司 中国三峡新能源公司	武钢、李晓谦、俞黎萍、刘河、王晓东、吴国庆、李岩、吴启仁、刘世军、兰斌、郭志宏、韩志强、陈秋华、杨祎、郑主平
11	水电水利工程三维协同设计关键技术及系统开发研究	中国水电顾问集团成都勘测设计研究院	郑声安、王仁坤、陈万涛、杨建、张志伟、赵永刚、田华兵、黄志澎、张 勇、王劲夫、张 燕、文邦益、杨建宏、李旭东、黄克戬
12	大型并网风电机组控制技术研究与应用	浙江运达风电股份有限公司 浙江大学	叶杭冶、潘东浩、杨震宇、陈继河、许国东、章玮、应有、王青、许勇毅、史晓鸣、胡家兵、贺益康、娄尧林、陈棋、王贵子
13	核电机组特大型半速整体转子锻件制造技术研究与应用	二重集团（德阳）重型装备股份有限公司 东方电机有限公司 中广核工程有限公司	蒋新亮、强维东、马平、孙嫘、孙海燕、李华炜、崔晋娥、向前波、肖峰、高韶影、龙奔、胡建、林文生
14	1000MW 超超临界塔式锅炉	上海锅炉厂有限公司	徐雪元、王炯祥、亓安芳、姚丹花、张建文、王毅、杨惠勤、钱月清、张翔、边宝、吴乃新、卢征然、诸育枫、杜 骏、周一
15	特高压直流输电工程换流阀运行试验系统研究	西安高压电器研究院有限责任公司	周会高、洪深、张万荣、许钒、刘朴、胡治龙、贾一凡、张长春、黄熹东

【2012年电力安全生产科技成果奖】

序号	成果名称	获奖等级	申报单位
1	1000MW超超临界锅炉寿命管理系统研发	一等奖	华能国际电力股份有限公司
2	福建电网应对自然灾害应急管理系统研发与应用	一等奖	福建省电力有限公司
3	安全生产风险管理体系	一等奖	中国南方电网有限责任公司
4	华北电网风电并网运行研究	二等奖	华北电网有限公司
5	高绩效安全生产风险管理体系建设	二等奖	华北电网有限公司
6	邹县3033t/h超超临界锅炉金属寿命管理研究	二等奖	华电邹县发电有限公司
7	发电企业本质安全管理体系研究	二等奖	神华集团有限责任公司
8	电力企业重大危险源风险度评估方法的创新与实践	二等奖	中国大唐集团公司
9	葛洲坝电站机组数字化及状态分析与诊断系统	二等奖	中国长江电力股份有限公司
10	600MW汽轮发电机组振动综合治理	二等奖	浙江省电力试验研究院
11	1000MW机组锅炉寿命管理技术应用研究	二等奖	神华浙江国华浙能发电有限公司
12	630MW超临界锅炉蒸汽氧化腐蚀治理技术研究及应用	二等奖	中国神华能源股份有限公司国华电力分公司
13	CZY无浮托引张线系统研发与应用	二等奖	中国长江电力股份有限公司检修厂
14	大尺寸深水孔洞封堵修复新技术的研究与应用	二等奖	国电大渡河流域检修安装分公司
15	输电线路冰闪机理及防御关键技术研究	二等奖	广东电网公司电力科学研究院
16	电厂应急管理及决策支持系统研究	三等奖	中国华电集团公司
17	广东电网安全防御系统建设	三等奖	广东省电力调度中心
18	双进双出钢球磨直吹式制粉系统烟煤锅炉掺烧褐煤技术研究及其应用	三等奖	中国电力投资集团公司东北公司
19	田湾核电站1#机组安全壳老化评估研究	三等奖	江苏核电有限公司
20	2010年南方电网安全稳定控制系统策略研究	三等奖	南方电网科学研究院有限责任公司
21	750kVGIS变电站陡波前过电压测试及抑制技术研究	三等奖	陕西电力科学研究院
22	燃用褐煤的中储式制粉系统防爆技术研究及其应用	三等奖	中国电力投资集团公司东北公司
23	供电企业安全生产风险辨识与控制研究	三等奖	山西省电力公司太原供电分公司
24	多区域电场集中监控系统的研制与应用	三等奖	北京京能新能源公司
25	电力高处作业防坠落技术研究应用	三等奖	浙江省电力公司
26	大型发电机励磁系统关键技术的研发和应用	三等奖	中国长江电力股份有限公司葛洲坝水力发电厂

续表

序号	成果名称	获奖等级	申报单位
27	脱硫GGH和除雾器长周期安全运行的研究和实践	三等奖	大唐淮北发电厂
28	电力电缆防爆在线监测系统	三等奖	华电能源股份有限公司富拉尔基发电厂
29	两票星级管理体系的创建与实践	三等奖	中国大唐集团公司
30	冲击性负荷与新能源集中接入地区电能质量评估预警技术研究	三等奖	江苏省电力公司电力科学研究院

【2011年度国家能源局软科学研究优秀成果奖电力行业项目】

序号	申报项目	申报单位	完成单位	完成人
一等奖				
1	中国能源可持续发展评价指标体系	国家发改委能源研究所	国家发改委能源研究所	韩文科、胡秀莲、苗韧、周伏秋、冯升波、庄幸、安琪、郭倩怡
二等奖				
1	我国能源电力创新发展研究	国网能源研究院	国网能源研究院、国家电网公司研究室	王敏、张运洲、伍萱、白建华、蒋莉萍、桂衡、安丰全、辛颂旭、杨宁、伍声宇
2	三代核电标准化发展战略研究	中国国际经济交流中心	中国国际经济交流中心、国家核电技术有限公司	王天龙、张焕波、刘向东、孙汉虹、曾曦、陈矛、冯雨、吴爱红、刘伟、王峥
3	国家天然气交易市场建设架构研究	上海市发展和改革委员会	上海市发展和改革委员会，申能（集团）有限公司，复旦大学能源经济与战略研究中心	周亚、吴建雄、王者洪、吴力波、张丽虹、姚珉芳、邵君、王之祥、成鸣峰
4	我国分布式发电潜力研究	国家能源局新能源和可再生能源司	国家能源局新能源和可再生能源司	王骏、史立山、梁志鹏、熊敏峰、董秀芬、韩江舟、方竹、刘涛、王晶、于翔
5	发电自主优化与电力市场建设研究	中国电力投资集团公司	中国电力投资集团公司，重庆九龙电力股份有限公司，重庆中电自能科技有限公司	袁德、原钢，赵风云、龙泉、陈来红、胡荣权、王冬荣、韩放、饶光宇、张永清
6	我国可再生能源电力市场强制性份额政策研究	国家发改委宏观经济研究院	国家发改委宏观经济研究院	王仲颖、任东明、高虎、陶冶、王霁雪、李琼慧、时璟丽、胡润青、赵勇强、谢旭轩
三等奖				
1	中国华电集团公司工程技术板块发展战略研究	中国华电集团公司	中国华电集团公司、中央财经大学	陈宗法、李鹏云、刘维成、郭永凯、郭建鸾、胡旭

续表

序号	申报项目	申报单位	完成单位	完成人
2	可再生能源有序发展与我国能源格局优化的关键问题研究	青海省能源局	青海省能源局，黄河上游水电开发有限责任公司，华北电力大学	李树雷、曾鸣、韩通海、董军、张军、程俊、魏显贵、薛松、祈玉德、陈春武
3	发电行业可持续发展问题的探讨	国电能源研究院	国电能源研究院	张奇、张志文、李士兴、李睿智、姚玉文、赵东旭、马晓芳、焦晓佑、张博、寇楠楠
4	我国与世界主要国家电力工业发展的比较研究	国家能源局综合司	国家能源局综合司，国网能源研究院	王思强、张运洲、单葆国、宋雯、邢璐、谭显东、司政、郭利杰、杨瑞广、林伟华
5	北京市发展分布式能源政策研究	北京市节能环保促进会	北京节能环保促进会，北京市发展改革委	王维城、高新宇、陈怀伟、倪文驹、王玉明、郑伟英、张清伟、王静、陈永申、王玉同
6	我国国有发电企业负债与资本运作问题研究	中国社会科学院财经战略研究院	中国社会科学院财经战略研究院，中国社会科学院工业经济研究所，中国华电集团公司政策与法律事务部	史丹、胡文龙、张航燕、夏晓华、杨帅、陈宗法、李鹏云、刘维成、郭永凯
7	中国光伏发电平价上网路线图	中国资源综合利用协会可再生能源专业委会	中国资源综合利用协会可再生能源专业委会	李俊峰、王斯成、胡润青、高虎、董路影、常瑜、王文静、沈辉
8	核电相关法律法规体系建设研究	中国广东核电集团有限公司	中国广东核电集团有限公司	徐原、陈刚、姬世平、关宏亮、龙茂雄、荣健、丁云峰、赵威、凌岩、马伟阳
9	煤矿井下关键岗位人职匹配核心技术研究	皖北煤电集团有限责任公司	皖北煤电集团有限责任公司，中国矿业大学	陈红、曹荣平、汪永茂、王宝贤、龙如银、祁慧、孙伟、张宏忠、吴干、管艳华
10	我国核电发展技术路线研究	国家能源局电力司	国家能源局电力司，清华大学核能与新能源技术研究院	孙玉良、原鲲、董玉杰、李富、童节娟、陈文颖、曲静原、房超

重点科技项目

【国家电网公司六氟化硫气体减排 CDM 项目】 2012 年 8 月 20 日，国家电网公司六氟化硫气体回收 CDM 项目的第一监测期减排量（CER）获得联合国 CDM 执行理事会（EB）签发，签发量为自 2010 年 11 月 29 日至 2011 年 6 月 30 日期间减排的二氧化碳当量 72 414t。这是世界上第一个在联合国成功签发的六氟化硫气体减排 CDM 项目，也是电网行业第一个获得减排量签发的六氟化硫气体减排 CDM 项目。

国家电网公司六氟化硫气体回收 CDM 项目是在冀北电力公司所辖地区开展的，通过加强对六氟化硫气体的闭环管理，在设备检修过程中对六氟化硫气体进行充分的回收和净化，实现循环再利用，从而减少气体排放的减排项目。该项目自 2008 年 1 月启动，2010 年 11 月 29 日在联合国成功注册，在申请减排量签发过程中又经过了联合国的三轮审核和为期四周的公示，最终成功取得减排量的签发。

【国家电网公司 500kV 相位调制型全光纤电流互感器关键技术研究】 由中国电科院承担的国家电网公司科技项目"500kV 相位调制型全光纤电流互感器关键技术研究"顺利通过公司科技部组织的验收。验收专家组在听取项目汇报后，对研究成果给予了高度评价，并一致同意项目通过验收。

为克服输电线路串联补偿高压平台恶劣电磁环境对串补测量回路的影响，提高串补可靠性，鉴于光纤电流互感器具有安全性能好、抗电磁干扰能力强、动态范围宽、响应快、成本低、寿命长、环境适应能力强等优点，中国电科院开始进行全光纤电流互感器的研发。2008 年完成实验室样机，2009 年正式获得公司科技立项。经过两年的研发，已全面掌握全光纤电流互感器核心技术，完成 500kV 相位调制型全光纤电流互感器样机研制工作，并顺利通过型式试验。样机测量精度可达 0.2S 级，进入世界先进行列。在此基础上，完成光纤电流互感器产品系列化研制，包括独立式和 GIS 式两种，电压等级包括 110kV（66kV）、220kV、500kV，电流测量范围 1A～100kA。

该项目的成功实施，将对推动光纤电流互感器的研制进度产生积极影响，进而推动全光纤量测技术在智能变电站中实用化的进程，对电力经济的发展，尤其是智能变电站、电能计量手段的发展具有深远的意义。

【南方电网公司"高压直流输电工程成套设计自主化技术开发与工程实践"项目】 2012 年 2 月 14 日，南方电网公司项目"高压直流输电工程成套设计自主化技术开发与工程实践"项目荣获国家科学技术进步奖一等奖。

"高压直流输电工程成套设计自主化技术开发与工程实践"的依托项目是贵州—广东±500kV 第二回直流输电工程（简称贵广二回），该工程西起贵州兴仁，东至广东深圳，全长 1225km，投资 79 亿元，送电能力约相当于深圳最高用电负荷的四分之一，为南方电网第四回大容量直流输电系统。

项目在直流输电工程自主化方面取得了重大成果，多项研究成果填补了国内空白，达到国内领先水平，高压直流集成技术达到国际先进水平。在知识产权方面，本项目获得 9 项授权发明专利，5 项软件著作权，发表论文 32 篇。

项目研发成果在世界上第一个±800kV 云广特高压直流输电工程中得到应用，南方电网后续的±800kV 糯扎渡、±500kV 溪洛渡、±500kV 金中直流工程都采用了本项目成果，均实现成套设计自主化率 100%。项目的实施，直接节约贵广二回工程费用约 1.15 亿元，节约后续特高压和高压直流工程成套设计投资约 3.2 亿元。

【华能集团熔融碳酸盐燃料电池实验】 2012 年 3 月 29 日，华能清洁能源研究院自主开发的熔融碳酸盐燃料电池实验取得成功。该电池以煤气、天然气、氢气、沼气等为燃料，可直接将这些燃料的化学能转化为电能，是清洁能源领域的前沿技术和战略性核心技术。单电池实验的成功，使中国熔融碳酸盐燃料电池研究达到国际领先水平，也为开发 5kW 电池堆奠定了坚实基础。

【大唐集团国产 500kV 交联聚乙烯绝缘电力电缆研制及应用】 大唐集团根据国内 500kV 高压电缆被国外垄断导致价格畸高的实际情况，开展专题研究并通过引进、消化吸收、再创新方式，研制出了中国具有自主知识产权的超高压500kV电压等级交联聚乙烯绝缘电力电缆。国产500kV电缆自2008年8月首次在龙滩水电工程投运以来，龙滩水电站国产500kV交联聚乙烯绝缘电力电缆至今已连续安全运行了30个月。通过实施500kV交联聚乙烯绝缘电力电缆国产化，为龙滩水电工程该电缆项目投资节省了约60%，即节约了6980.132 871万元工程项目投资。打破了外国公司对中国市场的垄断，显著降低了500kV交联聚乙烯绝缘电力电缆市场采购价格，获得中国电力科学技术一等奖。

【大唐集团巨型地下电站通风空调关键技术研究与应用】 项目首次提出了在巨型地下水电站通风空调系统中采用二级制冷模式，综合利用自然冷源（水库深层水）、冷凝排热与人工冷源，实现了对全新风的除湿处理，并研发了相关的专用设备；提出发电机等效开机台数概念及相应的厂内散热负荷计算方法；提出了巨型地下水电站洞室群整体热态通风模型实验理论与通风网络平衡方法；揭示了巨型地下水电站各洞室全年工况下的通风需求变化规律，提出了相应的通风空调系统调节控制方案。设计研究成果已成功应用于龙滩水电站，目前系统运行良好。应用本成果，可减少设备投资2000万元，每年地下厂房的通风及空调费用节约400万。研究成果获得中国电力科学技术三等奖。

【大唐集团大功率汽轮发电机组转子与支撑部件状态检测与故障控制关键技术】 以汽轮发电机组转子与支撑系统为研究对象，以提高大功率汽轮发电机组转子与支撑系统的运行安全性与稳定性为目标，通过多年研究与现场实践，开发出具有自主知识产权的轴承动态标高测量装置，成功解决了滑动轴承动态标高在线测量难题；研制出了基于声发射检测的滑动轴承状态检测与故障诊断系统，实现了滑动轴承的早期故障的诊断与预报；开发出一种旋转叶片振动检测技术与装置，提出了汽轮机长（扭）叶片自带围带阻尼减振结构的优化设计方法与准则，研制出长（扭）叶片的阻尼减振结构。项目研究成果在湖南省多家电厂应用实施，产生较为明显的经济效益，并为大型汽轮发电机组的安全可靠运行提供了重要的技术保障，具有显著的社会效益。项目获得中国电力科学技术三等奖。

【国电集团混合式凝汽器间接空冷排烟冷却塔（内置脱硫塔）技术研究及应用】 项目由陕西宝鸡第二发电有限责任公司完成。项目利用混合式凝汽器间接空冷塔的热空气抬升力排烟，同时内置脱硫塔技术，在国内首次实现了660MW机组间接空冷塔冷却、内置脱硫、排烟等三种功效的集成，巧妙地解决了燃煤火力发电厂脱硫后“冷烟气”排烟存在的烟道和烟囱的腐蚀问题，为国内、国际进一步研究间接空冷系统和脱硫烟气排烟方式提供了示范实例。研究成果整体技术水平达到国内领先水平，系统集成达到国际先进水平。

项目所研究的节能新技术，填补了国内660MW级机组采用混合式凝汽器间接空冷排烟塔（内置脱硫塔）技术的空白，既可对中国今后新建百万千瓦机组建设起到极好的示范作用，又对北方缺水地区同类机组具有良好的推广应用前景。项目获2012年度中国电力科学技术奖一等奖。

【国电集团1000MW超超临界机组回热式背压机驱动引风机技术研究及应用】 项目由国电浙江北仑第三发电有限公司完成。项目首次提出采用背压机驱动锅炉合并后的引风机，并通过选择合适的背压机汽源，满足背压机乏气接入辅汽系统对外供热。系统配置背压机排汽至除氧器的管路，满足机组供电与供热之间的平衡。并为机组配置启动电动引风机，实现机组冷态启动，同时满足机组RB功能。

项目研究成果为大容量机组引风机节能改造提供了新的途径，填补了1000MW超超临界机组锅炉引风机由背压式汽轮机驱动、并将排汽用于供热应用的空白。对中国今后新建百万千瓦机组建设起到极好的示范作用，也可适用于对现有的各类大型火电厂进行的技术改造。项目获2012年度中国电力科学技术奖三等奖。

【国电集团3MW双馈式海上风力发电机组研发及产业化】 项目由国电联合动力技术股份有限公司完成。项目掌握了3MW双馈式海上风力发电机组整机及关键零部件的设计、制造、试验技术，并完成了样机研制，具备了3MW海上风电机组量产能力，并已在工程上成功应用。该项目将极大地推动中国海上风电的开发。项目获得国家能源科技进步奖二等奖。

【国电集团燃煤电厂环保设施运行状态诊断与性能改进技术研究与应用】 项目由国电科技技术研究院完成。该项目结合中国燃煤电厂环保设施存在的实际问题，通过原始创新、集成创新和引进消化吸收再创新，首次将工程技术与管理技术融为一体，建立了环保设施状态诊断、性能评价和技术改进紧密结合的新型综合体系；首次提出了环保设施状态诊断的全新理念，建立了融诊断目标树、特尔斐法和模糊矩阵合成运算为一体的模糊决策分析法，形成了系列诊断技术和软件包，并首次成功应用于环保设施的状态诊断；发明了以气液分配提效技术为核心的系列高性能脱硫技术。通过项目研究、示范、推广紧密结合，研究成果形成了自主技术、行业标准和状态诊断软件，为电力环保需求侧提供了有力的技术和管理支撑。该项目成果总体达到国际先进水平，在电力行业具有广阔的应用前景，对电力行业进一步提高节能减排与污染物的控制水平具有积极的促进作用和强烈的现实意义。项目获得国家环境保护科技进步二等奖。

【中国三峡集团特大型梯级水利水电枢纽工程建设及高效运行安全关键技术研究】 2012年9月2日，国家“十一五”科技支撑计划项目“特大型梯级水利水电枢纽工程建设及高效运行安全关键技术研究项目”通过了国家科技部组织的验收。该项目坚持以国务院组织制定的“国家中长期科学和技术发展规划纲要（2006～2020年）”中强调的“把发展能源、水资源和环境保护技术放在优先位置，下决心解决制约经济社会发展的重大瓶颈问题”和公共安全领域“重大生产事故预警与救援优先主题”为指导，全面提升中国特大型梯级水利水电工程安全及高效运行的科技水平，完善中国特大型梯级水利水电工程安全和运行调度体系，确立中国在大型水利水电安全和梯级枢纽调度安全领域的国际领先地位。该项目共设置9个课题，由国资委组织，中国长江三峡集团公司牵头实施。

该项目自2008年实施以来，始终瞄准三峡工程等特大型梯级水利枢纽建设与运行中的关键问题开展研究，解决了高陡边坡、超大洞室、高拱坝、优化调度等技术难题，实现了三峡—葛洲坝水利枢纽实时调度与安全运行。截止到项目执行期结束，共发表论文723篇，出版专著29部，申请专利82项，制定国家标准3项，为实现长江防洪安全、水资源统一调度，提供了重要的科技支撑。整个项目的研究成果已成功应用于三峡、向家坝、溪洛渡等特大型工程的实践，解决了一大批关键技术问题，在防洪抗旱、发电、航运、生态环境等方面取得了巨大的社会效益和显著的经济效益。

【中国三峡集团水库群联合调度自动化系统开发集成关键技术研究】 2012年12月16日，中国科技支撑计划项目“湖北省区域性巨型水库群经济运行关键技术研究与应用”课题四“水库群联合调度自动化系统开发集成关键技术研究”通过验收。

该课题由中国长江三峡集团公司承担，武汉大学、长江水利委员会长江勘测规划设计研究院参加。课题研究围绕国家科技支撑计划课题任务书，在三峡及清江梯级水库群联合调度技术基础上进行了技术集成，实现了三峡梯级—清江梯级多目标优化调度，在确保防洪安全、兼顾航运安全的前提下，提高了两梯级的总保证出力和发电量。在巨型梯级水库群联合优化调度技术、水能资源利用提高等方面有创新。该课题发表论文28篇，其中SCI检索3篇，EI检索2篇，取得了软件著作权4项。课题研究成果已经应用到三峡—葛洲坝梯级水库以及清江梯级水库的调度运行中，并取得了显著的经济效益和社会效益。

【中国能建特高压交流输电关键技术、成套设备及工程应用】 由中国能建中国电力工程顾问集团公司参与完成的“特高压交流输电关键技术、成套设备及工程应用”项目涉及180项关键课题攻关、9大类40余种关键设备研制，通过产、学、研、用协同攻关，在电压控制、外绝缘配置、电磁环境控制等6大方面实现了创新突破。牵头承担了晋东南至荆门1000kV特高压交流输变电工程的可行性研究、初步设计和施工图设计，设计关键技术研究和专题研究，以及工程各阶段评审工作。通过一系列设计优化和创新，高质量完成了世界上首个特高压工程设计和相关科研课题研究，并完成了国际上首个特高压线路和变电站的设计规范编制。在世界电网科技领域实现了“中国创造”和“中国引领”。该项目获得2012年度国家科学技术进步奖特等奖。

【中国能建中国智能电网发展模式及规划研究】 该项目是响应中国《国民经济和社会发展第十二个五年规划纲要》中提出要“重点发展智能电网”要求，由中国能建中国电力工程顾问集团公司组织开展相关研究工作，并于2012年5月通过评审。项目在充分调研世界各国智能电网发展规划和实践基础上，从中国能源发展战略出发，分析了中国智能电网定位、发展模式和核心价值，创新性地提出了中国智能电网发展的具体目标和路线图；在对智能电网重点发展领域和关键技术总体研究的基础上，首次提出了中国智能电网的评价体系、动态评价方法及具体指标；对智能电网背景下电力规划的思路和方法，在经济、社会、节能环保等方面的效益进行了分析，提出了“十二五”智能电网发展重点和实施战略，并针对智能电网发展中的关键因素和制约条件，提出了政策、机制、体制、技术突破、产业发展等方面的建议。本项目成果具有全局性、前瞻性和创新性，符合中国电网发展实际，对确定中国智能电网发展模式和方向具有重要参考价值，为中国智能电网发展规划及相关政策的制定奠定了良好基础，达到国内领先水平。

【中国能建超长横担输电塔的风荷载研究】 由中国能建浙江省电力设计院完成的“超长横担输电塔的风荷载研究”项目针对500kV同塔四回输电塔横担超长、质量分布突变、整塔高所导致的风荷载效应复杂的技术难题，通过采用时频域数值分析、气弹模型风洞试验、刚性模型高频动态天平风洞试验等方法和手段，系统地开展了超长横担输电塔风荷载的研究，并通过在模型上增减横担等组件，进行格构式结构横风向和扭转向的激振原理细致分析。项目提出了基于高频动态天平的风荷载谱分段估计方法，将塔底的风谱信息插值到每个节点上，解决了高频动态天平只能基于线性振型假设的问题；提出了输电塔节点等效风荷载的计算理论和方法，可获得不同风向角下顺线向、横线向和扭转方向的等效风荷载，该等效风荷载可直接加载在杆塔各节点上，成功解决了超长横担输电塔的抗风计算问题。通过开展同塔多回输电塔的风荷载专项理论及试验研究，明显减少了塔材与混凝土的使用量，同时减小了走廊宽度，降低了工程造价和政策处理难度。此应用对之后同类工程具有重要指导意义，推广应用前景广泛。该项成果申请专利3项，获得2012年浙江电力科学技术一等奖。

【中国能建ASTD变电站智能三维设计平台】 由中国能建安徽省电力设计院完成的“ASTD变电站智能三维设计平台”借助三维建模等数字化新技术，创新出图方式，较传统二维设计可以使变电站模型更加真实，工程量控制更加精确，施工图设计成品质量更高，提高设计效率，缩短设计工期，节约人力成本；可对用户进行数字化移交，为物资采购、生产运行提供更便捷的服务，是一种全新的变电站设计理念。该成果被中国电力规划设计协会鉴定为国内领先水平，已取得2项软件著作权、1项专有技术。

【中国能建电力线路多数据源三维量测技术平台】 由中国能建江苏省电力设计院完成的“电力线路多数据源三维量测技术平台”是基于国产全数字摄影测量平台，针对多数据源特点开发的符合电力线路工程勘测设计专业要求的一体化数据处理技术平台。该成果基于多数据源的数据处理方式，可为电力线路工程勘测设计提供高效服务，弥补因常规航空摄影测量手段的不足，可有效应对当前电网工程呈现的任务多、工期紧、路径易变等新特点，为迅速完成线路工程勘测任务、节省工期、缩短电网的建设周期提供有力保障。该项目先后荣获2012年度电力行业优秀计算机软件三等奖、2012年度江苏省测绘科技进步三等奖和2012年度电力行业优秀工程咨询成果三等奖，并于2012年通过“电力工程设计专有技术”认定。

【中国能建IGCC电厂电气系统特殊问题设计研究】 由中国能建中国电力工程顾问集团西北电力设计院和华北电力设计院共同完成的“IGCC电厂电气系统特殊问题设计研究”于2012年4月13日通过专家验收。通过对大型电机及启动装置的制造能力及应用情况调研，危险爆炸区域的电气设计及防爆电气设备调研，并依托华能绿色煤电天津IGCC电站工程的设计，结合IGCC电厂工艺系统的特点，对IGCC电厂大电机选型及启动方式选择、危险爆炸区域电气设计及负荷分类进行了研究，提出了大型电动机及启动装置的选型意见；提出了IGCC电站爆炸环境区域的划分意见，并据此提出电气系统设计的要求（包括电气设备选择和布置、危险区域防雷接地设计、电缆及照明设计的要求）；结合依托工程的工艺负荷，对比分析了电力行业和化工行业负荷分类原则，提出了IGCC电站负荷分类原则及供电方式的意见，给出了依托工程用电设备一览表（空分、煤气化、污水处理、合成气净化、硫回收部分）及供电系统设计的原则。项目研究为IGCC电站特大型电机及启动设备选型方案、爆炸危险区域电气设计原则及方法、IGCC电站负荷分类及供电系统设计提供了技术指导。

【中国能建1000MW级燃煤机组除尘器前烟道设计优化】 由中国能建浙江省电力设计院完成的“1000MW级燃煤机组除尘器前烟道设计优化”项目巧妙地利用PDMS三维建模软件及STAAD Pro结构应力计算软件，开创性地采用圆形管道小角度连接方案。既节省了钢材耗量又降低了运行阻力，达到了节能降耗的目的。课题获得国家实用新型专利1项，成果填补了1项国内技术规程的空白，处于国内领先、国际先进水平。项目成果的应用可最大限度地降低烟道阻力及耗钢量，已在国内外多个1000MW、600MW火力发电机组项目的设计中遵循、使用，产生了良好的经济效益和社会效益。该项成果获得2012年中国施工企业管理协会技术成果一等奖和2012年浙江电力科学技术一等奖。

【中国能建地下厂房无盲区三维高效混凝土布料系统研究与应用】 由中国能建中国葛洲坝集团公司建筑施工技术研究所完成的“地下厂房无盲区三维高效混凝土布料系统”由拐臂布料机、桥机、锚挂卷扬升降系统、下锚架、母线洞上料皮带、料斗组成，是一种高速混凝土皮带输送系统，具有工作范围大、无浇筑盲区、效率高、速度快、布料均匀、施工干扰小、先进的控制与安全保护功能等特点，该系统经过厂内试验、溪洛渡地下厂房生产性试验及现场应用检验，证明该系统成熟可靠，经济效益高，该项研究成果彻底改变了以往地下厂房混凝土浇筑输送能力低下的问题，系统技术为国际首创，达到国际领先水平，获得葛洲坝集团公司科技进步特等奖，并获得9项专利，依据该成果编写的工法《地下厂房混凝土无盲区高速布料施工工法》获得国家级工法。

【中国能建百万千瓦级压水堆核电核级膜片式阀门气动执行机构】 由中国能建集团装备有限公司扬州电力设备修造厂研制的“百万千瓦级压水堆核电核级膜片式阀门气动执行机构”是以压缩空气为动

力，利用膜片推动阀杆，控制阀门位置的一种装置，适用于核电厂百万千瓦机组的截止阀和隔膜阀等。2012 年 7 月工程样机顺利完成了各项鉴定试验。9 月通过了国家能源局组织的技术鉴定。该产品属于国内首次研制，填补了国内空白，成果达到国际先进水平，提高了核电站关键设备的国产化率。

【中国能建 CPR1000 核电站常规岛自主设计关键技术研究及应用】 由中国能建广东省电力设计研究院完成的“1000MW 级大型商用核电站常规岛自主设计关键技术研究”项目依托岭澳核电站二期工程，首次在中国对 1000MW 级大型商用核电站常规岛进行了自主设计和大量分析研究，在核电站常规岛设备选型、厂房工艺布置、工艺系统分析与设计、新材料、新技术、新理论应用等方面自主创新，突破解决了一系列关键技术，在此基础上最终形成了中国核电常规岛设计的主流技术，即百万千瓦级二代改进型核电常规岛设计技术。

【中国西电集团特高压换流变压器网侧 750kV 端部引出线装置研制成功】 2013 年 3 月 14 日，国际上电压等级最高的±1100kV 特高压直流输电工程用换流变压器接入 750kV 交流系统，端部 750kV 电压等级引出线装置在中国西电率先研制成功。该装置顺利通过了外施短时和长时工频耐压带局部放电测量试验，以及操作冲击耐压试验等测试项目，局部放电量小于 50pC。

装置是中国西电所属西安西电变压器有限责任公司为解决特高压换流站接入 750kV 交流系统而研发的，该装置研制成功为国际首例，为中国电网建设，攀登技术高峰起到强大的支撑作用。

国际合作与交流

【2012 中国清洁电力峰会暨中国国际清洁能源博览会】 2012 年 2 月 23～25 日，由中国电力企业联合会（简称中电联）主办的“2012 中国清洁电力峰会”在北京举行，并同期举办“2012 中国国际清洁能源博览会”。中电联党组书记、常务副理事长孙玉才为峰会致开幕辞。开幕式由中电联党组成员、秘书长王志轩主持。

本届峰会主题为“十二五”清洁电力技术与发展，重点研讨“十二五”期间中国能源和电力可持续发展等热点问题。峰会设一个主论坛，同时举办清洁发电与智能管控分论坛、第五届年度清洁技术投资分会、风力发电分论坛、太阳能光伏发电分论坛、太阳能光热发电分论坛、电动汽车与充电及储能设施分论坛和生物质能应用分论坛等七个分论坛。博览会主题为助力中国清洁能源的可持续发展，内容涉及风能、太阳能光伏、太阳能光热、生物质能等新能源发电与电网接入技术及设备，以及电动汽车及充电装置和储能等领域。包括中国国际风能设备展览会、中国国际光伏产业新技术新材料新产品新设备展览会（光伏四新展）、中国国际太阳能光热产业新技术新材料新产品新设备展览会、中国国际清洁能源并网技术和设备展览会、中国国际电动汽车与充电设施展览会和中国国际生物质能技术及设施展览会等六个主题展。

【2012 亚太电协电力展】 2012 年 2 月 6 日，中电联以中电联国际〔2012〕49 号文发出通知，组织国内电力企业于 10 月 22～24 日赴印尼参加 2012 亚太电协电力展。

第十九届亚太电协大会及展览会于 10 月 22～26 日在印尼巴厘岛举行。大会召开期间，电力业界高级管理人员、专业技术人员集中，中电联抓住机遇，积极推动电力企业“走出去”，组织中国大陆企业赴印尼，集中展示，参与交流。

展览范围为：发电、输电、配电、电力环保、节能减排、电力信息及通信、电力自动化技术与设备、中低压电工产品、各种电线电缆、电力工程施工机械、电力维修专用工具及金具、电力建设工程承包、电力工程设计、可再生能源开发与利用、电力项目投融资等。

【中欧能源安全联合声明】 布鲁塞尔，2012 年 5 月 3 日。双方声明如下：

一、在全球能源消费量，特别是化石能源消费量维持高位、国际原油市场价格波动的背景下，能源安全以及社会经济的可持续发展更加成为双方共同关注的议题。

二、提高能源安全需要在国际、地区和国家层面上分别制定综合能源政策。该能源政策应包括能源供应来源、运输通道以及种类的多元化，建立应急机制，鼓励应用安全和可持续的低碳技术（包括煤炭领域的低碳技术），并鼓励开发更可持续、更清洁的能源资源，特别是可再生能源资源。双方同意就与气候变化相关的国内政策进一步加强对话，并就具体气候变化立法分享经验。

三、提高能源安全还需建立公开、透明、高效和有竞争力的能源市场，包括透明、有效的法制和监管框架。该能源市场应当鼓励在能源勘探、生产、运输环节的投资，鼓励能源高效、可持续利用。

四、为确保能源需求、实现互利共赢的目标，双方同意通过逐步统一能源安全理念、加强在能源基础设施建设方面的交流和增进公开对话等方式，建立能源消费国战略伙伴关系。

五、应当在国际层面推动有规则的全球能源治理。因此，双方有意与国际能源署（IEA）、国际能效合作组织伙伴关系（IPEEC）、G20 以及联合国发起的“人人享有可持续能源倡议”等国际论坛增进合作，以加强在全球能源趋势分析、能源战略和政策制定方面的交流与合作，并推动将中欧双方共同加入的国际条约所规定的国际公认规范和标准纳入到国家法规中。

六、开发利用核能是实现能源多元化政策的重要选择，因此确保核安全十分重要。双方有意加强在核电安全领域的合作，包括技术标准、监管和立法框架、预警和应急体系，尤其要参考国际原子能机构（IAEA）推荐的核安全标准与规范框架。

七、在经济领域全方位地促进节能和提高能效是能源安全政策的一个基本组成部分；因此，双方有意加强在提高工业生产过程中能源利用和转换效率的先进技术和法规方面的合作。

八、综合能源安全政策应鼓励加大在可再生能源发展和高效并网方面的投资力度。为此，双方有意加强在可再生能源综合利用、并网以及分布式利用方面的合作。

九、在低碳城市建设领域，双方有意加强在发展低碳城市能源系统（包括节能建筑）、清洁城市交通以及城市建筑中可再生能源和分布式发电整合方面的交流与合作。

十、能源安全应当包括在发展充足且有保障的基础设施方面的交流以及在确保海上油气生产方面的最高安全、健康以及环保标准方面的合作。

十一、双方有意加强在先进、环保能源技术方面的研究、创新、应用与推广方面的合作；并就包括政策和法规在内的知识技能展开交流。

十二、中国国家能源局和欧盟委员会能源总司将负责协调以上能源合作事宜。年度中欧能源对话、中欧清洁能源中心（EC2）以及中欧清洁与可再生能源学院项目（ICARE）将成为落实以上承诺的重要工具。同时，应鼓励双方企业与中欧清洁能源中心(EC2)开展紧密合作。

十三、第六届中欧能源对话将于2013年在中国举行。

【2012年全球绿色增长论坛】 2012年10月8～9日，“全球绿色增长论坛（3GF）”在哥本哈根召开，中国国家能源局副局长刘琦出席会议并致辞。会议围绕促进能源系统转型、节能与能效、融资、水资源、绿色增长网络、自然资本、城市绿色增长、生物燃料、贸易以及采购等11个领域进行了交流，重点探讨了如何通过建立和加强公共和私有部门合作，推动全球经济、能源资源的绿色增长。

此次论坛延续并扩展了2011年第一次论坛的主题，重点探讨如何通过融资、创新和技术等方面，提高资源效率和促进绿色增长，讨论如何建立和加强公共和私有部门的合作机制，以推动全球经济、能源资源的绿色增长。会议分主题论坛、国家专题论坛和若干分论坛进行。中国委托国家可再生能源中心组织有关机构和企业代表，参加了中国国家主题论坛活动，重点交流了中国可再生能源发展规划、可再生能源技术发展、新能源示范城市规划及建设实践、光伏产业发展以及相关领域的合作机遇等内容，集中介绍了中国政府和产业共同推动绿色产业发展的政策和愿景。通过与国内外代表互动讨论，宣传中国可再生能源政策和技术最新进步，为加强中欧可再生能源合作搭建平台。组织国家电网公司等企业参加了“促进电力系统转型”分论坛，重点介绍了中国电力系统向可持续电力系统转型的政策和实践，以及适应可再生能源电力发展的技术进展和应用示范项目建设情况等。

国家能源局副局长刘琦介绍了中国绿色增长、能源转型和可再生能源发展，并对进一步加强全球合作、推动可再生能源发展、实现绿色增长提出三点意见：一是积极开展技术合作，加速全球经济和产业融合，合理有效配置资源，促进经济全球化发展；二是制订并实施鼓励自由贸易的政策，切实消除贸易保护壁垒，推动技术先进、经济性好的可再生能源技术和产品的自由贸易，促进各国可再生能源产业成长壮大；三是加快建立和完善全球化合作机制，积极构建有利于技术全球转移的环境。刘琦希望世界各国汇聚各方力量，抓住历史机遇，深化国际合作，为全球绿色增长做出积极的重要贡献。

“全球绿色增长论坛（3GF）”是丹麦与韩国、墨西哥共同发起的全球性大会，旨在为各国政府部门、公部门和私有部门搭建互动沟通并能付诸行动的高层对话平台，共同推进全球绿色经济增长，2011年10月成功举办了第一次论坛。中国作为重要发展中国家参加此次论坛，有利于发挥绿色增长的世界引领作用，对促进中国可再生能源发展，加强中欧在可再生能源领域的交流与合作将产生积极影响。

【2012北京国际风能大会暨展览会】 2012年11月15～17日，由中国可再生能源学会风能专业委员会、中国资源综合利用协会可再生能源专业委员会、国家可再生能源中心、全球风能理事会、中国电子信息产业发研究院共同主办的2012北京国际风能大会暨展览会在京召开。国家能源局副局长刘琦出席开幕式并致辞。

北京国际风能大会暨展览会是全球重要的风能展会，自2008年以来已连续举办四届。本届大会的主题是“从量变到质变——风能市场的新机遇和新挑战”，围绕当前风电发展面临的市场、技术和政策等问题进行专题讨论。来自丹麦能源、气候与建筑部、国际能源署等有关政府部门及国际机构，科技部等国家有关部门，风电设计、施工、建设等有关单位的负责人和专家共300余人参加会议。

刘琦指出，近年来全球风电发展迅速，到2011年，全世界风电装机已经达到2.38亿kW，成为重要的能源组成部分。中国是目前全球风电装机最多的国家，预计到2012年底，全国风电装机将超过6000万kW。据新颁布的“十二五”可再生能源发展规划和风电发展规划，到2015年，中国风电并网装机将达到1亿kW以上，2020年达到2亿kW。党的十八大报告提出，要大力推进生态文明建设，积极发展节能低碳产业和新能源、可再生能源，推动能源生产和消费革命，建设美丽中国。风电作为重要的战略性新兴产业，具有广阔的发展前景和市场空间。

刘琦提出，为促进中国风电持续健康发展，实现能源转型，中国将从五个方面加大力度：首先，加强电力系统建设。扩大配置风能资源范围，建立更大区域的电力市场，推动风电在更大的电力市场中的消纳。其次，完善政策法规体系，落实《可再生能源法》，完善配套政策，研究制定可再生能源电力配额制，促进风电全额保障性收购。第三，优化风电开发布局，集中开发与分散发展并举，优先建设市场条件较好的陆地风电，稳妥发展海上风电，保持适度风电建设规模。第四，创新风电利用方式，开发供热、农业提水灌溉等灵活用电负荷，促进风电就地消纳和利用。第五，开展风电国际合作，增强中国风电企业创新能力，参与国际标准和规则制定。

【国家电网公司收购葡萄牙能源网公司25%股份】 2012年2月2日，国家电网公司以3.87亿欧元（约32亿元人民币）成功收购葡萄牙国家能源网公司25%股份。这是中国企业首次在欧洲收购国家级电网公司。

此次葡萄牙政府共出售40%的股份，交易总价值为5.92亿欧元，中国国家电网公司获得25%股份，阿曼石油公司获得15%股份。

本次收购时机适当，溢价合理，预期经济效益较好，并购后，国家电网公司将派出高级管理人员参与葡萄牙国家能源网公司的经营管理。国家电网公司同时承诺，中国银行业将提供10亿欧元融资额度，满足葡萄牙国家能源网公司再融资需求和新投资计划。

这是国家电网公司“走出去”战略的又一成功。此前，国家电网公司于2008年成功竞购菲律宾国家输电网25年特许经营权；又于2010年成功收购了巴西7家输电特许权公司100%产权。

这也是中国企业首次在欧洲成功收购国家级电网公司。葡萄牙国家能源网公司的输电和天然气业务在葡境内拥有垄断地位，该公司是葡萄牙唯一国家级能源传输公司，拥有150kV及以上输电线路8049km、变电容量3020.5万kVA，天然气高压管道1296km；自2012年起拥有该国输电网45年特许经营权和天然气高压输送网络34年特许经营权。

【国家电网公司收购澳大利亚南澳输电网公司股权】 2012年12月18日，国家电网公司通过竞标赢得澳大利亚昆士兰州电联公司（Powerlink）所持南澳输电网公司股权，预计于2012年底完成项目交割。

南澳输电网公司是南澳州唯一的输电网企业。此次收购是国家电网公司继菲律宾项目、巴西项目及葡萄牙项目后成功实施的又一重大海外投资项目，也是中国企业首次成功投资澳大利亚输电网股权。国家电网公司入股南澳输电网公司后，将积极发挥在大电网运营等领域的技术、管理优势，谋求与澳方长期稳定合作，积极履行股东职责，提高南澳州输电网运营管理水平，促进地区经济发展。

【中俄联网工程±500kV黑河换流站】 2012年1月9日19时38分，±500kV中俄直流联网黑河背靠背换流站工程成功完成168h试运行，正式投入运行。中俄双方签署25年长期购电协议，2012年实现从俄购电25.7亿kWh。

中俄直流联网黑河背靠背换流站工程于2007年7月26日正式开工，到2008年末，完成500kV黑河换流站、286km的500kV兴黑输电线路建设任务。2008年8月，由于俄罗斯侧建设工程停滞，黑河换流站的直流部分暂停缓建。2009年1月16日，500kV黑河换流站220kV交流系统投入运行，为黑河地区电力供应提供了坚强支撑。2010年11月29日，中俄500kV跨国输电线路黑龙江大跨越工程竣工。2011年5月，工程复工建设，从中方侧交流运行状态恢复到背靠背运行方式，从俄罗斯远东第二大城市布拉戈维申斯克向中国东北输送电量。2011年12月31日23时许，随着直流系统调试工作全面完成，±500kV中俄直流联网黑河背靠背换流站工程正式投入试运行。

±500kV中俄直流联网黑河换流站直流系统额定输送容量75万kW，安装6+1台换流变压器，交流滤波器20组，中方侧、俄方侧500kV出线各1回。该换流站的建成投运，对提高俄罗斯远东地区能源利用率，促进中俄双方地方经济发展，扩大中俄两国间能源项目合作，促进国产电力设备国际化，推动黑龙江省建成与特高压相协调的“西电东送，北电南送”的东北网架，具有重要战略意义。

【华能集团清洁能源研究院与美国杜克能源公司签署《杜克能源公司Gibson电厂二氧化碳捕集项目技术合作协议》】 2012年2月13日，在习近平访美期间，作为中美贸易促进活动及合作项目，华能集团清洁能源研究院与美国杜克能源公司在华盛顿签署了《杜克能源公司Gibson电厂二氧化碳捕集项目技术合作协议》。根据协议，双方将以华能清洁能源研究院的二氧化碳捕集技术为基础，完成百万吨二氧化碳捕集装置的技术方案和可行性研究。此外，华能集团清洁能源研究院还与美国Emberclear公司签署了《美国宾州煤基MTG项目煤气化技术合作协议》。根据协议，华能集团清洁能源研究院将承担煤气化工艺包设计和相关技术支持。

【大唐集团柬埔寨金边西—马德望输变电项目】 2012年4月9日，大唐集团投资的第一个境外电网项目——柬埔寨金边西—马德望线路正式带电运行。柬埔寨金边西至马德望输变电项目位于柬埔寨金边、菩萨、马德望三省，由302km的双回路共塔输电线路和三个变电站组成，电压等级230kV。该项目由中国大唐集团海外投资有限公司所属云南东南亚经济技术投资实业有限公司投资建设，属于BOT（建设—运营—移交）项目，特许经营期25年。工程于2009年11月正式开工，是中国电力企业在柬埔寨投资建设的电压等级最高、输电里程最长的电网项目。金边西—马德望输变电项目也是柬埔寨第一个国家电网项目，对柬埔寨经济社会发展起到重要的促进作用。

【中国华电印尼玻雅项目】 2012年9月17日，华电印尼玻雅两台60万kW燃煤坑口电站购电协议签字仪式在印度尼西亚巴厘岛举行，标志着该项目正式进入实施阶段，这是目前中国海外投资建设的最大火电项目。华电集团副总经理程念高、印尼国家电力公司总裁努尔、印尼国家煤炭公司总裁米粒出席仪式并讲话。该项目为两台60万kW燃煤坑口电站，由中国华电香港有限公司和印尼国家煤炭公司按55∶45

股比投资建设。项目采用BOOT模式建设，商业运营期限25年，年发电量约86亿kWh。

【中国华电印尼巴厘岛项目】 2012年6月3日，中国华电集团和印尼华商合资通用能源公司在巴厘岛举行第一期3×142MW燃煤电力工程项目奠基典礼。印尼巴厘岛项目是中国华电集团工程（集团）有限公司在印尼投资控股的第二个火电厂，也是在印尼承担建设的第四个电厂项目。该项目建成后将成为巴厘岛最重要的电源支撑点，工程预计2014年竣工投入使用。

【中国华电印尼巴淡项目】 2012年8月31日，中国华电工程（集团）有限公司首个海外投资建设的火电项目——巴淡TJK2×55MW火电厂正式投运。该项目厂址位于印度尼西亚廖内群岛省北部的巴淡岛（BATAM）东南部，该岛地处新加坡海峡南端，是马六甲海峡航线的要塞，距离新加坡仅20km。

【中国三峡集团毛里求斯巴加泰勒大坝项目】 2012年3月29日，由中国三峡集团全资子公司中水电公司承建的毛里求斯巴加泰勒大坝项目举行开工典礼，正式开工建设。该项目合同金额约1.12亿美元，工期3年，是目前中水电公司在毛里求斯承建的合同金额最大的一个项目。该项目的开工，将对中国三峡集团进一步开拓毛里求斯市场、进一步提升三峡品牌的国际形象、更好地实现国际化战略产生积极影响。该项目的建设对毛里求斯经济社会发展也具有重要意义。项目建成后，将为毛里求斯首都路易港地区提供24小时供水服务，同时为下游部分地区提供水源，有效缓解该国淡水资源短缺问题。

【中国三峡集团菲律宾大马尼拉供水项目】 2012年7月17日，中国三峡集团全资子公司中水电公司承建的菲律宾大马尼拉供水项目AQ6干线提前8个月实现通水，菲律宾总统阿基诺亲自出席通水典礼，并高度赞扬该项目提前8个月通水产生的巨大社会效益。菲律宾大马尼拉供水项目于2010年3月17日开工，合同金额约1.12亿美元，主要工程内容包括新修一条引水主干线和修复另一条引水主干线，旨在缓解菲律宾首都大马尼拉及其周边地区近1500万人口的供水短缺问题。大马尼拉供水项目以“安全、优质、文明、高效”的履约能力为中水电公司和中国三峡集团赢得了良好口碑，该项目也被称为中菲两国经贸合作的典范工程。

【中国三峡集团中标厄瓜多尔防洪工程项目】 2012年8月9日，中国三峡集团全资子公司中水电公司与厄瓜多尔水利部正式签署可尼尔防洪工程总承包合同，合同总金额达3.938亿美元，合同工期36个月，工程主要内容为河道改扩建、桥梁和分水闸建设以及配套金结机电的采购安装。可尼尔防洪工程是厄瓜多尔“2016水利规划”项目之一，是厄政府2012年重点实施的民生项目。该项目位于厄瓜多尔瓜亚斯省，距第一大城市瓜亚基尔南约60公里，处于瓜亚斯河下游河谷盆地，濒临太平洋，该地区是洪涝灾害频发区。可尼尔防洪工程的建设将极大缓解瓜亚斯省及卡尼亚尔省的洪涝灾害，对促进该地区农业生产和养殖业的发展有着重要意义。

【中国三峡集团老挝南椰2水电站工程】 2012年11月6日，中国三峡集团全资子公司中水电公司投资建设的老挝南椰2水电站项目成功实现大江截流。老挝南椰2水电站项目是中水电公司继南立1-2水电站之后，在老挝投资建设的第二个BOOT项目，项目规模3.07亿美元，总装机18万kW，于2011年12月23日正式开工，计划于2015年底投入运营，全部机组实现并网发电。

【中国三峡集团尼泊尔上马蒂水电站项目】 2012年12月28日，中国三峡集团全资子公司中水电公司投资的尼泊尔上马蒂水电站项目隆重举行开工典礼。该水电站项目是中水电公司在尼泊尔参与的第一个BOT水电站项目，项目装机容量2.5万kW，静态总投资5800万美元，计划工期30个月。中水电公司将通过开发上马蒂项目，熟悉尼泊尔的电力市场环境和投资规则，以小带大、滚动开发，实现在尼泊尔电力投资市场持续发展的经营目标。

【中国电建中标委内瑞拉巴里纳斯重油发电项目】 2012年3月28日，中国电建集团所属中国水电八局有限公司与委内瑞拉石油公司（PDVSA）签署巴里纳斯重油发电项目。该项目位于委内瑞拉巴里纳斯州，分为三期开发建设。本EPC合同为该项目的一期工程，主要施工任务包括一座用于Batallade Santa Ines炼油厂发电的10万kW联合发电机组及115/34.5kV输变电站，合同工期15个月，合同金额约3亿美元。

目前，中国电建集团在该国同时有紧急电站EPC总承包项目、新中心电厂主机采购项目和农业项目等多个施工合同，累计签约额约140亿元左右，标志着中国电建在委内瑞拉市场已经进入了稳步持续的发展阶段。

【中国电建签约蒙古国南戈壁燃煤电站EPC合同】 2012年6月25日，中国电建集团公司收到蒙古国南戈壁燃煤电站EPC总承包工程中标函，中标合同金额8.79亿美元。

该工程建设规模为5×15万kW循环流化床空冷机组，业主为蒙古奥尤陶勒盖有限责任公司，工程位于蒙古国南戈壁地区（乌兰巴托以南约550km、中蒙边境以北约 80km)，是奥尤陶勒盖铜金矿的自备电站。

该工程由力拓集团（Rio Tinto Group）投资控股，业主工程师为美国福陆（Fluor）公司，合同遵循欧美管理模式和管理标准。建成后将是蒙古国装机容量最大的电站，对引领蒙古国能源建设有着积极的示范作用。

【中国电建承建孟加拉首座 9E 型联合循环电站】 2012 年 7 月 6 日，由中国电力建设集团公司湖北电建二公司承建的孟加拉羌德普 15 万 kW 联合循环电站项目 168h 试运行顺利完成，标志着该公司在孟加拉承建的第一台天然气联合循环发电机组竣工投产。

试运期间，机组满发效果好，机组运行平稳，汽机轴振合格，电气保护投入率 100%，热工保护投入率 100%，其他设备各项指标运行优良，在施工进度、质量、运行方面得到业主中国成达公司及孟加拉电力发展委员会的高度评价。该项目于 2011 年 1 月开工建设，中国电建集团湖北电建二公司承担燃机、锅炉、汽机及全部公用系统安装工程。项目开工以来，相继实现了锅炉水压、厂用电受电、燃机发电、汽机扣缸、点火冲管、汽机冲转、168h 试运行等目标。

该工程是孟加拉国第一套 9E 型联合循环机组，该套机组的竣工投产，将有力缓解该地区缺电严重的现状，改善孟加拉电力供应。同时，作为中国电建集团湖北电建二公司首次进入孟加拉电力市场、与成达公司合作的首个项目，项目的顺利竣工对后续市场发展具有重大意义。

【中国电建中标尼泊尔上马蒂水电站项目】 2012 年 9 月 24 日，中国电建集团所属中国水电公司中标尼泊尔上马蒂水电站项目土建工程和机电设备及金属结构安装工程。

上马蒂水电站工程位于尼泊尔西部发展地区的卡斯基大区的马蒂河中游。拦河坝和发电厂房分别位于该段河流的上下游处。工程所在地距离尼泊尔第二大城市博克拉约为 19km。工程采用引水式电站开发方式，沿河段从上到下包括坝址首部工程、引水隧洞、调压并、压力钢管、电站厂房和开关站。首部工程包括混凝土拦河坝（溢流堰型）、冲砂设施、沉砂池、引水前池和隧洞进口，位于本河段上游常苏村。引水隧洞沿马蒂河右岸布置，从首部工程到调压井位置长度约为 4.23km，调压井后压力钢管长度约为 400m，电站厂房位于巴恒高村的河道右岸滩地上，采用地面厂房，开关站布置在厂房附近，厂房尾水渠直接汇入马蒂河。

电站采用混流式机组，额定水头 120.00m，装机容量 25MW，年发电量 13 309 万 kWh，年利用小时数 5324h。工程总计工期 30 个月。

【中国电建沙特拉比格项目】 2012 年 12 月 14 日，中国电建山东电建三公司沙特拉比格项目 1 号机组正式投入商业运行（COD），标志着由中国承建的首台电站机组正式成为沙特电网的重要枢纽。

沙特拉比格 2×660MW 亚临界燃油电站项目位于沙特西部港口城市吉达以北约 150km，是沙特国家电力公司以“建设一拥有一运营”方式招标的第一个独立发电厂项目，中国电建所属山东电建三公司于 2009 年 7 月签订 EPC 总承包合同，合同总额超过 17 亿美元。该项目以高端管理承包为经营模式，在充分引入燃油锅炉、汽轮机、发电机等国产电站装备的同时全面推行当地分包和属地化经营，在质量、进度和投资控制各方面都取得了良好的效果。

【中国电建老挝南欧江流域梯级水电一期工程】 2012 年 12 月 10 日，由中国电建所属中国水电控股开发的南欧江流域梯级水电一期工程（南欧江二、五、六级水电站）开工。这是中资公司首次在老挝境内获得整条流域开发权的项目。南欧江流域梯级水电开发项目是中国电建所属中国水电在老挝投资建设的水电开发 BOT 项目，项目自开发伊始即受到中老两国政府和社会各界的高度重视。中国水电与老挝政府于 2007 年签订南欧江流域梯级电站开发协议，其后积极推动该项目的开发进程，并于 2011 年 6 月注册成立南欧江流域发电有限公司（Nam Ou River Basin Hydropower Co., ltd）[中国水电（中水电海外投资有限公司）为控股大股东]。南欧江流域规划为 7 个梯级电站，总装机容量达 115.6 万 kW，多年平均发电量 50 亿 kWh，预计总投资达 20 多亿美元。电站规划由下而上依次为南欧江一级～南欧江七级，项目一期计划开发二级、五级和六级电站，总装机容量 54 万 kW，年平均发电量约 20.92 亿 kWh。一期工程已于 2011 年 12 月开始“三通一平”等工程前期项目建设，主体工程于 2012 年 10 月 1 日开工建设，计划于 2015 年底首台机组发电，2016 年 10 月 31 日全面竣工。

【中国电建柬埔寨甘再项目】 2012 年 7 月 31 日，中国电建所属柬埔寨甘再项目公司收到柬埔寨王国国家电力公司正式批文：批准甘再水电站 BOT 项目自 2012 年 8 月 1 日起进入商业运行期。这是甘再投资项目的重要里程碑，标志着中国电建在海外投资的首个水电站项目圆满完成建设任务，正式转入商业运行。

甘再水电站总装机 19.41 万 kW，运营发电期 40 年，年发电 4.98 亿 kWh。项目将成为调整和改善柬埔寨国家电力能源结构的优质骨干电源电站，为改善投资环境、促进基础建设，拉动人口就业、交通旅游、财政税收等领域发展做出积极贡献。同时大坝枢纽工程的投入使用也将有效解决当地季节性的洪涝、干旱问题，对改善下游农田水利灌溉有积极而重要的作用。

【中国电建赤道几内亚吉布洛水电站项目】 当地时间2012年11月14日，中国电建所属水电六局与赤道几内亚能源矿产部在马拉博签订了吉布洛水电站移交协议，标志着该电站自此进入商业运行发电阶段。

吉布洛水电站位于维勒河中游，由320m拦河坝、1230m的引水隧洞、发电厂房等组成，总装机容量120MW，2008年4月15日正式开工，2011年10月顺利实现"一年四投"发电目标。该项目的竣工投产为赤道几内亚大陆地区带来了充足而洁净的电能资源，为赤道几内亚的社会经济发展发挥了重要作用。吉布洛水电站建设施工采用的是中国技术规范，水轮机、发电机等所有设备均为"中国制造"，在向世界推广中国水电技术、中国水电行业标准、水电站设备等都方面起到了促进作用，也带动了中国的劳务、设备、材料、技术出口。

【中国电建签约首个欧洲项目】 2012年9月4日，中国电建所属中国水电在北京成功签署《波黑尤乐高(Ulog)水电站项目》EPC合同。波黑驻华大使阿梅尔·科瓦切维奇，中国电建集团董事长、中国水电股份公司董事长、党委书记范集湘，塞尔维亚能源融资公司(EFT)总裁沃克·哈莫维奇，中国国家开发银行重庆市分行副行长肖明政等出席签约仪式。

波黑尤乐高水电站项目业主为塞尔维亚能源融资公司，项目位于波黑塞族共和国境内涅雷特瓦(Neretva)河，总装机3.5万kW，工期42个月。中国水电以EPC方式中标，中国水电七局将负责项目具体实施。

波黑尤乐高水电站项目是中国水电在欧洲中标的第一个项目，标志着中国水电正式进入欧洲工程承包市场。该项目成功签约为中国水电股份公司承包工程领域的发展开辟了新天地，同时对中国水电继续深度开发欧洲高端市场具有重要意义。

【中国电建老挝南俄5水电站BOT项目】 老挝南俄5水电站项目由中国电建所属中国水电与老挝国家电力公司组成南俄5发电有限公司共同进行开发，其中中国水电国际工程有限公司持股85%，老挝国家电力公司持股15%。南俄5水电站项目总投资1.99亿美元，总装机12万kW，年发电量5.07亿kWh，建设期4年，特许经营期25年。2010年12月24日，南俄5项目融资工作正式结束。

项目于2008年10月1日开工，2009年10月16日截流，2012年2月29日下闸蓄水，2012年11月30日完成两台机组72h试运行并同时获得老挝政府颁发的完工证书，2012年12月3日获准进入商业运行日期。

【中国能建孟加拉多哈扎里和哈察扎里100MW调峰电厂EPC项目】 2012年1月，由中国能建广东火电工程总公司EPC总承包建设的多哈扎里和哈察扎里100MW调峰电厂EPC项目投入商业运行。孟加拉人民共和国总理谢赫·哈西娜在吉大港市为项目投产揭幕。项目位于孟加拉国东南部的工业重镇吉大港市附近，装机容量各为100MW。两项目投产及时满足了孟加拉电网当前急需，大大缓解了孟加拉吉大港地区长期以来高峰时段缺电状态，取得了良好的社会效益和经济效益，为孟加拉的基础设施建设提供了强有力的保障。

【中国能建安哥拉玛布巴斯水电站修复项目】 2012年2月24日，由中国能建广西水电工程局承建的安哥拉玛布巴斯水电站修复项目位于安哥拉本戈省丹德河下游左岸，距罗安达市中心约100km，始建成于1957年，经多年内战电站受到极大的破坏，荒废近20年之久。水电站原装机容量17.8MW，修复后扩容为25.6MW，安装4台立轴式水轮发电机组，单机容量6.4MW。电站兼具发电、防洪、灌溉为一体，建成后主要为卡西托市区及罗安达市提供电力服务，还可有效调节大坝上下游水位，保障汛期行洪安全，经济、社会综合效益显著。

【中国能建埃及阿布吉尔电站7号机组项目】 2012年11月29日，由中国能建浙江省火电建设公司承建的埃及阿布吉尔电站7号机组并网发电。

项目位于距亚历山大市10km处，为该电站扩建工程。该项目是中国企业在埃及电力领域承担的最大工程承包项目。项目建成投产缓解了埃及北部电网电力紧张的局面，对促进埃及经济的发展具有重要意义。

【中国能建柬埔寨西哈努克港3×135MW机组工程总承包项目】 2012年4月24日，由中国能建陕西电建总公司施工总承包、中国能建西北电建三公司和西北电建四公司参建的柬埔寨西哈努克港3×135MW机组工程正式开工。工程位于柬埔寨首都，整体规划装机容量为7×135MW机组，本期建设规模3×135MW，是目前柬埔寨境内最大的火电建设项目。工程建成后将有效改善柬埔寨供电不足状况，满足柬埔寨工业、农业和社会生活日益增长的电力需求，缓解该国电力供应紧张局面，特别是为西港开发区的快速发展提供能源保障。

企 业 文 化 建 设

社 会 责 任

中国电力行业企业社会责任发展指数（2012）

【技术路线】 以“四位一体”的企业社会责任理论模型为基础，对标国际企业社会责任倡议和指标体系、国内企业社会责任倡议以及世界500强中该行业企业的社会责任报告，结合行业发展特点构建电力行业社会责任发展指数指标体系，并根据从企业社会责任报告、企业年报、企业官方网站收集得到的数据，最后对企业的社会责任信息进行内容分析和定量评价，得出企业社会责任发展指数初始得分，并通过责任奖项、责任缺失和创新责任管理等项目对初始得分进行调整，得出11家企业样本的社会责任发展指数，见图1。

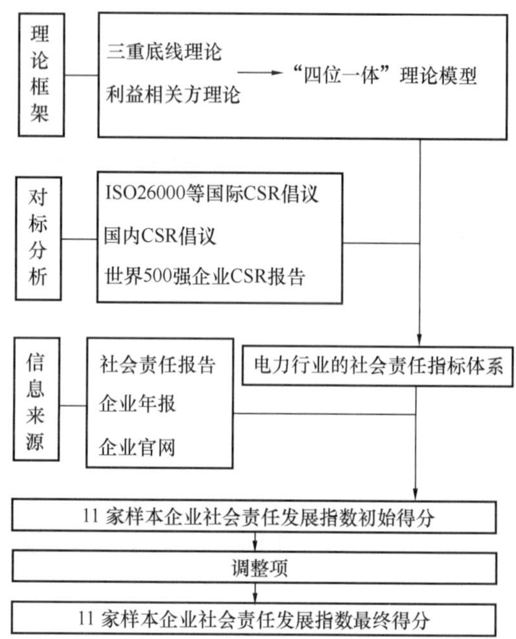

图1 企业社会责任发展指数研究路径

【理论基础】 主要以责任管理、市场责任、社会责任、环境责任“四位一体”的企业社会责任理论模型（见图2）为基础考量电力行业企业社会责任发展指数。责任管理位于模型的核心，是每个企业社会责任实践的原点。企业责任管理包括责任战略、责任治理、责任融合、责任绩效、责任沟通和责任调研。市场责任居于模型基部。企业是经济性组织，为市场高效率、低成本地提供有价值的产品或服务，取得较好的财务绩效是企业可持续发展的基础。市场责任包括客户责任、伙伴责任和股东责任等与企业业务活动密切相关的责任。社会责任为模型的左翼，包括政府责任、员工责任和社区责任。环境责任为模型的右翼，包括环境管理、节约能源资源、降污减排等内容。整个模型围绕责任管理这一核心，以市场责任为基石，社会责任、环境责任为两翼，形成一个稳定的闭环三角结构。

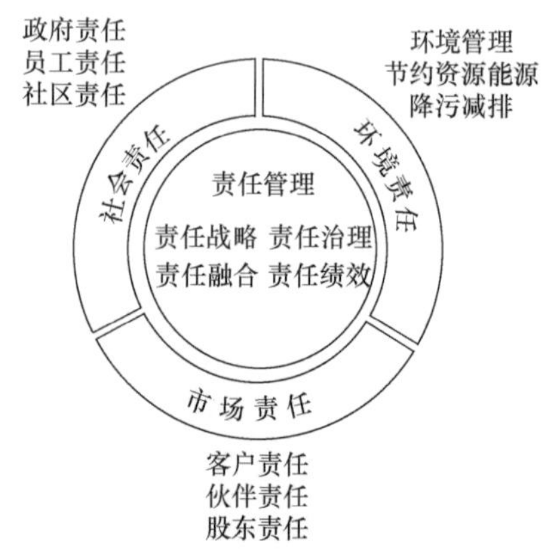

图2 “四位一体”理论模型

【指标体系】 根据社会责任基本原理，结合电力行业的特征议题，制定电力行业企业社会责任指标体系，包含5项一级指标，19项二级指标及169项三级指标（见附表）。

【数据采集】 本文中的电力行业主要针对电力生产及供应行业，所研究的11家企业样本均为国有企业。企业社会责任指数的评价信息来自企业主动、公开披露的社会/环境信息。这些信息应该满足以下基本原则：①主动性，向社会主动披露社会/环境信息是企业的重要责任，因此，这些信息应该是企业主动披露的信息；②公开性，利益相关方能够通过公开渠道方便地获取相关信息；③实质性，这些信息要能切实反映企业履行社会责任的水平；④时效性；这些信息要反映出企业最新的责任实践。

依据上述原则，本文确定了三类信息来源：2011年度企业社会责任报告❶、2011年企业年报以及企业官方网站。

【阶段性特征】 电力行业社会责任发展指数平均得分为53.5分，处于追赶者阶段，在我们研究的14个行业中排第一名（见图3）。可见，近年来，电力企业积极推进社会责任，社会责任管理体系和信息披露走在各行业前列。

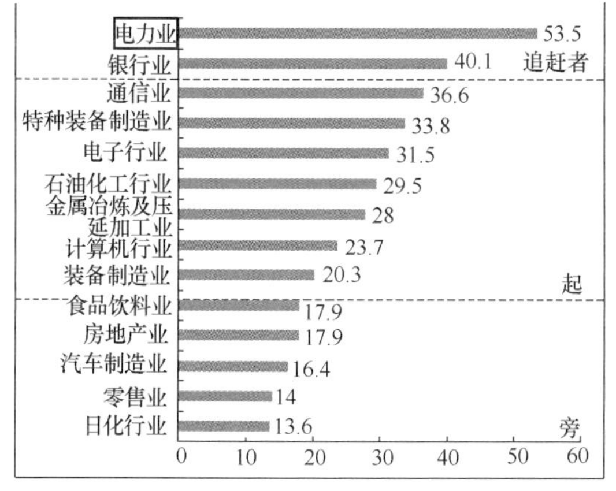

图3 各行业企业社会责任发展指数分布图

行业内企业70%发布了社会责任报告，社会责任信息披露水平较高。社会责任报告是企业社会责任信息披露的重要平台。2012年，11家样本企业中，8家企业发布了2011年度社会责任报告，占总数的72.7%。其中，5家企业的报告在80页以上，2家企业的报告在50～80页之间，1家企业的报告在20页以下。

责任实践领先于责任管理，市场责任指数高于环境和社会责任指数。电力行业社会责任指数由责任管理、市场责任、社会责任和环境责任四大责任领域构成，四个领域社会责任指数均超过40分，处于追赶者阶段。此外，责任实践指数（53.8分）高于责任管理指数（43.6分）。从责任实践来看，市场责任指数（56.3分）领先于社会责任指数（56.0分）和环境责任指数（49.0分）。可见，相对于社会/环境信息披露，电力企业社会责任管理水平较低。此外，环境指数低于市场和社会责任指数，说明电力企业的环境信息披露还有待改善。

行业内企业社会责任发展水平不均。电力生产及供应业11家样本企业得分不均。其中，国家电网公司得分最高，样本企业中有2家企业为卓越者（80分以上），分别是国家电网公司和中国南方电网有限责任公司；2家企业为领先者（60～80分），分别是中国华能集团公司和中国华电集团公司，其他样本企业的社会责任发展水平还有待进一步提高。

中国电力行业企业社会责任发展指数指标体系

一级指标	二级指标	三级指标	
责任管理	责任战略	企业社会责任理念	企业社会责任规划
		核心社会责任议题	
	责任治理	社会责任领导机构	社会责任组织体系
		社会责任管理制度	社会责任培训
	责任融合	推进下属企业社会责任工作	推动供应链合作伙伴履行社会责任
	责任绩效	构建企业社会责任指标体系	企业社会责任优秀评选
		CSR考核评价	
	责任沟通	利益相关方对企业的期望以及企业的回应措施	披露负面信息
		企业高层领导参与的外部社会责任沟通与交流活动	企业高层领导参与的内部社会责任沟通与交流活动
		发布社会责任报告	公司主页上有CSR专栏
		CSR报告参考标准或指引	报告可信度评价
		报告数据纵向可比性	报告数据横向可比性
	责任调研	开展CSR课题研究	参加国内外社会责任标准制定
		与教研机构开展CSR合作	

❶ 企业非财务报告的统称，包括环境报告、可持续发展报告、企业公民报告、企业社会责任报告等。

续表

一级指标	二级指标	三级指标	
市场责任	客户责任	客户关系管理体系	新产品销售额
		支持产品服务创新的制度措施	重大创新奖项
		研发投入	产品质量管理体系
		研发人员数量及比例	产品合格率
		专利数	设计过程中考虑产品安全因素
	伙伴责任	价值链社会责任评估和调查	诚信经营的理念与制度保障
		战略共享机制及平台	公平竞争的理念和制度保障
		责任采购制度	诚信经营和公平竞争培训
		责任采购比率	合同履约率
		责任贸易	信用评估等级
	股东责任	成长性	投资者关系管理体系
		收益性	宏观经济环境变化对财务绩效的影响及对策
		安全性	
社会责任	政府责任	响应宏观政策	企业守法合规体系
		纳税总额	守法合规措施
		确保就业及（或）带动就业的政策或措施	守法合规培训
		报告期内吸纳就业人数	重大守法合规负面信息
	员工责任	遵守国家劳动法律法规	特殊条件作业津贴制度及覆盖面
		劳动合同签订率/集体合同覆盖率	兼职、临时工和分包商员工权益保护
		社保覆盖率	员工心理健康制度/措施
		员工入会率	职业健康培训
		禁止强迫劳动	体检员工比例
		保护雇员个人信息和隐私	健康档案覆盖率
		确保体面劳动的制度和措施	组织员工进行急救培训
		社会对话机制和集体谈判机制	员工培训制度
		向员工提供有竞争力的薪酬	员工职业发展规划
		每年人均带薪休假天数	全年培训投入或人均培训投入
		员工培训绩效	民主管理与厂务公开
		为特殊人群（如孕妇、哺乳妇女等）提供特殊保护	员工意见、建议传达到高层的渠道
		女性管理者比例	平等雇佣制度
		残疾人雇佣率或雇用人数	男女员工工资比例
		职业病防治制度	确保工作生活平衡
		职业病发生次数	困难员工帮扶投入
		员工劳动保护的制度及措施	员工满意度
		员工劳动保护资金投入	员工流失率

续表

一级指标	二级指标	三级指标	
社会责任	安全生产	安全生产管理体系	安全培训绩效
		安全应急管理机制	安全生产投入
		安全教育与培训	员工伤亡人数
	社区责任	评估运营对社会的影响	捐赠方针
		支持社区成员（尤其是弱势群体）的教育和终身学习	建立公益基金/基金会
		本地化采购政策	捐赠总额（万元）
		本地体采购比例	国际公益
		员工本地化政策	员工志愿者活动制度/措施
		本地化雇佣比例	员工志愿者活动绩效
环境责任	环境管理	环境管理体系	环保技术、设备的研发与运用
		环境事故应急机制	环保产品的研发与销售体系
		绿色采购	环保公益
		环保培训	新建项目环境评估制度
		环保培训绩效	在工程建设中保护自然栖息地、湿地、森林、野生动物廊道、农业用地
		环保总投资	
	节约资源能源	节约能源政策措施	废水循环利用的制度、措施
		单位产值/销售额能耗	循环水利用率
		节约水资源政策、措施或技术	固体废弃物、废渣循环利用的制度、措施
		单位产值水耗及水资源节约量	
		单位产品新水使用量	余能余热回收利用的制度、措施
		鼓励使用可再生能源的政策、措施或技术	产品和包装回收再利用的制度和措施
		可再生能源使用量或使用率	绿色办公政策或措施
		绿色办公绩效	
	降污减排	减少废气排放制度/措施	废渣排放量/单位减排量
		二氧化硫排放量及减排量	生产噪声治理
		烟粉尘排放量及减排量	厂区及周边生态环境治理
		减少废水排放制度/措施	积极应对气候变化
		COD 排放量及减排量	温室气体排放量及减排量
		减少废渣排放制度/措施	因商务旅行而产生的二氧化碳排放量
调整项	负调整项	责任管理负面信息	员工责任负面信息
		股东责任负面信息	安全生产负面信息
		伙伴责任负面信息	社区责任负面信息
		客户责任负面信息	环境责任负面信息
		政府责任负面信息	
	正调整项	责任管理获奖	员工责任获奖
		股东责任获奖	安全生产获奖
		伙伴责任获奖	社区责任获奖
		客户责任获奖	环境责任获奖
		政府责任获奖	
	领先实践	领先的责任管理措施	

国家电网公司社会责任

【社会责任观】 国家电网公司坚持探索科学的企业社会责任观，系统提出了企业社会责任的科学内涵、内容边界、实践方式、社会功能、发展动力。公司认为，“企业社会责任，是指企业通过透明和道德的行为，有效管理自身决策和活动对利益相关方、社会和环境的影响，追求经济、社会和环境的综合价值最大化的意愿、行为和绩效。”其中，企业行为的透明是指企业保证其影响社会、经济和环境的决策和活动的公开性，以及以清晰、准确、及时、诚实和完整的方式进行沟通的意愿；企业行为的道德是指企业推进可持续发展、追求经济、社会和环境综合价值最大化的意愿、行为和绩效。理解和实践企业社会责任，一要坚持以综合价值创造结果和透明度作为判断企业社会责任的科学标准；二要坚持实践企业社会责任的完整逻辑，实现企业社会责任意愿、行为和绩效的统一；三要坚持以“有效管理好企业决策和活动对利益相关方、社会和环境的影响”为中心，从管理入手实践企业社会责任。

公司开展了系统的全面社会责任管理实践。全面社会责任管理，是确保企业发展充分考虑社会和环境因素及可持续发展要求，自觉追求综合价值最大化的全新管理模式。它以持续探索、导入、检验、完善科学的企业社会责任观为前提和指导；以推进可持续发展，追求经济、社会和环境的综合价值最大化为目标和标准；以实现社会责任管理的“全员参与、全过程覆盖、全方位融合”为手段和方式；以“通过透明和道德的企业行为，有效管理企业决策和活动对利益相关方、社会和自然环境的影响”为中心；以“树立全面履行社会责任的企业使命、价值观和可持续发展战略，并在企业决策、制度流程、业务运营、日常管理、运行机制和企业文化中贯彻落实社会责任管理理念，充分发挥各方合作推进可持续发展的积极作用”为内容；积极推动企业全面提升综合价值创造能力、运营透明度和品牌美誉度，成为依法经营、诚实守信的表率，节约资源、保护环境的表率，以人为本、构建和谐企业的表率，以及推进企业与社会、环境和谐发展的卓越组织和全社会企业的榜样。

为推动社会责任深入根植基层，公司以在各单位组织开展全面社会责任管理试点为抓手，将和谐发展理念和社会责任管理要求融入各专业、各层级、各岗位。制订下发《国家电网公司2012年全面社会责任管理推进工作方案》，在每一个省公司深入开展全面社会责任管理试点，部署实施“15333”工程，即制订和实施“一个”可持续发展战略，推动社会责任管理融入和服务“五大（大规划、大建设、大运行、大检修、大营销）”体系建设，推动决策管理、流程管理和绩效管理“三项”基础管理融合社会责任管理理念，开展公益管理、利益相关方管理、沟通管理“三项”社会责任管理专项工作，系统梳理特色履责实践、社会责任管理实践和社会责任感人故事“三方面”管理成果，建设覆盖各专业、各层级、各岗位的社会责任管理创新体系，推动社会责任管理融入和促进公司管理提升。

【社会责任管理】 推进公司全面社会责任管理试点。召开全面社会责任管理试点工作座谈会，贯彻落实公司党组的“深化全面社会责任管理”工作部署，推动全面社会责任管理工作从个别试点迈向全面试点，推动公司从“注重总结传播社会责任实践”转向“更加注重实施社会责任管理”，开创公司社会责任工作新局面。印发《国家电网公司2012年全面社会责任管理推进工作方案》，发布《国家电网公司2011年社会责任报告》。

加强基层单位发布社会责任实践报告的管理。深化社会责任工作集团化运作，塑造统一的“国家电网”品牌，确立“一份报告（国家电网公司年度社会责任报告）、一级发布（总部统一发布）、一贯到底”报告发布规范。

发布中国首个企业价值白皮书——《公司的价值：国家电网时刻在你身边》。详细解读公司发展带来的综合价值，主动回应社会热点关注，积极引导社会舆论，为公司发展营造良好发展环境。中共中央政治局委员、国务院副总理张德江，国资委主任王勇，电监会主席吴新雄，中企联会长王忠禹分别作出重要批示。白皮书的发布还受到《人民日报》、中央电视台、新华网等主流媒体的广泛关注。各媒体针对白皮书的内容、意义和价值等主题进行了深入报道和解读。参与社会责任国家和行业标准制定。受国资委委托组织开展《中央企业社会责任管理指引》起草工作，为中央企业开展社会责任工作提供基本依据和具体指导，最大限度地在以上文件中贯彻公司的社会价值和责任理念。受邀参与中国标准化研究院组织的《〈社会责任指南〉国家标准》起草工作组。

2012年，公司社会责任继续保持引领地位，社会责任管理指数名列央企首位，成为国资委社会责任管理提升标杆，荣获“中国企业社会责任特别金奖”“全球契约中国最佳实践奖”等奖项。公司全面社会责任管理经验入选国资委发布的中央企业管理提升系列丛书之一《企业社会责任管理辅导手册》，为参加会议的各家企业的培训教材。

将社会责任管理理念融入公益工作，建设长效机制，落实“有战略、有预算、有研究、有程序、有管理、有反馈、有监督、有改进”公益原则，建立健全公益管理制度，强化公益工作的全过程管控。

开展援藏援疆项目，支援西藏阿里地区措勤县，2003年以来累计援助项目68项，投入资金1.65亿元，助力措勤县GDP自2002年以来年均增长达9.6%。

开展电力扶贫项目。1995～2012年，累计实施扶贫项目240项，为14748户无电户解决了通电问题，新建教学楼38座，兴建、扩建医院5个，修建、改造公路32条，发展农副业基地66560亩。

关爱留守儿童。2012年，共有4.6万名员工志愿者参与活动，服务农民工子女105 311人，建立结对关系3548对。建成国家电网“春苗之家”100家，建成国家电网“留守学生之家”200家，建成国家电网“希望来吧”51家，开展了“高原阳光苗圃”“光明驿站”“萤火虫助学计划”等一批关爱活动项目。

开展助学、助老项目。2011～2012年，仅通过“国家电网公益基金会”实施的大学生入学捐助资金就达到470万元，捐助黑龙江、陕西、宁夏三地贫困大学新生超过1000名。通过民政部为河北、吉林、辽宁、新疆四省（自治区）分别资助700万、300万、380万、500万元，建设村级幸福院、老年人日间照料中心、托老所，改善农村老年人，特别是孤寡老人、留守老人的基本生活。

【品牌建设】 包括品牌宣传体系建设、新闻宣传、品牌管理。

（1）品牌宣传体系建设。建立公司对外宣传联动工作机制。印发《关于成立国家电网公司对外宣传领导小组与建立宣传联动工作机制的意见》，实行领导小组会议制度和办公室周例会制度，整合公司各单位对外宣传资源，推动建立横向协同、纵向贯通的对外宣传工作体系，实行媒体关系属地管理，健全各级新闻发言人队伍和功能，切实提升对外宣传工作效能，重大活动初步实现整体策划、上下联动、统一实施。

整合公司新闻宣传资源。公司报刊数量从539个（含公开刊号报刊）减至88个，内部电视台由79个减至1个，省公司形成“一报一刊一网站”格局，发挥公司媒体的阵地作用。公司科技期刊板块整合任务基本完成，以南瑞集团、许继集团、中国电科院、国网经研院、国网能源院、国网智研院等科研教培单位和产业公司为依托，完成了划转移交工作。以英大传媒为实施主体，推进对外媒体合作，公司传媒产业发展实现良好开局。

整合各层级工作职能和队伍。明确各层级外联机构的工作职能、流程规范和制度标准，建立健全公司系统外联工作体系。外联组织机构不断完善，集中了新闻宣传、舆情应对、品牌推广、社会责任、公益事业等各项职能，初步形成了机构独立、职能健全、整体联动的外联工作体系。

提高工作科学化水平。分析公司品牌与企业决策部署、专业工作的联系点、结合点，在企业改革发展大局中彰显工作价值。加强外联队伍专业能力建设，选配部分了解公司业务、善于沟通协调、长于组织策划的员工，不断充实到外联队伍，推动将专业人才培养纳入各单位的人力资源发展规划。认真落实中央改进作风的要求，加强作风建设。树立问题意识，求“三实”（实干、实用、实效），戒“三表”（表面、表层、表演），坚持“走转改”（走基层、转作风、改文风），沉下身、沉下心、沉下力，身体力行，履职尽责。

（丁少中）

（2）新闻宣传。2012年，公司紧扣特高压建设、新能源发展等重大主题，系统策划品牌传播策略，创新策划传播载体，输出公司理念价值。共开展主题传播63项，累计在《人民日报》发稿360篇、新华社发稿2000余篇（含《国内动态清样》27篇）、中央电视台播发报道超过600条，累计时长约为3200min，网络媒体刊载公司报道20余万次。

传播效果显著提升。围绕公司发展和电网建设成就，结合全国“两会”、十八大等重要政治时点，开展系列主题传播。开展“中国电力与能源”主题传播，围绕《中国电力与能源》提出大能源观、刘振亚总经理当选“2012中国能源年度人物”，《人民日报》、《学习时报》、《半月谈》刊发评论文章，《中国能源报》连续8周刊发8篇系列报道，各媒体刊发及转载相关报道100余篇次，广泛传播以电力为中心、大能源观等核心观点。全国“两会”期间，围绕“推动科学发展”“促进社会和谐”“服务人民群众”三大主题开展集中传播，《人民日报》、中央电视台播发公司系统人大代表专访报道。中央电视台首次播出三集纪录片《穿越昆仑》，新华社播发两篇《国内动态清样》、《专家认为我国特高压已具备大规模推广条件》、《国家电网发布企业白皮书创新社会沟通方式》。《人民日报》、新华社、中央电视台“新闻联播”“身边的感动”“新闻直播间”等栏目播发了解黎明先进事迹人物专访，李源潮等中央领导做出重要批示，要求加强宣传和学习。十八大召开期间，开展“科学发展、成就辉煌”集中传播，《人民日报》刊发重点报道，中央电视台“新闻30分”

“朝闻天下”播出两期“数字十年重大工程”专题，首次以动漫方式对特高压、青藏联网工程进行传播，“东方时空”播发两期深度报道。《经济日报》在《迎接党的十八大特刊》刊发特高压建设专版长篇通讯。《人民日报》、《经济日报》、《光明日报》、《工人日报》等对公司十八大代表吕清森先进事迹、公司保电工作进行了重点报道。

传播方式不断创新。中央电视台采用直播报道、跟踪报道等传播方式，开展“皖电东送特高压工程长江大跨越组塔施工”“玉树电网联网海拔最高铁塔组立施工”现场直播并新闻联播、“锦屏直流大件运输”和“长岛海底电缆敷设”跟踪报道，总共时长近2h。综合运用直升机航拍、塔上作业、地面作业、主控室监控、动漫演示等多视角展示，结合“走基层人物特写”“新闻背景”“记者探访”“现场直播”等多形式报道，生动展现了公司电网建设成果，收到了良好的传播效果。

中央电视台“焦点访谈”“新闻调查”“新闻联播”，新华社《国内动态清样》，《人民日报》评论文章等重要载体，围绕电力体制改革、印度大停电、蒙电外送等热点问题，支持传播公司观点。在电力体制改革主题传播中，相关媒体采访公司新闻发言人及部分外围专家学者，开展了“十论电改”系列评论，全面地反映了公司观点；在蒙电外送相关报道中，中央电视台“焦点访谈”栏目首次连续两期播出公司促进蒙电外送工作成效新闻。

新闻发布活动成效显著。公司总经理刘振亚出席十八大新闻中心组织的境内外媒体集体采访活动，表达特高压电网发展理念与核心观点，公司特高压与国际化成就引起各界强烈反响。开展总部层面和各省公司层面新闻发布活动156次，围绕公司促进风电发展、服务光伏发电、履行社会责任等主题，中央电视台“新闻联播”头条播发《“电亮藏区”带来牧民新生活》、《户户通电：点亮边远地区百姓生活》、《提问中国经济：民间投资接棒快跑 民生投资力度加大》，播发长新闻《我国破解技术难题成风电强国》，“新闻调查”播出专题节目《探路风电》，“走基层”栏目播发《微山湖上巡线工》等系列报道，中央电视台综合频道、新闻频道和财经频道密集播出新闻12篇。

加强向国家新闻宣传主管部门沟通汇报，加强与有影响力的外部专家、意见领袖沟通交流，赢得理解支持。在“中国电力与能源”主题传播中，邀请薛禹胜等社会专家学者对该书进行深度诠释和解读；在印度大停电主题传播中，周孝信、曾鸣、薛禹胜等专家做客新华网直播间和人民网“强国论坛”，就“印度大停电与中国电网安全”话题接受专访并与网友进行在线交流，公司观点得到支持与传播。

（曹英慧）

（3）品牌管理。做好公司标识标准化达标验收工作。落实《关于开展公司品牌标识标准化建设工作的指导意见》（国家电网外联〔2009〕718号）要求，继续完成国网青海、陕西、重庆、山西、上海、宁夏、蒙东、新疆电力8个单位的标识标准化验收评价，督促完成整改工作，建立公司系统标识应用长效管理机制，实现“国家电网”标识必要项目使用率100%及“国家电网”标识使用规范率100%的总体目标，保证了公司标识的统一性和规范性。

规范公司对外展览展示工作。制定了《公司对外展览管理办法》，建立健全了规章制度体系，明确了工作目标、工作要求、职责分工、工作程序等。借鉴国内外一流展览企业先进经验，充分征求展览行业专家的意见和建议，结合实际确定了国内、国际、综合、专业四种公司展览标准模式。编制形成技术规范，明确公司展览标准模式包括标准展示风格、标准展品和标准资料库等，系统提出公司展览标准化的原则、模式和设计要求。组织参加重庆渝洽会、大连“千人计划”成果展览、无锡“千人计划”专家创新创业成果展、杭州国际新能源汽车、充换电设施及动力电池展、广州绿创展等展览，成功展示“创新国网、责任国网”的品牌形象。

开展优秀文艺作品品牌传播工作。支持有社会影响力的优秀文艺作品的创作，并借助各种社会平台大力推广。

探索网络微电影传播。公司与中国人民大学合作，邀请部分著名网络传播专家就微电影专题研讨，明确了开展微电影传播的目标和方向。邀请7家专业制作团队，围绕“弘扬公共精神，传承中华美德”主题进行脚本创意，组织专家综合评审，从23部作品中推选出4部优秀作品《悬崖上的舞者》、《父母的旅程》、《出息》、《为生命点燃希望》，为公司探索网络微电影传播进行了基本的素材准备。

根据世界品牌试验室评估，2012年公司品牌价值2239.66亿元，比2011年1876.96亿元提升362.7亿元，蝉联“中国500最具价值品牌”第2名；亚洲品牌500强排名第5位，较2011年第8位提升3位；世界品牌500强排名第72位，较2011年第82位提升10位。

（谭同江）

中国南方电网有限责任公司社会责任

【履行社会责任】 当大部分人已经享受到电力带来的便捷生活，在南方五省区一度有少量无电人口依赖煤油灯和松树明子照明，距离现代文明十分遥远。这些无电人口主要来自近年农电体制改革由地方无偿划转过来的供电区域，绝大部分是少数民族同胞。面对无电人口地处边疆、高山峡谷众多、自然环境复杂、村落分布零散和交通条件不便等诸多挑战，南网人自觉从党和国家工作大局出发，不畏艰辛，发扬“辛苦我一人 点亮千万家”的南网精神，倾情让每一户群众用上电、用好电，促进了民族和谐、区域和谐、社会和谐。

通过农网改造升级，农村电网网架结构显著改善，110kV、35 kV、10kV 电网协调发展，解决了 311 个县域电网与主电网连接薄弱问题，县级区域范围至少建成 110 kV 变电站 1 座，农村电力供应能力显著提升。2012 年，公司供电范围内剩余 8.18 万户无电人口，分布于云南省昭通、丽江等州市的边远少数民族地区。公司将彻底解决剩余无电人口用电问题作为攻坚任务。

公司投入资金 19.3 亿元，户均投资超过 2 万元，克服种种不利因素，最终于 2012 年 10 月底解决了最后 8.18 万户无电人口用电问题。

【绿色环保】 南方电网公司深刻认识到绿色电力对推动生态文明建设的重要作用，以提高能源效率为着力点，在做好自身节能减排的同时，主动担负起服务电源侧和客户侧节能减排的责任，促进能源清洁高效发展、深化节能发电调度、推动客户提高能效，促进公司与社会、环境的全面协调可持续发展。

南方电网公司将应对气候变化、保护生态环境，视为与社会协调可持续发展的重要内容，将提高能源利用效率作为带动上下游产业节能减排的关键举措。深入开展“绿色行动”，着力打造“智能、高效、可靠、绿色”的电网平台，与社会各界携手共同努力为区域经济社会发展创造良好的生产生活环境。

1. 电源侧节能减排

(1) 促进电源结构优化。截至 2012 年底，南方电网区域内非化石能源装机容量占 44%，高于全国 28%的平均水平。2012 年南方电网区域全网非化石能源发电量占总发电量的 38%，高于全国 21%的平均水平。

(2) 加大西部水电东送。推进西部水电东送通道建设，不断提升西部水电东送能力，实现东西部资源优化配置和区域协调发展、互利共赢。

坚持优先调用区域内水电，全年南方电网区域水电机组平均利用小时数同比增加 474h，有效降低单位电量化石能源的消耗。

(3) 推动清洁火电发展。带动区域火电机组降低发电煤耗。南方电网区域火电机组平均发电煤耗同比下降 3g/kWh，比全国平均水平低 2g/kWh。

执行燃煤机组脱硫电价政策，促进区域燃煤机组脱硫。2012 年全网脱硫装置平均投运率为 98.26%，平均脱硫效率为 95.48%，脱硫总量 464.26 万 t。

(4) 实施节能发电调度。2012 年，南方电网公司单位发电量化石能耗 198g/kWh，比全国平均水平低 18.5%。通过优先吸纳水电、火电按能耗水平排序发电等措施，全年减少化石燃料消耗折合标准煤 513 万 t，折合减少二氧化碳排放 1365 万 t，减少二氧化硫排放 9.8 万 t。

持续开展节能发电调度，累计减少化石燃料消耗折合标准煤 1440 万 t，折合减少二氧化碳排放 3768 万 t，减少二氧化硫排放 27.8 万 t。

(5) 支持新能源发展。南方电网公司支持新能源开发利用，视其为电力未来可持续发展的重要方向，不断增强电网接纳新能源发电的能力，保障区域内新能源发电并网。

2. 电网侧节能减排

(1) 建设绿色电网。2012 年，南方电网公司电网建设项目环评通过率 100%。投产项目全部按行业主管部门要求，组织开展竣工环境保护验收，通过率 100%。全年未发生环保违规事件。

(2) 节能环保运行。①降低线损。②妥善处理废弃物。③实施绿色办公。

3. 客户侧节能减排

(1) 助力客户全方位节能。

(2) 传播节能理念。

(3) 支持电动汽车产业发展。

【服务区域经济社会发展】 结合南方五省（区）战略定位，把握区域差异性和协同性，科学制定发展战略，服务当地经济社会发展。

(1) 助力经济转型升级和“双转移”战略实施。广东电网公司不断加强电力基础设施建设，确保电力可靠供应，提高供电服务水平，推动广东产业和劳动力“双转移”战略实施。2012 年，完成电网建设投资 171.11 亿元，售电量 3719 亿 kWh。

(2) 全面服务广西北部湾、西江经济带开发。广西电网公司围绕北部湾经济区、西江经济带重点区域和重点客户特点建立客户分群服务策略，落实与广西签订的战略合作框架协议，共同推进重大电源项目建设，为广西“ 发展壮大千亿元产业”提供电力支撑。

(3) 全力服务贵州科学发展、后发赶超、同步小康。贵州电网公司认真落实《国务院关于进一步促进贵州经济社会又好又快发展的若干意见》（国发〔2012〕2号）文件精神，密切关注贵州发展需求，加大西电东送力度，支撑贵州煤炭、电力工业稳定增长。全年完成省内售电量869.7亿kWh，西电东送电量349.85亿kWh，为贵州国民生产总值增速位列全国第二做出了积极贡献。

（4）推进建设云南桥头堡。云南电网公司配合云南建设“绿色经济强省、民族文化强省、面向东南亚开放的桥头堡”，促进新能源开发利用，改善少数民族生活，支持枯期抗旱用电及汛期电力消纳，为云南经济社会发展提供能源支撑。

（5）助推海南国际旅游岛开发。海南电网公司不断提高城市配电网自动化水平和城市供电可靠性，为推进海南国际旅游岛建设提供电力保障；与海口市政府签署《海口电网发展战略合作框架协议》，加快海口城市配网建设改造。

【社会和谐】 南方电网公司承担电力普遍服务，促进城乡协调发展；以人为本，建设幸福南网，实现员工与企业共同发展；回应合作伙伴诉求，寻求互利共赢，以南网人的真情，点亮万家灯火，给社会带来光明和幸福。

2012年，南方电网公司对农网建设改造投资达242亿元，员工参与志愿者活动58000余人次。

1. 服务“三农”

加快区域农电发展，加大农网改造升级投入，重点满足农村经济发展和农民生活改善的用电需求，以电力普遍服务支持新农村建设，实现公司电网覆盖范围内“户户通电”。

（1）加大农网投资。2012年，公司投资242亿元推进农村电网改造升级工程，改造户表143万个，采用以大换中、以中换小的方式更换重过载配电变压器，有效改善农村低电压、配网“卡脖子”等问题，为新农村建设提供坚强电力保障。

（2）提升农电服务水平。积极推进城乡供电服务一体化，针对农村用电需求开展特色服务，缩小城乡供电差距，理顺农电管理体制，推进县级供电企业规范化建设，提升农电管理和服务水平。

着力提高农村供电能力与电能质量，农村客户停电时间同比减少4.08h，综合线损率全部降到12%以下。

2. 社会公益

以对社会的拳拳回报之情，认真落实国务院国资委《关于加强中央企业对外捐赠管理有关事项的通知》要求，规范慈善捐赠工作，探索文化公益新形式。2012年，公司对外捐赠总额为3093万元。全年未发生社区重大投诉事件。

3. 员工发展

积极引导员工树立正确的幸福观，在为社会带来光明和幸福的同时也关注员工自身和谐幸福，通过打牢安全基础和物质基础，强化组织文化，提升工作效率，改善员工身心健康，共同建设幸福南网。

【责任源泉】 南方电网公司确立了“万家灯火 南网情深”的核心价值观，涵盖了对客户的热忱服务之情、对员工的悉心关爱之情、对环境的绿色亲善之情、对社会的拳拳回报之情，实质是负责任地对待政府、客户、员工、合作伙伴、环境、社区和公众等每一个利益相关方。

南网文化在企业融合发展中发挥了文化铸魂的作用，公司形成了重安全、重服务、重责任的文化特质，锻炼了一支以“辛苦我一人 点亮千万家”为己任的员工队伍，营造了主动履行社会责任的文化氛围，成为公司战胜各种困难、为利益相关方持续创造价值的责任源泉。

以客户为中心，
以提高供电可靠性为根本；

以员工为本，
员工与企业共同成长，
建设幸福南网；

承担社会责任，
打造绿色电网；

点亮万家灯火，
给社会带来光明和幸福。

南网文化理念

使　命	主动承担社会责任　全力做好电力供应
核心价值观	万家灯火　南网情深
战略目标	成为服务好、管理好、形象好的国际先进电网企业
南网精神	辛苦我一人　点亮千万家
生命线	电网安全稳定
安全理念	一切事故都可以预防
经营理念	社会效益优先　企业效益为重
服务理念	以客为尊　和谐共赢
行为理念	诚信做人　规矩做事
团队理念	讲原则　重感情　建设幸福南网

【责任管理】 南方电网公司以增强可持续发展能力为核心，以管理提升活动为载体，认真落实《中央企业“十二五”和谐发展战略实施纲要》要求，切实加强责任管理、责任融合、责任实践、责任沟通和责任研究，将社会责任工作向内做、向下做、向外做，较好地融入了企业日常生产运营，社会责任美誉度和影响力持续提升。

（1）责任治理。

（2）责任推进。

（3）利益相关方沟通。

（4）责任创新。

（5）责任荣誉。

中国华能集团公司社会责任

【核心价值观】

坚持诚信　注重合作

不断创新　积极进取

创造业绩　服务国家

【可持续发展宣言】

坚持服从和服务于国家利益和发展战略

做促进经济社会全面发展的表率

坚持科学发展和技术创新

做建设资源节约型、环境友好型社会的表率

坚持理性追求企业经营价值

做企业与社会和谐共进的表率

坚持依靠职工群众办企业的方针

做以人为本、利益共享的表率

坚持回报社会、造福百姓

做社会道德实践的表率

【社会责任管理】

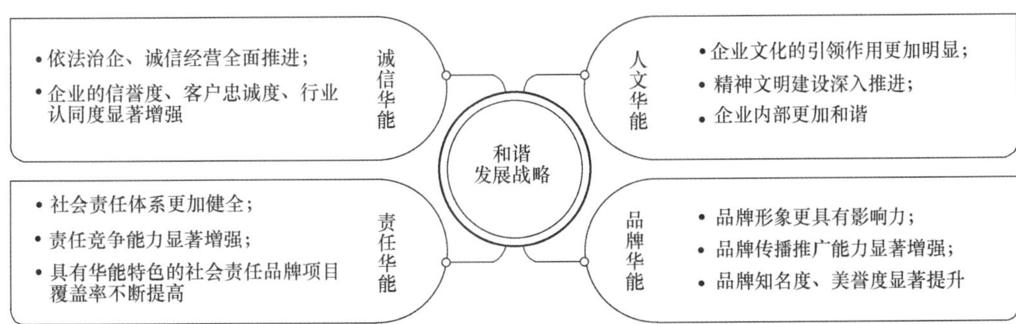

2012年，公司深入贯彻国务院国资委中央企业社会责任工作会议精神，结合开展创建具有国际竞争力的世界一流企业和管理提升活动，实施和谐发展战略，进一步加强社会责任管理，把履行企业社会责任全面融入公司经营发展的全过程，加强责任战略规划、责任治理、责任融合、责任沟通、责任研究等各项工作，进一步提高公司全面履行企业社会责任的绩效和水平。

1. 责任战略

公司秉承“三色公司”的企业使命，认真履行安全、经济、社会、环境四大责任，扎实推进企业全面协调可持续发展，努力实现公司《可持续发展宣言》“五个表率”的奋斗目标。2012年，公司制定了《创建世界一流企业和谐发展战略实施方案》，以加强诚信华能、人文华能、责任华能、品牌华能建设为载体，推动公司可持续发展再上新台阶。公司被确定为国资委贯彻和谐发展战略实施纲要重点联系企业。

2. 责任治理

公司成立社会责任管理委员会，负责企业社会责任相关重大事项的审议和决策，形成自上而下、分工明确的社会责任管理组织体系、制度规范和工作机制。

2012年，公司进一步完善社会责任管理的组织体系，成立了专门的工作机构，配备专职人员，强化和细化了公司社会责任管理工作。

【绿色发展】

绿色发展理念：绿色发展是可持续发展的必由之路。绿色发展必须坚持节能减排的产业政策，依靠严格管理和技术进步，挖掘节能降耗潜力；提高能源、资源清洁高效利用水平；致力生态保护，实现环境友好。

绿色发展措施：①不断完善管理机制，夯实环保基础，加强运行机组及新建项目节能环保管理；②实施全面对标，开展节能诊断，强化检修管理，提高能源转化效率；③加大环保设施改造力度，加强污染物排放管理，不断提高清洁生产水平；④积极推广循环经济，在生产经营和项目开发全过程保护生态环境。

1. 强化节能环保管理

（1）完善管理机制。成立节能减排领导小组和专家组，进一步加强节能减排管理；结合当前环保形势和公司实际情况，修订发布《环境保护管理办法》等制度规范，完善了环保管理机制；与9家产业、区域公司签订《“十二五”主要污染物目标分解责任书》，印发了《创建节约环保型企业规划（2011～2015年）》，进一步明确了分阶段的指标与工作措施。

（2）夯实基础管理。印发脱硫装置设计、检修维护与运行导则，进一步完善脱硫脱硝技术管理标准；2012年，公司开展环保科技专项，完成第一阶段50余台火电机组实时监管平台建设，深入开展脱硫脱硝环保技术培训，进一步夯实了节能减排管理基础。

2. 提高能源转化效率

2012年，实施100万kW和60万kW超超临界机组节能深度对标，玉环、海门、金陵等8家电厂通过广泛调研和对标，进一步明确了降耗攻关思路，为深入推进指标创优奠定了基础。2012年，集团60万kW超超临界湿冷、60万kW超临界空冷、35万kW、30万kW纯凝机组等主力机型能耗指标居行业领先水平。

另外，集团还积极开展节能诊断，强化机组检修管理，优化新机设计，实施绿色办公。

3. 强化污染物排放管理

（1）加大环保设施改造力度。2012年，完成18台机组脱硝改造任务；16台机组完成脱硫增容改造工作；11台机组完成除尘改造。脱硫机组容量占燃煤机组的97%，脱硝机组容量超过37%。

（2）加大污染物排放监控力度。强化环保设施运行维护监督管理，加强对重点节能减排企业的专项检查指导，开展节能减排统计监测与分析报告。接受国家环保部及电监会等监管部门节能减排督查和环保核查工作，加大对核查问题的整改力度，二氧化硫和氮氧化物排放强度分别比2010年降低约22%和14%，继续保持行业先进水平。股份公司、玉环电厂、黄台电厂等8家单位被国家四部委评为“全国节能减排先进集体”。

（3）加强碳资产管理。2012年，CDM项目开发继续推进，73个CDM项目在联合国成功注册，华能碳资产开发投资基金签署19个系统外CDM项目的投资协议。

（4）推广循环经济。坚持“减量化、再利用、资源化”的原则，继续推广伊敏“煤电一体化”循环经济发展经验，在具备条件的地区，加快煤电一体化发展，建设大型煤电基地，从设计、施工到经营管理等各个环节入手，推进电力与煤炭生产工艺流程的有机整合，实现煤炭、水、土地等资源的高效利用和矿井排水、煤矸石、电厂灰渣、脱硫副产物及余能余热等循环利用。2012年，灰渣综合利用率达到77.08%。

（5）推动生态环境保护。在水电开发中坚持“在开发中保护、在保护中开发”的方针，认真执行环保、水保“三同时”要求，充分考虑发电、防洪、灌溉、拦沙、航运、水土保持、水产养殖、旅游、区域发展等综合要求，合理控制开发规模和电站梯级。在建和新建电站全部配套建设砂石骨料、拌和系统和生活污水处理系统，生产垃圾集中无害化处理；投入巨资建设沿江生态防护林工程，加强水土流失治理和植被恢复，建设珍稀鱼类增殖站、野生动物拯救站和珍稀植物园，切实保护当地生态环境和生物多样性。

4. 绿色发展绩效

（1）2012 年供电煤耗 316.52g/kWh，同比下降 2.16g/kWh，达到世界先进水平。

（2）2012 年厂用电率 4.84%，同比下降 0.24 个百分点。

（3）2012 年未发生重大环境污染事件。

【和谐发展】 和谐发展理念：和谐发展是可持续发展的重要保障。和谐发展必须坚持多方合作，互利共赢的基本原则，全面履行社会责任，努力营造良好的内外部环境，不断提升品牌形象，与利益相关方共享企业发展成果，努力建设诚信华能、人文华能、责任华能和品牌华能，做优秀的企业公民。

和谐发展措施：①保障员工合法权益，促进员工成长，注重员工关爱，构建和谐劳动关系；②保障电力供应，加强区域合作，推进产业链建设、促进行业发展，构建和谐伙伴关系。③积极扶贫助困，开展志愿者活动，参与援疆援青援藏工作，构建和谐社会关系。

和谐发展绩效：

（1）2012 年人才培训：管理人才 28 440 人次，技术人才 43 828 人次，技能人才 91 054 人次。

（2）2012 年捐款总额 7433 万元。

（3）奖项：全国五一劳动奖状，3 项；全国五一劳动奖章，3 项；全国工人先锋号，6 项；全国技术能手，5 项；行业技术能手，21 项；安全生产幸福感企业，1 项；十八大保电突出贡献奖，1 项；十八大保电先进单位奖，2 项；2012 年度企业文化建设十大典范组织，1 项；全国企业文化示范基地，1 项；全国文明单位，12 项；2012 年全民健身活动优秀组织奖，1 项；2012 年全民健身活动先进单位，1 项；可持续发展报告被中国社科院评为“五星级”报告，1 项。

中国大唐集团公司社会责任

【责任理念】 满足需求，调整结构，提升绩效，推进优化发展

安全生产，可靠供应，保障健康，推进安全发展

绿色发电，降低排放，保护环境，推进清洁发展

节约资源，循环利用，提高效率，推进节约发展

关爱员工，热心公益，共建共享，推进共同发展

【治理结构】

业绩考核。 截至 2012 年 12 月 31 日，集团公司总部设董事会办公室和 17 个职能部门，二级及三级企业 393 家。

集团公司在原有业绩考核基础上，以实现“价值优先，效益导向”为目标，进一步细化了考核指标，将员工岗位履职有效融入企业战略发展并持续协调推进，积极探索有效的业绩考核管理办法，建立了一套以员工岗位责任及工作标准为基础，符合企业经营特点的全面业绩考核责任体系，将企业各项经营管理活动同最终考核结果有效结合起来，充分发挥了业绩考核工作的激励作用。

【监督与反腐败】 截至 2012 年底，系统全年逐级签订责任书 5705 份，领导人员述职述廉 2580 人次，对 45 人次进行诫勉谈话，7 名领导人员受到责任追究；累计开展宣传教育活动 2339 项，23 万人次的党员干部、职工及家属受到不同层次的集中教育；查找廉洁风险点 174 个，制定防控措施 330 项；实施效能监察项目 464 项，提出监察建议 3463 条，避免经济损失 9661 万元，增加经济效益 7836 万元；开展一级集中招标监督 1223 个标段，受理现场投诉 6 起，提出监督建议 51 条；系统设立纪检监察机构 184 个，配备纪检监察人员 434 人。

【安全发展】

安全管理。 将安全生产标准化管理的重点要求和安全风险管控措施融入体系之中，实现安全生产管理由事件管理向风险管控的有效转变。开展“打非治违”专项行动，突出煤矿、煤化工、发电、基本建设等重点行业，分四个阶段集中排查和整改有法不依、有章不循、违法生产经营等行为，严肃查处和整治各类违章现象。研究火电、水电、风电等企业依法依规标准程序和控制节点，编制并印发《安全生产依法依规指导手册》（水电、火电、风电），建立依法依规安全生产长效机制。组织全系统深入开展“两落实”督查活动。

设备治理。 以打造金牌机组为目标，进一步深化“降缺陷、降非停、创金牌”活动，不断强化对非停事件的分析和管理。2012 年，集团公司发生非计划停运 71 次，23 家火电企业实现了“零非停”。集团公司在网连续运行 300 天以上的机组由 2011 年的 23 台增加到 32 台，张家口 1 号机组连续在网运行 1006 天，不断刷新机组长周期在网运行的全国纪录。在全国可靠性金牌机组评比中，彬长 2 号等 8 台机组获奖，占行业的 36.4%。

应急机制。 修订和完善各类突发事件的总体预案、专项预案、现场处置方案 3138 个，企业自建、共建专职应急队伍 85 个，专职救援人员 2400 多人，兼职应急队伍 481 个，22 405 人。全年共进行应急演练 2346 次，其中实战演练 544 次。

安全教育。 推进安全教育培训计划，积极为员工构筑素质提升和职业发展平台，加强企业培训体制机制建设，制定完善生产培训管理办法，完善各级培训机构，明确培训责任。2012 年组织安全监督人员岗

位资格认定考试，897 人参加了考试，659 人通过考试，组织 4 期国家注册安全工程师继续教育培训班，共计培训 454 人次。加大人才短缺专业的培训力度，重点加强企业安全生产责任人员、安全监督人员、特种作业人员、技术监督人员和点检人员的培训力度，提高持证上岗率。精心组织“打非治违”、“警示教育周”、“安全大讲堂”、“应急演练周”等专项活动，积极营造“生命至上，安全第一”的安全文化氛围，普及安全知识、强化安全意识和安全技能。

【清洁发展】

环保监管。制定《脱硝改造工程安全质量管理指导意见（试行）》，规范和加强脱硝改造工程安全、质量、工期、造价管理责任、管理程序和管理要求。制定《脱硫烟气旁路封堵（或拆除）管理指导意见（试行）》，明确脱硫旁路封堵的技术条件和管理要求。完成托克托、阳城、许昌禹龙三家电厂 6 台机组汞排放在线监测和试点验收工作。

环保治理。2012 年，新投产脱硫增容提效改造机组 3 台、脱硝改造机组 20 台，脱硝机组达到 59 台、2486 万 kW，脱硝装备率达到 28.8%；不含计划关停机组，脱硫装备率达到 100%。2012 年，烟尘、废水、二氧化硫、氮氧化物基本实现达标排放，排放绩效分别同比下降 0.01、21、0.17、0.23g/kWh。

循环经济。2012 年集团公司系统火电企业共产生灰渣总量 5911 万 t，粉煤灰综合利用率达到 87.0%，同口径同比提高 15.9 个百分点；年产脱硫石膏总量 954 万 t，脱硫石膏利用总量 852 万 t，脱硫石膏综合利用率达到 89.3%。

生态保护。成立专门的环境保护机构，建立环保工作检查考核体系，将环保指标与工程建设、生产经营等指标同部署、同检查、同考核。制定《集团公司环境保护管理办法》，建立集团公司突发环境事件应急处理机制。新建机组实行环境保护“一票否决”，严格履行环境影响评价和水土保持方案审批制度，严格执行环境保护设施建设“三同时”制度。

【节约发展】

节能管理。2012 年，供电煤耗完成 318.89g/kWh，同比降低 2.57g/kWh，节约标准煤 107 万 t；发电厂用电率完成 4.78%，同比降低 0.28 个百分点，增加供电量 7.3 亿 kWh；单位发电油耗完成 7.11t/亿 kWh，同比降低 3.37t/亿 kWh。发电油耗完成 7.11t/亿 kWh，同比降低 3.37t/亿 kWh，节约燃油16 253t；单位发电量新鲜水取水量完成 1.2kg/kWh。在全国火电大机组竞赛上，33 台机组获得“优胜机组”称号，占获奖机组的 20.24%。

节能改造。制定集团公司 2012 年及“十二五”设备改造计划。确定了热泵技术、汽轮机通流改造、供热改造、烟气余热利用等 30 类 158 项节能技术改造项目；开展了汽轮机热耗高、真空度低机组的专项治理。有 6 个火电机组升级改造项目列入第一批国家项目计划。

【社会公益】　开展志愿者义务服务、扶残助残、学雷锋活动、郭明义爱心团队、做义工、义务献血、爱心助学、帮扶地方政府、爱心捐款、义务植树等活动共约 10000 余次。

【企业文化】　开展第二届“天天改进，隐患速拍”主题活动、“文化景观”评选活动等各类企业文化实践活动，举办第六届企业开放日和第七届企业文化论坛；举办“大唐文化海报”创作大赛和系统各企业优秀文化理念荟萃活动。重点开展对集团公司安全文化课题、海外企业与新并购企业文化建设课题的研究工作，侧重于解决文化建设中的实际问题。集团公司企业文化的建设经验被国资委“企业文化助推管理提升”专题网页刊发，陡河发电厂被国家安监总局评为“安全文化建设示范企业”。

【责任管理】　设有社会责任工作领导小组，建立覆盖集团公司总部部门、分子公司和基层企业“三级责任主体”的工作网络，并根据产业结构调整步伐及时修订完善社会责任指标体系，促进全系统社会责任工作的深入、规范、有序开展。

中国华电集团公司社会责任

【责任管理】

1. 企业理念

公司使命	创造更大的经济、社会、人文价值
公司愿景	打造价值华电，绿色华电、创新华电、幸福华电，建设具有国际竞争力的世界一流能源集团
公司精神	自强求变　厚德求进
核心价值	诚信　求真　和谐　创新
经营理念	管理最优化　价值最大化
员工守则	忠诚企业，勇于追求，共建华电家园 关爱社会，乐于奉献，共担华电责任 严以律己，敏于执行，共守华电规章 勤勉敬业，敢于创新，共兴华电伟业 诚实守信，善于合作，共铸华电品牌

2. 责任推进

2012 年，华电集团公司对社会责任工作进行对标分析与诊断，制定《中国华电集团公司社会责任管理提升办法》，明确中国华电社会责任发展的规划、目标和推进步骤；梳理并完善公司社会责任指标体系；倡导下属单位发布社会责任报告，积极推动下属单位履行社会责任。

注重加强社会责任能力建设，利用公司网站、杂志等渠道，加强对社会责任理念和知识的培训与宣贯。组织社会责任工作人员增进与利益相关方的沟通交流，积极参加社会责任研讨和培训。

3. 责任沟通

高度重视社会责任沟通与交流，逐步完善并形成三维社会责任沟通机制，回应利益相关方期望。2012年4月20日，公司发布了国内首份城镇供热报告，对社会广泛关注的供热安全、热源发展、供热温度达标等问题进行了回应。

【贡献生态文明】 推进生态文明建设，坚持走节能、高效、低碳、环保之路，由高能耗、粗放型向低碳化、精细型转变。运用先进节能技术，实施机组整体优化改造，全力提升节能降耗水平；积极开展脱硫脱硝技术改造，减少污染物排放；坚持"在开发中保护，在保护中开发"，保护生态环境，发展循环经济。

2012年，华电集团公司供电煤耗降为316.8g/kWh，厂综合用电率降为5.18%，火电机组脱硫装备率达97.8%。

1. 加强环境管理

（1）节能管理。2012年，公司供电煤耗、发电厂用电率、燃油单耗指标分别较上一年度降低4.3g/kWh、0.4%和19.9%，实现节约标准煤151万t，节约用电18.9亿kWh，节约燃油1.3万t。

（2）减排管理。2012年，单位发电量烟尘、二氧化硫、氮氧化物排放量分别为0.27g/kWh、2.3g/kWh、2.8g/kWh，同比下降了8.57%、4.17%、7.28%。

完善CDM基础管理，在风电基础上，积极推动水电、热电联产等CDM项目，取得了很好的效果。当年注册CDM项目68项，CDM累计注册数达到111项，年度碳减排量突破2000万t，位居行业前列。

2. 发展循环经济

积极发展循环经济，对煤炭发电、供热产生的灰渣、脱硫石膏、循环水等废弃物进行综合利用，变"废"为"宝"。推广粉煤灰利用、海水淡化、脱硫石膏、污泥掺烧、循环水余热利用等新技术，促进了电站装备领域的循环经济技术升级。

3. 保护生态环境

坚持"在开发中保护，在保护中开发"，积极推进生态保护工作。实施生态环境保护工程，建立环境保护管理指标体系。

4. 实施绿色办公

积极参与生态文明建设，鼓励员工从点滴做起，建设绿色舒适的办公环境。同时，积极引导下属企业推行绿色办公，节约资源，提高效率。

公司响应国家节能减排号召，积极应对全球气候变化，认真开展CDM项目开发工作，建立了CDM项目管理和合作方管理等机制，定期开展CDM培训班和专题研讨会，有效提高系统各单位对CDM项目开发认识水平和工作质量，使公司系统CDM项目开发工作取得显著成效。截至2012年底，当年完成联合国EB注册68项，创历年最好业绩；公司累计完成开发CDM项目224项，累计成功注册111项，涉及年碳减排量突破2800万吨，在五大发电集团中名列前茅。

公司关注国际国内碳约束制度建设和市场发展，立项并完成科技项目——《未来国际国内碳排放约束对中国华电集团发展带来的影响及应对策略研究》，该课题获得了中电联"2012年度全国电力行业管理创新成果奖"一等奖。

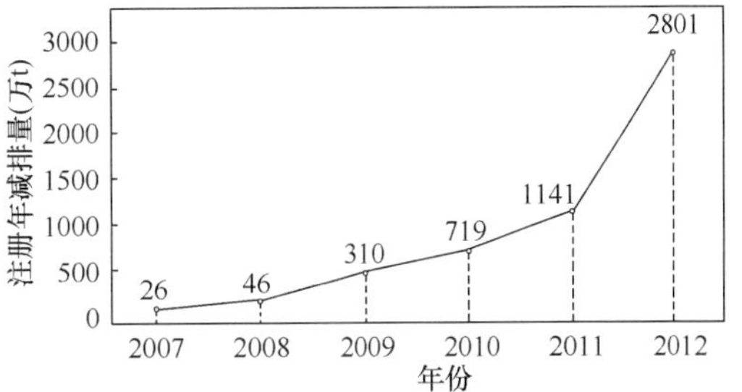

公司2007年至2012年注册CDM项目年减排量走势图

【致力社会和谐】 华电集团公司以创造经济社会价值为使命，牢记企业社会责任，落实安全生产，保证供电发热；坚持以人为本，实现员工与企业共同发展；坚持合作共赢，促进经济社会协调发展；诚挚服务社会，积极参与公益事业；稳步实施"走出去"战略，奉献海外社区；始终致力于营造企业与员工、伙伴、社会友好共融的和谐环境。

（1）确保安全生产。加强安全管理，以安全质量标准化建设为抓手，协调安全与生产、安全与效益的有机统一，严格执行"安全生产一票否决制"，建设本质安全型企业。

（2）关爱员工成长。保护员工权益，助力员工职业发展，畅通民主决策渠道，落实人文关怀措施，实现企业与员工协调发展、企业价值与员工价值有机统一。

（3）携手伙伴共赢。本着"合作共赢"的理论与合作伙伴建立和谐互动的良性战略合作关系，积极推动行业发展，带动供应商履责，实现与利益相关方的共同发展。

（4）投身社会公益。积极履行社区责任，参与地方经济建设，支援贫困地区发展，支持公益事业，竭诚回馈社会。

同时，积极弘扬和践行志愿者精神，不断充实扩大志愿者队伍，鼓励员工投身青年志愿服务活动。

（5）奉献海外社区。华电集团在稳步实施“走出去”战略的过程中，严格遵守东道国的法律法规，依法纳税，合理解决当地就业并公平对待不同国家或地区的员工，同时积极参与当地公益事业，奉献当地社区。

中国国电集团公司社会责任

【绿色发展战略】 以大力发展新能源引领企业转型，以建设创新型企业推动发展方式转变，加快建设一流综合性电力集团。

新能源发展战略：推广清洁煤发电技术，建设节能环保燃煤电厂；提高水电开发规模和质量，大力发展风电、水电、太阳能、生物质能等清洁可再生能源，不断增加可再生能源比重。

电厂转型战略：树立经营企业的理念，研究把握电力、热力、燃料、资金市场规律，用市场机制和方法配置电厂内外资源，激活电厂经营要素，提升企业效益，加快建设综合经营型、节能环保型、安全和谐型企业。

科技创新战略：新兴能源及高科技产业加快技术创新，取得一批具有重大影响的科技成果，占领行业技术制高点。在火电、水电、风电、核电、煤炭、化工方面，以共性技术带动降本增效节能环保，全面提升装备技术水平，形成差异化领先优势。

相关产业战略：以经济效益为中心，以市场需求为导向，以风险控制为保障，积极推进技术、管理和营销创新，提高相关产业的盈利能力、市场竞争能力和利润贡献水平，增强对集团公司的服务支撑作用。

国际化战略：以新能源、工程总包、技术产品输出、技术合作等为重点，加大境外煤炭、水电、风电等开发合作。建立并完善境外项目经营管理机构，集中具有海外项目经验人才，加快境外项目布局。

【责任推进】

1. 健全体制机制

国电集团成立了由公司领导和各部门负责人组成的社会责任工作委员会，负责公司社会责任建设的决策部署，领导公司社会责任管理制度体系建设，审批发布年度社会责任报告等。社会责任管理办公室设在政治工作部，归口负责公司系统社会责任建设日常管理工作。公司各部门按照管理职责负责社会责任专项管理。所属各分（子）公司成立社会责任工作小组，明确管理部门和工作职责，指导所属企业社会责任管理工作。

制定实施了《中国国电集团公司履行社会责任指引》，加强组织协调，统筹安排，扎实推进，形成组织协调到位、整体有序推进的工作格局。

2. 明确履责方向

国电集团深度研析利益相关方的关切和诉求，在与利益相关方充分沟通的基础上，确定了“以大力发展新能源引领企业转型、建设一流综合性电力集团”的战略目标，提升企业社会责任实践成效和价值。

国电集团履行社会责任的行为主要包括：确保生产安全，保障电源稳定；大力发展新能源，加大节能减排力度；推进企业转型，不断提高科学发展水平；推进科技创新，建设创新型企业；增强持续盈利能力，确保国有资产保值增值；坚持依法经营诚实守信，实现互惠共赢；坚持以人为本，维护职工合法权益；坚持从实际出发，支持社会公益事业。

履责实践中，将以上内容归纳为“电力供应、环境保护、转型发展、经营管理、社会和谐”五个主要责任板块，使企业责任行为更为简洁明了、易于操作。

3. 优化沟通途径

国电集团下属单位遍及全国31个省（自治区、直辖市），与多方利益相关。公司重视利益相关方的期望与要求，十分关注企业运营给各利益相关群体带来的影响。与政府、职工、社区、社会团体、供应商等利益相关方建立良性互动机制，通过每年公开发布社会责任报告、新闻媒介、信息报告、企业开放日等形式，向社会各界宣传公司的社会责任理念，通报社会责任实践情况，征求意见建议，持续改进责任实践，实现和谐共建。

4. 持续改进管理

开展了社会责任管理提升活动，确立了“以往工作查不足、基础工作找短板、对标先进比差距、推动发展求突破”的工作思路和“深化认识、健全机制、强化沟通、打造品牌”的提升目标，全面深入、客观严格地开展了自我审视和评价，针对查找出的短板和问题，逐一制定整改方案，按期整改完善。

5. 深化责任意识

加强社会责任知识培训，举办了企业社会责任知识专题讲座，在企业报刊网站宣传社会责任知识，提高全员社会责任管理意识；组织各级党组（党委）中心组学习社会责任管理知识，将社会责任管理纳入全局工作；加强社会责任管理工作人员业务能力培训，提高工作能力。

6. 建立指标体系

制定社会责任指标体系，将社会责任管理融入企业战略。确立134项指标，涵盖公司日常运营各个板块和环节。同时，积极探索社会责任绩效评价机制，依据指标变化情况及其原因对各单位、各部门履行社会责任的行为和结果进行评价。

【环境保护】

1. 履行节能减排责任

节能减排成效突出。二氧化硫排放量完成 82.2 万 t，同比减少 10%；单位电量二氧化硫排放量 1.93g/kWh，同比下降 9.8%；氮氧化物排放量完成 131.03 万 t，同比减少 6%。顺利通过环保部主要污染物总量减排核查。

经济技术指标得到优化。完成供电煤耗 318.7g/kWh，同比下降 2.6g/kWh，在可比企业同类机组中保持先进。23 台机组在全国火电机组能效对标和竞赛中荣获优胜机组，其中北仑 6 号、聊城 3 号、宝二 4 号、东胜 2 号分别获得各等级机组竞赛一等奖，取得历年最好成绩。

2. 强化环保运营管理

2012 年，投运脱硫机组（含循环流化床）装机容量为 8913 万 kW，占燃煤机组容量的 95.8%，同比增加 1.6 个百分点。脱硝机组装机容量为 3082 万千瓦，占燃煤机组容量的 33.1%，同比增加 18.5 个百分点。

加大运行维护和综合治理力度。坚持开展环保评价工作，做好环保设备检修消缺，脱硫脱硝设施投运率和脱除效率不断提高。安排 18 台机组开展揭缸提效、能耗诊断、煤耗查定和运行优化工作，平均煤耗下降 6.4g/kWh。组织完成了 18 家电厂节能评价，煤耗平均下降 3.5g/kWh。

3. 加大环保技改力度

加大脱硫脱硝改造工作力度。完成 41 台共 1615 万 kW 机组脱硝可研审查和 8 台共 265 万 kW 机组脱硫技改、增容方案审查工作。落实“先降后脱”的氮氧化物控制技术路线，优化改造方案，单位千瓦造价降低 14 元，合计节约资金 2.3 亿元。

推进环保技术开发示范。在九江电厂 6 号炉、安顺电厂 2 号炉进行 W 火焰锅炉低氮燃烧改造试验，为 W 火焰锅炉低氮燃烧改造积累技术、运行管理方面的经验。开展“益阳电厂 1 号机电除尘器高频电源加柔性电极烟气深度净化技术”工程示范，为“十二五”除尘器改造和烟尘达标排放、湿烟囱“石膏雨”治理提供经济有效的技术手段。

4. 促进综合开发利用

推进热电联产改造。濮阳电厂应用纯凝与背压切换技术实施采暖供热改造，全厂采暖供热能力提高 30%，采暖期单机供电煤耗下降至 160g/kWh。榆次电厂应用空冷机组低位能分级混合加热优质供暖技术对原有供热系统进行改造，供热能力提高 30%，可供采暖面积增加 800 万 m^2。

加强废物综合利用。拓宽粉煤灰和石膏等利用方式，提高产品附加值，固体废弃物资源综合利用率同比提高 10.3 个百分点，业务利润同比增加 1.5 亿元。

5. 完善制度责任体系

按照国家节能减排要求，与所属单位层层签订《“十二五”主要污染物总量减排目标责任书》，下达 2012 年主要污染物控制计划，继续将环保指标完成情况纳入企业年度目标责任制重点考核。

制定环保制度修编计划，计划在两年内分 3 批修编 15 项环保规章制度。燃煤电厂环境保护管理办法等 5 项规章制度于 2012 年完成修改和审查。

6. 提升环保责任意识

加强环保知识学习，举办了“建设项目环境影响评价和环保竣工验收培训班”和“脱硫和脱硝运行及管理培训班”，邀请了国家环保部等专家学者进行授课。

组织研究并及时向环保部反馈《火电厂烟气治理设施运行管理技术规范》、《火电厂除尘工程技术规范》的修改意见。北仑三期、国电津能、国电开远三个大气汞污染监测试点单位顺利通过装置验收，并积极开展运行监测和数据上报。

【社会和谐】

（1）党建工作扎实开展。开展基层组织建设年，北仑公司党委获“全国创先争优先进基层党组织”称号。推进学习型党组织建设，抓好政研课题研究工作，共形成 240 余篇研究报告。开展了文明创建活动，双鸭山公司等 6 个单位新获第三批“全国文明单位”称号。表彰百户“和谐家庭”，大渡河公司等 3 个单位荣获第二届“中央企业思想政治工作先进单位”称号。坚持党建带团建，围绕服务中心工作和服务青年成长成才，切实发挥共青团组织的作用。

（2）反腐倡廉不断深入。加强巡视工作，设置了专门机构，强化了巡视力量。开展“反腐倡廉宣传教育基层行”活动，覆盖 70 个基层单位、9540 名干部职工。开展党风廉政建设和反腐倡廉工作满意度民意调查，对 451 名基层领导班子成员廉洁从业情况进行了民主测评。加大违纪违法惩处力度，加强对招标、燃料、工程建设等重点领域监管。全年立项 409 项，提出监察建议 945 条，避免经济损失 2800 万元。

（3）企业文化全面加强。制定《进一步加强企业文化建设的意见》，完善企业文化建设“六位一体”机制，在全国电力行业文化建设峰会上交流工作经验。组织开展企业文化故事和文化理念征集活动。开展企业文化建设优秀成果巡展、“翰墨国电”书法美术大赛等文化活动。

（4）新闻宣传更加有力。全年在中央主流媒体刊播集团稿件约 810 篇（次）。

（5）促进职工成长成才。对本部 18 个中层岗位进行了公推比选，20 个二级单位竞争性选拔领导人员 127 名，占当年新提拔人员的 40%。举办“双学”、MBA 等培训班 30 多个，全年培训职工 23 万人次，培训率 66%。举办 5 项职工技能竞赛，20 人获得“中央企业技术能手”称号。

（6）切实维护职工权益。劳动合同签订率达到 100%。实施“惠民工程”，职工收入待遇稳步提升。年金制度覆盖率 100%，推进以大病统筹为主的“阳光惠民”计划。职工入工会率 100%。启动职工代表巡视工作。开展“面对面、心贴心、实打实，服务职工在基层”活动，解决实际问题 300 多个，走访慰问职工 6197 户。维护女工合法权益，加大培训力度，为广大女工提升技能创造平台，开展了女工主任及巾帼建功先进培训班，举办女工活动。强化班组成员互保，执行严格的劳动保护用品使用制度，全年安措工程资金投入 18.1 亿元。对外包工程和临时用工的现场安全检测监督执行统一标准。

（7）地企关系紧密友好。高度重视地企合作，与地方政府的资源优势和政策支持相结合，广泛开展合作，积极参与央企进地方发展、央企地方行等活动，与上级单位、地方各级党委政府、企业互访 120 余次，全年与地方政府新签署 9 个战略合作协议。

（8）爱心公益持续推进。2012 年，国电集团累计对外帮扶捐款 1654.8 万元，其中用于扶贫、教育、卫生、文化设施建设的投入为 1253.6 万元，参与防灾救灾投入 301 万元。建立各类爱心团队 200 支，队员 1 万余人，开展党员志愿服务 68 000 余人次，全面组建中国国电青年志愿者服务队，建立常态化志愿服务项目 80 余项。

中国电力投资集团公司社会责任

【公司理念】 见表 1。

表 1 公司理念

企业愿景	建设经营管理科学、结构布局合理、环保水平领先、员工素质优秀、企业文化先进、可持续发展能力强的世界一流能源企业集团
企业精神	奉献绿色能源 服务社会公众
企业价值观	“人、诚、和、实、优”五元价值观
企业理念	1. 工作理念：策划 程序 修正 卓越 2. 安全理念：任何风险都可以控制 任何违章都可以预防 任何事故都可以避免 3. 经营理念：诚信 成本 效率 增长 全员 4. 人才理念：想干事 能干事 会干事 干成事 5. 环保理念：营造绿色环境 构建生态文明 6. 管理理念：对标管理 强化执行 持续改进 争创一流 7. 廉洁理念：清白做人 干净做事
企业形象	优秀的现代国有企业；优秀的市场竞争主体 优秀的绿色能源公司；优秀的跨国经营集团
员工形象	有理想 有道德 有文化 有纪律
企业传播语	和谐中电投 绿色能源情
社会责任理念	致力于建设成为可持续的绿色能源供应者

续表

【和谐企业建设】

（1）保证电力供应。中电投集团公司通过会议和文件下发，要求各下属单位进一步落实安全生产责任，有针对性地做好“两节”、“迎峰度夏”、“主汛期”、“迎峰度冬”、“凌冻期”等特殊时期的安全生产和机组设备稳定运行。严格组织好机组的等级检修工作，配合当地电网公司，合理安排机组的等级检修计划，严格执行“三制一化，创全优”的机组检修理念，确保机组设备的健康性和可靠性。制定并督促执行好大型操作和作业主要领导和技术骨干到位指导制度，保障机组在各类工况下的稳定运行。利用燃料管理系统实时核定各基层单位的煤炭库存，保障合理的库存储备，提高风险承受能力。

（2）参与公益事业。中电投集团公司大力推进“映山红”志愿服务活动，健全志愿行动工作体系，发布“映山红”青年志愿者标识系统，开展“映山红”青年志愿者集中注册工作，2012 年，中电投集团公司对外捐赠 1122.01 万元。荣获了共青团中央第九届“中国青年志愿者优秀项目奖”。

中电投集团公司以爱心助学服务为重点，不断拓展志愿服务工作的内涵和外延，上海电力、成套公司团委与 2 所农民工子弟学校结对；漳泽电力团委、河南公司团工委开展“手拉手”志愿服务，帮助外出工作职工家庭购买油、米、面，给职工子女辅导功课，并陪同老人看病就医；财务公司团工委开展“爱心暖冬”捐衣活动，为江西贫困学生捐助冬衣棉被 238 件（床）；云南国际“映山红”青年志愿者积极参与缅甸密支那市火灾救援工作，并经常在当地组织开展帮老扶幼、义务巡诊和捐赠助学等活动。

（3）维护和谐稳定。中电投集团公司高度重视企业和谐稳定工作，层层落实维稳信访工作责任制，健全维护稳定和促进和谐企业建设的工作体系和制度机制，形成齐抓共管的维稳工作格局。中电投集团公司坚持“以人为本”，构建了职工关怀体系，建立了员工特重病救助制度，集团公司领导带头深入基层，调查研究，真心实意为职工办实事、做好事、解难事。各基层单位把维护稳定作为硬任务，注重源头预防，加强预警预控，围绕管控一体化改革、企业重组、辅业改制、“上大压小”等职工关心的热点、难点问题，做好深入细致的思想政治工作，切实帮助职工解决实际困难，维护了职工队伍稳定，营造了和谐的企业发展环境。

中国长江三峡集团公司社会责任

【公司理念】 文化宣言：我们是三峡。

三峡精神：科学民主、求实创新、团结协作、勇于担当、追求卓越。

公司使命：建设三峡、开发长江，奉献清洁能源、共建美好家园。

公司原景：建设国际一流的清洁能源集团。

核心价值观：奉献、担当、创新、和谐。

水电开发理念：建好一座电站、带动一方经济、改善一片环境、造福一批移民；长期合作、融入当地、平衡兼顾、互利共赢。

【履行社会责任】 三峡集团始终高度重视履行社会责任工作，积极倡导和践行“建好一座电站、带动一方经济、改善一片环境、造福一批移民”的水电开发理念，努力实现工程建设社会效益、生态效益和经济效益协调统一。三峡集团始终将建设好、运行好和管理好三峡工程，充分发挥好三峡工程防洪、抗旱、补水、航运、发电等方面的综合效益和社会公益功能，作为集团公司首要的社会责任。此外，三峡集团认真完成国家定点扶贫和对口支援等任务，积极参与社会公益慈善事业，多渠道筹措资金，动员广大干部职工开展抗震救灾、捐资助学、关爱残疾人等活动。自成立以来，三峡集团累计在定点扶贫、对口支援、社会公益慈善、库区移民扶持等方面投入资金超过5亿元。2012年各类慈善捐赠共计7920万元。2012年，三峡集团荣获国家民政部授予的“中华慈善奖——最具爱心企业奖”、国务院国资委授予的“中央企业扶贫开发工作先进单位”，全国妇联授予的“中国妇女慈善奖——典范奖”等荣誉。

【社会责任管理】 建立健全了完整的社会责任组织机构。2012年，集团公司系统研究梳理了各相关部门社会责任职责、范围，逐步实现将社会责任理念逐步融入到发展战略、使命愿景和运营管理当中。

【发挥枢纽综合效益】 始终将发挥好三峡工程的社会效益放在首位。通过精心运行、科学调度，充分发挥三峡工程的防洪、抗旱、补水、航运、发电等综合效益。

1\. 力保防洪度汛

防洪是三峡工程的首要任务。2012年7月24日，三峡水库迎来建库以来最大洪峰考验，洪峰峰值达到71 200m^3/s。通过拦洪错峰，三峡工程控制最大出库流量不超过45 000m^3/s，确保了长江中下游的防洪安全。

2\. 发挥抗旱功能

三峡工程在原初步设计要求的防洪、发电和航运三大功能基础上新增了抗旱和补水功能。2012年枯水季节，三峡水库累计为长江中下游补水215亿m^3，有效缓解中下游生活、生产、生态用水紧张局面。

3\. 改善航运条件

三峡工程蓄水后，极大地改善了长江宜昌至重庆河段的航道条件，运输成本可降低35%～37%，单位能耗降低约46%。2012年，三峡船闸共运行9713闸次，通过船舶4.4万艘次，旅客24.4万人次，货物运量9149万t。

4\. 提供清洁电能

2012年，三峡电站最后两台机组全面投产发电，三峡电站装机容量最终达到2250万kW设计值。三峡电站全年2250万kW满负荷运行达711h，年发电量达981.07亿kWh，创投产以来最高纪录。2012年11月，向家坝实现首批机组投产发电目标，截至2012年底，向家坝水电站共发电15.723亿kWh。

【维护自然生态平衡】 三峡集团注重企业发展与生态环境保护协调发展，将生态文明理念融入到工程建设运营的每一个环节，坚持“在保护中开发、以开发促保护”，努力减少对生态环境的不利影响，注重人水和谐，维护流域生态平衡，保持河流健康，实现人与自然和谐共处。

1\. 水土保持

截至2012年底，三峡集团累计投入近5亿元用于三峡坝区水土保持、生态修复和环境绿化，建设生态示范基地。2012年，三峡工程（坝区）被评为“国家水土保持生态文明工程”。

2\. 生物多样性保护

在水电建设运营中注重对珍稀动植物和水生生态的保护，截至2012年底，累计投入3.49亿元在三峡库区建立自然保护区，对淹没线以下的273种特有植物进行了“搬迁”保护；累计投入4000多万元用于濒危物种中华鲟人工繁殖研究，历年累计放流中华鲟数量超过500万尾。

3\. 推进节能减排

三峡集团致力于清洁能源开发，同时在工程建设运行过程中大力开展节能减排工作。2012年，集团共生产清洁能源（水电和风电）1195.87亿kWh，相当于减排二氧化碳约9000万t。

【推动移民可持续发展】 三峡集团以促进水电工程移民的可持续发展为原则，坚持开发性移民的工作理念，在保证移民顺利迁出的同时，高度重视移民的后续发展，促进移民实现搬得出、稳得住、逐步能致富目标。

1. 配合政府，做好移民安置工作

2012 年，三峡集团配合地方政府完成了向家坝水电站库区 11.3 万人的搬迁安置，完成了四川省屏山县、云南省绥江县两座新县城和新市、新滩等 11 座新集镇以及 500 多万平方米房屋建设，及时拨付移民补偿资金和后期扶持资金，为库区移民安居乐业创造了良好条件。

2. 心系移民，开展社区援助

积极借鉴三峡工程移民的成功经验，在溪洛渡、向家坝水电站工程建设中，努力帮助改善移民物质条件，关注移民精神文化的诉求，关注移民地区的教育发展，倾力帮助移民创造美丽新生活。

3. 扶持移民，实现移民自立自强

三峡集团以“帮助移民自立自强”为原则，为移民就业提供专项资金支持，帮助库区政府开展职业教育和技能培训，积极为移民创造就业机会，促进移民脱贫致富。2012 年，三峡集团在三峡库区录用周边村镇近 600 多名移民在景区、酒店等就业，在溪洛渡、向家坝工程建设所在地优先录用移民员工数百名。

4. 关注特殊群体，促进移民生活水平整体提升

2011 年，三峡集团出资 3000 万元与全国妇联共同设立了“水库移民妇女发展扶持基金”，专项用于妇女职业技能培训、母亲水窖、妇女小额贷款、母亲健康快车等扶持项目。2012 年，通过“水库移民妇女发展扶持基金”扶持移民妇女项目数十个，在促进妇女职业技能提升、改善妇女健康水平等方面取得了显著成效。

【奉献爱心回馈社会】 作为中央企业，三峡集团积极贯彻中央有关要求，认真完成国家定点扶贫和对口支援等任务，积极参与社会公益慈善事业，多渠道筹措资金，动员集团广大干部职工开展抗震救灾、捐资助学、关爱残疾人等活动，充分彰显了勇于担当、积极负责的央企形象。2012 年，三峡集团各类慈善捐赠共计 7920 万元；先后荣获全国妇联授予的“中国妇女慈善奖——典范奖”、国务院国资委授予的“中央企业扶贫开发工作先进单位”、国家民政部授予的“中华慈善奖——最具爱心企业奖”等荣誉。

【当好全球企业公民】 三峡集团立足全球视野，充分发挥自身管理、技术、资源、人才等综合优势，贡献三峡人水电项目建设、运营、管理等方面的经验，更广泛地参与全球经济发展，助推世界经济社会可持续发展。

1. 全面推进本地化运营

三峡集团将异国他乡的居民、员工视为亲人和朋友，充分尊重当地传统文化和风俗习惯，加强相互沟通与交流，努力追求情感认同和价值认同。加强属地化运营管理，充分尊重海外员工的基本权益，提升员工个人价值，与当地政府和居民建立和谐友好的合作关系。

2. 做全球企业公民表率

坚持合作共赢，发挥自身影响力和带动力，积极组织参与海外项目所在地的公益活动，通过赈灾救危、扶贫帮困、应急救援等方式，在关键时刻挺身而出，努力回报当地社区。例如，当阿尔及利亚德拉迪斯大坝、玛乌阿纳大坝所在地遭暴雪袭击，三峡集团积极参与救灾，调动装载机、推土机帮助清除市政公路、省道及部分国道积雪，促使道路快速恢复通行。

3. 推动全球水电行业可持续发展

与国际组织、国际院校、科研机构开展广泛合作和交流，搭建经验和成果共享平台，推进全球水电行业的持续快速发展。2012 年，三峡集团推动成立国际大坝委员会（ICOLD）“水电站与水库联合调度运行专业委员会”，这是首次由中国主导成立的国际水电领域的专业技术委员会，旨在提供与世界各国共享梯级调度管理经验、促进国际水电技术与管理共同进步的重要平台，汇聚全球领域内的专业力量与资源开展交流与研究，推动国际相关行业专业技术发展。

中国电力建设集团有限公司社会责任

【责任战略】 中国电建集团按照内外部视觉结合的思路构建社会责任模型，围绕综合价值最大化，采取“计划—实施—考核—持续改进”即 PDCA 循环，细分 10 个环节（即社会责任模型），构建履行企业社会责任的逻辑关系。全面履行十大社会责任。

【十大社会责任】 包括坚持依法经营诚实守信，不断提高持续盈利能力、推进自主创新和技术进步、切实提高产品质量和服务水平、保障生产安全、维护员工权益与促进职业发展、维护客户（业主）权益、加强供应链管理、切实保护环境、参与社区发展和社会公益事业。

1. 坚持依法经营诚实守信

（1）模范遵守法律法规和社会公德、商业道德以及行业规则。

（2）及时足额纳税。

（3）维护投资者和债权人权益。

（4）尊重知识产权和财产权。

（5）维护行业发展秩序，反对不正当竞争。

（6）杜绝商业活动中的腐败行为。

（7）负责任的政治参与。

2. 不断提高持续盈利能力

(1) 完善法人治理，科学民主决策。

(2) 优化发展战略，突出做强主业，缩短管理链条，合理配置资源。

(3) 强化企业管理，提高管控能力，降低经营成本，加强风险防范，提高投入产出水平，增强市场竞争能力。

3. 推进自主创新和技术进步

(1) 建立和完善技术创新机制，加入研究开发投入，提高自主创新能力。

(2) 加快高新技术开发和传统产业改造，着力突破产业和行业关键技术，增加技术创新储备。

(3) 强化知识产权意识，实施知识产权战略，实现技术创新与知识产权的良性互动，形成一批拥有自主知识产权的核心技术和知名品牌，发挥对产业升级、结构优化的带动作用。

4. 切实提高产品质量和服务水平

(1) 在资质等级、政府许可的范围内开展业务。

(2) 建立质量管理体系和制度，开展质量管理体系和资质认证，保证产品和服务的安全性，改善产品性能。

(3) 设置质量管理机构岗位，负责质量的日常管理。

(4) 建立健全教育培训制度，提升员工的质量意识和质量控制技能。

(5) 建立健全原材料和设备等的采购制度以及质量检验制度，按照设计要求、技术标准和合同约定，对材料、设备、生产方法和流程等进行检验和检查。

(6) 对不同类型的业务，根据合同承担相应的质量责任。严格选择和要求供应商、分包商，并对供应商、分包商的质量进行统一监督和管理。

(7) 优化、创新生产工艺和流程，提高质量和效率。

(8) 完善质量服务体系，提升服务水平。

5. 保障生产安全

(1) 严格落实安全生产责任制，加大安全生产投入，严防重、特大安全事故发生。

(2) 建立健全应急管理体系，不断提高应急管理水平和应对突发事件能力。

(3) 建立工程安全管理制度，设置工程安全管理机构或岗位，负责工程安全日常管理工作。

6. 维护员工权益与促进职业发展

中国电建贯彻“以人为本”理念，切实维护职工权益，不断改善职工劳动条件和福利待遇，加强职工素质教育和培训，促进职工全面发展，全面创建和谐企业。

7. 维护客户（业主）权益

中国电建秉承“客户至上”的经营理念，高度重视客户意见和建议，致力于为客户提供高品质的产品和服务，努力建设与客户共赢关系。

8. 加强供应链管理

(1) 制定保障供应商和分包商合法权益的相应措施，公开采购原则、标准和对供应商和分包商的政策及承诺。

(2) 预防并治理采购、分包过程中的商业贿赂和其他腐败行为。

(3) 签订采购、分包合同，不恶意拖欠合同款项。

(4) 制定采购和分包管理制度，选择具有相应资质的供应商和分包商，统一管理分包商的质量、安全生产、环境保护和用工状况。

(5) 对供应商和分包商明确社会责任要求，将道德、环境等企业社会责任标准纳入采购和分包合同，倡导分包商使用安全、节能环保设备和材料，尽可能降低生产对人和环境的影响。

9. 切实保护环境

(1) 环境管理。①建立、实施、改进环境管理体系，制定环境管理制度，聘请专业机构对环境管理体系进行认证/注册。②实施环境影响评价，采取预防性措施控制给环境带来的风险和影响。③实施环境风险管理，设置环境管理机构或岗位，确定环境保护目标和方案，定期审查环保绩效。④建立环保培训机制，通过宣传教育和培训等形式，提升员工的环境保护意识和能力。

(2) 资源节约与综合利用。①建立科学合理的资源、能源利用控制体系，将节约资源、能源的理念融入设计、生产和运行的全过程，负责任地使用能源、原材料、土地、水等资源，提高资源利用率。②积极开发利用可替代资源，如可再生能源和清洁能源。③提高废弃物的再利用与资源化水平，发展循环经济。

(3) 降污减排。①制定降污减排的相关制度，提供专项资金，确保污染物、化学品与其他危险物质的排放数量、处埋与销毁的程序与标准达到或超过适用的法律法规要求。②防治污染的措施应当与建设项目主体工程同时设计、同时施工、同时投产使用。③加强节能降耗技术研究。④采用环保工艺和材料，减少生产垃圾。⑤发生紧急、重大环境污染事件时，应当启动应急机制，及时报告和处理。⑥将适应气候变化纳入决策过程，采取措施控制温室气体的排放量，减少对气候变化的影响。

(4) 生态保护。①保护珍稀动植物物种及其自然栖息地，减少对生物多样性的影响。② 注重生态系统（湿地、野生动物走廊、保护区和农业用地）保护，对造成的损害给予及时修复。③ 倡导和组织企业员工和所在地居民开展保护和恢复生态系统的公益行动。

10. 参与社区发展和社会公益事业

(1) 主动与社区沟通相关信息，了解并回应利益相关方的意见和建议。

(2) 制定社区参与计划，参与社区公共服务和管理。

(3) 发挥专业优势，支持社区交通、通信、饮水、卫生等公共基础设施建设。

(4) 支持社区慈善事业发展，为社区发展和防灾减灾提供捐赠。

(5) 发挥技术和设备优势，参与社区防灾减灾活动。

【管理提升】 在管理提升活动中，中国电建提出要遵循企业价值创造逻辑、强化管理集成创新、打造建筑领域竞争新优势、实现管理效益最大化的新要求。中国电建企业经济增长逻辑见图 1。中国电建价值创造逻辑见图 2。

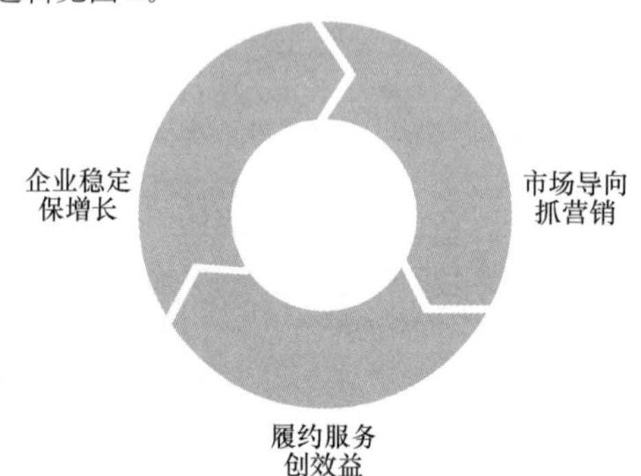

图 1 中国电建企业经济增长逻辑

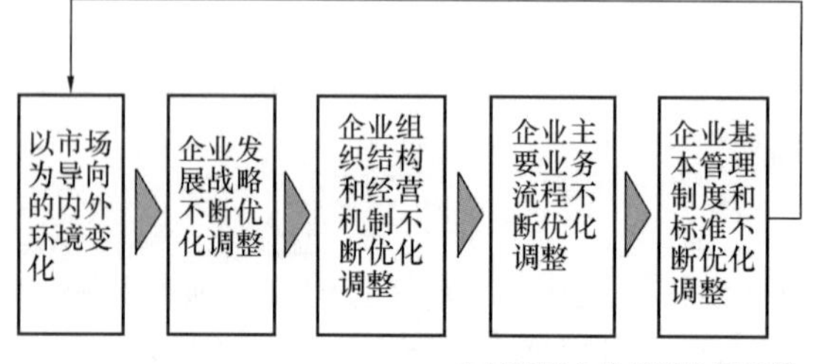

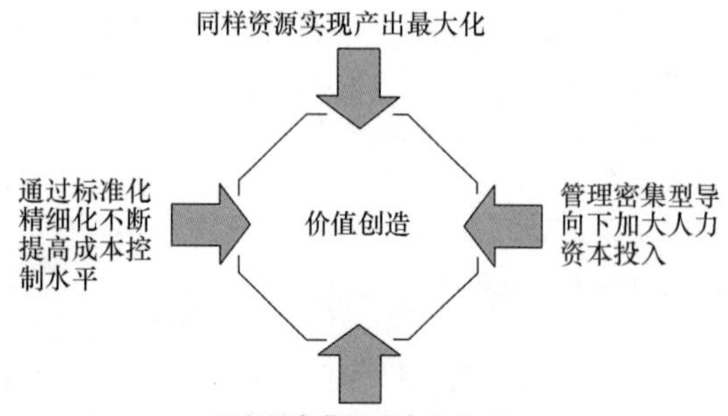

图 2 中国电建价值创造逻辑

中国能源建设集团有限公司社会责任

【责任理念】 包括组织使命、战略愿景。

1. 组织使命

中国能建集团公司作为中国能源建设领域的“国家队”，以代表能源建设领域的国家竞争力为己任和使命，攀登中国能源建设珠峰，打造世界能源建设航母，建设国际一流精品工程。

2. 战略愿景

行业领先，世界一流。“行业领先”表示中国能建所涉足的各个业务板块，均要争做行业排头兵，占领行业制高点，引领行业潮流。“世界一流”表示中国能建要掌握主要业务领域前沿技术，全面参与相关国际标准制订；对比国际同行优秀企业，企业人才、技术、管理一流，所提供的产品与服务一流，企业效益、规模、形象一流。

【责任战略】 中国能建坚持以“聚天下之能，建世界之基”、“奉献精品、造福人类”、“同在一方热土、共建美好家园”为出发点和落脚点，遵循“自主创新、奉献社会，科学发展、共建和谐”的社会责任观，深入学习实践科学发展观，坚持“世界能源，中国能建”的组织使命和“行业领先、世界一流”战略愿景，紧密结合改革发展实际和重点工作部署，建立完善社会责任管理体系和制度，加强企业社会责任的宣传教育，将社会责任工作融入企业各项工作中，有效管理企业运营对社会和环境的影响，推动企业发展和履行社会责任良性循环，努力成为履行社会责任的表率，实现企业与职工、利益相关方、社会、环境和谐发展。

中国能建将社会责任提升到战略发展的高度，明确提出了和谐发展战略，主要内容如下：

1. 建设诚信企业

(1) 确保依法合规经营。

(2) 维护相关方合法权益。

(3) 与合作伙伴共赢发展。

(4) 加强以完善惩治和预防腐败体系为重点的反腐倡廉建设，树立清廉企业形象。

2. 建设绿色企业

(1) 模范推进节能减排。

(2) 积极保护生态环境。

3. 建设平安企业

(1) 加强安全生产管理。

(2) 切实抓好企业稳定工作。

(3) 妥善解决历史遗留问题。

4. 建设活力企业

一是创建先进企业文化，培育具有“中国能建”特色的企业文化。二是创新企业内部机制。三是全面加强企业民主管理，切实维护职工合法权益。四是实现企业发展和职工发展的两个协同、两个促进。

5. 建设责任企业

一是模范落实国家宏观调控政策。二是努力在国家应对经济社会发展的大事、难事、急事的特殊时期和关键时刻，发挥主力军和顶梁柱作用。三是切实做好新闻宣传工作，定期发布社会责任报告，加强与利益相关方沟通、树立与社会、企业、环境和谐发展的责任企业形象。

【责任实践】

1. 吸纳就业

中国能建在创造经济效益的同时也为社会创造了大量的工作就业机会。

公开招聘：全年录用大中专毕业生 4591 人，接收复转军人 36 人。

本地化雇员：职工本地化雇佣比例 65%，劳务派遣人员本地化雇佣比例超过 90%。

残疾人就业：认真贯彻落实《中华人民共和国残疾人保障法》，注重就业机会平等，为残疾人创造劳动就业条件，选择适合的工种和岗位，目前集团公司共解决残疾人就业近 1000 人。

2. 与员工共成长

中国能建始终坚持以人为本，按照国务院国资委建设“四个一流”职工队伍的要求，在《中长期发展战略纲要》中提出“企业发展与员工发展并重”的战略部署，通过健全“五大保障”（工会组织保障、工会制度保障、职工生产保障、职工生活保障、民主管理保障），与员工共成长、同发展，努力构建和谐企业。2012 年，中国能建获得 8 个全国五一劳动奖状，18 个全国工人先锋号，15 个省级以上“安康杯”优胜单位，9 个省部级以上劳动竞赛先进集体，4 个省部级以上工会工作先进集体。

3. 员工教育管理

中国能建始终坚持以人为本，关注职工发展，在人才教育培训、成才通道建设等方面，扎实推进、成效显著。

出台了《职工发展报告指引》，要求对职工队伍基本状况、职工素质工程建设、职业健康安全环境、职工民主管理、群众组织建设等方面进行全面梳理总结，探索完善职工发展的衡量评价体系，全面反映职工工作的开展情况。成立职工培训中心，以“敬业、职业、专业、事业”为目标，不断加大人才教育培训力度，全年共举办各类培训班 2200 多期，参训人员超过 6 万人次。

4. 安全责任重于泰山

中国能建坚持“科学发展、安全发展、以人为本”的理念和“安全第一、预防为主、综合治理”的方针，以落实主体责任、强化基础工作、创新技术保障、突出文化导向为主线，着力建设标准、规范的安全生产系统工程。

(1) 坚持安全生产。全面落实安全生产责任制，深入扎实开展事故隐患排查治理，安全教育培训、重点项目监控、应急处置、“打非治违”、“安全生产月”等安全生产工作，确保年度安全生产目标和各项指标均在可控范围内，保持安全生产工作的总体稳定。同时，加大安全生产投入，全年安全生产投入达 11.83 亿元。

(2) 完善安全制度。制定了《安全生产管理暂行办法》、《安全生产考核暂行办法》、《安全生产责任制》、《安全生产信息报告规定》、《安全生产教育培训规定》、《安全生产事故隐患排查治理规定》、《生产安全事故应急管理暂行办法》、《生产安全事故应急救援预案》、《自然灾害应急教授预案》等 9 项安全生产规章制度，初步建立安全生产制度体系。

(3) 加强安全监管。2012 年，中国能建及所属单位先后出动安全督查组 560 个、查处违章 960 人次、隐患 7800 余项，整改率 100%。

(4) 应急管理机制。中国能建总部、所属单位及各项目施工现场均建立了安全生产应急管理体系，明确了相应的工作职责。做到应急工作职责清晰、接口明确、资源有保障、指挥畅通。2012 年，公司共开展应急演练 1800 场。

(5) 安全教育培训。全年开展安全管理知识培训 920 余次、培训 27 000 余人次，开展操作技能培训 3400 余次，培训 56 000 余人次。组织广大职工积极参加全国电力安全生产知识网络竞赛活动，参赛人数达到 15 190 人，总得分 70 592，获得第四名的好成绩，受到了国家电监会的通报表彰。

5. 服务社会

中国能建牢记企业使命，尽其所能，服务社会，热心公益，促进和谐。

(1) 融入社区。支持所属单位或项目所在地社区建设、改善民生，融入社区，服务社区，实现与社区共同发展是中国能建的一贯追求。帮助社区解决一些实际困难，提供部分资金支持，共享医疗设施服务，给社区成员提供活动场地开展形式多样的文体活动。配合街道办事处组织下岗职工再就业培训，为社区成员提供国家、地方法律法规政策咨询。

(2) 志愿者服务。积极开展志愿服务活动，志愿者人数达 5392 名。

(3) 对外捐赠。积极开展对外捐赠工作，对外捐赠共计 570 万元。其中，救济性捐赠 63.87 万，占捐赠总额的 11.21%；公益性捐赠 481.45 万元，占捐赠总额的84.46%；其他捐赠24.68万元，占捐赠总额的4.33%。

(4) 积极参加希望工程。开展各种形式的捐资助学活动，为落后地区的学校捐赠书籍、教学设施；开展与困难儿童的对口扶贫工作；为困难职工子女就学募捐。

6. 环境保护

中国能建致力于科学管理，节约能源；严格监控，防止污染；建设资源节约型，环境友好型企业。全年环保投资4.12亿元，部分所属单位、工程被地方、行业评选为“环境保护优秀施工示范企业”和“绿色施工示范工程”等荣誉。

7. 绿色办公和绿色采购

中国能建倡导“低碳节能，环保办公”的理念，强化员工节约意识，节水、节电、节约纸张，推进无纸化办公，形成节约能源，环保办公的良好氛围。

积极组织开展供应商的环保评级，将“节能减排，环境保护”要求纳入采购合同，主动明确采购物品的加工和运输过程中的环保要求，优先选择带有环保标志的产品，积极与供应商共同开发、推广绿色环保技术，督促供应商推进环境管理体系建设，通过认证审核，促进供应商提升环境管理水平，保证采购物资合格率100%。

8. 节能减排

中国能建秉承“引领推广降污减排技术，积极开发节能减排产品，严格推行清洁生产”的理念，认真贯彻落实国家节能减排政策，建立健全节能减排体系，细化分解各项指标，加强监督管理，大力推进节能减排工作的开展；充分发挥完整产业链优势，积极开展高效发电、热电联产、余热余压利用、新能源、可再生能源、垃圾发电、分布式能源、智能电网等节能技术、设备的研发和应用，为电力行业节能减排做出了巨大贡献。同时，组织开展以“节能低碳、绿色发展”为主题的节能宣传周活动，利用内部报刊、互联网、板报、宣传栏等多种形式，深入开展节能宣传教育。

2012年，中国能建二氧化硫、化学需氧量、氮氧化物和氨氮等污染物排放量较2011年分别下降2.21%、3.50%、2.15%、1.96%。所属葛洲坝集团公司被人力资源与社会保障部、国家发展和改革委员会、环境保护部、财政部授予“十一五”时期全国节能减排先进集体称号。

2012年，中国能建积极履行中央企业社会责任，促进项目所在地和所在国社会发展，切实推行劳务“属地化”，着力改善当地就业环境，积极参与捐资助学、修桥筑路、净水供水、维护修葺日常生活设施等各项公益事业，为当地人民办实事、谋福祉，树立了良好的中央企业形象。所属葛洲坝集团荣获中国对外承包工程“社会责任领先型企业”称号和“走进东盟十大成功企业”称号，捐资3500万元援建的新疆伊犁那拉提灌渠老渠项目建成通水；云南院积极参与彝良地震灾区电力抢修，浙江院全力支持浙江电网抗冰抢险，为灾区供电迅速恢复做出了重要贡献。

2012年，中国能建环保投资4.12亿元，二氧化硫、化学需氧量、氮氧化物和氨氮等污染物排放量较2011年分别下降2.21%、3.50%、2.15%、1.96%。

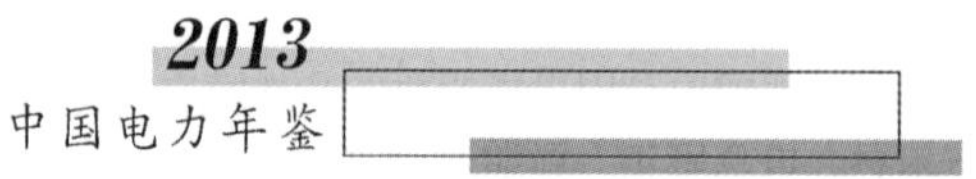

新 闻 出 版

【英大传媒投资集团有限公司】

单位概况 英大传媒投资集团有限公司（简称英大传媒集团）是国家电网公司的全资子公司，于2008年8月7日正式成立。

英大传媒集团以新闻宣传、图书出版、战略投资为核心业务，具有优良的新闻宣传、图书出版资质和较强的品牌策划、渠道营销、广告经营能力。旗下拥有《国家电网报》、《亮报》、《国家电网》杂志、《企业软实力》杂志、《能源评论》杂志、《英大金融》杂志、《供用电》杂志、《脊梁》杂志、国家电网电视频道（SGTV）、英大网（www.indaa.com.cn）、电网新闻网（内网news.sgcc.com.cn）、书香网、电力设备网、《国家电网报》手机报等媒体；年出版发行电力、电子、教材、经管、建筑、机械、外语、少儿等领域各类图书2000多种；同时开展品牌策划、会议展览、广告营销、装帧设计、投资与资产管理及相关咨询业务。英大传媒集团是我国首家企业传媒集团，是新闻出版广电总局新闻出版领域体制改革重点联系单位。

领导班子 总经理、党组副书记：石玉东

党组书记、副总经理：宗 健

党组成员、副总经理：刘广峰

党组成员、副总经理：王树民

党组成员、副总经理：丁海东

党组成员、副总经理：刘清鑫

党组成员、副总经理：宋芃（女）

党组成员、总会计师：丛德强

党组成员、纪检组组长、工会主席：陈 迁

组织机构 英大传媒集团下设6个全资子公司［《国家电网报》社有限公司、中国电力出版社有限公司、英大传媒投资集团南京有限公司、英大传媒投资集团武汉有限公司、英大传媒（上海）有限公司、国网卓越传媒广告（北京）有限公司］，参股人民网有限公司、第一财经传媒有限公司、蓝海传媒集团、北京世纪东方科技发展有限公司；共设有8个职能部门，17个业务中心，在国家电网公司所属网省公司及相关单位建立了39个记者站，在全国设立40个营销站店。

人力资源 截至2012年底，博士研究生6人，硕士研究生155人，占35%；大学本科239人，占52%。员工平均年龄35.6岁。专业技术人员中，正高级职称24人，占8%；副高级职称54人，占17%；中级职称170人，占53%。

2012年，英大传媒集团持续创新人力资源管理体制和机制，调整用工策略，开展组织机构优化调整，实现了由传统人事劳动管理向现代企业人力资源管理的战略转型。打造高素质干部队伍，修订中层干部管理办法等制度，对中层干部的考评提出量化标准。开展员工职业生涯通道建设，规范了岗位聘任程序和条件，建立能上能下的岗位岗级聘任机制。推进绩效管理，建立健全分类分级的绩效管理体系，加大经营业绩考核力度。

创新教育培训方式方法。实施成长计划、精英计划、琢玉计划，建立健全全员考试常态机制，以考促学，引导员工优化知识结构，提高了岗位胜任能力。全年共举办或参加各类培训123项，4659人次参加了培训。

经营管理 宣传资源整合。成立资源整合领导小组，推进整合工作，取得阶段性成果。《企业软实力》实现独立出刊；《英大金融》获得公开出版刊号。《电力需求侧管理》和《水电自动化与大坝监测》刊号变更已通过地方新闻出版局审批，并报新闻出版总署受理。完成《供用电》改版试刊，推进主管主办单位变更工作。完成《农村电工》划转前尽职调查。完成《脊梁》、《英大金融》试刊、筹办工作。注册成立上海、武汉子公司。

传媒产业投资。成立投资管理部。与第一财经签约，推进媒体创办、传媒市场化经营等合作。与蓝海传媒签署合作协议，利用蓝海传媒海外传播平台，服务国家电网品牌建设。

战略规划研究。滚动修订“十二五”发展规划，提出建设“市场竞争力一流，社会影响力一流”现代传媒集团发展目标。加强战略合作，与国网国际公司、山东电力集团公司等10家公司系统单位签署战略合作协议，推进资源共享。强化经济活动分析，建立经营分析诊断常态机制，增强工作前瞻性和主动性。

管理提升。落实增强集团化资源管控能力、建立安全生产长效机制等20项管理提升细化措施，修订完善人力资源、财务、物资等管理办法27项，规章制度体系进一步健全；完成招投标、劳动用工、公务用车、集体企业等公司审计检查整改意见落实，夯实管理基础，提升管理水平。

加强计划预算管理，全面应用标准成本体系，提升预算精益化水平。增强成本意识，强化物资采购、报刊印刷、媒体邮发、公务用车等管理。巩固出版站店营销渠道，拓展书香网等网络销售渠道，增强营销能力。开展“安全年”活动，安全、保密、信访等实现可控、能控、在控。深化应用协同办公、企业门户、全媒体技术平台、SAP-ERP等管理和生产系统，提高管理信息化水平。

传播平台建设 对内宣传。集团各媒体紧紧围绕公司中心工作，加强选题策划，优化报道内容，创新表达形式，完成公司新闻宣传任务。加强一体化宣传平台建设，在党的十八大、公司“两会”、青藏联网工程、“三集五大”、“国际化”战略、服务新能源发展、中央领导系列批示等重要会议、重大工程、重点工作的宣传中，深化全媒体运作，积极开展主题传播活动，加强公司系统媒体上下联动。

对外传播。努力打造高水平的对外传播平台，成立对外联络中心，加强外宣工作。成功举办“绿色之光·点亮生活”中国画报媒体走进国家电网采风行、青藏联网工程及锦苏工程主流媒体采访、2012年影响中国十大能源新闻发布会等活动；编辑出版反映青藏联网工程建设的“三个一工程”和反映公司服务新能源发展的报告文学《风光无限》，推动了公司理念和价值输出；协助组织玉树联网工程、皖电东送淮河大跨越等大型直播工作，有效传播国家电网品牌。“五个一批”专家队伍建设全面启动。

“走转改”和媒体质量安全活动。“走转改”活动成为锻炼队伍、提高媒体质量的重要抓手，各媒体在公司系统内外建立了22个“走转改”活动联系点，形

成常态工作机制；组织80多批次200余名编辑记者走进基层开展蹲点采访、回访。各媒体认真查找安全隐患，形成《集团媒体风险点分析报告》，完善业务管理制度，优化业务工作流程，落实防控措施，提升媒体质量安全水平。

出版管理。开展图书质量安全活动，编制《图书编辑全过程质量风险控制》手册，优化出版业务流程，深化图书ERP系统应用。完成2012年国家电网公司电力科技著作项目评审。加强电网、发电等电力主专业出版实力，完成《李鹏论宏观经济》、《中国电力与能源》、《青藏电力联网工程》等重点图书编辑出版。开拓电工电子、建筑机械、电力教材、财经、外语少儿类图书市场。

数字出版。初步建成集综合图书、报刊、文献、视频动画等资源的全媒体数字出版平台，通过公司科技项目验收。建成统一搜索引擎和电力基础知识库，支持跨平台阅读和电子书在线销售，与当当网、京东网签订电子书销售合作协议。"电力行业数字出版平台建设及其在智能电网知识服务体系中的应用"项目入选新闻出版改革发展项目库，获得财政部2000万元文化产业发展专项资金支持。

版权贸易。参加第十九届北京国际图书博览会等展会，与国际知名出版商开展合作洽谈，推进《中国电力与能源》等图书版权输出工作。引进、出版《电力系统经济性市场设计与规划》、《变革创造价值》等图书。

品牌服务。完成中国电力与能源研讨会暨"2012中国能源年度人物"颁奖典礼、亚太电协电力展公司展位等策划与布展。主动挖掘系统内各单位品牌策划需求，完成北京公司"三集五大"成果展等品牌项目。推进公司展览展示标准化建设。

广告经营。获得"中国一级广告企业"资质，丰富广告营销手段，以活动、事件带动广告经营。策划实施了智能电网巡回论坛等广告招商活动。创新广告代理机制，扩大代理范围，规范管理，有效增加广告收入。

党的建设和精神文明建设 党的建设方面，积极开展基层组织建设年活动，做好党支部分类定级、整改提高。深化创先争优活动和"电网先锋党支部"创建，组织开展"坚定信念强党性创先争优当先锋"主题党日活动。定期召开联席会议，监督效能明显提升，协同监督和廉政建设进一步加强。组织开展纪念建团90周年活动和"青春光明行"十周年系列活动。

企业文化建设方面，做好企业文化传播和落地工作，开展"企业文化'五统一'在执行力建设中的落地"主题实践活动。积极推进企业文化环境建设。完成公司2013年"两会"文艺演出主题诗朗诵节目《我们的力量》。组织开展趣味运动会等活动，丰富员工文化生活。加强职工民主管理，做好提案征集、督办、回复工作。做好离退休老同志和员工关怀慰问工作，促进和谐企业建设。

2012年，新闻出版总署邬书林副署长，中宣部、国资委等有关领导先后到集团调研指导工作，对集团取得的成绩表示充分肯定。集团设计制作中心荣获2012年度"国家电网公司先进集体"称号，多名个人获得公司、行业协会各类表彰。《走进特高压》音像制品荣获"第二届中国科普作家协会优秀科普奖"。《国家负荷》荣获中央企业精神文明建设"五个一工程"优秀作品奖。集团76件作品在中国产经新闻奖、全国安全生产新闻奖等评选中获奖。《能源评论》杂志荣获首届中国传媒设计大奖最佳封面设计佳作奖；英大网荣获出版业最具影响力网站。

（王红亮）

【中国电力出版社】 中国电力出版社（英文简称China Electric Power Press，CEPP）是英大传媒投资集团有限公司全资子公司，隶属于国家电网公司，是以图书出版为主体，音像制品、电子出版物、网络出版共同发展的大型科技出版企业。注册地址为北京市西城区三里河路6号。成立于1951年，从燃料工业出版社开始，经历了电力工业出版社、中国工业出版社和水利电力出版社几个历史阶段，1995年中国电力出版社成立，2006年转企改制为中国电力出版社有限公司，2008年与国家电网报社重组成立英大传媒投资集团有限公司。

中国电力出版社现有出版管理部、选题规划中心、电网技术图书中心、电网综合图书中心、发电图书中心、用电图书中心、建筑机械图书中心、教材中心、图书营销中心、设计制作中心、世纪东方公司。出版范围包括电力工程、能源动力工程、水利水电工程、建筑机械工程，以及电工电子技术、自动化技术和经济管理、外语、少儿等领域的科技著作、技术标准、大中专教材、音像制品、电子出版物。

中国电力出版社始终坚持"为人民服务、为社会主义服务"的出版方针，每年出版新品2000多种，其中，电力工程类在市场占有主导地位，电工电子和建筑类进入市场前列，财经和外语类在市场产生重要影响，逐步形成专业、教育、大众出版模式。至2012年，累计出版图书3万余种，2亿多册，为中国电力工业发展、电力科技进步、电力人才办社宗旨培养和科技知识传播，做出了积极的贡献。

中国电力出版社坚持"立足电力，面向市场，传承科技，服务社会"的办社宗旨，重视图书质量的管理和控制，重视精神文明建设和职工素质的提高，多年保持中央国家机关文明单位和首都文明单位称号。

出版的图书、音像制品和电子出版物多次获得国家图书奖、中国图书奖、国家音像制品奖、中国出版政府奖、中华优秀出版物奖、“三个一百”原创出版工程等多种奖励。1993 年，中国电力出版社被中共中央宣传部和国家新闻出版署表彰为全国首批 15 家优秀图书出版单位之一，2007 年后相继荣获中国出版政府奖——先进出版单位、全国文化体制改革优秀企业、全国百佳图书出版单位等荣誉。

中国电力出版社重视国际合作与交流，积极拓展海外市场，已与 Pearson、Elsvear、Springer、John Wiley&Sons、McGraw-Hill、O'Reilly 等多家国际权威出版机构建立了良好的合作关系。

为了更好地为广大读者服务，中国电力出版社除依靠新华书店发行图书外，还在全国设立了 40 多家电力图书发行站和电力书店。

【南方电网传媒有限公司】

单位概况 南方电网传媒有限公司（简称南网传媒公司）是中国南方电网有限责任公司的控股子公司，成立于 2010 年 9 月 3 日，总部设在广州。南网传媒公司注册资本为 6000 万元，6 个股东分别为中国南方电网公司、广东电网公司、广西电网公司、云南电网公司、贵州电网公司、海南电网公司。南网传媒公司的使命是开拓传媒市场，推进产业延伸，提升南网品牌，传播优秀文化。核心价值观是“点万家灯火 传南网情深”。

南网传媒公司主要经营范围：传媒产业的投资、资产管理和经营业务；广告设计、制作、发布和代理；企业品牌策划与服务；报纸、期刊出版及影视节目制作；网络、信息技术相关服务及电子商务；出版服务、商业印刷及资料编印；会展、演艺、娱乐、体育赛事类活动承办及服务；文化用品、标识类产品的设计、制作及销售；相关业务的咨询、培训、代理和中介服务。

组织机构 南网传媒公司下设综合部、传播策划部、财务部、《南方电网报》报社（与《南方电网报》社有限公司两块牌子、一套人马）、《南方能源观察》杂志社、网络信息部、影视部、媒体运营中心、设计制作中心、文化活动中心十个部门。见南方电网传媒公司组织机构图。

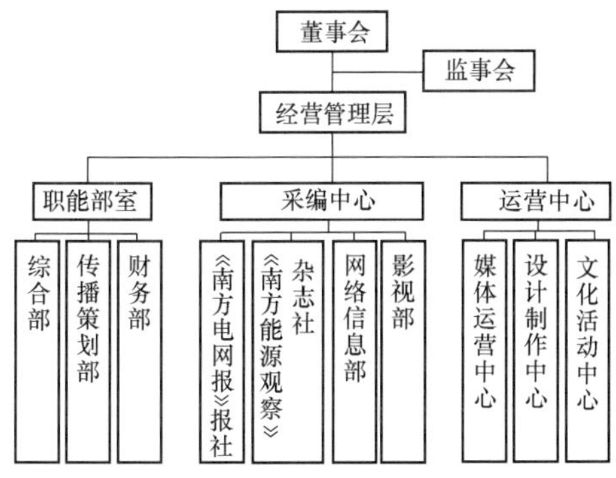

南方电网传媒公司组织机构图

领导班子 南网传媒公司领导班子成员组成如下：

董事长、党组书记、纪检组长：金戈鸣

副董事长、党组成员：张燕维

副总经理、党组成员：焦向阳

副总经理、党组成员：陈向阳

副总经理、党组成员：雷树华

经营管理 积极落实南方电网公司工作部署，围绕中心工作，做好正确的舆论引导。100%完成了南方电网公司下达的新闻宣传工作 484 项，其中重点工作 52 项。舆论导向与品牌传播影响力 97.4%。主动做好宣传主题的设置和传播，协助人民日报、中央电视台等权威媒体做好“破冰融雪保供电”、“西电东送”、“科技创新”等主题宣传。在南方电网公司成立十周年之际，深度发掘十年来的发展成就，充分发挥四大新闻媒体优势，会同传播策划、设计、文化团队形成合力，做好全年新闻宣传工作统筹，为南方电网公司新一轮改革发展营造良好舆论氛围。针对电力体制改革和发展中的重点难点，跳出本位思想的影响，深度报道解析问题，为企业管理改革提供参考。升级监测系统，加强舆情监测。2012 年，全年，南方电网公司舆情监控和新闻应急处置响应率达 98.9%，保障南方电网公司未发生重大负面网络舆情广泛传播和产生恶劣影响的事件。

以新闻宣传“一体化”为目标，持续推进南网品牌建设，努力提升媒体和经营资源的整合力度，形成品牌传播合力。先后挖掘、塑造了“独龙江通电”、“直流团队”、“饶宏”、“刘苗查”、“南网兄弟”、“陆浩臻”、“赵金贵”等一批“感动南网”先进典型。准确把握南方电网服务型企业的核心，协助南方电网公司建立全网统一的品牌管理机制。与广东电网、深圳供电局携手研究品牌传播管理，编制跨年度传播规划。为广州、中山、东莞供电局等企业策划并实施了形式多样的客户活动。策划和筹备“南网服务之星”评选大赛；策划和执行节能减排系列宣传；组织南方电网公司首届“金点奖”变电站标准化设计大赛；高效完成南方电网公司年度公益广告宣传和广东电网公司“三电”公益宣传系列活动。通过一系列传播策划，实现了南方电网品牌在公众中的多点传播。

推进网内传播资源的整合，将传播媒介、新闻信息、宣传队伍逐步整合到同一平台，实现全媒体运作，提升了媒体群的影响力和公信力。2012 年报纸、杂志、影视、网站四大媒体第三方读者满意度调查，满意率分别为 78.8%、76.1%、76.4%、77.6%。

《南方电网报》策划并推出了一批围绕南网生产经营中心工作的报道，发挥新闻的决策参考作用，通过内参形式促进南方电网焦点、难点问题的解决。外宣工作取得新进展，在策划“感动南网”的同时，成功推出了“独龙江”、“山瑶帮扶”、“决战惠茅线”等系列报道。重点版面、重点栏目建设继续保持良好态势，形成了“新鲜事”、“南网看台”、“我的班长我的班”“南网达人”等一批吸引读者持续关注的栏目。2012年《南方电网报》获得了第三方独立评报机构的好评，在全国电力好新闻评选活动中获得两个一等奖。

《南方能源观察》成长迅速，在能源行业崭露头角。《电改十年》、《黄金十年》两期杂志的相关文章被国家发改委的《改革内参》收录。其中《电改十年》获得了中央领导的批示。美国知名媒体研究公司将《南方能源观察》列入其研究数据库。

南方电网公司门户网站以参加国资委组织的中央企业网站能力建设示范试点工作为契机，完善网站体验和功能，策划了感动南网颁奖、牵手独龙江、南网十年、迎接和学习贯彻十八大等网站专题报道，连续三年达到国资委A+水平，入选国资委网站“央企领衔网站赏析”。

《南网新闻联播》策划了《十年情深南网人》、《直击云南干旱》、《第二届感动南网》、《聚焦无电村通电》等一系列新闻和专题。努力拓宽播出渠道，实现了460多个办公楼宇、营业场所的同步播出。协助央视完成了多条新闻报道摄制。两部新闻作品获中国电力新闻奖一、二等奖，三部作品获全国电力行业优秀电视片一等奖。

业务开展 传播策划和媒介代理方面，专业策划和执行能力获得客户认可。广东市场电力营销品牌整合传播服务业务逐步扩大，在营销领域初步构建了稳定的业务模式。二维码、手机专题网站等新媒体的运用和央视广告代理资格的获得，进一步提升了公司的经营竞争力。12月初，在第21届华文报纸广告奖评审大会上，南方电网传媒公司荣获年度营销团队奖、十佳营销案例奖和年度最佳公信力传播奖三项大奖，公司策划能力首次获得传媒业界的认可。

广告经营方面，先后配合金点奖评选、服务之星大赛等多个活动项目策划销售专案。建成投产深圳户外广告LED屏，增加了户外广告载体数量。建设了客户管理系统，通过现代管理技术提高了工作效率。广告销售继续呈现增长态势，广告客户已扩展至200多家，其中系统外客户占93.5%，对系统内客户的依赖程度逐步降低。

设计制作方面，全年开展实施展览展示、VIS、平面设计制作、礼品开发、安健环及服装监制等多项业务。实施了国际节能展、绿创展、广东电网VIS标准品制作、江电百年纪念设计制作等重大项目。完成了服装监制招标、定标、监制、配送等全过程服务，首批职业服装在南方电网成立十周年之际发放到员工手上。

文化活动方面，积极服务南网总部、各分子公司和基层单位，完成了社会责任日和各类联谊会等活动项目。创立“金点奖”自主品牌活动，增强了为南方电网主营业务服务的能力，开创了文化活动业务的市场空间，实现了业务快速增长。

网络信息服务方面，继续坚定“互联网创造价值”的理念，积极主动争取中央企业网站能力建设试点示范项目。通过试点示范工程，促进了南方电网对外网站群一体化规划。结合南方电网公司网站和网络舆情工作的开展，细分网络信息服务的种类和等级，与多家网内单位开展分级舆情技术服务。

影视服务方面，策划、拍摄和制作了多部电视专题和广告片，全年经营业绩稳步增长。创新影视服务方式和手段，通过为“两渡”工程提供电子影像档案和专题片服务，拓宽了影视制作的业务模式，开辟了拓展业务的新路径。

企业管理 内部管理。南方电网传媒公司管理以战略为导向，编制了第一个中长期发展战略，进一步明确了南方电网传媒公司的使命、核心价值观、战略目标、战略步骤和实施路径，为南方电网传媒公司持续健康发展规划好了战略地图。以南方电网管理提升活动为契机，完成ISO9001质量管理体系认证，全面推进管理工作标准化、制度化、规范化。提升企业信息化水平，创建了南方电网传媒公司门户网站和客户管理系统。建立完善了一系列规章制度，规范南方电网传媒公司各项业务管理。初步构建内部控制体系，提升风险管控能力。认真开展经济活动分析，及时解决南方电网传媒公司经营中存在的各种问题。严格执行招投标管理办法，规范了物资与服务供应商管理，初步建立了供应商库。加强法律风险防范，2012年全年未发生违法违规事件。提升全员保密意识，全年未发生失泄密事件。

队伍建设。继续完善市场化竞争机制，初步构建了以业绩为导向、符合行业特点的员工激励机制。科学设置南方电网传媒公司岗位序列，为员工明确了职业发展通道。开展中层干部、后备干部的竞争性选拔，通过多岗位锻炼丰富阅历，提高干部管理水平。全年共开展相关培训25期，邀请领导和专家授课，重点提高理论和政策水平以及战略思维、系统思维、创新思维和经营管控能力。至2012年底，南网传媒公司共有员工130人，中层干部平均年龄35岁，70后、80后成为中坚力量。

党建工作。全面落实党建和党风廉政责任制目标，进一步完善公司“三重一大”配套制度，扎实推进惩治与预防腐败体系建设。组织开展主题纪律教育月活动，营造廉洁从业氛围。完善民主管理和监督机制，建立健全工会组织，逐步发挥工会民主管理积极作用。加强基层党组织建设，党支部和党员发挥了战斗堡垒和先锋模范作用。运营中心党支部被评为南方电网公司直属党委创先争优先进基层党组织。

主要事件

1月9日，南网传媒公司召开2012年工作会议，金戈鸣董事长做了题为《全面推进公司稳步增长 努力提升南网品牌价值》的工作报告。

1月14日，第二届“感动南网”评选活动评出11位感动人物和3个感动团队。4月27日，第二届“感动南网”颁奖典礼为感动人物和感动团队颁奖。

4月10日～11日，南网传媒公司召开2011年度股东会暨一届四次董事会、一届三次监事会。

2012年5～12月，由南方电网公司办公厅牵头，南网传媒公司创意制作的南方电网公益广告在中央电视台、凤凰卫视、人民日报等媒体刊播。

5月21日，《南方电网报》报社有限公司成立，注册资本金为800万元。

6月1日，南方电网传媒公司建成投产的深圳市深南大道4020号户外广告LED屏投入运营。

6月7日，南方电网传媒公司召开第一届工会会员大会，会议选举张燕维同志为公司工会主席，选举唐毅、李燕萍、马兴炼、邱宇光、杜占艳、郑维雅为公司工会委员，选举唐毅、吴际城、刘兆娜为公司工会经费审查委员会委员。

10月23日，南网传媒公司举行ISO文件评审暨发布大会，ISO质量管理体系开始试运行，新编写和修订文件72项，共计约25万字。

11月23日，南网传媒公司承办的首届南方电网公司第一届“金点奖”（基建篇）大赛落下帷幕，来自全国的321家单位和51位个人参加，涌现了大量优秀作品。

12月3日，南网传媒公司举行记者站授牌仪式。《南方电网报》和《南网新闻联播》正式成立驻超高压公司、调峰调频公司、广东、广西、云南、贵州、海南、广州、深圳记者站。

（尚伟亮）

【长江三峡集团传媒有限公司】 长江三峡集团传媒有限公司（简称三峡传媒公司）是中国长江三峡集团公司（简称中国三峡集团）的全资子公司。

三峡传媒公司是中国三峡集团根据中央关于非时政类报刊出版单位体制改革精神，经国务院三峡工程建设委员会同意，国家新闻出版总署批准，由中国三峡集团主办的报刊出版单位转企改制组建。

三峡传媒公司是中国三峡集团独资设立的新闻出版企业，是《中国三峡工程报》、《中国三峡》杂志和《中国三峡建设年鉴》第二主办单位和出版单位。中国三峡集团是上述报刊主要主办单位。

三峡传媒公司总部设在湖北省宜昌市，注册资本5000万元。公司主要经营范围除编辑出版《中国三峡工程报》、《中国三峡》杂志、《中国三峡建设年鉴》外，还包括：广告策划、设计、代理，利用本公司出版的报刊发布广告；画册、挂历、书刊资料的编辑、设计、制作；企业专题片的策划与制作；影像档案整理；文化用品、工艺品的策划、设计、制作与销售；承办会议、展览展示、交流咨询活动；图书销售；文化传媒产业的投资。

一、公司组建

非时政类报刊出版单位体制改革是中央深化文化体制改革和新闻出版体制改革的一项重要内容，旨在转变报刊出版业发展方式，增强报刊传播力和舆论引导力。按照中央部署和湖北省要求，由中国三峡集团主办的《中国三峡工程报》、《中国三峡》杂志、《中国三峡建设年鉴》属于非时政类报刊，也是隶属于企业法人的报刊出版单位，必须进行转企改制。

为贯彻落实党的十七届六中全会精神和中央、湖北省关于非时政类报刊转企改制的精神，贯彻国务院国资委关于加强和改进中央企业新闻宣传工作的要求，更好地为集团公司发展战略服务，促进报刊自身发展。2011年10月，中国三峡集团成立报刊转企改制领导小组，正式启动了集团公司自办报刊转企改制工作。按照集团公司党组和董事会讨论通过的组建传媒公司方案，在新闻出版总署的支持和指导下，确定了三峡传媒公司章程。2012年8月，经国务院三峡工程建设委员会同意，新闻出版总署批准，中国三峡集团全资设立三峡传媒公司，作为《中国三峡工程报》、《中国三峡》杂志、《中国三峡建设年鉴》的出版单位，以上三种报刊的主办单位变更为中国三峡集团、三峡传媒公司，其中，中国三峡集团为主要主办单位。2012年9月13日，三峡传媒公司在国家工商行政管理总局登记注册，取得全民所有制企业法人营业执照。2012年12月8日，三峡传媒公司在京揭牌。

二、管理体制

三峡传媒公司是中国三峡集团全资子公司，三峡传媒公司执行董事、监事由集团公司委派，领导班子成员由集团公司聘任。

三峡传媒公司作为集团公司子公司，受集团公司委托负责办报办刊，影视摄制等宣传业务和声像资料整理归档等，努力为集团生产经营和改革发展服务。同时，积极面向市场开拓业务，实现国有资产保值增值。传媒公司的新闻宣传业务，接受集团公司新闻宣传中心的领导和指导。人力资源、资产财务、计划合同、党群工团等方面的工作，要接受集团公司相关职能部门管理和指导。

三峡传媒公司作为新闻出版单位，接受中央和地方宣传主管部门、新闻出版主管部门以及有关行业协会的业务指导和行业管理。

三、主要任务

三峡传媒公司定位是：集团公司的舆论宣传主阵地、新闻传播主渠道、文化产业主力军。使命是：维护三峡形象，树立三峡品牌，传播三峡文化。主要任务有四项：一是办好自办媒体，二是做好集团公司委托的宣传业务，三是建好集团公司和水电工程声像档案，四是抓好报刊广告经营和金沙江施工区标识标牌规范建设业务。

四、业务开展

三峡传媒公司在组建过程中，报刊编辑出版、影视工作、媒体接待等传统业务平稳过渡，实现了无缝交接，按质按量按期完成了报纸、杂志、年鉴的编辑出版发行任务，高质量高效率完成了三峡工程新闻采访接待、向家坝蓄水发电宣传报道、集团公司工作会议专题片及展览、三峡工程展览馆展板内容更新等重要专项工作任务。公司成立后，各项新业务也已开始启动。

五、所属媒体

《中国三峡工程报》由国务院三峡工程建设委员会主管，中国三峡集团、三峡传媒公司主办。办刊宗旨是：立足三峡，面向水电，涉猎清洁能源；服务三峡，打造品牌，传递行业信息；围绕三峡，引导舆论，营造良好环境。

《中国三峡》杂志由国务院三峡工程建设委员会主管，中国三峡集团、三峡传媒公司主办，以水文化和水电科技为主要内容。

《中国三峡建设年鉴》是由国务院三峡工程建设委员会主管，中国三峡集团、三峡传媒公司主办。逐年集中反映三峡枢纽工程、移民开发、输变电工程进展情况和金沙江水电开发，是具有专业年鉴和综合年鉴特色的大型工具书。

电 力 企 业

国家电网公司

【公司概况】 国家电网公司成立于2002年12月29日，作为关系国家安全和国民经济命脉的特大型国有重点骨干企业，以建设运营电网为核心业务，承担着为经济社会发展提供坚强电力保障的基本使命。经营区域覆盖26个省、自治区、直辖市，覆盖国土面积的88%以上，供电人口超过11亿人。

2012年，完成固定资产投资3307亿元，其中电网投资3054亿元；完成售电量32 539亿kWh，增长5.2%；营业收入18 855亿元，增长12.9%；经济增加值103.3亿元。电网发展实现重大突破。世界输送容量最大、距离最长、技术最先进的锦屏—苏南±800kV特高压直流输电工程，世界换流容量最大的高岭直流背靠背扩建工程建成投运。皖电东送特高压交流输变电示范工程顺利推进，哈密南—郑州、溪洛渡左岸—浙江金华±800kV特高压直流输电工程开工建设。

国家电网公司完成党的十八大、神九发射对接等保电任务。充分发挥大电网优化配置资源作用，跨区送电同比增长21%，消纳水电同比增长41%。公司经营区域风电、光伏并网容量同比增长29%和43%。体制机制创新深入推进。"三集五大"第一批15家单位通过验收。总部分部一体化运作不断深化。地（市）县主多分开平稳完成。成功收购葡萄牙国家能源网公司、澳大利亚南澳输电网公司部分股权，实现了在欧洲、大洋洲电力资产并购零的突破。巴西、俄罗斯、印度、委内瑞拉、非洲等一批项目取得新进展。自主创新成果丰硕。"特高压交流输电关键技术、成套设备及工程应用"获得国家科技进步特等奖。

国家电网公司连续8年被国资委评为业绩考核A级企业，世界500强企业排名连续两年保持第7位。

【领导班子】 截至2012年底，公司领导共11位：

刘振亚 国家电网公司总经理、党组书记
郑宝森 国家电网公司副总经理、党组成员
陈月明 国家电网公司副总经理、党组成员
杨 庆 国家电网公司副总经理、党组成员
舒印彪 国家电网公司副总经理、党组成员
曹志安 国家电网公司副总经理、党组成员兼直属党委书记
栾 军 国家电网公司副总经理、党组成员
李汝革 国家电网公司总会计师、党组成员
潘晓军 国家电网公司党组成员、中央纪委驻国家电网公司纪检组组长
王 敏 国家电网公司副总经理、党组成员兼工会主席
帅军庆 国家电网公司副总经理、党组成员

【组织机构】 公司总部分部和各单位组织机构见图。

（刘伟达）

【电网概况】

1. 国家电网基本情况

2012年，国家电网公司220kV及以上线路长度和变电容量同比分别增长7.65%和9.7%；新增统调装机容量62 370MW，同比增长8.0%。大电网资源优化配置与清洁能源消纳成效显著，公司跨国跨区输电能力达45 170MW，同比增长11%；并网水电发电量完成5186亿kWh，同比增长27.9%；风电并网容量达到55 543MW，跃居世界第一。华北电网京隆电厂改接至大同电厂，京隆电厂电力直供京津冀北电网，有效缓解了京津冀北电网供需平衡压力。华东电网浙江方家山核电线路送出工程投产，秦山二厂—由拳双线和王店—方家山—由拳通道投运，秦山核电南送能力大幅提高，缓解了复奉直流送电功率与秦山核电共用外送通道的压力。华中电网湖北新建汉军线、蒲咸Ⅰ回线，为汉川三期5号机（1000MW）和蒲圻二期3号机（1000MW）接入系统提供了通道；河南武周开关站Ⅱ接入香郑线、姚郑线，为密东二期3、4号机（2× 1000MW）接入系统提供了通道；湖南电网三白线改接，为白市、托口等水电接入系统提供通道；江西新建雷公山变电站满足赣南地区用电需求，鹰信Ⅱ回改接后为贵溪三期接入系统提供了通道。四川沐溪—叙府双回线投运，西通道全线贯通，四川主网梯格状双环网结构正式形成，主要断面的潮流得到均衡。配合锦苏直流送出，东锦Ⅰ、Ⅱ线、木里站及里月Ⅰ、Ⅱ线投运。网内新建接入甘谷地开关站，什邡、彭祖、平武、甘泉、橄榄变电站，川西、川南电网送电能力得到加强。东北电网庆云500kV变电站投运，七台河电厂母线实现500/220kV

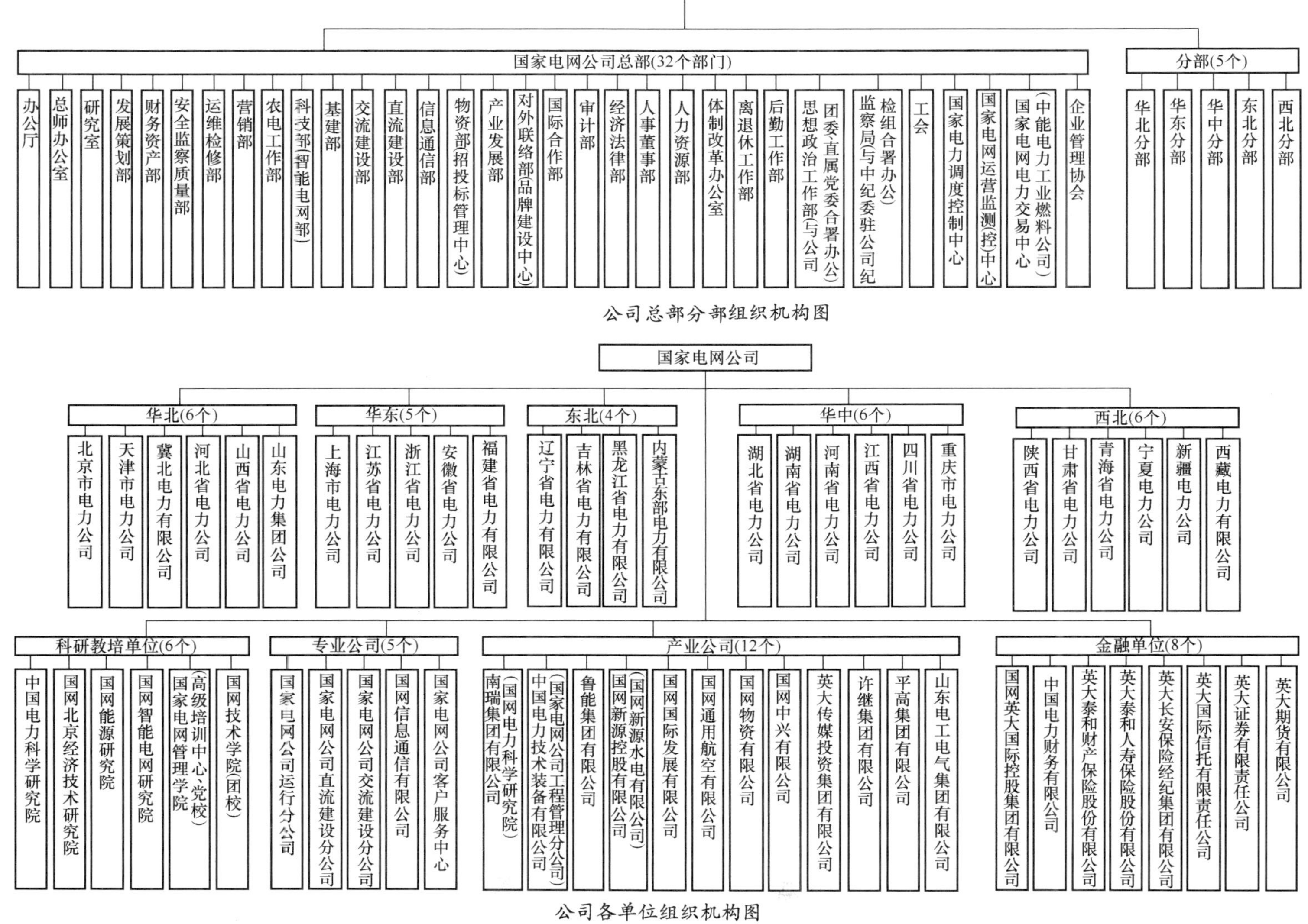

公司总部分部组织机构图

公司各单位组织机构图

表 1　截至 2012 年底国家电网公司系统统调装机容量

电网名称	总计		火电		水电		抽蓄		核电		风电①		其他②	
	台数(座)数	容量(MW)	台数	容量(MW)	台数	容量(MW)	台数	容量(MW)	台数	容量(MW)	台数	容量(MW)	台数	容量(MW)
直调	54(0)	34 550	14	6900	40	27 650	0	0	0	0	0	0	0	0
华北	854(265)	22 904.8	765	192 910.2	29	1884.5	19	4270	0	0	256	22 143	41	1697.1
华东	844(59)	209 848.4	676	178 859.2	112	14 678.2	26	5780	9	6396	59	3961	21	174
华中	1339(18)	175 555.85	346	117 180.7	953	53 296.9	16	3790	0	0	18	736.25	24	552
东北	466(201)	97 175	342	71 276	107	6240	4	1200	0	0	201	17 818	13	641
西北	900(105)	102 765.25	325	67 690	439	21 149	0	0	0	0	105	10 884.25	136	3042
合计	4457(639)	842 799.3	2468	643 816.1	1680	124 898.6	65	15 040	9	6396	639	55 542.5	235	6106.1

① 风电场按座数统计，表 2 同。

② 其他类型的机组是指光伏、地热、秸杆发电等电源，表 2 同。

表 2　2012 年内国家电网公司系统新增统调装机容量

电网名称	总计			火电			水电			抽蓄			核电			风电			其他		
	台数(座数)	容量(MW)	增幅(%)	台数	容量(MW)	增幅(%)	台数	容量(MW)	增幅(%)	台数	容量(MW)	增幅(%)	台数	容量(MW)	增幅(%)	座数	容量(MW)	增幅(%)	台数	容量(MW)	增幅(%)
直调	10(0)	6650	23.84	0	0	0	10	6650	31.67	0	0	0	0	0	0	0	0	0.00	0	0	0
华北	30(65)	13 226.78	6.31	22	7741	4.18	0	0	0	0	0	0	0	0	0	65	5359.4	31.93	8	126.38	8.05
华东	41(7)	12 762.4	6.48	38	11 200	6.68	0	0	0	3	750	14.91	0	0	0	7	812.4	25.80	0	0	0
华中	116(3)	14 058	8.70	15	10 695	10.09	93	2996	5.59	0	0	0	0	0	0	3	211	40.17	8	156	152.9
东北	27(42)	7631.9	8.52	13	3124	4.58	3	900	1685	3	900	300.0	0	0	0	42	2634.9	17.35	8	73	12.85
西北	68(35)	8040.9	8.49	18	4190	6.6	20	644	3.14	0	0	0	0	0	0	35	2536.9	30.39	30	670	28.2
合计	292(152)	62 369.9	7.99	106	36 950	6.18	126	11 190	9.84	6	1650	12.32	0	0	0	152	11 554.5	26.27	54	1025.4	20.18

电磁环网解环运行。海北500kV输变电工程投运，220kV伊矿甲线解环，呼伦贝尔地区电网供电可靠性有所提高。兴安500kV输变电工程投运，通辽、兴安盟地区电网解环运行，兴安盟地区电网改由兴安变电站2台500kV主变压器供电，供电可靠性提高；南海500kV变电站投产，营口电网整体供电能力得到较大的提高。高岭直流扩建工程投运，输电容量增加到3000MW。西北电网新疆750kV凤凰变电站220kV侧改接工程和南疆送电通道库米什220kV输变电工程等网内薄弱断面补强工程顺利投运后，完善了新疆220kV骨干网架，提高了南北疆与乌昌电网的电力交换能力。

截至2012年底国家电网公司系统统调装机容量见表1；2012年内国家电网公司系统新增统调装机容量见表2；截至2012年底国家电网公司系统220kV及以上统调降压变电容量见表3；2012年内国家电网公司系统新增统调变电容量见表4；截至2012年底国家电网公司系统220kV及以上统调线路长度见表5；2012年内国家电网公司系统220kV及以上新增统调线路长度见表6。

表3　截至2012年底国家电网公司系统220kV及以上统调降压变电容量

电网名称	总计		1000/750kV		500kV		330kV		220kV	
	台数	容量（MVA）	台数	容量（MVA）	台数	容量（MVA）	台数	容量（MVA）	台数	容量（MVA）
直调	14	24 500	6	18 000	8	6500	0	0	0	0
华北	2413	530 359.9	0	0	228	185 760	0	0	2185	344 599.9
华东	2590	607 076	0	0	255	219 150	0	0	2335	387 926
华中	2081	441 328.88	0	0	220	181 151	0	0	1861	260 177.88
东北	1000	192 724	0	0	88	72 979	0	0	912	119 745
西北	575	168 376	29	53 200	0	0	327	82 670	219	32 506
合计	8673	1 964 364.754	35	71 200	799	665 540	327	82670	7512	1 144 954.8

表4　2012年内国家电网公司系统新增统调变电容量

电网名称	总计			1000/750kV			500kV			330kV			220kV		
	台数	容量（MVA）	增幅（%）	台数	容量（MVA）	增幅（%）	台数	容量（MVA）	增幅（%）	台数	容量（MVA）	增幅（%）	台数	容量（MVA）	增幅（%）
直调	2	2000	8.89	0	0	0	2	2000	44.44	0	0	0.00	0	0	0
华北	209	44 075	9.06	0	0	0	13	10200	5.81	0	0	0.00	196	33875	10.90
华东	196	49 894	8.95	0	0	0	18	17 000	8.41	0	0	0.00	178	32 894	9.27
华中	168	41 485	10.62	0	0	0	18	166 501	0.15	0	0	0	150	24 835	13.55
东北	115	21 898	12.82	0	0	0	13	10 500	16.81	0	0	0.00	102	11 398	10.52
西北	68	14 330	9.31	0	0	0	0	0	0	25	7440	9.89	43	6890	26.90
合计	758	173 682	9.70	0	0	0	64	56 350	9.25	25	7440	9.89	669	10 9892	10.62

表5　截至2012年底国家电网公司系统220kV及以上统调线路长度

电网名称	总计		1000/750kV		500kV		330kV		220kV	
	条数	长度（km）	条数	长度（km）	条数	长度（km）	条数	长度（km）	条数	长度（km）
直调	55	6226	2	639	53	5587	0	0	0	0
华北	3209	97 387	0	0	340	28 739	0	0	2869	68 648
华东	3793	89 470.093	0	0	461	25 558.608	0	0	3332	63 911.485

续表

电网名称	总计		1000/750kV		500kV		330kV		220kV	
	条数	长度(km)	条数	长度(km)	条数	长度(km)	条数	长度(km)	条数	长度(km)
华中	3047	102 407.49	0	0	388	31 693	0	0	2659	70 714.5
东北	1492	60 336.663	0	0	151	15 704.175	0	0	1341	44 632.488
西北	926	50 697	59	10 130	0	0	435	21 970	432	18 597
合计	12 522	406 523.75	61	10 768.9	1393	107 281.78	435	21 970	10 633	266 503

表 6　2012 年内国家电网公司系统 220kV 及以上新增统调线路长度

电网名称	总计			1000/750kV			500kV			330kV			220kV		
	条数	长度(km)	增幅(%)	条数	长度(km)	增幅(%)	条数	长度(km)	增幅(%)	条数	长度(km)	增幅(%)	条数	长度(km)	增幅(%)
直调	8	228	3.80	0	0	0	8	228	4.25	0	0	0.00	0	0	0.00
华北	273	8348.103	9.38	0	0	0	15	1977.289	7.39	0	0	0.00	258	6370.814	10.23
华东	256	4616.913	5.44	0	0	0	29	1439.6	5.97	0	0	0.00	227	3177.313	5.23
华中	295	6064	6.17	0	0	0	27	1020.358	3.32	0	0	0	268	5043.54	7.46
东北	159	4460.9655	7.98	0	0	0	14	673.22	4.48	0	0	0.00	145	3787.7455	9.27
西北	143	5156.47	11.32	0	0	0	0	0	0.00	16	67.748	0.31	127	5088.722	37.67
合计	1134	28 874.4515	7.65	0	0	0	93	5338.467	5.24	16	67.748	0.31	1025	23 468.135	9.66

2. 国家电网调度装备和运行指标

截至 2012 年底，国家电网 220kV 及以上系统继电保护装置达到 125 320 台，同比增加 24 277 台，增幅为 19.37%；微机型保护装置 124 511 台，微机化率为 99.35%，同比提高 0.76 个百分点，其中线路保护微机化率为 99.98%，同比提高 0.01 个百分点。光纤通道在 220kV 及以上系统中得到广泛应用，所占比例达到 83.98%，同比提高 0.79 个百分点。2012 年，国家电网 220kV 及以上交流系统继电保护正确动作率达到 99.89%，高压直流输电系统正确动作率达到 100%。

截至 2012 年底，国家电网公司系统各级调度建设运行智能电网调度技术支持系统 35 套，并有 11 套基于智能电网调度技术支持系统的省调备调系统；能量管理系统（SCADA/EMS）共 1636 套；在线动态稳定分析预警系统（DSA）共 27 套；广域相量测量系统（WAMS）47 套；调度计划系统（OPS）共 48 套；电能量计量系统（TMR）320 套；水调自动化系统 34 套；调度管理系统（OMS）262 套；雷电定位系统共 30 套；省级以上调度已全面完成备调系统建设，77 个地调完成地县备调系统建设；独立备调系统共 21 套，均为省调系统；保护管理系统共 26 套；调度数据网络共 196 套。

2012 年，国家电网公司省级以上电力调度自动化系统总体运行平稳，统计的 9 项运行指标中，有 6 项指标高于 2011 年，2 项持平，1 项降低，总体继续保持了较高运行水平。各项指标情况见表 7。

表 7　2012 年省级以上电力调度自动化系统主要运行指标

指标名称	2012 年	2011 年
子站设备可用率	99.992%	99.991%
数据通信系统可用率	99.987%	99.985%
计算机系统可用率	99.999%	99.999%
事故遥信动作正确率	100.00%	99.920%
AGC 功能投运率	99.969%	99.961%
AGC 控制合格率	99.882%	99.864%
状态估计可用率	99.920%	99.937%
遥测估计合格率	94.707%	94.460%
调度员潮流合格率	100.00%	100.00%

（何　飞　郭建勇　王永福）

【规划与发展】 2012 年，公司对“十二五”规划及专项规划滚动修编，对“十二五”电网发展规划进行了修订，并加强配电网规划与管理，加强特高压电网建设。

1．公司规划滚动研究

开展公司“十二五”规划及专项规划滚动修编工作。结合2011年以来的内外部形势变化，围绕加快建设“一强三优”现代公司的战略目标，分析公司发展面临的新形势，结合“三集五大”体系建设，对合理调整规划目标和规划重点进行研究。

公司规划滚动研究总结了2011年公司发展取得的成绩，分析了规划执行情况。从国际形势、经济社会发展、能源电力发展、改革与监管等角度分析公司发展面临的新形势、新变化和新要求。对公司发展和电网发展目标重点的完善和调整提出建议，深化研究公司国际化发展方向和重点、公司管控目标调整的重点，并结合“五大”体系建设，研究了需深化完善的工作重点。

国家电网公司规划滚动研究形成的主要结论：①“十二五”规划开局良好，主要规划指标超额完成，为“十二五”后期完成规划目标奠定了坚实基础。②将规划目标完善为“2015年基本建成‘一强三优’现代公司，初步建成世界一流电网、国际一流企业，2020年全面建成‘一强三优’现代公司，建成世界一流电网、国际一流企业；建设坚强智能电网，使国家电网成为网架坚强、安全可靠、绿色低碳、经济高效，具有强大资源配置能力、服务保障能力和抵御风险能力的现代化大电网，电网安全保障能力、资源配置能力、绿色环保指标全面达到国际先进水平；建设统一的企业文化，建立科学的“三集五大”体系和较为完善的现代企业运行机制，实现管理方式战略转型，把国家电网公司建设成为业绩优秀、人才一流、管理卓越、文化先进，具有强大持续创新能力、品牌影响力和国际竞争力的现代企业集团。③根据公司“三集五大”体系的建设以及理论创新情况，明确加快构建“三集五大”体系要求，加强新体系建成后的磨合提升工作。用2～3年时间全面建成“三集五大”体系，按照集约化、扁平化、专业化方向，做强公司总部、做优省公司、做实地（市）公司，实现全公司资源、业务、管理向总部和省级集中，压缩管理层级、优化业务流程、创新管理模式，建立科学的管理体制和运营机制，实现企业管理由条块分割向协同统一、分散粗放向集中精益方式的转变。④结合公司规划目标和重大任务的滚动完善，研究调整电网、产业、金融、国际化、建设、调控运行、运检、营销、科技、信息化、人力资源、企业文化等专项规划的目标和重点。

对国家电网公司规划工作提出建议：①加强公司战略规划滚动修编研究，形成规划滚动修编常态工作机制，研究制订规划滚动修编工作办法，明确规划滚动内容深度要求。②为确保公司战略、规划、计划“自上而下、由下而上”的协调统一，应加强公司战略、规划、计划协调性研究工作。③跟踪研判国家相关政策动态调整和政策导向变化，及时优化调整公司规划。

（吴　静）

2．“十二五”电网发展规划修订

结合“十二五”以来各地经济发展、电力供需、电源建设实际情况和电网规划落实情况，在2010年完成的《国家电网“十二五”发展规划》基础上，对“十二五”电网规划进行滚动修订。

（1）优化调整特高压目标网架及建设时序。

将“北横”、“中横”分别由陕北—潍坊、靖边—连云港，调整为靖边—潍坊、陇彬—连云港；优化特高压直流起落点和接入电网方式，西北地区送端特高压直流接入750kV电网，“三华”地区受端特高压直流广泛采用分层接入1000、500kV方式。

确定特高压交直流工程分阶段建设目标：

到2015年，建成锡盟—南京（东纵）、蒙西—长沙（西纵）、靖边—潍坊（北横）、雅安—皖南（南横）“两纵两横”和晋东南—徐州、南阳—淮南特高压交流工程，形成“三华”特高压同步电网，华东地区形成特高压交流环网。建成向家坝—上海、锦屏—苏南、哈密南—郑州、溪洛渡左岸—浙江金华、宁东—浙江、锡盟—江苏、蒙西—湖北7回特高压直流工程。

到2017年，建成张北—南昌（中纵）、陇彬—连云港（中横）、蒙西—天津南和一批联络线交流工程，实现“十二五”特高压电网规划的“三纵三横”目标。建成哈密北—重庆、准东—四川、酒泉—湖南、呼盟—山东、锡盟—河南、陕北—江西6回特高压直流工程。

到2020年，建成潍坊—泰州、靖边—万县两个纵向通道和陕南—南阳、长寿—长沙两个横向通道，全面形成“五纵五横”网架，东北地区形成特高压交流环网，实现“十三五”特高压电网规划目标。建成陇东—江西、宝清—河北、乌东德—浙江、准东—江苏等14回特高压直流工程。

（2）优化各级电网结构，合理安排建设项目及投资规模。

加快西北750kV电网建设、优化完善500（330）kV电网，与高一级电压等级电网有机衔接，确保电力“送得出、落得下、用得上”。继续发展220kV电网，适时打开500/220kV电磁环网。加强110（66）kV电网建设，合理分层分区。加快配电网建设，尽快解决配电网薄弱问题。

未来8年，国家电网公司经营区域电网总投资约

2.86万亿元，其中特高压电网、220～750kV电网、110kV及以下电网投资分别占总投资的33%、34%、33%。国家电网公司经营区域将新建110（66）kV及以上线路50.5万km、变电容量33.8亿kVA。到2020年，110（66）kV及以上线路将达到124万km、变电容量61.7亿kVA。

（3）补充完善国家电网发展规划（2013～2020年）。

对公司经营区“十二五”电网规划进行补充完善，完成国家电网发展规划（2013～2020年）总报告和《电力需求预测》、《国家电网电力流规划》、《国家电网规划方案研究》、《国家电网配电网专项规划》4个专题研究报告。

（4）电网发展重大问题研究。

为促进电网科学发展，公司结合我国天然气电源的快速发展和四川水电大规模、集中开发的实际情况，组织相关省级电力公司、国网经研院、国网能源院等单位，开展专题研究，并将研究成果报送国家发改委、能源局。

1）中国天然气发电发展情况。截至2012年底，公司经营区天然气电源已投运2472万kW，核准在建2435万kW，取得“路条”及开展前期工作3705万kW，合计总容量8612万kW。主要分布在一次能源匮乏、经济承受能力较强的北京、天津、上海、江苏、浙江等中东部省（市）。

2）四川水电开发利用及电力供应保障研究。四川核准在建和同意开展前期工作的水电项目达1亿kW，预计2015、2020、2030年水电装机容量分别达到7530万、1.1亿、1.5亿kW，水电比重分别为82%、86%、89%。随着水电大规模集中投产，丰水期电力盈余逐年增加，2025～2030年期间达到峰值5800万kW左右。为保证丰水期不弃水，需要加快水电外送通道建设，在向家坝、锦屏、溪洛渡等特高压直流基础上，“十二五”建设雅安—皖南特高压交流工程，“十三五”规划建设乌东德—华东、白鹤滩—华中特高压直流和阿坝—绵阳—万县—长寿—浙南第二个特高压交流外送通道，四川水电外送能力达到6000万kW。远期，西藏水电作为四川的接续电源，可实现水电外送通道可持续利用。

（5）常规电网项目可研与管理。

2012年，国家电网公司累计上报330kV及以上电网项目核准申请113项，建设规模为线路2.2万km，变电（换流）容量1.9亿kVA，其中常规电网项目109项，建设规模为线路1.2万km，变电（换流）容量8861kVA。累计获得核准145项，建设规模为线路1.7万km、变电（换流）容量1.5亿kVA，其中常规电网项目142项，建设规模为线路1.3万km，变电（换流）容量1.2亿kVA。累计取得常规电网项目可研评审意见106项、国家级用地预审文件64项、环评批复9项、水保批复14项、线路用地预审文件175项、选址意见书101项、贷款承诺函212项、省级发改委意见98项。

（赵 良 王雪冬 刘增训 王雅丽）

3. 配电网规划与管理

（1）优化完善滚动规划。2012年8月，制订并印发公司“十二五”电网发展滚动规划工作方案，组织开展公司“十二五”配电网发展滚动规划，在2011年公司“十二五”配电网规划滚动调整和已上报国家能源局的农村电网升级改造规划的基础上，根据2011、2012年配电网实际建设发展情况，结合负荷变化、新能源并网等发展形势和电网发展诊断分析等相关工作，梳理分析存在的主要问题，优化调整配电网建设时序，并与电网主网架、通信网、智能化等其他专项滚动规划保持衔接。

（2）加快管理和支撑能力建设。加强规划计划管理体系建设，通过“大规划”体系建设将配电网规划职能统一调整到发展部，实现专业化管理，梳理优化配电网规划业务流程；充实地市公司规划管理力量，尤其是组建县级公司发展建设部门，加强配电网规划管理能力，为精益化管理创造条件。

（3）建立健全技术和管理标准。完善《配电网规划设计技术导则》，明确供电区域划分原则，体现供电可靠性等关键指标的差异化，规范各类供电区域电网结构、设备选型、配电自动化配置等建设标准，考虑分布式电源以及电动汽车、储能装置等新型负荷的接入。

（4）加快信息化建设和应用。结合公司一体化电网规划设计平台开发，完善负荷预测、规划辅助决策、规划项目库管理等功能，建立较为完整的规划设计信息数据库，归集规划设计数据信息，并在2012年公司“十二五”配电网发展滚动规划中试点应用。

（5）加强学习交流。4～7月，组织4名业务骨干赴法国配电网公司（ERDF）进行挂职培训，学习国外配电网先进规划理念、方法、标准和工具，掌握国外配电网全过程管理理念。

组织开展河北石家庄配电网国际咨询工作，学习法国配电网规划设计、运行维护的先进经验，完成12项咨询报告。

12月，举办两期配电网规划培训班，对省公司发展部和近200名省经研院配电网规划人员进行专业培训。

（6）开展相关专题研究。开展简化电压等级，增强220kV直供35、10kV负荷能力的研究，结合城市电力负荷发展特点，提出配电网加强措施。

开展电动汽车快速充电对配电网供电模式影响研究和城市电采暖对配电网规划设计影响研究，建立仿真模型，进行量化分析，提出措施建议，超前应对配电网发展过程中面临的新形势、新问题。

（王　哲）

4. 特高压电网工程

2012 年，国家电网公司“特高压交流输电关键技术、成套设备及工程应用”项目荣获 2012 年度国家科学技术进步特等奖。项目涉及 180 项关键课题攻关、9 大类 40 余种关键设备研制，通过产、学、研、用协同攻关，在电压控制、外绝缘配置、电磁环境控制、成套设备研制、系统集成、试验能力 6 大方面实现了创新突破，掌握了特高压交流输电核心技术，研制成功全套关键设备。

特高压交流输电技术研究及核心设备研制。在世界上首次建立特高压气体绝缘全封闭组合电器（GIS）设备特快速瞬态过电压（VFTO）试验平台，开展特高压 GIS 设备 VFTO 特性试验；在世界上首次获得多种试验条件下特高压 GIS 隔离开关操作短母线产生 VFTO 的特性和规律，掌握 VFTO 幅值分布、波形特征、空间分布以及主要影响因素；完整系统地研究提出了大吨位典型线路绝缘子的污闪特性；得到长串线路绝缘子污闪高海拔校正系数；研制成功 1000kV 特高压交流串联补偿装置及其旁路断路器和旁路隔离开关设备；完成 1000kV63kA 气体绝缘金属封闭开关设备用双断口断路器研制；完成 1000kV 电力变压器高压出线绝缘设计及结构研究，研制成功我国首套具有自主知识产权的特高压出线装置，并一次性通过全套电气绝缘试验、机械性能试验和绝缘裕度试验，推进了特高压交流输电技术的发展和设备国产化。

项目成果已实现工程应用，建成了晋东南—南阳—荆门 1000kV 特高压交流试验示范工程，线路全长约 640km，投运 4 年以来一直保持安全稳定运行，扩建工程完工后，截至 2012 年 12 月 31 日，累计输送电量已达 410.5 亿 kWh，最大输送功率达 572 万 kW，有效缓解了华中地区缺电局面。

特高压直流输电关键技术研究及核心设备研制方面，完成± 1100kV 特高压直流输电外绝缘及电晕特性、过电压及绝缘配合、电磁环境、雷电防护、系统稳定及控制、主回路方案及主设备参数、无功控制方案、成套设计、大件运输等关键技术研究；确定最优的主接线方案和无功控制方案，提出相关主设备参数；形成±1100kV 特高压直流的整体技术方案，提出±1100kV 直流主设备技术规范；全面完成单回±800kV直流与 500、220kV 交流同塔多回输电关键技术研究；研究提出特高压直流直接接入 1000kV 交流电网以及分层接入 1000kV/500kV 交流电网方式；完成±1100kV 特高压直流换流阀、±1100kV 直流隔离开关研制和直流场用直流转换开关，推进特高压直流输电技术的发展和设备国产化。

各项特高压工程进展顺利。皖电东送淮南—上海特高压交流输变电示范工程：哈密南—郑州 500kV 特高压直流输电工程、溪洛渡左岸—浙江金华±800 kV 特高压直流输电工程、锦屏—苏南±800kV 特高压直流输电工程按预定计划完成工程进度。锦屏—苏南工程已建成投产。

（修　建）

5. 智能电网规划

公司按照“统筹安排、统一规范、自上而下、同步推进”的原则，组织开展《国家电网公司“十二五”电网智能化滚动规划》研究与编制工作，重点从发电、输电、变电、配电、用电、调度、通信信息 7 个方面提出电网智能化的规划目标、重点项目、建设规模及投资估算。展望“十三五”电网智能化发展目标，并提出本规划实施的保障措施及政策建议。

组织开展《智能电网全面建设行动计划》（简称《行动计划》）的编制工作。《行动计划》包括总报告以及智能电网“六环节一平台”中的 16 个重点项目分报告，分报告涵盖常规电源网厂协调、大规模新能源发电并网运行、输变电设备状态监测系统、新建智能变电站、变电站智能化改造、配电自动化、用电信息采集系统、电动汽车充换电设施、95598 互动服务网站、智能小区/楼宇、智能电网调度技术支持系统、电力光纤到户、调度数据网络、智能电网通信网、SG—ERP（支撑智能电网建设）和综合性项目。

印发《2012 年智能电网项目建设意见》，明确智能电网试点项目计划。依托国家能源局智能电网试点项目、国家 863 项目的实施，突出新技术成果的示范应用，新增 9 类试点项目，包括大规模新能源发电集群控制、柔性直流输电、分布式发电及微电网接入控制、物联网示范应用、云计算技术示范应用等。

截至 2012 年年底，公司累计安排智能电网试点项目 32 类 303 项，已建成试点项目 29 类 269 项，其中 2012 年建成 41 项。2012 年以来，公司还承担国家级智能电网试点项目 18 项。

（1）推广建设项目。综合建设工程、智能变电站等 14 类项目进入推广建设。公司开展输变电设备状态监测系统的全面部署，在国网北京、山西电力等 7 个省公司完成主站与状态评价系统横向集成，在总部和其余省公司实现变电相关应用功能；在 24 个城市核心区开展配电自动化试点基础上，组织完成 10 个重点城市配电网示范工程建设。组织开展智能变电站的推广建设和改造。组织推广5000万只智能电能表，新增用电信息采集用户4800万户；建成电动汽车充换电站110座、充电桩1420个。组织开展公司大容量骨干光传输网建设，逐步建设网络节点281个，覆盖总部、信息灾备中心、各分部、各省公司以及各省级通信第二汇聚点。国调中心组织开展13个省调、28个地调智能电网调度技术支持系统建设。安排部署22个智能电网综合建设项目，组织完成25.7万户电力光纤到户建设，国网上海电力成功实现商业运营2万户。

（2）试点示范项目。扩大试点领域，依托国家能源局智能电网试点项目、国家863项目的实施，注重新技术成果的示范应用，公司启动新一代智能变电站、大规模新能源发电集群控制、物联网、云计算等9类16项新增试点项目。

推进新一代智能变电站建设工作，经反复论证，优选北京未来科技城220kV变电站、湖北未来城110kV变电站等6个110kV和220kV电压等级的变电站作为示范工程，启动技术方案研究，完成可研、初设等工作；另外，支撑新一代智能变电站示范工程建设的28项专题研究和6项示范工程启动。国网山东电力推进深化变电站高级功能应用，探索新型保护控制技术应用。

国网甘肃电力建设的大规模风电、光伏电站集群控制功能，已启动理论研究、软件开发和硬件系统搭建，整体建设工作过半；浙江舟山多端柔性直流输电试点工程完成可研审查，启动工程总承包招标；国网华中分部建设的电网智能柔性控制系统，完成华中调控分中心跨区交直流协调控制在线安全分析和电网广域监测系统（WAMS）辅助决策支持系统可行性研究报告；国网福建电力的储能系统应用项目，国网浙江、山东电力的分布式发电及微电网接入控制等项目完成技术方案设计，进入设备招标阶段；国网浙江、上海、四川电力完成云计算技术示范应用，分别实现基于云计算的用电信息采集与数据分析、基于虚拟化技术和云计算资源管理平台的IT基础设施云。

2012年，江西共青城智能电网综合示范工程、西藏大规模光伏发电并网工程、全钒液流电池储能应用试点工程、嘉定安亭集中充换电站工程、中日共青城智能电网合作项目5项工程获得国家能源局批准，是国家能源局批准的智能电网第一批试点工程，并获得国家资金支持。公司立足于功能优化和商业模式完善，申请国家有关项目支持，在智能电网领域应用的13个相关物联网示范工程被列入国家物联网重大应用示范工程，作为物联网在7大领域的重要示范之一。

为指导智能电网综合建设工程的推广建设，公司印发了《城市区域智能电网典型配置方案》、《智能电网综合建设工程建设指导意见》、《智能电网综合建设工程功能定位研究报告》、《智能电网综合建设工程典型经验总结报告》等文件和报告。

智能电网综合建设工程在已实施的上海世博园、中新天津生态城、江苏扬州经济技术开发区、北京未来科技城、江西共青城5项智能电网综合示范工程基础上，推广到国网河北、山东、浙江电力等17个省公司，包括河北保定电谷、山东德州高铁新区、上海虹桥商务区、浙江绍兴镜湖新区等。截至2012年底，全部智能电网综合建设工程完成选址、论证、建设方案审查，进入工程实施阶段，河北保定电谷、四川乐山、重庆两江新区、宁夏银川高新开发区4项综合建设工程已经完成设备招标工作，正在进行土建施工和设备安装，浙江绍兴镜湖新区、福建海西厦门岛、河南郑州新区3项综合建设工程部分子项建成投运。

2012年，国家电网公司与中科院电工所、中科院半导体所、许继集团、平高集团等单位进行20余次专题技术交流，形成隔离断路器、高温超导变压器等设备专题调研报告；组织40余名专家集中编制了新一代智能变电站“关键设备研制框架”和“关键技术研究框架”。关键设备研制框架涵盖了16类一次设备和8类二次装置。关键技术研究框架包含系统、设计、设备、检测调试等4个方面的11项重点科研项目；选择不同功能定位及不同型式的35～500kV电压等级变电站，分别提出近期及远期技术方案。考虑不同技术路线的差异及成熟度，每一类变电站提出2～3个技术比选方案，明确主要技术、经济指标；围绕新一代智能变电站示范工程急需的设备和技术，组织直属科研、产业单位的70余位专家开展《新一代智能变电站重大专项》研究，下达研究任务书，签订科研开发合同，启动技术研究；推荐北京未来科技城220kV变电站等6项示范工程，经公司领导批准后，组织国网经研院、中国电科院集中对示范工程实施单位、宣贯培训、技术方案优化等前期工作。

发布《加强智能变电站关键设备质量管控的指导意见》，明确智能变电站关键设备质量管控工作目标、工作机制及具体措施；组织专家研讨会20余次，针对设备运行中发现的问题制订了检测方案。制订隔离开关拉合、GIS管道开断操作等更加贴近现场工况的检测方法。组织开展对电子式互感器、智能高压设备等关键设备的集中性能检测，分两轮对24个企业的59台次支柱式电子式互感器样品进行性能检测，共有8台次不同电压等级、不同类型的互感器通过检测；完成10个厂家15台GIS用电子式互感器样机的性能检测，共有4台次不同类型的互感器通过检测；完成16台次智能变压器和7台次智能断路器的性能检测，全部样机均通过检测。完成144种机型的风电并网型式试验和119座风电场现场检测。

（王　伟　李震宇　李　刚）

6. 农网发展

农村电网改造升级。通过近3年（2010～2012年）农网改造升级和无电地区电力建设，公司系统累计新建和改造35～110kV变电站3588座、高低压线路57.4万km、配电变压器24.4万台，共解决县域“孤网”8个，解决与主网联系薄弱县域电网99个，新增机井通电10.33万眼，受益农田768余万亩。农网工程的实施，提高了农村供电保障能力，农村电能消费呈现强劲增长态势，促进了农村经济与社会发展。

2012年初，国家电网公司印发《关于做好2012年农网改造升级工作的通知》，明确年度工作目标和要求。公司总部每两个月召开一次农网改造升级工作领导小组会议，协调解决工程建设中的有关问题。公司召开“推进农网工程电视电话会议”，落实国家要求，部署加快推进农网改造升级和无电地区电力建设工程。

国家电网公司按照国务院《关于支持赣南等原中央苏区振兴发展的若干意见》（国发〔2012〕21号），推进赣南原中央苏区农村电网建设；研究落实国务院发展研究中心《加强农田电网建设保障“节水增粮行动”顺利实施的建议》（调查研究报告摘要第62号），确定工作原则，开展试点建设。

推进标准化建设，提升工艺水平，编辑出版《10kV柱上变压器台通用设计方案施工图册》和《农网10kV柱上变压器台及进、出线施工工艺教学片》。加强农网工程考评，制订《农网优质工程评选办法和标准》，组织对2011年建成的农网工程项目开展优质工程评选，农网优质工程率超过40%，建成农网“百佳工程”100项。

农网“低电压”治理。截至2012年7月底，公司完成农村低电压治理三年目标任务，累计投资290.2亿元，共解决“低电压”问题1784.9万户。其中，通过调整配电变压器分接头、调整三相负荷不平衡及加强低压用户需求侧管理等措施，解决“低电压”问题435.9万户，占比24.4%；通过电网建设解决“低电压”问题289.9万户，占比16.2%；通过提高中低压线路及配电变压器供电能力，解决“低电压”问题952.3万户，占比53.4%；通过增加调压能力和无功补偿能力，解决“低电压”问题106.8万户，占比5.9%。经过3年低电压治理后的公司农网客户端电压合格率比3年前提高1.042个百分点，减少电压不合格时间91.28h，用户供电电压质量得到明显改善。国网蒙东、四川、黑龙江、新疆、辽宁、吉林、浙江、福建、天津、甘肃、湖北、宁夏、冀北电力等单位用户端电压合格率提升幅度超过了1个百分点以上。

农网供电可靠率和电压合格率管理。2012年，公司系统累计完成农网综合供电电压合格率98.074%，同比提高0.211个百分点，比年度计划提高0.024个百分点。累计综合供电电压不合格时间168.7h/点，同比减少31.02h/点，下降16.72%。2012年，公司系统累计完成农网供电可靠率99.735%，同比提高0.071个百分点，比年度计划提高0.006个百分点。用户累计停电时间23.31h/户，同比减少5.654h/户，下降21.03%。

针对山东、河南、河北、湖北、江西等地出现的严重旱情，公司下发保春耕加强春耕（灌）供电优质服务工作，严格执行农业排灌电价，加强应急抢险管理和95598投诉事件跟踪处理力度，开展安全用电检查，加大安全用电宣传力度，开辟春耕（灌）用电绿色通道。各地成立春耕（灌）保电服务小分队5422支，出动12.9万人次，深入田间地头，开展春耕（灌）保供电工作。

2012年，国家电网公司系统县供电企业累计完成综合线损率5.75%，同比降低0.18个百分点，比年度计划指标5.90%低0.15个百分点。其中，农网高压线损率累计完成3.71%，同比降低0.27个百分点；农网低压线损率累计完成7.34%，同比降低0.48个百分点。

国家电网公司推进标准化供电所建设，重新梳理供电所业务范围，明确供电所定位和职责，印发《关于深入推进标准化供电所建设工作的通知》。截至2012年底，公司系统1728个县供电企业的18 977个供电所中，98%以上达到标准化供电所标准。2012年，公司在严格审查、现场抽查的基础上，命名176个标准化示范供电所，近3年累计命名标准化示范供电所532个。

国家电网公司积极推进无电地区电力建设工程，解决西藏、新疆、四川、青海等地区新增无电户的用电问题，共解决经营范围内11.5万无电户、49.4万人口用电问题。其中西藏自治区解决无电户用电问题2.3万户，新增萨迦、八宿、隆子、措美和班戈等5个县域电网接入国家电网。2010年以来，国家累计下达公司无电地区电力建设工程投资计划29.6亿元，截至2012年底，累计完成投资27.1亿元，占计划的91.4%。其中2010、2011年投资计划已全部完成，

2012年投资计划完成74.3%。

农网科技进步工作取得成效。“农村电网智能化关键技术研究及示范工程建设”项目获得2012年度国家电网公司科技进步一等奖和中国电力科学技术二等奖。

全面完成农网智能化试点项目建设。推进山东高密、蓬莱、安徽肥西、河南荥阳、孟津、辽宁沈北6个2011年“农网营配调管理模式优化试点工程”续建项目。组织实施安徽广德、肥西2个35kV智能变电站试点工程建设项目，探索农网35kV智能变电站建设模式，配套制订《35kV智能变电站技术导则》。农网营配调管理模式优化试点工程和35kV智能变电站试点工程建设全面完成并通过验收。组织开展县域电力通信网试点工程建设。

指导试点县公司编制工程规划，分三批组织对40个县域电力通信网试点工程建设规划进行评审，并就通信网规划范围、工程造价和投资预算控制、投资方向和建设重点等方面进行研究。召开县域电力通信网试点工程推进会。印发《县域电力通信网试点工程建设管理办法》、《县域电力通信网试点工程验收及评价办法》、《县域电力通信网试点工程验收标准》等标准和办法，规范试点工程建设。

推进分布式电源试验研究项目建设及深化研究。完成蒙东陈巴尔虎旗分布式电源/微电网试验研究项目建设，6月竣工，8月中旬对项目进行现场验收。

开展35kV配电化项目深化研究及推广应用工作。加快推进蒙东、甘肃、青海35kV配电化试点项目建设，8月组织对试点项目进行验收。印发《35kV配电化建设模式》，提出模式使用范围及选点原则。

（欧阳亚平　陈俊章　余国太　朱　军
郝　睿　田　峰　李树国）

【工程建设与管理】

1.“大建设”体系建设

“大建设”体系框架由建设管理队伍、技术支撑队伍、现场施工队伍组成。建设管理队伍由公司总部—省公司—地（市）公司三级扁平化的组织架构组成。技术支撑队伍由公司系统经研院（所）构成，总部层面还包括交、直流建设分公司。经研院支撑体系为国网经研院—省经研院—地（市）经研所三级组织架构。现场施工队伍由省送变电公司—地（市）、县施工企业、供电服务公司梯级队伍构成，省、市、县公司层面均有一家承担电网施工任务及检修外包业务的队伍（未成立的不再成立）。

国家电网公司总部成立交、直流建设部，重点负责跨区交、直流工程建设管理。省公司基建部负责总部委托的特高压交直流工程建设管理，以及所辖地区±660kV及以下直流，750、500（330）kV交流工程建设管理。地（市）公司层面主要负责220kV及以下电网建设项目的建设进度、安全、质量、技术、造价管理。基建部门直管工程，实现职能管理和项目管理的有机融合，落实建设外部协调属地化。

优化整合国家电网公司所属建设队伍资源。送变电施工队伍资源向省公司、地（市）公司两级优化整合，地市和县级层面的建设队伍结合主多分开和规范集体企业管理的要求开展整合工作。制定建设队伍专业管理办法，建立建设队伍基础信息库、建设队伍专业对标体系。

结合国家电网公司标准化建设和“大建设”体系建设，梳理形成10大类44项核心业务流程，制订3层27项覆盖基建核心业务的管理制度体系，完善电网建设技术标准635项，统一管理流程和技术规范。

通过“大建设”体系建设，省公司直管工程集约化率平均提升为50.65%；公司系统110kV及以上优质工程率达97.15%，比2011年提高约8个百分点，均创历史最高水平；概算下降率达到6.2%，造价控制指标同比提高9.01%；基建新技术研究应用率达到100%。

2. 基建工程管理

2012年，国家电网公司完成电网建设投资3054亿元，投产110(66)kV及以上交流线路5.28万km、变电容量2.43亿kVA；投产直流线路2090km，换流容量1890万kW。新开工110（66）kV及以上交流线路5.48万km、变电容量2.75亿kVA，新开工直流线路3915km，换流容量3500万kW。

落实公司“安全年”活动总体要求，编制基建“安全年”活动工作推进方案，落实30条重点措施，推行27项重点工作计划，全年基建安全工作扎实推进。建立基建安全分析点评制度，推行安全风险量化和动态管理，对全年560项重大风险作业，实行省公司实时督办、总部按周跟踪，全面防控施工安全风险。加强重点工程安全管理，对546个项目实行“挂牌督查”，责任到人。

落实《国家电网公司关于进一步提高工程建设安全质量和工艺水平的决定》文件要求，组织开展执行落实情况“回头看”活动。实现标准工艺在110(66)kV及以上输变电工程中的全面应用。完善工艺标准库和典型施工方法，制订落实建设优质工程23项重点措施，加强110kV优质工程建设，110（66）kV及以上优质工程率达到96.85%。宁东—山东±660kV直流输电示范工程获得国家优质工程金质奖，河北广元500kV变电站工程获中国建设工程鲁班奖，延安750kV变电站，河南济源、江苏常熟南500kV变电站，安徽琅琊山抽水蓄能电站9个工程获国家优质工程银质奖。

规范工程技术管理，发布110（66）～750kV智能变电站通用设备，形成36类352种通用设备成果。开展标准配送式变电站设计工作，形成110（66）～220kV智能变电站技术导则，完成52个试点工程技术方案。开展特高压重大施工装备技术研究，完成专用塔式起重机等5大类13种施工装备研制。发布施工创新成果目录，形成4大类16个领域100项施工技术创新成果。建立装备租赁平台，对物料运输、杆塔组立等5大类4461台施工装备实行租赁管理。

工程造价管理。严格工程造价管理，合理控制工程投资，强化输变电工程初步设计评审和结算环节管控，工程初设概算较可研估算核减投资95亿元，工程结算较初设概算减少85亿元，工程结算按期完成率100%。

3. 基建标准化管理

推进基建标准化建设，加强“三通一标”（通用设计、通用设备、通用造价，标准工艺）标准化成果建设，提高工程技术、安全、质量和工艺水平。强化输变电工程设计质量管理，发布《标准化建设成果（通用设计、通用设备）应用目录（2012年增补）》。完善应用机制，建立设计技术问题沟通汇报机制，发布《设计质量控制技术问题清单（2012年版）》，推进通用设计等成果应用。

4. 基建信息化建设

建立较完善的基建信息化系统。截至2012年底，已建设并应用35条管理流程，共计255项功能，完成“深化完善”阶段的既定目标。同时，重点开展信息化支撑大建设适应性调整工作，按照大建设组织架构体系，制订信息化调整个性化方案，按要求顺利完成24个省公司的系统切换上线。

基建管理信息系统已全面覆盖各级用户，系统应用率（数据及时率、完整性、准确率）由1月的89%、94%、72%，稳步上升至12月的96.73%、99.59%、98.92%。

5. 电网工程建设新技术推广应用

输电线路节能导线方面，组织开展钢芯高导电率铝绞线、铝合金芯高导电率铝绞线和中强度铝合金绞线等3种节能导线研究和试点应用。

在新疆与西北主网联网750kV第二通道输电线路工程中应用复合横担杆塔，有7基直线塔应用复合横担。开展750kV复合横担塔头操作波冲击试验、雷电波冲击试验与人工污秽试验、复合横担耐受电压试验、复合横担杆塔真型试验等，形成750kV输电线路应用复合横担杆的系列技术成果。

研究输电线路跨越（钻越）高速铁路设计技术，提高输电线路跨越（钻越）高速铁路段的安全储备。系统分析输电线路跨越（钻越）高速铁路设计、建设中的技术创新，新材料、新工艺应用经验，制订《输电线路跨越（钻越）高速铁路技术导则》，规范跨越（钻越）位置、跨越（钻越）方式、电缆钻越、附属设施等各个方面。提出输电线路可靠度计算方法、典型跨越（钻越）方式等。

加强依托工程基建新技术研究质量、进度管理。抓好依托工程基建新技术研究项目的立项评审、合同签订、过程管理、项目验收、成果总结等关键环节管理，定期协调检查。发布2012年依托工程基建新技术推广应用实施目录，统一编号，明确技术特点、应用条件和应用方法。

加强基建技术标准计划管理。制订基建类技术标准编制节点计划（30项），定期组织基建技术标准编制工作协调，推进落实，确保质量和进度。完成《架空输电线路戈壁碎石土地基掏挖基础技术导则》、《输电线路防舞设计规范》等70项基建类企业标准。

创新研发特高压重大施工装备。以皖电东送工程为模拟对象，研制塔式起重机、轻小型吊装设备、履带式运输车、轮胎式运输车、重型货运索道等5大类13种重大施工装备。

推动施工创新成果交流和应用。发布《施工科技创新成果推广目录》和《施工科技创新成果汇编》。印制《国家电网公司施工科技创新成果》画册，采用挂图、展板等各种形式推动应用。公司开展两期特高压施工技术专项培训，重点对各省送变电公司施工技术负责人共160余人进行培训。组织省公司对省内技术人员开展应用培训。

成立特高压重大施工装备租赁公司。先后组建江苏、湖北、天津3家租赁公司，完成建章立制、人员配置。

（易建山　李东亮　陈　晖　齐文婷　徐志军　张　强　苏朝晖　吴云喜　李东亮　张友嵩　李　明　郭艳霞　李　磊　吴　迪）

【安全管理】

1. 安全生产与监督管理

2012年，国家电网公司安全生产继续保持良好局面，全年没有发生较大及以上安全事故，没有发生四级以上电网、设备事件；发生人身事故5起，3人死亡、2人受伤；发生五级电网事件13起、六级电网事件17起；发生五级设备事件2起，六级设备事件6起。

制定印发《国家电网公司2012年安全工作意见》，明确全年安全工作思路、目标和任务。制定“安全年”活动166项重点工作，强化春（秋）季检修预试、迎峰度夏（冬）和党的十八大保电等重点措施。组织开展“安全生产月”活动。

加强特高压、跨区电网运行管控，做好特高压交流试验示范扩建工程、青藏联网工程、中俄直流背靠背联网工程投运后的安全保障，完善三峡送出安稳控制策略，做好锦苏直流双极低端系统、官地机组等重点工程启动调试，开展直流控制保护专项检查。加强新能源并网安全管理，完善风电、太阳能等新能源并网技术措施，出台分布式光伏接入技术规定，落实风电反事故措施，风电大规模脱网同比减少80%。研究分析深圳“4·10”停电事件，开展电网故障停电事件应急评价，研究加强城市电网安全和应急处置的具体举措。加强电网重大安全问题分析研究，编制国家电网运行与管理工作方案，制定安全质量管理、设备运维管理等专项方案。

开展“三集五大”体系下安全工作适应性分析，修订完善安全规章制度，完善“三集五大”体系下的安全管理机制和技术措施。开展“三集五大”体系建设安全保障专业评估，督促做好优化和问题整改工作。

修订安全隐患排查治理管理办法，构建隐患排查治理长效机制。开展隐患排查治理“树典型、传经验”工作，排查治理电网、基建、发电、煤矿等领域设备和管理方面存在的安全隐患。

开展电网运行风险评估，落实风险预警预控措施。发挥大电网优势，针对长江、黄河两大流域集中来水，安排特高压交流送华北，复奉、锦苏直流送华东，德宝直流送西北，实现四川富余水电最大外送1110万kW。迎峰度夏期间，全网消纳水电1820亿kWh，同比增长30%，有序安排线路轮停除冰融冰，及时抢修恢复损毁线路。

加强基建安全顶层策划，建立基建安全月度分析点评机制。推行基建安全管理标准化，开展流动红旗竞赛。强化施工分包安全管理，发布输变电工程合格分包商名册。加强重要时段和重要环节安全管理，开展施工起重机械脚手架、防灾避险专项整治，检查在建工程1347项，查找安全问题2326项。组织对锦苏、皖电东送、哈郑、新疆与西北联网第二通道等重点工程开展专项安全检查，对全年626项重大施工安全风险作业实施重点监控。

推动控股、代管县供电企业和乡镇供电所安全生产管理与公司安全生产管理接轨。推进农村用电安全“强基固本”工程，开展装备制造、风电等产业安全工作调研，健全安全管理机构设置及人员配置，建立直属单位安全生产信息报送制度，开展安全生产管理培训，规范产业单位安全基础管理。推进智能电网信息安全工作，完成信息安全等级保护测评。

组织开展“两票”(工作票、操作票)专项督查调研，加强防误闭锁专业管理。召开春检春查安全分析会，组织人身安全专项检查。

2. 安全隐患排查治理与风险管控

2012年，国家电网公司系统各单位排查事故隐患10 503项，同比上升3.66个百分点；治理事故隐患10 461项，整改完成率99.60%，同比上升5.02个百分点，有力促进电网安全运行。全年公司没有发生大面积停电事故，没有发生重特大人身伤亡事故和设备事故，电网和设备事故起数持续减少。

建立安全隐患排查治理责任制度。结合“三集五大”体系建设，理顺和细化省公司、地市公司、县公司(工区)三个层面相关职能部门和基层单位安全生产事故隐患排查治理工作职责，坚持谁主管谁负责，落实安全生产保证体系和监督体系的责任，建立健全隐患管理规章制度，完善组织机构，及时调整、完善隐患排查治理工作流程。

做好隐患排查治理规章制度修编工作。修订《安全隐患排查治理管理办法》，组织编制《国家电网公司安全生产事故隐患排查治理“树典型、传经验”工作评价细则》。

将隐患排查治理工作融入日常安全生产工作中，做好统筹兼顾，做好“三个结合”(充分结合电网运行、巡视、检测和修试等工作做好隐患排查，充分结合月度检修、大修、技改和电网建设等工作做好隐患治理，充分结合专业例会、每周和月度安全生产例会等做好隐患工作督导)，做到“三个清楚”(主要领导清楚了解本单位重点安全隐患，分管领导对各自分管范围内的主要安全隐患了然于胸，部门和班组人员精准掌握本岗位工作的安全隐患和安全风险)，形成“全员、全过程参与，多部门、多专业配合，齐抓共管”的良好氛围。

巩固“两抓一建”(抓执行、抓过程、建机制)安全风险管控活动成效，执行《安全风险管理工作基本规范》和《生产作业风险管控工作规范》。

在SG186安监管理信息系统隐患数据库的基础上，结合安全管理一体化平台开发建设隐患管理信息系统，各单位组织基层人员和相关专业部门积极应用，形成安全隐患自查—上报—整改—监督—整改效果评价和反馈闭环。

排查电力安全生产、电网运行、设备设施、基建施工等方面的安全隐患。安全督查；完成直流换流站设备深度隐患排查，治理急患4377项；开展紧凑型输电线路安全运行隐患排查；完成哈大、石武高铁供电安全专项督查，排查电网侧隐患57项、高铁侧隐患56项；开展电力建设项目防灾避险防止重大人身伤亡事故专项行动，检查在建工程1347项，查找安全问题和隐患2326项；开展预防施工起重机械脚手架等坍塌事故专项整治，对200余项变电站基建工程的室内、室外脚手架和110余项线路工程的跨越架进行检查，督促治理10大类安全隐患；做好十八大供电保障，开展主网继电保护装置、安全自动装置等二次设备和系统、配电网二次系统的隐患排查治理；吸取印度大停电事故教训，全系统开展“8·7”专题安全日活动，对电网事故隐患和风险进行再梳理、再排查。

隐患排查治理总体指标有所提高。与2011年相比，排查一般隐患数量同比增长3.90%，排查重大隐患数量同比下降42.89%；一般事故隐患整改率同比提高5.08%，重大隐患整改率同比提高6.35%；排查事故隐患的省级电力生产单位由35个增加到40个，提高14.29%；地市级单位由594家增加到638家，提高7.4%；累计落实事故隐患治理资金4.29亿元，同比增长29.6%。

总结了232项隐患排查治理工作典型经验。

3. 抗击自然灾害、恶劣气候保供电

抗击北京强暴雨。7月21日，北京遭受61年来最强暴雨袭击，局部最大降雨量达到460mm。灾害发生前，公司根据天气预报向系统内部发布了预警通知，相关单位启动应急响应，应急指挥中心高效运转，全面进入戒备状态。在这次罕见灾害中，北京电网只有少量配电设施受损，仅损失负荷2.2万kW（无重要用户），经及时抢修迅速恢复运行，首都供电基本未受影响。

抗击“苏拉”“达维”台风。8月2～4日，双台风“苏拉”“达维”同时影响中国。8月2日夜，第10号台风“达维”在江苏登陆，先后影响江苏、山东、河北、河北、辽宁、江西6省；3日晨，第9号台风“苏拉”在福建登陆，影响福建、浙江两省。上述区域电网受台风影响，共计有5座110kV变电站、23座66kV变电站、18座35kV变电站停运；8条220kV线路、35条110kV线路、10条66kV线路、51条35kV线路、1313条10kV线路停运；影响24 455个配电台区、用户2 329 879户。国网福建、浙江、江苏、山东、辽宁、冀北、江西电力共计投入抢修人员59 425人、抢修车辆7611台、发电车256辆、发电机762台、大型抢修机械368台。8月5日，国网福建、浙江、江苏、江西、冀北电力完成抢修恢复任务；6日，国网山东电力完成抢修恢复任务；国网辽宁电力于10日完成抢修恢复任务。

抗击“海葵”台风。8月8日，第11号台风“海葵”在浙江宁波登陆。“海葵”台风影响国网浙江、江苏、安徽、江西、上海电力5家单位电网运行，共有7座110kV变电站、19座35kV变电站停运；线路跳闸500kV线路12条次、220kV线路34条次、110kV线路87条次、35kV线路157条次、10kV线路6065条次；4条500kV线路、16条220kV线路、34条110kV线路、90条35kV线路、3116条10kV线路停运；共计停电56 964个配电台区、用户3 604 077户。各单位共投入抢修力量82 233人次、抢修车辆8966台次、发电车179台、发电机581台、大型抢修车辆310台。灾后第二天（9日），国网上海电力受损设备和停电用户率先恢复；10日，国网江苏、安徽电力也完成抢修任务；受灾最重的国网浙江电力以及最后受灾的国网江西电力（10日开始受灾）于13日全部恢复供电。

抗击“布拉万”台风。8月28～29日，第15号台风“布拉万”造成上海、江苏、山东、辽宁、吉林等地先后出现大风和强降雨天气，累计造成3座110kV变电站、1座66kV变电站，7座35kV变电站停运；220kV线路跳闸2条次、110kV线路跳闸18条次、35kV线路跳闸25条次、10kV线路跳闸444条次；9条110kV线路、10条35kV线路、184条10kV线路停运；共计停电4675个配电台区、用户256 469户。国网上海、江苏、山东、辽宁、吉林电力等单位共投入抢修人员14 787人、抢修车辆1964台、发电车51辆、发电机152台、大型抢修机械190台。经抢修，8月30日，受损电力设施和停电用户全部恢复送电。

4. 可靠性管理

2012年，国家电网公司66kV及以上电压等级输变电设施的主要可靠性指标与同期相比均有较大进步，其中，架空线路、变压器和断路器的可用系数分别达到99.914%、99.987%和99.997%，同比分别提高0.077、0.008和0.005个百分点。公司系统城市、农村电网用户供电可靠率（RS1）分别达到99.941%、99.735%，同比分别提高0.02、0.07个百分点，城市、农村电网用户平均停电时间（AIHC1）同比分别下降了25.1%、20.9%。公司系统直流输电系统全年累计输送电量1150.655亿kWh，同比增加2.365亿kWh，平均能量可用率达到95.68%，同比上升1.574%。公司66kV及以上架空线路、变压器和断路器的重复计划停电总台次同比分别下降94.4%、75.2%和80%，5次及以上城市中压用户的重复停电总户次数同比下降了55%。

组织编写并出版电力可靠性培训教材。包括1册理论篇、3册管理篇和2册工作指南。

开展主配网可靠性风险评估体系和低压用户可靠性统计评价体系的研究工作，推动主动预防式生产管理体系建设以及公司系统高可靠性示范城市建设工作的全面铺开。利用指标分析会、检修协调平衡会等各种形式，提高分析报告的质量，发挥指标的指导作用。完善输变电系统可靠性指标统计评价体系，开展输变电系统可靠性评价，纳入可靠性管理日常统计分析和考核评价体系。

完成了从两级部署到一级部署的电网资产质量监督管理信息系统开发和数据迁移，实现了系统在全公司上线运行，为深化可靠性管理工作提供有力的技术支撑。启动电能质量在线监测系统的建设工作，成立领导小组和工作小组，编写下发了实施工作方案和集成规范，以国网北京、天津、山东、上海、江苏、福建、重庆电力7家单位作为试点开展工作，12月底，7家单位实现了电网频率、电网电压、试点城区范围供电可靠性、220kV及以上输变电系统可靠性数据的在线采集和分析展现。

组织国家电网公司各单位对县供电企业的区域属性、输变电设备退出退役、GIS内部间隔、电网拓扑图数对应等问题进行专项梳理，数据的准确率连续两年保持在85%以上，迟报率从2011年底的11.5%下降到2012年底的2%。

组织开展了电力可靠性专业竞赛。各省（区、市）电力公司组织各级专业人员按照集中培训、自学辅导、网络学习等方式参与培训工作，公司系统先后有近3万人次参加培训，共计培训约50万学时。

5．资产全寿命周期管理工作

召开国家电网公司资产全寿命周期管理建设工作研讨会，确定下阶段的主要工作是成立公司资产全寿命周期管理工作组，研究制订公司资产全寿命周期管理工作推进方案，研究开展资产全寿命周期管理体系建设试点的实施方案。

组织开展《资产全寿命周期管理规范》编写工作，起草《国家电网公司资产全寿命周期管理暂行规定》、《关于开展资产全寿命周期管理工作的报告》。

组织编制并下发《资产数据清查工作指南》，开展220kV及以上变压器、架空线路、断路器等五大类电网设备的数据清理核查及成本归集工作。截至2012年底，公司系统220kV及以上五大类电网设备"账、卡、物"一致对应率达99.20%。

6．安全长效机制建设

全面推行新版《国家电网公司安全事故调查规程》，组织修订《国家电网公司安全工作奖惩规定》、《安全隐患排查治理管理办法》，组织制订《国家电网公司应急工作管理规定》、《发电厂、煤矿安全设施标准》、《发电厂安全监督检查大纲》、《装备制造企业安全生产标准化管理规范》等产业安全管理制度。

开展电网运行风险评估，制定印发《关于加强国家电网运行与管理工作的意见》，出台《分布式光伏接入技术规定》，完善新能源并网技术措施。

开展输电网、城市电网和发电厂、煤矿安全性评价工作，完成山东、湖北、新疆等10个输电网和厦门、太原、沈阳等12个城市电网，西藏老虎嘴水电厂、上海闸北电厂、江西柘林水电厂和国网新源富春江电厂4家发电厂安全性评价专家查评，以及煤矿安全质量标准化检查评价工作。完成直流换流站设备、高铁供电、高危和重要客户用电、电网联网重点工程、保护安控单通道、通信网通信电源以及直属产业专项安全督查。

建立适应"三集五大"建设安全工作机制，完成15家单位安全保障及各专业评估验收。完成总部和省电力公司"大检修"体系组织机构优化调整，制定运维一体化、检修专业化、业务外包和评价中心管理等7项制度标准，指导15家单位完成大检修体系建设和3家单位完善提升工作。

组织举办国家电网公司安全生产管理人员培训班、装备制造企业安全管理培训座谈会，对安全监督管理人员进行系统培训。组织开展电网企业"工作票、操作票"调考工作，对27个省（自治区、直辖市）电力公司所属地市供电公司、超高压公司、输变电公司、检修公司的1584名工作负责人、工作许可人或工作票签发人进行考试。组织开展发电、煤矿安规抽调考，累计对6个发电企业和2个煤矿企业的536名有关安全生产管理人员、工作负责人、工作许可人和工作票签发人进行考试。

7．工程建设安全管理

组织开展基建系统"安全年"活动专项督查，评估阶段性进展，纳入安全管理日常工作。在"流动红旗"评比和年中及年度基建安全管理综合评价中，对各单位"安全年"活动开展情况进行考核评价。

建立并实施基建安全月度分析点评制度。全年召开10次点评分析会，形成基建安全定期分析点评的常态机制，督促各级管理人员深入工程现场，使基建安全工作更加精益化、扁平化。

组织各省级公司和建设管理单位每月筛选重大风险作业项目，每周跟踪监督管控风险控制措施落实和作业进程。强化重大风险挂牌督查工作，核实546个项目均明确了"挂牌督查"责任人。确保施工安全重大风险作业到岗到位，全年626项重点监控的重大施工安全风险作业顺利完成。

针对汛期、冬季、节日前后等重要时段，提前制订落实安全管控措施，保证重要时段基建安全局面平稳。组织公司系统307人分两次对168个在建项目开展春季、冬季施工安全质量交叉互查，加强电力工程建设领域预防施工起重机械脚手架等坍塌事故专项整治。

制订加强施工分包安全管理的重点措施，发布《国家电网公司输变电工程分包管理办法》。公司总部牵头组织各省电力公司完成两批输变电工程合格分包商复核工作，并发布合格分包商名册，严把分包队伍入口关。

组织三次国家电网公司输变电工程安全管理流动红旗竞赛活动，分5个区域组织110、220kV电压等级流动红旗竞赛。

制定并印发《输变电工程安全文明施工标准化管理办法》。在国网山西电力北田培训中心举办两期安全质量培训班，培训公司系统省市公司及重点工程项目管理人员300余人。

8. 农电安全管理

明确农电安全管理责任界面。明晰了不同管理方式下的安全管理责任，强化了县供电企业的安全生产管理。巩固县供电企业标准化建设成果，各单位加强代管、控股县供电企业的生产规范化管理。

规范农网检修、施工安全管理。编制《农村配网施工安全措施指南》，制定《撤除农村配网老旧砼电杆典型措施》，开展农网改造工程参建队伍“五查一整改”专项活动，重点查管理人员配备是否到位，查人员持证上岗情况，查安全制度的掌握情况，查施工机具配备是否满足施工要求，查安全工器具配备是否齐备、合格。

狠抓乡镇供电所生产安全基础管理。组织编制试题库及复习重点，逐级开展农电工安全知识调考，公司所属各单位共调考生产作业及安全生产管理人员70 906人。开展现场标准化作业，开展乡镇供电所安全生产工作调研，农电人身责任事故明显下降。

强化小水电站的防汛安全管理。全面落实各项防汛、度汛安全措施，强化对261座径流式和95座蓄水式中小型水电站的防汛管理。制定《中小型水电站防汛管理办法》，印发《关于进一步加强汛期农网安全生产工作的通知》，在制度上加强中小水电站安全管控。组织开展大坝安全鉴定工作，推进开展大坝安全鉴定和注册工作。

加强制度建设，制定《农村用电安全工作管理办法》，印发《剩余电流动作保护装置通用、专用技术规范》、《国家电网公司农村低压电网剩余电流动作保护器配置原则》，起草《农村住宅电气工程技术规范》，组织出版了《农村用电安全常识》。坚持政府主导，探索构建“政企联动、乡村实施、电力服务”的农村用电安全服务共建机制，确定了65个试点县，开展试点工作。先后6次组织召开研讨会、座谈会，研究、总结农村用电安全共建机制试点开展情况，丰富共建模式。

（陈利飞　王学军　李　涛　李　捷　余国太　朱建军　冯林杨　吴云喜　吕洪林）

【运检管理】

1. 输变电设备专业管理

2012年变电设备运行指标明显提升，变压器临时停运率为0.10次/百台年，同比降低0.03次/百台年；危急缺陷消除率99.3%，同比提高1.3个百分点。断路器临时停运率0.01次/百台年，同比降低0.028次/百台年；危急缺陷消除率100%，同比提高0.8个百分点。换流站发生单极闭锁6次，比2011年同期下降3次，平均单极强迫停运次数0.21次/极年，同比下降48.7%。公司系统66kV及以上输电线路跳闸1502次，同比减少170次，减幅为10.2%，跳闸率0.221次/百千米年，同比减少0.047次/百千米年；故障停运340次，同比减少46次，减幅11.9%，故障停运率0.05次/百千米年，同比减少0.12次/百千米年。

制定并印发了《国家电网公司工厂化检修基地建设指导意见》。16家公司通过与厂家合作、改造利用旧厂房等形式建设了B级检修基地，2012年共计完成变压器类设备工厂化检修699台次。

截至2012年底，国家电网公司系统110（66）kV及以上变电设备状态评价率整体达到98%。变压器、电抗器、电流互感器和电压互感器评价数量分别为29 466、2126、264 519台和125 971台，设备正常率分别为94.0%、89.7%、97.0%和97.4%；断路器、GIS、隔离开关评价数量分别为90 140台、39 725间隔和318 239组，设备正常率分别为96.7%、98.7%和96.7%；大量缺陷和隐患得到及时消除。在线监测装置配置数量达到11 972套，带电检测全面开展。

国家电网公司跨区直流换流站未发生电网事故，未发生人身伤亡和恶性误操作事故，未发生重特大设备损坏事故，实现了“三个不发生”的安全生产基本目标。

国家电网公司组织开展了直流换流站深度隐患排查工作，累计对17 733张图纸、23 466份程序及56 040个元件的功能及故障后果进行了分析，共排查发现隐患4633项，其中可能导致直流闭锁的重大隐患798项，影响设备运行的一般隐患3835项，形成各专业《深度隐患排查报告》5篇、《深度隐患排查内容记录及隐患分析》23篇。截至2012年底，结合停电已完成治理4508项，占总数的97.3%。

国家电网公司组织各单位及中国电科院在迎峰度夏前对25个直流换流站主设备进行专项带电检测工作，对运行异常设备落实监控措施；组织了首届直流运维技能竞赛；组织编制了《直流换流站运维技能培训教材》。并邀请16位系统内著名专家、设备厂家和运维单位资深技术人员录制了配套教学光盘，创新了培训模式。

启动直流换流站运维管理属地化调整工作，银川东、胶东、宜都、华新等11个换流站的运维管理和安全生产责任3月23日正式移交9家属地省（区、市）公司。

输电线路综合治理。制定颁布《关于印发架空输电线路差异化防雷工作指导意见的通知》、《雷区分级标准及雷区分布图绘制规则》，发布《电力系统污区分布图》，组织开展大范围持续雾霾天气对电网防污闪工作的影响分析，制订针对性措施，提高线路防污闪能力。

线路运行分析。制定《输电线路故障调查分析工作规范》和七种典型线路故障分析模板。每周召开跨区输电线路安全生产例会，每月编制输电线路运行分析月报。制定并印发《跨区输电线路重大反事故措施》，开展重要输电通道落实反事故措施三年滚动计划的编制工作并组织落实。制定下发《提升电力设施保护工作规范化水平指导意见》。

直升机业务。优化调整“十二五”直升机业务发展规划。2012年国网通航公司完成线路巡视37 647km，发现缺陷4420处。确定公司系统10家单位会同国网通航公司、中国电科院开展直升机、无人机和人工巡检协同模式试点工作。

输电线路相关问题研究。组织开展紧凑型线路适用性和运维技术研究，制订针对性反事故措施；推广应用新一代雷电监测系统；结合四川无人区线路运行实际，开展无人区加强线路运维和抢修技术研究；利用直升机激光扫描技术，逐步建立线路三维可视化数据库；组织开展输电线路监测装置质量提升工作，制定《输电线路在线监测装置管理规范》。

2. 生产技术改造

2012年，国家电网公司共完成生产技术改造项目投资207.2亿元。改造35kV及以上输电线路（含电缆）8629km，变压器12 079MVA，断路器（含高压开关柜）10 164台；改造10kV及以下配电线路12 721km，配电变压器10 918MVA，柱上开关6351台；改造二次系统设备9850台套，通信光缆3486km。

组织建立公司总部和省电力公司两级生产技改大修项目储备库，储备规模达到近6万项和600亿元。组织编制2012年配网专项计划，完成生产技改大修计划调整和2013年计划编制工作。集中资金推进上海市配电网改造、四川电网抗冰改造以及国网北京、辽宁电力等单位应对自然灾害改造项目立项实施工作。加强重点项目过程管控，严格审查公司重点限上技改项目可行性研究报告，核减投资2.9亿元。

组织对国网陕西电力等14家单位生产技改大修项目的前期、计划、实施、竣工验收、档案管理以及退役设备管理开展现场专项检查。按照资产全寿命周期管理要求，在项目可研阶段从安全、效能、周期成本三个维度超前评价设备退出及再使用方案。严格设备退役审批，设备退役数量同比显著下降，主要输变电设备运行寿命进一步上升。110（66）kV及以上变压器共退役37台，平均寿命28年，同比增加4.5年；断路器共退役324台，平均寿命19.4年，同比增加0.7年；隔离开关共退役1176组，平均寿命24.1年，同比增加5.6年。

2012年，国家电网公司共完成各电压等级电网输送能力工程393项，提高输送能力142MW。按照电网差异化规划设计原则，对重要输电线路实施差异化改造，其中对跨越主干铁路、高等级公路等重要设施的线路进行独立耐张段改造，全长1362km；对采用拉门（V）塔线路进行分段改造，共改造杆塔618基。对历年来雷害多发的线路进行排查，制订落实防雷治理措施，完成线路（含配电）防雷改造10 331km。完成线路防覆冰、舞动治理1784km。开展线路走廊内树竹、建筑物、大地、边坡风偏情况排查，以及大风区段风速实测，制定落实线路防风偏治理方案，完成线路防风偏改造66条，492km。

对主变压器、断路器等设备进行改造，共改造不满足安全运行要求的35kV及以上变压器12 079MVA，其中铝绕组变压器742MVA，薄绝缘变压器1637MVA，抗短路能力不足变压器5521MVA，缺陷频发的高能耗变压器1440MVA；改造不满足运行要求的断路器10 164台，其中断路器无油化改造1993台，遮断能力不足改造826台。

开展变电设备专项整治。在变电站110kV及以上出线间隔加装避雷器8558台，同时对运行年限长、雷电较多地区的变电站进行变电站接地网改造；对处于严重污秽区的246台变电设备进行防污治理；对变电站和综合自动化系统进行整合，共完成222项，投资2.9亿元。

2012年，改造10（20）kV及以下线路（含电缆）12 721km；改造或应急分装重载配电变压器23 651台，其中配电变压器增容改造2724台、容量7851MVA，更换高耗能配电变压器15 007台；改造断路器（含开关柜、柱上开关、环网柜等断路器设备）8040台。

加大对厂站二次老旧设备和“家族性”缺陷设备改造力度，完成变电站综合自动化改造610套，继电保护及安全控制装置改造4962套，调度自动化系统（含调控一体化）改造773套，通信设备改造2898套，更新改造通信光缆3486km。

3. 状态检修工作

实施状态检修前后相比（选2012年与2007年相

比），公司系统110（66）kV及以上变压器可用系数提高0.117，计划停运率降低43.074次/百台年，非计划停运率降低2.808次/百台年；110（66）kV及以上断路器可用系数提高0.081，计划停运率降低37.158次/百台年，非计划停运率降低2.06次/百台年；110（66）kV及以上输电线路可用系数提高0.406，计划停运率降低2.302次/百千米年，非计划停运率降低0.359次/百千米年；城市供电可靠率（*RS*1）提高0.041。

在各类电网主设备数量保持了每年10%以上的增长速度的同时，110～500kV变压器、断路器、输电线路等6类主要输变电设备平均每年减少ABC类设备检修次数达8.8万次，减少约30%，减少综合检修工日达26.2万人/天。

4. 电力设施保护

2012年，国家电网公司所属25个省电力公司与当地政府建立了电力设施安全保护工作联席会议制度。切实加强电力设施巡视和安全保卫工作，公司系统因外力损坏造成66kV及以上电压等级输电线路跳闸同比减少35次，审批监督电力设施保护区施工项目2786项，处理处罚擅自施工项目486项。

2012年，国家电网公司系统共发生输变配电设施盗窃破坏事件3515起；造成直接经济损失4843万元。公司系统查获窃电案件3.67万件，同比下降42.8%。

结合公司电力设施保护工作实际情况，组织制定《提升电力设施保护工作规范化水平指导意见》，对电力设施保护的工作要求、隐患排查治理、防范措施、外包（委）队伍管控、配合案件侦破、档案管理等提出指导性意见。

提升技术防范水平。2012年国家电网公司系统投入资金17 782万元、设备32 822台套，用于新建和改造电力设施安全技术防范系统。

国家电网公司重视电力设施安全保护宣传工作，采用多种形式开展电力设施安全保护宣传月活动。2012年各单位共设置宣传点7万余个，出动宣传车辆25 589台次，出动宣传人员5万余人次，播放广告3万余条次，发放宣传资料559万余份，发放宣传物品158万余件，新刷宣传标语10万余条，发送宣传短信76万余条。

5. 配电管理

截至2012年底，城网配电线路55万km，同比增长6.9%，配电变压器容量3.2亿kVA，同比增长10.2%。6～500kV电缆线路31.2万km，同比增长10.5%。其中6～35kV配电网电缆线路29.8万km，同比增长10.5%。城网电缆化率达到41.9%；架空线路绝缘化率55.2%；城网供电可靠率（RS1）达到99.941%，同比提高0.02个百分点；城网故障停电17 751次，同比下降30.4%；10kV架空线路带电作业15.6万次，同比增长23.2%。

国家电网公司制定并印发了《配电网全过程闭环管理办法》及配电网运维检修管理、技术标准，对规划、设计与建设、运检环节的职责分工、管理内容、考核评价等工作提出了明确的要求。颁布了《配电网技改大修技术规范》、《配电网设备缺陷分类标准》、《非晶合金铁芯配电变压器技术条件》、《固体绝缘环网柜技术条件》、《有载调容配电变压器选型导则》、《电缆线路不停电作业技术导则》等管理和技术标准28项，建立了较为完善的配电网制度标准体系。

完成配电网示范工程建设试点。印发《关于加快推进城市配电网示范工程建设工作方案》，组织开展实施方案的编制，对17家省（区、市）公司21个实施方案进行集中评审，确定国网北京（城区公司）、天津（城南公司）、山东（济南公司）、上海（浦东公司）、浙江（杭州局和宁波局）、福建（厦门局）、安徽（合肥局）、湖南（长沙局）、重庆（市区局）电力9个省公司（10个地市单位）在城市核心区开展试点建设。组织召开重点城市配电网示范工程建设试点工作启动会；10个地市单位完成了重点城市核心区配电网示范工程试点建设并通过了公司组织验收。

印发《规范开展配电自动化项目建设与改造工作意见》和《配电自动化运行指标在线监控技术方案》，规范项目建设管理，强化配电自动化实用化应用。64个城市开展了配电自动化工程建设项目，覆盖面积2518km^2，总投资40.8亿元，其中24个项目通过公司组织的工程验收并投入运行，12个项目通过公司组织的实用化验收。24个配电自动化系统在投运期间，平均倒闸操作时间由投运前26.9min降至3.9min；非故障区域平均恢复时间由投运前50.8min降至10.9min；利用遥控功能进行操作2万余次，平均遥控使用率达到97.9%，配电网故障处理效率得到提高，配电自动化实用化应用成效逐步显现。

10kV城市配电网架空线路带电作业15.6万次，同比增长23.2%；减少停电889万时户，同比增长12.8%。组织召开10kV电缆线路不停电作业试点启动会，国网上海、江苏、湖北电力等10个省公司（11个地市单位）完成了试点工作并通过公司组织的验收。印发了《10kV带电作业用消弧开关技术条件》、《10kV旁路电缆连接器使用导则》等2项企业标准，以及3类6项电缆不停电作业现场标准化作业指导书。组织完成12个配电带电作业实训基地培训资质复审和资质认证工作。

6. “大检修”体系建设

在2011年完成国网江苏、重庆电力专业试点建设任务的基础上，2012 年完成第一批建成的 15 家单位专业评估，并对第二批建设单位开展专业指导，促进“大检修”体系在公司系统的全面推进和平稳落地，“大检修”体系建设取得重要阶段性成果。

组织架构更扁平。各单位通过精简组织机构，地（市）公司取消工区层级，公司直接管理班组，缩短管理链条，提升管理效率。

运检业务更集约。国网江西电力将市公司 220kV 变压器、断路器的 A、B 类检修和 220kV 输电线路 A 类检修业务集约到省检修公司；将县公司 35kV 输变电设备运检业务集约到市公司；将供电所 10kV 运检业务集约到县公司，农村供电所仅负责低压线路维护和营抄业务，实现运检业务更集约、更专业。国网甘肃电力将 220kV 及以上电网设备的运检业务、110kV 及以上主设备的工厂化检修集约至省检修公司；35～110kV 设备的运检业务集约到市（州）检修公司。

各单位推行工厂化检修，依托检修基地，开展工厂化、轮换制检修，分别与平高、西变集团等设备生产厂家签订战略合作协议，实施 110kV 及以上变压器等设备专业化检修，有效提高了检修质量和效率。

各单位加快培养“一专多能、一岗多能”的运检人员，促进运维岗位的高度融合，开展了设备带电测试、红外测温、定值维护等 C、D 类维护性检修业务，扩大作业范围，规范作业流程，持续提升设备运维效率。

实施“大检修”体系建设以来，110kV 及以上现场检修平均停电时间为 13.71h/次，同比减少 25%。配电网故障抢修平均修复时间 1.69h/次，同比减少 18%。

7. 设备隐患排查治理

修订完成《国家电网公司十八项电网重大反事故措施》（简称《十八项反措》）并发布执行。各单位按照《十八项反措》对各类变电设备开展隐患排查治理，发现和处理隐患 2 万余项。完成 2879 台 220kV 及以上变压器（220kV 变压器 2297 台、330kV 变压器 247 台、500kV 变压器 314 台、750kV 变压器 21 台）抗短路能力校核，占变压器总数的 32.5%，合格率 73.01%。

在 2011 年配网设备隐患排查专项治理工作的基础上，印发了《关于深入开展城市配网设备隐患排查治理工作的通知》。2012 年，公司各单位共排查柱上变压器 733 606 台、柱上开关 537 594 台、杆塔 7 770 357基、开关站 26 964 座、配电室 135 320 座，治理设备隐患 170 355 项，其中一般隐患 166 044 项，重要隐患 4311 项。

8. 运维检修信息化建设

2012 年，国家电网公司开展生产管理信息系统（PMS）适应性调整，实现 PMS 与 ERP 在配网设备方面的集成，与运营监测（控）中心展示平台的数据共享，加强 PMS 与公司其他系统间信息的融合、集成和共享，促进了信息交换和流程整合，提升系统数据应用效率。

拓展设备状态检修辅助决策系统应用，开展配电设备状态检修辅助决策系统建设，并在公司 22 家省级单位部署应用。

基本建成输变电设备状态监测系统，完成 18 家单位正式环境部署，累计接入监测装置 10 243 套，完成跨区电网主要变电（换流）站三维模型录入，开展在线监测信息报警规则编制、状态监测厂家型号库梳理，印发《设备状态监测系统评价验收工作指导意见》，组织开展状态监测系统评价验收工作。

编制印发了《供电电压自动采集系统功能需求规范》、《供电电压自动采集系统概要设计》、《供电电压自动采集系统安全防护方案》等规范。6 月 20 日，完成系统开发测试并在试点单位部署试运行；9 月开始在公司系统推广应用。截至 2012 年底，在公司总部和除国网新疆电力外的 26 家省电力公司部署，其中 22 家省电力公司与总部实现系统纵向接入，15 家省电力公司与总部完成数据接入并实现供电电压数据自动采集、汇总统计和展示，接入 27 075 套电压监测装置和 130 余万条供电电压合格率数据。

组织开展以设备管理、资产管理和 GIS 为核心的企业级设备（资产）运维管理信息系统（PMS2.0）建设工作，制订了系统建设工作方案，明确了系统建设原则、目标及内容，在此基础上编制了设备（资产）运维管理系统业务需求规范，为系统建设创造了条件。

9. 防汛与大坝安全管理

国家电网公司下发《关于做好 2012 年防汛和大坝安全工作的通知》、《关于开展 2012 年防汛检查和水电站隐患排查督查工作的通知》、《关于做好防汛值班和信息报送工作的通知》、《关于印发 2012 年防汛工作要点和水电站（含抽蓄）隐患排查治理工作方案的通知》，一系列通知，做好防汛部署和防汛自查与整改工作。

国网山东电力组织防汛演习，制订《山东电网 2012 年防汛演习方案》，演习设置了四个科目，涵盖了输、变、配、用电等环节，突出不同险情类型。

各单位严格按照电监会《水电站大坝运行安全管理规定》，做好大坝安全管理工作。汛期各单位开展大坝巡视检查，加强大坝监测，保证了大坝泄洪设施和备用电源安全可靠运行。定期向电监会大坝中心报送监测数据。

富春江电站 2012 年共发生 7 次泄洪，泄洪总历时740h，弃水52.04亿m^3。在七次洪水调度中，富春江电厂与调度沟通，通过预腾库容和洪水拦尾等措施，累计增发电量1296万kWh。为应对15号强台风“布拉万”可能带来的强降水，云峰水库于8月27日13时开启溢流门泄洪，提前降低坝上水位，预留防洪库容，以应对台风影响可能造成的极端暴雨天气，牺牲发电效益，确保上下游流域防汛工作全局。

10. 直升机作业管理

国家电网公司探索直升机电力作业技术的研究与应用。国网通航公司发挥独特的专业优势，先后在直升机巡航作业、带电水冲洗绝缘子、带电检修、展放导引绳、3D激光扫描、高海拔作业等多项技术上填补了国内空白，分别创造了在海拔超过2900m的地区和海拔5350m地区实施吊装组塔、电力巡线的高原直升机电力作业世界纪录。

圆满完成233条跨区电网及重要500kV输电线路主动脉的巡视任务，累计航巡里程37 647km，安全飞行3289h，安全起降4072架次，发现缺陷4420处，严重以上缺陷330处。首次成功完成青藏直流全线1038km巡视和锦苏线四川境内高海拔无人区线路巡视。完成源霸双回、源安双回线路故障区段应急特巡作业，发现线路故障点10处，运送抢修人员9人次、物资100多件，完成十八大应急抢险救援任务。

飞行保障能力增强。协调军民航单位71家、军民航机场125个，选用飞行起降场地230个，绘制完成53条线路的巡线示意图。全年完成直升机100h及以上定检33架次，首次独立完成BELL407机型的300h定检和发动机更换工作。

贯彻落实《国家电网公司“十二五”直升机业务发展规划》，研究作业基地的功能定位和建设发展目标，编制完成7个作业基地可研报告，完成3个基地[首都基地一期、千岛湖（华东）和格尔木基地]的投资建设工作。与湖北仙桃市政府签订战略合作框架协议，加快推进华中（仙桃）基地建设。完成8架直升机的购机任务。完成新机型飞行手册、运行规范、运行手册等修订审核工作，加快新机组投运工作，实现了2012年公司直升机拥有量达到14架、投运9架的机群建设目标。投产机群规模比年初扩大50%，作业产能从42 000km/a提升到70 000km/a，增长67%。

“高海拔环境下直升机电力施工和巡检技术的研究”成果获得国家电网公司科技进步三等奖，一种电力维护直升机专利获得公司专利三等奖，取得4项实用新型专利和1项发明专利。编制完成《直升机巡检技术规范》等4项公司企业标准，与法国输电网公司(RTE)合作推广直升机电力作业吊篮法，科技创新的支撑能力有效提升。开展信息化“十二五”规划编制工作，落实桌面终端信息安全部署，启动ERP建设，人财物基础功能成功上线，信息化建设取得新突破。

（孙 扬 周宏宇 刘 昊 杨 柳 徐剑青 邵 斌 杨 柳 项 薇 陈伟勇）

【节能减排】

1. 节能减排管理

召开国家电网公司节能减排领导小组会议，研究部署公司节能减排工作。采取有效措施，加强节能减排考核指标的管理。完善公司能源消耗及节能减排统计工作，对线损率、万元产值综合能耗等考核指标进行重点监测。开展万元产值综合能耗对标工作，提升节能减排管理精益化水平。印发《国家电网公司线损管理办法》（国家电网发展〔2012〕317号），以“技术线损最优、管理线损最小”为目标，深化线损“四分”（“分区、分压、分元件、分台区”）管理。开展主题为“节能低碳，绿色发展”的全国节能宣传周活动。按季度总结节能减排工作并报送国资委，开展能源消耗及节能减排统计。

2012年，国网山东电力青岛供电公司、国网江苏电力营销部、国网浙江电力发展部等公司系统多家单位和个人，荣获“十一五”时期全国节能减排先进集体和先进个人称号。

2. 主要节能减排指标完成情况

2012年，国家电网公司线损率6.73%，同口径下降0.03个百分点，节约电量10.5亿kWh，相当于节约标准煤35万t、减排二氧化碳87万t。从部分国家2010年线损率水平来看，英国7.37%、法国6.98%、巴西15.83%、加拿大11.67%、俄罗斯10.28%、印度21.84%。公司综合能源消费量3329.39万t，公司万元产值综合能耗0.1655t标准煤/万元（可比价）。

3. 支持电力行业和社会节能减排

加强电网建设，提高资源优化配置能力。迎峰度夏期间，充分发挥特高压等跨区跨省通道和大电网优势，消纳长江、黄河两大流域富余水电，特高压工程大范围水火互济和优化资源配置的作用得到有效发挥。其中，四川外送最大电力首次突破1000万kW，达到1110万kW，全年外送水电344亿kWh，创历史新高；青海全年外送水电近50亿kWh，是2011年的10倍。深入开展提高电网输送能力工程。2012年，国家电网公司系统共完成提高电网输送能力工程项目81项，提高电网输送能力12 859.95MW。

多措并举，支持风电、光伏发电发展。公司经营区风电装机容量5676万kW、光伏发电装机容量333

万 kW，在新增并网装机容量 1282 万 kW 的情况下，公司经营区风电利用小时数达到 1903h，与 2011 年基本持平。

开展节能发电调度和发电权交易，促进电力系统节能减排。组织国网江苏、河南、四川电力等开展节能发电调度试点工作，优先调度清洁能源、高效火电机组发电。统调水电厂节水增发电量达 172.37 亿 kWh，水能利用提高率为 7.10%。完成发电权交易电量 1097 亿 kWh，节约标准煤 833 万 t，减排二氧化碳 2167 万 t、二氧化硫 22 万 t。

加快节能服务体系建设，服务社会节能减排。组建覆盖全部经营区域的市场化运营的节能服务公司。公司系统组建了 27 家省级节能服务公司。加强能效测评机构建设，开展节能量审核认定服务。建立国网电科院、中国电科院，以及甘肃、新疆、江西、安徽电科院等 6 家能效测评机构。2012 年完成 244 个节能量审核认定项目。

推进清洁发展机制（CDM）项目，主动履行社会责任。在辽宁试点的基础上，国网北京、上海、黑龙江电力等 15 个单位全面推广实施，2012 年共完成配变更换 21 930 台，成为全球首个电力行业规划类 CDM 项目。国家风光储输示范工程 CDM 项目在联合国成功注册。公司六氟化硫气体回收 CDM 项目第一期减排量（72 414t 二氧化碳当量）获得联合国签发，成为全球该领域首个签发的项目。截至 2012 年底，公司系统共有 8 个 CDM 项目成功注册，年排放量约 137.2 万 t。

（栾凤奎）

【科技创新】

1. 重大科技攻关

（1）大电网重大专项研究。2012 年，国家电网公司组织实施了大规模电网运行与控制技术深化研究重大专项，包括 6 大项目 44 项课题，取得了一批阶段性成果：提出了大电网安全稳定综合防御体系的理念和框架；提出了基于全寿命周期的特高压电网经济性评价指标体系；探明了特高压联络线随机功率波动机理、扰动冲击与振荡传播机理；提出了多种可提高收敛性的大电网潮流计算方法、大规模线性方程组并行求解方法；突破了频率失稳主导模式特征提取、PSS 参数协调优化算法等关键技术；开发了特高压同塔双回输电线路成套保护装置原型样机，为公司特大型交直流混合电网的发展与运行控制提供了技术支撑。

（2）实用型关键技术研究。2012 年，国家电网公司提出并组织实施了十大实用型关键技术研究项目，共 33 项课题，主要集中在：纳米改性金属材料在输配电中的应用；纳米材料在输变电设备中的应用；复合材料杆塔应用；输变电设备防腐材料开发及应用；先进复合材料芯导线实用关键技术；节能环保型变压器关键技术研究及产品研制；高压直流断路器关键技术研究及样机研制；特高压工程建设重大施工装备关键技术研究；智能开断技术研究及产品研制；电子式互感器实用化关键技术研究及应用研究。

（3）特高压输电技术研究及核心设备研制。在国际上首次获得了特高压气体绝缘全封闭组合电器的特快速瞬态过电压特性，研究提出了将中国特高压同塔双回输电系统的工频过电压水平降低到 1.2～1.3 倍额定电压、操作过电压水平降低到 1.5～ 1.6 倍额定电压的可行性及条件。研制了具有自主知识产权的 1000kV 特高压交流出线装置、串补装置和旁路断路器；首次研究形成了±1100kV 特高压直流输电整体技术方案；完成了特高压直流与超高压交流线路同塔多回输电关键技术系列研究；成功研制± 1100kV 特高压直流换流阀和隔离开关，推进了特高压输电技术的发展和设备国产化。

（4）智能电网关键技术研究及核心设备研制。掌握百兆瓦级自换相换流器关键技术，自主研制的 1000MW/320kV 柔性直流换流阀及阀基控制设备样机取得成功，填补了该领域国际空白。建成张北储能实验基地；完成风电检测试验能力建设，构建了风电试验检测体系；搭建了用于全钒液流电池本体和系统测试的两级测试分析平台。首次实现超导线圈定位保护及失超状态实时显示。研发了智能配电终端统一硬件平台和软件平台。研制了变压器智能组件关键设备。完成了 2MW 风电机组及 800kV 智能断路器研制。

（5）防灾减灾技术研究。完成输电线路舞动机理及防舞关键技术研究，完成覆冰导线舞动影响因素系统性分析，完成仿真技术、响应特性模拟、空气动力参数试验模拟等基础性研究，提出舞动判断控制准则及舞动分布图绘制原则及方法，建立输电线路舞动数据库，研制新型防舞装置，制定防舞设计规范和标准，为提高电网的防灾减灾能力提供了的技术支撑。

（6）国家重点科技项目研究。公司组织申报的“含高比例间歇式能源的区域型智能电网集成综合示范”和“风光水气多种能源发电联合运行控制关键技术及示范”通过国家科技部立项评审，列为“十二五”科技支撑计划项目。

2. 技术标准工作

2012 年，完成国家电网公司技术标准体系修订，印发《国家电网公司技术标准体系表（2012 版）》；研究建立支撑公司“大规划”“大建设”“大运行”“大检修”“大营销”业务的“五大”技术标准子体系，为支撑公司“三集五大”体系建设提供了重要参考；深化重要分支领域技术标准体系建设，组织完成特高压直流技术标准体系修订，研究建立公司电力储能、分布式电源和微电网技术标准体系。全年共发布公司技术标准105项。智能电网技术标准体系得到持续完善，截至2012年底，累计发布智能电网相关技术标准220项，新能源发电、智能变电站、信息采集和智能调度等重要领域的标准布局基本完成。完成《大容量新能源及储能接入电网技术标准国际化研究》等重大研究课题，组织完成公司标准化战略研究，使公司成为第一家开展标准化战略研究的央企单位。《±800kV特高压直流换流站过电压保护和绝缘配合导则》等64项标准荣获中国标准创新贡献一等奖，这是公司第二次获此殊荣，同时也是以企业标准获得一等奖的唯一单位。

2012年，由国家电网公司系统单位牵头承担的标准制修订任务达到190项，其中国家、行业标准发布148项。

3. 科技成果与获奖

获国家科技进步奖3项。其中，由公司牵头、100多家单位参与联合攻关的“特高压交流输电关键技术、成套设备及工程应用”项目，荣获国家科技进步特等奖。南瑞集团牵头的“电力系统广域监测分析与控制系统的研发及应用”、平高集团参与的“开关电器大容量开断关键技术及应用”项目，获国家科技进步二等奖。

获中国专利金奖1项、中国专利优秀奖6项，创历史最好成绩。其中，南瑞集团的“电力系统暂态稳定在线监视和预防控制方法”获中国专利金奖。

国网山东电力“变电站智能巡检机器人”获中国优秀工业设计奖金奖。

获2011年度国家能源科技进步奖（2012年评审）61项（均为第一完成单位项目），其中“500kV地下输变电工程关键技术研究与应用”“信息网络隔离与便捷接入技术研究与应用”“电力系统在线动态安全评估和预警系统”“高效宽域波前时间冲击电压发生器的研制及工程应用”和“广域空间条件下大电网与外系统间电磁兼容关键技术研究”5个项目获一等奖，获二等奖17项、三等奖39项。

获中国电力科学技术奖33项（均为第一完成单位项目），其中，“大型风电并网运行与试验检测关键技术研究及应用”“一体化电网调度技术支持系统关键技术研发与应用”“基于全景数据平台的智能变电站自动化系统关键技术研究与工程应用”3个项目获一等奖，获二等奖11项、三等奖19项。

此外，获国家环保部环境科技奖5项。公司系统内单位申报地方科技奖励项目，获省级科技进步奖174项，其中一等奖10项、二等奖50项、三等奖114项。

4. 环保工作

组织对电网建设项目环评及竣工环保验收管理办法进行修订。开展变电站（换流站）噪声情况调查，初步建立了变电站噪声基础数据库。梳理变电站噪声研究成果和治理经验，组织编制变电站（换流站）噪声防治技术方案。完成电网环保管理子系统开发、测试和部署。组织开展环保管理人员培训，与环保部环境工程评估中心合作，首次成功举办电网建设项目环境监理人员培训班。加强监督考核，成立检查组对各省（自治区、直辖市）电力公司的电网环保工作进行全面检查。

印发2012年《330kV及以上电网建设项目竣工环保验收计划》，并召开竣工环保验收协调会强化跟踪落实。公司系统全年新开工110kV及以上电网建设项目2156项，环评率连续四年实现100%；通过竣工环保验收的110kV及以上电网建设项目1669项，验收率99.82%，比2011年增加1.83个百分点；取得水保方案批复和通过竣工水保设施验收的110kV及以上电网建设项目分别为396项和583项。

国家电网公司应邀参加首届全国电磁环境管理经验交流会，并作为参会的企业代表进行大会交流发言。部分专家入选环保部第二届核安全与环境专家委员会。策划开展“六·五”世界环境日电网环保宣传。

开展电网环保领域科研和新技术推广，“±1100kV特高压直流输电线路电磁环境研究”等重点项目取得阶段性成果；“电磁场健康影响风险评估与预防性政策研究”等科研项目和“环保绩效指标体系与评价方法研究”等管理咨询项目通过验收。中国电科院、国网河南省电力公司电力科学研究院、国网江苏电力南京供电公司共5个项目分别获得环保部环境保护科学技术二、三等奖。全面启动省级六氟化硫气体回收处理中心建设，完成建设方案评审。继续推动清洁发展机制（CDM）项目，公司配电变压器提前更换CDM项目后续子项目加入规划全部通过审核，成为我国首个、国际第二个获得减排量签发的规划类CDM项目；国家风光储输示范工程（CDM）项目在联合国成功注册；国网冀北电力六氟化硫气体减排（CDM）项目第一监测期减排量获得联合国签发。

（修　建　赵海翔　吴　甜　卢　林）

【信息与通信】

1. 信息化建设

建设一体化信息平台。开展数据中心、企业门户2.0建设工作，统一权限管理，完成统一权限管理平台的研发设计。完成国网天津、河北、上海、福建、重庆电力5家试点单位的部署实施。完成营销、生产等15个业务应用和门户、目录2个平台的集成。启动平台2.0版本的设计工作。

人财物集约化信息化建设取得进展。人力集约化信息化建设完成劳动统计报表调整，国网西藏电力数据覆盖，SG-ERP人力资源管理信息系统一期项目验收和福利报表建设；完善企业负责人业务考核模块功能。还完成四个二级部署模块在国网天津、浙江、四川、吉林、甘肃电力的试点实施工作；农电用工数据覆盖和数据治理工具部署，企业负责人薪酬、招聘管理、人力资源计划管理模块完善工作，完成二级部署模块在国网河北电力等21家单位推广实施工作；启动在国网华北分部等24家单位推广实施工作。

财力集约化信息化建设。完成辅助决策功能第一批主题上线，试点单位全部标准流程与流程监控功能的实施应用，各单位预算责任中心、基金中心等主数据的实施接入，完成核算科目与预算科目联动实施工作。

物力集约化信息化建设，完成电子商务平台“三表两图”（项目货物技术特性差异表、项目货物组件材料配置表、使用环境条件表，电气主接线图、平面布置图）功能上线，完成电能表和服务类采购的上线，合同履约功能全面推广。2012年底，完成招标采购全流程的试点应用。

“五大”体系信息化建设。国网信通部完成对其中的23家单位（除国网蒙东电力外）的信息系统中期诊断远程测试工作。

国家电网公司组织相关专家完成对国网天津电力等15家单位的“三集五大”体系建设信息通信专业评估工作。

电网GIS平台建设。开展平台高级应用研发与试点。进行平台推广实施。第一批完成国网河北、山东、安徽、湖北、四川、陕西电力共6家单位推广上线。截至2012年底，平台实现了19家省（自治区、直辖市）电力公司及下属单位的输电、变电、配电专业电网资源图形管理全覆盖，管理电网资源总数达1.1亿条记录。

开展与营销、规划等业务应用集成工作。完成与营销GIS、规划设计、配电自动化、输变电状态监测等业务应用系统集成设计研发。完成试点单位和第一批推广单位共计21家单位实施。

电网统一视频监控平台建设。完成国网山西、江苏、陕西、宁夏电力4个试点项目验收。完成23家省（自治区、直辖市）电力公司及国网新源公司推广实施，共接入5万多个视频监控点。

非结构化平台建设。印发《国家电网公司非结构化数据管理平台管理办法（试行）》，完成平台功能完善与V2.0版本发布。12月，完成财务管控、电子商务等24个业务系统接入。

海量数据平台建设。完成试点单位平台部署并接入主配网运行方式、用户用电信息等历史/准实时数据。

资产全寿命周期管理信息系统建设。完成电网资产质量监督管理系统建设。推进电能质量在线监测管理系统建设。完成国网北京、天津、山东、上海、福建、重庆、江苏电力7家试点单位的电能质量相关监测指标的自动采集与分析。

2. 大容量骨干光缆传输网工程

大容量骨干光缆传输网工程是以总部、分部、三地灾备中心为核心，覆盖公司除国网新疆、西藏电力外的各省（自治区、直辖市）电力公司和省级通信第二汇聚点的信息通信高速公路。工程采用“总部统一管理，分部居中协调，各省属地现场管理”的建设管理模式，成立了由公司总部、各分部、国网信通公司、各省（自治区、直辖市）电力公司等单位组织的工程工作组。

工程建成后，国家电网公司骨干通信网承载能力将从2.5Gbit/s提升至400Gbit/s；在现有网络资源上将一、二级骨干传输网进行统一规划建设，新建通信节点287个，是电力通信史上最大的单体通信工程，是国内首个规模最大的OTN专用通信网络，解决了传统同步数据体系（SDH）的大带宽业务适配效率低、带宽粒度小以及密集波分复用（WDM）组网能力弱和保护能力差等问题。同时，在技术应用上创新实现OTU2光路的域间对接方式，创国际应用首例。

3. 通信网建设与运行

2012年，全网新增光缆7.9万km，较2011年增长11.7%；通信站点新增2109座，同比增长5%；220kV及以上变电站光纤覆盖率保持100%，110kV和35kV变电站光纤覆盖率分别达到99.19%和93.04%；业务通道新增4.2万条，同比增长16%；全年共完成通信建设投资76.6亿元，占“十二五”通信网规划总投资的15.14%。

建成覆盖各分部和25家省（市）电力公司的大容量骨干光缆传输网，光缆容量从现有2.5Gbit/s为主提升至400Gbit/s，承载能力大大加强。完成省级及以上通信管理系统（TMS）建设，实现对27.1万km光缆线路、1.29万套设备、4.74万条业务通道信息的实时采集和电力通信业务的纵向级联贯通。

2012年，制定下发《电力通信运行方式管理规定》，规范通信系统运行方式管理。

通信网维持较高的运行水平，全年未发生因通信原因影响电网安排生产或公司重要活动的六级及以上事件。各类通信线路及设备故障次数同比减少 367 次，故障总历时同比降低 2357h。2012 年公司新增各类生产和管理业务通道 4.2 万余条，同比增长 16%，通信业务话路数增长 22.67%；业务保障水平稳步提高，中断次数同比减少 339 次，业务保障率达 99.9998%，为公司各项生产、经营、管理业务提供了可靠的通信支撑。

4. 信息通信调度管理

推进信息通信调控中心建设；推进呼叫中心系统建设及实用化，基本实现呼叫中心与调控中心的协调运转；加快信息运维综合监管系统（IMS）建设与应用；启动通信管理系统（TMS）建设和试点运行，已实现对近 3 万条资源和 8 万多千米通信光缆的运行方式、故障处理和检修管理。

修订《国家电网公司调度运行管理暂行办法》、《信息系统调度、运行、检修管理办法》以及《国家电网公司信息系统三线技术支持服务管理办法》。信息通信运行指标提高。信息系统非计划停运次数比 2011 年降低 86.75%，灾备复制关系非计划中断时长比 2011 年降低 97.2%，监控接口非计划停运次数比 2011 年降低 88.81%，检修超时时长比 2011 年降低 91.96%，光传输设备和调度生产业务通道可用率均达到 99.999%。

组织各单位参与反事故演习工作，29 家单位开展了联合反事故演习，完成演习科目 163 项，其中公共类 29 项、信息类 54 项、通信类 51 项、信息通信联合类 29 项，编制演习总结报告 29 份。

开展“安全年”信息通信专项活动 10 方面 30 项工作，成立十八大保电信息通信工作组，组成专项检查组对国网华北分部，国网北京、冀北电力和国网信通公司及信息系统灾备中心等重点保障单位开展现场检查。

编制《智能电网信息安全防护总体方案》和《用电信息采集系统》等信息安全专项防护方案，组织各单位开展智能电网信息安全核、补、改、审专项活动，开展智能电网信息安全专项督查和常态督查，督促各单位落实公司智能电网信息安全防护方案，及时消除信息安全隐患，采用攻防演练方式对有关单位智能电网系统安全进行检验，实现智能电网信息安全风险可控、在控、能控。

将信息安全关口前移至研发环节。发布 SG-ERP 信息安全架构和信息系统全生命周期安全系列管控规范，实现信息系统可研设计、开发部署、上线运行、下线废弃各阶段安全控制点的全过程管控。完成 95598 互动网站、人资集约化等重要系统的代码检测工作，整改代码安全漏洞。开展反事故、反违章、反隐患专项警示教育，采用安全事件警示录、安全警示牌、视频讲座、网络远程培训等多种形式，组织学习宣贯公司《安全事故调查规程》、《安全工作奖惩规定》、《信息安全反违章手册》等。

5. 信息通信技术与标准

基于 2011 年架构设计，开展全局性业务和信息化顶层设计，开展架构设计修编、18 项技术专题详细设计和 SG-EA 规范框架设计，形成 2012 年架构设计，包括业务、应用、数据及技术四大架构的内容。

在《国家电网公司信息化标准体系（2010 版）》和《国家电网公司通信标准体系》的基础上，形成《国家电网公司信息通信标准体系（2012 版）》。编制信息通信标准 102 项，其中国标 1 项、行标 7 项、企标 34 项、专业规范 60 项。

印发《信息化标准及架构督查宣贯指导手册》，在公司级督查执行小组配合下，组织了 5 期的宣贯培训工作，培训讲师 101 人次，共计 1068 人参加培训。

2012 年，公司信息通信领域的新技术发展趋势主要体现在虚拟化、云 208 技术、物联网、大数据分析、移动应用和 HTML5、内存计算和复杂事件处理等方面。成立云计算、物联网、大数据、内存计算等新技术专项研究组，开展相关新技术的预研、标准规范制定、关键技术研究等工作。公司统一组织建设宁夏、辽宁物联网示范工程，开展云资源管理系统的试点应用实施，开展基于云计算的浙江用电信息采集系统的应用研发，开展下一代互联网在统一视频平台、输变电在线监测中的应用研发。

（樊　涛　李浩松　张南京　彭晓武　杨　亮）

【党建和精神文明建设】

1. 组织建设

截至 12 月 31 日，国家电网公司系统共有 30 514 个党组织，其中党组 51 个、党委 1973 个、党总支 2032 个、党支部 26 458 个；党员总数 564 040 名，其中在岗党员 439 895 名、离退休党员 119 281 名、学生党员 3084 名、其他党员 1780 名。

3 月 31 日，在北京召开中国共产党国家电网公司直属第二次代表大会，差额选举产生 6 名公司出席中央企业系统（在京）党代表会议代表。6 月 3～4 日在北京召开中国共产党中央企业系统（在京）代表会议，差额选举产生 52 名中央企业系统（在京）出席党的十八大代表，公司党组书记、总经理刘振亚当选为党的十八大代表。

国家电网公司党组共命名表彰了 190 个“电网先锋党支部标兵”和 216 个“电网先锋党支部”，从中涌现出了全国和中央企业先进基层党组织 25 个。

加强对基层党建工作考核评价，制定《国家电网公司直属单位党建工作考核评价办法（试行）》（网直党〔2012〕5号）。强化基层党组织带头人队伍建设，制定《关于在国家电网公司直属单位开展党支部书记公推直选工作的实施意见》（网直党〔2012〕6号），推行党支部书记公推直选，促进基层党内民主建设。组织召开公司直属第二次党员代表大会，选举产生新一届公司直属党委、纪委书记和委员。出版《中国共产党国家电网公司直属第二次代表大会专辑》。截至年底，总部及在京直属单位均成立了相应的党组织。实施《关于建立健全党员承诺践诺制度的实施意见》（网直党〔2012〕54号），加强工作督导。全年组织筹备召开3次直属党委会，总部共发展党员7名，预备党员转正17名。

2. 党风廉政建设

按照中央纪委关于规范职务消费工作的部署和要求，对公务用车、通信、业务招待、差旅、国（境）外考察和培训六方面管理规定内容进行修订，重新审定申报了企业负责人2012年度职务消费预算方案。加强"三重一大"决策制度执行情况的监督检查，督促有关部门健全相关制度1210项；巩固工程建设领域突出问题专项治理工作成果，监督检查机制实现常态运行；组织招标采购监督5250次，发现问题235个，落实整改措施304项。建成招标采购领域诚信管理系统。制定《关于进一步加强协同监督机制建设的意见》，规范协同监督"一书两报告"（协同监督整改意见书、协同监督情况报告、协同监督整改报告）工作载体。2012年，公司系统累计形成协同监督整改意见书3182份、情况报告4306份、整改报告2398份。8～10月，公司组织35个检查组，对所属各级单位开展为期3个月的依法治企综合专项检查。

下发《关于公司系统2011年度党风廉政建设责任制检查考核情况的通报》（国家电网党〔2012〕7号），修订《企业负责人年度业绩考核管理办法》，对《2012年党风廉政建设责任制评分细则》进行修改完善。开展2012年党风廉政建设责任制暨惩防体系建设检查考核工作，制订考核工作方案。43家单位进行了自查，分三组对14家单位进行抽查，深入地市公司查看资料，召开座谈会，抽调有关单位监察部主任参与检查工作。

对国家电网公司主业所有车辆进行全面清理，实现了2012年车辆总数压减10%以上工作目标。下发《党员领导干部严格执行住房、车辆管理相关规定的通知》，重申纪律规定。

完善信访案件管理制度，严明办案工作纪律，完善协同办案机制，集中力量核查重点信访问题，严肃处理违规违纪行为。及时制定下发《在国际业务中预防商业贿赂风险管理暂行办法》。

开展"廉政课堂"等教育活动1.4万次，开展廉洁文化优秀作品征集和网上评选活动。充分利用网络资源广泛开展反腐倡廉宣传教育，全年在公司反腐倡廉网站发布廉洁文化教育资料和文章4312篇。组织党员干部学习《十八大反腐倡廉精神系列辅导读物》、《领导干部廉洁从政教育读本》、《领导干部从政道德启示录》等教材。组织廉政公益广告展播廉洁文化网上行以及廉洁文化进班子、进部室、进班组、进家庭活动2.2万次，党政主要负责人讲授党课2.5万人次。

以工程建设、清产理财为重点，实施效能监察项目1986个，及时有效地纠正行为偏差、堵塞管理漏洞、规范企业管理，促进整章建制5487个，落实监察建议、监察决定1.4万个，取得显著的综合效益。先后举办两期效能监察培训班，编纂《国家电网公司效能监察项目优秀成果集（2010～2011卷）》，丰富典型资料库。实行效能监察报备制度，对监督检查的领域、内容、进度安排进行优化。

推动落实"你用电、我用心"服务理念，围绕十八大保电等重要任务，开展行风建设和供电服务明察暗访活动1.4万次，发现和纠正问题2.6万个。聘请行风监督员2.9万人，召开行风监督会议2000多次，走访客户37万户，主动征集各方面的建议，解决客户反映的问题和困难。坚持有诉必查、有错必纠，受理属实投诉举报627件，办结率和回访率均达100%。在2012年各级政府组织开展的民主评议行风活动中，公司系统各单位均名列前茅。其中，国网山东、辽宁电力及其下属各市县公司全部获得第一名或免评的好成绩。

3. 思想政治工作

组织干部员工学习贯彻中央经济工作会议、全国"两会"精神，学习贯彻公司"两会"、季度工作会议精神，先后编印形势任务教育手册4期10万余册，切实把思想和行动统一到公司党组各项决策部署上来。编印《国家电网公司"三集五大"体系建设宣传手册》，在《国家电网报》上连续刊登"三集五大"体系建设问答，统一思想、加深理解、增强信心，推动改革顺利进行。

国家电网公司党组制定印发理论学习中心组2012年度学习计划，全年安排5个会议精神、7个专题学习。共开展党组（党委）中心组学习9396次，举办各层次"电网先锋讲坛"2145次。公司荣获"回顾辉煌历程 喜迎党的十八大"读书竞赛活动集体奖。

国家电网公司践行为民服务宗旨，制定印发《国家电网共产党员服务队管理办法（试行）》，在27个省级公司成立各级共产党员服务队4313支，服务队成员 6.9 万人、其中党员占 74%。

国家电网公司深入宣传“电力雄鹰”吕清森、“不倒的铁塔”江小金、“助学老人”解黎明、“爱心大使”韩克勤、“百姓电工”左光满、“工人专家”夏晓兵等一大批典型，激励广大干部员工立足岗位建功立业。印发《关于进一步做好先进典型选树宣传工作的通知》。

国家电网公司重视员工队伍思想稳定工作，印发《关于做好员工思想动态分析上报工作的通知》，广泛开展员工思想动态经常性分析、定期分析和专题分析，形成调研分析报告，为公司党组决策提供依据。

4. 精神文明建设

贯彻落实中共中央、国务院《关于加强和创新社会管理的意见》精神，各单位以党组（党委）中心组学习、电网先锋讲坛、经验交流会、政工干部培训班为平台，举办专题培训 1633 次，6.5 万人参加。

开展精神文明建设“五个一工程”征集推荐工作，国家电网公司选送的歌曲《家的牵挂》荣获中宣部精神文明建设“五个一工程”优秀作品奖，报告文学《国家负荷》、歌曲《爱如电》、《我的名字叫中国》荣获中央企业精神文明建设“五个一工程”优秀作品奖。截至 2012 年底，公司系统共有全国文明单位 203 家，省级文明单位 1066 家，省级文明单位标兵 199 家，省级文明行业 74 家。组织修订《国家电网公司青年文明号活动管理办法》，开展青年文明号负责人专题培训，提升各级青年文明号创建管理水平。编印《公司青年思想引导手册》，增强青年思想引导工作有效性和针对性。2012 年，公司团校举办基层团干部培训班 4 期、青年文明号负责人培训班 1 期、青年志愿者骨干培训班 1 期、各单位团组织负责人培训班 1 期、新入职青年员工培训班 2 期，累计培训团青干部 500 余人、新入职青年员工 10 000 余人。选树和宣传青年先进典型，举办青工技能大赛、技能状元比武等活动，搭建青年成长平台，拓宽青年成才渠道。

制定并组织各单位贯彻《国家电网公司统一的企业文化建设实施方案》、《“三集五大”体系建设企业文化专业评估标准》，推进“五统一”（统一价值理念、统一发展战略、统一企业标准、统一行为规范、统一公司品牌）要求在“三集五大”体系建设中全专业贯通、全领域覆盖。

2012 年初，确定了 113 项企业文化建设重点项目，其中企业文化传播工程重点项目 58 项，企业文化落地工程重点项目 55 项。

推进“雷锋精神”融入企业文化，印发《关于深入推进雷锋精神融入企业文化的意见》，实现学雷锋活动的常态化、制度化。

在国家电网公司二届二次职代会暨 2012 年工作会议期间举行青藏联网工程先进事迹报告会；编辑制作《电力天路雪域丰碑》宣传册和《电力天路——青藏交直流联网工程建设纪实》宣传片，出版发行《青藏电力联网工程》丛书，创作《雪域飞虹·青藏联网工程全景实录》报告文学和《雪域之光》诗歌集等文艺作品。

（任　峰　刘　利　苑存官　杨志宏
张鹏宇　乔增亮）

【工会工作】

1. 职工民主管理

（1）职代会决议落实。根据公司《职工代表大会实施办法》规定，建立健全职代会决议事项责任分解、工作督导、情况反馈、检查考核等工作机制，明确责任主体和工作要求，把公司各项经营发展指标转化为各层面共同执行的刚性计划。加强提案征集、立案、办理、反馈的闭环管理，并按时间节点督办责任部室和责任人员，完成公司二届二次职代会 185 件提案的答复处理工作。公司组织 44 名职工代表，成立 11 个巡视检查组，分两次对 22 家基层单位进行了巡视检查。

（2）《国家电网公司职工民主管理纲要》宣贯和规范化试点工作。在《工人日报》等媒体宣传公司职工民主管理以及实施《国家电网公司职工民主管理纲要》（简称《纲要》）的成功做法。多层次、多角度、全方位在公司系统内宣讲《纲要》，开展《纲要》规范化试点工作，选取 5 家省电力公司和 10 家地市供电公司开展规范化试点工作，促进公司“双路径、三保障”（职工代表参与、职工自主参与，组织保障、制度保障和企业文化保障）职工民主管理体系贯彻于公司各层级。同时，加快《纲要》配套制度的建设，健全完善了以《纲要》为龙头，以《职工代表大会实施办法》、《总经理联络员制度》、《厂务公开管理办法》、《班组自主管理制度》等为支撑的“双路径、三保障”职工民主管理体系。

（3）职代会闭会期间日常民主管理工作。根据中央六部委下发的《企业民主管理规定》，梳理公司系统内职工民主管理经验，研究制定《国家电网公司厂务公开管理办法》，规范厂务公开的内容、形式和载体，增强公司系统内厂务公开的针对性和实效性。加强总经理联络员日常管理和培训，组织召开总经理联络员座谈会，明确联络员列席公司或单位职代会、参加职工代表巡视检查，充分发挥联络员“公司决策部署宣传者、基层民情民意传递者、推动公司科学发展践行者”的作用。

2. 班组建设

（1）开展“创建先进班组、争当工人先锋号”

活动。开展达标班组和先进班组考核评比工作，严格按照班组建设管理标准开展考核，经过几年的努力，已有40%以上的班组成为达标班组。编辑出版《工人先锋号——国家电网公司先进班组巡礼2011》。

（2）班组信息化建设。研究开发了班组建设信息化管理系统，在试点单位取得成功运行的基础上，对各省电力公司、部分直属单位进行了全面推广应用。覆盖班组数量超过4万个，注册用户达到9万余个，班组建设的信息化应用水平显著提高。

（3）班组建设实践研讨会。7月下旬，中华全国总工会工运研究所与公司工会联合召开了国网河北省电力公司班组建设理论与实践研讨会，总结推广国网河北电力班组建设经验。8月30日，组织召开了公司班组建设经验交流电视电话会议，学习贯彻中央领导关于班组建设重要批示精神，落实中华全国总工会、国资委有关精神和公司党组工作部署，宣传推广国网河北、江苏、湖北电力等单位班组建设的先进经验，提高基层班组建设水平，推动公司和电网又好又快发展。分两期举办公司班组建设培训班，共有175名来自公司各单位的优秀班组长和基层班组建设专兼职管理人员参加了培训，在《国家电网报》开设“班组建设专刊”，实现了班组管理的整体提升。

3. 职工劳动竞赛

研究制定《关于深化劳动竞赛，组织广大职工创先争优建功立业的意见》，指导劳动竞赛向广度和深度发展，将劳动竞赛纳入规范化、集约化的健康发展轨道。深入开展多种形式的劳动竞赛，以实现“三个促进、三个提升”（促进安全生产、促进优质服务、促进电网建设；提升职工队伍素质、提升企业创新能力、提升先进典型的示范引领作用）为着力点，团结动员广大职工更加奋发有为地为实现公司战略目标而努力奋斗。

（1）重点工程立功竞赛。选择投资规模大、参建职工多、有重要影响的皖电东送、锦苏直流重点工程，开展重点工程立功竞赛。以现场竞赛为主，将竞赛融入重点工程项目管理之中，比施工安全、比工程质量、比建设工期、比技术创新、比科学管理、创精品工程，实现了工程建设目标。

（2）第四届供电“服务之星”劳动竞赛。真诚服务、岗位创新——争创国家电网公司供电“服务之星”劳动竞赛，每两年举办一次。2012年7月，公司启动了以供电“服务之星”劳动竞赛为平台，以“塑文化、强队伍、铸品质”供电服务提升工程为载体的第四届供电“服务之星”劳动竞赛，陈海燕等10名员工获得“十佳服务之星”称号，夏兰等20名员工获得“优秀服务之星”荣誉称号，陈牧云等51名员工获得“服务之星”荣誉称号，国网江苏电力等12个单位获得优秀组织奖。

（3）“健康食堂”劳动竞赛。国网工会会同国网后勤部开展创建“健康食堂”劳动竞赛，加强职工食堂管理机制建设，确保食品来源可靠，提升业务技能水平，改善后勤服务质量，保障职工食堂进餐安全。对14家单位本部创建“健康食堂”进行了评比检查，举办了后勤“服务之星”竞赛，提升了公司系统职工食堂管理和服务水平。

4. 征集合理化建议

确定每年5月为国家电网公司合理化建议集中征集月，建立健全持续征集合理化建议的常态工作机制，搭建职工立足岗位建言献策平台，拓宽职工民主管理的渠道。2012年开展“我为企业献一策”合理化建议征集活动，各单位择优推荐了358条优秀合理化建议。评选出99条优秀合理化建议，并将优秀合理化建议编辑成册。

5. 弘扬劳模精神

（1）劳模创新工作室建设。研究制定《关于劳模创新工作室建设的指导意见》，明确劳模创新工作室建设的指导思想、功能定位和主要任务，拓宽劳动竞赛的内涵和外延，推动劳模创新工作室规范化、制度化、标准化发展，发挥劳模创新工作室在促进公司科学发展中的作用。

（2）加强劳模的培养和选树。2012年，公司系统共有34个单位、43名个人荣获全国“五一”劳动奖状、奖章，68个集体荣获“全国工人先锋号”荣誉称号。

6. 职工文化建设

（1）举办“大地脊梁”职代会文艺演出。

（2）先进职工文化建设。国家电网公司工会在国网高培中心举办2012年公司职工文化建设培训班，各单位的工会干部和文体骨干共110多人参加培训。培训班邀请公司系统有关专家和国内知名学者及艺术家，讲授《中国特色社会主义文化建设》、《公司企业文化建设》、《文艺演出组织与策划》等10个方面的课程。

（3）举办公司系统乒乓球赛、职工文艺节目比赛以及公司十大书法家、美术家、摄影家评选活动。

7. 工会组织建设

2012年，国网工会坚持“开放、包容、服务、和谐”的工会工作理念，服务大局、服务基层、服务职工，各项工作稳步推进。自2012年1月以来，中华全国总工会主席王兆国先后9次对公司工作和工会工作做出重要批示，对国网河北电力班组建设、国网浙江电力劳模创新工作室和国网湖北电力血防安全岛建设等给予充分肯定，对维护农电工队伍稳定提出了明确要求。中华全国总工会副主席王玉普、陈豪、张鸣起等也多次做出批示，对公司工作和工会工作表示关心和重视。

（1）职工队伍稳定工作。加强与中华全国总工会和中国能源化学工会的沟通联系，全面宣讲公司改革的政策和维护职工合法权益的措施，全力配合做好农电改革中的职工队伍稳定工作，强化宣传工作和职工思想工作，注重人文关怀和心理疏导，确保农电工队伍和谐稳定。在公司2012年重点工作“三集五大”体系建设中，发挥工会组织的政治优势、组织优势和工作优势，研究制定《关于充分发挥工会组织作用，推动“三集五大”体系建设的意见》和《“三集五大”体系建设职工参与评估标准》，广泛动员职工积极参与“三集五大”体系建设。履行民主程序，“三集五大”体系建设方案和涉及职工切身利益的重大事项提交职代会审议通过，及时公开各项改革的措施和办法，保障职工的知情权和参与权。开展群众性经济技术创新活动，提升职工适应“三集五大”体系建设需要的岗位素质和技术技能。关注职工的生产生活，实施职工关爱工程，增强职工与企业同呼吸共命运的协作精神。

（2）工会干部和总经理联络员培训班。9月10～21日，在国网高培中心举办2期工会干部培训班，公司系统各级工会干部和公司总经理联络员190余人参加了培训。培训邀请了中央党校、中国劳动关系学院、中国人民大学、中国教育电视台、国网研究室及国网工会专家学者，围绕党的重要思想理论、公司发展战略、新形势下的企业工会工作、职工民主管理、职工文化建设、班组建设等内容进行专题讲授。

（3）直属单位工会座谈会。6月28日，召开直属单位工会工作座谈会，鲁能集团等8家单位做了交流发言，公司工会负责人以及30家直属单位的工会主要负责人参加了座谈会。会议要求各单位以贯彻落实《国家电网公司职工民主管理纲要》为核心，加强职代会建设和厂务公开工作；开展好劳动竞赛，加强班组建设，不断提高员工专业素质；因企制宜地加强职工文化建设，增强凝聚力和向心力；关爱员工身心健康，关心员工生活，加强困难帮扶工作，维护员工合法权益，促进企业和谐稳定。

（4）国家电网公司第二届总经理联络员座谈会。11月30日，公司召开第二届总经理联络员座谈会，听取公司第二届总经理联络员的意见和建议，推动总经理联络员做公司决策部署的宣传者、基层民情民意的传递者和推动公司科学发展的践行者。

（马曙光　吴立军　王峰峰　王　锋　邵　捷　黄丹松　廖京阳　王宏斌　文祥云　马鹏飞）

中国南方电网有限责任公司

【公司概况】 中国南方电网有限责任公司（简称南方电网公司）是根据国务院《电力体制改革方案》（国发〔2002〕5号）、《关于组建中国南方电网有限责任公司有关问题的批复》（国函〔2003〕114号）和国家发改委《关于印发〈中国南方电网有限责任公司组建方案〉和〈中国南方电网有限责任公司章程〉的通知》（发改能源〔2003〕2101号）等文件精神，由广东省、海南省和国家电网公司在广西、贵州、云南所属电网资产为基础组建的国有企业。经国务院批准，2002年12月29日挂牌成立，2004年6月18日完成工商注册登记。公司总部设在广州市。公司属中央管理，在国家实行计划单列，财务关系在财政部单列，由国务院国资委履行出资人职责。根据《关于中国南方电网有限责任公司部分权益协议转让有关问题的批复》（国资产权〔2006〕1480号）和《关于调整国家电网公司所持中国南方电网有限责任公司部分股权有关事项的通知》（国资收益〔2012〕1117号），公司注册资本为人民币600亿元，各方比例为：广东省38.4%，中国人寿保险（集团）公司32%，国务院国资委26.4%（暂时由中国国新控股有限责任公司代持），海南省3.2%。

2012年是南方电网公司成立10周年，公司重点做好“三抓三保四加强”（即：抓落实、抓服务、抓作风，保安全、保增长、保稳定，加强队伍建设、加强管控机制建设、加强形象建设、加强党的建设），电网运行保持了安全稳定，主要指标持续向好。公司连续7年被国资委评为经营业绩考核A级企业；连续8年入围全球500强企业，2012年排名列第152位。公司系统涌现出一大批先进典型，其中全国“五一”劳动奖状、奖章等国家级集体荣誉84个，个人荣誉 23 个；省部级集体荣誉 226 个，个人荣誉 252 个。

【领导班子】 2012 年南方电网公司领导班子：

党组书记、董事长：赵建国

党组成员、董事、总经理：钟俊

党组成员、董事、副总经理：肖鹏、王久玲、祁达才

党组成员、党组纪检组组长：孙晓毅

党组成员、副总经理：王良友、张晓东、贺锡强

总会计师：李文中

【组织机构】 南方电网公司总部设有 20 个部局，以及南方电网电力调度控制中心（与系统运行部合署）。下设超高压输电公司、调峰调频发电公司、教育培训评价中心（公司党校、干部学院）、招标服务中心 4 个分公司，广东、广西、云南、贵州、海南电网公司、广州供电局有限公司、深圳供电局有限公司和南方电网国际有限责任公司 8 个全资子公司，控股南方电网科学研究院有限责任公司、南方电网综合能源有限公司、南方电网财务有限公司、南方电网传媒有限公司和鼎和财产保险股份有限公司。见 2012 年组织机构图。

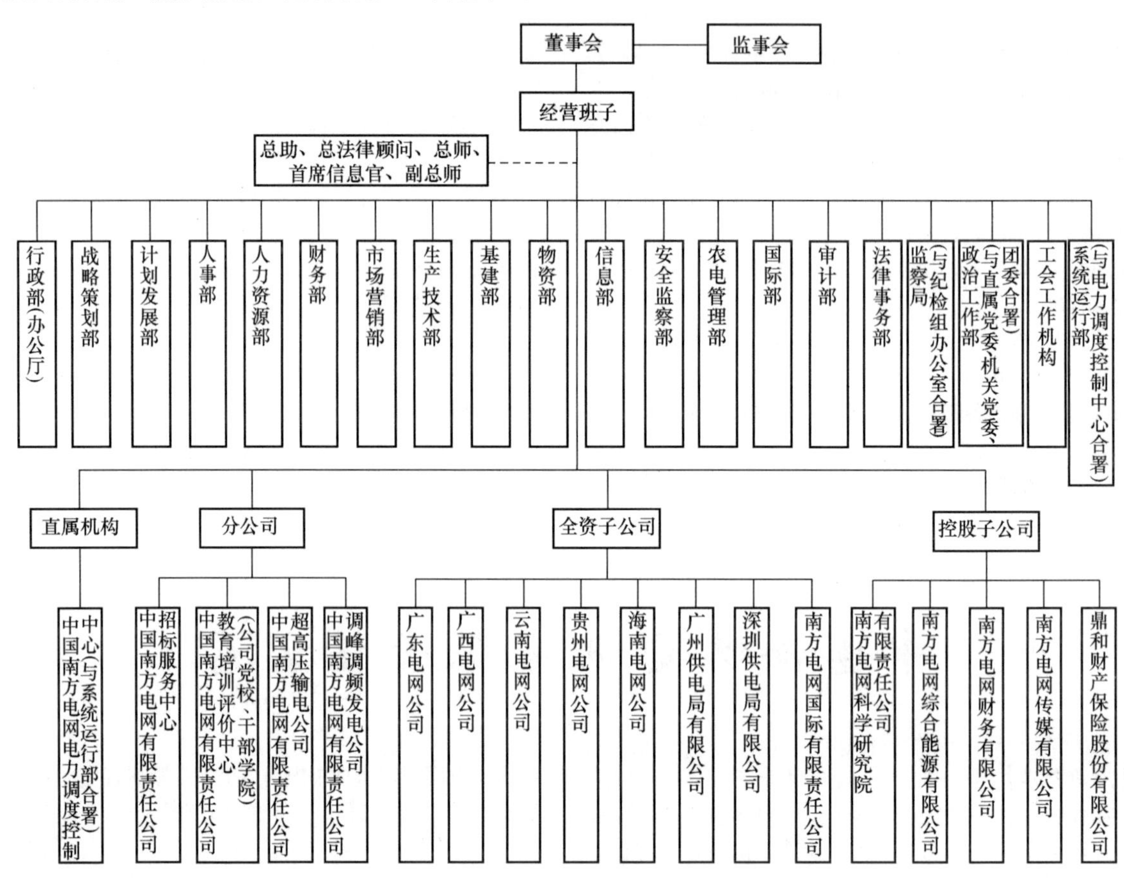

南方电网公司 2012 年组织机构图

【安全生产】 深入推行安全生产风险管理体系，该体系荣获全国电力安全生产科技成果一等奖。做好 5 类风险和 117 项控制措施分层分级管控，落实了防范电网运行十大风险的 36 项重点措施。深入分析印度"7·30"、"7·31"两次大停电事故，研究制订了确保电网安全稳定运行的近期和中远期措施。深入排查设备隐患，开展了关键厂站设备、关键线路的特维工作，加强了设备预试定检及缺陷的闭环管理。公司全年未发生一般及以上电网安全事故和设备事故。

【电力供应】 有效平衡了全年电力供应。在一季度缺煤少水、进入汛期后丰水的情况下，积极做好全网电力调剂，有效地保障了电力有序供应，做到了不弃水。2012 年 6 月以后西电东送一直满负荷安全运行，全年完成西电东送电量 1243 亿 kWh，同比增长 28.3%，创历史新高。特别是云广直流工程在迎峰度夏期间的能量利用率达到 93.1%，全年送电量突破 200 亿 kWh。经过两年的大负荷运行考验，云广直流工程荣获"国家优质工程金质奖"。努力做深、做细优质服务，全网客户年平均停电时间同比下降了 30%左右。在国家电监会发布的全国 20 家供电可靠

性金牌企业中，公司系统占了6家，其中在5家A级金牌企业中占了3家，处于国内领先水平。

应急处置机制进一步完善，落实防雷、防山火和防冰措施，成功应对了云南昭通彝良地震及沿海省份强台风等自然灾害，用最短时间恢复了灾区的电力供应，得到了国务院及有关部委领导、地方党委政府、社会各界的充分肯定；在面对2012年初和2012年12月下旬以来的低温冰冻灾害时，各有关单位特别是贵州、云南电网公司全力做好抗冰保电，未发生因覆冰导致设备故障和影响重要客户供电的情况。在党的十八大、南方五省区党代会等重大活动期间，确保了安全供电。

【管理提升】 在南方电网公司中长期发展战略的基础上，制定了11个职能战略和14个子战略，初步建立了一体化管理体系框架，实现了公司“三步走”的第一步目标。公司综合计划管理在市、县两级供电局试点取得了预期效果。营配信息集成建设稳步推进，已在广东电网试点区域的业扩报装、线损管理、停电应急、用电普查等方面发挥了良好作用，为精益化管理夯实基础。投资结构进一步优化，更加注重投资效益，逐步推广了投资项目后评价工作。基本建设管理逐步规范，重点加强了工程安全、质量、进度、造价的控制。物资管理进一步完善，通过网、省两级集中采购平台有效运作，网、省两级物资采购集中度达到93%；大力开展清仓利库工作，全网库存物资从56亿元减少到28亿元，闲置物资再利用23亿元。农电体制改革稳妥推进，完成了9家县级供电企业国有产权的接收，对广东电网50家县级供电企业实施了债权转股权。法律风险防控进一步加强，有针对性地开展了风险评估和专项治理，减少经济损失14.6亿元。推动云南省、海南三亚市出台了新建住宅小区配套供电设施建设政策。信息化工作在“6+1”平台建设的基础上有序推进。

【企业经营】 狠抓了开源节流工作。对大客户报装实行全过程管理，全年有3176项大客户用电工程项目提前投产，全网报装接电的平均时间同比缩短了20%左右。非生产性支出得到从严控制，职务消费等管理性费用实现零增长。同时，进一步加强资金管理，资金集中率达到94%；通过加快资金周转、调整债务结构等措施，实现运作效益15亿元。居民阶梯电价政策平稳实施。

【电网发展】 研究南方电网“十二五”输电网规划优化、配电网规划细化和中长期目标网架，明确了未来电网发展的技术路线和目标网架的初步方案，从源头上奠定了电网安全稳定运行的坚实基础。开展了云南“十二五”水电消纳方案研究，积极促请国家有关部委协调云南水电消纳问题。落实国务院《关于进一步促进贵州经济社会又好又快发展的若干意见》（国发〔2012〕2号）精神，编制了贵州新建500万kW电源项目的建设方案，促成了煤电一体化项目公司的组建。完成了广州中新知识城综合能源规划、珠海横琴新区智能电网规划、深圳前海新区电力规划和三沙市多能互补智能微网规划。启动了城市饱和电网规划，完成了广州、深圳“十二五”配网自动化专项规划。全年完成电网建设投资671亿元，投产重点工程11项。特别是，广东电网500kV惠州—茅湖线路改造工程提前65天投运，有效解决了粤东机组窝电的问题。通过优化中低压配网项目的全过程管理，项目工期可缩短50%。对春节期间严重过载的农村配变设施进行了增容改造，努力消除过负荷隐患。

【节能减排】 制定了公司节能减排“十二五”规划和实施方案、支持低碳省市试点工作方案，完成了南方电网新能源发展“十二五”规划研究。加强线损精细化管理，强化指标跟踪和过程管控，母公司口径综合线损率为6.06%（全资产口径为7.24%），完成了国资委年度节能减排考核目标。通过深化节能发电调度，减少标准煤消耗513万t，减排二氧化碳1365万t、二氧化硫13.5万t。牵头开展了珠海桂山海上风电场新技术示范项目建设，已获得国家能源局批复，其中的海岛新能源微电网示范项目已于2011年底开工。积极配合广东省LED照明产品推广工作，取得了多项重要成果。推动客户侧节能工作，为33家企业实施了合同能源管理项目，平均节电率40%。

【科技创新】 构建以南网科研院、各省区电力科学（试验）研究院与专业技术部门为科研主体，与国内重点院校、科研机构、设备厂家等紧密合作的开放式创新体系，形成电网安全稳定与控制技术、电网经济运行技术、系统集成应用技术等三大核心技术。2012年新增专利申请1317项，同比大幅增长147%，获得专利授权554项，同比大幅增长190%；9项成果获得中国电力科技奖，14项成果获得国家能源科技进步奖；累计建成2个国家级技术创新平台、5个博士后流动站、2个国家级企业技术中心和一批公司重点实验室。

【国际合作与交流】 开展大湄公河次区域（GMS）电力合作，加强与泰国、缅甸、老挝等GMS国家的电力合作。在跨境电力交易方面，2012年向越南送电27亿kWh，向老挝送电1亿kWh，向缅甸购电19.35亿kWh。在电力项目合作开发方面，继续推进投资建设老挝国家电网、越南永兴燃煤电厂Ⅰ期BOT工程、老挝南塔河1号水电站项目、缅甸孟东水电站项目以及缅甸北部水电项目送出工程等合作项目的前期工作。

深化机制，推进粤港澳电力合作发展。公司于

2012年5月主办了第二届粤港澳电力企业高峰会，形成了粤港澳三方四家电力企业高峰会机制。目前，南方电网和香港电网通过4条400kV线路及7条132kV线路相连，2012年向香港购电10亿kWh；通过3条220kV和4条110kV线路向澳门送电，2012年对澳门的送电量38.55亿kWh，送澳门电量累计突破200亿kWh，目前送电量已占澳门全社会用电量的78%。

南方电网公司先后与哈佛大学肯尼迪政府学院、法国配电网公司、泰国国家发电局、中美清洁能源论坛签署了有关合作协议，加入国际特大型电网运营商组织（VLPGO）；参加了2012年博鳌亚洲论坛、2012年国际特大型电网供应商组织（VLPGO）理事会、年会及工作组会议、2012年国际大电网组织（CIGRE）亚太技术会议及年会等具有国际影响力的大会，公司国际知名度持续提升。

【队伍建设】 开展岗位责任制体系建设，建立了4个岗位类别、34个岗位序列的岗位分类结构，搭建了管理类、专业技术类、技能类3条职业发展通道，着力开展全员岗位责任制建设，明确了清晰的岗位责任定位，形成了“定岗、定责、履职、考评、问责”的责任传递机制。加大竞争性选拔干部力度，全系统竞争性选拔了处级干部103名，占新提拔处级干部的21%。开展后备干部集中调整工作，建立了分级管理、统一使用的后备干部梯队，其中党组管理领导人员后备干部102名，处级后备干部1045名。2012年，共选聘了120名技术专家、251名技能专家，引进了2名“千人计划”专家。干部监督工作进一步加强，首次开展了所属单位选人用人的“一报告两评议”工作，平均“满意与基本满意率”达99.8%。三级三类培训基地规划建设统筹推进，强化了分层、分类、分专业的培训，共举办各类培训班3万余期，培训干部员工135万多人次。完成了113家县级供电企业的工资分配结构调整工作，对接收的原农电工队伍的稳定起到了很好的保障作用。离退休人员“两个待遇”（政治待遇、生活待遇）得到了较好的落实。

【党建和反腐倡廉工作】 持续开展为民服务创先争优活动，将有效经验和做法固化，形成了长效的服务机制。按照中央“基层党组织建设年”活动要求，开展了分类定级、整改提高和晋位升级工作，694个党支部完成了公推直选。通过实施“双培养”工程，无党员班组减少了773个。加强企业文化建设，制定实施《公司企业文化战略》，发布了《南网文化理念》。积极稳妥地推进幸福南网建设，出台《幸福南网建设指导意见》。公司直属党委被评为“全国创先争优先进基层党组织”。

把保持党的纯洁性要求落实到反腐倡廉建设各项工作中，全面启动廉洁风险防控工作，惩防体系建设取得了阶段性成果。内部审计力度进一步加大，审计资产已覆盖总资产80%以上，公司被评为“国企内部审计领军企业”。整合巡视、纪检、监察、审计、法律等内部监督资源，形成了大监督的格局。组建2个巡视组，对广西、云南电网公司进行了巡视，提出了有针对性的整改意见，并督促落实到位。围绕关键领域和重点业务开展了效能监察560项。

（刘之阳）

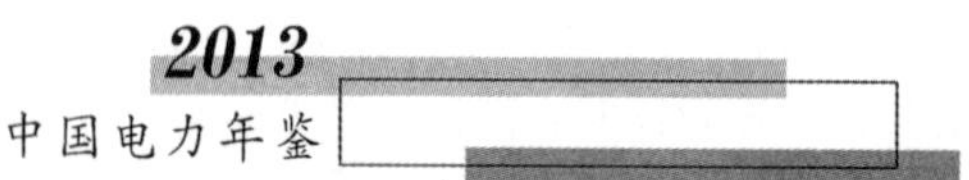

中国华能集团公司

【公司概况】 中国华能集团公司（简称华能集团）是经国务院批准成立的国有重要骨干企业。华能集团注册资本200亿元人民币，主营业务为：电源开发、投资、建设、经营和管理，电力（热力）生产和销售，金融、煤炭、交通运输、新能源、环保相关产业及产品的开发、投资、建设、生产、销售，实业投资经营及管理。

华能集团致力于建设具有国际竞争力的大企业集团。截至2012年底，公司在全国29个省、市、自治区及海外拥有全资及控股装机容量1.35亿kW，为电力主业发展服务的煤炭、金融、科技研发、交通运输等产业初具规模，公司在中国发电企业中率先进入世界企业500强，2012年排名由2011年的第276位上升至第246位。

【领导班子】 2012年华能集团领导班子成员如下：

总经理、党组副书记：曹培玺

党组书记、副总经理：黄永达

副总经理、党组成员：张廷克、那希志、黄龙

总会计师、党组成员：郭珺明

党组成员、纪检组组长：马晶

副总经理、党组成员：胡建民、寇伟

【组织机构】 见组织机构图。

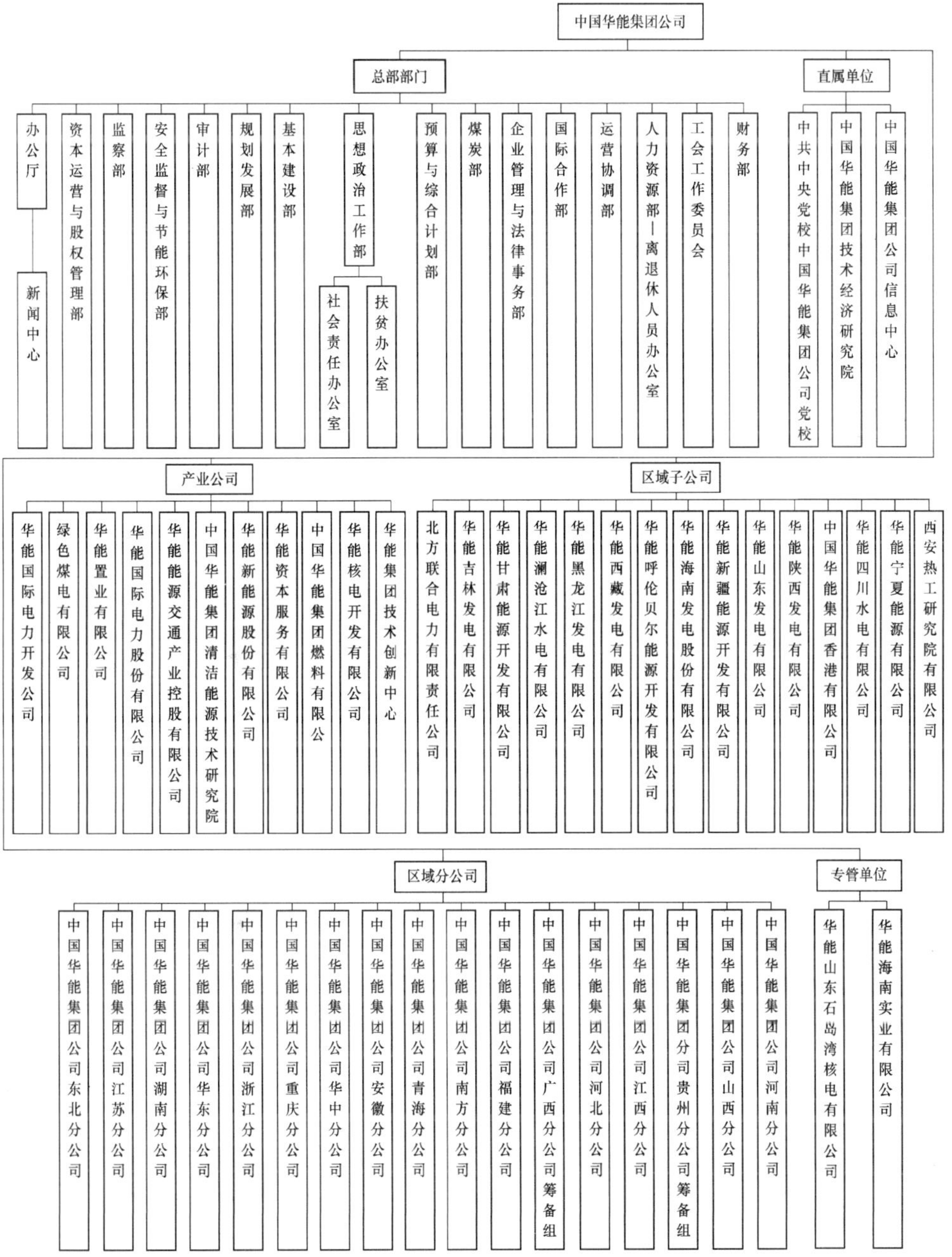

华能集团2012年组织机构图

【生产经营】 2012年，在党中央、国务院的正确领导下，华能集团上下按照“三个一”的总体要求，积极应对复杂严峻形势，攻坚克难，奋力拼搏，各项工作取得新的重要进展，圆满完成了年度目标任务。

安全绩效。未发生较大及以上事故，生产、经营、政治和形象安全得到有效保障。

经营绩效。完成发电量6087亿kWh，其中国内发电量5972亿kWh，同比增长0.79%；完成煤炭产量6859万t，同比增长7.1%。完成供电煤耗316.52g/kWh，同比下降2.16g/kWh。完成厂用电率4.84%，同比下降0.24个百分点。

发展绩效。投产新机1050万kW，2012年底华

能集团境内外全资及控股电厂装机容量达到13 508万kW，同比增长7.7%。新增煤炭产能1000万t/年，煤炭生产能力达到7817万t/年，同比增长14.7%。

党建绩效。党和国家的方针政策在华能集团得到全面贯彻落实；学习型党组织建设、基层党组织和党员队伍建设进一步加强，创先争优长效机制建设取得新成效；领导班子和干部队伍建设扎实推进；未发生企业领导人员违法、违纪案件；职工队伍保持稳定。

【结构调整】 华能集团系统把推进科学发展的共识转变为自觉行动，贯穿于发展全过程，大力发展低碳清洁能源，优化发展火电，加强基建安全、质量和造价管理，电力项目核准规模保持行业领先，投产项目效益明显提高。

低碳清洁能源开发富有成效。低碳清洁能源装机达到2830万kW，居行业领先地位，占总装机比重突破20%；核准、开工和投产项目占比分别达到53%、55%和41%。水电装机突破1400万kW，风电装机接近850万kW，中国第一个分散式风电项目——陕西定边狼尔沟风电建成投产。华能集团正式成为中国第四个拥有核电开发资质的中央企业。页岩气资源勘探开发积极推进。

火电结构继续优化。投产火电647万kW，其中清洁高效机组占77%。华能集团60万kW等级及以上火电机组容量占火电机组的47.9%，同比提高1个百分点。百万千瓦级机组达到12台。工程建设管理得到加强。强化设备监造、质量监检、设计监理、机组调试和竣工验收，5个项目获中国电力优质工程奖，2个项目获国家优质工程奖。加强造价对标、概算审核和招标管理，火电、风电工程实际投资比设计概算节约37亿元。推进优化设计和新技术应用，在伊春、荆门等项目采用紧凑型联合设计和单系统设计，在莱芜、安源等项目应用二次再热技术，在上都工程四期应用活性焦脱硫技术。

深入开展节能诊断和技术改造，加强脱硫增容、脱硝改造和环保设施维护管理，华能集团主要能耗指标持续改善并保持行业领先，二氧化硫、氮氧化物排放强度持续下降并保持行业先进水平，完成环保部年度减排责任目标，并获中华宝钢环境奖。股份公司、玉环电厂、黄台电厂等8家单位被国家四部委评为“全国节能减排先进集体”。17家电厂通过优秀节约环保型企业验收，8家电厂通过节约环保型企业验收。73个CDM项目在联合国注册，华能碳资产开发投资基金签署19个CDM项目投资协议。

【产业协同】 煤电运企业牢固树立集团“一盘棋”思想，顾全大局，加强协同，内部煤炭供应量同比增加343万t。加快煤炭项目开发建设。新疆准东煤制气项目列入国家煤炭深加工示范项目规划。呼伦贝尔、华亭煤业进入2012年全国煤炭企业50强。山寨煤矿被评为全国煤炭工业“双十佳”煤矿，伊敏露天、灵泉、净石沟煤矿被评为全国煤炭工业先进煤矿。金融产业发挥金融平台优势，为公司系统保障资金供应、降低资金成本提供了有力支持。科技产业化积极推进，西安热工院创新产业化运作机制，营业收入和实现利润明显增加。

【资本运营和国际化经营】 研究制定优化资本布局意见，构建产权登记信息化、动态化体系，加强境外产权管理，健全进场交易机制，加大股权融资力度，盘活低效闲置资产，推进煤炭、物资、燃料、航运等资产股权优化整合。2012年资本运营融资共计98.64亿元，超额完成年度目标。通过股票交易和产权市场挂牌竞价、股权协议转让、股权回购，以及电厂港口项目重组合作，完成融资37.43亿元，增强了项目运作和建设资金的保障能力。

加强境外项目生产经营管理，稳步拓展海外发展空间。完成香港公司增资、澳洲电力公司所属电厂再融资和债务重组。大士能源、瑞丽江一级水电站盈利较好。新加坡登布苏一期项目即将投产，国际电力公司墨西哥燃气项目开始建设，柬埔寨、缅甸项目前期工作有序推进。

【科技创新】 积极实施科技引领战略，以示范工程建设和自主核心技术研发为重点，加强科研平台建设，努力提高科技创新能力。绿色煤电计划首期工程——天津IGCC示范电站投产发电，国家科技重大专项——石岛湾高温气冷堆核电站示范工程开工建设，中国第一个1.5MW菲涅尔式太阳能热发电科技示范装置在海南投产。承担“十二五”国家科技计划18项，内容涉及700℃超超临界、126万kW超超临界等关键技术，重大水电开发工程关键技术与生态环境保护研究及集成示范项目。自主研发的新型烟气脱硝装置、FCS165现场总线技术等9项技术装备，在40多家单位得到应用。国家能源火电研发中心、国家能源水能高效利用与大坝安全技术研发中心等4个国家级研发平台建设取得进展。依托糯扎渡水电站开展的“重大水利水电工程施工实时控制关键技术及其工程应用”获得国家科技进步二等奖。华能集团系统获得省部级科技奖5项，国家能源科技奖11项；获得国家授权专利86项，其中发明专利25项。

【企业管理】 华能集团被国资委确定为创一流10家重点联系企业。创一流工作逐步从宏观细化到微观，从总部深化到基层，从核心产业扩展到协同产业。

华能集团被国资委评为管理提升活动优秀组织单位。完善三级管理体系。强化预算管控，建立经营在线系统，深化全方位对标，对经营指标实行动态监控、分析和预警。加强绩效考核，完善考核指标设置和清算规则，规范单项奖励制度。健全工资与效益联动机制，加强职务消费和企业负责人薪酬管理。编制火电企业财务管理标准化和电力企业税务管理标准化工作手册。扩大审计覆盖面，公司系统开展各类审计1210项，完成发电投资项目后评价评审10项，积极配合国家审计署和监事会工作。颁布年度风险管理报告、总部内控手册和“三重一大”事项决策管理规定，制定并实施法制工作三年计划。资产财务一体化在股份、山东公司及所属电厂全面应用，山东数据中心试点成功，移动应用取得初步成效，信息化安全和集中管控能力得到提升，华能集团信息化总体水平跨入中央企业先进行列。推进专业体制改革，组建煤业公司（煤炭事业部）、物资公司（物资管理办公室）和核电事业部。落实煤炭事业部职能。初步建立物资管理体制机制，电子商务平台覆盖全部火电企业，“四大管道”集中采购积极推进，招标代理服务全面开展，专业化物资管理服务试点有序推进。

【党建工作】 坚持“围绕中心抓党建，抓好党建促发展”的理念，以学习贯彻党的十八大精神为主线，开展“贯彻十八大、奋力创一流”主题活动，不断提升党建工作科学化水平。深化学习型党组织建设，以党组（党委）中心组学习为龙头，进一步完善“三级联学”机制，党员干部思想政治素质和工作能力进一步提高。建立创先争优长效机制，大力开展“党员示范岗”等活动，涌现出一大批先进党组织和优秀共产党员，小湾水电站党委被中央授予“全国创先争优先进基层党组织”称号。认真落实“基层组织建设年”活动要求，做好晋位升级工作，党的基层组织建设进一步加强，党员队伍的活力进一步激发。

加强干部队伍建设，深化领导干部和后备干部“两化”管理，推进“四好”领导班子创建，制定《人才队伍建设中长期规划》，加强干部交流、挂职锻炼和教育培训，7名海外高层次人才列入国家“千人计划”。加强技能人才队伍建设，公司在电力、煤炭行业技能竞赛中获得团体第一。

加强反腐倡廉建设，健全完善具有华能特点的惩防体系，廉洁风险防控工作得到上级单位充分肯定。广泛宣传“践行‘三色’使命，塑造廉洁人生”廉洁文化核心理念，廉洁文化建设扎实推进。加强效能监察和专项检查工作，招标管理效能监察工作成果被国资委确定为中央企业“反腐倡廉促管理提升”对标学习典型。严格落实党风廉政建设责任制，认真处理职工群众信访举报，加强纪检监察组织和队伍建设，反腐倡廉工作水平进一步提高。

（车丹军）

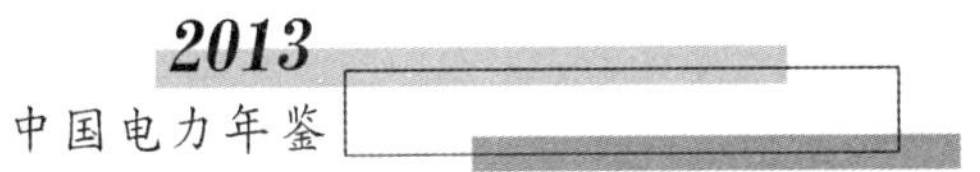

中国大唐集团公司

【公司概况】 中国大唐集团公司（简称大唐集团）是2002年12月29日在原国家电力公司部分企事业单位基础上组建而成的特大型发电企业集团，是中央直接管理的国有独资公司，是国务院批准的国家授权投资的机构和国家控股公司试点。注册资本金为人民币153.9亿元。主要经营范围为经营大唐集团及有关企业中由国家投资形成并由大唐集团拥有的全部国有资产；从事电力能源的开发、投资、建设、经营和管理；组织电力（热力）生产和销售；电力设备制造、设备检修与调试；电力技术开发、咨询；电力工程、电力环保工程承包与咨询；新能源开发；与电力有关的煤炭资源开发生产；自营和代理各类商品及技术的进出口；承包境外工程和境内国际招标工程；上述境外工程所需的设备、材料出口；对外派遣实施上述境外工程所需的劳务人员。

大唐集团拥有亚洲最大火力发电厂——内蒙古大唐国际托克托发电有限责任公司和世界最大在役风电场——内蒙古赤峰赛罕坝风电场；拥有中国目前在役的第二大水电站——大唐龙滩水电站以及物流网络覆盖全国的中国水利电力物资有限公司等。截至2012年底，大唐集团在役及在建资产分布在全国30个省区市以及境外的缅甸、老挝、柬埔寨、哈萨克斯坦等国家，发电装机规模达到11 380.2万kW，比组建时的2384.75万kW增加了3.65倍，资产总额达到6670亿元，员工总数逾10万人。2010年7月，大唐集团首次入选世界500强企业，居412位。2011年7月，大唐集团再次入选世界500强企业，排名升至374位，比2011年度提升了38位。2012年7月，大唐集团第三次入选世界500强企业，位居369位，比2011年度提高5位。

大唐集团的发展战略是：把大唐集团建设成经营型、控股型，市场化、集团化、现代化、国际化，具有较强发展能力、盈利能力和国际竞争能力的国际知名能源公司。

大唐集团实施以集团公司、分（子）公司、基层企业三级责任主体为基础的集团化管理体制和运行模式。大唐集团相继成立了大唐甘肃发电有限公司、大唐陕西发电有限公司、大唐黑龙江发电有限公司、大唐吉林发电有限公司、大唐河北发电有限公司、大唐贵州发电有限公司、大唐山东发电有限公司7个省发电公司，成立了湖南分公司、安徽分公司、河南分公司、山西分公司、江苏分公司、四川分公司、云南分公司、广西分公司8个分支机构和大唐电力燃料有限公司、中国大唐集团科技工程有限公司等专业公司。

大唐集团拥有4家上市公司。它们分别是首家在伦敦上市的中国企业、首家在香港上市的电力企业——大唐国际发电股份有限公司；较早在国内上市的大唐华银电力股份有限公司和广西桂冠电力股份有限公司，以及在香港上市的中国大唐集团新能源股份有限公司。

【领导班子】 2012年大唐集团领导班子成员如下：

董事长、党组书记：刘顺达(任职至10月10日止)

董事、总经理、党组成员：陈进行（10月10日起，主持全面工作）

党组成员、副总经理：王琳、蔡哲夫、邹嘉华

常组成员、总会计师：胡绳木

党组成员、副总经理：王森

董事、党组成员、纪检组长：熊皓

党组成员：曹景山

副总经理：金耀华

【组织机构】 见组织机构图。

【经营局面】 大唐集团利润总额创近年最好水平，实现60.28亿元，同比增利44.22亿元，为年初16亿元目标的3.77倍。经济增加值近三年首次为正，实现22.6亿元，同比增加55.7亿元。电力业务五年来首次扭亏为盈，盈利10.13亿元，同比增利70.56亿元。亏损面大幅下降，28家二级企业中23家盈利，亏损面同比下降24.97个百分点。其中扭亏为盈12家，陕西公司、河南公司、湖南公司、山西公司、江苏公司、安徽公司、龙滩公司、河北公司、贵州公司、山东公司同比增利超亿元；同比增盈11家，大唐国际、龙江公司、云南公司、环境公司同比增盈超过100%，大唐国际盈利创历史最好水平。大唐集团公司资产负债率近三年持续下降，2012年完成87.46%，同比下降0.3个百分点，较年初计划下降0.36个百分点。全面和超额完成了国资委年度考核指标。

【战略重组】（1）与陕西煤业化工集团开展战略合作。大唐集团公司与陕西煤业化工集团以增资扩股方式对大唐集团旗下所属部分发电资产进行重组。①控股权转让：将大唐国际发电股份有限公司运城发电公司、大唐石门发电公司和大唐略阳发电公司，共计213万kW的控股权转让给陕煤化集团；②均股合作：将大唐洛阳双源热电公司、大唐洛阳热电公司，共100.5万kW按照“均股”模式与陕煤化集团合作。2012年12月31日完成资产重组后，各项目公司股权结构分别为：运城公司（陕煤化集团51%、大唐集团49%）；石门公司（陕煤化集团51%、大唐集团49%）略阳公司（陕煤化集团51%、大唐集团43.45%、陕西省投5.55%）；洛热公司（陕煤化集团、大唐集团各参股50%）。

（2）引进淮南矿业（集团）有限责任公司对安徽电力股份有限公司重组。大唐集团通过增资扩股方式引入淮南矿业（集团）有限责任公司作为安徽电力股份公司战略合作人，对安徽电力股份有限公司进行均股合作模式，淮南矿业承诺对大唐集团在皖的重点煤价所对应的合同煤量在2011年基础上不得减少并有所提高，价格按最低价执行。2012年12月31日完成资产重组后，大唐集团、淮南矿业各50%。

【结构调整】 大型水电和有效益火电项目投资同比增加12.8个百分点，电源结构持续优化，投产电源项目332.829万kW，期末在建容量1638.64万kW，核准电源项目898.48万kW，清洁能源所占比重分别达63.8%、79.86%和93%。区域结构调整取得重要进展，托克托五期、蔚县、临清、雷州等一批优质火电项目取得“路条”，高井、吴江、绍兴、江山等燃机和观音岩、黄金坪、长河坝等水电工程建设进展顺利，“五基一带”项目储备明显增多。产业结构调整成效显著，金融、物流、科技、燃料经营板块赢利能力显著提升，非电产业实现利润26.88亿元，占集团公司利润总额的44.59%。

【安全生产】 2012年，大唐集团保持了安全生产稳定的局面，圆满完成了十八大政治保电、民生保热和防洪度汛任务，杜绝了人身和较大设备事故。85家企业通过安全标准化评级，16家一级达标，50家二级达标，18家三级达标。设备可靠性继续保持行业领先水平。23家火电企业实现“零非停”，32台机组在网连续运行超过300天，张家口1号机组创造了国内长周期运行纪录，8台机组获得“金牌机组”称号，占行业的36.4%，圆满完成了安全生产各项目标任务。

【管理提升】 大唐集团立足生产经营发展实际，深

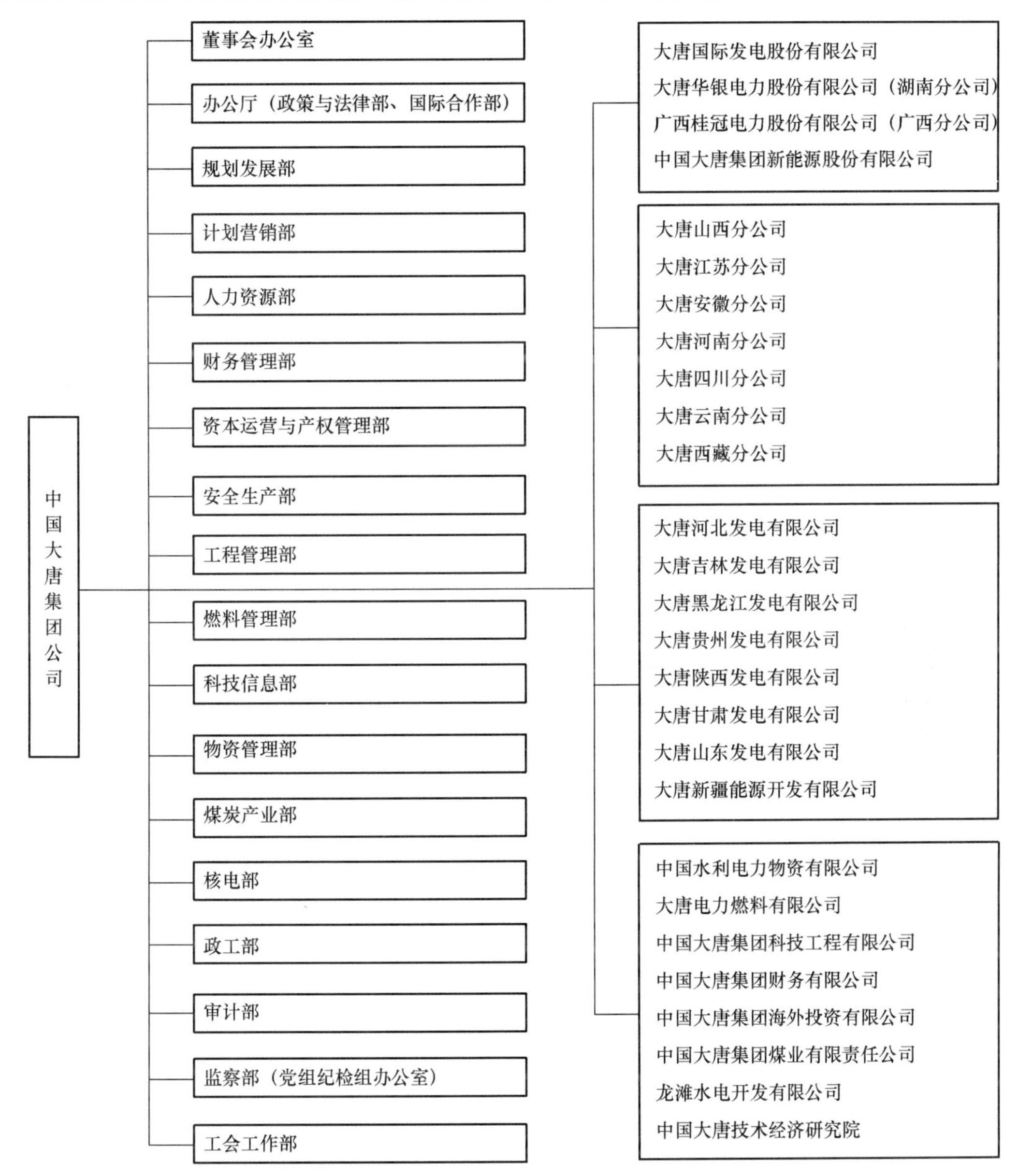

中国大唐集团公司 2012 年组织机构图

入开展了优化设计、优化运行专项活动，推进了生产、燃料、资金调度“三个中心”建设，开展了大唐集团公司“十二五”投资能力和投资方向、赢利水平和资产质量分析，启动了全面计划、全面预算、全面责任、全面风险管理。通过对 87 个电源项目和 2 个煤矿在建项目优化设计减少投资 40 多亿元；通过实施 33 类优化运行和 143 项技术改造项目，拉动煤耗降低 2.1g/kWh，折合节约标准煤 87 万 t，促进节支 6.28 亿元。

【走向海外】 2012 年 7 月 29 日，国家发改委核准了老挝萨拉康、北本水电项目的前期费用；11 月 28 日，柬埔寨斯登沃代水电站一级电站首台机组顺利通过了 72h 试运行；12 月 27 日，印尼马都拉火电项目获得国家发改委的核准批复。2012 年 6 月 8 日，海外公司在香港成功发行了 10 亿元 3 年期人民币债券，成为该年度第一支在香港发行人民币债券的中国电力企业，对拓宽融资渠道、降低融资成本、补充项目资金发挥了重要作用。

【节能减排】 深入开展能耗诊断，落实整改措施 6395 项。大力推进燃煤电厂综合升级改造，6 个项目列入国家第一批计划。加强环保设施监督和改造工程管理，实施了 27 台机组脱硫、脱硝改造项目并完成 57 台机组旁路封堵，全面完成了环保部下达的改造任务。2012 年，大唐集团供电煤耗完成

318.81g/kWh，同比下降 2.59g/kWh；发电厂用电率 4.77%，同比下降 0.28 个百分点。污染物全部实现达标排放。在全国火电大机组竞赛中，大唐集团公司有 33 台机组荣获“优胜机组”称号，为五大发电集团最多。

【科技创新】 大唐集团年度专利授权量达 241 项，其中发明专利 23 项。掌握了 15 项自主核心技术，承担了 24 项国家及省部级科技项目。4 项成果获水电科技奖，81 项成果获行业管理创新成果奖，均居五大发电集团前列。参与 15 项行业及以上技术标准制定，7 家企业进入国家电监会和国标委标准化良好行为试点名单，2 家通过 4A 确认，居五大发电集团首位。科学研究院组建工作积极推进并承担了大唐集团多项课题。

2012 年度，大唐集团共获得中国资源综合利用科学技术一等奖 1 项，三等奖 1 项，水利发电科学技术三等奖 4 项，中国电力科学技术二等奖 1 项，中国电力科学技术三等奖 4 项。

【资本运作】 开展了上市公司定位研究和资本市场运作规划纲要编制工作。启动了有关资产战略重组工作。获批债券融资金额 142.3 亿元，已在境内及香港发行 32.3 亿元。通过对部分严重亏损电厂实施战略重组及盘活部分闲置土地等，增加净资产 45 亿元，增加利润总额 23.27 亿元，增加归属母公司净利润 11 亿元，剥离负债 121 亿元，降低资产负债率 0.7 个百分点。通过对严重亏损、长期扭亏无望企业的重组，从根本上解决了其生存和发展问题。2011 年重组改制的信阳公司 2012 年赢利 188 万元，扭转了持续多年的亏损局面。

【党建思想政治工作】 把学习宣传、贯彻落实党的十八大精神作为当前和今后一个时期的首要政治任务和推进各项工作的行动纲领，迅速掀起了学习宣传、贯彻落实十八大精神热潮。特别是通过动员会和研讨班，对十八大精神有了更加深刻的理解。召开了第五次党建人才思想政治工作会议，成立了党建思想政治工作暨企业文化建设研究会。开展了“基层组织建设年”活动，持续推进创先争优活动常态化、长效化。开展了“立足岗位比贡献，同心冲刺新目标”等专题活动，策划了一批有深度的专题报道。加强了领导班子和干部队伍建设。制订了“十二五”人才发展规划、深化“三项制度”改革若干意见等。加大了高层次人才开发力度，“千人计划”实现了人选“零”突破。贯彻落实中纪委七次全会精神，加快推进惩治和预防体系建设，严格落实党风廉政建设责任制，积极开展重大决策部署执行情况和重点领域监督检查，控制了廉政风险，维护了企业利益。

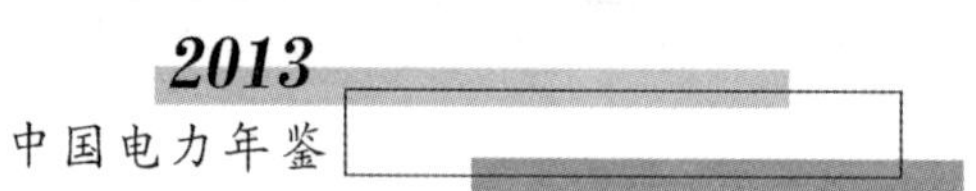

中国华电集团公司

【公司概况】 中国华电集团公司（简称中国华电）是国家实施电力体制改革、由国务院批准组建的五家全国性国有独资发电企业集团之一。2002 年 12 月 29 日，中国华电在人民大会堂揭牌成立，注册资本 120 亿元人民币，主营业务为：电力生产、热力生产和供应；与电力相关的煤炭等一次能源开发；相关专业技术服务。

截至 2012 年底，中国华电发电装机容量 10 179 万 kW，资产总额 6051 亿元，控股煤矿产能 4620 万 t/a，资产主要分布在山东、贵州、黑龙江、四川、福建、江苏等 27 个省（自治区、直辖市）以及俄罗斯、柬埔寨、印尼等国家。拥有世界首台百万千瓦超超临界空冷机组、国产化程度最高的百万千瓦超超临界机组、国内最大的分布式电源项目、在发电集团中比重最大的天然气发电机组。控股华电福新能源股份有限公司、华电国际电力股份有限公司、华电能源电力股份有限公司、国电南京自动化股份有限公司、贵州黔源电力股份有限公司和沈阳金山能源股份有限公司等上市公司。

【领导班子】 2012 年中国华电领导班子成员如下：

总经理、党组副书记：云公民

党组书记、副总经理：李庆奎

党组成员、副总经理：陈飞虎、程念高、任书辉、辛保安、邓建玲

党组成员、华电国际电力股份有限公司总经理：陈建华

党组成员、总会计师：王怀书

党组成员、纪检组组长、副总经理：蒋亮平

【组织机构】 见组织机构图。

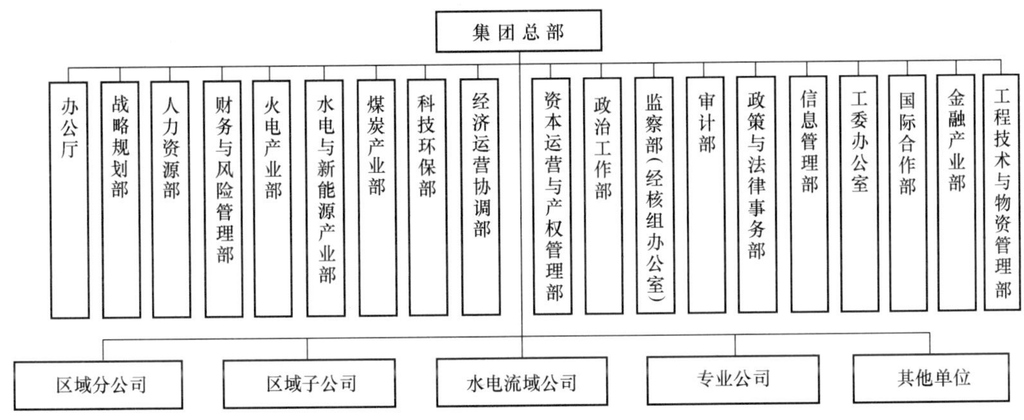

中国华电2012年组织机构图

【治理结构】 作为国有独资特大型企业集团，中国华电在国家宏观调控和行业监管下，按照现代企业制度要求，完善"科学有效、责权明确、指挥有序、运转顺畅"的管控体系，改进决策监督机制，坚持依法经营、照章纳税、履行责任，建立了科学规范、有效制衡的公司治理结构，为维护国家利益、履行社会责任奠定了坚实基础。

中国华电按照《中华人民共和国全民所有制工业企业法》注册，国务院向中国华电集团公司派驻国有重点大型企业监事会，国务院国资委代表国务院履行出资人职责。建立了部门研究、专家咨询和领导决策相结合的决策机制，严格的、可追溯的决策责任追究制度，实行科学决策、民主决策和依法决策。

中国华电实行总分公司、母子公司并存的复合型管理体制，对分支机构实行授权管理，对所属企业实行分级管理，形成集团公司总部、二级机构（分公司、区域子公司、专业公司）、基层企业三级管控模式。截至2012年底，中国华电共有注册单位509家，其中，二级单位53家，三级单位455家；实体单位404家，其中，二级单位43家，三级单位360家。

【年度业绩】 2012年，全年完成发电量4323亿kWh，同比增长3.4%；生产原煤3538万t，同比增长56.5%；完成供电煤耗316.82g/kWh，同比下降4.32g/kWh；二氧化硫排放绩效2.3g/kWh，同比下降4.2%。

【管理提升】 中国华电加强组织领导，健全活动体系，出台了创建世界一流能源集团（以下简称"创一流"）工作指导意见，初步构建起四大产业"创一流"指标体系，在17家单位开展试点。将管理效益提升活动作为"创一流"第一阶段主要内容，制定实施投资决策、全面预算等13个专项提升方案，查找管理薄弱环节，落实整改措施，取得积极成效，荣获"2012年度中央企业管理提升活动优秀组织单位"称号。战略管理方面，进一步完善战略管理体系，开展战略评估，优化投资决策程序，实施项目ABCD分类管理，提高投资回报标准，调控项目建设节奏，保证了项目发展质量。体制机制方面，改革总部机构设置，建立了职能管理和产业管理相结合的管控组织架构；健全交叉管理体制，进一步明确了区域公司、专业公司对交叉管理企业的职责权限。推进民主推荐、干部退出等五项干部人事制度改革，对总部25个岗位实行公推比选，公司系统半数新增和空缺岗位实现竞争性选拔。指标优化方面，以星级企业创建为载体，深化对标管理，持续改进提升，主要经济技术指标达到行业先进水平。基础管理方面，进一步深化全面预算管理，改进经济活动分析模式，完善日利润管理系统，增强了经营过程控制能力。健全物资招标采购机制，优化工程设计，抓好基建全过程管理，光照水电站荣获国家优质工程金奖，不连沟煤矿荣获国内首个煤矿整体项目"鲁班奖"。信息化建设方面，建成启用具有国内先进水平的经济运营监控中心，完成ERP一期技术平台上线，提高了公司管理信息化水平。

【结构调整】 按照"一调整、两优化"发展思路，坚持有保有压，加快结构调整，战略转型成效进一步显现，清洁能源占总装机比重超过四分之一，新核准电源项目中清洁能源达到七成。以莱州2号百万千瓦机组投产为标志，中国华电发电装机突破1亿kW。金沙江上游水电规划取得批复，鲁地拉、马马崖等多个水电项目通过核准。甘肃麻黄滩、新疆苦水、内蒙巴音等国家级风电基地项目获得核准，风电装机突破400万kW。江苏泰州、湖北武汉分布式能源列入国家级首批示范项目。火电结构进一步优化，60万kW及以上机组占煤电装机比重接近五成。煤炭产业发展步伐加快，不连沟煤矿产能增至1500万t/年，年通过能力5000万t的曹妃甸煤码头获得核准。金融产业布局日趋完善，管理资产突破1400亿元。工程技术产业市场化进程加快，在轨道交通、储能技术、微电网等领域取得突破。从战略高度推进页岩气开发，在国家页岩气区块招标中取得佳绩。

【生产经营】 2012年，中国华电以扭亏增盈为重点，狠抓关键要素，分产业、分区域召开座谈会，专题研究，综合施策，着力提升盈利能力，利润总额、净利润、EVA、净资产收益率均创历史最好水平。积极应对用电需求下滑局面，加大运营协调力度，突出抓好电量计划争取，优化电量结构，煤机利用小时与行业先进水平差距进一步缩小。加强成本费用管理，节约财务费用20多亿元。加强电煤月度采购预算管理，推进“阳光采购”，入厂标准煤单价低于行业平均水平。深化“达标、创优、建示范”活动，启动标准化实验室建设，燃料管理水平不断提高。

【安全生产】 加强作业环境本质安全管理，深化安全生产标准化达标创建，扎实开展季节性安全大检查、区域安全管理互查、隐患排查治理和应急演练活动，保证了党的十八大、“两节”、“两会”等重要时段的安全稳定。创新技术监督管理，扩大精密点检试点，加大“逢停必查”工作力度，实施设备综合治理改造，机组台均“非停”同比减少一半。邹县电厂5号机组荣获全国发电可靠性金牌机组称号。扎实推进煤矿安全质量标准化建设，强化安全检查和班组长轮训，继续保持煤炭生产建设“零死亡”，不连沟煤矿荣获国家级安全质量标准化矿井称号。

【科技环保与节能减排】 加快推进科技创新，完善创新体系，抓好国家级课题研究，智能电网控制系统等5个项目列入国家重大科技计划，全年新增授权专利115项，继续保持行业领先，中国华电进入国家创新型试点企业行列。加强节能减排，推广低温余热利用技术，完成42台机组整体优化改造，平均降低煤耗16g/kWh。落实“十二五”污染物减排责任，健全环保监督和标准体系，开展现役及新建机组现场监督检查。CDM注册总量达到111项，年度碳减排量突破2000万t，位居行业前列。

【资本运作和风险防控】 抓好资本资金运作，强化全面风险管理，保障公司持续健康发展。资本运作富有成效，华电福新成功在香港上市，华电国际完成非公开增发。盘活存量资产，完成湖南、山西等区域部分火电资产转让重组，新疆公司以及卓资、木里河、长沙、常德等单位共引入战略投资30亿元。强化产融结合，年平均资金归集率达到86%，同比提高3个百分点。加强负债率、负债规模“双控”管理，资产负债率连续4年下降。抓住有利时机，调整信贷结构，置换高息借款，降低了资金成本。推进内控体系建设，完善金融风险监管机制，对煤炭产业进行全面检查评价，抓好问题整改。积极配合财政部、审计署、监事会的监督检查，开展“依法经营、规范运作”、火电项目盈利能力等专项审计。组织“法律体检”，排查境外项目法律风险，有效处置法律纠纷，避免了经济损失。

【党建和队伍建设】 制定实施为“创一流”提供政治保证的工作意见，创先争优活动取得丰硕成果，学习型党组织建设扎实推进，“基层党建示范点”创建活动深入开展。公司直属党委和系统十多家基层企业荣获全国或省级创先争优先进基层党组织称号。深化“四好”领导班子创建，加强三支人才队伍建设，推进“70、80工程”，开展首批专家选拔，3名高层次人才入选中央“千人计划”。落实企业领导人员三年轮训计划，提升了队伍素质。深化“大纪检”探索与实践，加强廉洁文化建设和效能监察，分产业、分区域组织领导人员集体廉洁谈话，创新开展燃料全过程监管和“价值”巡视，强化职务消费和公务用车专项治理，保证了企业健康发展。开展品牌建设工作，促进“阳光和谐、先进繁荣”的文化建设。发挥工团组织作用，启动华电“幸福行动”，召开首届团代会，开展了庆祝公司成立十周年、第四届劳模表彰等系列活动。认真办理来信来访，维护了企业和谐稳定。发布《2011年社会责任报告》和国内首个《城镇供热报告》，公司社会责任发展指数位列全国第八。

【中国华电工程（集团）有限公司】

一、企业概况

中国华电工程（集团）有限公司（简称华电工程，英文缩写CHEC）是中国华电集团公司下属的全资企业，是中国华电集团公司工程技术产业板块的重要组成部分和发展平台。

在中国华电集团公司总体发展战略统领下，华电工程已经发展成为以高新技术产品研发与制造、工程设计与总承包、能源技术研究与服务为核心业务，以安全、质量、顾客满意、经济效益为核心业绩的国有大型企业集团，业务遍及海内外。主要从事重工装备、环保水务、工程总承包、清洁能源、能源服务五大板块业务。产品和服务涵盖电力、化工、港口、冶金、矿业、市政、新能源、进出口服务等领域。华电工程拥有国家级企业技术中心，博士后科研工作站，国家分布式能源技术中心等多个科研机构，连续多年获得行业优秀企业和首都文明单位荣誉称号。

华电工程奉行“拼搏进取、追求卓越”的企业精神，坚持“务实、创新、高效、和谐”的核心价值观，以建设具有国际竞争力的一流科工集团为使命，坚持实践科学发展，坚持走市场化、产业化、国际化、集团化的道路，积极为国家能源工程和新兴工业发展提供优质产品和技术服务，努力打造“华电科工”品牌。华电工程到2015年要达到的发展目标（“5228”）：形成五个核心业务板块——销售入200亿元；实现利润20亿元——资产负债率不超过80%。

主要经营范围：①各种装机容量的国内外火力、水力、风力、生物质、光伏发电和天然气分布式能源等工程总承包及总承包技术管控、设计优化；电厂投资运营；油气开发综合利用。②电厂、港口、码头、粮食等散状物料输送系统；火电、核电、供热、石化、天然气管道系统，空冷系统，热能综合利用工程；工业和民用钢结构，风电钢结构；煤化工系统，大型机械系统的设计、设备制造及工程总包。③火电厂脱硫、脱硝、固碳、灰渣输送；电站水处理、工业水处理、城市污水处理、中水回用、海水淡化等系统设计、设备成套、工程总包；电厂环保系统运行及水务投资。④电厂科学运营、技术监督，先进发电技术和安全经济运行技术的引进、合作和推广应用；电力行业相关设备的技术规范（标准）研究和制定；水利、电力工程及装备的设计、监理；水工机械、起重机械设计制造；煤炭、矿资源、化工原料等大宗商品进口以及清洁能源有关的技术和高端设备进出口。

二、基本情况

（一）领导班子

董事长、总经理：孙青松

党组书记：杨　勇

党组成员、副总经理：谢春旺

党组成员、副总经理：马骏彪

党组成员、副总经理：姜学寿

党组成员、副总经理、总会计师：许建良

总工程师：黄　湘

党组成员、副总经理：黄源红

党组成员、纪检组长：侯佳伟

党组成员：王汝贵

副总经理：李林威

（二）人员

华电工程现有员工3376人（截至2012底），具有中、高级技术职称的1059人，占31%，其中享受教授级及以上待遇的57人；具有大学本科以上学历的2040人，占60%；本部129人（不包含重工），具有中、高级技术职称的76人，占59%，其中享受教授级及以上待遇的7人；具有大学本科以上学历的109人，占84%。

（三）机构设置

中国华电工程（集团）有限公司本部共设11个职能部门，即办公室、人力资源部、市场营销部、工程管理部、安全生产部、财务部、政治工作部、监察审计部、计划发展部、科技管理部、资产管理部。10个专业分公司：华电重工装备有限公司、水处理分公司、环境保护分公司、总承包分公司、海外工程分公司、华电新能源技术开发公司、华电分布式能源工程技术有限公司、国际贸易分公司、油气开发分公司、华电工程设计院。在京内外有7家全资公司（院、所）及控股企业：华电机械设计研究院（杭州）、电力工业产品质量标准研究所（杭州）、华电郑州机械设计研究院、厦门克利尔能源工程有限公司、华电工程集团创业投资有限公司、北京中电恒基能源技术有限公司、北京华电万方管理体系认证中心。有合资企业5家：华电通用轻型燃机设备有限公司、厦门ABB高压开关有限公司、福斯特惠勒动力机械、豪顿华工程有限公司、西门子（杭州）高压开关有限公司。

（四）资质

华电工程已获得的资质证书有：高新技术企业证书、甲级工程设计证书、甲级工程咨询证书、AAA信用等级证书、进出口资格证书、对外经济合作经营资格证书；中国钢结构制造企业特级资质、国家特种设备压力管道设计许可证等21项经营资质证书，8项专业设计资质，4项监理资质。ISO 9001、ISO 14001、OHSAS 18000体系证书。“CHEC”是北京市著名商标。

三、2012年获得的主要荣誉

首都文明单位

中国电力企业联合会全国电力行业优秀企业

中国生产力学会2011年中国最佳自主创新企业

北京中关村科技园丰台园“十佳企业”

中国华电集团公司先进企业

中国华电集团公司文明单位标兵

中国华电集团公司四好领导班子创建活动先进集体

四、2012年工作开展情况

2012年，面对严峻的外部经营形势，华电工程上下认真贯彻落实华电集团公司工作会议精神，牢固树立创造可持续价值理念，紧紧围绕年初制定的工作目标和要求，采取各种有效措施，克服重重困难，各项工作取得新的成效，提前完成五年发展纲要的主要经营目标，再次获得华电集团公司2012年度先进企业、文明单位标兵等荣誉称号。

(1)“双提升”、“创一流”活动扎实推进。根据华电集团公司战略调整和经营环境变化，结合华电工程实际，进一步修订完善了华电工程“十二五”发展规划：以科学发展和科技创新为引领，围绕能源工程和新兴工业领域业务拓展，不断提升公司核心竞争和可持续发展能力；到2015年，力争实现“5228”总体目标，即打造具有行业领先优势和国际竞争能力的重工、环保水务、工程总承包、清洁能源、能源服务五大业务板块，完成销售收入200亿元，实现利润总额20亿元，资产负债率不高于80%；形成工程承包、装备制造、资产经营三类业务相互支撑、协调发展的基本格局，初步建成国内一流科工集团。二是将管理效益提升活动作为“创一流”第一阶段主要内容，围绕经营管理存在的突出问题和薄弱环节，制定了综合管理、投资决策、人力资源等12项管理专项提升计划，查找薄弱环节，落实整改措施，取得积极成效，受到集团好评。华电重工作为华电集团公司试点单位，基础管理不断夯实，核心业务能力显著增强，效益水平持续提升；上市工作按计划扎实推进，预披露前的各项基础工作提前完成。三是各单位紧密结合实际，扎实开展诊断，仔细梳理短板，对标行业先进，认清所处位置。当前，华电工程物料输送、管道等业务保持行业龙头地位；空冷业务规模进入国内前三；脱硫、脱硝工程投运机组容量分别位居国内第三和第六，综合市场占有率进入行业前五；火电和核电常规岛水处理工程市场占有率遥居行业第一；太阳能热发电、生物质沼气发电、分布式能源利用等专业技术和品牌方面已位居国内前列。

（2）业务结构进一步优化。一是华电工程2012年全年签订总承包及项下合同156.9亿元，物料、热能工程、环保专业总承包继续保持国内市场占有率的领先水平，签订合同总额超过70亿元；新能源业务实现历史突破，新签合同达到28亿元；电科院、水处理、机械院合同稳步增长，得到业内广泛认可。新培育的煤化工业务起始之年就签订合同4.96亿元，实现盈利2500万元，其速度和业绩令人刮目；燃机噪声治理、海上风电等业务顺利推进，已初见成效。二是航改型燃机制造项目冲破重重关卡，通过反垄断调查，建厂工作有序推进；脱硝催化剂、电厂节能设备的制造已取得阶段性成果；曹妃甸、天津、武汉、郑州四大重工基地产能不断增长，呈现产品高端化、生产智能化的良好趋势。三是印尼巴淡项目正式投产；巴厘岛项目正式开工建设；脱硫脱硝、水处理和露天煤矿剥采BOT业务稳步推进，取得良好成绩；印尼麦捷煤炭等投资项目正加快推进；页岩气业务取得突破，中标4个区块，超过全国招投区块总数的1/5，在80余家参投单位中独占鳌头；华电产业园建设按计划稳步推进，大楼整体顺利封顶，销售配套工作已经启动；国际贸易完善内部管控体系，拓展煤炭销售渠道，业绩不断增长。

（3）经营业绩再创新高。利润总额首次进入10亿级行列；经济增加值创造了集团二级单位第二名的历史最好成绩。华电重工利润保持龙头地位，其中物料专业实现利润2.66亿元、热能工程专业实现利润1.64亿元；海外利润突破1.5亿元，水处理、新能源利润翻番，环保、电科院利润增长达到50%。一是明晰决策环节，引入投资评价，不断完善投资项目的全过程管理和监督；建立了统计数据监控评估和工作网络，获评丰台区首批诚信统计单位；强化了以业绩为导向的绩效考核评价和激励约束机制，加大了净利润、回款率两项关键指标的考核权重；继续做好股权收购及投资工作，全年共收回现金分红和股权处置1.52亿元，为华电工程生产经营提供了有力支持；修订完善华电工程安全生产、档案管理等制度，2012年全年累计制定发布各类制度21项，华电工程职能管控及服务能力大幅提升。二是通过动态跟踪，深入研究，充分做好国家现有各类优惠政策的归集和争取工作，成为五大发电集团在京单位中唯一享受出口退（免）税快捷服务的单位。公司系统全年共获得财政补贴、税收优惠、银行优惠贷款等各类政策收益超过5.64亿元，创历年政策收益水平新高；分布式能源发展项目实现突破，获得中央企业国有资本经营预算3亿元。三是引入费用利润率等关键业绩指标，着力提升价值创造，高效配置财务资源，努力降低资金成本，全年节约财务费用近亿元。四是加强内部控制与风险管理体系建设，重视合同评审管理，全面开展合同清理、海外项目法律风险评估、法律风险源分析等活动，公司整体风险防范水平得到进一步提高。妥善处理商务法律纠纷，维护公司合法权益，全年无重大违法违纪事件，较好地完成了“六五”普法和中央企业第三个三年目标设定的任务。五是信息系统合同管理模块正式上线，实现了招投标评审、合同评审、采购评审等工作流程电子化；搭建完成档案信息化管理系统平台，公司信息化水平显著提升，荣获2012年“中国电力信息化推进示范单位”称号。

（4）科技创新不断推进。积极开展科技创新，加强研发体系和科技平台建设，加大科研投入和科技立项争取力度，引进、消化、创新国外先进技术与研究成果，取得新的成效。一是完善科技创新体系建设，加强监督考核，强化激励机制，充分调动了公司技术人员创新积极性；加大科技投入，核定科研经费2.53亿元，同比增长7.34%，先后调整成立了华电工程技术委员会和知识产权管理办公室，有力助推了科技创新步伐。二是积极开展与欧美等国先进能源企业的深入合作，引进高端技术，结合项目实际，吸收消化创新。稳步推进国家“863”、“973”计划课题以及省部级科技专项研究，华电工程全年安排新产品、新技术开发项目62项，累计拥有专利达到214项，其中发明专利25项，实现专利数量在两年内翻一番。华电工程获得首批“中关村国家商标战略实施示范区商标试点单位”称号。三是认真做好各类科技立项申请工作。全年累计申请包括“十二五”科技计划备选项目、国家重点新产品计划项目等国家级科技立项9项，华电集团科技项目13项，国家能源技术装备评定中心3个。四是精心打造“国家级企业技术中心”、“国家能源分布式能源技术研发中心”等科研平台，在实验室建设、重大课题承担、相关标准制定等方面取得明显成效。电科院与两院院士深入合作，积极推进院士工作站建设，确保了公司发电及相关领域技术的领先优势。

(5) 项目管理能力不断提升。一是成立了安全生产部，充实强化安全生产力量，各项安全管理工作有序开展，继续保持了良好稳定的安全生产态势。二是顺利通过外审，华电工程质量管理资质能力不断提升，具备了对国内外承担火电工程、风电工程质量评价能力，取得火电（含核电、燃机）、风电工程质量评价能力甲级资质，建立起百人质量评价队伍。江苏望亭、宁夏灵武、四川珙县、昌吉水岛/脱硫等一批系统总承包项目先后获得国家优质工程银奖、中国电力优质工程奖等奖项，14 项成果分获中国电力建设优秀质量管理（QC）小组成果奖和中国电力建设科学技术成果奖，公司获得中国施工企业管理协会颁发的“技术创新先进企业”称号。三是注重加强与业主、监理等单位的沟通与交流，建立项目执行和现场巡查信息定期通报机制，确保重要问题及时解决，保障工程项目顺利实施。四是严格执行招竞标管理制度，扎实推进工程造价管理，发挥技经、采购队伍在分包采购和成本管控环节的管控作用，有效保障了各合同项目实现预期效益目标，公司投资项目初步设计概算审查、销售项目“三算”管理基本实现制度化、常规化。五是建立与集团公司产业部等相关部门的工作对接机制，逐步理顺了项目前期管理程序；部署开展公司首批进入运营管理项目的后评价工作，重视投资项目过程和运营后的跟踪管理，确保预期效益。

(6) 党建和队伍建设不断加强。一是深入开展创先争优活动和基层党建工作，通过学习贯彻十八大精神、庆祝集团成立十周年、“创先争优、科学发展”成果展等系列活动，推进“六大工程”建设，发挥党建政治优势，荣获了集团公司创先争优活动典型实践案例优秀组织奖，被授予华电集团公司“主题实践创新示范点”。成立了华电工程工委和团委，实现华电工程系统工团组织全覆盖。二是深入推进“四好”领导班子建设，高质量、高标准推进“70、80 工程”，通过竞争性选拔聘任了 6 名厂处级干部，引进了多名海内外优秀毕业生和高端人才，相关单位领导班子和人才结构得到优化。三是深入践行“大纪检”工作理念，加大反腐倡廉宣传教育，认真开展招标监督、效能监察和内部审计，惩防体系建设工作得到中纪委、财政部、集团公司检查组的高度评价和认可。四是开展创新创效和文体活动，弘扬企业精神，关心员工生活，增强了广大干部员工的凝聚力和向心力。制定实施品牌建设规划，充分运用各种媒体平台做好新闻宣传，塑造了良好企业形象，华电工程中英文宣传片荣获了全国电力行业优秀影视作品一等奖。

（李成东　刘　蔚　杨文春）

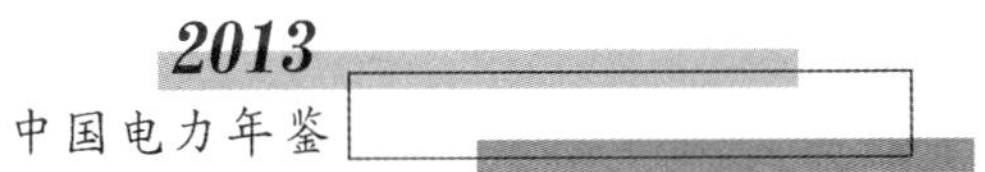

中国国电集团公司

【公司概况】 中国国电集团公司（简称国电集团）是经国务院批准，于 2002 年 12 月 29 日成立的以发电为主的综合性电力集团，主要从事电源的开发、投资、建设、经营和管理，组织电力（热力）生产和销售；从事煤炭、发电设施、新能源、交通、高新技术、环保产业、技术服务、信息咨询等电力业务相关的投资、建设、经营和管理；从事国内外投融资业务，自主开展外贸流通经营、国际合作、对外工程承包和对外劳务合作等业务。

2012 年，国电集团全面完成了主要目标任务，取得了前所未有的经营业绩。利润总额首次突破百亿元，同比增长约一倍。净利润增长超过一倍。净资产收益率增长 3.41 个百分点，首次高于央企平均水平。资产负债率近三年来首次低于年初水平，降至 83.78%。全面完成国资委主要考核指标。

截至 2012 年 12 月底，国电集团可控装机容量突破 1.2 亿 kW，资产总额超过 7200 亿元，产业遍布全国 31 个省、市、自治区。控制煤炭资源量 160 亿 t，年煤炭产量 6880 万 t。新能源发展独具特色，风电装机亚洲第一、世界第二。以节能环保及装备制造为主的高科技产业在发电行业处于领先地位，累计获批国家级研发中心 6 个，企业技术中心 8 个，被命名为国家“创新型企业”，累计拥有知识产权 700 项。在世界 500 强排名第 341 位。

【领导班子】 2012年底国电集团领导班子成员：

总经理、党组副书记：朱永芃

党组书记、副总经理：乔保平

副总经理、党组成员：杨海滨、于崇德

总会计师、党组成员：张国厚

副总经理、党组成员：高嵩、张成杰

党组成员、纪检组长：郭瑞廷

副总经理、党组成员：米树华

【组织机构】 截至2012年底，国电集团本部设有18个职能部门、5个中心和2个办公室。共有二级企业46家，基层企业593家。

1. 本部设置

18个职能部室、5个中心和2个办公室：办公厅、计划发展部、人力资源部、财务管理部、安全生产部、市场营销部、工程建设部、企业管理与法律事务部、资本运营与产权管理部、科技与综合产业部、审计部、监察部（纪检组办公室、招标监督管理办公室、燃料稽查办公室）、工会工作委员会、政治工作部（直属机关党委、团委）、国际合作与海外业务部、燃料管理部、水电与新能源发展部、煤炭与化工管理部、新闻中心、社会保险中心、招标中心、技术经济咨询中心、专家委员会办公室、核电办公室、信息中心。

2. 分公司

共12家（二级）：国电华东分公司、国电青海分公司、国电重庆分公司、国电西藏分公司、国电黑龙江分公司、国电广西分公司、国电宁夏分公司、国电吉林分公司、国电浙江分公司、国电山西分公司、国电河北分公司、国电天津办事处。

3. 全资及控股子公司

共34家（二级）：国电华北电力有限公司、国电东北电力有限公司、国电陕西电力有限公司（国电西北分公司）、国电山东电力有限公司、国电河南电力有限公司、国电四川发电有限公司、国电云南电力有限公司、国电贵州电力有限公司、国电新疆电力有限公司、国电江苏电力有限公司、国电江西电力有限公司、国电甘肃电力有限公司、国电福建电力有限公司、国电内蒙古电力有限公司（国电内蒙古分公司）、国电安徽电力有限公司、国电湖北电力有限公司、国电广东电力有限公司（国电南方分公司）、国电内蒙古能源有限公司、内蒙古国电能源投资有限公司、国电电力发展股份有限公司、龙源电力集团股份有限公司、国电长源电力股份有限公司、内蒙古平庄煤业（集团）有限责任公司、国电物资集团有限公司、国电燃料有限公司、国电资本控股有限公司、国电科技环保集团股份有限公司、国电兴业有限公司、国电大渡河流域水电开发有限公司、国电新能源技术研究院、国电能源研究院、国电科学技术研究院、国电湖南电力有限公司（筹备组）、国电海外股份有限公司。

【改革发展】 进一步完善"三级法人、省为实体"管理体制。创新新能源企业管理体制，实施集约化管理。完善绩效评价考核机制，突出创造价值和产业结构升级，实现考核奖励全覆盖。总经理奖励基金增加了对"争电量、控煤价、保目标"和管理提升活动的奖励。以试点有序推进市场化激励约束机制改革。

内控体系更加完善。全面落实"三重一大"决策制度，制订内控建设整体方案，促进民主决策、规范管理。配合国家审计署完成经济责任审计工作，审计整改工作全面推进。规范资金收支内控程序，提高资金结算集中度。加强自查自纠，各类审计取得直接经济效益，避免了损失。进一步完善法律风险防范机制。开展重大法律风险隐患排查，避免和挽回损失了经济损失。

电源结构更加优化。火电平均单机容量34.2万kW，同比提高1.5万kW；超超临界机组占40.4%，同比提高5.7个百分点。新投火电机组中60万kW及以上机组占72.3%，全年关停小火电机组80万kW。清洁可再生能源装机达2707万kW，同比增加371万kW。风电装机达到1497万kW，国内规模最大的江苏如东海上风电场全面投产。水电"四区一流域"开发加快推进，全年新增81万kW，总装机达到1154万kW。积极开发新能源项目。新增CDM项目144个。

电厂转型深入推进。加强热电联产改造，对外供热收入增长50%。粉煤灰、灰渣、石膏综合利用率超过70%。华北公司粉煤灰实现综合利用。东北公司水务产业实现利润。湖北公司实现非电收入。四川等公司转让闲置土地。

人才队伍充满活力。加大竞争性选拔力度，对本部部门副主任在内的18个岗位进行了公推比选，集团公司直管干部竞争性选拔比例达到27.2%。20家分（子）公司开展了岗位竞争性选拔，占全年新提拔领导人员40%。东西部干部交流81名，参与面进一步拓宽，平均年龄大幅降低。创新毕业生引进方式，面向全国高校公开招聘，引进质量显著提升。

【项目推进】 积极争取优质水电、风电、太阳能资源，落实大型火电和重点外送电基地项目。核准火电项目536万kW，泰州二期和哈密外送电等重大项目取得"路条"。大渡河枕头坝一级、沙坪二级电站获得核准，金沙江上游旭龙、奔子栏项目取得开发权，西藏帕隆藏布流域1000万kW水电开发权基本落实。甘肃酒泉60万kW等大型风电项目获核准，河北乐亭一期30万kW、福建南日40万kW海上风电项目取得"路条"。广东民众、浙江南浔等91.4万kW燃机项目核准开工，取得燃机和天然气分布式能源项目

“路条”756万kW。核电小型堆前期工作全面启动，安徽、衡阳、上饶等核电项目前期工作稳步推进。能源研究院制定了项目后评价细则。

工程建设扎实推进。大力推进“绿色工程”建设，开展在建工程对口竞赛，工程建设整体管理水平进一步提高。全年新投产机组1313万kW，运行可靠性和技术经济指标明显提高。九江、宿州等15台汽轮机效率平均提高1.5个百分点，谏壁、汉川新投百万kW机组供电煤耗等指标达到国际先进水平，南埔、宝庆66万kW和青山35万kW机组供电煤耗达国内先进水平。优化工程建设方案，降低了工程造价。加强招标管理，全年完成41批次集中招标，降低了成本。河北尚义龙源风电场工程荣获“鲁班奖”，成为首个获此殊荣的风电项目。河南荥阳等8个项目获“行业优质工程奖”。

煤炭化工产业稳中有升。加大优质煤炭资源开发力度，加快调整煤炭产业结构。煤炭储量和产能稳步增长，控制资源160亿t，同比增长6.7%。宁夏沙巴台、内蒙察哈素和白音华等大型煤矿投产，新增产能1090万t。煤炭产量6880万t，同比增长5.8%。平庄煤业拓市场、调结构，产煤4655万t，同比增长879万t，生产高纯二氧化锗20t。大同左云4座煤矿完成管理交接，新增产能500万t。贺斯格乌拉等7个煤矿列入国家“十二五”规划，玻璃沟等煤矿进入核准流程。燃料公司下水煤运输3300万t，自有海运船舶20艘载重量117万t，组建了内河船队。英力特与中石化合作推进宁东煤电化一体化项目建设，中石化资本金已到位。赤峰30/52煤制尿素项目产出合格产品。

金融保险和物资物流产业集约发展。金融保险产业总资产突破600亿元，利润同比增长50%，系统外创效达73%。资本控股公司新增分支机构35家。财务公司“国电网银”在国内首家实现全部用户“三合一”登录。长江财险开业首年即参与国际再保市场。物资集团扩大集采配送范围，提高物资经营集中度。加大市场开拓力度，外销比例达63%。积极开拓新的业务领域，取得商务部A级资质，投标19个援外项目。开展新材料研发，水性涂料产品通过行业协会鉴定，属世界首创。

【经营管理】 深化“双学”活动，强化管理提升，加快电厂转型。大力开展“争电量、控煤价、保目标”活动，加大治亏扭亏力度，火电业务扭亏为盈。火电企业亏损面41%，同比降低21个百分点。27家分子公司中18家实现盈利。

生产管理成绩突出。加强对标管理，开展综合治理，深化星级企业创建活动，主要指标处于可比先进水平。供电煤耗318.7g/kWh，同比降低2.6g/kWh。厂用电率5.05%，同比降低0.25个百分点。拓宽技改资金筹集渠道，获得各类节能减排奖励。累计掺烧经济煤种4250万t，节约了燃料成本。

财务管理不断加强。强化价值创造导向，加强预警分析和偏差度考核，预算引领控制作用明显增强。新增融资，新增和存续使用低成本资金，成功接续到期资金，长期融资比重由年初55%提高到58%。发行超短期融资券，引入保险债权资金，取得财政扶持资金。加强纳税筹划。积极争取非经常性收益。

燃料管理更加精细。强化基础管理，加强市场分析，控制采购节奏，控价保供能力进一步增强。跨省区重点合同量同比增加2864万t，增幅31.2%。发挥煤炭产运需协同优势，自产自供煤炭同比增加548万t，供应火电企业由16家增加到30家。进口煤炭1113万t，同比增加567万t，节约了燃料成本。到厂标准煤单价同比下降60.6元。推进燃料智能化建设。

资本运作模式创新。充分发挥上市公司融资平台功能，创新融资方式，滚动交替融资战略取得新成效。国电电力引入社保资金，成为社保基金在基础行业直接投资第一单。龙源电力完成H股再融资混合债发行，并获可比企业标普最高评级。国电电力、国电科环分别发行债券。英力特完成定向增发。信托股权资金到期顺利接续。平庄能源再融资取得新进展。

市场营销取得实效。创新营销手段，开展智慧营销，完成发电量4898亿kWh，同比增长2.7%。供热量18 297万GJ，同比增长31.4%。全年设备利用小时4592h，高于全国平均水平20h。平均上网电价同比提高27.7元/MWh，32家中小水电企业上调电价。平均热价提高4.55元/GJ。完成发电权交易、跨省跨区交易、大用户直售电356.5亿kWh，获得边际收益。

【科技环保】 2012年，国电集团高科技产业优势稳固。节能环保板块市场占有率保持国内第一。等离子体点火总装机达到2.5亿kW，市场占有率全球第一。脱硫特许经营装机达3079万kW，连续七年保持行业领先。脱硝催化剂产能突破1.6万m^3，市场占有率国内第一。联合动力风机销量进入国内前两位，外销比例达55.6%。全球单机容量和扫风面积最大的6MW风机开始调试。光伏产业链初具规模，实施EPC光伏项目37.7万kW，在国内独家掌握砷化镓聚光电池制备技术。

科技创新成果丰硕。科技创新体系不断完善，创新创业基地建设扎实推进。获得国家科技资金，创历史新高。新增知识产权301项，其中发明专利65项。新获国家能源科技进步奖5项、中国电力科学技术奖5项，环境保护科学技术奖2项。泰州百万千瓦二次再热项目，是国内首台、世界最大、综合参数最优的火电科技创新示范项目。谏壁百万千瓦DCS系统通过国家 863 重点项目验收。与航天科技共同研发的井下救生舱成功投入使用。电科院编制了"燃煤发电机组 CO_2 监测方法"等 8 项国家和行业标准。

安全环保基础牢固。深入开展"安全生产年"活动，圆满完成"十八大"和重要节日保电任务。98%的发电企业安全无事故，蚌埠等 125 个发电企业和元宝山露天矿等 7 个煤矿企业实现安全生产 1000 天以上，万安电厂 10 年安全生产无事故。16 家企业被评为电力安全生产标准化一级企业，大中型煤矿均达到一级质量标准。加强环保设施改造，在运脱硫机组比例 95.8%，脱硝机组 33.1%。

【走向海外】 2012 年，国电集团"走出去"工作取得了新进展。以新能源、资源类项目和高新技术为重点，积极开展国际合作交流。签订等离子点火、工程服务等合同。广西公司启动柬埔寨柴阿润水电项目 BOT 合同谈判。龙源电力加拿大 10 万 kW 风电项目获得核准。山东等公司开展国外机组运维工作。

【党建和精神文明建设】 2012 年，国电集团党建工作扎实推进。两年来 238 个基层党组织、944 名党员受到省部级以上表彰，集团公司理论文章在全国创先争优理论研讨会交流，北仑公司党委荣获"全国创先争优先进基层党组织"称号。推进学习型党组织建设，抓好重大课题研究和政研工作，共形成 240 余篇研究报告。深入开展基层组织建设年，基层党支部普遍实现晋位升级。加强精神文明建设和思想政治工作，集团公司经验在第九届中国公民道德论坛进行交流。

反腐倡廉工作深入开展。深入开展"反腐倡廉宣传教育基层行"活动，覆盖 70 个基层单位、9540 名干部员工。开展党风廉政建设和反腐倡廉工作满意度民意调查，对 451 名基层领导班子成员廉洁从业情况进行了民主测评。加大违纪违法惩处力度，加强对招标、燃料、工程建设等重点领域监管。全年立项 409 项，提出监察建议 945 条。

和谐企业建设亮点纷呈。深入实施"惠民工程"，员工收入待遇稳步提升。年金制度覆盖率 100%，推进以大病统筹为主的"阳光惠民"计划。率先开展职工代表巡视工作，提高民主管理水平。开展"面对面、心贴心、实打实，服务职工在基层"活动，解决实际问题 300 多个，走访慰问职工 6197 户。加强企业文化建设，组织了优秀成果巡展、"翰墨国电"书法美术大赛等十周年纪念活动。组织纪念建团 90 周年系列活动，开展了"管理提升、青年先行"主题实践活动，表彰首届"国电青年五四奖章"。完善社会责任管理工作机制，连续 5 年发布社会责任报告。加强新闻宣传和舆情管理，树立了国电集团良好形象。完善信访维稳工作体系，"十八大"期间实现零信访，被评为央企维稳工作先进集体。

（朱　锋）

中国电力投资集团公司

【公司概况】 中国电力投资集团公司（简称中电投集团）成立于 2002 年 12 月，是电力体制改革时国务院批准成立的五大发电集团之一，是经国务院同意进行国家授权投资的机构和国家控股公司的试点，是集电力、煤炭、铝业、煤化工、铁路、港口各产业于一体的综合性能源集团，在国内唯一同时拥有水电、火电、核电、新能源资产，是国家核电开发建设运营商之一，2011 年进入世界 500 强。

截至 2012 年底，中电投集团电力装机容量 8007 万 kW，清洁能源比重占 31.04%。其中，火电 5708 万 kW，60 万 kW 及以上机组容量占比 46.46%；水电 1922 万 kW；参股运行核电机组权益容量 108 万 kW，控股在建核电机组容量为 450 万 kW，参股在建核电机组权益容量 103 万 kW；风电 318.61 万 kW；光伏发电 58.83 万 kW。煤炭产能 7410 万 t；电解铝产能 277.3 万 t。中电投集团下辖二级单位 44 家，控股 2 家 H 股上市公司，4 家 A 股上市公司，代管 1 家 A 股上市公司，员工总数 12.5 万人，资产总额 5726 亿元。

【领导班子】 2012 年中电投集团领导班子成员如下：

党组书记、总经理：陆启洲

党组成员、副总经理：孟振平

党组成员、副总经理：张晓鲁

党组成员、副总经理：李小琳

党组成员、副总经理：余德辉

党组成员、副总经理：余剑锋

党组成员、党组纪检组组长：王先文

党组成员、副总经理：苏力

党组成员、副总经理：邹正平

副总经理：夏忠

【组织机构】 见组织机构图。

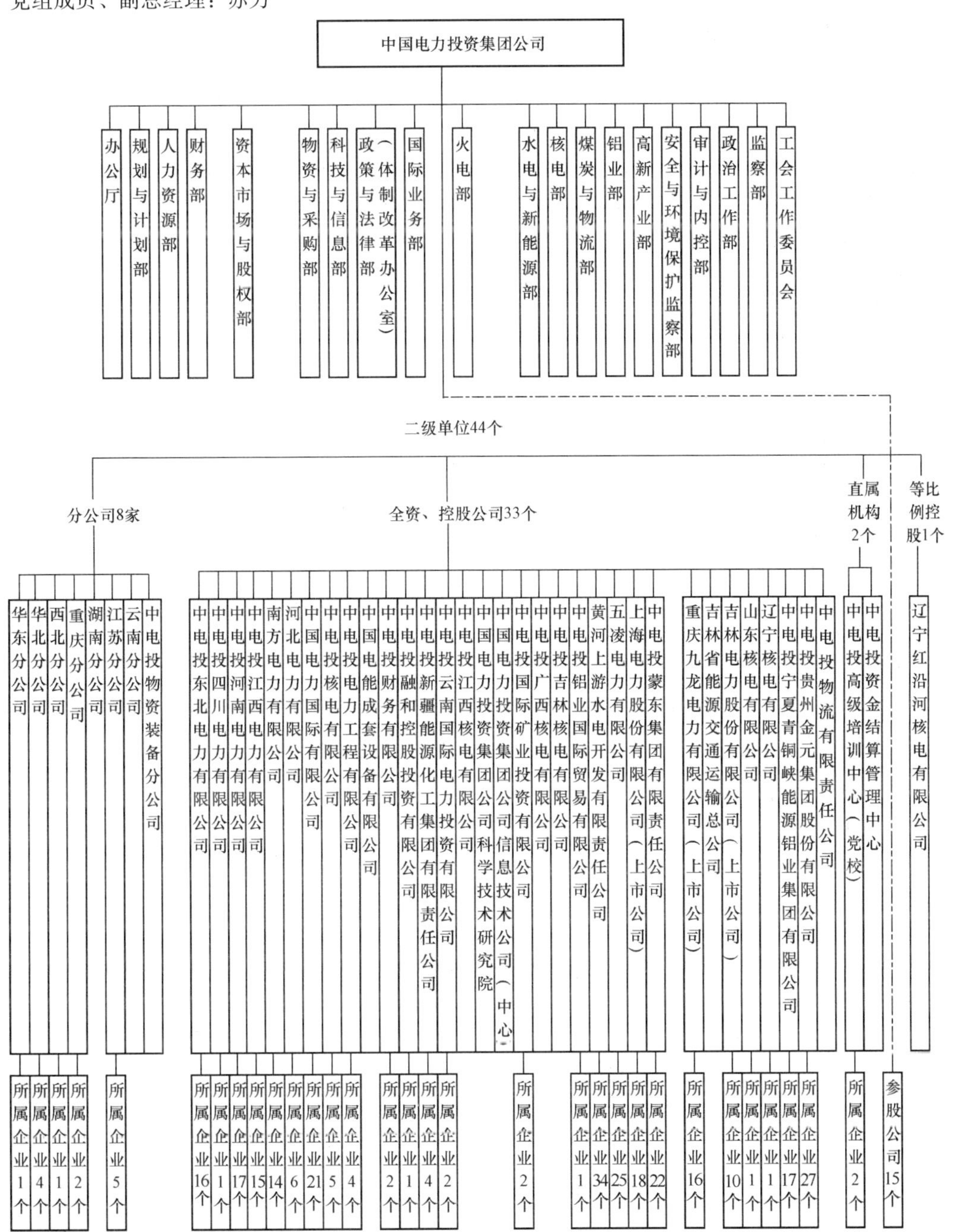

注：本公司组织机构为三级，除公司本部外，二级单位44家，有8家公司一体化运作 ［其中分公司8家、全资控股子公司33家直属机构2家，集团公司等比例控股的二级单位1家（辽宁红沿河核电有限公司）］；三级单位297家。另有参股单位15家。

2012 年中电投集团组织机构图

【发展状况】 2012 年，中电投集团固定资产总投资 584 亿元，新增发电生产能力 408 万 kW，煤炭新增产能 60 万 t，电解铝新增产能 17 万 t。中电投集团公司总装机容量突破 8000 万 kW。2012 年全年核准电力项目 44 个，总容量 804 万 kW，风电核准取得多年来最好成绩。平圩三期、习水二郎、黔北上大压小、江苏滨海、广东揭阳、上海漕泾二期取得积极进展，红沿河、海阳核电项目进展顺利，产业集群和跨区域煤电联营关键项目扎实推进，“走出去”战略稳步实施，产业布局和一批重点项目实施突破，为中电投集团公司调整结构、优化布局、转型升级打下了坚实基础。

【结构调整】 2012 年，中电投集团继续加快电源结构、产业结构调整步伐，清洁能源比重占 31.04%。中电投集团 2012 全年核准风电 178.4 万 kW，取得多年来的最好成绩，甘肃酒泉、内蒙古达茂旗、新疆哈密等大型风电项目获得核准。光伏发电核准 35.9 万 kW，保持行业领先态势。加快火电结构和布局优化。田集二期及困扰集团公司多年的大板、常熟、贵溪等火电项目获得核准。平圩三期、习水二郎项目已进入核准程序。黔北上大压小、合川 4 号机取得国家路条。江苏滨海、广东揭阳、上海漕泾二期等项目前期取得积极进展。积极推进国家重大专项重型燃气轮机研发与试验电站项目。加快产业集群和跨区域煤电联营关键项目建设。霍林河循环经济项目火电、风电获得路条。临河动力站即将实现自备，宁夏产业链建设取得突破性进展。贵州氧化铝项目有序推进。新疆肖尔布拉克煤矿取得探矿权。赤大白铁路通过正式验收，锦赤铁路赤峰至朝阳段通车，锦白铁路扩能项目加快推进。江苏滨海港项目开工建设，广东揭阳港项目获得核准。新疆煤制气和蒙西煤制烯烃项目取得重要进展。注重核电安全发展。红沿河 1 号机组成功完成装料，海阳项目扎实推进，广西白龙项目进入国家核电中长期发展规划，积极开展沿海新厂址和小堆厂址选择。积极开展并购重组。并购水电、风电、煤矿，新增清洁发电容量 64.96 万 kW、煤炭资源储备 24.6 亿 t。四川公司组建成立，毛尔盖问题得到基本解决。完成了新疆化工集团重组。

【核电发展】 中电投集团是国家确定的核电控股建设运营商之一，参股运行核电机组权益容量 108 万 kW，控股在建核电机组容量为 450 万 kW，参股在建核电机组权益容量 103 万 kW。控股建设的山东海阳核电项目是国家第三代核电技术自主化依托项目，1 号机组计划于 2014 年年底并网发电。等比例控股的辽宁红沿河一期工程 4 台机组全部开工，1 号机组热试工作结束，首炉核燃料于 2012 年 11 月 22 日装料完成。开展前期工作的有广西白龙、辽宁江石底、江西彭泽、吉林赤松、湖南小墨山、广东云浮、广西桂东、重庆涪陵、广东湛江等核电项目。

【海外发展】 截至 2012 年底，中电投集团在境外设有中国电力国际有限公司（香港）、伊江上游水电有限责任公司（缅甸）、中电投国际矿业几内亚有限责任公司、上海电力能源发展（香港）有限公司等 4 家主要境外子企业，境外企业资产总额 182 亿美元，所有者权益 42 亿美元。

中电投集团正在境外开展施工准备和前期开发工作的投资项目有缅甸伊江上游水电、印尼水电和煤炭、日本光伏发电、澳大利亚褐煤开发利用、几内亚铝土矿开发等项目。其中，缅甸伊江上游水电项目，规划总容量约 2150 万 kW，年均发电量约 1140 亿 kWh；几内亚铝土矿项目一期规划建设年产 400 万 t 氧化铝及配套铝土矿、电站、港口等设施。

【强化管理】 2012 年，中电投集团在全系统广泛开展管理提升活动，创新管理方法，深入开展运营诊断，梳理出问题 4000 多项，坚持边查边改，深入治理，取得明显成效，重要经济指标和对标指标不断改善，管理效率和效益明显提升。全面加强安全管理，推进安全健康环境管理体系和安全生产标准化建设。上海电力外高桥发电公司等 6 家发电企业达一级标准，蒙东能源南露天矿等 5 家煤矿被评为国家级安全质量标准化煤矿。加强重点领域安全管理，金元集团林华煤矿供电系统、铝业电解槽短路口等重大隐患得到治理，核电建设全面完成安全质量目标，水电在去年严峻的汛情面前经受住了考验，保证了安全度汛。生产和工程建设管理取得新成绩，在全国大机组竞赛中，田集 2 号、大别山 1 号、抚顺热电 1 号、黔西 3 号分获一等奖和可靠性金牌机组。平顶山项目、大连甘井子、江西景德镇项目、海口垃圾电站项目、吉林白城项目分获国家优质工程金奖、银奖和鲁班奖，囊括了基建工程全部重要奖项。煤矿、路港工程建设造价大幅降低，安全、质量管理水平明显提高。以落实对标工作三年行动计划为抓手，进一步完善煤炭、火电、水电、铝业综合指标评价体系，基本标准达标率达到 94%，先进标准达标率达到 77%，部分指标跃居行业前列。在全系统开展财务工作大检查，堵塞管理漏洞。财务管理基础工作不断加强，财务决算工作获国家财政部通报表彰。充分发挥企业内审作用，加强风险内控管理，揭示企业在投资、经营、管理等方面存在的风险，促进增收节支 6.86 亿元。价值管理体系、物资管理体系、风险管理与内控体系建设稳步推进。认真落实依法治企，规章制度、重大决策、经济合同法律审查把关率均达到 100%。本着对党、对人民高度负责的态度，严肃认真地落实中央巡视组整改意见，高效有力地推动整改工作，得到中央巡视组的充分肯定。

【安全生产】 中电投集团推进安全健康环境管理体系和安全生产标准化建设，其中 55 家电力企业实现达标，上海电力外高桥发电公司等 6 家发电企业达一级标准，非电产业 80%实现达标，蒙东能源南露天矿等 5 家煤矿被评为国家级安全质量标准化煤矿，核电建设全面完成安全质量目标，水电在2012年严峻的汛情面前经受住了考验，电力产业实现了零责任人身事故，全年未发生责任性目标控制事故。

【节能减排】 2012年，中电投集团全年关停小火电容量79.75万kW，供电煤耗完成317.07g/kWh，在连续两年下降10g/kWh的基础上，又降低了4.7g/kWh，二氧化硫、氮氧化物分别减排3.75万t和7.88万t，超额完成年度节能减排目标。

【科技创新】 中电投集团拥有国家地方联合工程研究中心1家，国家级企业技术中心2家，省级企业技术中心4家，国家创新型企业和创新型试点企业各1家，博士后科研工作站4个。2012年，集团公司依托科技创新，大力发展新能源、循环经济、节能环保等产业，有效提升了科技水平和创新能力，促进了企业转型与经营增效。

【企业党建】 把企业党建工作融入到企业中心工作中，发挥党的政治工作优势，通过丰富的实践载体和有针对性的主题实践活动，团结和动员广大党员干部、团员青年，立足岗位，创先争优。落实中央“基层组织建设年”要求，扎实开展党支部标准化建设。按照中央统一部署，通过各种方式，认真学习宣传贯彻党的十八大精神，统一干部职工思想。结合工作实际，深入推进“四好班子”和干部队伍建设。高培中心和党校“两位一体”作用充分发挥，被评为中央党校先进分校。深入推进反腐倡廉建设，惩防体系基本框架初步形成，廉洁风险防控能力不断提升，效能监察取得明显成效。中电投集团开展廉洁从业风险防范管理的做法被编入中央企业管理提升活动辅导手册。

【黄河上游水电开发有限责任公司】

一、领导班子

2012年黄河上游水电开发有限责任公司领导班子

公司第四届董事会

董事长：夏忠

董事：夏忠、王振京、吴金华、谢小平、李固旺、张鸿德、赵显贵、梁军军、怀文明

公司第三届监事会

监事会主席：张大庆

监事会成员：张大庆、曹松林、王兴玉

公司经营班子

总经理：谢小平

副总经理：李固旺、张俊才（兼总工程师）、张鸿德（兼财务总监）、张军、杨存龙、魏显贵

工会主席、纪检组长：怀文明

有色金属总工程师：于淼

新能源总工程师：刘柏年

公司党组成员组成

书　记：李固旺

副书记：谢小平

成　员：张俊才、张鸿德、张军、杨存龙、魏显贵、怀文明

二、组织机构

黄河上游水电开发有限责任公司（简称黄河水电公司）机关本部：办公室、计划与发展部、人力资源部、财务部、物资与采购部、科技与信息部、政策与法律部（体制改革办公室）、水电与新能源工程部、征地移民办公室、水电与新能源生产部、电力营销部、铝业部、高新产业部、火电部、安全与环境保护监察部、审计与内控部、政治工作部、监察部、工会办公室。

黄河水电公司本部职能中心：核算中心、集控中心、新闻中心、档案中心。

黄河水电公司下设二级单位：大坝中心、培训中心、班多发电分公司、龙羊峡发电分公司、拉西瓦发电分公司、李家峡发电分公司、公伯峡发电分公司、积石峡发电分公司、陇电分公司（辖盐锅峡、八盘峡水电站）、宁电分公司、格尔木发电分公司、西宁发电分公司、甘肃黄河水电公司、工程建设分公司、电力检修公司、中型水电公司、物资公司、中水能源公司、汉中水电公司、新能源发电部、鑫业公司、新能源分公司、太阳能电力公司、创盈公司、增源公司。

三、主要指标

2012年，黄河水电公司完成发电量453.15亿kWh，同比增长28.1%。其中，水电449.31亿kWh，新能源发电3.84亿kWh。电解铝产量56.1万t，多晶硅产量808.03t，太阳能电池产量121.22MW，电池组件产量51.82MW。

到2012年底，黄河水电公司电力总装机容量1107.14万kW，其中，水电装机容量1072.84万kW，光伏发电装机容量34.10万kW，风电装机容量0.2万kW。电解铝产能55.5万t，多晶硅产能1250t，太阳能电池产能200MW，电池组件产能150MW。公司资产总额613.19亿元，同比增加34.11亿元。资产负债率80.3%，同比降低2.06个百分点。

四、电力生产

梯级电站安全度汛，各电力生产板块安全局面稳定；发电量创历史最高水平，汛期外送水电全部按国家核定价格执行，青铜峡、唐渠电站并价工作取得实质性进展。黄河水电公司实现安全、生产“双丰收”。黄河水电公司2012年电力生产主要技术指标完成情

况见表1。

表1 黄河水电公司2012年电力生产主要技术指标统计表

（截至2012年12月31日）

水电站	发电量（亿kWh）		年完成率（%）	上网电量（亿kWh）	综合厂用电率（%）	连续安全生产天数（天）
	实发电量	计划电量				
班多	16.56	16.28	101.71	16.47	0.74	443
龙羊峡	72.82	72.80	100.02	72.30	0.71	5627
拉西瓦	124.45	124.38	100.06	123.96	0.40	1330
李家峡	70.06	70.31	99.64	69.80	0.37	4591
公伯峡	62.95	62.89	100.09	62.61	0.53	1680
苏只	10.84	10.81	100.32	10.76	0.80	2527
积石峡	32.91	32.65	100.81	32.72	0.60	752
盐锅峡	25.56	25.29	101.07	25.33	0.89	4244
八盘峡	10.53	10.40	101.29	10.42	1.10	556
青铜峡	13.55	13.23	102.45	13.34	0.73	4595
大通河梯级	6.01	5.75	104.54	5.88	2.23	—
龟都府	3.06	2.90	105.47	3.01	1.75	—
乌兰光伏	0.77	0.83	104.52	0.77		—
桑日光伏	0.13	0.13	103.78	0.13		—
景泰	0.16	0.16	102.64	0.16		—
格尔木光伏	2.58	2.49	92.71	2.58		—
金塔	0.0081	0.0090	89.66	0.0081		—
共和	0.16	0.14	113.42	0.16		—
河南	0.03	0.02	148.25	0.03		—
茶卡	0.000 07	—	—	0.000 07		—
总计	453.15	451.46	100.37	450.43	0.60	—

五、水电站经济运行

龙羊峡水库首次实现汛限水位动态控制。拉西瓦水库水位提升至2448m，积石峡水库水位开始向1850m提升，为提高电站防汛能力和机组出力水平奠定了良好基础。

优化运行增发电量。积极协调，多方争取，实现龙羊峡汛限水位动态控制，年末龙羊峡水库较上年同期多蓄水24.8亿m^3。针对黄河上游的洪水特性，将降雨预报成果运用在龙羊峡水库的洪水调度过程中，真正实现洪水资源化利用。开展“保安全、保发电、保增长”劳动竞赛，汛期各电站按照黄河水电公司统一部署，放弃休假、坚守一线，精心维护、精心操作，杜绝机组非停，有效避免了因为机组原因弃水；各径流式水电站昼夜倒班不间断清理库区杂物，保证了拦污栅的安全；应急抢险队严阵以待，随时应对突发险情，实现了主汛期各电站连续大负荷安全稳定运行。黄河水电公司最高日发电量达2.23亿kWh，占西北全网发电量的1/4。水电全年发电量达449.31亿kWh，较年初计划多发电量90亿kWh，创历史最高纪录。

六、光伏电站

针对光伏电站投产初期发电出力低的实际，及时组织开展光伏电站管理专项督导工作，从电站设计、设备安装和运维方式等方面系统分析、综合治理，集中解决现场管理、缺陷消除、定期巡检清扫、信息系统研发及人员培训等方面的问题，制定一系列提高发电量的具体措施，开发运用光伏发电智能化信息系统，光伏电站生产管理水平和发电效率有效提升。

七、综合产业

多晶硅单月产量达设计能力，铝业炭素系统达产，成本大幅降低，太阳能电池平均转换效率达行业先进值，综合产业产量质量稳步提升。

电解铝项目通过节能技术改造、强化过程管理和对标管理，主要能耗物耗指标显著降低。阳极炭块成本较年初降低605元/t。铝业8项对标指标值均达到中电投集团基本标准值，达标率100%。多晶硅产品质量已能满足直拉法半导体分立器件和6in集成电路抛光片对高纯多晶硅的要求，多晶硅实验室取得中国合格评定国家认可委员会认可证书。单晶电池平均转换效率达18.5%，多晶电池平均转换效率达17%，单晶组件平均功率达245W，电池及组件产品质量稳步提升。

八、项目建设

2012年，黄河水电公司核准项目7项，总容量23.6万kW；取得省级路条项目7项，总容量27万kW；西宁火电项目、龙羊峡水光互补项目取得国家级路条，总容量164万kW；中电投集团立项13项，总容量485万kW。与有关州、县政府达成风电及光伏发电开发意向项目12项，总容量190万kW。陕西李家梁风电一期项目核准，黄河水电公司在陕西新能源项目实现零的突破。

羊曲水电站溢洪道工程开挖完成，导流洞、泄洪洞工程正在施工，生活营地建设基本完成。茨哈峡水电站进场交通洞工程在确保安全的前提下，月均开挖进尺123m，达到国内先进水平。通过大量的勘探、监测和科学地计算分析，果卜岸坡变形机理有了明确定论，果卜岸坡安全状况整体可控。借助防汛契机，协调地方政府有效破解积石峡库区移民难题，水库水位逐步提升。

2012年，共和、金塔、河南及格尔木二期光伏电站相继投产，新增电力装机容量7.1万kW。黄河水电公司第一个风电项目——茶卡风电并网发电，新增电力装机容量0.2万kW。在建项目7项，总容量22.63万kW。格尔木一期光伏电站荣获“2012年度中国电力优质工程奖”。

西宁火电项目完成可研收口，通过初步设计咨询，签订了三大主机设备采购及项目建设EPC合同。兰州新区热电联产项目通过中电投集团立项，可行性研究工作全面启动。

多晶硅扩建项目投料试车。西安电池及组件项目建成投产，增建50MW组件线联动试车。西宁电池及组件项目200MW电池线+200MW组件线联动试车。

九、安全生产

全力推进安全健康环境管理体系建设和安全生产标准化达标工作。大力开展隐患排查治理，提高设备可靠性。健全完善黄河水电公司应急管理体系，组建公司层面抢险救援队伍。强化各板块事故应急演练。全年安全事件与2011年相比有较大幅度下降，机组运行实现零非停，黄河水电公司实现了“八个不发生”安全环保工作目标。特别是面对黄河20年一遇的洪水考验，加强防汛力量，严格执行度汛方案，运用水库调节功能均衡控制下泄流量，强化设备预防性消缺与维护管理，在实现各站机组稳发满发的同时，保证了梯级电站和下游河道安全度汛。

十、经营管理

黄河水电公司营业收入达到165.35亿元，同比增长26.14%；上缴税费21.7亿元，同比增长17%，经济效益和社会效益显著提高。荣获全国“五一”劳动奖状、青海省“2012年度工业经济运行先进单位”、中电投集团“先进集体”等荣誉称号。电站运行维护工作职责及人员平稳交接，辅业改革有序推进，管控一体化改革取得初步成效。职责权限和管理界面逐步厘清，管理水平得到提高。

针对发电量大幅增加的实际，加强与电网的沟通，黄河水电公司的水电实现足额消纳。在保证量的基础上，积极争取价的提高，各水电站送省外电量的销售价格均达到国家核定价格。甘肃境内水电站电价调升全面落实，全年增收3517万元。青铜峡、唐渠水电站并价工作取得实质性进展，为两站发电效益最大化提供了保障。针对电网吸纳新能源发电能力不足的实际，做好本地区光伏电站日发电量比对工作，努力化解电网对新能源发电项目的网络阻塞因素，减少弃光，提高新能源上网电量。

积极开拓短途运距市场，增加氧化铝现货采购，争取地方政府补助资金和电费补贴，统筹资金运用，有效控制电解铝项目经营成本。充分发挥晶硅光伏产业链协同优势，开展多晶硅料委托定制加工工作，一方面保证了黄河水电公司光伏电站建设质量，另一方面扶持了多晶硅、太阳能电池及组件产业发展。

积极开展融资创新和低成本融资工作，置换高利率贷款22亿元。加大承兑汇票支付力度和范围，节约利息支出3215万元。努力申请财政资金及CDM减排补贴，落实增值税“征八返九”及各类税费减免政策。认真开展低效、无效资产清理工作，强化股权管理，提高核心资产质量。完成长安保险经纪公司股权转让和新能源发电项目收购重组工作，改善黄河水电公司资产负债率、流动资产周转率。加强应收账款清理和废旧物资处理，有效控制财务与经营风险。

深入开展管理提升活动，查找管理瓶颈和薄弱环节，全面完成自我诊断等基础工作，对查找出的101项管理问题，落实责任，实施改进。按照管控一体化要求，完成电力板块管控模式调整。编制事权界定手册，对94项主要业务建立完整流程，为ERP建设奠定良好基础。开展以风险预防为导向的任中经济责任审计工作，进一步强化事中监督力度。制定“七统一”实施细则，全面推进集约化管理，不断强化二级单位利润中心、三级单位成本中心定位。制订完善辅业改革实施方案，有序开展资产处理、股权收购、人员安置前的调查、协商和准备工作，稳妥推进辅业改革。充分发挥法律服务职能，防范法律风险，保障黄河水电公司合法权益。进一步加大干部竞争性选拔力度，扩大选拔范围，提高选拔层次，完善选拔方式方法，全年新任命的中层干部55%以竞聘方式产生。

十一、党群工作

干部员工未发生违法违纪案件。坚持“两个标准”、着力“七个强化”、实施“五个结合”，深入推进创先争优实现常态化、长效化。扎实开展党内基层民主建设和基层党组织标准化建设，发布《党支部标准化建设工作手册》，推动基层党建工作取得新进展。严格执行党风廉政建设责任制，突出抓好重点领域、关键岗位廉洁风险防控，反腐倡廉建设取得新成效。

坚持以人为本理念，不断丰富以职工代表大会为基础的企业民主管理制度。全面启动班组建设。突出青工成长成才机制建设，团结动员团员青年为公司改革发展作贡献。

十二、主要事件

1月3日，黄河水电公司报送的《超大直径压力钢管整体卷制研究项目》获中国水力发电科学技术奖励委员会颁发的三等奖。

1月5日，黄河水电公司报送的《拉西瓦水电站800kVGIL结构特点及安装试验》、《拉西瓦水电站700MW巨型水轮机转轮现场制造及质量控制》分获2009～2010年度青海自然科学优秀学术论文一等奖、三等奖。

1月6日，中电投集团同意宁木特水电项目立项。

同日，青海省发改委转发国家发改委文件，同意青海黄河茨哈峡水电站开展前期工作，标志着该水电站取得国家级“路条”。

2月14日，黄河水电公司参与的“重大水利水电工程施工实时控制关键技术及其工程应用”项目，获得了国务院颁发的科技进步二等奖。

3月10日，与甘肃景泰县政府签订了《景泰红山10万kW风电场项目建设合同书》。

3月21日，盐锅峡水电站7号机组增容改造后通过72h试运行，并网归调。改造后机组容量由44MW增至51.2MW。

3月23日，联合国EB组织批准注册纳子峡水电站CDM项目。

4月1日，拉西瓦水电站750kV超高压输变电设备安装技术研究与应用项目获“青海省2011年度科学技术进步”二等奖。

4月9日，青铜峡水电站技改项目8号机组完成了72h试运行，正式归调发电。技术改造后，机组容量由20MW增至25MW。

同日，黄河水电公司青海切吉石乃海风电场、陕西李家梁风电场、中型公司青海大格勒风电场3个项目（装机容量共计14.85万kW），列入国家能源局印发的“十二五”第二批风电项目核准计划。

4月17～19日，青铜峡水电站大坝安全换证注册通过国家电监会大坝安全监察中心检查，同意申请注册换证。

4月23日，公伯峡发电分公司被授予“全国‘安康杯’竞赛优胜单位”称号，鑫业公司综合班、大坝中心李家峡观测班被授予“全国‘安康杯’竞赛优胜班组”称号。

4月24日，中电投集团批复，同意启动青铜峡水电站第一期技术改造工程后续2、3、7号3台机组技术改造项目。

4月27日，黄河水电公司被中华全国总工会授予玉树灾后重建全国“五一”劳动奖状。

4月，国务院国资委授予黄河水电公司“中央企业职工技能大赛先进单位”称号。

同月，班多水电站工程通过国家电监会大坝安全监察中心专家组的竣工安全鉴定。

5月4日，武威59MW并网光伏发电工程项目举行奠基仪式。

5月20日，黄河水电公司投资建设的中电投格尔木200MW并网光伏电站获“中国电力优质工程奖”。

6月28日，全国政协人口资源环境委员会副主任、原国务院南水北调办公室主任张基尧，率全国政协人口资源环境委员会调研组，到青铜峡水电站进行“节约水资源、防治水污染”专题调研。

7月23日～8月31日，按照黄河防汛抗旱指挥部调令，龙羊峡等10余座水电站开闸泄水，其中龙羊峡水电站共泄水21.87亿m^3。

7月25日2时24分，黄河龙羊峡上游唐乃亥断面流量达到3430m^3/s，是本年度最大洪峰流量，也是1989年之后的最大一次洪水过程。

同日7时13分，李家峡水电站左底孔开闸泄水，这是李家峡水电站自1997年发电以来首次开闸泄洪。

7月30日，李家峡水电站日完成发电量3633.34万kWh，创历史新高。

8月2日，成立黑河发电分公司。全称：青海黄河上游水电开发有限责任公司黑河发电分公司；简称：黑河发电分公司；注册地址：青海省祁连县。

8月13日，发电量达2.23亿kWh，创公司日发电量历史新高，并且占到西北全网发电量的1/4。

8月15日，大坝中心龙羊峡观测班被中国水电质量协会电力分会授予“全国质量信得过班组”称号。

8月19日，黄河上装机规模最大的拉西瓦水电站5台机组发电出力达到350万kW，首次实现满负荷运行，日发电量为8061万kWh。

10月31日，黄河水电公司出资注册成立青海黄河新能源系统集成工程有限公司，简称新能源集成公司，首期注册资本金2000万元人民币，注册地为青海省西宁市。

同日，甘肃省发展改革委下发关于中电投景泰红山49.5MW风电项目的核准批复。

同日，班多发电分公司年累计完成发电量14.86亿kWh，首次突破年度发电量设计值14.25亿kWh。

同日，盐锅峡、八盘峡水电站通过甘肃省电力安全生产标准化达标评级二级企业的现场评审。

11月11日，纳子峡水电站大坝填筑至3202.5m高程，达到大坝设计高程。

11月16日，黄河水电公司成立甘肃黄河水电有限责任公司，简称甘肃黄河水电公司，注册地为甘肃兰州市，首期注册资本金5000万元人民币。

11月19日，中国合格评定国家认可委员会发布公告，新能源分公司质量保证部化验室正式获得CNAS检测和校准实验室资质认可，允许其使用CNAS认可标识。

11月24日，青海河南20MW并网光伏电站44台逆变器全部并网发电。

11月24～29日，青铜峡水电站通过了宁夏回族自治区安监局的电力安全生产标准化达标评级二级企业的现场评审。

11月29日，中电投金塔9MW光伏电站通过甘肃电网72h试运行，并入甘肃电网发电。

同日，黄河水电公司河南县托叶玛光伏电站(20MW)全部并网发电。

11月30日，黄河水电公司1250t/年多晶硅项目荣获“(第一批)全国建设项目档案管理示范工程”。

12月8日，黄河水电公司与相关单位联合研发的“光伏发电智能化信息系统”在北京正式发布。

12月19日，青海省科技厅组织专家对“新能源分公司多晶硅生产四氯化硅循环利用产业化技术研究”项目进行成果鉴定和验收，认为该技术目前在国内处于领先水平，同意验收。

12月23日，大格勒风电场一期49.5MW工程开工。

12月28日，国家西北电监会给宁电分公司颁发“电力安全生产标准化二级企业证书”。

12月29日，青海茶卡风电场一期(共和切吉)工程首台风机一次并网发电。

12月30日，格尔木光伏电站二期100MW工程实现并网发电。

12月，公伯峡发电分公司被中国电力设备管理协会授予“第四届全国电力行业设备管理工作先进单位”称号。

(许为宁　张文俊)

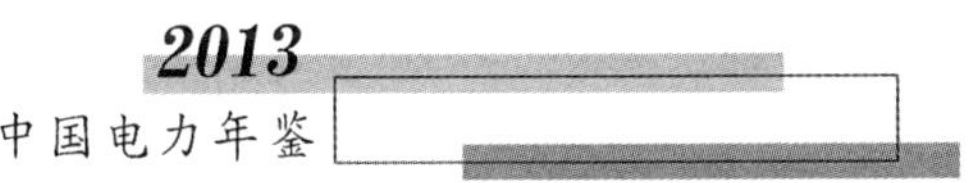

中国核能电力股份有限公司

【公司概况】 中国核能电力股份有限公司(简称中国核电)前身为中核核电有限公司，成立于2008年1月21日。由中国核工业集团公司(简称中核集团)、中国长江三峡集团公司、中国远洋运输(集团)总公司和航天投资控股有限公司共同发起设立，中国核工业集团公司控股。

中国核电经营范围涵盖核电项目的开发、投资、建设、运营与管理，核电运行安全技术研究及相关技术服务与咨询业务等领域。截至2012年底，公司拥有控股子公司13家，参股公司1家控股在役核电机组9台，装机容量650万kW；控股在建核电机组12台，装机容量1253万kW。

目前，中国核电运营核电站包括秦山核电厂、秦山第二核电厂、秦山第三核电厂和江苏田湾核电厂。在建核电项目包括浙江三门核电项目，以及田湾核电二期项目、福建福清核电项目、浙江方家山核电项目、海南昌江核电项目。

中国核电自成立以来，在中核集团完整配套产业链的支撑下，坚持“安全第一，质量第一”的方针，秉承“四个一切”的核工业精神，践行“开放、包容、合作、共赢”的理念和“追求卓越，挑战自我”的价值观，着力建立与国际接轨的工程建设、生产经营、技术研发等管理体系，确保运行核电厂的安全生产和在建核电工程的“四大控制”，全面完成中核集团下达的各项考核指标，为中核集团核电产业发展做出积极贡献，增强社会各界对核电安全高效发展的信心。

2012年，中国核电超额完成中核集团下达的各项经营考核指标，发电量创历史新高。田湾2台运行机组、秦山一期30万机组运行业绩达到历史最好水平；秦山三期2号机组第六次大修工期29.4天，创中国核电大修最短工期新纪录；福清核电4号机组恢复建设，田湾核电二期工程顺利开工；经营利润中心和生产成本中心的建设进一步深化；开展人力资源管理咨询、Exelon管理咨询评价、信息化规划咨询评价等谋划长远的工作，基础管理工作得到进一步加强；科技创新体系和基地建设取得新突破，各项工作取得良好成效。

2012年，中国核电及各成员单位共获得各级各类荣誉210项。其中国家级荣誉3项、省部级荣誉73项、集团级荣誉60项、地市级74项。

【组织机构】 见组织机构图。

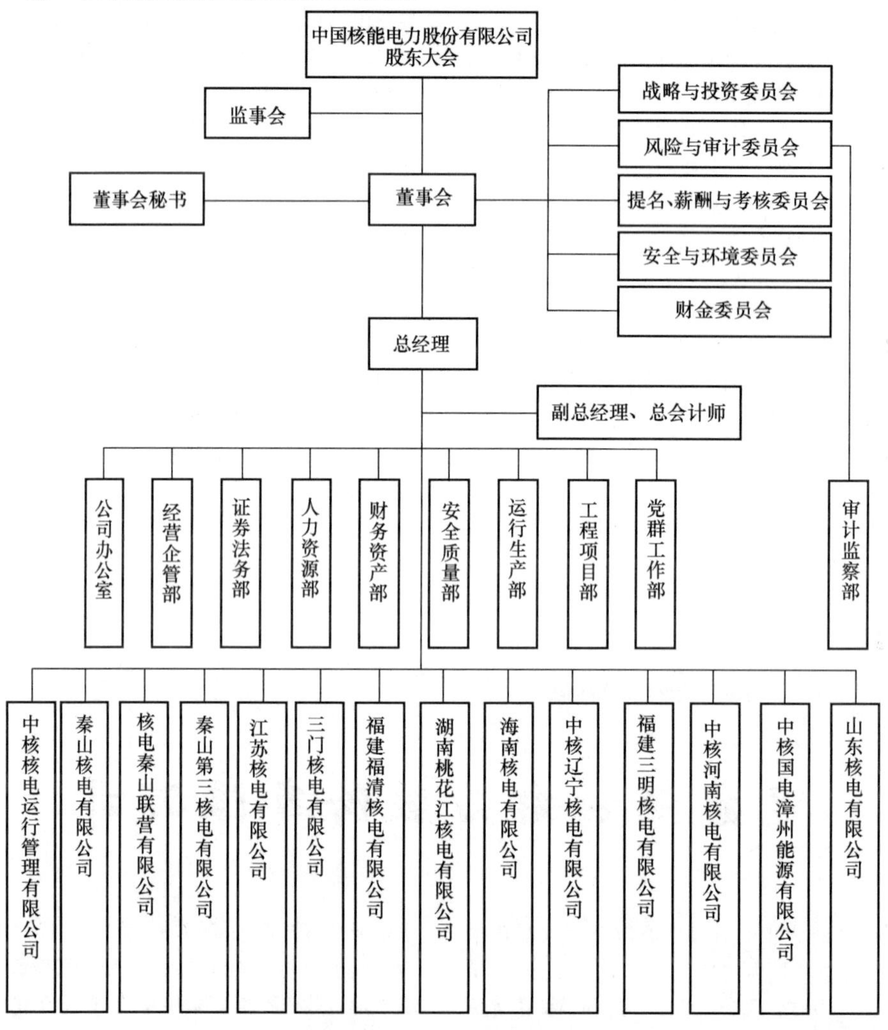

中国核电2012年组织机构图

【运行生产】 2012年，中国核电持续提升机组运行性能，各运行电厂安全运行业绩良好，9台运行机组全年完成计划发电量的103.8%。全年完成了6次机组大修，大修工期均比计划缩短。秦山三期2机组负荷因子超过90%，为公司2015年前实现“90-30-00”的目标奠定了良好的基础。

秦山500kV换线工作、大修优化、秦山一期30万kW机组延寿、秦山二期长燃料循环等专项工作，均取得了重要突破。

中国核电积极加强安全管理体系建设，组建安全委员会，建立覆盖全部成员单位的安全总监网络，并通过组织安全总监巡查建立了安全监督和经验交流机制。2012 年公司荣获“全国安全生产月先进单位”荣誉称号。

福岛整改项目顺利推进，中国核电牵头成立 5 个专项工作组，与各设计院通力合作，扎实推进各项整改落实。在建项目装料前需完成的 11 个项目技术方案已经国家核安全局确定，施工设计已组织开展；运行电厂绝大部分整改项目都在顺利实施中，2013 年内能够基本完成现场实施。

【工程建设】 2012 年，中国核电在建核电工程全面进入土建和设备安装调试，项目管控压力进一步加大。三门、福清、方家山、海南等在建项目积极发挥业主的主导作用，全力以赴促设计，不遗余力催设备，全神贯注抓建安，运行早介入，工程建设态势向好，建设安全质量总体受控。

2012 年 11 月 17 日，福清核电 4 号机组复工，这是福岛核事故后，国内首个恢复开工的核电机组；2012 年 12 月 27 日，田湾核电 3、4 号机组开工建设，这是福岛核事故后首个新核准核电项目，具有标志性的意义。2012 年 11 月 29 日，三明示范快堆项目对俄框架合同准备工作商务合同顺利签订，为后续框架合同谈判奠定了基础。

2012 年 12 月 25 日，中国核电组织福清、方家山项目业主与总承包方在北京签订了《工程争议快速解决及共建资金蓄水池协议》，为快速高效推进工程项目建设提供了制度保障和资金支持。

【企业管理】

1. 投融资管理

2012 年，坚持“集团融资”模式，充分利用直接和间接融资渠道，发挥集团化投融资平台优势，有效保障了发展资金，确保了资金链安全，降低了资金成本。

2. 全面预算管理

2012 年，中国核电将全面预算管理列入公司管理提升内容，明确年度工作任务，加强管理理念培训和宣贯。根据工作责任及管理内容，成立中国核电全面预算管理组织机构，分设领导层、组织层、执行层三层管理机构，明确工作职责、人员构成、工作机制。按照业务预算、资本预算驱动财务预算的流程设计、统一预算项目、预算报表及编制内容，为预算审查和开展内部对标奠定基础。加强预算执行情况分析反馈，提高年度主要预算预计频度，提高预算执行精准性。

3. 成本精益管理

根据中国核电“三个中心”的管理模式，公司作为专业化平台和利润中心，在前三年的“四个一”成本工程的基础上，年内在降本增效方面重点抓了“三标”工作，即：安目标、定标准、促对标。

年内分解下达各成员公司作为成本中心的 KPI 成本指标，为成员公司确立成本管控目标；发布了基于统一口径的成本标杆，并组织开展了公司整体对标、成员公司间对标和外部对标工作，促进成员公司查找不足，持续改进。

同时，配合集团开展主业成本研究和“989”成本精益管理工程的方案设计，两项工作均获得集团公司通报表彰。

4. 绩效管理

根据中国核电“计划-预算-考核”JYK 一体化方案报告（一下）、（二下）指标，完成了中国核电 JYK 方案（一上）、（二上）方案的编制及汇总；修改完善公司绩效考核管理制度、公司本部绩效考核计分管理办法以及经营计划、风险管理和绩效考核报告指南等工作。按要求对成员公司 JYK 方案的执行情况进行监督检查，采用月报制度，对成员单位 JYK 方案执行情况进行分析评价，对重大问题提出改进建议并督促改进；组织 JYK 方案的调整工作。

5. 营销管理

编制营销管理制度、电价申报管理制度、技术服务市场管理制度、客户关系管理制度、品牌管理制度，从制度层面建立保障，梳理流程，为营销管理工作的开展、推进奠定基础。

6. 质量管理

结合中国核电“质量年”，建立了公司、成员公司的两层级质量监督体系，加强了对成员公司的质量监督，成员公司按计划开展质保监查活动 65 次，发出纠正行动要求 230 项，在建工程不符合项平均按期关闭率 82.7%。

7. 人力资源管理

完成中国核电人力资源管理政策大纲的编制，初步建立了中国核电及其成员公司统一的人力资源管理制度及人力资源标准化管理体系；同时聘请专业机构开展人力资源咨询项目，提升中国核电人力资源整体管理能力与水平。

8. 科技创新

2012 年中国核电各运行核电厂继续大力推进科技创新工作，优化大修计划、改进大修计划接口管理，全年 7 次大修工期均控制在计划工期之内，大修实际时间累计 247.89 天，比计划压缩 39.11 天。秦山一核 310MW 机组、江苏核电 1、2 号机组全年无非计划停堆停机、无小修，首次实现“00”目标。秦山三核 2 号机组 206 大修中采用外部围囊内部充氦检漏技术、高频螺栓加热技术、自主开发电动扳手驱动盘车机构等创新技术，创造了 29.4 天的历史最短工期。

江苏核电《长周期燃料循环和新型燃料组件引入》重大科研项目批准列入国家科技部国际科技合作专项并获国家财政支持。2012年10月，“国家国际科技合作基地”、“中俄核电联合中技术研究中心”授牌仪式在田湾现场举行，2012年12月，江苏核电国际科技合作基地理事会正式成立，“江苏省核电应用工程技术研究中心”获得江苏省工程技术研究中心建设批复。

2012年度多项科技创新成果获奖。其中《秦山310MWe核电机组功率提升》等四项荣获中国核能行业协会科学技术奖，《我国首座乏燃料干式贮存设施》等六项荣获“中核集团公司科学技术奖”。

9. 安全生产

2012年，中国核电各运行和在建核电厂安全管理、质量保证、环境保护、应急准备等管理体系良好运作，未发生INES 1级及以上事件，未发生重大安全质量事故、重大火灾事故、环境污染事故及放射性超标排放事故，未发生人因非计划停堆事件，“三同时”执行率达到100%，特种作业人员持证上岗率达100%，安全、环保、应急及职业健康信息报率达100%。2012年，公司荣获“全国安全生产月先进单位”荣誉称号。

10. 节能减排

下属各公司成立了节能减排组织机构，各公司设立了节能减排工作领导小组及节能减排办公室，领导小组由各公司总经理任组长，主管节能减排工作的副总经理任副组长。

2012年节能减排指标完成情况良好，工业企业业综合能源消耗量为408 633.37t标准煤，万元工业增加值综合能耗为0.3175t标标准煤，低于0.346t标准煤的年度计划目标。全年机组的安全、经济指标全面受控，无放射性物质异常排放，流出物监测和环境监测工作状态良好。

11. 社会责任管理

2012年向社会发布首份《社会责任报告》。积极开展公众科普宣传工作，2012年在秦山地区和江苏核电举行富有特色的核电公众开放日活动；秦山核电和三门核电启动了与浙江省联合开展的跨越两年的系列公众科普活动等。通过一系列的科普宣传，使广大社会公众进一步了解核电、接受核电、支持核电，取得了较好效果，降低了日本福岛核事故对核电事业的负面影响。

【在建工程】

1. 福清核电工程

福清核电工程（1～4号机组）采用二代改进型技术，综合国产化率达到75%，单台机组建设周期60个月。1号机组于2008年11月21日浇灌反应堆厂房第一罐混凝土；2号机组于2009年6月17日浇灌反应堆厂房第一罐混凝土；3号机组于2010年12月31日浇灌反应堆厂房第一罐混凝土。4号机组2012年11月17日浇灌反应堆厂房第一罐混凝土。

2. 秦山核电扩建项目

秦山核电扩建项目（方家山核电工程）采用二代改进型技术，单台机组建设周期60个月。1号机组于2008年12月28日浇灌反应堆厂房第一罐混凝土；2号机组于2009年7月17日浇灌反应堆厂房第一罐混凝土。

3. 三门核电工程（1、2号机组）

三门核电工程（1、2号机组）采用第三代核电技术（美国西屋AP1000），是国家三代核电自主化依托项目。1号机组于2009年4月19日浇灌核岛第一罐混凝土；2号机组于2009年12月15日浇灌核岛第一罐混凝土。

4. 海南昌江核电工程

海南昌江核电工程规划建设4台65万kW压水堆核电机组。一期工程建造2台65万kW压水堆核电机组（1、2号机组），以秦山二核为参考电厂，按照翻版加改进的原则，采用工程总承包EPC模式进行建造。海南核电有限公司全面负责工程的建造、调试、运营和安全管理。

（左　跃）

中国长江三峡集团公司

【公司概况】 中国长江三峡工程开发总公司于1993年9月27日成立，2009年9月27日更名为中国长江三峡集团公司（简称中国三峡集团）。根据国家赋予的“建设三峡、开发长江”的历史使命，集团公司全面负责三峡工程的建设和运营。经过17年建设，三峡工程初步设计建设任务于2009年全部完成，开始全面发挥防洪、抗旱、发电、航运、供水等综合效益。根据国家授权，集团公司于2003年启动了金沙江下游的水电开发。金沙江下游规划有溪洛渡、向家坝、乌东德、白鹤滩四座梯级电站，总装机容量约4300万kW，是“西电东送”的骨干电源点；其中，向家坝水电站已于2012年10月实现初期蓄水和首批机组投产目标，溪洛渡水电站将于2013年实现首批机组投产发电，乌东德和白鹤滩水电站前期工作正在按计划有序推进。

中国三峡集团在做好大型水电开发的同时，积极发展风电、太阳能等新能源产业，稳步实施国际化经营战略。截至2012年底，中国三峡集团风电、太阳能装机总量达到136.75万kW，国际承包业务遍布30多个国家和地区。

截至2012年底，中国三峡集团合并资产总额3749.28亿元，净资产2250.02亿元，其中国有权益2034.86亿元，资产负债率39.99%；中国三峡集团可控发电装机容量2933.57万kW。

【领导班子】 2012年中国三峡集团董事会成员如下：

董事长：曹广晶

董事：陈飞、于文星

外部董事：马之庚、刘治、师金泉、何木云、吴晓根

职工董事：姚元军

2012年中国三峡集团领导团队：

董事长、党组书记：曹广晶

党组成员、总经理：陈飞

党组成员、副总经理：林初学、毕亚雄、樊启祥

党组成员、纪检组长：于文星

党组成员、副总经理：沙先华、张诚

党组成员、总会计师：杨亚

【组织机构】 中国三峡集团设有北京管理总部、宜昌生产总部和成都建设总部。北京管理总部负责协调指挥和管理集团全局；宜昌生产总部主要负责电力生产和枢纽运行管理；成都建设总部主要负责金沙江下游四座水电站的工程建设和管理。其中，北京管理总部设有办公厅（董事会办公室）、战略发展部、计划合同部、资产财务部、资本运营部、人力资源部、科技与环境保护部、质量安全部、企业管理部、市场营销部、审计部、监察部（纪检组办公室）、党群工作部（直属党委办公室）、工会工作部、国际事业部等15个部门；设立信息中心和新闻宣传中心、招投标中心3个专业业务管理中心；设立三峡发展研究院，作为中国三峡集团直属研究机构。

截至2012年底，中国三峡集团全资和控股子公司共有12家，分别是中国长江电力股份有限公司（中国三峡集团控股上市公司）、中水电国际投资有限公司、中国水利电力对外公司、中国三峡新能源公司、长江三峡技术经济发展有限公司、三峡财务有限责任公司、三峡旅游发展有限责任公司、长江三峡集团传媒有限公司、长江三峡能事达电气股份公司、内蒙古呼和浩特抽水蓄能发电有限公司、南京河海科技有限公司、宜昌三峡工程多能公司等。

【公司战略】 中国三峡集团的战略定位是以大型水电开发和运营为主的清洁能源集团；发展思路是以“建设三峡，开发长江”为使命，以大型水电开发与运营为核心业务，积极开发风电等其他清洁能源，稳步拓展国际业务；发展目标是为社会提供清洁能源、与生态环境和谐统一、在发挥长江流域综合效益中起重要作用的国际一流的大型清洁能源集团。

【节能减排】 2012年，中国三峡集团共生产清洁能源（水电和风电）1195.87亿kWh，相当于减排二氧化碳约9000万t（按2010年综合煤耗计算）。其中，三峡—葛洲坝梯级水利枢纽兼顾防汛、抗旱、生态、航运、发电等任务，通过科学调度，全年节水增发电量75.86亿kWh（其中三峡电站节水增发电量65.34亿kWh，葛洲坝电站节水增发电量10.52亿kWh），梯级水能利用提高率达6.94%。另外，三峡工程的节能减排还体现在改善川江航道通航条件方面。水运作为最节能的运输方式，能够节约大量能源、减排大量二氧化碳。三峡工程蓄水后，极大地改善了长江宜昌至重庆河段的航道条件，运输成本可降低35%～37%，单位能耗降低约46%。

【科技创新】 2012年，中国三峡集团申报的“高坝动静力超载破损机理与安全评价方法”获得国家科技进步二等奖。另外，获得省部级科技进步奖共11项，其中“三峡地下电站大型洞室关键技术”获得水力发电科技进步特等奖，“重力坝深层抗滑稳定分析理论、方法及应用研究”获得水力发电科技进步一等奖，“2.5MW直驱永磁风力发电机组”获得国家能源局科技进步一等奖。由中国三峡集团牵头组织实施的国家十一五科技支撑项目“特大型梯级水利水电枢纽工程建设及高效运行安全关键技术研究项目”等一批研究项目通过验收，并在实践中得到应用，取得了巨大的社会效益和显著的经济效益。另外，中国三峡集团全年共组织申报专利125项，获得专利授权75项。

【信息化建设】 2012年，围绕中国三峡集团战略和中心任务，以国际一流为目标，制定发布了“十二五”信息化工作规划，优化了信息化工作组织架构，形成了优化水电、拓展风电、探索海外业务的信息化

解决方案。通过开展管理提升活动，积极开展与国际对标，不断探索信息化创新方向，有序推进关键业务信息系统的建设和应用。通过信息化工作的持续深化和扩充应用，全力推进IT和业务深度融合，为全面提高中国三峡集团管控水平，实现各业务板块高效运转提供可靠信息技术支撑。2012年，中国三峡集团的水电工程建设管理信息化得到拓展和深化，移民管理信息系统在金沙江移民工作中得到推广应用并荣获全国电力行业信息化成果一等奖，新一代电力生产管理信息系统成功建成投运。“水电工程移民管理系统(V1.0)”、“集团企业工程投资计划与预算管理系统(V1.0)”、“大型水电工程综合业务展示系统(V1.0)”等三个软件成功获得国家知识产权局授予的软件著作权登记证书。

【党建工作】 2012年，中国三峡集团大力开展“喜迎十八大、争创新业绩”主题实践活动，动员基层党组织在实施集团战略和完成年度重点工作中切实发挥推动发展、服务职工、凝聚人心、促进和谐的作用。认真组织党员干部学习十八大精神，积极开展基层组织建设年活动，促进集团党建工作系统化、规范化建设，增强了基层党组织的创造力、凝聚力和战斗力。扎实抓好创先争优活动的深化和总结表彰工作，评选并表彰了51个先进基层党组织、200名优秀共产党员、35名优秀党务工作者。完成了企业文化规划工作，确立中国三峡集国新的文化理念体系，修订了中国三峡集团Ⅵ手册；完成195个三级以上管理制度的修订，促进文化理念与公司制度融合。提出开展学习型、创新型、本质安全型、高效执行型、团队和谐型“五型”班组建设目标，大力推进体现集团文化理念、反应自身特色的基层班组文化建设。

【国际交流】 2012年，中国三峡集团共计接待外事团组220批次、3500余人次。其中，副部级以上政府官员或国家首脑来访28批次、350余人。加强与国际水电协会(IHA)、大自然保护协会(TNC)、世界自然基金会(WWF)等行业协会和机构的交流合作；成立了国际大坝委员会“水电站与水库调度联合调度专委会”，并组织多国委员成员召开工作会议及研讨会；与国际知名学术机构开展了广泛交流合作，积极参加国际会议交流，全面宣传了中国三峡集团在工程建设、环境管理、海外业务开展等方面的业绩，展示了公司实力，树立了品牌形象，为集团在海外业务拓展提供了强有力的支持。

【中国长江电力股份有限公司】 中国长江电力股份有限公司(简称长江电力)是中国长江三峡集团公司控股的上市公司。

一、概况

2012年，三峡—葛洲坝梯级枢纽坝址来水总量为4480.77亿m^3，年平均流量为14 200m^3/s，相应来水频率51.1%，较多年均值(14 300m^3/s)偏枯0.7%，较2011年同期偏丰31.96%。

2012年，长江电力全年发电量创历史新高，总发电量达到1163.216 4亿kWh，同比增加23%。其中，宜昌区域的三峡电站完成发电量981.068 2亿kWh(含三峡电源电站4.934 6亿kWh)，同比增加25.31%；葛洲坝电站完成发电量166.42亿kWh(含葛洲坝自备电站1.061 2亿kWh)，同比增加2.32%；金沙江区域的向家坝电站首批3台机组投产完成发电量15.723 2亿kWh，完成年度发电计划(13.7亿kWh)的114.77%。

2012年度，长江电力发电量实现历史性突破，主营业务利润增加，公司经营业绩显著提升。长江电力全年实现营业总收入258.18亿元，同比增长24.72%；营业利润114.41亿元，同比增长36.44%；利润总额135.65亿元，同比增长34.26%；归属于上市公司股东的净利润103.69亿元，同比增长34.66%；基本每股收益0.628 4元，同比增长34.66%。公司总资产1551.88亿元，同比减少2.02%；归属于上市公司股东的所有者权益748.99亿元，同比增长9.76%；归属于上市公司股东的每股净资产4.539 3元，同比增长9.76%。

安全生产实现了全年无事故，电力生产保持平稳运行，未发生设备事故、人身伤亡事故、电力系统事故及火灾事故、交通事故。三峡电厂顺利通过发电企业电力安全生产标准化评审，现场查评得分率95.09%，复评得分率93.29%，达到一级标准。葛洲坝电厂电力安全生产标准化达标现场评审得分率93.26%，达到一级标准。葛洲坝大坝通过国家电监会大坝中心组织的第三次大坝定检。专家对葛洲坝闸坝安全状态进行了全面评价，葛洲坝水利枢纽大坝被评定为正常坝。

2012年度，三峡电站计划取水4164.04亿m^3，实际来水4480.77亿m^3，实际发电用水4191.67亿m^3。葛洲坝电站实际入库4547.13亿m^3，实际发电用水3671.06亿m^3，2、4、6、7、8、11月实际取水量比计划取水量小。三峡—葛洲坝梯级电站全年累计节水增发电量75.86亿kWh，其中三峡电站65.34亿kWh，葛洲坝电站10.52亿kWh。梯级电站水能利用提高率6.94%，其中三峡电站6.97%，葛洲坝电站6.75%。

机组各项指标保持较高水平：三峡电厂实现了全电站2250万kW设计额定出力累计运行711h，大于2000万kW累计运行1437.7h的良好业绩。葛洲坝电厂全年机组满负荷运行3421.6h，机组平均运行6674.71h，是近4年来最高水平，其中，3号机组全年运行时间长达8111.57h；全厂全年自动开停机成功率99.76%，机组平均开机时间3.6min，平均停机时间2.48min。

顺利完成三峡—葛洲坝梯级电站年度岁修任务，在2011～2012年度岁修中，完成了三峡电站1、2、7、13号机等4台机组B修任务，葛洲坝电站2、7、11、14号机等4台机组B修等检修任务。

向家坝电厂8、7、6号三台机组投产以后，全年共发电15.723亿kWh，完成年度发电任务13.7亿kWh的114.7%；机组等效可用系数为100%(≥95%)；非计划停运小时数为0h/台年（≤6h/台年）；一类非停次数为0次；工程项目管理达标率、技术规程准备率均达到100%。

2012年，公司共召开了5次董事会、3次监事会、2次股东大会共10次三会会议，完成了7次董事会专委会以及监事会预备会等会议，累计审议通过了75项议案，公司年度经营计划、财务决算及预算、利润分配、地下电站第二批资产收购、葛洲坝电站机组增容改造、发行债务融资工具等事项顺利通过三会审议。

2012年，公司先后获得“2012年度中国上市公司资本品牌价值百强奖”榜第29名、“《财富》2012年中国500强”位列第201位、“2012中国上市公司综合实力100强”、“最佳股东回报上市公司”、第八届中国证券市场年会“金鼎奖”以及“中国上市公司优秀年报奖”、“全国电力行业实施卓越绩效模式先进企业”、“三峡集团公司先进基层党委”及“湖北省国资委先进基层党委”、“中国企业文化竞争力双十强”、“全国职工文化建设先进单位”、“全国电力行业新闻宣传工作先进单位”、“最具慈善爱心捐赠企业”、并取得“金蜜蜂2012优秀企业社会责任报告社区类专项奖”、“2012年全国电力行业文化与企业文化优秀成果奖”、“第八届中电传媒杯全国电力行业优秀电视片（综合专题类）银奖”、“中国电力报社2012年全国发电企业文化建设最佳实践标兵单位”、“首届星海杯广州国际合唱公开赛（混声合唱组）银奖”等奖项。三峡集团董事长、长江电力董事长曹广晶荣获了2012中国上市公司最受尊敬企业家称号。

二、重大事件

1. 三峡地下电站机电设备全面移交投产

7月4日下午16时，三峡地下电站27号机组正式移交投产，地下电站机电设备全部正式由施工单位移交给三峡电厂，全面投入商业运行。自此，三峡电站32台机组全部投产发电，圆满实现2250万kW的设计发电能力，包括左、右岸电站和地下电站工程在内的三峡电站工程建设全部完工，比计划工期整体提前一年。

自2003年7月三峡左岸电站首台机组投产，三峡工程开始发挥发电效益。随着机组陆续投运，三峡电站投产装机容量不断增加。2007年12月，右岸电站20号机组投产，三峡工程投产总装机容量超过伊泰普水电站，跃居世界第一。随着三峡地下电站27号机组投入商业运行，三峡工程32台单机额定出力70万kW的巨型机组以及2台单机额定出力5万kW的电源电站机组全部投产，三峡电站投产装机达到设计水平，每年可为国家贡献约900亿kWh的清洁电能，能源供应和节能减排效益巨大。

2. 长江电力获“2012中国上市公司资本品牌价值百强”

5月26日，长江电力凭借137.332亿元的资本品牌价值位列“2012中国上市公司资本品牌价值百强”榜第29名，在电力行业中排名第一。

上市公司资本品牌反映了上市公司在资本市场上的综合形象，体现了上市公司的发展潜力，决定了企业的长期竞争力。资本品牌管理是上市公司开展市值管理、实现股东价值最大化的重要手段。

3. 三峡—葛洲坝梯级电站累计发电量超过万亿千瓦时

7月6日零时，三峡—葛洲坝梯级电站历年累计发电量达到10 001.56亿kWh，相当于节约标准煤3.3亿t，减排二氧化碳7.5亿t，二氧化硫900万t，发挥了巨大的经济效益和社会效益。

三峡电站总装机容量2250万kW，自2003年7月，首台机组正式投产，截至7月6日零时，三峡电站累计发电5681.31亿kWh。

葛洲坝电站现装机容量为277.7万kW，首台机组于1981年投产，截至7月6日零时，该电站累计发电4320.25亿kWh。

4. 温家宝考察三峡电厂防汛工作

8月2日下午，中共中央政治局常委、国务院总理温家宝来到三峡工地，考察防汛工作和工程运行情况，并亲切慰问工程建设者和运行值班人员。

温家宝总理在中国三峡集团董事长、党组书记曹广晶，总经理陈飞陪同下，来到三峡大坝坝顶和三峡电厂中控室考察，听取了三峡防汛抗洪和水库调度、电站运行工作汇报。温总理对三峡工程综合效益和防洪调度工作给予充分肯定。他说，三峡枢纽工程建成后，发挥了防洪、发电、航运、生态补水等各方面的综合效益。2010年，三峡枢纽工程抗击了7次洪峰，2012年又已抗击了3次洪峰，其中最大洪峰流量达到71 200m^3/s。在防汛的关键时刻，三峡工程在防洪调度中坚持统筹兼顾、远近结合、蓄泄兼筹，兼顾了上下游、左右岸、江河湖泊，发挥了巨大的综合效益，保护了人民群众的生命财产安全，也保护了重大工程设施的安全，有力地促进了经济社会的发展。

5. 三峡工程顺利实现 2012 年试验性蓄水目标

10 月 30 日 8 时，三峡坝前水位达 175m，三峡工程顺利实现 2012 年试验性蓄水目标。这也是继 2010 年和 2011 年后，连续第三年成功实现 175m 试验性蓄水目标。此次蓄水，累计蓄水位 16.08m，累计蓄水量 138.6 亿 m^3。

2012 年是三峡工程 175m 试验性蓄水的第 5 年，2008 年蓄至 172.8m，2009 年蓄至 171.43m，2010 年和 2011 年三峡水库均成功实现 175m 蓄水目标。

蓄水期间，三峡枢纽建筑物和水库坡岸地质状况稳定，电站机组、三峡船闸运行正常，三峡库区未发生重大交通事故，进出川船舶安全有序。

6. 向家坝水电站首批机组移交投产

12 月 28 日下午，向家坝水电站首批机组运行交接仪式在向家坝电站右岸地下厂房举行，标志向家坝水电站首批机组——地下电站 8、7、6 号机组正式移交向家坝电厂运行管理。

三峡集团机电工程局、中南设计院、天津阿尔斯通、三峡发展、水电四局、向家坝电厂等六个单位负责人共同在向家坝水电站首批机组运行交接文件上签字；在集团公司及相关单位领导见证下，水电四局向受托运行管理单位长江电力向家坝电厂正式移交运行资料和钥匙。

7. 向家坝水力发电厂正式揭牌

10 月 10 日上午 8 时，长江电力在向家坝电站工地隆重举行向家坝水力发电厂揭牌仪式，中国三峡集团公司党组书记、董事长曹广晶为向家坝水力发电厂揭牌，集团公司党组成员、副总经理、长江电力总经理张诚主持揭牌仪式。

向家坝电站是中国第三大水电站，是金沙江梯级开发中的最末端一个电站，是国家“西电东送”工程的骨干电源点。电站以发电为主，兼顾防洪、改善通航条件、灌溉，同时具有拦沙和对溪洛渡水电站进行反调节等作用。电站左、右岸共安装 8 台（单机容量世界最大 80 万 kW）水轮发电机组，总装机 640 万 kW，多年平均发电量 308.80 亿 kWh。

向家坝电厂是受三峡集团公司委托从事向家坝电站运行管理和发电生产成本控制的责任单位，于 2009 年 4 月开始筹建，2012 年 2 月 27 日正式成立。自筹建以来，向家坝电厂贯彻“建管结合、无缝交接”理念，经过三年多的团结拼搏和艰苦奋斗，已圆满完成各项电力生产筹备工作，全面具备接机发电条件。

三、境外电站运营管理咨询服务

7 月 17 日，长电国际与苏丹麦洛维大坝电力公司（简称麦洛维公司）合作协议签约仪式在宜昌举行。双方商定下一步逐步开展人员培训、电力生产运营咨询、水电站设备检修咨询等方面的交流合作。

长江电力副总经理陈国庆、麦洛维公司董事长 Mutaz Salim 出席签字仪式。长电国际总裁秦国斌、麦洛维公司总经理 Mahgoub Eisa Khalil 分别代表双方签字。

麦洛维公司是苏丹最大电力公司，其发电量满足了本国约 75% 的电力需求。在双方交流活动中，三峡电厂、葛洲坝电厂、检修厂、人力资源部和技术研究中心等单位重点介绍了长江电力在电力生产运行、检修、人员培训、新技术开发等方面的经验成果；麦洛维公司介绍了麦洛维项目的建设、运行详细历程；双方积极探讨了在电站运营管理各个方面进行全方位合作的可行性。

四、技术创新成果

12 月 24 日，由湖北省总工会、科技厅联合举办的湖北省第三届职工技术创新成果奖揭晓。由长江电力励磁专家、高级工程师黄大可研发的《现代励磁系统关键技术创新成果》喜获一等奖。这是 2012 年三峡集团公司在职工技术创新方面第二次获得荣誉，为三峡集团公司、长江电力赢得了荣誉。

五、主要事件

2 月 8 日，长江电力技术研究中心揭牌仪式在宜昌举行。中心主要承担发电生产的科研项目、运行管理机组远程诊断分析系统和构建生产技术实训平台等任务。

2 月 12～13 日，长江电力召开 2012 年工作会议暨一届三次职代会、第三次工代会。会议传达了中国三峡集团 2012 年工作会暨一届二次职代会精神；听取并审议通过了公司工作报告、工会工作报告；讨论审议了公司年度预算、福利费、职工代表提案等报告并形成了决议。

3 月 2 日，中国三峡集团金沙江水文气象中心成建制整体划转并入长江电力三峡梯调通信中心，包括工作任务、机构人员、业务系统及设备等。

3 月 8 日，台湾三峡文化交流考察团一行 14 人在三峡集团公司董事长、党组书记曹广晶的陪同下，参观了三峡电厂左岸电站厂房及中控室，三峡电厂厂长李平诗向来宾介绍了运行管理的相关情况。

3 月 9 日，长江电力被宜昌市慈善总会授予“最具慈善爱心捐赠企业”称号。

4 月 18 日，《福布斯》全球企业 2000 强榜单揭晓，长江电力位列第 749 位，在全球电力企业中排名第 41 位。

5 月 24 日，缅甸联邦巩固与发展党总书记吴泰乌一行，参观了三峡左岸电站及中控室。三峡电厂副厂长李志祥向外宾一行介绍了电力生产的相关情况。

6 月 28 日，长江电力企业管理高级研修班在北京大学顺利开班，来自长江电力各生产单位、职能部门以及所属公司40名新提拔的管理骨干参加了培训。培训内容包括管理与创新、人力资源、财务管理、战略执行、企业法律实务、案例分析和招标管理等。

7月2日16时47分，随着三峡地下电站29号机组的开机并网，三峡电站实现了历史上首次32台大机组和2台电源电站小机组全部开启发电。加上葛洲坝电站已经并网发电的21台机组和1台小机组，三峡—葛洲坝梯级电站的56台机组首次全部并网发电，树立了三峡梯级电站56台机组同时运行新的里程碑。

7月17日，长电国际与苏丹麦洛维大坝电力公司合作协议签约仪式在宜昌举行。双方商定下一步逐步开展人员培训、电力生产运营咨询、水电站设备检修咨询等方面的交流合作。

7月18日，长江电力被评为2012年“全国电力行业实施卓越绩效模式先进企业”。

7月30日，长江电力荣膺2012中国上市公司综合实力100强。三峡集团董事长、长江电力董事长曹广晶荣获“2012中国上市公司最受尊敬企业家”称号。

8月30日，长江电力完成收购三峡地下电站第二批资产，即27、28、29号共三台发电机组及相关资产。本次收购经国务院国资委核准的资产评估值37.316 159亿元，交易价格确定为37.316 159亿元。

9月11日，长江电力荣获“2012年度全国职工文化建设先进单位”光荣称号。

9月17日，长江电力2012年第一次临时股东大会在北京召开。出席本次股东大会的股东及股东授权代理人共31人，代表股份13 146 898 332股，占公司股份总数165亿股的79.68%。审议通过了《关于三峡地下电站第二批资产收购事宜的议案》。

9月24日，成都调控中心在三峡大厦调度大厅举行了“成都调控中心调控运行值班启动仪式”。

10月19日，长江电力荣居2012湖北百强企业第18位，长江电力纪委书记、工会主席艾友忠代表公司领取奖牌。

11月4日，长江电力成立十周年纪念日。

11月7日，2012年度向家坝水电站购售电合同在国家电网公司交易大厅正式签订，为向家坝电能的消纳提供了规范和市场的保证。

11月11日12时48分，向家坝电站8号机组并网成功。

11月13日，长江电力管理创新成果《创新构建内控体系，保障企业健康发展》荣获2012年度全国电力行业管理创新成果奖二等奖。

11月22日，在第八届中国证券市场年会上，长江电力荣获“金鼎奖”荣誉称号。

11月30日，长江电力荣获“中国企业文化竞争力十强”荣誉称号。

12月11日，长江电力荣获中国电力企业联合会“全国电力行业两化深度融合示范企业”，三峡水力发电厂获“全国电力行业两化深度融合先进企业”荣誉称号。

12月16日9时24分，向家坝右岸电站6号机组首次同期并网成功。

12月24日，长江电力荣获“2012年度全国发电企业文化建设最佳实践先进单位”称号。

12月28日零时，葛洲坝电厂本年累计发电量达165.07亿kWh，三峡本年度累计发电量达975亿kWh。长江电力年累计发电量1140亿kWh这一年度发电目标提前4天圆满完成。

12月28日，向家坝水电站首批机组运行交接仪式在向家坝电站右岸地下厂房举行，标志向家坝水电站首批机组——地下电站8、7、6号机组正式移交向家坝电厂运行管理。

（吴　东　谢兴发）

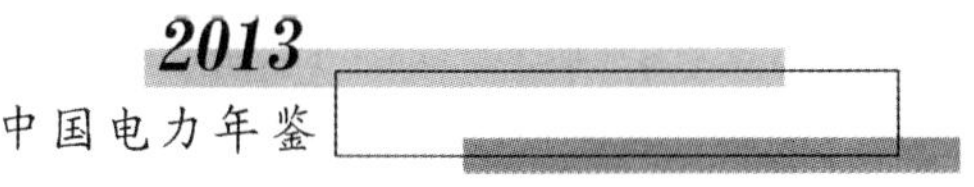

神华集团有限责任公司

【公司概况】 神华集团有限责任公司（简称神华集团）是于1995年10月经国务院批准设立的国有独资公司，中央直管国有重要骨干企业，是以煤为基础，电力、铁路、港口、航运、煤制油与煤化工为一体，产运销一条龙经营的特大型能源企业。主要经营国务院授权范围内的国有资产，开发煤炭等资源性产品，进行电力、热力、港口、铁路、航运、煤制油、煤化工等行业领域的投资、管理；规划、组织、协调、管理神华集团所属企业在上述行业领域内的生产经营活动。神华集团总部设在北京。由神华集团独家发起成立的中国神华能源股份有限公司（简称中国神华）分别在香港、上海上市。神华集团在2012年度《财富》全球500强企业中排名第234位。

截至2012年底，神华集团共有全资和控股子公司17家，生产煤矿64个，投运电厂总装机容量6323万kW，拥有1765km的自营铁路、1亿t吞吐能力的黄骅港、4500万t吞吐能力的天津煤码头和现有船舶11艘的航运公司，总资产8219亿元，在册员工20.77万人。

【领导班子】 2012年神华集团领导班子成员如下：

董事长、党组书记：张喜武

总经理、党组成员：张玉卓

副总经理、中国神华总裁党组成员：凌文、韩建国、王晓林、李东

纪检组长、党组成员：孙文建

副总经理：郝贵、薛继连、王品刚

【组织机构】 见组织机构图。

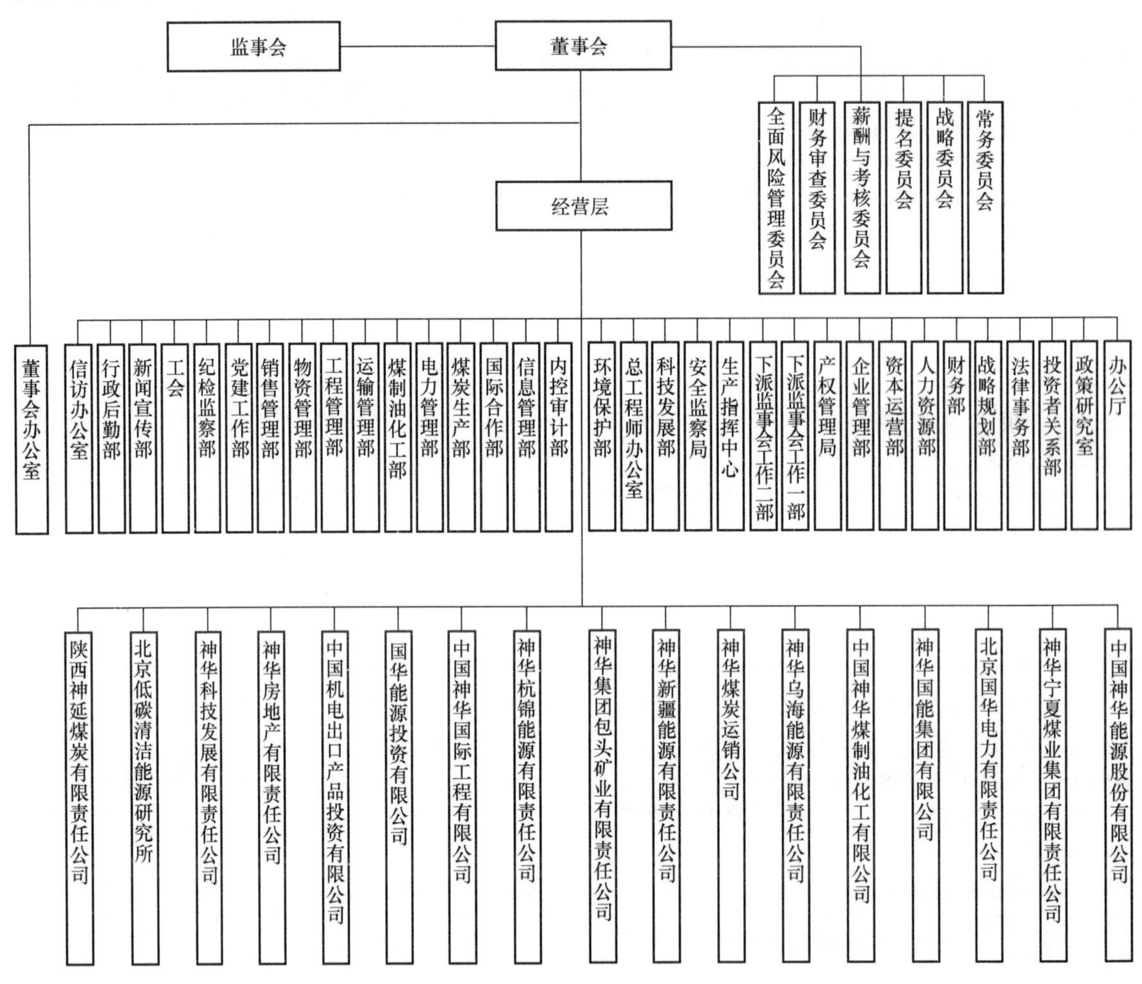

神华集团2012年组织机构图

【人力资源】 神华集团坚持“人才资源是第一资源”的人才发展指导思想，致力于打造能源领域一流人才队伍。2012年新入选国家“千人计划”10人，“千人计划”人才总数达到23人；引进24名35岁左右的海外博士，作为“青年千人计划”层次的科研骨干。选聘121名博士、593名硕士，选聘大学生村官1208人，援助263名大学生村官创业。

大力培养专业技术及技能操作人才。评选出子（分）公司首席专家1人，子（分）公司高级专家10人，子（分）公司专家24人。评选出首席技能大师5人，技能大师15人。1人荣获“中华技能大奖”，2人获得“全国技术能手”称号。

实施人才信息化工程。建设员工基础信息数据库，实现人才信息查询；打通培训、考核等人才开发

管理的网上流程；最终实现人才队伍素质智能分析、结构优化等目标。

【生产经营】 神华集团的电力产业是煤炭产业链的延伸，是神华"一体化"模式的重要组成部分，在神华集团可持续发展中发挥着"蓄水池"和"稳定器"的作用，为国民经济的快速发展做出了积极贡献。

1989年，为满足神东煤田大规模开发建设的用电需要，原华能精煤神木自备电厂——神木火电厂（又称电塔电厂）建成投产，这是神华集团第一座发电厂，其发电规模为2台1.2万kW，是当时陕北地区最大的发电机组。1999年，神木火电厂二期工程两台10万kW机组投入运行。同年，面对煤炭市场疲软造成煤炭滞销的严峻形势，神华集团调整产业发展结构，做出"放缓煤矿建设，加快电力、路港建设，建立内部煤炭市场"的战略决策，先后收购北京热电厂、三河发电厂、绥中发电厂和盘山发电厂，总装机容量370万kW。

2000年以后，依托煤电一体化的运作模式，神华集团电力建设进入快速发展阶段。火电机组按照"点、线、面"相结合的发展策略，围绕坑口、港口、路口、电网输送要道、经济负荷中心和沿海经济强省区域，重点建设、兼并重组了一批高效率、高参数、大容量火力发电项目，业务扩展到了全国30个省、市、自治区。同时，大力发展清洁能源产业，风力发电业务在河北、山东、江苏、东北及内蒙古等风资源丰富地区，形成了"五大区域、八大基地"的风电开发建设格局。

2012年，神华集团与国家电网公司签订股权转让协议，受让国网能源开发有限公司100%的股权，煤电一体化产业进一步发展壮大；收购澳洲塔州水电公司马斯洛风电项目75%的股权，完成中国最大的一笔跨境风电并购项目。

截至2012年底，神华集团主营发电业务的公司有国华电力公司、神东电力公司、国华能源投资公司、神华国能集团公司、神皖能源公司、神华福建能源公司和神华巴蜀电力公司，准格尔能源公司、神宁集团公司、乌海能源公司、煤制油化工公司、神宝能源公司、胜利能源公司有各自的坑口电站或自备电厂。电厂总数达106座，其中，火力发电厂67座，风力发电厂33座，水力发电厂5座。总装机容量6323.11万kW，其中，火电总装机容量5946.10万kW，风电装机容量362.49万kW，水电装机容量12.52万kW，太阳能装机容量2.0万kW。全年累计发电2921.95亿kWh，其中，火力发电量2860.39，风力发电量56.45亿kWh，水力发电量4.88亿kWh，太阳能发电量0.23亿kWh；发电设备平均利用小时数达4655h，其中，火电4863h、风电1619h、水电3895h、太阳能发电1138h、综合利用（以煤矸石为主）4591h；发电煤耗为303.23g/kWh，其中，火电为301.35g/kWh；供电煤耗为324.98g/kWh，其中，火电为322.14g/kWh。

【科技创新】 2012年，神华集团进一步加大科研项目审批力度，批复立项科技创新项目151项，经费预算37.47亿元。

科技创新基地基本建成，成立神华研究院，由低碳所、研究院、科技公司组成的从基础研究到成果转化的科技资源一体化运作模式初步形成。

重大科研项目进展顺利。粉煤灰提取氧化铝项目中试装置运行稳定，产品质量达到国家标准，自主研发的粉煤灰酸法生产氧化铝技术取得重大突破。申报国家重大科技专项"绿色煤炭"取得重要进展，4个科研项目被列入国家科技支撑计划。神华国能集团有限公司的四川白马1×600MW CFB示范工程进展顺利，自主研发、具有完全自主知识产权的世界首台600MW CFB锅炉机组将于近期投产。

专利申请成绩突出，2012年完成专利申请707项，获得授权专利471项。神华集团"一种煤炭直接液化的方法"获得中国知识产权领域最高奖——第十四届中国专利奖专利金奖。神华集团累计申请专利近2157件，国外专利24件，获得授权专利1243件。

2012年神华集团获国家科技进步奖2项，省部级特等奖1项，一等奖4项。

【安全生产】 2012年，神华集团97.4%的企业消灭了死亡事故，其中77个煤矿、19个煤化工单位、106个电厂无死亡事故。铁路、港口、航运企业连续三年杜绝伤亡事故。煤矿安全生产指标创造历史最好成绩，继续保持国内领先、国际先进水平。

神华集团成立了83个安全督查组，分板块、分专业、分阶段组织开展了百余次专项督查，累计检查生产、建设单位752个（次），查出各类安全隐患15 270条，重大安全隐患253项，并立即进行了排查与整改。

神华集团组织编写了40余万字的《煤矿安全风险预控管理体系》培训资料，被国家安全生产监督管理总局确定为全国煤矿安全管理人员培训教材。

【节能环保】 2012年，神华集团顺利完成国家下达的节能环保年度考核目标，主要指标达到国内领先或国际先进水平。

全面构建与产业发展配套的节能减排政策环境和内部架构，组建了"神华生态环境遥感监测中心"，专项投入20亿元，有序推进脱硫脱硝改造、污废水处理利用和矿区生态建设等重点工程，圆满完成年度6台机组脱硝改造任务及各项节能减排控制目标，其中，吨原煤生产综合能耗、选煤电力单耗等指标保持国内领先水平。国华投资公司完成风力发电量53.74

亿kWh，折合减排二氧化碳555万t，节约标准煤200万t。神华中国机电出口产品投资有限公司节能环保专业化水平继续提升。

2012年，新建重点工程项目均通过节能评估及环境影响评价等审批手续，强力助推重大建设项目核准进程，全年未发生重特大环境污染、上访及群体上访事件，企业绿色发展形象不断巩固，地企关系和谐。

【公益事业】

一、神华爱心行动

通过神华公益基金会加大救助力度，将救助患儿的年龄由0～14岁扩大到0～18岁，将救助目标人数由1800名提升到3800名。

2012年，神华爱心行动共救助白血病儿童655名，先心病儿童3175名，累计支出8477万元。自爱心行动发起至2012年底，累计救助白血病儿童1121名，先心病儿童3945名，累计支出11 879万元，分布在全国28个省（市、自治区）1200余县市。

二、神华爱心学校

神华公益基金会启动“神华爱心学校”项目，共捐建7所学校，捐建教学建筑面积63 552m^2，分别为江西省瑞金市神华爱心学校、井冈山市神华爱心学校、吉安县神华爱心幼儿园、新干县神华爱心幼儿园、余干县神华爱心学校、云南省镇雄县赤水源镇神华爱心学校，云南省镇雄县坪上乡国车小学。目前6所学校已陆续交付使用。神华爱心学校，将改善一万余名革命老区、贫困山区孩子的读书环境。

三、神华爱心书屋

2012年，神华公益基金会向内蒙古自治区捐赠价值亿元共计426.2万册图书，设立“神华爱心书屋”，惠及1387所学校，155.62万名学生受益。

四、助推大学生村官创业

新建创业项目办公室7家，举办村官创业大讲堂7期，培训大学生村官1500人次，扶持262名大学生村官创业，为当地村民提供就业岗位1300多个，共拨付项目扶持款1303万元，工作经费65.15万元。其中，中西部地区村官项目占总扶持数量的90%以上。

五、神华爱心助行

为救助因截肢丧失劳动能力而导致家庭贫困的残疾人，神华公益基金会先后向云南省、新疆自治区偏远地区捐款，资助其实施安装义肢。截至2012年底，云南昭通地区已完成100例义肢安装；文山州三个义肢装配站于2012年11月底为当地残疾人提供服务；新疆乌鲁木齐市、昌吉州、吐鲁番市第一批150名残疾人义肢完成安装。

六、神华爱心大道

神华公益基金会向河北省丰宁等四个贫困县捐资建设神华爱心大道，助力丰宁等县的经济、社会更好更快发展。

七、神华爱心母亲健康快车

神华公益基金会借助中国妇女发展基金会“母亲健康快车”项目平台购置31辆医疗救护治疗专用车，捐给宁夏回族自治区29个贫困县乡及西藏自治区聂荣县，为当地人民提供咨询、义诊、健康检查、救助等服务。

（赵颖春）

【神华国华电力公司】

一、企业概况

神华国华电力公司是北京国华电力有限责任公司、中国神华能源股份有限公司国华电力分公司、神华国华国际电力股份有限公司的统一简称，公司本部位于北京市朝阳区力源里3号，三块牌子、一套机构、人员配置高度融合，执行统一的管理制度。

北京国华电力有限责任公司成立于1999年3月11日，是神华集团公司全资子公司，主营业务为火力发电。2005年2月25日，神华集团公司上市，成立中国神华能源股份有限公司，并且设立了中国神华能源股份有限公司国华电力分公司，对纳入上市范围的国华电力资产进行统一管理。

神华国华国际电力股份有限公司前身为中电国华电力股份有限公司，2001年1月22日，由北京国华电力有限责任公司与香港中电控股公司为主要发起人发起注册成立。2004年，中国神华能源股份有限公司收购北京国华电力有限责任公司持有的中电国华电力股份有限公司股权，并授权国华电力分公司管理。2008年7月，中电国华电力股份有限公司发起人股权重组，并将公司更名为神华国华国际电力股份有限公司。

截至2012年12月底，神华国华电力公司资产总额1316.98亿元，发电运营装机容量3511万kW，其中，燃煤发电机组64台，发电装机容量3431万kW；燃气发电机组1台（套），发电装机容量78万kW；风力发电机组21台，发电装机容量1.575万kW。员工总数18 278人。

二、领导班子

总经理、党委副书记、国华国际总裁：王树民

党委书记、副总经理、国华国际副总裁：夏利

副总经理、国华国际副总裁：宋畅

副总经理、财务总监、国华国际副总裁：王瑛

副总经理、纪委书记、工会主席：赵世斌

总工程师：陈寅彪

副总经理：耿育

副总经理：王建斌

副总经理：陈杭君

三、组织机构

2012年底，神华国华电力公司本部设总经理工

作部、党建工作部（工会办公室、离退休办公室）、内部控制部（法律事务部）、战略发展部、人力资源部（社会保险办公室）、发电部（调度室、节能环保办公室）、安健环监察部（电力安全监察中心）、纪检监察部、财务产权部（国华国际财务部）、经营管理部、检修维护管理部、项目管理部（国际项目部）、科技信息部共13个部门。

四、主要工作

（1）贯彻落实神华集团公司安全“五个一工程”，坚持“以人为本、安全第一、警钟长鸣、守土有责”，全面加强生产技术管理和运行规范化管理，以“提高机组可靠性，改善系统经济性”为目标，通过开展“找抓促”活动，查找出各类问题17 128项，整改完成率达96.85%。消防设施自动投入率由30%提高到80%。及时消除了“定洲3号机组低压转子磨损”等16项重大设备隐患，全年发电设备等效可用系数94%。有2家电厂被国家电监会评为“安全标准化达标一级单位”，在2012年度全国火力发电可靠性金牌机组评价中，有2台机组获得100万kW等级可靠性金牌机组称号、4台机组获得60万kW等级可靠性金牌机组称号，金牌机组获奖率位居榜首。

（2）按照神华集团公司部署与6个地市和企业分别签订项目合作协议，新增规划容量超过2000万kW，在广西、广东、江西、江苏、湖南等地收获了一批建厂条件良好、市场前景广阔的落地项目；加大项目前期工作跑办力度，江苏陈家港、高资储煤基地、北京燃气热电、广东台山二期项目获得国家核准；山东寿光、湖南永州项目相继获得国家“路条”；加强与地方发电企业的合资、合作，广西北海项目规划排序调整为广西区内火电项目首位。

（3）落实神华集团公司的要求，确定发电“高计划”、利润“高目标”，立足于“早”、立足于“抢”，出台“一月份开门红、一季度满堂红、半年硬过半、年底更好更优再冲刺”等营销方案及专项措施。在全国火力发电量同比微增形势下，全年发电1890亿kWh，同比增长5.8%。设备利用小时数达5400h。售电单位固定成本10.2分/kWh，同比下降0.15分/kWh，实现低成本运行。增收节支12亿元，经济增加值（EVA）62亿元。

（4）监管体系不断完善。构建经济本安体系，完善风险导向审计机制，加强重大风险管控，开展制度建设试点，制定《发电厂（燃煤）组织机构、管理定编及岗位定员标准（试行）》；对《发电本质安全管理体系》等进行了梳理，发布《经济事项财务报销双签制度》、《巡视管理办法（试行）》、环保“一规三标”等制度和标准；全面推行财务、人工成本等经济事项“双签制”，对高风险岗位人员实行“任期制、轮岗制、审计制”管理，强化境外资金、产权、法律风险监管；理顺采购管理体制和机制，推广应用“管办分离”物资管理系统，为公司管理机制改革创新奠定基础。

（5）圆满完成十八大及特殊时期政治保电任务。充分发挥神华集团公司煤炭市场“调节器”和“蓄水池”的积极作用，全年煤炭平均日库存290万t，同比增长170%，连续90天库存保持300万t以上，最高日库存376万t。受托管理的神宁烯烃动力中心6台锅炉全部改造成功，顺利实现“五用一备”，产汽能力提高一倍，全年节约直接成本费用3亿元；托管乌海能源西来峰电厂循环流化床机组，由原来最高80%的额定负荷达到满出力运行。

（6）建设员工幸福工程，凝聚人心和力量。加强厂区、社区建设，积极改善员工值班公寓、食堂、文化活动中心等设施，安排系统内家属随迁，实施捐资助学，落实职工提案18项，帮扶困难职工168人。积极开展形式多样、职工群众喜闻乐见的文体活动，组织职工疗养休假，不断丰富员工精神生活。全年引进高端、高层次、急需专业人才108名，占新增用工总量26%，3名院士、4名博士后进入“两站”工作，有40多名业务骨干充实到其他单位。进行专业集中培训，强化激励机制，加快新入职大学生村官的职业转型，并且有部分优秀村官员工通过竞聘走上子公司中层岗位。神华国华电力公司被国务院国资委党委授予“中央企业思想政治工作先进单位”称号。

（7）全面树立“过紧日子”思想，通过强化资金运作、推动节能降耗、争取税收优惠、大兴修旧利废等多种方式全力加强成本管控，增收节支贡献利润12亿元。售电单位成本315元/MWh，其中固定成本102元/MWh，同比降低2.8元/MWh，财务费用节约3.4亿元，修旧利废节约2825万元，七项费用较预算降低20%，存量单位连续多年保持下降，单位劳动用工达到5.12人/万kW。财务成本分析逐步深入到成本动因，报表自动生成率100%，月度报表、年度决算主报表实现一日完成。利润同比增长33%。

（8）积极实施“领跑者计划”，颁布“环保一规三标”，实施“准格尔电厂供热改造，南苏电厂环保综合治理”等专项工作。完成3台机组脱硝改造、4台机组取消脱硫旁路和10台机组能耗诊断。全年实现供电煤耗315g/kWh，同比降低2g/kWh。二氧化硫排放绩效0.18g/kWh，氮氧化物排放绩效0.96g/kWh。在神华集团公司组织的节能环保指标对标竞赛中，公司所属发电机组获得11个组别中10个组别的“标杆机组”称号。大气污染物排放优于行业标准。

（9）实施科技“引领计划”，编制《科技创新实施办法》和《科技创新引领计划》。研发投入强度

0.22%，申报专利90项。具有自主知识产权的海水淡化产业化健康发展，“基于富氧燃烧的百万吨级碳捕集燃煤电厂技术研发与集成”等科研项目稳步推进，有16项科技和信息化成果荣获全国电力行业和省部级奖项，其中“百万机组国产励磁系统技术研发和应用”获得国家能源科技和中国电力科技成果一等奖，“集中协同发电设备数据库平台研发与应用”获得全国电力行业信息化优秀成果一等奖。

(10) 企业党建工作注重实践成果和理论探索有机结合，基本建成“党建工作基本管理体系”、“企业文化建设基本评价体系”、“政治本质安全体系”、“惩治和预防腐败体系”四个党建体系框架，“党建创一流”理论课题全部结题。高质量编纂出版《国华电力公司志》，留下一笔宝贵的精神财富。加强党务公开，开展内部巡视，增强党员群众的知情权、参与权和监督权。严控职务消费，力戒奢华接待，保持廉洁本色。加强学习型党组织建设，开办两期党支部书记培训班、一期团干部培训班。神华国华电力公司党委被中组部授予“全国创先争优先进基层党组织”称号。

五、成员单位

1. 天津国华盘山发电有限责任公司

天津国华盘山发电有限责任公司（简称盘山发电公司）成立于1998年12月11日，安装2台俄制50万kW发电机组（2号机组技改后出力增容为53万kW），由神华国华国际电力股份有限公司、天津市津能投资公司按65%、35%比例出资经营，厂址位于天津市蓟县别山镇。2012年，该公司资产总额21.5亿元，发电装机容量103万kW，设备利用小时数达5914h，年发电量60.92亿kWh，厂用电率6.19%，供电煤耗326g/kWh。盘山发电公司荣获“全国安全文化建设示范企业”称号。

2. 内蒙古国华准格尔发电有限责任公司

内蒙古国华准格尔发电有限责任公司（简称准格尔发电公司）成立于1999年4月15日，安装4台国产33万kW发电机组，由神华国华国际电力股份有限公司、内蒙古蒙电华能热电股份有限公司、神华准格尔能源有限责任公司按65%、30%、5%比例出资建设经营，厂址位于内蒙古自治区鄂尔多斯市准格尔旗薛家湾镇。2012年，准格尔公司资产总额35.9亿元，发电装机容量132万千瓦，设备利用小时数达5004h，年发电量66.05亿kWh，供热量256.5万GJ，厂用电率8.42%，供电煤耗315g/kWh。准格尔发电公司荣获“全国电力行业优秀企业”、“全国发电企业文化建设最佳实践单位”称号。

3. 神华国华国际电力股份有限公司北京热电分公司

神华国华国际电力股份有限公司北京热电分公司（简称北京热电分公司）前身为北京第一热电厂，始建于1957年，厂址位于北京市朝阳区建国路75号。2012年，该公司资产总额21.2亿元，发电装机容量40万kW，设备利用小时数达5860h，年发电量23.44亿kWh，供热量1151万GJ，厂用电率6.3%，供电煤耗258.2克/kWh。北京热电分公司荣获“全国电力企业优秀企业”称号。

4. 三河发电有限责任公司

三河发电有限责任公司（简称三河发电公司）成立于1994年7月1日，一期工程安装2台日产35万kW发电机组，二期工程安装2台国产30万kW发电机组，由神华国华国际电力电力股份有限公司、北京京能国际能源股份有限公司、河北建设投资集团有限责任公司按55%、30%、15%比例出资建设经营，厂址位于河北省三河市燕郊经济技术开发区。2012年，该公司资产总额45.3亿元，发电装机容量130万kW，设备利用小时数达5700h，年发电量74.1亿kWh，供热量828.2万GJ，厂用电率5.98%，供电煤耗307.8g/kWh。三河发电公司荣获“全国电力行业质量管理小组活动优秀企业”称号。

5. 绥中发电有限责任公司

绥中发电有限责任公司（简称绥中发电公司）成立于1998年10月11日，一期工程安装2台俄制80万kW发电机组，二期工程安装2台国产100万kW发电机组，由神华国华国际电力股份有限公司、辽宁能源投资（集团）有限责任公司、中国神华能源股份有限公司按照50%、35%、15%比例出资建设经营，厂址位于辽宁省葫芦岛市绥中县前所镇。2012年，绥中发电公司资产总额111亿元，发电装机容量360万kW，设备利用小时数达4585h，年发电量165.1亿kWh，厂用电率5.82%，供电煤耗319.5g/kWh。绥中发电公司荣获“中华环境友好企业”称号。

6. 中电国华神木发电有限公司

中电国华神木发电有限公司（简称神木发电公司）成立于1999年11月3日，安装2台国产10万kW发电机组（双机经过技改后出力增容10%），由中国神华能源股份有限公司和中电中国（神木）有限公司按51%和49%比例投资经营，厂址位于陕西省榆林市神木县店塔镇。2012年，该公司资产总额7.5亿元，发电装机容量22万kW，设备利用小时数达6215h，年发电量13.67亿kWh，厂用电率10.11%，供电煤耗375.9g/kWh。

7. 河北国华定洲发电有限责任公司

河北国华定洲发电有限责任公司（简称定洲发电公司）成立于2000年8月15日，一期工程安装2台国产60万kW发电机组，二期工程安装2台国产66万kW发电机组，厂址位于河北省定州市开元镇。由中国神华能源股份有限公司、河北建设投资集团有限责任公司、大唐河北发电有限公司按照40.5%、40.5%、19%比例投资经营。2012年底，该公司资产总额69亿元，发电装机容量252万kW，设备利用小时数达5918h，年发电量149.1亿kWh，厂用电率6.9%，供电煤耗320.6g/kWh。

8. 广东国华粤电台山发电有限公司

广东国华粤电台山发电有限公司（简称台山发电公司）成立于2001年3月28日，一期工程安装5台国产60万kW发电机组，二期工程安装2台国产100万kW发电机组，由中国神华能源股份有限公司、广东省粤电集团有限公司按照80%、20%比例出资建设经营，厂址位于广东省台山市铜鼓湾。2012年，该公司资产总额155.6亿元，发电装机容量500万kW，设备利用小时数达4398h，年发电量219.9亿kWh，厂用电率5.69%，供电煤耗314.1g/kWh。

9. 河北国华沧东发电有限责任公司

河北国华沧东发电有限责任公司（简称沧东发电公司）成立于2001年12月14日，一期工程安装2台国产60万kW发电机组，二期工程安装2台国产66万kW发电机组，由中国神华能源股份有限公司、河北建设投资集团有限责任公司、沧州建设能源投资有限公司按照51%、40%、9%比例出资建设经营，厂址位于河北省沧州市黄骅港开发区。2012年，沧东发电公司资产总额79.8亿元，发电装机容量252万kW，设备利用小时数达6128h，年发电量154.4亿kWh，淡化水销售496万t，供热量34.44万GJ，厂用电率4.64%，供电煤耗311.4g/kWh。沧东发电公司荣获“全国电力行业优秀企业”称号。

10. 浙江国华浙能发电有限公司

浙江国华浙能发电有限公司（简称浙能发电公司）成立于2002年7月25日，一期工程安装4台国产60万kW，二期工程安装2台国产100万kW发电机组，由中国神华能源股份有限公司和浙江浙能电力股份有限公司按60%和40%比例投资建设经营，厂址位于浙江省宁波市宁海县强蛟镇。2012年，浙能发电公司资产总额148.4亿元，发电装机容量440万kW，设备利用小时数达5919h，年发电量260.4亿kWh，厂用电率4.62%，供电煤耗302g/kWh。浙能发电公司荣获“全国能源化学系统五一劳动奖状”。

11. 珠海国华汇达丰风能开发有限公司

珠海国华汇达丰风能开发有限公司（简称国华风能公司）成立于2003年5月8日，安装21台国产750kW风力发电机组，由中国神华能源股份有限公司、珠海汇达丰电力（集团）有限公司按照73.33%、26.67%比例出资建设经营，厂区位于广东省珠海市横琴岛脑背山。2012年，国华风能公司资产总额1.1亿元，发电装机容量1.575万kW，设备利用小时数达2237h，年发电量0.35亿kWh，厂用电率0.63%。

12. 浙江国华余姚燃气发电有限责任公司

浙江国华余姚燃气发电有限责任公司（简称余姚发电公司）成立于2003年12月15日，安装1台（套）美制78万kW（燃气—蒸气联合循环）发电机组，由中国神华能源股份有限公司和余姚市城市建设投资发展有限公司按照80%、20%比例出资建设经营，厂址位于浙江省余姚市丰山西路588号。2012年，余姚发电公司资产总额19亿元，发电装机容量78万kW，设备利用小时数达2765h，年发电量21.57亿kWh，厂用电率2.3%，供电煤耗232.1g/kWh。

13. 陕西国华锦界能源有限责任公司

陕西国华锦界能源有限责任公司（简称锦界能源公司）成立于2004年2月16日，安装4台国产60万kW发电机组，分两期工程建设，配套煤矿年产1000万t，由中国神华能源股份有限公司、山东鲁能集团公司按照70%、30%比例出资建设经营，厂址位于陕西省榆林市神木县神府经济开发区锦界工业园区。2012年，锦界能源公司资产总额104亿元，发电装机容量240万kW，设备利用小时数达6553h，年发电量157.3亿kWh，年产原煤1860万t，厂用电率7.77%，供电煤耗329g/kWh。锦界能源公司荣获“全国电力行业优秀企业”称号。

14. 国华太仓发电有限公司

国华太仓发电有限公司（简称太仓发电公司）成立于2005年1月26日，安装2台国产60万kW发电机组，北京国华电力有限责任公司、太仓港协鑫发电有限公司各占50%股权，厂址位于江苏省太仓市港口开发区滨海路28号。2012年，太仓发电公司资产总额37.3亿元，发电装机容量126万kW，设备利用小时数达6563h，年发电量82.69亿kWh，厂用电率4.62%，供电煤耗300.3g/kWh。太仓发电公司荣获“全国发电企业文化建设最佳实践先进单位”称号。

15. 江苏国华陈家港发电有限公司

江苏国华陈家港发电有限公司（简称陈家港发电公司）成立于2007年11月16日，安装2台国产66万kW发电机组，由中国神华能源股份有限公司、江苏省国信资产管理集团有限公司按照55%、45%比例出资建设经营，厂址位于江苏省盐城市响水县陈家港镇。2012年，陈家港发电公司资产总额70.7亿元，发电装机容量132万kW，设备利用小时数达4513h，年发电量59.57亿kWh，供电煤耗300.4g/kWh，厂用电率5.27%。

16. 中国神华能源股份有限公司国华惠州热电分公司

中国神华能源股份有限公司国华惠州热电分公司（简称惠州热电分公司）成立于2007年12月26日，安装2台33万kW热电联产机组，是中国神华能源股份有限公司的全资分公司，由北京国华电力公司管理，厂址位于广东省惠州市大亚湾经济技术开发区。2012年，惠州热电分公司资产总额30.5亿元，发电装机容量66万kW，设备利用小时数达6193h，年发电量40.87亿kWh，供热量168.9万GJ，厂用电率7.73%，供电煤耗326.1g/kWh。

17. 国华徐州发电有限公司

国华徐州发电有限公司（简称徐州发电公司）前身为徐州发电厂，始建于1975年，厂区位于江苏省徐州市铜山区茅村镇。2007年成为北京国华电力有限公司全资子公司。2012年，徐州发电公司资产总额84亿元，发电装机容量244万kW，设备利用小时数达5677h，年发电量138.5亿kWh，厂用电率5.16%，供电煤耗303g/kWh。徐州发电公司荣获“全国电力行业新闻宣传工作先进单位”称号。

18. 神华国华（印尼）南苏发电有限公司

神华国华（印尼）南苏发电有限公司（简称南苏发电公司）成立于2008年3月11日，安装2台15万kW发电机组，配套煤矿年产200万t，由中国神华能源股份有限公司与印尼当地公司（PT. Energi Musi Makmur）按70%、30%比例出资建设经营。厂址紧邻配套煤矿，位于印度尼西亚南苏门答腊省穆印县境内。2012年，南苏发电公司资产总额25.8亿元，发电装机容量30万kW，设备利用小时数达5677h，年发电量17.03亿kWh，厂用电率12.46%，供电煤耗411.2g/kWh。

19. 内蒙古国华呼伦贝尔发电有限公司

蒙古国华呼伦贝尔发电有限公司（简称呼伦贝尔发电公司）成立于2008年9月12日，安装2台国产60万kW发电机组，由中国神华能源股份有限公司、神华宝日希勒能源有限公司按照80%、20%比例出资建设经营，厂址位于内蒙古自治区呼伦贝尔市陈巴虎旗宝日希勒镇。2012年，呼伦贝尔发电公司资产总额41.8亿元，发电装机容量120万kW，设备利用3887h，年发电量46.64亿kWh，厂用电率9.84%，供电煤耗334.5g/kWh。呼伦贝尔发电公司一期工程荣获“2011～2012年度国家优质工程银质奖”。

20. 宁夏国华宁东发电有限公司

宁夏国华宁东发电有限公司（简称宁东发电公司）成立于2009年2月2日，安装2台国产33万kW发电机组，是北京国华电力有限责任公司的全资子公司，厂址位于宁夏回族自治区灵武市马家滩镇。2012年，宁东发电公司资产总额28.2亿元，发电装机容量66万kWh，设备利用小时数达6067h，年发电量40.04亿kWh，厂用电率8.73%，供电煤耗353.5g/kWh。宁东发电公司一期工程荣获“2011～2012年度国家优质工程银质奖”。

21. 神华国华孟津发电有限责任公司

神华国华孟津发电有限责任公司（简称孟津发电公司）前身为孟津发电厂，始建于2008年，安装2台国产60万kW发电机组，厂址位于河南省洛阳市孟津县白鹤镇。2011年由中国神华能源股份有限公司、华阳投资（香港）有限公司按照51%、49%比例合资经营。2012年，孟津发电公司资产总额64.3亿元，发电装机容量120万kW，设备利用5446h，年发电量65.35亿kWh，厂用电率6.07%，供电煤耗321g/kWh。

22. 神华国华（舟山）发电有限责任公司

神华国华（舟山）发电有限责任公司（简称舟山发电公司）前身为舟山朗熹发电公司，始建于1996年，厂址位于浙江省舟山市定海区白泉镇。2011年由北京国华电力有限责任公司、浙江浙能电力股份有限公司、舟山市国有资产监督管理委员会按51%、40%、9%比例出资经营。2012年，舟山发电公司资产总额21.4亿元，发电装机容量56万kW，设备利用小时数达5913h，年发电量33.12亿kWh，厂用电率6.89%，供电标准煤耗349.5g/kWh。

23. 神华国华（北京）电力研究院有限公司

神华国华（北京）电力研究院有限公司（简称国华电力研究院）位于北京市朝阳区力源里3号。2008年12月19日，国华电力研究院由原北京国华物流技术有限公司、北京国华电力技术研究中心有限公司、北京国华电力工程技术有限责任公司合并重组而成。2012年，国华电力研究院资产总额13.6亿元，荣获“全国发电企业文化建设最佳实践先进单位”称号。

六、主要事件

1月31日，神华国华广投（北海）发电有限责任公司成立。

3月12日，神华国华电力公司党委书记夏利与湖南省郴州市市长瞿海共同签署《神华国华郴州火电项目合作框架协议》。

3月18日，庆祝国华电力公司成立13周年植树纪念活动在神华天津国华盘山发电有限责任公司举行，神华国华电力公司总经理王树民、党委书记夏利共同为“百年国华、基业长青”纪念石碑揭幕。

4月26日14时，神华国华电力公司托管单位——神宁烯烃动力中心4号锅炉通过满负荷试运行。至此，该中心6台锅炉技术改造全部结束。

5月18日，神华国华（北京）燃气热电有限公司成立。

6月28日，神华国华电力公司党委荣获“全国创先争优先进基层党组织”称号。

6月29日，神华国华电力公司荣获“首都文明单位”称号。

6月，内蒙古国华呼伦贝尔发电有限公司一期工程、宁夏国华宁东发电有限公司一期工程荣获“2012年度中国电力优质工程奖”。

7月13日，神华国华电力公司总经理王树民与广西防城港市市长莫恭明、广西投资集团有限公司董事长管跃庆共同签署《神华国华广投防城港煤电一体化项目合作意向协议》。广西壮族自治区党委书记郭声琨，自治区政府主席马飚，神华集团公司党组书记、董事长张喜武，神华集团公司副总经理、中国神华总裁凌文等为神华国华广投（北海）发电有限责任公司揭牌。

7月15日，中共中央政治局常委、全国政协主席贾庆林视察河北国华沧东发电有限责任公司。中共河北省委书记张庆黎、省长张庆伟，神华集团公司党组书记、董事长张喜武，国华电力公司总经理王树民陪同视察。

8月15日，国家能源局印发《国家能源局关于同意山东国华寿光电厂“上大压小”新建项目开展前期工作的复函》（国能电力〔2012〕247号），同意神华国华寿光发电有限责任公司新建项目2台100万kW机组开展前期工作。

8月20日，江苏国华陈家港发电有限公司一期工程2台66万kW机组建设工程获得国家发展和改革委员会核准。

8月31日，江苏国华高资发电有限公司煤炭储备基地项目获得国家发展与改革委员会核准。

9月18日，陕西国华锦界能源有限责任公司获得国家发展和改革委员会签发的锦界煤矿一期工程煤炭生产许可证。

9月27日，江苏国华高资发电有限公司举行煤炭储备工程项目奠基仪式。

10月9日，神华国华电力公司总经理王树民与江西省吉安市市长胡世忠、赣州市市长冷新生共同签署《吉安火电项目合作意向协议》和《赣州火电项目合作意向协议》。

10月12日，中共中央政治局委员、国务委员刘延东视察河北国华沧东发电有限责任公司。中共河北省委书记张庆黎、省长张庆伟，神华集团公司党组书记、董事长张喜武，国华电力公司总经理王树民陪同视察。

10月17日4时30分，神华国华电力公司总发电量突破1万亿kWh大关。

10月21～22日，神华国华电力职业技能鉴定站通过国家质量管理体系认证。

10月22日，国家能源局印发《国家能源局关于同意湖南神华永州电厂火电项目开展前期工作的复函》（国能电力〔2012〕334号），同意神华国华湖南永州火电项目一期工程建设2台100万kW机组开展前期工作。

10月24日，神华国华（舟山）发电有限责任公司举行揭牌仪式。神华集团公司党组书记、董事长张喜武和浙江省副省长梁黎明为该公司揭牌。国华电力公司总经理王树民和舟山市市长周国辉共同签署合作协议。

10月30日，神华国华电力公司与洛阳市人民政府签署神华国华孟津发电有限责任公司二期扩建工程合作意向协议。

11月9日，河北国华沧东发电有限责任公司、内蒙古国华准格尔发电有限责任公司、陕西国华锦界能源有限责任公司、神华国华国际电力股份有限公司北京热电分公司荣获“全国电力行业优秀企业”称号；罗超、孙月、杨晋平、杨晓东、张艳亮荣获“全国电力行业优秀企业家”称号。

11月16日，神华国华管理学院荣获“2012中国最佳企业大学”称号。

11月21日，内蒙古国华呼伦贝尔发电有限公司一期工程、宁夏国华宁东发电有限公司一期工程荣获“2011～2012年度国家优质工程银质奖”。

11月30日，神华国华电力公司荣获“中国企业文化建设先进单位”称号。

12月5日，神华国华电力公司信息化成果《集中协同的发电设备数据库平台研发与应用》与《国华电力人员身份识别安全管理信息系统的建设和应用》分别荣获电力行业信息化优秀成果一等奖和三等奖。

12月24日，神华国华孟津发电有限责任公司获得国家发展和改革委员会签发的电力业务许可证。

12月31日，广东国华粤电台山发电有限公司二期工程2台100万kW机组建设工程获得国家发展和改革委员会核准。

（张长生）

中国广核集团有限公司

【基本概况】

中国广核集团有限公司（原中国广东核电集团有限公司）是由国务院国有资产监督管理委员会监管的大型清洁能源企业。1994 年 9 月注册成立，注册资本 102 亿元人民币。中国广核集团有限公司（简称中广核）是由核心企业——集团公司和 30 多家主要成员公司组成的国有大型企业集团。

截至 2012 年 12 月底，中广核总资产已超过 2600 亿元人民币；拥有在运核电装机 612 万 kW，在建核电机组 16 台，装机 1883 万 kW；拥有风电投运装机 310 万 kW，太阳能光伏发电项目累计投运 29 万 kW，水电控股在运装机 118 万 kW；在分布式能源、核技术应用、节能技术服务等领域也取得了良好发展。

自成立以来，中广核始终坚持“安全第一、质量第一、追求卓越”的方针，在成功建设大亚湾核电站的基础上，形成了“以核养核、滚动发展”的良性循环机制，建立了与国际接轨的、专业化的核电生产、工程建设、科技研发、核燃料供应保障体系，以及风电、水电、太阳能等可再生能源开发建设、节能技术推广体系，拥有六个国家级科研机构，具备了在确保安全的基础上面向全国、跨地区、多基地同时建设和运营管理多个核电、风电、水电、太阳能及其他清洁能源项目的能力。

中广核积极响应国家号召，实施“走出去”战略。在纳米比亚、哈萨克斯坦、乌兹别克斯坦、澳大利亚等国家已经或正在开展铀矿的勘探开发；在欧洲、南部非洲和东南亚地区积极开展核电项目开发和核电工程业务；另外，还在北美、东南亚等国积极开展可再生能源的合作开发。

【领导班子】 2012 年中广核领导班子成员如下：

党组书记、董事长：贺禹

党组成员、总经理：张善明

党组成员、副总经理：谭建生

党组成员、总经济师：岳林康

党组成员、纪检组组长：王允光

党组成员、副总经理：郑东山

党组成员、副总经理：张炜清

党组成员、副总经理、总会计师：施兵

党组成员、副总经理：高立刚

【组织机构】

1. 职能部门

共有 10 个：办公厅、党群工作部、战略计划部、安全与信息管理部、科技研发部、资本运营与产权管理部、财务部、人力资源部、监察审计部、法律事务部。

2. 业务部门

共有 7 个：投资发展部、国际核电开发部、核电学院 、研究中心、财务共享中心、信息技术中心、文化宣传中心。

3. 分公司

共有 5 家：新疆分公司、湖北分公司、浙江分公司、青海分公司、云南分公司。

4. 事业部

共有 2 个：核电运营事业部、核电工程事业部。

5. 成员企业

核能企业 24 家：广东核电投资有限公司、广东核电合营有限公司、岭澳核电有限公司、岭东核电有限公司、岭湾核电有限公司、阳江核电有限公司、辽宁红沿河核电有限公司、福建宁德核电有限公司、台山核电合营有限公司、广西防城港核电有限公司、咸宁核电有限公司、中广核陆丰核电有限公司、湖北核电有限公司、安徽芜湖核电有限公司、韶关核电有限公司、浠水核电有限公司、中广核核电运营有限公司、大亚湾核电运营管理有限责任公司、中广核工程有限公司、深圳中广核工程设计有限公司、中科华核电技术研究院有限公司、苏州热工研究院有限公司、北京广利核系统工程有限公司、大亚湾核电环保有限公司。

核燃料企业 1 家：中广核铀业发展有限公司。

非核清洁能源企业 5 家：中广核风电有限公司、中广核能源开发有限责任公司、中广核太阳能开发有限公司、美亚电力有限公司、中广核节能产业发展有限公司。

金融与综合服务企业 4 家：中广核财务有限责任公司、中广核产业投资基金管理有限公司、广东大亚湾核电服务（集团）有限公司、中广核（北京）核技术应用有限公司。

【股权调整】 国务院国资委于2012年9月正式下发通知明确中国广核集团公司股东调整为国务院国资委、广东省人民政府和中国核工业集团公司，分别持股82%、10%、8%。

【经济绩效】 面对外部环境和内部经营的双重压力，中广核狠抓"降本增效、控本经营"，核电业务保持高效发展和市场领先，可再生能源业绩上升，其他产业整体表现良好，产业结构和发展前景愈加清晰，成为集团新一轮发展的稳定器和助推器。2012年全年集团累计实现营业收入349.1亿元。

【核电运营】 2012年，大亚湾核电基地6台机组保持安全稳定运行，年度上网电量再创历史新高，达到451亿kWh。截至2012年12月31日，大亚湾核电基地6台机组累计上网电量达4382亿kWh，其中大亚湾核电站累计上网电量2613亿kWh，输往香港1800亿kWh。

大亚湾核电基地6台机组54项WANO指标中的34项达到世界先进水平。其中，大亚湾核电2号机、岭澳核电1号机和2号机有7项指标达到世界先进水平。根据美国核电运行研究所（INPO）统计数据，与美国104台核电机组相比，中广核运营业绩综合指数在美国拥有4台机组或以上的核电企业中连续第11个季度排名第一。

【核电建设】 工程建设核心能力不断提升，七大核电工程建设稳步推进。红沿河核电1号机组和宁德核电1号机组实现首次并网；阳江核电4号机组实现开工，是福岛核事故后中国首台开工的核电机组；防城港核电1、2号机组完成穹顶吊装；台山核电1号机组主管道焊接完成、2号机组完成穹顶吊装；咸宁、陆丰核电项目积极推进资源统筹及项目筹备。

【核燃料业务】 2012年，中广核成功收购纳米比亚湖山铀矿，实现平稳接管，是中国最大的海外铀矿项目；在此基础上，通过整合资源，矿山建设已经开工。在国内，优化开发策略，实现新疆萨瓦甫齐项目矿权流转到户。已控制铀资源总量30.77万t，可以保障集团30台百万千万级核电机组运行30年的天然铀需求。

【非核清洁能源】 2012年，中广核风电业务实现规模与效益协调发展，逐步完成从西向东，从北向南的战略转移与均衡发展；与国际一流企业对标，狠抓管理，在限电严重的情况下，实现发电小时和利润显著提升。太阳能业务坚持"国内与国际并举"的市场开发方略，形成"青海、新疆、甘肃三大基地"区域布局，并辐射宁夏、西藏等地区，同时加快国内东南沿海市场和国外市场的开发力度。水电业务成功收购两个项目，投产5台机组。美亚电力公司韩国大型气电项目开工建设，资产结构继续优化。

【金融与综合服务】 2012年，中广核金融板块不断创新金融服务功能和融资渠道，切实保障各项事业发展的资金需求。综合服务板块探索实现生活型服务向生产型服务、传统服务业向现代服务业转变的路径，经营收入比2011年增长46%。基地服务的全国战略布局业已成型，为适应综合服务产业新定位和新要求奠定了基础。核技术公司根据总部＋平台公司＋生产（服务）基地的发展模式，逐步形成自我滚动发展能力。

2012年，中广核就自身本币主体信用开展国际评级工作。惠誉国际信用评级有限公司评级结果为AA－，达到国家主权评级结果；穆迪投资者服务公司评级结果为A3，高于绝大部分国内企业评级水平。

【科技研发】 加快内部科技资源整合。中广核加强科技创新的组织和领导，统一部署组织机构的优化工作，强化专门负责支撑企业长远发展的战略性技术研发机构——中科华核电技术研究院；进一步突显工程公司设计院的核电工程设计与型号研发；进一步打造集团核电运营技术平台，组建专业化公司，形成集团内互有侧重的技术创新体系。

建立开放共享的科研平台。充分发挥清华、上海交大、西安交大、厦门大学、华北电力大学、中国工程物理研究院等众多知名院校和科研院所在科技创新中的技术支撑作用，吸引国内外创新资源，加强同行企业之间联合创新，提高科技资源的利用效率，形成官产学研用相结合的、布局合理、分工明晰的外部科技创新体系。

研发三代核电技术ACPR1000＋。"十一五"期间，中广核实现了从核电运营到"自主设计、自主制造、自主建设、自主运营"的转变。在此基础上，2012年中广核加快推进满足国家"十二五"核安全规划"更加成熟和先进"核电技术研发工作，全力推进具有完全自主知识产权的三代核电技术ACPR1000＋的研发工作。ACPR1000＋充分吸收包括福岛核事故在内的经验反馈，综合考虑抗震、失电、水淹、海啸等超设计基准事件，重点在安全性与成熟性等方面进行了多项创新，采用了十项重大技术创新。该技术总体安全性有显著提高，各项设计指标均满足我国最新核安全法规（HAF102），以及美国用户要求文件（URD）和欧洲用户要求文件（EUR）的要求，实现了安全性和经济性的平衡、先进性和成熟性的统一、能动与非能动的结合，可以抵御多重故障叠加等极端工况，各项技术经济指标均达到国际三代核电技术水平。经中国核能行业协会专家评审，认为ACPR1000+总体水平达到了三代核电技术水平，可以作为中国后续核电发展技术选择之一，为中国核电“走出去”战略提供有效技术支撑。

科技创新成果显著。中广核推出科技创新领域“尖峰计划”，选择清洁能源产业链的关键环节，破解当前迫切需要解决的技术难题，尽快完成成果转化应用，满足用户提升经济性、安全性、可靠性等需求，带动集团实现新一轮快速发展。2012年，中广核承担国家重大专项以及国家能源局工程示范项目、产业化项目，科技部863计划等五十余项，在核电工程建设、运营维修，以及DCS等关键设备研制方面取得重大成果。专利申请总量由2008年的46件提升为2012年的278件，累计申请专利940件。

【环保效益】 做加法——发展可再生能源。2012年，大亚湾核电基地6台机组上网电量达到451亿kWh，与同等规模的煤电相比，相当于减少标准煤消耗1471万t，减少二氧化碳排放3619万t，减少二氧化硫排放35万t，减少氮氧化物排放23万t，相当于造林10万ha。2012年风电新增投产103万kW，同时大力推进成本效益工程和战略布局调整，大幅提升发电利用小时数。太阳能光伏新投产10万kW，以29万kW装机容量跻身全国前三甲，在青海德令哈建设集产、学、研、用于一身的国家级光热发电技术研发中心，同时建设一座50MW光热发电项目。水电新增58万kW优质资产。

做减法——降低能源消耗。岭澳核电站2号机组汽轮机高压缸隔板改造全部完成后，对比改造前的性能试验结果，机组电功率净提升6.93MW，岭澳核电1号和2号机组在完成隔板改造后共增加出力17MW，每年可多发电约1.3亿kWh。

做乘法——推进节能服务。针对客户对能效服务和资源节约的需求出发，中广核不断探索节能产业发展路径。扩大能效评估与能源审计业务，并购西气东输天然气管线余热资源的新疆西拓能源有限公司，在变频改造等合同能源管理以及工业节能领域取得良好成绩。

做除法——严控三废排放。中广核开展年度环境评价，发布管理目标、环境因素等文件并严格执行，确保环保管理工作合法合规。大亚湾核电厂和岭澳核电厂一期、二期运行以来，放射性废气、废液年排放量远低于国家规定排放标准，放射性固体废物的年产生量低于设计标准。大亚湾核电基地周边地区的环境放射性水平与运行前的本底数据相比没有发生变化，区域内陆地海洋生物种群数量没有发生变化。

（钟　良）

中国电力建设集团有限公司

【企业概况】 中国电力建设集团有限公司（简称中国电建，英文简称Power China）于2011年9月29日在北京挂牌成立，是根据国务院批准的电网企业主辅分离改革及电力设计、施工企业一体化重组方案，在中国水利水电建设集团公司、中国水电工程顾问集团公司和国家电网公司、中国南方电网有限责任公司所属的14个省（区、市）勘测设计企业、施工企业、修造企业的基础上组建新设的中央大型骨干企业。注册资本金300亿元。

2012年，中国电建营业收入达到2017.34亿元，同比增长10.3%；实现利润75.13亿元，同比增长38.9%；新签合同2726.83亿元，同比增长47.0%。至2012年底，中国电建资产总额达到2937.35亿元，同比增长21.11%；合同存量4597.75亿元，同比增长23.3%。业务遍及全球70余个国家和地区。在2012年财富世界500强排名390位，在全球225家国际工程承包商中列15位之前，在全球最大设计企业排名16位。

1. 主营业务

（1）境内外电力（包括水电、火电、核电、风电及太阳能发电等新能源及送变电）工程和水利（包括水务）工程及相关业务的工程总承包与规划、勘察设计、施工安装、技术研发、项目管理、咨询、监理、设备检修及相关设备的制造修理租赁，开发、投资、建设、经营、管理和生产、销售及相关招标代理业务、进出口业务等。

（2）境内外公路、铁路、港口与航道、机场、房屋、市政工程、城市轨道、环境工程、矿山、冶炼、石油化工及相关业务的勘察设计、施工安装、技术研发、项目管理、咨询、监理、设备检修及相关设备的制造修理租赁，开发、投资、建设、经营、管理和生产、销售及相关招标代理业务、进出口业务等。

(3) 房地产开发与经营；实业投资、经营与管理；物流；国际资本运作与境外项目投融资；对外派遣劳务人员和对外承包工程；以上相关业务的人员培训；经国家批准或委托开展的其他业务。

2. 突出优势

一是拥有较为明显的行业优势。中国电建占有全国80%以上大中型水电和全国50%以上风电的勘测设计市场，占有全国65%以上水电建设市场和全球50%以上大中型水电建设市场，水利水电规划设计、施工管理和技术水平达到世界一流，是全球水电规划建设的领导者。二是具有较强的价值创造潜力。中国电建拥有集电力工程规划设计、施工建设、装备制造于一体的完整产业链，能够为水利水电、火电、风电及基础设施建设等领域提供集成式、一站式服务，为实现转型升级和商业模式创新提供了良好的起跳平台。三是资源整合潜能增强。中国电建将通过有效整合，充分释放集团管控、资源优化配置、市场协同蕴藏的能量，引导成员企业利用中国电建的管理、技术、资金、资质、品牌、人才等优势，实现又好又快发展。四是国际业务先发优势明显。部分成员企业多年来国际业务蓬勃发展、成果显著，已经形成了较为完整的海外市场布局和业务网络，在抢占海外市场方面获得了先机。截至2012年底，中国电建在63个国家设有122个驻外机构，在建项目728个，分布在81个国家和地区。累计实现海外营业收入约612亿元，同比增长15.9%；海外新签约合同额1096亿元，同比增长59.8%；海外业务合同存量2336亿元，同比增长23.9%。以上3项指标占中国电建比重分别为30.1%、40.2%、50.8%，明显高于同类中央企业平均水平。中国电建海外业务在地域分布上已经形成了以亚洲、非洲为主，辐射美洲、大洋洲和东欧的多元化市场格局。五是品牌具备较强的市场竞争力。中国电建拥有的知名品牌蜚声海内外，取得了良好的经营业绩和市场口碑，已经具备了较强的竞争力和影响力。

【领导班子】 2012年中国电建领导班子成员如下：

董事长、党委副书记：范集湘
党委书记、副董事长：晏志勇
董事、总经理、党委常委：马宗林
副总经理、党委常委：王民浩
副总经理、党委常委：黄保东
党委副书记、纪委书记：陈永录
党委常委：孙洪水
党委常委：王斌
副总经理：袁柏松
副总经理：姚强
副总经理：李跃平
副总经理：王首丽
总会计师：孙璀

【组织机构】 中国电建总部设有办公厅/董事会办公室、党委工作部、人力资源部/企业领导人员管理部、财务资产管理部、战略发展部、市场经营部、科技部(技术中心)、安全质量环保部、投资管理部、资金管理部、审计与风险管理部、监察部/纪委办公室、法律事务部、信息中心、海外事业部/外事局、勘测设计事业部、电力工程事业部、房地产事业部、装备制造事业部、工会工作部、西藏代表处等共21个部门和事业部。

中国电建旗下拥有中国水利水电建设集团有限公司、中国水电工程顾问集团公司、水电水利规划设计总院以及50余家从国家电网公司、中国南方电网有限责任公司划转分离的勘测设计、施工、修造企业。其中，中国水利水电建设集团有限公司、中国水电工程顾问集团公司是中国水利水电施工、设计行业的领军企业。中国电建集团包括成员企业（含子集团及子集团全资、控股企业）共105家。

【体制改革】 以电力设计、施工、制造企业划转移交为重点，继续做好电网企业主辅分离改革及电力设计、施工企业一体化重组的各项后续工作。研究并分解落实重组初期的各项重点工作，确保平稳接收、经营稳定、管理对接、有效融合。

制定印发了《中国电力建设集团有限公司发展战略框架和集团管控方案》、《中国电力建设集团章程》等文件，明确集团管控事项权限划分，进一步完善、细化集团管控体系，建立健全集团管控的基本制度，实现管控模式的制度化和流程化，完成企业集团登记，不断推进集团化建设。

推进中国电建的整体改制上市工作。完成了财务顾问（保荐人）选聘工作，按照“整体规划，分步实施”的思路拟订了整体改制上市的初步方案，首批资产注入方案在获得有关部委的审签后已报国务院。

从中国电建所有企业涉及的业务结构、产业链条、区域布局和经营模式综合考虑，根据不同业务板块在市场环境、业务特点、发展阶段等方面的不同，分类推进内部资源整合，实施了夹江水工与水电七局、福建省电力工程承包公司和福建省第一电力建设公司、四川电力建设二公司和四川国华茬原公司等三组企业的重组整合，对吉林电建、四川启明星、四川电力设计、山东电建企业等企业的重组实施方案进行研究。

在加强对法人机构管理的同时，设立了西藏代表处、青岛区域总部、西藏工程技术中心等集团派出机构，启动了区域总部/代表处的研究工作。

【科技发展】 根据《国家能源科技“十二五”规划》、《中央企业“十二五”科技创新战略实施纲要》相关要求，结合中国电建总体发展战略要求，制订颁布了《中国电力建设集团有限公司“十二五”科技发展规划》。制定了集团公司科技进步、科技进步考核、科技进步奖励、科研项目管理、技术标准管理、研究中心管理、知识产权管理、科技信息统计等8项管理办法，初步建成相对科学合理、系统比较完备、管理基本有效的科技管理体系。

2012年度，中国电建研发投入29.53亿元，同比增长10.4%；科技投入33.09亿元，同比增长4.4%。

2012年11月，中国电建被科技部、国资委、中华全国总工会批准成为第五批国家级创新型试点企业。宁夏院、水电基础局、水电四局、上海电建、武汉设备厂5家企业通过认定成为省级高新技术企业。争取用2～3年时间，将中国电建建设成为创新型企业。

中国电建积极开展海水淡化和西藏高原工程技术研究工作，与河海大学签订了合作协议，与中国海洋大学达成初步合作意向，成立集团西藏高原工程技术研究中心。2012年，成都院、华东院、昆明院成立院士工作站，湖北院、江西院、福建院、河南第一火电公司、河南器材公司、铁路公司、华东院、贵阳院8家企业通过认定成为省级研发机构，至2012年底，中国电建共有30个省级研发机构。积极推进电力规划技术研究中心、电力建设研究院、装备制造研究院等业务板块研发中心建设，装备制造研究院、电力规划技术研究中心已完成可行性研究和方案设计。

2012年，“梯级水库群风险等级确定与风险设计”课题研究列入国家973计划。

2012年，电建集团共获得5项国家科技奖，其中，“高水头大流量泄水建筑物分级防冲防蚀成套技术”、“大型水电工程地下洞室热湿环境调控关键技术”两个项目获得国家技术发明二等奖，“高坝泄洪消能防护和雾化安全技术与应用”、“高坝动静力超载破损机理与安全评价方法”、“高土石坝抗震设计理论研究与工程应用”三个项目获得国家科学技术进步二等奖；124项省部级科技奖项，其中，特等奖4项，一等奖14项，二等奖52项，三等奖54项。申请专利763项，其中发明专利174项，专利同比增长6%；授权专利678项、同比增长46%，发明专利85项、同比增长32%；获得软件著作权79项，同比增长14%。

2012年中国电建列入国家标准修订计划7项，列入行业标准修订计划98项；完成国家标准送审稿审查6项，完成行业标准送审稿审查40项；完成国家标准报批5项，完成行业标准报批52项；发布2项国家标准，发布51项行业标准。

【国际交流与合作】 国际业务发展良好，国际竞争力进一步增强。一是从高端切入，推动国际业务转型升级。国际经营领域从传统的施工承包拓展至矿产资源、煤电一体化及新能源开发，一体化全产业链优势开始显现，重点推动了泰国防洪抗旱、哥伦比亚马格达莱纳河流域综合开发、尼日利亚电力合作等一揽子项目，推进海外业务的转型升级。二是继续开拓国际市场，新开拓了蒙古、波黑等七个国家市场，实现欧盟高端市场零的突破。三是注重项目履约，风险总体可控。中国电建在建国际项目728个，分布在81个国家和地区。各成员企业加强项目精细化管理，质量、安全、工期、国别公共关系处理总体受控，提升了“中国电建”品牌的国际影响力。中国电建所属四川电力设计咨询公司承包的国内电力勘测设计企业最大海外总包项目——印度WPCL总承包项目获得最终移交证书，盈利水平较高，有望获得行业首枚海外总承包金钥匙奖。

2012年，中国电建集团共接待来自亚洲、美洲、非洲等上百个国家和地区的团组来访，包括政要和著名企业高管，签订了合作协议，建立了企业战略联盟；参加了多个有一定影响力的国际会议、论坛和国际会展。集团领导多次率团出访交流，开展高层营销，很好地向世界宣传了电建集团的形象和实力，充分展示了集团航母群式国际经营平台，发挥了集团产业链一体化优势，有力地推动了各成员企业的国际市场开拓和经营活动。

【中国水利水电建设股份有限公司】

一、概述

中国水利水电建设股份有限公司（Sinohydro Group Ltd.，简称中国水电）成立于2009年11月27日，由中国水利水电建设集团公司和中国水电工程顾问集团公司在北京共同发起设立，是中央管理的中国水利水电建设集团公司整体改制并控股创立的股份公司。中国水电总股本66亿元，中国水利水电建设集团公司和中国水电工程顾问集团公司分别占99%和1%。其中，中国水利水电建设集团公司以工程承包业务、电力投资与运营业务、房地产开发业务、设备制造与租赁业务及其他经营性业务等主业资产作为出资，中国水电工程顾问集团公司以现金出资。于2011年10月18日在上海证券交易所上市，股票简称：中国水电，股票代码：601669。

中国水电是中国电力建设集团公司的主要子公

司，是跨国经营的综合性大型企业，是中国规模最大、科技水平领先、最具实力、行业品牌影响力最强的水利水电建设企业。具有国家施工总承包特级企业资质、对外工程承包经营权、进出口贸易权、AAA级信用等级。

截至2012年底，中国水利水电建设股份有限公司总资产达1815亿元，年营业收入1270.37亿元，在中国各大区域设有19个全资子公司，9个控股公司，在世界各国设有80多个驻外机构。

中国水利水电建设股份有限公司主要从事国内外水利水电建设工程的总承包和相关的勘测设计、施工、咨询、监理等配套服务，以及机电设备、工程机械的制造、安装、贸易业务，电力、公路、铁路、港口与航道、机场和房屋建筑、市政公用、城市轨道等方面的工程设计、施工、咨询和监理业务；投融资业务；房地产开发经营业务；进出口贸易业务等。

中国水利水电建设股份有限公司的前身中国水利水电建设集团公司自20世纪50年代以来，承担了国内65%以上的大中型水利水电工程的建设任务，参建了长江三峡等上百座世界瞩目的巨型水电站，总装机容量突破1.45亿kW，为中国常规水电装机容量、水电在建规模跃居世界第一做出了突出贡献。中国水利水电建设集团公司承建的多项工程获得了国家及地方政府颁发的鲁班奖、金质奖、银质奖、优秀工程奖。在交通、市政、工业与民用建筑等非水电建筑领域也取得了显著业绩，2008年中国水利水电建设集团公司中标京沪高速铁路等一批高铁项目，为中国水电全面开拓非水电建筑市场产生了深远影响，在世界建筑市场进一步彰显了“中国水电”的品牌声誉。

中国水电积极推进国际化战略，是中国水电产业“走出去”的排头兵和中国企业“走出去”的重要力量，先后在亚、非、欧、美的60多个国家和地区进行了工程承包建设和经济技术合作，拥有全球50%的水利水电建设市场份额。“中国水电”已成为世界上水利水电建设的第一品牌和行业代表。

截至2012年底，中国水电各类（包括前期、在建以及运营）投资项目共计273个（含控股项目182个；对外参股项目24个，对内参股项目67个），其中：电力项目112个（含境外电力项目8个）；房地产项目49个（含工程局项目19个）；基础设施项目53个；国内煤炭资源项目1个；国外矿产项目2个，水泥厂项目2个；其他54个投资项目包含设备制造、物业、房建、水电施工、设计、咨询、检测、医院、酒店等多种类型。控股开发电力项目总装机容量约1316.5万kW，权益装机容量约1126.18万kW（含参股项目权益装机容量约181.6万kW）。

中国水电的发展目标是以科学发展观为指导、全面建设“具有较强国际竞争力的质量效益型的世界一流综合性建筑企业”。

二、领导班子

（一）中国水利水电建设集团公司领导班子

总经理、党委副书记：范集湘（法定代表人）

党委常委：袁柏松　孙洪水　王彤宙（2012年8月调出，国资党任字〔2012〕52号文）李跃平　黄保东

党委副书记、纪委书记：陈永录

党委常委、总会计师：孙璀

（二）中国水利水电建设股份有限公司领导班子

董事长、党委书记：范集湘（法定代表人）

董事、总经理、党委副书记：孙洪水

党委副书记、纪委书记、监事会主席：陈永录（2012年12月28日不再担任此职务，中电建党〔2012〕271号文）

党委常委、副总经理：宗敦峰　曾兴亮　杨忠　刘明江

党委常委、总会计师：丁永泉

党委副书记、纪委书记：孙宝田（2012年12月28日任职，中电建党〔2012〕271号文）

三、组织机构

（一）中国水利水电建设集团公司组织机构图（见图1）

（二）中国水利水电建设股份有限公司组织机构图（见图2）

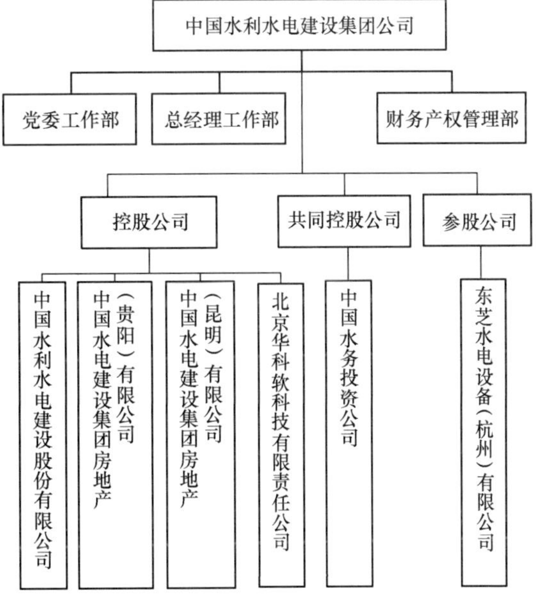

图1　中国水利水电建设集团公司组织机构图

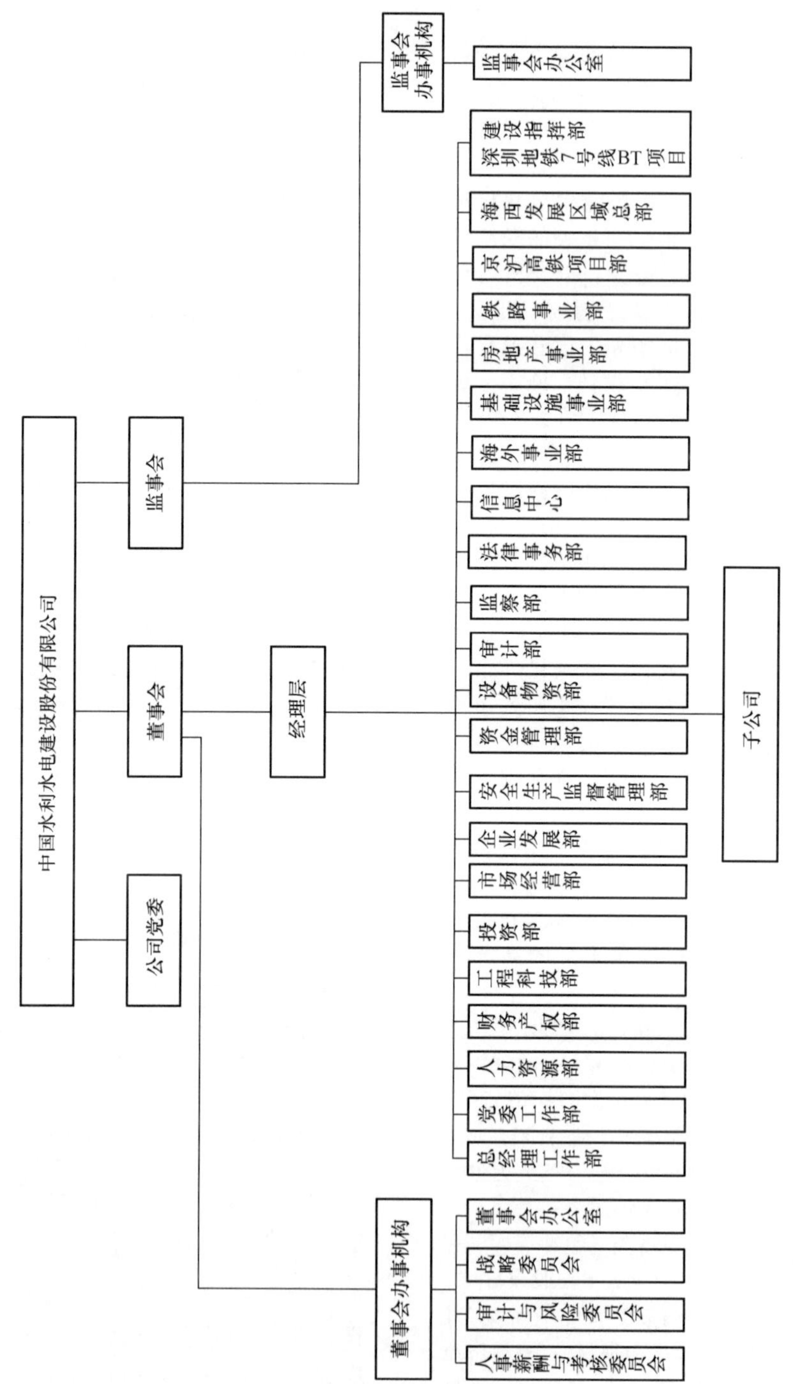

图 2 中国水利水电建设股份有限公司组织机构图

四、2012年主要经济技术指标

2012年是中国水电进入资本市场的第一年，一年来，中国水电股价整体走势强于大盘表现，成为上证180指数、上证50指数、沪深300指数、中证100指数样本股公司。总营业收入位列ENR（Engineering News-Record，即《工程新闻记录》）最大225家全球承包商第14位，较2011年度排名前进1位，在全部上榜39家中国企业中排名第6位；以海外营业收入位列ENR美国最大225家国际承包商第23位，提高1位，在全部上榜52家中国企业中排名第3位。

（一）全面完成或超额完成考核指标，生产经营平稳增长

2012年，中国水电营业收入达1270.37亿元，较2011年增长11.96%，其中主营业务收入1254.04亿元，同比增长12.07%。经营利润：实现利润55.16亿元，较2011年增长10.61%。营业收入利润率4.34%。归属母公司净利润40.99亿元，完成年度预算的105.65%，比2011年增长11.22%。在岗员工平均工资为6.67万元/人年，实现了平稳增长。新签合同1718.6亿元，较2011年增长34.4%。其中，国内水电业务占比23.2%，同比下降3.3%；国际建筑业务占比37.8%，同比增长8.7%；国内非水电业务占比39%，同比增长149.5%。

（二）大力推进结构调整，推动企业转型升级

中国水电所属几家发电企业充分发挥已有项目的“撬动”功能和“辐射”效应，积极获取电力资源，将风电资源开发重点转向送出条件好的南方地区，同时积极开发甘肃的光伏发电资源。

国内水电业务方面，溪洛渡、向家坝、南水北调等一系列大型国内水利水电项目的施工履约有序受控。同时，中标实施白鹤滩、乌东德、黄登、辽西北供水工程、青弋江分洪道工程等一批大型水利水电项目。国内非水电业务方面，一举中标了深圳地铁7号线BT项目，合同金额达168亿元，这是迄今中国水电国内非水电业务获得的最大合同，也标志着中国水电开始全面进入城市轨道交通领域。

2012年，在老挝首次获得流域开发项目，签署了南乌江流域梯级水电站项目（一期）特许经营协议和购电协议；金沙江上游旭龙电站、通天河水电开发等项目有序推进并取得有效进展。在继续推进四川安谷、甘肃瓜洲、湖南株洲龙亭龙凤等水电、风电清洁能源投资建设以外，还进入光伏发电领域，投资开发甘肃敦煌光伏电站。“中国水电地产”品牌进一步彰显，唐山·首郡、北京·云立方等项目实现逆市热销。

（三）不断深化企业改革，引领公司科学发展

内部重组持续推进，继水电六局重组辽工局后，中国水电海西区域发展总部和路桥福建分公司、水电七局和夹江厂实现了重组整合，华源咨询公司行政关系顺利划归路桥公司；水电五局、水电十局、水电十四局等子公司也积极以业务流程为中心，按照优化资源配置的需求，对下属机构进行了优化整合。设立海外投资公司，实现了国际投资业务与国际承包业务的分立，进一步推进了对海外投资业务和工程承包业务的分类专业管理，进一步适应了国际业务新的发展形势与市场需求。国际工程业务方面，对现有组织结构和海外市场区域划分进行了调整优化，进一步落实了“海外业务管理前移、重心下移”的整体战略部署。

深化经营机制改革、创新商业模式、实现业务流程再造。出台了自主营销竞赛奖励办法，并在充分考虑各业务板块竞争激烈程度和利润贡献程度的基础上，对子公司营销业绩进行差异化考核与奖励。通过进一步梳理调整投资管理制度，实现了国内国际投资业务的一体化和投资项目的全链条管理。国际优先发展战略进一步深化优化，着力调整现行业务经营管理、市场营销模式，鼓励部分国际业务发展较好、能力较强的子公司开展国际业务自主营销，进一步发挥公司和子公司两级总部的系统管控、服务职能，推动公司国际业务从“统一品牌、集中营销”向“集中营销和有条件的自主营销有机结合”的营销模式转变。制定《大力支持房地产公司跨越式发展的指导意见》，从决策程序、资金支持、管控模式、绩效考核等各方面给予房地产业务更大的支持，赋予房地产公司更大的自主经营权。促进房地产业务获取土地资源由原先的单一市场“招拍挂”向“招拍挂＋一二级开发联动＋股权并购与合作＋板块联动＋集团系统内土地整合与利用”五种途径并举转变。

（四）着力开展管理提升活动，进一步筑牢发展基础

在完成“动员启动、学习提高”、“自我诊断、查找问题”、“制定方案、细化措施”等环节的同时，诊断出影响公司发展的4大瓶颈和5个管理短板，并制定了专项提升的具体措施，管理提升活动取得初步成效。

编制完成了《2012～2014年发展规划》，制定了《国内水利水电工程承包发展规划》等三个专项规划。编制《2012年度全面风险管理报告》。严格按制度要求开展领导班子换届和领导人员选任工作，共换届考核子企业领导班子19个，涉及180人，并完成了海外投资公司、甘肃能源公司、南方投资公司领导班子组建，通过春季安全大检查、汛期安全生产督查、海外项目安全督查、打非治违和预防施工机械脚手架等专项行动，集中整治、重点改进企业安全生产的突出问题。2012年没有发生较大及以上安全生产责任事

故，安全生产形势总体稳定。2012年绝大多数工程项目履约进度有序受控，未发生重大质量事故，质量稳定在较高水平，单元工程优良品率93.8%，并获国家优质工程金奖1项，银奖3项。推动中国水电采购中心和子公司总部两级集中采购平台有机结合，规范有序地开展了集中采购招标工作，进一步完善了大型专用设备资源调剂与租赁经营双平台运行机制。围绕中央企业法制工作新三年目标，进一步加强了法律事务制度建设和法制人才队伍建设；围绕投资业务扎实有效开展效能监察工作，海外项目纪检监察工作机构设置、人员配备、工作流程等进一步强化和规范；通过内部控制审计，对投资项目立项、决策、建设、运营进行全过程审查，客观分析投资项目管理状况和运行效果，提高了审计成果综合应用水平。

2012年，中国水电取得专利163项，其中发明专利26项。获得了一批省部级奖励，首次获得国家财政部科技奖励一等奖1项，首次获得大禹水利科学技术特等奖1项，首次获得水力发电科学技术特等奖2项，获得中国电力科技奖一等奖。水电三局、水电七局有关节能技术研究与应用成果被国资委编入全国节能技术推广目录。中国水电及所属子公司共8家单位“水利水电工程施工总承包特级、水利行业设计甲级资质”全部通过住建部审查核准，同时，子公司新获得市政工程、房建工程等非水电行业一级资质7项。

（五）积极履行中央企业社会责任

2012年，中国水电承建的青海玉树6所学校、玉树州疾控中心等项目均按期完成竣工移交或通过竣工初验。玉树灾后重建近三年来，中国水电参建单位先后有9个集体、16名个人荣获全国“五一”劳动奖状、全国“五一”劳动奖章等荣誉；《工人日报》等多家媒体对中国水电开展的玉树援建工作开展了广泛宣传，中国水电的援建工作深受社会和当地民众的认可和赞扬。

甘肃能源公司精心组织并高质量完成十八大期间的保发电任务，被国家电监会评为“十八大保电先进单位”。

在苏丹人质事件、尼泊尔上塔山火和莱索托当地劳务暴力袭击等突发事件中，中国水电迅速反应，及时启动风险防控预案，并采取有效措施，较好地完成了撤离、营救等工作。中国水电在南苏丹开展援助民生打井工程，在马来西亚、尼日尔、缅甸等国进行公益事项和人道主义捐款，受到了当地社会和民众的广泛赞誉。

（六）切实发挥党组织的政治核心作用和保证监督作用，促进了企业平稳、和谐、持续发展

2012年，中国水电制定印发了公司《出资企业负责人职务消费管理暂行规定》、《企业负责人及总部职务消费管理暂行规定》等系列制度并全面落实，企业负责人职务消费做到了规范管理，2012年全年中国水电企业负责人职务消费实际发生261.93万元，比2011年减少116.85万元，降低了30.84%；比2012年预算减少147.29万元，降低了35.99%。

五、国际经营情况

根据商务部最新公布的，中国水电在2012年中国外经企业新签合同额和营业收入排名中位列第二位；在全球最大225家国际承包商排名第23位。中国水电新签国际项目193个，同比增长35.7%，中国水电完成国际营业收入353.11亿元，同比增长21.99%。

2012年中国水电的国际业务发展特点如下：

1. 贯彻落实国际业务优先发展战略，优化和调整国际公司组织机构

（1）2012年，中国水电国际公司分立，成立了海外投资公司，实现了国际承包与海外投资业务的分离。

（2）成立战略发展部（与党委工作部合署办公）、法务合约部，合并机电部、保障部为采购管理部，合并审计部和监察部为审计监察部，设立工会专职副主席，加大对出国人员的后勤服务力度，充分发挥总部职能部门的支持、保障作用。

（3）在原有3个区域总部的基础上，将全球市场分为13个区域市场，制定《海外区域部管理办法》、《区域部绩效考核管理办法》和《区域部固定资产管理办法》等7项管理办法，建立了关于竞标类项目和融资类项目投议标的两大业务主流程及9个相关配套的业务子流程，基本建立了区域部管理体系。

（4）2012年11月，海外事业部牵头组织召开了“中国水电深化优化优先发展战略研讨会”，会议确定了中国水电国际业务采取“集中管控营销和有条件的子公司自主营销有机结合的国际营销新模式”。

2. 区域布局基本形成，区域部建设初步取得成效

（1）截至2012年，中国水电在全球除欧美发达国家以外的152个国家设立了13个区域部，在海外68个国家共设立了84个驻外机构，基本形成了全球市场区域布局，形成了东南亚、北非、东非、中东等区域化的相对稳定市场和安哥拉、卡塔尔、苏丹、老挝等项目群国别市场。

（2）各区域部基本完成了将后方人员派出、机构设置、办公条件及硬件设施配置，编制了区域部各类管理办法，建立了与各代表处、项目部的联系网络，对所属国别市场的在建和跟踪项目进行了摸底，制定了区域内市场发展规划，着手搜集区域市场的政治、

经济、国家发展规划、法律法规等，确定了重点跟踪项目并加大推动力度。各区域部分别设立了市场处、工程管理处和综合处，与国内总部进行工作对接，并及时将最新市场情况向总部报告，保证公司领导能及时掌握信息。截至2012年，中国水电在海外100多个国家跟踪推动着1450亿美元的368个项目，已经投标、正在议标和已投标有可能中标的项目超过100亿美元。

3. 营销网络持续拓展，项目领域多元化扩张

（1）2012年内成功开辟了波黑、白俄罗斯、波兰、塞内加尔、利比里亚、几内亚业六国市场。首次签约欧洲市场项目，包括波黑尤乐高水电站EPC项目、波兰弗罗次瓦夫分洪河道整治工程等，实现了在欧洲市场竞标类和融资类项目的"双突破"并进入欧盟市场。长期跟踪的尼日利亚市场获得突破，首次中标70万kW宗格鲁水电站项目。

（2）在2012年新签项目中，水电项目占33.38%；火电、机场、道路、港航、房建等非水电项目占66.62%。在建项目合同总额351.48亿美元，剩余存量221.39亿美元，其中水电项目合同存量占37.07%；非水电项目合同存量占62.93%，同比上升12.07%。主业结构基本形成了以水电项目为主、多元化发展的"大土木、大建筑"格局。

4. 履约能力进一步提升，项目总体履约情况良好

（1）2012年，成功处理了厄瓜多尔CCS项目、越南松邦项目的履约风险；有效应对了博茨瓦纳卡玛机场航站楼项目合同终止事件；积极响应并实现了委内瑞拉应急电站项目业主关于大选前实现发电目标的需求。

（2）完善在建项目数据库，登载了150个较为完整的在建项目信息数据；整合公司内外专家团队资源，协调公司与项目实施单位之间的对接，加强在建项目风险管理能力建设。

（3）大力推行《国际业务管理指导手册》和《海外业务质量、环境和职业健康安全三标一体化体系文件》，加大了海外项目的安全生产督察和三标体系的内部审核工作，保证了海外安全管理总体可控，2012年，国际公司沉着应对、妥善处置，苏丹141公路人质事件、马里军事政变、莱索托当地员工暴力袭击等海外非传统安全事件，逐一化解，最大程度避免了人员伤亡和财产损失，维护了股份公司的利益和声誉。苏丹人质事件及时、妥善的应对得到了国资委、外交部和商务部等部委的一致认可，并被国资委作为典型案例在央企推广。

5. 拓展多边关系，实施战略合作

2012年，中国水电与世界银行、亚洲开发银行、非洲开发银行等世界金融组织，塞内加尔等流域组织，各国电力公司（如埃塞俄比亚电力公司、赞比亚电力公司）建立合作伙伴关系，是国际水电协会的金牌会员。

六、主要事件

2月18日，中国水电2012年工作会议暨一届三次职工代表大会在北京隆重召开。

3月29日，由中国水电控股开发的四川大渡河安谷水电站正式开工。安谷水电站于2月24日获得国家发改委正式核准，枢纽位于四川省乐山市沙湾区嘉农镇和市中区安谷镇接壤的大渡河干流上，是四川大渡河最末一级水电开发项目。

4月19日上午，泰国总理英拉·西那瓦在钓鱼台国宾馆会见了中国电力建设集团公司董事长、中国水电股份公司董事长、党委书记范集湘。

4月27日，全国总工会庆祝"五一"国际劳动节大会在京召开，中国水电玉树灾后重建现场指挥部第三、第四工区被授予全国"五一劳动奖状"荣誉称号；中国水电五局机电制造安装分局第一水工机械厂结构车间；中国水利水电第十二工程局有限公司两河口施工局导流洞Ⅱ标项目部；中国水电十五工程局有限公司新疆直管项目部；中国水电十五局新疆伊犁库什塔依项目部等5个集体分别荣获"全国工人先锋号"荣誉称号。中国水电建设集团玉树重建现场指挥部王维斌、曹明杰、李忠战、王乃飞，中国水电五局工程管理部主任工程师孙林智，中国水电七局成都水电建设工程有限公司工区主任李正兵等6名个人荣获全国"五一"劳动奖章。

5月31日，中国水电股份公司中标深圳市城市轨道交通7号线BT项目，其中，轨道交通部分中标价为168.53亿元，物业开发部分依据招标文件内容另行确定价格，计划工期53个月。

7月1日上午，中国水电中水电海外投资有限公司成立大会在北京召开。

8月14日，国务院南水北调工程建设委员会办公室主任鄂竟平先后到中国水电所属水电十局南水北调镇平三标、南阳段二标，水电十二局南阳一标调研工程建设情况。

9月8日下午，水利部部长、党组书记陈雷，青海省委书记、省人大常委会主任强卫一行到中国水电四局有限公司考察调研。

10月17日，商务部部长陈德铭到平潭考察调研，并到中国水电港航公司承建的平潭幸福洋项目施工现场实地调研。

11月5日16时30分，由中国水电四局安装的世界最大单机容量国产化混流式水轮机组——向家坝水电站首台单机容量80万kW机组（7号机组）成功通过72h带负荷试运行，无缝交接投产发电。

11月6日，中国水电建设股份有限公司第三届

科技大会暨科学技术委员会2012年年会在北京召开。

12月22日，中共中央政治局委员、中共北京市委书记郭金龙到中国水电二局有限公司承建的北京海淀辛店B08地块公租房项目调查研究。

12月28日，中国电力建设集团公司党委以中电建党〔2012〕271号文决定：孙宝田同志任中国水利水电建设股份有限公司党委副书记、纪委书记。

（冯有维 王立鹏）

中国能源建设集团有限公司

【企业概况】 中国能源建设集团有限公司（简称中国能建）于2011年9月29日挂牌成立，是由国务院国有资产监督管理委员会履行出资人职责的国有独资公司，是国内领先、国际先进的特大型能源建设企业。2012年，完成签约同比增长28.34%，实现营业收入同比增长12.45%，实现利润同比增长41.33%。截至2012年底，资产总额同比增长14.88%。

【领导班子】 2012年底中国能建领导班子成员：

董事长、战略咨询委员会主任：杨继学
党委书记、副董事长：汪建平
总经理、党委副书记、董事：丁焰章
党委常委、副总经理：张羡崇
党委常委、副总经理：赵洁
党委常委、副总经理：聂凯
党委副书记、纪委书记：户海印
党委常委：吴春利
党委常委：唐红键
副总经理：向永忠
副总经理：于刚
副总经理、总工程师：周厚贵
副总经理：兰春杰

【组织机构】 截至2012年底，中国能建本部共设置15个职能部门、2个事业部。总部及所属各级子企业共351户，纳入合并范围350户（含集团总部），其中总部及二级子企业76户，三级及以下274户。中国能建组织机构图见图1。

【体制改革】 2012年，中国能建将山西电建保温材料厂、西安树脂厂、湖南电力设备总厂和山西电建总公司四家企业并入另四家相关优势企业，完成了停产企业改革重组工作。成立中国能建集团装备有限公司，组建了中国能建葛洲坝财务公司。出台了指导意见及配套制度，制定了实施方案模板、工作流程，稳步推进了15家重点单位123户职工投资企业的清理规范工作，3家企业完成了职工投资企业收购工作，5家单位职工投资企业股权收购方案获得批复并开始工商变更登记手续办理工作。

【人力资源】 推进三项制度改革。以经济效益为导向，研究制定了将企业经营成果与企业层级、干部职级紧密挂钩的办法。以业绩为导向，制定了领导干部选聘任用和考核评价管理制度。以提高领导班子的整体功能为导向，调整充实了部分单位领导班子，调整、提拔了一批集团公司直管干部。出台了用工管理、用工总量管理等制度，构建了比较完备的劳动用工管理制度体系。建立了企业负责人薪酬同业绩相结合的激励约束考核制度和以岗位绩效工资为主体，管理、技术和技能三条工资晋升通道并行的基本工资制度，明确了工资分配向关键岗位和一线职工倾斜的导向。将企业工资总额与经营业绩挂钩，构建了突出效益的工资总额决定机制，所属单位在效益增长的同时，职工收入同比协调增长。

制定和颁发了《中国能源建设集团有限公司法人和分支机构管理暂行办法》，规定了工作程序、工作职责、工作要求和监督考核方法。

【国际合作与交流】 中国能建所属单位已在55个国家设立了81个境外分支机构，在建项目300余个，业务领域涉及水利、水电、火电、电网、新能源、路桥、房建、市政、港航、铁路和供排水等十几个基础设施建设领域，初步形成多元化市场格局。2012年，中国能建实现国际业务签约同比增长43.7%，国际业务营业收入同比增长35.5%。企业影响力和知名度不断提升，所属中国电力工程顾问集团公司已连续10年进入美国工程新闻纪录（ENR）“全球150强设计商”和“国际200强设计商”行列，分别上升至第52位和第108位；荣列中国“工程设计企业60强”

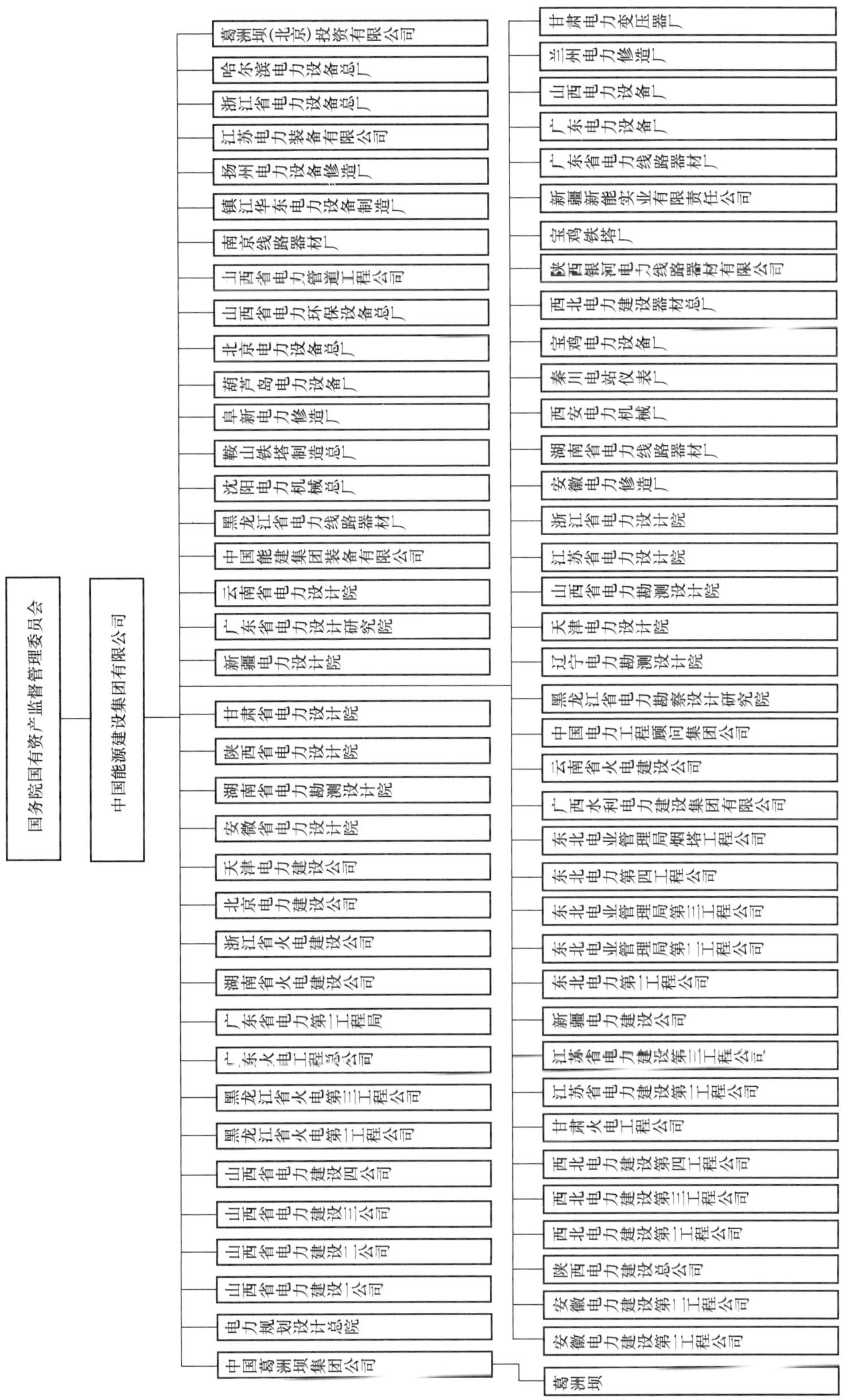

- 国务院国有资产监督管理委员会
  - 中国能源建设集团有限公司
    - 葛洲坝(北京)投资有限公司
    - 哈尔滨电力设备总厂
    - 浙江省电力设备总厂
    - 江苏电力装备有限公司
    - 扬州电力设备修造厂
    - 镇江华东电力设备制造厂
    - 南京线路器材厂
    - 山西省电力管道工程公司
    - 山西省电力环保设备总厂
    - 北京电力设备总厂
    - 葫芦岛电力设备厂
    - 阜新电力修造厂
    - 鞍山铁塔制造总厂
    - 沈阳电力机械总厂
    - 黑龙江省电力线路器材厂
    - 中国能建集团装备有限公司
    - 云南省电力设计院
    - 广东省电力设计研究院
    - 新疆电力设计院
    - 甘肃省电力设计院
    - 陕西省电力设计院
    - 湖南省电力勘测设计院
    - 安徽省电力设计院
    - 天津电力建设公司
    - 北京电力建设公司
    - 浙江省火电建设公司
    - 湖南省火电建设公司
    - 广东省电力第一工程局
    - 广东火电工程总公司
    - 黑龙江省火电第三工程公司
    - 黑龙江省火电第一工程公司
    - 山西省电力建设四公司
    - 山西省电力建设三公司
    - 山西省电力建设二公司
    - 山西省电力建设一公司
    - 电力规划设计总院
    - 中国葛洲坝集团公司
      - 葛洲坝
    - 甘肃电力变压器厂
    - 兰州电力修造厂
    - 山西电力设备厂
    - 广东电力设备厂
    - 广东省电力线路器材厂
    - 新疆新能实业有限责任公司
    - 宝鸡铁塔厂
    - 陕西银河电力线路器材有限公司
    - 西北电力建设器材总厂
    - 宝鸡电力设备厂
    - 秦川电站仪表厂
    - 西安电力机械厂
    - 湖南省电力线路器材厂
    - 安徽电力修造厂
    - 浙江省电力设计院
    - 江苏省电力设计院
    - 山西省电力勘测设计院
    - 天津电力设计院
    - 辽宁电力勘测设计院
    - 黑龙江省电力勘察设计研究院
    - 中国电力工程顾问集团公司
    - 云南省火电建设公司
    - 广西水利电力建设集团有限公司
    - 东北电业管理局烟塔工程公司
    - 东北电力第四工程公司
    - 东北电业管理局第三工程公司
    - 东北电业管理局第二工程公司
    - 东北电力第一工程公司
    - 新疆电力建设公司
    - 江苏省电力建设第三工程公司
    - 江苏省电力建设第一工程公司
    - 甘肃火电工程公司
    - 西北电力建设第四工程公司
    - 西北电力建设第三工程公司
    - 西北电力建设第一工程公司
    - 陕西电力建设总公司
    - 安徽电力建设第二工程公司
    - 安徽电力建设第一工程公司

图1　中国能建组织机构图

第 2 位。中国葛洲坝集团股份有限公司在“最大 225 家全球承包商”、“最大 225 家国际承包商”排名分别上升至第 42 位和第 62 位。

（张 猛）

【中国电力工程顾问集团公司】

一、概述

中国电力工程顾问集团公司（简称中电工程）于 2002 年底在原国家电力公司所属中国电力工程顾问（集团）有限公司基础上组建，现为中国能源建设集团有限公司的全资子公司。中电工程下属东北、华东、中南、西北、西南、华北六大区电力设计院和中国电力建设工程咨询公司、科技开发有限公司、北京洛斯达科技发展有限公司、新能源有限公司共 10 家全资子企业，注册资本 6 亿元。中电工程主要从事电力规划研究、咨询、评估与工程勘察、设计、监理、工程总承包，电力项目投资与经营及相关专有技术产品开发等业务。

中电工程开创了“以设计为龙头的 EPC 建设模式”，圆满完成了中国首台 60 万 kW 级、100 万 kW 级机组电站等一批 EPC 总承包工程，承担了全国约 90% 的电力勘察设计科研、标准化任务，承担着电力新技术研究和国外先进技术的引进、消化和创新等工作。

截至 2012 年底，中电工程在职人员 8979 人，其中勘察设计大师 11 人，历年享受政府特殊津贴的专家 117 人，高、中、初级专业技术人员 7384 人，取得各类注册执业资格的注册师 2058 人次。

2012 年，中电工程凭借良好的经营业绩，连续 10 年进入美国工程新闻记录（ENR）“全球 150 强设计商”和“国际 200 强设计商”行列，分列第 52 位和第 108 位。连续 9 年人选“中国承包商、工程设计企业双 60 强”，荣列“工程设计企业 60 强”第 2 位。在中国勘察设计协会项目管理、总承包百名排序评比中，中电工程排名项目管理第 19 位和总承包第 9 位。

二、领导班子

总经理、党组书记：吴春利

副总经理、党组成员：迟宝德

副总经理、党组成员、纪检组长：沈融

副总经理、党组成员、总工程师：张明光

三、机构设置

主要设有总经理工作部、人力资源部、财务与产权管理部、企业发展部、工程管理部、国际事业部、科技信息管理部、监察审计部、党群工作部、机关工会、资金结算中心、规划研究中心、发电工程分公司、电网工程分公司、技术经济中心、研发中心、核电技术中心、IGCC 技术中心、空冷技术中心、高压直流技术中心、智能电网技术中心、电站冷却塔技术中心、信息技术中心。

四、主要经营指标

2012 年全年实现营业收入 156.29 亿元，同比增长 15.19%，完成全年指标的 100.83%。实现利润 14.61 亿元，同比增长 4.55%，完成全年指标的 104.36%。实现经济增加值（EVA）10.27 亿元，同比增长 3.81%，完成全年指标的 116.70%。成本费用总额占主营业务收入比重 92.54%。技术投入比率 4.83%。截至 2012 年底，中电工程资产总额 175.56 亿元，所有者权益 63.13 亿元。

五、生产经营

2012 年全年实现新签合同额 325.73 亿元，同比增长 65.62%，完成全年指标的 149.42%。签订合同超过 50 亿元的有中南院、西北院、华北院 3 家，其中华北院超过 100 亿元。

与华电新能源公司签订了一揽子新能源项目的总承包协议。组织开展的波黑 Ugljevik 燃煤电厂总承包项目，已完成签约。西南院与咨询公司联合体中标万州 2×100 万 kW 港电一体化项目 EPC 总承包。

2012 年全年新签勘察设计合同额 51.26 亿元，占年度签约总额的 15.74%。60 万 kW 级和百万级发电勘察设计中标 24 台共 2060 万 kW，其中华东院中标 8 台 664 万 kW。参与完成的“特高压交流输电关键技术、成套设备及工程应用”实现了 6 大方面创新突破，获得 2012 年度国家科学技术进步最高荣誉奖项。

在核电方面，华东院、东北院分别与中国核电工程有限公司签订了昌江核电 1、2 号机组（2×65 万 kW）、福清核电 3、4 号机组（2×115 万 kW）和田湾核电 3、4 号机组（2×112 万 kW）的常规岛及相关 BOP 设计和技术服务分包合同。

2012 年全年实现新签总承包合同额 247.66 亿元，同比增长 102%。在新疆片区获得了荣新 2×35 万 kW 热电联产等一批工程总承包合同，合同额达 67.3 亿元。华北院与咨询公司联合体中标安庆电厂二期 2×100 万 kW 扩建工程总承包。东北院与中国北方重工集团等组成联合体中标越南公青 2×66 万 kW 燃煤电站 EPC 项目。西北院签订了哈密潞新电厂 2×66 万 kW 直接空冷火电机组总承包合同。西南院中标攀钢 1×30 万 kW 煤矸石综合利用自备电厂工程总承包。中南院签订了委内瑞拉输变电工程 EPC 总承包合同，是目前中国公司在委内瑞拉承揽的合同金额最大的输变电工程。华东院签订了新能源、热电联产项目辅机和码头设备供货等项目总承包合同，合同额达 11.39 亿元。铜陵、马鞍山等 EPC 总承包工程相继投产。

2012年全年新签国际业务合同额58.75亿元，同比增长18%。华北院2012年实现国际总承包签约额26.38亿元。中南院2012年全年实现国际业务签约额18.57亿元。东北院中标塞尔维亚TENT B3燃煤电站项目，成功进入欧洲市场。西南院中标印尼芝拉扎1×66万kW燃煤电站扩建工程等4个设计项目。

2012年全年实现新签新能源业务合同额91.7亿元，同比增长200.46%。东北院获得了吉林大安风光储项目的总承包合同，填补了东北院新能源风光储项目空白。华东院中标阳光凯迪新能源集团6个3万kW生物质机组EPC总承包项目。中南院中标的武汉天然气分布式能源站项目是世界上最大的地下室布置的同类项目。西北院取得了甘肃南湫风电场、白银中凯永泰风电场等一批项目。西南院承揽了凯迪洪雅县生物质1×3万kW机组工程总承包项目。华北院签订赤峰克旗30万kW风电场设计合同。咨询公司与洛斯达公司联合总承包的华电格尔木二期20MWp光伏电站项目已成功投运。

中南院承接了武汉八一路地下通道工程BT投资建设项目，实现了在非电行业和BT项目上的突破。东北院承接了辽宁省及黑龙江省高速公路、铁路、输气管线等公用工程设施的水保评估任务。咨询公司和西北院联合总承包的鑫港码头输煤栈桥工程、科技开发公司承接的铜陵管带机总承包项目均已顺利投产，实现了良好的经济效益。

六、生产组织

2012年全年完成各阶段勘测设计发电工程项目564项，42 323万kW；500kV及以上送电工程项目112项，14 440km；500kV及以上变电工程项目122项，15 523万kVA。在建工程总承包项目共46项，合同总额417.7亿元。其中，国内项目40项394亿元，国际项目6项23.7亿元。

2012年，云南—广东±800kV直流输电示范工程、宁东—山东±660kV直流输电示范工程获得国家优质工程金质奖；望亭发电厂改建工程4号机组、常熟南500kV变电站工程、上海练塘500kV变电站等9项工程获得国家优质工程银质奖。安徽铜陵电厂六期“上大压小”100万kW机组扩建工程EPC总承包项目获得金钥匙奖。山西古交电厂二期（2×60万kW）扩建工程总承包、沅水流域梯级电站群及黔东电厂接入500kV输变电工程总承包项目获得银钥匙奖。宏腾能源内蒙西乌风电场一期工程总承包项目获得铜钥匙奖。

七、科技创新

2012年，获得国家、省部级及行业各种科技类奖励36项。其中，“特高压交流输电关键技术、成套设备及工程应用”获国家科技进步特等奖；“高压直流输电工程成套设计自主化技术开发与工程实践”获国家科技进步一等奖；“大型火电机组空冷系统优化设计与运行关键技术及应用”和“百万千瓦超超临界机组系统优化与节能减排关键技术”获国家科技进步二等奖。“燃煤电厂12万t/a二氧化碳捕集装置研制及工程示范”获中国电力科技奖一等奖。“500kV地下输变电工程关键技术研究与应用”获国家能源局科技奖一等奖。2012年，新申请专利131项，其中发明专利30项；被授权专利171项，其中发明专利6项；获软件著作权9项。共持有有效专利457项，其中发明专利32项。

2012年全年新立科技项目56项，发布集团公司技术标准14项，技术成果28项。完成了国家科技部、能源局等政府部门委托的“十一五”863计划项目“超超临界机组自动化成套控制系统工程设计技术”、国家科技支撑计划子课题“100万kW直接空冷机组工程设计研究”工作。完成了“中国智能电网总体方案及关键技术研究”、“特高压交直流与500kV交流同塔多回输电线路研究”等科技项目的研究工作。正在开展“面向中美先进煤炭技术合作的新一代煤转化与发电技术”、“国家700℃超超临界燃煤发电关键技术和设备研发及应用示范”、“风力发电和海水淡化联合技术研究及工程示范”等国际科技合作计划项目或国家能源局课题研究工作。

东北院“超临界塔式锅炉燃用褐煤技术的开发及应用”获中国电力科学技术奖。华东院完成的数字化电厂集成设计平台应用于大唐淮北虎山电厂的施工图设计，节省建安费用1000万元以上。西北院结合灵武电厂二期空冷、宝鸡第二发电厂海勒式间接空冷技术的应用，提炼总结出一批具有自主知识产权的专有技术。华北院在大唐清苑热电厂总承包工程中建造的两座储煤仓，首次在国内工程中采用了引进国外技术气模成型的球形薄壳混凝土结构。

2012年全年共主编11项国家级设计标准，完成了《1000kV架空输电线路勘测规范》、《±800kV直流换流站设计规范》等3项；主编104项，参编11项行业标准，完成了《电力工程水文技术规程》、《火力发电厂职业安全设计规程》等27项。正在编制企业标准32项，完成了《火力发电厂输煤系统设计导则》、《光伏发电站设计导则》等14项。

八、企业管理

2012年，按照“管理提升活动”的总体要求，制定了集团公司管理提升活动实施方案，完成了活动第一阶段自查报告和第二阶段专项提升工作方案，将管理提升活动内容分解落实到18个方面，开展自我诊断，剖析具体问题480余项，制定整改措施600余条，确定整改项目520余项。2012年，完成编制和修订企业制度 34 项，进一步完善了制度管理体系。

修订企业负责人经营业绩考核办法和干部管理制度，提出青年干部队伍建设初步指导意见。组织中电工程内部干部挂职锻炼以及与葛洲坝国际工程公司干部交流学习。进行特级专家、专家评选以及工程系列、政工系列职称评审工作。开展统筹外养老金补贴核定，以及“920 资产”核算、发放工作。

以总承包项目成本控制为重点，加大了成本精细化管理力度，严格控制非生产性费用。加强会计核算系统建设，组织实施统一的财务核算平台，实现了财务核算的集中。

重新设计、改造资金管理系统，修订资金管理和理财投资规则，提高了资金运作效率和安全性能。加强资金的运作和监管，通过合法合规的资金安全运作方式，年均资金利润率比 2011 年增长了 20%。

编制完成内部控制体系建设实施方案、《2012 年度全面风险管理报告》、《风险管理提升工作报告》，持续调整和改进内控机制。严格执行“三重一大”，集体决策制度得到了贯彻。继续加强法律风险防控，推进法律信息平台建设，经济合同、规章制度、重大决策法律把关率达到 100%。强化安全、质量、环保和节能减排管理，制定了《安全生产管理规定》、《环境保护与节能减排管理办法》等 6 项制度。强化监督检查和效能监察，2012 年全年没有发生安全生产、质量、环保责任事故。

全面调整设立了法律、安全生产、廉政建设等各类机构（委员会），明确了工作职责。开展了保密设备、涉密科研项目、涉密测绘成果检查。强化信访维稳工作，制定了《信访维护稳定工作应急预案》等 6 项制度。修订《公文处理办法》等 3 项制度。继续开展企业对标工作，进一步完善对标体系。

九、党建工作

修改中电工程党组织各项管理制度。认真组织十八大代表候选人推举选举工作。广泛开展“喜迎十八大、争创新业绩”主题实践活动，系统组织十八大精神学习贯彻活动。扎实推进“青年文明号”、“青年岗位能手”、“五四红旗团委”创建活动。广泛开展职工提案征集和提案完成督促落实工作。切实加强离退休职工的管理服务工作。

全面落实惩防体系建设五年规划，制定、完善制度 61 项。全系统立项效能监察 16 项，开展有关监督检查 12 项。发布《集团公司廉洁风险防控实施指导意见》。开展以“学制度、促规范，保廉洁、促增长”为主题的党风廉政宣传教育月活动。2012 年全年未发生领导干部重大违规违纪及责任追究事项。

十、主要事件

（1）2 月 20～21 日，中电工程在北京召开 2012 年工作会暨一届二次职代会。

（2）3 月 5 日，中电工程总部召开 2012 年工作会议。

（3）4 月 12 日，中央企业精神文明建设经验交流会在北京召开。中电工程总部被授予“全国文明单位”荣誉称号。

（4）6 月 6 日，中电工程与兰州电力修造厂技术合作协议签字仪式在北京举行。

（5）6 月 8 日，由中电工程所属中国电力建设工程咨询公司和中南电力设计院联合体 EPC 总承包建设的皖能马鞍山发电有限公司 2×66 万 kW 机组竣工典礼。

（6）9 月 4 日，中电工程与华电新能源发展有限公司在北京举行《华电新能源发展有限公司一揽子电力项目建设合作协议》及《华电格尔木二期 20MWp 并网光伏电站工程 EPC 总承包合同》签约仪式。

（7）11 月 23～24 日，2012 ENR/建筑时报“中国承包商和工程设计企业双 60 强”颁奖典礼在湖北省武汉市联合举办。中电工程名列第 2 名；西南、中南、东北、西北、华东电力设计院分列第 28、29、31、39、40 名。

（8）12 月，中电工程组建工程管理部和国际事业部；“总经理工作部（国际合作部）”调整为“总经理工作部”；“计划发展部”调整为“企业发展部”。

（9）12 月 29 日，神华神东电力重庆万州发电厂 2×1000MW 新建工程 EPC 总承包项目合同签字仪式在中电工程总部举行。神华国能（神东电力）集团和中电工程所属西南院、咨询公司三方在合同上签字。

（彭卫东）

【中国葛洲坝集团公司】

一、概述

中国葛洲坝集团公司（简称葛洲坝集团公司，英文简称 CGGC）的前身是 1970 年成立的“330”工程指挥部（因毛泽东 1958 年 3 月 30 日视察长江三峡工程坝址而得名），是首批实行国家计划单列的 56 家大型试点企业集团之一，享有省级对外工程承包权和进出口贸易权，拥有国家特批的企业财务公司，是国家创新型企业。2007 年 9 月，葛洲坝集团公司成功实现主业资产整体上市，股票（葛洲坝：600068）先后入选沪深 300 指数、上市公司治理指数、上市央企 50 指数、中证中央企业综合指数、中证中央企业 100 指数和上证 180 指数等指数样本股。2011 年 9 月，国家电力体制改革完成，中国葛洲坝集团公司成为中国能源建设集团有限公司核心成员单位。

葛洲坝集团公司的三大主业是：建筑工程及相关工程技术研究勘察设计及服务、水电投资建设与经营、房地产开发经营。围绕三大主业，葛洲坝集团公司形成建筑施工、高速公路运营、水泥生产、民用爆破、房地产、金融、水电、煤炭等八大板块紧密相连、协调发展的产业链。

葛洲坝集团公司拥有包括水利水电工程施工总承包特级在内的各类高等级资质100余个，在职员工4万余名，各类专业技术人员1.65万余名，各类施工设备5万余台（套）。具有年土石方挖填2.5亿 m^3、混凝土浇筑1800万 m^3、金属结构制造安装21万t、装机总容量900万kW、工业炸药生产20万t、水泥生产2100万t等综合能力。

葛洲坝集团公司拥有国家级企业技术中心和博士后科研工作站，取得包括国家科技进步特等奖在内的重大科技成果1000多项，多次获“国家优质工程金质奖”。

葛洲坝集团公司是三峡工程建设的主力军，完成了65%以上的工作量。同时，参与水布垭大坝、锦屏一级大坝、龙滩大坝等一系列世界顶级工程的建设。

葛洲坝集团公司业务遍及全国31个省市自治区，东南亚、南亚、中东、非洲等37个国家和地区。承接的合同总价120多亿元的巴基斯坦尼鲁姆·杰卢姆水电站，是迄今为止中国企业在海外获得的最大水电工程项目之一。2012年，葛洲坝集团公司位列全球最大225家国际承包商第62位，荣膺“中国建筑业500强”第二名，再次获中国“走出去”企业最高信用等级，被评为中国对外承包工程“社会责任领先型企业”。

二、主要指标

2012年全年资产总额达到764亿元，与年初相比增幅15.22%。全年新签合同首过千亿元，达到1012.36亿元，占年计划的119.1%，同比增长39.58%。其中，国内新签约556.26亿元，占新签合同总额的54.95%，同比增长33.37%，国际新签合同456.1亿元，占新签合同总额的45.05%，同比增长47.98%。新签国内外水电工程合同总额286.08亿元，占新签合同总额的28.26%，新签国内外非水电工程合同总额726.28亿元，占新签合同总额的71.74%。全年实现营业收入535.37亿元，较2011年增长15.03%，其中主营业务收入529.94亿元，较2011年增长14.99%。实现利润总额21.1亿元，同比增长4.17%。建筑工程承包业务实现营业收入428.85亿元，占公司营业收入总额的80.1%，较2011年增长20.47%。

三、改革发展

2012年，葛洲坝集团公司国内非水电项目签约超过了传统水利水电项目所占比例。研究拓展BT、EPC项目等高端市场，投入少量资金撬动重庆三环高速公路、宜昌庙嘴长江大桥、荆州至松滋一级公路等项目，与中国能建内部兄弟单位携手开拓国际EPC项目，总承包业务比重不断加大。

四、重大项目

2012年，葛洲坝集团公司在建工程合同个数为1027个，分布在世界37个国家、全国31个省市自治区。绝大部分项目按期或者提前实现合同要求的节点目标，全年共收到122个项目139次表彰。承建的南水北调中线干线控制性工程湍河渡槽槽身浇筑任务全部完成；承建的世界最高的双曲拱坝锦屏一级大坝克服“8·30”群发性地质灾害影响，提前实现下闸蓄水目标；承建的世界最大的升船机工程三峡垂直升船机项目攻克世界技术难题，土建工程全部完毕；承建的巴基斯坦N－J项目全面进入隧洞掘进盾构施工阶段；承建的藏木电站已具备大坝主体工程首仓浇筑条件。

五、投资兴业

2012年，全资投资的内遂高速公路、参股投资的汉宜高速铁路均实现提前通车；民爆、水泥板块进一步加快重组并购战略实施，区域市场控制力进一步增强；新疆葛洲坝大厦、武汉葛洲坝大厦等项目主体结构封顶；北京大兴旧宫等项目开局良好；斯木塔斯电站主体工程基本完工，哈密沙尔湖煤矿已进入前期施工阶段；武汉葛洲坝城市花园项目开工建设，汉阳葛洲坝总部经济园项目启动，旅游公司游船改造和平湖酒店装修项目全部完成；成立葛洲坝伟业保险经纪公司。研究论证并决策实施新疆哈峡加尔水电站；成功并购松滋双七水泥公司，水泥年产能达到2100万t，启动了水泥厂技改搬迁、并购钟厦水泥、境外投资等前期工作，支持易普力公司开拓新疆市场和国际市场；房地产市场全年新增土地储备面积7.28万 m^2，新增规划建筑面积10.92万 m^2。投资板块效益明显。2012年，水泥、民爆、房地产三大板块实现利润11.64亿元，占集团公司利润总额的49.53%。

六、走向海外

2012年全年国际工程新签合同31个，签约金额456.1亿元，同比增长47.9%。签订了埃塞俄比亚铁路项目、委内瑞拉输变电工程等一系列国际项目。

七、重大创新

2012年全年共获得省部级以上奖励7项、行业科技进步奖15项。共获得专利授权310项，其中发明专利26项，实用新型专利284项。主、参编的8项电力行业标准获国家能源局颁布，完成了5项电力行业标准的报批，获得6项电力行业标准制定任务。获得了13项省部级工法、28项电力建设协会工法。取得全国管理创新成果二等奖1项、省部级管理创新成果26项，其中一等奖6项、二等奖17项、三等奖3项。

八、党建工作

葛洲坝集团股份公司获“中央企业思想政治工作先进单位”称号；在全集团范围内开展了“讲诚信、

树丰碑”的诚信文化建设主题活动，营造了重信誉、守信用、讲信义的良好风尚；提炼出了以“诚信、合作、务实、创新”为基本行为准则的集团行为文化；成功承办中国能建成立后的首次大型群众性文化体育活动——篮球邀请赛；举办葛洲坝青年论坛、青年志愿者活动。

九、信息化建设

在特级资质申报信息化建设的经验基础上，对全面风险管理系统、设备物资管理系统、合同管理系统等业务系统进行了全面优化升级，子公司投标综合系统得到推广运用。水泥公司、易普力公司注重信息化与生产经营工作深度融合，获得工信部表彰。

十、履行社会责任

建立了离退休人员养老保险统筹外补贴政策并按月发放；落实了公司基本医疗保险统筹属地化；兑现了职工和退休人员整体参加武汉市职工基本医疗保险、改制企业集体工参加湖北省养老保险等承诺；城区民用水电“同城同价”等惠民政策也件件得到落实。城管局按照葛洲坝集团公司的总体安排，积极推进经济适用房建设，改善了中低收入职工住房条件。西坝水厂改造升级、团结路、东湖一路黑化改造等公用项目建设全部完工，中心医院新住院大楼建设前期工作加快推进。调整最低工资发放标准，廉租房租金补贴按时足额发放到位。扶贫帮困、金秋助学活动深入开展，待岗职工、单亲家庭、工亡家庭、零就业家庭就业和生活均得到妥善解决。

（肖 泉）

国投电力控股股份有限公司

【企业概况】 国投电力控股股份有限公司（简称国投电力公司）前身是中国石化湖北兴化股份有限公司（简称湖北兴化），主营业务为石油化工。2012 年，国投电力公司由湖北兴化与国家开发投资公司（简称国投公司）进行资产置换后变更登记设立，公司主营业务变更为电力的生产和供应。

国投公司是国投电力公司第一大股东。成立于 1995 年 5 月 5 日，是国务院批准设立的国家投资控股公司和中央直接管理的国有重要骨干企业之一。注册资本 194.7 亿元。截至 2012 年末，国投公司持股 2 174 037 465股，占国投电力公司总股本的 61.76%，公司总股本 3 520 295 539 股。资产总额 3115 亿元，年度实现经营收入 891 亿元，利润 112 亿元。在国务院国资委年度业绩考核中，连续 8 年获得 A 级，并在连续两个任期考核中成为“业绩优秀企业”。

截至 2012 年末，国投电力公司装机规模为 2233.3 万 kW（包括国投公司委托管理的电厂装机）。其中水电控股装机 712 万 kW，占比 32%；火电控股装机 1461 万 kW，占比 65%；新能源 60.3 万 kW，占比 3%。在建装机容量 1864.9 万 kW。

截至 2012 年末，国投电力公司板块资产总额 1675 亿元（其中水电资产总额 1675 亿元，占比 64%；火电资产 536 亿元，占比 32%；新能源资产 52 亿元，占比 3%）。资产负债率 84.4%；营业收入 312 亿元，实现利润 30.1 亿元。

2012 年，国投电力公司电力全年新增装机容量 424.75 万 kW，其中包括：官地水电站 3×60 万 kW、新密二期 2×100 万 kW、国投伊犁 33 万 kW、新能源 11.75 万 kW。核准控股装机容量 30 万 kW，其中国投盘江一期 30 万 kW。

2012 年国投电力公司取得两河口、杨房沟、宣城二期、钦州二期、哈密一期、沙洲二期、周口电厂“上大压小”七个项目的国家发改委“路条”，以及云南东川风电等四个风电项目的省级“路条”，规模达 1164 万 kW。

2012 年，国投电力公司盈利大幅增长的主要原因：一是受益于 2011 年电价上调和 2012 年燃煤价格下跌影响，火电盈利复苏；二是受益于所在流域来水较好，水电盈利同比增加；三是雅砻江下游水电拉开投产序幕，为国投电力公司带来新的利润增长点。

【领导班子】 2012 年国投电力公司领导班子成员如下：

董事长：胡刚
总经理：黄昭沪
副总经理：金锋
副总经理：张元领
副总经理：曲立新
副总经理：李俊
副总经理：钟荣辉

董事会秘书：杨林

【组织机构】 国投电力公司设有综合部（兼法律事务部）、人力资源部、计划财务部、业务发展部、生产经营部、安健环管理部、燃料管理部、证券部、监审部等10个职能部门，拥有投资企业30家，其中全资企业11家，控股企业15家及参股企业4家。国投电力公司组织机构见国投电力控股股份有限公司组织机构图。

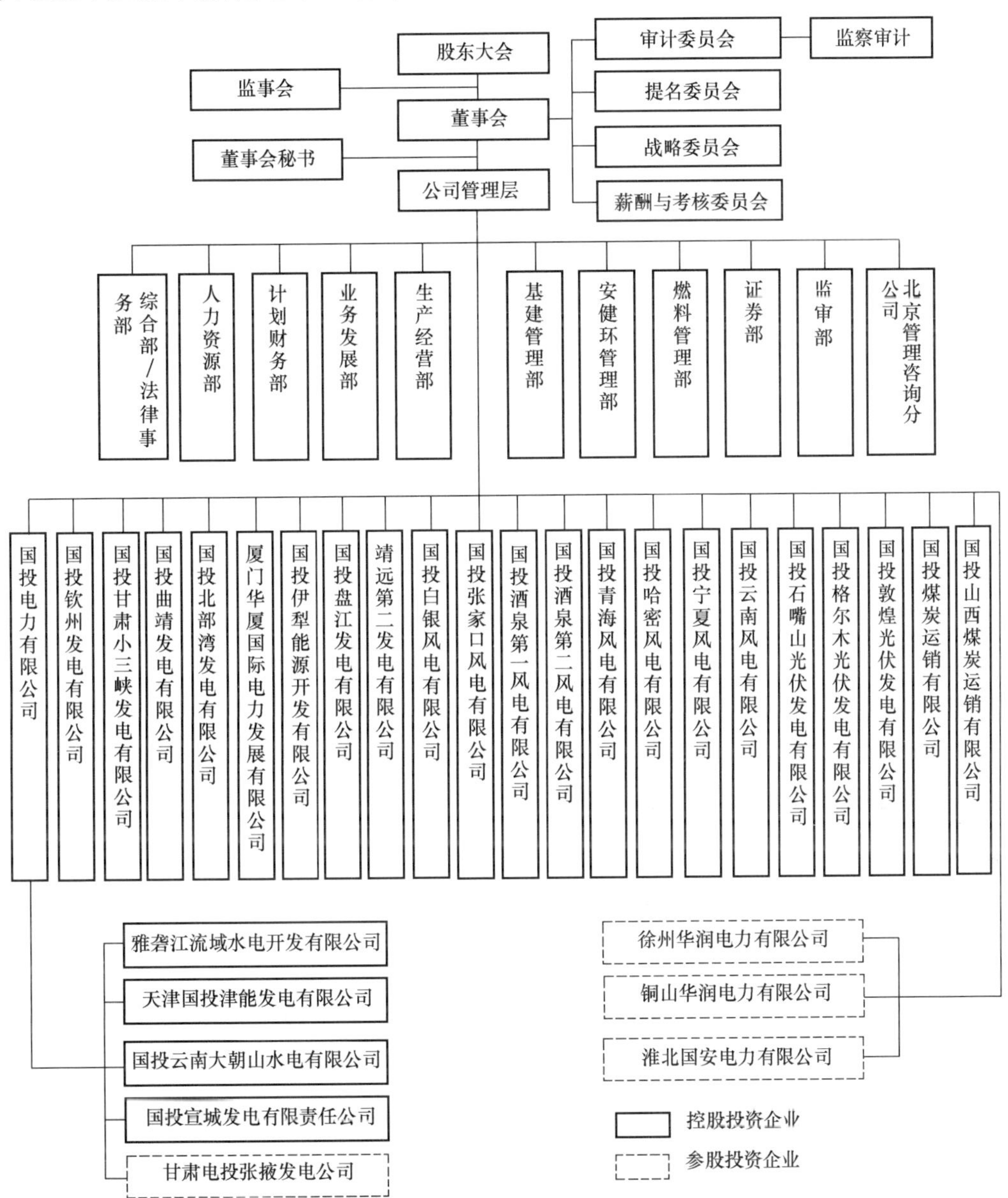

国投电力控股股份有限公司组织机构图

（截至2012年底）

【经营管理】 2012年，国投电力公司全年安全生产形势稳定，未发生一般及以上人身伤亡责任事故。2012年度，国投电力公司继续推进NOSA体系与安全生产标准化建设，加强节能减排和技术改造，积极争取节能减排专项资金和能源升级改造项目补贴。投资企业全年供电煤耗322g/kWh，累计有11台机组配备脱硝系统，容量达到640万kW，超过火电常规燃煤总装机容量的50%。国投北疆等四个项目通过安全生产标准化一级评审。

2012年，国投电力公司火电企业充分利用一季度来水偏枯、汛期煤价下降的有利时机，尽可能争取竞争电量。公司控股企业设备利用小时数达4827h，同比降低10%，高于全国平均255h。其中：火电企业设备利用小时数达5057h，同比降低14%，高于全国平均92h。水电企业设备利用小时数达4662h，同比增长1.4%，高于全国平均1107h。公司控股企业平均上网电价为0.381元/kWh（含税），受益于2011年两次火电电价上调和新批水电电价，同比上涨16.53元/MWh。

2012年度，国投电力公司控股火电企业实际耗用标准煤总量1756万t，实际标准煤单价780元/t（不含税），同比降低6%。

2012年，国投酒泉二风电风机安装工程荣获“中国电力优质工程奖”；国投北疆2号机组安装工程荣获“2011～2012年度中国安装工程优质奖”。

2012年，在控股股东国投公司支持下，国投电力公司收购了国投公司持有的国投钦州电厂61%、江苏利港电厂17.47%、江阴利港电厂9.17%的股权。

【发展战略】 重点开发水电，优化发展火电，稳妥发展新能源，加强节能减排与技术创新，确保公司持续健康稳定发展。

（1）火电：一是利用沿海经济发达、抗风险能力强的优势，布局大容量、高参数火电机组。二是合理扩建，实现规模效益。三是利用西部资源优势，落实消纳能力，布局煤电一体化项目及资源综合利用项目。

（2）水电：有序推进雅砻江中上游开发，形成投产、在建、核准、前期准备的良性滚动开发态势。

（3）新能源：争取资源条件好、送出有保障的新能源资源，根据政策和市场择机开发建设。

（冯　晔）

申能股份有限公司

【企业概况】 申能股份有限公司（简称申能公司）前身为申能电力开发公司，1993年改制成为中国电力能源行业首家上市公司。经过20多年开拓运作，已形成电力、油气双主业，煤炭采购、航运等能源产业链及相关业务适度发展的产业格局，逐步树立了主业突出、资产优质、业绩优良、运作规范的市场形象，为上海能源保障和结构调整做出了积极贡献。

截至2012年底，申能公司总资产约376亿元，净资产约255亿元。申能公司拥有全资、控股和参股企业超过30家；建成煤电、核电、燃机发电和水电项目15个，在建2个，形成了多元化的电源结构，建成权益装机容量达到727万kW；控股装机发电量占上海总发电量近1/3。申能公司投资的东海平湖油气田是上海天然气气源之一；投资的上海天然气主干管网已建成600km，为上海天然气多气源供应奠定了基础。

【主要业绩】 2012年，申能公司经营业绩良好，利润增长较大；安全形势总体平稳，大机组可靠性明显提高；临港电厂全面建成投产，崇明燃机项目获国家发改委核准；节能减排行业领先，系统企业供电煤耗再创新低。

1. 年度主要生产任务基本完成，经营业绩良好

2012年，申能公司全口径发电量648亿kWh，权益发电量306亿kWh，占上海地区总发电量近三成。全年申能公司生产原油5.27万t，实现天然气销售量62.63亿m^3。

申能公司强化燃料供应和管理，实现了申能系统电厂燃煤供应全覆盖，有效保障了发电企业电煤的安全供应和成本控制。申能公司系统发电企业加大掺烧力度，科学掺配，低热值煤炭掺烧率有较大提高，有效降低了燃料成本。2012年内公司两艘5.3万t新船投运，并开通“秦皇岛—上海”、“京唐港—上海”两条准班轮航线，大幅提升了船、货衔接效率。

2. 安全生产标准化完成达标，安全形势总体平稳

2012年，申能公司系统安全生产形势总体平稳、可控，大机组可靠性明显提高。系统内多家企业获国家电监会授予的“电力安全生产标准化达标一级企业”称号。

3. 临港工程建成投产，崇明项目获得核准

临港一期工程继2011年实现前3台机组投产后，4号机组于2012年3月21日顺利完成168h试运行，实现了工程的全面建成投产。4号机组联合循环发电

效率达到59.7%，成为国内及亚洲地区同类型机组新的标杆，临港一期工程项目被授予"亚洲电力2012年度最佳燃气发电项目金奖"。2012年12月31日崇明燃机电厂项目正式获得国家发改委核准批复。

4. 持续推进科技创新和节能减排，能耗指标再创新低

2012年，申能公司开展公司系统年度科技成果奖评审工作，临港燃机获6项行业科技成果奖；依托科技公司平台，大力推进系统内机组的综合优化改造，并积极拓展系统外火电节能市场。

2012年实现供电煤耗291g/kWh，较2011年同期下降4g/kWh，继续保持行业领先；综合厂用电率4.41%，较2011年同期下降0.09个百分点。加强环保工作，实现脱硫和脱硝超量减排，其中外高桥三发电综合脱硝效率大于80%，经济效益和环境效益显著。

5. 积极筹划股份回购，提升公司价值和市场形象

2012年10月12日，申能公司2012年度第一期短期融资券成功发行，第一期短期融资券发行总额10亿元。

6. 不断夯实管理基础，积极推进企业建设

2012年，申能公司按照监管要求制定了《内控规范实施工作方案》，总体布局系统企业的内控实施步骤和方案。颁布了企业《内部控制手册》，确立了内控工作的总纲，并建立内控工作的全员参与和长效机制，促进系统内部控制体系的深入与持续运作。申能公司不断深化群众性建功立业活动，开展节能减排竞赛活动检查，激励职工为节能减排目标建功立业。系统1000多名职工踊跃参加合理化建议和金点子征集活动，提出1581项合理化建议，其中253项得到采纳和实施，产生经济效益约3500多万元。继续做好安康杯"五个一"和"十个一"等规定动作，创新安康杯竞赛的内容和形式，不断扩展竞赛内涵和外延，做到常赛常新。

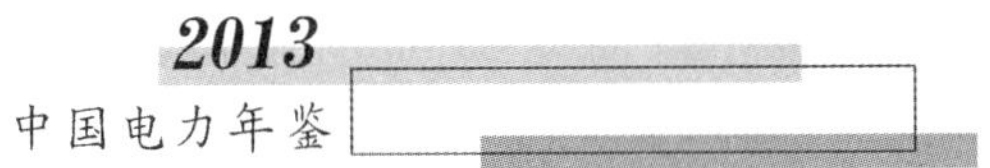

陕西省地方电力（集团）有限公司

【企业概况】 陕西省地方电力（集团）有限公司（简称陕西地电公司）是省政府直属大型供电企业，主营业务为电力供应及其相关服务。供电营业区为榆林等9市、高陵等66个县（区），供电面积占陕西省总面积的72%，供电人口占陕西省总人口的51%。陕西地电公司拥有460万用电客户，在陕西供电市场的份额为31.1%，工业电量占到总售电量的70%。

陕西地电公司下属有供电、发电、辅业、多经四个业务单元的分、子公司95个。全系统员工2.7万人，其中农电工1.1万人。

陕西地电公司资产总额173.1亿元，拥有各级电压协调发展的配电网，包括：35kV及以上线路728条/11 385km；变电站443座，主变压器756台/8590MVA；省、市、县级调度75个；10kV线路2407条/87 814km；10kV配电变压器12 172MVA/10.6万台；低压线路17.5万km。陕西地电公司电网内并网电厂（站）501座，总装机容量335万kW。电网最大负荷517万kW，最小负荷295万kW，平均负荷333万kW。

【领导班子】 2012年陕西地电公司领导班子成员如下：

董事长、党委书记：王鹏
董事、总经理、党委副书记：刘斌
纪委书记：梁德智
副总经理：李闻军
副总经理：李东平
董事、总会计师：黄蛇楼
董事：岳青
工会主席：强梅
总工程师：盛成玉
总法律顾问：张军礼
总经理助理：黄献松

【组织机构】 见陕西省地方电力（集团）有限公司组织机构图。

【2012年工作简况】 2012年，陕西地电公司完成销售收入163.8亿元，同比增长20.9%；售电量296.2亿kWh，同比增长11.2%；实现利税12亿元，同比增长31.6%。

2012年完成投资39.2亿元，同比增长22.8%，

投产35kV及以上工程“13站、37线”。陕西地电公司电网电压等级进一步提升，单台33万kW机组并网，单项用电负荷突破20万kW。加快重点城镇、工业园区和新增负荷区域电网建设，跟进移民搬迁和城乡统筹电网建设。建成10个新农村电气化县，富平全国电气化示范县开工。农网改造面提高4个百分点，达到了96%。110kV电源接入取得积极进展。

2012年，陕西地电公司制定《电力市场开拓奖励办法》，围绕市场稳增长。与各市、县政府及8户大型企业签署战略合作协议。加强与重点客户沟通，公布零停电和限时停电客户名单，现场解决客户用电问题。5户企业与电厂实施新交易。开展第七个供电服务宣传月活动和居民用电服务质量大提升专项行动。落实峰谷分时电价和居民阶梯电价，电费回收率达到100%。

2012年，陕西地电公司优化电网运行，供电可靠率和电压合格率稳步提高，安全生产实现“五不发生”目标。全面推广带电跨越施工作业，开展中低压带电作业试点。12座110kV变电站实现无人值守。提高调度水平，支持清洁能源消纳。建立第二个院士工作站，共建国家能源重点实验室。启动智能配电网示范工程建设，完成智能电网研发课题5项，取得专利7项。

2012年，陕西地电公司通过“三标”管理体系认证，被评为全国电力行业AAA级信用企业。管理创新成果在全国、全省电力行业获奖数量和质量再创新高。启动陕西地电公司层面对标，20个分、子公司通过创一流验收。财务管控扎实有效，预算管理实现各单元、层级和时间的全覆盖。完成内控体系和制度体系建设，形成规章制度788项。班组建设不断深化，供电单元班组全部实现了规范化、标准化。

2012年，陕西地电公司开展领导班子和领导人员无任用民主推荐工作。加强人才队伍建设，建立四级技术岗位，推行研究生任分、子公司经理助理制度，选拔大学生担任班组长和技术员。改善员工结构，公开招聘博士10人、硕士53人、大学生182人。完成18个种类32个班次5739人次的培训，陕西地电公司培训中心被中华全国总工会授予全国职工教育培训示范点。

2012年，陕西地电公司开展基层组织建设年和“三问三解”活动，公司党委党校开班。开展反腐倡廉制度建设深化提升年活动，建成廉洁文化示范基地9个。全系统省级及以上文明单位比例达到了78%。在陕西省公共服务行业行风测评中，90%以上的单位连续三年保持前三名。陕西地电公司获全国“安康杯”竞赛优胜企业，获全国电力行业企业文化建设优秀成果二等奖。被评为社会责任先进企业，在人民大会堂发布社会责任报告。

【重点工程】

（1）2012年1月17日，陕西省延安市安塞县华油110kV输变电工程竣工投产，新增变电容量2×40MVA、线路55km，该工程的投运保证了安塞华油LNG项目供电。该LNG装置年产量48万t，是迄今为止国内单套液化天然气生产能力最大的装置，安装有地电公司电网内最大的10kV电机（功率23MW）。

（2）2012年5月4日，川掌—有色输电线路投运，保证了陕西有色榆林新材料项目300MW负荷的备用供电，满足了单台330MW机组并网运行，实现单个用电项目负荷突破200MW。

（3）2012年10月22日，宝鸡市凤翔县长青110kV输变电工程竣工投产，新增变电容量1×20MVA、线路29km，该工程的投运保证了长青能化一期60万t/年煤制甲醇项目的供电，该用电项目为陕西地电公司营业区内除榆林地区外规模最大的化工项目。

【科技发展与创新】

（1）陕西地电公司承担的中央预算内投资战略性新兴产业（能源）项目——智能配电网示范项目顺利实施，项目总投资15 900万元，项目总投资额10%由中央预算内资金补助。

（2）陕西地电公司“支撑智能电网建设集成控制、调度管理、系统仿真和设备验证的统一平台研究”成果通过陕西省科技厅的科技成果鉴定。鉴定委员会专家认为，该项目研究成果总体达到国际先进水平，部分成果达到国际领先水平。该研究成果形成了一套完备的软硬件体系，首次构建了智能配电网统一支撑平台，实现了集状态感知、风险评估与安全控制一体化的电力系统智能调度。

【国际交流与合作】 2012年，陕西地电公司与法国电力、新加坡能源等跨国公司开展长期技术交流，签署战略合作协议。与清华大学、法国电力、IBM、华为、埃森哲共同发起举办智能电网（配网）论坛，创建了智能电网新技术和创新管理交流平台。组织参加了南非能源会展、台湾电力工业展览等。与新加坡能源通过交流合作，在状态监测技术方面取得了实效，提高了设备管理能力和人才队伍的技术水平；与东京电力公司在储能技术方面、与法电在带电作业技术管理和智能规划方面，确立了交流合作方向。

【主要事件】

1月10日，陕西地电公司同榆林市政府签署新

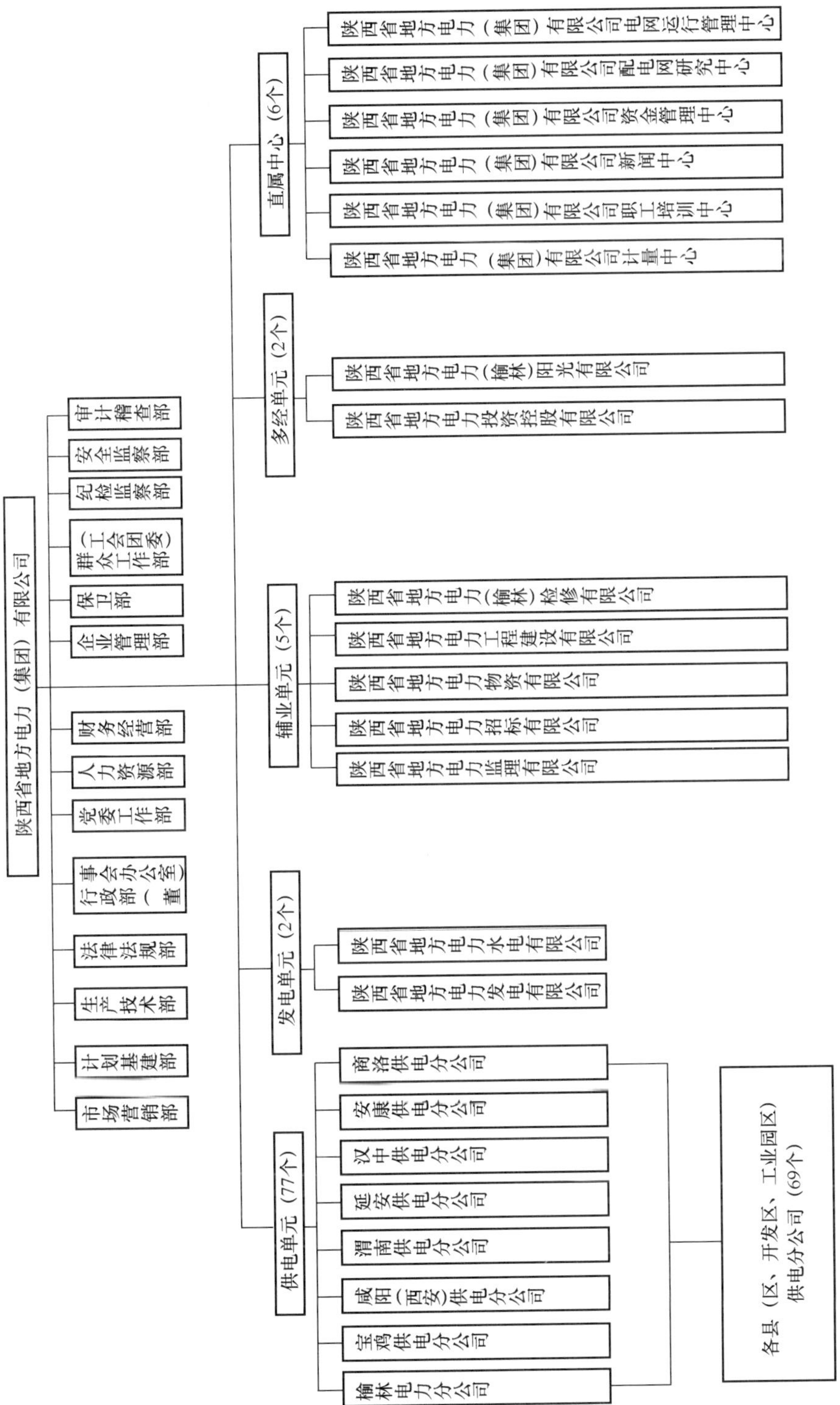

陕西省地方电力（集团）有限公司组织机构图

一轮战略合作协议，投资 11.9 亿元建设榆林电网，投资额度比 2011 年增长 30%。

1 月 17 日，陕西地电公司被陕西省政府授予“2011 年度安全生产先进企业”荣誉称号。

1 月 22 日（除夕），陕西地电公司电网最大用电负荷 445.87 万 kW，再创历史新高，较 2011 年春节期间上升 10.88%。

2 月 8 日，陕西地电公司被陕西省政府授予“2011 年度社会贡献优秀国有企业”。

2 月 14 日，陕西地电公司召开 2012 年工作会议暨一届一次职代会。

3 月 1 日，陕西地电公司启动 2012 年“供电服务宣传月”活动，2012 年的主题是“用心服务，让行动比口号更精彩”。

3 月 29 日，陕西地电公司举行《2011 年供电服务报告》发布会。

5 月 17 日，陕西地电公司与西安交通大学举行会谈，双方将在电力科技的各个领域开展科技攻关、人才培养，以及学术交流和科研基础条件建设等方面展开全方位合作。

5 月 26 日，在北京人民大会堂召开的“2012 中国工业经济行业企业社会责任报告发布会”上，陕西地电公司发布了《2011 年社会责任报告》。

5 月 29 日，陕西地电公司与法国电力公司、法国配电国际公司签署合作备忘录，在财务、运行、管理方面开展合作。

6 月 5 日，在第七届中国企业社会责任国际论坛上，集团公司入围“金蜜蜂”2011 企业社会责任中国榜。

8 月 15 日，陕西地电公司首个职务性专利诞生。

10 月 12 日，陕西地电公司召开领导干部大会，传达贯彻陕西省委组织部、省国资委关于集团公司领导班子调整的会议精神，由王鹏同志主持公司董事会及公司全面工作。

11 月 28 日，陕西地电公司参加了由广西水利电业集团有限公司在南宁承办的主题为“地方电力科学发展与企业文化”的第四届全国地方电力论坛。

12 月 27 日，陕西地电公司及所属子公司投资公司、物资公司获评中电联“企业信用评价 AAA 级信用企业”并授牌。

各地区电力

华 北 地 区

【国家电网公司华北分部】

分部概况 为加快公司发展方式和电网发展方式转变，推进国家电网公司总部分部一体化运作，国家电网公司华北分部与华北电网有限公司实行一体化管理，主要负责监督、检查国家电网公司重大决策在华北区域内的贯彻实施，负责华北区域电力调度、安全质量监督、电力交易、审计业务的管理与协调。国家电网公司华北分部下设8个部门：安全监察质量处、国家电网华北电力交易分中心、国家电网华北电力调控分中心、综合管理处（社保中心）、财务处、审计处、党群工作处、离退休工作处。国家电网公司华北分部所属3家二级机构：物业分公司、管理人员培训中心（蟒山度假村）、北京电力医院。

电网概况 华北电网以500kV“七横三纵”电网为主网架，山西、内蒙古电网为电源送出地区，东部京津唐电网、河北南网和山东电网为受电地区。华北电网与东北电网通过直流背靠背互联，华北电网通过特高压长南Ⅰ线、南荆Ⅰ线与华中电网联网运行，华北电网与西北电网通过银东直流互联。华北主网网内电力走向为西电东送、北电南送、南北互供，多方向、多通道、多落点的网架格局。全网统调机组762台，装机容量227 970MW。

2012年，受国家经济形势、产业结构调整以及华北地区夏季多雨等因素影响，华北电网、京津唐电网负荷同比增长放缓，基本呈现前高、中低、后高的态势。华北电网最大负荷达到16 492万kW，增长1.6%（同比夏季），创历史新高；其中京津唐电网最大负荷达到4811万kW，基本与2011年同期持平；河北南网、山西电网、山东电网、内蒙古电网负荷均创历史新高，分别达到2648万kW、2418万kW、5463万kW和1947万kW。进入冬季供暖期，电网负荷增速较为明显，华北电网连创新高，同比增长保持在3%～5%，京津唐电网负荷同比增长保持在5%～7%，部分省网电力平衡偏紧。

电网调度 推进“安全年”活动。创建“四防两排查两确保”机制，落实8个方面48条安全措施。吸取印度大停电事故教训，梳理风险点9项，制订应对措施16项，实现全年安全生产零事故。持续提升大电网驾驭能力。制订特高压北送400万kW方式下电网临时控制极限措施7项，开展高岭直流扩建工程近区安全稳定水平和控制策略等问题研究，确保电网稳定运行。构建“六位一体”保电体系，开展省间电力资源调剂，组织45次联合反事故演习，编制预案270个，成功应对恶劣天气等导致的35条线路97次跳闸，保障了十八大等重要时段可靠供电。调控分中心荣获“十八大保电工作先进单位”称号。

顺利完成机构调整。完成两次组织机构调整，实现安全形势、内外环境和员工队伍“三个稳定”。有序推进机制建设。细化下发处室职责136项，修订管理制度249项，完善工作流程1083项。按照总部统一部署，协调督导华北区域“大运行”体系建设，完成山东、山西、北京输电网评价等30余项安全质量监察和22项审计任务。

电力交易 提高华北区域资源配置能力，保证华北电网电力有序供应。协助总部组织协调跨区交易，精心组织区域内跨省交易。2012年初在河北南网电力缺口较严峻的形势下，组织山西支援河北南网最大电力150万kW；京津唐支援河北南网最大电力100万kW，山东支援河北南网平峰最大电力87.5万kW；缓解河北南网长期供需紧张形势。迎峰度夏期间全力保障社会供电。强化与总部及各分部之间的协商。组织山西送京津唐短期交易8笔，最大电力100万kW，累计送电1.05亿kWh；同时，利用网间电力负荷特性差异，实现京津唐送山东联络线错峰互济电力50万kW。迎峰度夏期间，华北地区各省网没有因为电力供应紧张导致拉路、限电。

贯彻落实国家节能减排政策。依据以大替小原则，开展发电权交易。与发电企业积极沟通，努力撮合交易成功，及时向政府部门报批、报备发电权交易相关情况。根据国家能源局及国家电力监管委员会要求，努力安排风电水电消纳。超前研判冬季低谷风电消纳形势，提早制定消纳方案。在冬季京津唐电网调峰机组比例下降、峰谷差率上升、本地风电新增装机超过30%等情况下，深掘机组调峰能力，充分使用抽蓄机组，采取跨省短期交易、联络线计划调整、合理错避峰等措施，在保证内蒙古联络线年度合同曲线运行基础上，增加低谷时段平均电力30万kW，努力解决蒙西风电弃风问题。

加强月度电量计划管理效能，实施购电指标月度考核。规范购售电合同管理，圆满完成电量电费结算工作。依托市场品质分析系统，深化购售电市场分析与预测。

科技与信息化 推进调度业务升级转型。配合国调积极开展在线联合计算分析工作；完成华北调度计划一体化编制系统的开发和完善，开展三级联动静态安全校核；对直调机组进行发电能力统一申报；牵头开展《继电保护定值在线校核技术规范》等三个企业标准的编制工作；完成智能电网调度技术支持系统3.0版本升级。

试点开展通信管理系统建设。完成系统部署、上线试运行，为系统在全国推广积累宝贵经验。开展华北分部信息系统适应性调整建设工作。编制调整建设总体方案，确定一级或集中部署系统27个，二级部署系统9个，推进国家电网公司ERP集中部署系统在华北分部上线。

认真做好特高压北送大负荷试验相关工作。针对特高压北送400万kW方式，分5项专题全面开展分析计算，制定电网临时控制极限7项，发电与联络线计划优化措施5项，组织制定大功率北送电力消纳方案和电压临时控制方案并调整AVC控制策略。

落实节能减排要求，加强新能源并网运行管理。积极消纳内蒙古低谷风电。后夜低谷最大接纳风电电力130万kW。分析沽源风电汇集网络运行特性。研究论证大规模风电汇集网络的风机脱网机理，提出了风电汇集系统安全运行控制措施，有效抑制了沽源地区风机连锁脱网问题。研究风电汇集系统电压优化控制策略，推进AVC系统建设。沽源地区已有12座风场完成AVC子站建设并投入闭环控制，改善了沽源地区的电压控制水平。进行新能源参与辅助服务研究。推动京津唐地区风电场参与两个细则考核。落实风电反措，督导风电场完成技术整改。京津唐地区风机低穿整改完成率达98%，风机异常保护定值整改完成率已达到100%。

党的建设和精神文明建设 启动“双争”活动并深入开展，制定实施方案，召开动员大会，明确年度创争目标，细化阶段性工作重点，全员参与、全体承诺。坚持与“安全年”活动相结合，与“管理提升”相结合，与创先争优相结合，分层召开党员干部座谈会，广泛开展“建言献策”活动，组织“尽职尽责、主动作为、有效工作”大讨论，统一思想、凝聚共识。

深化“学习型党组织”创建，组织开展“学习·提升·健康”大讲堂系列讲座，及时宣贯全国两会、党的十八大和国家电网公司工作会议精神，建立党务信息管理平台，发布十八大专题数据库，推荐优秀书籍，筹建员工书屋，组织党员过特殊组织生活，不断提升党员干部综合素质。“双争”活动成为加强党风廉政建设的保障工程。落实“一岗双责”要求，明确监督事项40余条，梳理规章制度近30项。组织区域各省市公司开展“廉政风险防控机制的实践与探索”课题研究，制定分部公务、生产用车管理办法，规范职务消费管理，全面完成年度党风廉政建设任务。

组织青藏联网工程先进事迹报告会。召开分部庆祝建党91周年大会。开展“学团史、跟党走、喜迎十八大”主题活动。举办广播体操和健身长走比赛。进行迎峰度夏慰问。规范分部文化识别系统，建立与“五统一”要求相一致的机关大楼文化环境。

（李　斌）

【华北电网有限公司】

见国家电网公司华北分部。

【北京市电力公司】

企业概况 北京市电力公司（简称北京公司）是国家电网公司所属的省级电力公司，负责北京地区1.64万km^2范围内的电网规划建设、运行管理和630余万用电客户的供电服务工作，肩负着为首都党政军机关、重大政治活动和城市运行安全供电的使命。截至2012年底，北京公司本部设置23个部门，下设16个供电公司、10个业务支撑与实施机构以及3个其他单位。

2012年，北京公司完成售电量792.06亿kWh，城市供电可靠率达到99.985%，当年电费回收率达到100%。

领导班子 2012年，北京公司领导班子成员如下：

总经理、党委副书记：朱长林

党委书记、副总经理（2012年11月任）：尹昌新

副总经理、党委常委：郑林

副总经理、党委常委、工会主席（2012年11月兼任工会主席）：李百顺

副总经理、党委常委（2012年11月任）：蒋斌

副总经理、党委常委 ：刘润生

副总经理、党委常委：安建强

总会计师、党委常委（2012年11月任）：李路

党委常委、纪委书记（2012年3月任）：杜小波

总工程师（2012年4月任）：王少毅

副局级调研员（2012年11月任）：李国华

注：2012年11月公司党委书记、副总经理田博，副总经理、总会计师常世平调离，3月党委常委、纪委书记柏磊调离。

组织机构 截至2012年底，公司有职能部室23

个：办公室、发展策划部、人事董事部、人力资源部（社保中心）、财务资产部、安全监察质量部（保卫部）、生产技术部（政治供电办公室）、基建部、营销部、科技信息部（智能电网办公室）、物资部（招投标管理中心）、审计部、监察部（纪委办公室）、思想政治工作部（党委办公室）、离退休工作部、经济法律部（产业部）、对外联络部（新闻中心）、机关工作部（行政管理部、机关党委）、运营监测（控）中心、调度控制中心、电力交易中心、工会、国网企协北京分会。

16 个供电公司：城区供电公司、朝阳供电公司、海淀供电公司、丰台供电公司、石景山供电公司、亦庄供电公司、通州供电公司、昌平供电公司、门头沟供电公司、房山供电公司、大兴供电公司、平谷供电公司、怀柔供电公司、密云供电公司、顺义供电公司、延庆供电公司。

10 个业务支撑机构：北京电力经济技术研究院、北京电力科学研究院、北京电力工程公司、检修分公司、信息通信分公司、培训中心、物资供应分公司（招投标代理公司）、综合服务中心、供电服务中心、北京华商电动车动力科技有限公司。

3 个其他单位：北京市供用电建设承发包公司、物业管理公司、北京市城市照明管理中心。

电网概况 北京电网是高受电比例大型城市电网，是京津唐电网的负荷中心。北京电网是以 500kV 为骨架、220kV 为主体，110kV 及以下配网覆盖全北京市的大型城市电网。截至 2012 年底，北京地区发电总装机容量达到 734.192 4 万 kW，全年发电量 290.059 7 亿 kWh。110kV 及以上变电站 351 座，变压器 868 台，变电容量 70 755.5MVA。110kV 及以上架空线路 475 条，共 6335.6km；110kV 及以上电缆线路 778 条，共 1443.4km。

北京电网 500kV 网架由 9 座变电站形成扩大双环网结构，西北部和南部分别外扩至河北地区，通过 10 个 500kV 通道与外网联络，220kV 网架由 7 座 500kV 变电站的 220kV 母联开关作为分区点，形成 6 个相对独立的供电分区，各分区之间通过联络线互为备用；110kV 及以下电网除并网线路外，全部开环运行，形成辐射状电网覆盖全市范围。2012 年，北京电网运行平稳，地区最大负荷 1582 万 kW，同比增长 1.74%。北京电网冬季负荷高达 1574.1 万 kW，同比增长 12.3%。

人力资源 北京公司在职职工平均年龄为 42.7 岁，具有大学专科及以上人员 6406 人，占比 74.7%；副高及以上专业技术资格为 852 人，占比 9.9%；中级专业技术资格 1507 人，占比 17.6%；高级工 3587 人，占比 41.8%。国家电网公司级专家 14 名。人才当量密度 1.007 1。

推进“三集五大”体系建设。“大规划”、“大建设”、“大运行”、“大营销”、“大检修”体系依次导入，新体系下，机构精简率 35.8%，“三集五大”体系架构基本建立，并通过国家电网公司专业评估和综合验收。

优化机构设置，初步建立集中、统一、规范的组织体系。压缩本部职能部门数量，由 27 个减少为 23 个；整合业务支撑机构，所属单位由 36 个减少为 29 个。精简供电公司内设机构，取消生产、营销工区设置，缩短管理链条。优化岗位设置，编制管理岗位典型目录，完善生产岗位序列，取消序列外岗位设置，统一岗位工作标准，明确岗位任职条件及工作职责。试点专业技术职级体系，建立技术人才职业发展通道。严格控制各单位管理人员总量。管理人员配置率比“五大”体系定员水平提高 20.4%。

实现培训分层次、分专业全面覆盖，共组织各类培训考试 2051 期次，92 366 人次参加。制定专家人才分级分类管理办法及专家培养管理实施细则。200 名优秀人才进入十大专业人才库，其中 9 人入选国家电网公司首批专业领军人才培养名单。

统一人工成本核算、预算管理体系和投入产出效率预警机制及结果评价体系，实现控制总量、优化结构、提升效率的目标。印发《公司所属单位及其负责人业绩考核办法》、《2012 年所属单位及其负责人业绩考核实施细则》、《全员绩效管理实施细则（试行）》、《全员绩效管理实施方案》，全面规范公司、所属单位、部门、岗位四层级绩效管理工作。建立公司关键业绩指标、部门重点工作任务指标、一线员工工作积分标准、全体员工职业行为禁区四类量化指标体系，建立业绩考核看板，及时发布业绩指标完成情况。

电网建设与发展 滚动修改《北京电网十二五规划》，完成《2030 年电网发展空间布局规划》和《应急抢修服务网点空间布局规划》，预留变电站 611 座，线路走廊约 1000km，布设各级指挥中心、智能监控中心、应急抢修服务网点 406 个，打造“1＋4＋17＋N ＋X”（即以 1 个调控指挥中心为核心，以 4 个中心城区应急抢修中心、17 个区县调控指挥分中心、N 个智能监控站、X 个应急抢修服务网点为网络节点，为城市提供层次分明、功能完备的应急抢修服务）的应急抢修和服务网络，完成 220kV 及以下工程可行性研究 64 项，取得 35kV 及以上输变电工程立项核准 45 项，规划意见书 48 项。

滚动调整“十二五”配电网发展规划，开展未来科技城等 28 个热点发展区域电网规划专题研究，在通州环渤海总部基地、丽泽商务区试点建设高可靠性配网；开展配网“统一规划、集中建设”试点工作。新建35kV及以上变电站14座，35kV及以上线路369.38km。共批复清洁能源接入申请31个，总装机容量561.49万kW，已接入和待接入的分布式电源达到28.7万kW。后勤规划入选国家电网公司推广范本。

完成电网基建项目储备371项。新开工输变电工程42项，新建35kV及以上变电容量359万kVA、线路326km。投产输变电工程28项，投产35kV及以上变电容量285万kVA、线路288.36km。完成35kV及以上电力设施迁改工程13项，投产电缆11.65km、线路21.35km。新开工充（换）电站47座，竣工37座。完成重点附属设施工程5项。全年安排下达87项资金计划用于非生产性工程项目建设。

海淀500kV变电站工程获得国家电网公司“变电工程质量管理流动红旗”；西马220kV变电站工程获得国家电网公司华北区域“变电工程质量管理流动红旗”。14项110kV及以上输变电工程全部获评国家电网公司优质工程，优质率100%。北京高安屯充换电站获得国家电网公司优秀设计二等奖，北京南站、团河220V变电站获得国家电网公司优秀设计三等奖，天津永定河220kV变电站获得国家电网公司设计竞赛一等奖。北京公司获得国家电网公司“2012年度基建技术管理先进单位”称号。

经营管理　加强经济运行监控，向基层单位分解下达综合计划指标23项；合理安排电厂年度发电量计划，节约购电成本。

开展以内部利润管理为导向的绩效考核。加强子公司预算管理，优化指标考核与计分方法。实施财务管控标准流程，固化标准流程224个。完成会计主体撤并，会计主体由34个减少到29个。推进财务与业务的协同融合，集中配置45类业务集成方案，开发完善财务与业务系统接口共计17个。推广内部交易业务协同上线，自主研发全业务单据处理平台，实现业务信息与核算信息线上转换。实现试点单位上门收款电费直接缴存工行、农商行一级账户，电费退费全部实现电子支付。建立集中支付“日清日结”管理体系，实现备付、支付、过账和对账的全过程闭环管控；平稳实施35kV及以上资产的集中管理，开展涉及16家供电公司用户资产的评估入账工作。

整合仓库资源，搭建物资公司区域库、二级单位周转库两级仓库管理模式，加强对基层末端的实物管控。

全年北京公司共对外签署经济合同18 043份，未发生重大履约纠纷。作为国家电网公司试点单位，实施案件管理信息化工作，起诉状、答辩状等核心法律文书全面上线。在石景山供电公司试点开展供电公司法律风险防范体系建设，并将试点经验在各供电公司推广。完成《首都经济结构变化与电力公司经营效益关系研究》等9个战略课题、20个专项课题和135个基层课题的研究，其中，《北京市电力公司营销与服务模式优化调研》获得国家电网公司优秀调研成果二等奖，北京公司荣获国家电网公司年度政策研究先进单位荣誉称号。

在国家电网公司发布的2012年度同业对标指标评价结果中，北京电力同业对标综合排名第8，业绩对标排名第7，管理对标排名第8，规划管理专业进入华北区域专业管理标杆，1项典型经验入选国家电网公司典型经验库。构建起覆盖全业务、全流程和全岗位的企业标准体系，建设标准总数7713项。标准体系建设通过国家电网公司“三集五大”建设专业验收。北京电力承担国家电网公司1项重大和3项重要管理创新项目。《依托内控平台，实现安全的全过程信息化管理》获得全国电力行业企业管理创新成果二等奖，《实施“电靓京城”品牌塑造工程，努力提升公司软实力》获得全国电力行业企业管理创新成果三等奖。《重要客户差异化服务保障模式创新与实践》获得全国电力行业企业管理创新成果三等奖。1人获得全国电力行业优秀企业家称号。规范全面质量管理QC小组活动，编制《北京市电力公司全面质量QC小组活动管理标准》。有5个单位QC小组获得全国优秀质量管理小组称号，1个单位班组获得全国质量信得过班组称号。

组织修订337项规章制度，共制定管理制度803项，实现与国家电网公司管理制度全面对接。

稳步推进运营监测（控）中心建设工作，开展组织机制、业务体系、场地环境及信息支撑系统建设。建成拥有监测展示、决策会商、独立监测、互动体验、设备控制及设备部署等5大功能分区的运营监测中心。完成运营监测（控）信息支撑系统建设。

全年共签订20份购售电合同，合同签订率100%，合同备案率100%。完成电量交易和电费结算，全年累计购电量841.51亿kWh，同比增长6.85%。推行购电全寿命周期管理，初步实现购电业务“事前预测、事中监控、事后分析”的全周期管理。

主多分开工作通过国家电网公司验收。初步形成主业与产业的一体化发展格局。

安全生产　树立“大安全”理念，以“安全年”活动为主线，以“大运行”“大检修”体系建设和十八大政治供电保障为核心，统筹开展安全管理、运维检修、调度运行、科技信息、应急建设等方面工作，成功应对“7·21”、“11·4”特大自然灾害。

完成迎峰度夏度冬和防汛任务，完成十八大等重大保电任务201项。未发生电网大面积停电事故，未发生误操作事故，未发生重特大设备损坏事故。全面实现政治供电“零闪动”、安全生产“零死亡”目标。连续11年获得北京市交通安全先进单位。

确立“安全年”督办任务330项，逐项落实责任部门和责任人，分阶段推进任务落实；开展专项督查，将落实情况纳入安全审计。修订隐患排查治理实施细则和排查标准；开展隐患排查，初步构建风险与隐患排查联动机制；结合安全生产分析会等工作载体开展隐患评估，制定差异化运行管理措施和保障方案。对6000余名生产人员开展业务技能水平考试，实现生产人员安全准入；成立安全评估专家组。建设承发包安全管理信息系统，对承发包企业的经营资质、安全管理等11个方面进行综合评估，杜绝不合格企业承揽公司工程项目，实现承发包企业的安全准入。

建立外力故障考核机制，加强专业护线管理和电网反外力差异化管控，对重点线路实施环境隐患定点看护和不间断巡视；深化政企、警企合作，加强反外力宣传，推动电力设施保护地方立法工作。

按照《国家电网公司大检修体系建设指导意见》梳理现行92项生产管理制度，绘制82项运维检修业务流程，修编53项运维检修规章制度。制定《输变电设备状态检修工作达标评价细则》，编制《状态检测项目带电检测现场工作导则》，制定带电检测工作年度计划。完善输变电设备投产验收规范和管理要求。修订物资抽检目录，对配电变压器等23种物资的抽检范围及比例；制定配网状态检修推进方案和实施细则；印发《输变电设备差异化运行维护管理标准》，采取差异化的运维管理措施，完善管理制度。将有限运维检修资源优化配置到关键环节和重点部位；下达大修项目（包括运维项目）1421项，下达技改项目422项，下达大型技改项目118项。

建立健全事故隐患排查治理的长效机制，开展差异化设计和专项改造等措施。组织运维单位深度参与工程设计、设备采购和建设施工全过程，提前进行隐蔽工程随班验收，执行电气设备交接试验规程和验收规范，实现输变电设备“零缺陷”投运。全年累计消除输变电设备缺陷4346件。完成输变配电设备检测50 562件。

开展10kV电缆不停电作业。组织实施混网线路中电缆、设备短时停电检修作业；探索10kV电缆线路不停电作业工作方法，规范开展北京地区电缆线路不停电作业。

推广应用10kV电缆OWTS状态检测。对电缆接头实施OWTS试验等四项关键环节管控；对重要客户和保电客户的外电源电缆实施差异化管理，优先实施状态评价管理措施。

完善“无缝隙、无死角”的防汛责任制。修订防汛预案和现场处置方案，组织演练，提升汛期应急处置能力。共安排防汛专项大修项目66项。会同北京市相关部门和单位，推进城市核心区雨水泵站改造和提升外电源可靠性。

营销工作 全年新增用电客户36.11万户，新增容量809.7万kVA；完成售电量792.06亿kWh，500kV及以下线损率完成6.49%，同比下降0.05个百分点，节约电量3.36亿kWh。

推进营销城乡一体化标准制度体系建设。开展“百日攻坚”活动和规范报装管理，增供扩销取得明显成效。开展电费一级账户、拓展缴费渠道、加强计量关键业务环节管控，提高营销基础管理水平。

推广蓄冷空调、热泵项目应用121项，累计增加电量约1.34亿kWh；推广电采暖应用，增加用电量3.10亿kWh；开拓电动汽车充电市场，增加用电量0.12亿kWh。累计受理新增申请容量200.5万kVA，完成新增接电容量177.58万kVA，累计结存容量348.98万kVA，累计消化热点用电需求248.19万kVA。

依据居民阶梯电价政策，制定《北京市电力公司居民阶梯电价政策实施方案》。研究并制定有偿供电服务收费项目、标准及管理办法。落实居民峰谷时段调整等销售电价政策，实施购网电价调整、脱硝电价、垃圾焚烧等电价政策。推进电价集约化和信息化，细化购售电预算管理，研究电价变化趋势和特殊电价政策对北京公司的经营影响。

加强电费回收管理，一级账户的电费资金归集约50%，通过律师函、诉讼等法律手段实施电费催收62例，成功回收电费649.4万元，获得债权1415.2万元。追补电费和违约使用电费共计4421.57万元。

推进智能电能表全过程质量管理，实施贯穿计量设备采购、检定、配送、安装、验收、运行、返修、报废各环节的闭环管理和质量监控。制定《智能电能表安装调试工作规范》、《用电信息采集运行维护管理办法》等系列标准规范。安装智能电表约99.8万具，总采集户数已达200.94万户，采集覆盖率达到29.56%。

推动电动汽车充换电服务网络建设、创新运营模式。建设完成60座充换电站、1080个充电桩。签订电池租赁合同35项和充换电服务合同4项。开工建设集中式换电站4座，分布式充电站16座。选取20 000户开展电力光纤到户试点，建成6700户，并配套开展智能小区和电力光纤入户商业运行模式的课题攻关。

完成营销稽查监控大厅建设及营销稽查监控系统

上线工作，完成稽查业务培训并同期开展稽查工作。实现对营销关键指标、工作质量和服务质量的实时在线监控。

农电工作 滚动修编“十二五”农村电网改造升级规划，指导“十二五”期间农村配电网建设。在总结大兴、密云等五个地区试点经验基础上，扩大农网改造实施范围，累计投资 8.38 亿元。通过配电网分倒路、加装配电变压器等措施，不断提高农网供电能力和供电质量。

北京地区农电包括 10 个远郊区（县）及 4 个近郊区的部分农村地区，截至 2012 年底，北京公司有农村供电所 132 个，基本实现一镇（乡）一所（含分所），负责 194 个乡镇 3835 个行政村 364.5 万农村用电客户的供电服务工作，以及 1.98 万 km 10kV 线路、4.63 万台 10kV 配电变压器、2.22 万 km 农村低压线路的运行维护、事故抢修等工作，负责农村安全用电、优质服务及农村电气化建设工作。制定北京农电工作评价分工表，对农电常规、重点、综合性工作实行 1000 分考评。开展农电特色服务，建立农村老弱病残等特殊客户服务档案，在 10 个远郊区县建立 12 支供电所共产党员服务支队。

40 个标准化供电所全部达到考核标准。标准化供电所建设完成率达到 100%，其中 7 个供电所被国家电网公司命名为标准化示范供电所。密云溪翁庄供电所被国家电网公司命名为标准化示范供电所。大兴供电公司被授予国家电网公司一流县供电企业。建设 4 个农网示范村。昌平、平谷地区有 5 个配电台区应用新型农网智能化配电设备。

科技与信息化 完善科技创新体系建设，开展科技发展方向顶层设计。形成以电科院、经研院为核心的技术研究体系，形成配网自动化、状态监测、电动汽车等 8 个重点技术方向和项目储备。开展技术攻关和群众性创新活动，承担的国家 863 项目、科技支撑项目和 22 个省部级科技研究项目有序推进，“政治供电技术研究”取得重大进展，无人机在电网巡线和抗灾抢险中深化应用。在电网零闪动、设备分析与评价、带电检测等专业领域保持国内领先技术水平。加强试验研究能力建设，与北汽集团、北京理工大学、北京交通大学、北京工业大学、北京信息科技大学共同组建新能源汽车北京实验室。国家能源主动配电网技术研发中心通过国家能源局认定评审。城市电网仿真、定制电力等实验室建设取得成效。全年取得专利申请 380 项，专利授权 200 项。获得国家电网公司科学技术进步一等奖 2 项，二、三等奖各 1 项，获得国家电网公司专利技术三等奖 1 项。

推进信息调度能力建设，规范设备台账与运维流程，系统计划停运次数同比减少 61%，计划停运时长减少 91%，信息系统故障次数同比减少 90%，故障时长缩短 96%。完成信息化项目 74 项，电网 GIS 平台、信息系统等级保护建设与全寿命周期安全建设取得阶段性成果。加强信息通信融合，支撑“三集五大”体系建设，完成 105 项信息系统适应性调整，获国家电网公司信息化优质项目称号。优化完善一体化信息平台。电网 GIS 平台、海量实时数据管理平台的研究与应用分别获 2012 年中国电力行业信息化成果二、三等奖。

优质服务 继续开展“塑文化、强队伍、铸品质”供电服务提升工程和居民用电服务质量提升专项行动。集约 10kV 重要客户和重大项目业扩报装业务，为重要客户提供细致全面的差异化服务。强化 95598 热线服务能力建设，实现电源信息、客户信息“双向追溯”，推广营业窗口视频监控系统，委托第三方监督机构开展客户服务满意度调查。

全市售电网点达 20 760 个，基本建成城镇“十分钟缴费圈”。将 116 台自助缴费终端引入营业网点，开通招商银行、工商银行网上缴费服务，在延庆农村地区试点拓展缴费便利店。

完成 22 个保障房项目的外电源工程，建成 12 座轨道交通配套变电站。编制保障房供电方案 257 份，将北京市下达的 2012 年竣工入住的保障性住房涉及的 80 项供电工程全部送电到表，惠及居民 8.85 万户。完成 2.1 万户“煤改电”工程。推进老旧小区配电设施改造，解决并实施 71 处老旧小区用电问题，惠及百姓 6.1 万户。

推进国家电网首都电力共产党员服务队党建品牌建设，开展“六进三送”(进社区、进机关、进企业、进学校、进医院、进乡村；送亲情服务、送阳光服务、送增值服务）活动。共产党员服务队注册队员已达 996 名，新建党员服务站 105 个，服务站累计达 244 个，“爱心卡”用户达 1082 个，累计开展便民活动 1903 次，投入“爱心基金”38.44 万元，惠及居民、单位共计 35 万余户。特别是在“7·21”特大暴雨和“11·4”雪灾等抢险救灾工作中共产党员服务队发挥了重要作用。

开展电力交易服务品质提升专项活动。建设面向发电企业的优质服务窗口，开展北京地区发电企业“电力交易服务咨询日”活动，对不同发电企业探索开展个性化、差异化服务。

编制发布《北京市电力公司 2011 社会责任实践报告》，成为首家发布报告的央企在京分支单位。建立品牌建设与新闻宣传业务运转新机制，品牌建设专业进入一体化管理运作阶段。

党的建设和精神文明建设 开展“带头学习、带头宣传、带头行动、带头做贡献”主题教育活动，召开“明确任务见行动、立足岗位做贡献”优秀党课评选活动，推出优秀党课48项。根据“五大体系”建设，建立健全基层党组织103个，开展党支部分类定级和晋位升级工作，创先争优集中活动圆满完成。大兴供电公司党委获得北京市创先争优先进基层党组织称号、3人获得北京市国资委系统创先争优优秀共产党员称号、3个党支部获得国家电网公司“电网先锋党支部标兵”称号、2人获得国家电网公司创先争优优秀共产党员称号、2人获得国家电网公司创先争优优秀党务工作者称号。公司团委获得2011～2012年度北京市五四红旗团委称号、1人获得2011～2012年度中央企业优秀共青团干部称号、2人获得2011～2012年度北京市青年岗位能手称号。

开展“忠诚企业谋发展、服务首都塑形象”主题教育活动。实施“员工心理关爱行动”试点工作。开展“高举团旗跟党走，三集五大亮青春”活动，落实“青春激越·话历程”精品团课评选工作。成立28个创新工作室，4个创新工作室获得北京市级职工创新工作室。

结合“重履责、强防控、塑文化”主题教育实践活动，开展领导干部廉政工作；制定规范“三重一大”决策制度流程执行、招标采购活动监督管理等制度8项。完成惩防体系五年规划（2008～2012年）建设目标，建设成果入选北京市国资委典型经验。工程建设管理效能监察荣获国家电网公司2012年度效能监察优秀项目一等奖。连续三年蝉联北京市政风行风民意测评第一名，2012年被列为免评单位。

“电靓京城”主题传播实现北京地区社会及行业媒体100%全覆盖目标。北京公司8位“北京好人”荣获首都文明委颁发的“身边的雷锋”称号。

2012年继续保持全国文明单位和首都文明单位标兵荣誉称号，荣获中央企业思想政治工作先进单位荣誉。北京公司系统25个单位保持首都文明单位（标兵）称号，其中所属16个供电公司全部获得2012年首都文明单位（标兵）荣誉称号。

主要事件

1月9日，北京公司物流体系改革工作基本完成，初步建立储备科学、配送便捷、周转高效的仓储配送体系。

1月12日，国家电网首都电力共产党员服务队进乡村活动在北京地区全面正式启动。

1月13日，高安屯充换电站通过北京市新能源汽车联席会专家组技术验收。

1月18日，北京公司发布2011年电力市场交易信息和北京电网“三公”调度情况。

2月8～9日，北京公司召开二届二次职工代表大会暨2012年工作会。

2月22日，北京公司召开首批单位主多分开工作布置会，正式启动“五大体系”建设涉及业务整合单位及公司层面产业单位主多分开工作。

2月29日，北京公司启动2012年安全技能等级评价工作，并总结2011年安全审计工作。

3月15日，目前世界上建设规模最大、服务能力最强、最具环保示范效应的电动汽车充换电站高安屯电动汽车充换电站正式投运。

3月17日，国家电网公司在北京召开2012年品牌建设工作会议。北京公司荣获国家电网公司“品牌塑造年”活动先进单位荣誉称号。

4月5日，北京公司与《北京日报》合作开展“认识电磁影响”主题开放日活动。

4月10～11日，随着国家电网公司特高压交流变电站专业化“体检”圆满结束，北京公司带电检测技术首次应用于特高压变电站“体检”。

4月12日，北京市总工会发出表彰决定，北京公司连续第五年荣获全国“安康杯”竞赛优胜企业称号。同时房山、丰台供电公司还获得北京市“安康杯”竞赛优胜单位荣誉称号。

4月20日，北京公司召开“大规划、大建设、大运行”新模式导入启动会，公司“五大”体系建设进入运行实施的新阶段。

5月4日，纪念中国共产主义青年团成立90周年大会在人民大会堂隆重举行。北京公司供电服务中心95598热线“全国青年文明号”号长李文颖作为国家电网公司唯一一名代表参加了此次大会并受到表彰。

5月19日，北京公司与英大传媒投资集团有限公司联合启动电动汽车绿色之旅北京站活动。

5月22日，北京市国资委召开精神文明建设工作推进会。北京公司蝉联“全国文明单位”称号，同时荣获2011年“首都文明单位标兵”称号。16个供电公司全部获得2011年首都文明单位（标兵）荣誉称号。

5月24日，北京公司检修分公司正式成立，“大检修”体系建设进入实质性阶段。

6月1日，“新能源汽车北京实验室”授牌仪式在北京理工大学隆重举行，北京市委常委赵凤桐及国家教育部领导共同为公司授牌。

6月5日，北京公司发布《2011北京市电力公司社会责任实践报告》。这是北京公司发布的首份社会责任报告，也是中央企业在京单位首次发布社会责任报告。

6月12日，北京公司启动2012年“法治电网”依法治企专项活动。

6月15日，国家电监会提高居民用电服务质量监管专项行动现场会在华北区域示范点大兴区召开。

中共中央政治局常委、国务院副总理李克强对会议召开做出重要批示，充分肯定了专项行动开展以来取得的突出成效。

6月18日，北京公司联合中国环境科学学会室内环境与健康分会主办的电磁环境的科学与社会认知研讨会在京召开。探讨解析电力设施的电磁环境健康，客观验证电力设施的电磁安全。

7月10日，北京公司2012年15项主网度夏改扩建工程、50项配网度夏大型技改项目全部竣工，新增主网变电容量1180MVA，输电线路130.67km。

7月19日，北京公司配网标准化抢修试点城区、朝阳、通州公司正式运转启动。

7月21～22日，京城遭遇61年来最强暴雨。北京公司周密部署、充分准备、快速抢修，298支应急抢修队伍、4300余人冒雨坚守一线，全力保障百姓安全可靠用电。

7月26日，北京公司启动“电动汽车智能充换电服务网络商业运营管理”重大管理创新项目。

8月1日，北京公司2012年生产管理信息系统应用技能竞赛决赛在模式口培训中心举行。

8月24日，北京公司第三届供电“服务之星”劳动竞赛落幕。最终评选出10名“十佳服务之星”、10名选手被评为“优秀服务之星”。

8月30日，北京公司2012年应急抢险技能大赛举行。

10月10～11日，北京公司主多分开工作通过国家电网公司主多分开核查工作组核查验收。

11月7日，北京公司与《北京晚报》社联合举办了“践行北京精神 争做北京好人·电靓京城”专题座谈会。

11月30日，国家电力监管委员会在北京召开十八大保电工作总结表彰会议。北京公司荣获“十八大保电突出贡献奖”、“十八大保电先进单位奖”。

11月21～24日，30日，北京公司通过国家电网公司“三集五大”体系建设工作专业评估和综合验收。

12月11日，北京公司与英大传媒投资集团有限公司举行战略会谈并签署合作协议。

12月13～14日，北京公司通过国家电网公司一流县供电企业及标准化示范供电所评审验收。

（吴国健）

【天津市电力公司】

企业概况 天津市电力公司（简称天津公司）隶属于国家电网公司，担负着整个天津地区的电网规划、建设和供电服务任务。供电面积1.19万km^2，供电营业户数413万户，供电业务人口超过1100万人。

2012年电网建设新增变电容量332万kVA、输电线路636.73km；售电量完成607.8亿kWh，同比增长3.1%；天津公司企业负责人业绩考核被评为国家电网公司A级。本部设22个部门，定员320人。下辖23家基层单位，其中供电单位11个、施工单位1个、其他单位11个。

领导班子 2012年天津公司领导班子成员如下：

总经理、党委副书记：张宁

党委书记、副总经理：葛正翔

党委常委、副总经理：屠强

党委常委、副总经理：刘宏新

党委常委、纪委书记：刘琳

党委常委、副总经理：闫卫国

党委常委、副总经理：王迎秋

总会计师、党委常委：潘培立

党委常委、滨海供电分公司总经理：董天仁

党委常委、工会主席：尚锦山

总工程师：赵洪磊

副局级调研员：段志刚

组织机构 2012年，员工有1.3万余人。本部定员为320人，设22部门：办公室、思想政治工作部、机关工作部、发展策划部、人力资源部、财务部、运行检修部、基建部、营销部、监察部、安监部、审计部、科技信通部、物资部、经济法律部、对外联络部、调度控制中心、电力交易中心、运营监控中心、公司工会、离退休工作部、企协分会。

基层单位23个：检修公司、滨海供电公司、城东供电分公司、城南供电分公司、城西供电分公司、东丽供电分公司、蓟县供电分公司、供电服务中心、培训中心、电力科学研究院、物流管理中心、电力通信分公司、电费管理中心、送变电工程公司、电力经济技术研究院、综合服务中心、路灯处、宁河供电有限公司、武清供电有限公司、宝坻供电有限公司、静海供电有限公司、三源电力集团公司、茂源电力服务公司。

电网概况 天津电网与外部周边电网的联络通道有6个，以北郊、吴庄、滨海、东丽、芦台、板桥6座500kV变电站和盘山电厂为支点，形成单环网。220kV电网形成了西部、中东部两个双环型的网架结构。220kV电网深入中心区直接降压至35kV及以下电压等级向城市供电，因为供电半径较大，市区不设110kV电压等级，但在农村仍保留110kV电压等级。年最高负荷达到1131.7万kW，售电量607.8亿kWh，同比增长3.1%。截至2012年末，天津电网共接入各类电厂45座，发电装机容量1122万kW，其中火电厂40座、装机容量1108万kW，水电厂1

座、装机容量1万kW，新能源发电厂4座、装机容量13万kW。华北电网统调420万kW，天津公司统调720万kW，企业自备电厂70万kW。主变压器总容量5764.815万kVA，输电线路长度2510.02km。

人力资源 2012年，通过国家电网公司“三集五大”体系建设人资专业验收。精简供电机构，原10家地市公司减少4个，精简率17.4%；人力资源配置明显优化，用工效率提升21.7%；调整交流领导干部136人次，选派27名优秀干部到国家电网公司及直属单位培养锻炼，54名基层单位优秀员工到本部锻炼学习。开展人力资源诊断分析工作，对9个方面159项具体内容进行梳理分析，逐条制定整改措施，并建立长效机制，督促落实。依托ARIS流程管理平台，构建流程绩效指标体系，共计识别公司级绩效指标28个，流程区域绩效指标186个，流程及流程环节绩效指标4975个，形成11个部门、121个岗位的典型绩效合约和绩效指标库，统一制定地市供电公司40个类别的班组工作积分标准。全员培训考试逐步深入，将“三集五大”岗位适应性培训与全员培训考试工作相结合，实施个性化培训。全年开展业务竞赛45项，专业调考58项，各类考试325项，各级各类培训1216项，比2011年同期增加85%。组织“十大”专业领军人才选拔培养工作，20人成为国家电网公司领军人才人选，入选人数位列各网省公司第8名，居直辖市公司之首。公司专家及后备专家达到144人，6名职工入选天津市“131”创新型人才培养工程。推行青年员工职业导师制度，单位聘任77名导师，选取了116辅导对象。完成20个工种初、中、高级工1282人和11个工种技师、高级技师658人的技能鉴定工作，48名职工通过高级技师评审。

电网建设和发展 完成“十二五”电网规划滚动修编，开展各地区10kV中压配电网规划编制。促成天津市向全国“两会”提交特高压提案，智能电网建设纳入市委2013年工作要点。生态城智能电网综合示范工程平稳运行超过480天，各项指标国际领先。建成城市配电网示范工程，初步实现营配信息融合，供电可靠率等指标达到国际先进水平。取得西郊500kV项目全部核准要件，完成南蔡500kV项目选址、选线。万年桥等9项220kV输变电工程开工，八里台、韩庄等一批重难点工程投产。东兴220kV变电站工程获得国家电网公司“质量管理流动红旗”，实现了“零”的突破。严格工程分包管理，搭建公司层面施工分包队伍统一选择平台。推动滨海、津南、东丽等区（县）出资、垫资，缓解天津地区电网投资压力。

经营管理 完成“三集五大”体系建设任务，通过总部综合验收。“大检修”、“大营销”实现直接管理到班组。将21个专业纳入完善提升计划，并首家报总部审批。率先建成运营监测大厅，检修基地首批获评A级，20项重点配套工程全部按期投运。规划投资优化率达23.5%，仓储资源优化率达71.8%，变电站集中监控率达到100%，设备现场检修时间缩短50%以上，计量装置检定效率提高近10倍。

开展本部和基层两级管理提升活动，查找解决500多项管理短板和问题。完成人力资源、经营和电网发展诊断分析，国家电网公司依法治企检查发现问题整改到位。开展公务用车清理整顿，妥善处置超编车辆。全面实现同业对标3年规划目标，对标综合排名第6位，岗位责任新体系等3个项目入选国家电网公司典型经验库，人力资源专业成为华北区域专业标杆。“标准化推广工程”初步实现落地。出台增供扩销27项措施，完成接电容量701.8万kVA，同比增长3.38%。阶梯电价成功出台实施。开展自备电厂专项治理，市场占有率提高到98.91%。

安全生产 开展“安全年”活动，强化全员风险意识，夯实安全管理基础，巩固安全生产稳定局面。智能电网调度技术支持系统上线运行，实现电网安全实时在线分析。推广电缆线路带电作业，停电时户数同比减少31.9%。首次开展突发停电应急处置无脚本演练，完成应急指挥中心二期改造。成功应对30年一遇特大暴雨灾害，没有发生一起供电安全事故。推动《天津市电力设施保护条例》完成市人大立法项目论证。完成全国大学生运动会等近90项保电任务。天津电网经受住1131.7万kW历史最高负荷考验，安全生产实现“零事故”。

营销工作 完成国际领先的中新天津生态城智能电网综合示范工程用电项目。推广应用智能用电管理系统，建成418户居民用电的嘉铭智能供电小区，完成光纤到户、智能家居、智能用电和可再生能源接入综合样板示范间工程；研发电动汽车充换电智能运营管理系统，6座充电站投入正式运行，327个分散交流充电桩建设投运。推广智能电表，累计换装智能电表159万具。开展售电市场监测，推行“领导领衔制”和“大客户经理制”，加大报装接电专项工作力度，完成接电容量611.85万kVA，为年度指标100.3%，同比增加22.45%，拉动电量增长约14亿kWh。审定住宅配套与10kV公建项目1189项。开展电价政策专项治理工作，完成88.3万户零电量用户清理整改，共补收电量3560万kWh。完成4.91万个购电大用户清理整改，共追回电量785万kWh。按照“客户导向和集约化、扁平化、专业化”要求，开展端对端业务流程梳理，共梳理流程124个，匹配表单84个，制定和梳理匹配制度39个。开展500kVA用电专项普查活动，优化和完善抄核收专业工作质量管控体系。落实用电服务新举措，新增 13 个 24 小时居民售电营业厅。针对农村地区交费难的问题，发放 POS 终端 1100 台。安装自助售电收费终端 85 台，开办邮局收费售电网点，开发手机、有线电视机顶盒售电收费平台。

科技与信息化 加强科技创新和人才强企战略，实施国家 863 计划项目“智能配用电园区技术集成研究”，通过国家科技部年度考核。“农村电网智能化关键技术研究及示范工程建设”科技成果培育取得新突破。获得国家电网公司 2012 年度科技进步一、二等奖各 1 项，三等奖 2 项，天津市 2012 年度科技进步一等奖 1 项、二等奖 2 项、三等奖 1 项。完成国内专利申请 116 项，其中发明专利 47 项；获得国内专利授权 71 项，其中发明专利 7 项。完成国际专利申请 2 项，国际专利申请实现零的突破。首次承办国家电网公司 PMS 竞赛调考，年度竞赛调考综合成绩位居国网系统第 3 名。

优质服务 践行“四个服务”宗旨，持续深化“天津电力心连心工程”，形成独具特色的天津电力服务品牌。完成地铁 2、3 号线等 71 项重点工程电力配套建设。实施“一站式服务”，西站光伏电站完成快速并网。建成投运海泰充换电站。新增 1484 个城区收费网点，蓟县等四个区县实现用电交费“村村设点”。完成 300 片老旧楼区电力设施改造。建设蓟县“绿色农网”示范窗口，静海、宁河实现“村村电气化”，宝坻公司通过创一流复验。开展 21 个营业窗口试点建设，供电服务标准化获得市纪检监察系统创新工作奖。全力支持国网客服中心北方基地建设，实现津、晋、辽三地多项业务集中运行。

党建和精神文明建设 深化创先争优，开展“讲奉献、建‘五大’、争一流”等 7 个主题活动，组建 70 支心连心共产党员服务队。推进基层党组织建设年活动，114 个基层支部晋升 A 级。完成企业文化 3 项顶层设计，“五统一”企业文化在“大检修”体系实现落地。完成 228 个党团员创新创效项目。开展党的纯洁性教育，建设干事干净廉洁文化。建成 11 个“劳模创新工作室”，创建经验在全市工会系统推广。编制“十二五”后三年后勤保障规划，加快“健康食堂”建设。加强离退休管理，更好地服务离退休人员生活。天津公司获评天津市“平安示范企业”和劳动竞赛“十大示范区、示范单位”，连续三届被中央文明委评为“全国文明单位”，连续四届获得天津市“文明行业标兵”荣誉称号，天津公司党委荣获“中央企业先进基层党组织”和天津市委创先争优先进基层党组织称号。

主要事件

4 月 17 日，天津公司“三集五大”体系建设 7 家新组建单位揭牌。

8 月 8 日，天津东兴 220kV 变电站工程荣获国家电网公司“质量管理流动红旗”，天津市纯电动公交车示范运行工程投运暨海泰综合充换电站启用。

12 月 5 日，天津城市配电网示范工程建成。

12 月 29 日，天津国家电网 95598 业务集中运营启动，北基地正式启用。

（戴宗宝）

【河北省电力公司】

企业概况 河北省电力公司（简称河北公司）是国家电网公司的全资子公司，主要负责河北省南部地区电网规划建设、运行管理和电力交易。营业区域覆盖石家庄、保定、衡水、沧州、邢台和邯郸 6 市 102 个县（区、市），营业区域面积 8.38 万 km²，服务人口约 4900 万人。

本部下设 24 个职能部门，直属供电、施工、科研、物资、培训和信息通信企业 14 个，经营区域内县级供电企业 100 个。

领导班子 河北公司 2012 年领导班子成员如下：

总经理、党组副书记：孙正运

党组书记、副总经理：孔庆军

党组成员、副总经理：白林杰

党组成员、副总经理：范振华

党组成员、副总经理、石家庄供电公司总经理：赵 亮

党组成员、总会计师：朱晋平

党组成员、纪检组长：董双武

党组成员、副总经理：邢晨

党组成员、副总经理：王延芳

党组成员、工会主席：赵社宏

总工程师：许洪强

组织机构 河北公司下设 24 个职能部门，分别为办公室、发展策划部、人事董事部、人力资源部、财务资产部、安全监察质量部（保卫部）、基建部、运维检修部、营销部、农电工作部、科技信通部、物资部、审计部、监察部、思想政治工作部、经济法律部、对外联络部（品牌建设中心）、机关工作部（机关党委）、离退休工作部、运营监测（控）中心、调度控制中心、电力交易中心、公司工会及企协分会。

电网概况 河北南部电网以 500kV 和 220kV 构成主网架，北部通过 500kV 房保线、保霸线与京津唐电网相联，西部通过 500kV 神保双线、侯廉线与山西电网相联，南部通过 500kV 辛嘉线与华中电网相联，东部通过 500kV 辛聊Ⅰ、Ⅱ回线与山东电网相联。截至 2012 年底，河北南部拥有 500kV 变电站 14 座，变电容量 2400 万 kVA，线路 4703km；

220kV变电站149座，变电容量4783万kVA，线路9323km。

人力资源 截至2012年底，国网河北电力共有员工113 155人。贯彻国家电网公司“五大体系”建设方案及劳动定员标准，编制河北公司《“五大”体系建设机构设置和人员配置方案》并组织实施，顺利通过国家电网公司验收工作。

开展“职工专业技术技能论坛”和“专家巡回讲师团”活动，深化专业对抗赛和技术论文交流，累计培训11.7万人次、竞赛调考6.4万人次，全员培训率达到98%。河北公司代表队获得国家电网公司状态检修调考团体第一名，人力资源和财务调考团体第二名，信息运维普考团体第四名，“两票”调考综合和变电专业团体第六名，3名员工获得专业调考个人第二名，4名员工被评为国家电网公司和电力行业技术能手，14名员工入选国家电网公司专业领军人才，河北公司荣获“中央企业职工技能大赛先进单位”称号。完成4500余人次的技能鉴定考试考核，新增高级技师130人；组织开展专业技术资格认定及职称评审工作，评定认定中级470人，高级457人。

配齐配强基层领导班子，对干部人才资源进行全面优化配置。遴选一大批优秀干部到各级领导岗位，满足经研院、计量中心、供电服务中心、综合服务中心等新成立单位的发展需要。全年共提拔正处级干部13人、副处级干部20人。

针对基层个别单位在配备中层干部中出现的问题，制定《关于干部选拔任用有关事项的补充通知》，明确各单位配备中层助理的条件以及任职资格。开展基层单位干部选任工作专项检查，根据检查情况，反馈检查意见，提出整改要求。河北公司系统选人用人环境进一步优化，在国家电网公司“四好”领导班子考核中，河北公司选人任人总体评价满意率达到98.35%。

电网建设与发展 加快500kV骨干网架和城乡配电网建设，加强投资效益考核，深化项目建设安全、质量、成本、进度管控。宁东—山东±660kV直流线路（河北段）获得“国家优质工程金质奖”，广元500kV变电站工程荣获“鲁班奖”。推进配网标准化建设，农网10kV变台和线路标准化施工典型经验在国家电网公司系统全面推广。

配合省政府出台《关于加快电网建设的若干意见》，取得加快项目审批、保护站址和线路走廊、无偿划拨用地、政府负责拆迁等优惠政策。

加强电网发展诊断分析，开展宁晋盐化工电网规划等专题调研，完成“十二五”电网规划滚动调整。强化项目前期工作，500kV辛安扩建等109个项目获得核准，提前完成110kV及以上项目可研128项。完成石家庄配网国际咨询项目，形成咨询报告12个。

加强工程建设全过程管控，全年开工和投产计划完成率均达100%，500kV石西、220kV石家庄桥西输变电等工程顺利开工，京石武高铁配套等重点工程全部投运。加强项目标准化管理，深化质量通病治理，强化标准工艺应用，220kV阜平等6项输变电工程荣获国家电网公司优秀设计奖，110kV及以上工程全部实现零缺陷投产，220kV及以上优质工程率达到100%。全年投产110kV及以上线路1475km、变电容量1072万kVA。

加大技术改造力度，建成投运输变电设备状态监测和电压实时监测系统，完成500kV线路防风偏、防冰闪、防舞动专项治理，消除耐克森GIS电缆终端、主变压器抗短路能力不足等家族性缺陷，提前完成CDM项目322台高损配电变压器更换任务，推行变压器等设备工厂化检修。

加快推进电网智能化项目，投运主备调同步的智能电网调度技术支持系统，启动智能电网综合工程等项目建设，石家庄配网自动化项目通过国家电网公司验收。提升用电信息采集系统应用绩效，新装智能电能表132万只，直供区域覆盖率达到61%，计量关口实时监控率达到100%。

经营管理 2012年，河北公司针对宏观经济形势变化，及时调整经营策略和综合计划，强化预算执行督导，综合计划和财务预算的管控能力进一步增强。优化年度电力平衡方案，有效控制购电成本。发挥法律、审计、财务、监察的“体检”作用，开展依法治企综合专项检查、车辆清理整顿、工程建设专项治理，风险防控能力显著提升。坚持勤俭办企业，强化投资管理和可研、初设审查，核减不合理投资；强化资金集中运作，节约利息支出；加强税收筹划，减征及返还税款；规范废旧物资竞拍流程，回收资金，清仓利库。

创新开展山西电网直接购电、山东电网调整互济等灵活交易，增购电量45亿kWh，完成特高压水电交易6.8亿kWh，保证网内电力供应。全额疏导张河湾电站抽水容量电费。优化与京津唐电网交易结算方式，降低购电费用。促成穿越网损补偿模式调整，年增收6000万元。推进发电权交易，累计交易电量65.1亿kWh，节约标准煤45万t，减排二氧化碳117万t、二氧化硫2.2万t。

营销工作 积极应对售电增速趋缓的困难局面，开展市场开拓“百日攻坚”行动，年增客户33.6万户、接电容量734万kVA，推广地源热泵、电蓄能和电采暖36万kW。加强节能管理，节约电量3.86亿kWh；开拓节能服务市场，建成示范项目3个，年节电量达到1.76亿kWh。新增超市等代售电网点

1850个，城区缴费行程缩短到5min，手机缴费和网上营业厅等即时购电模式初步形成，获得省民主评议活动“十连冠”。

2012年，河北公司完成售电量1356.6亿kWh，同比增长4.59%。线损率7.68%。市场占有率97.04%，同比提高0.18个百分点。节约电量3.12亿kWh、电力6.02万kW。电费回收率100%，自动抄表核算率40.89%。

推进省市县三级“大营销”体系建设。将体系建设过程细化分解为7个阶段、91个关键节点和550项关键任务，严格执行移交确认卡制度，有序完成256项业务、1.28万件设备和38.97万份档案资料移交工作。编制营销系统适应性调整风险防控预案，经三次演练后一次性成功割接上线。构建省级“一部二中心”、节能公司和市、县公司“大中心”，将供电所纳入“大中心”统一管理，在地市公司设立营配一体远程工作站、大客户经理班。实施计量集中检定、统一配送，95598电话服务省公司集中受理，业扩报装集中管控，计量检定效率、95598人工电话接通率明显提高，高压业扩平均接电时间和电费在途平均时间进一步缩短。建立跨专业协同服务机制，明晰营销和其他“四大”“三集”的工作界面，明确5类业务、43个环节的责任、流程和量化考核标准，纳入月度绩效考核，促进客户服务响应速度有效提升。

全面建立“购电制”模式。高低压客户购电制比例分别达到96.15%和58.86%，占月应收电费的98.9%，电费风险有效化解。建立以自主营业窗口和邮政、超市等社会化代收网点构成的24小时售电网络，城区客户平均缴费半径缩短到5min行程。顺利实施阶梯电价，及时完成营销系统改造、营业普查和卡表用户账务处理，明确电采暖和多人口家庭客户计费原则；对2万用户实施表计侧电价远程调整；推出居民电量跨阶梯、余额不足、欠费催缴短信提示服务。严格落实新建住宅小区电力设施建设费政策，新增小区新装业务150个，累计完成送电380个。开展反窃电降损工作。设立警企协作工作室，强化客户用电实时监控，推动反窃电由“运动化”向“精准打击”转变。查处暗敷电缆、遥控等隐蔽性强的窃电256起，追缴电费857万元。

安全生产 开展“安全年”活动。违章事件同比下降16%。连续3年组织全部高危及重要客户开展停电应急演练，仅用7天时间恢复保定“7·21”特大洪灾全部11.7万客户用电，全年未发生六级及以上人身、电网、设备和信息安全事故。

制定十八大供电保障工作总体方案及8个专业方案，安排部署供电保障工作。保电期间，累计出动保电人员4万余人次，出动车辆近4000台次，共保电线路1755条次，重要变电站（含开闭所、配电室）1585座，重要场所210个，重要客户341个，对9条500kV线路设立235个24小时蹲守点；安排应急抢修队伍近400支、2000余人，确保了十八大供电保障工作万无一失。

梳理完善应急预案体系，发布公司级总体预案、专项预案21项、现场处置方案189项。将应急救援基干分队由30人扩展到50人，各单位分别组建20人的应急救援基干分队，初步形成由电网抢修队伍、应急救援基干分队和应急专家队伍组成的应急队伍体系。完成省公司应急指挥中心二期改造、7个生产单位、100个县公司的应急指挥中心建设，实现省、市、县公司三级应急指挥中心的互联互通。

加大电力设施保护区内“三违”查处力度，清理违章植树40万余棵，处理违章建筑326处，制止和查处违章作业行为368起，签订施工安全协议36份。

推行检修专业化、运维一体化，110kV及以上现场检修平均停电时间同比降低33.4%，配网故障平均修复时间由0.56h下降到0.47h。“大检修”体系建成并有效运转，完成资产划转13 241项、PMS系统259万余条台账适应性调整，累计对转岗人员开展培训3941人次，制修订规章制度81项、业务流程75项，省市县三级运检组织架构全面建成，生产工区由9类51个减少为4类26个，同步完成保定、沧州36个新上划县公司“大检修”体系建设。建立运检部、状态评价中心专业一体化运作模式，强化全过程技术监督，主网、配网状态检修覆盖率达100%。实施14类维护性检修项目运维一体化，试点开展较复杂带电检测工作。与山东电工电气等5家设备制造企业签订工厂化检修合作协议，推进专业化、轮换式检修。“大检修”体系顺利建成并有效运转，并通过国家电网公司专业评估。

农电工作 深化农电统一管理，实现卡表售电统一平台与SG186系统对接，3G抄表实抄率达到100%。强化设备运维管理，10kV线路跳闸率同比降低50%，全面完成低电压治理计划。深化创一流同业对标管理，11个县公司跨入国家电网公司一流县供电企业行列，13个供电所被命名为国家电网公司标准化示范供电所。加强农网建设标准化，编制完成国家电网公司10kV变台设计施工标准和成套电力金具招标规范，9项工程入选国家电网公司“农网百佳工程”。全年完成农网改造升级投资18亿元，新建和改造10kV及以上线路8877km、变电容量392万kVA，8个县、84个乡、2907个村达到新农村电气化标准，完成3276个帮扶村的电网建设改造任务。

科技与信息化 加大科技攻关力度，衡水智能电网调度技术支持系统等13项成果获得省部级和国家电网公司科技进步奖，编制国家电网公司技术标准4项，取得专利授权513项。加大管理创新力度，5项成果荣获国家电网公司管理创新成果奖。推行通信一体化规划，实现供电所和35kV及以上变电站光纤通信网络、协同办公等重要应用系统、信息终端安全管控的全覆盖，建成投运信息通信一体化调度运监中心，提升信息通信系统安全运行水平。

优质服务 开展居民用电服务质量提升专项活动。制订保障性住房供电服务工作实施意见，坚持优先保障、优化流程和优选方案的原则，开辟绿色通道，推行“限时办结制”，完成3.17万户190万m^2保障性住房配套电力设施建设。优化利用供电服务资源，建立故障抢修“2+3”模式，95598电话接通率提高3.41个百分点。出台95598服务质量评价细则，开展95598集约管理提升活动，打造共产党员服务队363支，开展供电抢修、困难帮扶等服务2万余次，完成“塑文化、强队伍、铸品质”供电服务提升工程三年规划目标。开展规范用电秩序专项行动，连续三年组织全部高危及重要客户开展停电应急演练，累计发现隐患127处，整改完成率100%，提升客户供用电安全水平和应急处置能力。

党的建设和精神文明建设 认真学习贯彻党的十八大精神，深入开展创先争优活动，衡水景县供电公司机关党委被评为全国创先争优先进基层党组织。组织开展理想信念和党性党风教育。开展基层建设年活动，选派308名干部进驻124个村，实施十项惠民工程。打造反腐倡廉宣教阵地，强化廉政风险防控，干部员工的廉洁自律意识持续增强。

加强企业文化和道德建设，开展“弘扬优秀文化，争做文明员工”活动，7家单位荣获“全国文明单位”称号。开展一线影像纪实宣传活动。加强企业民主管理，开展全员建功立业劳动竞赛活动。强化团青工作，1名员工和1个基层团组织分别荣获全国“优秀共青团员”“五四红旗团支部”称号。落实离退休老同志政治和生活待遇。3家单位分别获得全国和河北省五一劳动奖状，3名员工荣获河北省五一劳动奖章，2家单位被评为国家电网公司先进集体，4名员工荣获国家电网公司劳动模范称号，其中1名员工荣获特等劳模称号。

深入推进班组建设，职工申报创新成果1.7万项、推广7500余项，完成国家电网公司班组建设重大管理创新项目，43%的班组通过达标验收，2个班组荣获“全国工人先锋号”称号，5个班组被评为国家电网公司先进班组，12名员工入选河北省“十大金牌工人”和“百名能工巧匠”。

主要事件

1月18日，中共中央政治局委员、全国人大常委会副委员长、中华全国总工会主席王兆国到河北公司进行慰问并视察指导工作。

2月14日，河北省副省长张杰辉出席国家电网公司组织召开的锡盟—南京特高压工程前期工作协调会，发言支持特高压工程建设并恳请国家电网公司加大对河北省电力支援力度。河北省能源局局长单宝风、河北公司总经理孙正运参加了会议。

2月25日，在国家电网公司2012年发展会议上，河北公司被授予“国家电网公司2012年发展工作先进单位”荣誉称号。

3月3日，河北公司工会及石家庄、保定、沧州供电公司工会被国家电网公司授予“工会工作先进单位”荣誉称号。

3月29日，河北省“建功‘十二五’，经济强省当先锋”劳动竞赛暨职业技能大赛动员大会在河北会堂举行。河北公司总经理孙正运代表河北省劳动竞赛先进集体和优秀组织单位做了题为《筑牢班组基础，深化创新活动，促进员工和企业共同发展》的典型发言。河北公司荣获省“劳动竞赛先进集体”和“优秀组织单位”称号。

5月8日，河北公司总经理孙正运、副总经理邢晨在河北公司本部会见了国华电力公司总经理王树民、副总经理宋畅一行。双方就电网发展、节能减排等方面工作交换了意见，并就进一步加强沟通，谋求合作，共同服务河北经济社会发展达成共识。

5月10日，河北公司被中华全国总工会、国家安全生产监督管理总局评为2011年度全国“安康杯”竞赛优胜单位。

5月28日，河北省精神文明建设委员会办公室下发通知，河北公司员工刁昌盛在中央文明办2012年4月“我推荐、我评议身边好人”活动中被评为“中国好人”。

6月26日，河北省民主评议办公室公布了2011年民主评议活动结果，河北公司以85分名列公益经营类系统第一名，连续10年荣获省行风民主评议活动第一名。

6月30日，“大运行”体系全面进行试运转。

7月19日，国家电监会副主席王野平到省公司调研迎峰度夏电力保障工作。河北省政府、国家电监会、华北电监局有关部门负责同志，河北公司领导孙正运、孔庆军等陪同调研。

7月30日，河北省政府正式出台《关于加快电网建设的若干意见》。

8月20日，国家电网公司副总经理曹志安对省公司推进青年创新创效活动做出批示：“河北公司青年创新创效很有特色。望总结、宣传、推广。”

8月23日，中共河北省委、河北省人民政府下发文件对“7·21”暴雨和10号台风抗洪抢险救灾先进集体和先进个人进行表彰，河北公司系统保定供电公司、涞源供电公司、涞水供电公司等3家单位获得“先进集体”称号，12名员工被评为先进个人。

9月2日，河北省委创先争优活动领导小组印发文件，对全省为民服务创先争优群众满意窗口、行业服务标兵和优质服务品牌进行了表彰。河北公司系统共有藁城供电公司客户服务中心等8个窗口单位荣获“为民服务创先争优群众满意窗口”称号，河北公司营销部程超等4名员工荣获“为民服务创先争优行业服务标兵”称号，河北公司共产党员服务队被评为为民服务创先争优优质服务品牌。

9月26日，河北公司、电力科学研究院、衡水供电公司、隆尧供电公司被河北省诚信企业评选委员会办公室评为2012年河北省诚信企业。

11月6日，十八大代表——河北公司总经理孙正运赴北京参加中国共产党第十八次全国代表大会。

11月15日，十八大期间，河北南网统调最大负荷2300万kW，全网电力供应充足，并组织100万kW电力支援华北电网，有力保障了北京的用电需求。河北公司安排95598系统值班人员1162人次，出动保电人员1.03万人次、抢修人员1.41万人次、车辆9057辆次，处理故障6815起，全部在规定时间到达现场，河北公司圆满完成了十八大保电任务。

12月13日，在国家电力监管委员会和国家标准化委员会联合举办的全国电力企业标准化良好行为试点及确认现场工作会上，河北公司本部、保定供电公司和邯郸供电公司正式被授予“标准化良好行为AAAA级企业”称号，国家电网公司系统共有9家企业获得此称号。

（刘富长）

【冀北电力有限公司】

企业概况 冀北电力有限公司（简称冀北公司）隶属国家电网公司，于2011年12月23日正式组建，于2012年2月9日正式独立运作，肩负着服务河北省经济社会发展和保障首都北京安全可靠供电的重要使命。营业区域包括唐山、张家口、秦皇岛、承德、廊坊5市43个县（区、市），面积10.41万km^2，人口约2277万人。

截至2012年底，冀北公司本部设置22个职能部门，所属供电、科研、检修等基层单位17个，职工总人数25 973人，用工总量同比保持负增长；投产110kV及以上线路1321km、变电容量792万kVA；实现售电量1263.2亿kWh。

电网概况 冀北电网属于“西电东送、北电南送”的受电方，主要由河北省北部的唐山、张家口、秦皇岛、承德和廊坊5个地市电网组成，其中秦皇岛地区还承担着北戴河暑期保电的任务。截至2012年底，冀北电网总装机容量1912.81万kW，其中火电占63.65%，风电占32.68%，水电占2.97%，太阳能和储能占0.77%；运维500kV变电站22座，变电容量4565.7万kVA，线路8704.18km；220kV变电站99座，变电容量3642.2万kVA，线路8262.45km。

人力资源 “三集五大”体系机构调整。2012年是冀北公司独立运作的第一年，各项工作都处于起步阶段，冀北公司克服起步晚、人员少、基础差等困难，全面完成省、市、县层面组织机构调整，通过了国家电网公司验收。人力资源实现有效配置。坚持公平、公正、公开的原则，为想干事、能干事的优秀干部员工搭建成长成才的舞台，通过公开竞聘、组织选聘、挂职锻炼等方式，择优选拔优秀人才进入公司本部；严格实施用工总量计划管控，完成148人从超员单位向缺员单位流动，有效缓解结构性缺员和超编人员安置问题；加大干部交流力度，跨单位、跨部门交流处级干部。薪酬福利管理逐步规范。加大工资总额管控力度，严格规范工资列支渠道；全面实施岗位绩效工资制度，逐步建立向一线岗位、关键岗位和重要人才倾斜的薪酬分配机制；强化依法治企管理，明确福利保障项目列支范围和标准，薪酬福利管理规范指数在国家电网公司系统名列前茅。队伍整体素质稳步提高。根据“三集五大”体系建设需要，实施转岗培训和岗位适应性培训，累计培训76 529人次；强化新员工集中培训管理，开展生产技能人员职业技能鉴定，4345人获得相应技能等级资格。

电网建设与发展 深化电网规划研究。开展电网诊断分析，对“十二五”电网规划进行优化调整，提出了建设以西部环首都大环网和东部“三横三纵”田字形网架为特征的500kV“西环东网”主干网架、各级电网协调发展的规划构想。开展前期工作。配合国家电网公司完成锡盟—南京特高压交流工程冀北段各项工作，取得锡盟—泰州、呼盟—青州特高压直流工程全部路径协议，1个月内取得国家风光储输示范工程二期扩建工程光伏和储能项目核准批复。电网建设步伐不断加快。500kV滦县、220kV深井等28项工程建成投运，500kV昌黎、高天三回等34项工程开工建设。滦县500kV变电站工程荣获2012年国家电网公司质量管理流动红旗，48项110kV及以上输变电工程优质工程率100%。推进智能化项目建设。依托国家风光储输示范工程，有效破解清洁能源大规模集中并网技术难题，取得了一系列科研成就。风光储输示范电站CDM项目在联合国正式注册，六氟化硫气体回收减排CDM项目第一监测期减排量获得联合国正式签发。建成冀北电网首座热河220kV智能变电站，累计安装智能电能表超过369万只，用电信息自动采集覆盖率达到60%。

经营管理 以管理提升活动为契机，强化基础管理。召开党政联席会23次、党组会36次，研究解决了194项事关公司改革发展全局的重大议题。坚持周例会和月度例会制度，通过电视电话形式及时传达公司决策部署。发布规章制度502项、企业标准10 088项，优化管理流程633项，荣获中国电力企业联合会授予的“电力标准化工作先进集体”称号。

针对地方经济增长放缓等不利因素，大力增供扩销、增收节支，完成国家电网公司下达的各项经营指标。加强综合计划管控和预算集约调控，在保障快速发展的基础上，严控投资规模，提高资金使用效率。发挥一体化市场开拓协同机制作用，全年增售电量55.96亿kWh。实施自备电厂统购统销结算，市场占有率同比提高2.04个百分点。规范预付费工作机制，电费回收率100%。部署阶梯电价相关工作，及时解决各类问题，确保政策平稳实施。扩大基建标准成本试点，实施工程预警控制。

以国家电网公司依法治企综合专项检查为契机，着力解决各类历史遗留问题。强化问题整改，消除管理薄弱空间，整改率达92.42%。按照国家电网公司要求，采取封存、调剂、退回等手段处理超标、超编车辆。加强制度建设和民主监督，不断规范职务消费管理。健全协同监督机制，构建覆盖投资、建设、采购等关键环节的监督检查体系，形成党委统一领导、纪委组织协调、各职能部门主动参与的良好工作格局。

安全生产 面对全国两会、党的十八大等重大政治保电任务，科学编制保电工作方案，在电网建设任务繁重、企业改革全面推进的情况下，组织全体力量，保障首都供电安全和冀北地区电力的可靠供应，荣获国家电监会“十八大保电突出贡献奖”和“十八大保电先进单位”荣誉称号。

开展“安全年”活动，高质量完成8大方面、48项重点管控内容、142项重点工作。汲取国内外大停电事故教训，宣贯《国家电网公司安全事故调查规程》，认真落实4大类188项安全防范措施，未发生国家电网公司考核的各类安全事件。扎实开展技术监督专项检查和设备隐患排查，发现并整改缺陷隐患932项。强化电力设施保护，发挥属地优势，清理树障166万余棵。健全技术监督机制，推行差异化管理，提高设备抵御风险能力。推进配网状态检修，通过国家电网公司第一批达标验收。成功处置岱海—万全线路覆冰、承德山火、唐山地震等突发事件，有效应对“7·21”特大暴雨、台风“达维”、强暴风雪等自然灾害，完成庆祝建党91周年、迎峰度夏等重要保电任务。

营销工作 按照国家发改委文件要求，细化组织、精益管控，平稳实施居民阶梯电价政策，五保户、低保户优惠政策落实到位。“SG186”营销业务应用系统在18个独立核算县级子公司成功上线，系统全面覆盖经营区域。完善电费回收考核体系和激励机制，量化考核指标，营造比贡献、争先进的良好氛围，加大分次划拨及预购电推广力度，将事后追讨转变为事前预控，确保经营成果“颗粒归仓”。采取稽查监控、技术防范和加强宣传等多种手段，开展反窃电活动951次，查处违章用电及窃电736户。

农电工作 2012年，县级供电企业售电量490.6亿kWh，占公司售电量的38.8%。综合线损率4.67%，农网供电可靠率99.768%，综合电压合格率98.276%。完成2010、2011年农网工程建设任务，2012年农网工程投资完成率达到90.24%，位居国家电网公司系统先进行列。完成1734个帮扶村电网建设任务，建成4个新农村电气化县，5项农网改造升级工程入选国家电网公司“农网百佳工程”，农网工程管控和10kV及以下设施成套化设计经验在国家电网公司系统推广。县公司经营管理能力不断提升，3个县公司进入国网系统县供电企业综合实力百强。建成4个新农村电气化县，提前完成“十二五”规划目标。承德平泉和秦皇岛昌黎2个公司被评为国家电网公司一流县供电企业，建设唐山滦县安各庄等24个省公司级标准化示范供电所。张家口暖泉等5个供电所被评为国家电网公司级标准化示范供电所。

科技与信息化 承德御道口分布式发电/储能及微电网项目入选“十八大”献礼片《环保在中国》，并通过中国电机工程学会组织的技术鉴定，中央电视台1套晚间新闻和新闻直播间栏目分别对该项目进行了专题报道。建立上下贯通、各司其职的组织架构，初步建成公司科技环保、智能电网、信息通信工作管理体系。高质量完成“三集五大”信息通信支撑体系建设，仅用45天完成信息系统适应性调整，创造了“冀北速度”，确保了各业务系统在改革过程中的平稳过渡，通过了国家电网公司信息通信专业验收。完善37项专项应急预案，开展信息通信联合反事故演习和安全专项检查，建立以冀北电科院为支撑的信息安全督查体系，完成所有已定级的11个信息系统等级保护测评工作，并在北京市公安局正式备案，完成对电力营销、ERP等重要信息系统的安全测试。调整修编公司“十二五”信息化和通信网规划，针对公司信息系统异构架构，编制完成信息系统建设演进方案。完成省、地、县第二汇聚点传输网、数据通信网、调度数据网、调度交换网等容灾系统建设，形成了省、地、县各层级通信网容灾体系。率先完成大厂、怀来、丰南县域电力通信网国网试点工程建设任务，获得省部级科技进步奖12项，国际专利申请受理实现零的突破。支撑调控中心和运营中心建设，完成调度数据网和调度交换网通道调整等工作，满足调控中心独立运行通信业务的需求。完成运营中心数据指标接入、大屏信息数据设计展现和切换调试工作。“电网通信传输系统模拟与应用”典型经验入选国家电网公司信息通信专业典型经验库。

优质服务 创新开展“社企和谐兴冀”和“社区光明同行”活动。在“社企和谐兴冀”活动中，编制发布服务河北省和冀北五市经济社会发展白皮书，召开服务河北清洁能源发展发布会。在“社区光明同行”活动中，利用现有1025个供电营业窗口，因地制宜开展社区特色服务活动，涌现出“最美电力人”曹丽伟、“大爱所长”张文政等先进典型人物，并出版发行了《社区光明同行典型事迹选编》。提升居民用电服务质量。落实监管活动33项指标，高效完成电监会和华北电监局供电监管检查问题的整改，组织开展客户满意度调查和“供电保民生，提升居民用电服务质量”活动宣传月活动。强化95598业务集约管理。实施“座席分散运行、业务集中管理、质量集中管控”，构建服务协同机制，提升投诉举报处理工作质量，开通电费缴费短信温馨提示，2012年受理业务咨询137.3万件、故障报修4828件、得到客户表扬56次。拓展电费交费方式。开展城市“十分钟缴费圈”、农村“村村有缴费点”建设工程，通过补充优化自有收费网点、深化代收费机构的合作、推广新型电费缴纳方式等多项举措新增收费网点918个，收费网点达到9079个。

党的建设和精神文明建设 开展基层党组织建设和创建“电网先锋党支部”活动，组建63支国网冀北电力共产党员服务队，2个基层党组织被评为国家电网公司“电网先锋党支部标兵”。成立直属党委，召开直属党委第一次代表大会。加强企业文化建设管理实践，扎实推进企业文化传播和落地重点项目建设，开展“建功‘三集五大’，献礼十八大”等主题实践活动，举办首届供电“服务之星”劳动竞赛。关心关爱模范先进人物、一线员工和离退休老同志，慰问困难职工。荣获2011～2012年度“全国‘讲理想、比贡献’活动先进集体”称号，国网冀北信通公司和国网秦皇岛供电公司荣获国家电网公司2010～2012年度信通工作先进集体，6人荣获先进个人称号。各单位在地方行风民主评议活动中取得31个第一名、10个第二名的好成绩，国网秦皇岛供电公司、国网风光储公司被评为国家电网公司先进集体，国网冀北电科院计量中心标准量传部、国网冀北检修公司大同检修分部变电二次检修班、国网唐山供电公司司各庄供电所3个班组被评为国家电网公司工人先锋号，刘晓辉、李国武、赵志远被评为国家电网劳动模范，刘晓辉获得河北省五一劳动奖章，国网冀北电科院风光储输示范电站调试项目部被评为北京市工人先锋号。

（高丽娜）

【山西省电力公司】

企业概况 山西省电力公司（简称山西公司）是国家电网公司全资子公司，属国有特大型企业，以电网规划、建设、运行管理及电力调度、经营等为主营业务，下设11个市供电公司、99个县级供电公司，供电区域覆盖全省除12个趸售县以外的108个县（市、区），肩负着山西省3580万人民电力供应的基本使命，承担着向京津唐、河北、江苏、湖北、山东等地外送电力的重要任务，服务客户约812万户，拥有员工3.04万人。2012年，山西公司年售电量1629.6亿kWh，外送电量283.2亿kWh，在全国能源资源优化配置中继续发挥重要作用。

电网概况 截至2012年底，山西电网拥有220kV及以上变电站177座，变电容量8000.1万kVA，输电线路16 372.92km。其中，1000kV变电站1座，主变压器2台，容量600万kVA，输电线路116km；500kV变电站16座（含榆社开闭站），主变压器30台，容量2450万kVA，输电线路4599.12km；220kV变电站160座，主变压器359台，容量4950.1万kVA，输电线路11 773.8km。另有山西公司代运维变电站2座，为国调直调忻都串补站和华北分调调度的潞城开闭站。山西电网主网架已形成以1000kV特高压为战略支点、500kV“两纵四横一环”、220kV分区供电、110kV和35kV及以下辐射供电的网络格局，建成了6通道13回外送线路。

到2012年末，全省发电总装机容量5454.89万kW，净增装机418.75万kW，同比增长8.4%；省调装机容量4200.424万kW，净增装机418.75万kW，同比增长11.22%。省调机组按机组性质划分，火电机组139台，容量3754.5万kW；水电厂4座（含抽水蓄能），机组16台，容量228.8万kW；风电场27座，容量197.5万kW；煤层气电厂3座，容量18.124万kW；光伏电站2座，容量1.5万kW。

2012年，全省全口径发电量2534.99亿kWh，同比增长8.13%；省调发电量完成1898.59亿kWh，同比增长10.5%。直调发电平均最大负荷2421.7万kW，增长246.7万kW，同比增长11.3%；全省用电最大负荷2434万kW，增长6.52%；直调用电最大负荷2322.2万kW，同比增长6.30%。

人力资源 加强机构编制的规范管理，按照国家电网公司批复的“三集五大”体系机构设置和人员配置方案，全面整合组织机构，缩短管理链条。健全定编定岗定员制度标准体系，完善组织机构规范标准和管理制度，根据国家电网公司《岗位分类标准》和《标准岗位名录》，制定覆盖公司全部业务和岗位的《标准岗位名录》，并发布省市县三个层面2181项全岗位覆盖工作标准。9人入选国家电网公司“十大”专业领军人才，3人荣获国家电网公司第四届供电服务之星。技能培训中心临汾输配变电实训基地通过国家电网公司复审，建成1个国家级技能大师工作室和21个省级职工创新工作室，70%班组达到“五型”标准。开展“五大”体系建设转岗培训，全年各层级共完成各类培训13.12万人次，供电企业生产技能岗位人员全部实现持证上岗。

电网建设与发展 山西“十二五”电网滚动规划通过国家电网公司评审，省内特高压“两横一纵”和配套三大煤电基地纳入山西省电力发展“十二五”规划。电网前期工作取得重大进展，5项特高压工程可研取得90%的支持性协议，9项500kV输变电项目和中南铁路配套工程通过核准，其中太钢送出等7项项目顺利解决。配合设计单位完成宁东—浙江、蒙西—天津南等5项特高压交直流工程选址选线，取得相关文件协议，完成泽州猕猴保护区功能调整，开展桑干河、运城湿地保护区功能调整工作。推进哈郑特高压直流工程，建成并投产110kV及以上输电线路1192.8km，变电容量635.6万kVA。长治、晋城等5个城市105台CDM配电变压器全部更换，完成2010～2012年新一轮农网改造升级工程和低电压综合治理。500kV稷山—吕梁输电线路工程获得国家优质工程奖，榆次北变电站工程首次获得国家电网公司项目管理流动红旗，220kV及以上项目优质工程率达到100%。

经营管理 加强综合计划和预算管控，深化电网、人力、经营诊断分析，促进管理创新。基建均衡投产、财务业务融合、运检变压器抗短路校验等7项成果入围国家电网公司同业对标典型经验库。发挥特高压跨区输电优势，外送电量同比增长42.9%，缓解由于全省电量增速下滑对发电企业造成的经营压力。实施在役机组发电权交易和灵活短时支援交易。太钢和阳泉兆丰铝业自备电厂纳入统购统销试点，市场占有率提高0.94个百分点。接管运城夏县小水电自供区，解决了长期困扰地方政府和山区百姓的用电难题。用电信息采集覆盖率达到67%，阳泉、朔州公司实现全覆盖、全采集。加强付费售电管理，月均预付电费占应收电费80%以上，临汾公司预付费比例达到86%。加快忻州等高损台区改造，更换2542台高损变压器，综合线损率比计划下降0.01个百分点。开展6项合同能源管理，超额完成节电指标。

主多分开工作通过国家电网公司核查验收，累计处置多经企业70户。完成集体企业清产核资，加强对晋能公司指导和监管，帮助开展新业务。配合国家电网公司依法治企等重要检查，集中处置一大批遗留问题，整改率达到95%。完善内控机制，严格规范公务用车、薪酬福利等管理，开展9个单位领导离任经济责任审计，实施工程建设、清产理财等26项效能监察。

安全生产 强化各级安全责任制，加强标准化管理和重大风险管控，严格领导干部到岗到位和“两票”管理，安全管理水平整体提升。平稳接管特高压长治站，建立省调发电机组备用原则，规范大规模风电并网接入，实现AVC系统全覆盖。深化隐患排查整改与反措“回头看”，动态完善1062个高危客户“一户一案”，实现“一户一案”制定率100%、季度巡检率100%、滚动修订率100%。完成“十八大”等重大保电任务。统筹基建、运行、营销各专业，开展220kV闻喜—三家庄等8个整站整线联合大检修，检修效率提高35%，停送电操作时间减少25%。建成省市县三级应急指挥中心，开展无脚本联合反事故演习，应急保障能力进一步提升。编制《重要保电事件处置应急预案》和《电力服务事件处置应急预案》，为快速、高效处置重要保电和供电服务事件提供保障，组织开展保电实战演习，确保了神九发射、中秋、国庆及“十八大”召开期间供电可靠。

营销工作 开展以“保供电、促增长、助发展”为主题的“百日攻坚”专项活动，实施省内“百个重点项目落地年”活动，7个地市公司售电量超过百亿kWh。拓展电费回收渠道，推广银行批扣代收为主，电费充值券、POS机收费等25种收费方式为辅的电费收缴模式，全省城市地区全部实现“十分钟缴费圈”，农村地区缴费网点新增6910个。平稳实施居民阶梯电价，开展居民用电情况调查、历史数据分析、电价标准测算、编制典型算例、参加价格听证会、开展大规模培训宣传、制定实施业务规则等工作。长治公司建设全省首家反窃电、反违约用电实验室；先后查获全省首例“单向智能电能表窃电案”“夏县康乐小区窃电案”，联合公安机关查处“太原红房子快捷酒店窃电案”等窃电大案，全年共查处各类违约用电与窃电2657起，追补电量损失2464万kWh。充换电服务网络初步形成，全省累计建成7座充换电站、300个交流充电桩。向省政府上报《关于促进山西电动汽车产业发展和应用的报告》，编制太原市纯电动公交项目建设方案。全省11个地市公司全部成立能效服务小组，成员单位达177个，节能服务体系初步建成。加快建设用电信息采集系统，全年共安装智能电能表259万只，累计安装529万只，实现784个省网关口的100%全采集、全覆盖，采集成功率达到99%以上。

农电工作 2012年，山西公司投资17.5亿元进行新一轮农网改造升级工程，全年完成新建和改造110kV变电站2座；35kV变电站3座，线路78km；10kV线路1075km，配电变压器1819台，低压线路1480km，户表配套改造31.69万户。全年农网售电量完成526.151 1亿kWh，综合线损率7.39%，同比降低0.13个百分点。供电可靠率完成99.82%，综合电压合格率完成98.046%，同比分别提高0.109 8个百分点和0.465个百分点。全面落实农电安全生产责任制，开展农网工程“五查一整改”专项行动，推进农网隐患排查治理，全年未发生人身伤亡事故、误操作事故、一般电网及设备事故。新建电气化县6个（代县、大同县、长子、平陆、山阴、昔阳），电气化乡镇60个，电气化村1200个。完成潞城配电自动化试点项目，并进一步深化试点建设经验，分三期实施汾阳营配调一体化建设，集成县域调度、配网运行和营销业务数据，为农网控制与管理提供决策依据。试点建设平定黄统岭35kV智能化变电站，促进农电生产管理水平提升。

履行服务“三农”社会责任，不断扩大农网改造覆盖面，开展农林场电网改造和农业排灌配套设施改造。完成运城夏县小水电自供区的全面接收工作，有效化解了山区群众多年来的用电难题。

科技与信息化 智能用电小区建设模式和关键技术等32项重点科研项目取得重大进展，农网智能化技术等18项成果获国家电网公司及以上科技进步奖。加大群众性创新和专利专项奖励，申请专利586项，获得授权308项，同比增长319%和322%。碳纤维导线等13项重点新技术顺利推广。完成35个信息系统适应性调整，加快运营监测（控）中心信息支撑平台建设，实现营配集成等14条业务主线数据共享和信息融合。纵向贯通各级通信骨干网架，开展容灾应急演练与保密检查，安全防护能力显著提升。

优质服务 实施为民服务创先争优活动和95598光明服务工程。开展保障居民用电服务质量专项行动，全面落实新“十项承诺”。开展居民用电服务质量提升专项行动。创建晋中榆次等11个省市级优质服务示范区，居民用电服务质量得到提升。做好全省分布式光伏发电并网服务工作。编制下发《山西省电力公司分布式光伏发电项目并网服务管理实施细则》，做好相关宣传、培训、信息报送及考核工作。在国家电网公司第四届供电“供电服务之星劳动竞赛”决赛中，临汾公司武林荣获国家电网公司“十佳服务之星”荣誉称号。建设省供电服务中心。建设应用95598省级集中短信与彩信平台，强化与12398监管热线常态联动；在国家电网公司系统首次发布《供电服务文化传播应用手册》，统一服务视觉体系、服务文化传播元素、对外宣传形象。

党的建设和精神文明建设 推进基层组织建设提升年和保持党的纯洁性学习教育活动，实施“五大”体系政治保障工程，解黎明和太原公司党委分别被评为全国优秀共产党员和先进基层党组织。加强“四好”领导班子建设，引入领导干部品德专项测评，组织基层单位党政主要负责人交流经验，提升专注力和领导力。深化协同监督，细化惩防体系，推行廉政承诺，党风廉政建设进一步加强。开展“认同行榜样、识身边好事”主题活动，选树百名“三专名人”和“三晋好人”，彰显“好人精神”和“榜样力量”。举办“弘扬特高压精神、推进‘五大’体系建设”主题论坛，开展供电优质服务等6大主题传播。加强民主管理纲要规范化试点建设，落实离退休老同志提高补贴政策，创建健康食堂。山西公司1人获得全国“五一”劳动奖章，7个集体、18名个人荣获全省“五一”劳动奖状、奖章，连续9年评为全省政风行风评议先进单位。

（陈晓亮）

【内蒙古电力(集团)有限责任公司】

企业概况 内蒙古电力（集团）有限责任公司（简称内蒙古公司）是内蒙古自治区（简称自治区）国有独资特大型电网企业，负责自治区中西部8个盟市的电网建设、经营、管理和农电工作，同时管理自治区电力设计、科研、施工等国有企业。

截至2012年底，内蒙古公司有所属二级单位27个。2012年，内蒙古公司售电量完成1279.54亿kWh，同比下降0.02%。其中区内售电量1005.66亿kWh，同比下降0.42%；东送电量273.88亿kWh，增长1.47%。线损率完成4.36%，比2011年同期下降0.11个百分点。

领导班子 2012年内蒙古公司领导班子成员如下：

党委书记、董事长：刘锦

总经理、党委副书记、董事：张福生

党委副书记、董事：托克（蒙古族）（6月，国资委免原职，任副巡视员）

副总经理、党委委员：高野

纪委书记、党委委员：张日成

副总经理、党委委员：于立新（蒙古族）

副总经理、党委委员：耿白

工会主席、党委委员：李燕（女）

副总经理、总经济师、党委委员：鲁当柱

副总经理、总工程师、党委委员：杨　泓（6月，国资委免原职，任副巡视员）

总会计师：孙文彪

组织机构 二级单位：包头供电局、呼和浩特供电局、乌兰察布电业局、巴彦淖尔电业局、鄂尔多斯电业局、锡林郭勒电业局、薛家湾供电局、乌海电业局、内蒙古超高压供电局、阿拉善电业局；苏里格燃气发电有限责任公司、内蒙古电力物资供应公司、内蒙古电力科学研究院、内蒙古电力公司培训中心、内蒙古电力信息通信中心、内蒙古蒙能招标有限公司、内蒙古电力供用电稽查局、内蒙古国合电力有限责任公司（内蒙古电力对外经济技术开发公司）、内蒙古电力公司驻京联络处；内蒙古第一电力建设工程有限责任公司、内蒙古第三电力建设工程有限责任公司、内蒙古送变电有限责任公司、内蒙古康远工程建设监理有限责任公司、内蒙古电力勘测设计院、内蒙古电力房地产公司、内蒙古电力机关事务管理局、内蒙古满都拉资产管理有限责任公司。

机关部室：办公室、机关工作部（机关党委）、发展策划部、市场营销部、生产技术部、安全监察部、基建部、财务部、人力资源部、农电部（农电资产管理公司）、企业管理部、审计部、干部管理部（组织部）、监察部（纪律检查委员会）、离退休管理部、特高压及跨区电网工作部、电力调度通信中心、电力交易中心，党委工作部、电力工会。

挂靠单位：电力新闻中心、住房资金管理中心、质监站、电力行业协会、政研会（文协）、电机工程学会、老干部（职工）活动中心、人才中心。

电网概况 截至2012年底，内蒙古公司拥有盟（市）级供电企业10个，旗（县）级供电企业51个。供电面积69.83万km^2。内蒙古西部电网统调装机容量4235.82万kW，直调装机容量4004.36万kW；最大发电负荷2351.2万kW；最大供电负荷1728.4万kW。2012年，共投产新火电机组4.8万kW，新投产风电101.43万kW。截至2012年底，内蒙古电网风电容量为967.08万kW，有风电场98座。截至2012年底，内蒙古公司共有500kV线路45条，长度4261.6km；500kV变电站18座，容量2670万kWA；220kV线路331条，长度10 653.5km；220kV变电站107座，容量3202.5万kWA；110kV线路468条，长度10 755.8km；110kV变电站246座，容量1834.6万kWA。

人力资源 截至2012年底，内蒙古公司有享受国务院特殊津贴1人，获得劳动与社会保障部“全国技术能手”1人，获得中国电力企业联合会“全国电力行业技术能手”4人，获得华北电网有限公司优秀工程师和优秀青年工程师35人，公司级专家197人。高级专业资格1948人，中级专业资格2972人；高级技师363人，技师863人。有博士28人，研究生744人。

开展“三项制度改革”，严格执行岗位薪点工资制度和职员职级制度，提高全体员工待遇。推出职工工龄、学历、职称等多项工资改革创新政策。

举办鉴定考试，完成涉及37个工种，初、中、高三个等级6627人的职业技能鉴定工作，共有2728人获得职业资格证书。举办内蒙古公司第十一届职工专业技能大赛，大赛共设13个比赛项目，其中8个项目被列入全区职业技能比赛项目。

建立供电企业岗位标准体系，制定《内蒙古电力公司供电企业典型岗位标准》，标准涉及16个大专业、54个细分班组。组织开展岗位劳动评价工作，调整69个工种的岗级。

电网建设与发展 2012年，电网基建工程共257项，总投资184.2亿元。推进强化电网结构、提高供电能力的电网工程建设，集宁东、包头东、布连电厂接入、川掌Ⅱ回、OT铜矿等重点项目均按期投产。2012年新建500kV线路7条，长度455.9km；500kV变电站2座，容量570万kVA；220kV线路34条，长度829.8km；220kV变电站10座，容量586.4万kVA；110kV线路49条，长度752.5km；110kV变电站17座，容量281.65万kVA。

落实基建工程质量安全责任制，坚持“达标投产，零缺陷移交”及500kV输变电工程“创国优”的电网建设质量目标，结合ERP建设和基建辅助管理模块建设，推进项目标准化建设。2012年，内蒙古公司投产工程全部实现达标投产，全年未发生电网基建质量安全事故。出台了《过程结算管理办法（试行）》、《清障费用的管理规定》及《基建投产费用使用的有关规定》等文件。全年共完成110kV及以上输变电工程152个项目的初步设计审查，完成设计招标97项，监理招标110项，施工招标111项，完成概算批复工作102项，完成工程结算工作50项。

经营管理 推进“精细化管理年”活动，建立降本增效、堵漏增收长效机制，严格控制非成本费用支出。短期贷款已全部还清，长期贷款、固定资产贷款提前偿还近25%，资产负债率从历史上近90%，首次降至59.7%。建立健全财务内控体系，印发《关于强化会计内部控制措施的通知》，要求各单位梳理内部控制流程和风险控制点，加强经济业务事项的财务管理，规范会计科目的使用，提高会计核算质量。推进“两集中、四统一”物资管理。完善招投标办法，严格审查入围厂家资质。协调220kV以下设备进入盟市有形市场，提升招投标效率。清理2002～2010年361项历史遗留工程决算工作。

推进电价政策改革，配合自治区发改委完成《内蒙古蒙西电网居民阶梯电价方案》、《内蒙古蒙西电网城乡用电同价方案》，出台蒙西地区居民阶梯电价政策。推行蒙西地区城乡用电“同网同价”政策，完成蒙西地区城乡用电“同网同价”测算方案。分别于2012年5月1日、7月1日和9月1日对旗县农业生产（含农业排灌用电）、居民生活和一般工商业用电与蒙西电网实现同网同价。

从考核类型、评分细则和指标体系上修订完善业绩考核办法。制定并发布《内蒙古电力（集团）有限责任公司2011社会责任报告》。组织召开2012年QC成果发布会，逐级推荐优秀QC成果44项，其中内蒙古公司获得全国质量管理优秀企业（自治区唯一），5项QC成果及3个QC小组获得国家级荣誉。以规范管理，加强业务指导为重点，围绕“经营上不靠主业，面对市场；业务上紧密联系主业，市场化运作，有所为、有所不为”的总体战略要求，深入落实“坚持以产权管理为纽带、面向市场为方向、规范管理为重点”的多经工作指导思想，以《多经企业管理办法》为基础，规范业务流程体系，推进多经企业全过程管理。推进内蒙古山峰电杆厂、内蒙古电力线路器材厂、包头新源化工公司等企业改革重组。协助内蒙古送变电有限责任公司、康远监理公司等企业完成股权重组和增资扩股等工作。加强合同印章管理，规范合同管理行为，对539名合同承办人进行了法律测试。

安全生产 加强生产、施工现场安全督查，落实安全保障措施，推进隐患排查治理。解决设备过负荷、安全装备投入不足等问题，提升供电可靠性。供电可靠性（RS-1）完成99.743%，同比上升0.016个百分点。完善主网架结构投入使用AVC系统，提高主网电压水平，截至2012年底，主网电压合格率为99.22%，同比提高0.09个百分点；综合电压合格率为97.98%，同比提高0.43个百分点。全网设备缺陷消除率92.85%，同比提高3.25个百分点。优化调度运行方式，确保供热机组全面启动。支持新能源上网，截至2012年底，蒙西电网风电等可再生能源装机突破1000万kW，全年风电发电量完成178.18亿kWh，同比增长34.7%。风电上网电量、消纳比例等多项经济技术指标居全国第一位。全网风电日发电量比例连创历史新高，最高达到30.9%。

营销工作 执行自治区扶持大工业优惠电价政策，引导和帮助用电企业解决实际困难，稳定和恢复电力负荷。介入各盟市重点工业园区建设，为新增负荷落地投产创造有利条件。推行设备状态检修和带电作业，最大限度减少电量损失。开展电力多边交易，2012年完成交易电量207亿kWh。推进“北开（蒙古）南进（榆林）”电力市场拓展战略，开辟自治区第一条向国外和榆林送电的220kV电力外送通道，内蒙古公司跨境、跨区电力市场拓展业务实现历史性重大突破。协调增加蒙西电网东送低谷潮流，开展后夜风电跨省交易，保证了东送电量稳中有升。全年完成报装19.63万户、报装容量890.5万kVA；送电15.45万户、送电容量779.3万kVA。

加强线损管理工作。排查线损率超过15%的高损线路，重点监控298条高损线路。将48条高损线路列入生产技改项目，加大老旧计量装置改造力度。142条高损线路线损率全部降到了15%以下（乌海、薛家湾降到10%以下）。298条高损线路通过降损，实现效益6647.3万元，高损线路治理工作取得明显成效。加大管理线损的垂直稽查力度，2012年完成直接追收电费5829.49万元，堵漏纠偏效益产生7174.11万元。

加大营销资金技术投入。2012年共完成营销技改项目3项，完成投资额5.1亿元，其中：各类采控终端安装4700套；居民老旧计量设备改造14.02万户；中小动力及商业客户计量装置改造528户；购置各类营销设备4104台（套）。

农电工作 落实自治区惠民政策，实现农业排灌、农业生产、居民照明同网同价目标。全年完成趸售电量150.3亿kWh，综合线损率完成4.83%，同比下降0.2个百分点。全年未发生人身伤亡和电网设备重大责任事故，电压合格率达96.07%，供电可靠率完成99.44%。2012年，农网改造升级和无电地区通电工程完成投资27.77亿元，改善了农牧区电力设施，解决了1.45万户5.1万人口的用电问题。推广应用信息化系统建设，30个旗县电力公司初步实现调控一体化管理，趸售地区80%以上城镇用电户实现集抄；推广电费收缴多元化管理系统，农网部分变电站实现无人值守。东西部趸售旗县电力公司开展对口交流、同业对标活动。以包头九原电力公司为试点，推进居民用电服务质量专项行动示范单位建设，被国家电力监管委员会评为居民用电服务质量专项行动典范。

科技与信息化 加大科技费用的投入力度，全年共下达科技项目144项，资金16 878.6万元，组织上报2011年自治区科技进步奖21项，获得自治区科技进步奖11项，其中：“大型电站工程设计智能化协同管理平台的开发应用”获一等奖；“黄河水质波动监测分析及大型火电厂运行对策研究”获二等奖；“内蒙古电网智能电子污区系统的研究”等9项获三等奖。

加大调控一体化、营销智能化、信息化平台建设以及调度自动化、设备在线监测、状态检修等智能电网基础工程建设力度，提升电网信息化水平。截至2012年12月，内蒙古公司调控一体化平台实现集中监控110kV及以上变电站100多座。累计安装营销采控终端2万多台，上线率达到95%～98%，基本实现营销系统数据共享。全面完成110kV以上全类型状态评价工作，建成输变电设备在线监测主站系统，并实现上线运行，内蒙古公司系统状态检修初步验收达标。完成信息机房整体搬迁，建成异地灾备中心和信息网络及资源共享平台。推进ERP项目建设工作，2012年11月1日各试点单位实现正式上线运行。

国际合作 OT项目是位于蒙古国南戈壁省毗邻中蒙边境的奥尤陶勒盖铜金矿开发项目，该矿探明储量位列世界前列，亚洲第一。OT项目自2009年11月与蒙方接洽开始，于2012年2月23日签署了关于OT项目供电线路中方境内段的建设协议。OT项目供电线路建设涉及线路约178.3km，其中中方境内线路建设约82.73km及巴音杭盖220kV开闭站1座，蒙方境内线路建设约95.6km及OT矿区220kV中心变电站1座，为蒙方投资，内蒙古公司投资了相应的接入配套部分线路设施。由内蒙古国合电力有限责任公司承建了蒙方投资的境内线路及开闭站的建设。工程于2月29日开工，6月30日线路建成全线充电。11月5日，正式投入运行。12月14日，通过甘其毛都口岸出口电力报关，并经自治区外汇管理局审核收汇，成功完成首次国际结算。

优质服务 制定下发《业扩报装、95598超时限业务管理办法》，对业扩报装、95598业务工作的全过程进行监控和管理。办法实施一年来，超时率较2011年下降了近30%，实现了加快业扩报装速度，保证95598热线畅通的初步管理目标。坚持95598投诉统计分析报告制度，改进和完善服务工作，努力实现事后监督向事前控制的转变。统一A、B级营业厅形象标识，开展业务受理、自助查询、收费、客户等候等各功能区的标准化建设，实现各营业厅环境建设标准的统一。

党的建设和精神文明建设 加强学习型企业、学习型党组织、学习型领导班子和学习型干部队伍建设。加大干部教育培训力度，内蒙古公司系统干部培训继续保持全覆盖。在中央党校、清华大学和国家电网公司高培中心举办了3期主体培训班。全年举办“蒙电高端讲坛”系列讲座6期。领导干部讲党课262次。开展创先争优活动，内蒙古公司及所属单位党组织提出的707项公开承诺事项，完成674项，兑现率95.33%。党员群众结成帮扶对子854对，解决实际问题1534件。巩固和扩大精神文明建设成果，深化职工道德实践活动。启动开展“企业品牌建设年”活动，宣讲推广《蒙电方略》。举办公司第五届职工文化艺术节。建成内蒙古电力科技博物馆。

主要事件

1月10日，内蒙古公司2012年工作会暨四届二次职代会隆重开幕。董事长、党委书记刘锦作了题为《坚定信心谋发展　稳中求进再跨越　为建设全国一流省级电网企业而努力奋斗》的重要讲话，总经理、党委副书记、董事张福生作了《加快电网建设　深化管理创新　努力推动公司各项事业持续健康发展》的工作报告。

2月23日，由内蒙古国合电力有限责任公司代表内蒙古公司在呼和浩特市与蒙古国奥尤陶勒盖有限公司（OTLLC）及其代表江苏江都建设集团公司正式签署了《OT项目供电线路建设三方框架协议》。OT项目供电线路建设工程全面正式启动。此次签署的协议就是为保证该开发项目，由内蒙古西部电网接入220kV供电线路建设的协议。

4月16日，内蒙古送变电有限责任公司中标国家电网哈密南—郑州±800kV直流输电线路第20标段。内蒙古送变电公司标段位于山西省境内，线路长度82.21km，铁塔165基，工程中标价9567.65万元，施工产值26 365.57万元。

4月23日，正式启动ERP系统建设工作。

5月1日，内蒙古蒙西电网趸售旗县农业生产用电（含贫困县农业排灌用电）和直供农电均执行与蒙西电网目录电价实现同网同价。

5月23日，自治区发改委在呼和浩特召开蒙西电网居民生活用电“同网同价”和居民阶梯电价听证会。

6月30日，由内蒙古公司所属内蒙古国合电力有限责任公司承建的蒙古国奥尤陶勒盖铜金矿供电工程（简称OT）中方境内段基本建设完成并顺利启动，具备送电条件。工程包括巴音杭盖220kV开闭站、中蒙边境82.727km 220kV同塔双回线路。本线路是国内首条建成向境外供电的220kV电压等级输电线路。

6月，以电能量自动化采集系统为基础数据源、能够实现线损管理智能化的自动化线损管理信息系统在所属各供电单位全面推行。

7月1日，农村居民用电及一般工商业用电从即日起执行同网电价。

7月18日，内蒙古公司第五届职工文化艺术节开幕式在包头市举行，同时，内蒙古电力科技博物馆开馆。

7月20日，《内蒙古电力（集团）有限责任公司2011社会责任报告》向社会发布。

9月10日，包头供电局通过关于电网企业安全生产标准化试评审，成为自治区唯一一家国家电监会一级电网安全生产标准化企业。

11月3日，内蒙古国合电力有限责任公司与蒙古国奥尤陶勒盖有限公司及蒙古国家电网公司在呼和浩特市共同签署了《蒙古国奥尤陶勒盖铜矿项目购售电协议》。

11月5日，OT项目供电同塔双回220kV输电线路——国奥Ⅰ、Ⅱ线先后送电成功，标志着国内首条对蒙古国220kV电压等级供电线路正式投入运行。

12月，输往蒙古国OT项目的电力在甘其毛都口岸首次成功报关出口，并完成当月电费的国际结算工作，成功实现对蒙古国的电力出口和收汇。

（娜日斯）

【山东省电力公司】

企业概况　山东省电力公司（简称山东公司）是国家电网公司全资子公司，负责山东电网的规划、建设、运营，为山东经济和社会发展提供安全、可靠、优质的电力供应。截至2012年底，本部设23个部门，下属17个市供电公司及检修公司、鲁能体育文化公司等28家企业和单位，管理县供电企业98个；服务客户3570万户，供电人口9579万，供电区域15.7万km^2。

2012年，山东公司售电量完成3237.05亿kWh，同比增长5.81%；市场占有率98.04%，同比提高2.73%；线损率完成4.61%。

电网概况　截至2012年底，山东电网拥有220kV及以上变电站331座，其中±660kV换流站1座，500kV变电站29座，变电总容量1.45亿kVA，输电线路总长2.36万km，形成了500kV双回路四点与华北电网联网、以±660kV银东直流深入负荷中心、以500kV为主网架、以220kV为市域主网架，发、输、配电网协调发展的超高压、大容量、高参数、高自动化的现代化大型电网。

全省发电装机容量7314.6万kW，其中火电装机容量6817万kW；风电装机容量382.1万kW；电网统调公用电厂装机容量4767.9万kW。全省发电量3305.8亿kWh，同比增长4.2%，其中风电发电量63.2亿kWh，全省发电机组平均利用小时数4743h。

人力资源　截至2012年底，山东公司职工75 999人，其中，中专及以上学历60 362人，本科及以上学历22 798人。

滚动修订人才发展规划，全面实施人才分级分类管理，36人入选国家电网公司首批“十大”专业领军人才，居系统第二名并实现专业全覆盖；率先开展省公司专业领军人才选拔，111人入选。加强技能人才培养，成立夏晓宾国家级技能大师工作室，新增22名省部级及以上技术能手，全年鉴定14 746人。构建全员培训考试体系，全年举办各类培训5160期19.2万人次。

加强人力资源规划和计划管控。以3A人才测评模型为基础，录用毕业生电工类比例保持80%以上，研究生比例达36.35%。开展“‘电’亮暑期·齐鲁行”大学生就业实践活动，毕业生招聘模式入选国家电网公司典型经验。山东公司被国务院授予“全国就业先进企业”称号。建立全员绩效管理体系，ERP本部绩效管理模块和基于积分制的一线员工量化考核模块上线运行。

以“量、质、费”为主要维度，建立诊断分析模式，全面摸清人力资源状况。荣获国家电网公司2012年人力资源信息系统实用化评价第一名。SG-ERP人资系统一期项目通过国家电网公司验收，二期项目成功上线试运行。优化工作标准体系架构，编制科学、规范、统一的工作标准名录。

电网建设与发展　积极推进“外电入鲁”战略，电网发展环境明显优化，网架结构更加坚强，各级电网协调发展。完成与12地市人民政府的战略会谈，签署战略合作协议，为电网发展营造了良好外部环境。“东纵”枣庄1000kV特高压交流变电站用地纳入土地利用总体规划并获得国土资源部批复，完成“两交两直”特高压工程（山东段）可行性研究工作。

开展电网建设攻坚战，全年投产35kV及以上变电容量2520万kVA、线路长度6027km。烟台长岛海缆二期工程投运，实现全省所有县市区110kV双回路供电全覆盖。深化标准工艺应用，实现工程零缺陷移交和100%达标投产。110kV及以上优质工程率达98.03%，同比提高4.73个百分点。±660kV银东直流输变电工程、500kV华润菏泽电厂送出工程分获国家优质工程金质奖和银质奖，50项工程被评为国家电网公司优质工程。

智能电网建设。新建改造68座智能化变电站，21座变电站应用智能巡检系统，开展德州智能电网综合工程等8项智能化建设试点，东营智能园区、分布式发电及微电网接入项目列入国家物联网重大示范工程。深化应用超声波局部放电、无人机智能巡检等先进技术，开展直升机巡线约6000km。城乡配网快速发展，实施供电可靠率、电压合格率提升专项行动，新建改造10kV线路4295条，新增更换配电变压器6927台，实现17地市主城区配电自动化全覆盖。直供直管区域用电信息采集覆盖率基本达到100%。农网改造升级按计划推进，7项农网改造升级工程入选国家电网公司首批“农网百佳工程”。建设电动汽车智能充换电服务系统工程，青岛电动汽车服务公司在全国率先实现换电模式电动公交车的运营收费。累计建成充换电站5座、交流充电桩545台，全年服务车辆行驶575万km。充换电服务网络建设运营实践获得山东省企业重大管理创新成果奖。

经营管理 全面建设“三集五大”体系，构建省市县一体化的“三集五大”体系，形成特色亮点 169 项，通过国家电网公司 18 个专业评估和综合验收，被确定为“三集五大”达标单位和展示窗口。经研院、电科院等 8 个业务支撑及实施机构提前完成组建。机构精简率达 49.89%，定员水平、用工效率、前期工作效率分别提升了 25.5%、25%和 26%，计量检定效率提高 12.5 倍，110kV 及以上检修平均停电时间减少 7.32h/次，造价控制率达 99.99%，居国家电网公司系统首位。同业对标继续保持国家电网公司综合管理标杆单位。

应用财务管控标准流程，部署实施基建标准成本管理。深化财务信息化建设，推动“一键式”报表常态化应用，强化协同和对账功能应用，会计核算提质提效。开展经营情况诊断分析，查找管理短板，研究措施，落实整改，全面提升效率效益。研究开发全链条预算管控工具，全景展示项目实施状态，业务预算管控能力明显增强。深化资金集中管理，开展账户清理和资金归集专项行动，县公司银行账户总量比上划前减少三成，资金归集比率从年初的不足 7%上升到年末的 99.6%。

深入推进物资集约化管理，全面加强需求计划管理，严格物资采购标准应用，优化计划审查流程，准确编报采购需求计划。集中采购范围进一步扩大，采购策略不断完善，集中招标采购节约资金 40.2 亿元。物资调配体系初步建立，建成山东公司物资调配中心和 17 个市公司物资调配室。建成仓储资源“一本账”，库存物资实施分类管理。成立省、市两级物资质量检测中心，完善物资质量监督网络及工作机制，建立协同共管、闭环联动的质量管控机制。

博兴、沾化县供电公司作为第三批上划企业无偿划入山东公司，累计完成 97 家代管县公司的资产上划工作。加强对上划县公司的统一管理，高密、历城等 41 家县公司进入国家电网公司综合评价前 100 名，胶州、宁阳等 14 家县公司进入全国一流行列，累计 43 个供电所被命名为国家电网公司标准化示范供电所。

严格规范依法治企，完善省市县一体化制度体系。开展依法治企问题整改，全面完成整改工作。完成各类审计项目 8229 项。做好集体企业清产核资与规范管理，促进集体企业健康有序发展。加强合同审核会签和履行监督，继续保持全国“守合同重信用”企业荣誉。县公司经济法律管理业务信息系统正式上线运行，统一 98 个县公司法律事务管理工作流程和标准。

安全生产 开展“安全年”活动和安全攻坚战。开展 500kV 主网黑启动试验，新能源调度技术支持系统建成投运，大电网安全运行水平明显提高。全年发生六级电网事件 2 次、八级设备事件 9 次，同期同口径减少 10 次。完成银东直流首次年度大修任务，确保了银东直流与华北电网联络线安全稳定运行。接纳省外来电 502.85 亿 kWh，减少输煤 1766 万 t。面对强台风“达维”和“布拉万”侵袭，山东公司应急体系快速响应，累计投入应急人员 6.6 万人次、车辆 1.3 万台次，夺取抗台抢险保供电的全面胜利。强化网源协调，成功应对高峰负荷、极端天气等严峻考验，完成迎峰度夏、党的十八大和亚洲沙滩运动会等重大保电任务，确保了全省电力安全可靠供应。

开展“创经验、争标杆、建机制”隐患排查治理深化年活动，全面落实九个专业隐患排查治理主体责任，深入排查电网设备薄弱环节和安全隐患，累计排查整改各类隐患 678 项。开展电网安全全面诊断分析，完成全省 17 个地市电网安全性评价，查找影响电网安全问题 195 项，制定针对性措施 185 条。

进一步深化应急管理工作，组织完成省市县公司 4 大类 19 项 16 414 个现场处置方案的编制、报备工作。加快本部应急指挥中心建设，完成机动应急通信系统二期工程竣工验收。完成 5 支彩虹应急服务队的试点组建，开展应急培训和实战演练。受国家电网公司委托，编制完成国内首个《社区突发停电事件现场处置方案》和处置规范，组织青岛、济南公司分别开展大型社区突发停电事件处置应急联合演练。编制《社会突发事件处置应急预案》，明确电力企业在社会突发事件中的职责义务。“以深化服务为核心的电网企业应急体系管理”获得国家级企业管理现代化创新成果一等奖。

营销工作 开展市场开拓百日攻坚，市场占有率完成 98.04%，同比提高 2.73 个百分点。滨州市孤网电厂外供电清理工作取得突破，市政府下发《严格执行国家电力政策抓好供用电规范管理工作》意见，完成首批外供用户改接。实施业扩提质提速行动，高压业扩平均接电时间同比缩短 9.2 天，业扩报装接电容量完成 1686.96 万 kVA，同比增长 0.38%。建立重点项目沟通机制，主动对接全省 100 个省级重点项目、1942 个市级重点项目。完善分布式光伏发电项目并网服务管理流程，制定实施细则，统一规范营业窗口分布式光伏发电项目并网业务受理、咨询服务。12 月 21 日，在青岛完成国内首例居民光伏发电并网。用电信息采集系统建设取得明显成效，直供区实现全覆盖，县公司实现高压客户全覆盖。

编制《业扩报装管理工作实施细则》、《客户保电全过程管理办法》、《95598 服务调度管理办法》，确保省市县三级服务协同。完成营销业务系统与生产、调度、电力交易等七大系统信息整合，率先建成营销

GIS一体化平台，实现营销、生产业务融合贯通和信息实时共享，建成省级计量中心，投运年综合检定能力达400万只的单相、三相电能表和互感器自动化检定流水线，获得省技术监督部门整体式授权。创新实施基于新型“$N-1$”营销稽查监控体系的精细化管理，累计查处窃电和违约用电2347万kWh。电费回收实现100%。

组建山东电力节能服务公司，全年节约电量5.3亿kWh。完成山东省首个中德合作能源项目现场审计工作。累计安装智能电表1453万户，直供区用电信息采集覆盖率实现100%；完成国家电网公司试点广电网络用电信息采集建设，为客户提供点对点可视提醒供电服务信息。推广自动抄表应用，远抄数据算费率达到92.43%，同比提高30.4个百分点。

农电工作　开展农村用电安全强基固本工程，实施农村中低压配电设施隐患治理，推动农村家庭安装使用户用剩余电流动作保护装置，组织开展农电安全知识调考。开展县公司全面诊断分析工作，编制《乡镇供电所及供电服务公司诊断分析调研报告》。联合省经信委召开新农村电气化建设座谈会，推进新农村电气化建设工作，完成8个县（市、区）139个乡镇6697个村的新农村电气化建设任务。县公司售电量完成1382亿kWh，同比增长6.3%；县供电公司综合线损率累计完成4.3%。

完成13个重新申报和一个新申报的一流县供电企业建设任务，对8家命名满五年的县公司进行动态复查，43家县公司进入国家电网公司县供电企业综合实力评价前100名。东营广饶县供电公司稻庄供电所、聊城东阿县供电公司大桥供电所等11个供电所获得标准化示范供电所命名表彰。

组织开展县域电力通信网试点规划建设工作，青州、沂水、商河三家县公司通过国家电网公司评审。做好农网营配调管理模式优化试点项目，高密、蓬莱、历城公司三家县公司顺利通过国家电网公司智能化项目验收。“县供电企业一体化信息资源整合平台”科技成果通过山东省科学技术厅科技项目鉴定委员会技术鉴定，并荣获山东电力科学技术奖一等奖。组织昌乐、肥城、垦利、阳谷四家县公司开展科技进步先进（县）供电企业创建工作，推进诸城、莱西等六家单位创建省级农电技术进步示范单位。

科技与信息化　深入实施科技强企战略。高强钢组合抱杆在皖电东送淮南—上海特高压交流输电示范工程线路18标段中成功应用，输电线路无人直升机智能巡检系统、基于可靠性的设备状态检修、高速铁路接入电网电能质量研究取得良好应用效果。全年荣获国家科技进步奖1项，国家电网公司科技进步奖6项，山东省科学技术奖10项，中国专利优秀奖1项，国家电网公司专利奖1项，山东省专利奖3项。“面向电力带电抢修作业机器人研究开发与应用”项目获得国家科技部“863”计划立项，“无人机带电巡检系统”等3个项目列入山东省科技计划。“变电站智能巡检系统”荣获中国优秀工业设计奖金奖，发明专利“寻找变电站开关无故障跳闸导致停电原因的检测方法”荣获中国专利优秀奖，“电动汽车智能充换储放一体化技术与运营管理系统开发应用”荣获山东省科学技术进步奖一等奖。

主持完成国家电网公司《变电站智能机器人巡检系统》系列技术标准编制任务；开发基于企业资源计划和流程管理的电力企业标准化管理系统，首次在业务流程、标准和信息系统的融合方面取得突破。重视国际专利保护研究，多项专利申请取得PCT（国际专利合作条约）受理号。“提高T91/P91钢在高温水蒸气中抗氧化的预处理方法”专利，获得美国国家专利商标局授权通知。截至2012年底，山东公司共申请专利1677项，持有专利1412项，其中发明专利174项，电力机器人技术申请发明专利13项、实用新型专利36项。

完成运营监测（控）中心信息系统试点建设；GIS平台建设项目被评为国家电网公司优质信息化工程；人财物集约化信息支撑系统、统一视频平台等86个建设项目顺利推进。市县公司提前完成“三集五大”体系建设36个信息系统的适应性调整工作，并通过国家电网公司综合验收。开展信息安全基线达标，完善信息运行调控体系，信息系统安全运行指标连续七个月排名国家电网公司系统第一位。山东公司2012年荣获国家电网公司信息通信先进单位，在国家电网公司信息系统运维人员技术水平普考中荣获团体第一名。

优质服务　全面实施居民用电满意工程，提升居民用电服务质量。推广建设缴费网点6.52万个，基本实现城市“十分钟交费圈”和农村用电收费“村村设点”，直供区居民客户离柜交费比例达98.31%。建成国家电网公司系统首家立体短信服务平台，实现计划、故障停电和业扩报装等自动通知，月均发送短信数量突破400万条。健全完善省市县三级95598服务协同工作机制，故障报修到达现场及时率达100%，恢复送电及时率达到99.9%。建立电力客户关系委员联席制度，与12398、12345等热线联动，开通企业微博，拓宽客户服务监督渠道。山东公司被评为“全国用户满意企业”，荣获全省行评“四连冠”。临沂公司陈海燕勇夺国家电网公司第四届供电“服务之星”劳动竞赛“十佳服务之星”第一名。

创新建立覆盖省、市、县三级的客户服务应急体系，强化95598服务调度，加强与气象等部门联动，形成“上下联动、区域协作”的快速响应机制。积极开展应急客户服务，95598 保持全负荷运行，电话接通率保持在 95%以上。组建客户服务应急梯队，共发送短信 160 万条，发放宣传单 20 余万份，出动应急客户服务人员 14 万人次，深入居民社区，做好解释安抚与紧急保电工作。

强化重要客户用电情况实时监控，做到客户侧用电安全隐患排查“通知、报告、服务、督办”四到位，排查整改重要客户用电隐患 2893 条，隐患整治率达到 86.12%。完善保电应急预案，制定《重大活动保电全过程管理办法》，完成十八大、亚洲沙滩运动会、全省两会等重大活动保电。率先投入应用基于客户用电信息采集的智能有序用电决策系统，规范市县两级有序用电方案编制，实施客户分类分级在线管理；依托覆盖省、市、县、户四级的实时负荷监测体系，智能生成省公司层面的分级、分区有序用电方案。

建立国家电网公司系统注册资金最大的省级节能服务公司，成立 95 个节能服务小组，签订 65 个合同能源管理项目，探索以合同能源管理模式开展供电台区节能改造。临清银河纸业中德合作能源项目完成现场审计并签订三方合作战略协议，《经济日报》山东电视台等十余家媒体作了重点宣传报道。出版《电力节能服务 300 问》、《电力节能服务与合同能源管理》、《节能法规政策汇编》等书籍资料，打造“彩虹”节能服务品牌。

党的建设与精神文明建设　突出“创先争优·喜迎十八大”主题，组织实施安全稳定卓越提升、先锋引领创争献礼等十大金牌工程。公司党委荣获“全国创先争优先进基层党组织”“齐鲁先锋基层党组织”称号。公司系统 175 个基层党组织、189 名共产党员荣获各级创先争优“先进基层党组织”“为民服务创先争优示范窗口单位”和“优秀共产党员”等称号。

学习贯彻党的十八大精神，加强党性教育和先进性建设，山东公司被评为山东省理论大众化示范点。深入实施党建先锋引领工程。开展基层组织建设年活动，完成 1662 个党支部分类定级。成立 119 支国家电网彩虹共产党员服务队。制定廉洁风险防控手册，加强协同监督机制建设。

深化文化管理实践，企业文化管理实践覆盖率 100%。“善小”志愿者协会入选全国优秀志愿服务组织；43 名员工被公众推选为“中国好人”和“山东好人”，吕明玉、刘华腾等 9 个典型在全国引起较大反响。济南供电公司《彩虹之翼》获全国电力行业电视片展评微电影一等奖。在全省首家发布企业社会责任实践报告，荣获“金蜜蜂企业社会责任中国榜·永续发展奖”。举办第九届文化体育节，3 人入选国家电网公司十大书法家、摄影家、美术家。搭建青年成长成才平台，选拔 200 名青年岗位能手。关爱员工和离退休老同志生活，建成 16 个标准化健康食堂和 12 个离退休活动中心示范基地。

（梁卫国）

东北地区

【国家电网公司东北分部】

分部概况　按照国家电网公司深化总部分部一体化运作的实施意见要求，国家电网公司东北分部（简称东北分部）负责管理、协调东北区域内的电网运行、安全质量监督、审计监督、电力交易等业务，同时做好自身的党群、综合行政管理工作；负责中朝水力发电公司中方电厂的管理。东北分部内设综合管理处、财务处、安全监察质量处、审计处、党群工作处、电力调控分中心、电力交易分中心和中朝水力发电公司理事会中方业务局 8 个处室；下设机关事务管理中心，直管中朝鸭绿江界河上的云峰水电厂和太平湾水电厂，以及临江电站筹建处和望江楼水电站工程建设局。

电网概况　东北电网是国家电网公司所属五大区域电网之一，供电范围包括辽宁、吉林、黑龙江三省及内蒙古东部地区，电网覆盖国土面积 127.03 万 km^2，供电服务人口约 1.2 亿。东北电网 500kV 主网架已基本形成，并与俄罗斯通过黑河直流背靠背联网，在西南部与华北通过高岭直流背靠背联网，在东部与朝鲜通过界河电厂实现电力互供。500kV 交直流网架已覆盖和延伸至蒙东电源基地和辽、吉、黑负荷中心的所有地区，承担着东北地区电力资源优化配置的重要任务。

截至2012年底，东北电网全口径发电装机容量10 644.41万kW。其中，水电装机844.43万kW，占全网7.93%；火电装机7961.44万kW，占全网74.82%；风电装机1831.85万kW，占全网17.21%；其他5.69万kW，占全网0.05%。

2012年，东北电网全口径发电量完成3834.27亿kWh，同比增长3.11%。其中，水电发电167.62亿kWh，同比增长21.60%；火电发电3388.29亿kWh，同比增长1.40%；风电发电276.50亿kWh，同比增长16.48%；其他发电量1.86亿kWh，同比增长−1.76%。

东北电网售电量完成2940.53亿kWh，同比增长3.69%。东北全区全社会用电量为3751.82亿kWh，同比增长3.52%。东北电网综合线损率完成7.02%，同比下降0.01个百分点。

东北电网内省间净交换电量686.42亿kWh，其中，蒙东净送东三省电量370.65亿kWh，同比下降1.90%；黑龙江省净送出电量13.79亿kWh，同比下降57.61%；吉林省净送出电量77.30亿kWh，同比上升2.08%；辽宁省净受入电量410.94亿kWh，同比下降5.99%。东北电网送华北电网电量109.24亿kWh，同比增长8.74%。

电网调度　2012年，按照国调中心的统一部署，东北电力调控分中心完成东北区域三省一区调控一体化方案的审核工作，及时跟踪有关单位的建设进展情况，完成分中心与省调之间调度运行业务工作流程规范（草案）的编制，规范了有关调度业务流程，确保在调度管理模式转变期间调度工作的平稳过渡。下发《“大运行”体系导入和对接期间规范电网调度业务管理流程细则》，组织网省调、监控及现场运行人员学习培训。在电网联合反事故演习中增加“大运行”业务流程相关内容。组织完成三省一区调度运行人员的持证上岗考试及省（区）调度自动化专业人员的培训考试。启动在线安全分析系统建设工作，完成硬件设备安装，进行软件系统安装调试。组织区域网（区）调开展“大运行”体系建设工作。组织审查东北网调智能调度技术支持系统建设可研报告，制定并实施调度技术支持系统建设及自动化信息接入D5000系统的工作计划。

为消除网源不协调给电网安全运行带来的风险，东北电力调控分中心配合科研单位完成了发电厂涉网情况的调查工作。继续推动风电场低电压穿越能力改造和火电厂辅机低电压穿越能力改造工作，完成了不满足电网安全运行条件的火电厂超速保护（OPC）技术整改。加强了并网机组励磁系统（含PSS）、调速系统参数实测工作，严把并网电源安全关。

采用人工短路试验辅助验证风电低电压穿越能力，对改造后的风电场低电压穿越能力进行整体评估。积极接纳风电，完成国家电网公司智能电网试点项目建设工作。2012年2月28日，国家电网公司智能电网试点项目“大规模风电功率预测及运行控制试点项目东北工程”通过验收，该项目实现了东北电网各直调风电场超短期功率预测计划申报结果的自动收集、解析和预测结果考核，实现了区域性超短期预测、风电场有功控制以及对风电场发电功率的有效分配。

中俄黑河背靠背联网工程完成调试、试运及相关协议的签订工作，实施配套的安全措施，完成了新增无功补偿设备的安装和调试工作。做好伊穆直流投产安全稳定研究，确保系统安全稳定运行。

采取多种措施夯实电网安全运行基础。在国调中心支持下，提高了事故情况下东北、华北电网间紧急支援能力60万kW。优化了全网低频减载方案，全网新增低频集中切除110万kW负荷的第二道防线，实施低频切除泵工况运行的抽水蓄能机组，加强水电机组低频自启动管理。滚动调整伊穆直流送端电网送电能力，合理安排伊穆直流送出系统电源方式。

配合基建、科研、设计、设备生产厂家等单位，共同研究确定了高岭背靠背扩建工程系统调试方案、安全稳定控制策略、安全自动装置配置方案；配合完成高岭背靠背扩建工程及新上单元三、四的站系统调试、运行方式安排、安全自动装置安装调试等工作；修改了系统规程规定，调整了安全自动装置定值，确保高岭背靠背扩建工程顺利投运。

适应调度运行管理模式变化，强化二次专业管理。组织协调黑、吉、辽省调和蒙东调度开展东北区域继电保护专业管理。结合东北电网实际情况对现有网、省调度自动化专业之间的管理业务流程进行相应调整，加强网省调自动化系统安全运行管理，明确网省调运行管理工作界面与职责，提高调度自动化专业的精细化管理水平。启动新设备调度管理等7个核心业务流程建设工作。

电力交易　深化电力交易，继续扩大交易品种，开展蒙东地区发电权、风火替代等多品种电力交易。完成跨区送电和跨省交易电量647.28亿kWh；通过交易平台组织各种交易电量190.14亿kWh。推进节能减排，开展发电厂和发电集团内部发电权替代交易，交易电量26.88亿kWh；修订跨区电能交易办法，增加容量、脱硫、脱硝等相关权重系数，交易电量对应的煤耗、污染物排放等指标均得到了不同程度的降低。加强电力市场分析预测，按需求调整年度联络线交易电量计划。开展购电成本分析，降低电网企业购电成本支出。

积极接纳风电，全网风电装机突破 1800 万 kW，占装机总量突破 17%；全年风电发电量 276.5 亿 kWh，占总发电量的 7.21%，降低煤耗 1024 万 t，降低二氧化碳排放 2661 万 t。实施了提高通辽电网风电送出能力加装安全自动装置工程。开展节能发电调度和风、火、水电互补、互调工作，在保证电网运行安全前提下提高电网接纳风电的能力。

中朝界河电厂 截至 2012 年 12 月 31 日，云峰、太平湾发电厂分别实现安全生产 3658 天和 2267 天，云峰发电厂连续 10 年实现安全生产目标。太平湾发电厂生产综合楼实现冷封闭，内装饰工程稳步推进。

组织编制 2012 年水电安全管理策划方案及考核标准，审核并监督界河电厂策划方案及执行。开展界河电厂安全生产流动红旗竞赛，从安全管理策划、责任制落实、两票三制等 11 个方面全面开展竞赛。修订《东北电网有限公司直管电厂标准化运行管理办法》和《东北电网有限公司直管电厂标准化检修管理办法》，完善标准化运行管理，规范检修安全和质量工作。从组织体系、制度体系、保障体系和管理体系四方面完善防汛标准化体系，及时调整东北公司防汛组织机构，按照公司要求开展界河电厂隐患排查工作，完成防汛预案修编工作。汛期，中朝双方加强沟通协调，密切协作，提前预泄腾库容，及时开闸泄洪，完成流域防汛度汛任务。

加强工程管理，确保工程质量。修订《东北电网有限公司界河电厂工程管理办法》，多次组织工程现场检查和阶段验收工作，全面梳理电厂存在的重大缺陷和隐患。针对云峰发电厂 4 号机组整体改造的特殊性，及时组织召开计划落实会议，确保了改造工程按计划实施。根据 3 年滚动计划和设备实际情况，组织编制界河电厂 2013 年大修、技改工程计划。

中朝双方在界河流域合作取得重要进展：水丰电站防洪设施改造工程全面竣工，消除了重大安全隐患；化解中朝关于长甸电站改造工程的意见分歧，签署了谅解备忘录，工程建设稳步推进；文岳电站前期工作取得重要进展，达成《文岳电站物资采购及电量偿还协议》，突破性地开展电量贸易及文岳电站物资采购工作，解决了因文岳电站建设引发的中方境内征地移民等问题，优化了望江楼电站同步开发条件；就临江电站大坝建基高程和设计洪水等技术问题与朝方达成共识。召开中朝水力发电公司第 64 次理事会及 14 个专业会议，双方理事会合作得到深化。

党建和精神文明建设 认真学习贯彻党的十八大精神，开展“基层组织建设年”主题实践活动。实施“双提高”素质提升工程，举办 6 次专题报告会。继续深入推动创先争优活动有效开展，承诺践诺、点评评议形成长效机制，有力推动了分部党组织和党员在各项工作上创先，在重点工作、重点项目、为民服务上争优。健全和完善党内评先工作机制，开展“电网先锋党支部”创建和先进党支部、优秀共产党员、优秀党务工作者评选表彰活动。

倡导“五统一”企业文化建设，打造“国家电网”品牌，开展“忠诚企业”教育活动，组织开展向先进典型学习活动。秉承“反腐倡廉必须常抓不懈，拒腐防变必须警钟长鸣”的工作理念，采取多种形式，推进惩防体系建设，构建教育、制度、监督并进的反腐倡廉建设格局。组织召开东北分部 2012 年反腐倡廉建设工作会议，全面部署任务，加强工作指导。按照国家电网公司监察局统一部署，牵头党风廉政建设“一岗双责”量化考核课题研究工作。

（王生龙）

【东北电网有限公司】

见国家电网公司东北分部。

【辽宁省电力有限公司】

企业概况 辽宁省电力有限公司（简称辽宁公司）是国家电网公司的全资子公司，以建设运营辽宁电网为核心业务，承担着为辽宁省经济社会可持续发展提供安全、可靠、优质、清洁电能供应的责任。供电营业区域 14.75 万 km^2，供电服务人口 4200 余万。拥有下属单位 31 个，其中供电公司 14 个、检修分公司 1 个、建设类单位 1 个、培训中心 3 个，科研类单位 3 个、职工医院 1 个，其他所属单位 8 个，本部设职能部门 24 个。

2012 年，辽宁省全社会用电量达到 1899.88 亿 kWh，综合线损率 6.01%，同比下降 0.27 个百分点。城市用户供电可靠率和综合电压合格率为 99.96 %和 99.92%。

2012 年，建成“三集五大”体系，财务、物资、审计、信息通信管理 4 项成果入选国家电网公司典型经验，荣获同业对标管理标杆和运行管理专业标杆称号，连续 3 年实现东北区域对标大满贯。荣获国家电网公司“财务工作先进单位”和“电价集约化管理最佳实践单位”称号。辽宁公司被评为“民心网诉求办理优秀单位”，继取得行风民主评议 13 连冠之后，连续 3 年获得免评资格。被中央宣传部、国家安全生产总局等七部委评为“全国安全生产月活动先进单位”。

领导班子 2012 年辽宁公司领导班子成员如下：

总经理、党组副书记：燕福龙

党组书记、副总经理：梁旭

副总经理、党组成员：张印明、薛建伟、陈兆庆、牟景旭

党组成员、纪检组长：林则学

副总经理、党组成员：张国威

党组成员、工会主席：张力

党组成员、总会计师：池源

党组成员兼大连供电公司总经理：于晓辉

总工程师：王芝茗

电网概况 辽宁电网是东北电网重要的组成部分，是东北电网与华北电网连接的枢纽，东北部经4回500kV线路与吉林电网相联，西北部通过6条500kV线路、1回±500kV直流线路（呼辽直流）与蒙东电网相联，承担着吉林省、黑龙江省及内蒙古东部能源基地电能外送的接纳工作；西南部通过500kV高岭背靠背换流站与华北电网实现跨区相联，肩负着支援三华电网的重要任务。辽宁电网内部呈现北电南送的趋势，主要输电通道为5回500kV线路。

辽宁电网是典型的受端电网。2012年，经省间联络线净受入电量412.06亿kWh，其中，辽吉省间受入电量201.88亿kWh；由内蒙东部受入318.66亿kWh（呼辽直流受入电量135.1亿kWh）；东北电网通过辽宁向华北电网净输出电量109.24亿kWh；丹东送朝鲜电量0.36亿kWh，由蒙东受入朝阳0.09亿kWh，由吉林受入铁岭1.03亿kWh。

截至2012年底，辽宁电网总装机容量（含绥中电厂、界河水电厂）为3807.01万kW。其中，火电装机容量3058.33万kW，占总装机容量的80.33%；风电装机容量475.59万kW，占总装机容量的12.49%；水电装机容量272.09万kW，占总装机容量的7.15%；光伏电站装机容量10 000kW，占总装机容量的0.03%。

截至2012年底，辽宁电网拥有500kV交流变电站21座（含开关站1座），变电容量3730万kVA；±500kV直流换流站2座，换流容量1060万kVA；500kV交、直流线路回长6869km；220kV变电站184座（含开关站9座），变电容量6105万kVA，220kV线路长度14 674km。

人力资源 截至2012年底，辽宁公司职工人数46 211人，其中经营类379人，管理类6511人，技术类1837人，大学本科及以上文化程度18 825人，具有副高级以上职称3991人，中级职称6973人。人才当量密度0.936 9，高技能人才比例85.41%，技师、高级技师占生产技能人员比例27%。

共有国家电网公司级专家19名、公司级专家145名（其中首席专家12名），2012年选拔23人入围国家电网公司专业领军人才3年培养名单。完成教育培训项目4747个，全年培训26.83万人次，全员培训率95.92%。首次开展人力资源劳动组织、绩效专业调考，取得国家电网公司第8名的成绩。

“三集五大”体系初步建成。撤消了38个城区供电分公司，三级以上机构精简66%，管理人员精简22%。全年共调整干部7批次，调整变动干部151人，其中：交流轮岗干部共102人，占干部总数的19.9%，有序推进领导干部补充调整和新老交替。9名所属单位优秀干部到公司本部挂职培养锻炼，11名青年干部竞聘到处长、副处长领导岗位。全年共举办3期现职干部轮训班，1期青年干部培训班，5期所属单位中层干部培训班，2期公司本部“三集五大”专题培训班。

电网建设与发展 66kV及以上输电线路开工2570km、投产2509km，变电工程开工955万kVA、投产1034万kVA。新增发电装机475.61万kW，其中风电73.26万kW，水电125.55万kW。

7项500kV、21项220kV、56项66kV输变电工程获得核准。500kV南海、抚顺，220kV空港等13项输变电工程按期建成投运。高岭背靠背换流站扩建工程创同类工程建设周期最短纪录。大连跨海柔性直流工程前期和设计工作稳步推进。500kV蒲辽线、辽中变电站工程分别获得国家电网公司线路工程安全管理和变电工程质量管理流动红旗。220kV及以上工程优质率达100%。4项农网改造升级项目被命名为“农网百佳工程”。智能电网建设取得新突破，国内首座高度集成的智能变电站——220kV何家智能变电站建成投运，国内首台66kV智能移动变电站在大连投入使用，建成6座电动汽车充换电站。

经营管理 深化经营诊断分析，开展“百日攻坚”活动，内强管理，外拓市场。完善“一口对外”营销服务机制，破解报装受阻问题，净增运行容量1092万kVA。加强自备电厂管理，实行“统购统销”，增加售电量25.3亿kWh。开展“线损管理年”活动，整治高损线路和台区，全网减少电量损失4.45亿kWh。加强电费管理，追补违约电费1.12亿元，补收电铁还贷电费1.79亿元。加强财务管理，3年以上应收账款压降明显，回笼资金1.2亿元。细化项目储备库管理，采取预计划下达方式，项目预算执行进度明显提高。规范工程财务及业务流程，实现对单项资产的价值跟踪管理。与农业银行签署代收电费协议，实现了全省农村客户电费收缴和归集一体化。落实合同管理“六统一”原则，加强合同会签审核，2012年在经法系统上流转合同37 675份，提高了合同管理质量和管理效率。物资调配中心、供应商服务大厅建成并投入使用，实行调配中心紧急调拨库存物资应急机制，有效应对台风袭击。完成全年仓储体系标准化、信息化建设任务，实现库存物资“一本账”。

基础管理和标准化建设成效显著。累计清理规章制度3606项，明确基础标准601项、技术标准5227

项，补充制定技术标准36项，汇编作业指导书（卡）376项；优化流程947项，修订管理标准411项、工作标准1993项。220kV及以上线路、城网66kV变电站标准化率达到60%，农网变电站标准化率达到30%。标准体系建设通过国家电网公司的验收，并荣获了中电联授予的“电力标准化工作先进集体”荣誉称号。

安全生产 强化全员安全意识，培育安全文化，树立“大安全”理念。健全完善安全工作机制，加强过程管控，全面排查整改隐患，有效控制各类风险。完成春秋检、迎峰度夏（冬）、十八大保电等重点工作。全年未发生考核事故，全面实现安全目标。

开展“安全年”活动，以电网安全性评价、人身安全检查、打非治违等工作为抓手，进一步夯实安全基础。大力推广带电作业，全面实施设备带电检测，输变配电设备状态检修实现全覆盖。强化“两票”管理，整治十种典型习惯性违章，创新实施“伙伴安全监察”。全省21座500kV变电站全部实现少人值守，安全管控更加高效。持续开展输电线路防雷、防舞动、防外力破坏专项治理，完成140条66kV及以上线路治理，加装防舞动装置2235支，线路避雷器1196支；完成穆家和高岭换流站隐患治理44项；开展配网设备专项隐患排查，发现并治理隐患13 822项。加强应急管理，完成市县级应急指挥中心建设。成功应对强台风“达维”、“布拉万”和辽西南暴雪等恶劣天气。

营销工作 2012年，国网辽宁电力完成售电量1547.81亿kWh，同比增长2.29%；市场占有率93.37%，同比上升0.65个百分点；综合线损率6.01%，同比下降0.27个百分点；当期电费回收率100%；完成新装、增容1661.64万kVA；全年销户、减容达到2122万kVA，累计更换智能电表597.7万只。

加快营销体系深度磨合，进一步转变管理理念，不断创新管理、完善制度和优化流程；开展“整顿服务作风 规范服务行为”专项活动，深化依法治企问题排查治理，问题整改率完成100%；充分利用稽查监控系统，持续开展“五查”活动，问题数据整改率100%；开展营业大普查活动和打击窃电专项行动，规范营销作业，整顿用电现场秩序，加强基础管理，提升营销服务水平；强化营销队伍建设，培训率达到99%以上、调考9869人次，员工综合素质进一步提升。完成国家电网公司95598五项业务集中试点，实现业务平稳割接上划。规范工单传接、处理管理，服务工作顺畅。

农电工作 2012年，农网供电可靠率RS-1完成99.90%，综合电压合格率完成98.28%。未发生人身、电网、设备事故；未发生误操作事故和有社会影响的大面积停电责任事故。

完成国家电网公司农村供电业务委托工作试点工作，通过国家电网公司验收。全省共成立市、县农电服务公司法人单位16个，县分公司65个，组织机构健全，人员配备到位，完成农电工劳动合同签订工作，农服公司员工队伍稳定，业务委托工作顺利开展。在国家电网公司系统率先开展“农网10kV及以下物资协议库存”采购，进一步缩短物资供应周期；开展省、市两级农网优质工程评价；积极推进10个示范县和15个示范小城镇典型供电模式建设。10kV及以下农网作业全部纳入公司统一作业计划管控，杜绝了无计划作业；组织农网安全检查11次，农网安全知识培训5500人次；实施233座农网变电站无人值班改造，农网变电站无人值班率由2011年的16%提高到65.21%。

科技与信息化 2012年，辽宁公司承担的78个各级科技项目稳步推进。国家863课题“储能系统提高间歇式电源接入能力关键技术研究与开发”和国家科技重大专项课题“面向智能电网的安全监控、输电效率、计量及用户交互的传感器网络研发与应用验证”均取得阶段性成果；复合材料杆塔输电、无人机巡检、风电储能技术研究实现新突破；第三代无功补偿技术在9座66 kV变电站成功应用。承担国家电网公司智能电网试点工程6项、信息化试点项目9项，1项被评为优质工程；完成新技术推广110项。

2012年，辽宁公司共有13项科技成果获得省部级及以上奖励：其中4项获得国家电网公司科技成果奖、9项获得省政府科技进步奖。共申请专利794项，其中发明专利390项；专利授权430项，其中发明25项。承担国家电网公司技术标准制订、修订工作两项，电力行业标准制订、修订三项，中国电力标准英文版翻译工作3项，全部通过上级单位审查。

完成了支撑“三集五大”体系建设信息系统适应性调整工作；构建生产经营信息全方位监控和多角度展示的全景式信息通信调控中心，提升了市、县、供电所三级信息通信业务应用水平。66 kV变电站、供电所光通信电路覆盖率指标分别由2011年的69%提升至97%、52%提升至95%，在国家电网公司系统率先实现“省、市、县”三级通信容灾体系建设功能。辽宁电力光纤到户运营模式实现新突破，形成了“开放式公共服务基础平台”运营模式。

优质服务 积极为全运会、哈大客专、保障性住房、节水滴灌等重点工程和民生工程提供优质供电服务。向社会承诺并做好光伏电源接网工作，全年接纳风电78.78亿kWh，同比增长19.25%。深化国家电网公司“四项”供电服务提升工程，成功打造辽电特色“感动式”服务品牌，萌生地方特色的服务子品牌7个；率先开通专题服务网站，解决客户诉求952件。拓展15种居民缴费方式，布设5474个缴费网点，城区平均服务半径0.88km，实现了城市“十分钟缴费圈”，提前实现农村缴费“村村设点”。坚持“三公”调度，构建和谐网厂关系。加强行风建设，开展第三方评价，投诉办结率、回复率、满意率均为100%。依法从严治企，依法治企综合专项检查问题整改率100%。开展“整顿服务作风 规范服务行为”专项活动，深入排查治理1450件，整改率100%，依规处罚219人次，营销作业行为进一步规范。

党的建设与精神文明建设 开展“基层组织建设年”活动，实施创先争优“十大工程”，推行“活动目标化，目标项目化，项目责任化，责任具体化”管理，细化60个项目，分解235项具体措施。实行“一诺双评”常态管理，规范整合277支辽宁电力共产党员服务队，积极开展党员“奉献日”、“雷锋周”等活动，捐资建设朝阳、本溪两所共产党员希望学校。国网辽阳供电公司党委和国网葫芦岛供电公司党委荣获全国创先争优先进基层党组织称号，公司32个单位和集体、18名个人受到上级创先争优活动的表彰。深化“电网先锋党支部”创建，开展“双结双促”党支部共建活动，建立网上考评对标体系，实现党支部100%达标。健全党员培训教育机制，开展党员轮训，举办党务工作专责培训班，保质保量完成党员大规模教育培训任务。积极开展形势任务和“三集五大”宣讲活动，编发《2012年员工学习手册》、《“三集五大”体系建设宣传手册》6套、《简报》34期，制作“三集五大”等专题展板145块，发放《“三集五大”体系建设员工思想调查问卷》4964份。召开国网辽宁电力第二次团代会，规范共青团组织建设。青年员工程金雁、付玉泉作为全国青年典型在团中央统一组织下应邀进行国际交流，33个青年集体和7名个人获得省部级及以上荣誉。

主要事件

1月13～14日，辽宁公司召开第三届职工代表大会第四次会议暨2012年工作会议。总经理燕福龙作了题为《转变发展方式 提升发展质量 加快推进“一强三优”现代公司建设》的工作报告。

2月7日，联合国CDM执行理事会（EB）指定的项目审定机构（DOE）到辽宁公司就第一个子项目（CPA—001）的二氧化碳减排量进行核查核证。

3月21日，国家电网公司副总经理、党组成员曹志安就深入推进总部分部一体化运作到辽宁公司进行调研。

3月26日，辽宁省电力有限公司检修分公司干部大会在沈阳召开，宣布辽宁省电力有限公司检修分公司正式成立，辽宁500kV超高压输变电设备将全面实施统一集中专业化管理。

3月27日，辽宁省电力有限公司电力科学研究院正式成立。

4月24日，举行国家电网辽宁省电力有限公司“感恩手拉手，辽电献爱心”主题活动启动仪式。

5月3日，500kV徐家变电站220kV联网工程顺利完工。

5月8日，辽宁省电力有限公司电力经济技术研究院在沈阳正式成立。

5月15日，由辽宁省物价局主持召开的居民生活用电实施阶梯电价听证会在沈阳召开。

6月16日，辽宁公司系统开展“共产党员奉献日”活动。

6月29日，辽宁公司举行“大营销”体系营销自动化系统切换上线启动仪式。

6月29日，辽宁公司召开2010～2012年创先争优活动总结表彰暨庆祝中国共产党成立91周年大会。

7月10日，辽宁省电力物资供应有限公司在沈阳正式成立。

7月9～10日，辽宁公司启动暴雨蓝色预警，保障辽宁电网稳定运行。

7月23日，辽宁公司召开2012年年中工作会议。总经理燕福龙作题为《深化改革，创新提升，确保高质量完成全年各项目标任务》的工作报告。

7月30日，辽宁公司“大检修”体系建设成果“工厂化”检修基地在辽阳电力设备制造有限公司正式揭牌落成。

8月3日，辽宁公司启动防汛应急预案，确保了辽宁电网的安全运行和全省社会生产及居民用电安全免受热带风暴台风“达维”外围云系的影响。

8月15日，国家电网公司党组成员、副总经理郑宝森到正在建设中的东北华北联网高岭背靠背换流站扩建工程检查指导工作。

8月16日，辽宁公司召开干部任免宣布大会。梁旭任中共辽宁省电力有限公司党组书记、成员，张国威任中共辽宁省电力有限公司党组成员，免去焦保利中共辽宁省电力有限公司党组书记、成员职务，免去刘劲松中共辽宁省电力有限公司党组成员职务；梁旭、张国威任辽宁省电力有限公司副总经理，免去焦保利、刘劲松辽宁省电力有限公司副总经理职务。

8月24日，国电电力副总经理陈景东一行到辽宁公司进行访问，双方就相互关心的战略合作、进一步推进股权投资清理整合工作等话题进行了交流。

8月26日，辽宁公司应对第15号台风“布拉万”启动了防台风蓝色预警。

9月10日，辽宁省人民政府副省长刘国强到辽宁公司视察并听取工作汇报。

9月17日，辽宁省人民政府副省长兼公安厅厅长薛恒到公司调度控制中心视察。

9月18日，辽宁省总工会副主席李景涛一行到辽宁公司调研。

10月19日，国家电网公司坚强智能电网第二批试点项目辽宁电力光纤到户试点工程全面落成，东北首家—沈阳八王寺试点工程的正式运营。

11月1日，“辽宁电力共产党员捐资助学仪式”在本溪市南芬区思山岭学校举行。“辽宁电力共产党员希望学校”揭牌。

11月2日，辽宁公司与中国农业银行签订代收电费协议。

11月16日，国家电网大连东港综合体项目开工奠基仪式在大连举行。

11月22日，国家电网公司副总经理、党组成员曹志安带领验收组到辽宁公司开展“三集五大”体系建设综合验收。

11月28日，国内首座高度集成的智能化变电站——朝阳220 kV何家智能变电站一次投运成功，是国内首座集保护、测量、控制、计量为一体的高度集成的变电站。

12月12日，辽宁公司与辽宁红沿河核电有限公司在沈阳签约长期购售电合同及并网调度协议，红沿河核电厂正式成为并入辽宁电网的发电企业。

（李天一）

【吉林省电力有限公司】

企业概况 吉林省电力有限公司（简称吉林公司）是以建设、运营电网为主营业务的国家大型企业，是国家电网公司全资子公司，对所属企业和单位的国有资产承担保值增值责任，依法对省内及相关电网实施调度管理，承担着保障安全、经济、清洁、可持续的电力供应的使命。吉林公司供电营业面积18.74万km^2，拥有供电客户1162万户，供电服务人口2700余万人。吉林公司本部设置职能部门23个、省级业务支撑和实施机构8家、地市供电公司9家，管理各类员工26 639人，服务供电客户1162万户。

2012年，吉林公司售电量496.9亿kWh，同比增长1.36%；综合线损率7.5%，同比降低0.1个百分点；连续实现第七个安全年；荣获全国“五一”劳动奖状。

电网概况 吉林电网位于东北电网的中部，北连黑龙江电网，南接辽宁电网，西临内蒙古东部电网，在满足全省电力供应的同时，还是东北电网北电南送的重要通道。吉林电网初步形成以500kV线路为骨干、220kV线路覆盖全省的坚强电网。截至2012年末，吉林电网有500kV变电站10座，变电容量14 809MVA，线路长度2622.74km；220kV变电站74座，变电容量17 363MVA，线路长度9785.55 km。

人力资源 坚持正确的选人用人导向，采取组织选拔与竞争择优相结合的方式，面向吉林公司系统公开竞聘副处级岗位5个，选拔本部内设机构负责人20名，招聘本部及业务支撑机构管理人员（含挂岗锻炼）133人。加强干部队伍建设和后备干部培养，举办4期领导干部、2期后备干部培训班。加大优秀人才引进力度，超前开展招聘工作，择优招聘高校毕业生404人。妥善接收安置退役士兵。国网技术学院长春分院挂牌成立。公司4名同志入选国家电网公司“十大”专业领军人才。启动全员绩效管理，将考核结果与员工薪酬绩效挂钩，设立安全生产、营销服务专项奖励资金，激励员工提升素质和岗位奉献。举办各类培训班500余期，全员培训率达到95.36%。开展供电服务之星、输电带电作业等6项岗位技能竞赛。

截至2012年底，吉林公司共有全民所有制在职职工26 620人，其中具有大学专科及以上人员15 218人；副高及以上专业技术资格人员1944人，中级专业技术资格人员725人，高级工及以上人员9467人。国家电网公司级专家8人。人才当量密度0.875，同比提高6个百分点。

电网建设与发展 深入研究电网发展中存在的主要问题，开展电网发展总结和评估工作，完成配电网规划标准体系等13项专题研究。组织开展2013～2017年电网滚动规划编制工作，明确“十二五”后期电网发展重点和“十三五”初电网建设任务。建立政企联合推进前期工作新机制，加强节点过程管控，当年工程建设项目4月末前全部具备开工条件。

加快重点项目建设，龙嘉变电站220kV疏通工程、松原变电站扩建工程、长春变电站增容改造等迎峰度冬重点项目相继投运，电网卡脖子现象得到有效缓解。协调解决了500kV金城变电站电子式互感器采集卡因不能抵御操作过程中产生的特快速暂态过电压而出现异常的世界级技术难题。哈大客运专线配套供电工程投运。加强标准工艺应用过程控制，标准工艺应用率达到96%，优质工程率实现100%。吉林丰满水电站全面治理（重建）工程正式开工建设。

组织编制完成“十二五”电网智能化滚动规划。长春净月、辽源兴国电动汽车充换电站投入运营，推动电动汽车产业发展和新能源利用。推广应用智能电

表150万块，供电区域智能电表覆盖率达到85%以上。

经营管理 按照国家电网公司统一部署，制定“三集五大”体系建设方案，强化目标导向和过程管控，全面开展评估验收，提前9个月完成“三集五大”体系阶段建设。一是建立新的业务模式。实现调控一体化、检修专业化和运维一体化、95598业务省级集中，编制规章制度316项，发布标准3580项，建立集约化、扁平化、专业化的科学管理体系。二是实现机构科学设置和人力资源高效配置。组织机构由1077个减少到624个，精简42.06%；管理人员由4163人减少到2774人，精简33.37%；“五大”业务用工总量由17 160人减少到13 218人，用工效率提高22.97%。较好地解决了长期存在的机构设置小而全、用工总量偏大与结构性缺员并存等突出问题。三是提升了效率和效益。66kV及以上主设备现场检修平均停电时间减少30.84%，电网资产运行维护费用每万元降低3.3%。公司核心资源的管控更加集约，核心业务的运作更加专业。地（市）县层面主多分开和集体企业清产核资工作顺利完成。

开展管理提升活动，电网、经营和人力资源等诊断分析取得实效。强化综合计划和预算管理，推行30%预控成本举措，计划和预算的约束力进一步提高。会计基础工作被确定为东北区域标杆。主动配合居民阶梯电价实施，在全国率先出台电价实施细则。加强资金归集和管控，清理回收应收款。除农电以外各单位3年以前应收款全部清理完毕。物资类采购全部纳入电子商务平台，集中采购率达到97%，节约资金2.52亿元。系统评估线损现状，科学制定3年降损计划，完成线损综合分析管理系统开发，通过与营销、调度数据接口，实现对线损各环节的动态监控和分析，综合线损率和农电线损率分别下降0.1和0.38个百分点。开展反窃电专项行动，挽回经济损失1767万元。当年电费回收率实现100%。所有子公司当年全部实现盈利。

配合国家电网公司综合专项检查，针对发现的问题，进行了全面梳理整改。规范招投标、公务出国（境）、薪酬福利等。充分发挥审计监督职能，推动审计成果转化。主动解决历史遗留问题，提前一年完成农维费资产清查整改，清算关闭天池宾馆，积极处置“我的时代”闲置资产，双河电站实现下闸蓄水并网发电。用电信息采集系统用于贸易结算取得政府授权，推进电力设施土地证及房屋产权证办理，及时规范新建住宅小区配套费管理，电力监管协管工作试点取得成功，公司外部法律风险得到有效防范和化解。

安全生产 开展“安全年”活动，全面落实300条重点措施，强化安全生产、建设质量、队伍稳定等风险隐患排查治理，整改各类问题1031项。逐级梳理和强化安全生产监督体系、保证体系和责任体系，针对“五大”体系深化、配网及农网作业、交通管理等安全生产的重点部位和薄弱环节，强化安全责任制落实，完善各项规章制度和工作流程。加强安全宣传教育，将安全管理理念有效延伸，构建党政工团齐抓共管全面覆盖的安全保障机制和各专业协调联动多位一体的“大安全”工作机制。

强化大电网运行机理研究，有效落实预控措施，电网调度安全运行突破1万天。深化设备状态检修，推行现场标准化作业，停电次数同比降低25.45%。应用风电预测、节能调度、智能控制等先进技术，风电日发电量、发电电力屡创新高，接纳水平全国领先。长春东郊变电站、北郊变电站改造等一批迎峰度冬重点工程如期完工，有效降低变电站过载风险。推动富裕电力消纳和外送，电网调峰与供热矛盾得到有效化解。

开展2013年电力供需平衡分析，提前落实各项应对措施。加强设备监造、安装调试、验收运行等全过程管控，严防因设备质量问题引发事故。开展“三违二源”排查治理，有效解决威胁电网安全的难点问题。全面做好重大活动供电保障工作，确保重点客户和居民生活可靠供电。成功应对台风、暴雪等恶劣天气影响。“全面质量监督管理体系建设的实践和成效”、“科技创新、加强管理、持续发掘风电接纳能力”入选国家电网公司典型经验库。连续实现第7个安全年。安全管理指标继续保持国家电网公司同业对标A段水平。

营销工作 主动应对低迷的用电市场，组织开展业扩报装“双提”、大客户服务月、供暖企业用电服务周、“百日攻坚”以及“保存量、促增量”增供扩销竞赛等活动。依托营销业务应用系统开展“五个时限”的实时稽查监控，业扩报装“五个时限”平均缩短14.02个工作日。对202个省内重点投资项目进行走访核查，对具备供电条件的73个项目启动“大项目前期咨询”流程，推进项目提早投运。对年售电量大于1000万kWh的794个客户检修计划进行现场调查，有效实施系统与客户检修联动，缩短停电次数和时间。积极推动能源替代，加大地源热泵、“油改电”、“气改电”、“电蓄热”采暖的推广力度。

结合“大营销”体系建设，重新修订营销管理标准84项、技术标准105项，省公司层面工作标准27项、地市公司层面工作标准117项。制定《营销服务奖惩办法》并经公司职工代表大会审议通过，按月、季、年分别对各供电公司从营销主要指标、专业管理及优质服务3个大项、55个专项进行考核打分通报，推进营销服务工作“提质提效，做精做优”。克服外部经济环境不利局面，坚持按日监控、调度电费情况，对潜在欠费风险用户采取电费预收、分次收费、负控购电及派专人驻场催费等措施，电费100%回收。

加快节能服务体系建设，鼎新节能公司与各供电公司能效服务活动小组密切配合，积极开展节能服务，为30余家企业制定节能方案，与4家企业签订服务合同并实施节能改造，年节约电量490万kWh。

农电工作 开展农电“专业一体化”管理工作。省市两级公司相关专业部门认真开展农电基本情况排查，结合“三集五大”体系建设和专业工作实际，制定了规划计划、财务、运检、安全、营销、物资、人资、调控管理等8个专业实施方案，将农电专业管理工作纳入供电公司管控体系。相关部门按照职责和标准签订了工作交接责任书，实现专业工作管理的无缝对接，推进农电管理方式和标准与公司管理的接轨。

加强农电经营工作调整，创新经营工作机制，统筹效益布局，缩小发展差距，实行农电企业的均衡发展。建立购电价统筹机制，在全省实行多层次的单一趸售电价，实行县公司间的以盈补亏，合法有效地减少了企业所得税支出。建立农维费收支统筹机制，实行一县一价的农维费提取标准，实现农维费全省平衡，解决了县公司农维费收支严重失衡问题，为落后地区低压电网维护提供了资金保障。统一农供电发行管理模式，取消农村综合台区二次发行，实现直接发行到户，真实反映了农电售电量和线损水平。建立农电综合计划统一管理机制，将县公司综合计划指标全部纳入供电公司综合计划体系，实行统一管理、统一监督、统一考核，确保农电综合计划指标的有效监控。

通过完善管理机制、强化管控力度、推进标准化管理等手段，加强农网改造升级工程管理。2011年农网改造升级工程全部完工，2012年完成87.6%，农村供电可靠性显著提高。

科技与信息化 修订《吉林省电力有限公司科技项目管理办法》，完成吉林公司牵头承担的两项总部管理项目及吉林公司管理的49个科技项目。完成总部安排的新技术推广应用和专利权属变更工作，获得专利82项，发布技术标准6项。编制并发布《吉林省电力有限公司技术标准体系表》（2012年版）。获得省部级科技奖励16项，公司科技进步奖共评选出获奖项目67项，发表省级以上论文207篇。

完成信息系统同步支撑“三集五大”适应性调整工作，推进人财物集约化、地理信息平台、运监中心支撑系统等一系列项目建设。财务信息化工作在国家电网公司系统排名第1，SG-ERP人资二期首家上线并荣获国家电网公司优质建设项目。信息系统应用排名从年初第23名提升到年底的第13名，ERP系统由20名提升到第4名，IRS系统连续多个月运行排名保持第1。

优质服务 实施“塑文化、强队伍、铸品质”供电服务提升工程，践行“你用电、我用心”服务理念，全面落实新“三个十条”，深化首问责任制和限时办结制。开展居民服务质量提升专项活动，出台居民用电一日办结等“十项便民举措”，主动服务“八路安居”工程、暖房子改造工程和黑楼道亮化工程。拓展服务渠道，打造城市地区客户“十分钟缴费圈”，合作银行由5家拓展为12家，开通支付宝、充值卡、自助交费机、网上银行等功能。

开展节能减排，实施节能发电调度、机组脱硝改造，“十二五”以来累计完成替代电量15.54亿kWh，节约标准煤5.29万t，减排二氧化硫3330t，减排二氧化碳10.49万t。优先采用低碳环保电气设备，降低电网线损，实施联合国清洁发展机制（CDM）项目。推广应用新型节能技术，严把高耗能、高排放企业用电关，配合淘汰落后产能。支持新能源产业，加快松白地区电源接入系统建设，满足了该地区风电外送需要。推进吉林地区电动汽车产业发展，建成东北高寒地区首座电动汽车充换电站，提升电网对清洁能源的消纳能力。

党的建设和精神文明建设 紧密结合工作实际，认真学习领会党的十八大精神。全面开展创先争优活动，白城公司党委被评为全国先进基层党组织；吕清森当选十八大代表，荣获全国优秀共产党员称号。推进基层党组织建设年活动，411个党支部实现晋位升级。深化协同监督，创新开展巡访监察，纠正4家单位42个问题。加大案件查处力度，3名科级干部受到政纪处分。廉政风险防控获得国家电网公司A级评价，廉政文化建设荣获吉林省示范点称号，反腐倡廉建设全面加强。实施95598光明服务工程，开展居民用电服务质量提升专项活动，出台“十项便民举措”，客户满意率达到99.98%。公司行风“三维评价”体系得到国务院纠风办高度认可。

开展企业文化“五统一”落地实践活动。与媒体建立常态化沟通合作机制，在中央主流媒体刊播公司亮点工作245条。首次发布社会责任报告，延边公司成功启动国家电网公司全面社会责任管理试点工作。加强基层班组建设，489个班组实现达标。坚持职代会和厂务公开制度，民主管理水平不断提升。召开吉林公司系统第一届团代会，团组织建设进一步加强和完善。开展送温暖活动，落实离退休老同志待遇。加强精神文明建设，保持全省文明行业荣誉。2人荣获全国“五一”劳动奖章，7人荣获省“五一”劳动奖章；3人荣获国家电网公司劳动模范称号。

（马大庆）

【黑龙江省电力有限公司】

企业概况 黑龙江省电力有限公司（简称黑龙江公司）是国家电网公司全资子公司、国有特大型企业，负责建设、运行维护黑龙江电网和全供电区安全可靠供电。供电营业区域面积47万km^2，占东北供电区域总面积的59%。截至2012年底，公司资产总额496.33亿元。直接管理单位27个，共有员工27 351人，其中地（市）级供电企业13个，业务支撑和实施单位9个，其他单位5个。代管68个县级农电企业和65个农垦、森工供电企业。

电网概况 黑龙江电网地处东北电网的最北部，通过吉林、黑龙江省间四回500kV线路与吉林电网相联，通过500kV伊冯甲、乙线与蒙东电网相联，通过中俄500kV阿黑线和黑河换流站从俄罗斯电网购电。截至2012年末，黑龙江省电网共有500kV变电站13座，运行容量为12 166.0MVA；220kV变电站111座，运行容量为23 379.0MVA；500kV线路34条，线路总长度为5032.926km；220kV线路298条，线路总长度为12 296.3km。并网运行电厂267座，总装机容量为21 726.70MW，其中火电厂153座、装机容量为17 520.60MW，水电厂63座、装机容量为974.50MW，风电场51座、装机容量为3231.60MW。大容量电厂主要分布在中、西部的负荷中心区和东部的煤矿坑口地区。

领导班子 2012年黑龙江公司领导班子成员如下：

总经理、党组副书记、党组成员：周安春

党组书记、副总经理、党组成员：张建功（2012.01～2012.11）

党组书记、副总经理、党组成员：卜劲松（2012.11～2012.12）

副总经理、党组成员：卜劲松（2012.01～2012.11）

副总经理、党组成员：王明波

副总经理、党组成员：张满洲

副总经理、党组成员，哈尔滨电业局局长、党委副书记：褚艳芳

党组成员、纪检组成：陈晓东

党组成员、工会主席：李运灵（2012.01～2012.04）

副总经理、党组成员：李运灵（2012.04～2012.12）

党组成员、工会主席：吴德义（2012.04～2012.12）

总会计师、党组成员：许毅蒙

副总经理：张成松（2012.11～2012.12）

总工程师：王志伟

组织机构 见黑龙江省电力有限公司组织机构图。

人力资源 2012年，黑龙江公司用工总量61 486人，人才当量密度0.857 8，高技能人才比例0.710 7，人才引进指数0.869 5，教育培训投入总额9180万元，全员培训率96.48%。

完成本部机构设置及人员配置工作，设置24个职能部门，13个电业局内设机构（包括24个直管县公司）由562个减少到227个，其中职能部门由184个减少到124个，内设机构负责人由2089人减少到605人，管理人员由3887人减少到2224人。组建经研院建设管理中心及电科院供电服务中心、计量中心，齐超公司和电力经营公司分别划入检修公司和宏源公司工作，设立黑龙江公司层面业务支撑和实施机构9个和其他机构3个。业务支撑机构内设机构数量由233个减少到153个，内设机构负责人由632人减少到376人，管理人员由1319人减少到986人。

组织建立黑龙江公司全岗位覆盖的工作标准体系，完成60个人力资源管理流程的绘制和31项人力资源管理标准的编制工作。开展人力资源需求预测和诊断分析。实行业务支撑单位部分缺员岗位系统内公开招聘工作，优化配置人员150余人。2012年直管单位共招录高校毕业生289人，接收复转军人96人；代管农电企业共招录高校毕业生204人，接收复转军人180人。

印发《人才库管理暂行办法》、《人才分级分类管理办法》等一系列制度办法。完成国家电网公司十大领军人才推荐选拔培训考试工作，考核评审、选拔推荐十大专业领军人才176人，人资、财务、营销三个专业的5名同志成功入选为国家电网公司2012年首批“十大”专业领军人才。黑龙江公司被评为2012年全国电力行业职业技能鉴定先进单位。完成年度对藏帮扶和省内第一批人才帮扶工作。

设置管理培训和技能培训两个中心，技能培训中心与哈尔滨电力职业技术学院合署，设置技能培训中心齐齐哈尔分部和牡丹江分部。组织开展全员培训考试，年度培训考试率达到100%。重点建设配电带电作业实训、调控仿真实训、管理实训、配网自动化实训、继电保护实训、营销实训等培训设施。组织开展“三集五大”体系建设专项培训、员工转岗培训和岗位适应性培训。开展专业普考、调考以及专业竞赛11项，举办培训项目1639个，培训员工97 189人次。

修订企业负责人业绩考核办法和全员绩效管理实施细则，建立工资总额与业绩考核及劳动定员挂钩机制，建立关键业绩指标预警机制；印发《企业负责人年度业绩考核领导综合评价量化补充办法》，完成业绩考核预评价工作。建立新体系下部门、岗位绩效指标库，全员签订绩效合约；将员工年度绩效考核结果

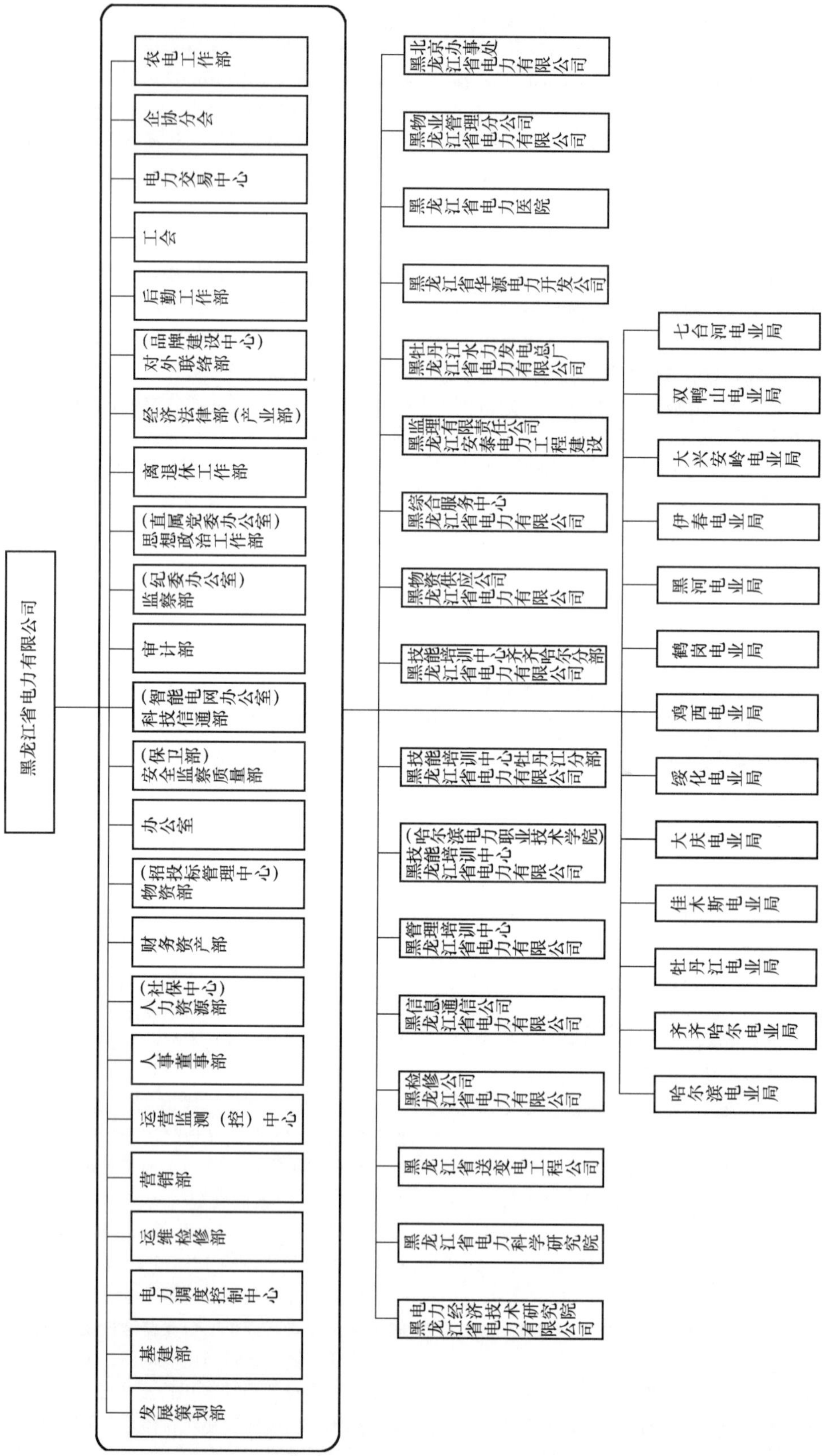

- 黑龙江省电力有限公司
  - 农电工作部
  - 企协分会
  - 电力交易中心
  - 工会
  - 后勤工作部
  - 对外联络部（品牌建设中心）
  - 经济法律部（产业部）
  - 离退休工作部
  - 思想政治工作部（直属党委办公室）
  - 监察部（纪委办公室）
  - 审计部
  - 科技信通部（智能电网办公室）
  - 安全监察质量部（保卫部）
  - 办公室
  - 物资部（招投标管理中心）
  - 财务资产部
  - 人力资源部（社保中心）
  - 人事董事部
  - 运营监测（控）中心
  - 营销部
  - 运维检修部
  - 电力调度控制中心
  - 基建部
  - 发展策划部
  - 黑龙江省电力有限公司北京办事处
  - 黑龙江省电力有限公司物业管理分公司
  - 黑龙江省电力医院
  - 黑龙江省华源电力开发公司
  - 黑龙江省电力有限公司牡丹江水力发电总厂
  - 黑龙江安泰电力工程建设监理有限责任公司
  - 黑龙江省电力有限公司综合服务中心
  - 黑龙江省电力有限公司物资供应公司
  - 黑龙江省电力有限公司技能培训中心哈尔滨分部
  - 黑龙江省电力有限公司技能培训中心牡丹江分部
  - 黑龙江省电力有限公司技能培训中心（哈尔滨电力职业技术学院）
  - 黑龙江省电力有限公司管理培训中心
  - 黑龙江省电力有限公司信息通信公司
  - 黑龙江省电力有限公司检修公司
  - 黑龙江省送变电工程公司
  - 黑龙江省电力科学研究院
  - 黑龙江省电力有限公司电力经济技术研究院
  - 七台河电业局
  - 双鸭山电业局
  - 大兴安岭电业局
  - 伊春电业局
  - 黑河电业局
  - 鹤岗电业局
  - 鸡西电业局
  - 绥化电业局
  - 大庆电业局
  - 佳木斯电业局
  - 牡丹江电业局
  - 齐齐哈尔电业局
  - 哈尔滨电业局

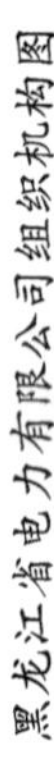
黑龙江省电力有限公司组织机构图

和累计绩效等级积分与薪酬调整、人才选拔、升迁竞聘、评优评先、职称评定、技能鉴定、教育培训等挂钩。

成立福利保障工作领导小组，印发一系列管理办法。

初步建立与农垦电业局人力资源专业化管理相适应的组织体系，提出农垦电业局机构设置和人员编制方案，印发《关于农垦电业局“三集五大”体系建设操作方案的批复》。

实现直管单位ERP系统和代管单位人资管控系统全覆盖信息化管理和组织机构新建撤销、人员调动等工作的分级审核流程化管理。实施SG-ERPHR二期建设，完成与国家电网公司数据贯通，通过国家电网公司人资信息化实用化验收。

电网建设与发展 建成并投运前进500kV输变电工程、西南220kV输变电工程等10项220kV项目、龙岗110kV输变电工程等28项110（66）kV项目。

开展2012年春季、秋季基建工程安全大检查工作。组织复工工程的基建安全自查、互查，提升各施工现场的安全管理。220kV甘南变电站获国家电网公司区域项目管理流动红旗竞赛“安全管理流动红旗”。申报500kV七庆方线路工程等27个国家电网公司优质工程项目，优质工程率达96%；推行施工工艺标准化，分区域选取6个变电工程为示范工地，推进样板工艺标准在施工中的广泛深入应用。

开展2030年目标电网研究，提出适应大规模风电接入的目标电网；完成各供电区“十二五”电网规划评审工作，做好与地方各级规划的衔接，实现电网规划有效落地；深入研究电网发展重点课题，提出黑河及大兴安岭电网加强方案，解决黑河地区电网运行安全问题；编制《黑龙江省“十二五”电网发展滚动规划》。

取得10项220kV输变电工程、24项110(66)kV输变电工程核准批复，庆云—鸡西—林海和鹤岗2项500kV输变电工程获得国家发改委核准，完成冯屯—齐南—庆南—哈尔滨500kV输变电工程核准上报。

全年投产66kV及以上线路1811.87km、变电容量491.19万kVA（含农网），其中电网输电线路投产1142km，电网变电设备投产403.95万kVA。投产火电机组9台，新增容量19.6万kW；关停火电机组7台，关停容量3.6万kW；新建、扩建风电场15座，新增容量67.88万kW；新增容性无功补偿容量65.055万kvar（其中220kV变电站新增容性无功补偿容量5.888万kvar）。

经营管理 推进管理提升，落实经营诊断措施。开展“百日攻坚”，增售电量3.23亿kWh，增加外送电量4亿kWh，少损电量2.8亿kWh。优化购电结构，降低购电成本，争取新增低价电量2.4亿kWh。实施居民阶梯电价，配合出台用户自建供电工程高可靠性收费政策。扩大基建标准成本试点，财务在线稽核实现关键业务全覆盖。深化物资集约管理，全年招标42.4亿元，公开招标率99.58%，集中采购率98.71%，总体节资率7%。全面开展清仓利库，库存占用资金下降80%。改进同业对标工作，排序前10名管理类指标占比达到52.4%。完成依法治企综合专项检查，问题整改面达100%。继续压降产权级次，强化资产权属保护，完成股权和土地权属清理。清理、整顿公务和生产服务用车。

安全生产 开展“安全年”活动，成功抗击台风“布拉万”、50年一遇大暴雪等恶劣气候，圆满完成十八大、迎峰度夏、重要节日、重要活动等供电保障任务。黑河换流站顺利投运并圆满完成年度停电检修任务。完成大检修体系建设任务。通过国家电网公司“大检修”体系建设验收。完成春秋检、技改大修等工作，累计完成电网技术改造项目103项，设备大修项目885项。综合自动化改造任务取得阶段性成果，除伊春、大兴安岭电业局外，变电站综合自动化比例及变电站集中监控比例均达到98.76%。做好高速公路、高速铁路建设的电力设施迁改工作。2012年未发生生产人身死亡事故；未发生电网稳定破坏、电网瓦解、大面积停电及重大设备损坏事故；未发生误操作事故；发电企业没有发生重大级以上发电设备事故。截至12月31日，省网实现连续安全运行11 425天。城市供电可靠率完成99.912%，综合电压合格率完成99.671%。

营销工作 2012年黑龙江公司售电量完成640.13亿kWh，同比增长4.66%。当年电费回收率100%，应收电费余额比重0.031%，同比下降0.13%。综合线损率7.04%，同比下降0.22%。营业总户数571万户，新增户数45.28万户，同比增长7.13%；用电总容量5731.17万kVA，新装增容603.45万kVA，同比增长11.77%；市场占有率91.13%，提高了0.8个百分点。供电服务承诺兑现率100%，客户满意率97.8%，行风评议荣获全省服务业第一。用电信息采集系统覆盖用户数量554万户，覆盖率99%（剔除农网新上划用户）。

加速推进“大营销”体系建设，提前一年通过国家电网公司的专业评估和综合验收，初步建成“一型五化”营销管理新模式，实现从业务导向型向客户导向型转变。构建新型营销组织架构，营销业务二级机构减少76.28%；整合设立营销作业班组689个。组织召开“营销标准化研讨会”，梳理管理流程103项，工作流程82项。制定管理标准33项、作业指导书82项、岗位工作标准356项，重新建立并完善23个营销管理规章制度。95598全部业务实现省级集中运营，并且延伸覆盖了农电趸售营业区；参与国家电网公司客户服务中心建设，95598系统五项业务实现全国集中运营。电量电费核算、发行、账务全面实现市级集中；业扩报装实现省、市、县分层集中；推进计量中心建设，计量检定资质取得省级整体授权，计量器具实现集中检定和统一配送，电能计量检定基地开工建设；省、地两级稽查监控组织充分利用营销集中监控系统，对营销业务进行在线监控与稽查。

组织实施市场开拓“百日攻坚”活动。调研分析重点行业100户典型大用户的市场形势和生产动态，及时协调解决供电问题，扭转了大用户电量下滑的态势，在年末实现了正增长。跟踪省、市两级重点用电项目建设动态，提前介入、专人负责、专项推进、贴身服务重点用电项目建设，建立重点用电项目建设的内部联动协同机制，推动重点项目早投产、早用电。梳理诊断业扩报装受理情况，优化简化业扩报装流程，压缩业扩报装受理时限，开辟绿色用电通道，确保新增负荷不流失。依法制止龙煤鹤岗立达矸石热电厂、宝泰隆综合利用电厂自发自用行为，挽回售电量4.47亿kWh。全年新增热泵技术采暖面积50.92万m^2，电蓄能设备容量1.58万kW，电加热项目73项，增售电量4867万kWh。在智能用电小区建成具有自动错峰功能的智能电地热系统。修订优化黑龙江公司“十二五”电动汽车智能充换电服务网络发展规划，关注和促进大庆、齐齐哈尔、鹤岗等城市电动汽车试点应用。

组织开展电价专项普查，规范各类电价执行行为，挽回电费损失6800万元。对各类客户进行电费风险评估，扩大推行预购电制与分次划拨制。各局与油田、煤矿等大客户保持良好的沟通互动，加快了大额电费回笼速度。

建成省级集中的计量中心。地市公司计量检定业务上划到省计量中心，全年集中检定电能表23万只，计量管理初步实现集约化、专业化、标准化。加快建设用电信息采集系统。全年完成127万只采集覆盖建设任务，采集覆盖率提升了3%。在代管农电企业推广用电信息采集系统，轮换已严重超期运行的机械电能表60万只。探索建立采集系统运维机制，日均抄收成功率提升了2.34%。落实智能表管控十八条措施，严把电能表设计、制造、运输、检验、安装、调试、维护等质量关。“低压电力载波信道阻抗测试装置”获国家知识产权局发明专利。

农电工作 开展农网改造升级创优质工程、争先进单位活动，严格考核农网工程建设工艺水平和质量、进度，鹤岗绥滨县35kV富强变电站工程等14个输变电工程选为黑龙江公司2012年度农网改造升级优质工程，齐齐哈尔甘南35kV兴隆变电站工程等4项工程获“国家电网公司2012年度农网百佳工程”称号。黑龙江公司被评为国家电网公司2012年度农网升级改造工作先进单位。应对罕见台风和雨雪冰冻灾害，在受灾严重的佳木斯、牡丹江、鹤岗等地区，及时恢复供电。加强营业抄核收管理，稳步推进九三电业局等14个单位营销系统程序更换升级工作。落实便民举措，拓展农村居民电费缴纳方式，完成5204个村的农村用电收费“村村设点”工作，占全省行政村总数的56.3%。在67个县局、5个农垦电业局成立了“国家电网”共产党员服务队，组建986支春耕抗旱农业生产用电抢修专业队伍、人员5879人，及时处理春灌用电问题。完成农网综合降损辅助决策系统在齐齐哈尔龙江等18个县局的推广工作。制定提升农网“两率”3年专项工作方案，加强计划停电管理，严格控制计划外停电，在齐齐哈尔泰来局试点开展带电作业工作；健全电压监测网络和监测点设置，按要求补充电压监测表，制定全省低电压综合治理方案及农村“低电压”治理典型措施，结合农网改造升级工程与无功优化工作，累计完成45万户“低电压”综合治理。双鸭山集贤局等4个单位和鸡西虎林宝东供电所等8个供电所分别被评为国家电网公司一流县供电企业和标准化示范供电所。哈尔滨尚志局通过国家电网公司一流县供电企业复审。加快代管县供电企业通信工程和信息化工程实施，对农网信息化及人、财、物ERP建设进行蓝图规划审核，代管县局95598系统纳入省公司营销一体化管理。

科技与信息化 5项国家电网公司重点科技项目通过国家电网公司科技验收；2项成果获国家电网公司科技进步奖，5项成果获省政府科技进步奖；评出黑龙江公司科技进步奖70项、专利奖26项；全年完成专利申请219项，获得专利授权143项；完成1项国家电网公司技术标准的制定任务，参与完成3项国家电网公司技术标准和4项行业标准的制修订任务。全年发布黑龙江公司技术标准54项，完成技术标准、技术类规范性文件的梳理和收集，发布《黑龙江公司技术标准体系（2012版）》，纳入各级标准共7453项；1项群众性创新活动成果荣获“国优”称号，15项成果荣获“省优”称号，1项成果荣获电力行业优秀奖，4项成果荣获电建行业二等奖。科技信通部获得国家电网公司2012年度信息通信工作先进集体；荣获国家电网公司信息系统运行流动红旗；“信息通信运维监控调度指挥大厅完善”项目荣获2012年度国家电网公司信息化项目建设实施优质项目。1个典型经验入选国家电网公司同业对标数据共享与业务融合科目优秀典型经验；2篇征文入选国家电网公司信息通信促进管理提升论文库，分获三等奖与优秀奖。完成95598互动网站、信息通信业务管理系统、基建标准成本、客户服务中心建设“2+4”、电网GIS相关应用集成5项国家电网公司信息化试点建设任务。

信息支撑“三集五大”体系建设通过国家电网公司综合验收。完成33个业务系统的切换上线暨新模式导入，共调整组织机构38 485个、角色7494个、系统功能260项；优化业务流程139个、培训2284人次；调整设备数据86.4万条、输电线路数据1103条、变电站数据526条，项目数据104条、迁移资产卡片数据16万余条；形成信息通信支撑“三集五大”体系建设创新和亮点47个；营销稽查监控任务完成率、整改完成率、主题启用率实现100%。

完成信息网络第二汇聚点建设，信息网络骨干节点覆盖12个电业局，实现黑龙江公司至国家电网公司多级备份；完成67家农电县局、5家农垦电业局联网工程；开展农电ERP试点单位建设；电网GIS项目完成平台环境搭建及部署调试工作；完成2030个视频点接入电网统一视频监控平台工作，实现不同系统监控间的互联互通与统一监控；完成信息系统调控中心二期建设，实现一体化集中监控指挥。

推进信息系统实用化“回头看”工作，通过财务管控系统账卡物平台应用及新功能部署，设备资产对应率提高到100%，会计凭证集成率提高至98%以上。

开展“安全年”信息专项活动，进行常态演练7次，修订应急预案32个；累计开展隐患排查治理工作21次，发现软硬件缺陷31项，缺陷消除率100%；全年累计安全检查95个单位共计100次，累计督查问题187项，整改完成率100%；编制国家电网公司电子数据销毁、清除与恢复要求的企业级技术标准；数据恢复与销毁实验室获得黑龙江省司法电子鉴定取证资质。

优质服务　实施95598光明服务工程，深化“为民服务创先争优”活动。黑龙江公司蝉联省内服务类行风评议第1名。3名优秀员工荣获国家电网公司“供电服务之星”称号，4名员工荣获国家电网公司“百佳客户满意服务标兵”称号，4个窗口单位荣获国家电网公司“百佳客户满意服务窗口”称号。拓展渠道方便客户缴费，与15家金融和非金融机构开展代收电费业务合作，建立12种缴费方式，增加5134个收费窗口，开通支付宝、网站、手机等电子电费支付方式，努力打造城市“十分钟缴费圈”，农村用电交费“村村设点”，全年销售充值卡7万余张，充值电费金额近600万元。区域客户经理制、首问负责制，共产党员服务队，电力服务“三走进”、营业窗口“三亮一创”等活动形成常态机制。走近“行风热线”直播节目，现场解答用电困惑、解决用电问题1236个。开辟农业用电绿色通道。服务国家节能减排和客户节能降耗，宣传节能政策法规，提供能效诊断咨询，推介节能技术与设备，推动用户照明设备采用LED节能灯具、采用高效用电设备和变频、热泵、电蓄冷、电蓄热等技术；参与清洁发展机制（CDM），组织更换1308台低损配电变压器。

党的建设和精神文明建设　组织开展“迎接党的十八大、创先争优当先锋”活动。统一规范共产党员服务队服务标准。统一开展“国家电网黑龙江电力共产党员服务队”主题日活动。直属机关党委荣获全国创先争优先进基层党组织、10个基层单位党组织荣获全省创先争优先进基层党组织、1名同志荣获中央企业优秀党务工作者、7名同志荣获黑龙江省和国家电网公司优秀共产党员及优秀党务工作者的光荣称号。

深入开展“基层组织建设年”活动，按照“调查摸底、分类定级，整改提高、晋位升级，学习先进、创先争优”三个阶段的总体要求，对756个党支部进行A、B、C、D四类定级。对C、D级党支部全面进行了整顿，达到了全面提升的目的。制定实施进一步加强农电企业党建工作的意见，强化农电企业党的建设工作。

组织开展“五个一系列”企业文化传播工程和企业文化“五统一”在财务集约化管理中的落地实践两个重点项目建设。组织开展统一的企业文化知识竞赛437场。

深化文明单位创建，组织开展文明单位复查验收工作。表彰黑龙江公司2012年度文明单位标兵，进一步巩固和扩大文明单位创建工作成果。

主要事件

1月16～17日，黑龙江公司召开三届二次职代会暨2012年工作会议。

2月2日，发布关于黑龙江省政府召开驻哈央企分离移交“三供一业”工作专题会议有关情况的报告。

2月18日，黑龙江公司召开2012年基建工作会议。

2月23日，黑龙江公司召开2012年安全生产工作会议。

2月29日，黑龙江公司召开2012年农电工作会议。

3月2日，印发《黑龙江省电力有限公司安全事故（事件）管理办法》。

3月6日，黑龙江公司召开2012年全省电力调度工作会议。

3月9日，黑龙江公司召开2012年电网发展工作会议。

4月1日，黑龙江公司召开居民用电服务质量专项行动推进电视电话会议。

4月5日，黑龙江公司召开GIS（电网地理信息）平台建设工作启动会。

4月10日，黑龙江公司举行“三集五大”体系建设业务支撑单位成立揭牌仪式。

5月9日，黑龙江公司举行220kV及以上输变电工程项目管理移交仪式。

7月5日，华能热电联产新建工程启动仪式在伊春乌马河区锦山村举行。

7月13日，黑龙江公司组织开展“媒体走进国家电网”活动。

8月24日，黑龙江公司举行黑龙江电网新调度控制大厅启用仪式。

9月7日，黑龙江莲花水电有限责任公司第十三次股东会暨四届二次董事会在黑龙江公司本部召开。

9月12日，黑龙江公司在省供电服务中心举行95598供电服务热线省级集中启动仪式。

9月27～28日，黑龙江公司举行2012年设备设施损坏事件处置应急演练。

10月9日，黑龙江公司举行计量中心、检修公司B级检修基地、电科院设备状态评价中心试验楼揭牌仪式。

10月11日，黑龙江公司在鹤岗电业局召开全面社会责任管理试点启动大会。

10月12日，黑龙江公司与国家电网公司运行分公司举行“中俄直流联网黑河背靠背换流站运检技术支持协议”签字仪式。

10月19日，黑龙江省召开第11届劳动模范表彰大会。黑龙江公司系统（含农电）27名个人获得黑龙江省第11届劳动模范荣誉称号并在劳模大会上受到表彰。

12月6日，黑龙江公司在牡丹江举行A级“职工书屋”挂牌仪式，为牡局、水电总厂、牡培分部3家荣获第1批黑龙江公司A级“职工书屋”的单位授牌。

12月12日，黑龙江公司召开2012年全省调控机构设备监控工作会议。

12月21日，黑龙江公司召开运营监测（控）中心建设领导小组第四次会议暨运营监控信息支撑平台建设启动工作会议。

（岳　赢）

【内蒙古东部电力有限公司】

企业概况　内蒙古东部电力有限公司（简称蒙东公司）成立于2009年6月，是国家电网公司的全资子公司，负责投资、建设和运营管理赤峰、通辽、兴安、呼伦贝尔四盟市电网，供电面积47万km^2，占内蒙古自治区（简称自治区）总面积的40%，供电人口1200万，占自治区总人口的50%。蒙东公司的发展定位是“打造服务型、送端型电网，建设国内一流省级电力公司”。

2012年，蒙东公司完成售送电量673.38亿kWh、同比增长4.86%，其中内售245.1亿kWh、同比增长16.67%，外送428.28亿kWh、同比降低0.88%。

领导班子　2012年蒙东公司领导班子成员如下：

公司总经理、党组副书记：陈连凯

公司党组书记、副总经理：吕海平

公司党组成员、副总经理：李敏强

公司党组成员、副总经理：来文青

公司党组成员、总会计师：赵洪伟

公司党组成员、纪检组长、工会主席：石志忠

公司总工程师：徐润生

组织机构　见内蒙古东部电力有限公司组织机构图。

电网概况　蒙东电网位于自治区东部，全网以220kV为主干网，尚未形成统一电网，网内包含兴安盟电网、呼伦贝尔电网、通辽电网和赤峰电网。兴安盟电网由通辽电网供电；呼伦贝尔电网经友好—伊敏—伊敏电厂线路、2回伊敏电厂—冯屯变电站500kV线路与东北主网联网运行，并经±500kV呼辽直流输电工程送电辽宁；通辽电网经3回220kV线路（宝龙山—长岭，通辽厂—双辽，通辽—巨丰）与吉林电网相接，并经2回500kV科沙线与辽宁电网相联；赤峰电网经4回500kV线路（2回青山—燕南，2回青山—北宁）与辽宁电网相连。全网共有8条外送通道，最大外送能力1210万kW。

电网建设与发展　开展电网发展诊断分析，完成“十二五”公司发展规划和电网滚动规划。加强前期管理和外部协调，500kV岭东输变电工程通过国家电网公司初审，呼伦贝尔—山东特高压直流工程内蒙古段取得相关协议。加快重点工程建设，220kV柏林、扎哈淖尔等19项工程开工建设，500kV海北、乌兰浩特及220kV乌德阿（乌兰哈达—德伯斯—阿尔山）等31项工程建成投产，蒙东四盟市电网全部与东北主网实现500kV电压等级联网。推进智能电网试点工程，完成110kV西山变电站改造项目，投运风光储分布式电源接网工程、35kV配电化试点工程，安装应用智能电表66万只。推进农网改造升级工程，新建扩建变电站65座，新建改造10kV及以上线路8490km，安装更新配电变压器3344台，治理低电压用户8.9万户。通辽、兴安地区安稳控制系统建成投

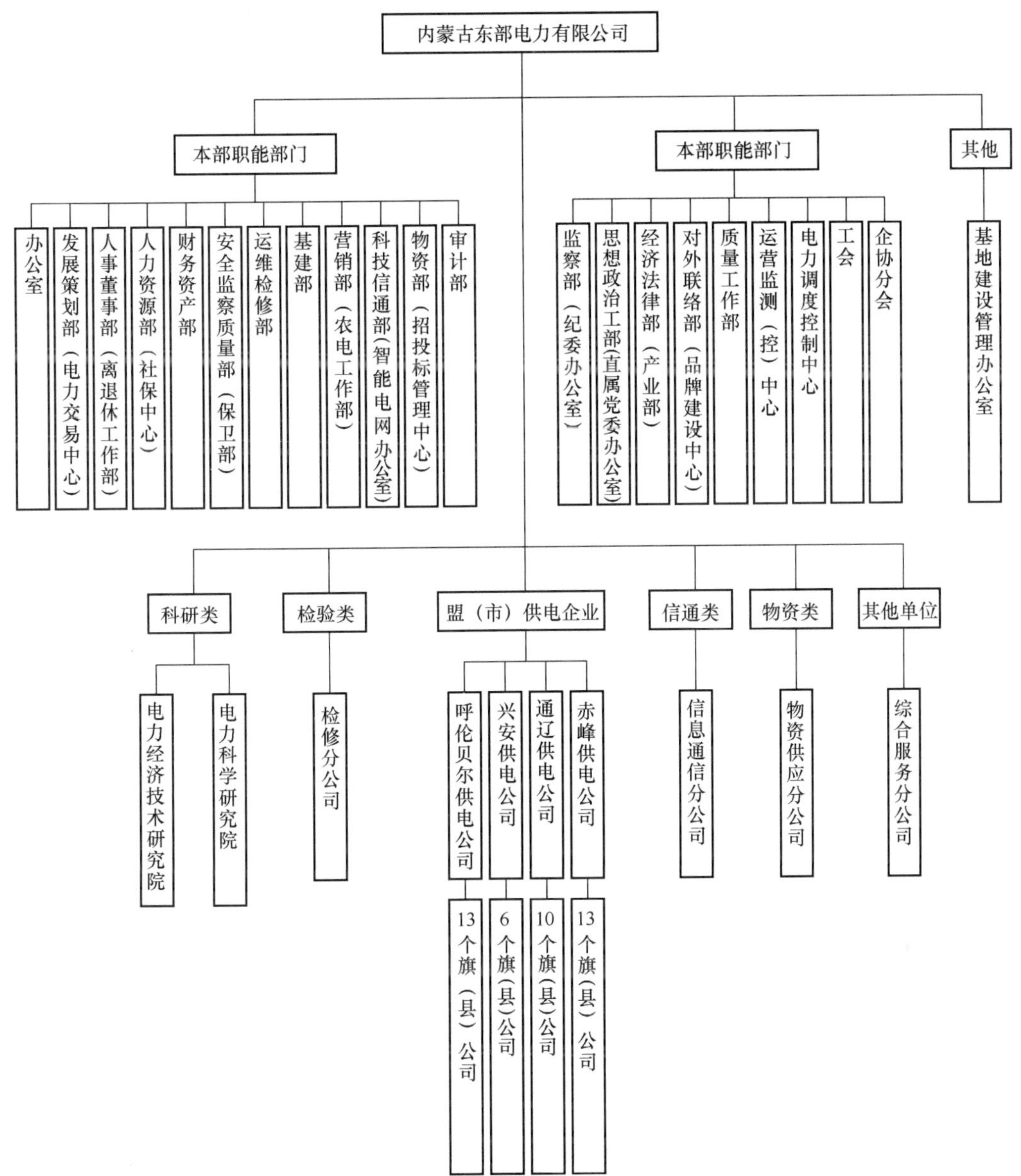

内蒙古东部电力有限公司组织机构图

运。利旧变压器增容工程有序实施。公司调度通信大楼奠基建设。14 项 110（66）kV 及以上输变电工程创国家电网公司优质工程，优质工程率 93.3%。6 项工程被评为国家电网公司“农网百佳工程”。

经营管理　“三集”管理不断深化。以效率效益为导向，统一机构设置和人员编制，健全本部职能，落实“三定”、“三考”管理，开展人力资源诊断分析，规范薪酬福利和保险管理，强化计划管控，优化人员结构。深化应用财务集约化体系，强化预算过程控制，推行财务管控标准流程，财务业务进一步集成融合。推进全面物资计划管理，严格落实集中采购要求，强化产品质量监督和催交催运，保证物资及时供应。物资调配中心正式运营。远程异地评标成功开展。物资公开招标率、集中采购率分别完成 98.25% 和 99.91%。

“五大”体系建设稳步推进，完成机构和人员新模式导入，顺利进入磨合改进阶段。盟市公司业务定员减少 1819 人、定员水平提高 21%，中层管理人员减少 54%、管理人员减少 44%；盟市公司、旗县公司的职能部门减少 48%、二级机构减少 54%；检修公司成为国家电网公司系统首家覆盖 35～500kV 五个电压等级的变电检修一体化专业公司。运营监测（控）中心建设全面启动。加强标准制度体系和信息系统建设，梳理制定规章制度 623 个、工作流程 889

项、各类标准1778个，调整新建信息系统33套、系统功能458项。

加强经营诊断分析，推进清产理财工作，强化“量、价、费、损”关键指标管理，有序落实减亏增效措施。实施管理提升活动，深化同业对标管理，推进全面风险管理。加强财务审计监督，深入开展依法治企综合专项检查，建机制、抓整改、除隐患，经营管理进一步规范。全面实现合同无纸化流转。完成集体企业清产核资和主多分开工作。信息系统深化应用工作深入推进，信息一体化平台支持能力显著增强。完成科技项目30个，申请专利17项。与兴安盟、通辽市政府签署战略发展框架协议。

安全生产 开展“安全年”活动，推进本质安全建设，强化安全事故“回头看”和专项监督检查，加强安全教育培训。开展电网安全性评价，深化设备深度隐患排查治理，形成设备隐患分布图，逐一落实了防控治理措施。加快建设生产管理信息系统，推进设备状态检修和带电作业，规范作业现场管理。伊敏换流站属地运维平稳交接，500kV交直流设备实现长周期稳定运行。推进应急指挥中心建设和应急预案评审，组织应急救援实战技能培训，提升突发事件应急处置能力。建立质量安全监督工作体系和工作机制，加强综合停电计划监督管控，供电可靠性水平稳步提高。科学安排电网运行方式，加强重点设备运维监控，保障电力安全可靠供应，圆满完成党的十八大等重要时期保电任务。

营销农电工作 加强售电市场调查，协调霍林河电力市场相关问题。建立供电瓶颈清理整改机制，增供扩销取得较好成效，售电增速位居国家电网公司系统第2位。居民阶梯电价顺利实施。兴安盟居民生活用电实现城乡同价。电网电价矛盾得到有效疏导。台区承包考核及防窃电改造扎实推进。计量中心获得蒙东地区计量整体授权。成立节能服务公司，签订合同能源项目4个。加强农电规范统一管理，实施农电专业归口管理，完成2个一流县供电企业、4个标准化示范供电所的创建任务。

优质服务 实施95598光明服务工程，开展居民用电服务质量专项行动。95598供电服务中心正式运营，供农电95598业务实现全面集约。坚持“你用电、我用心”，严格执行“三个十条”，在地方行风评议中，系统各单位均名列前茅。

支持服务清洁能源发展，协调推进规划、调度、交易、配套工程建设等工作，为清洁能源并网消纳创造有利条件。2012年，风电发电量102亿kWh、同比增长17%，占蒙东地区总发电量的14%，占蒙东公司售电量的41%；风电日发电量占用电量的比例最高达76%。截至2012年底，蒙东地区并网风电场72座，风电装机703万kW、同比增长24%，占地区总装机的33%。风电单日最大发电电力295万kW，占当日最大供电电力的82%。

党的建设和精神文明建设 深入学习宣传贯彻党的十八大精神。选树创先争优先进典型，推进创先争优工作常态化。开展党支部分类定级，规范直属党组织设置。加强“四好”领导班子建设，优化领导班子结构。推进效能监察和廉政风险防控工作，落实协同监督机制，加强廉政警示教育。稳步推进企业文化建设三大工程，出版《榜样》报告文学集。品牌标识标准化通过国家电网公司验收。在国家电网公司系统率先召开支持风电等新能源发展新闻发布会。全面社会责任管理试点工作深入开展。对口帮扶工作得到“三少民族”(鄂伦春、鄂温克、达斡尔)地区群众的广泛赞誉。工会、团青工作不断深化，厂务公开、民主管理得到加强，班组标准化建设稳步推进。培训员工5.5万人次，评聘首批优秀专家人才。落实离退休老同志的政治、生活待遇。1个单位、7名员工获得自治区“五一”劳动奖状、奖章，1个集体被评为全国“工人先锋号”，2名员工被评为国家电网公司劳动模范。

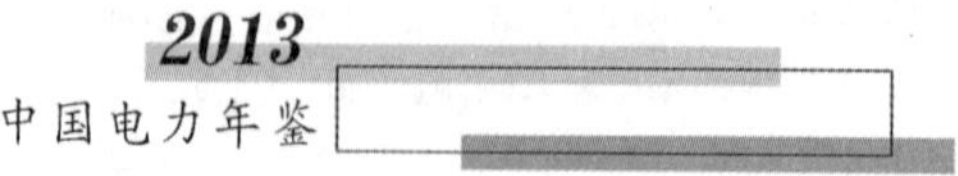

华 东 地 区

【国家电网公司华东分部】

分部概况 按照国家电网公司总部分部一体化运作的部署，成立国家电网公司华东分部（简称华东分部），与华东电网有限公司实行两块牌子、一套机构和人员合署办公，承担总部赋予的区域内管理、协调、监督职能，确保国家电网公司重大决策部署在华东区域内的贯彻落实。2012 年，经国家电网公司批复，华东分部机构设置为 8 个处室和一个下属机构：综合管理处、财务处、安全监察质量处、审计处、党群工作处、离退休工作处、国家电网华东电力调控分中心、国家电网华东电力交易分中心和华东公司物业公司（上海海光房地产发展有限公司）。

2012 年华东分部全面贯彻落实总部的各项决策部署，优化调整功能定位，全力以赴配合抓好特高压电网规划建设、“三集五大”体系建设，完成迎峰度夏、十八大保电、深化总部分部一体化运作等年度重点工作和各项业绩指标，保持了华东电网安全稳定运行。

电网概况　华东电网供电范围包括上海市、江苏、浙江、安徽和福建省，土地面积 47.1 万 km^2，占全国的 4.9%。近年来华东电网形成了以长三角都市群为中心的网格状受端电网格局，其中：上海、苏南、浙北和皖南构成华东 500kV 主环网，苏北、皖北、浙东南沿海和福建成为华东四大电源基地，潮流走向整体呈现从苏北、安徽、浙东沿海、福建向长三角地区中心送电的格局。同时通过±800kV 向家坝—上海、锦屏—苏南特高压直流和林枫、宜华、龙政、葛南等 4 回±500kV 超高压直流与华中电网相联。2012 年华东电网总体结构变化不大，建成投运的输变电工程主要有±800kV 锦屏—苏南特高压直流及配套工程、500kV 苏州南部加强工程、方家山核电线路送出工程等。

截至 2012 年底，华东电网 500kV 统调线路 410 条（不含国调管辖部分），长度为 24 418.2km；500kV 厂站共 168 座（不含国调管辖厂站），其中变电站 112 座、开关站 3 座、电厂 53 座，500kV 变压器（不含机组升压变）共 255 台、变电容量219 150MVA。

华东电网统调装机容量20 953.025 万 kW（不含阳城），其中：火电装机容量17 885.92 万 kW，占 85.36%；水电装机容量 1467.82 万 kW，占 7.01%；抽水蓄能机组容量 578 万 kW，占 2.76%；核电装机容量 639.6 万 kW，占 3.05%；其他新能源装机容量 381.685 万 kW，占 1.82%。华东电网统调用电量 11 175.42 亿 kWh（不含抽水电量），同比增长 4.4%；统调日最高用电量 38.97 亿 kWh，同比增长 4.14%，发生在 7 月 30 日；统调发电量10 727.85亿 kWh，同比增长 2.96%。华东电网发、用电总体平衡，但时段性、地区性电力短缺现象依然存在。

电网调度　2012 年，受经济增速放缓影响，华东电网统调发用电量及用电负荷虽有所增长，但增幅不大。华东电网统调最高用电负荷18 454 万 kW，同比增长 4.82%，创历史新高。上海、江苏、浙江、安徽、福建最高用电负荷分别为 2589 万 kW、6842 万 kW、5164 万 kW、2265 万 kW、2539 万 kW，同比增长分别为 1.37%、2.81%、2.06%、14.22%、4.01%，其中江苏、浙江、安徽、福建均创历史新高。

完成迎峰度夏保电任务。华东分部在 2012 年初就开始部署迎峰度夏各项准备工作。迎峰度夏期间，利用省（市）间负荷特性差异，组织省（市）间交易和错峰置换电量余缺互济，组织全网富裕电力电量支援缺电省（市）；积极配合消纳三峡和四川水电，确保迎峰度夏期间华东区域 220kV 以上主网运行平稳有序。

推进世界一流调度建设。2012 年，华东分部在完成了世界一流调度定义、内涵研究和世界一流调度建设整体框架研究的基础上，明确了近期建设目标：服务于“世界一流电网”与“世界一流企业”建设，努力打造调度绩效优、运行能力强、服务水平高、基础保障实的调控中心，实现关键指标持续领先，综合指标均衡发展，逐渐成长为世界特大电网调度运行管理的领跑者。

为此，华东分部围绕“高质量、无偏差、创新型”调度，以及世界一流调度支撑能力建设等 4 条工作主线，开展 22 项重点工作实践；设计并优化完善了以指标体系为核心的自适应管理机制，开展人岗匹配度专项测评工作，并提出人才队伍建设改善提升方案。至 2012 年底，世界一流调度建设项目已基本完成整体验收，专著、论文（19 篇）进入刊印阶段。

推进华东区域“大运行”体系建设。华东分部在总结国网江苏电力“大运行”试点建设经验基础上，全面梳理“大运行”体系下专业管理、核心工作流程、人员培训、风险管控等工作，建立了“大运行”工作定期联络反馈机制，牵头完成了“大运行”省地县三级业务名录与制度标准体系框架目录编制完善工作。制定《“三集五大”体系下华东电网 500kV 系统调度运行管理规定（试行）》，规范各省（市）调度“三集五大”建设，特别是“大运行”、“大检修”导入阶段调控分中心相关调度配合工作要求和流程，明确“三集五大”新模式下 500kV 系统调度运行核心业务职责分工、流程安排和工作规范。编制完成《华东电网故障录波器建设与运行管理规范》，加强“大运行”体系下继电保护专业的规范化和标准化管理。截至 11 月，华东区域内四省一市均已完成“大运行”体系建设并通过验收。

淮沪特高压交流输电工程投产前期准备工作。为确保淮南至上海特高压交流输电示范工程投运后平稳运行，华东分部于 2 月，组织上海、江苏、浙江、安徽三省一市电力公司，成立了“皖电东送淮南至上海特高压交流输电示范工程投产初期运行方式分析研究”课题组，正式启动分析研究工作。课题组重点关注特高压工程投产后华东500kV电网的运行适应性，在常规潮流、短路电流、稳定分析的基础上，提前发现和解决无功电压调节、特高压交直流交互影响、三道防线配置等关键问题。至年底，课题组提出的稳定控制方案为正在进行的工程安控系统设计和相关二次设备选型工作提供了参考；提出的电网补强方案已经交规划部门进一步研究并安排实施；提出的频率、电压控制、网厂协调方案已经开始落实。

电力交易 推进华东电力市场交易平台建设，两次发布跨省集中交易规则临时条款，重启平台交易。促进电力资源在更大范围内优化配置，完成国家电力市场交易计划，累计跨区交易电量708.39亿kWh，同比增长33.17%；跨省交易电量达928.26亿kWh，同比增长5.95%；接受区外最大电力达到1853万kW。

推进跨省集中交易平台建设，全年集中交易电量达11.70亿kWh，为省市公司降低购电成本1066万元。组织省市公司开展电力电量平衡分析，及早落实跨区跨省交易及需求侧管理措施，全网落实需求侧管理措施可控负荷达3860万kW以上。积极争取跨区输电通道高峰时段按最大能力1853万kW送华东，同时通过年度、月度和短期、实时交易等多种途径实施省间余缺互济。

探索清洁能源的市场化消纳方式，初步建立了自愿认购与计划分摊相结合的中短期水电消纳机制。通过交易平台公开组织四川水电自主认购交易，全年共增购四川水电79.54亿kWh。在全面总结北京奥运会、上海世博会、残运会保电应急交易经验的基础上，制定并颁布了《华东电网重大活动举办期间跨省短时电力支援交易办法》。

开展总部、分部一体化深化改革。华东电力交易分中心配合总部相关部门进行电力交易、跨省计量管理和业务流程梳理。除保留原交易中心的职能外，还承担了华东分部跨省计量关口的管理职能。

安全生产 做好迎峰度夏、迎峰度冬和党的十八大期间电力保障工作，优化设备停电检修计划，科学安排电网运行方式，提高负荷预测的频度和精度，落实需求侧管理，促进网厂协调。开展专项反事故演习，提高应急处置能力，成功抗击“苏拉”、“达维”双台风和“海葵”强台风袭击。全年没有发生安全责任事故和安全稳定事件，没有发生一般以上人身、电网和设备事故，没有发生交通、火灾事故，没有发生有重大影响的信息系统安全事件。

深入开展“安全年”活动，围绕33条重点措施，推进电网安全隐患排查治理，完善事故应急体系。加强现场检查和春、秋季安全生产督查，配合总部完成苏州、宁波等5个城市电网及福建省输电网安全性评价。

科技与信息化 2012年，华东分部围绕世界一流调度建设等重点工作，与高校、科研单位合作开展了22项管理提升和技术创新工作，其中：“多维度电网安全风险防控系统研究和应用”等4项科研成果获上海市科技进步奖三等奖；“华东电网输电设备防灾减灾关键技术研究”等3项科研成果获中国电力科学技术奖三等奖；“大电网综合信息支撑和事故处理辅助决策系统”获国家能源科学技术进步奖二等奖，“电网综合报警与协同处理技术研究及应用”等3项科研成果获国家能源科学技术进步奖三等奖；“智能电网调度技术支持系统试点工程关键技术研究与开发”等两项科技成果获国家电网公司科学技术进步奖一等奖；“分布式状态估计研究与试点应用”等两项科研成果获国家电网公司科学技术进步奖三等奖。

华东分部信息系统运行良好，未发生七级及以上信息系统事件，未发生重大信息安全事件；先后细化并出台了《信息系统测试管理》、《信息系统检修管理》、《信息系统账号与权限管理》等管理细则；强化计划管理，及时组织开展储备库项目申报评审，结合公司统一组织建设要求，形成年度信息化专项计划并按进度要求执行。按照总部、分部一体化的要求，完成2012年度公司统推信息化项目在华东分部的试点实施工作。

党的建设和精神文明建设 华东分部党组认真学习并宣传贯彻党的十八大精神，邀请市宣讲团和十八大代表，多形式、多层次开展学习宣讲活动；总结创先争优活动成果经验，探索建立创先争优长效机制；开展基层组织建设年活动，及时调整完善分部基层党组织；加强协同监督，防控廉政风险，严格办信查案流程，加大查处违法违纪案件力度；深入推进上海市“廉洁文化示范点”建设，组织了“干事、干净”书画竞赛活动；开展“青春光明行”10周年、“青年沙龙”等内容生动的团青活动。

弘扬优秀的企业文化。按照企业文化建设“五统一”的要求，弘扬公司核心价值观，做好员工思想政治工作；组织江小金、青藏联网工程先进事迹巡回报告会，先后在华东分部、上海、江苏、安徽以及福建电力公司等单位举办了5场江小金先进事迹巡回报告会；举办庆祝华东电网60周年忘年交座谈会，做好文明单位创建等工作。

开展“面对面、心贴心、实打实”活动。组织开展皖电东送特高压交流工程建设立功竞赛、华东电网第三轮技术技能竞赛和“竞速登高”等丰富多彩的职工文化活动，并荣获上海市民运动会“民生奖金杯”和“民众奖杯”；关心劳模生活，组织开展华东电网省市公司劳模、先进以及分部员工疗休养活动；加强和谐企业建设，完善“爱心帮困”管理办法，深化民主管理。

推进“廉洁文化示范点”建设。深入推进“廉洁文化示范点”建设，组织党员干部参与上海市经信党委系统“廉洁从政从业警句格言”征集活动，节日期间向副科级以上干部发送廉政短信，组织开展“干事、干净”廉洁文化书画竞赛活动，完成廉洁文化建设微电影创作大纲制作和策划、筹备工作，通过了上海市经信党委的廉洁文化建设示范点复审，成为2012年度免审示范点。

（李　曼）

【华东电网有限公司】

见国家电网公司华东分部。

【上海市电力公司】

企业概况　上海市电力公司（简称上海公司）是从事上海地区电力输、配、售的特大型企业，统一调度上海电网，参与制定、实施上海电力、电网发展规划和农村电气化等工作，并对全市的安全用电、节约用电进行监督和指导。国网上海电力管辖的上海电网位于长江三角洲的东南前缘，北靠长江，东临东海，与江苏、浙江两省接壤。供电营业区覆盖整个上海市行政区。截至2012年底，国网上海电力直接管辖各类电网企业、发电企业、施工、科研、医院、能源服务、培训中心等单位23家、职工15 006人，代管单位1家、职工126人。

电网概况　上海电网是典型的受端系统，电网密集、系统稳定水平高，短路电流问题突出。上海电网已迈入特高压时代，基本形成“三交四直”市外来电通道。500kV电网已建成上海市双环主网和南外半环，通过徐行、黄渡、三林变电站与华东主网连接，又通过宜华、葛沪、林枫3回±500kV直流线路及1回复奉±800kV直流线路与华中电网相连。220kV电网是上海电网主要供电网络，已实现杨行、徐行、亭卫、远东等12个分区运行。110/35kV电网，以放射状为主向10kV电网及直接向用户供电。

截至2012年底，上海电网拥有35～500kV变电站855座，变电容量13 088.86万kVA，线路长度17 753.918km（其中电缆8327.167km），其中特高压线路106.13km、变电容量713.04万kVA，500kV线路1262.587km（含电缆31.25km）、变电容量3861.8万kVA；220kV线路4025.507km（含电缆550.303km）、变电容量4566万kVA；110kV线路1812.149km（含电缆1011.858km）、变电容量1032.85万kVA；35kV线路10 547.54km（含电缆6733.756km）、变电容量2915.17万kVA。营业用户数914.12万户、运行容量11 265.21万kW；电压合格率达99.913%，供电可靠性达99.964%。

由于上海的夏季高峰负荷受气候因素影响较大，2012年上海地区受“凉夏”因素的影响，降温负荷未能充分释放，同比出现了一定程度的下降，其中夏季用电最高负荷2591.5万kW、日最高用电量5.09亿kWh。

人力资源　上海公司所属供电公司11家，建设类单位2家，电网运维检修类单位1家，营销类1家，发电类2家，教育培训类（含科研）3家，电力信息通信类1家，物流服务类1家，其他1家，代管市属企业1个。公司本部设23个职能部门（不含工会）。截至2012年底，直接管理的领导干部262名，平均年龄46.7岁，大专及以上文化占99.2%，中级及以上职称占97.7%。管辖范围内的员工期末人数为15 006人。2012年有107人、206人分别获得高级、中级专业技术职称；有122人、606人、358人分别评获高级技师、技师、高级工。人才当量密度0.916 5。

编制和实施“三集五大”体系机构设置和人员配置实施方案，修订公司人力资源管理16个核心标准、31个工作流程和上海公司本部、供电公司及7家专业机构的1900余份工作标准；制订并组织实施“三集五大”体系建设总体培训方案，累计培训22 800余人次，通过国家电网公司验收。完成闸电燃机、崇明和长兴供电公司等单位的划转工作。开展人力资源诊断工作，查找问题，提出整改方案，组织实施。对SGERP－HR一期建设中员工管理、劳动组织、薪酬管理、教培管理等4个模块进行二级部署，启动SG－ERP－HR二期建设。深化全员绩效管理，实行管理人员“目标任务制”、一线员工“工作积分制”。规范集体企业劳动用工管理，甄选劳务派遣机构，规范8500余名集体企业员工用工方式。上海公司16位业务骨干入选2012年国家电网公司领军人才。

电网建设和发展　2012年，投产110（66）kV及以上交流线路354.51km、变电容量464.60万kVA。新开工110（66）kV及以上交流线路153.13km、变电容量210.60万kVA。

500kV新余输变电工程、练塘变电站220kV出线工程（南出线）、220kV银山变电站扩建第三台主变压器工程、220kV马陆输变电、泸定变电站改造输变电、110kV平朝楼输变电工程、轨道交通广场站一级重要用户电源改造工程等投产。220kV即墨输变电/110kV船舶输变电工程等开工。220kV莘东站获得了国家电网公司华东区域项目管理流动红旗。

110kV 及以上输变电工程全部通过了优质工程评选，500kV 练塘输变电工程获得了 2012 年度中国电力优质工程奖和 2012 年度国家优质工程奖。

完成皖电东送工程沪西站征地和线路塔基进场施工工作组织推进大型居住社区、轨道交通、大飞机、迪士尼等市府重大工程电力配套工程建设。上海公司基建系统一批单位荣获市级重大工程立功竞赛先进集体。

经营管理 推进标准化建设。修订基础标准体系，组织评估《上海公司标准化工作导则》等基础标准。扩充技术标准体系，加入特高压、智能电网、电动汽车等内容。编制、修订并颁布 5216 条技术标准、409 条管理标准、1937 条工作标准、1079 个流程图及 625 份作业指导书。持续实施卓越绩效模式。对照《卓越绩效评价准则》，编制《全国质量管理奖复评报告》，开展自我评价和管理改善，顺利通过全国质量奖复评确认。

深化管理创新。2012 年获国家电网公司及上海市管理创新成果奖 20 项，其中一等奖 2 项、二等奖 9 项、三等奖 9 项；获全国优秀 QC 小组 6 个、电力行业优秀 QC 小组 6 个、质量信得过班组 2 个，上海市优秀 QC 小组 20 个，质量信得过班组 10 个。

安全生产 开展“安全年”活动，实现“六个不发生、四个防止”的目标，深化事故隐患排查治理。加快安全生产标准化建设推进工作。强化安全教育培训，重点开展国务院和国家电网公司新颁发的安全生产法律法规、方针政策宣贯学习。修编并发布总体预案、16 个专项预案和 3585 个现场处置方案，建立健全公司应急管理体系。加强质量监督管理，建立覆盖电网建设、运行和服务等各专业的质量监督关键指标体系。2012 年上海公司荣获国家电网公司安全专业管理“同业对标”A 段标杆单位；连续 4 年荣获“上海市安全生产优胜单位”荣誉称号；成为国家电网公司系统网省公司中唯一获得“全国安全文化建设示范企业”称号的单位。在国家电网公司安全专业“调考”中取得了“三个”第一的优异成绩。

营销工作 2012 年，上海公司完成售电量 1096.39 亿 kWh，增长 2.41%；电费回收率 100%。营销管理在国家电网公司“同业对标”中进入 A 段。线损治理取得明显成效。一体化推进“技术分析、营销管理、技术防范、打击稽查和改善外部环境”等举措，查处窃电行为，追补违约电费。推进用电信息采集系统建设，新增采集用户 150 万户，采集覆盖率超过 60%，容量超过 100kVA 的用户实现全覆盖。

强化迎峰度夏各项有序用电措施，并首次将办公楼及商业用户纳入有序用电管理范围，有序用电总体执行率超过 98%；全年共安装负荷管理终端 6040 台，扩大用电负荷管理系统的安装范围，确保上海电网在高温期间将负荷控制在可平衡范围内。规范电价执行，配合政府推行居民阶梯电价政策。加强节能服务体系建设，成立上海电力能源服务有限公司及两级能效服务活动小组，开展节能形势、政策和措施宣传，指导用户节能。

农电工作 签订《崇明三岛电网整体无偿划转框架协议》，实施崇明地区基础工作管理和电力设施改造，推进崇明城乡供电服务一体化。开展崇明农村地区低压配网可靠性提升工程，涉及崇明本岛 14 个乡镇、长兴岛 13 个行政村，改造 126 个台区，惠及 11 450户居民。改造后，崇明地区的低电压矛盾得到了有效治理，户均容量比过去增长了 4 倍，达到市区居民较大户型用电标准，满足农村居民 10 年以上用电需求。提升故障抢修效率，全年故障报修平均到达时间同比缩短 20%，比国家规定的 45min 缩短 40%。深入开展“你用电、我用心”为民服务创先争优活动和“亲情电力进社区”活动，累计为 200 多个社区的 3900 余人提供电力咨询、业务受理、宣传解释等服务，并为 4400 余位客户提供了上门服务。完成 10 万只分时电表的更换工作。

标准示范窗口建设工作取得预期性成效。梳理和细化工作标准和流程制度，执行供电企业和供电营业站（即供电所）各类规范化管理实施规定，加强供电营业站具体工作职能管理。选树朱家角、江桥供电营业站等标准化示范窗口。稳步推动供电营业站专业化、标准化建设和管理。

农电用工队伍专业技能取得系统性提升。2012 年共开办了二期（77 名）初级工、一期（36 名）中级工和三期（100 名）高级工培训班，并组织了二期（59 名）农电工持证上岗技能鉴定工作；在年中举办了“上海市电力公司 2012 年农电岗位培训和安全调考”活动，来自全市 10 个供电企业的长期职工及下属供电营业站的农电工共同参加了调考。

科技与信息化 2012 年，钠硫电池研制国家科技支撑计划课题通过验收，取得了钠硫关键技术和示范应用的突破，中国成为世界上第二个掌握大容量钠硫单体电池核心技术的国家。推进电动汽车智能充放储国家 863 课题，关键设备已完成样机研制，示范工程可研设计通过评审。完成智能能源管理系统和智能微电网系统集成技术方案。上海公司承担的国家电网公司总部科技项目“电力光纤到户关键技术研究”在业务运营系统、网络管理系统和接口设计方面，达到了国际先进水平，为智能电网电力光纤到户商业运营的推广应用提供了技术依据。“城网钠硫电池储能系统工程化应用关键技术”被命名为国家电网公司科技攻关团队。推进上海电力能源转换工程研究中心建设，完成风光储微网系统、电动车充换电站、智能楼宇等，基本完成储能检测平台设备的测试工作。整合优化实验室资源，共享数据信息，形成上海公司试验能力技术支持平台。

2012年，上海公司有7项成果获国家电网公司科技进步奖，其中特等奖1项、一等奖1项、二等奖2项、三等奖3项。6项成果获国家能源科技进步奖终审公示，是国家电网公司系统唯一获得一等奖的网省公司。3项成果获中国电力科技进步奖。2012年完成专利申请1030项，其中发明297项；获授权1009项，其中发明100项；累计拥有有效发明专利数与当年发明授权数跃居国家电网公司系统省公司第一。

完成“三集五大”相关信息系统适应性调整工作，申请到包括“全电压一体化电网规划信息系统”在内的17个亮点工程。完成供电区域调整信息系统改造，涉及营销管理（CMS）、生产管理（PMS）、故障抢修（TCM）、企业资源管理系统（ERP）等11套信息系统。参与国家电网公司信息化项目研究与试点，包括“人财物”集约化管理信息系统试点、电子文件试点、数据共享和业务融合试点相关的“基建项目管理全过程融合”等五条主线工作等。参与国家电网公司PMS2.0的试点建设工作。推进运营监测（控）中心的信息化支撑系统建设，指标梳理和展示大厅建设初具成效。启动ERP系统升级改造。

优质服务 推动出台《上海市重要电力用户供用电安全管理办法》，制定《上海市电力公司重要电力用户供用电安全管理细则》，强化重要用户安全管理。成立上海市供用电行业联盟，与经信委、华东电监局以及上海市16个重要用户上级行业主管部门联手营造上海城市“大安全”环境。强化重要用户、地下站用户、泵站用户及水产养殖户安全管理工作，针对4类用户群建立并完善基础台账信息，完成重要用户等4本管理手册的编制和出版。

开展“保民生、暖民心”居民用电服务质量提升工程。城市用户供电可靠率达99.983%，全口径抢修平均到达时间由36min缩短到17.3min，全口径故障平均修复时间由49min缩短到28.6min。

第四届供电“服务之星”劳动竞赛实现“零”的突破。徐爱蓉获得国家电网公司“十佳服务明星”称号、冯宇虹获得“优秀服务之星”称号。上海公司创下国家电网公司“百佳服务窗口”和“百佳服务标兵”评选首个佳绩，5名员工获得个人殊荣，有4个团队获得集体殊荣。开展服务质量“总经理奖”评选。

完成党的“十八大”、中共上海市第十次党代会等重要保电任务。

党的建设和精神文明建设 认真组织学习贯彻党的十八大精神，开展学习宣传活动。在员工中广泛开展形势任务教育，编制宣传教育手册，领导干部带头深入基层一线开展宣讲，坚持做好政策宣传和思想引导。建立健全以“德、能、勤、绩、廉”为标准，全方位、多维度的领导干部考评选拔机制。开展创先争优活动，组建国家电网上海公司共产党员服务队。开展基层组织建设年活动，基层党支部全部达到B级以上。构建完善科学的管控与惩防体系，编制《廉政风险防控手册》，健全协同监督机制平台，以“一书两报告”的形式充分发挥协同监督的效力；开展反腐倡廉宣传教育，积极创建上海市廉洁文化示范点，树“电力清风”品牌。

加强优秀企业文化建设，推进文明行业（单位）创建工作。制定统一的企业文化建设实施方案。实施企业文化传播工程、落地工程、评价工程，把企业文化建设任务完成情况列入企业领导人员业绩考核，开展企业制度标准体系建设的价值观审核，促进企业文化在企业生产经营管理等各项工作中的落地。实施“95598光明服务工程”，开展供电能力、服务质量“两个提升”工程，推进优质服务工作和社区共建、志愿者社区服务等活动，在上海市窗口行业社会公众满意度测评中继续保持公共事业类第一名。闸北发电厂和500kV静安变电站被命名为上海市经信党委系统首批爱国主义教育基地。上海公司被评为全国文明单位、国家电网公司文明单位，连续五届被评为上海市文明行业，在2012年度上海市政风行风网上测评中继续保持第一。

主要事件

2月23日，签订《崇明三岛电网整体无偿划转框架协议》。

2月29日，上海智能电网电视（互视通）正式开播，标志着上海电力光纤到户试点工程在商业化运行方面取得重要突破，由国网上海市电力公司、上海文广、上海联通共同创建的以“互视通”为品牌的“三网融合”业务正式投入市场。

3月5日，完成国家电网公司组织开展的电动汽车苏沪杭城际互联工程第一阶段试运行工作。

3月23日，举行青浦供电公司居民用电优质服务示范区授牌暨“徐爱蓉工作室”成立揭牌仪式。

3月27日，举行7家“三集五大”体系专业单位的成立揭牌仪式。

3月28日，与上海市城市建设投资开发总公司签订战略合作协议。

5月10日，在中共一大会址正式成立共产党员服务队，首批10支队伍共180人。

同日，上海公司荣获“全国安全文化建设示范企业”称号，成为国家电网公司系统网省公司中唯一的获奖单位，并与上海通用汽车公司携手成为上海市仅有的两家安全文化建设示范企业。

5月29日，发布2011社会责任实践报告。

6月4日，荣获“全国供电可靠性金牌企业A级第一名”，成为唯一连续三年获此殊荣的电力企业。

6月5日，召开“三集五大”体系建设三大标准发布仪式，正式发布公司技术、管理和工作标准，成为国家电网公司系统内2012年第一家完成标准体系建设的单位。

7月20日，与上海社会科学院法学研究所签署战略合作协议，成立国内首家电力法研究中心。

7月27日，由国网上海市电力公司与中国科学院上海硅酸盐研究所共同承担的国家科技支撑计划项目《大容量钠硫电池研制及兆瓦级储能系统开发与示范》顺利通过国家科技部专家组验收。

8月10日，国网上海市电力公司一体化智能抢修指挥系统（TCM）通过国家电网公司专家组验收，并荣获了全国电力行业信息化成果一等奖。

8月23日，上海首座绿色智能化变电站220kV泸定变电站正式投入运营。

11月4日，上海国际旅游度假区建设工程指挥部与国网上海市电力公司签署《“共建协作联动机制、加快推进上海国际旅游度假区电力稳步建设”战略合作协议》和《上海国际旅游度假区供电配套工程框架协议》。

11月29日，上海公司被授予全国电力行业标准化工作先进集体称号。

12月7日，国网上海市电力公司柔性电能表自动化检定流水线正式投入使用。

12月12日，上海公司荣获“上海市卓越质量管理先进企业”称号。

【江苏省电力公司】

企业概况 江苏省电力公司（简称江苏公司）隶属于国家电网公司，主要从事江苏境内电网建设与管理，经营江苏境内电量销售业务。截至2012年底，江苏公司本部设有22个职能部室，下辖13个地级市供电公司、51个县级供电公司、14个直属单位。

2012年，江苏公司当年电费回收率100%；售电量3799亿kWh，同比增长8.25%；线路损失率6.99%，同比下降0.84个百分点。2012年，江苏公司被评为国家电网公司“三集五大”体系建设示范单位，同业对标“综合标杆”“业绩标杆”和“管理标杆”三项获国家电网公司第一名，7项专业管理成为国家电网公司“专业管理标杆”。

电网概况 2012年末，江苏电网拥有统调电厂100座，发电设备总容量6792万kW（含新投产188台、35.3万kW风电机组）；800kV特高压输电线路65km，换流站容量720万kVA；500kV变电站（开关站）41座，容量8140万kVA（其中换流容量340万kVA），输电线路长度9262km；220kV变电站（开关站）416座（不含用户变电站），容量13 626万kVA，输电线路长度22 781km。

2012年，全省统调发电量3813.50亿kWh，同比增长5.61%；最大日发电量12.52亿kWh，同比增长5.30%；统调用电量4211.04亿kWh，同比增长6.50%（全省全社会用电量4581亿kWh，同比增长6.99%）；最大日用电量14.68亿kWh，同比增长6.78%；统调最高负荷6857万kW，同比增长3.46%。江苏电网频率不合格时间0s、电压合格率100%、220kV及以上继电保护正确动作率100%。

人力资源 持续深化“三集五大”体系建设。精简组织机构设置，组建运营监测（控）中心，整合省公司层面规划、设计、监理、建设管理等机构，归并精简物资、招标以及物业单位。优化县公司管理模式，明确撤县设区的机构设置要求。构建人员总量、结构和素质需求预测模型，构建班组承载力模型，指导班组运维区域调整，盘活现有人力资源存量。修订29个岗位单元制能力培训方案，完成2.7万人次专项培训。全面开展人力资源诊断分析工作。

加大年轻干部选拔力度，全年新提拔70后处级干部24名。坚持组织选调与竞争上岗相结合，组织开展本部5个副主任岗位、14个科级岗位和24个一般管理岗位以及基层单位115个岗位的竞争上岗工作。举办青年干部培训班，组织77名干部跨单位或跨专业交流，开展“百人挂职锻炼”。健全干部考评监督机制，制定《领导班子和领导干部考核预警管理办法》，构建全方位监督管理体系。做好领军人才的选拔和培训工作，43人入围国家电网公司“十大”专业领军人才培养对象。新增高级技师65人、技师810人、正高级职称4人、副高级职称352人；新产生国家电网公司技术能手1人，江苏省技术能手18人。拓宽员工职业发展通道，制定《职员职级管理办法》，编制《专家队伍建设管理办法》（草案），构建一体化人才发展体系。深化网络大学应用，开发离线学习工具，运用网上课堂、在线直播等新技术，累计登录人次254万，考试人次66万，学习时长119万h，网络大学的建设实践经验被国家电网公司推广应用。

推进“三定、三考”工作。明确各单位、各层级机构设置和人员定编标准，修订和完善1885个岗位工作标准。本部及各基层单位均实现电子化考勤，构建常态化督导检查机制。制定《全员绩效管理办法》，推进管理员工“目标任务制”、一线员工“工作积分制”考核模式。依托运营监测（控）中心建设，建成省公司层面的绩效看板体系，实现绩效考核从事后追究到事前预警，从结果考核到过程控制。开展各项竞赛调考，全年参加10项上级竞赛，组织实施17项内部竞赛，累计参考员工5万余人次。

电网建设与发展 2012年，江苏各级电网统筹协调发展。国家电网公司与江苏省政府签署战略合作框架协议，江苏公司与省有关部门、地市政府签订电网发展会谈纪要。滚动优化江苏电网“十二五”发展规划和2014～2018年电网规划，强化各市电网分区规划衔接，完成2014（2015）年电网系统设计。推行差异化发展和南北帮扶，加大对苏北电网的投资力度，加快沿海主干网架建设。

完成1000kV淮南—南京—上海特高压交流工程全部省内前期支持性文件的办理。500kV项目前期工作完成率100%，共有10个输变电项目获得核准。完成87项220kV、171项110kV项目可研和核准工作。加强小型基建管理，积极协调和配合做好国家电网公司客服中心南方基地等项目前期建设管理工作。

全年新开工建设110～500kV交流线路4338km、变电容量2948万kVA；投产110～500kV线路6726km、变电容量3432万kVA。500kV临海变电站等99项迎峰度夏重点工程顺利投运。500kV常熟南变电站获国家优质工程银奖，500kV扬州西变电站工程被国家电网公司授予“标准工艺示范工地”称号和“安全管理流动红旗”。实施城乡配电网升级改造增强措施，研究推广典型小城镇供电模式，缩小城乡电网差距。

特高压工程建设。江苏省政府成立特高压工程建设协调领导小组，统筹各方资源推进省内特高压工程建设。±800kV锦屏—苏南特高压直流工程双极高端按期投运，1000kV皖电东送（南环）特高压交流示范工程江苏境内线路基础施工、通道清理全部完成。

智能电网建设。按期完成扬州经济开发区智能电网综合示范工程11个子项目建设任务。推广智能变电站通用设计。推进智能电网调度技术支持系统和智能变电站两个典型工控系统的测评验证工作。开展苏沪杭城际互联工程电动汽车跨区域试运行工作，建成4座充换电站。

经营管理 推进“五大”体系完善提升，组建省市两级经研院（所），提升规划设计支撑能力；有效运转特高压装备租赁公司，成功搭建特高压重大施工装备租赁平台，与18家省送变电公司签署装备租赁合同；完善省市县三级层面“大检修”体系规章制度和流程标准，实施变电运维一体化、跨地区变电运维、变电集中检修；首次开展直升机巡线，巡视500kV线路1800km；完成备调体系建设，深入推进地区调度自动化集中监控、配电网调控对象一致性、营配调一体化，建立运行、检修、建设三方信息沟通平台；重组省市县营销组织机构，组建省95598供电服务中心、计量中心、节能服务公司，完成省集中营销业务系统建设，构建省市两级集中稽查监控体系和负荷管理控制系统。创新后勤管理模式，全面推进后勤一体化体系建设。在“五大”体系试点基础上，组织机构再精简9.2%，业务定员水平再提升3.3%；220kV及以上变电站全部实现集中监控，全年完成操作票22.43万份；配电网不停电作业5.3万次，设备故障率同比下降18.6%；电网设备停电平均时间减少16.8%，城市配电网带电作业率达79.9%。

加强综合计划和预算管理，严格成本管控，运营成本持续降低。加强资产全寿命周期管理，实施全业务链财务管控，提高财务信息化水平，优化财务资源配置。建成国家电网公司系统规模最大的现代化物资调配中心，深化一体化电子商务平台应用，加强集中招标管理，降低采购成本。开展清仓利库，完成深化物资供应体系建设项目，初步实现全省物资统筹调拨。推进统计“一库三中心”（统一数据库，统计发布中心、数理分析中心、辅助决策中心）建设，提升数据资源保障和统计服务水平。深化线损管理，提高企业经营效益。开展依法治企综合检查，加大专业管控力度。综合发挥内部审计、法律监督、财务稽核、效能监察和协同监督等作用，防范经营风险。

开展管理提升活动，完善标准1669项，优化管理流程595项，首批通过国家4A级“标准化良好行为企业”现场确认。开展班组精益化管理研究与实践，提升班组管理水平。开展对标指标分析诊断，强化指标全过程管控，跟踪分析和控制提升关键指标。完善同业对标考核评价机制，强化典型经验总结推广，深化对标成果应用，人力资源、财务、物资、规划、建设、运行、营销等7项专业管理被国家电网公司评为“专业管理标杆”。苏州、南京供电公司被评为“国家电网公司2012年大型供电企业业绩标杆单位”，并分别位列第一、第三名。创建“国际一流企业”对标省级公司评价指标体系，通过“国家电网公司2012年度十大优秀管理创新成果”初步评审，研发并应用国际对标管理信息系统。初步建成“世界一流电网”指标体系架构，完成“世界一流电网”国际比较研究和江苏输配电网评估分析。

安全生产 开展“安全年”活动。实施风险隐患排查治理专项行动，整改风险隐患409项。开展专项调研7项和深度调研1次，出台安全管理文件10份。实行常规现场巡回监督、重要现场全程监督、重点工作专项监督相结合的工作方法，全年开展安全巡查8.7万次、专项监督150余次，有效提升反违章工作水平。加强安全应急管理，编发模版46项，编制现场应急处置方案3800项，开展应急演练、培训等900余次。

落实“三集五大”完善提升要求，重新修编各级安全生产职责规范，调整签订4000余份安全责任状，修编7项规章制度、23项安全管理标准和14项安全工作标准。制订用投工程涉网安全管理工作意见，明确各级单位和专业部门的职责分工和安全要求，建立分级、分专业的安全管控工作机制。在各市、县建立了涵盖属地供电公司以及检修、建设单位属地机构的生产会商制度和突发事件应急联动机制，提升各地电网安全生产能力。

完善各类风险分级预控体系，健全专业化安全监督工作机制。以“安康杯”竞赛、“安全生产月”等活动为载体，开展安全征文、青年论坛等活动600余次，组织生产人员参观安全警示教育420场，开展《安规》培训和考试720余场，在国家电网公司“两票”调考中获变电团体第二、综合团体第三的成绩。分析总结印度大停电事故教训，深化安全内控建设和专业精益化管理，强化电网科学调度与有序用电管理，提升电网运行管控能力。建立全省一体化电网调度运行风险预警机制和信息发布系统，实现联动联防，各级调度全年共发布预警通知书1756份。开展电网反事故演习，率先在国家电网公司系统建成省、地、县三级备调体系。开展电力设施保护区专项整治活动，依法清理各类危险源3000多处。完成十八大保电等多项重要保电任务。推进安全应急管理，建立应急联动机制，成功应对“苏拉”“达维”“海葵”台风的连续侵袭，投入抢险力量3.07万人，出动车辆7945台次、发电车（机）38辆（台），包括大型抢修车辆151台次，及时恢复电力供应。加强治安保卫、消防、信息、车辆安全管理。保持安全稳定良好局面。

营销工作 持续深化完善“大营销”体系建设。完成营销信息支持系统、110kV业扩报装、电费账务核算和负荷管理系统的市级集中工作。加快推进国家电网公司客户服务中心南方基地建设。2012年12月23日，95598南方基地完成系统割接，正式进入试运行阶段。研究构建国际一流的营销服务体系，形成《建设国际一流企业营销服务体系研究报告》和《“大营销”争当创建“两个一流”排头兵战略规划》。营销业绩考核和同业对标均位居国家电网公司系统第一。

稳妥实施居民阶梯电价政策，推行电费预结算业务，加快实现城市“十分钟交费圈”、农村地区“村村设点”，全省居民委托代扣签约已达1780万户，居民非现金交费比重达62.3%。强化业扩报装全过程管控，推行业扩报装“双客户经理”制。在国内率先获得整体式计量体系授权，基本实现城网公变、城网客户、50kVA及以上客户（含专变）采集全覆盖，首创关口电能计量装置自动快速检测法、智能电表整表或器件单体批量检测法，申请各项专利24项。新建用电信息采集用户980万户，累计建设2070万户。加强客户端用电管理，开展用户隐患排查，组织年度严厉打击盗窃电能专项活动，累计查处各类窃电及违约用电行为1.73万户次，追补电费及违约使用电费1.11亿元。深化省、市两级营销稽查监控管理，年内挽回电量损失1248万kWh。推动营销信息系统升级，完成13家地市公司营销系统割接上线。组织开发阶梯电价管理、用户电量日统计分析、业扩全过程实时管控等功能，实现电力负荷管理市级集中。拓展营销信息化应用水平，试点启动营销系统与PMIS、GIS系统集成工作，完成营销移动作业管理平台和移动作业终端的研制开发。

推进营销新业务。完善能效服务体系建设，节能服务公司全年完成节电量7.96亿kWh，项目233个，能效项目管理平台接入150家企业。加强节能发电调度、“以热定电”和自备电厂管理，深化脱硝监控系统应用，助力节能减排。营销部被国家人力资源和社会保障部、国家发展改革委、环境保护部和财政部四部委评为“全国节能先进集体”。推动分布式光伏发电发展，建立有效的光伏发电并网管理体系和协调机制，出台江苏公司分布式光伏发电并网管理规定与工作流程，保障光伏发电等新能源可靠接入和经济运行，累计受理申请39个，报装发电容量10.6万kW。

2012年，江苏公司累计业扩报装申请191万户，容量5511万kVA，同比下降12.8%；累计用电营业户数达到3387万户，比年初增长3.69%。

农电工作 2012年，江苏公司创建126个电气化乡镇、2292个电气化村，累计建成56个电气化县、835个电气化乡镇、10 313个电气化村，电气化县、乡、村的覆盖面分别达到100%、73%、63%。实施农村低压电网项目40 576个，建设改造低压配电设备17 498台、低压线路28 575km、接户线20 163km、125.5万户。农网供电可靠率99.884%，同比增长0.017个百分点；农网综合电压合格率99.706%，同比增长0.06个百分点；农网综合线损率5.66%，同比降低1.04个百分点。

完成一流县供电企业复查认定，开展新一轮一流县供电企业创建工作。建成国家电网公司标准化示范所12个，累计建成国家电网公司标准化示范所34个。建立领导干部挂钩联系供电所工作制度，市县公司领导定期深入供电所，加强检查指导和协调。推动构建政企联动、乡村实施、电力服务共建机制，开展用电安全常识、触电急救、电力设施保护等宣传教育，累计出动宣传活动 7.2 万人次，赠送宣传资料 699 万份（册）。实施农村低压电网现场标准化作业试点，编制及修订 16 个作业指导书和 51 个作业指导卡。编制省、市、县各级农村低压电网“十二五”建设计划，进一步加大苏北农村电网建设投入。深化应用生产 PMS 系统，做到 PMS 数据与现场保持一致。全面完成农村低电压综合治理三年计划，基本解决当前低电压问题。提高农网信息化水平，推广农电 SG—ERP信息系统，开展小城镇典型供电模式、电力通信网建设和农网智能配电台区试点项目。完成 173 个新农村典型供电模式推广项目，推动张家港等七个小城镇典型供电模式试点建设。溧水、溧阳农网智能化试点建设工程项目通过竣工验收，居系统领先水平。推进“科技进步先进县供电企业”创建，全面提升农网智能化水平和县供电企业科技创新能力。加强农电员工教育培训，集中培训市县公司农电管理人员 710 人、供电所所长 108 人。组织市公司开展供电所所长、四大员、班组长规章制度培训和考试，共计 9511 人。建成 600 个供电所“四个一”（一台变压器、一档线、一间学习室、一间培训室）培训设施，兼职培训员和供电所技术骨干传帮带，结合网络大学农电学院平台进行远程培训。开展技能培训和职业等级鉴定工作，组织一万多名农电人员参加技能普考和竞赛，农网配电营业工职业技能竞赛产生了 3 名江苏省“五一”创新能手、15 名江苏省电力行业技术能手、45 名农电技师和一批高级工。

科技与信息化　开展国家级重大课题研究 4 项，承担国家电网公司科技项目 40 项。专利授权保持国家电网公司前列，申请专利 450 件（其中发明专利 198 件），获授权 264 件（其中发明专利 65 件）。获省部级科技进步奖 25 项（其中国家电网公司特等奖 1 项），信息化成果奖 2 项。

完成“三集五大”体系新建单位的信息系统上线及各专业系统业务支撑功能提升。开展信息通信“调运检”体系建设研究，实现信息通信初步融合。建立信息通信四级安全监督工作机制，江苏公司信息通信系统可用率达 100%，未发生五级及以上信息通信安全事件，首次荣获国家电网公司信息系统运行流动红旗。组织编制信息化企业建设三年行动计划、智能电网三年行动计划和科技创新三年行动计划，指导未来 2～3 年内各专业工作的策划和项目安排，实现规划和计划的有机衔接。开展 SG—ERP 应用竞赛和科技管理、信息通信运维劳动竞赛。修订发布覆盖项目管理、设备管理、安全监督等工作的规章制度，建立完善专业流程标准一体化管理体系。

牵头承担的两个国家 863 课题按计划顺利推进并取得阶段性成果，发表论文 30 篇，申请发明专利 8 项。江苏公司自主组织的关键技术研究取得重要进展。扬州经济开发区智能电网项目通过国家电网公司验收。大规模海上风电接入、特高压施工与检修等关键技术研究取得重要进展，智能电网、新能源消纳方面试验能力得到显著提升。完成营配调集成方案编制、配用电业务分析、营配用户设备一致性保障及数据清理支撑功能的开发工作。编制扬州配用电业务提升方案和通信建设标准，以配用电应用提升项目为基础，落实配电网示范区建设的信息化需求。推进智能电网调度技术支持系统和智能变电站两个典型工控系统的测评验证工作。SG-ERP 综合试点项目通过国家电网公司验收。

优质服务　启动“亲情电力　幸福民生”主题活动，开展“走访千家大客户，优质服务保供电”、居民用电服务质量监管专项行动、“保供电、促发展、助增长”等活动，发布《居民用电服务提升八项措施》及《服务新农村建设十二项措施》，优化业务办理，发布电费交费网点电子地图和手机“闪付”等新型缴费方式，构建亲情服务体系，展示“亲情电力”品牌形象。针对 35kV 以上重点客户，江苏公司推出“定项、定时、定人”的服务机制，全省累计11 725 人次走访 3295 户大客户，解决客户难题 517 条。编制《江苏省电力公司贯彻落实居民用电服务质量监管专项行动工作实施方案》，16 家县级供电企业获首批居民用电优质服务示范企业称号。2012 年，全省配置社区客户经理 1.8 万余名，走访社区（村）2.6 万余次，参加人数达 3 万余人，解决客户难题近万个。以刘平、韩克勤、曾玲丽、印斯佳等服务明星为引领，推出“亲情服务法”“客户无错求证法”“家门口的营业厅”等服务方法及“尧乡飞虎队”“用电服务轻骑兵”等服务品牌。组织开展供电“服务之星”劳动竞赛暨“双百佳”评选活动，完善服务明星阶梯培养计划，取得国家电网公司第四届“服务之星”劳动竞赛个人第三。在营业窗口开展“三亮一创”（亮形象、亮标准、亮承诺，创建群众最满意窗口），窗口服务单位党员 100%亮牌、佩戴党徽上岗，党员社区经理按责任区发放党员服务卡。第三方调查满意度得分为 86.65 分，较 2011 年提高 1.81 个百分点。江苏公司连续 8 年被授予全国用户满意服务奖和用户满意企业称号。在 2012 年度政府民主评议行风工作中，江苏公司及其 13 个市供电公司均位列第一。

党的建设和精神文明建设　开展为民服务创先争优活动，实施“95598 光明服务工程”，规范组建 606 支共产党员服务队，编发简报 100 期，韩克勤党支部创先争优长效机制建设经验被中央创先争优活动简报专题刊发，江苏公司党委及多家基层党组织被评为国家、省创先争优先进基层党组织。推进学习型党组织建设，开展支部书记讲党课竞赛活动，应用网上教育园地加强党员培训，“构建目标导向式学习型党组织”被表彰为2012年度全省部属企业“基层党建十大创新工作”。开展基层组织年建设活动，深化供电与农电党支部结对创先，特色做法被中组部共产党员手机报刊发。严格落实党风廉政建设责任制，建成反腐倡廉教育基地，加大检企合作力度，推进廉政风险防控长效机制建设。

完成国家电网公司企业文化传播和落地工程项目。举办“苏电好人”道德讲堂，被中央文明办和国资委作为典型在全国推广。开展“岗位创一流，争当排头兵”主题教育活动，组织2万余人参与员工思想动态分析。推广“江苏文明单位在线”信息平台，文明服务公众满意度测评位列江苏12个公共服务行业之首。韩克勤当选十八大代表，周维忠、许杏桃被选树为江苏省“三创三先”之星，曹扬获“中国优秀青年志愿者”称号，江苏公司被评为中央企业思想政治工作先进单位。开展新闻宣传，全年在中央媒体发稿398篇，地方主流媒体发稿11 518篇，行业媒体发稿579篇，制作电视专题片22部，配合中央电视台完成1000kV淮河大跨越现场报道。编发《江苏电力报》95期，举办新闻发布活动11次，开展主题传播39次。公开发布驻苏央企首份社会责任报告，主动对接省委省政府工作部署，编制实施《“服务‘两个率先’、点亮美好生活”社会责任工程纲要（2012～2015）》和《践行民生责任2012十项行动》。开展服务人居环境电力科普巡回宣传，苏电爱心助学、文化下乡惠民等12项履责行动。严格执行国家电网公司品牌标识管理规定，必要项目使用率和规范使用率均达100%。江苏公司被表彰为国家电网公司品牌建设先进单位。

加强职工服务组织体系建设，组建各级职工服务中心，完善结对帮扶机制。实施员工关爱工程，深入开展职工服务年活动，加大对劳动模范、创新人才、困难职工等群体的关心支持力度。认真落实离退休职工两项待遇，开展“美丽家乡”文化养老系列活动。开展建团90周年主题系列活动，评选首届“青年五四奖章”，开展“读书励志、品味青春”青年员工读书及“争当排头兵、展示新风采”青春建功行动，建成51所“国家电网希望来吧”，开展志愿服务和社区活动，资助结对贫困学生4869名，1个基层团支部被评为全国“五四”红旗团支部，2个青年集体被评为2011～2012年度“全国青年文明号”。

（张 颖）

【浙江省电力公司】

企业概况 浙江省电力公司（简称浙江公司）直属11家地市供电企业、64家县供电企业、1家水电厂和12家电力建设、科研、培训等单位。

2012年，浙江省全社会用电量3211亿kWh，同比增长3.00%，统调最高用电负荷5174万kW，同比增长2.20%。完成售电量2789亿kWh、增长2.99%。

2012年，在国家电网公司年度业绩考核中，排名省市公司第二。同业对标，连续两年名列综合标杆第二；业绩和管理对标均获标杆第二名；9个专业有8个进入标杆行列；入选国家电网公司典型经验成果9项；在大型供电企业业绩对标中，杭州局、宁波局分列第二和第四，双双蝉联标杆单位。

领导班子 2012年浙江公司领导班子成员如下：

总经理、党组副书记：李卫东

党组书记、副总经理：姜雪明

副总经理、总会计师、党组成员（正局级）：

赵元杰（2012年12月任职）

副总经理、党组成员：陈安伟

副总经理、党组成员：石华军

副总经理、党组成员，杭州市电力局局长、党委副书记：于金镒

副总经理、党组成员：孔繁钢（2012年3月任职）

副总经理、党组成员：杨勇（2012年4月任职）

工会主席、党组成员：王幼成

党组成员，宁波电业局局长、党委副书记：吴国诚

纪检组长、党组成员：商全鸿（2012年5月任职）

副总经理、党组成员：阙波（2012年12月任职）

组织机构 本部：办公室、发展策划部、人事董事部、人力资源部（社保中心）、财务资产部、安全监察质量部（保卫部）、运维检修部、基建部、营销部、农电工作部、科技信息部（智能电网办公室）、物资部（招投标管理中心）、审计部、监察部（纪检组办公室）、思想政治工作部、离退休工作部、经济法律部（产业部）、对外联络部（新闻中心）、机关工作部、运营监控中心、浙江电力调度通信中心、浙江电网电力交易中心、浙江省电力公司工会、国网企协浙江省电力公司分会。

地市供电单位：杭州市电力局、宁波电业局、嘉兴电力局、湖州电力局、绍兴电力局、衢州电力局、金华电业局、温州电力局、台州电业局、丽水电业局、舟山电力局。

其他直属单位：浙江省电力公司经济技术研究院、浙江省电力公司电力科学研究院、浙江省送变电

工程公司、浙江省电力公司检修分公司、浙江省电力公司培训中心、浙江省电力物资供应公司、浙江电力综合服务中心、浙江省电力实业总公司、浙江浙电置业有限公司、紧水滩水力发电厂、浙江省电力公司电动汽车服务公司、浙江电力综合服务分公司、国家电网公司职业病防治院。

电网概况 截至2012年底，全省共有500kV输电线路7019km，变电站33座，变电容量7025万kVA；220kV输电线路14 092km，变电站252座，变电容量9549万kVA。浙江统调总装机容量40 493MW，同比增长2.05%，其中火电38 524MW，占95.14%；核电320MW，占0.79%；水电1649MW，占4.07%。非统调装机容量7594MW，同比增长2.57%；华东直调电厂装机容量8283MW。

人力资源 截至2012年底，浙江公司职工总数39 964人，其中，研究生及以上学历1888人，大学本科学历16 780人，大学专科学历10 392人；高级职称2439人，中级职称7271人；高级技师3159人，技师12 690人，高级工6480人。人才当量密度为0.974 5；人才引进指数1.102 1。

在国家电网公司、全国电力行业协会等组织的各项技能竞赛中，10个参赛项目全部获奖，并获得了3项团体第一、4项团体第二、2项个人一等奖的成绩，1人获国家电网公司“十佳服务之星”；13人入围国家电网公司专业领军人才培养对象；公司团体和个人双双获得第八届全国电力行业高压线路带电检修技能竞赛第一名。完成培训资源整合，7.8万人次参加了各类培训，培训考试率达99%。完善人才发展通道实施细则，新选拔管理、技术和技能通道人才328人。

电网建设与发展 滚动优化电网规划，创新建立与政府部门联合会审前期项目机制，提高审批效率，299项110kV及以上项目获得核准、超过计划的50%，其中500kV项目核准11项，数量居省市公司第二位。舟山多端柔直工程可研获国家电网公司批复，工程建设核准开工。平稳实现500kV项目建设由本部直接管理，电网建设依法有序、均衡推进。方家山核电送出工程首次大规模采用500kV三回路铁塔，在迎峰度夏前投运。开展农网改造升级工程，顺利完成年度计划。农村电气化市、县、乡（镇）、村比例分别达到45%、90%、87%和78%，比2011年分别提高了18、18、21个和20个百分点。2012年71个项目的房产证、土地证全部办齐，补办“两证”1065本。加强电网建设质量管控，4项工程获国家电网公司设计竞赛一等奖，500kV妙西变电站获中国电力优质工程奖，500kV信安—芝堰线工程、市北变电站工程分别夺得国家电网公司项目管理和安全管理流动红旗，在变电站建设中首次夺得流动红旗。

杭州局、宁波局分别建成覆盖20、15km^{2}核心区的配网示范工程，建成区域供电可靠率达到99.999%。绍兴镜湖智能电网综合工程基本建成，嘉兴智能电网建设纳入浙江省智慧城市建设试点。推广应用智能电表508万只、累计995万只，提前实现直供直管城区用户采集全覆盖，采集成功率98.59%。推广湖州局电费“集抄集收”试点经验，全省直供直管城区用户实现“集抄集收”。累计建成电动汽车充换电站（配送站）118座，杭州、金华形成“城区10分钟、郊县20分钟”服务圈，在国家电网公司系统率先实现城际（杭嘉湖金绍）及与上海、苏州跨省市互联。

经营管理 全面建成“三集五大”体系。破解供电分局撤销、500kV电网由属地转为集中管理等难题，在首批建设的省公司中率先通过国家电网公司验收，首批建成运营监测（控）中心。在全国率先试行500kV变电站无人值班，建成国内首个覆盖所有电压等级的设备状态检修体系，投运国内首套电能计量全自动生产作业系统，构建“1+11+N”智能化物资仓储配送体系。完成61家代管县供电企业产权的整体上划。实现主多分开。处置包括代管县供电企业在内的409家多经企业，妥善分流安置多经企业员工。

积极应对用电增长趋缓形势，推出增供扩销十项举措，加快业扩工程受理安装，47个省重点项目平均提前20天送电，推广“煤改电”、热泵、蓄冷蓄热空调应用，增售电量13.4亿kWh。回收自供区8个、新增客户1.86万户。深化全面计划全面预算管理，开展经营诊断、投入产出分析和典型工程项目后评价，加强计划指标预警和预算调控，确保经营稳定。平稳实施居民阶梯电价。推广电费分次结算，实现电费全额回收。

从严控制“三集五大”机构设置和人员配置，组织机构精简了43.1%，定员水平提高了22.8%。优化岗位设置。推进绩效管理与业务管理融合，推广嘉兴局、宁波局试点经验，6家市局实现全员绩效管理。强化会计集中核算和资金集中管理，资金归集率、账户在线监控率均达100%。充分利用内外部资金市场，优化融资方式，降低资金成本。深化集中招标采购，节约资金。公开处置废旧物资，溢价19%。承担国家电网公司物资集约化试点任务，构建统一的集团采购平台，开展协议库存和超市化采购。建设物资调配中心，整合仓储资源，减少周转库87个，嘉兴局物资配送中心荣获“2012中国能源物流最佳示范基地大奖”。建成物资质量监督检测中心，强化质量检查和设备监造。加强集体企业规范管理，完成集体企业清产核资。

安全生产 开展“安全年”活动，强化“三集五大”体系建设的安全保障，根据体制机制变化、业务流程调整、人员岗位变动情况，从人员和设备管理两个方面，落实安全风险管控措施，实现了安全无事故，设备故障减少20%。全面落实安全责任，强化183家新单位安全认证和动态监控，将集体企业安全纳入主业统一管理。建立员工安全技术等级体系，推广安全积分制，提升员工安全素养。组建安全巡查组和安全质量监察大队，巡查作业现场322个。开展安全稽查、持卡检查31万次，查处和纠正违章1.4万次。排查事故隐患430项、治理完成427项。成立应急救援基干分队，完善各类应急预案、应急手册，推广班组“一事一卡一流程”，全面提升应急处置能力。运用先进技术和设备，加强安全和运行监控。推广应用3G移动视频系统，监控各类作业现场3.3万余个。500kV仁和变电站、芝堰变电站率先实现无人值班，20座500kV变电站完成无人值班改造。推进电网调度与设备监控融合，建立省市县调控一体化工作协同机制，在国家电网公司系统率先建成500kV变电站集中监控系统。实现220kV及以上输电线路和变电站在线监测全覆盖，监测装置在线率96%以上，发现并处理缺陷121处。基本建成以不停电检测为主的状态检修体系，成为国家电网公司状态检修评价首家A级单位。绍兴供电局、嘉兴供电局成功试点运维一体化，形成公司运维一体化管理模式。推进科技创新，获得省部级以上科技成果奖25项，专利授权306项。建成国内检测能力最强的在线监测装置检验实验室，高处作业防护技术实验室成为省重点实验室，输变电设备腐蚀实验室成为国家金属腐蚀控制技术研究电力分中心。信息运维综合水平列国家电网公司系统首位，获得2012年电力行业工业化、信息化深度融合先进企业称号。

营销工作 国内首家将10kV配调纳入配网运行检修体系，推行配网标准化抢修和供电所台区经理制，工单处理和抢修效率明显提高。在国家电网公司系统率先实现配网状态检修达标，消除配网设备隐患4222项。安装公用配电变压器终端21.6万台，在国内率先实现智能配变终端监测全覆盖，治理“低电压”4.9万户、超载过载配电变压器1988台。完成重点区域高耗能配电变压器更换，推广应用了9000台非晶合金配电变压器，节电3784万kWh。配网不停电作业率达到75.3%，减少停电时户数650万个。城网、农网供电可靠性达99.988 1%和99.931 6%，分别提高0.015 6和0.134 2个百分点。

科技与信息化 “舟山多端柔性直流输电示范工程”关键技术研究和示范工程建设同步取得进展。863课题“含分布式电源的微电网关键技术”和“电池组快速更换系统集成技术研究与装备开发”顺利推进。“分布式电源与微网技术”创新团队获国家电网公司科技攻关团队。输变电设备腐蚀实验室获中国科学院国家金属腐蚀控制工程技术研究中心电力分中心授牌。完成专利申请739项，其中发明专利336项。获得专利授权707项，其中发明专利90项。申请国际专利3项。获得国家电网公司级及以上等级成果25项，编制形成由6484个标准组成的技术标准体系表，完成26项国家电网公司技术标准制定工作。

信息化建设项目计划完成率100%，信息系统应用综合指数98，通信业务保障率100%，位居国家电网公司系统第一。实现含代管县的省地县信息系统全口径覆盖，计划、预算、项目、资产的业务全过程覆盖，400V～500kV的电压全等级覆盖。获得工信部颁布的“国家级信息化和工业化深度融合示范企业”荣誉称号，是能源电力行业唯一获此殊荣的省级供电企业。

优质服务 落实居民用电服务质量监管专项行动，推出为民服务十项举措，实现“双百”承诺。开辟保障房项目接电“绿色通道”，及时为2.88万套保障性住房送电。启用95598互动服务网站和省级集中的客户短信服务平台。创新建立“业扩公平秤”服务模式，免费为5203个客户提供受电工程典型设计、典型造价咨询服务。推出“电力助企六项服务”，为企业提供优化用电方案和技术服务。积极支持新能源发展，为21个光伏及风电项目提供并网服务。实施合同能源管理，建成14个示范性节能项目；推行宁波供电局创建的“政企合力、共促节能”模式，促成地方政府出资支持客户更换高损耗变压器。持续开展优质服务无投诉竞赛，6家市局连续7个50天无投诉。省供电服务中心荣获“2012中国最佳呼叫中心客户满意度奖”。

统筹推进以构建科学管控与惩防体系为重点的反腐倡廉建设，定期分析和预控风险，公司层面发布实名风险警示20条。开展廉洁教育，实现班组长及以上人员全覆盖。制定业扩工程“三指定”行为处理规定，开展行风交叉巡查，行风投诉总量、属实投诉下降35.5%、87.8%，在全省第三届“政风行风争优奖”评比中再居全省30个行业之首。

党的建设和精神文明建设 认真学习宣传贯彻党的十八大精神，加强党员干部的理论武装。为民服务创先争优活动取得实效，促进创先争优常态化。实施政治保障工程，落实“个十百千万行动计划”，获国务院国资委“中央企业思想政治工作先进单位”称号，省电科院、丽水缙云局荣获全国五一劳动奖状。健全各级党组织，建成30个基层党建工作示范点，基层党组织全面晋位升级。涌现了以“中国好人榜”钱海军等为代表的学习江小金十大标兵和百名江小金式好干部、好员工，145支共产党员服务队始终冲在急难险重任务的最前线；创建215个劳模工作室，弘扬劳模精神。

广大职工代表、总经理联络员和监督联络员积极发挥民主管理作用，众多提案和建议转化为发展良策，获省厂务公开民主管理工作先进单位称号。加强班组建设，22个QC小组获全国优秀质量管理小组，两项成果获全国电力行业企业管理创新成果一等奖。成功举办第二届管理论坛，总结提升管理理念和经验。开展“品牌提升年”活动，完成公司报刊的转企改制，拓展品牌传播广度深度，在中央媒体发稿1401篇，位居国家电网公司系统第一。推进全面社会责任管理试点，连续四届成为“浙江省最具社会责任感企业”。完成后勤保障规划编制，全面落实新建单位后勤保障。开展活力团组织创建活动，受到中央企业团工委的表扬。及时向离退休老同志通报改革发展情况，走访慰问离退休人员8823人次，促进和谐稳定。

主要事件

1月9日，±800kV锦屏—苏南特高压直流输电线路工程浙A标段线路施工主体工程全面完成。

2月16～17日，国家电网公司副总经理帅军庆在浙江考察中国首个特高压交流同塔双回路输电工程建设情况。

3月21日，浙江省电力公司电力经济技术研究院正式挂牌成立。

3月23日，浙江浙电节能服务公司挂牌成立。

4月17日，浙江公司信息通信分公司挂牌成立。

4月27日，浙江公司举行本部“三集五大”机构调整宣布大会暨业务支撑和实施机构揭牌仪式。

4月28日上午，“一座不倒的铁塔”江小金先进事迹展示厅在宁波江北供电局开馆。

5月28日，大唐绍兴江滨天然气热电联产220kV送出工程取得发改委核准，成为浙江省天然气热电联产项目抢建行动计划12个项目中率先取得核准，并率先进入开工日程的电源送出项目。

6月10日，国家发展与改革委员会副主任胡祖才到浙江调研居民生活用电阶梯电价调整工作。

6月15日，浙江省居民生活用电阶梯电价新政正式出台。电价新政将于7月1日起正式执行。

6月26日，国家电网华东调控分中心正式批复浙江省调承接500kV输变电运行集中监控业务，浙江省调调度控制大厅同时正式启用。

6月27日，浙江省首座1000kV特高压变电站——浙北1000kV变电站工程土建开工。

6月27～28日，国家电监会副主席王野平到浙江省调研，并出席28日在慈溪召开的浙江省大力实施居民用电满意工程经验交流暨确保全省居民用电“百分百”动员大会。

7月27日下午，国家电网公司总经理、党组书记刘振亚在杭州与浙江省委书记赵洪祝、省长夏宝龙等领导共同出席国家电网公司与浙江省人民政府战略合作框架协议签字仪式。

7月28日，溪洛渡左岸—浙江金华±800kV特高压直流输电工程开工动员大会在杭州举行。

8月1日，工业和信息化部部长苗圩到浙江公司杭州古翠电动汽车换电站视察。

8月8日下午，浙江省副省长毛光烈到浙江公司指导电力抗台工作。

8月9日下午，浙江省委书记赵洪祝到宁波象山10kV鹤浦线路抢修现场，慰问正在抢修的电力一线员工，鼓励大家全力以赴，早日为受灾百姓送上电。

8月26日，500kV夏金变电站破土动工。

9月19日，浙江公司成功入选第四届“浙江省最具社会责任感企业”。此前，已连续三届荣登“浙江省最具社会责任感企业”榜首。

10月16日，浙江公司总经理李卫东会见到访的越南南方电力总公司副总经理阮文平等一行。

11月5日，全国政协副主席万钢到浙江公司杭州古翠路电动汽车充换电站指导工作。

11月22日，国务院国有资产监督管理委员会发文批复，同意自2012年1月1日起将富阳市供电局等61户浙江省地方供电企业全部国有产权无偿划拨给浙江公司。

12月14日，浙江公司首家通过国家电网公司状态检修工作质量达标评价，综合评定为最高级A级(评价结果划分为A、B、C、D、E五级)，成为2012年唯一一家通过国家电网公司状态检修工作质量达标评价的省公司。

（郑洪华　徐剑荣）

【安徽省电力公司】

企业概况　安徽省电力公司（简称安徽公司）是国家电网公司的全资子公司，主要负责安徽省域电网的建设、管理和经营工作，具有电网建设、电力经营、电力施工、电力设计、电力科研和教育培训等综合功能，承担着优化全省能源配置、满足经济社会发展电力需求供应的重要职责。安徽公司本部设22个职能部室（中心）、1个电力工会委员会，另设国家电网企协安徽分会1个机构。安徽公司下设97个单位，其中16个市级供电公司，72个县级供电公司，9家直属单位。

2012年，安徽省全社会发电量为1807.84亿

kWh，同比增长 9.23%；全社会用电量 1361.1 亿 kWh，同比增长 11.46%；完成省内售电量 1067.8 亿 kWh，同比增长 12.68%；统调最大用电负荷 2271.34 万 kW，同比增长 14.04%；向华东电网净送电量 446.74 亿 kWh，同比增长 2.97%。

电网概况 安徽电网基本建成纵贯南北的 500kV 骨干网架，220kV、110kV 线路覆盖全省。截至 2012 年底，安徽电网拥有 500kV 变电站 17 座（含开关站 1 座），变电容量 1910 万 kVA，输电线路长度 4117km；220kV 变电站 154 座，变电容量 4311 万 kVA，输电线路长度11 779km；110kV 变电站 438 座，变电容量 3336 万 kVA，输电线路长度 13 648km。全社会装机容量3532.13万 kW，统调装机容量 3277.51 万 kW，其中省内统调机组装机 2359.51 万 kW，皖电东送机组装机 758 万 kW，华东网调抽水蓄能装机 160 万 kW。

人力资源 截至 2012 年底，国网安徽电力所属单位本科及以上学历11 465人，具有中级及以上职称 5635 人，高级技能人才比例 78.66%，人才密度达 0.898 9，115 人被评为国家电网公司优秀专家人才。开展人力资源诊断分析，研究并解决人力资源存在问题，提升公司人力资源管理水平。深化人力集约化管理，组织机构精减率达 43.8%，用工效率提升 25.1%。推进全员绩效考核，修订完善各级企业负责人业绩考核办法。整合系统培训资源，开展转岗、适岗培训，举办各类培训班 4837 个、培训 19.3 万人次，年度培训计划率 100%。加大干部教育培养力度，选送多名干部到国家电网公司培训学习和挂职锻炼，调配处级干部 144 人次。安徽公司获国家电网公司生产管理信息系统应用竞赛团体二等奖；在国家电网公司“两票”调考中获团体第四名，两名员工获个人单项第一。30 名员工入选国家电网公司“十大专业领军人才”培养名单。

电网建设与发展 完成 2013～2017 年电网规划滚动调整并通过国家电网公司评审。“十二五”电网规划所有 500kV 项目完成可研，合肥众兴变等 6 项 500kV 工程获核准。配合推进抽水蓄能电站前期工作，绩溪抽水蓄能电站项目获得核准，金寨抽水蓄能电站项目取得“路条”。境内锡盟—南京、淮南—南京—上海特高压工程取得省级支持性文件。淮上线特高压工程基础浇筑基本完成，铁塔组立完成 34.9%，淮南站、皖南站、长江大跨越取得正式用地手续。完成±800kV 锦苏线境内通道清理工作，线路正式投入运行。完成 500kV 官山变电站扩建、繁昌变电站智能化改造、肥西变电站综合改造等重点项目，76 项迎峰度夏工程按期投产。工程质量工艺水平普遍提高，110kV 及以上项目优质工程率达到 100%，安庆 500kV 双岭变电站获国家优质工程银奖。推进配网标准化抢修及平台建设，完成合肥核心区配网高可靠性试点建设，并通过国家电网公司验收。

经营管理 提前一年完成“三集五大”体系建设任务，并通过国家电网公司验收。推动出台居民阶梯电价和直接交易输配电价联动政策。拓宽融资渠道，强化资金运作，节约成本。开展电网发展和经营诊断分析。强化全面预算管控，公司经济增加值（EVA）首次实现由负转正。加强资金集中管理，资金归集比率达到 100%。工程竣工决算完成率实现 100%。整合公司仓库资源，各类物资全部通过电子商务平台采购，完成采购 36 批次。建成物资调配中心和供应商服务大厅。成立运营监测（控）中心，开展指标数据梳理和监测大厅建设。完成巢湖供电机构调整工作。

安全生产 落实国家电网公司“安全年”活动部署，加大安全教育培训力度，强化现场安全管控和监督，生产、基建、农电、交通等安全管理进一步加强。科学调度电网运行，强化电网风险防控，成功应对持续高温大负荷、“海葵”台风等恶劣天气挑战，完成迎峰度夏保电任务。加强隐患排查治理，排查各类隐患 1332 项，计划整改完成率 100%。推进城网安全性评价，合肥供电公司通过国家电网公司专家查评。健全应急管理新体系，强化应急装备配置。建立电力执法专项行动长效机制，开展两个“专项行动”，有效防范输电线路外破事件发生。全年，安徽公司未发生四级及以上的电网事件、人身事件、设备事件；未发生有较大社会影响的供电事故和安全事件，未发生有人员和管理责任的五级安全事件，未发生重大及以上交通、消防等安全事故；六级及以下的责任性安全事件数量明显下降；未发生影响安全生产业绩考核的人身、电网、设备以及信息系统事件。

营销工作 开展“百日攻坚”专项活动，增售电量 31 亿 kWh。完成双边外送电量 39.7 亿千瓦时，同比增长 114%。加大电费回收力度，开展反窃电“双百”专项行动。推进节能服务体系建设，成立省节能服务公司和 16 个市公司节能服务活动小组，完成年度节电目标。加强电动汽车充换电网络建设和运营工作。新装智能电表 132 万只，累计实现远程采集 504 万户，直供直管范围内采集覆盖率达到 86%。落实节能减排政策，完成 23 台非统调机组在线监测接入工作，组织代发电量 34 亿 kWh，节约标准煤 26 万 t，减排二氧化硫 0.84 万 t。

农电工作 截至 2012 年底，全省县公司售电量 565.47 亿 kWh，占公司全口径售电量的 52.95%，同比增长 19.15%，高于省内售电量增幅 6.45 个百分点。农网供电可靠率 99.708%、综合电压合格率 97.958%。推行“专业+综合”农电管理新模式，发挥职能部门专业优势，加强农电管理。开展“规范县公司管理年”活动，有效治理县公司突出矛盾和问题，7家县公司获“国一流”称号。推进农网智能化建设，在国网系统率先建成2座35kV智能变电站。服务金寨革命老区发展，完成麻埠乡电网专项改造。加大农网改造升级力度，完成投资29.3亿元，解决51万户农户低电压问题。推动“美好乡村”建设，新建3个新农村电气化县、72个新农村电气化乡镇和735个新农村电气化村。8项农网工程获评国家电网公司“百佳工程”。全年未发生农电安全考核事故和重大行风责任事件。

科技与信息化 2012年，安徽公司获专利授权189项，2项成果获国家电网公司科技进步一等奖，1项成果获国家电网公司管理创新一等奖，1项成果获省科技进步二等奖，国家级刊物发表科技论文509篇。加强信息系统建设与应用，电网GIS平台、内网邮件系统、95598集中呼叫系统上线，完成市县营销业务系统合并，推广使用配网优化辅助决策分析系统，ERP系统应用实现全覆盖。加快信息通信系统建设，完成国网大容量传输网安徽节点等项目建设。加强信息通信安全运行管理，开展信息通信反事故演习，信息运维普考荣获国网先进单位称号。

优质服务 开展居民用电服务质量专项行动，全面整改24项供电监管问题。拓宽缴费渠道，新增收费网点6300个，成功打造城区“十分钟缴费圈”。优化业扩报装流程，高压用户平均接电时间缩短7.43天。开展“供电信息点对点，居民服务我用心”活动，积极为客户提供10项供电服务信息。服务新机组并网工作，开展电力交易服务品质提升活动。深化行风纠建工作，安徽公司在省公共服务行业行风评议中获“免评”。积极服务新能源发电产业，全额消纳风力等新能源电量17.46亿kWh，同比增长24.23%。

党的建设和精神文明建设 深入学习宣传贯彻党的十八大精神。开展创先争优活动，构建创先争优长效机制，安徽公司经验做法3次被中央创先争优活动简报专题刊载。开展基层组织建设年活动，安徽公司承担的“基层党组织建设课题研究”被中央组织部评为全国重点课题研究成果优秀奖。推进协同监督机制和廉政风险防控机制建设，举办21场“依法治企、廉洁从业”巡回宣讲。工程建设领域突出问题专项治理效能监察获“国资委效能监察示范项目”称号。总结推广“邓玲工作法”等3个文化品牌，完成2个国家电网公司企业文化重点项目。开展文明创建活动，安徽公司获第三届“安徽省文明行业”称号。深化企业民主管理，安徽公司获省厂务公开民主管理先进组织单位。开展1000kV淮上线特高压工程立功竞赛。举办2012年职工运动会。推动先模品牌建设，2个单位获全国“五一”劳动奖状。积极履行社会责任，发布安徽公司首份社会责任报告。关心员工生产生活，全面落实离退休人员两项待遇。

主要事件

2月12日，皖电东送1000kV淮南至上海特高压交流输电示范工程淮南变电站主体工程正式开工，1000kV特高压淮南站进入主体施工阶段。

3月23日，安徽公司召开巢湖供电机构调整方案宣布大会，正式启动巢湖供电机构调整工作。

4月27日，安徽公司顺利实施220kV马鞍山芜湖电磁环网解环。

5月9日，安徽公司召开加快推进“三集五大”体系建设工作动员会，全面部署“三集五大”体系建设工作。

5月29日，安徽公司首次发布《安徽省电力公司2011年社会责任实践报告》，这是安徽省电力行业的第一份企业社会责任报告。

6月21日，安徽公司举行“三集五大”体系省公司层面支撑机构成立揭牌仪式，安徽省电力公司检修公司、安徽省电力公司电力经济技术研究院、安徽省电力公司物资供应公司、安徽省电力公司供电服务中心和安徽省电力公司计量中心等支撑机构顺利挂牌。

7月2日，安徽公司召开“三集五大”体系建设新模式导入动员会，“三集五大”体系建设进入实质性操作阶段。

7月26日，安徽省副省长黄海嵩一行到安徽公司调研电力迎峰度夏工作。

7月30日，安徽电网最高用电负荷再创历史新高达2271.34万kW，同比增长11.41%。

8月20日，安徽公司召开“三集五大”体系建设磨合改进阶段动员暨信息系统适应性调整切换上线电视电话会。

9月5日，安徽省电力公司综合服务中心成立。

9月29日，安徽公司所属各市县公司95598供电服务业务实现全省集中，95598服务业务实行省级集中。

10月28日～11月2日，国家电网公司“三集五大”体系建设验收组分两批先后组织对公司“三集五大”体系建设工作进行专业评估与验收。

11月26～27日，国家电网公司党组成员、副总经理曹志安率总部综合验收组对公司“三集五大”体系建设进行综合验收。

12月5日，安徽公司与山东电工电气集团公司举行安徽宏源铁塔有限公司和安徽宏源线路器材公司股权划转签字仪式，标志着公司系统市县公司层面主多分开改革任务全面完成。

（时 伟）

【福建省电力有限公司】

企业概况 福建省电力有限公司（简称福建公司）是国家电网公司全资子公司，以电网建设和运营为核心业务，担负着为福建经济社会发展提供安全可靠优质电力保障的重要使命。经营区域覆盖全省9个设区市和平潭综合实验区，客户1360万户，供电人口3860万人。福建公司下辖9个电业局和65个县公司。2012年，福建省全社会累计用电量1579.5亿kWh，同比增长4.2%；累计完成省内售电量1354.4亿kWh，同比增长4.0%；省电网发电最高负荷2697万kW，同比增长3.3%；福建省电网用电最高负荷2538万kW，同比增长3.9%。跨省跨区外送电量43.05亿kWh。

电网概况 福建公司是国家电网公司在中国最南端的电网企业。福建电网通过2回500kV线路与华东电网联网；省内形成以500kV全省大环网为主网架、220kV和110kV地区电网为分区网架、城市和农村配电网为终端的电网。截至2012年底，福建电网110kV及以上变电站652座、变电容量1.045亿kVA、输电线路2.84万km，其中500kV变电站15座、变电容量2230万kVA、线路3384km。

人力资源 深化人力资源集约化管理。加强“三定三考”，建立与“三集五大”体系建设要求相适应的组织管理模式，初步建成制度标准规范、专业分工协作、调控监督有力、机制运转高效的人力资源集约管控体系。

严格按照定员标准，核定管理岗位定员，明确管理人员的转岗和分流办法，对超编和不符合任职条件的进行转岗分流，采用公开选聘的方式补充。实施“三集五大”体系建设后用工效率提升13.6%。

强化全员培训。制定并下发《全员培训考试工作实施方案》和《“三集五大”体系建设专项培训工作实施意见》，建立日常联系沟通制度、工作进展月报制度、现场抽查监督制度、量化考核评比制度四项制度，开展全员培训考试和“三集五大”体系建设专项培训工作，全年共完成教育培训项目342个。建成管理、技能培训中心和地市培训分中心。举办管理、技能和农电人员专项培训9318期。

规范薪酬福利。完善基层企业工资总额决定机制，建立工资总额与业绩考核结果联动的机制以及关键绩效指标体系。优化现行的岗位绩效工资制度，逐步建立和完善以岗位价值为基础，以绩效贡献为核心，以能力提升为导向的薪酬分配机制，使薪酬分配向高端人才和关键岗位、生产一线员工合理倾斜。

电网建设与发展 电网“三大跨越”取得新进展。浙北—福州特高压工程取得全部核准支持性文件；福州—厦门特高压工程完成可研设计。园顶变电站、燕墩变电站等沿海二通道重点项目取得突破。宁德核电送出工程建成投产，实现核电机组首次并网。

完成电网“十二五”规划调整以及各地市饱和负荷目标网架规划，制定平潭电网发展规划。开展电网发展诊断分析，优化投资结构。完善风电送出规划，优化光伏发电等新能源并网服务。500kV东岗输变电、紫岭输变电等七项工程取得前期工作路条，500kV五峰输变电、笠里输变电等九项工程获得国家发改委核准；完成110kV及以上项目前期工作节点825个。

推进“电网跨越工程”，仙游抽蓄送出、陈田二期等66项重点项目建成投产。编制线路通用设计方案；推行施工作业标准化，建立“达优投产”机制；110kV及以上优质工程率达97.6%。加大中低压电网投资，有效解决12.3万户低电压问题。500kV福清核电—东台线路工程、500kV宁德核电—笠里线路工程、厦门220kV湖边变电站工程分别获得国家电网公司质量管理流动红旗、安全管理流动红旗和华东区域安全管理流动红旗。

投运500kV笠里变电站等9座智能变电站。安装智能电表553.06万只，直供区采集覆盖率、日均采集成功率同比提高54.24%、55.95%。厦门城市配网高可靠性示范区供电可靠率达99.996%，平均故障停电时间降至4.63min。建成充换电站1座、移动充换电仓4个。

经营管理 深化人财物集约化管理。开展人力资源诊断分析，建立与“三集五大”相适应的组织管理模式。加强内部三级对标，实行月度分析管控。开展经营诊断分析，建立投资评价指标体系。强化资金集中运作，加强业务流与现金流双向管控，月度现金流量预算执行偏差率低于5%。物资集中采购率达96.9%。推行协议库存和超市化采购，物资采购纳入电子商务平台。质量抽检全面覆盖供应商和设备材料种类。库存物资实现“一本账”管理。

平稳实施居民阶梯电价，实现全省居民用电城乡同价。建立差别趸售电价机制，促进山区与沿海平衡发展，降低整体企业所得税税负。完成趸售县公司终端电价调整，核电和抽水蓄能电价研究取得阶段性成果。

全面深化依法从严治企，坚决整改专项检查发现问题。推进车辆清理整顿，完成两批超编车辆处置；本部和4个在福州单位车辆实行统一集中管控。开展工程建设专项督察，对18个单位开展领导干部任期经济责任审计。加强法律风险管理体系建设，梳理重大法律风险 28 项，制定预控措施 59 项。

安全生产 开展“安全年”活动。全面落实 76 项“三集五大”体系建设安全保障措施。完成输电网和城市电网安全性评价。开展现场作业规范检查，组织人身安全、外包工程等专项监督，隐患排查治理，消除隐患 438 项。建成电能质量在线监测系统。完善大面积停电应急预案。完成十八大保供电任务。截至 2012 年 12 月 31 日，电网连续安全稳定运行超过 6500 天。

建成精益化生产监管平台，实时管控现场作业。推行变电设备工厂化、专业化检修，检修范围覆盖县公司 110kV 及以上变压器和断路器。推进变电运维一体化，变电专业承接 D 类检修 50 项。开展状态巡视，排查治理主设备隐患 1001 项；完成电业局、检修公司状态检修达标评价考核。推行“大二次”管理，220kV 及以上变电站实现继电保护状态检修。完成 35kV 及以上变电站无人值班改造。规范配网调度管理，实现 10kV 设备全覆盖。

营销工作 开展营销全面风险排查，构建营销新型管控模式。启动春秋两季营销全面风险排查，细分 13 类业务 100 项风险点，确立 6 个专业 44 条“红线”条款；采取各单位自查整改、现场抽查相结合方式，全面控制和消除各类风险点；开展客户信用评价和风险预控，通过运行信用评价和费控系统，对客户日常缴费、遵守用电规则情况开展客户信用分值量化评价，为电费催收时实施差异化服务提供依据；开展营业基础管理月度小指标竞赛，每月发布 45 个面向五个专业过程质量控制的评价指标，各项基础管理指标显著提升。

建设省级集约检定基地，全面加强计量体系建设。建成具备年检定单相电能表 200 万只、三相电能表 15 万只、低压电流互感器 16 万只，仓储容量 120 万的检定基地。

农电工作 农电体制改革取得重大突破。签订 59 家控股、代管县公司地方股权划转协议，完成 51 家全资子公司改制工作。推进农村供电业务委托，各市县供电服务公司全部注册成立。新增国家电网一流县公司 5 家。

稳步推进农网改造升级工程。强化农网工程管理，有序推进工程建设进度；强化农网工程质量管控，建设示范县、示范工程，推广应用“三通一标”，严把工程验收关，提高农网工程建设与管理水平。农网改造升级工程 5 个项目获评国家电网公司“农网百佳工程”。投产 110kV 及以上输电线路 2214km、变电容量 1190 万 kVA，分别同比增长 11%和 42.9%。

科技与信息化 细化科技项目全过程管理。以项目为依托，强化科技项目过程管理，注重知识产权的申请和保护，设立专项资金，与专业机构联合申报专利和软件著作权。开展科技成果后评估工作，提高科技成果效能。2012 年，福建公司科技创新重点任务完成率 100%；通过评审和验收科技成果共 103 项，其中 11 项成果获省政府 2011 年度科学技术奖，“福建电网应对自然灾害应急管理系统研发与应用”获得国家电监委电力安全生产科技成果一等奖，9 项成果获国家电网公司科技进步奖，“无人飞行器”被列为国家发改委物联网示范工程。

整合信息通信业务，支撑“五大”体系建设。完成 25 家单位，涉及大规划、大建设、大检修、大营销、ERP、人财物集约化、协同与综合、一体化平台八大板块，共 60 套信息系统的适应性调整工作。完成全省各县供电公司 110kV 和 35kV 变电站无人值班改造项目，35kV 及以上变电站光纤覆盖率、通信容灾网络建设完成率均达 100%。开展信息系统优化整合工作，集中部署业务应用由 84 套减少至 69 套。开展生产管理信息系统功能和性能优化提升工作，一线班组应用系统的响应时间缩短至原有的 1/4。完成电子文件管理信息系统、生产营销系统应用级容灾、后勤管理信息系统、统一集中权限管理试点实施、数据共享与业务融合、运营监测（控）中心信息系统支撑等 9 项国家电网公司信息化试点实施任务。开展财务主数据功能优化、会计政策集中管控、财务辅助决策应用等功能建设，完成库存一本账、合同履约、电子商务协议库存与超市化等功能。

优质服务 实施 95598 光明服务“十大工程”。省市重点项目实行“全程式”服务，业扩时限达标率达 98.52%。提升居民用电服务质量，推行居民小区片区制服务；建立 24 小时欠费快速复电机制；建成中心城区“十分钟交费圈”，89.5%的行政村实现缴费“村村设点”。构建行风建设协同监督机制，出台《明察暗访工作标准指导手册》，组建专业化行风督察队伍，常态化开展明察暗访。

坚持以客户为导向，树立全流程客户满意服务理念。深化“两保三进”（保发展、保用电，进企业、进社区、进农村）活动，从降低企业成本、提高办事效率、保障安全供电、快速解决问题四大方面，推出 15 项举措。累计进企业、社区、农村 5677 个，解决用电问题 784 个。开拓用电市场，成立 296 个服务小分队，市场开拓电量 26.3 亿 kWh，实现省委、省政府提出的“不拉闸、不限电”工作目标。建设地市服务快速响应中心，整合地市营销、配电、调度等 24 小时服务资源，在地市客户服务中心设立服务快速响应中心。中心内设用电服务专家组、抢修复电专家组和营配远程工作站，并与配网调控班合署办公，7×24 小时对接省级 95598 以及地方政府部门转发的服务工单。2012年，用电故障平均修复时间同比缩短58.90%，欠费复电及时率提升5.94个百分点，客户致电95598问题一次解决率提高到97.79%。

党的建设和精神文明建设 广泛组织喜迎十八大系列活动，认真学习贯彻十八大精神。全面总结创先争优经验做法，建立健全长效机制。开展“下基层、解问题、促和谐”活动。推进基层组织建设年活动，开展党建标准化达标评星；推动党支部晋位升级，达标率100%。全面落实党风廉政建设责任制，出台《廉政风险防控手册》，查找风险点1704个，制定预控措施1806条。

深化“四好”班子创建，开展领导人员分类别、分专业培训；健全领导干部责任追究机制，严格安全管理问责，强化县公司领导班子分级管理。开展“双培养一输送”，加大班组长、党员骨干培养力度。

抓好企业文化重点项目，《让声音微笑起来》荣获“五个一工程”贡献奖，全流程客户满意度评价入选福建省打造优质软环境十佳举措。开展节电公益广告传播。推进全面社会责任管理试点，首次发布社会责任实践报告。整合宣传资源，创办《光韵》杂志。

开展精神文明创建活动，举办道德讲堂。落实职工民主管理纲要，组织广大员工为“三集五大”体系建设献计献策。开展“供电服务之星”等劳动竞赛。选树6个劳模创新工作室示范点。完成班组考评定级，直管单位生产服务型班组80%达标。“健康食堂”创建通过国家电网公司验收。开展“青春光明行”十周年系列活动。关心老同志生活。加强信访维稳，维护企业和谐稳定。

（许 旻 张明龙）

2013 中国电力年鉴

华 中 地 区

【国家电网公司华中分部】

分部概况 国家电网公司华中分部（简称华中分部）负责管理、协调华中区域内的电网运行、安全质量监督、审计监督、电力交易等业务，同时做好自身的党群、综合行政管理等工作。华中分部内设8个处室，包括综合管理处、财务处、安全监察质量处、交易中心、审计处、党群工作处、离退休工作处和国家电网华中电力调控分中心。

电网概况 华中电网供电范围包括湖北、河南、湖南、江西、四川和重庆六省（市），供电区域面积约130万km^2，占全国国土面积的13.5%；供电区域常住人口3.77亿人，约占全国总人口的28%。华中电网是以湖北电网为中心，东西连江西、川渝，南北接湖南、河南的辐射状跨省电网，在“全国联网、西电东送、南北互供”的战略格局中具有举足轻重的地位。华中电网通过1回1000kV特高压交流线路与华北电网相联，通过1回±500kV直流线路和1座背靠背换流站与西北电网相联，通过2回±800kV和4回±500kV直流线路与华东电网相联，通过1回±500kV直流线路与南方电网相联。

截至2012年底，华中地区全口径发电装机容量23 513万kW，其中，水电占44.20%，火电占55.41%，新能源及其他占0.39%；统调发电装机容量20 299万kW（含三峡电站，下同），其中，水电占41.74%，火电占57.73%，新能源及其他占0.53%。华中地区全口径发电量9397.33亿kWh，其中，水电占40.97%，火电占58.85%，新能源及其他占0.18%；统调发电量8111亿kWh，其中，水电占37.77%，火电占62.1%，新能源及其他占0.13%。华中地区全社会用电量、统调用电量和统调年最高用电负荷为8964亿kWh、7803亿kWh和13 031万kW，分别较2011年增长2.96%、1.45%和4.88%。

截至2012年底，华中电网1000kV输电线路总长640km，1000kV公用变电站2座、变电容量1200万kVA；±800kV直流线路总长3993km；500kV输电线路总长34 504km，500kV直流线路5423km，500kV公用变电站130座、变电容量18 690万kVA。

电网调度 围绕保障电网安全目标，开展电网安全检查、石武高铁供电检查、输电网和城市电网安全性评价，全年完成安全质量监察任务58项。华中电网连续30年保持安全稳定运行。全面梳理华中电网年度运行方式薄弱环节，认真吸取印度大停电事故教训，开展隐患排查治理，督促整改落实。针对特高压直流工程、百万千瓦级机组投产等新情况，开展电网适应性研究，及时完善各项控制策略。加强内控机制建设，实现调度七大核心业务流程及标准操作程序全面上线流转，完成国调、网调、省调三级调度核心业务流程互联互通试点工作。建立健全应急预案体系，组织编制现场处置预案 40 项。落实国家电网公司十八大保电方案，做好十八大保电期间华北电网的后备调度和事故备用，配合完成十八大保电任务。加强电网运行监控，强化措施落实，成功应对汛期三峡 32 台机组 34 天持续满发及重要断面长期重载的严峻考验。

严格“三公”调度，坚持滚动平衡，确保直调火电机组年度发电进度偏差相对一致，60 万 kW 级火电机组利用小时数整体高于 30 万 kW 级火电机组。

开展特高压工程研究。开展专题计算分析，编制重点事故处理预案和电力资源组织方案，配合完成特高压交流扩建工程 400 万 kW 大功率北送试验。结合官地、锦屏等大型水电站建设，开展锦屏—苏南特高压直流工程投产的华中电网适应性研究，配合完成锦屏—苏南特高压直流工程孤岛试验及大功率试验。

制定并稳步实施《华中分部推进“大运行”体系建设工作方案》，进一步优化调度业务流程，率先实现与国调中心综合智能告警信息的互传互通，华中电网日前计划和量化安全校核功能正式上线运行，调度一体化业务取得新进展。组织完成湖南、江西 500kV 变电站纳入省调集中监控的调度验收。参与特高压交直流设备集中监控平台建设，配合完成区域内 1000kV 特高压变电站和 500kV 换流站设备运维属地化调整。华中智能电网调度技术支持系统建设项目在国家电网公司系统率先通过竣工验收。

电力交易 专题研究四川水电消纳措施，取得官地、锦屏水电站送华中地区电量的经销权。水电机组全部投产后，将增加国网华中分部年经销电量 220 亿 kWh。配合华中电监局出台《华中区域省间电力资源优化调剂办法》，规避交易风险，消除交易壁垒。

针对水电来水范围广、密度高、强度大的情况，及时启动水电减弃增发应急交易机制，创新跨区短期交易模式，向国家电网公司提出提前调整特高压交流工程输电方式的建议并得到采纳，保持跨区和川渝外送通道长期大功率运行，全力消纳三峡、四川水电。四川水电外送最大电力 1110 万 kW，全网富余水电跨区跨省交易电量 265.6 亿 kWh；区内水电减弃增发电量 71.7 亿 kWh，取得了显著的经济效益和社会效益。

认真落实电力监管要求，严格执行“三公”调度交易“十项措施”，通过座谈会等形式，及时向六省（市）政府、监管机构等有关方面通报华中电网生产运行及电力供需情况。开展电力交易服务品质提升专项活动，主动走访发电企业，认真做好服务，帮助解决困难，构建和谐网厂关系。2012 年，累计完成跨区跨省交易电量 586 亿 kWh。

分部管理 深入推进人财物集约化管理和信息化建设，提高经营管理水平。深化应用财务主数据和会计政策集中管控功能，拓展财务标准体系应用的广度和深度。建立财务管控标准流程，加强财务与业务系统集成融合，深化会计集中核算，确保财务信息传递的及时性和一致性。加强人力资源信息化建设，完成人力资源 SG-ERP 一期项目及适应性调整。SG-ERP-HR 薪酬管理模块上线运行，实现薪酬发放数据全员、全量上报，逐月与财务管控数据核对一致。

发挥审计监督作用，认真把好合同审签关，加强对日常经营管理重要事项、重要环节的监控，完成 190 项合同审查会签。加强项目管理过程控制，推进审计关口前移，降低经营风险。完成国家电网公司下达的 11 项审计任务，提出审计意见 176 条、审计建议 33 条。开展审计工作标准化建设，修编 12 项审计制度。

严格“三重一大”决策程序，全年共研究“三重一大”事项 127 项。配合完成依法从严治企综合专项检查，开展问题整改。会议、接待、公务用车和薪酬福利管理进一步规范。落实国家电网公司信息化建设规范管理检查工作要求，完成 146 个项目、246 份合同的清理规范工作。推进管理提升活动第二阶段工作，细化落实 35 项工作任务。全面完成档案数字化工作，自华中电管局成立以来的 2.6 万卷、260 万页（其中竣工图 10 万张）文件资料实现信息化查询管理。编发《保密工作手册》，开展保密工作“百日安全”大检查，全年未发生失、泄密事件。完成 7 处资产土地权属规范工作。成功处置汉商股权及旅游公司股权。收购中天山庄公司股权取得重要进展。

根据国家电网公司的统一安排，华中分部 23 名员工参加分部管理人员集中培训学习，推荐 27 名优秀干部到国家电网公司对口部门进行交流锻炼。6 名员工入选国家电网公司“十大”专业领军人才培养范围。选派 6 名优秀干部深入农村参与湖北省委省政府组织的“万名干部进万村挖万塘”活动，选派 1 名优秀干部参加湖北省驻英山新农村工作队工作。

科技与信息化 2012 年，华中分部研究开发专项计划 26 项，其中，承担国家电网公司管理项目 15 项；分部管理项目 11 项。“华中电网联络线控制及系统频率稳定方法研究”“智能变电站二次设备一键式综合测试系统研究与开发”“信息安全终端督察系统区域督察实用化技术研究”“基于多送端直流的特高压交直流混联系统运行特性及柔性协同控制研究”等科技项目研究工作在大电网安全与稳定、电网运行管理与控制、电网信息安全等专业技术领域取得一系列创新成果，填补了国内外相关研究领域空白，并有望在未来生产实际中得到应用。

在2012年揭晓的各类评奖活动中，华中分部获得多项荣誉。主持研究的“智能电网保护适应性的研究和分析”项目荣获国家电网公司2012年度科学技术进步奖三等奖，参与研发的“智能电网调度技术支持系统试点工程关键技术研究与开发”项目和“提升交直流混联大电网安全稳定水平和输电能力的关键技术研究及应用”项目荣获国家电网公司2012年度科学技术进步奖一等奖，参与研发的“基于WAMS的电网低频振荡扰动源定位与系统固有振荡特性研究”项目荣获国家电网公司2012年度科学技术进步奖三等奖。主持研发的“变压器新原理保护装置研究与实施”荣获湖北省2012年度科学技术进步奖三等奖。

2012年，新申请发明专利6项，新登记的软件著作权1项。“一种输变电铁塔自立塔基础”专利荣获国家电网公司2012年度专利奖三等奖。在智能电网调度技术支持系统深化应用、超高压输电线路连续耐张段装配式架线技术、特大型同步电网严重故障下的主动防御措施、华中电网主要自然灾害风险评估及抗风险对策、变电站绝缘子干冰清污装置、边坡与采空区对输电铁塔基础稳定性影响监测与预警等技术领域完成26项新技术推广应用工作。

信息设备和系统运行良好，未发生信息安全事件。4月，华中分部信息监控中心投入运行。编制信息突发事件应急预案，提高应对突发事件应急响应能力。实施IMS系统迁移、信息系统标准化和隐患治理等项目，信息系统整体可靠性得到有效提升。

完成SG-ERP人力资源管理信息系统二期、财务集约化深化应用、物资集约化管理信息系统完善提升、协同办公系统一级部署、核心数据库迁移、信息系统安全等级保护测评、社会保险管理系统等项目的实施工作。完成后勤信息化管理系统、综合知识库、干部人事管理系统等国家电网公司一级部署系统的推广实施工作。完成2006～2011年华中分部146个项目、246份合同梳理及自查工作，及时整改问题项目，实现全部项目资料的归档管理。

党的建设和精神文明建设 开展“喜迎十八大，争创新业绩”主题实践活动，建立创先争优活动长效机制。以组织员工集中收看十八大、邀请十八大代表传达大会精神和中央党校教授作辅导报告等形式宣传党的十八大精神。开展“基层组织建设年”活动，本部所有党支部全部晋位升级为国家电网公司A类党支部。开展“调度服务三亮三赛”主题活动。成立党员服务队，发起“党员自身无违纪、党员身边无事故”活动。认真落实党风廉政建设责任制，开展廉政教育，举办反腐倡廉专题讲座，组织干部员工到洪山监狱接受警示教育，增强了“干事、干净”理念。

在党的十八大召开期间，通过中央电视台、湖北电视台、《湖北日报》、《中国电力报》、《国家电网报》等媒体，宣传分部在保证电网安全、促进资源优化配置、保障电力供应、服务六省（市）经济社会发展方面所做的工作，并就加快电网建设、服务经济社会发展建言献策。积极履行社会责任，援建的麻城希望学校新教学楼和夷陵区黄花福利院改建工程按期竣工并投入使用。受公司总部委托，承办全国电力行业羽毛球比赛和青藏联网工程先进事迹巡回报告会。加强班组建设，物业公司班组建设实现全覆盖目标。规范职工食堂管理，不断改善员工工作和生活条件。关爱员工，通过组织迎峰度夏慰问、全民健身和举办趣味运动会等活动。组织华中区域副局级离退休干部疗养。组织离退休人员开展政治学习和文娱活动，加强离退休党组织建设，落实离退休老同志的政治待遇和生活待遇。

组织召开分部二届一次职代会，征集职工代表提案原案26件，对《加强省间联络线的线损管理》等6件原案进行立案处理与落实。修订完善500kV变电站劳动竞赛评比标准和实施方案，组织开展500kV变电站劳动竞赛并召开现场总结表彰大会，打造华中电网安全管理和技术交流的特色品牌。

2012年，华中分部位列湖北省十佳窗口单位第2名，保持“全国文明单位”称号，党组理论学习中心组荣获2010～2011年度湖北省“先进党委（党组）中心组”称号；1名员工荣获全国“五一”劳动奖章，1名员工被湖北省委授予“全省创先争优优秀共产党员”称号，还有3个基层党组织、2个处室、6名共产党员、14名员工分别受到国家电网公司党组和湖北省国资委党委表彰。

（李国柱）

【华中电网有限公司】

见国家电网公司华中分部。

【河南省电力公司】

企业概况 河南省电力公司（简称河南公司）是国家电网公司的全资子公司，国有特大型企业，担负着服务全省经济社会发展和保障逾1亿人口可靠供电的重要任务。河南公司下属32个基层单位（含18个供电公司），职工2.53万人；受省政府委托代管107个县级供电企业，职工6.45万人。截至2012年底，完成售电量2376亿kWh，位居国家电网公司系统第四位。

电网概况 河南电网位于华中、华北、西北联网的枢纽位置，在“西电东送、南北互供、全国联网”格局中处于重要位置。截至2012年底，拥有110kV及以上变电站1038座变电容量1.72亿kVA，线路长度 4.33 万 km。目前，全省 500kV 主网架形成“两纵四横”梯形网架，所有市实现 220kV 环网供电，所有县域实现 110kV 双电源供电。中国首条 1000kV 特高压交流试验示范线路纵贯全省，并在南阳落点建站；哈密南—郑州±800kV 特高压直流工程正在加紧建设，将于 2013 年年底前投运。截至 2012 年底，全省发电装机容量 5764.71 万 kW，其中统调装机 5401.75 万 kW；全省全社会用电量 2748 亿 kWh，同比增长 3.33%；省网最大负荷 4443 万 kW；发电量 2597 亿 kWh。全省发电量、用电量均位居全国第 6 位。

人力资源 全面完成劳动定员达标三年规划（2010～2012），18 个市公司和 27 个县公司实现定员达标。实施本部绩效考核风险抵押奖励制度，部门和员工实行绩效量化评价。推行一线员工工作积分制考核，加快“五级四类”人才选拔培训体系建设，选拔公司专业领军人才 100 人，27 人入选国家电网公司十大专业领军人才。组织开展全工种、全岗位参与的岗位练兵和技术比武，举办竞赛调考 344 项，全员培训率 94%，在国家电网公司举办的人力资源专业调考、电力可靠性专业竞赛中分获第 4 名、第 6 名。创建劳模工作室、班站长工作室 107 个、“六型一化”标杆班组 334 个。

电网建设与发展 滚动优化河南电网“十二五”发展规划，788 个电网项目纳入政府土地利用规划，核准 110kV 及以上工程 171 项。哈密南—郑州±800kV特高压直流输电工程及配套项目全面开工并加快实施，其他特高压电网项目前期工作按计划有序推进。全年 110kV 及以上线路开工 3097km、投产 1471km；变电开工 3138 万 kVA、投产 1266 万 kVA。110kV 及以上输变电工程国家电网优质工程率 97.6%。2011 年农网改造升级工程全面完成，2012 年投资完成 75.2%，5 项工程入选国家电网公司农网“百佳工程”。加强低电压综合治理，累计解决 155.4 万户低电压问题。开展“四类配网”发展框架体系研究，协同政府部门出台新型农村社区电网配套政策，规范执行新建住宅小区供电配套费政策，累计签订协议金额 23.4 亿元。与省气象、交通、林业、住建等部门的战略合作进一步深化。500kV 济源变电站获得国家优质工程银质奖。

经营管理 配合省发改委等 5 部门联合出台《关于促进河南电网持续健康发展的意见》。居民阶梯电价政策平稳实施。实施降本增效专项行动，压降可控成本，国网河南电力系统办公楼宇水、电消耗同比分别降低 9%、12%。科学统筹多种调度方式，购电成本明显降低。开展退役设备再利用和废旧物资集中处置，创效 8731 万元。强化“三池联动”，土地、房产权证办理分别完成 86%和 75%。完成台区规范化治理 4.5 万个。

推进“三集五大”体系建设。人财物集约化管理不断深化，加强“三定”“三考”和劳动用工管理，减少用工总量；推进财务业务有机融合和资源集中管控，全面建成三级集团账户体系，资金归集率保持在 99%以上；建成物资调配中心及 48 个标准化仓库。“五大”体系建设取得重大成果，完成新模式导入和机构、人员、业务、资产调整，初步确立新的管理模式和组织架构，直管单位数量精简 24%，各单位内设机构精简 38%。完成国网河南电力本部重组，以及 9 家业务支撑机构的组建工作。电力调控中心、运营监测（控）中心和供电服务中心建设按计划实施。

开展管理提升活动，实施公司发展及电网、经营、人力资源、科技信息诊断分析。滚动修订《办公手册》等规章制度。将近两年各方面专项治理成果融入扭亏增盈专项行动中，开展农电整体素质提升工程，加强经营责任追究、业绩考核、机制转换、监审工作完善、“四建联考”、干部管理等工作。把依法治企综合专项检查发现问题和整改措施、集体企业清产核资成果，以及公司和电网发展一系列诊断分析成果，导入到“三集五大”体系建设中去，导入到集体企业规范管控中去，导入到农电整体素质提升中去。加强协同监督机制建设，全覆盖的目标责任体系逐步建立。强化过程审计和在线监督，推动问题整改。配合国家电网公司依法治企综合专项检查，一般性问题整改全部完成，历史遗留问题整改取得进展。公务车辆实现集中管理、统一调度，数量压降 30%。规范薪酬福利管理，健全福利保障管理制度。完成地市公司主多分开和集体企业清产核资工作，建立和完善集体资产监管体系。配合省人大颁布施行《河南省供用电条例》。

安全生产 开展“安全年”活动，深化“两抓一建”安全风险管控，强化质量监督和考评机制，开展输电线路防舞动、防冰害专项治理，全年未发生国家电网公司考核的各类安全事故，以及影响公司形象的安全事件，基建系统实现连续安全生产 20 周年。开展“河南电网安全运行可靠性分析”项目研究，深化大电网运行机理研究和运行风险评估，分析研判电网安全运行、可靠供电存在的薄弱环节和突出问题，提出应对策略和解决措施。实施特高压南阳站和灵宝换流站属地化运维管理。开展安全警示标识专项行动，完成 18 个市公司 45 万块安全警示牌查漏补缺工作。累计完成 14 个城市电网安全性评价。开展机场、铁路、化工等重要客户供用电安全隐患排查治理。信息安全和保密工作全面加强。

营销工作 开拓电力市场。全年新增业扩容量

2164万kVA。坚持动态灵活的交易原则，跨省跨区交易电量189亿kWh。推广应用智能电表120万只，用电信息采集覆盖350万用户。完成了包括重要客户、产业集聚区客户在内的公变、专变采集建设，以及自备电厂、非统调电厂的电力电量采集建设。出台"低保户""五保户"免费用电操作细则。平稳实施居民阶梯电价。防范电费回收风险，出台《电费回收预警处理办法》和《电费风险预警联动管理办法》，确保电费足额回收。深化营销稽查监控系统应用，营业普查和反窃电工作取得实效。

农电工作 实施农电整体素质三年提升工程，紧紧抓住农网改造升级工程机遇，加强农村电网建设。加强县供电企业人、财、物集约化管理。深化农电计划管理、预算管理管控，加强县供电企业投资计划和财务集约管理，17个市公司成立农电财务集中管理中心，初步实现县供电企业资金集中管理、预算集约调控。加强县供电企业组织机构、人员编制管理和领导班子、乡镇供电所规范化建设。完善农电监审工作常态机制，开展农网改造升级工程、自筹资金物资招标管理等跨区集中监审。全面加强供电台区综合治理，建成标准化示范供电所43个。累计建成国家电网公司一流县供电企业54个、新农村电气化县55个。

科技与信息化 实施科技创新战略，荣获国家电网公司科技进步奖6项；获河南省科技进步奖19项，其中，500kV电网三维数字化及一体化运营平台项目获得省科技进步一等奖。完成40个信息系统适应性调整。推进县公司信息通信建设工作，完成18个市、107个县的省市县一体化行政高清会议电视系统设备安装调试工作。推进标准化建设，发布管理标准376项、工作标准1730项，基本建成涵盖省市两级与公司业务流程融合统一的标准体系。

优质服务 完成党的十八大、农运会、度夏度冬及全国两会等重大保电任务。创新服务举措，开展"一对一"重点服务，报装时间平均缩短12.6天。积极服务风电、光伏发电等新能源并网工作。石武高铁电源配套、南水北调电力迁建工程全面完成。完善城市"十分钟交费圈"和农村交费"村村通"网络。强化"你用电，我用心"服务理念，深入实施"95598光明服务"工程，人工接听率95%；深化"为民服务创先争优"活动，服务承诺兑现率100%。坚持行风明察暗访，连续六年列全省行风评议公共服务行业第一名。

党的建设和精神文明建设 学习贯彻党的十八大精神，开展"两带三保"活动（一名党员带一名群众、一名政工干部带一个班组，确保安全稳定、确保优质服务、确保完成全年目标任务），不断深化创先争优活动，推进"基层组织建设年"和创建"电网先锋党支部"工作。强化党风廉政建设责任制落实，开展重点工作效能监察，党风廉政建设责任目标全面实现。加强领导班子和干部队伍建设。

强化企业民主管理，健全职工代表、总经理联络员制度。开展"我为企业献一策"合理化建议月活动。全面落实老同志的各项待遇，推进员工健康管理中心建设，开展健康食堂创建活动，组织劳模疗休养和优秀班组长短训短疗，举办"塑造阳光心态"巡回讲座。创建劳模工作室、班站长工作室107个、"六型一化"标杆班组334个。公司员工的歌曲《家的牵挂》荣获全国第十二届精神文明建设"五个一"工程奖。开展"品牌提升年"活动，发布公司年度社会责任实践报告。发挥团员青年生力军作用，开展首届"五四青年奖章"评选表彰活动。

（胡宏伟）

【湖北省电力工业】

概况 2012年，湖北省电力运行安全稳定，保障了湖北省经济社会发展和人民生活用电需求。截至2012年底，全省全口径装机容量5787.04万kW，同比增长8.90%，居全国第6位，较2011年上升一位；全年发电量2245.01亿kWh，同比增长6.82%，稳居全国第7位；全社会、工业用电量分别为1507.85亿、1043.01亿kWh，同比分别增长3.94%、−0.29%。2012年湖北电网规模见表1。

表1 2012年湖北电网规模

指标名称	2011年	2012年	增幅（%）
全口径发电设备装机容量合计（万kW）	5314.08	5787.55	8.91
水电	3386.15	3595.49	6.18
火电	1917.36	2173.88	13.38
风电	10.04	16.52	64.54
其他	0.53	1.66	212.47
110～1000kV公用变电站合计（座）	748	791	5.75
110kV	602	634	5.32
220kV	127	136	7.09
500kV	18	20	11.11
1000kV	1	1	0.00
110～1000kV公用变压器容量合计（万kVA）	10 601.24	11 728.17	10.63
110kV	3681.44	3987.87	8.32
220kV	3712.5	4057.2	9.28
500kV	2607.3	3083.1	18.25
1000kV	600	600	0.00

续表

指标名称	2011年	2012年	增幅（%）
110～1000kV输电线路回路长度合计（km）	40 491	42 212	4.25
110kV	18 715	19 159	2.37
220kV	11 054	12 118	9.63
500kV	10 542	10 755	2.02
1000kV	180	180	0.00

注 输电线路统计包括架空线路和电缆线路。

领导班子 2012年湖北公司领导班子成员如下：

总经理、党委副书记：尹正民

党委书记、副总经理：梁国庆

党委委员、副总经理兼武汉供电公司总经理、党委副书记：畅刚

党委委员、副总经理：杨光糯

党委委员、副总经理：赖平

党委委员、副总经理：李政

党委委员、副总经理、工会主席：王文桃

党委委员、纪委书记：侯春

党委委员、总会计师：杨桂荣

副总经理：傅景伟

副局级调研员：周世平

电力建设 2012年，湖北省发电能力继续大幅提高，全口径装机容量增长8.90%。蒲圻、汉川两台100万kW超超临界火电机组投运，全省火电装备技术水平再上新台阶。全省投入电网建设和改造资金120亿元。新建、扩建3座500kV变电站，新建11座220kV变电站，对新投运高铁及电气化铁路等重点工程及时配套建设供电设施，大力改造升级农村电网，湖北电网结构进一步增强，供电可靠性大大增加。至2012年底，湖北电网形成省内500kV大框架，鄂东、鄂西和鄂西北3个500kV受端电网；省间通过2回1000kV特高压与华北相连，通过19回500kV交直流线与周边省（市）及华东和南方电网相连，网间互济、省间交换格局进一步巩固。

电力生产 2012年，湖北省全口径发电量稳步增长，发电计划执行情况良好。三峡电厂全年发电976.13亿kWh，增长25.61%。不含三峡，全省发电1268.88亿kWh，下降4.12%。其中，水电403.45亿kWh，增长3.55%；火电863.23亿kWh，下降7.51%。2012年全年发电量计划完成率101.44%。其中，水电完成105.21%，火电完成96.03%。全年湖北电网统调水电厂来水均匀，长江干流全年来水较2011年增加三成多，其他流域来水均为平水年，但普遍好于2011年，主力水电厂普遍增发。三峡电厂全年发电增长25.61%，其中7月32台机组首次实现全开满发，当月增发电量近61亿kWh；葛洲坝电厂全年发电增长2.45%。清江流域的水布垭、隔河岩、高坝洲全年发电同比分别增长8.37%、10.79%、6.49%。汉江流域的丹江口电厂全年发电增长4.26%。非统调水电厂全年发电79.96亿kWh，同比下降0.01%。为确保水能资源充分利用，调度机构科学安排电网运行方式，来水集中时段将火电压迫至最小开机方式运行，尽全力消纳水电。火电让水，发电量及机组利用小时数双降，丰水期机组运行方式严重受限。2012年全年火电发电量同比下降7.51%；统调火电机组利用小时数4381h，同比下降756h。春末夏初各流域来水集中，大量火电机组让水停备。7月，为消纳三峡外送受阻的1000多万kW电力，全省60万kW以上机组被迫全停，仅保留部分30万kW以下供热火电机组运行。确保电网安全稳定运行和工业企业供热需求双重压力，导致电网运行十分困难。通过科学安排电网运行方式，在保证水电尽量不弃水前提下，确保了湖北省工业企业生产用热需求。

电力供应 2012年8月7日湖北电网实现安全稳定运行30周年，湖北省供电保障能力和电力资源配置能力进一步提升。2012年湖北全年完成售电量同比增长5.16%。湖北电网城市供电可靠率、农网供电可靠率、综合电压合格率分别为99.968%、99.862%、99.924%，同比分别提高0.003、0.11和0.12个百分点。输变电系统可用系数99.965%，同比提升0.08个百分点。调度事故处理环节减少1/3，平均处理时间缩短50%以上。设备停电检修次数同比减少28%。2012年通过特高压电网下载电量102.7亿kWh，同比增长80.72%，冬季输送湖北最大电力110万kW，填补90%供应缺口。深入排查治理安全隐患，大力开展专业培训和技能竞赛，深化输电、变电、配电和调度现场标准化创建，220kV及以上继电保护正确动作率100%。推进状态检修管理，配网状态检修全部通过国家电网公司验收，全国首例10kV电缆线路不停电作业在湖北试点成功。完成迎峰度夏和十八大等重要保电任务，确保三峡32台机组首次长时间满发下的电力可靠外送，成功处置江陵“8·5”事件。建成省、市两级应急指挥中心和应急救援基干队伍，积极应对十堰、襄阳特大暴雨灾害，抗灾救灾保供电工作全面完成省委省政府任务。通过优化资源配置，完善协同机制，实行“一口对外”，客户满意度进一步提高。全省建成收费网点2.8万个，“电费绿卡县”31个，“电费绿卡村”5319个，社会化代收率达到64.5%。城区基本建成“十分钟缴费圈”，农村行政村（约2.5万个）50%以上有缴

费点。各地市主城区实现用电业务跨区办理无障碍，高压客户业扩报装平均接电时间下降至26.5d；故障抢修工单处理时长由115.01min下降至101.17min；电费差错率由0.000 6%下降至0.000 2%；供电服务承诺兑现率、客户投诉一次解决率、客户满意率分别提高至99.98%、100%、100%。坚持"你用电、我用心"，深入开展供电服务提升工程和95598光明服务工程，"共产党员服务队"活跃在城市乡村。

电力消费 2012年，湖北省全社会用电增长3.94%，增长平稳。第一、二产业用电增幅分别较2011年回落0.09、8.69个百分点，小幅下降；第三产业和城乡居民生活用电在2011年较高增幅基础上，2012年分别上升0.6、8.03个百分点，持续保持较快增长。2012年湖北省全社会用电量构成情况见表2。

表2 2012年湖北省全社会用电量构成情况

类别	2011年	2012年	增幅(%)
全社会用电量(亿kWh)	1450.76	1507.85	3.94
第一产业用电量(亿kWh)	19.05	18.85	−1.04
第二产业用电量(亿kWh)	1061.56	1060.22	−0.13
第三产业用电量(亿kWh)	159.12	183.3	15.20
城乡居民生活用电(亿kWh)	211.03	245.48	16.32
城市(亿kWh)	144.57	167.50	15.86
乡村(亿kWh)	66.47	77.97	17.31
人均用电量(kWh/人)	2515.96	2609.19	3.71
人均生活用电(kWh/人)	366.5	424.78	15.90

注 2012年全省常住人口数5779万人。

行业用电方面，2012年湖北全省工业用电1043.01亿kWh，同比略降0.29%；农林牧渔业用电18.85亿kWh，下降1.04%；其他6行业均保持快速增态。从工业用电内部结构看，2012年全年轻工业用电144.57亿kWh，增长5.93%；重工业用电898.44亿kWh，下降1.22%。从工业主要制造业看，黑色金属用电133.30亿kWh，下降25.70%；有色金属用电63.78亿kWh，下降8.54%，两行业用电减少是导致工业用电负增长的主要因素。除钢铁和有色两行业外，其他主要制造业用电情况相对平稳。

各地区用电量格局不变，部分市（州）全社会用电和工业用电呈现双增长态势，多数市工业用电不同程度下降。各地区全社会年用电量前五位依次是：武汉、宜昌、荆州、襄阳、黄石，保持上年格局。全省14个市（州、林区）中，黄冈和恩施全社会和工业用电保持两位数较快增长，荆州、襄阳、孝感全社会和工业用电保持平稳增长，其他9市工业用电不同程度下降，其中工业结构偏重的随州、鄂州降幅较大。

电力环保 在装机容量不断扩大、发电能力大幅提高的同时，水电比重（62.13%）较2011年下降1.59个百分点，30万kW以上大型火电机组容量占火电总容量的比例高达79.45%。风电（16.52万kW）、生物质电（26.10万kW）及太阳能（1.24万kW）等新能源发展较快，产业结构不断升级优化，电源结构多元化格局逐步显现。实施绿色电力调度和发电量计划转移替代发电工作，电力行业节能减排取得突出成绩。严格落实国家节能减排政策，在电量计划上优先向低能耗、低排放大火电机组倾斜，优先安排水电、风电、光伏等可再生能源发电计划，从源头上落实减排目标；开展关停小火电机组计划电量转移及在役火电机组"大代小"替代发电工作，全年替代发电量36亿kWh；推进绿色调度，科学调度水电机组出力，使有限水资源发挥最大经济效益，水电增发电量212.87亿kWh；全年统调火电60万kW及以上机组设备利用小时数比30万kW级及以下机组高873h；全省火电机组平均供电煤耗同比下降4g/kWh，降至324g/kWh。全省火电行业全年减少标准煤消耗450万t，电力行业净节约标准煤85万多t。

湖北统一电网基本形成 2012年内，完成恩施州电力总公司等10家地方农电企业上划，实现湖北全省所有市（州、林区）供电公司经营区域的直供直管，统一的湖北电网基本形成。

正式执行居民用电阶梯电价 湖北省居民阶梯电价从2012年7月1日起执行，执行范围为湖北省电力公司直供直管供电区域内实行"一户一表"直抄到户的城乡居民用户。阶梯分档为每月每户。抄表周期为单月的，第一档电量为0～180kWh，第二档电量为181～400kWh，第三档电量为401kWh及以上。抄表周期为两个月的用户，其每个计费周期的分档电量每户为：第一档电量为0～360kWh，第二档电量为361～800kWh，第三档电量为801kWh及以上。第一档电量电价（简称基础电价）保持现行标准不变；第二档电量电价比基础电价提高0.05元/kWh；第三档电量电价比基础电价提高0.30元/kWh。此外，湖北省城乡"低保户"和农村"五保户"家庭，每户每月设置10kWh免费用电基数，免费用电基数包含在居民阶梯电价第一档电量基数内。

"百姓电工"左光满 左光满，男，55岁，中共党员，湖北随州广水市供电公司应山供电所营抄工、"光满服务队"队长。他15年如一日履行"用电有困难，请找左光满"的承诺，把客户当家人，把服务当家务，被誉为"百姓电工"。2000年以来他先后获得"全国电力行业服务明星"、"中央企业知识型员工"、"全国劳动模范"等荣誉，他带领的"光满服务队"

获得“全国工人先锋号”。其先进事迹被中央电视台、新华社、《工人日报》等主流新闻媒体宣传报道，在社会上产生广泛影响。2012年，左光满当选党的十八大代表、荣膺“感动湖北年度人物”，由省总工会组织编写的《百姓电工左光满》由中国工人出版社出版发行。

电网企业概况 国网湖北省电力公司（简称湖北公司）是国家电网公司全资子公司、特大型国有企业，注册资金53.5亿元，以电网建设、管理和运营为核心业务，直接为地方经济发展和人民生活提供电力保障。至2012年底，湖北公司用工总量88 733人，有直属单位32家。全省直供直管县级供电企业74个，代管县级供电企业2个。湖北公司用电客户1885.43万户。其中，专变客户16.52万户，居民客户1790.11万户，总营业户数居全国前列。全年，湖北公司完成电网建设投资151.82亿元，投产110kV及以上输电线路2481.93km、变电容量1330.4万kVA；市场占有率95.98%，同比提高1.96个百分点；完成售电量1182.02亿kWh，同比增长5.16%。线损率7.08%，同比上升0.62个百分点，还原负荷差、恩施上划口径变化等影响因素后，公司实际线损率约为6.36%。湖北公司负责建设和管理的湖北电网，是三峡外送的起点、西电东送的通道、南北互供的枢纽、全国联网的中心。2012年，湖北电网发展步伐进一步加快，交流特高压“西纵”、“中纵”、“南横”工程（湖北境内）纳入全省经济和社会发展“十二五”规划，省内“南横”前期工作顺利完成。

2012年，湖北电网安全局面保持稳定，湖北公司系统无国家电网公司安全生产考核事故，湖北电网实现连续安全稳定运行30年。全省各级电网协调发展，±800kV特高压锦苏工程（湖北段）投运，湖北公司与鄂州、荆州、宜昌、武汉等地市签订电网建设战略合作框架协议，营造了良好外部环境，2012年全年建成投运11座智能变电站。华中电网公司5家单位实现划转，湖北公司接管1000kV荆门特高压变电站和±500kV宜都直流换流站。抗灾保电彰显社会责任，湖北公司在抗击十堰、襄阳特大暴雨灾害中的表现，获省委省政府通报表彰和国家电网公司高度评价，史克军等三位抗洪英烈的事迹引起广泛的社会反响。“创先争优”活动取得显著成绩，扎实开展“为民服务创先争优”活动，全面打造“红领工程”党建品牌，推进创先争优常态化，湖北公司荣获“全国创先争优先进基层党组织”称号，“百姓电工”左光满当选为党的十八大代表并赴京出席会议。科技创新提升电网运行水平，自主研发技术在国内外率先实现±1100kV换流变压器空载试验，湖北公司检修分公司在全国率先推广“无人机”智能巡检技术，并首次实现带电更换超高压直流耐张塔四联串合成绝缘子。“血防安全岛”建设经验在全国推广。

主要事件

1月16～17日、2月29日，湖北公司工作会议、党委工作会议、职代会等重要会议先后召开。会议提出2012年全面启动公司“三集五大”体系建设。至2012年底，湖北公司“三集五大”体系建设一年时间完成原计划两年的建设任务，基本具备迎接国家电网公司验收相关条件。

1月16日，湖北省超高压输变电公司利用“无人机”巡检超高压线路设备。2012年，此项技术在全国率先全面推广。

3月1日，湖北公司与鄂州市人民政府签订《鄂州电网“十二五”时期战略合作框架协议》。2012年，湖北公司还分别与武汉市、荆州市、宜昌市政府签订三地电网“十二五”战略合作框架协议。

3月24日零时起，荆门特高压站和宜都换流站运维管理、安全生产责任移交公司。至此，湖北公司已承担1座特高压变电站、5座直流换流站属地化运维工作。

6月28日，全国创先争优表彰大会在北京人民大会堂召开，湖北公司党委被授予“全国创先争优先进基层党组织”称号。这是湖北公司党建工作继2006年获“全国先进基层党组织”后再次获中央组织部表彰。

8月18日，湖北公司在全国率先成功实施10kV电缆线路不停电作业。

9月24日，雅安—武汉特高压交流工程前期工作领导小组会议在武汉召开，国家电网公司与鄂渝川政府共商协同推进机制。

10月25日，恩施州电网正式由公司直供直管，恩施州电力总公司更名为恩施州供电公司，州内各县市供电公司同时成立。年内，十堰郧县电网划转公司直供直管，郧县电力公司是湖北省3个自供自管县级供电企业之一。

12月7日，湖北公司与国家电网公司签署《新一代智能变电站示范工程建设责任状》，启动武汉未来科技城110kV东扩新一代智能变电站建设。该变电站是全国6个新一代智能变电站示范工程之一，计划2013年12月31日前建成投运。

（杨 倧）

【湖南省电力公司】

企业概况 湖南省电力公司（简称湖南公司）是国家电网公司全资企业，主营业务为湖南省电网的规划、建设、运行、检修和电力营销。截至2012年底，共有职工35 266人。

湖南公司共辖本部1家，支撑机构29家，其中省公司支撑机构15家（科研类单位2家、建设类单位2家、检修类单位1家、信通类单位1家、培训类单位1家、物资类单位1家、综合类单位1家、其他单位6家），地市供电企业14家，76家全资县电力公司，6家控股县公司，24家代管县电力公司。

2012年，湖南公司完成售电量（省内）961.9亿kWh，同比增长2.5%。

电网概况 截至2012年底，湖南电网拥有发电装机容量3297.22万kW。其中，水电1372.64万kW，占41.63%；火电1893.43万kW（含并入广东电网190万kW），占57.43%；新能源等31.15万kW。拥有特高压线路2条509km；500kV变电站17座，变压器27台、主变压器总容量2150万kVA，线路49条4624km（含三广直流）；220kV变电站130座，变压器227台、主变压器总容量3387万kVA，线路395条12 451km；110kV变电站622座，变压器1005台，主变压器总容量3297.35万kVA，线路1281条20 281km；35kV变电站844座，变压器1373台，主变压器总容量637.15万kVA，线路1859条21 437km。

2012年全省发电量完成1213.62亿kWh，比2011年增长0.8%，其中，水电446.43亿kWh，增长46.67%；火电760.87亿kWh，下降14.69%。全年购外省电量151.28亿kWh，增长7.6%。全省社会用电量1345.22亿kWh，增长4%。其中，城乡居民生活用电259.66亿kWh，增长13.1%；第一产业用电105.55亿kWh，增长7.7%；第二产业用电824.71亿kWh，下降0.3%；第三产业用电155.3亿kWh，增长10.9%。省网统调最大用电日负荷2004万kW，最大日用电量3.85亿kWh。

人力资源 规范劳动用工管理，修订并颁布《员工奖惩办法（2012版）》，加强薪酬福利管理，各电业局完成岗位能效工资套改，全面实施岗位能效工资制度，开展成建制划转单位工资核查；组织农电用工薪酬测算，制定代管公司工资总额管理制度，成立福利保障管理机构。加强人才管理，制定人才分级分类管理实施细则，明确人才的层级、类别、培养方式和培养定位。加强人力资源信息化工作，建立人力资源需求预测模型，完成SG-ERP人资信息系统一期项目建设和推广应用，实现湖南公司范围内全资、控股、代管单位7万多人的全覆盖，开发42项人力资源业务在线审批工作流程。

电网建设与发展 加强电网规划精细化管理，开展电网诊断分析和发展评估，稳步实施“十二五”电网规划。加强项目前期工作，完成500kV星沙、岳阳南输变电、黔东电厂送出等工程的核准。加强投资计划管理，强化全过程质量管控，重点电网工程按期竣工。实施农网改造升级。加强智能电网建设，220kV月塘、都塘等智能变电站建成投运，长沙配电网示范工程通过验收，韶山智能电网综合工程顺利实施。全年开工110kV及以上变电容量695kVA、线路2046km，投产482kVA、1029km。参建特高压及跨区电网，±800kV锦苏线竣工投运，溪浙线湘黔段如期开工。湖南公司连续11年获湖南省重点工程建设优胜奖，500kV株洲南变电工程被评为“中国电力优质工程”。

经营管理 加快“三集五大”体系建设。推进机构科学设置和人力资源高效配置，机构精简42%，用工效率提高25.8%。深化财务集约化管理应用和常态运行，推广标准流程，提高财务管控水平。加强物资保障能力建设，完成集中规模招标采购，开展物资利库。细化“大规划”体系建设，规划层级涵盖到村，质量效率明显提高。优化整合建设资源，构建“大建设”体系，建设职能、工程项目、参建队伍管理更为集约和专业。建成“大运行”体系，实现调控一体化和调度一体化，并稳步向控股（代管）公司延伸。建设“大检修”体系，实现专业化检修和运维一体化，在国家电网系统率先全部实现500kV变电站无人值班。建立“大营销”体系，营销业务进一步集约，实现实时管控，协同服务机制更加健全，供电服务中心和运营监控中心建成运行。完善规章制度和标准体系，信息通信及时调整优化，支撑保障有力。

怀电集团成功上划，完成主多分开，集抄改造实现重大突破，平稳实施阶梯电价、趸售电价。开展“安全年”活动，强化财务管理基础，开展经营诊断，增收节支，完成经营业绩考核；以财务集约化为主线，深化细化会计、资金、资产、预算、价格、基建、稽核、财税各方面管理。

安全生产 开展“深化反违章、实现无违章”和“安全年”活动，严格落实安全责任，加强安全管理，有效管控各类安全风险，全年没有发生人身、电网、设备事故和10kV及以上误操作。严格执行安全生产各项制度，推行单位承包和专业承包，开展安全大检查和设备隐患排查治理。有效应对雨雪冰冻、山火和洪涝灾害，以及雷电、大风等恶劣天气，加强电网科学调度和运行维护，确保电网安全和电力可靠供应。湖南电网实现安全稳定运行31周年。完成十八大、中博会等重大保电任务。鹅城换流站平稳接管。实施农电安全强基固本工程，推进低电压整治。基建安全管理成效显著，500kV牌长Ⅱ回线路荣获国家电网公司安全管理流动红旗。

营销工作 实施市场开拓百日攻坚专项活动。对大客户进行逐户调查，了解生产经营情况，找准市场开拓的方向和着力点；对重点工程建立信息库，提前掌握客户用电需求信息，提供“一对一”超前服务，帮助客户早日申请报装；对停产或减容的大客户，组织逐户调查，摸清恢复用电计划，主动提供预约恢复用电服务，指导客户优化用电方式，实现多供多用。对农村客户，结合农村低压整治和农网升级工程，努力提高农网供电能力和质量。强化电费回收责任，完善预警机制，创新收费方式，电费回收保持“双结零”。加强电费风险预控和过程监控，针对钢铁厂、化工厂、冶炼厂经营状况，制订电费回收风险预警方案，实行动态预警，全程跟踪督办。推行新型电费结算和收缴方式改革。高压预付费及分次划拨用户比例、低压用户离柜缴费比例均较年初提高近15个百分点，自助缴费终端分流量基本达到预定目标。平稳实施阶梯电价。开展居民生活用电“一户一表”的清理，及时调整营销信息系统操作界面及流程。针对不同居民用户类型以及居民用电中可能出现的新装、销户、改类、换表等各类情况，明确计算规则，编写典型案例，并开展相关培训。编写居民用电政策问答宣传手册，对群众最为关心的问题进行解答，推行分站、分压、分线、分台区的“四分”线损管理，强化用电信息采集系统和营销稽查监控系统应用，实现配网线损实时分析和监控；建立查波动、查异常、查数据调整、查现场的常态工作机制，强化问题闭环管理，提高台区基础数据完整率、准确率和可用率，实施降损责任落实到位、客户归属清理到位、高损台区（线路）跟班稽查到位、反窃电查处到位的举措，实现配网线损持续降低。

农电工作 完成农网改造升级工程投资50亿元，完成“为民办实事”2600个村的建设与改造，建成新农村电气化县2个、电气化乡32个、电气化村667个，建成农网改造升级示范县1个。加强工程质量管理，开展水泥电杆质量检测、35kV工程质量专项检查、35kV工程设计质量检查，制定《农网优质工程创建实施细则》，开展2012年度农网优质工程评选工作。强化工程安全及分包管理，制定《进一步加强新一轮农网改造升级工程施工安全管理》、《进一步规范2012年农网改造升级35kV工程的施工分包商选择》等措施，开展参建队伍施工能力专项活动和分包商资信评价。完成怀化电力集团公司本部上划改革，彻底解决了怀化地区大小电网长期矛盾突出的局面。启动江华、桃源等县公司代管改革和大圳电力改革工作。完成新邵、凤凰、慈利、新化等县供区小型地方电网的接管。

科技与信息化 完成国家电网公司科技创新重点任务和重点项目，其中，申请专利96项，获专利授权41项，获国家电网公司科技进步三等奖1项，国家电网公司专利奖三等奖1项，湖南省科技进步二等奖1项、三等奖4项。“电网冰灾长期中期及短期预报技术研究”“特高压输电线路抗冰措施及关键技术研究”等成果深化应用，为确保湖南电网安全运行提供了重要支撑。技术标准体系建设如期完成，并于11月23日正式发布湖南公司技术标准体系，实现技术标准全业务覆盖。承担的国家电网公司4项技术标准编制任务全部完成，并通过国家电网公司验收。围绕安全生产、营销管理等中心工作开展QC小组活动，连续4年被评为“湖南省质量管理小组活动优秀单位”，其中，2个QC小组获得“全国优秀质量管理小组”称号，22个QC小组获“湖南省优秀质量管理小组”称号。开展群众性科技创新活动。小型变电设备更换专用装置、全方位旋转绝缘升降平台等创新成果推广应用成效十分明显。110kV及以上电网建设项目环评、竣工环保验收率继续保持100％。

推进SG-ERP建设，国家电网公司试点、统推项目和湖南公司重点项目按期完成，“财务集约化深化应用”和“信息运维综合监管系统深化推广实施”两个建设项目被评为国家电网公司信息化优质建设项目。完善信息通信调运检工作机制，加强信息通信系统运行监控，强化事件处置全过程管理，提高问题解决率、处理效率。加强信息运行指标跟踪分析，严格检修计划管理，将所有在运系统和设备的运维工作全部纳入检修计划管理。组织年度运行方式编制和评审，加强信息通信系统运行方式管理，建成投运统一的呼叫中心，实现信息通信用户技术咨询与故障报修的集中受理。全年没有发生信息通信系统7级及以上安全事件，没有发生信息泄密及数据丢失事件。

优质服务 完善以95598为平台的供电服务调度体系，推行服务异常调度，强化服务异常监控、服务响应协同、服务责任追究，供电服务异常数量同比下降35％、异常处理效率同比提高70％。以业扩提速提质为重点，规范业扩管理，高压业扩平均接电时间同比缩短4天，开展新装增容客户电话回访，客户满意率100％。推广新型缴费方式，打造城区电力“十分钟交费圈”，农村地区做到村村有缴费点。组建193支雷锋共产党员服务队，解决用电问题、提供技术指导1000余次，为3000多家企业开辟业扩报装绿色通道，实行重大项目前置服务，出动2.85万人次走进田间地头服务农民抗旱用电。

党的建设和精神文明建设 学习贯彻党的十八大精神，邀请中央党校教授宣贯党的十八大精神。围绕十八大保电，开展“比安全、比质量、比进度、比成本控制、比文明施工”竞赛活动。深化为民服务创先争优活动，培育和选树最佳营业厅、质量之星、微笑大使等先进典型，举办创先争优先进事迹报告会。开展“电力行家”进企业，“电力管家”进社区、“电力保姆”进农村、“电力志愿者”进困难家庭活动，服务承诺兑现率达100%。推进基层组织建设年活动，举办党建工作培训班和入党积极分子培训班。编制《基层党组织建设一本通》。修订党建思想政治工作制度17项，管理标准25个，工作标准22个，管理流程41个。评选表彰年度“十佳电网先锋支部”。通过分类定级、整改提高和晋位升级，1008个党支部全部达到B级支部以上标准。设立“建设学习型党组织”网站，开展反腐倡廉现场学习观摩，举办“电网先锋论坛”。公司党组和国网娄底供电公司老虎创新工作室分别被评为湖南省学习型党组织先进示范单位和优秀载体。

全面落实“三集五大”体系建设要求，编辑宣传手册，举办全员知识竞赛。开展主流媒体“走进国家电网”等活动，宣传“国家电网”基本价值。征集企业文化故事，挖掘员工工作生活中的闪光点。举办道德讲坛，普及公民道德基本规范，倡导健康的生活方式和高尚的精神追求。建立“爱心基金”，开展扶贫帮困，为孤、老、残、弱提供志愿服务。

以纪念建团90周年为契机，加强青年思想引导，深化团组织创先争优，开展创建“95598光明服务青年文明号”活动。举办共青团培训班，开展青年读书活动，评选表彰“十大杰出青年”。2个“青春光明行”特色活动案例在国家电网公司获奖，选树的省级青年文明号数量居全省各行业之首。

（汤日成）

【江西省电力公司】

企业概况 江西省电力公司（简称江西公司）是国家电网公司全资子公司，担负着江西电网建设、管理运行的职责。所属单位25家（其中地市公司12家），控股、全资县供电公司96家，服务客户1406万户。2012年江西公司完成售电量726.98亿kWh，增长3.22%；综合线损率7.21%，下降0.3个百分点。

电网概况 江西电网已形成500kV双回路主干网架，中部实现环网，通过3回500kV线路与华中电网联网；所有县域电网实现110kV线路双电源供电。有110kV及以上变电站483座，变电容量6445.84万kVA，其中：500kV变电站15座（含1座开关站），变电容量1750万kVA；220kV变电站103座，变电容量2619万kVA；110kV变电站365座，变电容量2076.84万kVA。110kV及以上输电线路1109条，长度23 824km，其中：500kV线路40条，长度3194km；220kV线路323条，长度8735km；110kV线路746条，长度11 895km。

人力资源 劳动组织建设。按照国家电网公司“三集五大”体系建设要求，江西公司制定“三集五大”体系机构设置和人员配置方案，对本部、24家公司所属单位、23家县级供电公司机构和人员进行设置，明确职责界面，统一市、县公司生产二级机构编制、岗位设置。制定县公司“三集五大”体系机构设置和人员配置操作实施方案，开展乡镇及农村配电营业劳动定员试测，设计标准岗位名录和岗位管理实施办法。印发《国网江西电力业务外包管理办法（试行）》，实现95598座席整体外包。完善工作流程体系、工作标准体系和全员绩效管理体系，形成标准的组织机构、统一的岗位分类标准、标准岗位名录，实现岗位与工作流程的匹配、绩效指标与工作流程的匹配、岗位与绩效指标的匹配。

绩效管理与薪酬分配管理。编制2012年绩效考核工作方案，以国家电网公司“两项制度”为指导，构建四级绩效组织体系，完成江西公司两项制度建设；结合“三集五大”体系建设，构建统一的关键绩效指标体系、考核管理和评价方式，推进全员绩效合约签订，建立与岗位考核相匹配考核体系，落实月（季）度业绩“看板”制度。规范工资收入统计，实施ERP薪资核算过账，完善基于企业类别管理的薪酬差异化分配机制，加大与定员、人才提升的挂钩力度；对县供电公司企业类别实施动态管理，类别由5类压缩至4类，类别单位数量固定。薪酬差异化分配机制入围国家电网公司典型经验库。

人才队伍建设。规范2012年高校毕业生招聘工作，学历层次明显提升，硕士及以上学历占34%，人才引进指数提升至1.070 5。2012年，累计6132人获得技能资格提升；791人获得技术职称资格提升；19人入选国家电网公司“十大”专业领军人才（其中人资专业6人），10人通过技能竞赛获得国家电网公司、全国电力行业或江西省“技术能手”称号，2人享受“省政府特殊津贴”，3人获得“江西省首席技师”称号，1人获“江西省优秀高技能人才”称号。

员工教育培训。制定《江西公司员工教育培训积分管理办法》和《全员培训考试活动实施方案》。完善网络培训中心建设，网络在线培训、普考、调考投入运行。推行岗位资质认证，持证上岗考核。开展各类竞赛、调考。全年送培国家电网公司层面培训157期，送培456人次；省公司层面培训班409期次，25 680人次。开展全员培训考试，脱产培训3天及以上的培训班，共组织专项考试332期次20 517人次；举办专业普调考活动，省公司层面竞赛调考39期次6641人次，涉及19个专业39个岗位。开展市县公司农网配电营业人员持证上岗考核，共计22 043人。选送50名优秀兼职培训师和48名优秀班组长到国网技术学院培训。

电网建设与发展 推进特高压入赣工程，±800kV溪洛渡—浙西特高压线路（江西段）工程顺利推进。编制原中央苏区、九江澎湖地区电网专项规划，完成“十二五”电网规划滚动调整。500kV梦安线、新余Ⅱ等96项输变电工程获得核准。输变电项目开工数68个，均已取得环评批复，输变电电网建设项目环保竣工验收项目68个。建成投产500kV雷公山、220kV马袁线等65项工程，提升区域电网供电能力。110kV及以上线路开工1902km，投产1578km；变电容量开工558万kVA，投产559万kVA；按期完成贵溪、九江电厂扩建电网配套工程建设。风电、光伏并网容量分别增长25%和163%。突出加强南昌等中心城区配网建设。完成年度农网改造升级任务，实施安全质量和工艺水平三年提升计划，全面推广应用标准工艺，6项工程入选国家电网公司首届农网“百佳工程”，500kV洪源变电站荣获国家优质工程银奖。

智能电网建设。根据国家电网公司2012年智能电网项目建设意见的要求，江西公司统筹安排了一批智能电网项目建设。国家电网公司2011年三个智能电网综合示范试点工程之一的共青城智能电网综合示范工程初步建成；江西电网输变电设备状态监测上线运行，实现了15回输电线路、7座变电站的关键设备信息的实时监测、预警、分析、诊断和评价功能；建成投运2座220kV智能变电站，13座110kV智能变电站，改造完成1座110kV智能变电站。

经营管理 “三级五大”体系建设。江西公司“三集五大”体系建设顺利通过综合验收。人财物集约化管理进一步深化，体系内二级组织机构精简率达46.46%、用工总数精简率达20.28%。产权层级压缩至3级，累计减少会计主体81家。按期完成省（市）级物资调配中心建设、电子商务平台合同签订新功能和合同履约模块上线工作，实现物资业务全过程集中统一管理，集中采购率达96.9%。优化整合内部资源，组建省市公司经研院（所），实现规划、评审、设计等业务的一体化运作，推行省公司直管工程建设模式；电网调度与设备运行业务实现深度融合，建立按电压等级运维检修的生产体系，初步实现调控一体化和运维一体化；建成省供电服务中心和计量中心，实现95598客户服务、计量检定全省集中。23家全资县公司体系建设同步通过验收，推行农电10kV配网集中管理。运营监测（控）中心成功上线运行。同步完成信息系统适应性调整，确保新旧模式转换平衡有序。

配套体系建设完善。从基层单位抽调了各专业近三十名业务骨干组建标准化工作组，开展自主建设标准工作，制定涵盖各专业、贯通各层级的标准体系9209项，修订制度1810项，沿用制度1071项，废止制度2605项，有效制度为3868，其中围绕“三集五大”新建制度987项，初步形成统一的标准制度体系。

开展管理提升活动，电网投资和经营管理效益实现同步提升。居民阶梯电价顺利实施。农网一、二期工程1.25亿元国债贷款转为资本金。开展基建标准成本试点，规范工程其他费用管理。10家市公司、1家县公司台区达2A级标准，48家县公司达A级标准，市县公司台区线损分别降低0.33和0.65个百分点。市公司和全资县公司完成电费账务功能实用化，与部分银行实现集中电子对账和实收销根。深化管理与业绩对标，2个项目入选国家电网典型经验库。5家县公司被评为国家电网一流县级供电企业，8个供电所被评为标准化示范供电所。落实国家节能减排政策。

深化依法治企。健全“三重一大”决策报备制度，强化权力运行监督。开展依法治企自查自纠，加强审计成果应用，发现问题整改率达100%，江西公司被评为全国内部审计标范企业。深化工程建设领域突出问题等专项治理，规范接待、会议、车辆等管理。17家县公司地方股权成功上划。完成市县公司层面主多分开任务，323家多经企业全部处置到位，完成集体企业清产核资，出台集体企业监督管理实施意见，全面加强人财物等核心资源管控。开展土地、房产权属清理，确权比例分别达96%和81%。开展“六五”普法工作，完善警电联合工作机制，省市县公司全部设立电力警务中心。推动电力立法工作机制，江西省电力设施保护办法和反窃电办法修订发布。

开展企业管理创新和管理类课题调研工作。2012年共完成管理创新成果21项，其中6项成果分获省公司管理创新成果一、二、三等奖，2项成果获全国电力行业企业管理创新成果奖，13项成果获江西省企业管理创新成果奖，1项调研成果获国家电网公司优秀奖。共完成管理类课题调研16项，组织参与的国家电网公司2个管理咨询项目已经结题。

开展QC小组活动。2012年，有70项QC成果分获省公司一、二、三等奖，7项成果获全国电力行业优秀奖，9项成果获国家专利。全年形成成果270多项，创经济价值2500余万元。

安全生产 编制《2012年安全管理与监督工作重点》，开展“安全年”活动。结合季节性特点以及全年阶段性重点工作，先后组织开展春季安全检查及“安全年”活动专项监督、人身安全专项检查、“反违章、查隐患、保人身”的专项活动督查、秋季安全大检查。加强活动过程控制，开展专项督查3次。

电网安全风险分析和管控。贯彻国务院《电力安全事故应急处置和调查处理条例》，编制《江西电网安全事故风险分析报告》，印发《江西电网重点管控设备、电网安全事故防范措施》及《江西电网安全风险“挂牌警示”工作方案》，落实53项电网安全事故风险点“挂牌警示”工作，加强电网重大停电检修方式风险管控。组织开展江西县域电网安全事故风险分析，落实9项县域电网安全风险点防范措施。

安全隐患排查管理。加大对作业现场稽查力度，修订《国网江西电力本部安全生产职责规范》、《安全工作奖惩办法》等制度规范，强化“以岗定责、以责论处”的安全激励机制。2012年查处违章1362次，消除安全隐患3项。对36家单位进行安全性评价。开展线路防鸟害等专项治理，完成68条线路防雷差异化改造，220kV及以上线路跳闸率持续下降。加快推进变电站无人值班，110～220kV变电站无人值班率达95.03%。开展带电作业6098次，减少停电25.19万户。推进状态检修，加强技术监督。完成配电网供电能力评估，启动编制三年供电提升计划。全省城网配电监测系统投入运行。加强应急体系建设，85家县公司应急指挥中心投入运行，快速修复吉安、赣州、景德镇部分地区因灾受损电力设施。加强电网科学调度，做好电力电量平衡，完成党的十八大等重要保电任务。2012年未发生一般及以上人身、电网、设备、交通、火灾事故。

农电安全管理。制定《县级供电公司配电作业安全管理规定》，强化“两票”执行、作业流程、工作许可和现场安全管控等要求，明确集中管理后的运检班及供电所的安全工器具最低配置标准。印发《关于加强农网改造升级工程现场安全管控九项要求的通知》，对农网工程现场安全管理强调了健全施工安全责任体系、严禁任何施工单位操作电网运行的设备元件、严禁无票作业、加强施工现场安全管控全过程监督、施工单位人员进场管控等九项要求。推广应用农电标准化作业支持平台，制定《农电生产标准化作业支持平台（SPMIS系统）管理办法（试行）》，编制农电标准化作业支持平台（SPMIS）应用简报，开展现场督查，实现全省县公司SPMIS应用全覆盖。

营销工作 2012年，江西公司增容完成户数19.28万户，同比增长35.76%；新装、增容完成容量544.81万kVA，同比增长29.52%；电费回收率100%；市场占有率97.70%，同比提高0.68个百分点。

“大营销”体系建设。制定“大营销”体系建设实施方案，梳理制定技术标准137项、管理标准21项、工作标准202项、管理制度235项、作业指导书64份，绘制管理流程图69个，实现管理标准全流程覆盖、技术标准全业务覆盖、工作标准全岗位覆盖；95598电话服务实现省级集中；按“二线一库一平台”的工作要求建成省计量中心；营销电费账务省级集中管理覆盖12家市公司、23家全资和上划县公司；业扩报装管理分层向上集约；实现营销信息系统省级集中建设运维；建成覆盖省、市两级的营销稽查监控体系。

确保电费及时足额回收。积极宣传电力法规，完善电费回收考核机制，严格按程序实施停电催费。开展大客户电费风险评估，加强电费风险防范，推行分次划拨和分次结算。推动缴费渠道建设，按照“一个平台、多种渠道、统一标准、分层分级、跨区收费”的总体思路，建成城镇“十分钟交费圈”，实现农村缴费“村村设点”，撤销自营网点242个，居民电费社会化代收比例达80.29%。完善营销系统账务模块，收集用电客户付款账户2万个，实现12家地市公司和23家全资及上划县公司的电子对账和实收销根。

市场开拓与管理。及时掌握省内经济和行业信息，定期分析全省100家大客户用电负荷和电量情况，以及全网用电需求和电力供需平衡状况，开展用电负荷实测，准确预测用电需求，确保迎峰度夏（冬）期间电力有序供应。开展市场开拓“百日攻坚”专项活动，成立专项活动领导小组和工作小组，组织走访服务大客户，跟踪企业生产经营情况，帮扶企业恢复生产。强化快速反应机制建设，预备重点项目信息319个，总用电规模达111.24万kW。江西公司市场开拓电量11.3亿kWh，推广电力蓄能设备1.59万kW，推广应用热泵技术16.39万m^2。

电能计量。江西公司省级计量中心如期试运行，成功研发电能表、终端、集中器一体化检测流水线和封印与电能表检定合格证统一集成技术，实现低压计量箱及电表壳体质量检测、智能电表全性能检测等三项试验项目应用，电能计量表计检定效率提升40.19倍，智能电表运行可靠率实现100%。安装应用智能电能表114万只，累计实现315万户用电信息采集，协调推进用电信息采集工程建设，将用电信息采集系统建设相关指标纳入同业对标体系；规范工程管理，编写《用电信息采集系统建设管理办法》等规范和制度，拍摄用电信息采集系统建设标准化作业宣传示范片；优选技术方案，开展大用户系统终端与用电采集终端切割，与移动公司协调提高上行通道通信准确性，确保采集系统能用、好用、管用。开展智能电表改造，接入用电采集系统315万户，日采集成功率99.56%，实现100%自动抄表。

充换电服务网络建设。滚动修编《“十二五”电动汽车智能充换电服务网络发展规划》。编制及完善

《电动汽车充换电设施管理标准》和省市充换电服务网络从业人员相关工作标准及7项充换电站现场工作作业指导书。国网江西电力充电站累计服务社会车辆4896车次，充电量37.75万kWh。在运的电动汽车充换电站2座、充电桩860个，在建的电动汽车充换电站8座，完成580户电力光纤到户。建设站级RFID全景信息采集管理系统，与车载信息采集管理系统协同配合，实现了电动汽车充换电站内用户、车辆、电池信息的全方位识别和一体化管理。

开展合同能源管理和节能调度。完成发电权交易电量40.79亿kWh，节约标准煤32.2万t。减排二氧化碳83.74万t，二氧化硫8771t。

农电工作 制定《农电统一管理评价考核办法》，编写县公司地方股权无偿划转的工作模板和操作指南，开展《县供电企业地方股权无偿划转规范操作研究》课题调研。23个全资县公司完成“三集五大”体系建设并通过国家电网公司综合验收。印发《乡镇供电所配网运维检修集中管理实施办法》，将10kV配网运维检修（抢修）业务从乡镇供电所原有职责中剥离，集中到县公司统一管理。在全省设置339个片区，编制县公司运维检修集中管理布点图集，规范了管理制度及工作流程。

农网改造升级。27个县公司低压智能配电箱、低压漏电保护装置建成。开发10kV及以下项目成套化设计、竣工图片回传、工程评优、后评估等功能模块，并与SPMIS系统无缝拼接，实现省、市、县三级农网工程工作票及现场安全管控流程实施情况远程监控。推进新农村电气化建设，完成了瑞昌市等19个电气化县、163个电气化乡（镇）、1208个电气化村建设，解决了17.2万户农村“低电压”问题。农网改造升级工程连续三年实现“零事故、零缺陷、零违纪、零投诉”工作目标。

服务“三农”。完成国家电监会对赣南等原中央苏区无电和低电压情况调研，配合省发改委编写《赣州市农村配电网低电压治理实施方案》。3次组织开展赣南等原中央苏区“低电压”及“非主网延伸供电”情况普查，解决“非主网延伸供电”800户供电问题。

供电所标准化建设。结合乡镇供电所达标考评，组织专业人员开展常态化现场检查、指导，下发问题通知书并跟踪整改落实。制定0.4kV电压等级安全工器具、生产工器具和备品备件基本配置，统一乡镇供电所上墙展示牌的内容及应用要求，重点明确10、0.4kV配电运维检修工作职责界面和工作流程。申报国家电网公司示范供电所8个，并已通过国家电网公司考评组的考评。

科技与信息化 科技管理。2012年江西公司发明专利数量是2011年的185.7%；成功申报“输变电设备防腐材料开发及应用关键技术研究”等国家电网公司总部管理项目。出台《江西省电力公司科技攻关团队管理办法（试行）》。试点开展县公司科技活动。率先研制基于无线通信控制功能的同步仿真装置，成功研发架空输电线路在线监测新技术。

2012年获得科技进步奖5项，申请专利107项，获得专利授权68项，其中发明专利13项，实用新型专利53项；发表论文57篇，其中EI论文23篇。出版论著1部，获得软件著作权6项。

根据“三集五大”体系建设，全力推进信息系统适应性调整工作。到2012年7月完成覆盖江西公司本部及26家单位的34套信息系统的切换上线，有效促进了业务新模式导入和磨合改进阶段的无缝衔接，信息通信系统保持安全稳定运行，未发生信息通信安全事件。

建成省级通信第二汇聚点，并启动了省干光纤完善化工程的建设，电网空间服务系统（GIS）、统一视频监视系统等SG-ERP支持智能电网建设的信息系统上线运行。

优质服务 开展为民服务活动，组建114支共产党员服务队，下设1046支专业分队，拥有队员1.3万名，组织开展服务活动超过5万余次，超过16万人次共产党员服务队员参加服务活动。开展供电服务“三走进”和营业窗口“三亮一创”主题活动，全面推进营业厅规范化和标准化建设。配合开展居民阶梯电价成本监审、价格听证等工作，做好实施前各项准备。加快便民缴费网点建设，全省社会化代收网点24 488个。开发完成短信新平台，向全省电力客户提供快速、便捷的用电信息服务。主动服务全省重点工程建设，建立保障性住房用电服务“绿色通道”，高效完成涉及公路、电气化铁路建设的线路迁移和改造。

党的建设与精神文明建设 开展“为民服务创先争优”活动，推进创先争优公开承诺和践行承诺工作，江西公司系统2012年度党组织和党员公开承诺100%。江西公司直属单位党委被评为全国创先争优先进基层党组织。做好“三集五大”体系基层党组织建设，开展1311个基层党支部分类定级、整改提高、晋位升级工作。推广应用县公司“三重一大”决策报备系统，建成反腐倡廉教育基地。

开展岗位练兵、技术比武，竞赛调考综合成绩在国家电网公司系统排名第六。全面加强班组建设，4个班组荣获全国工人先锋号，建立30个劳模工作室、43个职工技术创新工作室。

推进统一的企业文化落地，完成传播和落地工程重点项目建设，新增152个职工文化服务设施，开展各类服务活动2322次。开展典型部树，吉安供电公司刘卫红当选为十八大代表，南昌公司周海萍被评为国家电网公司特等劳模。推进95598光明服务工程，抚州公司“私家电工”被评为全省创先争优为民服务“十佳品牌”。加强品牌传播、标识推广，发布驻赣央企首份社会责任实践报告。

深化企业民主管理，开展爱心帮扶和送温暖。认真落实离退休老同志政治、生活待遇。开展“学雷锋”活动，江西公司团委被评为中央企业五四红旗团委。开展精神文明创建，9家单位被评为全国文明单位，萍乡公司荣获全国五一劳动奖状。

（何志斌）

【四川省电力公司】

企业概况 四川省电力公司（简称四川公司）是国家电网公司的全资子公司，主要负责四川境内国家电网的规划建设、运营管理和电力供应。

2012年，四川公司的售电量、收入、利税和资产总额分别是2007年的1.85倍、1.93倍、1.28倍和2.1倍，实现了规模与速度双高的跨越发展、总量和质量并重的优化发展、当前与长远兼顾的蓄势发展。

领导班子 2012年四川公司领导班子成员如下：

总经理、党委副书记、党委委员、常委：王抒祥

党委书记、副总经理、党委委员、常委：刘勤

副总经理兼工会主席、党委委员、常委：胡柏初

副总经理、党委委员、常委：王平

纪委书记、党委委员、常委：甘和全

副总经理，党委委员、常委（2012年12月26日任职，原西藏电力有限公司副总经理、党组成员）：李华

副总经理、党委委员、常委（2012年3月任职，原四川公司总工程师）：张伟

副总经理，党委委员、常委，成都电业局局长、党委副书记（2012年5月30日任职，原青海省电力公司副总经理、党委委员，西宁供电公司总经理、党委副书记）：董京营

副总经理、党委委员、常委（2012年4月任职，原国家电网公司直流建设部线路处处长、一级职员）：丁燕生

总会计师、党委委员、常委：潘贤芝（女）

总工程师（2012年4月任职，原德阳电业局局长、党委副书记）：刘勇

副总经理，党委委员、常委，成都电业局局长（2012年5月30日免职，调任宁夏电力公司总经理、党委副书记）：张福轩

副总经理、党委委员、常委（2012年12月26日免职，调任河北省电力公司党组书记、副总经理）：陈修言

组织机构 截至2012年12月31日，四川公司除本部外，有下属二级单位36个（其中发供电企业22个、直属单位14个）；上市公司及控股公司8个；县级供电企业153个（其中全资县级供电企业50个，控股县级供电企业75个，代管县级供电企业28个）。供电企业22个：成都电业局、乐山电业局、攀枝花电业局、德阳电业局、四川省电力公司眉山公司、四川省电力公司雅安公司、达州电业局、绵阳电业局、宜宾电业局、四川省电力公司阿坝公司、西昌电业局、内江电业局、广元电业局、泸州电业局、南充电业局、自贡电业局、广安电业局、四川省电力公司资阳公司、四川省电力公司遂宁公司、巴中电业局、四川省电力公司甘孜公司。发电企业1个：映秀湾水力发电总厂。直属单位14个：四川省电力公司应急中心（国家电网公司应急培训基地）、四川省电力公司综合服务中心、四川省电力公司电力经济技术研究院（四川省电力公司建设管理中心、四川电力工程建设监理有限责任公司）、四川电力科学研究院（四川省电力公司供电服务中心、四川省电力公司节能服务公司、四川省电力公司计量中心、四川省电力公司营销运行监控中心）、四川电力送变电建设公司、四川省电力公司检修公司、四川省电力公司信息通信公司、四川电力物资公司、四川省电力公司管理培训中心、四川电力职业技术学院（四川省电力公司技术技能培训中心）、四川省电力工业调整试验所、四川电力医院、四川电力进出口公司、四川启明星物业管理有限公司（机关事务服务中心）。上市公司4个：四川岷江水利电力股份有限公司、四川明星电力股份有限公司、乐山电力股份有限公司、四川西昌电力股份有限公司。控股公司4个：四川峨眉山电力股份有限公司、四川启明星铝业有限责任公司、四川启明星实业有限责任公司和四川启明星投资有限责任公司。

本部有职能部门28个，办公室、发展策划部、财务资产部、生产技术部（智能电网部）、安全监察部、营销部、基建部、特高压工程办公室、农电工作部、四川电力调度中心、审计部、经济法律部、人事董事部、人力资源部、四川电网电力交易中心、物资部（招投标管理中心）、科技信息部、离退休工作部、机关工作部、思想政治工作部（团委）、纪检监察部、公司工会、援藏办（产业办）、对外联络部、国网企协四川分会、公安处（省公安厅直属二分局）、社保中心、证券资产管理中心。

电网概况 2012年，四川公司完成“十二五”规划滚动修编和2020～2030年中长期规划编制。促成四川政府出台了简化220kV及以下输电线路用地手续等政策。争取到国家电网公司高海拔地区电网工

程建设费用调整标准，编制发布 14 个四川区域性通用设计增补模块。锦屏—苏南、溪洛渡—浙西、雅安—武汉特高压交、直流工程分别建成、开工建设和立项；“疆电入川”的构想，得到了国家电网公司，四川省委、省政府的大力支持，确立为川疆两省（区）合作头号项目；锦屏、向家坝等大型电站送出及特高压配套的 500kV 输变电工程建成投运；完成农村电网改造投资 56 亿元，整治小方杆 45.6 万根；“新甘石”联网工程提前投运；智能电网综合建设工程有序推进，各级电网保持协调发展的良好态势。

2012 年，四川公司 92 项 110kV 及以上电压等级工程达标投产，其中：500kV 变电站工程 8 项，220kV 变电站工程 20 项，110kV 变电站工程 36 项，500kV 线路工程 8 项，220kV 线路工程 12 项，110kV 线路工程 8 项。65 项 110kV 及以上电压等级项目符合申报国家电网公司输变电优质工程评选标准，62 项通过检查评比，获得国家电网公司输变电优质工程命名，总体优质工程率达到 97.57%。

四川公司经营区域（含控股、代管，下同）拥有 110kV 及以上变电站 833 座，开关站 4 座，变电容量 14 958 万 kVA，交流线路 47 198km，直流换流站 3 座，直流换流容量 1660 万 kW，直流线路 823km。其中，500kV 变电站 33 座，开关站 3 座，容量 5250 万 kVA，线路 9977km；220kV 变电站 171 座，开关站 1 座，容量 5036 万 kVA，线路 15 126km；110kV 变电站 625 座，容量 4627 万 kVA，线路 22 095km。

四川电网全口径装机容量 5425 万 kW，其中，火电及新能源装机容量共 1493 万 kW，占 27.5%；水电 3932 万 kW，占 72.5%。全社会用电量 1830.7 亿 kWh，同比增长 4.5%。2012 年，完成外购电量 43.14 亿 kWh，比 2011 年同期减少 14.31 亿 kWh，降低 24.91%。外送电量达 262.43 亿 kWh，比 2011 年同期增加 139.44 亿 kWh，增长 113.37%。

人力资源 四川公司统筹兼顾，稳妥推进“三集五大”体系建设。按照“顶层统一设计、专业联动对接、模拟试测分析、广泛征求意见、反复完善优化”的工作方式，制定“1＋9＋1”（公司本部、省本级 9 家支撑实施机构、市县两级供电企业）组织机构及岗位设置方案，新型组织岗位体系全面建立。顺利完成机构和人员新模式导入，实现组织机构大幅压缩和用工效率明显提升。“三集五大”范围内，省市县层面机构总数由 1402 个减少到 791 个，精简 43.6%，用工效率提升 16.4%；用工数量由 29 309 人减少至 23 619人，用工效率提升 19.4%。向省级支撑机构集中配置 446 人，地市电业局之间调配 23 人。作为国家电网公司试点单位，推进流程、岗位、绩效一体化的岗位责任体系建设，制定 1333 个全业务工作流程，编制各级机构岗位名录 3247 个，形成基于岗位与流程全考核的近万条绩效指标，为国家电网公司精益化管理奠定基础。运营监控中心率先在国家电网公司系统建成投运。完成甘孜州电力体制改革，理顺 36 家县供电企业管理关系。

2012 年，开展企业大学建设，编制《全员培训规划（2013～2015 年）》，开发岗位素质能力模型，建立校企战略合作平台，推进“双千人才”、“521”人才援藏、特高压等人才培养计划和博士后工作站和研究生工作站建设。充分发挥“两中心、一基地、六分部”的功能，累计举办各类培训班 5544 期，培训 235 250人次，其中“三集五大”培训班培训各类人员40 321人次，培训考试率达到 100%。四川公司系统12 142人的学历、职称或职业技能等级得到提高，全员培训率达到 95.83%，“三集五大”培训考试率达到 100%。四川公司拥有国家电网公司及以上优秀人才 33 人，国家电网公司优秀农电人才 51 人，公司优秀人才 865 人。

四川公司全口径在册员工97 852人，其中：全资企业49 503人，控股企业47 169人，代管企业 1180 人。按用工性质分：职工66 102人，劳务派遣工 7361 人，农电工24 389人。

电网建设与发展 2012 年，四川公司完成“十二五”规划滚动修编和 2020～2030 年中长期规划编制。同时，与有关市州签订战略合作协议，促请政府主管部门出台了一系列有利于前期工作开展的优惠政策，简化了 220kV 及以下输电线路用地手续等政策。实现了核准申报程序化、上报文件结构内容标准化，项目前期工作效率大幅提升。2012 全年四川省发改委核准 110kV 及以上电网项目 104 项，取得 110kV 及以上电网项目路条批复 161 项，完成了 110kV 及以上电网项目可行性研究评审 85 项。锦屏—苏南、溪洛渡—浙西和雅安—武汉特高压交（直）流工程分别建成投运，开工建设和获得批准。“疆电入川”的构想，得到了国家电网公司，四川省委、省政府的大力支持，确立为川疆两省（区）合作头号项目。锦屏、向家坝等大型电站送出及特高压配套的 500kV 输变电工程按期建成。

2012 年，四川公司累计投运 110kV 及以上输变电工程投产 215 项，线路长度 6980km、变电容量 3165 万 kVA（不包括特高压工程）。其中建成投运 500kV 线路长度 684km，变电容量 1175 万 kVA；220kV 线路长度 3242km，变电容量 1047 万 kVA；110kV 线路 3054km，变电容量 943 万 kVA。92 项 110kV 及以上电压等级工程达标投产，其中：500kV 变电站工程 8 项，220kV 变电站工程 20 项，110kV 变电站工程 36 项，500kV 线路工程 8 项，220kV 线路工程 12 项，110kV 线路工程 8 项。65 项 110kV 及以上电压等级项目符合申报国家电网公司输变电优质工程评选标准，62 项通过检查评比，获得“国家电网公司输变电优质工程”命名，总体优质工程率达到 97.57%。

2012 年底，四川电网全口径装机容量 5425 万 kW，其中，火电、气电及新能源装机容量共 1493 万 kW，占 27.5%；水电 3932 万 kW，占 72.5%。四川电网拥有 110kV 及以上变电站 833 座，开关站 4 座，变电容量14 958万 kVA，交流线路长度47 198km，直流换流站 3 座，直流换流容量 1660 万 kW，直流线路长度 823km。其中，500kV 变电站 33 座，开关站 3 座，容量 5250 万 kVA，线路长度 9977km；220kV 变电站 171 座，开关站 1 座，容量 5036 万 kVA，线路长度15 126km；110kV 变电站 625 座，容量 4627 万 kVA，线路长度22 095km。

2012 年，四川电网全年川电外送 264 亿 kWh 水电，相当于使整个国家电网减少标准煤消耗 832 万 t，减少二氧化碳、二氧化硫排放 2161 万 t 和23.95 万 t。丰水期的 5～10 月比 2011 年减少火电上网电量 18.8 亿 kWh，节约标准煤消耗 59.2 万 t，减少二氧化碳、二氧化硫排放 153.9 万 t 和 1.71 万 t。

藏区电网建设　2012 年，四川公司组织进行了新都桥—甘孜—石渠电网联网工程建设。工程的建设加快实现了国家电网供区“县县联网”目标，使甘孜北部电力“孤岛”与四川主网联系起来，消除了甘孜、石渠等县电网孤网运行状态，打破甘孜州电网发展瓶颈，进一步改善和提高甘孜州北部保障电力能力和供电的可靠性。

工程线路起于甘孜州康定新都桥镇，穿越康定、道孚、炉霍、甘孜、德格，到达石渠县，全长 1015km，将甘孜州北部与四川电网主网相连。新甘石联网工程沿线海拔高度 3150～4500m，大部分地区处于低气压、缺氧、严寒、大风、强辐射区域，含氧量只有内地的 50%左右，极端温差最大接近 70℃，区域最大风力等级在 9～12 级。电力建设者不畏艰险、抗击严寒、完成建设任务，创下了电网建设的“世界奇迹”。“新甘石”联网工程提前投运，改写了藏区电网建设的历史。

“十二五”期间，四川公司将投资 192.5 亿元，规划在四川藏区新建 500kV 变电站 8 座，新增变电容量 1050 万 kVA、线路 1928km；新建 220kV 变电站 7 座，新增变电容量 150 万 kVA、线路 868km；新建 110kV 变电站 33 座，新增变电容量 145 万 kVA、线路 1879km；新建 35kV 变电站 75 座，新增变电容量 30 万 kVA、线路 2541km；新增 10kV 及以下变电容量 16 万 kVA，线路 3030km。

经营管理　2012 年，四川公司用工总量连续 5 年下降，降幅 10.75%，劳动生产率年均增长 32.42%。加强财务管控，压缩会计主体 131 个，产权级次压缩到 4 级。建成物资调配中心和省级中心仓库，现代化区域仓储物流体系逐步成型。开展工程建设、车辆清理等专项治理，逐项整改存在的问题。围绕专项成本、工程分包、废旧物资管理等开展协同监督。强化企业年金管控，实现投资收益 1.04 亿元，超年度目标 1.2 个百分点。

坚持开展银行账户清理，撤销银行账户 140 个。积极推进上市公司账户授权监控，截至 2012 年底，已办理授权的合作金融机构账户 442 个，银行账户监控率和资金归集比率均达到 100%。土地权证办理完成率 72.48%，超额完成国家电网公司下达的 60%目标任务。通过辅业单位无偿划转、被担保单位贷款置换、担保期满自动解除等方式解除系统外历史遗留担保 4.76 亿元，经营风险进一步降低。在 2012 年国家电网公司系统财务分岗位调考中，获得财税专业个人全国“第六名”的成绩。四川公司系统 15 名财务人员通过西南财经大学 MPACC 在职研究生考试，50 名财务人员获得公司“双千人才”称号，通过考试选拔，两人入选国家电网公司专业领军人才。

安全生产　2012 年，四川公司完成 17 条 500kV 线路抗冰差异化改造。生产、基建现场安装监控设备 1.2 万台。开展变电站带电水冲洗、500kV 直流线路以及电缆带电作业，完成带电作业 1.8 万次。开展平安乡镇创建活动，破坏电力设施案件同比减少 58%。举行“5·12”电网大面积停电应急演练，成功应对冰灾、洪灾、泥石流等各类突发自然灾害。完成十八大、国庆等保电任务。截至 2012 年 12 月 31 日，公司系统未发生电网事故、电网稳定破坏和大面积停电事故，完成国家电网公司年度安全目标，安全形势总体平稳，安全生产达到 2717 天。

营销工作　2012 年，四川公司完成售电量 1543.85 亿 kWh，同比增长 1.15%，售电量累计完成 1392.42 亿 kWh，同比下降 0.95%。四川电网全社会用电量 1830.7 亿 kWh，同比增长 4.5%。其中：第一产业用电量 11.2 亿 kWh，同比减少 2.7%；第二产业用电量 1324.6 亿 kWh，同比增长 3.0%；第三产业用电量 205.7 亿 kWh，同比增长 12.2%；城乡居民生活用电 289.1 亿 kWh，同比增长 6.8%。全社会最大负荷 3280 万 kW，同比增长 5.8%。2012 年四川电网外送电量 295 亿 kWh（含二滩送重庆电量），购入电量 59.7 亿 kWh。全面实施电费回收“双保障”行动，电费 100%回收，月均预收电费比例达到 85%以上。

2012 年，四川公司结合业务分层集约和组织机构变革，深入梳理营销业务名录，新编及修订管理标准47个、工作标准393个、技术标准160个、规章制度51个，覆盖“大营销”19个业务类的226个流程。SG186业务应用系统全面覆盖到公司21个市州电业局（公司）、45个直供直管县公司和63个控股公司、536个农村供电所。

继续推进电动汽车充换电设施建设与运营工作，建成8座充电站、300个交流充电桩，2012年底全省已累计建成充电站12座、换电站3座、交流充电桩1010个，形成了环绕成都市区的充换电服务圈。成都市330余辆电动公交车和300余辆电动市政专用车以及其他电动车辆累计充电量突破300万kWh，充电26 423台次，电动公交车安全稳定行驶达到275万km。四川在建新能源项目19个，总装机容量71.15万kW，其中风电项目13个，总装机容量60.35万kW，在建统调光伏项目5个，天然气发布式发电项目1个，总装机容量10.8万kW，实现节约电量6.17亿kWh，节约电力11.42万kW，达到国家电网公司要求的145%。

农电工作 2012年，四川公司农电生产安全总体平稳。农网供电可靠率先成99.568%，综合供电电压合格率完成98.126%，农网综合线损率完成5.75%，整治小方杆92.8万基。完成各类农网工程投资56亿元。

加快推进理顺县供电企业管理关系，实现阆中等6县地方国有产权上划，完成凉山雷波、宁南改制重组，新设立甘孜州15个县公司，完成13家县公司民营资本退出。截至2012年12月底，全省共有153个县级供电企业，其中县公司108个（全资16个，股份制82个，代管县公司10个）。初步建立结对帮扶和藏区县供电企业发展机制，对口帮扶工作有序进展。

7家县级企业创建为四川公司一流县供电企业，5家县企（含到期重建的双流）获国家电网公司一流县供电企业命名。推进标准化供电所建设，建成省公司标准化供电所131个、国家电网公司标准化示范供电所11个。建成的国家电网公司或省公司标准化供电所占总数的24.4%，较2011年提升11.1%。

科技与信息化 2012年，四川公司承担国家电网公司重点科技项目“输变电设备状态检测及智能决策关键技术研究”、“特高压CVT现场校验用一体化试验装置”、“输电走廊滑坡、泥石流监测预警技术研究”、“非线性定价理论及其在居民阶梯电价的应用研究”、“变压器智能化系统研究开发”、“特高压交直流送端电网稳定控制及网架结构优化研究”、“高压直流输电线路单端暂态量保护研究”，项目均按照国网总部管理要求，进展顺利。首次建立了四川公司重点实验室，成立了科技攻关团队，完善了国家电网公司科技创新体系。

初步建成由省调、南充备调及6个500kV变电站组成10G×40波核心OTN网络，形成了川东南、川西南、川北的10G骨干环，传输网光缆总长度达到49 895km，实现了所有县级供电企业（含控股县级企业）、营业厅（所）光纤网、数据网100%覆盖和直属35kV及以上变电站光纤网、数据网、调度电话100%覆盖。

2012年，四川公司获得四川省政府科技进步奖五项，中国能源奖两项，中国电力科学技术进步奖三项。国内专利申请551项，国内专利授权301项，完成国际专利申请3项，其中“六氟化硫在线湿度仪校验装置及其校验方法”获得德国国家专利商标局的授权。出版专著13部，申请软件著作权10件，在中文核心期刊发表论文151篇。

优质服务 2012年四川公司启动“电亮藏区、服务惠民”工程，在甘孜、阿坝等藏区投入685万专项资金建成24个标准营业窗口，换装智能电能表2.4万只；大力拓展收费渠道，建成收费网点近2万个，通过开通移动网点代收电费、建设24h智能电表自助购电终端、电费余额短信提醒、智能电表应急用电功能等举措，居民用电更加便捷，城市“十分钟缴费圈”基本形成。整合抢修资源，优化业务流程，加强协同服务，确保故障抢修高效及时，故障抢修到达时限承诺兑现率100%；2012年6月，四川公司成立供电服务中心，实现95598服务热线省级集中，共设95598坐席台位165个，中继接入720路，拥有“集中部署、双机互备”的系统平台，确保95598热线安全、可靠、稳定运行。建立95598热线与电监12398联动协同服务机制，按月对投诉举报情况进行专题分析并逐一落实整改，有效改进服务短板；圆满完成十八大、西博会等多项重大保电任务。

2012年，成都电业局高新供电营业厅、乐山电业局供电营业厅、巴中电业局共产党员服务队、绵阳电业局阳光新益营业厅被国家电网公司授予“百佳客户满意服务窗口”荣誉称号；成都都江堰供电局共产党员服务队副队长张毅、西昌电业局里庄供电所所长某色子节、省供电服务中心95598运营部经理马俊娟、眉山公司共产党员服务队队长任承松被国家电网公司授予“百佳客户满意服务标兵”荣誉称号。成都电业局都江堰共产党员服务队副队长张毅在国家电网公司第四届“服务之星”劳动竞赛中荣获国家电网公司第四届优秀“服务之星”称号。

主要事件

1月6日，四川省省长蒋巨峰给公司发来慰问信。对四川公司在四川“十一五”期间，努力克服地震灾害和国际金融危机的双重不利影响，负重自强，开拓创新，电网建设步伐明显加快，电力供应保障明显加强，为四川“两个加快”做出积极贡献，向全省电力系统职工表示感谢和慰问。

1月22日，在四川省第十一届人民代表大会第四次会议上，省人大常委王抒祥从能源行业角度出发，建议四川尽快启动“疆电入川”特高压直流工程，以解决四川省枯水期有效装机不足和电煤供应短缺的矛盾，该建议由40余位代表联名提交，引起了大会和媒体的广泛关注。

3月2日，上午9时，成都电网“腾飞工程”启动仪式暨石墙220kV变电站开工典礼在成都市高新区石墙镇220kV变电站施工现场隆重举行。

3月31日，环保部在北京组织召开“向家坝—上海±800kV特高直流输电示范工程竣工环保验收会议”，向家坝—上海±800kV特高直流输电示范工程顺利通过竣工环保验收。

4月14日，四川省人民政府新闻办公室在锦江大礼堂举行新闻发布会，发布“5·12”汶川特大地震三周年四川电网恢复重建取得巨大成就。四川公司共完成灾后恢复重建投资140亿元，建成投运35kV及以上变电站27座，建成投运35kV及以上线路约1200km。灾区电网的供电能力、电网结构、技术装备水平全面达到、部分超过震前水平。

5月5～6日，中共中央政治局常委、全国政协主席贾庆林莅临遂宁视察。四川公司遂宁公司对保电工作进行了周密部署，圆满完成本次中央领导在遂宁期间的保电任务。

5月8日，四川公司自行组织编印的《智能电表相关问题标准问答库》正式发布。

5月8～9日，温家宝总理前后到北川、德阳、映秀、都江堰等“5·12”地震重灾区视察灾后重建情况。四川公司圆满完成此次特级保电任务。

5月11日，四川公司与南充市政府，签署了《加快南充坚强智能电网建设战略合作协议》。

5月13日，四川公司圆满完成“5·12”地震三周年系列纪念活动保电任务。累计出动保电人员1080人次，统一调配4670kW的应急发电车（机）和UPS电源发电设备参与保电，圆满完成38次保电任务，其中特级保电任务15次，确保了活动期间供电的万无一失，受到了中央有关部委、四川各级党委政府和社会各界的高度肯定和赞扬。

6月1日，四川公司企业标准正式发布并实施。共2667个标准。其中：技术标准1750个，工作标准547个，管理标准370个。

6月27日，由国家电网四川绵阳电业局、绵阳电视台联合制作拍摄的电视剧《党员服务队的故事》（上下集）在绵阳电视三台《剧乐绵州》栏目与广大市民见面，在社会上引起了强烈反响。

同日，四川省国资委党委召开纪念建党90周年暨先进表彰大会，中共四川省电力公司委员会获先进基层党组织称号。

6月29日，四川广元市地方电网居民生活用电与国网供区正式同价，惠及广元市4个县区141个乡镇、1702个行政村或社区170.34万城乡居民，每年可减轻地方电网供区城乡居民电费负担6000万元。

7月23日，四川公司被省委、省政府授予“四川省2010年度上（跨）百亿元台阶奖”。

7月26日，中央企业首批启用的大型专业应急培训基地——国家电网公司应急培训基地在四川龙泉湖揭牌。国家电网公司应急培训基地建成启用。

7月27日，投资14.065 1亿元的500kV嘉州—沐溪输变电工程成功带电，有效地解决了乐山和眉山地区的瀑布沟、深溪沟等水电站的电能送出问题，打通了凉山州水电汇集平台至川南的送电通道，实现水电火电互补，利于锦屏一级、锦屏二级、官地电站向重庆电网通电。

7月30日，500kV石棉输变电站扩建工程成功投运，雅安地区南北电网的重要联络线和西电东送，川电外送的重要通道正式形成。

8月14日22时58分，映秀湾水力发电总厂耿达电站4号机组成功并网发电。

8月20日，中共中央政治局常委、中央书记处书记、国家副主席习近平在四川省委书记刘奇葆、省长蒋巨峰，刘振亚等陪同下，考察了四川成都高新供电局共产党员服务队。习近平强调，共产党员服务队的工作开展要常态化、制度化，要围绕着为人民服务的宗旨，成为党联系群众的一道连心桥。

9月13日，四川省省长蒋巨峰主持召开省政府第90次常务会议，审议通过《四川省“十二五”无电地区电力建设规划及实施方案》，计划用5年时间，基本解决无电地区用电问题，全面消除无电村。四川省仍有无电人口112.37万人，涉及9个市（州）48个县（市）。

9月28日，映秀湾水力发电总厂迎来了40周年庆。自1971年第一台机组发电至今，映电总厂累计发电647亿kWh。

11月4日，四川省委、省政府与国家电网公司共同举行“十二五”四川藏区电网项目集中开工暨启动仪式。四川省委书记刘奇葆、省长蒋巨峰与刘振亚在成都现场参加启动仪式。

11月11日，由四川公司牵头编纂的中国电力工业志丛书《四川省电力工业志（1991～2002）》由中国电力出版社出版发行。《四川省电力工业志（1991～

2002)》是中国电力工业志编纂委员会按照国家要求，统一规划组织编纂、单独出版的一部全省行业性的专业志书，全书96万多字。

同日，四川公司与中国电力建设集团有限公司草签了《四川省电力公司所属分离企业国有产权无偿划转协议》。

12月6日，四川公司有鉴定行业工种技师1443名；通用工种技师359名；鉴定行业工种高级技师合格人员299名；通用工种高级技师50名；高级工近5000名。

12月9日，青藏直流联网工程投入试运行仪式在北京人民大会堂举行，中共中央政治局常委、国务院副总理李克强出席，宣布工程投入试运行。四川公司所属的川电监理公司和四川送变电建设公司参加了直流线路工程建设，四川电力科学研究院承担了拉萨换流站的技术监督和站系统调试工作。

（程彦韬　梁　建）

【重庆市电力公司】

企业概况　重庆市电力公司（简称重庆公司）1997年6月6日随重庆直辖市成立，是国家电网公司全资子公司，以投资、建设和运营电网为核心业务。2012年实现售电量540.2亿kWh，增长0.58%。重庆公司连续6年列重庆市工业企业50强第2位，是重庆市重点骨干公用事业企业。

重庆公司承担着保障能源安全和提供电力支撑的重大责任。重庆公司经营区域覆盖全市38个区县，供电面积7.9万km^2，占全市面积96%，供电服务人口约3000万人。重庆电网是全国互联电网重要组成部分，是国家西电东送的中枢通道。

2012年，重庆公司推出十五项供电服务举措，3年来重庆电网首次没有拉闸限电，最大限度保障网内机组出力，实现了度夏期间配网故障率、低电压台区数、故障抢修时间“三个明显下降”，服务水平和供电质量显著提升。

电网概况　2012年，雅安—武汉特高压交流工程获得路条，特高压落点重庆即将实现；建设完成国家电网首批重点城市配电网示范区，农网改造面达99.7%，智能电网建设取得新进展，为电网跨越升级提供了新的保障。

重庆电网是华中区域电网的重要组成部分，也是全国联网“西电东送”中通道的重要环节。“十一五”期间重庆电网完成了由220kV向500kV电网过渡，电网网架结构逐年加强，送受电能力显著提高。

2012年，重庆电网拥有500kV变电站11座、串补站1座，变电容量2050万kVA、输电线长2672.3km；220kV变电站81座（含用户专用站），变电容量2754万kVA、输电线长5790.5km。重庆电网直调电厂35座，总装机容量1019.325万kW，其中：火电594.1万kW，占总装机容量58.28%；水电413.35万kW，占总装机容量40.55%；风电4.675万kW，占总装机容量0.46%；其他7.2万kW，占总装机容量0.71%。

±800kV特高压夏奉直流输电线路经过重庆东北部，重庆电网已建成500kV日字形双回路环网，形成以500kV网络为骨干、220kV分6大片区向低电压等级辐射供电的分层分区运行，城乡配网日臻完善，各电压等级电网协调发展的良好格局。2012年重庆电网最高负荷1190万kW，较2011年增长0.17%；日最大用电量23 967万kWh，同比下降0.64%；全年统调用电量566.92亿kWh，同比下降0.47%；最大峰谷差434.66万kW，较2011年增加7.96%。平均峰谷差292.16万kW，较2011年增加8.45%。责任频率不合格时间（±0.2Hz）0秒，与2011年持平。220kV及以上电压考核点累计合格率为100%，与2011年同期持平。继电保护正确动作率100%，与2011年同期持平。220kV及以上系统网损率1.47%，较2011年基本持平。平均负荷率82.46%，比2011年增加1.09个百分点。重庆城市综合电压合格率99.806%，农网综合电压合格率98.012%；城市供电可靠率达到99.945%和农村供电可靠率达到99.741%。

人力资源　2012年，重庆统一管理主营业务和集体企业各类用工（全民、集体、市场化）计划。按总量负增长的原则，有效压降市场化用工，严控借工人数、低端岗位全民职工人数、核心岗位市场化用工人数和管理技术类岗位人数。制定关于加强薪酬分配规范管理的规定，进一步规范薪酬分配秩序。工资总额管理采取分档次“三控三结合”（控总额、控上限、控差距，结合历史发展、结合地区差异、结合承受能力）的方式进行管控。2012年重庆公司人才当量达到0.91。

将“三集五大”岗位适应性培训与“三考”相结合，“五大”体系建设完善提升培训工作基层单位共参培12091人，培训参加人数共38 177人次，其中参加专项培训1866人次、转岗培训3941人次。为检验“三集五大”建设专项培训效果，集中实施了13项考试，其中普考3项，调考7项，竞赛选拔考试3项。选拔专业领军人才，有19人入选国家电网领军人才序列。在国家电网系统，与山东电力集团并列成为领军人才10个专业全覆盖的单位，入选总人数在62家推荐单位中排第11位。

重庆公司本部22个部门共设置专业处93个。撤销农电工作部，农电管理职能并入营销部，成立营销部（农电工作部）。成立运营监测（控）中心、企协重庆分会纳入公司本部职能部门。在机关工作部设离退休管理处，不设置机关保卫处。重庆公司本部配置人员445人，较国家电网公司批复方案少62人。供电局分设发展部和基建部，不足500人的基层单位撤销检修公司和客户中心内设机构。3家供电局实现“地配调一体化”运行，缩减调度层级。业务实施机构统一设运维检修部（检修公司）、营销部（客户服务中心）、物流分中心。

电网建设与发展 2012年，重庆电网开工110kV及以上输电线路973km、变电容量742万kVA；投产110kV及以上线路1609km、变电容量799万kVA。1000kV雅安—武汉特高压交流工程获得路条，特高压入渝取得实质性进展。锦屏—苏南特高压直流工程全线架通，其中由送变电公司承建的58km线路顺利竣工。2012年，完成500kV长寿变电站扩建、220kV涪陵龙桥输变电等7项迎峰度夏工程。

在重点输变电工程中，220kV张秀线的建成投运，完成了500kV张家坝变电站与220kV黔江、酉阳、秀山变电站之间的环网供电，极大提高了渝东南地区供电可靠性，满足该地区负荷增长需求，将为重庆“一圈两翼”发展战略重要组成部分的渝东南的经济腾飞注入鲜活的力量。

2012年，重庆公司还建成投运了渝利铁路重庆北110kV牵引变电站等4项电铁供电工程，完成220kV云阳盖下坝水电站等2个电源送出工程，建成投运220kV龙荫和悦来智能变电站。220kV大石变电站新建项目被国家电网公司命名为新一代智能变电站示范工程。完成两江新区电网建设阶段目标，3次获得基础设施建设“百日会战”先进单位称号。

截至2012年底，重庆电网接入风电4.68万kW，累计收购发电量0.83亿kWh。至2015年，全市规划新能源发电包括风电76万kW，占7.6%，生物质11万kW，占1.1%。

2012年，重庆公司建设管理对标位列国家电网公司系统第11名（较2011年上升10位）。其中，6项指标进入国家电网A段（分别是工程设计、施工、监理集中招标完成率、初设评审规范完成率、工程竣工结算按期完成率、基建安全稳定事故（事件）次数、“大建设”体系方案实施评价得分率、110kV及以上电网建设项目竣工环保验收率）；1项指标（即建设队伍专业管理评价得分率）进入国家电网B段。15项指标中，有13项指标优于国家电网公司平均水平，占86.7%，较2011年提高了36.7个百分点。

经营管理 2012年，重庆公司完成财务管控标准流程试点，部署流程227个，在线监控流程69个，监控业务合格率100%，业务融合加快，试点验收排名第二；管理创新方面，“固基础、重推广、勤沟通”的“443”内部控制机制获得财政部、证监会创新管理二等奖；“抓源头、控过程、重结果”为主线的财务评价闭环管理体系，获第十八届国家级企业管理现代化创新成果二等奖；电价管理、财务信息化管理获得资产经营管理同业对标华中区域标杆。

建立“诊断分析—对策研拟—结论反馈—效果兑现”动态循环的经营诊断工作流程，进一步解决问题、提升效益、促进发展。在资产与产权管理方面完成主多分开相关资产财务管理工作。完成公司地（市）县层面主多分开多经资产收购整合，协调落实集体企业收购多经企业、主业收购企业及单项资产的评估备案工作。在基建财务方面分别完成国家电网“工程投运暂估增资及时性”、“工程竣工决算编制完成率”、“工程财务管理规范性”、“开展工程财务分析次数”和“基建标准成本应用率”集约化指标。在省公司分专业考评得分中，重庆公司工程财务方面，在省公司排名并列第一，各项集约化指标均按要求完成。重庆公司电价管理在2012年国家电网公司资产经营对标中被评为华中区域标杆单位。

重庆公司系统物资采购全部纳入国家电网公司一级部署的电子商务平台实施，电子商务平台应用率达到100%。依托电科院、检修分公司和直属供电局技术力量，建立了12家物资质量检测中心。有效应用国家电网总部颁布的22类设备材料质量管控重点措施，积极开展设备监造和产品抽检工作。全年完成61台套220kV及以上主设备的监造任务，抽检各类物资共11.76万台（盘/支），实现了所有采购批次、所有供应商、所有物资品类的“3个百分百”全覆盖。

在抗击“7·28”特大洪灾等抢险过程中，两级物资调配机构积极发挥作用，2012年全年累计受理应急采购计划1015条，为受损电网快速恢复供电提供了坚强的物资供应保障。物资供应保障及时可靠，圆满完成了500kV长寿变电站扩建、220kV龙荫和悦来智能变电站等项目的物资供应保障任务。2012年，重庆公司物资管理在国家电网公司系统同业对标位列第14名，排名同比提升5位。

至2012年底，重庆公司45家基层单位中，有35家单位设立了内部审计机构，取得国际注册内部审计师、注册会计师、注册造价师等资格证书的有25人，占比20%。及时对2011年至2012年离任的领导干部开展任期经济责任审计，2012年全年重庆公司系统共开展领导干部的任期经济责任审计15项，审计覆盖面达100%。对公司所属33家基层单位扩大内需农网节余项目和2010年农网改造升级工程进行专项审计。开展基本建设项目审计1367项。其中大中型基本建设项目结（决）算审计1357项、小型基本建设项目结算审计7项，工程管理审计1项。

重庆公司新修订的合同管理办法明确了合同管理“六统一”模式，纵向上加强了对基层单位的管控。为满足公司运营监测（控）业务需求，公司开展合同管理远程运营监测（控），每月度对系统各单位的相关数据进行核实和分析。并对系统各单位的合同管理历史数据进行手工收集和数据治理。

2012年组织系统内普法教育骨干30余人参加重庆市国有企业普法教育骨干法制培训班，参训考试合格率达100%。积极组织“12·4”全国法制宣传日系列宣传活动，积极宣传《重庆市供用电条例》，学习宣传国有企业改制、工程建设、招投标、保护国家秘密和商业秘密等法律法规。依法治企和法制宣传教育工作受到重庆市法建办的肯定，并作为重庆市先进企业代表接受《法制日报》采访。

“三集五大”体系建设 2012年，重庆公司调整人员10 155人，有效缓解用工刚性需求，人力资源用工效率进一步提高12%；成本管控效益显著，资金集中支付比率、资金归集率达100%，实行电费账户集中、推行集团账户构建内部资金市场；集中采购率由90%提高到100%，公开招标率由70%提高到99.5%。撤销农电工作部，成立供电服务中心和综合服务中心，撤销基层单位检修公司和客户中心内设机构，供电局分设发展部和基建部，检修分公司组建检修生产调度中心，电科院、信通分公司完善安监机构，南岸局、永川局、綦南局实现“跨辖区调控一体化”运行，公司科级职能部门和专业机构由829个减少到585个，精简29%。

标准和同业对标 2012年，重庆公司编制了《“十二五”规划》和《2012年标准化工作意见》，实施标准化工作“1369工程”，发布制修订标准2742个，标准体系实现业务、流程、单位及岗位四个全覆盖。应用ARIS结构化工具优化管理流程704个，初步建立起直辖市公司管理流程体系。探索建立标准执行的常态评价机制，分层级建立起年度评价与常态评价相结合的标准化工作评价机制和综合评价与专业工作评价相结合的“1+N”模式的标准化工作评价体系。编印分发《标准化工作手册》4000册，普及标准化知识；举办公司系统标准化知识综合培训三期，750人次参加培训。重庆公司1人列入国家标准化良好行为确认办公室专家库，向重庆市质监局推荐标准化专家11人。参与28项国家、国家电网公司标准编写工作。2012年，重庆公司被中国电力企业联合会评为标准化工作先进集体，被国家标准化委员会和国家电力监管委员会授予电力行业最高等级——“标准化良好行为AAAA级企业”称号。

2012年重庆公司获重庆市管理创新成果一等奖3项、二等奖11项、三等奖2项，获国家电网公司二等奖1项、三等奖3项，获全国电力行业一等奖1项、三等奖3项，《以三集五大为目标的电网企业管控体系建设》获得第19届国家级企业管理现代化创新成果二等奖。

2012年，重庆公司“智能电能表质量监督”、“政企牵手破解电网发展瓶颈”等7项管理经验入选入围国家电网公司层面的典型经验，并作为转化管理标准的基础。各部门、各单位积极参与典型经验的总结提炼，共申报公司层面11个专业169项典型经验，申报国家电网公司层面11个专业40项典型经验，典型经验申报材料所涉及的专业和数量均创历年之最。

安全生产 2012年，重庆公司规范19项现场处置方案目录及模板。规范“红岩供电抢修服务队”运作模式和抢修站点设置，增设107个配网抢修站点。建立移动应急指挥系统。开展“6·15”渝西片区突发大面积停电事件应急联合演练和“8·16”渝东南电铁专项演练。有效应对“7·23”长江特大洪峰、“9·1”渝西片区暴雨洪涝灾害等突发事件电力应急处置和保电，快速恢复供电，最大限度减轻灾害损失和影响，得到了地方政府和用户的高度好评。

2012年，重庆公司所属46个单位累计排查事故隐患444项，全部为一般事故隐患，完成整改440项，整改完成率99.10%，计划整改完成率100%。全年未发生生产、基建、农电人身伤亡事故（事件），未发生六级及以上电网、设备、火灾事故，全面实现年度安全生产目标。

2012年上半年成功投运应急卫星通信车，完成了重庆公司移动应急指挥平台的建设。全面开展石柱、南川供电公司等20家县级供电企业应急指挥中心建设，实现了公司应急指挥系统重庆市地域的全覆盖。

实现“大检修”对24个区县公司的全覆盖，首次实现重庆公司供电单位运检管理模式的规范统一，工厂化检修基地获“国家电网公司A级工厂化检修基地”命名。2012年度夏期间，重庆电网未出现对居民的拉闸限电情况，未发生因配电网原因引起的重大舆情和不稳定事件，配网故障同比下降12.3%；低电压台区同比减少24.6%；低压故障平均停电时间同比下降21.9%。

2012年12月29日，重庆公司运营监测（控）中心作为国家电网公司两级运营监测（控）中心建设首批试点单位，正式建成投运。运营中心承担国家电网公司总部重要制度编写任务；专项研究课题通过评审数量位居国家电网系统第二名；“一个平台、两级应用”的建设思路获得总部顶层设计专家指导组认可；月度运营动态编制工作在国家电网公司位列前茅；专题分析成效价值逐步显现；运营监测（控）信息支撑系统按期成功上线；在年度国家电网公司运营中心建设情况综合评比中位列A段。2012年PMS月度应用评价排名稳步提高，年均进入国家电网公司前五名。

2012年，重庆公司建设完成空港充电站（二期）、合川五洲龙充换电站、恒通混动客车充电站群、50台交流充电桩和充换电服务网络管理系统，满足电动公交客车线路运营需要。开通重庆市首条纯电动公交线路并正式收取专项充电服务费用。

营销工作 2012年，重庆公司电力市场售电量540.22亿kWh，同比增长0.58%；售电均价660.72元/MWh，同比增长51.36元/MWh；售电收入356.93亿元。新增客户83.39万户，新增装接容量998.69万kVA，完成智能电能表安装100万户，完成9700台负控终端建设改造，建成一体化缴费平台和预付费系统。10项承诺兑现率99.99%，客户服务满意率达到99.99%。全年未发生电网责任的客户安全事故，未发生媒体曝光的重大服务事件。

在国家电网系统年度考核中排名第一，重庆公司荣获国家电监会居民用电质量提升专项行动先进单位；华中电监局先后六次到公司检查督导，给予公司服务工作较高评价，合川公司作为华中地区示范典型；营销专业同业对标名实现历史性突破，十项承诺兑现率99.99%。

2012年，重庆公司单相电能表全自动检定生产线新增17套检定台和5台机器人；三相全自动检定生产线新增6套检定台，全年完成电能表检定160多万只，申请各种专利36项；完善SG186营销系统计量管理模块功能，实现电能计量资产全寿命周期实时监控。全年完成100万户智能电表安装，累计完成331万户，智能电表覆盖率达到30.1%，全年采集成功率超过95%。

建成一体化缴费平台，开展国家电网营销GIS应用推广试点，实现10个供电局所有专线专变客户现场采集数据；改进95598互动服务网站手机WAP、小I机器人等功能，实现与国家电网智能互动网站的整合。

实现系统自动远程费控和欠费及时提醒，非现金缴费比例达到34%，同比提升15.27个百分点，连续8年实现电费回收双结零。

完成负控主站新系统的建设，建成有序用电监控平台。完成100台无线专用信道基站建设，完成9700台负控终端建设改造，负荷监测率达到75%，负控制率达到15%，实现全年“错峰不限电、限电不拉路”，确保了迎峰度夏期间电力平稳有序供应。

农电工作 2012年，重庆公司25家县级控股供电公司，有10家完成股权划转，成为全资子公司，另15家已与所在区、县签订了无偿划转协议。南川、潼南供电公司获得国家电网公司“一流县级供电企业”称号，巫山、奉节、石柱、垫江供电公司成为“重庆市电力公司一流供电企业”。区县供电公司建成100个标准化供电营业所，标准化供电所创建率达到96%以上。

2012年，重庆公司完成农网改造工程9.7%，供区内农网改造面达99.7%。

继续配合做好农民新村、巴渝新居、危旧房改造的农村电网建设，通过推广应用“小城镇供电模式”和“农村典型供电模式”，建成綦江、丰都2个电气化区县、30个电气化乡镇、300个电气化村。农网改造有力支持了国家“家电下乡”政策，切实解决了农村电网发展缓慢、供电能力不足和安全基础薄弱等问题，提高了农村电压质量和供电可靠性，农村用电实现了从“用上电”到“用好电”质的飞跃，改善了农村生活质量。2012年重庆公司南川金龙村10kV线路改造工程和潼南双江智慧8村中压改造工程荣获国家电网公司2012年度农网百佳工程项目荣誉称号。

科技与信息 2012年，“电磁与可听噪声环境影响实验室”获得重庆市重点实验室命名，成为重庆公司首个省部级重点实验室，“重庆市智能电网输配电工程技术研究中心”通过重庆市科委验收。

“电能计量装置可信性与检测技术科技攻关团队”被命名为国家电网公司科技攻关团队。2012年，重庆公司申请专利291项（其中发明专利83项），同比增长75.30%；获得专利授权268项（其中发明专利授权25项），同比增长123.33%。

2012年重庆公司获自主研发项目“六氟化硫分析试验能力建设”获国家电网公司科技进步奖三等奖；参与项目“国家电网公司‘三集五大’体系建设框架及运行评估研究”、“国家电网公司集约化、实时化营销稽查监控系统标准化设计与应用”、“SEA3000电力用户用电信息采集系统”分别获得国家电网公司科技进步奖特等奖、一等奖和三等奖。“电力企业安全风险管理体系及关键技术研究”获重庆市科技进步奖二等奖，“重庆市智能用电小区技术研究与应用”等6个项目获重庆市科技进步奖三等奖。

优质服务 2012年，重庆公司坚持以客户需求为导向的服务理念，深入开展95598光明服务工程，被全国用户委员会、中国质量协会评为“全国实施用户满意工程先进单位”。建立客户导向、服务协同的“1435”工作模式。创建“一链一控三化双评”业扩报装管理模式。建成重庆首座24h自助缴费厅，打造了两条“10分钟缴费服务圈”。

2012年，重庆公司3人入选国家电网公司10大专业领军人才，5人获国家电网公司“百佳客户满意服务标兵”。鱼嘴、双江供电营业所获“全国电力行业满意服务明星班组”，綦江供电营业厅、万州双河营业厅获国家电网公司“百佳客户满意服务窗口”，江北新牌坊营业厅获重庆市创先争优“群众满意窗口”，云阳供电公司获“重庆市售后服务先进单位”称号。

对外发布《“重庆电力‘三心’服务工程”2012年十五项供电服务举措》，推出5大类15项创新服务。出台服务笔电产业六项举措，笔电产业提前上量达产，全方位对接和服务两江新区的发展。开展创新便捷缴费服务，缴费服务方式发展到17种，缴费网点达到8000个以上，建成10个城市“10分钟缴费服务圈”。

党的建设和精神文明建设 实施95598光明服务工程，积极践行新“三个十条”，落实“三心”服务工程十五项供电服务举措，128个党员服务窗口、1255个党员示范岗落实“三亮”要求。“共产党员责任区”深入开展。大力推进以“班子建设好、党员队伍好、工作机制好、发展业绩好、阵地建设好”为主要内容推进“五个好”党委建设，10个基层党委通过市国资委党委“五个好”验收。深化“电网先锋党支部”创建活动，“五个好”党支部达到90%。2012年全年发展党员593名。生产一线共发展党员389名，占总数的65.6%。2012年各基层党委党员参评率达到100%，合格率达到99.96%。

2012年，重庆公司荣获重庆市国有企业反腐倡廉理论研讨组织奖，重庆市阳光重庆“10佳上线单位”，中央纪委监察部2012年第13期纪检监察综合业务培训“优秀参训单位”。

组织企业文化成果、案例和论文评选，评出一等奖9项、二等奖11项、三等奖11项，向国家电网公司推荐优秀成果5个、优秀案例3个、优秀论文2篇，编印《2012年企业文化优秀成果案例论文集》。重庆公司思想政治工作部荣获2012年度“重庆市宣传思想文化工作先进单位”。

2012年，奉节供电公司、信通分公司、送变电公司、物资公司、监理公司创建成为重庆市文明单位，建设分公司、广汇公司创建成为市国资委文明单位，全公司建成“重庆市文明单位”46家。

实施“3个1000”爱心工程（帮扶1000户困难客户，援助1000名困难学生完成学业，放映1000场电影送到社区乡村），以建成的100所“国家电网春苗之家”为平台，策划关爱留守儿童公益行动，提升“国家电网”品牌美誉度。

（方 立 何 莲）

西 北 地 区

【国家电网公司西北分部】

分部概况 国家电网公司西北分部（简称西北分部）主要负责实施西北电网（含西藏藏中电网）的统一调度运行管理，履行黄河上游水库水量统一调度职责，指导、协调、监督西北电网安全生产和经营管理，组织西北跨省（区）电力电量交易等。8月，按照国家电网公司党组关于深化总部分部一体化运作的工作部署，西北分部完成分部职能和机构优化调整，保留5个处（综合管理处、财务处、审计处、安全质量监察处、党群工作处）、2个中心（西北调控分中心、西北交易分中心）和1个直属单位（物业公司）的编制。

领导班子 2012年西北分部领导班子成员如下：

国家电网公司总经理助理、西北分部主任、党组书记、公司执行董事、总经理、党组书记：喻新强

西北分部副主任、党组成员、公司副总经理、党组成员：左玉玺

西北分部副主任、党组成员、公司副总经理、党组成员：曹福成

西北分部纪检组长、工会主席、党组成员（正局级）、公司纪检组长、工会主席、党组成员（正局级）：魏海平

国家电网调控中心副主任、西北分部副主任、党组成员、公司副总经理、党组成员：张磊

西北分部副主任、党组成员、公司副总经理、党组成员：穆银安

副局级调研员：高凤林

副局级调研员：申宝峰

电网概况 西北电网包括陕西、甘肃、青海、宁夏、新疆五省（区）电网，供电面积 310 万 km^2，服务人口 9658 万。2012 年，西北五省（区）系统统调发电设备新增机组 85 台（座），新增发电容量 7682.5MW，较 2011 年底统调总装机容量增长 8.19%。其中新增火电机组 18 台，新增发电容量 4190MW，增长率为 9.89%；新增水电机组 20 台，新增发电容量 643.6MW，增长率为 3.04%；新增风电场 32 座，新增发电容量 2369.4MW，增长率为 28.9%；新增光伏电站 15 座，新增发电容量 529.5MW，增长率为 32.9%。网调直接调管发电设备新增机组 2 台（场），新增发电容量 268MW。其中火电机组增容 2 台，新增发电容量 120MW；新增风电场 2 座，新增发电容量 148MW。

2012 年，西北五省区系统新增 220kV 及以上降压变压器 68 台，新增容量14 336MVA。其中 330kV 新增降压变压器 25 台，容量 7440MVA，增长率为 9.85%；220kV 新增降压变压器 43 台，容量 6890MVA，增长率为 29.04%。其中：陕西电网新增 330kV 变压器 9 台，新增容量 2040MVA。甘肃电网新增 330kV 变压器 9 台，新增容量 3000MVA。青海电网新增 330kV 变压器 2 台，新增容量 960MVA。宁夏电网新增 330kV 变压器 9 台，新增容量 1440MVA；新疆电网新增 220kV 变压器 39 台，新增容量 6290MVA。

2012 年，西北五省区系统 220kV 及以上交流输电线路新增 142 条，新增长度 4885.95km。其中新建、改建 330kV 线路 16 条，新增线路长度 56.128km；新增 220kV 线路 126 条，新增线路长度 4829.822km。网调直接调管线路净增 4 条，全为 330kV 交流线路，长度 11.05km。直接接入 750kV 及以上输电网络的机组14 020MW，占总装机容量的 13.76%；直接接入 330kV 输电网络的机组 38 241.5MW，占总装机容量的 37.54%；直接接入 220kV 网络的机组25 175.5MW，占总装机容量的 24.71%。网省调调度调管容量分别为：网调直调 38 658.5MW，占总装机容量的 37.95%，陕西电网 10 719MW，占总装机容量的 10.52%，甘肃电网 15 213.2MW，占总装机容量的 14.93%，青海电网 4665.75MW，占总装机容量的 4.58%，宁夏电网 11 383.53MW，占总装机容量的 11.17%，新疆电网 21 388.1MW，占总装机容量的 20.85%。

截至 2012 年底，西北五省区系统统调 220kV 及以上降压变压器变电容量167 326MVA，其中 750kV 降压变压器容量为53 200MVA（25 站 29 台），330kV 降压变压器变电容量为82 670MVA（161 站 327 台）。西北电网 220kV 及以上交流输电线路长度49 889.35km（915 条），其中 750kV 线路长度为10 129.9km（59 条），330kV 线路长度为21 958.62km（435 条）。直流线路 2 条，长度 2076km。

人力资源 2012 年，西北分部按照国家电网总部要求，召开了西北区域福利保障工作座谈会和人力资源年报片审会议，完成国家电网公司“十大”专业领军人才西北区域考务协调和验收工作，审核了西北五省区公司的年度教育培训计划执行情况，完成在西北区域的国家电网公司优秀专家人才年度考核工作。完成分部机构改革、人员安排及划转工作。完成科室、岗位职责编写、员工岗位确定、人力资源信息系统数据更新工作。完成划转人员人事、工资、社保关系转移、人事档案移交工作。完成总部分部一体化运作职责界面和工作节点意见征集和上报工作。就分部大运行体系向总部进行了专题汇报。完成分部各类专业委员会和领导小组成员调整工作。完成年度干部员工考评工作。向总部上报了分部干部人事工作调研报告。选送 25 人到国家电网公司总部进行工作锻炼，并制定到总部锻炼工作规则，确保取得实效。选派 6 名干部赴西藏电力公司开展为期半年的人才帮扶。完成毕业生招聘录用工作。完成分部职员职级序列情况分析上报工作。开展了干部信息系统建设工作，补充完善了分部干部个人信息。加强劳务派遣人员管理，编制岗位名录，完成分部劳务派遣用工管理报告并上报总部。

以全面提升员工队伍整体素质以适应总分部一体化要求为主线，扎实细致开展培训工作。制定和实施了 2012 年度培训计划，共举办培训班 39 期，培训 2039 人次，选送 125 名员工参加总部举办的各类专业培训班，全员培训率达到 96.28%。组织开展了“三集五大”体系建设宣贯活动。协助完成西北区域高级专业技术资格评审工作。完成西北区域 2011 年度专业技术资格申报阶段相关工作。

截至 2012 年末，西北分部实有职工 247 人，无超编人员。较 2011 年累计净减 74 人，其中西北分部本部实有职工 215 人，较 2011 年累计净减 11 人。西北分部职工平均人数为 294 人，较上年净减 180 人。全员劳动生产率252.227 9万元/（人·年），完成国家电网公司计划。较 2011 年293.601 3万元/（人·年）增幅为－14.09%。西北分部直管单位 2012 年招聘毕业生 5 人。

2012 年，西北分部长期职工 247 人。其中：单位负责人 12 人，部门负责人 50 人，专业管理类 103 人，技术管理类 82 人。经营管理人员占长期职工总数 4.86% 人，专业管理人员占长期职工总数

61.95%，技术管理人员占长期职工总数33.20%。女职工61人占职工人数的24.70%。2012年末，西北分部有国家电网级人才6人，省公司级12人。中级及以上专业技术人员占74.9%，技能人员占技术类人员的20.73%。西北分部总体人才当量密度达1.137，人才引进指数为1.26。

电网建设与发展 2012年，西北分部积极推进西北电网重要工程前期工作，新疆与西北主网联网750kV第二通道输变电工程提前实现核准。协助甘肃、陕西电力公司，实现750kV兰州东一天水一宝鸡工程核准。

750kV兰州东—天水—宝鸡输变电工程原由西北电网有限公司负责前期工作，2011年西北电网公司职能调整后，该项目移交甘肃、陕西电力公司。在后续前期工作开展过程中，西北分部协助两省电力公司，积极提供资料，办理节能评估等有关支持性文件，通过共同努力，该项目已经取得核准。

积极配合国家电网公司总部开展特高压直流外送工程前期工作，±800kV哈密南—郑州取得了核准，协助国家电网公司总部开展哈密北—重庆特高压直流工程、±1100kV准东—四川特高压直流工程前期工作。

企业管理 2012年，西北分部顺利完成分部机构优化、人员调整和工商注册。积极争得西部大开发所得税率15%的优惠政策。认真履行分部审计职责，完成对上海、重庆公司等8项重点审计任务，青藏联网直流工程审计等4个项目被评为国家电网公司优秀审计项目。推进审计成果运用，分部依法治企综合专项检查整改基本完成。

西北分部结合职能定位和资产划转方案，及时对2012年综合计划进行调整；组织各部门认真梳理、充分沟通，按期完成2013年度综合计划草案编制。每月完成跨区跨省交易电量、省间联络线线损率分析报告，协调落实年度交易计划执行，交易电量实现历史新高，西北清洁能源首次实现跨区域配置。编制完成2013年西北分部生产经营计划。根据分部管理现状，修订分部综合计划实施细则，突出项目动态管理，对项目储备库的入库、审核、调整、锁定进行了规范，对项目备案流程进行了规定，对计划考核进行了细化。结合分部年度绩效考核，修订了年度综合计划考核指标体系和评价标准，从计划完成率、计划项目调整幅度、项目储备库建设及调整、计划执行分析质量对综合计划进行全方位考评。

安全生产 2012年，西北电网未发生人身死亡事故，未发生电网和设备事故，未发生网络信息安全事件，未发生火灾和交通事故；发生人身事件1起，轻伤1人，发生电网事件17起，发生设备事件75起。

2012年初，成立西北分部“安全年”活动领导小组，明确“安全年”活动安全生产、建设质量、队伍稳定、优质服务、依法治企和品牌建设六方面重点工作，细化制定107项重点工作推进计划，目前已完成87项。各省（区）公司认真贯彻“安全年”活动各项要求，结合自身工作实际和季节性特点，统筹制定全年活动推进计划，各项工作有序顺利推进。西北分部及各省（区）公司在全系统认真开展“安全日”、“安全月”、吸取印度大停电事故教训“安全日”活动和南昌“6·9”、西安“6·17”两起大面积电网停电事故警示教训，有效提高人员安全意识，认真落实西北电网2012年9项“大反措”计划。

完成750kV“7+5”标准编制、审核工作，统一规范了750kV运行管理工作要求。圆满完成青藏联网工程试运行工作，深化设备状态管理，及时发现和处理了750kV主变压器乙炔超标、断路器SF_6气体分解物超标等重大隐患，避免了设备事故的发生。

组织完成西北电网配电变压器及电力电缆专项抽检督导工作，对省（区）公司共计15个基层单位进行检查工作，共计提出建议10项；开展西北电网供电可靠性及供电服务质量督查工作，对各单位普遍存在的全面质量监督管理、营销服务、新能源对电压的影响等共性问题，提出了整改建议。组织完成西北电网“安全年”活动及春检安全生产督察，从基础管理、风险管控、电网建设等三个方面共提出相关62项建议。组织完成西北电网防汛互查，对省（区）公司共计5个基层单位、2个水电厂开展汛前检查工作，提出12项整改建议。组织开展四川、江西公司人身安全专项交叉互查工作。组织开展新疆输电网和宁夏银川、甘肃兰州城市电网安全性评价专家查评工作，从电网、调度及二次系统、电气一次设备、安全供电和应急管理等五个方面进行认真查评，共梳理银川电网问题109项，其中重点问题39项；兰州电网问题186项，其中重点问题42项。组织两个督查组对宁夏电力公司所属银川、石嘴山供电公司、青海电力公司所属海东、海北供电公司，西藏电力公司所属拉萨电业局、山南供电公司，陕西电力公司所属宝鸡、汉中供电局，新疆电力公司所属阿克苏、巴州供电公司，甘肃电力公司所属张掖、嘉酒供电公司共12个地市公司进行了供电服务质量及供电可靠性管理工作进行了专项检查。形成了西北区域供电服务质量及可靠性管理专项督查报告。检查结果在西北分部2012年安全监督工作会上进行了通报。组织西北五省区公司系统内的安监、物资部门及电科院的相关人员组成督导检查小组，分别对甘肃、宁夏、陕西、新疆、青海公司开展配电变压器及电力电缆专项抽检情况进行了督导检查。5～7月间，督察组先后对对甘肃、宁夏、陕西、新疆、青海公司活动开展情况进行了调研，听取了各公司的工作汇报。按照专项活动中各单位的职责分工，对各省区公司安监部、物资部、物资供应公司、电力科学研究院、部分供电公司进行了实地督查，有效促进了质量管理工作。

统一牵头，在陕西省电力公司开展110kV及以上输变电设备深度隐患排查治理工作，编制了（《关于开展陕西省电力公司输变电设备深度隐患排查治理工作的通知》西北生技〔2012〕160号），成立了设备深度隐患排查领导小组、工作组和专业组。领导小组由陕西电力公司副总经理担任组长，西北分部安全监察质量处、西北电力调控分中心、陕西公司运维检修部、陕西省电力调控分中心按照各自专业管理职责安排得力人员，组成专业工作组，统一开展隐患排查工作。7月9日～8月2日，组织区域内甘肃、青海、宁夏电力公司共10名人员，包括线圈类、开关类、二次设备、站用交直流及运行维护专业，逐台设备、逐个保护装置、逐个端子箱及接线端子进行检查，对设备进行了全面"地毯式"排查。设备隐患排查出共计195项隐患，全部列入治理计划，有效保证了安全生产的稳定局面。

科技与信息化　从保障"三华"电网安全稳定运行出发，加快特高压直流送端750kV接入等关键技术研究。依托重点工程项目，扎实推进可控高抗、SVC、全复合变电站等新设备、新工艺、新技术的研究和应用。"750kV线路抢修塔研制""风电调度自动化关键技术研究及应用"获得国家电网公司科学技术进步三等奖。

开展信息化项目建设管理研究。2012年信息化项目共计19项，包含子项目43个，其中国网统推项目38个、自行建设项目5个。5个自建项目中除"西北电力交易运营系统深化应用"正在实施外，其余均按期完成项目建设任务；统推项目中有9个属于费用分摊，19个项目还未实施，15个完成建设工作。实施"财务集约化深化应用"项目，实现标准流程的规范应用和在线监控，保障了资产划转和总部、分部一体化调整前后的业务连续性。完成"SG-ERP人力资源管理信息系统二期"和"干部人事管理系统"的建设，重新梳理分部人员的信息，实现SG-ERP人力资源管理的功能整合和标准统一。"生产管理系统深化应用"项目保障了技改大修计划的及时上报和项目执行情况的过程跟踪。"一体化平台改造升级"项目满足了总部对企业门户标准化建设的要求。"信息系统安全防护系统完善"、"信息运维综合管理深化应用"等多个项目提升了安全和运行管理的技术水平和督查保障能力。

完成"新疆与西北主网联网第二通道建设指挥部信息网络"项目建设。开通90余部办公电话、信息内网、互联网，确保33个工位、会议室信息点电话、传真、信息内网畅通，保障指挥部人员在6月顺利入驻。完成协同办公、ERP、财务管控、自助报销等业务支撑系统和3个分指挥部、6个变电站、25个线路施工项目部电话会议系统的搭建工作。

党的建设和精神文明建设　开展基层组织建设年活动，开展党支部分类评级、整改提高、晋位升级，分部14个党支部达到A级标准。

根据分部职能和机构调整情况，及时调整完善党、工、团组织，开展"强素质　当先锋　迎接党的十八大"主题实践活动。在新疆与西北主网联网第二通道工程建设现场启动开展了"丝路传真情、电网送光明"党建主题实践活动，以党的建设促进工程建设。组织开展"青春光明行"、革命传统教育、春季植树、纪念建团90周年、青年座谈会等活动。

党风廉政建设。加强反腐倡廉建设的组织领导，落实党风廉政建设责任制和领导干部"一岗双责"，坚持把党风廉政建设责任与其他业务工作同安排、同部署、同检查、同考核。开展员工思想动态调研及我为分部献一策活动；组织63名党员干部参观西安市廉政建设教育基地——蓝田县葛牌镇区苏维埃政府纪念馆和红色古镇蓝田县葛牌镇；组织开展廉洁文化优秀作品征集和评选活动，征集书法、绘画、摄影、诗歌、平面广告、动画等优秀作品162幅，其中，物业公司乔子露创作的平面广告《权力制约》获得国家电网公司廉洁文化作品创作优秀奖。

建立协同监督机制，开展对权力运行的制约与监督。先后开展防治"小金库"、公务用车专项治理、"安全年"建设、"三重一大"决策制度落实情况自查、规范职务消费等专项活动的协同监督工作；参加招投标项目的监督，保证招投标工作的公平、公正、公开和规范运作。根据国家电网公司监察局的统一安排，牵头组织西北区域各省（区）公司监察部开展"三化三有"惩防体系课题研究，调研成果并被推荐参加国家电网公司重大管理创新成果奖的评比。

企业文化建设。组织开展青藏联网工程先进事迹报告活动，分别在国家电网公司"两会"、五个分部及十多个省公司进行，得到了国家电网公司领导的高度肯定。组织青藏联网工程丛书、DVD、文学集、摄影集、纪念碑申报国家电网公司优秀企业文化成果。完成重大管理创新项目——"建设和弘扬统一的企业文化"相关课题的研究和400余篇企业文化优秀案例、成果、论文的评审任务。

职工民主管理与劳动竞赛。组织召开二届二次职代会；完成2012～2014年集体合同签订工作，建立了长期稳定的劳动关系。开展各专业劳动竞赛，组织青藏联网工程联合反事故演习竞赛；配合开展西北区域信息运维岗位劳动竞赛；开展公文处理竞赛，组织了网络公文知识学习和答题；围绕新疆二通道工程建设，开展“五赛一创”劳动竞赛活动。

主要事件

1月6日，国家电网公司新疆与西北主网联网750kV第二通道工程专题会议在北京召开。

1月14日，青海省委常委、副省长骆玉林一行到西北分部慰问指导工作。

2月8日，国家电网公司总经理助理、西北分部主任、党组书记喻新强在西安主持召开新疆与西北主网联网第二通道工程建设指挥部全体会议。

2月20日，国家电网公司副总经理杨庆一行与陕西省委常委、常务副省长娄勤俭，就陕西省电源电网建设及电力外送等有关问题进行了座谈交流。

2月21日～3月1日，国家电网公司总经理助理、西北分部主任喻新强率团一行六人赴韩国、南非执行考察任务。期间，于2月21日对韩国晓星集团进行了友好访问和技术交流，于2月27日对南非TAP公司进行了考察访问。

2月28日，国家电网公司与新疆、甘肃、青海三省（区）政府在北京共同召开了新疆与西北主网联网750kV第二通道工程前期工作领导小组第一次会议。

3月9日，环保部辐射源安全监管司在北京组织召开《新疆与西北主网联网750kV第二通道输变电工程环境影响报告书》专家审查会，与会领导和专家一致同意通过了工程环保方案。

3月30日，国家电网公司企协执行副理事长、秘书长（总师级）许世辉一行就深入推进总部分部一体化运作到西北分部现场调研。

4月6日，国家电监会跨区跨省交易工作督查组到西北电网公司就2011年西北区域跨区跨省电力交易价格问题召开检查汇报会。

4月16日，国家电网公司党组成员、副总经理郑宝森在京主持召开专题会议，研究部署新疆与西北主网联网750kV第二通道工程建设有关工作。

4月23日，西北分部副主任、新疆与西北主网联网第二通道工程建设指挥部副总指挥左玉玺一行，就第二通道工程建设情况在敦煌进行实地调研。

5月3日，国土资源部正式批复了新疆与西北主网联网750kV第二通道输变电工程站址用地预审文件。

5月10日，国家发改委以发改能源〔2012〕1319号文件正式批复了新疆与西北主网联网750kV第二通道输变电工程。哈密南—郑州±800kV特高压直流输电工程同时获得批复。

5月13日，哈密南—郑州±800kV特高压直流输电工程和新疆－西北主网联网750kV第二通道工程在新疆巴音郭楞州、哈密和青海格尔木、甘肃敦煌、河南郑州同时举行开工仪式。中共中央政治局常委、中央政法委书记周永康在新疆巴音郭楞州主会场出席开工仪式，并宣布工程开工。

截至6月3日，国家电网西北电力调控分中心安全运行5000天。

6月6日上午，玉树与青海主网联网330kV输变电工程正式开工建设。

6月8日，西北电网成功参加国家电网2012年迎峰度夏联合反事故演习。陕西、甘肃、青海、宁夏、新疆、西藏六省（区）电力公司以及西北相关火电厂、水电厂、风电场、光伏电站等发电企业作为西北电网单位参加了本次演习，其中，西藏电力公司是首次参加。

6月9日，国家电网公司新疆与西北主网联网第二通道线路工程全线首基基础在甘肃敦煌沙州—鱼卡750kV输电线路Ⅰ回28号塔位开始浇筑，标志着该工程进入现场施工阶段。

6月12日，西北电网最大用电负荷达5036万kW，首次突破5000万kW。

6月18日上午，国家电网公司新疆与西北主网联网第二通道工程建设指挥部在驻地举行揭牌仪式。

7月2日，中国电力作家协会组织的电力题材长篇小说创作座谈会在西安召开。

8月27日，国家电网公司在北京召开《青藏电力联网工程》发行仪式暨工程先进表彰会议。国家电网公司总经理助理、西北分部主任、党组书记喻新强主持会议。

8月29日，西北电网有限公司和陕西省慈善协会联合举行750kV电网沿线贫困大学生助学捐赠仪式。

9月5日，新疆与西北主网联网750kV第二通道线路工程新疆段首基铁塔在新疆哈密市北郊10km处的Ⅱ回输电线路18号塔位成功组立。

10月24日，青藏联网工程申报“中国工业大奖”工作现场会在青海格尔木市柴达木换流变电站召开。

10月25日，西北分部和西北电力工委在青海格尔木举办新疆与西北主网第二通道工程建设慰问演出暨电力作家摄影家采访团启动仪式。

11月5日，西北全网负荷再创历史新高，达到5257万kW；甘肃、青海电网负荷及电量亦创新高。与此同时，德宝直流功率反转，改为西北送华中方式，标志着西北电网克服重重困难，圆满完成四川富余水电消纳任务，开始支援四川枯水期用电需求。

11月15日，西北电网全网风电电力达到573万kW，刷新8日的553万kV再创新高，风电出力当天占全网最大负荷的10.6%，全网风电发电量为9102万kWh，占全网总用电量的7.6%。

11月27日～12月5日，国家电力调度控制中心副主任、西北分部副主任、党组成员张磊率团一行6人，赴丹麦就新能源运行、制造及管理、智能电网发展等方面进行考察。

12月9日，青藏联网工程安全稳定运行一周年。

12月14～16日，酒泉风电低电压穿越能力验证试验圆满完成。

12月18日，西北电网20万kW及以上机组一次调频全网五项试验均顺利完成，试验过程中西北电网运行平稳，试验结果达到预期效果。

（程军生）

【西北电网有限公司】

见国家电网公司西北分部。

【陕西省电力公司】

企业概况 陕西省电力公司（简称陕西公司）是国家电网公司的全资子公司，是陕西省电力建设、输送、销售的独立法人，是全省电网规划、建设和运营的公用事业企业，承担着为陕西经济社会发展和城乡广大电力客户提供安全可靠电力供应的重要职责。2012年，公司内设24个部门，辖有直属单位24个，管辖县级供电企业28个。2012年底，职工2.38万人。

领导班子 2012年陕西公司领导班子成员如下：

总经理、党组副书记：吕春泉

党组书记、副总经理：潘玉明

党组成员、副总经理：郇捷龙

党组成员、副总经理：王成文

党组成员、工会主席：王向红

党组成员、纪检组长：刘文洪

党组成员、副总经理：何晓英

党组成员、副总经理：许子智

党组成员、副总经理，西安供电局局长、党委副书记：罗检仔

总会计师：曹海东

总工程师：周军义

组织机构 截至2012年底，陕西公司本部设置24个部门，分别是：办公室、发展策划部、人力资源部（社保中心）、财务资产部、安全监察质量部、运维检修部、基建部、营销部、农电工作部、科技信通部（智能电网办公室）、物资部（招投标管理中心）、审计部、监察部（纪检组办公室）、思想政治工作部（直属党委办公室）、离退休工作部、运营监测（控）中心、电力调度控制中心、电力交易中心、经济法律部（产业部）、对外联络部（新闻中心）、机关工作部、公安保卫部、工会、企协分会（行协）。

电网概况 陕西电网位于西北电网最东部，是西北电网的重要组成部分，是一个水火并济以火电为主的电网，陕西电网最高电压等级为750kV。750kV电网宝鸡—渭南—延安—榆林的“L”形主网架已经形成，对关中和陕北电网直到重要支撑作用；330kV电网东起华阴，西至宝鸡，北至府谷，南到安康，覆盖全省10个地市，在关中继续环网运行。省际间有两回750kV线路和四回330kV线路与甘肃电网相联，分别为乾县—平凉双回、宝鸡—秦安、宝鸡—天水、宝鸡—眉岘、桃曲—丰乐各一回。

陕西电网已形成3个外送输电通道，即陕西关中东部罗敷（信义）—灵宝直流背靠背工程、关中西部宝鸡—德阳±500kV直流输电工程，实现与华中电网联网；陕北神木—忻州双回和庙沟门—忻州一回500kV交流线路，实现陕北“点对网”向华北地区送电，外送规模总计771万kW。

2012年，陕西电网发电总装机容量2140.115 6万kW（不含点对网外送容量），其中，水电250.148 6万kW，占总容量11.69%，火电1867.267万kW，占总容量87.25%，风电19.60万kW，占总容量0.92%，其中，统调电网装机容量2004.60万kW，占93.67%。陕西公司直属750kV送电线路14条1666.516km；500kV送电线路3条、270.62km；330kV送电线路163条、7912.118km；110kV线路910条、15 541.063km；35kV线路384条、4569.338km；±660kV直流线路1条、307.621km、±500kV直流线路1条、294km。拥有750kV变电站5座，变电容量1470万kVA；330kV变电站49座，变电容量2622万kVA；110kV变电站418座，变电容量2750.30万kVA；35kV变电站165座，变电容量167.605万kVA；500kV换流站1座，换流容量357.12万kW。（变电和线路均不含榆林供电局）

人力资源 完成“三集五大”体系建设1个总体方案、8个专业实施方案、15个配套保障方案设计编制，公司方案得到国家电网公司批准。编制“三集五大”体系机构编制和人员配置实施方案，制定下发《地市公司“三集五大”体系机构设置指导方案》、《供电企业机构设置及主要职责指导意见》，完成各层级单位机构编制调整。制定下发供电企业《典型班组和典型岗位名录》，编制《标准岗位名录》、《岗位管理暂行办法》和工作标准汇编。完成《教育培训劳动定员标准》编写。开展“五大”定员标准及2012版定员标准的测试应用。完成陕西公司本部机构编制和

人员配置，实际配置人数占编制数的90%。下发《“三集五大”体系建设人力资源调配指导意见》，完成各供电局向省检修公司951人的划转（借用）。陕西公司系统转岗、调配人员总数超过1.5万人，员工调配满意度超过90%，陕西公司整体用工效率提升14.02%。

通过国家电网公司招聘平台，完成陕西公司2012年应届高校毕业生的招聘工作。“电工类”专业占招聘总人数的86.3%，同比提高19.9%；研究生占招聘总人数的25.2%，同比提高4.9%。9月6日，国网技术学院西安分院在培训中心揭牌。

电网建设与发展　2012年，公司加强地市电网规划研究，强化重点园区电网规划建设管理，完成全部地市电网专项诊断分析，摸清电网底数，完成了陕西电网“十二五”规划滚动修编。前期工作加快推进，750kV西安南等12项330kV及以上工程项目通过电规总院可研评审，750kV兰天宝等6项工程获得国家发改委核准，330kV商州变等6项工程取得国家发改委“路条”，30项110kV工程获得省发改委核准。特高压等重点工程进展顺利，±800kV哈郑线（陕西段）、西宝铁路供电、大杨变扩建、丰源变等工程建设按计划顺利推进。电网建设质量取得突破，750kV洛川变工程获国家优质工程银质奖，参建的±660kV宁东—山东、±800kV云南—广东直流输电示范工程获国家优质工程金质奖。±800kV哈郑线等3项工程获国网安全、质量流动红旗。330kV及以上优质工程率100%，110kV优质工程率95.83%，同比增加19.83%。

经营管理　2012年，公司开展经营诊断分析，深化成果应用取得实效。积极开展投资效益考核评价，投资规模与能力实现匹配，推进专项工程集中评审，有效节约工程成本，投资管理能力不断加强。促请陕西出台110kV趸售结算电价、电力需求侧专项资金等政策，争取政府电网建设垫资3.8亿元。西安、延安等5个地市出台新建小区供电配套费政策，为推进居民一户一表提供了保障。平稳推进居民阶梯电价政策实施。开展营销“百日攻坚”活动，加大营业普查力度，加强趸售管理，普查用户71.68万户，累计增收8042万元。电力交易2012年全年实现跨省区电力交易112.9亿kWh，其中跨省区外送90.3亿kWh，消纳四川水电22.6亿kWh，均创历史新高。

安全生产　2012年陕西公司查出110kV及以上输变电设备隐患缺陷及管理问题25 246项，逐项落实整改计划和监督控制措施，消除10 233条，其中重大隐患和缺陷426条。完成南郊变电站、渭南变电站、榆横变电站等110kV及以上大型检修改造工作796项，月度检修计划执行率达到91.3%。完成迎峰度夏和党的十八大、航天发射等重大保电任务，电网最大负荷1545万kW、最大日用电量3.14亿kWh，均创新高。

营销工作　2012年，陕西公司完成售电量786.96亿kWh，同比增长6.22%；售电到户均价604.49元/MWh（税前，含基金），同比增长43元/MWh；市场占有率98.39%，同比增长0.33个百分点；应收电费余额0.616 6亿元，同比降低0.395亿元，电费回收率100%；电费余额比重1.556%，同比降低1.356个百分点；报装接电完成率86.55%，同比增长5个百分点；10kV及以下配网线损率（不含专线）10.42%，同比降低0.05个百分点。

组织各级营销干部员工2316人进行营销安全及业务考试，一次通过率达99.67%；深入开展“五查一抓”（查责任制落实、查设备深度隐患、查方式安排、查制度执行、查应急机制、抓整改）活动，查改问题9类56项。加强高危及重要客户管理，完成供电侧隐患治理2条、客户侧隐患治理145条，剩余289条客户侧隐患通知、报告、服务、督办“四到位”率100%。全力做好保电工作，开展“十八大”重要客户安全用电隐患排查治理，对全省340户高危及重要客户编印了《保电手册》。

开展营业普查，普查用户71.68万户，处理窃电302起、违约用电584起、计量故障890起、调整用户用电结构30 072户，追补电量4138.95万kWh，增收3516.21万元。积极实施降损增效，大力推进SG186营销系统线损模块应用，整改基础数据13万条；加强台区线损管理，完成了2300个城网台区分台区统计；开展百条高损馈路降损试点工作，安装反窃电远程稽查仪；试点馈路线损率平均降低2.16个百分点。严格电价政策执行，依照国家法规政策，据理力争，多次拒绝了省政府、省发改委提出的向工业企业优惠电价和直供电的扶持要求。强化稽查监控系统应用，将在线监控和现场稽查紧密结合，对影响公司经营成果的42余万条问题发起稽查，组织业务骨干在全省开展交叉互查，追补电量1107.05万kWh，堵漏增收1746.01万元。

农电工作　2012年，陕西公司农电安全形势平稳，安全生产运行目标实现；县供电企业完成售电量236.03亿kWh，同比增长8.92%；农网综合线损率完成7.53%，同比降低0.56%；电费回收率100%；农网综合电压合格率完成98.391%，同比提高0.158个百分点；农网供电可靠率完成99.746%，同比提高0.051个百分点。全年实现“农电安全平稳、涉农资金安全、农电队伍稳定”。

全力推进农网改造升级工程，2010年和2011年工程全面完成，2012年工程有序推进，4项工程荣获国家电网公司“百佳工程”，勉县建成国网“农网改造升级示范县”。建成3个电气化县（区）、75个电气化乡（镇）、1781个电气化村。建成旬阳等4个国网“一流县供电企业”，建成枣园等7个国家电网公司“标准化示范供电所”。完成农村“低电压”治理14.47万户，整治完成率112.6%。推进农电用工薪酬调整，人均薪酬增长19.96%。农电队伍保持稳定。

科技与信息化 智能电表检测方法及检定装置的研究等10个科研项目通过国家电网公司验收，750kV GIS变电站陡波前过电压测试及抑制技术研究等2项成果获陕西省科学技术一等奖，集中式信息系统灾备中心建设及关键技术研究与应用等3项成果获国家电网公司科技进步一等奖，26项成果获得省部级科技奖，创历史最好水平。完成“三集五大”35个信息系统适应性调整，建成公司统一的“3186”信息通信呼叫服务中心。

完成“智能电表检测方法及检定装置的研究”、“接地网材料和结构、防腐性能技术研究”、“基于CVT信号还原的电能质量监测技术研究”、“750kV输电线路绝缘子串电压分布试验研究”、“基于自愈控制配电网故障处理技术研究”等10个国网科技项目验收工作。

制定陕西公司科技攻关团队管理办法，通过对科技攻关团队评估和考核，提高科研成果和人才培养水平。依托电网环保技术、接地网技术等科技攻关团队，开展公司重大创新项目研发工作，凝聚和培养具有国内一流水平、创新能力突出的学术带头人和科技骨干人才，带动公司科技人才队伍整体实力和自主创新能力的提升。

通过深化巩固环保管理体系建设，建立环保验收专题会议机制、按季度编发环保管理及验收工作通报机制、环保工作落实约谈机制，积极联系省环保厅、省水土保持局，加快验收频度和审批速度，着力推进输变电工程环保验收、水保验收有序开展，稳步提高陕西公司环保管理整体水平，环保“三同时”得到有效落实。

优质服务 2012年，陕西公司开展“塑文化、强队伍、铸品质”供电服务提升工程，加强三星电子等重大项目跟踪服务，投产省市级重点项目48个，新增容量60.57万kVA。落实全省“促销带产”部署，促进了省属重点企业生产稳定。开展居民用电服务质量监管专项行动，建成渭南蒲城居民用电服务质量示范点。拓展服务渠道，新建、改造供电营业厅7个，新增缴费点126个。行风评议连续七年名列全省公共服务行业第一。

开展“95598光明服务”工程和“塑文化、强队伍、铸品质”供电服务提升工程，对营业厅和95598座席人员进行了业务知识调考，选荐优秀代表参加国家电网公司“供电服务”之星劳动竞赛和“双百”评选，3个班组和7名个人获得国网表彰。落实居民用电服务质量监管专项行动，组织开展3·15居民用电服务主题宣传活动；对公司系统12万份营销业务资料进行自查，发现并整改涉及居民用电服务问题516条，建成了渭南蒲城居民用电服务质量示范点。拓展服务渠道，新建、改造供电营业厅7个，新增电费缴费点（缴费终端）117个，累计电费收费网点达到3100个，自助缴费终端达到183台，完成了智能表欠费及阶梯电价跨档短信温馨提示功能开发。

党的建设和精神文明建设 2012年，陕西公司迅速兴起学习宣传贯彻党的十八大精神的高潮。以科学发展观为指导，以打造“95598光明服务”工程为载体，围绕陕西公司机制体制改革，充分发挥党委的政治核心作用、党支部的战斗堡垒作用和党员的先锋模范作用。为深化“两个转变”，加快建设“一强三优”现代公司提供强大的思想保证、精神动力和文化支撑。

细化了80项考核定级标准，完成了382个党支部“调查摸底、分类定级”工作，130个党支部定为A级，144个为B级，总满意率达98%以上，“电网先锋党支部”创建活动不断深化。建立结对帮扶机制，积极开展“整改提高、晋位升级”工作。

开展“青春建功十二五”主题实践活动，充分发挥青年突击队在特高压和智能电网建设等急难险重任务中的作用。开展“青春光明行”十周年志愿服务活动，累计开展行业服务8012人次，参与社会公益服务19 950人次，向留守儿童捐助助学金18 780元，在“国家电网张思德青年志愿林”栽种树苗4000余棵。圆满召开陕西公司第一次团代会，选举产生了公司第一届团委会。坚持党建带团建，加强团的基层组织建设，落实“两个覆盖”，完善青年“实体、流动、网络”阵地建设，全面推进团青工作的标准化、常态化。

贯彻国家电网公司“三集五大”体系企业文化建设工作的总体部署，全力推进企业文化“三大工程”，企业文化的导向、凝聚、规范和协调作用进一步发挥。印发了《公司2012～2013年度企业文化建设重点任务》，实行项目化管理，动态跟踪重点项目推进情况，实现了月计划、周安排。协助电力调控中心、运营监测（控）中心企业文化环境建设。建成国家电网企业文化培训室，公司层面举办企业文化培训24次，累计培训4600人次。将企业文化纳入企业负责人年度业绩考核管理，业绩考核实现常态化。结合“三集五大”体系建设，开展企业文化建设调研活动，做好期评估和动态跟踪，及时发现和整改不符合“五统一”要求的问题。组织开展2012年度企业文化建设实践成果、优秀论文和典型案例的评选表彰活动，一批经验做法得到宣传推广。

深入开展员工思想动态调研。共召开座谈会219次，参与调研总人数9020人，走访职工1175人次，发放问卷8714份。通过调研，进一步了解了公司员工的政治立场、价值取向和对“五大”体系建设、“五统一”建立健全维护稳定工作机制，发挥政工部牵头协调作用，先后建立了维稳工作发现机制、工作例会制度及稳定工作报告制度。制定了安全年活动、“五大”体系建设、党的十八大维稳工作实施方案和稳定风险管控手册，逐项分解稳定指标，制定考核标准。优秀企业文化的认同感，多视角把握了员工的思想动态，宣传了公司改革发展思路和政策，增强了思想政治工作的针对性，全力抓好维护稳定工作。

主要事件

1月4日，西安电专首次获陕西省教学成果一等奖。该奖项两年评选一次，是陕西省高等教育领域中最高层次奖项。《电力类专业人才培养模式的研究与实践》获陕西省教学成果一等奖，成为西安电专历年来教研成果获得的最高奖项。

2月14日，陕西公司召开领导班子调整宣布大会，何晓英同志任中共陕西省电力公司党组成员、陕西省电力公司副总经理；曹海东同志任陕西省电力公司总会计师；周军义同志任陕西省电力公司总工程师。

2月15日，陕西公司成立陕西省电力公司检修公司，负责承担全省直流输电线路、±500kV直流换流站，以及330kV及以上交流输变电设备运检工作。

2月24日，陕西省科学技术大会在西安召开。由陕西电科院承担的《750kV GIS变电站陡波前过电压测试及抑制技术研究》项目，获2011年度陕西省科学技术一等奖，是首次独立承担的科研项目获得省政府科学技术一等奖。7月13日，该项目获国家电力安全生产科技成果三等奖。

5月14日，国家电网公司副总经理舒印彪一行在西安会见陕西省委常委、常务副省长娄勤俭，双方就进一步加强合作，共同推进陕西电网健康发展，加快煤电基地开发及电力外送通道建设等有关问题交换了意见。

5月30日，陕西公司召开领导班子调整宣布大会，许子智同志任中共陕西省电力公司党组成员、副总经理。

5月31日，国家发改委价格司司长曹长庆、国家电力公司财务部主任李荣华一行调研陕西省阶梯电价实施工作情况。

6月6日，陕西省副省长祝列克一行深入安康水电厂检查指导防汛工作。

6月10日，陕西公司新建户县（新盛）330kV智能变电站顺利投运。该变电站既是国内投运的首座新建330kV智能变电站，也是首座电压等级最高的新建GIS智能变电站。

6月27日，国家电网公司安全总监李庆林一行到公司进行安全生产工作专项督查。

8月14日，西安市政府咨询员杨广信带领该市发改委、市政局、市建委、市规划局、市容园林局相关负责人到西安供电局，对西安市南二环架空线落地及南郊电网优化工作进行调研。公司总经理吕春泉陪同调研。

9月20日，在陕西省科技创新大会上，公司《馈线自动化的系统测试技术研究》项目获得2012年度省科学技术一等奖。该研究项目在国际上首次实现馈线配电自动化系统的现场系统性测试，填补了国内空白，处于国际领先水平。

11月21日，陕西公司负责施工的750kV延安洛川智能变电站获国家优质工程银质奖，参与施工的±660kV宁山线、±800kV云广线工程获国家优质工程金质奖。

12月1日，陕西公司承担的“配电自动化的系统测试技术研究”、“接地网材料和结构、防腐性能技术研究”、“20kV电压等级在西北地区的试点应用研究”三项科技项目通过国家电网公司验收，其中两项成果达到国际领先水平。

（原增光）

【甘肃省电力公司】

企业概况 甘肃省电力公司（简称甘肃公司）成立于1990年2月，是国家电网公司的全资子公司。截至2012年底，甘肃公司共有职工1.99万人。下设24个部门，13个市州供电公司、14个直属单位及综合产业单位；代管69个县供电企业。2012年，省内售电量833.18亿kWh，跨区跨省售电量125.26亿kWh；综合线损率4.89%；电费回收率100%。

电网概况 甘肃电网是西北电网的中心，与宁夏、陕西、青海、四川和新疆电网联网运行。截至2012年底，全省发电装机容量2916万kW，其中新能源装机635.36万kW，新增79.95万kW，发电量97.09亿kWh。甘肃公司管辖750kV变电站6座，容量1350万kVA，线路3630km；330kV变电站43座，容量2382万kVA，线路长度7629km；220kV变电站9座，容量285万kVA，线路长度821km；110kV变电站274座，容量1737万kVA，线路长度16 353km。

人力资源 甘肃公司“三集五大”体系建设全面实施。二级机构精简率达25.8%，省市县三级机构精简率达39.1%，定员水平提高23.5%，用工效率提升14.4%。实施本部、业务支撑机构和市（州）公司共21家基层单位的机构设置及人员配置方案，形成统一规范的组织体系。设置标准岗位7371个，设置非标准岗位881个。实施以量化考核为核心的全员绩效管理，修订印发企业负责人年度业绩考核管理办法、全员绩效管理实施细则，制定管理机关岗位关键绩效指标库近6000个，被国家电网公司作为制度模板。实现福利保障项目统一管控、费用统一管理。

加强干部管理。完成本部、直属单位领导班子和领导干部的优化调整。推进干部交流，规范集体企业干部管理，强化培训处级干部，选送41名干部挂职实践锻炼，公开招聘27名本部工作人员。

加强人才队伍建设。有7人进入国家电网公司领军人才培养，全年新增122人优秀专家人才，405人取得中高级专业技术资格，979人通过技师资格评审，108人通过中电联高级技师评审。

电网建设与发展 落实“十二五”电网发展规划，加快电网智能化技术的发展和应用。2012年，甘肃电网的发展围绕解决750/330kV电磁环网运行、“$N-1$”通过率低、电网转供互供能力不足等问题，开工110kV及以上输电线路2133km、投产482km；变电容量开工309万kVA、投产188万kVA。

推进酒泉—湖南±800kV特高压直流及新疆与西北主网电网联网750kV第二通道等重点工程前期工作，服务能源基地开发建设；加速完善750/330kV甘肃主网架，加快解决“单线单变”等突出问题，优化完善网架结构；加大配电网建设投入，加强城市配网建设；实施农网改造升级工程，提升配网自动化水平。750kV河西变电站2号主变压器、武胜—先锋第三回线路纳入国家电网公司规划，兰州新区电网规划建设实现与市政规划建设同步，评审通过兰州新区、兰新铁路第二双线、西气东输三线等国家重点工程和新疆煤制气管道、长庆油田等供电接入方案。

“大建设”体系建设工作。整合原超高压公司与建设公司，成立省经研院建设管理中心，将35kV及以下农网建设项目、规模性10kV新建配网和农电小型基建项目纳入“大建设”体系管理，实现35kV及以下项目的专业管理覆盖；实行电网建设全过程计划管理，推进属地化协调工作；梳理完善基建管理制度，实现基建管理业务流程全覆盖。

重点工程建设。哈密南—郑州±800kV直流工程基础完成99%，铁塔组立60%；新疆与西北主网联网750kV第二通道工程基础完成100%，铁塔组立98%；750kV兰天宝工程12月开工建设；330kV榆中、永靖、良平等重点工程输变电工程如期竣工投产，330kV灵台、天祝、皋兰、黄泥湾、高台等重点输变电工程均完成节点计划。哈郑线工程项目管理获得项目管理流动红旗。

经营管理 推进体制机制创新发展，“三集五大”体系建设全面展开，标准化建设与之同步策划、同步实施。印发《标准体系建设宣传手册》819本。梳理业务名录1083项，编制技术标准12项、作业指导卡843项，编制管理标准429项，管理流程1089个，编制工作标准3068项。围绕投资计划的执行进度，开展经济活动分析，加强过程监督。综合计划管理首次覆盖代管县供电企业。自有资金投资项目列入年度项目建议计划，实行两级审批；投资计划和经营指标的执行准确率、调整率纳入企业负责人业绩考核办法和同业对标考核办法，计划执行的刚性得到增强；应用电网发展诊断、经营诊断成果，通过综合计划的统筹协调，有效控制固定资产投资和专项成本规模；深化财务集约化管理，配合省政府完成居民电价调整；完成临夏电力公司改制上划，敦煌市电力公司等5家代管县供电企业无偿划转及地（市）层面主多分开任务；配合国家电网公司完成依法治企综合专项检查，一批历史遗留问题得到彻底解决；《甘肃省电网建设与保护条例》颁布施行。

安全生产 开展“安全年”活动，强化安全风险管控，开展隐患排查治理，制定老旧设备三年整改计划，实施检修专业化，在自然灾害频发的情况下，完成“5·10”岷县电网应急抢险和黄河防汛任务，确保电网安全稳定运行。完成十八大、神舟九号发射、重要节假日和国际马拉松比赛保电工作。

开展基建“安全年”活动，严格落实发包单位对分包作业的安全管理责任，扭转了工程分包“以包代管、只包不管”的局面。编制《35kV及以下基建工程安全质量管理重点措施》，推广应用“三通一标”；“湿陷性黄土地基处理灰土垫层”典型工法入选国家电网公司标准工艺库。110kV工程优质率达到95%，330kV及以上工程优质率达到100%。110kV忠和变电站等2项工程获得国家电网公司2012年度“农网百佳工程”。宣贯执行新版《国家电网公司十八项重大反事故措施》，落实重要输变电设施防雷击、防风偏、防外力破坏等措施，避免了7起主设备损坏及电网事件。运检指标及管理水平大幅提升，城市、农村电压合格率为99.810%、97.809%，城市和农村供电可靠率为99.917 9%、99.698 4%，检修管理获得同业对标西北区域标杆。

提高检测资源利用率，提升设备状态诊断分析响应速度。建立和完善质量监督管理体制机制，开展配电变压器和电缆及供电服务专项质量监督行动。建成设备状态在线监测系统，试点应用管理诊断平台，带电检测项目已覆盖变压器、GIS/断路器、避雷器等类设备。建立覆盖甘肃公司各单位的技术监督网，强化设备全过程技术监督。规范设备评价，制定针对性检修策略。

营销工作 构建省级“一部二中心”、地市“一部一中心”、县“一中心”的扁平化营销组织体系，形成城乡一体、流程统一、标准全覆盖的专业化管理模式，撤销229个营销电费二级账户，实现“一型五化”建设目标；推进市场开拓“百日攻坚”活动，发挥大客户供电联动机制作用，加强报装服务管理，协调榆钢等大客户报装提前供电，增加售电量约13亿kWh。通过开展联合检修、带电作业、优化运行方式、采取临时供电方案等增加电量近7亿kWh。实施积极灵活的增供扩销策略，水源热泵、电火锅等增加用电容量10.44万kVA。完成保障性住房供电服务、送电项目31个，涉及住户1.7万户，建筑面积118万m^2；科学制订割接技术方案，加强风险防控，新营销信息系统顺利割接上线运行。按照统一标准，加快建设上划农电企业营销业务应用系统，5家县供电企业接入营销信息系统；加快计量和电能采集建设，超额完成60万户用电信息采集系统建设任务；加强高危及重要客户供用电安全管理，对区域内电铁、煤矿、非煤矿山和化工等高危客户的安全隐患进行梳理，做到“通知、报告、服务、督导”四到位，保障重要活动和时段的值班供电服务工作。

农电工作 2012年，甘肃省69个代管县供电企业完成售电量116.96亿kWh，农网综合线损率6.73%，农网供电可靠率99.698%，综合电压合格率98.104%。

开展农网设施隐患排查治理和农村安全用电隐患排查治理，结合农网升级改造工程和季节性检修工作消除隐患，确保农村用户安全用电；共完成2004～2009年农网项目141个批次、1094项、38.33亿元工程的项目法人验收和意见书下达；2010年农网改造升级工程全部竣工，外部审计进入收尾阶段；2011年农网改造升级工程完成100%，2012年工程完成68.3%。敦煌市电力公司等5家县供电企业上划得到国资委批复。5个县供电企业和5个供电所分别被国家电网公司命名为一流县供电企业和标准化示范供电所。

科技与信息化 围绕新能源、跨区中枢电网的关键技术需求和支撑“三集五大”体系建设，实现34个业务系统的调整上线，迁移数据2838万条，解决易用化需求143项，建成“5环1核”骨干通信网络构架，建立一体化调运检体系，实现信息通信全员、全单位、全业务覆盖；承担并完成国家电网公司5项信息化试点建设任务；建成信息呼叫中心；开展信息系统易用化和性能提升，信息系统“黑启动”经验在中央企业全面推广；首家完成西北区域数据级灾备演练，隐患排查及时整改率达到100%，安全月活动方案被国家电网公司树立为工作范例。牵头国家863项目2项，总部项目4项。“国家电网公司降损节能技术实验室”通过国家电网公司验收，“甘肃省电力节能工程技术中心”获批建设，“国家风电检测分中心”正式授牌，甘肃公司“电网仿真计算分析中心”建成投运，国家电网公司“大规模新能源基地协调控制”科技攻关团队正式命名。风电短期超短期预测预报、智能电网动态预警及协调控制、低电压穿越检测、750kV可控高压电抗器、750kV检测装置、无人机巡检等重点研究成果在生产中得到全面应用。获得省部级科技奖励25项，获得专利申请受理96项（发明43项）、授权44项（发明7项），申请国际专利2项，甘肃公司获得国家电网公司“科技工作先进单位”荣誉称号。

优质服务 落实新“三个十条”，开展供电服务提升工程；开展居民用电服务质量监管专项活动，实现全省95598业务集中管理，95598人工接通率始终保持90%以上。全面提升事故抢修和应急处置能力，城市、农村和特殊边远地区用电故障抢修及时合格率分别为97.59%、98.26%和98.09%。开展特色服务队进社区服务活动，甘南“格桑花”、天水“花牛”、白银“片警”、兰州“百合”等服务队在当地家喻户晓。“5·10”岷县雹洪灾害应急处置，恢复5座35kV变电站、3条共计69.06km的35kV线路，完成16条10kV主线路及500余台配电变压器的抢修供电任务。刘家峡水电厂在51天的时间内安全泄洪水量达30.1亿m^3，保证了兰州市及下游河段防汛安全。

服务新能源建设。规范新能源电站运行管理，开展“友好型风电场”创建活动，修订了《风电场并网调度管理办法》、《光伏电站并网调度管理办法》、《直调风电场调度运行评价办法（2012版）》等管理制度；推进新能源电站反措落实和整改，完成40家风电场汇集线路系统单相接地故障快切功能，25家风电场35台次风机低电压穿越能力检测，36家风电场40套动态无功补偿装置功能测试，39家风电场电能质量测试，44家无功调节能力测试。42家风电场实现单机信息上传，省调调管的17家风电场纳入智能有功控制系统统一调度，调度端风电功率预测系统覆盖率100%；组织对并网运行的光伏电站进行涉网专项检查，提前规范并网运行管理；及时进行系统计算并与上级调度机构协调，提升风电消纳水平，风电最大出力3308MW，日发电量6676万kWh。

党的建设和精神文明建设 学习宣传贯彻党的十八大精神，完成基层组织建设年活动各阶段任务，被省国资委命名为省属暨中央在甘企业创先争优活动先进党委。以“党旗飘扬——光明情”为主题组织开展18项大型活动。

实施95598光明服务工程，共产党员服务队全年走访电力客户6200余家，协调解决用电难题2482个，义务检修、慰问帮扶1915次。广泛开展学习教育和支教、扶贫济困、义务服务等青年志愿服务活动，弘扬志愿服务精神。甘肃公司青年支教行动被授予“甘肃省青年志愿者行动组织奖”；领导带头进村入户，工作组深入开展调研摸底，制定“联村联户”工作计划和具体帮扶项目，分批分期实施。

坚持把《立体构建法》作为深化惩防体系建设、推进反腐倡廉工作的重要抓手，更好地发挥指导和推动作用。《中国监察》、《廉政大视野》、《国家电网报》分别专版介绍甘肃公司立体构建惩防体系的工作成果，并被推荐为国家电网公司拟培育管理提升典型经验项目。

举办第六届输电带电作业技术比武、2012年“安全知识”竞赛等5项劳动竞赛活动，挂牌成立省公司本部体能测试站和基层单位11家体能测试站。创建劳模工作室22个，技能大师工作室100个，金牌班长工作室30个，职工代表工作室26个。修订完善班组建设通用和专业管理标准，推进班组员工6S管理标准。2012年甘肃公司系统1个集体荣获全国“五一”劳动奖状，2人荣获全国“五一”劳动奖章，4人荣获国家电网公司2011年度劳动模范，3个集体荣获全国工人先锋号，6个集体荣获甘肃省工人先锋号，3个集体、3名个人分别荣获甘肃省五一巾帼奖。

（赵艳玲）

【青海省电力公司】

企业概况 青海省电力公司（简称青海公司）是国家电网公司的全资子公司，主要负责省内电网规划、建设、运营和电力供应，承担着为青海经济发展提供安全、可靠、优质电力供应的任务。

2012年完成工业总产值195.39亿元，实现全员劳动生产率为67.42万元/（人·年），同比增长34.76%，连续19年蝉联全省财政支柱企业称号。

青海公司所辖22个下属企业，其中供电企业7个，送变电施工、信息通信、科研、培训、检修、物资等企业15个。

领导班子 青海公司2012年领导班子成员如下：

总经理、党委副书记：王宏志

党委书记、副总经理：李葛明

党委委员、副总经理：全生明、李生海、祁太元、韩悌、金炜

党委委员、工会主席：张智民

党委委员、纪委书记：李生

党委委员、西宁供电公司总经理：赵大光

总会计师：高浦

副局级调研员：陈永浩

组织机构 青海公司本部设有：办公室；发展策划部；人力资源部（社保中心）；财务资产部；安全监察质量（保卫部）；运维检修部；基建部；营销部（农电工作部）；科技信息部（智能电网办公室）；物资部（招投标管理中心）；审计部；监察部（纪委办公室）；思想政治工作部（机关党委办公室）；离退休工作部；经济法律部（产业部）；对外联络部（新闻中心）；机关工作部；运营监测（控）中心；电力调度控制中心；电力交易中心；工会；国网企协青海分会。

电网概况 截止到2012年末，青海电网发电装机总容量为1449.5万kW，同比增加38.36万kW。其中水电装机容量为1096.5万kW；占总装机容量的75.65%。新能源装机133.5万kW，占9.21%，火电装机容量为219.5万kW，占总装机容量的15.1%。全网发电量为587.31亿kWh，同比增长20.75%，其中：水电446.81亿kWh，同比增长24.52%；火电115.81亿kWh，同比下降1.91%；新能源14.66亿kWh，同比增长913.71%。电网统调电厂发电利用小时数4141h，同比增加349h。电网内有35kV及以上变电站244座，变电总容量（不含用户）3176.44万kVA；输电线路808条，总长22 375.857km。其中：750kV变电站3座；变电容量1020万kVA；线路总长2143.436 km；330kV变电站22座；变电容量1350万kVA；线路总长5072.652km；110kV变电站103座；变电容量744.98万kVA；线路总长10 026.637km；综合线损率完成3.46%，较2011年同期降低0.12个百分点。

随着青藏交直流联网工程的建成，青海电网由西北终端电网变为交直混合的枢纽电网，各级电网联络更加紧密，电网覆盖面积47.2万km^2，占全省总面积的65.6%，覆盖人口509万。

人力资源 截至2012年底，青海公司职工7153人，其中，长期合同职工7153人，占职工总数的100%。在岗职工7010人，占职工总数的98%；不在岗职工143人（其中内退职工45人），占职工总数的2%。

长期职工中，研究生及以上学历123人（其中，博士1人），占总数的1.72%；大学本科学历2593人，占总数的36.25%；大学专科学历2653人，占

总数的 37.09%；中等职业教育学历 1132 人，占总数的 15.83%；高中学历 337 人，占总数的 4.71%；初中及以下学历 315 人，占总数的 4.4%。高级职称 524 人，占总数的 7.33%；中级职称 1141 人，占总数的 15.95%；初级职称 3409 人，占总数的 47.66%；高级技师 150 人，占总数的 2.1%；技师 839 人，占总数的 11.73%；高级工 1893 人，占总数的 26.46%；中级工 1029 人，占总数的 14.39%；初级工 274 人，占总数的 3.83%。

长期职工高技能人才比例为 78.84%，比 2011 年同期提高 2.38 个百分点；人才当量密度为 0.911，比 2011 年同期提高 0.023 7；人才引进指数为 0.914 1，比 2011 年同期降低 0.008。2012 年青海公司培训教育经费投入 2410.74 万元，参加各类培训达到36 511人次，全员培训率达到 95.15%。

2012 年青海公司遴选产生了 21 名公司级专家、19 名地市级专家，组织实施了国家电网公司 14 名专家年度考核及届满考核、公司 61 名专家年度考核，组织完成享受政府特贴的人员选拔推荐和国家电网公司“十大”专业领军人才选拔推荐。

2012 年，青海公司开展基层企业干部选拔任用工作监督检查，规范干部选拔任用工作。组织完成 20 家基层企业干部选拔任用、后备干部队伍建设、二线干部管理以及干部年度履职考评结果应用等工作的监督检查。组织完成了 2012 年党校青年干部培训，培训青年干部 30 人；完成 5 期科级干部培训，培训科级干部 202 人；选送 25 名骨干分别赴国家电网公司总部、国家电网公司西北分部、国网交流建设公司、浙江省电力公司、江苏省电力公司和上海市电力公司培养锻炼。组织梳理、优化业务流程，修订完善人力资源管理制度、标准 65 项，制定全业务典型岗位名录，统一规范职类、各层级岗位 764 个，组织编制下发岗位工作标准 1597 项。

SG-ERP 人力资源系统一期推广实施项目顺利通过国家电网公司验收，组织实施二期建设项目的组织管理、员工管束、薪酬管理、教育培训管理模块建设工作。

完成青海公司系统农电用工工资费用测算、职工薪酬调查工作。修订基层企业规模管控系数划分方案，完善基层负责人薪酬管理等相关制度。

完成青海公司系统全员绩效管理的组织体系和制度体制建设，继续优化关键业绩指标及目标值，编制合理可操作和评价标准，加强对所属各基层企业全员绩效管理工作的指导与检查，强化绩效经理人职责履行。

电网建设与发展 2012 年，投产 110kV 及以上输电线路 1052km，变电容量 140 万 kVA；开工 110kV 及以上输电线路 1996km，变电容量 618 万 kVA。

应用电网发展诊断分析和后评估工作成果优化完善电网规划。750kV 佑宁变电站、新能源送出纳入“十二五”电网规划，完成网外县城联网规划。全年核准 330kV 及以上项目 11 项，团结湖、宗加等 4 项工程取得国家发改委“路条”。完成青海电网及各地区电网年度投资总结评估体系研究，完成 750kV 西宁—日月山—乌兰—柴达木输变电工程等 5 个单项工程、青海主网及 5 个地区电网后评估工作。玉树联网前期工作周期创最短纪录，争取中央预算内投资 10 亿元；750kV 柴达木变电站扩建等 11 项工程获准。柴达木 750kV 变电站扩建、共和汇集站及送出线路工程有序推进，并网光伏发电装机超过 136.3 万 kW，累计上网电量 14.4 亿 kWh。那林格—茫崖输变电工程投产运行。西宁配电网核心区示范工程进展顺利。推进农网改造升级工程和无电地区电力建设，解决 1.26 万户、5.8 万人口的用电问题。

有效解决了工程建设前期遗留问题，圆满完成青藏直流联网工程竣工环保、水保验收。完成达阪、创业等 8 座 110kV 智能变电站建设任务，110kV 及以上智能变电站比例达到 6.9%。

电力需求与用电结构 2012 年，青海电网全社会用电量为 597.52kWh，同比增长 7.29%，增幅同比下降 13.22 个百分点，其中：第一产业 1.05 亿 kWh，同比增长 14.25%；第二产业 558.01 亿 kWh，同比增长 6.39%；第三产业 20.42kWh，同比增长 29.01%；城乡居民用电 18.05 亿 kWh，同比增长 15.03%。从行业用电看，受市场影响较大的高耗能行业增速回落明显，部分行业出现负增长，六大高耗行业（电解铝、铁合金、碳化硅、电石、钢铁、水泥）累计用电量 为 435.1 亿 kWh，同比增长 3.49%，较平均增速低 3.8 个百分点，其中，碳化硅同比下降 55.81%，钢铁下降 5.49%，电石微增 0.94%。

用电结构略有变化，但总体态势未改变，青海电网一、二、三、产业和城乡居民用电比例为 0.17、93.39、3.42、3.02。与 2011 年同期相比，第二产业比重略有下降，第三产业和居民用电上升，但由于比重很小，用电量结构的基本面未发生改变。

2012 年青海电网用电结构见表。

1～7 月份，售电量增速总体呈逐月下滑趋势。从 10 月份开始电量呈恢复性增长，日最高用电量达 17 283万 kWh（12 月 28 日），同比增长 1193 万 kWh，日最大负荷 761 万 kV，同比增长 12.6%。

2012年青海电网用电结构表

项　　目	2012年累计（万kWh）	2011年累计（万kWh）	增长率（%）	2012年比重（%）	2011年比重（%）	增减（%）
全社会用电总计	5 975 193	5 569 233	7.29	100.00	100.00	0.00
A. 全行业用电合计	5 794 739	5 412 355	7.07	96.98	97.18	−0.20
第一产业	10 466	9161	14.25	0.17	0.16	0.01
第二产业	5 580 081	5 244 920	6.39	93.39	94.18	−.079
其中：工业	5 523 541	5 194 834	6.33	92.44	93.28	−0.84
其中：黑色金属冶炼	1 296 605	1 414 771	−8.35	21.70	25.40	−3.70
有色金属冶炼	3 029 330	2 701 019	12.16	50.70	48.50	2.20
化学原料及其制品业	334 767	301 092	11.18	5.60	5.41	0.20
第三产业	204 193	158 273	29.01	3.42	2.84	0.58
B. 城乡居民生活用电	180 453	156 878	15.03	3.02	2.82	0.20
城镇居民	128 887	113 267	13.79	2.16	2.03	0.12
乡村居民	51 467	43 611	18.01	0.86	0.78	0.08

经营管理　深化同业对标管理，2012年青海公司1862项指标中，77项进入A段，相比2011年，A段比例提高8.59%，在26家省（市）公司排名第17位，相比2011年前进5位，财务管理专业被评为西北区域标杆单位。

全面落实电价调整方案，平稳推行居民阶梯电价政策；配合政府出台新建房屋供配电设施配套费政策；推动外购电价差疏导长效机制，多渠道、多方式争取资金，解决2012年外购电价差问题；取得企业所得税15%税收优惠税率；提高资金运作效益，提前归还贷款；开展经营诊断分析，开展会计基础、资金、预算、工程资产等专项现场稽核，问题整改完成率98%。

财务集约化和信息化工作稳步推进，排名继续保持在国网公司第一方阵，取得财务信息化年度排名第一、财务集约化排名第七的佳绩。同业对标财务管理指标、电价集约管理成为西北区域标杆，海东公司会计基础工作管理首次入围国网公司典型经验。

营销工作　2012年度，青海公司完成售电量544.95亿kWh，同比增加37.05亿kWh，增长率7.29%；电费回收连续87个月保持"月结月清"，居民阶梯电价格政策调整全面完成；综合线损率完成3.46%，同比降低0.12个百分点；全面完成45万户用电采集建设任务，覆盖率达到83.15%，计量生产调度平台首家成功上线运行。

通过"大营销"关键业务集约化管控、创新大客户差异化服务举措、建立省级用电信息采集监控调度体系、开发大营销管理平台创新举措，青海公司营销服务协同能力、市场拓展能力和业务管控均得到大幅提升。其中：客户满意率提升5.78个百分点，计量检定效率提升3.29倍，电费差错率下降50%，应收电费余额下降69%，稽查监控挽回经济损失277.47万元，并于8月24日通过国家电网公司第一批专业验收。

落实重点客户跟踪服务、政企联动、电网检修综合协调等17项重点举措和"百日攻坚"专项行动，促重点负荷早投快用、帮困难企业稳定生产、压电网检修时间，年内增售电量2.731亿kWh。

通过系统建设质量及系统应用指标的闭环管控，超前1个月全面完成了年度45万户采集建设任务，采集成功率、覆盖率指标分别提升5.32%和40.15%；强化过程管控，在国家电网公司2012年智能电能表质量管控检查工作中取得了西北地区第一名的优异成绩。

建成2个A级营业厅，完成13个B级、28个C级营业厅标识标准和19个农村供电营业所改造工作，客户服务设施不断完善。

完成营销信息化适应调整任务，完成"计量生产调度平台"、"一体化缴费平台"、"费控系统"、"供电服务品质评价系统"等10个系统新建及完善工作任务，其中"计量生产调度平台"和"费控系统"在国家电网公司系统首家上线运行。

年内共开展电力用户效能诊断122次，完成节电量22 336万kWh，完成年度指标的126.9%。"青海电网中低压配电网综合降损节电技术研究与应用”获得青海省科技厅重大科技专项立项，被推荐为2012年国家科技支撑计划项目，并获得政府支持资金280万元。

安全生产 2012年，青海公司未发生六级以上事件，全面实现“八不发生、四控制、二实现”年度安全目标。未发生电力生产及以外的人身伤亡事故；未发生较大、重大、特大电网、设备、火灾事故；未发生本企业有责任的重特大交通事故；未发生对公司造成较大影响的安全事件。

2012年主要电网运维指标18项，其中城网供电可靠率、农网供电可靠率、110kV及以上架空线路、110kV及以上断路器可用系统等9项同比上升；责任频率合格率、110kV及以上系统继电保护正确动作率等4项与2011年持平；自动化系统可用率、10kV县城及农网线路故障停运率等5项同比降低。

2012年，青海公司作为国网公司“三集五大”体系建设首批试点单位，通过国家电网公司的评估验收。按照“三集五大”体系建设公司职能部室职责调整，安监部新增了质量监督的职责，在完善规章制度和工作流程基础上，质量监督工作开始起步。

在国家电网公司范围内，率先建立安全风险管控及承载力分析系统，2012年在试运的基础上，正式上线运行。

完成“大检修”体系建设阶段性任务。组织机构精简率为78.26%，梳理各类风险145项，举办32期安全生产管理培训和65期生产人员转岗、试岗培训，顺利通过国家电网公司第一批综合验收。

加强隐患排查治理工作。累计共排查出各类事故隐患260项，其中重大隐患0项，一般隐患260项，已整改235项，整改率90.38%；完成了228项设备隐患治理和14条输电线路防污、防雷、防风偏治理；与省安监局联合成立供电隐患排查及治理工作组，共同开展大客户、高危及重要客户供电安全隐患排查及治理工作。

加强设备运维管理工作。柴达木换流站、柴拉直流输电线路（青海段）试运行期间，未发生直流强迫停运；组织776名检修人员、分3个阶段圆满完成青藏联网工程首检工作；开展玉树电网设备运行维护帮扶工作；试点开展资产全寿命周期管理体系建设，优化梳理规划设计、采购建设、运行检修、退役处置各环节业务流程175个；农网改造工程按期投运，开展西宁核心区配网改造示范工程建设工作，完成2012年度无电地区电力建设工程下达计划任务。实现电网可靠率同比提升0.433个百分点，110kV及以上架空线路、变压器、断路器可用率分别上升0.23、0.03、0.015个百分点，用户平均停电次数同比减少0.335次/户，用户平均停电时间同比下降1.38h/户。

深化电网设备状态检修。开展2011年以来共4840台新投运设备运行分析，对60次输变电设备故障和异常进行逐项分析并制定了防范措施；开展设备状态评价达标工作，组织自评价和专项检查，发现问题28项，整改26项；完成1898台设备的带电检测和状态评价，检修效率同比提升21.96%，检修成本同比下降15.72%。

农电工作 2012年，青海公司未发生农电人身、电网和设备事故，安全生产局面稳定；农网供电可靠率99.5928%，同比提升0.03个百分点；农村综合电压合格率98.067%，同比提升0.007个百分点；完成综合线损率8.61%，同比下降0.11个百分点；高压线损率累计完成5.83%，同比下降0.63个百分点；低压线损率累计完成7.45%，同比降低0.38个百分点；县供电企业完成售电量26.097亿kWh。

推进农电专业化管理。强化农电归口管理职能，原农电部分业务移交专业管理部门，制定《青海省电力公司农电工作分专业垂直管理实施意见（试行）》。3月26日，农电部与营销部合并，成立营销部（农电工作部），并在营销部（农电工作部）设立农电管理处。

健全机制协同推进，农电基础持续化提升。持续深化农电创一流同业对标工作，年内实现国家电网公司一流县供电企业100%复查、省公司一流县供电企业50%复查的工作目标。继续深化乡镇供电所标准化建设工作，完成33个供电所标准化建设目标，建成1个国家电网公司一流县供电企业，2个国家电网公司标准化示范供电所。

启动农牧区用电安全强基固本工程，试点开展农村用电三级漏保分级配置和数据信息远程监控技术研究试点项目，刚察县供电公司和化隆县供电公司试点建成“政企联动、乡村实施、电力服务”的农村用电安全管理新机制，配合地方政府出台《刚察县人民政府关于印发刚察县共建农牧区用电安全服务机制实施方案的通知》、《海北州发展和改革委员会关于供电企业有偿服务收费标准的答复》、《刚察县农牧区电力设施管护实施方案》、《化隆县关于加强全县电力设施和电能保护工作长效机制建设的实施意见》等规范农村用电安全和电力设施保护的相关政策性文件。规范农牧区户用保护管理流程，开展户保排查的建档工作，建立农牧区户用漏保台账16.24万户。筹措农村用电安全管理宣传等费用，编印《农牧区户用漏电保护器应用功能及常见故障排查手册》20.2万册。

开展现场摸底调查，建立供电所建设维修储备项目。2012年11月12日至2013年2月12日，对公司乡镇供电所和县城营业厅等营业网点全面开展现状调查，掌握供电所及营业厅的办公生活用房基础设施建设和配置的需求情况，组织编制《青海省电力公司供电所建设维修规划》及设计方案、7个地市公司的《供电所建设维修可研报告》和《青海省电力公司供电营业所典型设计》。

科技与信息化 2012年安排研究开发项目30项，资金投入计划4016万元，完成20项。“风光水气多种能源发电联合运行控制关键技术及示范”正式列入2013年度国家科技支撑项目计划。“青藏直流联网电气设备关键检测技术研究”、“并网光伏发电检测及分析评价技术与应用”、“规模化光伏发电运行控制关键技术研究与示范”、“基于北斗卫星通信的电能量数据传输技术研究”等研究成果，有力提升了生产运行、检测检验和电网协调控制水平。11项成果通过青海省政府评价鉴定；获得2012年年度国网公司科技进步奖励1项；取得专利授权31项，累计拥有有效专利57项。完善技术标准体系，收录技术标准2866项，组织制定国家电网公司技术标准1项，青海公司技术标准21项。

完成42个信息系统适应性调整工作，首批通过国家电网公司专业验收并评定为“优秀”。完成ERP人、财、物集约化深化完善，推进运营监测（控）信息系统、地理信息系统、大规划体系信息平台、通信综合管理系统、信息网络第二汇聚点等重点项目建设。完成骨干光纤环网优化、通信第二汇聚点和海东、黄化等地区光纤环网建设，实现35kV及以上变电站、地市供电公司、县公司和供电营业所光纤全覆盖。加强对基层单位信息化应用的督导和技术支撑，通过有效管控以及与业务部门协同配合，提升信息系统应用水平，强化信息通信技术督查，完善安全防护措施，加强信息内外网业务交互的安全防护能力，部署实施安全检测、敏感信息阻断系统，提升信息安全防护水平。开展信息通信运行分析，完善隐患缺陷管理常态机制，规范信息通信调度工作方式，加强调度、运行、检修及客服的协调联动，提高信息通信运行水平。

优质服务 开展“争创群众满意窗口和服务标兵”活动。制定并发布《营业窗口“三亮一创”和“双十佳”评选办法》，开展营业窗口“三亮一创”（亮形象、亮标准、亮承诺，创建群众满意窗口）活动和“十佳客户满意服务窗口”、“十佳客户满意服务标兵”评选活动；参加国家电网公司“百佳客户满意服务窗口”、“百佳客户满意服务标兵”评选。青海公司海西供电公司市场拓展及大客户服务班（祁萍服务班）、青海公司供电服务中心95598客服部和海南公司兴海公司河卡供电营业所获得国家电网公司“百佳客户满意服务窗口”称号；海西供电公司客户服务中心（“祁萍服务班”）客户经理王海霞、海西供电公司营销部副主任钟晓玲和海北供电公司客户服务中心营业班班长陈生青获得国家电网公司“百佳客户满意服务标兵”称号。

开展居民用电服务质量监管专项行动，制定《专项行动实施方案》，出台《保障性住房业扩报装“绿色通道”管理规定》等举措，打造“十分钟缴费圈”，农牧区新增缴费点1004个，城镇地区开通95598互动网站、手机缴费功能等9种新型缴费方式。加大农配网建设力度，投资农网升级改造资金16.289 1亿元；完成农牧区1000个社会化代收点建设任务。年内投资1亿元解决11 089户4.99万人的用电问题；出台了保障性住房业扩报装“绿色通道”，简化用电手续，限时办结，加快业扩报装速度，缩短接电时间。被西北电监局评为“居民用电服务质量监管专项行先进单位”。

通过国家电网公司品牌标识标准化验收。实现营销、生产、办公系统及营业厅等场所国家电网标识应用率100%，准确率100%建设目标。

完成供电服务品质评价系统建设，编制供电服务品质评价体系和评价指标，完成供电服务品质评价系统软件开发和系统部署等建设任务；完成B级营业厅服务客户现场评价系统的软件接口开发、调试任务。

党的建设和精神文明建设 在新疆与西北主网联网750kV第二通道输变电工程及青藏联网、玉树电网灾后重建工程中，组织开展创建党员示范岗、党员责任区、党员突击队活动，组织党员认真落实安全生产责任，主动承担难险任务，确保工程质量和进度。249个党组织和3882名共产党员集中参加主题实践活动，3个基层党组织、5名党员受到省委、国家电网公司党组的表彰。

启动实施创先争优活动特色实践载体建设，组织“活力·快乐·健康”主题实践活动。根据国家电网公司《共产党员服务队管理办法》，对共产党员服务队实施统一建设，统一命名和分级管理，组建并命名12支国家电网青海电力共产党员服务队。

实施企业文化“三大工程”。推进企业文化示范点和示范工程建设。

开展丰富多彩的员工文化活动。关注员工身心健康，关心关爱员工业余文化生活，为7个地（市）供电公司建立了员工文化活动中心，组建了涉及文学、书画、体育、文艺等不同门类的191个员工文化团队。

加强精神文明创建活动，积极参与“文明青海”建设，推进文明单位创建，2012年共有2家单位（西宁公司、送变电公司）获得全国五一劳动奖状，1

个个人（杨记宁）获得全国五一劳动奖章，1个集体（祁萍服务班）获得全国“工人先锋号”，9家单位获得省级或国家电网公司文明单位荣誉。

在安徽淮南—上海沪西1000kV线路特高压工程、青新联网工程和玉树联网工程组织290名青年员工成立了17支“青年突击队”，与工程建设项目部签订《青年突击队责任书》，从工程建设的安全、质量、环保、文明施工等5个方面对青年突击队工作进行了量化。编制《团支部工作手册》、《团支部工作一本通》，为基层团支部提供团务知识通用教材。建设8个“国家电网公司春苗行动·高原阳光苗圃”，打造青年志愿服务基地。

主要事件

1月5日，青海公司被评为国家电网公司“2011年度突出贡献单位”。

1月12日，青海公司荣膺2011年度青海省经营服务类企业行评第一名，实现“全省行风民主评议第一，进入第二轮免评单位”的工作目标。自2006年以来，公司已连续六年获得行风评议第一名。

1月13日，青海公司“大检修”体系建设实施方案通过了国家电网公司总部批复，1月16日，方案通过职代会审议；3月15日正式完成、下发了省公司运维检修部、设备状态评价中心、省检修公司、地（市）检修公司操作手册；3月25日，进入新模式导入阶段；5月21日，“全面转入磨合改进阶段；截至8月16日，提前3个半月通过国家电网公司运检部专业验收。

2月23日，玉树电网灾后恢复重建首座110kV结古变电工程正式带电运行，同时35kV班庆、相古、代青3座变电站投运。歇武110kV输变电工程、清水河35kV输变电工程于7月30日前竣工。

3月25～31日，完成青海省电力公司物资供应公司的组建，机构调整和人员调配工作。

4月9日，物资供应公司（招标代理公司）正式挂牌。

4月18日，青海公司发布驻青央企首份社会责任实践报告。

4月，“高海拔地区750kV输变电工程关键技术研究及应用”、“青海省规模化光伏电站接入电网关键技术研究”分别荣获2011年度青海省科学技术进步二、三等奖，为青藏交直流联网工程和青海省柴达木盆地千万千瓦级光伏发电基地的建设提供了强有力的技术支撑。

同月，西宁供电公司荣获玉树灾后重建全国五一劳动奖状；杨记宁荣获全国五一劳动奖章；海西供电公司祁萍服务班荣获全国工人先锋号。青海送变电工程公司荣获全国五一劳动奖状；张子跃荣获全国五一劳动奖章。

5月13日，新疆与西北主网联网750kV第二通道输变电工程在新疆哈密、甘肃敦煌和青海格尔木市同时举行工程开工仪式。

5月15日，青藏交直流联网工程首次年度检修工作拉开序幕，截至7月22日，完成设备及通信系统首次年度检修工作。

6月2日，国家发展和改革委员会下发《国家发展改革委关于玉树电网与青海主网联网工程可行性研究报告的批复》核准工程正式开工建设。

6月5日，青海日月山—乌兰—格尔木750kV输变电工程，荣获中国电力建设企业协会颁发的“中国电力优质工程奖”。

6月6日，玉树灾后重建标志性工程—玉树与青海主网联网330kV输变电工程正式开工建设。

6月9日，青藏交直流联网工程完成半年试运行，正式移交生产进入商业运行。

6月9日，配合青海省发改委制定了居民阶梯电价实施方案，顺利召开了青海省居民阶梯电价听证会，7月1日起，青海电网供电区域内一户一表的城乡居民用户实行阶梯电价。

6月12日，撤销青海省电力公司电能计量中心、青海省电力公司人力资源服务中心、青海省电力公司超高压建设管理有限责任公司和青海省电力公司电力企业管理咨询中心。

7月2日，青海省电力公司对青藏交直流联网工程柴达木换流变电站±400kV直流系统进行停电检修，这是青藏联网工程试运行203天后，直流线路（青海段）首次全方位接受检修与消缺。

7月，青海公司完成信息通信支撑“三集五大”体系建设工作，首批通过国网公司专业验收并评定为“优秀”。

11月1日，青海公司95598互动服务网站正式上线。

11月6日，玉树联网工程最高基铁塔成功组立。

11月15日，青海公司首个集现代化、智能化、信息化于一体的多功能A级营业厅西宁小桥大街营业厅建成并投入运营。

11月24日，青海省计量生产调度平台在国家电网公司内首家成功上线运行，实现了计量设备的集中检定、集中仓储、统一配送、统一监督的建设目标。

12月12日，青海公司海湖新区电力科研综合楼工程奠基开工建设。

12月20日，青海公司首个劳模创新工作室——西宁公司范广勤劳模工作揭牌成立，范广勤劳模工作室以“青海电力公司劳动模范”范广勤名字命名，由西宁供电公司变电检修专业34名在科技攻关、生产管理、文化创新等方面有专长的人员组成。

12月，青海公司连续19年获得“青海省财政支柱企业”荣誉称号。

（尹兰英）

【宁夏电力公司】

企业概况 宁夏电力公司是国家电网公司的全资子公司，是国家电网公司的“责任主体”之一，是宁夏电网的建设者、经营者和管理者，是国家能源优化配置的参与者和宁夏能源战略的推动者，是关系宁夏能源安全和经济社会发展的国有重要骨干企业。营业面积10万km^2（含陕西定边地区），用电客户226.48万户。

宁夏电力公司现行的组织结构采用以行政区划设置各级供电企业和以专业化管理设置分公司（机构）相结合的组织模式。公司本部设置22个职能部室，下辖6个地市级供电局（银川、吴忠、石嘴山、中卫、宁东、固原），管理18个县级供电企业，共有6个专业分公司和两个全资子公司支撑“五大”体系运行。

领导班子 宁夏公司2012年领导班子如下：

总经理、党委副书记：张福轩

党委书记、副总经理：刘劲松

党委委员、副总经理：郭少锋

党委委员、副总经理：房喜

党委委员、副总经理、工会主席：马家斌

党委委员、副总经理：佟卫东

党委委员、纪委书记：靳昶

党委委员、副总经理、总工程师：葛俊

党委委员、银川供电局局长：马林国

党委委员、总会计师：李英

组织机构 宁夏电力公司现行的组织结构采用以行政区划设置各级供电企业和以专业化管理设置分公司（机构）相结合的组织模式。宁夏电力公司系统全民职工总数8795人，本部共设置22个职能部室，下辖6个地市级供电局，管理26个县级供电企业，全部以直供到户模式服务各类用户；设置8个专业化分公司，主要承担电网建设、运行、计量、科研、电动汽车和节能服务等任务；2个全资子公司，主要从事送变电工程施工、监理等业务。

电网概况 宁夏电网以750kV/330kV/220kV三个电压等级构成区内主网架，并根据地域特点在银川以南构建了330kV地区环网，在石嘴山地区构建了220kV地区环网，围绕西电东送工程，建成了“Y”字型750kV网架。公司目前拥有220kV及以上电压等级线路共计174条，其中750kV线路10条（包括2条省际联络线），长度662km；330kV线路62条（包括5条省际联络线），长度2484km；220kV线路100条，长度2144km；±660kV宁东直流输电线路双回，长度2670km。

2012年，宁夏电网统调发电总装机容量1968万kW，其中水电42.23万kW，占2.15%；火电1608万kW，占81.7%；风电264.6万kW，占13.34%；光伏发电53万kW，占2.7%。统调发电量1005亿kWh，统调用电量762亿kWh，统调最大负荷962万kW。全年外送电量253.78亿kWh。

主要事件

1. 托管哈郑直流线路工程（宁夏段），接收银东—山东直流线路资产及运维

6月15日，宁夏电力公司与国家电网公司签订协议，国家电网公司将哈密南—郑州±800kV特高压直流输电线路工程（宁夏段）建设管理任务正式委托宁夏电力公司。5月4日，银东—山东±660kV直流输电工程线路资产整体划归宁夏电力公司所有，移交资产达40多亿元。该直流输电工程宁夏段的运维由宁夏电力公司超高压分公司负责运维，而在其他途径省份，则由宁夏电力公司委托各沿线各网省公司运行维护。

2. 全面完成农村供电所业务委托试点及推广工作

4月，国家电网督导调研组对宁夏电力公司农村供电所业务委托试点工作进行实地调研，对宁夏电力公司试点工作给予充分的肯定。8月2日，宁夏电力公司召开供电所业务委托试点经验总结暨推广启动会，全面部署推广业务委托工作。

3. 95598供电服务中心投运

9月4日，历经3个月的试运营，宁夏电力公司省级95598供电服务中心正式投入运营。业务涵盖全区5个地市、22个县级行政区、242万电力客户，强化了宁夏电力公司对供电服务的全过程管控。开通95598互助服务网站，提供在线查询、在线缴费等服务。同时在新浪微博开通国家电网宁夏95598官方微博，自觉接受社会监督。在国网系统内率先实现了用电信息采集系统建设“全覆盖”，已覆盖用户248.5万户，为营销集约化、精益化管理提供有力支撑。

4. 荣膺宁夏自治区百强企业之首

9月10日，宁夏自治区公布2012年宁夏百强企业名单，宁夏电力公司荣膺宁夏百强企业之首。同时，宁夏电力公司以94.83分获得百强企业社会责任评价第二名。在百强企业名单中，公司在企业可持续发展能力、综合实力、创新能力等方面也稳居前列。

5. 售电量、外送电量、电网负荷连创新高

2012年，宁夏电力公司售电量再次突破600亿

kWh大关，达638.85亿kWh，同比增长3.94%；累计外送电量266.84亿kWh，同比增长3.04%，实现了内供外送的“双增长”。当年电费回收率100%，陈欠电费全部结零；线损率4.08%，同比降低0.37个百分点；城市供电可靠率和综合电压合格率分别完成99.948%、99.875%，电网负荷连创新高，年内创下969万kW最高纪录。

6. 实现自治区行风评议“六连冠”

2012年，宁夏电力公司在宁夏自治区15个服务窗口行业中，再次摘得行风评议第一名，实现了行风评议六连冠。2012年，宁夏电力公司受理行风投诉举报明显下降；建成营业网点375个，各类金融机构代收网点310个；开展安居工程“双保”行动，业务报装“绿色通道”确保保障住房生活用电；关注塞上新居、设施农业、生态移民的生活用电问题，实现城乡供电质量、服务标准同质化；加强宣传，保证居民阶梯电价政策的顺利平稳实施；打造“国家电网·阳光宁电”服务品牌，不断提升行风建设工作水平。

7. “三集五大”体系建设顺利通过国网验收

6月25日，宁夏电力公司完成了对所有基层单位“三集五大”体系建设机构设置和人员配置实施方案的批复，各基层单位机构、人员调整和业务移交工作同步展开。6月29日，七家支撑单位和业务机构揭牌，各项业务全面进入新模式运行和磨合改进阶段。10月，国家电网专业评估组及由国家电网公司党组成员、副总经理曹志安带队的总部综合验收组，先后对公司“三集五大”体系建设工作进行考评验收。2013年1月7日，国家电网公司在2013年“两会”上，对“三集五大”建设达标单位授牌，宁夏电力公司“三集五大”体系建设工作正式通过国家电网公司总部验收。

（田凤廷）

【新疆电力公司】

企业概况 新疆电力公司（简称新疆公司）是国家电网公司的全资企业，是以经营新疆电网为核心业务的国有企业。新疆公司本部设23个职能部（室、中心），所属供电企业13家，所属建设、科研和教育培训等单位10家。

领导班子 2012年新疆公司领导班子成员如下：

总经理、党组副书记：王风雷

党组书记、副总经理：杨玉林

党组成员、副总经理：沙拉木·买买提

党组成员、副总经理兼工会主席：侯立强

党组成员、副总经理兼乌鲁木齐电业局局长、党委副书记：谭洪恩

党组成员、副总经理：施学谦　叶军

党组成员、纪检组长：开赛江

党组成员、副总经理：许传辉

总工程师：白伟

总会计师：涂海江

组织机构 办公室，发展策划部，人力资源部（社保局），财务资产部，安全监察质量部，运维检修部，基建部，营销部，农电工作部，科技信通部（智能电网办公室），物资部（招投标管理中心），审计部，监察部（纪检组办公室），思想政治工作部（机关党委），离退休工作部，经济法律部（企协分会），对外联络部（品牌建设中心），后勤工作部，运营监测（控）中心，电力调度中心，电力交易中心，工会，公安保卫部（武装部）

电网概况 截至2012年底，新疆公司拥有750kV线路8条2038.49km，变电站5座700万kVA；220kV线路262条15 490.13km，变电站76座1970.6万kVA；110kV线路580条16 706.58km，变电站251座1584.68万kVA。新疆公司统一调度的新疆电网已覆盖自治区全部14个地州（市）。

人力资源 严肃执行“三定”、“三考”要求，严把员工入口关，重点加强了农电用工、派遣用工和集体企业用工规范管理，依法签订各类借工协议，稳妥完成主多分开人员分流安置。紧密联系实际，周密细致完成“三集五大”体系机构设置和定员的测算编制工作。严格要求、监督和管理各级领导干部，创新干部队伍培养方式，加强后备干部队伍制度化建设，各级领导干部事业心、责任感和执行力显著增强。开展人力资源诊断分析和需求预测，优化整合培训资源，加快培训中心转型步伐，形成了多层级、多渠道，丰富有效的员工培训机制。新疆公司本部的全员绩效管理带动了整体工作的推进，有效发挥了正向激励作用。

电网建设与发展 电网规划和前期工作有序推进，高效完成新疆电网“十二五”发展规划滚动修编和50个专题规划方案制订。阿克苏—巴楚（降压）等134项110kV及以上输变电工程获新疆维吾尔自治区核准批复。以“打捆报批”方式集中办理用地、环评等前期手续，累计完成144项220、110kV工程可行性研究评审和118项电源接入系统评审。各级电网协调快速发展。开工110kV及以上工程112项，线路4306km，变电容量1040万kVA。投产109项，线路5155km，变电容量662万kVA。±800kV哈郑特高压直流和新疆与西北联网750kV第二通道线路工程在获得核准后同时开工，扎实推进。750kV乌北—五彩湾（降压）工程建成投运，凤凰—乌苏—伊犁工程全线完工，凤凰—西山—东郊和巴州—库车工程开工准备就绪。220、110kV工程均衡开工、按期

投运，满足了高速增长的用电需求。农网改造升级和无电地区电力建设提前超额完成建设任务，解决了25.9万人用电问题，惠及400余万农牧民。全面加强工程建设、造价、质量管理，强化标准工艺执行和质量通病防治，优质工程率达到95.5%，获得国家电网公司流动红旗3面。

经营管理 严格执行国家电网公司批复方案，新疆公司层面完成机构人员调整和资产业务移交，电科院、经研院等业务支撑和实施机构完成组建，人员配置到位；地（市）县层面机构设置和人员配置方案通过新疆公司审批，"五大"体系新模式导入工作全面启动。多次召开主多分开专题推进会，部署推进措施，签订责任状，动态跟踪进展情况，各单位顺利完成了地（市）县层面主多分开改革任务。加强和规范集体企业管理，完成清产核资工作，初步建立了统一的监管平台和制度体系。积极推进遗留小火电参与发电企业重组，挂牌转让了天山电力公司股权。坚持争取政策与内部挖潜并重，合理推迟项目融资和提前归还贷款。积极开展经营诊断分析，加大资源调控运作力度，下移220kV资产，通过优化内部电价及结算等方式帮扶困难地（州）单位。深化物资管理标准化建设，实现了计划审查、招标采购、签约履约、质量检测、物资仓储调配等集中管控和规范运作。围绕强基固本、提升"两效"，开展了管理提升活动。扎实开展"依法治企·规范管理年"活动，各部门分解目标任务247项，实行了全过程动态督办。主动开展了依法治企、工程领域突出问题、财务等专项内部检查，及时发现并整改问题。完成审计项目297项、审计签证675份，提出审计建议536条。研发应用内控辅助管理系统，录入问题570项，动态跟踪督办，提高了依法治企管控能力。加强对重点领域和关键环节的监管，组织开展了"三重一大"、公务用车、住房清理、主多分开、集体企业、劳动用工、招标采购等方面的专项督查工作。

安全生产 以"安全质量年"活动为载体，全面加强了安全管控。持续深入开展专项安全督查和隐患排查，防范化解事故风险，全年未发生国家电网公司考核的各类事故。强化应急管理，提升了突发事件的预警、响应和处置能力，圆满完成党的十八大、中国—亚欧博览会等重要维稳保电工作。认真研究电网结构变化和安全稳定特性，制定落实风险预控措施，完善稳控策略，精心调度运行，电网经受了设备集中投运和高负荷增长的考验。设备运检精益化水平进一步提升，新增无人值班变电站113座。深入推进设备带电检测和状态监测，成功避免了多起主设备故障，配网跳闸率同比下降76%。状态评价的有效性和检修的针对性显著提高，110、220kV设备检修任务与定检计划相比，分别减少了35%和39%。全面启动首检式验收，加强入网设备质量检测，完成输电网安全性评价，备调系统通过总部验收，增强了电网整体安全管控能力。加强电力设施保护工作，深化政企协作和群众护线，完善了外力破坏隐患排查、登记、预控和事故责任追赔工作机制。

营销工作 全力支持新疆维吾尔自治区新型工业化建设，挂牌督办的49项大客户供电工程按时送电，增加售电量25亿kWh。"统一收购、定向销售"的经营策略，赢得了各方支持，有力推动了企业自备电厂的规范运行，在实现多方共赢的同时，增加售电量134.7亿kWh。拓展了布尔津、奎屯市西区1万km^2营业区，转接农八师负荷14万kW。大力推进用电信息采集系统建设，累计安装智能电能表329万只，整体覆盖率63%，实现了专用变压器和公用变压器客户全采集。加强电费管理，取消现金走收，付费购电金额比重达到69%。

农电工作 加大资金投入，新建和维修125个供电所。新增4家国网级和9家公司级一流县供电企业，95%的供电所达到标准化管理要求。实施农村供电所正向激励试点，切实调动了从业人员的工作积极性，综合效能明显。强化农网工程建设管理，大力推广典型设计应用，加强进度和质量管控，重点民生实事工程建设赢得广泛好评。积极配合政府开展无电人口普查和通电方案评审，完成107万无电人口建档工作。

科技与信息化 完善科技和信息化管理创新体系，加大研发费用投入，实施科研项目36项，在生产运维、基建施工等领域取得一批实用性研究成果，首次获得国家电网公司科技进步二等奖，荣获省部级科技进步奖4项，专利授权33项。推进人财物等重点领域信息系统功能升级和生产、营销业务系统深化应用，加强信息系统集成共享，全面启动了"五大"体系信息系统的适应性调整。

优质服务 认真实施"95598光明服务工程"，制定了供电服务行为"十条禁令"。深入开展"重点项目供电服务月"活动，实现了与大客户和各地党委政府的有效沟通，供电服务获得多方好评。顾全大局，勇于担当，执行了多项支持产业发展的电价政策。加强报装用电和故障抢修管理，不断提升居民用电服务质量。多方式拓展交费渠道和网点，安装了营销单机抄表收费系统，方便偏远乡村客户缴费。规范增值服务，制定了《供电延伸服务收费管理办法》。服务电气化铁路建设，供电工程按期投运。坚持"三公"调度交易，深化"一站式"服务，加强地方小电源管理，组织发电权交易电量29.8亿kWh，同比增长28.56%。大力支持风电等清洁能源并网消纳，风电和光伏发电同比增加 20 亿 kWh，增长了 69%，风电平均利用小时数同比增加 214h。

党的建设和精神文明建设 认真学习宣传贯彻党的十八大精神，深入开展“迎接党的十八大、创先争优作表率”主题实践活动。加强基层组织建设，完成党支部分类定级、整改晋位，试点开展党支部书记公推直选工作。新疆公司 136 支“天山雪松”共产党员突击队、176 支“天山雪莲”共产党员服务队充分发挥了战斗堡垒和先锋模范作用。加强党风廉政建设，突出抓好教育防范，组织“党纪政纪条规巡回宣讲”、典型案例警示教育、廉政知识考试等多种活动，营造了廉洁奉献的良好氛围。实施 37 项企业文化传播工程、落地工程重点项目，建立新疆公司优秀企业文化示范点 14 个，开展了首届感动新疆电网十大人物评选活动。新疆公司通过新疆维吾尔自治区文明行业届满复验，26 家单位通过新疆维吾尔自治区文明单位复验，乌鲁木齐电业局荣获全国“五一”劳动奖状。大力推进班组建设，积极培养知识型、技能型、创新型班组。开展纪念建团九十周年系列活动，引导青年员工岗位成才。

主要事件

1 月 13 日，国家电网公司发展策划部副主任吕健带领专家组来哈密，在新疆公司党组成员、副总经理沙拉木·买买提及哈密地区人大工委副主任樊庆魁等陪同下，往巴里坤县三塘湖及伊吾县淖毛湖地区，对±800kV 哈密北—重庆特高压直流输电工程哈密北换流站 5 处站址实地踏勘。

1 月 17 日，新疆公司被评为 2011 年度新疆维吾尔自治区安全生产目标管理先进单位，这是新疆公司连续 4 年获此殊荣。

2 月 3 日，新疆维吾尔自治区召开特高压“疆电外送”工程电网、电源、煤炭项目建设企业负责人座谈会，中共新疆维吾尔自治区党委常委、副主席库热西·买合苏提主持会议，自治区党委副书记、自治区主席努尔·白克力，国家电网公司党组成员、副总经理杨庆出席会议并讲话。

2 月 4 日，新疆维吾尔自治区召开全面启动新疆 750kV 电网建设项目会议，自治区党委常委、副主席库热西·买合苏提主持会议，自治区党委副书记、自治区主席努尔·白克力出席会议并讲话，新疆公司总经理王风雷汇报了 750kV 电网发展及 2012 年建设计划。会议确定将成立自治区 750kV 电网建设协调工作领导小组和常设办事机构，协调解决工程遇到的各种问题。自治区政协副主席、经信委主任王永明，自治区政协副主席、发改委主任刘晏良、兵团副司令员于秀栋，涉及 750kV 电网建设的自治区有关地州领导，石油、铁路部门有关领导，新疆公司领导杨玉林、沙拉木·买买提参加会议。

2 月 14 日，新疆公司召开 750kV 电网建设工作推进会，确定：确保 750kV 库车—巴音郭楞、哈密—柴达木、乌北—五彩湾、凤凰—西山—东郊输变电工程及凤凰变电站扩建工程进入国家核准程序；续建和陆续开工凤凰—乌苏—伊犁、乌北—五彩湾、凤凰变电所扩建、哈密—格尔木、库车—巴音郭楞、凤凰—西山—东郊输变电工程；力争 2012 年 7 月建成投运乌北—五彩湾输电工程（降压部分），2012 年 12 月建成竣工凤凰—乌苏—伊犁输变电工程。超前开展特高压直流工程配套的 750kV 东部大环网、750kV 准北、五家渠、鄯善等输变电工程前期规划论证工作，全面加快 750kV 新疆骨干网架建设。

2 月 28 日，国家电网公司、新疆、甘肃、青海三省（区）政府在北京召开新疆与西北主网联网 750kV 第二通道工程前期工作领导小组第一次会议。会议成立了新疆与西北主网联网 750kV 第二通道工程前期工作领导小组及办公室，审查通过了工程系统方案和可行性研究设计报告，审定了工程核准申请报告，并对工程下一步工作做了部署。

3 月 5 日，新疆公司启动“服务送春到、光明进万家”服务活动，组织共产党员服务队走进社区、乡村，开展便民售电，普及用电常识，发放服务连心卡，建立孤寡老人和残疾人家庭等特殊客户档案，定期上门开展延伸服务，活动至 5 月结束。

3 月 15 日，新疆公司召开主题为“真诚服务，共谋发展”的大客户座谈会，面对面沟通，现场解决用电难题，以推进新疆维吾尔自治区“项目促进周”安排的重点项目建设，落实国家电网公司党组 1 号文件，实施 95598 光明服务工程，提高供电服务水平。

3 月 30 日凌晨，乌鲁木齐市遭遇 9～11 级东南风突袭，市郊达 12～13 级，致乌鲁木齐电网 2 条 220kV 线路、2 条 110kV 线路跳闸，均重合成功，10kV 线路跳闸 15 条次，重合成功 7 条次，同时造成 10kV 配网倒杆 18 基，断线 6 处，近万客户停电。新疆公司第一时间启动应急预案，所属乌鲁木齐电业局迅速成立应急指挥领导小组，组织抢修人员 360 余名、抢险车 47 辆、特种作业车 15 辆连夜投入抢修。至 20 时，多数主干线供电恢复，至 31 日 12 时，所有停电用户全部恢复供电。

4 月 27 日，新疆维吾尔自治区庆祝“五一”国际劳动节暨表彰大会召开，新疆公司所属乌鲁木齐电业局荣获全国“五一”劳动奖状称号。

5 月 13 日，±800kV 哈密南—郑州特高压直流输电工程与 750kV 新疆—西北联网第二通道工程开工仪式在新疆举行。仪式由国家电网公司副总经理、党组成员郑宝森主持，中共中央政治局常委、中央政法委书记周永康宣布工程开工命令。

5月23日，新疆公司在阿克苏地区库车县召开农网优质示范工程建设现场会暨工程推进会。农网建设工程2012年再次纳入中共新疆维吾尔自治区党委政府确定的“民生建设年”重点项目。

6月1日，国家电网公司在西安召开新疆与西北联网750kV第二通道输变电工程建设动员大会。

7月3日，新疆公司成立对外联络部（新闻中心），负责对外联络、新闻宣传、舆情监控、“国家电网”品牌推广等工作。

7月20日，新疆公司承担编制的《新疆“十二五”无电地区电力建设规划》通过国家能源局委托中国国际工程咨询公司的评估。规划提出，新疆无电地区107.53万无电人口的用电问题将通过电网延伸工程和新能源方式予以解决。其中新疆公司负责电网延伸工程，规划总投资48.1亿元，解决24.5万户、95.1万无电人口的用电。在疆各发电集团公司投资8亿元，以新能源方式解决3.04万户、12.43万无电人口的用电。

9月4日，新疆与西北联网第二通道工程建设指挥部在新疆哈密南750kV变电站施工现场，举行“丝路传真情电网送光明”主题实践活动与“五赛一创（赛安全、赛质量、赛管理、赛工期、赛文明施工、创优质工程）”劳动竞赛活动启动仪式。5日，举行新疆与西北750kV联网第二通道线路工程新疆段首基铁塔组立仪式。

9月28日，新疆公司与新疆天山电力股份有限公司签订产权交易合同，转让新疆公司持有的新疆玛纳斯发电有限责任公司39.69%股权，转让价格44 160.38万元。

10月10日，赤道几内亚吉布劳水电站输变电一期工程在当地举行竣工典礼，总统奥比昂及其他政府官员、中国驻赤道几内亚大使及参建单位参加了典礼。新疆公司所属新疆送变电工程公司承建一期工程Ⅱ标段工程，新建220kV同塔双回输电线路37.7km，220kV单回输电线路279.8km，110kV单回输电线路239.1km，20kV单回输电线路65.9km，新建变电站220kV 3座、110kV 6座、20kV 3座和国调中心设施。2008年9月10日开工，2011年12月28日竣工。

10月15日，新疆公司副总经理叶军到和田地区策勒县固拉哈玛乡，向维吾尔族困难群众发放古尔邦节慰问金和大米、清油等慰问品。

11月15日，新疆维吾尔自治区文明行业检查组对新疆公司系统自治区级文明行业和新疆公司本部自治区级文明单位进行届满复验，总经理王风雷介绍了新疆公司的基本情况，党组书记杨玉林汇报了新疆公司系统文明行业创建情况。新疆公司本部和系统26家单位通过届满复验。

11月21日，新疆公司所属新疆送变电工程公司参与建设的±660kV宁东—山东、±800kV云南—广东直流输电示范工程经国家工程建设质量奖审定委员会审定，获得2011～2012年度国家优质工程金质奖。

11月30日，新疆公司电力经济技术研究院成立，为新疆公司分公司，与新疆电力工程监理有限责任公司合署，主要职责：负责新疆公司电网发展总体规划和专项规划的研究与编制；受托参加业主项目部管理工作，配合新疆公司基建部进行所辖220kV及以上（含特高压直流）电网工程项目建设过程管理；负责电网项目可行性研究、用户接入系统方案（设计）评审；负责所辖35～220kV（规模以下）电网建设项目初设评审和工程结算监督；负责所辖电网建设项目质量监督、定额站日常管理；承担电力工程监理、造价咨询、招标代理业务。

12月14日，新疆公司召开以“学习党的十八大精神，促进公司科学发展”为主题的2012年度党员领导干部民主生活会。

（旷路明）

【西藏电力有限公司】

企业概况 西藏电力有限公司（简称西藏公司）是国家电网公司和西藏自治区人民政府于2007年7月在原西藏电力公司基础上成立的，由国家电网公司控股、西藏自治区人民政府参股的电力公司。

西藏公司负责统一规划、统一建设、统一管理地市电网，经营相关的发输配电业务；按照国家统一规划，合理有序开发西藏电力资源，投资或参与投资建设相关电源项目，促进国家规划电源基地的开发和前期工作的开展；制定并组织实施西藏公司的发展规划和重大生产经营决策；开展电力建设项目前期工作和其他工作。

西藏公司经营管理范围为西藏中部（包括拉萨市、日喀则市、山南地区、那曲地区、林芝地区）、昌都、阿里狮泉河三个地市电网。2012年，完成发电量19.57亿kWh，同比下降9.65%；青藏联网送电6.53亿kWh；完成售电量23.45亿kWh，同比增长16.54%。全年未发生五级及以上电网、设备事件。

截至2012年底，西藏公司共有员工3761人。本部设置20个职能部门，下设22个基层单位，其中供电企业7家，发电企业7家，支撑单位8家。

电网概况 西藏电网由西藏中部电网和昌都、阿里两个地区电网共“一大二小”三个地市级独立电网以及由农村小水电、太阳能光伏电站供电的众多独立小电网和分散户用系统构成，形成了大电网供电和分散独立电源供电相结合、多能互补的供电格局。

截至2012年底，全区地市电网发电装机容量102.06万kW，其中常规水电装机容量44.87万kW，抽水蓄能装机容量9.00万kW，火电36.70万kW，地热机组装机容量2.72万kW，光伏及其他8.76万kW。西藏公司管理机组装机容量89.57万kW，其中常规水电装机容量42.17万kW，抽水蓄能装机容量9.00万kW，火电35.98万kW，地热机组装机容量2.42万kW。全年，藏中电网完成发受电量27.94亿kWh，同比增长17.57%，最大供电负荷52.14万kW，同比增长13.69%，青藏直流送电6.53亿kWh，占枯水期电网电量39.84%；昌都电网发电量1.70亿kWh，同比增长8.76%，阿里电网发电量2120万kWh，同比增长8.38%。西藏电网35kV及以上变电站149座变电容量351.58万kVA，其中，±400kV换流站1座，换流变容量60万kW；220kV变电站4座，变电容量105万kVA；110kV变电站30座，变电容量143.08万kVA；35kV变电站114座，变电容量32.90万kVA。35kV及以上线路184条长度7764.18km，其中，±400kV直流线路1条长度422.89km（西藏公司运行维护）；220kV线路11条长度798.18km；110kV线路41条长度2838.95km；35kV线路131条长度3704.16km。

人力资源 加强队伍建设。为适应“三集五大”体系建设要求，严格按照干部选拔任用程序，对13名后备干部进行专项考察，交流处级干部28名，提任处级干部19名，新组建领导班子3个，优化、充实领导班子11个。按照国家电网公司安排部署，统筹安排第二批8名挂职干部进藏工作。举办2012年青年干部培训班，培训青年干部39名，推荐5名局级干部参加国家电网公司现职干部培训，5名处级干部分别参加国家电网公司青干研等项目培训，选派11名青年管理技术骨干赴内地实践锻炼，2名年轻干部到国家电网公司总部培养锻炼，提高干部的综合素质。2012年，西藏公司人才当量密度为0.7204，2人入选国家电网公司“十大”专业领军人才，高技能人才比例为39.04%，技师、高级技师占生产技能人员比例为4.13%。选派42人到江苏公司生产技能培训中心参加14个工种的技师鉴定操作考核，30人获得了技师资格。对电力行业特殊工种中的68个工种458名生产技能人员开展技能鉴定，311人获得技能等级。选派10人到国网四川电力培训中心开展3个专业的技师鉴定操作考核，8人获得技师资格。选派10名管理、技术骨干赴国网湖北公司、国网新源公司挂职锻炼。

加大教育培训力度。2012年，举办345个培训班，培训4749人次，全员培训率达91.88%。国家电网公司选派19名培训师进藏开展帮扶培训工作。

全面推广绩效考核。制定印发《西藏电力有限公司企业负责人年度业绩考核管理办法》（藏电人资〔2012〕759号）和《西藏电力有限公司全员绩效管理实施细则》（藏电人资〔2012〕768号），成立绩效管理委员会和办公室，为全员绩效管理工作的推进提供制度和组织保证。

电网建设与发展 2012年，新开工110kV及以上线路1665km、变电容量84.29万kVA；投产110kV及以上线路605km、变电容量58.73万kVA。全力推进高原坚强智能电网建设。调整优化电网建设管理体制和机制，强化设计、物资、施工等关键环节管控。乃琼—多林220kV输变电工程和藏中220kV骨干环网加强工程建成投运，藏中220kV主网架“一站八线”开工建设。“十二五”农网工程已开工17个县，隆子县、措美县、班戈县及萨迦县4个县农网工程建成投运。积极支持光伏、风电等新能源规范有序发展，藏中10万kW光伏电站接入系统工程进展顺利。各项重点技改项目全面完成。

加强基建标准化建设，加强“三通一标”“两型一化”“两型三新”成果应用，按照国家电网公司初步设计深度规定，提高设计深度和质量。注重西藏典型设计的应用和特殊环境条件下的设备选型工作。严格设计内审制度，加强对施工图质量、设计变更、图纸档案提交、现场服务的考核，保证设计工作满足施工需求。加强工程建设过程质量管控，强化质量管理措施落实情况的监督检查。拉萨曲哥220kV变电站获得国家电网公司优质工程，实现创国家电网公司优质工程“零”的突破。

对电网规划进行优化调整和滚动修编，先后修订完善《西藏电网“十二五”主网架滚动规划》、《西藏电网“十二五”配电网滚动规划》、《西藏电网“十二五”通信网滚动规划》、《西藏电网“十二五”智能化滚动规划》。加大前期工作，藏中电网网架工程、藏木、旁多电站及藏中10万kW光伏电站送出工程、老虎嘴—拉萨Ⅱ回220kV输变电工程完成可研评审并上报，农网年度建设项目全部取得可研批复。配合做好昌都与四川联网工程前期工作，已完成可研收口。

经营管理 全面推进财务集约化管理深化应用工作，基本建成“集中、统一、精益、高效”的财务集约化管理体系。加强综合计划管控。开展电网、经营、人力资源诊断分析工作，推进管理提升活动。建立计划和预算定期统计、分析、调整、通报与考核机制，促进西藏公司整体动作和全面协调发展。推进集约化管理。全面加强“三定”“三考”工作，建立全员绩效管理机制。加强资金和资产管理，开展往来款项清理。深化清仓利库工作，建成电子商务平台并上线运行。加快推进用电信息采集系统建设与应用，完成1.4万块智能电表安装工作。实现陈欠电费和当年电费“双结零”。落实“十二五”后期燃油发电亏损补贴政策，落实财政补贴资金18.24亿元。落实国有资本金专项注资政策，2012年到位资金6.0亿元。建立电力普遍服务补偿机制工作进展顺利。

深化依法从严治企。开展各类专项治理活动。加强历史遗留问题处理，全面完成主多分开和房改遗留工作。加强内外部审计和检查，配合完成国家电网公司依法治企综合专项检查工作，认真落实整改意见，进一步健全规章制度、优化业务流程、加强协同监督、完善内控机制，不断降低经营风险。

安全生产 全力保障电力供应。青藏直流投运后，极大缓解了藏中电网供需矛盾，但由于电网结构薄弱，电源结构不合理，电力供应依然紧张，电力电量平衡脆弱。昌都、阿里电网冬季电力供应保障难度很大。西藏公司不断加强电网运行管理，保障电力可靠有序供应。深化供需形势研究，及早分析负荷趋势，滚动开展电力电量平衡分析，克服水电发电能力不足，优化电源发电安排，挖掘直流送电、光伏发电潜力，做好水库调度工作，发挥水电发电能力，减少燃油发电。提早做好电网迎峰度冬和各项保电工作，科学合理安排水电、火电发电，提高直流送电能力，保障藏中电网电力有序供应。加强昌都、阿里电网电力供应工作，配合完成昌都12台柴油机组接入建设，督促做好阿里水电运行分析和机组运维，积极协调阿里光伏电源接入和运行研究工作。

加强安全工作的组织领导，全面落实安全生产责任制；以“三个不发生”为目标，抓执行、抓过程、建机制，安全风险管控工作成效显著；推进现场标准化管理，组织开展作业指导书（卡）的编制工作，完成调度控制、生产运检、营销服务等237项作业指导书（卡）的编制工作。强化“两票三制”执行，落实反事故措施，开展生产安全管理和隐患排查整治。发电设备、输变电设备的可靠性和电网运行管理水平明显提高。以柴拉直流安全为重点，合理安全电网运行方式，实现直流工程安全稳定运行一周年，高度重视直流工程首检及尾工消缺工作，按期优质高效完成检修工作，实现一次送电成功的目标。全年没有发生人身伤亡事件，没有发生六级以上设备和信息安全事件；没有发生工程建设质量事件；连续三年荣获自治区政府授予的“年度全区安全生产先进单位”。

营销工作 全年完成售电量23.45亿kWh，同比增长16.54%；开展营销整顿工作，对营销队伍、业扩报装、营销基础数据、营销抄核收和95598客户服务规范及标准的执行情况进行检查和治理；加强营销指标管控，对营销各项指标坚持日跟踪、月分析和通报制度，强化过程监督与控制；全面落实电费回收责任，加强电费结算协议签订管理，拓展收费渠道，实现陈欠电费和当年电费“双结零”；加强线损管理，查找线损管理漏洞，开展反窃电活动，有效降低管理线损；加快推进营销业务系统、用电信息采集系统建设与应用，专变、公变和智能电表采集覆盖率分别达到100%和40%；加强需求侧管理，严格落实政府批复的有序用电方案，确保直流年度首检、9E燃机停运检修和“迎峰度冬”期间电力供需平稳有序；开展能效管理，通过负荷管理手段，配合电网技改及配网改造等工程，实现节约电量600万kW。加强电网负荷特性分析和需求侧管理，完成青藏直流年度首检、9E燃机停运检修、220kV虎曲线停运期间的有序用电工作，确保电力有序供应。

农电工作 根据西藏自治区及国家电网公司对西藏无电地区电力建设和改造升级工程建设的总体要求，全力推进农网工程建设。编制完成“十二五”农网发展规划、农网改造升级工程规划、无电地区电力建设工程规划和农村配电网滚动规划。农网年度建设项目全部取得可研批复。2012年在建农网工程覆盖16个县，完成投资共计15.58亿元。隆子、措美、萨迦、班戈4个县农网工程建成投运，解决和改善2.3万户11.06万人的用电问题。

按照国家电网公司对西藏农电调研工作的安排，完成“十二五”电网延伸范围内58县农电调研工作。以县为单位编制58个县的调研报告，连同调研数据和支撑材料建立“一县一档”农电基础信息；分别对全区7个地市农电信息汇总，形成了7地市农电调研报告；汇总全区农电调研信息，对涉及农电代管的相关政策进行系统的研究，编制《西藏自治区农村电力基本情况调研报告》、《关于对西藏自治区农电机构进行代管的主要问题说明》，并初步形成《国家电网覆盖区域农电代管工作方案（送审稿）》和《国家电网覆盖区域农电代管框架协议（送审稿）》。

科技与信息化 组织开展科技管理建章立制，编制并印发《西藏电力有限公司科技规划管理标准》、《西藏电力有限公司科技项目管理办法》等管理办法。开展高海拔智能电网专题技术攻关，顺利完成“藏中电网安全运行特性深化应用研究交直流混联系统以及光伏接入对藏中电网影响的深化研究”、“西藏大规模光伏发电并网运行试点工程研究项目”。“西藏电网电力系统参数测试及建模”项目通过了国家电网公司科技部验收，该项目中原动机机械液压式调速系统建模方法的研究成果达到国内领先水平。组织开展技术标准体系建设，完成涵盖规划设计、工程建设、安全环保、调度与交易等11个专业类别的技术标准体系编制工作。落实国家环保要求，加强项目环评管理，开展国家电网公司环境保护管理子系统的推广应用，完成了25项输变电工程建设项目环境影响报告书（表）并通过审批。

加强信息通信支撑系统建设，组建成立国网西藏电力信息通信公司，完成信息通信调度监控中心和运维中心建设，实现了组织机构的统一和信息通信一体化管理、建设和运维。加强信息运维管理和安全管理，编制完善6个运维规范管理制度，完成20个重要信息系统的等级保护测评，完成1056项隐患排查治理。举办首届及第二届信息安全技术督查专项技能培训，培训57人次。完成资源整合、营销管理业务完善等共20个信息化项目建设任务，信息通信项目建设完成率100%。

优质服务　开展“大营销”体系建设，深化“塑文化、强队伍、铸品质”供电服务提升工程，认真履行服务承诺，优质服务工作取得了新的提升。贯彻落实供电服务“十项承诺”，农村地区供电质量指标经国家电网公司审核批准，并对社会公布。组织参加国家电网公司供电服务之星劳动竞赛，举办西藏有限公司第四届供电服务之星劳动竞赛，有3人被评为国家电网公司服务之星，8人被评为西藏公司供电服务之星。狠抓窗口建设，拉萨供电营业厅、山南供电营业厅和昌都供电营业厅获得国家电网公司“百佳客户满意服务窗口”荣誉称号，3人获得“百佳客户满意服务标兵”称号。组织开展居民用电服务质量自查工作，认真组织落实整改，提升居民用电服务水平。2012年西藏公司系统故障报修到达现场平均时间35min，同比减少17min。城市地区居民受电端电压合格率达到96.1%。完成全区136户重要用客政府认定工作，建立政府、供电企业、客户三位一体的用电安全管理体系。共完成保电工作389次，完成了党的十八大、自治区“两会”等各类重要会议、活动和敏感时期的供电保障工作。

党的建设和精神文明建设　认真学习贯彻党的十八大精神。深入开展创先争优活动，大力实施95598光明服务工程，成立国家电网共产党员服务队。加强党组织建设，开展基层组织建设年活动，完成基层党组织分类定级和晋位工作。严格落实党风廉政建设责任制，加快构建科学的管控和惩防体系。做好驻村工作，取得成效。西藏公司被自治区党委、政府授予“自治区创先争优强基础惠民生活动优秀组织单位”，13人被评为自治区创先争优强基础惠民生活动“先进驻村（居）工作队员”。措吉当选党的十八大代表。

开展精神文明创建活动，西藏公司系统2人获全国“五一”劳动奖章，2人获国家电网公司劳模称号，1个集体获“全国工人先锋号”，4个集体获国家电网公司表彰。西藏公司被西藏自治区精神文明建设指导委员会评为“自治区文明单位”。开展反分裂斗争教育，确保稳定局面。

（武　超）

2013 中国电力年鉴

南 方 五 省 区

【广东电网公司】

基本情况　广东电网公司（简称广东公司）前身是广东省广电集团有限公司，2002年12月29日，国家电力体制实施重大改革，广东省广电集团有限公司划归中国南方电网有限责任公司。2005年3月31日，广东省广电集团有限公司完成工商登记注册，更名为广东电网公司，4月18日正式挂牌并运作。

广东电网公司负责广东电网的统一规划、统一建设、统一管理。至2012年底，广东电网公司直管19个地市供电局，60个县区供电局（分公司）、51个县级供电局（子公司）、57个供电分局，1116个乡镇供电所。供电面积16.84万km^2、供电客户2592.46万户。

领导班子　2012年，广东公司领导班子没有进行调整，领导班子成员如下：

总经理、党委副书记：廖建华

党委书记、副总经理：金基民

巡视员、党委委员、副总经理：于俊岭

党委委员、副总经理：王江、罗辑、张文峰、陈山

党委委员：张卓

党委委员、纪委书记：赵树华

党委委员、工会主席：顾广平

总会计师：莫锦和

组织机构　广东电网公司本部设有办公室（与党委办公室合署，增挂外事办公室牌子）、人事部、人力资源部、财务部、企业管理部、计划发展部、市场营销部、生产技术部、基建部、物资部、信息部、安全监察部、农电管理部、审计部、法律事务部、监察部（与纪委办公室、直属纪委办公室合署）、政治工作部（与直属党委办公室、团委合署）、工会、系统运行部（与电力调度控制中心合署）共19个部门，以及防范窃电与电力设施保护中心、社保（年金）中心、节约用电服务中心、离退休管理中心共4个挂靠机构，下辖佛山、东莞、惠州、珠海、中山、江门、韶关、汕头、肇庆、湛江、茂名、梅州、清远、阳江、揭阳、潮州、河源、汕尾、云浮供电局等19个地市供电局，广东电网电力调度控制中心（与系统运行部合署），广东电网公司电力科学研究院（广东电网公司器材检验中心、广东电网公司计量中心）、广东电网公司电网规划研究中心、广东电网公司信息中心、广东电网公司物流服务中心（广东电网公司招标服务中心）、广东电网公司管理科学研究院、广东电网公司教育培训评价中心（广东电网公司党校、广东省电力工业职业技术学校）、广东电网公司新闻中心、广东电网公司服务中心等9个直属中心机构，以及广东省电力工业局设备制造厂、广东省输变电工程公司、广东省电力技术改进公司、广东省电力物资总公司、广东省电力通信有限公司、广东电力投资有限公司、汕头万丰热电有限公司、汕特广南电力工程公司等单位。

人力资源　2012年末，广东电网公司共有职工101 938人，其中拥有博士102人，硕士2000人，本科21 224人，专科23 913人。拥有正高级职称36人、副高级职称1978人、中级职称6846人、初级职称15 696人，高级技师550人、技师3735人、高级工22 849人、中级工30 796人、初级工3317人。

资产规模　截至2012年底，广东电网共有35kV及以上输电线路（含电缆）约66 955km，变电站2331座、变电容量40 620万kVA。其中：500kV线路8057km，变电站41座、容量8930万kVA；220kV线路20 147km，变电站328座、容量15 236万kVA；110kV线路30 868km，变电站1648座、容量16 177万kVA；35kV线路7882km，变电站296座、容量277万kVA。

电网发展　完成广东500kV电网中长期目标网架规划和地市110kV及以上电网远景网架规划。定期与省内14家发电企业召开座谈交流会，实时跟踪约127项共计9600万kW电源项目进度，积极落实电源企业提出的52项事项，加快办理29项机组并网手续。编制“十二五”广东电网输电网优化和配网细化报告，顺利完成“一镇一册”配网规划模式试点。

首次开展500kV项目的环评、水保编制单位的框架招标，试行220kV输变电项目选址选线、可行性研究、初步设计、施设的捆绑招标。取得110kV及以上项目前期路条106项，批复35kV及以上项目可行性研究报告234项。2012年全年完成20 790项、130亿元的基建配网项目可行性研究审批。修订小型基本建设项目管理办法，建立小型基建重点项目里程碑进度监控制度，针对建设管理不规范问题提出整改方案并跟踪各项工作的落实。

首次组织地市供电局编制电网投资建议书。电网投资继续向农网倾斜，安排1.2亿元专项资金防止节日期间配电变压器损毁，小型基建项目向县级子公司倾斜，批复县级子公司营业所、供电所项目47项，占全省项目61%。

截至2012年底，4项网公司重点工程，已投产3项，分别是500kV惠茅甲线单改双线路工程、500kV玉城输变电工程和500kV狮洋—五邑线路工程；14项省公司重点工程，已投产6项，分别是220kV中山浪网—迪光线路工程、220kV珠海琴韵—澳门CT220站电缆线路工程、220kV茂名热电厂1台60万kW“上大压小”扩建接入系统工程、220kV河源河青线解口入联禾站工程、220kV肇庆布基输变电工程和220kV国电肇庆大旺热电厂接入系统工程。

2012年电网建设共投产35kV及以上项目125项，其中：500kV项目6项、220kV项目29项、110kV项目80项、35kV项目10项。新增35kV及以上输电线路（含电缆）2539km，新建35kV及以上变电站40座，新增主变压器98台、变电容量1012万kVA。其中：500kV线路566km，变电站1座、主变压器4台、容量375万kVA；220kV线路890km，变电站2座、主变压器12台、容量246万kVA；110kV线路968km，变电站33座、主变压器76台、容量388万kVA；35kV线路115km，变电站4座、主变压器6台、容量3.7万kVA。

500kV库湾变电站工程获“国家优质工程银质奖”和“中国电力优质工程”称号。500kV库湾变电站工程、220kV鹅村变电站工程、220kV琴韵变电站工程和110kV前进变电站工程共4项获“广东省建设工程优质奖”。500kV库湾变电站工程、500kV福园变电站工程、500kV鲲鹏—宝安送电线路工程、110kV前进变电站工程、220kV榄州变电站工程和110kV平西变电站工程、高要河秋站10kV祈福线和

10kV科技线开关站建设工程、新增塘厦镇莆心湖莆溪站配电变压器解决莆心站F1布心湖溪头配电变压器过载工程、新增卢边楼前配变解决潮连站侨乐线东亨配电变压器重载工程、110kV珠坑站新出10kV陶瓷一二三四五六干线工程共10项获“南方电网公司优质工程奖”。220kV鹅村变电站工程、500kV福园变电站工程、500kV库湾变电站工程、110kV前进变电站工程、220kV琴韵变电站工程、500kV祯州变电站工程、110kV鹅埠变电站工程、110kV李边（马冈）变电站工程、110kV水平变电站工程、110kV红溪变电站工程、110kV广澳港变电站工程和220kV梅州长沙至揭阳线路解口入丰顺线路工程共12项获“广东省电力优质工程”。

需求计划准确率持续提升，达到99.95%，连续两年排名南方电网公司各网公司第一。完成物资采购149亿元；编制供应商评估标准，开展24种物资、306家次二级物资供应商现场考评工作，有68家次不合格供应商被排除门外；完成评标专家库的类别修订工作，完成1700名评标专家的培训。签订合同金额124亿元，签约及时率达到100%。抽检范围和抽检率均居全网首位，质保期内主设备实现零故障。完成51个仓库标准化改造工作，加强仓储物资的规范化管理，建成“一、二级仓库＋急救包”的分级管理模式；库存周转率达到69.84%。按期完成9.72亿元闲置物资清理处置工作；规范报废物资处置，完成1.1亿元报废物资集中拍卖。供应链管理工作质量考评排全网第一，信息系统应用评价检查和综合管理工作质量排全网第一，被评为南方电网公司物资工作先进集体。

电网运行与安全生产　2012年全年全社会用电量4619.41亿kWh，同比增长5.01%。广东电网统调负荷12次创新高，全年统调最高负荷达8005万kW，同比增长7.1%，最高统调负荷需求8005万kW，同比增长0.2%。全年最大错峰负荷286.4万kW（2月24日），同比降低61.3%。全年错峰天数133天，自觉错峰率达到100%。主动为213个“三重（重大项目、重大产业集聚区、重大科技专项）”项目、315个保障房项目和2274个容量在2000kVA及以上的大客户实行报装服务“绿色通道”，实现35个重点大项目平均提前32天送电、专变用户平均提前11天送电，多项措施共增加售电量7.8亿kWh。

2012年全年机组临修次数同比下降23.8%。全年结合输变电检修优化调整机组检修18台次，全年未发生因机组检修导致的局部网络错峰问题。降低了9F机组的供气风险，确保9E机组全年按燃料补贴发电，全年未发生因燃机缺燃料停运引起的错峰。支援香港电力供应，为缓解香港地区因机组非计划停运引发的电力供应紧张，调整了大亚湾核电广东份额，并首次组织省内电源对中华电力送电，全年累计售香港电量4.8亿kWh，最大电力超过100万kW。

2012年全年与2家发电厂及2家大用户分别签订并网调度协议各2份，并网调度协议签订率达到100%。积极配合新机组投产，累计完成7台共286万kW的新机组并网启动调试。修订发布《广东电网燃料预警与预控调度管理实施细则》，增加了汛期与枯期不同的预警标准，修订了部分燃料管理预警细则，通过加强燃料管理，全省电厂存煤在600万t以上，平均可用天数保持在12天以上，2012年未发生缺煤停机的情况。

2012年，广东省受台风影响严重，导致广东全省共1435条10kV以上线路发生跳闸，广东公司成功抗击台风袭击，得到了南方电网公司、广东省委省政府的高度肯定。“十八大”保供电期间，公司系统日均投入14 109人、车辆2408辆，圆满完成了“十八大”保供电工作。2012年共启动Ⅱ级应急响应2次，Ⅲ级应急响应3次、Ⅳ级应急响应5次，累计出动30 535名抢修人员、5617台抢修车辆，抢修复电时间显著缩短。

成立体系建设指导中心，初步建立了公司内部体系建设咨询核心团队，并选派136人次参加外审或检查考评。在全网率先实现所有地市局达3钻以上水平。

编制广东公司“十二五”应急体系建设规划，应急指挥信息系统正式上线运行；开展应急能力评价体系研究，设立了包括预防与准备、监测与预警等在内的150个评价指标；编制并推进了广东公司以客户为中心的应急处置水平提升方案，完成广东公司层面9个预案的修订；开展了292项应急演练，成功组织了首次省地两级联合防雨雪冰冻“双盲”演练和省地两级人身突发事件联合应急演练，提高了应急处置能力。

2012年，广东公司三级及以上电网、设备风险和高人身风险督查到位率100%，开展督查13万余次，发布7份安全生产风险预警通知书，发现并整改问题2185项。

组织开展了对未遂事件和不安全行为实施“三不一鼓励”管理的试点推广，在试点班组、部门的工作团队中已初步建立起“分享与互助”的安全文化氛围。

编制出版《供电可靠性管理工作手册》。编制公司供电可靠性管理工作手册和地区特征划分指导意见。2012年，广东公司城市10kV配网可转供电率达77%，全口径10kV配网可转供电率达69%，同比提高7.28%，10kV线路继续保持零重复停电。组织对

212名县区局供电可靠性人员进行全面培训，在韶关、潮州、云浮等供电局举办5期县级子公司可靠性管理交流会，推广综合停电、指标管理等管理经验。组织佛山、东莞、江门、珠海、惠州、肇庆、汕头、茂名、韶关、清远等10个供电局开展配网自动化建设。佛山、中山供电局获得2011年全国供电可靠性A级金牌企业称号，东莞、珠海、江门供电局获得B级金牌企业称号。规范电压质量分析管理，共对3015个主要电压监测点数据和7532条电压投诉进行深入剖析，并落实整改措施。共接入具备通信功能的电压监测仪10 411个，主站接入率100%，在线率96.26%。2012年，广东公司城市用户平均停电时间1.74h，比2011年减少0.72h，减幅达29.27%；农村用户平均停电时间5.15h，比2011年减少4.13h，减幅达44.50%；51个县级供电子公司用户平均停电时间11.06h，比2011年减少4.41h，减幅达27.48%。广东公司全口径用户平均停电时间6.47h，比2011年减少3.69h，减幅达36.32%。

完成500kV穗横甲乙线、穗水甲乙线等西电东送主通道963条次220kV及以上电压等级线路、176座220kV及以上电压等级变电站特维工作，及时处理了113项紧急缺陷、379项重大缺陷，实现了设备在风险防范期间“零故障”。制定输变电设备隐患排查标准，完成输变电设备隐患排查与整改10 484项。

制定并落实了防止500kV开关拒动特殊运行维护方案。从巡视、试验、停电检查、缺陷处理等九个方面细化了防止开关拒动的工作要求、标准和周期。6月30日前，全面完成了罗洞、贤令山等13座变电站178台500kV开关的专项检查，并组织专家组对各单位防拒动工作开展情况进行了检查，确保500kV开关可靠运行。2012年，广东公司系统没有发生500kV开关拒动事件，确保了系统的稳定运行。

完成了246个新投运GIS间隔的出厂试验见证，全面完成了公司系统110kV及以上GIS设备局放普查，对371个北京宏达日新公司GIS间隔进行了专项检查，及时发现并处理卓山站等22起GIS内部缺陷，GIS设备故障降幅达62.5%。

建立工作例会通报机制，全力推进树障的清理工作，及时清理输电线路线行下847处高秆植物隐患，砍伐树木194 957棵。及时清理输电线路线行下山火隐患点908处，避免了38起线路因山火引起的跳闸事件。

开展杜绝恶性误操作整治工作。组织开展季度专项检查，2012年全年检查了3726份操作票、3069份工作票和116座变电站的工作开展情况；普查了运行变电站备用间隔设备、县级子公司设备标识、防误装置配置情况、10kV线路单线图与现场一致性，整改了存在问题的34个备用间隔、76座35kV变电站、49座110kV变电站和4592处10kV线路单线图；完成了465台“五防”功能不完善的开关柜改造；对600名变电运行技术骨干人员开展操作技能、行为规范和作业表单专项培训，广东公司系统连续三年杜绝了恶性误操作事故事件。

加强节假日配电变压器负荷监控，更换、轮换重过载配电变压器14 339台，更换不符合标准要求的低压熔丝8680条、低压开关825个。清明、国庆等重大节日期间未发生配电变压器烧损事件。

核查网公司反事故措施执行情况，详细制定并组织实施194项反事故措施计划；针对深圳“410”事件，组织完成了隔离开关、断路器专项检查，提出了存在隐患隔离开关的巡视、操作、整改要求；分析网内发生的500kV主变压器故障原因，制定了防止500kV绝缘故障技术措施。

2012年，308项科技项目研究开发费用税前加计扣除申报成功，为广东公司减免税收2365万元。成功举办主题为“企业创新与电网发展”的第三届技术论坛，并分别在珠海、茂名举办了分论坛。获得获南方电网科技奖励40项，其中STATCOM项目获得科技进步特等奖，同时还获得一等奖2项，获得唯一的技改贡献一等奖；荣获南方电网科技进步奖先进单位。自主创新能力持续提高，获科技专利授权211项，其中发明专利56项。

2012年，广东公司电网频率合格率100%；城市综合电压合格率99.75%，城市居民端电压合格率99.56%，农村居民端电压合格率95.68%；城市用户平均停电时间1.74h，农村用户平均停电时间5.15h，全口径用户平均停电时间6.47h；500kV架空线路可用系数99.936%，500kV变压器可用系数99.998%，500kV断路器可用系数99.993%；220kV架空线路可用系数99.921%，220kV变压器可用系数99.995%，220kV断路器可用系数99.994%；220kV及以上电压等级保护正确动作率99.98%，500kV保护正确动作率100%；生产实时控制业务通信通道平均中断时间0.69min。

2012年，广东公司系统首次杜绝了包括承包商在内的人身伤亡事故事件，连续三年未发生恶性误操作事件，未发生一级及以上电力事故事件，发生二级事件9起，三级事件12起，四级事件66起，同比2012年事故和障碍下降22起，连续安全运行6225天。

连续4年在南方电网公司信息化重点任务评价考核中名列第一。践行整体协调发展策略，实现全部县级子公司均达到国资委信息化水平A级。主营业务支持度保持100%。各单位建设运维流程执行率

85%。强化数据质量管理，数据准确率达 98.8%。信息系统无故障运行率达到 99.99%，信息网络可用率达 100%。IT 客户满意度从 83%提升至 92.36%。实现信息安全“三个零”目标。

市场营销 2012 年，全年完成全口径购电量 3912 亿 kWh，同比增长 5.15%；售电量 3719 亿 kWh，同比增长 4.62%。全口径第三方客户满意度 76 分，同比提高 3 分。母公司口径客户停电时间 5.51h，比计划减少 3.99h。全口径当年电费回收率 99.96%，高于年度计划 0.11 个百分点；1 年、2～3 年及 3 年以上陈欠电费回收率分别为 79.92%、45.17%和 14.86%，分别高出年度计划 19.92、5.17 和 4.86 个百分点。

实施单联发票，成为继中移动、中石化后较早推出单联发票业务的大型国企。落实 4.6 亿元小区用户资产接收，惠及用户 7.2 万户。

结合营销服务日常业务，持续开展“六走进”、“五到位”，共累计解决问题 8039 个，获得“居民用电服务质量监管专项行动先进企业”称号。推出“同城业务办理”等服务新产品，通过产品化服务渠道办理业务 2564 万宗，上门服务 27 万户次。开通全公司统一网上、掌上营业厅，访问量和办理业务数量分别达到 204 万次和 14 万宗。连续七年蝉联广东十大服务行业居民评价满意度第一，连续四年获得广东省地方政府公共服务评价桂冠，获评行风评议“满意”单位，客户服务工作得到了客户和社会各界的广泛认可。

为 65 家节能服务公司建档，推进各地市供电局与节能服务公司建立合作关系，初步形成多方合作节能服务模式。节能诊断项目转化为节能改造项目的比例提高了 5.13 个百分点。推动 LED 节能照明 19 万盏，实现节电量 5471 万 kWh。促进节能改造项目 503 个，实现节电量 3.58 亿 kWh。初步建成电动汽车运营管理系统，实现中山沙溪充电站数据实时远程监控，电动汽车工作有序推进。

推进计量集约化管理，初步实现计量器具在市局集中检定、Ⅲ类及以上的计量装置在市局的集中运维。利用厂站母线和 10kV 馈线电量精确比对实现对计量装置运行监测，确保及时发现计量装置异常。开展计量装置现场校验 7.1 万宗，处理异常 6852 宗，追补电量 3.15 亿 kWh。佛山、东莞、汕头 3 个单位完成电能量数据中心试点建设，按日发布及分析 10kV 及以上电量数据，推进计量管理职能从装置管理向电能量数据管理的提升。

圆满完成网公司电能表选型技术经济比较课题，通过规范计量装置标准规格配置减少 50%以上规格型号。累计利用计量闲置物资 1074 万元，再利用率 82.21%。

常态化开展管理线损“两个比对”，共开展了 26.2 万条次线路精确比对、153.9 万个次台区趋势分析。加强异常闭环管理，共发现处理了 2.4 万个计量故障、查处 1.01 万起偷漏电。基于营配信息集成，建立了电网恢复、客户服务和舆情管理的“1+3”客户停电应急体系，实现 30min 内客户停电信息的准确统计。

全年共累计稽查样本数 52.59 万个，纠正营销业务差错 3656 件。查处窃电及违约用电 7667 宗，追回电量 6545.80 万 kWh，电费及违约金 1.48 亿元。在全网率先出台营销差错问责管理办法，追究营销差错，促进营销管理和服务水平的提升。健全重要客户“一户一册”建档工作，按行业细分重要用户、重点关注用户并提供差异化服务，提高精益化管理水平。加强对客户电气事故出门、低压失压脱扣装置、进网作业电工等用户用电安全重点环节的管控，切实提升客户用电安全管理和服务水平。

人力资源管理 截至 2012 年底，广东公司累计选聘技术、技能专家各 16 人，助理技术专家 159 人，助理技能专家 112 人。加强干部教育培训，选派干部参加网公司的各类培训，举办宏观经济、财务经营等 32 个专题培训班，培训各级干部 2300 人次。举办 3 期年轻干部培训班，历时 235 天，培训学员 276 名，建立了以内训师、知名学者为核心的优秀师资库，引入“哈佛在线”行动学习课程，打造了以党风廉政、领导力、人文修养等为核心的精品课程，形成了“开放式教学”和“自主式管理”的干部培训模式。启动班站长管理能力提升轮训，举办首期（生产类）示范班，初步建立“统一课程设置、统一师资配备、统一管理模式”的培训模式。

加强组织机构管理规格规范管理，完成全省 168 个县区供电局组织规模划型工作，创新引入组织贡献度指标，建立规范管理规格划分办法，提升 31 个县区供电局管理规格。按生产作业单元划分，构建“人力资源配置数学模型”，编制输电、变电、调度等 7 个专业 42 类班组的人力资源典型配置规则，指导各单位提高了人力资源配置能力。

2012 年，广东公司首次被国务院授予“全国就业先进单位”，并荣获“广东省雇主责任示范企业”称号，荣获广东劳动学会颁发的“突出贡献奖”。

2012 年，广东公司系统举办各类培训班 1.4 万期，培训 68 万人次，培训计划完成率 100%，全员培训率达到 99.9%，一线员工培训率连续 5 年到达 100%。

经营管理 在承接网公司 14 个专项领域的基础上，增加营销服务、电网建设 2 个领域，实现重点业务全覆盖。结合国内外先进同行对标成果，开展系统全面的诊断分析，提出规范运行管理等整改提升措施。选取营配信息集成等 27 项专项工作进行重点突破，夯实了管理基础，促进了管理提升，各单位亮点纷呈、效果显著，汕头局营配信息集成和佛山、中山等局“两册”应用率先打造了典型示范，得到网公司的充分肯定。

2012 年，广东公司共完成合表甄别及认定 65 万户，免费电用户认定 58 万户，居民阶梯电价执行总体情况平稳顺利。全力优化购电结构，降低购电成本 9.2 亿元，确保小水电全额收购，上网电量同比增加 45.6%。优化电网运行方式，减少抽水蓄能损耗和网损电量，节约成本 3.4 亿元。资金集中率 95.9%，同比上升 5 个百分点，月均资金存量同比下降 19%。

出台工程资金对外支付的规范条件，实现工程资金在法律、制度允许范围内对外支付的最大期限和最优比例，节约资金成本约 0.69 亿元。修订抢险救灾工程物资资金支付审批流程，为做好紧急抢险救灾工作提供有力保障。

2012 年，完成了惠州潼侨和廉江石角 2 个趸售镇农电机构接收协议签订工作。完成了梅州五华桂竹园和清远阳山秤架小水电自供自管区域接管工作。完成了揭阳市普宁华侨管理区和大南山华侨管理区产权划转材料申报并顺利获得网公司、国务院国资委对申报材料的审查和批复，完成了揭阳市普宁华侨管理区和大南山华侨管理区体制改革工作。全年投入农网资金 45 亿元，加快 35kV 变电站和输电线路改造，重点解决了县级子公司电网线损高、电压合格率低、设备安全隐患多等问题；优先对农村电网中电能损耗严重的 10kV 线路、配电变压器、低压线路主干线等进行更新和改造，逐步优化农村 110kV 及以下主干网架结构，提高配电网可转供电率及典型接线率。

成功打造了云浮新兴、惠州龙门、汕头澄海等 3 家规范化示范窗口和江门新会、佛山高明、珠海斗门、韶关乐昌、揭阳普宁、清远连山等 6 家示范县级供电企业，171 个示范供电所、285 个示范台区完成规范化建设工作，全省镇级供电所规范化建设完成率达 23.2%。

2012 年，广东公司完成专项审计和审计调查 375 项，纠正违规金额 6399.71 万元，促进增收节支 2374.92 万元，提出审计建议 2330 条。六年获得南方电网公司审计工作考核评价第一名。

2012 年，广东公司全年共办结案件 460 宗，胜诉 423 宗，胜诉率 92%，避免及挽回损失 3.93 亿元，未发生因自身违法违规引发的新的重大法律案件。全年参与合同谈判 687 次，审核经济合同 107 040 份，提出重大修改意见 910 项，合同总标的额达 1023 亿元。全年审核制度 90 份，提出修改意见 15 条。

党建和精神文明建设 截至 2012 年末，广东公司系统共有 124 个党委、42 个党总支、1835 个党支部。对基层党组织进行调查摸底分类定级、整改提高晋位升级，共有 1094 个党支部定级为“好”，定级为“较好”的有 308 个，定级为“一般”的有 20 个。深化“牵手行动”党建品牌建设。为基层解决问题 643 项。各级党组织深入推进为民服务创先争优活动，走进农村、社区、学校、医院、企业、困难家庭提供免费检修、宣传等服务 8 万余次，集中力量为客户解决各类用电难题 6460 个。

广东公司党委中心组全年共学习 14 次，领导班子成员参学率达 98.8%。举办员工辅导培训班 56 期，开展员工心理健康专题讲座 92 次，参与员工 14 670人次；实施个人辅导、小组辅导14 104人次。通过交流座谈、结对帮扶等形式，在思想、生活和工作上给予新员工人文关怀。面向公司系统广泛征集员工对企业管理方面的意见建议 580 余条，分类整合形成共性问题 22 个。出版公司《员工幸福宝典》，通过幸福测试、幸福问答、幸福哲学、幸福配方、幸福感言等形式向员工传递幸福。

2012 年，广东公司组织理论学习 500 多次、警示教育 125 次、“家庭助廉”活动 67 次，演讲比赛 36 场，滚动修编制度 30 项，新增制度 46 项。修编 2012 年度党风建立了 32 人的企业文化讲师团队。建立了 64 个企业文化综合展厅（展馆）。成功举办庆祝南网成立十周年公司企业文化周活动。召开公司第一届青年科技论坛，论坛表彰优秀论文 15 篇，其中 9 篇分获南网青年科技论坛一、二、三等奖。按期换届、接收 86 家农电机构团组织关系、规范团干管理和规范团组织工作等工作，完善团建基础工程。召开“公司第一次团代会”、“2012 年公司基层团委述职会暨新老团干经验交流会”，并形成关于青年队伍基本情况、思想动态等方面较完整的汇总材料。组织各基层开展了“青春献礼 牵手同行一纪念建团九十周年”为主题的纪念教育活动、“纪念五四系列活动”和深入学习贯彻胡锦涛总书记“在纪念中国共产主义青年团成立 90 周年上重要讲话精神”。

2012 年，广东电网公司、佛山供电局、潮州供电局等单位被提名广东省扶贫“规划到户，责任到人”工作先进单位，钟志刚、何汉标等同志被分别提名省、地两级扶贫“规划到户、责任到人”工作优秀驻村干部。截至 2012 年底，广东公司及直属各单位先后派驻 101 名驻村干部驻点帮扶，投入扶贫捐赠资金共计 9822.4 万元，实施了 635 项“造血型”扶贫项目，帮助全省 84 个村 5275 户贫困户21 056贫困人口摆脱贫困。广东公司全面完成了为期三年的扶贫开发“规划到户、责任到人”的工作，并顺利通过广东省扶贫开发考核验收。

主要事件

1月17日，广东电网公司安全生产一体化管理手册和生产班组一体化工作手册正式印发推广。

2月22日，广州供电局有限公司、深圳供电局有限公司挂牌成立，正式成为南方电网公司直属子公司。

4月26日，500kV惠茅甲线改造工程顺利投产，比计划提前了65天。工程投产后提高粤东外送能力280万kW，解决了粤东地区电力外送受限问题，大大缓解了广东全省尤其是负荷中心地区供电紧张局面，对迎峰度夏期间广东电网系统的安全稳定运行意义重大。

7月1日，广东省居民阶梯电价政策顺利实施。

8月1日，广东公司正式印发实施《广东电网公司加快县级供电子公司科学发展的若干意见》，加快推进县级供电子公司科学发展。

12月6日，南方电网公司在深圳召开了“2012年南方电网科技创新会议暨南方电网技术论坛”。广东公司百兆伏安级动态无功补偿装置（STATCOM）成果被南方电网公司评为科技进步特等奖。

2012年，佛山、中山、东莞、珠海、江门局获评2011年全国供电可靠性金牌企业，广东公司入选金牌企业数量连续3年全国第一。

2012年，广东公司供电服务连续6年蝉联广东十大服务行业居民评价满意度桂冠，连续3年获得广东省地方政府公共服务评价满意度第一。

【广西电网公司】

企业概况 广西电网公司（简称广西公司）是中国南方电网公司的全资子公司，注册资金37.83亿元。截至2012年底，资产总额516.16亿元，同比增长7.47%；资产负债率75.51%，比考核指标低3.59个百分点。实现利润5.72亿元，完成考核目标的127.18%；经济增加值4.47亿元，完成考核目标的157.25%。拥有35kV及以上输电线路4.02万km，公用变电容量6858.95万kVA，其中：35kV输电线路1.35万km，35kV公用变电站568座，容量487.9万kVA；110kV输电线路1.29万km，110kV公用变电站342座，容量2400.75万kVA；220kV输电线路1.25万km，220kV公用变电站121座，容量3045.3万kVA；500kV输电线路1300km，500kV公用变电站7座，容量925万kVA。全年电网建设投产110kV及以上线路2044.49km，投产变电站36座（含扩建），新增变电容量411.6万kVA。

广西电网城市供电可靠率99.929%，同比提高0.073个百分点；农村供电可靠率99.716%，同比提高0.084个百分点。城市综合电压合格率99.69%，同比提高0.19个百分点；城市居民端电压合格率99.64%，同比提高0.21个百分点；220kV及以上继电保护正确动作率100%，同比提高0.13个百分点。

2012年，完成固定资产投资90.73亿元，完成年计划的100.1%，其中电网基建投资72.12亿元，完成年计划的100.2%；技术改造投资11.04亿元；小型基建项目完成投资5.48亿元。

领导班子 2012年，广西公司领导班子成员如下：

董事长、党组书记：黄进平（法定代表人）

董事、总经理、党组副书记：刘启宏

董事、副总经理、党组成员：李一平

董事、副总经理、党组成员：黄家林

董事、副总经理、党组成员：王森

董事、副总经理、党组成员：林辉

董事、副总经理、党组成员：陈建福

董事、纪检组长、党组成员：瞿佳兵

董事、党组成员：陈承林

工会主席：瞿佳兵

总会计师：李欣

巡视员：韦家森

组织机构 广西电网公司本部设办公室、人事部、公司工会（含机关工会）等19个部门，物流（招标）服务中心等直属机构7个，社保（年金）中心及小型基建办等4个挂靠机构。公司下辖20家分公司、45家子公司、2家控股公司、1家代管公司。见广西电网公司2011年组织机构图。

人力资源管理 截至2012年底，广西公司人力资源总数51 182人，其中大专及以上学历员工占总数的44.7%。有16146人具备专业技术资格，其中高级职称（含教授级）962人，同比增长8.33%；中级职称3643人，同比增长14.63%；初级职称11 541人，同比增长16.39%。有20 015名技能人员拥有职业资格，其中高级技师177人、技师2012人、高级工6902人、中级工7630人、初级工3294人。

全年调整和充实干部139名，其中提拔干部75名，从地市级单位和县级供电企业分别提拔副处级干部33名和10名。制定《广西电网公司后备干部培养实施意见》，启动实施后备干部培养“211”计划，重点培养应用型、复合型的后备管理人才队伍。印发《广西电网公司县级供电企业领导人员管理规定（2012年版）》。加强任期管理，加大干部交流力度，全年机关与基层交流干部28名。进一步优化各级领导班子年龄结构，截至2012年底，所属地市供电局

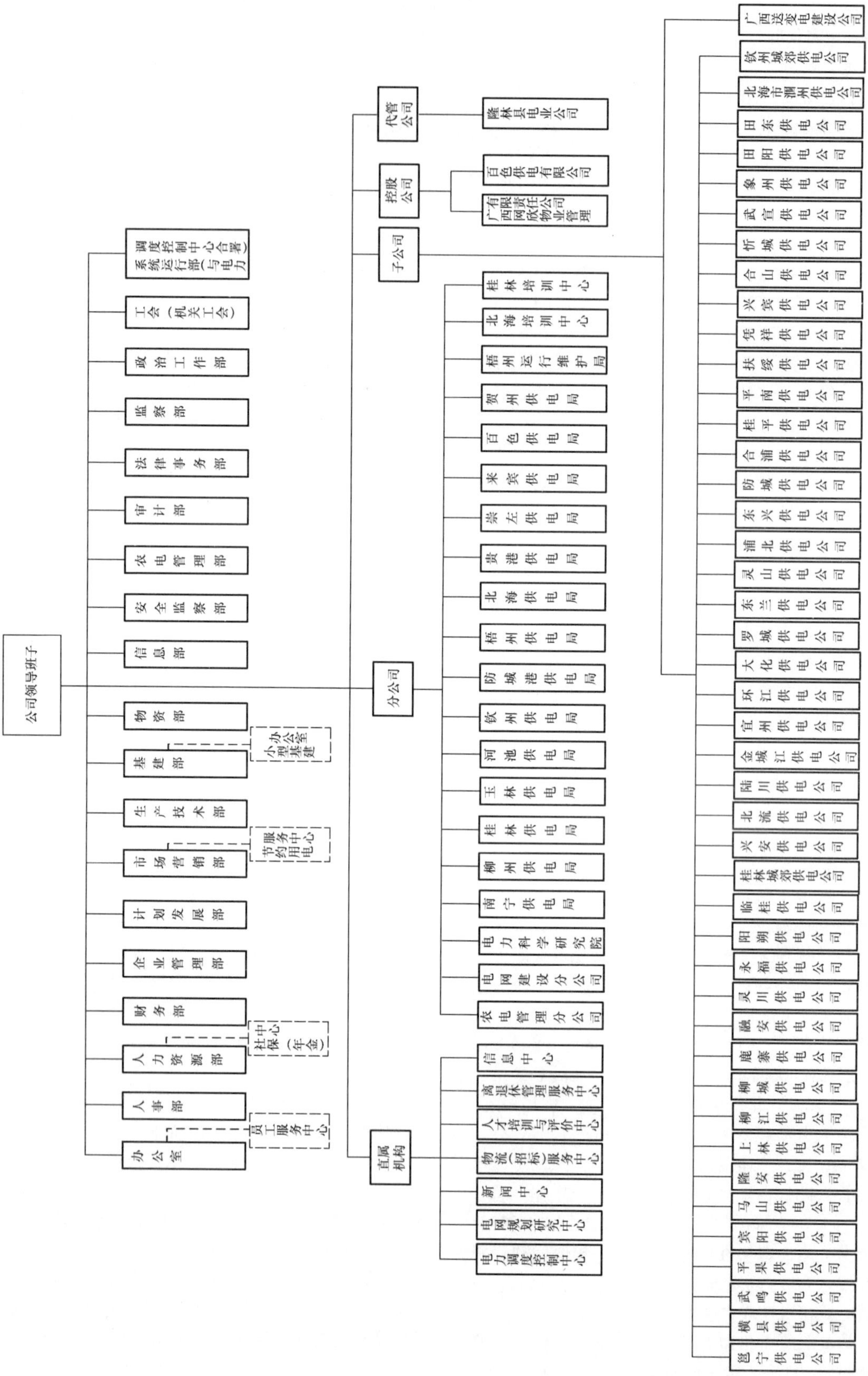

广西电网公司 2012 年组织机构图

领导班子中至少有1名35岁左右年轻干部的单位达8家，基本实现地市供电局领导班子成员平均年龄45岁左右的目标。提拔任用科级干部148名，占全年提拔任用科级干部总数的43%。全年举办17期干部培训班，培训各级干部773人次，培训计划完成率100%。

制订《进一步加强人力资源管理工作方案》。对公司23 179名劳动合同制员工、4003名劳务派遣制员工、149名非全日制员工的编码申报资格进行审核。有步骤有措施地解决"交叉混岗"问题。制订《人力资源专业管理延伸县级供电企业方案》，开展规范县级供电企业劳动用工管理和薪酬管理课题研究。抓好技能人才队伍、安全生产以及县级供电企业员工培训。全年完成培训计划1837期，其中：集中培训1771期，培训13.55万人次，网络培训66期，培训8.51万人次。出台《公司员工岗位胜任能力评价管理办法（2012年版）》，按照南方电网公司标准考核选拔，重新聘任公司级培训师172人和评价师561人。修编广西公司"十二五"培训基地规划。着力抓好政工、人资、农网配电技能人员等3类人员培训课程体系建设。组织安规大联考，加强全员安全责任意识。专门为县级供电企业举办技术技能类培训班培训1093人次。广西公司培训经费向县级倾斜，共支持近300万元。选聘4人为广西公司"三级技能专家"，15人为"助理技能专家"。

电网规划 2012年，广西电网规划的特点体现为"层次最高、范围最大、跨度最大"。首次由广西壮族自治区政府部门与南方电网公司层面共同开展广西中长期电力规划，开启了政企联合规划的新模式；年度规划专题任务49项，涵盖了主网到配网，一次到二次，广西公司本部到供电局、县级供电企业各层级。

争取到广西壮族自治区发改委下发《关于开展全区电网统一规划工作的通知》，由广西公司牵头，各地方供电企业参与，编制全区110kV及以上电网及跨市电网规划，首次实现全区范围内电网的统一规划。完成广西"十二五"输电网规划优化、配电网规划细化工作，明确了网架完善方案，统筹解决电网"卡脖子"问题。组织国内权威咨询机构（国家电力规划总院）开展广西中长期电力发展研究、目标网架结构规划研究，提出电源建设合理化建议，规划目标网架蓝图，为广西公司实现"翻两番、跨两步、三提高"目标夯实基础。开展广西电网负荷特性研究，为电网规划、运行分析提供基础支撑，获得南方电网公司的认可，被列为年度规划专题交流项目。开展了新能源接入系统、糖业蔗渣生物质发电能力研究，参与开展广西抽水蓄能电站选点规划。开展了网架完善及实施计划、电网防灾能力、北部湾区域电网规划及百色生态型铝产业示范基地电网规划。

编制《广西电网网架完善方案及实施计划》，按照事故等级，提出"十二五"期间相应的网架完善项目计划和措施，并列入前期计划实施推进。积极推动广西电源特别是新能源的建设，审查防城港核电、钦州热电等电源接入系统方案；加快推进防城港核电送出工程、北海输变电工程等可行性研究工作；签订了恭城西岭、门楼风电场等20项电源并网意向协议书，确保规划电源按时投产送出。广西公司在非代管区域220kV电网建设进度加快，广西水利电业集团110kV电网接入逐步规范，推动了网间融合。

完成广西13个地市"十二五"配电网规划细化、评审、批复工作。开展南宁、柳州重点城市饱和网架规划，2012年全面启动各地市、重点县、工业园区电力专项规划，确保电网规划与政府规划的有效衔接。授权供电局作为责任主体开展规划项目的招标、编制、评审工作。完成南宁（管线规划）、柳州（汽车城）、贵港、防城港、钦州、来宾及百色等8项电力专项规划编制、审查。开展了体制理顺后的涠洲岛、右江区电网规划编制工作，并批复了一批10kV及以下配网项目。按照广西壮族自治区发改委要求，完成2013～2015年农村电网改造升级发展规划报送工作，并取得广西壮族自治区发改委批复。至2012年底，完成各电压等级电网工程项目可行性研究投资估算审查共992项，总投资估算73.7亿元。其中220kV项目28项，投资18.08亿元；110kV项目79项，总投资估算31.95亿元；35kV项目1项，总投资估算1.13亿元；10kV项目884项，总投资估算22.54亿元。

电网建设 2012年，广西电网基建项目投资计划71.96亿元，其中：自筹资金项目投资计划46.22亿元，中央预算内投资农网改造升级项目投资计划为25.74亿元。全年完成投资72.12亿元，完成年计划的100.22%，其中：自筹资金项目完成投资46.38亿元，完成年计划的100.35%，中央预算内投资农网改造升级项目完成投资25.74亿元，完成年计划的100%。投产110kV及以上线路2044.49km，其中：500 kV线路77.12km，220kV线路1246.58 km，110kV线路720.79 km；投产变电站36座（含扩建），新增变电容量411.6万kVA，其中：500kV变电站1座，容量100万kVA，220kV变电站9座，容量147万kVA，110kV变电站26座，容量164.6万kVA。

全年基建管理工作按计划推进，总体完成率达100%。编制里程碑进度计划，严格实施三级进度管控，完成贺州电厂500kV送出、500kV海港变电站扩建、220kV傍浦送变电工程等3项南方电网重点工程建设任务，实现投产计划完成率100%。突出抓好

57项广西公司重点工程建设。确保南宁电厂220kV送出工程、220kV博白变电站扩建工程等一批迎峰度夏项目以及19项基建配网“卡脖子”项目按期投产。全年完成电网基建项目结算639项，与概算投资相比，结算投资节约投资5.89亿元，总体投资结余率达13.02%。推进沿海、湘桂等一批高铁配套供电工程，获得广西壮族自治区主要领导及相关部门的肯定。年内开展基建QC小组活动，工程质量创优成绩显著。220kV城关变电站等8个工程被评为“广西优质工程”；220kV里明送变电工程、南宁供电局铜鼓岭路10kV电缆管道工程、崇左供电局的崇供花山路4号公用变压器电站工程等3个工程荣获“南方电网基建优质工程奖”。

绿色节能 制定《广西电网公司线损管理办法》，明确了各部门职责和管理界面，统一了各层级线损指标统计口径和业务模版。编制《“十二五”节能减排规划》和年度节能减排工作计划，全年广西公司综合线损率累计完成5.5%，同比降低0.09个百分点，圆满完成了南方电网公司考核指标。广西公司2人分别获“十一五”电力行业节能减排先进个人、国家节能减排先进个人称号。

推进线损“四分”有序开展。完成了鹿寨等12家县级供电企业线损“四分”省级达标，崇左、梧州等5家供电局、宜州等3家县公司网级达标申报。颁布《广西电网公司10kV及以下管理线损工作指导性意见》，推进广西公司线损，“一体化、规范化”管理，开展分线线损精确比对与台区线损趋势分析，全年共查处违约、窃电行为659起，追补电量336.08万kWh，杜绝电量跑、冒、滴、漏。加大技术降损投入。完成广西公司S_7型及以下高损耗配电变压器更换，安排专项资金约5700多万元，更换农网1000多个配电变压器台区，采用“以大换中、以中换小”方式轮换配电变压器3000多台；采购非晶合金变压器1987台，占所有变压器的42.5%，有效减少了配电变压器损耗。

抓好农电降损管理。对高损县级供电企业实施重点整改计划，加大农村户表更换力度，全年更换约69万户，推进宜州公司线损创先示范，“台区降损试点”降损效果明显，宜州廖家湾台区更换户表后台区线损由12.38%下降到4.47%。

电网运行 2012年，面对电力供应形势变化和系统安全风险突出的不利局面，广西电网电力供应从不足到略有富余。1～2月，实行错避峰限电，错避峰最高负荷1978MW。同时，加大跨省区电力资源优化配置力度。获得南方电网最大电力支援3000MW，累计支援电量13.5亿kWh，确保了广西一季度特别是春节期间的电力可靠供应。3月，企业用电需求有所回落，广西电网电力供需基本平衡；4月，全区降雨增多，水电出力增加，电力供应富余；5～9月，全区降雨量增多，水电出力较多，地方小水电出力增加，电力供应电量富余，供应最多时将近2000MW；11月，尤其是12月中旬以来，随着市场行情趋暖，企业年底加工生产冲刺，统调负荷增长较快。面对快速变化的供电形势，广西电网按照节能发电原则，克服电网安全约束多、负荷需求不旺、峰谷差大等因素的制约，积极开展节能发电调度，确保了电网安全、优质、经济运行。全年统调负荷6次创新高，12月26日最高负荷1.52万MW，同比增长10.47%。全年统调发受电量1026.51亿kWh，同比增长5.27%。其中：区内统调火电发电量521.95亿kWh，同比增长3.31%；统调水电发电量287.40亿kWh，同比增长17.72%；风电0.765亿kWh，同比增长790.92%。购区外电量182.5亿kWh，同比下降5.16%。全年日最大错避峰负荷1978MW，错避峰影响电量22亿kWh，出现时段在1～2月。面对年初缺电的局面。

截至2012年底，广西电网的统调装机容量（含龙滩水电厂50%、天生桥一电厂、天生桥二电厂、盘县电厂、兴义电厂广西份额）达2.36万MW，其中水电装机容量1.06万MW，占44.92%；火电装机容量1.29万MW，占54.66%；风电装机容量99MW，占0.42%。全年广西电网中调及以上统调电厂机组发电利用小时4644h，同比下降8.02%。其中水电4026h，同比增长14.12%；火电5048h，同比降低19.09%。

坚持“三公”调度和节能发电调度。2012年，广西各流域来水总体偏枯2成左右，年初由于干旱以及受龙头水库蓄水量较少影响，水力发电能力严重不足。5月中下旬入汛后，受台风等极端天气影响，出现阶段性富余，广西电网存在较大消纳压力。在南方电网总调的支持下，通过加强梯级协调和沟通，最大限度发挥红水河梯级各级水库的调蓄能力，实现对红水河水能的优化利用；开展水火电联合调度，在汛期水电消纳困难时期，配合实施火电深度调峰，争取增加西电调峰支援，通过各种技术措施全力保证主汛期水电的满发多发。其中岩滩水电厂创造投产20年以来连续100天满发的历史纪录，广西电网连续6年保持“零”调峰弃水电量损失。通过加强与防汛主管部门的及时沟通，科学预测和把握汛期气象水情变化趋势，使汛末主要大型水库总体蓄满率达82%，全梯级蓄能同比增加136亿kWh。

水电节能发电调度。通过加强协调和实施火电深度调峰（深度25%），实现水力发电量280.2亿kWh，同比增长17.2%。确保了广西首台百万千瓦级超超临界富川电厂1、2号机组和六景电厂2号机组的顺利投产，经济和社会效益显著。2012年主汛期期间，以红水河梯级联合优化调度为工作重心，依靠龙滩、岩滩的联合调度，进一步挖掘岩滩、乐滩汛限水位动态调度潜力，利用来水和退水间隙重复利用库容发电，减轻下游电厂弃水风险，并充分利用下游区间来水。充分发挥右江、平班汛期的调峰作用，加大水火电联合优化调度，全力保证日调节和无条件水电厂的满发多发。根据短期预测，提前安排梯级电站洪前预泄发电，全年通过各种优化调度措施，实现全网水电优化增发电量11.3亿kWh，相当于节约标准煤35.4万t。根据国家节能发电调度政策，按能耗安排发电，实现水电风电可再生能源的全额消纳、火电发电标准煤耗率达304g/kWh，同比下降5g/kWh，相当于节约标准煤26万t。

安全生产 2012年，全年成功控制电网Ⅱ级风险3次、Ⅲ级风险9次。编制《电网风险评估分析报告》、《电网事故风险控制方案》和《2012年广西电网运行存在的十大风险及对策》。开展西电东送大通道5座500kV变电站共45个间隔以及26个重要厂站的一、二次设备、安稳装置预试定检及特巡特维工作监督。开展楚穗直流大负荷运行双极闭锁风险，220kV欧村站1、2号母线停电较大电力安全事故风险，欧铝Ⅰ、Ⅱ线停电一般电力安全事故风险，220kV北陆北博线同时停电重大电网风险闭环管控监督。开展重大电网风险报备。向南方电监局、南方电网公司报送《关于广西电网单线单变供电情况的报告》和《关于大工业用户电力安全事故风险的报告》。全年向南方电监局等政府部门报备大工业用户设备停电检修风险共5次。发布安全监察信息传递单15次，现场监督、指导7874次。试行事故后的整改评价工作，开展事故事件整改全过程闭环管控，有效防范重复性事故事件的发生。

制定《深入开展隐患排查治理工作方案》；全年排查重大隐患9项，整改8项，整改率88.9%；排查一般隐患275项，整改258项，整改率94%。春秋季安全检查发现问题629项，春检整改完成率达100%，秋季整改完成率达78%。查处生产作业与外单位施工现场违章683起，发出安全监察通知书122份。

安全生产风险管理体系建设取得阶段性成果，南宁、贵港供电局达4钻，11个供电局达到或保持3钻，广西送变电建设公司达2钻，实现南方电网中长期发展战略阶段性目标。

修编完善广西公司9个专项应急预案，新制订环境污染事故专项预案，所属23个单位修编总体应急预案9项、专项预案136项，现场处置方案974项。配合广西壮族自治区政府编制完成自治区大面积停电应急联合演练方案。南宁、柳州、梧州供电局与当地政府开展了全市的大面积停电应急联合演练。

市场营销 2012年，广西公司完成购电量982亿kWh，同比增长5%。完成售电量932.2亿kWh，同比增长5.4%，其中区内售电量834.8亿kWh，同比增长1.3%；龙滩转送广东52.3亿kWh，同比增长27.6%；广西送广东44.4亿kWh，同比增159.6%；送越南0.7亿kWh。全年电费回收率完成99.92%，陈欠电费回收率1年期94.88%，2～3年期8.83%，3年以上9.73%。

出台工作方案，深入落实8个维度整改要求，狠抓优质服务水平提升，打响“快通电”服务品牌。客户满意度75分，同比提高4分；政府满意度获“非常满意”满分评价。客户满意度综合得分80分，比南方电网考核满分值75.8分高出4.2分。全年累计客户年平均停电时间16.07h/户，优于考核目标16.4h/户。百万客户投诉率65次/百万，低于南方电网公司95次/百万的考核指标。2012年，广西公司营销系统提高居民用电服务质量专项行动获国家电监会表彰。南宁、柳州、河池供电局荣获南方电网公司“营销先进集体”称号。

物资管理 广西公司连续2年在南方电网公司物资工作时效评比中排名第一，被评为2012年度南方电网公司物资工作先进单位。

制订《广西电网公司物资管理职能规划》，确立了10年物资工作发展方向和目标。推进采购标准化，发布30种二级物资标准技术标书，完成配网低压导线品类优化工作，提高电网设备的通用互换性。实现物资管理系统与财务FMIS的顺利对接，推进数据共享；建立物资信息系统实用化月度评价常态机制，系统实用化程度获得南方电网公司A级等级，年度系统应用检查获97分，位于南方电网各分子公司的先进序列。研究“子公司体制、分公司管理”模式下的物资管理机制，制订县级供电企业物资专业延伸方案和“管理提升三年规划”。

首次对全年主要物资需求进行预测，统一制订年度物资采购计划和采购策略。建立纵向多层级单位和横向多维度专业审核机制，一级物资需求计划申报准确率达99.29%，同比提高17.89%。深入推进集中采购，形成了涵盖广西公司各层级单位、包括电网及非电网各类物资的集中采购格局，全年完成物资采购金额43.92亿元，与预算相比节约资金3.7亿元。推行二级物资框架招标，从需求计划申报到中标平均57天，效率同比提高12.4%。完善合同集中运作方式，全年签订合同7379份，总金额42.42亿元，其中合同统签4185份。建立履约考评机制，处理供应商交货不准时等履约问题 44 项。做好物资准时化供应（JIT）管理，对项目物资开展“周管理”，实施点对点物资准时化供应，准时供货率 99.42%，同比提高 20.99%。首次推行自主监造、WHS 质量控制方法，全面加强集中监造、抽检、履约评价等质量监督工作，完成监造设备 1005 台和抽检样品 820 件次，发现 500kV 海港变电站扩建工程主变压器等缺陷 69 起，督促供应商及时整改问题，减少了设备交接验收的缺陷，主设备质保期内故障率连续 2 年保持为零。积极推行南方电网公司统一的“大仓库、大配送”模式，全面启动“一级仓＋二级仓＋急救包”仓库分级管理运作模式，将广西公司系统原 611 个仓库归整为 15 个一级仓库、44 个二级仓库和 459 个急救包。编制科学的备品备件储备定额，实现物资快速流转，库存周转率 69%，完成年度目标值的 172.5%。建立库存物资清理处置责任机制，库存总量由年初的 5.79 亿元降至年底的 0.96 亿元，盘活库存资金 4.83 亿元，完成南方电网公司下达的库存闲置物资清零任务。坚持报废物资集中处置、定期清零做法，集中拍卖成交额 1154 万元，平均超出保留价 21%，实现了国有资产规范处置、保值增值。实施仓储班组规范化建设“业务规范、试点建设、试点推广”三步走的工作规划，推动仓储班组实现工作计划、作业标准、资料、培训、安全、班务 6 个领域的规范化管理。

经营管理 2012 年，广西公司新建新增制度 81 个（A类 45 个，B类 36 个），修订制度 14 个（A类 7 个，B类 7 个），废止（删除）制度 790 个（A类 47 个，其中包括删除 13 个不适用省及以下的 A 类制度；B类制度 86 个；C类制度 657 个），审核新颁布制度 66 个，做到新颁布制度“应审必审”，广西公司的制度体系进一步得以精简。组织完成对广西公司层级的县级供电企业管理制度的清理和评价工作，为进一步规范县级供电企业管理，实现专业管理延伸打下基础。

财务管理 在所属 69 家单位推广运用“业财合一”的预算管理信息系统，统一基层单位预算管理模式；试点开展标准成本建设，初步建立可操作性强的标准成本体系；严控供电成本，核减不合理开支 8500 万元；统筹管理农村低压电网维护费，有效使用农电维修费用。完善资金全过程管理，持续提高资金效益。全面完成资金调度与监控信息系统试点工作，初步实现资金管理信息化；进一步强化资金集约管控，资金集中率 93%，提升了 6 个百分点；加强银企沟通协商，贷款取得下浮 10%优惠利率贷款，节约财务费用 0.55 亿元；应对经济不景气，引入“信用证”电费结算模式收取电费 4.2 亿元，有效提高电费回收率。统筹兼顾，积极争取税收优惠，努力化解财务风险。争取到“西部大开发”所得税率 15%政策优惠支持；协调国税局调低增值税预征税率，减少公司资金无效占用 2.3 亿元。协调解除为广西水利电力建设集团公司提供担保 10.02 亿元，清理县级供电企业对外担保 0.24 亿元。制订《财务专业延伸和财务集约化管理方案》，有序推进县级供电企业财务管理水平的提升；完善对地市供电局和县级供电企业的考核机制，落实地市供电局对县级供电企业的直接管理责任；合理核定县级供电企业内部结算电价，统筹平衡县级供电企业发展；加强县级供电企业财务人员培训，全年举办 3 期县级供电企业财务人员集中培训班。

推动居民阶梯电价平稳顺利出台；根据水电比重持续下降情况，申请停止执行丰枯季节性电价获得批准。认真应对用户和企业电价的诉求，维护广西公司合法利益。

审计管理 制订《广西电网公司 2012 年审计工作重点》和《广西电网公司 2012 年审计项目计划》，为全年审计工作的开展和审计项目的实施奠定了基础。坚持“全面审计，突出重点”的方针，采取直接、委托、联合、交叉等多种审计方式，重点抓好领导干部经济责任、工程投资等常规审计，组织了电力营销效益、资产经营与预算执行情况、部分单位财务收支等多个专项审计和专项审计调查，推动了广西公司各项审计工作的稳步开展。广西公司系统全年共完成审计项目 3758 项，完成合同签证审计 1.3 万项，其中：经济责任审计 113 项、工程投资审计 2383 项、专项审计和专项审计调查 1262 项。查出管理不规范问题 252 个，涉及金额 4288 万元；查处违纪违规问题 14 个，涉及金额 3737 万元，审减工程投资促进企业增收节支 5649 万元。被授予广西“内部审计十大领军企业”称号，并荣获南方电网公司审计知识竞赛、审计辩论赛团体优胜奖和广西 2012 年内审课题研讨组织奖。

法律工作 2012 年，广西公司编制《法律职能规划》、《落实南方电网公司法制工作第三个 3 年目标（2012～2014）实施计划》，以“四个结合”为着眼点，进一步明确了法律工作的定位。下发《关于县级供电企业法律工作的指导意见》，制订《县级供电企业规范化建设管理提升三年规划（法律部分）》，努力实现县级供电企业“十二五”末与公司管理要求接轨。制订《广西电网公司市场营销法律风险专项治理工作实施方案》，全面完成营销法律风险专项治理工作，梳理法律风险点 157 项，制定风险控制措施 314 项，完善《营销法律风险库》，完成《营销法律风险报告》和《市场营销领域诉讼案件分析报告》，提交南方电网公司审核。制定《关于妥善处理县级供电企业对外担保事项的指导意见》，开展对所属 44 个县级供电企业历时 2 个多月的历史遗留对外担保专项清理工作，清查 24 起，本金人民币 6801.5 万元（含美金 281 万元）；指导化解担保事项 17 起，避免经济损失 3264.6 万元。组织编写《供电企业安全生产法律法规与其他要求管理工作实施细则》。年内成功化解广西电力工业勘察设计研究院电力项目前期费历史遗留案件（案件标 2000 多万元）；成功协调广西壮族自治区高级法院对电网建设具有示范效应的合浦供电公司线路侵权纠纷案件进行再审，自治区高级法院已裁定对该案件进行提审。

广西公司与广西壮族自治区法制办签署《战略合作框架协议》，开展电力行政执法和电力立法项目前期研究。开展《广西壮族自治区电网建设促进办法》立法课题调研，召开电网建设促进办法立法论证会，列入 2013 年自治区立法计划。组织编写《广西电网典型民商案例集》；与自治区法制办联合编写出版《广西地方电力法规规章释义》。召开了“法律诊所”经验推广现场会，推广桂林、河池供电局“法律诊所”成功经验，实现广西电网公司系统供电局设立“法律诊所”目标。全年开展“法律巡诊”服务，梳理法律风险点 25 个，其中重大法律风险 2 个，通过法律途径追回电费 300 多万元；指导所属县级供电企业成功处理纠纷案件 3 起，挽回经济损失 45 万元。

体制改革 2012 年 4 月 25 日，广西公司与百色市政府签订组建百色供电有限公司协议。协议签订后，广西公司拟订《组建百色供电有限公司联合工作方案》，并成立了注册登记组、人力资源组、资金财务组等工作小组，分别制订完成本专业的专项工作方案，与百色市政府共同做好新公司筹备工作。12 月 6 日，百色供电有限公司正式揭牌成立。

11 月 6 日，广西公司与钦州市政府签订《钦州市郊区供电有限公司整体上划广西电网公司补充协议》，全面完成了人员和资产并入。稳步推进县级企业“子改分”工作。制订《邕宁、兴宾供电公司改制方案》，经过组织讨论，从 4 个初步方案中选出 2 个方案。

农电工作 截至 2012 年底，广西公司所属县供电企业的农电职工人数达20 782人，其中，农村电工 8432 人，占在册职工人数的 40.57%；大专以上学历人数达 8239 人；中级及以上职称人员 957 人；高级技能人才 3517 人。资产总额 126.87 亿元（包括农网建设与改造形成的资产 81.63 亿元），其中：县级供电企业固定资产原值 41.77 亿元，净值 23.84 亿元；负债总额 12.23 亿元，所有者权益 33.01 亿元，资产负债率 27.03%，同比下降 1.63 个百分点。实现主营收入 110.84 亿元，利润 2.38 亿元。县级供电企业 110kV 及以上线路 341.97km，变电站 15 座，主变压器 25 台，主变压器容量 88.45 万 kVA；35kV 线路 1.14 万 km，变电站 545 座，主变压器 898 台，变电容量 460.32 万 kVA；35/0.4kV 配电变压器 596 台，容量 131.56 万 kVA；3～10/0.4kV 配电变压器 10.84 万台，容量 138.71 万 kVA；3～10kV 线路 8.07 万 km；低压线路 22.2 万 km。供电区域涉及 561 个乡镇，7472 个行政村，人口 2334.74 万人。

2012 年，县级供电企业完成供电量 229.74 亿 kWh，其中购广西电网公司电量 213.97 亿 kWh，占总购电量的 93.71%；购地方电量为 14.37 亿 kWh，占总购电量的 6.29%。完成售电量 214.35 亿 kWh，同比增长 10.29%。供电可靠率 99.53%，电压合格率 98.02%，综合线损率 6.70%。

出台《加强县级供电企业规范化管理，专业一体化管理延伸实施方案（试行）》，进一步理顺了农电重点管理模块的横向业务界面，明晰了 15 个专业部门的农电管理定位、职责界面及各管理层级对县级供电企业的纵向管理界面、责任和权限。

编制《县级供电企业规范化建设实施方案》，提出了 2012～2015 年各年度工作目标。出台《县级供电企业供电所规范化建设标准》、《县级供电企业台区规范化建设标准》、《县级供电企业变电站规范化建设标准》和《县级供电企业供电所、台区、变电站规范化建设考评办法》等，建立了一套统一的制度、流程、表单，对供电所、台区和变电站的业务工作提出了翔实明确的要求。把县级供电企业规范化建设同步纳入对供电局、县级供电企业的年度业绩考核范畴。全年组织 2 期规范化建设培训班，对供电局和县级供电企业相关专责、供电所所长、变电站站长等 280 人次进行了培训。全年县级供电企业 73 个供电所、6748 个台区、85 个变电站达到规范化建设标准，创建示范供电所 45 个、示范台区 46 个和示范变电站 45 个，树立了宾阳、鹿寨 2 个规范化建设标杆县，建立了一套县级供电企业规范化管理评价体系。

党建和精神文明建设 2012 年，广西公司党建和精神文明建设工作取得了良好成效。先后荣获“中央企业思想政治工作先进单位”、“全区思想政治工作先进单位”、广西首批“企业文化建设示范单位”、“广西十佳企业”、“广西 100 强企业”等荣誉称号。

制定《广西电网公司加强基层党组织建设和党员队伍建设实施意见》。提拔、交流调整 15 名干部担任市县单位党组织书记；实现二级单位以上党组织负责人轮训率 100%，基层党支部公推直选率 20%以上；班组无党员数量从 2011 年的 391 个降到 2012 年的 214 个，同比下降 45.3%，各供电局基本消灭无党员班组现象。

加强党建基础管理，初步建立起党建“五个一”

工作体系（即：一套运作顺畅的制度体系，一套专业高效的党务干部培训体系、一套特色鲜明的品牌体系，一套科学有效的载体方法、一套持续提升的考评机制），整合修编党建思想工作制度 23 项、业务流程 32 个、工作表单 48 个，推动党建工作体系化、规范化、专业化发展。

制定《广西电网公司关于深化“支部联建”工作实施意见》，广西公司系统 75 个基层党组织开展了首批支部联建示范点创建工作，联建范围在原有政府机关、企事业单位、企业客户、街道社区、乡镇农村 5 类联建的基础上进一步扩大。10 月 31 日，广西公司在百色召开 2012 年“支部联建”经验交流会，对 19 家长期支持广西公司“支部联建”工作的系统外联建党支部授予“支部联建支持奖”。《人民日报》等重点党报党刊内参陆续登载广西公司“支部联建”工作专访文章。

开展广西公司十大“创先争优标杆党支部”、“创先争优标兵共产党员”等评选活动。公司系统先后有 10 个单位荣获自治区、南方电网公司创先争优先进基层党组织，15 人获广西壮族自治区和南方电网公司创先争优优秀共产党员，获表彰单位和个人数量列南方电网各分子公司第一。其中，第二届“感动南网”人物——防城供电公司城区供电所十万山华侨林场营业点员工黄春强、黄春宁兄弟俩 13 年坚守十万山用心为归侨群众守护光明的感人事迹被多家媒体争相报道，并先后得到第 17 届中共中央政治局委员、全国人大常委会副委员长、中华全国总工会主席王兆国、原广西壮族自治区党委书记郭声琨、南方电网公司董事长兼党组书记赵建国等多位领导的肯定批示，南方电网公司、广西壮族自治区党委还先后下发决定要求全网、全区党员干部向他们学习。

全面实现了南方电网公司下达的责任制考核目标，被南方电网公司评为“清正廉洁 幸福人生”主题征文比赛优秀组织奖，获得广西首届预防职务犯罪宣传短片优秀组织奖。推进南方电网公司《惩治和预防腐败体系基本框架》139 项任务的落实。在 5 大重点专业领域建立了廉洁风险事件库，绘制 112 个流程图，查找出 982 个廉洁风险点，制定 2308 条预防和控制措施。深化廉洁文化“567 工程”，组织开展“一企一特色、家家出精品”活动，在 68 个基层单位举办廉洁文化巡展。举办领导干部廉洁从业研讨班和专题讲座 10 期 1153 人参加；开展典型案件学习分析会 120 多场次，举办廉洁从业主题党课 78 场次。召开广西公司廉洁文化建设经验交流会，表彰了一批廉洁文化建设先进单位。

积极配合南方电网公司巡视组工作，针对所提问题制订整改工作方案。首次对基层单位进行了巡视，发现问题 26 个并提出了整改意见。对农网工程、“三重一大”决策制度执行等 93 个项目开展效能监察，发现问题 113 条，提出监察建议 297 个，做出监察决定 26 个。开展干部选拔任用“一报告两评议”工作，216 名领导干部 327 本因私证件收归统一管理，359 名领导干部提交了个人有关事项报告。开展固定资产投资专项监督检查，围绕“五个严禁”等要求对 103 个重点项目进行了 265 次现场检查，提出建议 85 条。全年监督招标 68 批次 19.67 亿元，查询行贿档案 1885 份，签订廉政责任书 6927 份。完成纪检监察部门审计决定会签率、干部提拔任职前向纪检监察部门征求意见率、经济合同法律审查率 3 个 100%。

开展向“南网兄弟”学习主题教育、纪念南方电网公司成立 10 周年等系列活动。组织参加 2012 年首届广西企业文化节，广西公司荣获本届文化节“企业文化建设成果展一等奖”，选送的多项摄影、书法、企业文化故事等优秀作品分获 1 个一等奖，3 个二等奖、6 个三等奖。积极推进“幸福南网”建设，分解落实广西公司推进“幸福南网”建设提升措施，组织开展员工热点问题征集及应答工作，解答员工热点问题 866 条，促进了企业和员工的相互沟通理解。

全年有 3 个单位荣获南方电网公司 2011～2012 年度文明单位，46 家单位保持“自治区文明单位”称号，35 家单位荣获自治区第二批和谐单位、和谐企业。

广西公司系统所属单位职代会制度实现 100%全覆盖。全年召开了二届三次职代会及三次职代会联席会议，审议广西公司重大事项和年度生产经营状况；组织职工代表对各级领导班子的德、能、勤、绩、廉等 5 个方面进行全面评议，并将测评结果向职代会报告；征集职工代表提案 16 件，办理和答复率 100%。经职代会或联席会议审议通过《公司员工岗位胜任能力评价管理办法》、《公司安全生产问责管理规定》和《公司员工假期管理实施细则》等 9 个制度。出台《广西电网公司评先表彰管理办法》。开展职工代表“每季一巡”活动，得到了全国能源化学工会的肯定。完成《广西电网公司职工代表大会管理制度》等制度修订稿 17 个，颁发《广西电网公司工会会员管理办法》等 6 个。组织撰写的 2 篇文章在南方电网公司工会课题理论研讨发布会上分别获一等奖和二等奖。组织开展“为民服务，创先争优”500kV 超高压输电线路带电作业技能竞赛、通信专业技能竞赛和营销服务等技能比武，一线职工普考率超过 90%。组队参加南方电网公司 500kV 超高压输电线路带电作业、调度通信和营销服务技能竞赛，获团体一等奖 1 个，三等奖 1 个；个人一等奖 4 个，有 4 人获南方电网公司“技术能手”称号。

共青团工作 广西公司团委工作以建团90周年为契机，努力构建"强组织、搭平台、树品牌"的团青工作体系。召开广西公司团委第三次团代会，完成换届工作。开展基层团支部集中换届工作，组织编写基层团支部换届选举工作指导手册，布置总体实施方案进行指导，推行"公推直选"的选举方式。举办2012年共青团干部培训班，有64名新任职专兼职团干部参加了培训。制定《广西电网公司加强青年队伍思想建设实施意见》，搭建领导干部与青年员工沟通的平台。开展"学习南网兄弟，青春点亮北部湾"主题活动。结合为民服务创先争优开展"青年文明号"、"青年岗位能手"、"青年安全生产示范岗"和"青年突击队"等活动。推进青年志愿者行动，结合节能减排绿色行动和服务社会公益事业进一步树立青年志愿服务新形象。举办庆"七一"党史、国情史、电力史知识竞赛，加深青年对党、国家和电力企业发展历程的了解。2012年，广西公司团委工作得到公司党组和上级团组织的充分肯定。1人荣获"全国青年岗位能手"称号，1人荣获"中央企业金牌志愿者"称号；获中央企业级荣誉4项，获自治区级荣誉24项，获南方电网公司级荣誉17项。

科技创新 2012年，科技研发经费投入1.17亿元，其中成本性费用9331万元，资本性投资2350万元。年度立项项目99项，2012年度应结题项目33项，全部完成。广西公司承担的2个863课题均通过了开题评审，按计划稳步推进。提出了分级分类的科技项目后评估指标体系及评估流程，开发科技项目后评估软件，从项目成果的技术价值、综合效益、项目实施的组织管理和人才培养等方面进行评价。全年获南方电网科技进步奖二等奖2项、三等奖3项；获广西壮族自治区科技进步奖二等奖1项，三等奖3项；积极参与2012年南方电网技术论坛论文投稿，获优秀论文二等奖8篇，三等奖13篇；专利申请授权数量再创新高，全年共申请专利93项，其中32项为发明专利，并有20项实用新型专利获得授权，2项软件著作权获得授权。

2012年，技改项目（含生产、营销、农电、其他技改）投资计划10.98亿元，实际完成投资11.04亿元，完成年计划的100.56%。

新闻工作 2012年，全年广西公司系统对外发稿4589篇。(其中：国家级媒体发稿160篇，省级媒体发稿近1373篇)。累计编辑出版南方电网报广西新闻版49期（专版69个），电力电视新闻50期（专题篇12部），编发（内外）网站新闻8200条次，监测网络敏感舆情信息1685条次，新闻宣传报道的层次和水平不断提升。获中国电力联合会、中国电力报社新闻宣传工作先进单位，南方电网2011年新闻宣传工作先进单位，"《广西日报》2011年度通讯报道先进单位"通讯报道甲等奖，被评为《中国电力报》广西记者站"先进记者站"，获广西电视台2011年度行业记者站电视报道先进单位，选送的《走基层转作风改文风千名记者一线行·山间蹄响骡队来》获行业记者站好新闻一等奖，获广西电台2011年度通讯报道先进集体，编导的电视作品在2012年度中国电力新闻奖电视类作品评选活动中获三等奖，在第八届"中电传媒杯"全国电力行业优秀电视片展评活动中荣获组织奖、新闻专题类二等奖、电视消息类三等奖。

主要事件

1月1日，中共广西壮族自治区党委书记、人大常委会主任郭声琨视察南宁供电局青秀供电分局东方明珠营业厅，看望慰问节日坚守岗位员工，并通过他们向广西公司全体干部员工致以新年祝福和节日问候。

1月4日，广西公司与广西壮族自治区国土资源厅在南宁签订《共同推进广西国土资源与电网和谐发展战略合作框架协议》。

1月19～20日，广西公司在南宁召开2012年工作会议暨二届三次职工代表大会。

2月28日，广西壮族自治区主席马飚在南宁会见了南方电网公司董事长赵建国、总经理钟俊一行。双方签署了电力供应和电力发展会谈纪要。

3月6日，广西公司干部大会在南宁召开，南方电网公司在会上宣布成立广西电网公司董事会及有关领导干部职务任免的决定。

5月16日，广西公司以"提升管理水平 保证可靠供电"为主题，分别在南宁、柳州、桂林市发布2011年社会责任报告，展示广西公司主动承担社会责任的履责情况。

8月2日，国家电监会党组书记、主席吴新雄，副主席史玉波，在广西壮族自治区副主席杨道喜，南方电网公司董事长赵建国的陪同下，深入广西公司调研电力调度、电网运行、电力营销等工作。

8月24日，广西公司在南宁召开2012年"为民服务、创先争优"年中客户座谈会暨"快通电"服务品牌发布会。

（廖业明）

【云南电网公司】

电力资源 云南电网公司（简称云南公司）2012年全年新投产发电装机容量680多万kW，其中60%为水电。截至2012年底省内全口径装机容量47 904.65 MW，其中水电32 779.07MW，占比68.43%，火电13 295.58MW，占比27.75%，风电

1800MW，占比3.76%，光伏30MW。截至2012年底有500kV变电站27座（含换流站、串补站、开关站），220kV变电站114座（不含用户变电站）。

电力生产 2012年，云南公司省调及以上直调系统发电量1370.99亿kWh，同比增长9.52%；最高发电负荷22 259.63万kW，同比增长5.88%。云南公司资产口径省内售电量998.31亿kWh，同比增长5%；母公司口径省内售电量910.07亿kWh，同比增长5.08%；西电东送电量418.58亿kWh，同比增长29.58%；对越南送电19.81亿kWh，同比下降50.18%。省调直调系统最高日发电量为47 137.66万kWh，7次创历史新高；省调直调系统发电最高负荷为2225.9万kW，10次创历史新高。省调直调系统省内最高日供电量为28 880万kWh，16次创历史新高；省调直调系统省内供电最高负荷为1373.27万kW，10次创历史新高。全网投产电源机组73台、装机容量682.855万kW；新（改）建220kV以上线路72条，长度共计3851.03km，220kV以上变压器15台，容量共计6360MWA。

电力营销 2012年，云南公司全年完成售电量1436.7亿kWh，同比增长9.38%。其中：省内售电量998.3亿kWh，同比增长5%；送广东电量418.6亿kWh，同比增长29.58%；送越南电量19.8亿kWh。云南省内电费回收率99.89%，2012年末，应收账款余额控制在南方电网公司下达的指标范围内。客户平均每户停电时间14.87h。第三方客户满意度综合得分达78分。

电网建设 2012年，云南电网110kV及以上项目开工55项，投产57项，新增变电容量775万kVA、输电线路长度2790.643km；380项直供区配网项目开展建设，其中开工255项、投产103项；小型基建项目初步设计批复26项、施工图设计批复5项；云南公司电网建设里程碑进度计划完成率为100%。南方电网公司重点工程溪洛渡、糯扎渡电站500kV交流送出工程以及滇西北电力外送通道主要项目500kV黄坪变等一批工程按期投运。

经济指标 见云南电网公司经济指标一览表。

云南电网公司经济指标一览表

指标名称	2012年	2011年	同比(%)	备注
供电量(万kWh)		70 588.82		
售电量(万kWh)	80 341.59	69 852.59	15.02%	
售电收入(万元)	24 366.76	21 200.61	14.93%	不含基金
售电平均电价(元/MWh)	303.29	303.51	−0.72%	
供电总成本(万元)	19 854.37	11 940.28	66.28%	
供电单位成本(元/MWh)	247.12	170.94	44.57%	
最高日负荷(万kWh)		19.40		
线损率(%)		1.04		
综合电压合格率(%)		99.91		
负荷率(%)		66.36		
电费回收率(%)	100	100	0	
固定资产原值(万元)	295 491.46	123 412.80	139.43%	
固定资产净值(万元)	270 172.21	111 154.24	143.06%	
上缴税金(万元)	913.83	737.96	23.83%	

农电体制改革 积极推进马关、广南、麻栗坡、泸西、金平等5家供电企业以及西双版纳农垦电力整合工作并取得阶段性新进展。国务院国资委批准富源、师宗、华坪、宁蒗、黑白水等5家供电企业国有产权无偿划转云南电网公司。

社会用电 2012年云南全省累计发电量为1745.5亿kWh，同比增长12.20%（全国增长5.22%），增速比2011年回落1.74个百分点，其中水电发电量1238.0亿kWh，占比为70.92%（全国占比为17.4%）。云南省全社会用电量1315.9亿kWh，同比增长9.28%（全国增长5.46%），增速比2011年回落10.64个百分点，其中，第一产业完成11.1亿kWh，同比降低6.67%；第二产业完成1047.8亿kWh，同比增长8.66%；第三产业完成107.7亿kWh，增长14.33%；城乡居民生活用电完成149.3亿kWh，同比增长11.68%。2012年全社会用电量统计见图1。

对外合作 2012年，对越南送电四条线路累计结算电量26.34亿kWh（两条220kV对越南送电线路累计结算电量为19.81亿kWh）。完成2012年对越送电指标40.1亿kWh的65.68%，同比2011年减少46.45%。顺利实现越南小中河项目投产发电。2012年5月下闸蓄水，10月征地搬迁和线路架设工作结束，压力钢管水压试验全面完成，11月引水隧洞、压力钢管验收完成，1号水轮机空载试验成功，送出工程线路正式具备通电条件。11月28日首台机组投

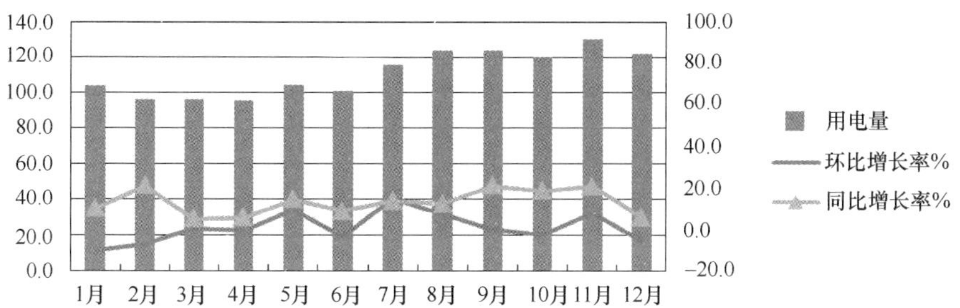

图1 2012年全社会用电统计图

产发电，12月28日两台机组正式投入商业运行。南方电网公司首个境外投资建设的电源项目正式进入了发电期。

2012年115kV勐腊—那磨线对老挝送电累计结算电量为1.03亿kWh。完成老挝国家电网项目特许权协议课题研究。启动老挝北部电网项目特许权协议谈判，完成老挝北部电网项目股东协议研究及合资公司组建方案研究。完成老挝北部电网项目可行性研究。完成老挝北部电网项目EPC合同小签。

2012年，向缅甸瑞丽江电站送电电量为105万kWh。自缅甸瑞丽江电站购电19.35亿kWh。2012年12月26日，缅甸达贡山镍矿项目补充供电及辅助服务三方协议文本正式签署。

云电外送 2012年云南电网总计向南方电网送电418.58亿kWh，比2011年增长29.58%，最大外送电力达到9551MWh。6～10月云南电网发电主汛期期间集中外送电量285.7亿kWh，占全年外送电量总量的68.25%，汛期外送电量较计划增送超过40亿kWh。四条对越送电线路累计结算电量26.34亿kWh（其中两条220kV对越送电线路累计结算电量为19.81亿kWh），累计电费收入1.6亿美元。完成对越送电指标40.1亿kWh的65.68%，同比减少46.45%。115kV对老挝送电累计结算电量为1.03亿kWh，累计电费收入671.1万美元。向缅甸瑞丽江电站送电电量105万kWh，累计电费收入49.2万元人民币。自缅甸瑞丽江电站购电19.35亿kWh，累计结算金额3.66亿元人民币。

安全生产 2012年，云南公司安全生产总体保持平稳态势，公司系统未发生电力事故、设备及人身事故，共发生三级及以上的电力安全事件20起，其中：二级事件5起，三级事件15起。发生承包商人身死亡事故2起别为楚雄楚光公司“2·27”人身触电死亡事故和临沧凤庆电建公司“8·9”人身触电死亡事故。发生一起恶性误操事件为红河开远电力公司“3·9”恶性误操事件。

节能减排 加强电网降损，综合线损率同比降低0.08个百分点。深化节能发电调度，可再生能源发电比例达72.6%，水电同比增发169亿kWh，节约标准煤522万t。加强节能办公管理，万元产值用电、用油、用水同比下降5.5%。

全省风电装机容量达126万kW，同比增长87%。完成421家客户节能诊断，实现了节约电力电量两个0.3%的目标。

科研 2012年承担科技项目77项，其中国家863项目1项，南网公司重点项目2项，公司重点项目29项。

截至2012年末，77项科技项目累计平均完成率为100%，重点项目科技完成率100%。累计完成财务资金11 680.64万元，结余资金1.36万元，科技经费完成率为99.99%。

有2项成果达到国际先进水平，6项成果达到国内领先水平。技术分公司与电力研究院共同承担的科技项目共获各级科技成果奖励59项，其中中国电力科学技术奖1项，云南省科学技术奖2项，南方电网公司科技进步奖二等奖2项，三等奖5项；南方电网公司专利奖7项；云南电网公司科技进步奖一等奖4项，二等奖7项，三等奖5项；云南电网公司技改贡献奖二等奖1项；云南电网公司发明专利奖一等奖1项，二等奖2项，三等奖1项；云南电网公司优秀专利奖二等奖7项，二等奖14项。

（贺　凡）

【贵州电网公司】

概况 2012年，贵州电网公司（简称贵州公司）全年完成售电量1219.55亿kWh，同比增长11.91%，其中省内售电量869.69亿kWh，同比增长6.35%；完成南方电网在黔固定资产投资150亿元；资产总额达637亿元，资产负债率84.09%；实现利润1.74亿元，经济增加值2.93亿元。全年送西电349.85亿kWh，比年初计划多送128亿kWh，有力地稳定了省内煤炭、电力行业生产，全社会用电量同比增长10.87%，为贵州省GDP增长13.6%作出了积极贡献。2012年，贵州公司在“满意在贵州”群众满意度社会调查中得分位列七大服务行业首位，政府总体评价为“非常满意”，第三方客户满意度评分为71分。

领导班子　2012年贵州公司领导班子成员如下：

贵州电网公司董事长（法人代表）、党组书记：唐斯庆

董事、总经理、党组成员：杨晋柏

董事、副总经理、党组成员：廖新和

董事、副总经理、党组成员：邱跃丰

董事、副总经理、党组成员，贵阳供电局局长：尚春

董事、副总经理、党组成员：赵炳松

董事、副总经理、党组成员：钟连宏

董事、党组成员、纪检组组长：晋晓越

工会主席：张帆

总会计师：周祖斌

组织机构　见贵州电网公司2012年组织机构图。

人员状况　2012年末，贵州公司系统员工53 663人，其中：劳动合同制员工41 078人，占员工

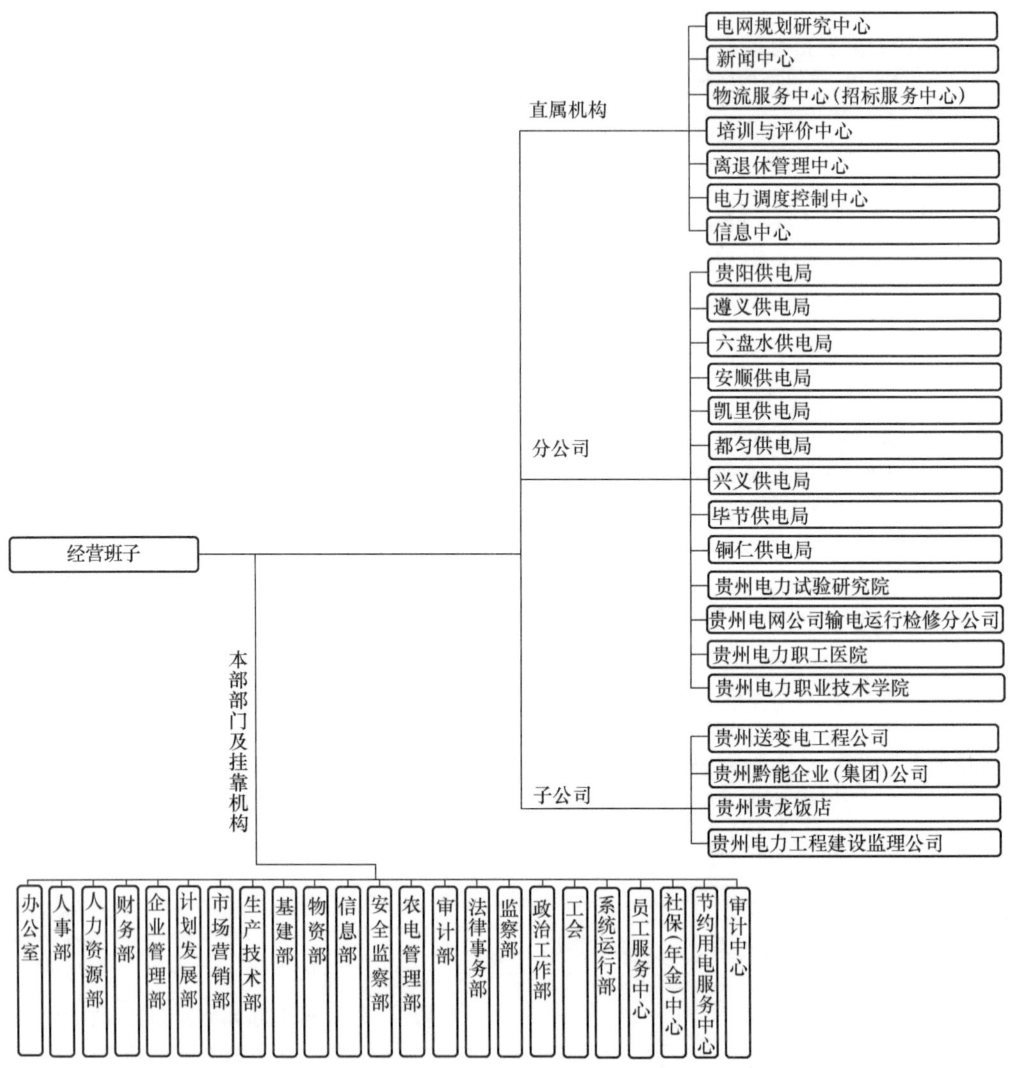

贵州电网公司2012年组织机构图

注　1. 系统运行部与电力调度控制中心合署办公，物流服务中心与招标服务中心合署办公。

2. 员工服务中心挂靠办公室，社保（年金）中心挂靠人力资源部，节约用电服务吣挂靠市场营销部，审计中心挂靠审计部。

3. 贵州电网公司电力工程设备监造部（子公司性质）副局长的流服用务中心合署办公，不单独描绘。

4. 贵州中试电力特种设备检验中心有限公司（子公司性质）挂靠贵州电力试验研究院管理，不单独描绘。

5. 另有80家丁公司性质的县级供电企业，不在本图中描绘。

人数的76.54%；劳务派遣制员工3803人，占员工人数的7.08%；非全日制员工8699人，占员工人数的16.21%。

电网建设 2012年，贵州公司完成电网建设投资共计91.78亿元。重点完成毕节500kV奢香变电站、500kV醒狮2号主变压器扩建、220kV洪黔线、220kV鸭南Ⅲ回线路等8项网省公司重点工程建设任务。全年共计投产输变电项目2760项，新投产变电容量8620MVA，线路19 482 km。其中500kV变电容量2250MVA，线路9km；220kV变电容量2760MVA，线路713km；110kV变电容量2480MVA，线路846km。220kV围山湖变电站及10kV炉山环西开闭所两项工程获南方电网公司优质工程奖。

电网运行 2012年，贵州电网统调装机容量达31 458.18MW，其中火电装机18 840MW，水电装机11 653.58MW（含统调小水电），风电964.6MW。2012年底，贵州电网输变电设备情况见表1。

表1 贵州电网输变电设备情况

电压等级	变电站座数	变压器台数	变压器容量(MVA)	线路条数	线路长度(km)
500kV	12	63	15 500	45	3106.353
220kV	79	138	23 880	238	8190.173
110kV	360	616	24 880	670	12 575.188
合计	451	817	64 260	953	23 871.714

注 500kV不含超高压公司青岩变电站、黎平变电站，含八河开关站。

2012年，贵州公司84项安全生产技术指标除故障快速切除率外，其余各项指标均在可控范围之内，其中同比提高的指标有18项。2012年城市供电可靠率为99.941 8%，居南方电网公司五省区第三位，同比提升0.057%；母公司农村供电可靠率为99.827 6%，居南网五省区第二位，同比提升0.253 6%；500kV变压器、断路器可用系数、220kV变压器可用系数南方电网公司五省区中同比提升最快。2012年公司科技创新指标除专利开发率（申请）及专利开发率（授权）外，其余指标均位居南方电网公司五省之首。

贵州电网共计113座集控中心，500kV变电站均为有人值守变电站；220kV变电站有70座实现无人值守，占220kV变电站总数的88.61%；110kV变电站有351座实现无人值守，占110kV变电站总数的97.50%。全省110kV及以上变电站和纳入集控管理的35kV变电站全部实现变电运行标准化管理。10kV馈线共6030回（其中公用馈线共4800回，专用馈线共1230回）；10kV公用线路总长度为133 778km（其中架空线为130 959km，电缆为2819km）；400V/220V低压线路总长度279 126km；10kV配变19万台、总容量3009万kVA（其中公用配变11.2万台、容量1300万kVA）；10kV开关站3684座，公用开关柜12 286个，公用柱上开关15 588台，杆塔506万基。2012年，共计开展带电作业1825次，同比增加4.5%，减少停电82 784时户，多供电量1163万kWh，节约用户平均停电时间6.75小时。配电线路带电作业占配电线路所有检修作业的6.2%。投资9309万元，完成了2975台重过载配变的改造。

安全生产 2012年，贵州公司成立并逐步完善了三级纠察网络，加强了对现场作业风险的控制。在风险体系建设方面，以"一册两书"为载体，有效推进安全风险管理体系的建设。2012年，铜仁供电局、运检公司安全生产风险管理体系达到三钻水平，开阳供电局等47家县级供电企业达到两钻水平，占县级供电企业57%，送变电公司、监理公司、黔能公司以及电建一、二公司5家基建、监理单位达到一钻水平。2012年，贵州电网公司未发生电力及人身、设备事故（事件），共发生电力安全事件1697起，其中：一级事件2起，二级事件3起，三级事件22起，四级事件34起，五级事件1636起。发生农电外包人身事故2起。

科技创新 2012年，南方电网公司批准下达科技项目计划171项，下达计划资金2.37亿元，围绕提升贵州电网安全稳定运行为核心，与武汉大字、清华大学和国内知名厂商合作，开展25项年度重点创新项目的实施，部分项目的关键技术处于国内先进水平。按照南方电网公司科技管理办法规定，经贵州电网公司科学技术进步奖评审委员会评审，2012年共评选科技成果奖励60项。其中，科技进步奖33项，技改贡献奖8项，专利奖19项。"电能表自动化检定及仓储式智能系统的研究与应用"、"快速网络保护应用研究"等5项目获得科技进步一等奖，"基于直流融冰装置的SVC研究与实施"等3个项目获得技改贡献一等奖，"一种复合电压载波通信系统"等3个专利获专利一等奖。同时，"缝隙式燃烧器无烟煤锅炉燃烧系统改造和优化调整"等9个项目获得南方电网科技三等奖。火力发电机组实时性能监测及优化系统的开发与应用等4个项目获得贵州省科学技术三等奖。贵州电网公司全年共新申报专利99项，获得专利授权45项。

节能减排 2012年，贵州公司通过节能发电调度节约标准煤37.65万t（折合原煤58.36万t），相应减排二氧化硫2.334万t，减排二氧化碳117.68万t。2012年监测的脱硫机组共产生233.33万t二氧化硫，排放二氧化硫 7.51 万 t，减排 225.82 万 t，平均脱硫效率为 96.78%。消灭线损率超过 12%的县级供电企业。2012 年母公司口径线损率完成 3.91%，全资产口径线损率完成 6.10%。全省县级供电企业中，有损线损率超 15%的由 2011 年的 8 个减少到 6 个，10%～15%的由 59 个减少到 46 个。2012 年，贵州省关停小火电机组 40 万 kW，贵州电网公司按照省发改委要求积极做好关停机组电网配套建设工作，完成电网配套建设投资 1233 万元。对贵州省 2012 年淘汰落后产能计划所涉及的水泥、铁合金、焦碳、电石、黄磷、造纸、电力等 7 个行业、147 家企业，严格按照省政府工作要求停止供电。

信息化建设 2012 年，贵州公司制定通过《贵州电网公司 2012 年信息化重点工作考核管理办法》，将信息化管理、信息化建设、信息化应用、信息化运维及信息安全等 5 大类考核指标，细化分解到所属 21 家二级单位。强调“两级三线”IT 运维服务体系的深化及 IT 服务管理系统的实用化，运维服务体系通过 ISO 20000 体系认证。9 月 14 日正式揭牌成立 IT 运行监控服务中心，成为南方电网公司首个省级 IT 运行监控服务中心。11 月，正式开通服务热线“1000”号及手机 V 网“771000”号。首家成立省级 IT 运行监控服务中心，提供 7×24 小时不间断服务，服务范围覆盖省、地、县三级34 000名员工和在黔发电集团。重点组织开展了试点项目信息安全审计系统的完善及应用并在 9 月通过南方电网公司组织的项目终验。全面开展信息安全检查及一体化信息安全风险评估并在“十八大”前完成了所有中、高危风险的整改加固。2012 全年全省网络信息安全态势平稳，未发生信息安全事件。

市场营销 2012 年，贵州电网累计购电 1309.51 亿 kWh，同比增长 14.38%。其中购统调火电 898.49 亿 kWh，同比下降 1.34%；购统调水电 352.74 亿 kWh，同比增长 77.41%；购统调风电 4.75 亿 kWh，同比增长 761.32%；供电局自购电量 53.52 亿 kWh，同比增长 54.55%。全年售电量完成 1219.55 亿 kWh，同比增长 11.91%，完成计划售电量 1231 亿 kWh 的 103.20%。其中，省内完成 869.69 亿 kWh，同比增长 6.35%，完成计划售电量 860 亿 kWh 的 101.13%。2012 年，西电东送完成 349.85 亿 kWh，同比增长 28.61%，完成计划 321.7 亿 kWh 的 108.75%。其中，送广东电量 344.15 亿 kWh，同比增长 29.18%；送广西电量 5.70 亿 kWh，同比增长 1.40%。2012 年，贵州全省实施差别电价的高耗能企业共 327 户，与 2011 年底相比减少 7 户。全省差别电价企业 2012 年用电量 2016.78 万 kWh，同比下降 71.2%。其中，限制类 23 家，用电量 12.34 万 kWh，同比下降 94.7%，占总用电量的 0.6%；淘汰类 304 家，用电量 2004.44 万 kWh，同比下降 70.4%，占总用电量的 99.4%。2012 年，全网用户 1073.22 万户，容量 8840.84 万 kVA。累计实增 61.41 万户，容量 846.88 万 kVA，其中居民 54.55 万户，容量 399.74 万 kVA，分别占总接电户数和接电容量的 88.83%和 47.20%；商业 2.42 万户，容量 67.42 万 kVA，分别占总接电户数和接电容量的 3.94%和 7.96%；非、普工业 2.57 万户，容量 152.15 万 kVA，分别占总接电户数和接电容量的 4.18%和 17.97%；大工业 500 户，容量 131.98 万 kVA，分别占总接电户数和接电容量的 0.08%和 15.58%。

2012 年末省内应收电费余额 4.74 亿元，比年初数下降 828 万元，其中地区供电局应收电费余额比年初减少 4658 万元，80 家全资县级供电企业应收电费余额比年初减少 1148 万元，县局欠地区局购电费比年初减少 4979 万元。省内当年电费回收率 99.93%，回收省内旧欠电费 4151 万元，旧欠回收率 7.92%。其中，回收 1 年旧欠电费 2194 万元，回收率 52.17%；回收 2～3 年旧欠电费 295 万元，回收率 13.93%；回收 3 年以上陈欠电费 1663 万元，回收率 3.61%。全年节约电力 6.27 万 kW，超额完成了年度指标；节约电量 2.74 亿 kWh，超额完成全年节约电量 0.3%的指标。其中通过自身实施改造实现的节约电量为 2.03 亿 kWh，通过所属及相关机构实现的节约电量为 5967 万 kWh，通过推动社会实现的节约电量为 1135 万 kWh。

2012 年，贵州公司及所属 9 家地区供电局在 2012 年均成立节约用电服务中心；11 月由南方电网综合能源公司与贵州电网公司共同组建成立南方电网综合能源贵州有限公司。2012 年投入资金 2614 万元为 553 户工业、商业、医院、学校等行业客户费开展了节能诊断，推动客户落实节能改造，拓展电力企业节能服务内容；开展上街、入校、进社区、进乡村活动 364 次，共发放宣传资料 42.37 万份；发挥节能展示中心科普教育基地的节能宣传作用，全年共接待市民和中小学生参观人数 4480 人；举办 28 期每期超 30 户大客户的节能研讨培训班，参与客户共计 958 户。2012 年全年更换 62.6 万只淘汰型电能表及配套计量装置改造，截至 2012 年底基本完成 DD28 型电能表和部分 DD862 电能表的更换改造工作，电能表电子化率达到 36.3%，资产自有化率达到 88.3%。电能表质量抽检合格率 99.5%、现场检定计划完成率 100%，电能计量准确率 99.99%。省内电能计量故障出现 3755 次，共计追补电量 6034 万 kWh，电能计量故障差错率 0.03%。2012 年营销技改项目投资计划总项目为162项，总投资计划1.8亿元，年度投资完成率达到95.3%。新建和更换配变监测计量终端11 760台、负荷管理终端7350台、低压集抄40 000户。按照南方电网公司《供电营业厅建设与管理标准》进行环境改造和添置设备，推动客户服务电子化，项目涉及B类供电营业厅21个、C类供电营业厅127个、D类供电营业厅101个。稽查样本共计34.6万件，存在问题的样本数量为1.5万件，样本误差率为4%；发出整改通知单数量2254件，整改完成率92%。2012年共累计检查客户246.878 9万户，检查完成率108.32%。查处违章户1290户，涉及违章电量388.12万kWh，追补违章电费343.95万元，收取违章违约金937.22万元；查处窃电户754户，追补窃电电量498.51万kWh，追补窃电电费323.69万元，收取窃电违约金955.33万元。在查处的违章用户中，大工业占4.9%，非工业和普通工业占12.7%，商业用户占14.0%，居民生活占63.6%；在查处的窃电用户中，居民用户占74.1%，商业占10.1%，非工业和普通工业占10.9%，大工业占2.3%，农业生产占0.8%。完成全省2446个重要电力客户的认定工作，并报地方政府审批通过。开发了"重要电力客户用电安全评价系统"。结合2012年春运期间保供电的工作特点，对贵州电网范围内电气化铁路的30个主要火车站、47个牵引站、33个铁路配电室和2个铁路调度机构，共计112个铁路用户开展了专项安全检查。另外，利用"3·15"、6月安全宣传月等契机，开展了各具特色的用电安全服务工作：贵阳供电局的党政军机关自备电源义诊、遵义供电局的非煤矿山的安全专项检查、都匀供电局的医疗（医院）机构用电安全义诊等。

用电状况 2012年，贵州公司对全省62个重点业扩项目开展了全程跟踪、督办，确保新增负荷及时投产。结合"为民服务创先争优"活动和提升居民用电服务质量专项行动，积极打造城乡居民半小时交费圈，推广"村电共建"、"省心柜台"经验，在全省建成城乡"便民电费服务点"538个。2012年，贵州省全社会用电量1046.72亿kWh，同比增长10.87%（增速位列全国第5，仅次于安徽、海南、新疆和西藏）。工业用电量782.96亿kWh，同比增长9.42%（增速位列全国第3，仅次于新疆和西藏）。贵州电网公司积极争取南方电网公司大力支持，增加西电东送电量，全年比年初计划多送128亿kWh，有力稳定了省内煤炭、电力行业生产，为贵州省GDP增长13.6%做出了积极贡献。

经营管理 从2012年7月1日贵州执行阶梯电价政策。恢复试行丰枯电价政策。贯彻落实企业自备电厂系统备用费收费政策。2012年贵州省执行差别电价政策的企业户数327户，总用电量为2016.78万kWh，执行惩罚性电价企业的户数为12户，总用电量为768.41万kWh。

2012年在贵州电网供电区域内县级供电企业农村居民生活用电量现行电价中每千瓦时计列0.2元。2012年，贵州电网公司纳入合并范围总户数97个，包括公司本部及所属各级分公司、全资和控股子公司。其中，全资子公司93个，控股公司3个，事业单位1个，比2011年合并范围减少4户。完成审查库存物资清仓利库有关财务手续、资产评估报告等工作，为贵州电网公司带来效益6000多万元。2012年，贵州电网公司纳入合并范围核算总户数97个，包括公司本部及所属各级分公司、全资和控股子公司。其中，全资子公司93个，控股公司3个，事业单位1个，比2011年合并范围减少4户。按层级划分：1级合并单位1个，2级合并单位87个，3级合并单位9个，无4级合并单位。2012年，贵州公司对所属单位预算管理范围已拓展至9家地区供电局、8家综合单位、4家独立核算企业、81家县级供电企业，所属各单位均建立预算管理相关制度，收支所涉及各项经营活动均纳入预算管理范畴。全年办公、差旅、会议、业务招待四项费用同比降低5%，节约成本0.24亿元；修理及材料费比年初预算降低10.33%、节约成本1.24亿元；购电平均单价较年初预算降低10.38元/MWh。2012年度资金集中率达97%，实现了资金集中率超90%年度目标。在外部金融形势趋紧情况下融入资金105.7亿元，为电网建设和生产经营提供可靠资金保障。贵州电网公司贴现和托收承兑汇票64.84亿元，有效缓解公司资金周转压力。落实农村电网维护管理费增值税免税政策，免征增值税1.75亿元。2012年，荣获贵州省2010～2011年A级纳税信用企业称号。

农电建设 2012年底，贵州电网农电系统86个县级供电企业中有分公司7个、子公司78个、代管企业1个。86个县级供电企业完成售电量496.07亿kWh，同比增长13.59%，占省内售电量的57.09%；完成综合线损率6.65%，同比上升0.29个百分点。全部县级供电企业综合线损降到12%以下。26家县级供电企业被授予南方电网公司2011年度"县级供电企业基础管理达标优秀企业"称号。编制《贵州电网公司县级供电企业供电所规范化建设标准》、《贵州电网公司县级供电企业台区规范化管理标准》，推进2家示范县级供电企业、19家地市供电局级示范供电所、116家县级供电企业级示范供电所和156个示范台区的建设。

2012年6月，一家代管企业（威宁供电局）和一家股份制县级供电企业（遵义县供电局）取得了国资委国有产权无偿划转批复，成为公司的全资子公司。贵州电网公司纳入农电管理的 86 个县级供电企业中，99%为直管企业。

2012 年，贵州公司积极推进七个地市供电局 60 家县级供电企业的理顺农电用工管理推广工作。全省 86 个县级供电企业（不含代管的兴义市电力有限责任公司）理顺农电用工管理的工作除“三次考试机会、逐年薪酬到位”尚需分阶段按期实施外，所有实质性的工作已如期于 2012 年底完成。至 2012 年底，考试考核合格15 825人的劳动用工关系得到规范。

2012 年，贵州公司县级电网工程共完成投资 54.26 亿元，其中：110kV 电网完成投资 14.18 亿元、35kV 电网完成投资 4.73 亿元、10kV 及以下电网完成投资 35.36 亿元。年内共建成投产 110kV 变电容量 121 万 kVA，110kV 线路 645km；35kV 变电容量 32 万 kVA，35kV 线路 638km；10kV 配电变压器 7243 台，10kV 及以下线路16 129km。2012 年末，农村电网完全网改率达到 98%。

人力资源管理 推荐选拔 198 名优秀年轻干部开展多个层级、渠道广泛、形式多样的挂职实践锻炼学习。提升干部教育培训针对性。对县级供电企业局长和书记分别建立了包括 25 项指标的素质模型，通过训前测评建立个人的能力地图、学习地图和测评报告，根据测评结果按需分班，有针对性的设置课程，分 4 期对全部 179 名正职领导轮训。全年举办各类干部培训班 29 期，培训 1115 人次。全年共举办各类培训 4333 期，培训员工 195 140 人次，全员培训率达 99.2%。完成集中培训 385 期，培训员工 14 100 人次；完成远程培训 73 期，培训 37 548 人次。

印发《贵州电网公司员工持证上岗实施细则》、《贵州电网公司技能鉴定管理细则》、《贵州电网公司技能专家管理细则》。编制完成 195 个专业技术技能岗位培训标准、133 个专业技术技能岗位评价题库。

共有 109 个岗位 1444 名员工参加岗位胜任评价，通过 1296 人，通过率 89.7%。选聘公司三级技能专家 8 人、助理技术专家 30 人、助理技能专家 30 人；2011 年度专业技术资格申报人数 2061 人，通过 1860 人，通过率 90.24%；完成公司 8370 人的技能鉴定工作，通过率为 59.7%；组织完成25 696人参加的公司 2012 年国标《安全作业规程》普考工作。

党建和精神文明建设 打造省国资委基层党组织示范点 1 个，贵州电网公司示范党支部 8 个；2 个党建案例入选红旗出版社《国企党建创新案例与点评》一书。建立 5234 个党员责任区、示范岗，成立 772 支党员服务队，组织广大党员制定公开承诺 1.9 万余条，践诺率达 100%，先锋工程网络测评平均分达 98.64。在南方电网公司 2012 年度党建责任制考核中获一等奖，在贵州省国资委党建责任制考核中获一等奖。所属 53 个基层党组织、90 名党员和 10 名党务工作者获南方电网公司党组、省国资委党委和公司直属党委表彰。2012 年，贵州电网公司再次获国务院国资委“中央企业思想政治工作先进单位”称号。2012 年，公司各级团组织共获得地市级及以上荣誉 34 项，其中集体荣誉 18 项，个人荣誉 16 项。

主要事件

3 月 5 日，南方电网公司党组宣布建立贵州电网公司董事会。唐斯庆任董事长、党组书记，杨晋柏任董事、总经理、党组成员。

7 月 25 日，普安县安利来煤矿发生冒顶事故。事故发生后，兴义供电局 100 余人组成的现场抢险救援保供电队伍连续 74 小时奋战在保供电第一线，保证了抢险救援的用电需求，为抢险救援争取了宝贵的时间。7 月 29 日，被困井下的 58 名矿工全部获救。

9 月 14 日，贵州公司召开理顺农电用工管理工作座谈会，到 2012 年底，全省 86 个县级供电企业（不含代管的兴义市电力有限责任公司）理顺农电用工管理工作除“三次考试机会、逐年薪酬到位”尚需分阶段按期实施外，所有实质性工作已如期完成。

11 月 6 日，在贵阳召开的 2012 贵州企业 100 强发布暨第十三届企业管理创新成果表彰会上，贵州公司以 2011 年营业总收入 484 亿元位列 100 强第一，连续 4 年蝉联榜首。

11 月 14 日，贵州公司十八大保供电工作圆满完成。十八大召开期间，贵州公司累计投入 52 935 人次，出动 8957 车次，调动应急发电车 172 辆次参与保供电工作，全网最高负荷 12 629MW，无错峰限电，无抢修超时和投诉举报。

12 月 27 日，六盘水供电局 110kV 东湖变电站投运。2012 年，公司投运和在建的数字化变电站共 171 座。在线监测系统建设方面实现 220kV 及以上变电站油色谱、覆冰预警在线监测覆盖率 100%，数据完好率 95%以上。

（蔡靖波）

【海南电网公司】

基本情况 海南电网公司（简称海南公司）是中国南方电网公司的全资子公司，负责经营南方电网在海南投资的国有电网资产，承担国有资产保值增值责任；对海南电网实行“统一规划、统一建设、统一调度、统一管理”，负责全省电网的安全生产工作，保证全省电网的安全、稳定、经济、优质运行，不断提高供电可靠性和服务质量；依法统一调度与省电网联网的电厂，并监督和指导电厂的安全生产工作。

2012 年，海南公司确保安全稳定运行，主要指标持续向好，取得了售电量连续3年两位数增长、营业收入过百亿元、三沙供电局成立运作等良好成效。截至2012年末，全省统调装机总容量436万kW，统调最高负荷279.1万kW。完成售电量157.92亿kWh，同比增长14.47%，资产总额达151.05亿元。海南电网形成环岛220千伏主网架，并通过178km 500kV福港线（其中海底电缆32公里）与南方电网主网联网运行，结束海南孤网运行历史。海南公司建成投运220千伏变电站19座、容量453万kVA，220kV线路总长2599.46km，110kV线路总长3020.71km，35kV线路总长2323.33km。35～110kV电网覆盖全省各市县及主要乡镇。海南公司供电客户212.11万户，乡镇、行政村和自然村的通电率均达到100%。在海南享有较高的企业知名度和社会美誉度。

2012年末，海南公司拥有员工1.12万人。其中，博士研究生8人，硕士研究生187人，大学本科2043人，大学专科2781人，中专及以下6156人。公司员工中，有高级职称206人，中级职称526人，初级职称2567人；技师55人；高级工2396人，中级工1669人，初级工1377人。全公司离退休人员2921人。

领导班子 2012年末海南公司领导班子成员：

董事长、党组书记：刘映尚

董事、总经理、党组成员：揣小勇

董事、副总经理、党组成员：张勉荣

董事、副总经理、党组成员：张弥

董事、党组成员、海口供电局局长：詹晓晖

董事、副总经理、党组成员、三沙供电局局长：林芳泽

董事、副总经理、党组成员：孙海宏

董事、纪检组长、党组成员：李欢

总会计师：唐炜

总法律顾问：唐远东

工会主席：陈琼生

组织机构 海南公司本部设置18个职能部门，包括办公室、人事部、人力资源部、财务部、企业管理部、计划发展部、市场营销部（农电管理部）、生产技术部、基建部、物资部、信息部、安全监察部、审计部、法律事务部、监察部（纪检组办公室）、政治工作部（直属党委办公室、团委）、工会、系统运行部。设置直属机构8个，包括电力调度控制中心、物流服务中心、培训与评价中心、信息中心、离退休管理中心、电网规划研究中心、新闻中心、营销稽查中心。

海南公司下辖28个二级单位，包括19个供电局（即海口、三亚、儋州、琼海、三沙、文昌、澄迈、万宁、东方、昌江、乐东、陵水、临高、定安、屯昌、保亭、琼中、白沙、五指山供电局），2个计划单列供电公司（洋浦供电公司、老城供电公司）；5个全资子公司（海南省电力物资公司、海南送变电工程有限公司、海南电力置业有限公司、海南电力通信自动化有限公司、海南电力物业有限公司），1个分公司性质的通信资产运维公司（海南电网信息通信公司），1个按分公司管理的技术学校（海南省电力学校），1个调峰调频直属发电厂（海南电网清澜电厂）和1个试验研究单位（海南电力技术研究院）。见海南电网公司组织机构图。

人力资源 海南公司全年7批次89名党组管理干部的调整任免，实现零投诉、零举报。继续加大干部竞争性选拔力度，按照“民主、公开、竞争、择优”原则，分5批次拿出52个空缺岗位（处级8个、科级28个、专责16个），面向社会和公司系统开展组竞聘，并首次公推直选公司团委副书记，进一步拓宽选人用人视野。加速培养年轻干部，选拔推荐3名优秀年轻员工到网公司总部学习锻炼，首次组织42名“80后”年轻干部跨省区、跨专业挂职锻炼，开创了公司培养年轻干部的新模式。

海南公司启动直属单位规范劳动用工工作。完成电研院、电力学校、送变电公司及物流服务中心等直属单位劳动用工制度改革。制订解决基层结构性缺员3年计划。开展首批技能专家选聘，11名优秀技能人员被聘任为公司助理级专家，正式建立了技能人员职业生涯发展通道。创新招聘手段，首次在校园招聘中开展“远程面试”，提升了各部门及单位参与度和招聘质量。构建以海南公司业绩考核管理制度为框架、基层单位业绩考核方案为支撑、员工岗位责任为主线的员工业绩考核体系，形成了个人收入与企业目标、组织绩效联动的激励约束机制。

2012年，海南公司制定全省统一规范的岗位说明书，完成23个典型班组岗位的评价标准、评价科目编制及试题库梳理，初步建立起基于员工岗位胜任能力的培训与评价体系。

电网规划与建设 2012年，海南公司紧紧抓住创建国际先进电网企业工作主线，统筹推进海南国际旅游岛电网发展规划研究。紧密结合海岛电网特性，全面完成了《海南国际旅游岛电力工业发展战略研究》、《昌江核电投产初期海南电网调峰及安全运行问题研究》、《海南联网第二回工程建设必要性和经济可行性研究》、《海南电网提高综合防灾保障能力研究》、《农村特殊用电高峰期应对措施研究》等5项重点专题研究报告的编制工作，为解决电网调峰和“大机小网”运行等重大问题提供了解决方案。通过开展海南“十二五”主网规划优化和配网规划细化工作，有效

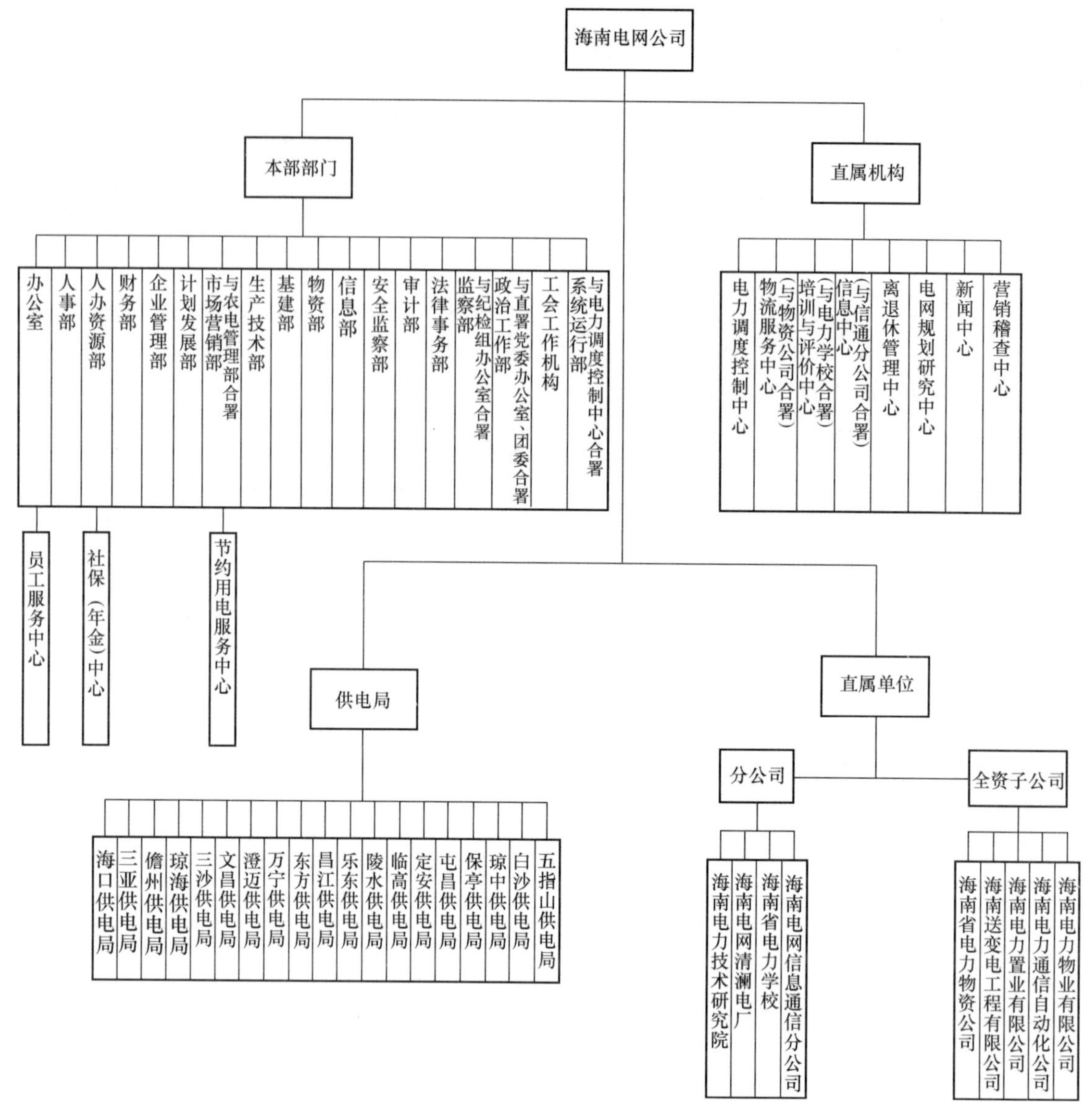

海南电网公司组织结构图

解决了“十二五”期间110kV及以下变电站（配电变压器）、线路重过载问题，促进了电网发展与城乡发展相协调。高起点规划三沙市“十二五”电力发展蓝图，完成了永兴岛多能互补微网可行性研究报告的编制，主动服务国家南海战略。

引导电源建设方面，海南公司积极支持并参与各电源项目前期工作，及时协调解决电源项目并网有关问题。全年开展红岭水利枢纽电站工程、中航特玻8.85MW太阳能等20个项目接入系统方案审查，完成东方电厂二期等6项工程并网协议签订工作，为促进全省电源项目建设创造了有利条件。

服务大客户用电方面，海南公司密切跟踪全省大项目施工进度，及时安排配套供电项目建设，最大限度满足客户生产用电需求。东方DCC、海协镀锡板、三亚美丽之冠大酒店等一批省（市）重点项目用电问题得到及时解决，洋浦PTA、昌江海矿集团选矿项目、屯昌圣大木业、鸿启水泥等大项目陆续投产用电，海南公司的优质服务得到大项目业主的高度认可。

2012年，海南公司深入实施基建“7+6”管理，集中力量开展电网建设百日大会战，全力以赴推进重点工程建设。3月26日，海南电网“目字型”主网架标志工程——东方龙北220kV输变电工程比计划提前4天建成投产，提升了海南西南部电网的供电可靠性。海南公司全年投运35kV及以上变电容量112.67万kVA，线路506.3km，创历史最好水平。

220km文罗站和官红Ⅱ回线路获评南方电网优质工程，变电站设备底座安装标准化建议荣获“南方电网金点创意奖。”

全面推进物资“7+2”管理。结合海南岛椭圆型地理特征，科学优化3个一级仓布点，充实了165个急救包物资储备。加强物资需求计划管理，建立省级职能部门预审机制，申报准确率同比提升22个百分点。通过狠抓利库，处置闲置物资8260万元，库存物资金额同比减少1.38亿元，总库存降低69个百分点，库存物资周转率超出南方电网公司下达指标40个百分点。大仓储大配送物资管理框架正式形成。

电网运行与安全生产 2012年，海南省用电持续保持两位数的增长态势，海南电网统调负荷7次创历史新高，最高达279.1万kW，同比增长7.55%。面对持续攀升的用电需求，海南公司一方面严密监控主网西电北送、西电南送断面潮流，及时发布风险预警131次，以108项风险预控措施力保主网安全；另一方面及时做好市场细分预测，统筹调度各类发电资源，有序应对了发电机组非计划停运等严峻考验，全年仅实施有序用电4次，确保海南省电力供应总体保持平稳。

进一步规范了集控中心（变电站）监控系统报警，弥补了多年来告警无规范的空白。深入开展二次各专业专项整治活动和风险防范工作，完成了保县城不黑不停的稳控系统改造任务，确保电网三道防线的可控在控。截至2012年底，海南公司连续3年实现220kV继电保护正确动作率100%；调度自动化主站实现连续5年不间断可靠运行，系统可用率100%；生产实时控制业务中断时间为2.202min，达到历史最好水平。二次系统有效化解了台风期间一系列电网运行风险，承受了7台次机组跳闸的故障冲击，确保了电网安全稳定运行。

2012年，海南公司深入开展设备运行风险分析，从保主网、防范区域电网风险和二级及以上事件等方面，突出强化设备整治力度。对48条35kV及以上重点线路开展特维。完成了全网220kV线路综合防雷整治和台风经常袭扰地区4条输电线路的防风提级试点改造。推进“清洁卫士”常态化行动，完成全部110kV及以上变电站和重要35kV变电站户内布置的10kV配电室“三高”（高温、高湿、高盐密）环境整治。按标准完成581台配电变压器台区整治，线路故障率同比降低20.75%。供电可靠率等全部7项生产技术主要指标均优于海南电网公司预控目标。

2012年，海南公司深刻反思屯昌“3·4”、海口“3·14”、万宁局“5·18”、琼中“9·12”事故教训，全面开展安全生产“五查五整治”，出台了“杜绝三大陋习，培养两个习惯”46项落实措施，通过强化分层分级安全闭环管控，切实扭转安全生产被动局面。深入推进安全生产风险管理体系建设，建立了覆盖9个单元、51个管理要素、480条管理子标准的安全生产风险管理体系，海口、儋州局首获外审3钻，三亚、琼海、万宁局获得外审2钻，昌江局获得内审2钻，其他供电局和清澜电厂、送变电公司达到1钻水平。

市场营销 海南公司积极推进电能表电子化改造，2006～2012年的6年改造电能表150多万只，提前3年实现网公司“十二五”电能计量规划电能表电子化100%目标。扎实开展停电“双控”行动，制定停电工作时间定额，精心提炼“双控”典型案例，及时约谈管控不严的16个供电局，严控全省471条次10kV线路的停电事件。全面推广配电带电作业，主要城市用户业扩带电接火比例大于50%，全年带电作业次数达875次，是2011年的3.3倍，有效带动供电可靠性持续提高。2012年，全省客户年平均停电时间26.4h，同比降低27.2%。

2012年，全年实施各类保电128次，其中：特级保电2次，一级保电4次，二级保电41次，三级保电81次。4月1～3日，海南公司组织2000名保电人员、9辆应急发电车坚守博鳌保电一线，在统调最高负荷同比增长12.4%的情况下，确保涉及保电的主、配网线路“零跳闸”，博鳌保电连续11年实现零差错、零失误。4月24～28日，海南公司继2011年金砖国家领导人峰会后第二次实施特级保电，进一步细化落实10大类50项保电任务，专人值守重点线路，确保海南省第六次党代会保电万无一失，得到中共海南省委省政府的高度肯定。11月8～15日，海南公司精心实施年内第二次特级保电，从电网安全、客户服务、物资保障、维稳安保等4个方面周密部署“十八大”保电，每天投入400人次对输电线路、变电站进行巡视，42支抢修队伍570名应急人员力保125家重点客户可靠供电，35kV及以上等级电网“零跳闸”，圆满完成“十八大”特级保供电任务。

2012年，海南公司充分挖掘增供扩销工作潜力，提前完成“卡脖子”项目65个，增供电量2.92亿kWh，在全网售电量增速明显放缓的情况下，带动海南省售电量增速居全网第一、全国第二。在试点供电局取得显著成效的基础上，海南省139个供电所全面深入推进“五进台区”管理，将客户停电时间、电压合格率、线损、电费回收和优质服务等专业管理内容切实落实到供电所、台区和个人，做到管理部门明确，专业人员到位，工作有目标，指标有分解，促进基层营销管理再上新台阶。颁布《三亚新建住宅小区抄表收费到户供配电设施建设及运维管理指导意见》，与三亚市8家新建小区签订协议，正式开展小区抄表到户工作。加强电费风险管理，通过采取月度视频会通报、简报通报和约谈方式，督促和指导各供电局制定电费催缴计划，确保电费颗粒归仓。10 家供电局实现当年无欠费，5 家供电局实现历史无欠费，创电费回收历史最好成绩。成立营销稽查中心，规范开展营销业务内稽外查工作，全年整改发现问题 2810 个，追回电量 121 万 kWh、电费 101 万元。引入国内领先自动化技术完善计量自动化系统，在南方电网五省区率先实现计量自动化系统数据、应用省级大集中。

海南公司全面梳理 281 家重要客户用电安全情况，一对一做好 60 户重点工业企业和 226 个省重点项目服务，重点项目电网配套工程全部按节点和计划完成。出台提升业扩报装效率实施方案，推行业扩“预受理”和 10kV 及以下受电工程典型设计，新装客户完成时限平均提前 2.55 日/户。抢修到场及时率完成 99.69%，平均复电时间比服务承诺低 1.8h。拓宽缴费渠道，在 361 个供电营业网点的基础上，新增电费代缴营业网点 641 个，平均月节省客户办理业务等待时间 1538h。投入 20 辆移动营业车、201 台自助缴费终端方便客户用电，为偏远地区配备“移动营业车”的做法，受到国家电监会高度肯定。海口、文昌、昌江局被国家电监会授予“居民用电服务质量监管专项行动先进单位”称号。编写《海南电网公司客户诉求处理管理办法》，进一步明确职责和处理时限，对客户诉求事件进行闭环管理。海南公司全年百万客户投诉量 106 次，同比降低 69.8%。

科技创新与节能降耗 2012 年，海南公司紧密围绕海岛电网特性，新建科技项目 19 个，续建项目 12 个，研发方向主要为电网全景展示、110kV 输电线路智能监测、变压器智能监控、提升线路防雷与防污水平应用研究等领域。其中，电网全景展示项目实现对全省所有 220kV 变电站的视频监视，建成了变电站微气象系统，为下一步 220kV 变电站实现无人值班奠定了基础。两项国家科技计划课题（区域智能电网综合示范工程、多类型新能源综合发电消纳关键技术）按进度实施。基建管理系统、投资计划管理系统全面上线，营配信息集成建设按节点推进，海南公司信息化建设达 A 级水平。清澜电厂承担的燃气轮机高压压气机修复工程中转子叶片平衡研究荣获南方电网技改贡献二等奖。电研院承担的海南电网智能化输电线路故障监测平台建设、输电线路故障行波电流全波采集装置研究分获南网科技进步三等奖、专利三等奖。海南公司全年获得专利授权 3 项，取得软件著作权 3 项。

海南公司及时出台节能管理专题指导工作计划，系统推进全年各项节能减排工作。持续优化节能发电调度，充分吸纳水、风、太阳能等清洁能源上网 27.42 亿 kWh，合计节省标准煤 93 万 t，相当于 SO_2、烟尘、CO_2 排放分别减少 1.87 万、8.72 万、231 万 t。2012 年全省单位发受电量化石能耗比计划低 37g/kWh。深入实施线损“四分”管理，万宁等 5 家供电局实现省级达标，海南公司全年综合线损率达 7.99%，同比降低 0.33 个百分点。广泛开展节能审计、节能宣传周、万家企业节能低碳行动，积极配合海南省政府推动居民阶梯电价政策平稳落地，充分发挥电价对节能减排的杠杆作用，促进海南绿色低碳岛建设。

经营管理 2012 年，海南公司突出抓好增收节支，落实 41 条刚性措施，确保各项经营指标可控在控，经济增加值超额完成，营业收入和售电收入均首次突破 100 亿元，利润总额创近年最好成绩。深化资金集中管理和计划管控，资金集中度持续保持 95% 以上，资金计划准确性保持在 90%以上。科学安排融资，争取到全网最优惠利率借款 18 亿元，节省融资成本 4300 万元，资产负债率较好地控制在预算目标以内。开展供电局内部经营目标考核试点工作，将内部模拟考核纳入海南公司绩效考核管理体系，进一步推进供电局经营目标考核精细化管理。全面落实网公司党组巡视组的要求，制订一、二期农网工程结算专项整改方案，推进历史遗留问题解决。完成报废物资评估及处理工作，实现物资账实一致，进一步夯实了资产基础，有效降低经营风险。

海南公司主动创新审计内容、方式和手段，推动“大审计”模式重心下移。全年完成各类审计 108 项，发现问题 416 个，提出管理建议 322 条。针对海南公司往年审计意见执行刚性不足的问题，重点加强审计整改落实工作。采用专人跟踪、专项检查及后续审计评价等多种形式，对个别问题点对点整改、对普遍性问题举一反三整改、对屡审屡犯问题限期整改，并将整改落实情况列入年度考核。

编制完成了海南电网子战略，并顺利通过南方电网公司评审。健全完善《董事会议事规则》等 80 个制度，初步构建起与公司法人治理结构相适应的管理制度框架，推动董事会迈入规范化运作轨道。结合国资委和南方电网公司“管理提升年”工作要求，抓好 16 个创先专题工作计划及 440 项月度创先重点工作的落实，推动安全风险管理体系、客户平均停电时间、综合线损率等 6 项创先关键指标稳步提升。深入推进基础管理达标，通过专家辅导、互查互检等达标创建方式，发现整改基础管理问题 2086 条，促进达标工作取得良好效果，五指山、临高、保亭等 8 家供电局被南方电网公司授予“县级供电企业基础管理达标优秀企业”。截至 2012 年底，海南公司实现县级供电企业达标率达 80%的工作目标。

2012 年，海南公司规范组织竞聘上岗，顺利完成海南送变电工程有限公司、海南电力线路器材厂重组改革，解决了线路器材厂的发展出路问题。积极推进通信自动化有限公司规范化管理，建立了完善的法人治理结构，规范了自动化公司班子决策及运作，解决了管理缺位的问题。有计划分阶段地推进清理低效无效、小额投资工作，并取得了阶段性进展。

3 月 13 日，海南公司成立法律事务部。全面梳理工程、物资、营销、生产、劳动用工等领域主要法律风险 214 个、法律风险行为 491 个，建立起完备的法律风险库和关键岗位风险防控职责，为构建法律风险管理体系创造了良好条件。健全法律纠纷案件及常年法律顾问管理制度，首推“防控结合、集中管理、分级负责”的案件管控机制，在全年案件结案总数增加 222%的困局下，推动案件胜诉率同比提升了 25 个百分点，为海南公司挽回经济损失 1791 万元。其中，审结的 5 起重要案件全部胜诉，形成 4 起具有典型代表意义的判例，为同类纠纷处理打下了良好的基础。

党建和精神文明建设 2012 年，海南公司继续深入开展“为民服务创先争优”活动，紧密围绕关系群众用电的 5 个重点问题，从推动科学发展和服务人民群众等 4 方面建立 29 项创先争优长效机制。海南省 144 支供电服务小分队，走进 759 个村庄、917 个社区、385 所学校、94 家医院、842 家企业和 806 个困难家庭，开展供电为民服务 3803 次，为群众办实事好事 1756 件。海南公司创先争优活动的经验做法得到海南省国资委领导的充分肯定。全面推进 6 方面 16 项党建管理提升，党员“一带二”品牌作用持续发挥。积极开展“基层组织建设年”活动，新建 14 个党支部活动场所，39 个基层党支部通过公推直选产生支部书记，举办 3 期 244 人入党积极分子培训班，对全部 264 名党组织书记进行轮训。全年新发展党员 183 人，无党员班组同比减少 35 个，党建管理信息系统覆盖面 100%。截至 2012 年底，海南公司 203 个基层党支部 2374 名党员群众评价满意率达 97%，7 个基层党组织、15 名党员获网公司党组和省国资委党委表彰。

海南公司积极推进反腐倡廉建设，以落实南方电网公司党组巡视意见整改为契机，强化“三重一大”民主决策，进一步规范权力运行。在海口等 6 个供电局设立纪委，首次对基层单位党委书记、纪委书记开展述职述廉，率先在南方电网系统启动县级供电局巡视工作，通过一系列措施着力构建反腐监督大格局。全面集中开展“庸懒散贪”专项整治，努力推进以预防为主、惩防结合的体系建设，营造了讲原则、守规矩、和谐共事、风清气正的氛围。电费回收效能监察项目荣获南方电网公司评比一等奖。海南公司党组管理干部“零”发案，员工违法违纪率低于南方电网公司下达指标。

2012 年，海南公司不断深化文明单位、文明班组、文明职工等精神文明创建活动，争当全省文明行业排头兵。截至 2012 年底，海南公司系统荣获全国文明单位称号 3 个、海南省文明创建单位称号 10 个。积极履行社会责任，荣获“海南省社会责任功勋企业”称号。围绕迎接党的十八大、国际旅游岛建设供电服务等专题，加大新闻宣传，对外发稿 733 篇，唱响南网品牌。团建工作有声有色，11 个青年集体被授予“海南省青年文明号”，1 个青年集体被授予“中央企业青年文明号”。大力实施送温暖工程，走访慰问困难职工 631 人。全面推广员工辅导计划，建立 235 人的辅导队伍，对生产一线员工开展 1480 人次心理疏导。深入开展“同心结南网，共庆十周年”、“关爱员工健康行”等系列活动，大力推进职工集资房建设，解决老党员和困难职工实际问题，提高一线员工福利待遇，员工工作生活的幸福感显著增强，队伍和谐稳定，公司迎来内和外顺的发展局面。

主要事件

4 月 1～3 日，海南公司投入 2000 名保电人员、9 辆应急发电车，力保博鳌亚洲论坛 2012 年年会保供电万无一失，标志着海南电网连续 11 年博鳌保电零差错、零失误。

5 月 6 日，久攻不下的头号受阻工程——220kV 大英山输变电工程投产运行，进一步优化了海南东部地区电网的主网架结构，大幅提升海口中心城区供电可靠性。

7 月 1 日，海南公司积极配合政府部门，在海南平稳实施居民阶梯电价，实施范围覆盖公司抄表到户的“一户一表”城乡居民用户。其中，城乡“低保户”和农村“五保户”每月每户设置 10kWh 免费电量。

8 月 2 日，海南公司与海口市人民政府共同签订了《海口电网发展战略合作框架协议》，携手加快海口城市配电网建设改造，不断提高城市配电网自动化水平和城市供电可靠性，努力朝国内先进水平迈进。

8 月 28 日，中国最南端的供电局——海南电网公司三沙供电局在西沙永兴岛正式揭牌成立。海南省副省长李国梁、南方电网公司总经理钟俊共同为三沙供电局揭牌。

9 月 27 日，在海南省企业社会责任创建暨绿色崛起行动大会上，海南公司被评为“社会责任功勋企业”。海南公司董事长、党组书记刘映尚同时被评为“社会责任功勋企业家”。

10月12日，海南公司首个国家863计划课题——多类型新能源发电综合消纳关键技术的开题报告，通过南方电网公司组织的评审，于当日起正式实施。中国工程院院士李立涅出席评审会。

12月31日，海南公司全年营业收入首次突破100亿元，标志海南公司正式跨入海南百亿元企业行列。

（陈　玮）

科研、教育与学术团体

【中国电力科学研究院】

单位概况 中国电力科学研究院（简称中国电科院）成立于1951年，是国家电网公司直属科研单位，是中国电力行业多学科、综合性的科研机构。拥有15个业务部门、15个检测机构、1个研究生部、1个博士后流动站、1个博士后工作站和1个期刊中心。建有主要实验室44个，其中包括：国家重点实验室1个，国家工程实验室2个，国家工程研究中心1个，国家能源研发中心3个；北京市重点实验室1个，北京市工程技术研究中心1个；国家电网公司重点实验室10个，国家电网公司实验室3个；中关村开放实验室2个、联合实验室1个；院级实验室13个。

中国电科院主要从事超/特高压交流输变电技术、超/特高压直流输电技术、电网规划分析及安全控制技术、输变电工程设计与施工技术、配用电技术以及新能源、信息与通信、能效测评及节能等技术的研究，研究范围涵盖电力科学及其相关领域的各个方面。

2012年，中国电科院参与的“特高压交流输电关键技术、成套设备及工程应用”项目荣获2012年国家科学技术进步特等奖。获中国专利优秀奖1项；获省部（行业）级科技奖励57项，其中一等奖8项；获国家电网公司科技进步奖41项，其中特等奖、特别奖各1项，一等奖10项；获国家电网公司专利奖4项。获专利授权357项，获发明专利授权176项，登记软件著作权97项，发表科技论文778篇，出版科技专著60部。

人力资源 截至2012年底，中国电科院拥有中国科学院院士1人，中国工程院院士6人，国家级有突出贡献的中青年专家13人，“百千万人才工程”国家级人选5人，享受国务院政府特殊津贴的专家126人，中央直接联系的专家6人。全年共培训9694人次，全员培训率达98.4%。

经营管理 人财物集约化管理。全面开展管理提升活动，共制定246项整改措施。开展新形势下管控模式和运行机制调整研究。开展以职业生涯规划、薪酬管理、绩效管理为核心的人力资源管理体系优化设计，研究构建双通道、四序列的员工职业发展平台，完善全员绩效管理制度和薪酬管理体系。进一步完善预算和资金管理办法，建立归口管理工作机制，加强财务预算与业务预算衔接。细化六项费用管控机制与月度现金流控制，财务管控能力显著增强。全面实施一级招标管理，完成全院物质资源清查，严控单一来源采购。

信息化建设。全面开展信息系统适应性调整。开展科研管理信息化支撑体系框架研究。加强系统运行和信息安全管理，开展春节及“两会”信息安全专项督查、信息安全重点隐患排查和互联网接入专项治理、“十八大”信息安全保障检查等专项活动，全年未发生信息安全事故。

依法治企。健全完善决策制度体系，修订党组会和院长办公会议事规则，细化完善“三重一大”决策实施细则。配合国家电网公司完成依法治企综合专项检查，重大经营决策、财务资产管理、薪酬和福利等方面的整改成果对优化管控流程、堵塞管理漏洞发挥了重要作用。完成8项领导干部经济责任审计和财务收支专项审计、118项科技项目审计、12项基建项目竣工决算审计。

安全管理。深入开展“安全年”活动，全面推进年度重点措施和重点工作，逐条逐项抓落实。推进安全风险管控，逐一排查治理安全隐患。全面完成北京、南京、武汉等院区单位“三标”管理体系整合，顺利通过统一认证。

技术服务 紧密围绕国家电网公司特高压、智能电网和“三集五大”体系建设，深入研究与省属电科院的支撑服务协同模式、科研开发协作模式和资源资质共享模式。主动建立与国家电网公司总部的互动机制，进一步完善服务机制，全面支撑公司“五大”体系建设。

在支撑大规划方面，配合国家电网公司开展“十二五”电网滚动规划、国家电网规划方案研究、特高压直流接入1000kV电网规划方案制定、电网国际化发展战略技术论证和新能源规划研究。自主研发的配电网规划计算分析软件得到推广应用。配合国家电网公司完成“十二五”科技规划滚动修编和科技创新体系建设方案制定。

在支撑大建设方面，完成锦苏特高压直流工程和高岭背靠背扩建工程设备材料监造、系统调试和质量监督，确保重大输变电工程如期投运。开展皖电东送特高压交流工程设备材料监造任务。完成新疆与西北联网第二通道工程的系统调试方案研究及杆塔、导线、金具及大跨越防振试验检测。

在支撑大运行方面，开展淮沪特高压交流、哈郑特高压直流电网滚动校核，实现特高压交直流工程投产时序不确定性的风险控制。深化智能电网调度技术支持系统核心应用，开展智能电网调度支持系统测试及检测工作。建立国家电网公司系统新能源发电设备并网检测体系。支撑国家风光储输示范工程（一期）运行。完成配电自动化系统及设备检测任务。

在支撑大检修方面，筹建设备状态评价中心，开展电网设备专业管理、状态检测、状态评价以及监测装置入网检测等工作，完善国家电网公司状态检修技术标准体系，为深化国家电网公司状态检修工作提供支撑服务。

在支撑大营销方面，完成计量生产平台标准化设计方案编制，完成省级计量中心智能化运行系统研究并通过验收。完成电能表软件检测能力建设和防窃电技术分析研究等重点工作任务。完成国家电网公司客户服务中心信息系统安全防护方案设计和系统安全评估。完成电动汽车动力电池管理标准编制。

科研工作 积极推进国家电网公司科技创新体系建设，探索建立“需求和引领协同驱动”的科研管理模式，有序开展特高压、大电网、智能电网、新能源等领域引领电网技术发展的科研攻关。

特高压、大电网技术攻关。大电网规划与运行控制技术重大专项完成两项课题研究，提出的联络线随机功率波动理论及抑制技术等成果填补国内空白。特高压973计划项目通过国家科技部中期评估，研制的电晕电流测量系统达到国际领先水平。±1100kV特高压直流输电技术研究基本完成，为中国南北地区直流线路差异化设计提供了支撑。全尺寸特高压交流输电设备外绝缘成果填补国内外空白，并成功应用于皖电东送工程建设。

智能电网关键技术研究。参与的“基于可信第三方的实体鉴别机制网络安全国际标准关键技术及应用”被评选为第十二届信息产业重大技术发明。智能电网仿真及安全运行前沿技术研究顺利完成，建立的仿真试验平台居国际领先水平。提出基于云计算技术的智能电网在线分析系统总体技术方案。新一代智能电力线载波通信关键技术研究完成PLC信道特性研究和验证平台开发。牵头承担的新一代智能变电站关键设备研制工作全面启动并全力推进。开展智能输电线路前期研究。推进智能电网能效管理及计量基础问题研究。智能配电网自愈控制系统在山东、浙江取得示范应用。分布式发电/微电网运行控制及能量管理系统在蒙东等试点工程应用。

新能源领域研究。研发的D5000新能源监测与调度应用系统在新疆投运，为新能源调度运行提供全面技术支撑。开展大型光伏电站并网技术研究，提出针对大容量光伏并网的海量数据处理方法。储能电站能量管理以及风光功率平滑控制策略等成果应用于张北风光储输示范工程，支撑了大规模多类型储能电站的安全稳定运行。电动汽车能效测评关键技术研究通过项目中期检查。完成大容量电池储能在风力发电中的应用技术研究。

标准化工作。全年共有18项国家标准、96项行业标准和62项公司企业标准制（修）订计划获批立项，93项技术标准发布实施。协助国家标准化管理委员会和中电联编制智能电网综合标准化工作方案并推进示范试点工作。组织建立支撑国家电网公司“五大”体系建设的技术标准子体系。牵头完成的大容量储能、分布式电源、微电网等重点领域的技术标准体系在国家电网公司系统推广使用。完成特高压直流输电标准体系修订工作。能源行业电力应急标委会获批成立并完成组建。

国际化工作 推进IECTC115、PC118秘书处工作。承担的IEC国际标准“高压直流换流站可听噪声”正式发布。编写完成IEC大容量新能源与储能接入电网白皮书，并在IEC大会发布。中美智能电网标准合作项目完成。主导的用户侧电源接入电网IEC标准立项。牵头的中英智能电网联合研究项目获批立项。完成亚欧洲际输电前期研究报告。1人当选IERE副主席，6位专家当选IEEE高级会员。主办东亚电力技术研讨会，承办“2012中英智能电网与电动汽车研讨会”。推荐的中德项目德国专家杜博斯获得政府“友谊奖”，成为国资委系统唯一获奖者。配合国家电网公司推进海外研发机构整体布局，承担完成国家电网公司首个海外研发中心——国家电网葡萄牙研发中心建设任务。举办继电保护技术论坛。

党的建设和精神文明建设 开展党支部评级晋级工作，推进基层党组织建设。截至2012年底，全院33个党支部被评为A级党支部，41个党支部完成了党支部书记公推直选。开展“迎接党的十八大创先争优当先锋”系列活动，依托“劳模宣传月”弘扬先进精神，组织召开劳模先进事迹报告会，编辑出版《金牌的力量》；依托“党建主题月”高扬党员旗帜，召开“重沟通、聚合力、谋发展”专题组织生活会，开展创先争优专项评选表彰，召开纪念建党91周年大会；依托“文化传播月”和“文化推广月”促进团队融合，开展企业文化主题知识问答活动，组织参加北京马拉松比赛；依托“十八大精神集中宣贯月”掀起十八大精神学习热潮。

2012年，中国电科院荣获“全国五一劳动奖状”和“首都文明单位”荣誉称号。直流输电及电磁暂态技术研究室等3个班组获“全国工人先锋号”荣誉称号。中国电科院团委荣获“中央企业五四红旗团委”和“中央企业青年志愿服务优秀组织单位”荣誉称号。信息通信研究所荣获国家电监会“十八大保电先进单位”荣誉称号。高电压研究所荣获国家电网公司“先进集体”荣誉称号。输变电工程研究所技术与市场综合党支部被评为国家电网公司“电网先锋党支部标兵”。1人荣获“全国五一劳动奖章”，2人被评为“全国优秀科技工作者”；1人被评为“中央企业优秀思想政治工作者”；1人荣获“顾毓琇电机工程奖”，1人荣获“中国电机工程杰出青年工程师奖”；1人被评为国家电网公司“劳动模范”、2人被评为国家电网公司“创先争优优秀共产党员”、1人被评为国家电网公司“创先争优优秀党务工作者”。

（杨　亮）

【西安热工研究院有限公司】 2012年，西安热工研究院有限公司（简称热工院）在中国华能集团公司正确领导下，坚持科研为本，强化技术服务，提高经营能力，各项工作取得了丰硕成果。

领导班子 2012年末，领导班子成员如下：

院长、党组副书记：林伟杰

党组书记、副院长：刘　伟

副院长、党组成员：纪世东、王月明、汪德良、范长信

总会计师：曲景辉

党组纪检组组长、副院长：赵宗让

组织结构 2012年，职能管理和服务部门经过调整共有11个，包括：院长工作部、科研管理部、市场部、预算部、人力资源部、资产财务部、政工保障部、监察审计部、北京分公司业务管理部、教育培训部、事务部。专业技术研究中心和专业部门不变。二级子公司新增2家：西安西热水务环保有限公司、涿州西热环保催化剂有限公司。二级子公司更名改组1家：原西安国电水处理有限公司更名改组为西安西热水处理药剂限公司。分公司不变。截止2012年末，共有二级子公司11家（其中全资子公司7家，控股子公司4家），分公司2家。

人力资源 截至2012年末，全部在岗职工人数1373人。其中：硕士及以上人员477人；高级工程师及以上人员276人（包括研究员121人）。国家海外引才“千人计划”专家2人正式入职工作。

科研工作

1. 科研奖项

获2012年度中国电力科学技术奖2项：①600℃超超临界锅炉关键材料特性研究及工程应用（二等奖）；②集中协同的发电设备数据库平台研发与应用（三等奖）。

获2011年度国家能源科学技术奖11项：①抗燃油分子极性吸附再生净化装置的研发及应用（二等奖）；②奥氏体不锈钢管内壁氧化物检测仪的研发与应用（二等奖）；③提高空冷机组凝结水精处理系统水质的关键技术研究（二等奖）；④自主知识产权的烟气海水脱硫技术研发与示范（二等奖）；⑤多煤种可调式低氮直流燃烧器的研制和工程应用（三等奖）；⑥抑制核电站二回路流动加速腐蚀新方法的研究（三等奖）；⑦节能发电调度煤耗在线监测系统研究与应用（三等奖）；⑧汽轮机叶片冲蚀损伤修复与防护工艺研究及应用（三等奖）；⑨电站管道振动机理与控制技术的研究与应用（三等奖）；⑩超超临界机组P92钢焊接接头性能评价及应用技术研究（三等奖）；⑪火力发电厂金属技术监督规程（三等奖）。

获2012年度陕西省科技进步奖3项：①电站管道振动机理与控制技术的研究与应用（一等奖）；②超超临界火电机组锅炉关键材料应用基础研究（二等奖）；③抗燃油分子极性吸附再生净化装置的研发及应用（二等奖）。

获得2012年度中国华能集团公司科技进步奖20项，中国电力建设科技成果奖3项。

2. 专利

2012年共获得授权专利38项（含发明19项）。其中：

主持研发的发明专利15项：①提高铁素体/马氏体耐热钢抗高温水蒸气氧化性能的方法；②一种提高耐热钢抗高温水蒸气氧化性能的方法；③一种大面积熔融碳酸盐燃料电池；④一种分级吸收再生的烟气脱碳系统；⑤一种冲刷式飞灰磨损试验设备及方法；⑥奥氏体钢变形层和基体组织显示的侵蚀剂制备及应用方法；⑦一种脱硫循环泵的修复与表面防护工艺；⑧整体流化床轻度气化褐煤提质系统及工艺；⑨一种基于超温风险指标的锅炉受热面监测方法；⑩一种火力发电厂水汽系统加氧处理方法；⑪一种高纯水中痕量氯离子的连续测量方法及装置；⑫一种电厂给水总有机碳在线检测方法及装置；⑬一种颗粒状树脂铺膜方法及树脂回收装置；⑭一种用于火电厂锅炉停用保护的表面活性胺防腐剂；⑮一种火力发电厂水汽系统加氧处理方法。与其他单位联合研发的发明专利4项。研发的实用新型专利19项。

3. 软件著作权

2012年度获得软件著作权18项。包括：①FCS165现场总线控制系统PID软件；②FCS165现场总线控制系统三模拟量输入选择软件；③FCS165现场总线控制系统输入平衡软件；④Profibus-DP通信主站主/备冗余管理软件；⑤FCS165现场总线控制系统控制组态工具软件；⑥FCS165现场总线控制系统组态同步及合并工具软件；⑦现场总线设备监控管理系统运行平台软件；⑧现场总线设备监控管理系统组态工具软件；⑨门户平台数据查询子系统；⑩门户平台发布子系统；⑪门户平台统计报表子系统；⑫数据存储中心服务器软件；⑬数据存储中心系统管理工具软件；⑭电站锅炉风险管理与寿命预测系统；⑮Pine Contro15000新型智能分布式控制系统；⑯SIS接口安全增强系统；⑰实时监管系统标准化接口系统；⑱基于DSP硬件平台的工业锅炉用静电除尘器高压电源控制软件。

4. 专著和论文

2012年，由热工院专业人员主编的《发电设备

状态监测与寿命管理》和《油中溶解气体分析及变压器故障诊断》等2部专著正式出版发行；在2012年度的核心期刊上，热工院专业人员共发表论文110余篇。

5. 纵向科研项目

全年新立项重大科技项目37项，其中国家级项目8项；700℃超超临界技术等项目已列入国家"863"计划和国家能源局科技项目。列入院年度计划的在研项目达70余项，基本按计划进度开展研发。完成的24个项目（1项国家"863"计划项目、23项华能科技项目）通过了验收。

6. 经营服务类技术项目

全年新签横向经营服务类技术项目合同2600余项，项目涉及火电技术领域的各个专业，以及风电、水电、核电、煤炭、石化、有色金属以及市政等领域的有关专业；其中：技术服务、咨询类1860余项，产品和设备销售类600余项，工程承包类140余项。在热工院已调试投产的电力工程项目中，3项工程获得2012年中国电力优质工程奖。

7. 科研平台

结合科研试验产业基地等基础设施建设和重点实验室规划，推进做实国家能源清洁高效火力发电技术研发中心、科技部煤基清洁能源国家重点实验室、陕西省燃煤电站锅炉环保工程技术研究中心等高端科研平台。位于西安市阎良区的科研试验与产业基地的规划、可研、环评和设计招标已完成；院新办公楼主楼主体工程通过了验收，装修设计基本完成；苏州分院新址完成购地及施工设计；苏州脱硝实验楼主体建设已基本完成。电站材料重点实验室获得中西部地区理化检验联合会和陕西省机械工程学会理化检验分会联合颁发的材料理化检验"能力验证结果证书"。

8. 资质证书

原有的工程咨询、电力工程调试等各项专业资质全面有效保持。2012年获得中国质量认证中心颁发的质量、环境、职业健康安全管理体系（三标一体）的认证证书；获得国家发改委和财政部批准的节能服务专项资质、国家电监会批准的安全生产达标评审资质。

9. 技术报告

全年完成各类技术报告2020余份、质检报告630余份。

各项荣誉 2012年，热工院荣获华能集团公司"先进企业"、"文明单位"以及"全国企业文化建设优秀单位"，陕西省"文明单位"、"公民道德教育先进单位"等荣誉。院领导班子荣获集团"四好领导班子"。现场总线与控制技术部荣获陕西省"劳动竞赛示范岗"。

热工院还再次荣获"全国电力建设优秀调试企业"；并入选"陕西省第六批知识产权优势培育企业"。

杨寿敏、孙本达同志成为2012年度享受国家政府津贴专家。

宋敬霞同志入选"中国优秀经济女性"；孟勇同志荣获陕西省"劳动竞赛示范标兵"。

三大绩效 2012年，热工院在安全、经营和党建三个方面全面完成绩效目标。

（1）安全绩效。安全形势保持稳定，未发生重大及以上事故，生产、经营、政治和形象安全得到有效保障。全面完成年度安全绩效考核目标。

（2）经营绩效。合同总额、营业收入、利润总额均创历史新高。全年累计签订经营服务类合同总额20.55亿元，同比增幅71.1%。全年累计实现主营业务收入14.22亿元，完成年度指标的116.5%，同比增幅40.7%；实现利润总额1.92亿元，完成年度指标的111.2%，同比增幅22.6%；实现经济增加值1.11亿元，完成年度指标的116.1%，同比增幅28.1%。一批科研成果获得国家省部级科技奖以及专利授权、软件著作权，超额完成集团公司下达的各项科研指标。

（3）党建绩效。党和国家的方针政策得到全面贯彻落实；党建工作进一步加强，创先争优活动取得新实效；领导班子和干部队伍建设进一步加强；未发生企业领导人员和经营人员违法、违纪案件；职工队伍保持稳定。全面完成年度党建绩效考核目标。

国际合作与交流 2012年，进一步加强国际合作，与美国、德国、日本、韩国、澳大利亚等国有关科研机构、高校和企业开展了20多次技术交流活动；在日本经济产业省和国家发改委等在日本主办的"第七届中日节能环保综合论坛"上做了专题报告，在亚太经济合作组织能源工作组（APEC/EWG）与国家能源局联合主办的2012亚太经济合作组织低阶煤高效利用研讨会上做了专题发言，在美国举行的电站化学水处理国际会议上进行了论文交流。

2012年度执行了涉及海外14个国家的40余项技术服务及工程项目。主要有：在沙特圆满完成了电站锅炉振动问题的技术诊断和改进项目，在塔吉克斯坦完成了燃料试验项目，在德国进行了电站新材料试验项目，在日本、白俄罗斯、土耳其承担了设备监造，在越南开展了机组调试，在印尼、印度、越南、巴基斯坦开展了机组性能试验，在波黑、印度开展了电厂化学加药系统设计、设备供货及技术服务，在印度开展了控制系统组态和有关控制系统设计，在巴西、危地马拉开展了水处理项目。

全年接待了日本煤炭能源中心（JCOAL）、美国威斯康辛大学、德国V&M钢管公司等10个国家24批82人次外宾来院访问；派遣出访14个国家92批135人次执行国外技术服务或工程项目、考察交流以及参加国际学术会议。

挂靠的行业学会、质检中心、标委会、硕士点、博士后站、专业期刊

（1）“中国电机工程学会火力发电分会”按2012年工作计划举办了多次学术研讨会、技术交流、成果推广等科技活动，取得良好成效，获得中国电机工程学会授予的2011～2012年度“先进专委会”称号。由中国电机工程学会火力发电分会组织举办的第九届电站金属材料学术年会、第十五届国际水利与环境学会冷却塔及空冷国际会议及工业冷却塔专业委员会（学组）年度学术会议获得优秀会议。

（2）“电力工业热力发电设备及材料质量检验测试中心”的工作有序进行，面向电力行业开展了电力树脂、电力用油、水处理药剂、水处理设备、电站金属材料、冷却塔部件填料等方面的专业检测工作。

（3）“电力工业热工计量测试中心”发挥电力行业热工最高计量标准的职能，按计划完成了对各省、市、自治区电力系统热工标准的量值传递任务，为电力系统热工量值的标准化工作提供了专业的技术保障。

（4）“电站锅炉煤的清洁燃烧国家工程研究中心”继续按照“开发煤清洁燃烧技术、形成高技术的工程化成果”的目标，进行了锅炉环保技术的深度研发，并承担了大量的技术服务和锅炉环保工程。获得国家发改委授予的2012年度“国家工程研究中心优秀业绩奖”。

（5）四个国家标准化技术委员会机构（全国电气化学标委会、全国电站过程监控及信息标委会、全国环保产品标委会水处理设备分技术委员会、全国燃气轮机标委会联合循环发电工作组）和七个电力行业标准化技术委员会（电站锅炉标委会、电站汽轮机标委会、电厂化学标委会、电站金属材料标委会、电站阀门标委会、热工自动化标委会、联合循环发电标委会），均按计划组织开展了标准的制（修）订、审查和宣贯工作。上述标委会承担的2008～2011年度共80余项标准制修订项目于年内通过了中国电力企业联合会标准化中心组织的验收。2012年有20余项标准通过审核，6项行业标准经国家能源局审批颁布实施。电力行业电厂化学、热工自动化等2个标委会获得中国电力企业联合会授予的“电力标准化工作先进集体”称号。

（6）硕士学位授予点：2012年度实现“动力工程及工程热物理”一级学科首次招生和不定向就业首次招生。年内，硕士学位授予点研究生毕业并获硕士学位者4人，在读研究生24人。

（7）博士后科研工作站：2012年，进行了国家级、省部级博士后科学基金评审专家的推荐上报，在站博士1人，已开题研究。

（8）由中国电机工程学会火力发电分会与热工院共同主办的专业期刊《热力发电》：2012年全年按计划完成编辑出版12期。多年来连续入选《全国中文核心期刊》，2012年首次入选《中国科技核心期刊》，成为国内“双核心”期刊之一。

主要事件

1月17日，热工院召开2012年工作会议，院长林伟杰在会上做了题为《加快推进改革　做大做强科技产业　努力创建国际一流发电技术研发机构》的工作报告。

1月18日，热工院召开了三届九次职工代表大会，会议审议通过了热工院工作报告、财务工作报告、职代会工作报告以及基建工作报告，并听取了职工建议与意见。

2月1日，党组书记刘伟参加了陕西省委、省政府组织召开的全省宣传部长暨精神文明建设工作会议，热工院在会上荣获陕西省“文明单位”荣誉称号。

2月22日，热工院负责承担并完成的华能集团公司科技项目“现场总线控制系统FCS165的工业示范”顺利通过了华能集团公司组织的验收。

5月18日，热工院召开科技工作会议。会议全面总结了“十一五”以来科研工作取得的主要成就，分析了当前形势，明确“十二五”期间科研工作发展思路和总体目标，并研究部署2012年科研工作。

6月29日，热工院召开了庆祝建党91周年暨创先争优活动表彰大会，院党组书记刘伟同志作了重要讲话。会议总结了热工院创先争优活动开展情况，并表彰了“四强”党支部及“四优”党员，对下半年工作进行了部署。

8月2日，热工院召开第七次工会会员代表大会与第四届职工代表大会暨年中工作会议，会议选举产生了第七届工会委员会、经费审查委员会以及第四届职代会工作机构。

8月10日，热工院2012年第一次股东会、三届五次董事会、三届二次监事会在黑龙江召开。会议补选中电投集团副总经理邹正平为热工院第三届董事会董事；审议通过了热工院2012年院长工作报告、2011年度财务决算报告、2012年度财务预算方案、注册资本变更方案以及与科技产业化相关的多项议案。

9月29日，热工院召开锅炉环保改造整体优化研究项目启动会议，林伟杰宣布该项目即日正式启动；会议成立了锅炉环保改造整体优化研究项目领导小组、工作组和 9 个专题组，并对该项目的研究重点、工作进度进行了详细部署。

10 月 8 日，《陕西日报》头版以《西安热工研究院积极推进电力行业节能减排》为题，报道了热工院在华能集团公司的领导下，积极发挥科技优势，加大节能减排工作力度，为电力行业产业结构优化调整、提高节能降耗水平做出新的贡献。

10 月 16 日，党组书记刘伟应邀出席了第二届陕西低碳产业与循环经济博览会并致辞，热工院在博览会上全面展示了近年来科研、技术服务、产业化发展等方面取得的成绩。

10 月 17 日，副院长纪世东在西安出席了央企进陕（军民融合）落户西安项目推进大会，并代表热工院与阎良航空基地管委会负责人签订了热工院科研试验产业基地项目。

10 月 23 日，热工院荣获陕西省 2010～2011 年度“A 级纳税人”荣誉称号。

10 月 24 日，福建省经贸委在福州专题举办了火力发电厂新技术交流会，副院长纪世东带队热工院 10 余名专家在会上做了电站锅炉环保、节能减排、材料、自动化及化学等 8 个专业领域的技术讲座，并重点推介 25 项新技术。

11 月 7 日，热工院根据 2012 年股东会关于变更注册资本的决议，在国家工商总局办理了工商变更手续，取得新的营业执照，注册资本和实收资本由原来的 9332 万元正式变更为 5 亿元。

11 月 19 日，热工院联合华能集团技术创新中心与涿州中天环保催化剂有限公司共同签署了《关于购买涿州中天环保催化剂有限公司股权和增资的协议》。

11 月 20～21 日，由国家能源局主办、热工院承办的燃煤电厂综合升级改造机组性能测试机构交流培训会在西安举行。会议就围绕燃煤电厂综合升级改造测试项目及测点、测试仪器及方法等技术进行了深入讨论。

11 月 24 日，在全国企业文化研究会举办的中外企业文化 2012 珠海峰会上，热工院荣获 2012 年度“企业文化建设优秀单位”称号。

11 月 29 日，在中电联举办的电力标准化工作会议上，热工院及挂靠在院的电力行业电厂化学、自动化与信息等 2 个标委会荣获 2012 年度“电力标准化工作先进集体”称号。

12 月 1 日，热工院捐建的陕西省扶风县天度镇寒家窑村第四村民小组自来水管道工程建成，解决了该村 30 余户村民长期以来的饮水困难。

12 月 14 日，热工院在北京组织召开服务股东技术交流会。应股东单位要求，热工院在会上做了科研、烟囱防腐、化学清洗、部件修复、节水等 5 个重点专题汇报。

林伟杰、刘伟共同向“千人计划”日籍专家谷月峰、美籍专家徐宏杰颁发了热工院首席科学家聘书。

12 月 20 日，热工院荣获“陕西省公民道德教育先进单位”称号。

12 月 31 日，热工院以 2290 万元竞得了在阎良航空产业基地的“科研试验及产业基地”建设项目地块（净用地约 117 亩），与西安市国土资源局签订了土地出让合同，并取得了土地证。

【中国水利水电科学研究院】

单位概况 中国水利水电科学研究院（简称中国水科院）是以水利水电公益型研究和应用技术科学研究为主，面向全国的专业齐全的综合性科研机构，是全国水利水电科学技术研究的中心。着重解决水利、水电建设中的重大关键技术问题，承担行业基础和应用基础研究及新技术、新成果的推广。

主要研究领域包括水文水资源、水环境与生态、防洪抗旱与减灾、水土保持与江湖治理、农村水利、水力学、牧区水利、河流水库泥沙、新型建筑材料、岩土工程及地基加固、工程抗震、遥感、高效水轮机及水泵、电站计算机监控和水情测报自动化系统、电站通信及自动化设备、火电核电站冷却水及环境、试验仪器及水利史研究等方面。同时还进行水利水电工程经济、环境问题的咨询及评估、工程安全监测及缺陷处理、工程安全鉴定、工程监理等。

中国水科院是国家“水利工程”一级重点学科单位，设有 8 个硕士、8 个博士学科授予点，并设有 2 个一级学科博士后流动站。拥有 4 个国家级中心：国家节水灌溉北京工程技术中心、国家能源水能高效利用与大坝安全技术研发中心、国家农业灌排设备质量监督检验中心和国家水电可持续发展研究中心。

中国水科院具有国家核准的安全评价机构资质证书，工程咨询资格甲级证书，水文和水资源调查评价甲级、建设项目环境影响评价甲级、编制开发建设项目水土保持方案资格甲级、建设工程地震安全性评价许可甲级、监理队伍资质甲级、设计乙级、施工贰级资质证书，以及通过国家质量监督检验检疫总局的计量认证。

截至 2012 年底，在职人数 1441 人，其中中国科学院、中国工程院院士 7 人，高级工程师 597 人（含教授 202 人）。具有博士、硕士学位的 300 余人。固定资产 6 亿元，具有国内外先进水平的大型试验设备有：三维六自由度震动试验台、450gt 土工离心试验机、大型减压厢、高精度水力机械试验台等大型设备 120 台（套），水力学、冷却水、泥沙、岩土、结构与材料、抗震、水利、水力机械、计算机监控、水情测报、调速器等综合试验室32座，科研设备总值近1亿元。

中国水科院与国外著名科研机构、高等院校以及国际上重要的学术团体有广泛的交流与合作。国际泥沙研究培训中心、国际大坝委员会中国委员会、中国灌排委员会中国委员会、国际水利与环境工程学会、全球水伙伴中国委员会、世界泥沙研究学会中国秘书处、世界水土保持协会秘书处等均挂靠在中国水科院。

领导班子 领导班子成员如下：

党委书记、院长：匡尚富

党委副书记、纪委书记：陈祥建

副院长：贾金生、杨晓东、刘之平、胡春宏、汪小刚

2012年主要工作

1. 科研合同总额持续增长

（1）非营利研究所（中心）合同快速增长。非营利研究所（中心）新签合同总额5.96亿元，占全院总额的50%；科技企业新签合同总额5.23亿元，占全院总额的43.8%；其他单位新签合同总额0.74亿元，占全院总额的6.2%。

（2）纵向合同大幅增加。新签纵向项目269项，合同总额2.85亿元，同比增长69.6%，占新签合同总额的23.9%，取得了新突破；新签横向项目850项，合同总额9.08亿元，占新签合同总额的76.1%，同比增长7.58%。其中，纵向合同的主要来源包括：科技部，占37.1%；国家自然科学基金委，占5.1%；水利部，占36.8%；其他，占21.0%。新签横向合同中，水利系统占27.5%，电力系统占33%，核电、石油化工、新能源等占3.9%，国外项目占12.3%，其他占23.3%。

（3）国家项目不断增多。中国水科院牵头负责了“大型灌区节水及设备技术研究与示范”、“三峡水库和下游河道泥沙模拟与调控技术”和“重大水利工程建设信息数字化标准化专项技术开发研究”3项“十二五”科技支撑计划项目以及一系列课题和专题研究；负责了1项国家重大专项项目“三峡水库水污染综合防治技术及工程示范”以及多个课题的研究；还承担了“863”计划课题、农业成果转化资金等项目。特别是自然科学基金项目大幅增加，共获得资助31项，项目数和经费总数均创历年新高，较2011年同期分别增长了72%和90%，其中青年基金18项，占总项目的58%。

（4）行业专项和重大咨询项目取得新突破。承担了8项水利公益性行业专项项目，总合同额2893万元，比2011年增长了152%，主要内容集中在农业高效用水、水土流失防治、水利信息化等领域关键技术的研究与开发。首次承担了中国工程院重大咨询项目“西部强震区高坝大库抗震安全研究”、“我国旱涝事件集合应对战略研究”等重大任务。牵头负责的国家“973”项目“梯级水库群全生命周期风险孕育机制与安全防控理论”通过了专家论证。承担了大量流域水资源开发利用、河道治理、生态环境保护、水利水电工程建设等科技咨询与服务项目。如湟水河流域（西宁段）综合治理工程规划、长江与洞庭湖关系变化与控制对策研究和淮河干流河道综合治理研究、鄱阳湖水利枢纽工程环境影响评价、南水北调中线总干渠高填方段洪水影响评价、呼和浩特抽水蓄能电站上水库沥青混合料生产供料工程、多个水电工程的计算机监控系统、白鹤滩等水电站的安全监测、溪洛渡和小湾水利枢纽工程坝体温度应力仿真分析、锦屏和龙盘等动力模型试验等。还承担了数十项国外工程建设技术咨询与服务项目，如越南-老挝色卡曼1号水电站机电设备成套及其附属设备供货和技术服务。

2. 科研成果十分丰富

（1）“大型农业灌区节水改造工程关键支撑技术研究”，构建了大型灌区节水改造工程技术体系，成果在内蒙古、新疆等13个省（区、市）得到推广应用；“震损水库及堰塞湖风险评估与处置关键技术研究”，系统提出了险情评估、抢险和抗震减灾等技术，成果应用于紫坪铺大坝加固修复等工程中；“流域水生态承载力与总量控制技术研究”，建立了流域水生态承载力分区调控模型和总量控制分配技术，成果应用于多个流域的水污染防治；“干旱牧区草原生态保护水资源保障关键技术研究”，建立了牧区水资源合理开发利用和调控技术体系，得到了推广应用。

（2）“中国节水型社会建设理论技术与实践应用研究”，建立了中国节水型社会建设的理论与实践体系，为29个国家级节水型社会试点建设提供了技术支撑；“水库汛限水位动态控制风险研究”，研发的风险分析技术及软件平台在三峡、板桥等多个水库中得到应用；“大型水利枢纽工程下游河型变化机理研究”，提出了河型的转化模式和综合判别方法；“大体积混凝土温度应力与温度控制”，建立了大坝温控防裂领域完整的理论和技术方法体系，指导工程实践成效显著。

（3）“深厚覆盖层防渗技术”，在深厚覆盖层防渗设计、防渗墙和覆盖层帷幕灌浆施工技术等方面取得了创新和突破。溪洛渡水电站监控系统及金沙江下游梯级成都电调自动化系统顺利完成了与南方电网通信的测试，实现了调控中心与水电站的“调控一体化”。另外，在大型输水工程参数辨识及安全调控、重力坝

动力分析及抗震安全评价、锚索长期耐久性技术研发等方面取得了新进展；在氧化镁混凝土掺和料使用技术、宽大裂（孔）隙地层堵漏灌浆成套技术、膨胀土和分散性土等特殊土问题方面的研发也取得了新进展。

3. 科技支撑与服务不断增强

（1）防洪抗旱减灾方面。研发的洪水风险分析技术和风险图绘制系统推广应用于全国洪水风险图编制中；城市内涝分析技术在多个城市得到应用；研发了堰塞湖风险评估方法与应急管理技术，编写了山洪泥石流灾害培训教材；承担了全国干旱区划及旱灾风险评估、抗旱减灾管理业务系统关键技术研发及示范等项目。

（2）民生水利方面。研发的山洪灾害防治县级监测预警平台在全国山洪灾害防治县级非工程措施建设中得到了应用；中小河流综合治理项目管理系统已被主管部门采用；完成农村供水管网优化设计技术、标准和图集，开展了实用性培训，指导了农村饮水安全项目建设；参与了农村直供电片区电网改造规划、研发了村镇生态系统修复与重建等技术。

（3）实施最严格水资源管理和水生态文明方面。研发了用水总量、用水效率和纳污总量的测算与分配技术，应用于全国分省区三条红线控制指标的分解；建立了总量控制与定额管理成套技术、最严格水资源管理考核指标及核算技术，为国家级节水型社会试点建设、水资源管理试点工作和全国水资源管理系统建设提供了技术支持。编制了全国河湖健康评价技术标准，指导了全国重要河湖健康评估试点工作；研发的流域水生态承载力与总量控制技术、水土保持技术在典型流域得到了应用。

（4）现代水利工程体系建设方面。研究了国家智能水网工程框架设计，长江与洞庭湖、鄱阳湖关系变化；承担了黄河下游、淮河干流河道治理方案论证；跨流域调水工程多目标优化调度关键技术、流域水量水质综合调控系统等，在实际工程和流域管理中得到应用；工程抗震、坝体变形控制、安全监测与评价等技术广泛应用于工程建设和病险水库除险加固；开展重大水利工程建设数字化技术研发，有效推进了水利工程建设的现代化步伐。

（5）节水增粮和灌区改造方面。参与编制了“东北节水增粮行动计划”实施方案，负责了“东北四省区节水增粮高效灌溉技术研究与规模化示范”的国家重大项目策划。农业节水灌溉成套技术及设备产品等，在大型灌区节水改造、全国节水灌溉示范园区建设和小型农田水利工程重点县建设中得到应用；开展灌区水情监控及田间灌溉自动化系统研发，推进了农业灌区的现代化进程。

（6）行业重大规划和公报编制等方面。参与水利科技发展“十二五”规划、全国地下水利用与保护规划、牧区水利发展规划等编制工作，承担了《中国水资源公报》、《中国泥沙公报》、《中国水旱灾害公报》，以及《中国水利史典运河卷》、《汶川特大地震水利抗震救灾志》的编撰。

4. 人才队伍整体素质全面提升

（1）高层次人才引领作用突显。由院士和著名专家领衔，承担的各类跨学科、跨行业国家级重大科研项目显著增多，在全国性重要学术年会、高层论坛等做主旨报告的频次增多，有效提升了中国水科院在国内的影响力。涉水国际组织主席和多名担任世界泥沙协会及世界水土保持协会理事、秘书长等学术组织领导的专家积极参与国际涉水事务，提升了中国在重要水事活动中的话语权，也提升了中国水科院在国际上的影响力。

（2）年轻科技人才快速成长。成功举办了第十一届中国水科院青年学术交流大会、科技英语专项、青年职工、新职工入院等培训班；资助 10 位优秀青年出国交流，设立了中国水科院专项青年基金；选派 6 位中青年科技骨干分赴贵州、湖南、江西、新疆、西藏等地挂职锻炼，评选了 4 名中国水科院科技英才。通过持续培养和扶持，中国水科院国家自然科学青年基金项目日益增多，年轻人才得到了快速成长。

（3）研究生招生与培养稳步推进。分别新招收硕士和博士研究生 35 名（包括新争取与清华大学、河海大学联合培养的博士生 7 名），新进站博士后 23 名、接收西部之光访问学者 2 名。34 位硕士和 30 位博士研究生完成毕业论文答辩，15 名博士后出站，博士学位论文匿名评审比例由原来的 20％提高到 50％，毕业研究生就业率超过 95％。

（4）优秀人才不断涌现。3 位专家入围人力资源和社会保障部“国家特支计划”百千万工程领军人才候选人，3 名专家入围水利部推荐享受国务院政府特殊津贴人选，2 名资深专家荣获第一届“钱宁泥沙科学技术荣誉奖”，2 名年轻专家参评“张光斗优秀青年科技奖”，1 名专家参评科技部中青年科技创新领军人才。

5. 科研创新条件明显改善

（1）科研机构体系不断拓展。成立“国家能源水能高效利用与大坝安全技术研发中心”，各项建设有序推进；“水利部水工程抗震与应急支持工程技术研究中心”通过评审。

（2）科研实验平台条件不断提升。“流域水循环模拟与调控国家重点实验室”筹建工作扎实推进，建立了牧区草地水循环与生态修复等 6 个野外基地；“水工程建设与安全”和“水沙科学与江河治理”2

个水利部重点实验室的关键性试验系统完成验收；1500t大型高性能动态材料试验机完成改造并投入使用；水利遥感无人机航空摄影系统、高性能计算系统、水环境实验室改造等进展顺利。

（3）延庆试验基地建设进展显著。水资源与水土保持工程技术综合试验大厅基本建成，工程力学综合试验厅完成主体结构建设，试验区电力增容、配套管线建设顺利实施。

（4）科研资质建设不断加强。工程咨询“新能源”、“生态建设和环境工程”专业资质成功升级，获得中国水利工程协会“全国水利建设市场主体信用评价AAA级质量检测单位”、水利部水资源监管系统在线数据采集传输接收设备规约符合性检测合格证书。利用资质开拓了市场，建立了良好信誉，增强了竞争实力。

6. 国内外影响继续扩大

组织召开了由中国水科院、南京水利科学研究院、长江科学院、黄河科技学院等参加的水利科研院校联席会议；与河海大学、大连理工大学分别签署了协同创新中心合作协议；主持召开了多个学术专委会的年会；与各大流域和水利水电兄弟单位保持了密切的高层互访往来关系，利用院士论坛、名家讲坛等多种形式，邀请著名专家来院作报告。共同探讨水利科技重大问题和新问题，共享新成果，共谋新发展。

参加各类国际水事活动，跟踪国际水利科技发展趋势；新签署合作协议2项，推进了中国水科院与国际机构和组织的合作交流。接待19个国家或地区的专家学者159人次来访，发挥科技交流的窗口作用。举办了海峡两岸、中韩、中荷等学术交流会以及第四届河口海岸国际研讨会等重要会议。

参与了国际重大水事活动。作为水利部专家团组团单位参加了第六届世界水论坛，主持或参与了董事会、圆桌会议等大会活动，主办了一个分会，与国际社会共同分享了科技新成就和新经验。召开了国际水电协会第59次董事会会议，参加了泰国抗洪救灾现场咨询，紧急编制了《当前泰国洪涝灾害应急处置咨询报告》，参与了国际河流谈判等，为水利外交提供了有力的科技支撑。

主要事件

1月13日，中国水科院副院长胡春宏带队对实验室安全生产状况进行重点检查。

2月29日，流域水循环模拟与调控国家重点实验室召开2012年工作会议。

3月7日，国家能源水能高效利用与大坝安全技术研发（实验）中心中国水科院主中心工作会议在中国水科院召开。

3月10日，国际大坝委员会主席、中国水科院副院长贾金生出席在法国马赛召开的世界水理事会第44届董事会。

同日，中国水科院党委书记、院长匡尚富应邀出席由联合国教科文组织世界水评价计划（WWAP）编写的《2012世界水发展报告》（WWDR4）发布仪式。

3月22日，由联合国工业发展组织（UNIDO）发起的“动态潮汐能发电技术研讨会”在中国水科院召开。

4月20～21日，国际大坝委员会主席、中国水科院副院长贾金生出席在四川成都召开的高坝工程前沿论坛，并主持大会开幕式。

4月29～30日，南水北调中线一期丹江口大坝加高工程大坝专项安全鉴定专家组会议在中国水科院召开。

5月9日，第九届中国国家灌排委员会第一次会议暨中国国家灌排委员会2012年工作会议在中国水科院召开。

5月22～23日，中国水科院副院长贾金生在湖南长沙参加全国农村水电工作会议。

6月5日，国际大坝委员会第80届执行会议在日本京都召开。会议由国际大坝委员会主席、中国水科院副院长贾金生主持。

6月8～10日，国务院南水北调工程建设委员会专家委员会在北京召开会议，对中国水科院承担完成的《南水北调中线一期丹江口大坝加高工程大坝专项安全鉴定报告》进行技术评审。

9月22～25日，中国水科院副院长刘之平在成都出席中国长江三峡集团公司机电工程局组织召开的金沙江下游梯级成都区调中心电调自动化系统现场验收会。

9月24日，中国水科院党委书记、院长匡尚富参加在郑州召开的第五届黄河国际论坛。

10月8日，中国水科院党委书记、院长匡尚富会见法国电力集团水电生产和工程部总经理让·弗朗索瓦·阿斯托非先生一行。

10月11～12日，中国水科院党委书记、院长匡尚富、副院长贾金生等在四川省成都市出席中国大坝协会2012学术年会暨第一届理事会第六次会议。

10月18日，由中国水科院和台湾大学共同主办的第十六届海峡两岸水利科技交流研讨会在安徽省合肥市开幕。

11月10～12日，中国水科院副院长刘之平在昆明出席中国水利学会水力学专委会、中国水力发电工程学会水工水力学专委会2012年年会暨学术交流会。

12月3日，由中国水科院参与承办的纪念钱宁同志诞辰90周年座谈会在京召开。

（安晓滨）

【国网电力科学研究院】

单位概况 国网电力科学研究院（简称国网电科院）是国家电网公司直属单位，与南瑞集团有限公司（简称南瑞集团）“两块牌子、一套班子”运行管理。主要从事电力自动化及保护、信息通信、电力电子、智能化电气设备、发电及水利自动化设备、轨道交通及工业自动化设备、非晶合金变压器、电线电缆等的研发、设计、制造、销售、工程服务及工程总承包业务，是中国最大的电气设备成套供应商。

国网电科院是第二批国家创新型企业，具有计算机信息系统集成一级资质，是科技部设立的“国家电力自动化工程技术研究中心”和发改委设立的“电力系统自动化—系统控制和经济运行国家工程研究中心”的依托单位，是国家火炬计划重点高新技术企业和国家认定企业技术中心。拥有云计算与信息资源中心、信息通信技术服务中心、物联网技术中心三个行业级技术中心。

国网电科院实行总经理负责制，设立14个职能部门、6个支撑机构、36个产业公司，设有研究生部及博士后科研工作站。在南京、北京、上海等20多个城市建有产业基地，在区域电网中心和重点省会城市设立营销服务中心，在美国、菲律宾、沙特、巴西等国家设立了子公司和办事处。形成了电网自动化及工业控制、信息通信、继电保护及柔性输电、发电及水利环保、智能化电气设备、非晶变、电线电缆七个优势明显、主营业务突出的产业群，拥有30余条产品线、130余条子产品线、300多个具有自主知识产权的高新技术产品。

2012年，国网电科院荣获中国软件和信息服务十大领军企业、全国创新争优先进基层党组织等荣誉称号。连续十一届成为中国软件企业百强（列第9位）、连续六届成为中国自主品牌软件产品十强企业（列第2位）、连续七次入选中国十大创新软件企业。

人力资源 截至2012年底，国网电科院及其全资、控股子公司共有员工21 000余人，其中各类专业技术人员8563人，博士、硕士3845人。拥有中国工程院院士4人（含外聘院士2名）、国家级有突出贡献中青年专家2人、“新世纪百千万人才工程”国家级人选4人、享受国务院政府特殊津贴专家26人、江苏省“333”高层次人才培养工程人选15人、国家电网公司优秀专家人才8人。2012年，新增“千人计划”人才1人、国家电网公司专业领军人才5人。

规范机构编制和职位职级体系，强化用工管控，统一福利项目设置，完善绩效考核管理，推进员工职业发展通道试点建设。全年共交流干部76人，选拔后备干部85名，挂职培养锻炼13人次，新增中高级职称464人。举办专业系列培训4万余人次，获国家电网公司人力资源和财务调考直属单位第一名。

经营管理 2012年，国网电科院合并报表口径新签合同额425亿元，较2011年增长39.22%；实现主营业务较2011年增长23.74%。

明确国网电科院“十二五”至2020年总体发展目标：力争至2015年，实现营业收入超过680亿元，建成创新能力强、支撑引领强、风控能力强、竞争优势强，经营业绩优、布局结构优、治理机制优、企业形象优的现代企业；至2020年，实现营业收入超过1000亿元、全面建成世界一流的国际化产业集团。

落实国家电网公司部署，全面开展管理提升活动。修订规章制度30余部，重大决策和合同法律审核率100%。强化计划管理，初步形成纵向管控、横向协同的计划管理方式。完善全面预算管控体系，实现标准成本应用。统一财务管控标准流程，强化资金安全与集中管控，推进差异化重点财务稽核。规划物资集中采购体系，强化办公资源共建共享和集约管理，完成公车压减指标。完成ERP系统适应性调整，实现新并入单位全覆盖。完成工程建设、外委服务、“小金库”管理等重点领域专项检查。

构建安全体系框架，健全安全生产、工程服务、值班应急、对外联络协同机制，加强信访维稳、保密和网络信息安全管理。开展“安全年”活动，全年未发生安全生产责任事故。发布质量发展纲要，完成29家单位管理体系运行整改，开展“质量年”活动，建立质量监督常态机制。

建立国网电科院生产指标体系和南京地区电力二次产品集中生产管控模式，规范服务外包范围和业务流程，实施外协厂商统一管理，实现96%的产品集中生产。建立元器件标准库，优选元器件3700余种，完成技改项目17项。深入推进精益生产建设，加强精益理念和标准宣贯，开展培训1200人次。推进试点建设，优化试点单位布局和工艺流程31项，完成生产改善项目42项，半成品库存减少约40%，生产效率提升30%以上。

基础设施建设方面，2012年全年新开工项目3个，完工2个，完工项目建筑面积4.29万m^2；在建项目9个，占地面积1867亩，建筑面积60.6万m^2。

完善南京、北京、武汉、天津等地区布局。国家电网公司智能电网（南京）科研产业基地一期主体工程验收。电力智能输变电一次设备及状态检修基地一期、安徽南瑞继远软件园二期、无锡培训中心等项目建成投运。南瑞集团非晶合金产业园奠基，武汉未来城产业基地完成选址，国家电网公司（常州）电气设备检测中心一期主体工程完工，南瑞继保智能化电气装备产业园部分建筑封顶。

重组整合 原中国电力科学研究院的科东电力控

制系统有限责任公司等8家全资二级产业公司的资产和产业人员以及持有的北京国电智深控制技术有限责任公司50%股权和产业人员整体划转至国网电科院。国网信通公司的国网信通亿力科技有限公司及其全资、控股公司和北京国电通网络技术有限公司及其全资、控股公司划转至国网电科院。国网信通公司持有的北京中电飞华通信股份有限公司20%股权以及国网信通亿力科技有限公司持有的福建省亿力电力网络信息设备有限公司20.7%股权划转至国网电科院。云计算与信息资源中心、信息通信技术服务中心、物联网技术中心（空间信息部）等3个中心随相关产业划转至国网电科院。原国网电科院的电网稳定控制技术研究所、继电保护研究所、电网自动化研究所、高电压研究所、计量测试研究所、清洁能源发电研究所、配电与用电研究所、信息与通信研究所和研究中心从事基础前瞻性技术和重大关键技术研究的人员划转至中国电力科学研究院。电力工业电气设备质量检验测试中心、电力工业通信设备质量检验测试中心、电力工业电力系统自动化设备质量检验测试中心等3家质检中心、公司网络信息安全实验室、特高压交流试验基地、国家电网计量中心、国家能源太阳能发电研发（实验）中心以及国家能源智能电网研发（实验）中心的微网、定制电力和智能用电3个实验室等相关资质及有关人员划转至中国电力科学研究院。重组整合后国网电科院资产总额增长39.53%，人员增长37.57%，企业规模快速增大，综合实力明显增强。

优化发展布局，全面梳理核心业务，深化资产业务清理整合，推进国电南瑞科技股份有限公司重组，上海置信电气股份有限公司重组获中国证监会批复通过。修订南瑞集团“十二五”规划，发布产品线目录、信通板块规划，编制节能服务产业规划。完成江苏通驰自动化系统有限公司、南京三能电力仪表有限公司、福州开发区联通电工有限公司、无锡益能电力电气有限公司股权收购，实施湖南京电开关厂、襄阳国网合成绝缘子有限责任公司股权划转，与安泰科技股份有限公司、埃森哲（中国）有限公司、CTC集团、云南省能源投资集团成立合资公司。设立集团和区域营销服务中心，重组国际业务分公司，成立上海技术服务中心，初步形成覆盖全国和重点海外市场的统一营销网络及前端业务平台。

科研工作　大电网安全稳定、±1100kV直流输电、智能调度一体化、物联网、云计算等一批重大应用技术研发取得阶段性成果，电网安全稳定控制智能防御系统、新一代雷电定位系统、智能化水电厂、电力无线宽带系统等达到国际领先水平。柔性直流输电阀组及控制系统、大容量光线路终端、光通信芯片、反孤岛装置等一批电网发展急需的核心产品研制成功，配电生产抢修指挥平台、电力一体化缴费平台、输变电状态监测系统、新一代通信管理系统推广应用，系列化工业以太网交换机形成产业规模。110kV组合电器、有载调容配电装置研制成功，工艺结构标准化平台、系列标准化机箱完成研发。

全年获科技奖励114项，其中中国电力科学技术奖24项，位列行业第一。申请专利420项，获授权237项。获软件著作权190项。获中国专利奖金奖1项、优秀奖3项，获奖等级和数量居行业和国家电网公司系统首位。编制国家、行业、企业标准57项，出版学术专著3部，发表学术论文1043篇，其中核心期刊389篇。电力系统自动化国家工程研究中心获“国家工程中心建设20年杰出贡献奖”。《电力系统自动化》被评为中国国际影响力优秀学术期刊。

支撑服务特高压工程设备采购、监造、现场试验及调试，参与编制新一代智能变电站关键设备技术规范，开展新能源并网技术研究，为国家电网公司运营监测中心、客户服务中心及“五大”体系适应性调整提供支撑。完成技术服务量逾10万人天，与8家系统内单位签订科技战略合作协议，深化全方位、多领域的战略合作。

市场拓展　变电站自动化、导地线、开关柜、电能表等产品集中招投标份额上升，继电保护装置、钢芯铝绞线、复合绝缘子等产品多次中标特高压工程。可控高压并联电抗器和世界上单套容量最大的静止无功补偿器中标750kV沙洲变项目。承接30个总包项目，承建126个大中型调度系统、225个智能变电站、43个配电自动化系统、67个电动汽车充换电站等项目。承担国家电网公司大容量骨干光传输网、数据网建设，成功签约5万户电力光纤到户智能小区试点工程，安全芯片系列产品实现规模化应用。承担南水北调、金太阳示范工程等国家重点项目，为官地水电站首台机组提供全部测控设备。非晶变市场整体策划、政策营销、集团化运作成效显著。

加强跨专业、跨板块整体解决方案策划，建立市场合作与营销协调机制。完善重大客户走访和跟踪落实机制，全年走访战略客户40余次。深化企业形象策划和宣传，规范品牌授权应用，推进商标国际注册和“南瑞”中国驰名商标申请工作。计算机信息系统集成一级资质企业扩大到4家，新获互联网地图服务测绘、工程测量、新能源发电工程设计、送变电工程专业承包等资质。

国际化业务　完善国际业务布局，建立国际化工作组织体系和工作机制。完成“十二五”国际化战略及海外营销网络布局规划。巴西建厂进入实质性筹备阶段，迈出海外直接投资的第一步。加强与商务部、驻外使馆、投行的沟通交流，积极争取资金支持和政府援外项目。完成国网巴西公司变电站集控中心项目一期工程。变电站系列产品中标泰国、菲律宾、苏丹等国总包项目，智能电表产品突破西亚市场，光伏产品进入荷兰、意大利等欧洲市场。新签海外合同额15.4亿元，增长161.02%。建立三级外文资料体系，制定国际会议、驻外机构等管理制度，接待巴西众议长等外事来访139批次。承办电动汽车国际标准工作会议，当选IERE新一届董事会成员，主导或参与了智能调度等11项国际标准制定。

党的建设和精神文明建设 认真学习贯彻“十八大”会议精神。深入推进创先争优，开展基层组织建设年活动，62个党支部晋位升级，新划入单位党组织纳入统一管理，新建和改设16个党组织，发展新党员315人。开展党建课题研究，实施政工综合计划管理。深化“六个一”和“一四二”学习活动，创办业余党校，荣获江苏省创建学习型企业示范单位称号。1个党支部获国家电网公司电网先锋党支部标兵，3人获国家电网公司创先争优优秀共产党员和优秀党务工作者称号。建立廉政巡视制度，完善廉政风险防控手册及“三项谈话”等制度，深化协同监督和“一岗双责”，确保“三个不发生”。

落实国家电网公司企业文化“五统一”要求，持续开展巡回演讲。企业文化建设成果中，37个重点项目全部落地，7个项目申报国家电网公司优秀成果。

加强文明单位、文明部室创建，3家企业获驻地文明单位称号。制订完善22项民主管理制度和工作流程。开展班组建设、劳动竞赛和群众性创新活动，获全国职工职业技能大赛团体第九名，职工创新项目获评江苏省十大职工科技创新成果，1人获全国五一劳动奖章，1人获全国优秀共青团员。实施员工关爱行动。完善后勤保障体系，深化离退休老同志慰问、帮扶活动，获江苏省平安企业称号。

（杨丽萍）

【国网北京经济技术研究院】

单位概况 国网北京经济技术研究院（简称国网经研院）是国家电网公司直属科研单位，负责电网规划和工程设计的技术归口，为国家电网公司电网发展提供技术支撑和智力支持，对省市经研院（所）进行业务指导，归口协调外部设计单位，主要承担电网规划、工程设计、项目评审、技术经济及相关标准制定和研究工作，拥有“工程设计电力行业专业甲级资质”证书和“工程咨询甲级资格”证书，建有国家电网公司一体化电网规划设计信息平台、工程设计评审平台、工程技术经济实验室、国家能源特高压直流输电工程成套设计研发（实验）中心、国家电网公司科技资源共享平台（在建）五个国家和国家电网公司级实验室。

重组以来，在国家电网公司党组的坚强领导和总部部门的大力支持下，国网经研院紧紧围绕国家电网公司电网科学发展，坚持“技术领先、服务优质”的发展理念，强化服务与支撑，把各项工作镶嵌融入到国家电网公司电网发展各环节，培育了规划、设计、评审等核心业务能力，形成从特高压交直流输电技术到配电网、一二次专业齐备的全业务体系，实现了跨越式发展。

人力资源 截至2012年底，国网经研院设置6个职能部门、8个业务部门、3个子公司。具有研究生学历人员占员工总数的50%，具有高级职称人员占员工总数的39.5%。拥有“百千万人才工程”国家级人选1人，享受国务院政府特殊津贴专家3人，国家电网公司“科技领军人物”1人，国家电网公司十大专业领军人才培养对象9人，国家电网公司级优秀专家人才5人，拥有各类国家级注册师98人次。2012年，累计组织和参加各类高层次培训81班次。

经营管理 2012年，国网经研院修订完善“十二五”发展规划，全面支撑服务国家电网公司电网科学发展；优化科研资源整合，实现一体化运作，形成了全业务体系。《电力建设》杂志跻身“2012年中国科技核心期刊”。挂牌成立国网经研院天津、上海、蒙东分院。全年签订合同金额46 678万元，完成国家电网公司下达的考核指标。重组以来，院资产总额、营业收入、利润和所有者权益分别增长2.0倍、2.2倍、1.6倍和3.2倍，实现了发展速度、质量和效益的全面提升。

开展“管理上水平年”活动，推进管理提升。推进职责、制度、标准一体化建设。开展财务集约化建设和深化运用，全面实现“六统一、五集中”。强化综合计划和预算管理，增强计划和预算的约束力。充分运用ERP信息化建设成果，加强标准流程与信息系统的有机融合，实现项目全流程管理闭环。坚持依法从严治企，加强招投标管理、物资采购、公务接待和公车管理。

电网规划 开展国家电网发展诊断分析，构建包含2个维度4个方面37项详细指标的电网发展诊断指标体系，全面总结国家电网发展状况，提出提升可持续发展能力的措施和建议。完成国家电网公司“十二五”电网发展滚动规划总报告及主网架、配电网、通信网和智能化专项报告。牵头编制《国家电网发展规划（2013～2020）》，推动实现与国家“十二五”能源和电力规划的有效衔接。完成淮南—南京—上海、浙北—福州、雅安—武汉特高压交流输变电工程方案论证，开展四川水电和甘肃、陕西煤电等大型电源基地外送研究。配合国家电网公司跨国电力合作实施，开展欧亚洲际能源输送通道研究、扩大俄罗斯向中国送电方案研究。组建配电网规划设计中心，深入研究配电网规划设计理论和方法，提出地区电网电压序列优化、输配电网协调发展等成果，全面承担国家电网公司配电网规划编制工作，加强主、配网规划以及一、二次规划的相互衔接。建立健全配电网规划设计标准体系，编制《配电网规划内容深度规定》等国家电网公司企业标准。参与石家庄配电网国际咨询工作。完成哈密风电、西北光伏发电输送方案研究，制定国家电网公司促进新能源发展工作方案，编制《关于做好分布式光伏发电并网服务工作的意见（暂行）》、《关于做好分布式光伏发电并网管理工作的意见（暂行）》和《分布式光伏发电接入配电网相关技术规定（暂行）》，完成《分布式电源接入系统典型设计》编写工作。

设计评审 工程设计工作。完成“五交七直”12项特高压输电工程可研牵头工作，开展“三交两直”（淮南—南京—上海、浙北—福州、雅安—武汉，哈密南—郑州、溪洛渡—浙西）特高压初步设计牵头工作，做好皖电东送特高压交流输变电工程施工图设计监理，开展特高压工程环评水保业务等工作。实现服务特高压建设能力的新突破，具备从可研到设计全过程技术支撑的能力。不断提高直流输电系统研究、设备成套、阀厅设计的核心技术实力，实现阀厅电气设计和土建设计全覆盖。完成哈密南—郑州、溪洛渡—浙西、高岭背靠背扩建工程成套设计，推进哈密南—郑州、溪洛渡—浙西直流输电工程阀厅设计，开展准东—四川±1100kV直流工程预成套设计，独立完成大连、舟山柔性直流工程成套设计，初步建成柔性直流成套设计软硬件平台。完成锦屏—苏南、高岭背靠背扩建工程建设调试的技术支持，完成锦屏—苏南、高岭背靠背扩建、青藏联网工程设备监造，开展哈密南—郑州直流工程设备监造。推动巴西美丽山项目采用±800kV输电方案，实地参与项目可研工作。开展特高压系统通信设计，深化国家电网公司输变电工程通信系统典型设计研究，完成大容量骨干光传输网工程施工图设计。

评审工作。建立330kV及以上工程可研内审机制，全年完成可研内审130项，其中特高压可研内审15项。落实“三通一标”成果应用，加大新技术推广应用力度和新型导线、大截面导线在特高压工程中的应用，实现《国家电网公司依托工程基建新技术推广应用实施目录（2012版）》中66项新技术、新工艺全部分类应用，有效推动电网建设的技术进步。全年共完成可研评审72批次、初设评审199项，通过设计优化调整，核减工程投资120亿元，核减比例6.8%。

科研工作 围绕电网规划、设计两大核心业务，建立以“2大技术领域—23个研究方向—58个关键技术”为框架的科研体系。推进国家电网公司重大科技专项“大电网构建关键技术研究”，完成特高压电网经济性评价方法、交直流输电技术适用范围研究，提出交流与直流、特高压与500kV输电方式的理论经济适用范围。创新开展新一代智能变电站顶层设计与工程技术方案研究，完成不同电压等级、不同功能定位、不同型式变电站的近远期概念设计与技术方案，完成层次化保护系统、变电站云滴自动化系统等15项关键技术研究，组织完成新一代智能变电站6个示范工程可研。深化特高压直流接入750kV和1000kV交流电网的关键技术研究，编制设备技术规范。深化高电压大容量多端柔性直流系统成套研究，形成拥有完全自主知识产权的专有技术。开展标准研究制定等工作。完成《220～1000kV串补站设计技术规定》等16项标准编制，牵头制订国际电工委员会（IEC）标准《高压直流输电系统设计导则》。《电网规划和工程设计平台研究与建设》等10项科技成果获国家电网公司2012年度科学技术进步奖，“陕北煤电基地输电系统规划设计”等4个项目获电力行业优秀工程咨询成果奖。

完善国家电网公司一体化电网规划设计信息平台、工程设计评审平台、电网工程技术经济研究实验室建设，形成了从规划、设计评审到技经分析全业务链条的数字支撑平台体系，实现电网全要素信息的集中管理。规划设计平台统一并共享了电网数据和规划工具，完成需求分析、数据责任报告、概要设计等成果近30项。技术经济实验室已收录3万个工程790万条数据，发挥了国家电网公司造价数据中心、技经仿真中心和信息服务中心的作用。完善国家能源特高压直流工程成套设计研发中心软硬件研究平台，不断深化成套设计和阀厅设计关键技术，保持直流输电技术引领地位。

党的建设和精神文明建设 建立健全创先争优长效机制，巩固和丰富创先争优丰硕成果。开展党支部书记公推直选工作，开展“基层组织建设年”活动，开设“电网先锋”党建讲堂，组织开展主题党日活动。以庆祝建团九十周年为契机，开展“青年五四奖章”评选表彰。建设和弘扬优秀企业文化，圆满完成国家电网公司企业文化重点项目，组织广大职工开展丰富多彩的文体和学习教育活动。

（武宏波）

【国网能源研究院】

单位概况 国网能源研究院（简称国网能源院）

是国家电网公司直属科研单位，是国家电网公司的战略与运营管理研究机构及战略运营管理信息汇集研究中心。

国网能源院前身是1984年成立的北京水利电力经济研究所（1995年更名为北京动力经济研究所），于1999年与中国电力科学研究院电力技术经济研究所等机构合并组建国家电力公司动力经济研究中心，后更名为国电动力经济研究中心，2006年更名为国网北京经济技术研究院。根据国家能源发展和国家电网公司发展的需要，2009年8月，国家电网公司批准国网北京经济技术研究院实施业务分立，以软科学研究力量为主组建国网能源研究院。2009年10月25日，国网能源研究院正式挂牌成立。国网能源院与国电动力经济咨询有限公司合署办公。

近年来，国网能源院紧紧围绕国家电网公司发展战略和核心业务开展研究，密切服务国家有关部门，在电力行业规划、能源与环保、电力供需分析、企业战略与管理、体制改革与电力市场、智能电网、新能源、电力价格等领域形成显著优势，培养造就了一支专业素质高、研究能力强的研究咨询队伍。许多研究成果获得国家有关部门和国家电网公司奖励，一批重大决策咨询建议得到政府和企业采纳。

截至2012年底，国网能源院设置职能部门5个：办公室、科研发展部、财务资产部（国家电网公司电力前期工作周转金管理中心）、人力资源部、党群工作部（监察审计部）。研究机构8个：企业战略研究所、能源战略与规划研究所（国家电网公司科技项目咨询中心，《中国电力》杂志社）、经济与能源供需研究所、电网发展综合研究所、新能源与统计研究所（“能源观察网”编辑部）、管理咨询研究所（企业运营研究中心）、财会与审计研究所、能源决策支持技术研发中心。下属单位1个：国网人才评价中心。

人力资源 截至2012年底，国网能源院拥有享受国务院政府特殊津贴专家3人，国家电网公司科技领军人才1人，有突出贡献的中青年专家1人，国家“千人计划”引进人才1人，国家“青年千人计划”引进人才1人，国家电网公司级优秀专家人才5人，国家电网公司十大专业领军（后备）人才8人，高级咨询2人，特聘高级顾问7人，外籍荣誉高级顾问1人。

经营管理 2012年，国网能源院全面完成国家电网公司下达的年度经营业绩考核指标。科技创新、咨询服务满意率等指标完成情况良好。流动资产周转率、可控费用、成本收入比等指标达到考核要求。人财物集约化、信息化、企业文化、依法治企等指标全面完成。

对外宣传工作。纳入国家电网公司对外宣传联动机制。针对特高压、大电网安全、阶梯电价、电力改革等热点问题，接受央视等媒体采访150余人次。在《学习时报》、《经济日报》、《中国能源报》等主流媒体和期刊发表文章论文240余篇。参加论坛、学术会议发表演讲32人次。《中国电力》并入国网能源院。

研究交流平台建设。举办第四届“能源·电力·发展”论坛和中国电力与能源研讨会。联合埃森哲（中国）公司设立国家电网公司“发展创新研究室”。与天津大学、华北电力大学、江苏省电力公司加强战略合作。代表国家电网公司参加G-SEP国际组织、IEA可再生能源研究工作组等国际活动。接待美国联邦能源监管委员会主席等专家来访交流。

深化资源共享。完成科研管理信息平台改造，共享课题报告300余份、文章近400篇。开设共享专栏，动态发布课题成果、重要讲话、出国报告等。开发研究报告撰写辅助平台。

“精益管理年”活动。梳理管理流程40余项，制订研究规范近30项，形成《业务管理手册》、《研究规范手册》和《综述报告汇编》等成果。

科研工作 战略课题研究。完成国家电网公司十项重大战略课题研究任务，成果涉及能源电力供需、电力价格、电网安全、“两个转变”实现路径、创新和国际化等战略问题。参与编制《国家电网公司发展战略纲要》，与国家电网公司研究室共同撰写《“世界一流电网”评价指标体系及国际对标分析》等10篇成果专报，获得国家电网公司领导重要批示。

重大课题研究。深化“三集五大”体系建设理论和成效评价研究。参与国家电网公司运营监测（控）中心顶层设计。完成综合计划管控等管理创新课题。参与特高压洲际输电综合论证。承担负荷预测、电力流等专题研究任务。加强消纳及政策研究，跟踪分布式电源和微电网发展趋势。深入研究智能电网评价体系，以及电动汽车充换电服务网络发展问题。

应急研究。针对印度、巴西、古巴、阿根廷等国家大停电事故及时开展分析研究。开展电力体制改革研究，完成《从魏桥等相关事件看电力体制改革新动向》等材料，以及《电力改革模式研究》等多篇专报。

承担政府委托课题。受能源局委托，完成中俄电力合作等研究项目，配合制订可再生能源电力配额管理办法。受发改委委托，开展电力需求特性研究，完成电价国际比较分析。受国资委委托，研究央企技术创新能力评价体系。受电监会委托，开展中欧合作可再生能源并网监管研究。

研究成果转化。通过《研究专报》、《决策参考》、《国网内参》和战略研究与运行分析月度例会材料，及时向国家电网公司呈报研究成果，《〈能源发展“十二五”规划〉解读与分析》等获得国家电网公司领导充分肯定。出版专著2部、基础研究年度报告10部、译著1部。

党的建设和精神文明建设 国网能源院第十三党支部获评国家电网公司“电网先锋党支部标兵”。国网能源院工会获得“全国能源化学系统先进工会”和“国家电网公司工会工作先进单位”称号。完成国家电网公司重要决策部署情况自查，健全协同监督机制。开展基层组织建设年活动。组织落实党支部书记公推直选试点。依托“职工之家”建设的职工书屋，获评“国家电网公司优秀职工书屋”。魏玢荣获“国家电网公司劳动模范”称号。

（李连存）

【国网智能电网研究院】

单位概况 国网智能电网研究院（简称国网智研院）成立于2012年5月，是国家电网公司直属的高端电力装备核心研发机构及海外高层次人才引进创新基地。拥有7个研究所和2个子公司，建有40个试验室。主要开展特高压变压器、特高压开关设备、直流输电装备、功率器件及传感器、智能配用电、保护自动化、电工新材料应用技术、信息通信、新能源装备等一、二次装备，交直流装备领域的研究。具备柔性直流输电和灵活交流输电工程领域的完整资质。

人力资源 截至2012年底，国网智研院拥有国家“千人计划”专家9人，“百千万人才工程”国家级人选2人，享受国务院政府特殊津贴的专家5人，中央直接联系的专家1人，国家电网公司“十大专业领军人才”1人。2012年，国网智研院共举办培训118班次，培训员工2647人次。

科研工作 完成世界首套±1100kV特高压直流换流阀样机、世界首套±320kV/1000MW柔性直流换流阀样机，建成世界上规模最大的柔性直流动模和仿真中心，完成国内首套具有自主知识产权的±800kV特高压换流阀。

获得国家专利授权37项，其中发明专利14项。获得省部级科技奖励3项，国家电网公司科技进步奖4项、专利奖3项。“柔性直流输电关键技术研究、装置研制及示范应用项目”获得国家电网公司2012年科技进步特等奖。制定行业标准9项，企业标准7项。

经营管理 开展创建“四好”领导班子和领导干部年度考核，出台全员绩效管理和企业负责人业绩考核办法，加强专业技术资格管理，提升干部员工整体素质。实施预算统筹调控，加强应收账款管理，开展财务检查和在线稽核，防范经营风险。颁布制度70余项，搭建了基本的制度框架。集中开展依法治企大检查专项活动，启动物资集约化管理平台建设。ERP系统成功上线。荣获“安全、环境、质量”三标管理体系认证与进出口贸易权。

市场营销 国内市场不断巩固，中标上承Ⅲ串补工程、500kV奉节串补改造工程，实现了2012年国内串补项目市场中标率100%。签订哈郑工程换流阀供货合同，中标溪浙工程。中标深泉—无锡10MW光伏电站总包项目，新能源市场取得新成果。国际市场取得突破，中标巴西TP项目串补及SVC工程。

党的建设和精神文明建设 成立国网智研院直属临时党委、临时纪委、工会筹备组和团委筹备组。召开“七一”全体党员大会，表彰先进集体和个人。对“三重一大”重要事项，坚持民主集中、科学决策。召开中心组学习扩大会议10余次，提升了领导干部的政治素质。加强党风廉政建设和民主测评，召开各级党组织民主生活会。各单位工团组织开展岗位建功、爱心捐助、绿色环保、文化体育等特色活动，积极服务于中心工作。

2012年，国网智研院1个单位荣获“国家电网公司先进集体”，1名同志荣获“全国五一劳动奖章”，1名同志荣获“第九届中国工程科技光华奖青年奖”。

（邓鸿伟）

【国网信息通信有限公司】

单位概况 2008年4月，国网信息通信有限公司（简称国网信通公司）在原国电信息中心和国电通信中心基础上成立，是国家电网公司的全资子公司。主要负责承担国家电网公司投资及组织的骨干通信网以及骨干信息网的建设管理，承担涉及国家电网公司总部电网调度和管理通信业务的通信网及骨干信息网的运行和维护等工作，承担国家电网公司总部、国网信通公司一级部署和相关直属单位信息系统的运行维护等工作，同时承担国家电网公司总部信息通信技术支持、科研成果和专利管理等技术服务工作。

人力资源 截至2012年底，国网信通公司拥有博士18人，硕士98人，学士63人。开展教育培训专项计划培训819人次，其中，参加国家电网公司举办各类培训165人次，参加国网信通公司主办培训644人次，参加外系统培训10人次。积极组织推荐国家电网公司优秀人才参加国网“十大”专业领军人才培养，8人入选“十大”专业领军人才队伍，在直属单位中名列前茅。

安全生产 信息通信运行维护。2012年，信息通信系统总体运行平稳，国调直调范围内保护、安控通道可用率99.999%；一级骨干通信电路运行率99.999%；国调调度数据业务保障率100%；数据通信业务通道可用率100%；数据通信骨干网、信息网骨干网运行率100%；总部办公网络和数据中心网络运行率100%；总部业务应用平均运行率100%。

创新运维管理，推动信息通信融合。打破原有按业务纵向分割、相互独立的信息运维和通信运维管理模式，统一按照“调运检”体系横向布局的管理模式，将原通信专业方面的调度运行处、系统管理处，信息专业方面的网络与安全处、应用系统处归并为调度运行处、检修处与系统管理处，促进信息、通信复合型专业人才培养。

理顺管理关系，促进维护责任落地。适应“三集五大”后各单位通信运维机构的变化，加强各省信通公司沟通交流，召开国家电网公司一级骨干通信网调度运行工作座谈会，明确工作关系和工作流程。全面梳理、核查下发“国调直调通信系统的通信站点、设备、光缆、业务表”，明确运维责任。组织召开特高压变电站、660kV及以下变电站属地化维护调整工作协调会，下发维护责任区段划分通知。明确3个特高压变电站、8个换流站的通信维护责任。

完善技术支撑手段，提升运维管理能力。完成通信管理系统试点建设工作，提高对现网的可控、能控、在控能力；完成白广路综合楼22层调度大厅改造工作，建成骨干信息通信网综合展示系统，实现对各种通信资源的规范管理，以及对多厂商设备状态的集中统一监视；完成IMS应用系统双机改造，提升调度技术支撑和综合展示能力。

分析通信调度数据，夯实运维基础。统计2008～2012年一级骨干通信网发展历史数据，从网络规模、业务承载能力、网络坚强程度等方面进行分析；对2008～2012年的设备故障和光缆故障进行统计分析，寻求故障发生深层原因和规律，为制定针对性管理措施和技术措施、切实改善一级骨干通信网安全生产状况提供依据，不断提高运行维护智能化水平。

北京信息灾备中心。2012年，北京信息灾备中心不断优化完善调度运行体系，明确调、运、检、环境、综合管理职责分工，持续推进精益化管理，各项运维工作平稳有序，积极推进技改项目实施，为应用级灾备和集中式数据中心的建设与实施奠定坚实基础。

强化基础管理，确保灾备系统稳定运行。进一步细化调度运行架构，加强“一单两票”的规范管理，明确和固化工作机制和业务流程，与运维中心实现联合早会制度化和交叉任职兼岗，形成并完善“1+3+*N*”的调度运行模式及日常运行机制。全面梳理灾备数据复制系统和基础环境安全生产隐患，完成分析报告，制订消缺计划和检查制度；编写各专业方向说明手册、作业指导书、应急预案；开展2012年年度及月度运行方式的编制工作，推进运行方式管理，提升安全可控水平。

平战结合，完成灾备常态演练。牵头编写国家电网公司灾备演练方案，完成被灾备单位数据级灾备常态演练工作。强化过程管控，建立演练过程实时记录机制，形成总结报告知识库，做好对前期灾备演练的总结，认真开展专项培训，为日后完善演练流程提供依据。

深入分析，提升节能降耗效果。积极开展能效分析工作，运用大数据技术对10 200个传感器用电数据进行分析，发布每月能耗分析报告，应用和推广冷水板换等节能技术，实现灾备中心PUE❶值明显下降，提高基础设施和能源利用率。

完成电网建设配套通信工程。完成锦苏工程系统通信工程建设任务，自2012年6月9日正式投运以来，系统运行稳定。按期推进淮南—南京—上海、浙北—福州、雅安—武汉特高压交流配套通信工程建设启动工作。按照里程碑计划顺利推进了皖电东送工程、哈郑工程、新疆与西北主网联网第二通道工程、溪浙工程等配套通信工程的年度建设任务。组织开展新技术、新工艺应用研究，编制《OPGW光缆接续施工工艺质量规定（试行）》，深入开展《特高压电网光传输系统塔内光中继技术应用研究》专题研究。全年在建新增光缆3707km，在建新增扩通信站90个，在建新增SDH传输设备82台套。

推进大容量骨干传输网和数据通信骨干网建设。按期完成大容量骨干光传输网和数据通信骨干网工程总部投资部分143个传输站点和43个数据网节点的151套传输设备和109套骨干路由设备的安装及通道测试任务，首次引入OTN（Optical Transport Network，光传送网）技术，使骨干传输网络带宽从2.5Gbit/s（SDH）提升到40×10Gbit/s（WDM），为国家电网公司推进大规模集中式信息通信业务应用和智能电网建设奠定了良好的信息通信基础设施条件；引入电网基建成熟做法，促进工程初步设计环节规范化管理，按照先示范、后推广的施工组织方式确保工期质量。

推进总部基建工程建设。按期完成国家电网公司电力调控大厅改造相关通信系统建设任务、国网客服中心95598业务和华北及北京数据中心等业务迁入北京信息灾备中心的相关机房改造建设任务，完成银座中心改造装修工程信息通信及相关系统建设任务。

❶ PUE是power usage effectiveness的简写，是国际通用评价数据中心能源效率的衡量指标，具体为数据中心消耗的所有能源与IT负载使用的能源之比，越接近1表明能效水平越好。

业务运维支持服务工作。总部 ERP、电子商务、主数据、财务管控等业务运维支持服务支撑国家电网公司"三集五大"体系建设，顺利完成业务适应性调整的技术支持工作，完成国家电网公司集中招标采购的技术服务保障任务。

客户与技术服务。全年累计受理服务电话32 806次，提供现场服务 21 900 次，服务总体满意率99.15%，同比提高 0.01%。完成各类会议技术保障3398 次，重大活动保障 13 次。加强国家电网公司网站维护分析，国家电网公司网站运营连续 3 年获得国资委中央企业网站绩效评估 A 级，成功入选 24 家优秀中央企业网站。

组织推荐 8 项发明专利申报中国专利奖，共获金奖 1 项、优秀奖 6 项。组织推荐 102 项成果申报国家能源科技进步奖，获一等奖 5 项、二等奖 17 项、三等奖 39 项。首次组织 3 个项目申报中国优秀工业设计奖，取得金奖 1 项。深化查新质量管控，完成科技查新课题任务。围绕国家电网公司国际化战略，提升国家电网公司系统海外专利的申报数量与整体质量。深入开展专利梳理及权属变更，完成专利权属变更8000 余件，促进公司系统专利集中管理。

广泛开展国际信息收集，培养国家电网公司国际技术交流能力。初步构建国际能源电力信息资源体系，编辑完成《国际能源电力信息导读》、《以信息为中心的能源基础设施》等内部材料 29 篇。深入开展国际电力统计与分析平台建设，开展经济能源数据相关性分析、建模和可视化展示工作。举办国网信通公司首届翻译竞赛，组织外语培训和外国国情系列讲座，大力培养具有国际视野与竞争力的人才队伍。

经营管理　深化财务信息化与标准成本建设，加强资产精益化管理，提高财务管控能力，推进全面风险和内控体系建设，推进全面预算管理，初步建立统一、精益、高效的现代化财务体系。统筹协调内部资源，深化细化综合计划管理，提升综合计划管理水平。

组织完成国家电网公司"十二五"发展规划修编和科技规划修编、ISO 9001 质量管理体系再认证、信息化建设规范管理检查等工作。组织大数据开启智能电网新时代等多次会议，促进国家电网公司创新发展。加强实验室标准管理，在浙江省电力公司海盐局建立智能电力大数据实验室海盐基地。

党的建设和企业文化建设　围绕国家电网公司发展大局，充分发挥基层党组织作用，深入开展创先争优活动，开展党课学习、党日活动、"最佳实践案例"征集等多项活动，不断促进学习型党组织建设。落实党风廉政建设责任制，召开反腐倡廉工作会议，深入开展反腐倡廉教育，加强党风廉政建设。成立创新空间和袁洲工作室，全年独立完成宣传短片 12 部。工会工作紧密围绕国家电网公司发展实际，发挥桥梁纽带作用，团结带领广大职工参与民主管理，主动作为，维护职工的知情权、参与权、表达权和监督权。组织北京国际长跑节健康跑、每日万步走、歌咏比赛等职工文化活动；关心员工健康，为各办公室配备方便易用的健身器材；关爱困难职工，持续开展"送温暖"活动，为营造团结向上的企业氛围做出贡献。

（黄　荷）

【国网新源控股有限公司】

单位概况　国网新源控股有限公司（简称新源公司）于 2005 年 3 月 31 日成立，是国家电网公司的全资子公司，与国网新源水电有限公司实行"两块牌子、一套班子"的一体化管理模式。主要负责开发建设和经营管理国家电网公司经营区域内的抽水蓄能电站、部分常规水电站项目。

截至 2012 年 12 月底，新源公司管理单位 48 家，分布在 17 个省（自治区、直辖市），管理装机容量2556.775 万 kW。

人力资源　编制标准岗位名录，规范水电单位机构设置，推进"三定"工作。调整完善新源建设公司（物流服务中心）、新源检修分公司（技术中心）运作模式，专业化服务平台更加有力。加强人力资源优化配置，规范人员管理。2012 年，招聘应届毕业生 231 人，内部公开竞岗 46 人，调配技术支援 16 人，缓解了部分单位人员紧缺问题。健全三级教育培训体系，制定员工培训积分管理办法，全员培训率达到 96%。完善人才选拔培养体系，拓展各类人才晋升通道，张国良、张学清、黄光华 3 名员工当选国家电网公司专业领军人才。

安全生产　2012 年，新源公司强化运检全过程管理，精心组织春秋季检修预试、迎峰度夏（冬）、防洪度汛和十八大保电等重点工作，保持了安全生产良好局面。未发生有人员责任的重大及以上设备、火灾事故，未发生恶性误操作事故、水淹厂房事故、重大垮塌事故和火工品流失事件。抽蓄机组发电启动13 843次、成功率 99.82%；抽水启动 8908 次，成功率 99.49%；等效可用系数为 91.42%。水电机组发电启动10 069 次，成功率 100%，等效可用系数为 91.01%。

发展工作　规划选点工作。2012 年，新源公司联合水规总院历时三年有余，基本完成国家电网公司经营区域抽水蓄能选点规划工作。本次选点规划覆盖了公司经营区域内 20 个省（自治区、直辖市），选取规划站点近 100 个，规划容量 1.2 亿 kW，实现了公司经营区域第一次大规模、系统性、全局性抽水蓄能站点资源普查，实现抽水蓄能开发的系统优化布局，为实现国家能源局提出的2020年中国抽水蓄能达到7000万kW的规划目标提供了重要保障。

截至2012年底，新源公司已完成公司经营区域范围内安徽、福建等17个省（自治区、直辖市）抽水蓄能电站选点规划审查工作，国家能源局已批复了12个省（自治区、直辖市）抽水蓄能选点规划，抽水蓄能的开发建设已全面步入合理有序开发轨道。

通过本次规划选点，在传统的优化布局理论基础上逐步适应国家能源发展新形势需要，探索形成了“风蓄、核蓄”互补的布局理论，促进了社会各方在抽水蓄能与核电、风电配套、高水头抽水蓄能电站开发、现有水库利用、抽水蓄能功能定位及未来发展等认识方面取得突破性进展，丰富发展了我国抽水蓄能优化布局理论。

项目前期工作取得突破。2012年，新源公司丰宁、荒沟、绩溪、敦化、丰满大坝重建5个项目取得了国家发改委的核准，一批项目转入核准项目序列，蟠龙、镇安、金寨、沂蒙4个项目取得“路条”批复。

工程建设　严格工程总体布置、施工总布置、关键设备参数等重大技术方案审查，组织开展安全质量流动红旗竞赛活动，单元工程优良率达到94.14%。严格推行执行概算，加强合同履约管理和工程完工结算及竣工决算管理，提高项目造价管控水平。辽宁蒲石河抽水蓄能电站、安徽响水涧抽水蓄能电站、柬埔寨基里隆Ⅲ号水电站全部建成投产，福建仙游抽水蓄能电站首台机组并网发电，丰满大坝全面治理（重建）工程开工建设，江西洪屏、浙江仙居抽水蓄能电站建设顺利推进。河南宝泉抽水蓄能电站工程通过国家电网公司优质工程检查，安徽琅琊山抽水蓄能电站工程获得国家优质工程奖。

经营管理　重视电价工作，响水涧、蒲石河电价方案上报国家发改委，并取得临时结算政策。9家抽水蓄能电站获得“三免三减半”优惠政策。坚持资金集约化管理，推进招标采购标准化管理，全年完成集中招标14批次237项，提高了采购效率和效益。

完成29家多经企业主多分开和52家集体企业清产核资工作。加强档案标准化建设、过程管控和开发利用，完成6家电站工程档案专项验收和12家单位年检考核工作，泰安、宜兴抽水蓄能电站获得首批“全国建设项目档案管理示范工程”称号。

科技工作　抽水蓄能机组设备国产化研究工作进展顺利。6月19日，由新源公司和国网电科院共同完成的“抽水蓄能机组启动变频器国产化研制”科技项目通过公司验收。启动变频器是抽水蓄能电站的核心控制设备，它的成功研制，标志着中国已完全掌握启动变频器核心关键技术，打破了国外企业的长期技术垄断，突破了该技术领域国产化技术瓶颈，提高了国内抽水蓄能机组自动化核心技术水平。

编制完成5项电力行业标准、4项国家电网公司技术标准。取得专利授权66项，两项专利获得国家电网公司专利奖。

党的建设和精神文明建设　开展创先争优和基层组织建设年活动，完成直属党委、纪委和13家基层单位党委、纪委换届工作，开展支部书记公推直选试点，不断夯实党建工作基础。39个集体获得国家电网公司“电网先锋党支部标兵”称号。

辽宁蒲石河抽水蓄能公司、吉林松江河水电公司、丰满培训中心获得“全国五一劳动奖状”，6家单位获得全国“安康杯”竞赛活动优胜单位荣誉称号。

（韩　冰）

【南方电网科学研究院有限责任公司】

单位概况　南方电网科学研究院有限责任公司（简称南方电网科研院）是南方电网公司的控股子公司，按照南方电网公司的管理要求自主经营，主要负责为南方电网公司及其下属分子公司提供科学研究、技术服务、咨询和工程集成、产品研发以及经南方电网公司批准或授权的其他业务。

组织机构　南方电网科研院内设四部六所，综合管理部、计划财务部、人事政工部、技术部、系统研究所、直流输电技术研究所、电网仿真与控制技术研究所、高电压技术研究所、智能电网研究所、技术情报所。见南方电网科研院组织机构图。

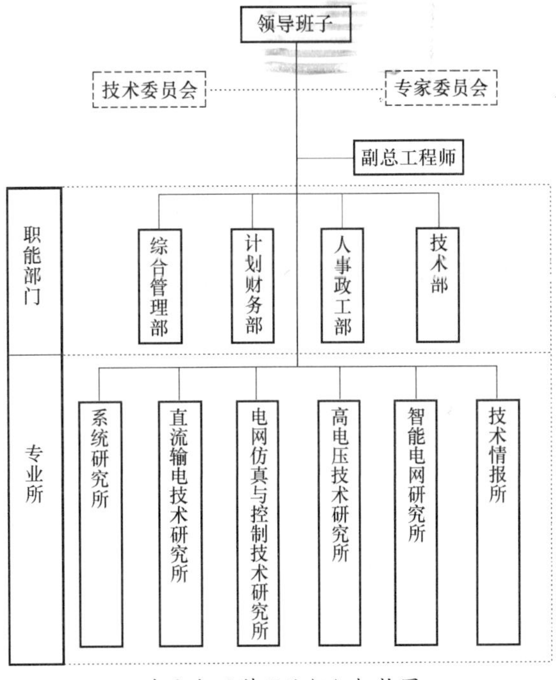

南方电网科研院组织机构图

领导班子 南方电网科研院领导班子成员组成如下：

董事长、院长、党组副书记：余建国

党组书记、副董事长、纪检组组长：魏善淇

副院长：饶宏

副院长：刘智宏

总工程师：曾勇刚

副院长：李鹏

经营管理 2012年全年营业收入3.50亿元，营业费用2.77亿元，EVA4754万元，利润5900万元，可控成本比预算下降19.3%。完成技术支持项目123项，满意度优秀率达91.2%。申请专利79项、专利授权31项。全年未发生因生产、基建技术支持和试验造成的重大电网事故、人身事故、设备事故、重大交通安全事故。没有发生违法违纪事件。获得中国科协、国家发改委、科技部、国资委共同认定的“讲理想、比贡献”先进集体和南方电网公司科技管理先进单位，院直属党委被评为“南粤先锋”广东省创先争优先进基层党组织，饶宏院长获“科技标兵”称号。

电网安全运行技术支持与服务 建立了技术支持立项、成果交付、客户评价等环节闭环管理流程，高效完成技术支持项目工作量1.34亿元，投入工作量4.53万人·天，同比增长24.5%，为南方电网公司总部各部门提供了强有力的技术支撑。

(1) 技术监督、设备状态监测、覆冰监测、雷电监测、电能质量监测系统顺利通过了南方电网公司生技部验收，成为南方电网公司生产技术和资产全生命周期管理的重要技术支持平台。成立生产技术支持中心，对生产运行情况实施了日常监控。特别是覆冰监测中心统一推广实施了覆冰计算模型，覆冰厚度监测准确性大幅提升，在云南、贵州出现覆冰时及时发布了预警信息，有效指导输电线路融冰，成为南方电网公司防灾减灾的重要技术支持系统。

(2) 完成南方电网安稳策略制定、仿真实验及装置联调。优化了16项提升直流输电安全稳定水平的应对措施。利用仿真平台及时分析了“9·12”楚穗直流单极闭锁的原因。完成南方电网“8·11”、“9·4”、“9·7”等直流换相失败仿真研究，系统分析了直流换相失败原因。提出了500kV交流系统过电压保护优化措施。完成楚穗直流第三、四阶段孤岛调试，提出了孤岛双极闭锁过程控制逻辑优化方案。系统分析了南方电网受端交直流相互影响问题，完成STATCOM对电网安全稳定的支撑作用分析、推广应用布点方案专题研究，提出了2013～2015年STATCOM装设方案，项目建议已被列为南方电网公司重大专项反措。编制完成《印度大停电及其对南方电网的启示分析报告》，深入揭示了事故原因和暴露的问题，系统分析了南方电网存在的大面积停电风险并提出了保障电网安全稳定运行的措施。

(3) 协助南方电网公司生技部完成500kV深圳站断路器爆炸和隔离开关绝缘子断裂、5起500kV变压器故障等重大设备分析，提出了反事故技术措施。开展“4·10”电网事件设备管理反思，提出了强化设备运行管理和技术监督的建议。完成楚穗直流绝缘子钢帽腐蚀技术分析，提出了应对措施方案。完成105套主网一次设备和68套配网设备技术招标条件书的修编。完成3期非晶合金配电变压器检测及分析，为物资品控提供了有力技术支撑。

(4) 情报中心实现网、省、地、县互联访问，形成了全网情报资源最丰富、种类最齐全的资源总库。完成280份关键情报个性定制和推送、56项专题情报搜集等咨询服务，项目顺利通过南方电网公司生技部验收，达到国内领先水平。协助南方电网公司生技部修编了南方电网公司2012年技术标准体系表，完成204项技术标准送审稿评审。建成全网一级部署的可靠性平台，协助南方电网公司完成2012年科技项目入库评审及科技奖审查，成功举办了2012年南方电网技术论坛。

科技创新 进一步强化了科技项目立项、过程及成果管理，承担的86项科技项目按期推进，获得各类科技奖励35项。

(1) “高海拔外绝缘技术”项目取得重大技术创新成果，荣获南方电网公司科技进步一等奖和中国电力科技进步二等奖。“电网抵御极端天气灾害关键技术及装置开发与应用”顺利通过国家科技部的验收，项目研究形成了大型电网防冰和融冰技术体系，显著提高了电网抵御覆冰灾害的能力。“超高压输电线路雷电绕击屏蔽失效机理及其防护措施研究”在国际上首次通过试验证实了上行先导的存在。智能微电网关键技术研究在国内首次提出了微电网控制系统架构。完成了南方电网220kV及以上系统实时仿真平台建设。自主研发的电力系统计算软件已应用于南方电网静态电压稳定分析。

(2) 协助南方电网公司获得“863”第三期“柔性直流输电装置关键技术与应用”项目，承担了“直流断路器关键技术研究”课题。“863”智能电网和“973”项目取得阶段性成果。“智能配电网自愈控制技术”完成技术方案及5项技术标准编制。“大容量储能设计及其监控与保护技术研究”完成1项国标、4项行标征求意见稿，取得1项软件著作权。“输电线路故障在线预警与处置的原理及关键技术”项目建成了在线监测终端，实现输电线路污秽度、覆冰、舞动的在线监测。

(3) “南方电网受端系统交直流相互影响及应对

措施研究”成果及时在电网运行方式计算分析发挥作用，在电网动态等值、精确模拟直流系统特性等方面取得创新性成果，提出了提高系统稳定的措施建议。3C绿色变电站技术研究取得阶段成果，提出绿色变电站噪声控制体系、电磁环境影响指标体系和测量标准、变电站驾驶舱体系架构，研究成果在南方电网公司首个3C绿色变电站得到示范应用。《绿色电网可听噪声控制体系》获得首届南方电网公司基建“金点奖”大赛创意金奖。

(4) 国家能源大电网技术研发（实验）中心顺利通过了国家能源局验收，为大规模交直流大电网实时仿真、分析与试验提供了重要支撑平台。海外创新创业基地新建10个实验室建设方案通过南方电网公司可行性研究批复，完成了初步设计及设备招标规范书编制。昆明特高压基地获得国家认可委员会颁发的“实验室认可证书”。

咨询与工程集成 按期高质量完成了“两渡”工程的系统研究、成套设计、设备监造和控制保护试验，完成全部设备规范书、85本系统研究报告、1716册成套设计施工图。完成13类216台设备监造，对监造发现的问题及时发出了整改通知令，确保设备质量安全。

完成糯扎渡工程直流控制保护的功能和性能试验，以及换流变电站和交流滤波器保护试验。完成溪洛渡工程的功能试验，全面启动了性能试验。完成调试项目优化方案。

提出接入大型风电场的技术方案，开发了计算分析软件包，研发了主要的控制策略，建成了基于RT-LAB的多端柔性直流输电系统实时仿真平台。MMC多端多电平柔性直流输电RTDS仿真试验关键技术研究取得重大进展，完成了系统启动、稳态运行和功率阶跃等仿真试验。与有关单位联合总承包示范工程，编制了前期总体技术方案、系列专题报告、主设备招标技术文件，为示范工程建设打下了坚实的技术基础。

签订收入合同156项，对外承接项目合同额同比增长2.8倍。承接了南方电网公司计划部“南方电网中长期交直流相互影响及解决方案研究”等两项重大专题。牵头总承包了南方电网STATCOM加装工程。高质量完成中国工程院科技项目“先进输电技术对煤炭清洁高效利用的影响研究”。“粤澳新的220kV联络通道——澳门电网研究”项目顺利通过验收。与西电集团公司合作首次完成了印尼直流输电工程项目国际投标。

管理提升 取得国家输变电工程甲级调试和甲级设备监理、科技查新等多项资质，在分子公司中首个通过“高新技术企业”认定并享受低税率优惠政策。注重项目预算的前期管理和项目支出的精益管控，完成“十二五”中长期预算的修编，为实现经营目标提供了有力保障。

开展了内部控制诊断分析，明确固定资产管理、信息系统管理、研究与开发等17个方面的重点工作。建成综合科研管理信息系统，实现了技术支持、科技管理、招投标及合同管理电子化运转，提升了管理效率。成立综合服务中心集中管理会议和招投标服务，落实降本增效11项举措，人均项目成本下降18万元，同比下降10.4%，节约成本，提高了运转效率。

基于工作分解模版严格审查项目立项研究内容及预算。采用“两表一图”规范科技项目过程管理，实现了科技项目质量、进度、成本的精细化管理。初步建成基于专业技术领域划分、科技成果分类、技术就绪水平评价三个维度对科技成果评价与管理的“技术货架”。

制定技术合作总体工作方案，明确了目标、策略和行动计划。与国网电科院、Alstom中国技术中心等单位签订合作协议，在科技项目研发和实验室建设方面构建“产学研用”相结合的科技创新格局。成功获得了“广东省院士专家企业工作站”。

建立质量、环境和职业健康安全管理体系，顺利通过了“三标一体化”认证。成立了院安全生产委员会。制定了涉及电网运行、设备管理、现场调试、实验室试验及日常管理的283项风险辨识、评估和管控措施。分解并下达了南方电网公司部署的11项主要风险预控措施以及科研院22项风险预控措施。

队伍建设 出台《南网科研院关于加强人才队伍建设的实施意见》。选强配优部所负责人，共提拔任用处级干部10人。建立了“重在培养、同样使用”的后备干部梯队，其中部所正职后备干部4名，部所副职后备干部7名。开展社会公开招聘工作，共引进人才51名。申报“千人计划”、“青年千人计划”4人，引进2名“千人计划”专家，人力资源总量增长30%。

选聘13名技术专家和20名助理技术专家，形成了规模适当、结构合理的专家队伍。以研究生工作站为依托，选拔实习生25人。建立了导师制，对实习生、新员工开展一对一培养，签订师徒协议44份。强化教育培训工作，大力开展了科研院大讲堂活动，举办各类培训41期，培训人数1067人次，覆盖率达100%。研究制定市场化薪酬方案，并在系统研究所和智能电网所开展了试点工作。

开展业务流程梳理，共划分业务领域13项，梳理一级业务61项，二级业务162项。开展领导干部岗位责任体系建设，编制岗位说明书29份，梳理优化全员岗位183个。起草岗位管理手册，进一步明确了员工发展通道。

党的建设 一是制定《加强党组织和党员队伍建设实施方案》。开展职工运动会等多种形式的文体活动，切实帮助员工解决实际问题。成立了共青团委员会，持续开展“科技攻关献青春、服务南网比贡献”主题活动，开展了关爱空巢老人、关爱残障儿童、晚餐沙龙、青年联谊等活动，收效良好。二是深入宣贯南方电网文化，使南方电网文化入心入脑。结合南方电网科研院实际，开展创新文化建设，初步形成了《南网科研院创新文化手册》方案。制定了《贯彻落实〈幸福南网建设指导意见〉实施方案》，大力开展幸福科研院建设。在中央主流媒体广泛宣传自主创新事迹及科研团队，科研院技术品牌得到进一步宣扬。三是开展廉洁风险点排查，建立了廉洁风险库。深入开展纪律教育月活动，反腐倡廉教育深入人心。开展了财务收支、重点科研项目内部审计工作。

主要事件

2月8日，南方电网科研院召开2012年工作会议暨一届二次职工代表大会，南方电网公司专家委主任委员李立浧院士、生技部皇甫学真主任出席会议并做了重要讲话，余建国董事长、院长作了题为《以电网需求为导向做强做优核心业务为南方电网科学发展做出新的贡献》的工作报告。

7月1日，南方电网科研院直属党委获得广东省创先争优“南粤先锋”先进基层党组织荣誉称号。

9月28日，中央媒体到南方电网科研院，开展“国企带头人”专题采访，饶宏院长作为全国6位被采访人之一。

（刘抒彦）

【中国大唐集团技术经济研究院】

中国大唐集团技术经济研究院是中央直接管理的国有独资公司、特大型发电企业中国大唐集团公司投资设立的全资子公司和直接管理的技术经济研究机构，与中共中国大唐集团公司党校、中国大唐集团干部培训学院实行“三位一体”管理。主要承担政策与战略研究、技术咨询与服务、技术情报收集与研究、干部培训及管辖资产的运营及管理。经国家工商总局批准同意于2009年3月4日正式登记成立，管理资产10个亿。

中国大唐集团技术经济研究院以“成为能源行业一流技术经济研究院”为愿景，认真把握“酒店经营、教育培训、技术经济研究”三大功能定位，坚持“经营型、服务型、市场化、产业化”的发展模式，发扬“务实和谐，同心跨越”的企业精神，全心全意服务大唐集团发展。

【中国大唐集团科学技术研究院】

2012年，大唐集团决定利用成为国家第三批海外高层次人才创新创业基地的契机，整合系统内外科技资源，组建集团中央科研院，冠名“中国大唐科学技术研究院有限公司”。2012年3月成立了科研院筹备组，开始相关组建工作，并于同年8月正式在中关村科技园区昌平园注册。中国大唐集团科学技术研究院有限公司建成后将落户北京未来科技城，作为大唐集团开展科技创新、产学研用合作和科技成果产业化的主要平台，同时也是海外高层次人才从事科技研发的主要载体。

中国大唐科学技术研究院有限公司是大唐集团集科研开发和技术服务于一体的中央研究机构，紧密围绕大唐集团在建在役资产，开展技术服务、技术支持和技术监督；紧密围绕大唐集团生产、经营、发展中遇到的实际问题，开展技术攻关；紧密围绕未来高新技术产业和战略性新兴产业发展重点，开展前沿技术研究；紧密围绕海外高层次人才创新创业基地建设，为大唐集团科学发展提供人才智力保障。

【国电新能源技术研究院】

单位概况 国电新能源技术研究院（简称国电新能源院）筹建于2009年6月，是中国国电集团公司（简称国电集团）在中组部、国资委支持下，建设海外人才创新创业基地的实施载体，是国电集团实施“以大力发展新能源引领企业转型”战略的重要举措。国电新能源院坐落在北京昌平区内，与其他14家大型央企研发机构共同建设北京“未来科技城”。

2012年，国电新能源院紧密围绕国电集团确立的打造“综合型、应用型、市场化、国际化”，“国内领先国际一流”研究机构的目标定位，“集团搭台，企业唱戏”的体制架构，坚持“边建设边研发”的工作思路，坚定“率先建成、率先出成果”不动摇，圆满完成了各项工作任务。

打造精品工程 国电新能源院高度重视工程建设工作，抓进度、保质量、促和谐、控成本，深入开展管理提升活动并贯穿现场组织调度全过程，加速推进项目整体建设进度。

截至2012年底，项目主体结构及土建施工全部结束；外幕墙施工基本完成，实现整体封闭；室内装修全面完成隔墙、天花龙骨、基层施工，整体进入面层施工阶段；机电方面已完成电梯、空调、消防、强电、弱电等主要系统安装，进入内装接口配合阶段；室外市政工程基本完成，具备大市政接入条件；室外道路基层已完成施工，园林完成全部土方整理和硬质景观土建施工；风光储项目正常推进，屋顶光伏电站完成钢结构和光伏组件安装，风机完成设计、地勘、招标和桩基施工，储能及微网控制系统完成初步设计；地热井工程已完成钻井工作。301号楼于10月份入驻投用，并于冬季开始试供暖。

项目土地手续和规划手续由专人负责，目前已全部完成，取得了国有土地使用证和工程规划许可证；其他人防、园林、地震、气象、文物、节能专篇、水土保持、环评、交评等20余项专项审批已全部完成，水、电、气、热、讯、有线等相关手续基本完成，整体手续办理进度位于未来城首位。

截至2012年12月底，年度完成建筑、安装、材料等68项招标工作，签订合同108项，合同金额191 238万元；累计到位资金165 850万元，累计资金拨付147 946万元。

截至2012年12月底，项目已通过7874项工程质量验收，合格率均为100%，并顺利取得“结构长城杯（金奖）”荣誉。现场未发生工程安全事故及人身安全事故，安全生产和维稳形势良好。项目获得国家“工程建设AAA级安全文明标准化诚信工地”荣誉。

项目部一直将“拒腐防变”工作贯穿于工程建设全过程，定期派人参加区纪检和检察部门廉政工作座谈会，邀请区检察院领导到现场开展预防职务犯罪知识讲座，并探索建立“检企共建”、预防腐败长效机制，集体签署《工程项目管理人员行为规范公约》、《廉洁自爱保证书》并公示。进一步完善了造价、咨询、业主和跟踪审计四级审核机制，优化了审核、考察、评估、筛选流程，坚持对招投标、物资采购、工程结算等关键环节进行重点防范，保证了项目资金规范使用。

搭建服务平台 国电新能源院不断深化对“集团搭台，企业唱戏”体制架构的理解，发挥科技创新服务体系的四个服务“窗口”的软件平台作用。

“引才服务窗口”根据各产业公司和研究所研发需求，2012年引进入选“千人计划”的海外人才2名。

“政策服务窗口”与国资委、科技部、能源局、北京市科委、中国科学院等单位建立了良好的合作关系。其中，已与北京市科委就合作共建国电新能源技术研究院达成协议；为研究所搭建桥梁，使研究院、风电运营所与华北电力大学合作，研究院、风电设备及控制技术研究所与重庆大学合作申请了2个“973”项目；与国电龙源及污染控制与资源化技术所获得北京市科委重点支持的催化剂研发项目，与联合动力、太阳能所、华电天仁等获得北京市科委重点支持的风光储建筑一体化项目。

“国际合作窗口”启动了与澳大利亚新南威尔士大学的全面合作，与新南威尔士大学合作的关于太阳能电池技术研发项目获得澳大利亚政府批准。申请亚太经合组织（APEC）关于储能系统的研究项目获得审批并正式启动执行。与美国空气化工产品公司合作进行有关压缩空气的项目研发，已经签订《合作谅解备忘录》。申报北京市科委国际合作平台“北京市新能源国际科技合作基地”的建设工作。

积极开展与国际一流高校、科研院所以及知名企业的学术与技术交流，来访交流单位包括美国麻省理工学院教授、新南威尔士大学教授、通用电气公司技术专家、欧洲微电子研发中心专家、陶氏化学公司、贝克伯茨律师事务所等。组织召开技术交流和研讨会13次，参加者超过200人次。

“形象宣传窗口”通过国电集团“海外人才创新创业基地建设工作会议”，研究院建设工地设立人才基地建设展厅，以及参加中组部在大连举办的“海创周”“千人计划”成果展和无锡举办的“太湖峰会”“千人计划”成果展，充分展示了国电集团落实中央“千人计划”、推进人才基地建设的成功做法，进一步提升了国电集团及研究院、所的社会声望和影响力社会形象。

成为2012年《中国新能源与可再生能源年鉴》协办单位。

提高科研能力

1. 规范科技项目管理

组织编制国电新能源技术研究院“十二五”科技发展规划，确定“十二五”期间的科技发展指导思想、发展目标以及重点研究技术领域和研究内容，全面规划了“十二五”期间需要开展实施的科技研发项目，并提出了保障措施等。

初步建立科技管理及服务体系，研究出台《国电新能源技术研究院科技项目管理暂行办法》等管理制度。

提升科技情报服务能力，创办了《新能源科技信息》期刊，定制了爱思唯尔公司的“Science Direct”数据库，用于英文科技文献的查询；并且定制了中国知网公司的数据库，用于中文科技文献的查询。

2. 加快实验室建设

以国际一流科研机构实验室建设标准为目标，加快各专业实验室硬件设施建设，提高科技创新的硬件实力，保障科技创新能力的持续提升。各研究所共计划建设实验室及试验车间56个，一期建成实验室31个。

3. 推进科技项目研发

作为牵头单位成功申报并获批国电集团2012年重点课题五项，分别在页岩气、太阳能热发电、水煤浆、催化剂、太阳能电池等领域开展相关课题研究。同时作为合作单位，参加国电集团批准的10项2012年重大或重点课题。并积极与国电内蒙古公司、平庄煤业公司和国电贵州公司、国电新疆公司等集团其他公司开展合作项目。

申报并获批集团公司2012年重大软课题三项，分别在页岩气、煤伴锗、催化剂等领域开展相关课题研究。

申报并开展国家及省部级课题项目五项。作为参与单位承担国家“863”课题一项。承担北京市科委催化剂再生有关课题一项，并已经撰写两篇发明专利。承担能源局、科技部太阳能发电领域有关课题研究。承担亚太经济合作组织（APEC）项目储能领域相关课题。参与市科委项目风光储一体化申报材料的编写工作。

学术交流及论文发表。分别在页岩气及相关领域、太阳能相关领域、储能领域、石化及碳捕集领域参加学术会议及培训20余次。撰写及发表SCI、EI学术论文四篇。

强化内部管理 加强内控，完善管理体系。一是狠抓财务管理，严格控制经费使用，在工程建设上，努力将工程造价控制在概算内；在研究院运行经费管理上，努力降低各项费用支出，确保费用支出不突破集团公司核准经费额度。二是从国电新能源院议事规则、财务管理、工程建设、反腐倡廉等方面入手，制定和修改完善了百余项规章制度，其中财务制度达20项，基本形成了相对目前工作较为完善的决策运作制度体系。

深入开展管理提升活动。一是制定了《国电新能源技术研究院关于全面开展管理提升活动的实施方案》，成立了研究院管理提升领导小组，下设办公室。并结合研究院实际成立了7个专项工作小组。二是开展了“四诊四制”活动，对科技创新理念、体制机制建设、运行管理创新、工程建设管理对照国电集团为研究院确立的目标定位、体制架构、建院方针、建设理念认真自我诊断，制定整改措施。三是定期出管理提升简报，宣传管理提升活动开展情况。研究院切实细化措施，层层落实责任，将管理提升活动落在实处，收到实效，获得好评，中国国电集团网站先后三次介绍了国电科学技术研究院开展管理提升活动的经验。

推进学习型组织、员工队伍建设。按照“两型两化”、“国内领先、国际一流”的目标定位，着力培养一支与之相适应的创新型、学习型员工队伍。举办“让思维插上创新翅膀”读书活动赠书仪式，向员工赠送《史蒂夫·乔布斯传》等20多种书籍；开展“读书与创新型研究院建设”主题征文比赛，共征集23篇作品。以“研究院讲堂”、“迎七一，七月学习月”、员工培训、座谈交流以及外出学习考察等形式强化学习工作化、工作学习化的意识，拓宽学习范畴，创新学习途径，促进“学”与“用”的结合，真学、真懂、真用，建立学习长效机制，营造浓厚的学习氛围。

加强党建工作与文化建设。扎实开展创先争优公开承诺活动，通过“三思两促一建”、“我为创建一流做贡献”、创建“四创特色支部”、反腐倡廉宣传教育、“让思维插上创新翅膀”读书活动以及党章学习和知识竞答、党员公开承诺及公示等积极打造特色活动。先后以新年联欢会、“我与创新型研究院建设”主题征文活动等为载体，积极培育创新文化。

（程扬清）

【国电能源研究院】

单位概况 国电能源研究院（简称国电能源院）是国电集团从事软科学研究及工程咨询服务的直属科研单位，主要负责国电集团发展战略研究和项目评价，包括课题研究、项目评估和信息收集三大业务板块。课题研究主要围绕国电集团发展战略和核心业务以及能源领域的重大问题开展，为国电集团发展提供理论支撑。项目评估工作，是围绕国电集团的战略部署，坚持效益与规模并举，为国电集团投委会审议和总经理办公会决策提供技术经济可行性评估报告。信息收集工作，是对涉及电力、煤炭等能源行业信息进行全面的搜集和分析，为国电集团领导和各部门提供更加及时、有效、准确的动态信息。

主要业绩 2012年，完成国电集团2012年度目标责任书中的考核内容，连续4年获得国电集团考评类单位第一名。

（1）完成专题研究65项。

（2）完成项目评估审查类项目173项。其中，项目评估109项，咨询项目9项，工程审查项目24项，造价咨询28项，后评价项目3项。

（3）完成期刊、信息272期。其中，《每日信息》238期，《宏观经济、电力、煤炭和金融数据解读》18期，《领导讲话摘录及政策法规汇编》12期，《页岩气聚焦》4期。

（4）取得质量管理体系保持认证资格证书。

（5）《发电行业可持续发展问题的探讨》获得国家能源局软科学研究成果奖。

（6）《集团公司2012年度水电建设项目执行概算审查》获得集团公司总经理奖励基金二等奖。

（7）《科学发展火电，破解“十二五”缺电困局》获国电集团重大课题特等奖，《确保发电行业健康可持续发展》、《集团公司优劣势分析》、《中小水电并购风险分析和防范措施研究》分获国电集团重大课题一等奖，《集团公司融资思路研究》获国电集团重大课题二等奖。

院务管理 一是以推进质量体系运行提升管理水平。2012年继续开展了质量管理体系的文件修订、内部审核、管理评审等工作，于9月取得质量管理体系保持认证资格证书。二是以提升质量管理推动企业长足发展。国电能源院组织内审员对院内2011～2012年质量管理工作开展全面自查和诊断，并聘请质量管理体系认证中心专家进行审查和指导，对国电能源院存在的问题和短板进行了梳理，确保质量管理体系贯穿业务始终，努力实现能源院管理过程的持续改进和管理水平的全面提升。三是加强“三库”建设，提高工作质量。通过加强财经数据库、能源经济数据库和专家库的挖掘和使用，充分利用外部智力资源，提高信息服务、研究报告的质量和效率，以及评估报告的科学性。四是继续加大培训力度，建设学习型团队。2012年，共参加院外培训讲座20个，培训30人次。国电能源院内部组织培训12次，内容涉及战略、财经、火电厂结构、工程造价、煤炭煤化工、档案管理、财务管理信息化、水能、风能资源评估讲解等，总计培训423人次，培训覆盖率达到100%。五是加强档案规范化管理，夯实管理基础。通过档案管理的制度化、程序化，及时、完整地保存了院内研究成果，保证了工作的可追溯性，强化了工作人员责任意识。2012年能源院获国电集团档案工作先进单位。六是发挥评审委员会作用，确保成果科学性。成立课题和项目两个评审委员会。对所有项目和课题均要通过委员会公开、透明的程序进行审查，做到科学、公正，确保研究成果和评估的质量。

课题研究 2012年，国电能源院主要从电力行业发展趋势、发展方式转变、电力市场等几个方面，对电力行业的长远发展问题和重点难点问题进行了探索思考，主要成果包括《促进电力行业健康发展的若干问题研究》、《电力工业与国家安全》、《对发电企业转型发展的战略思考》、《电力体制改革研究分析》、《转型发展战略与风险控制》等。加强新能源方面研究，主要成果包括《风电、光伏、生物质能发展“十二五”规划解读》、《天然气发电发展趋势研究》、《页岩气发展现状及未来趋势》等。加强财税金融与资本运作研究，主要成果包括《集团公司参股股权投资现状分析》、《大渡河公司企业整体价值评估》、《火电企业资产处置分析》、《平庄能源股权融资可行性研究报告》等。加强相关产业发展研究，主要成果包括《蒙东煤炭资源和生产现状及未来发展》、《蒙东煤炭外运现状及未来发展》、《集团公司煤炭生产、储运与供应规划》、《我国污水处理发展现状及发展趋势》等。加强技术路线、工程造价相关研究，针对火电、水电、太阳能和煤炭等项目的技术路线选择优化和造价控制进行了深入研究，主要成果包括《火电工程“三塔合一”技术方案专题研究》、《火电机组三大风机选型参数及裕量系数专题研究》、《造价统计分析》、《2010、2011年度投产火电机组工程量分析》、《水电工程执行概算有关问题分析》等。

项目评估 一是前评估工作。2012年，共开展项目评估109项，内容涵盖电力领域和非电领域约20种类型的投资、收购、重组等前评估工作。二是后评价工作。2012年共完成3个后评价项目，通过对项目前期、工程建设和生产经营等各个阶段进行分析，解读设计和生产经营中存在的问题，为国电集团后续投资的同类项目建设提供借鉴和依据。三是造价管理咨询工作。2012年主要开展了火电造价目标编制、水电、煤矿执行概算审查、招标项目标底（最高投标限价）编制、结算审查等工作，涵盖工程建设造价管理的各个阶段。完成库车、克拉玛依等5个火电项目造价目标测算工作，概算总额156.28亿元，编制造价目标建议值145.54亿元；完成了白沙河、普西桥等7个水电建设项目和白音华等3个煤矿项目的执行概算审查，上报执行概算总额126.37亿元，审定执行概算总额122.7亿元；完成了21项工程施工标底（投标限价）编制，清单概算总额33.6亿元，中标价总额28.7亿元；完成兰州二热工程结算审查工作，上报结算额26.97亿元，审定额26.51亿元。四是设计审查工作。国电能源院进行了初步设计原则审查和初步设计内审工作，解决了现阶段的有关设计问题，为下一阶段设计顺利开展创造了有利条件，促进了工程方案的优化，降低了工程造价，提高了机组效率，增强了工程投产后的经济效益及安全性。五是直接参与国电集团重大项目。2012年，在国电集团新华水电收购、大渡河水电项目收购、柬埔寨水电项目、南非风电项目、加拿大风电项目、页岩气项目投标、益阳电厂股权处置等重大项目中，与有关部门一起进行研究、测算，策划、制定了工作实施方案。

对外交流 加强对外交流合作的范围与深度，分别与美国麻省理工大学、瑞典能源署、牛津能源研究所、清华大学、华北电力大学、华东电力设计院等国内外知名科研院所和相关机构建立了联系，合作范围涉及信息搜集、情报分析、课题研究和工程咨询等领域。

党建和精神文明建设 一是深入推进创先争优活动。积极开展“基层组织建设年”与“党建工作管理提升”活动，开展爱国主义现场教育，教育和引导党员干部学党史、促发展、当先锋、做表率，创先争优取得实效。二是扎实推进学习型党组织建设。认真落实党委中心组学习制度，以中心组的示范作用带动全院理论学习，增强党员宗旨意识，提高党员队伍整体素质。三是认真开展学雷锋系列活动。开展“传承雷锋精神、爱心奉献社会”活动，与“365儿童救助康复教育基金”签订长期扶助的协议，捐助“365晨光宝贝之家”的孤残儿童，推动学雷锋活动常态化。四是进一步加强基层组织建设。积极探索建立适应国电能源院管理架构的党的组织建设体系，吸收优秀员工入党，认真开展基层组织建设年活动。五是推进企业文化建设、构建和谐研究院。2012年，能源院分工会分别协助国电集团工委、直属工会成功组织并参加了国资委主办的“华能杯”央企乒乓球友谊赛、国电集团“聚焦国电”摄影大赛和直属工会“同庆十年华诞共建和谐家园”书画摄影展等多项赛事。

（刘 凯）

【国电科学技术研究院】

单位概况 2012年，国电科学技术研究院紧紧围绕以“规范管理、厉行节约、质量至上、技术为本、提升能力、提高效益”的年度工作主题，扎实工作，认真开展了管理提升和创先争优活动，全面完成了技术服务、科技研发、生产销售、平台建设等各项工作任务，巩固了稳定和谐、团结奋进的大好局面。

技术服务 开展“五项评价”工作。2012年，完成了20家火电、17家水电、25家风电厂的安全，18家火电厂的节能，17家火电厂的环保，23家电厂的技术监督，25家电厂的煤炭采制化评价工作；完成了13家水电、19家风电厂安全生产标准化三级达标的现场评审工作；应国电集团、分（子）公司和电厂要求，开展日常技术服务148项。评价工作覆盖了与国电科学技术研究院签订技术服务合同的全部电厂，履行了约定的责任，顾客满意度达92%。专家组在现场解决了多项技术疑难问题，获得了企业好评。

做好新建机组性能考核工作。密切配合业主单位，完成了9家电厂的16台新建机组性能试验工作，试验报告真实反映机组状况，同时积极发挥技术优势，指导处理消除电厂各类设备缺陷。

进行机组调试工作。首次独立承担了宿州6号350MW超临界供热机组主体调试工作，12月11日顺利通过168h试运行，机组运行稳定，各项技术经济指标优良。完成宿州2台机组的DCS组态和肇庆热电项目金属检测工作，受到业主的好评。

推进环评业务。保持了火电、输变电建设项目环境影响评价行业优势，通信类建设项目环境影响评价、水土保持咨询等业务稳步开展，拓展了火电建设项目环境监理和环境保护竣工验收咨询、电网项目节能评估等业务，充分发挥环境风洞实验室的作用，全年完成环评等项目355个，新签合同额突破1亿元。

提升环境工程技术能力。首次承接东胜热电厂2×300MW机组脱硝改造工程，取得了脱硝工艺计算软件包开发及应用软件著作权。开展脱硫脱硝改造工程可研咨询，完成了集团内外60个项目。开展了业主工程师、噪声治理、煤场综合治理、石膏雨治理、除尘器改造等业务，进展良好。

开展节能改造和综合治理工作。实施榆次电厂低位能分级混合加热优质供暖系统改造工程，年增加供热量150万GJ，单机供暖期供电煤耗下降54g/kWh以上。实施濮阳电厂机组纯凝背压切换改造，采暖期供电煤耗下降30g/kWh。对18台国电集团重点机组进行节能综合治理，平均供电煤耗降低6.4g/kWh；范坪2号机组测试诊断、大修和性能优化调整后，330MW负荷供电煤耗下降14.79g/kWh。此外，还完成7个电力建设项目节能评估工作，延伸了业务领域。

加强项目前期和建设项目精细化管理工作。精细化办公室对肇庆、库车、汉川等7家电厂进行了现场检查，验收了布连、九江等电厂机组通流间隙，提高了机组技术经济指标。燃机所开展高淳、丹阳等燃机项目的前期咨询与服务工作，承担中山项目主设备招标、设备谈判的咨询服务工作，参加国家能源局《天然气分布式能源示范项目实施细则（建议稿）》等文件的编制。

实施技术培训。举办煤检培训班8期，培训人员622人，602人获得上岗资格证书；举办环评培训班1期，培训人员72人；举办智能化研讨班1期，培训人员45人。开展了对国电新疆公司、国电广东公司、布连电厂等单位的精细化指导意见培训，总计有280余人参加。

科技研发 “863”计划项目成功申报。经申报科技部批准，取得了“十二五”电力行业资源环境技术领域唯一的、也是国电科学技术研究院首次代表电力行业牵头组织和课题负责单位承担的“863”计划项目——“燃煤电站多污染物协同控制集成技术与装备”及其子课题“低温多污染物综合控制技术与示范”。配合完成“十一五”“863”计划课题，“大型燃煤电站湿法烟气脱硫脱硝一体化技术与示范”，“大型燃煤电站锅炉烟气排放控制技术与装备”及其6个子课题；完成《蓝天科技工程“十二五”专项规划》中“燃煤烟气污染物控制”、“污染源超细颗粒物PM2.5控制”的技术指南和实施方案。

取得多项科研成果。开展了低温SCR烟气脱硝中间试验，柔性集尘极湿式静电烟气深度净化技术及其工程示范，脱硫提效，超超临界机组无损检测技术与装备，燃煤电厂烟气污染控制技术对汞等有害污染物减排规律的研究等科研工作，研发超细脱硫剂、浆液调质及多孔板环脱硫提效降耗技术；数字X射线检测系统、氧化皮检测仪、联箱内窥镜、蛇形机器人；开发煤检化验室管理系统和智能化存查样系统；研制出基于DOAS技术的高温烟气分析仪样机。获得了授权专利22项，其中发明4项，分别为“一种烟气脱NO_X低温SCR催化剂的制备方法”、“一种低温烟气脱硝SCR催化剂及制备方法”和“燃煤烟气的尿素湿法联合脱硫脱硝方法”、“大功率高频高压整流变压器”；实用新型专利16项，外观设计2项；获得了软件著作权10项。“大型火电机组空冷系统优化设计与运行关键技术及应用”获国家科技进步二等奖；“燃煤电厂环保设施运行状态诊断与性能改进技术研究及应用”等2项成果获环保部科学技术进步二等奖；“节能提效型电除尘器高频电源的研制与运用”等3项成果获得国家能源局科技进步二等奖。编制“燃煤发电机组CO_2监测方法”等8项国家和行业标准。完成了《中国电力百科全书》（第三版）火电卷环境保护分支修编和《电力建设施工质量验收及评价规程》等4个电力行业标准的中译英工作。

推进平台建设。加大投入，购置了多组分烟气分析仪、机组性能考核试验数据采集系统、测汞仪、煤灰比电阻试验台等节能减排技术研究仪器设备。加强招标、施工管理和与政府有关部门协调，推进国家能源火力发电节能减排与污染物控制技术研发（实验）中心建设，10月底，研发（实验）中心主体结构建设完工。12月3日，江苏省科技厅批准在国电科学技术研究院设立江苏省电力工业污染模拟与控制工程技术研究中心。协调整合技术力量，引进专业技术人员充实煤检中心。煤检实验室扩充了煤灰成分分析、煤质特性分析、煤中有毒微量元素分析等检验项目，建立了质量保证体系，10月，通过了江苏省技术监督局实验室计量认证，具备了煤质第三方检测资质，实施了怀安热电公司燃料智能化管理系统示范项目，开展了机械采制样设备（装置）的性能试验业务。

产业发展 高频电源产品更新换代。国电科学技术研究院所属南京国电环保科技有限公司研究攻关消除了第一代高频电源产品的设计缺陷，提升了质量稳定性。研制出第二代HF-02型高频电源产品，经性能验证，各项指标达到设计指标，输出最大功率150kW，产品已开始批量生产应用到泰州等电厂。研发了基于GPRS技术的远程诊断系统，实时采集高频电源产品运行数据。

销售业绩稳步提升。2012年，国电科学技术研究院所属南京国电环保科技有限公司生产了高频电源、低压柜、CEMS等产品，完成了38个电厂44台炉高频电源的安装及调试工作。高频电源被科技部认定为“国家重点新产品”，被江苏省经信委认定为“专精特新产品”，保持了行业优势，树立了良好的企业及产品形象。

内部管理 开展管理提升活动。一是结合实际，制订方案。通过网站、协同办公系统等各类载体进行了广泛的宣传，制定了活动方案，着力提升服务能力、创新能力、管理能力、营销能力、文化能力和发展能力。二是广泛深入，自我诊断。各单位以及10个专项管理提升小组着重查找基础管理方面的问题，专业研究所着重查找专业管理问题，共查找出基础管理问题19项，专业管理问题14项。三是扎实整改，确保成效。根据自我诊断查出的问题，出台了整改方案，逐一确定整改提升的目标、方式、措施和时限要求，落实相关领导、部门和人员。整改提升方案向职工公布，以监督推进整改。

强化财务管理。完善了院属各独立运作单位财务机构，院对所属各单位的财务机构实行双重模式管理，开展财务信息化建设，按照国电集团的统一规划，统一标准，构建财务信息系统，2012年底集团账务、应收应付、集团报表、融资管理、账户管理等12个子系统具备了上线试运条件。

优化管理体系。调整了管理业务部门，成立综合管理部、研发中心和昆明分院，撤销了办公室和人资部。结合组织机构和业务的调整，完善了新版综合管理手册、程序文件等体系文件。培训了新增内审员，16人通过考核取得注册三标内审员资格证书。通过中电联认证中心专家组对国电科学技术研究院三标管理体系的年度外部监督审核。升级协同办公系统，改造流程表单页面，增加移动应用模式，开发了固定资产管理流程，提高了工作效率。

人才队伍建设 出台了《技术专家管理办法》，分A、B、C三级对技术专家进行评级聘任，在科研、培训、津贴等方面给予相应待遇。选聘了第一批环保、热能、电气、自动化、土建、安全等专业A级专家17名。

江苏省人力资源和社会保障厅批准国电科学技术研究院建设博士后创新实践基地，与东南大学建设了江苏省企业研究生工作站，与南京信息工程大学共建教育部“国家级工程实践教育中心”，与江苏省教育厅共建“江苏省企业研究生工作站”，与山东大学签署合作协议共建科技创新平台，拓宽了人才教育培养途径。

重点引进热能动力、安全评价、电气、金属、化学等专业带头人和具备相关注册资质的技术骨干40人，健全了专业队伍，增强了整体实力。开展继续教育，鼓励员工参加各种执业资格考试，2012年新增注册咨询工程师4人，注册环评工程师2人，注册安全工程师1人，注册安全评价师2人，一级调总1人；新增研究员级高工1人，高级工程师7人。人才保障了工作任务的完成，推动了业务发展。

惠民工程 改善员工工作生活环境。成立了院伙食管理委员会，改造了院区的排水设施，进行了线路和用电设备安全大检查，增加了空调，维修了车棚等公用设施。

提升员工素质。开展5期跨专业技术交流讲座。组织16位员工到华北电力大学攻读工程硕士，10人分别申请了在职攻读能源和环境专业研究生、博士及博士后。加大了网络培训力度，已初步建设了院OA培训门户，提供各类专业技术、管理类知识电子培训资源供员工学习。

关心离退休员工生活。落实转制前老干部工资补助工作，工资补助已经发放到位。坚持做好离退休老同志的健康体检、逢年过节走访慰问工作。

党建与精神文明建设 深化创先争优活动。设立了"党员模范岗"、"党员示范区"，开展了"重大科研项目攻关组"、"跨专业技术交流"和党员群众"一对一"结对互帮三大特色活动，效果显著。荣获江苏省"五一"劳动奖状、"江苏省厂务公开民主管理先进单位"、"江苏省五四红旗团委"等荣誉称号。

开展基层组织建设年活动。国电科学技术研究院7个党支部全部被评为"先进"等级。根据党员工作分散的情况，划分25个党小组，开展学习、整改。

推进精神文明和谐企业文化建设。宣贯国电集团"家园文化"，参加了集团公司企业文化建设优秀成果巡展，获得"最佳组织奖"和"最佳创意奖"；积极践行社会主义核心价值体系，坚持开展了学雷锋活动，树立了企业良好社会形象。

（李　炘）

【华北电力大学】

单位概况 华北电力大学设有直属学院10个，教学部2个，另设有国际教育学院、研究生院、继续教育学院、艺术教育中心和工程训练中心；拥有一级学科博士学位授权点5个和二级学科博士学位授权点30个，一级学科硕士学位授权点23个和二级学科硕士学位授权点123个；本科专业56个；拥有国家级重点学科2个、部级重点学科23个，国家重点实验室1个，国家工程试验室1个、国家工程技术研究中心1个、教育部重点实验室2个、教育部工程技术研究中心1个、北京市重点实验室4个、北京市工程技术研究中心1个，另有北京市哲学社会科学研究基地1个；拥有博士后科研流动站5个。

学校有教职工2924人，其中，专任教师1782人，包括教授347人、副教授522人；博士生导师159人、硕士生导师810人；中国工程院院士5人（含双聘院士4人），"千人计划"专家5人，国家教学名师获得者1人，"长江学者"特聘教授1人、国家有突出贡献专家3人。获国家"杰出青年科学基金"资助人员6人，入选国家"百千万人才工程"人员7人，"973计划"首席科学家4人，教育部"新世纪优秀人才支持计划"35人，全国模范教师2人，全国优秀教师2人。外籍教师22人，其中，教授2人、副教授1人。

2012年，华北电力大学科研总经费突破5.67亿元，达56 660.895 7万元，比2011年科研总经费增长12%，再创历史新高。其中，纵向经费总额为20 685万元，比2011年增长了25.9%；横向经费总额为30 165.187 5万元，比2011增长了7.67%。

领导班子 2012年领导班子成员如下：

党委书记：吴志功

校长：刘吉臻

党委副书记：张金辉（兼副校长）、李双辰（兼纪委书记、工会主席）、郝英杰

副校长：安连锁、李和明、杨勇平、孙平生、孙忠权、王增平

党委常委：张天兴

学科建设 2012年，华北电力大学通过不断丰富和推进"大电力"特色学科体系建设，传统优势学科、新兴能源学科、文理学科之间以强带弱、优势互补、交叉互动、相互促进，带动了学科整体水平的快速提升。传统优势学科在学校学科发展中的主体地位更加显现，电气工程、动力工程及工程热物理在新一轮全国学科评估中排名位居全国第6和第11位，比上一轮评估分别上升了3位和1位，控制科学与工程、工商管理、管理科学与工程三个具有一级博士点的学科排名也有明显提升；控制科学与工程学科获批博士后科研流动站，实现了5个一级学科博士后科研流动站全覆盖；10个学院中有9个具有独立或合作培养博士研究生的资格，"4、3、3"学科阵型基本形成。"电力科学与工程985优势学科创新平台"正式获批；"211工程"三期建设通过国家验收；动力工程及工程热物理、控制科学与工程两个学科增列为一级学科北京市一级重点学科，应用数学、诉讼法学增列为河北省重点学科，至此，学校一级学科省部级重点学科增至3个，二级学科省部级重点学科增至23个。

师资队伍建设 华北电力大学启动新一轮劳动人事制度改革，制定并出台《进一步深化人事制度改革原则意见》和《教师绩效考核及校内津贴调整方案》，建立以绩效考核为核心、以约束与激励相结合的评价体系为手段的内部治理结构和劳动人事制度；强化目标导向，推进教师分类管理和院系二级管理，着力处理好教学与科研、长期与短期、数量与质量、个人与

团体的四个关系；进一步整合职能，调整机构，提高管理效能，促进了人力资源的整体优化。学校加大延揽海内外高层次优秀人才的力度，引进2名“千人计划”学者和1个由5名海外知名大学博士学位获得者组成的年轻学术团队，新增“长江学者”特聘教授1名，国家“杰出青年科学基金”获得者1名，国家“优秀青年科学基金”获得者2名，入选中组部第一批“青年拔尖人才计划”1名，“新世纪优秀人才”支持计划7名；加大青年教师的培养力度，20名青年骨干教师获得国家留学基金委“青年骨干教师出国研修项目”资助；完成2012年专业技术职务评聘工作；关心教职员工切身利益，进一步提高包括离退休老同志在内的教职员工待遇。

教育教学 2012年，华北电力大学加强本科教学质量工程三级体系建设，3个专业列入教育部专业综合改革试点，1门课程入选国家精品公开课建设计划，3部教材入选国家级规划教材，以核心课程为主体的理论教学体系建设基本完成；2个国家级实验教学示范中心通过验收，新增电气工程国家级实验教学示范中心，新增1个北京市级校外人才培养基地。深入研究创新人才培养的规律，探索有利于学生参与创新实践的新机制，大力推动学生创新俱乐部蓬勃发展；继续健全校企协同培养人才机制，完善卓越工程师教育培养计划选拔方案和培养标准。不断完善教学质量监控与保障体系，修订院系教学状态30项通报制度、推免研究生工作实施办法等教学管理制度；首次向社会公布本科《教学质量年度报告》。继续推进和完善研究生培养机制改革下的研究生资助体系，加强研究生核心课程建设、培养基地建设和国际交流；完善研究生质量保证和监控体系，加强以稳定研究方向与提高学术研究能力为重点的导师队伍建设。

教育教学质量成果显著。获省部级高等教育教学成果一等奖6项、二等奖10项；获得北京市优秀博士学位论文1篇，全国节能减排大赛特等奖1项，数学建模竞赛连续九年获得全国一等奖；学生参与创新实践活动人数大幅攀升，获国家大学生创新创业训练计划项目150个，学生创新成果获专利34项。研究生在第九届全国研究生数学建模竞赛中表现突出，获奖等级和数量位居全国高校前列；19名研究生获得2012年公派出国项目资助。群众性健身运动蓬勃开展，在多项高水平比赛中获得好成绩；学校的毕业生质量得到企业和社会各界的高度认可，入选中国百强上市企业最喜爱的十所高校之一。

科学研究 在国家自然科学基金年度立项课题中，华北电力大学电气科学与工程学科获批26项，荣居电气学科高校榜首。新能源电力系统国家重点实验室和国家火力发电工程技术研究中心建设取得积极进展；生物质发电成套设备国家工程实验室顺利通过国家认监委的首次资质认定评审，被列为2012年第七批挂牌中关村开放实验室；3个省部级科研基地顺利通过评估，其中电站设备状态监测与控制教育部重点实验室获得教育部专家组的高度评价；新增1个河北省软科学研究基地；“中加能源环境可持续发展研究院”正式挂牌启动；2011协同创新中心的培育与申报工作稳步推进。

2012年，华北电力大学科技论文发表在全国高校排名继续攀升，科研成果的数量和质量实现双提升；获得国家科技进步奖二等奖1项，教育部自然科学奖一等奖1项，二等奖2项，河北省社会科学优秀成果奖一等奖1项，中国管理科学学会管理科学奖（学术类）1项；申请专利的数量和授权量较前一年增长50%以上；学术期刊的编辑出版质量有了新的提高。

产学研与开放办学 2012年，华北电力大学与南方电网公司、中广核集团等大型企业建立战略合作伙伴关系；探索并创新高校产学研合作模式，推动校创新体系与企业创新体系的融合以及创新链与产业链的对接；与保定市政府共建保定电谷大学科技园工作顺利推进；留学人员创业园管理工作不断加强；参与成立中国智能电网产业技术创新战略联盟，华北电力大学牵头组织申报的“火力发电产业技术创新战略联盟”获得2012年产业技术创新战略联盟试点。

引智工作迈上新台阶，新增1个“高等学校学科创新引智计划”基地，1个引智基地获得滚动支持；中外合作办学规模稳步增长，结构进一步优化；与台湾成功大学等四所高校的合作交流工作取得进展。成功举办“第六届高水平行业特色型大学发展论坛年会”；以“校友创新创业研发基地”及教育基金会为载体与平台，积极拓展校友企业合作项目，基金会工作取得明显成绩；继续教育发展势头良好，培训市场进一步拓展，经济效益有了新的提高。

学生工作 2012年，华北电力大学坚持夯实基础工作，打造学生思想政治教育、优良学风培育、学生自我发展的坚实阵地。针对不同学生群体，开展绿色通道“1+1”、个体咨询和团体辅导、学业成绩分析、就业彩虹工程等活动，狠抓学风、做好帮扶工作；积极落实新生入学教育“六个一”工程；新生班主任中高职称高学历教师比例继续保持在70%以上。依托思想教育研究中心，鼓励和支持辅导员由“实践型”向“实践研究型”转变；启动学生工作干部素质提升“磐石计划”，加强专兼职心理健康教育工作队伍建设；积极利用多媒体和网络平台，在学生中大力开展学习宣传十八大精神活动；创新艺术教育形式，校园文化更加丰富多彩。进一步完善奖助学金体系建设，扎实开展家庭经济困难学生资助工作，基本实现家庭经济困难学生助学金发放全覆盖。生源质量稳步提高，考研率、出国率稳步提升，毕业生一次性就业率持续保持96%以上。

条件建设与保障 2012年，华北电力大学新一轮后勤改革顺利推进，管理水平、工作效率、服务质量进一步提高。校园基础设施进一步改善，节能降耗效果明显；财务预算执行良好，增收节支，优化支出结构，规范公务支出管理，提高资金使用效率；加强医疗人才建设和条件建设，进一步提升服务师生健康的综合能力；制定《数字智慧校园建设方案》，完善信息化建设与信息安全相关制度体系，建立信息采集与管理体系，启动“校园一卡通”建设工程；加强档案馆软、硬件建设，档案标准化工作进一步推进；图书文献资源更加丰富，图书信息化建设取得新进展。

高质量完成校园的修缮及改造工程，金工实习中心、高电压大电流实验室、海洋能发电技术研究中心以及1.36MW屋顶光伏发电项目先后建成并投入使用；保定二校区实验综合楼顺利开工；校园规划不断推进；建立评标专家库，建立健全招投标规章制度；强化学校房产资源的分类管理和有偿使用；加强实验室技术安全管理；认真做好校园安全稳定和保卫工作，营造和谐稳定的校园环境。

党建与思想文化建设 以创先争优和基层组织建设年活动为契机，强化党员干部思想政治教育，开展多种形式的教育培训和理论研究工作，着力加强党的基层组织建设；进一步推动干部分类管理、任期管理、干部轮岗、学术回归等一系列干部人事制度改革，完成新一轮处级领导班子和领导干部换届调整工作，优化了干部队伍结构；学习借鉴现代管理理念，运用360°考核办法全面考核领导班子和领导干部履职情况。进一步加强党风廉政建设、反腐倡廉教育和统战工作；完成北京市委教育工委党建和思想政治工作集中检查及教育部“三重一大”决策制度执行情况专项检查验收。

组织力量认真研究、系统总结新世纪以来的办学理念与创新实践，完成《强校之路》的编撰出版工作；推出新一版学校中英文宣传画册；高等教育研究不断加强，“大学章程”制定正式启动。积极推进民主管理，教代会制度和二级教代会工作不断走向制度化、规范化，全面构建和谐校园。

主要事件

2月7日，教育部下发《教育部关于公布2011年度长江学者特聘教授、讲座教授名单的通知》（教人〔2013〕1号）文件，华北电力大学牛东晓教授被评为长江学者特聘教授。

2月14日，华北电力大学杨勇平教授科研团队的研究成果“大型火电机组空冷系统优化设计与运行关键技术及应用”获国家科学技术进步奖二等奖。杨勇平教授作为该成果第一完成人受到胡锦涛等党和国家领导人的接见。

2月23日，以刘吉臻教授为首席科学家的国家重点基础研究发展计划（973）项目“智能电网中大规模新能源电力安全高效利用基础研究”启动仪式在华北电力大学举行。

3月21日，华北电力大学与国网能源研究院签署合作协议。根据协议，双方将重点围绕项目研究、人才培养等方面开展深入合作。

4月，ESI基本科学指标数据库公布数据，华北电力大学学科进入ESI世界前1%，列全球高校第514名，在中国高校中排第40名，在非“985”高校中列第10名。

4月13日，华北电力大学生物质发电成套设备国家工程实验室顺利通过专家组现场评审。

4月28日，科技部下发《关于发布2012年度产业技术创新战略联盟试点名单的通知》（国科发体〔2012〕293号），华北电力大学牵头组织申报的“火力发电产业技术创新战略联盟”获得2012年产业技术创新战略联盟试点。

4月24日，丹麦森纳堡市代表团来访。双方就新能源研究、光伏产业研究、零碳项目合作以及加强南丹麦大学与该校的学术合作等进行交流。双方将在科学研究、教师互访、学生联合培养等多方面进行合作。

5月7日，加拿大杜兰行政区政府主席兼首席执行官罗杰·安德森先生及安大略省理工大学校长蒂姆·马克蒂南先生来访，双方在教师交流、学生交换等方面达成合作意向。

5月16日，德国弗伦斯堡应用科技大学到访，双方将在新能源领域开展合作。

5月27日，由华北电力大学现代电力研究院和新能源电力系统国家重点实验室主办、首聚能源博览网协办的首届“现代能源发展论坛”在华北电力大学举行。

6月1日，华北电力大学与法国电力集团签订合作框架协议。根据协议，双方将在电动汽车充电、微电网、可再生能源等领域深入开展合作。

6月19日，华北电力大学与国家电网四川省电力公司签署合作协议。根据协议，双方将在课题研究、项目开发、人才培养、技术交流等方面进行合作。

6月26日，华北电力大学与中电投核电有限公司签署合作协议。根据协议，双将在人才培养、科技攻关、科技成果转化、产学研结合等方面创新机制，展开全方位合作。

7月6日，华北电力大学电力工程系石新春教授向学校捐资100万，设立“电力电子新春奖（助）学金”，用于奖励勤奋学习、刻苦钻研、开拓创新、全面发展、品学兼优的学生。

8月17日，教育部高等教育司发布教高函〔2012〕13号文件，批准“华北电力大学电气工程专业实验教学中心”为“十二五”国家级实验教学示范中心。

8月23日，华北电力大学成人教育学院、培训学院合并，成立继续教育学院。继续教育学院的主要职责是承担学校成人学历教育工作、负责全校非学历教育培训相关工作、积极开展网络教育培训工作。

8月23日，华北电力大学出台《华北电力大学处级领导干部选拔任用办法》，该办法结合新一轮中层干部聘任工作，推动干部分类管理、任期管理、干部轮岗、学术回归等一系列制度改革。

8月29日，华北电力大学控制科学与工程学科获批博士后科研流动站，至此，该校五个一级学科已实现博士后科研流动站全覆盖。

9月，北京华北电力大学教育基金会获紫金智业（北京）投资有限公司捐赠1000万元人民币整。捐赠款主要应用于相关科研项目、出版物、各项国内外学术交流活动、北京华北电力大学教育基金会保值增值投资收益的相关工作及项目、人才培养、学生教师发展的奖学金与奖励金等方面。

同月，牛东晓教授获批教育部“长江学者”特聘教授；肖惠宁教授和王海风教授入选国家第八批“千人计划”特聘专家。

9月26日，华北电力大学-蒙古科技大学电气工程及热能与动力工程本科合作办学项目开班仪式在蒙古国首都乌兰巴托举行，能源动力与机械工程学院党总支书记徐鸿教授和国际教育学院副院长段春明老师代表华北电力大学出席仪式。

10月，华北电力大学新增一个“高等学校学科创新引智基地”。该基地是继“大电网保护与安全防御引智基地”、“煤的清洁转化与高效利用引智基地”之后获批的第三个创新引智基地。

10月16日，美国普渡大学盖莱默校区校长Thomas L. Keon到访，双方将在现有合作基础之上扩大交流规模，创新合作模式，为更多的学生和教师提供更广阔的交流平台。

10月29日，华北电力大学特聘教授欧阳晓平获何梁何利基金“科学与技术进步奖”。

11月16日，第十四届中国国际高新技术成果交易会在深圳召开。华北电力大学“生物质履带式热解炭化与压缩成型成套装置”和“太阳光导入器”两项产品，经过专家组的严格评审获得“优秀产品奖”。

11月27日，华北电力大学与摩托罗拉系统（中国）有限公司签署合作备忘。双方将在联合建立校企联合研究生工作站、研究生创新创业中心等方面进行合作。

11月30日，华北电力大学-国核电力规划设计研究院签署战略合作协议。国家核电技术公司党组书记、董事长王炳华与华北电力大学校长刘吉臻共同为“国家火力发电工程技术研究中心‘华北电力大学-国核电力规划设计研究院联合实验室’”揭牌。

12月12日，华北电力大学举办“第六届高水平行业特色型大学发展论坛”，论坛围绕“行业·大学的相互支撑与共同发展”的主题展开深入研讨。

12月13日，华北电力大学入选中国百强企业最爱的十所高校。

（王振华）

【中共国家电网公司党校】

单位概况 中共国家电网公司党校、国家电网管理学院、国家电网公司高级培训中心（简称党校、管理学院、高培中心）实行一体化管理，一套人马，三块牌子。是国家电网公司直属的教育培训单位，是公司领导干部培养、高层次专业人才开发，公司战略宣贯与文化传播，政策研究与战略咨询的主要机构，是公司企业党建理论研究、干部党性教育的重要阵地。

党校始终践行“培养领导人才、弘扬企业文化、积淀组织智慧、传播最佳实践、展示公司形象、服务公司发展”的办学使命，开展公司系统局级领导干部、党校青年干部培训，总部和分部员工轮训，省公司、直属单位处级干部及专业管理人员培训，县公司主要负责人培训，为公司人才培养和软实力建设提供服务保障与智力支持。多次荣获中央党校分校“办学先进单位”、“中央国家机关文明单位”、“首都文明单位”等荣誉称号。

党校、管理学院、高培中心实行一体化管理，有两个校区。昌平校区位于北京市昌平区蟒山，占地171亩，建筑面积约5万m^2。清河校区位于北京市海淀区清河，占地86亩，建筑面积约7万m^2。两个校区设备完善、设施先进，均有教学楼、图书馆、学员公寓、学员餐厅和活动场所等，有音视频采集系统、电视电话会议系统、网络教室等，建成了功能完备的数字化校园系统。

国家电网公司领导力开发研究中心挂靠管理学院，由公司人事董事部进行业务指导，致力于公司干部队伍规划和人才梯队建设、领导力理论创新及开发方法等方面研究。

党校下设7个部门：综合管理处、教务管理处、教学研究处、教学培训处、思想政治处、财务资产处和后勤保障处。

人力资源 截至2012年底，党校共有高级职称员工27人（正高级4人，副高级23人），中级职称员工16人；硕士及以上学历员工36人（博士15人，硕士21人），大学本科学历员工27人。

2012年，党校强化人力资源制度建设，进一步夯实人力资源管理基础。构建人力资源需求预测模型，科学预测人力资源需求。开展全员培训考试，加强新入职员工培训。健全绩效考核办法，优化考核流程，开展干部考评，加强后勤员工量化考核，完善激励约束机制。加强考勤管理，规范请、销假手续，健全全员考勤档案。加强人才梯队建设，加快建立覆盖各业务范围的人才库，注重年轻人才培养使用。推进人力资源信息化建设，SG-ERP人力资源管理系统应用水平不断提高，实现了人力资源数据的全面覆盖和实时更新。

完成国家电网公司年中工作会和“两会”等重大会议接待任务，协助完成国家电网公司局级领导干部竞争性选拔、2013年国家电网公司在京直属单位毕业生招聘、国家电网公司总部人员招聘等组织工作。

教学研究与培训 教学培训。分类开展局级领导人员高层研修，开展国家电网公司处级精品培训、县公司主要负责人培训、国际项目管理人员培训等项目。持续深化专业管理人员培训，积极打造精品项目。开展专业领军人才培训，科学设置培养方案，建立系统的课程体系，遴选优秀师资，强化组织实施，完成第一阶段培养计划。创新培训方式，引入行动学习方式，加大学员论坛、小组研讨比重。创新培训管理，不断完善《班主任工作手册》，提升培训管理标准化和规范化水平。加强培训效果评估，完善学员评估、班主任评价、干部巡视检查三位一体的评估模式。

研究工作。确立国家电网公司领导力开发研究十大课题，完善领导力开发机制。开展国家电网公司经营管理人员培训课程体系深化研究、专业管理培训研究、管理序列差异化培训体系标准研究、国家电网公司统一的企业文化传播与落地分析研究、培训组织管理创新研究等，形成阶段性成果。创新科研管理，组成跨部门课题组，并签订“科研责任书”。充实研究力量，硕士及以上人员参与比例达100%。强化成果转化，将研究成果及时进培训班、进课堂，系统开展培训方案设计，有力支持了培训项目的成功实施。编制发展规划和“十三五”展望，明确功能定位、发展目标、重点任务和保障措施。

企业管理。完善规章制度，建立健全覆盖各业务领域的内控体系。梳理各类风险，制订防范措施，建立全面风险管理体系。开展管理提升活动和标准化建设，诊断分析取得实效。加强劳动用工制度建设，规范劳动合同管理，防范用工风险。深化财务集约化，严格成本费用和资金管理，强化综合计划和财务预算，建立标准成本管理体系，纳入国家电网公司总部“一本账”核算和管理。推进物资计划管理，严格招标管理，健全物资台账。制定会议服务标准化手册，提升会议服务质量。

基础建设。完成昌平校区二期工程建设，具备承办国家电网公司大型会议的条件和能力。清河校区建成投运10号学员公寓楼，完成景观绿化和地下管网、道路综合改造。数字化校园系统全面建成，实现了培训项目全流程数字化管理，进一步满足了学员多元化、全方位的学习需求。信息运维水平不断增强，多项指标考核得分大幅提升。系统整理历年档案资料，基本完成档案电子化建设。

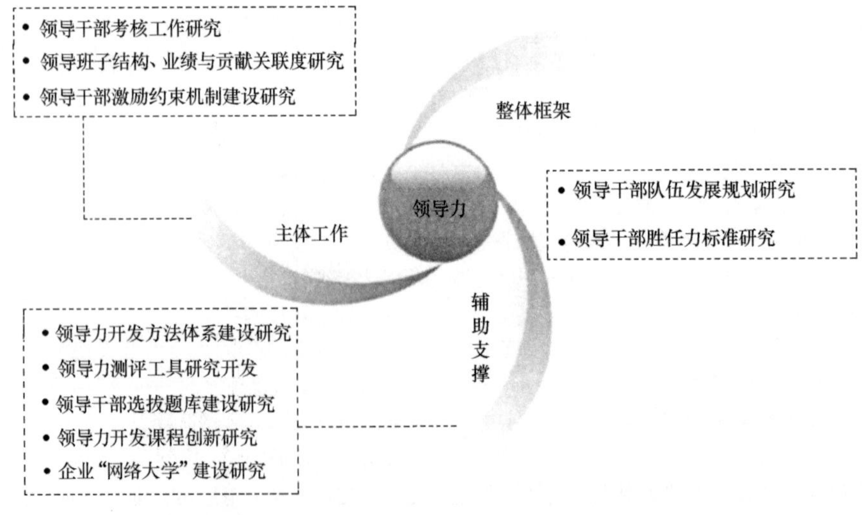

党校承担公司2012～2015年领导力开发十大课题研究

深入推进“三个三”建设，增强全体员工的责任意识、质量意识和执行意识，提升政治素质、专业素质和文明素质。加强中层干部轮岗锻炼，开展中层干部民主评议考核。纳入国家电网公司总部挂职锻炼体系，与国家电网公司部室建立人员交流机制，开展班主任培训、交流与研讨，专业管理队伍工作能力不断增强。严把后勤人员入口关，扎实开展“学技能、负责任、强服务”活动，后勤服务队伍素质有效提升。注重优秀青年人才的选拔和培养，加大高校优秀毕业生接收力度，建立健全“传、帮、带”新员工培养机制，帮助新员工快速成长、成才。

经营管理 2012 年，党校紧紧围绕国家电网公司大局坚定不移做好服务支撑，完成了国家电网公司各项考核指标，被国家电网公司评为业绩考核 A 级单位。全年共策划、组织培训及会议项目 178 个，培训量为113 680人天，同比增长 9.7%。其中，完成国家电网公司总部培训项目 111 个，培训量为85 730人天；完成省公司和直属单位培训项目 64 个，培训量为 23 548人天；其他培训项目 3 个，培训量为 4402 人天。新开发项目 8 个，培训质量满意率为 98.5%，综合服务满意率为 98.3%。

党的建设和精神文明建设 以“三亮三比三评”(亮身份、亮职责、亮承诺，比觉悟、比技能、比作风，领导点评、党员互评、群众测评）为抓手，深入开展“强管理、控风险、增效益”创先争优活动，健全创先争优长效机制，推动创先争优常态化。

推进基层党组织建设，开展党支部书记公推直选，各党支部实现晋位升级目标。领导力与教学研究党支部被评为“电网先锋党支部标兵”，教学培训处被评为“国家电网公司 2012 年度先进集体”。

充分发挥工会和共青团作用，组织“2012，感动高培：我身边的人和事”主题征文活动，并编辑成册；启动“创先争优我先行立足岗位学雷锋”主题活动；开展“青春光明行”主题实践活动和“关爱春苗”活动。

发挥教育培训主阵地作用，在各类各级培训班开设国家电网公司统一的企业文化讲座，向学员宣贯国家电网公司发展战略、重点工作部署和企业文化，向授课师资宣传国家电网公司发展成就，促进了“国家电网”品牌推广与价值提升。开展《公司统一的企业文化传播与落地分析研究》课题研究，形成阶段性成果。开展员工思想动态调研，确保队伍稳定。开展精神文明建设活动，获得“首都文明单位”、“国家电网公司优秀职工书屋”等荣誉称号。

加强党风廉政教育，落实中央“八项规定”，强化干部遵纪守法和廉洁自律意识，筑牢“干事、干净”的思想道德防线。落实惩治和预防腐败体系，细化反腐倡廉任务分解，强化协同监督，使党风廉政建设工作实现全员、全过程覆盖。

（王长春）

【国家电网公司管理学院】

见中共国家电网公司党校。

【国家电网公司高级培训中心】

见中共国家电网公司党校。

【中共中国南方电网有限责任公司党校】

单位概况 中共中国南方电网有限责任公司党校（简称南方电网党校）和中国南方电网有限责任公司干部学院（简称南方电网干部学院）是南方电网公司党组为加强公司各级领导班子和党员干部队伍建设，切实提高企业领导干部政治理论水平和战略思考、系统思维能力，牢固树立“以高素质的党员领导干部队伍引领企业发展”的价值理念，搭建的一个南方电网公司领导干部提高党性修养和综合素质的高端教育培训平台，成立于 2011 年 4 月 8 日。

中国南方电网有限责任公司教育培训评价中心（简称南方电网培训中心）是南方电网公司党组按照“集团化管理模式，一体化管理制度”的总体要求，为整合系统培训资源，提升培训工作的系统性，于 2011 年 7 月 27 日根据《关于调整公司南网培训中心等机构设置的通知》正式成立，南网党校、南网干部学院与南网培训中心合署办公，实行分公司管理模式，实体化运作，2011 年 9 月 16 日完成工商注册登记。

南方电网培训中心是南方电网公司高端人才培养的重要基地，南方电网党校和干部学院的运作载体，主要承担南方电网公司下达的各类教育培训和人才评价任务，协助南方电网公司开展教育培训和人才评价体系的研究和建设工作。

南方电网党校主要负责轮训培训南方电网公司党员领导干部，开展党的理论知识的宣传与研究工作，承担南方电网公司系统副处级及以上党员干部和中青年后备党员干部的轮训培训，着重培养党员干部的党性修养和党的理论知识。

南方电网干部学院主要负责培养南方电网公司高层次经营管理人才和政策研究人才，承担南方电网公司系统副处级及以上干部和部分优秀中青年后备干部的培训工作，着重加强干部的政治思想和管理能力的培训。

南方电网培训中心主要经营范围包括：①从事与电网经营和电力供应有关的科学研究、技术开发、咨询服务和培训业务。②经营国家批准或允许的其他业务。

领导班子 南方电网党校校长由南方电网公司党

组书记赵建国董事长兼任，第一副校长由南方电网公司副总经理张晓东兼任，赵杰任常务副校长兼任南方电网干部学院院长和南方电网培训中心主任，吕志任副校长兼任南方电网干部学院副院长和南方电网培训中心副主任。

组织机构 南方电网培训中心、南方电网党校和南方电网干部学院合署办公，日常管理实行一体化运作，设置一套内部机构，配置一套工作人员。根据现阶段工作实际，内部机构设为综合管理处、教学管理处、学员培训管理处、在线教育培训处和员工测评处5个处室。见南方电网培训中心组织机构图。

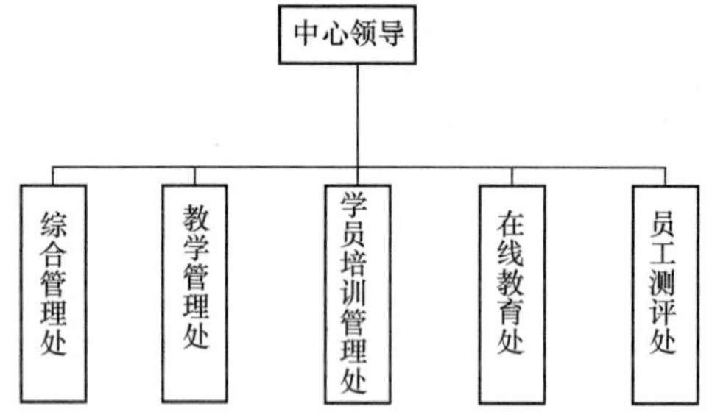

南方电网培训中心组织机构图

人员状况 截至2012年末，南网党校、南网干部学院和南方电网培训中心共有员工50人，其中中心领导2人，处室负责人6人。员工中，拥有硕士研究生及以上学历13人，大学本科33人；拥有高级职称14人、中级职称18人、初级职称7人。员工平均年龄33岁。

年度工作 南方电网党校和南方电网培训中心在南方电网公司党组的正确领导下，深入贯彻南方电网公司中长期发展战略，在“强基础，树品牌，创一流”的发展思路指引下，持续加强基础建设，逐步完善业务职能，扎实推进教育培训和人才评价各项工作，创新培训理念和方法，提高测评科学化水平，提升培训系统性及对公司核心业务的影响力，着力打造“学习型，服务型、开放型、项目组织型”的高端教育培训平台。

南方电网党校和南方电网培训中心致力于“建设一个体系，促进两个服务”。“建设一个体系”，即具有南方电网特色的党校和培训中心教育培训和人才测评体系现已基本成型。“促进两个服务”，即服务于南方电网公司中长期发展战略和南方电网公司人才发展规划。2012年组织实施各类培训项目共计25项，举办培训班51期，较2011年的15期同比增长240%，超额完成年度培训计划13%；各期培训班累计培训时间356.5天；培训学员2559人，较2011年的938人同比增长173%；编写各类培训班评估报告46份，发放各类评估和调查表16 131份，录入评估数据151 536个；开展培训测评36个班次1800人，撰写测评报告261份；高级及以上职称评审1704人次，年度培训平均满意度90.8%。

（1）培训体系建设。一是全面参与南方电网公司层面培训计划的制定和统筹，提升培训计划的管控水平。二是向第八届中国企业培训与发展年会申报，并成功使南方电网公司荣获“2011年度中国人才发展最佳企业”称号。三是启动课程体系的研究和建设，开展《公司中高级管理人员课程体系建设》的项目研究，承担南方电网公司培训课程资源的规范化建设工作，形成南方电网公司培训课程现状分析报告，推荐共享课件2560个。四是全面推进全网师资库建设，组织对内训师7327人和外部师资574人的资料进行梳理，形成师资统计分析报告。五是从信息化管理、建设、应用、运维和信息安全等五个方面推动信息化建设工作，全面启动南方电网公司一体化网络培训与评价信息系统建设。六是有效协调南方电网公司系统各级培训中心和基地，合理调配培训资源，为培训主办单位和学员提供良好的培训支持和后勤服务。七是积极推进增城基地项目，主动协调各方关系，主动创造有利条件，该项目于2012年底获批立项。

（2）培训业务开展。一是经中央党校批准，首次纳入中央党校教学序列。二是承担并圆满完成南方电网公司各类干部培训和技术技能培训项目的策划实施工作，包括2012年春季中青年干部培训班、第一期百名班组长素质提升班、高技能人才培训班等。三是发挥高端教育培训平台的引领作用，协助兄弟单位策划实施多个培训项目。四是大力推行培训项目评估管理和培训班测评，不断完善“一课一表、一班一测”的项目评估机制。五是高度重视培训成果转化，注重培训班各类成果的收集整理，形成培训案例库和资源库，在南方电网公司系统内共享，将培训学习能够延伸至每一名员工。

（3）调查研究。一是广泛开展国内外先进企业的调研学习，通过调研引智引技，全年累计组织6次调研，调研单位共33家，包括GE公司领导力发展中心、AEP公司总部和IBM公司e-learning研究中心等。二是组织南方电网公司系统内调研，并召开了南方电网公司系统培训中心负责人座谈会，探讨如何更有效地整合培训资源和提升培训系统性，形成良好的沟通协调机制。三是在大量调查研究的基础上，以“三步走”发展思路为指引，组织编制独具党校和培训中心特色的中长期发展规划。

（4）测评体系建设。一是规范实施招选聘考试测评考务工作，完成了南方电网公司党组管理领导人员副职岗位公开选拔竞争上岗、技术专家选聘的考务工作；二是重点承办了南方电网公司首次五省区网络化政工师考试、南方电网公司总部职称评审初审、南方电网公司副高级及以上职称评审等工作。三是积极开展测评技术研究，结合实际工作需要，申报了《公司干部岗位胜任能力评价题库建设研究》等4个测评技术相关的软课题和1个信息化项目，研究建设具有南方电网特色的人才评价中心系统。

（5）文化建设与党建工作。一是建设门户网站，筹办企业教育培训研究型电子期刊和月度信息简报，搭建全方位的新闻宣传和知识共享平台，同时加强对重点培训项目和活动的宣传报道。二是加强党、工、团的组织建设，组织“三会一课”，倡导读书学习风气，开展爱心助学活动，组织丰富多彩的业余活动。三是发挥南方电网党校独特的教学研究优势，开展《法人治理结构下大型国有企业党组织政治核心作用探讨与研究》课题研究。四是通过选聘选拔，扩充机构员工队伍，结合队伍不同地域和文化特点，加强素质提升，加强能力提升，加强团队融合，完善考核机制。

主要事件

4月8日，南方电网党校以“十年树木、百年树人”为主题开展一周年校庆系列活动，重点组织了对云南岗勐小学的爱心助学活动，营造良好的校风和学风。

4月13日，中央党校国资委分校南方电网党校2012年春季中青年干部培训班顺利开班，此次培训班是南网党校纳入中央党校教学序列后举办的首次干部培训班。本次培训历时106天，学员50人。

4月20日，南方电网党校和南方电网培训中心积极向第八届中国企业培训与发展年会申报，使南方电网公司荣获“2011年度中国人才发展最佳企业”称号。

5月11日，南方电网培训中心圆满完成首次在南方电网公司五省区6个考场同时开展的网络化政工师考试，组织召开南方电网公司职称评审会议，共计1704人报名参评。

6月14日，南方电网公司首次举办的班组长岗位素质提升培训班在南方电网培训中心顺利开班。共有来自南方电网公司系统各基层单位共100名基层一线班组长参加此次培训。

10月17日，南方电网公司发文《关于印发〈网络培训和评价系统（V1.0）可行性研究报告〉的通知》（南方电网信息〔2012〕27号），同意该项目可行性研究报告及投资估算，并批准南方电网培训中心为该系统的设计项目承建单位。

10月19日，南方电网培训中心门户网站通过验收正式上线。

11月16日，南方电网党校和南方电网培训中心圆满完成18个主管岗位的组竞聘工作。

12月20日，南方电网公司发文《关于南网党校和培训中心增城基地项目开展征地等前期工作的批复》（南方电网计〔2012〕154号），同意开展增城基地建设项目的立项及征地等前期工作。

（黄　元）

【中国南方电网有限责任公司干部学院】

见中共中国南方电网有限责任公司党校。

【中国南方电网有限责任公司教育培训评价中心】

见中共中国南方电网有限责任公司党校。

【中国电机工程学会】

单位概况　中国电机工程学会（简称学会）是全国电机工程科学技术工作者自愿组成并依法登记成立的非营利性的学术性法人社会团体。1934年10月14日创建于上海，原名为中国电机工程师学会，1958年改名为中国电机工程学会，同年加入中国科学技术协会，办事机构设在北京。

中国电机工程学会先后召开了9届全国会员代表大会，第一届1958年，刘澜波任理事长；第二届1963年，程明陞任理事长；第三届1980年、第四届1984年，毛鹤年任理事长；第五届1988年、第六届1994年，张凤祥任理事长；第七届1999年、第八届2004年、第九届2009年，陆延昌任理事长。

中国电机工程学会下设组织、学术、科普、外事、编辑、咨询、青年和教育、名词术语8个工作委员会，有覆盖电机工程各个专业的33个专委会，33个省、直辖市、自治区均有地方电机学会组织。中国电机工程学会拥有个人会员13万余人。其中高级会员9463名，荣誉会员208名，单位会员651个。

领导班子　领导班子成员如下：

理事长：陆延昌

常务副理事长：陈峰

副理事长：舒印彪、王良友、那希志、刘顺达、任书辉、于崇德、苏力、秦定国、郑健超、宋永华、蔡惟慈

秘书长：李若梅

工作综述　中国电机工程学会2012年在自身建设、学术交流、国际交流与合作、科普、咨询、奖励、编辑出版等各方面取得了显著成效，具体工作如下。

1．自身建设

2012年，中国电机工程学会工作总部直接发展单位会员15家，普通会员1098人（含学生会员343人），高级会员139人。

会员服务方面，中国电机工程学会向会员提供《动力与电气工程师》、《电信息》、学术活动预报等电子资讯信息服务；开展工程师资格认证和杰出青年工

程师的评选工作；为单位会员提供科技咨询、学术交流、科技评价和奖励推荐，组织科技成果申报及科技奖励的培训；通过加强网站和资源库的内容建设，健全中国电机工程学会信息化资源机制，不断完善信息化服务手段。

以调查问卷形式征求会士遴选工作的意见，以完善会士遴选程序和办法。

召开了中国电机工程学会第九届第五次常务理事会会议和第九届第三次理事会会议，审议通过了学会2012年工作报告、2012年财务报告、2013年预算报告。

2012年度完成了能源与信息、变电、大电机、电力系统、超导与磁流体、电力信息化、动能经济、用电与节电、输电线路、带电作业、电磁干扰、农电共12个专业委员会的换届工作。召开了组织、学术、科普、外事、咨询、青年和教育、编辑、名词术语等工作委员会会议。

在民政部组织的2011年度全国性学术类社团评估中，中国电机工程学会被评定为4A级社团；学会还获得中国科协授予的学会能力提升专项“优秀科技社团奖”二等奖和“全国学会财务决算工作先进单位”等荣誉。

2. 学术交流

2012年中国电机工程学会办事机构举办重点学术会议6次，其中国际会议1次，高端前沿学术会议2次，共计1957人次参加，征集论文5000余篇。

主办了2012年中国电机工程学会年会等综合性学术会议；主办了中国电机工程学会第十二届青年学术会议、清洁高效燃煤发电技术协作网2012年会、电力行业第十二届无损检测学术会议、2012中国分布式能源国际研讨会暨展览会等专题研讨会；主办了2012年中国国际供电会议（CICED 2012）；承办了第十四届中国科协年会第19分会场——电动汽车充放电技术研讨会，并荣获第十四届中国科协年会学术交流优秀分会场，这也是中国电机工程学会连续第三次获此荣誉。

2012年，中国电机工程学会各专委会举办了一系列专题学术会议和活动。

3. 国际交流与合作

2012年中国电机工程学会组织参加在境外举办的学术会议7次，组织境内国际学术交流活动1次，联合举办海峡两岸技术论坛1次。

中国电机工程学会组团或派代表参加了在马来西亚雪兰莪召开的AORC-CIGRE理事会议及技术研讨会、在马来西亚吉隆坡召开的国际女科学、工程和技术工作者会议（WISET2012）、在日本金泽召开的国际电机工程会议（ICEE2012）、在法国巴黎召开的国际大电网会议（CIGRE2012）、在斯洛文尼亚卢布尔雅那召开的世界工程组织联合会（WFEO）2012年会、在新西兰奥克兰召开的2012年电力系统技术国际会议（PowerCon2012）等国际学术会议，受邀致辞并作专题报告，中国论文作者积极参会并作会议交流。

在2012年WFEO年会上，中国成员李若梅当选为WFEO能源委员会副主席。

在2012年8月26日的CIGRE2012的开幕式上，国家电网公司总经理刘振亚作了题为《洲际输电大通道——优化全球能源资源》的主旨报告，引起参会者热烈反响。

8月29日，CIGRE中国国家委员会在中国驻法国大使馆举办了招待酒会，共有来自50多个国家的近300多名代表参加。

2012年11月26～30日，海峡两岸第七届汽电共生、热电联产学术交流会在台北召开。参加会议的专家学者共有113人，其中大陆专家学者有53人，大部分由中国电机工程学会相关专委会推荐并选派。

4. 技术咨询和技术服务

完成了国家电网公司委托的“电网新技术应用前景研究——大规模储能和超导技术应用研究”。

承担了中国科协委托的“企业创新学会支持平台”项目，国家电监会委托的《防止电力生产重大事故的二十五项重点要求》的修编工作；承担了企业委托的“可再生能源本质安全体系”，“风电管理、工作、技术三大标准”，“技术监督体系”，“科技成果管理平台建设”、“电力科技成果发展趋势及其科技创新战略影响研究”、“国外相关专利专业分布及其对企业专利战略影响研究”等项目。

承担了国家电监会电力安全专家委员会秘书处的工作，组织完成了《发电企业安全生产标准化规范及考核评级标准》编写。学会控股的电力安评公司获得国家电监会授予的“电力安全生产标准化一级评审机构资质”。

共完成科技成果的技术评审和鉴定项目104项。

5. 科普活动

2012年中国电机工程学会共组织科普活动14次，科普讲座14次，科普展览10次，受众4000人次。荣获中国科学技术协会科普部和学会学术部联合授予的“2011年度科普工作优秀学会”。

2012年学会的科普活动以基层乡镇的小学生和青少年为主要对象。分别到江西省婺源县詹天佑小学、安徽省金寨县梅山镇龙湾村小学，开展送科普下乡活动。

中国电机工程学会和内蒙古电机工程学会共同主办了2012年绿色能源生态夏令营活动，在全国科普日分会场组织了“安全与自救”入校园公益培训和“智能电网在我们身边”主题参观活动。学会组织有关省学会和出版社参加了11月在中国芜湖举办的科普产品博览交易会。

中国电机工程学会主办了科普能力提升培训班，邀请专家开展了关于“科普活动的策划与开展”、“突破科普图书编著的瓶颈”等方面的培训。

中国电机工程学会组织编写的《假如没有电》（上、下）和《农村家电科学使用知识读本》获得“第二届中国科普作家协会优秀科普作品奖”提名奖。

2012年3月和10月，在云南发生自然灾害之际，中国电机工程学会出资委托云南省电机工程学会先后对昆明市禄劝县沿河小学和彝良县洛泽河镇仓盈村中心小学进行了捐赠。6月，学会出资委托甘肃省电机工程学会对舟曲县部分贫困学生进行了捐款和捐助。

6. 科技奖励与人才举荐

2012年中国电力科学技术奖共评选出获奖项目89项。

2012年推荐国家科学技术奖7项。由国家电网公司等单位完成的“特高压交流输电关键技术、成套设备及工程应用”项目获得2012年度国家科学技术进步特等奖；由华中科技大学尹项根等人完成的“基于广域电压行波的复杂电网故障精确定位技术及应用”项目获2012年度国家技术发明二等奖。

中国电机工程学会承担了2011年度国家能源科技进步奖中电力、新能源和可再生能源专业组的评审工作。

于尔铿获得2012年度“顾毓琇电机工程奖”，参加在美国IEEE PES年会期间举行的颁奖仪式并讲话。

第二届“中国电机工程杰出青年工程师奖”的获奖者为孙华东、李岩、李海英、郜时旺和曾祥君，在中国电机工程学会2012年会开幕式上进行颁奖。

2012年共登记电力科技成果753项，其中742项通过审核、公示。

中国电机工程学会向中国科协推荐的郭剑波、刘吉臻、李立浧和汪德志获得“全国优秀科技工作者”称号。

7. 工程教育与工程师资格认证

2012年7月31日～8月1日，“2012电气工程学院院（校）长论坛”在广州华南理工大学召开。论坛围绕电气工程学科专业改革、卓越工程人才培养、产学研合作与创新人才培养等内容进行了讨论。2011年12月～2012年4月，中国电机工程学会开展了2011年见习动力工程师、见习电气工程师、动力工程师、电气工程师的专业技术资格认证工作，受理353人申请，其中244人取得证书。

8. 出版工作

中国电机工程学会主办了《中国电机工程学报》、《农村电气化》、《农电管理》、《动力与电气工程师》和《电信息》等5本期刊及报纸。其中，《动力与电气工程师》和《电信息》的编辑部设在学会办事机构。2012年《动力与电气工程师》共发行35 000册，《电信息》发行72 000份。此外，2012年还新创办了刊物《电力工程科技文摘》。

2011年，《中国电机工程学报》在40种动力与电力工程类核心期刊中，总被引频次、学科影响指标、综合评价总分均位列第一，学科各项指标已连续9年总排名第一，在全国1998种核心期刊中名列第24位。并被评为“2011年中国百种杰出学术期刊”，是自获“2002年中国百种杰出学术期刊”称号以来，连续10年获此殊荣。《中国电机工程学报》编委会于2012年底完成换届，新编委会提出了走向国际化的新目标。

2012年2月29日～3月1日，《中国电力百科全书》（第三版）（简称《电百》三版）组群审稿会议在北京召开。近200位来自电力行业各领域的顶级专家、学者参加了会议。至此，《电百》（三版）条目初稿试写工作已基本完成，全面进入审稿、修改与加工阶段。

中国电机工程学会在编辑出版了诗词集《电火诗花》的基础上，2012年又出版了“远东杯”诗书画大赛的书画作品集《电力情怀》。

【中国水力发电工程学会】

领导班子　领导班子成员如下：

理事长：张基尧

副理事长：李菊根（常务）、丁焰章、王琳、王光谦、匡尚富、孙玉才、朱跃龙、祁达才、那希志、吴贵辉、张建云、张晓鲁、陈飞、邱希亮、周创兵、岳曦、范集湘、郑宝森、施洪祥、贺建华、晏志勇、高嵩、曹广晶、程念高、樊海斌

秘书长：李菊根（兼代）

综述

1. 能力建设有序推进，服务水平持续提升

中国水力发电工程学会（简称中国水电学会）牵头组织行业26家单位和160余名专家，编撰出版《中国水力发电科学技术发展报告》。

中国水电学会与国家开发银行联合隆重举办了2012年中国水电新春联谊会，会议期间进行了水电旗帜交接仪式，隆重举行水力发电科学技术奖颁奖。

完成一年一度的“水力发电科学技术奖”（国家科技奖励办批准设立）评审，评选出特等奖2项、一等奖4项、二等奖9项、三等奖42项。

中国水电学会牵头组织10余家行业单位和40多位水电专家，编制完成《大中型水电工程建设风险管理规范》，已于2012年底上报有关部门审批。同时学会组织编制的《流域梯级水电站集中控制运行标准》完成征求意见稿，并将于2013年上半年完成送审稿和上报有关部门批准发布。

中国水电学会环境保护专委会积极参与了国家能源局《关于进一步做好中小河流水电规划与环境保护工作的指导意见》、《长江干流治理开发与保护规划》，环保部《国家环境保护“十二五”规划》、《全国环境功能区划纲要》等的编制修订工作，提出了大量建设性意见和建议。小水电专委会向水利部提交了《农村水电技术标准需求分析报告》等研究报告。机械疏浚专委会编制了《中国水利疏浚行业分析报告（2012）》。水电监理专委会主持修订了《水电水利工程施工监理规范》。工程造价专委会参与修订了《水电工程投资匡算编制规定》、《水电工程投资估算编制规定》。

加大对中国水电学会网站“中国水电网”的建设投入力度，增加和完善部分功能设置。同时，抓好各专委会和省级学会自身网站建设，充分发挥水电宣传主阵地作用。

开展了第五届全国优秀科技工作者推荐评选工作，共评选出3名“优秀科技工作者”候选人和1名“十佳优秀科技工作者”候选人；受张光斗科教基金会委托，组织评审专家开展了“张光斗优秀青年科技奖”（水电行业）代评工作，共评出3名候选人和1名备选候选人。组织开展了“潘家铮奖”的推荐评审工作。举办各类技术培训班13班次，参加人数2038人。

2. 组织建设不断完善，可持续发展能力显著增强

2011年10月换届后新增团体会员单位19家，团体会员单位数量已发展到205家（包括下设的30个专委会和1个工作委员会），联系指导22个省级学会。

2012年初召开了各专委会和省级学会秘书长工作会议，强调各专委会要找准定位、展现特色、整合资源、突出优势、发挥作用。2012年，有8个专委会完成了换届工作。重视加强对省级学会的联系和指导，派员参加省级学会换届大会和北方、南方两大片区省级学会联络会议，指导省级学会完善工作机制和提高服务能力，共同提升学会整体服务水平。

3. 学术交流成效突出，科技平台作用显著提升

中国水电学会与中电联联合主办了“2012全国大中型水电站风险管理标准化（规范）论坛”，专题研讨大中型水电项目建设和运营中的风险管控和防范。

各专委会积极发挥专业特色和本学科带头作用，围绕水电开发建设中的热点、难点问题开展形式多样、针对性强的大型学术活动，取得了一系列积极成果。全年共举办大型学术会议活动25场次，参加人数2644人（含境外人员20人），交流论文640篇（境外8篇），编辑出版论文集18种，印发4570册，发表论文1042篇。

进一步加强与国际水电界的交流与合作。2012年国际水电协会（IHA）三度到访中国水电学会，双方就加强高层互访、配合开展世界水电统计工作（中国部分）、协办2013年世界水电大会、发展IHA中国会员单位、共同开展水电可持续发展中国区培训等方面达成了共识和合作意向，签署了会谈备忘录。中国水电学会申请中国科学技术协会经费支持，资助2名水电专家赴日本参加国际大坝委员会第80届年会和赴西班牙参加国际水利与环境工程学会执委会。小水电专委会组织专家出席“中印小水电合作国际研讨会”并作主题报告，得到了大会的高度认可。国际河流水电开发生态环境研究工作委员会按照国家能源局、外交部的总体部署和要求，“十二五”期间重点做好澜沧江、怒江、雅鲁藏布江水电开发中业主委托有关工作，搭建起国际河流水电开发政府、企业、民众之间的联系桥梁。

2012年组织8人水电抗震防灾高级专家团，赴台北市开展了“海峡两岸水利水电工程抗震防灾技术”方面的学术交流和现场考察活动。

4. 水电宣传逐步强化，行业发展舆论环境持续向好

一是有序推进实施《中国水电“十二五”宣传纲要》。二是4月下旬中国水电学会与国资委主管的《能源》杂志社在成都联合主办了“（西南）水电发展论坛”，并进行了为期10余天的“西南水电行”大型考察报道活动。5月中旬在北京召开了西南水电发展调研新闻发布会，向社会展示了水电建设的真实面貌。中国水电学会联系有关媒体对5月全国政协主席贾庆林考察金沙江中游阿海水电站并发表重要讲话进行了宣传报道，对促进中国水电健康发展起到了重要作用。三是与湖南水电学会联合成功举办了《水电人的梦想》演讲大赛。四是加强与各大媒体的合作，扩大水电宣传影响。联系和依托能源网、人民网、新华网和《中国水利报》、《中国三峡工程报》、《中国三峡》杂志等主流媒体，加强水电科普、水电综合效益等正面舆论宣传，努力创造促进水电的有利舆论环境。中国水电学会与《中国能源报》签署了“战略合作备忘录”和与《中国电力报》达成共识，在资源共

享、信息沟通、水电宣传等方面开展长期合作。向《中国能源报》推荐了40多位有影响的知名水电专家，进行水电人物专题采访和连载报道。五是与《中国能源报》社联合主办《中国水电手机报》。2012年播发了120多期，直接服务读者超过5000人，受到了广泛关注和好评。六是加强国际河流水电开发宣传工作。编制了涉外水电站宣传纲要，在国内外通过适当方式组织宣传。七是充分利用“中国水电网”的宣传平台，加大水电网络宣传力度。中国水电学会主办的大型活动、行业内的重大学术活动均实现专题网络直播。及时转载水电行业有关政策法规、发展动态、新闻热点、高层评论、专家观点等网络资源。八是重视科技出版工作。较好完成了《中国水力发电年鉴》（2011年卷）编纂工作。自2012年起开始编撰年度《中国水电信息年报》，及时汇总、介绍一年来中国水电发展情况。继续办好会刊《水力发电学报》，2012年共收到投稿论文696篇（比2011年增加195篇），刊登275篇，被EI检索收录的论文273篇，除2篇《论坛》论文因没有英文摘要外，论文的EI收录率已连续5年保持100%；学报影响因子0.399（比2011年提高0.050），在全国1998种学术刊物中排名第929（比2011年提高175位）。各专委会结合本专业特点积极编撰专业书刊，施工专委会组织编撰的《缆索起重机》、《大体积混凝土预冷技术》和《混凝土骨料料源与骨料生产技术》等专著相继完成出版；水电控制设备专委会组织编写了《水轮机控制系统的设计与计算》；小水电专委会完成了《农村水电增效扩容改造项目建设与管理》书稿编写。

5. 科研咨询有序开展，企业科技创新能力不断提高

承担的国家“十一五”科技支撑重点项目《特大型梯级水利水电工程安全及高效运行若干关键技术问题研究咨询》课题于2012年9月结题，历时3年圆满完成了技术咨询任务。

顺利完成了“大渡河瀑布沟电站下游泥沙研究和治理”、“乌江梯级水电站优化调度效益评价体系研究及软件开发”、“黑水河、松林河和九龙河梯级水电站优化调度研究”等课题任务。小水电专委会承担的水利部公益性行业科研专项——“全国水能资源利用区划的总体战略及支撑技术”研究顺利通过项目验收，为政府提供了决策支持，为行业发展提供了科技支撑。

6. 潘家铮基金规模进一步壮大，影响力不断扩大

潘家铮水电科技基金的影响力不断增强，受到广大行业企业单位及个人积极拥护和支持，至2012年底已有51家单位和4名个人捐资，基金规模已达4429.1万元。

2012年是“潘家铮奖”（个人成就奖）第二次评奖，评出中国水利水电建设股份有限公司宗敦峰、中国水电顾问集团中南勘测设计研究院冯树荣、长江水利委员会长江勘测规划设计研究院钮新强等3人获奖。

一年一届的“潘家铮水电奖学金”主要用于奖励和激励各高等学府和科研院水电水利学科专业品学兼优、勇于创新的本科生和硕博研究生。2012年奖学金受奖高校包括新增加的青海大学和新疆农业大学共计16家，授奖学生46名，12月在四川大学举行了颁奖典礼。

重要事件

1. 中国水力发电工程学会七届二次理事会在北京召开

中国水力发电工程学会七届二次理事会于2012年12月17日在北京隆重召开。张基尧理事长作《认真学习全面贯彻党的“十八大”精神，大力推进水电开发，为全面建成小康社会而奋斗》的工作报告，全体代表审议并通过了大会决议；会议报告了中国水电学会2012年度财务收支情况；通过了七届理事会成员变更和增补事项。中国水电学会常务理事、国家能源局新能源与可再生能源司副司长史立山，中国水电学会副理事长、中国电力建设集团有限公司董事长范集湘，学会副理事长、中国长江三峡集团公司总经理陈飞分别讲话。

2. 2012年中国水电新春联谊会在北京举行

1月3日，由中国水力发电工程学会和国家开发银行共同主办的2012年中国水电新春联谊会在北京举行。水电新春联谊会是中国水电界一年一度的盛会，是全国水电行业有关单位和水电工作者的重要交流平台。水利部部长陈雷，全国人大财经委副主任汪恕诚，全国政协经济委员会副主任张国宝，全国政协人口资源环境委员会副主任、中国水电学会理事长张基尧等领导和专家出席会议并讲话。国家有关部委、水电和电力行业的领导和专家以及来自全国各地的水电界新老同仁近400人出席了盛会。

联谊会还进行了水电旗帜交接仪式；举行了2011年度水力发电科学技术奖颁奖典礼，43个项目分获一、二、三等奖，陈雷、汪恕诚、张国宝、张基尧等领导为获奖代表颁奖。

3.《中国水力发电科学技术发展报告》编撰发行

2012年底，《中国水力发电科学技术发展报告》（2012年版）编撰完成正式出版发行。《中国水力发电科学技术发展报告》是一部由中国水力发电工程学会牵头组织，联合中国水电工程顾问集团公司和中国

水利水电建设集团公司共同编撰的科技出版物。《报告》对中国水力发电科技事业的重要进展和重大成果进行了全面、系统的回顾，反映了中国水电科技发展所取得的伟大成就。在回顾的基础上，根据国家社会未来发展需求，用未来工程、未来技术的视野，对中国水力发电的科技发展进行展望。结合中国经济社会和科技发展趋势，以国家水电发展规划和重大工程为依托，分析研究未来的重点工程和重点技术的发展需求，提出了水电可持续发展需要解决的重点科技问题，以及需要解决的关键技术和研究方向。《报告》内容共分“我国水力资源开发现状和展望”、“水力发电科技成就”和“科技发展重点项目”等三大部分。

4. 2012全国大中型水电站风险管理标准化论坛召开

8月24日，2012全国大中型水电站风险管理标准化（规范）论坛在宁夏回族自治区银川市召开，大会围绕中国水力发电工程学会组织行业企业和专家编制的《大中型水电工程建设风险管理规范》，专题研讨大中型水电项目建设和运营中的风险管理规范化机制。论坛由中国水力发电工程学会、中国电力企业联合会主办，住建部、国家能源局、中电联以及国内主要水力发电企业、流域公司、设计施工、媒体出版等单位近100人参加了论坛。学会理事长张基尧致辞，国家能源局新能源与可再生能源司副司长史立山、住建部标准定额司高级工程师林岚岚分别作讲话。学会常务副理事长兼代秘书长李菊根主持会议。

会上还介绍讨论了《大中型水电工程建设风险管理规范》（审查稿）的编写、修订情况。

5. 西南水电行考察宣传活动圆满结束

2012年4月25日，中国水力发电工程学会与国资委主管的《能源》杂志社联合主办的“（西南）水电发展论坛”在四川省成都市召开，拉开了2012能源中国行第一站——西南水电行大型实地考察报道的序幕。论坛以“十二五”期间中国西南地区水电发展机遇与挑战为主题，邀请国内水电行业著名专家学者、企业领导、水电项目负责人、能源与环境问题资深评论员等综合各方观点，围绕水电的开发与利用展开深入讨论，凝聚集体智慧，扩大宣传影响，为中国西南地区水电建设出谋划策，让西南水电有力地承担起中国能源结构调整的重任。

随后为期15天的“西南水电行”大型活动，媒体专家考察团实地考察了大渡河流域的猴子岩等水电站、金沙江流域的溪洛渡和阿海等水电站、电站周边移民新村、增殖放流项目等，并就西南水电的开发问题与西南水电的主要设计单位昆明勘测设计研究院的水电科技人员进行了交流座谈。

5月16日，中国水电学会和《能源》杂志社组织在北京召开了西南水电发展调研新闻发布会，考察人员向现场媒体、专家和企业介绍了此次西南水电行活动的调研情况和感受，多元化展示了水电的真实面貌，用科学道理和大量事实回答了各种的疑问，起到了很好的水电科普和舆论宣传作用。本次考察宣传活动受到了媒体的高度关注，经过新华网、人民网、搜狐、新浪等各大媒体报道后，在社会上引起了强烈的反响。

6.《水电人的梦想》演讲大赛成功举办

由中国水力发电工程学会、湖南省水力发电工程学会、湖南省水利学会和湖南省演讲与口才学会联合主办的“远程杯”《水电人的梦想》演讲大赛于2012年11月17日胜利落下帷幕。

本次大赛是《百年水电》系列宣传活动之一，历时9个月，9家参赛单位经过初赛，从百余名选手中选拔出25名选手参加本次大赛。

7. 第四届潘家铮水电奖学金颁奖典礼举行

2012年12月21日，由中国水力发电工程学会和潘家铮水电科技基金管理委员会主办、四川大学承办的“第四届潘家铮水电奖学金颁奖典礼”在四川大学望江校区隆重举行。

本届共有16所高校和科研院的46名学生获得奖学金，会上为获奖学生代表进行了颁奖。出席颁奖典礼的有来自水电设计、施工、流域开发、电力、投资、基金会、学会等单位的30多名领导和来宾，获奖学生所在高校和科研院的40多名带队老师和学生，四川大学300多名老师和学生。

8. 变化环境下水利水电前沿问题科技论坛召开

2012年8月10～11日，变化环境下水利水电前沿问题科技论坛在江苏省南京市召开。论坛由中国工程院土木、水利与建筑工程学部，中国水力发电工程学会和中国水利学会联合主办；南京水利科学研究院、河海大学、水利部大坝安全管理中心、水利部应对气候变化研究中心、水文水资源与水利工程科学国家重点实验室、水利部水科学与水工程重点实验室共同承办。

论坛邀请国内水利水电工程领域的专家、学者和工程科技人员，围绕国家经济社会发展和变化环境下水利水电工程的科技前沿问题开展研讨，交流最新研究成果。论坛举行时间为一天半，有5位院士、11位特邀专家进行了精彩的学术报告。

9. 中国水电学会与国际水电协会积极开展合作

2012年8月20日，中国水电学会（CSHE）理事长张基尧在北京亲切会见了国际水电协会（IHA）主席雷法·阿伯德尔-马莱克（Refaat Abdel-Malek）

一行，双方进行了亲切交流和友好会谈。会谈中，双方就CSHE配合开展世界水电（中国部分）统计工作、协办2013年世界水电大会、IHA发展中国会员单位，以及双方共同关心的问题和将来可能合作的领域等进行了深入交流和探讨。会后双方形成并签署了会谈备忘录。

10月10日上午，雷法主席一行到中国水电学会新办公地进行访问，IHA与CSHE进行了2012年的第二次会谈，双方就在中国开展由IHA编制的“水电可持续评估规范”的培训、中国水电相关统计数据收集、发展IHA中国会员等事宜作了进一步的详细磋商，取得了积极成果。

10月11日，张基尧理事长再度会见了雷法主席及28位IHA董事会成员，双方进行了交流和友好会谈。通过最近两次会面和交流沟通，IHA与CSHE之间进一步加深了了解和互信，双方的良好合作伙伴关系进一步巩固，达成了共同推进绿色水电和水电可持续发展的一致目标。

10. 中国水电学会组织编制《流域梯级水电站集中控制运行规程》

2012年10月30～31日，《流域梯级水电站集中控制运行规程》（征求意见稿）审查会在苏州召开，主要对规程征求意见稿作进一步的讨论和修改完善，力争明年一季度报送有关部门审批和发布。会议由中国水电学会主办，南瑞集团有限公司水利水电技术分公司承办，国家能源局及国内主要水力发电企业、流域公司、科研机构、高等院校等30多家单位50余人参加了会议。国家能源局能源节约和科技装备司高级工程师刘淑芬作讲话，中国水电学会常务副理事长兼代秘书长李菊根主持会议。

该规程由中国水电学会牵头组织行业有关单位编制，是在总结各大中型流域水电站集控运行经验的基础上，参照国内的行业标准和导则，历时一年完成了征求意见稿，并已于2012年7月在中电联网站上发布征求意见。本规程主要包括流域梯级水电站集中控制机构、设计要求、集中控制运行水库调度、集中控制发电运行管理、运行维护和检修、效益评价等内容，发布后适用于总装机容量100MW及以上的新建大中型流域梯级水电站集控机构，改建、扩建的流域梯级水电站要进行集中控制运行的可参照执行。

（雷定演）

2013 中国电力年鉴

大　事　记

2012 重大事件

【国家决定取消电煤价格双轨制】 2012年12月20日，国务院办公厅印发《关于深化电煤市场化改革的指导意见》，自2013年起，取消重点合同，取消电煤价格双轨制，发展改革委不再下达年度跨省区煤炭铁路运力配置意向框架。中国将建立电煤产运需衔接新机制煤炭企业和电力企业自主衔接签订合同，自主协商确定价格。鼓励双方签订中长期合同。此外，继续实施并不断完善煤电价格联动机制，当电煤价格波动幅度超过5%时，以年度为周期，相应调整上网电价，同时将电力企业消纳煤价波动的比例由30%调整为10%。此前，国家发改委取消了2011年实施的对电煤的临时价格干预措施。

【居民用电服务质量监管专项行动硕果盈枝】 2012年，电监会深入推进居民用电服务质量监管专项行动，全国供电企业积极响应，全国共增加缴费网点4.4万个，解决了1879.77万用户低电压难题，城市电力抢修到达平均时间为26min、农村35min、偏远地区60min，解决了16万户无电户用电问题，完成一户一表改造179.7万户，全国供电企业对保障性住房项目开辟业扩报装“绿色通道”。专项行动得到了多位中央领导同志的充分肯定，全国多数省（区、市）党委、政府主要领导做出批示，充分肯定了电监会积极服务广大人民群众、开展专项行动的举措。在部分省份，居民用电服务质量监管专项行动已被列入政府民生工程。

【居民阶梯电价在全国试行】 经过历时4年的研究论证和反复征求意见，并于2012年在全国大部分地区召开了中国有史以来最大范围的听证会后，2012年7月1日，居民阶梯电价在全国开始正式试行。长期以来，中国对居民电价采取低价政策，居民生活用电价格一直处于较低水平。试行居民阶梯电价后，全国大部分地区按照补偿成本与公平负担相结合，统一政策与因地制宜相结合的原则，各地区将城乡居民每月用电量按照满足基本用电需求、正常合理用电需求和较高生活质量用电需求划分为三档，电价实行分档递增。据测算，80%的居民用户电费支出没有受到影响。

【中国核电建设重启】 2012年10月24日，国务院常务会议讨论通过了《核电安全规划（2011～2020年）》和《核电中长期发展规划（2011～2020年）》，这意味着受日本福岛核事故影响暂停审批的中国核电正式重启。尽管核电重启争议犹存，但随后的中国实验快堆工程通过验收和中国发现最大铀矿等利好消息，给人们带来了更多重启核电的信心。2012年12月，石岛湾核电高温气冷堆示范工程、田湾核电站二期工程相继开工，标志着中国稳妥恢复核电建设，进入一个新的发展阶段。12月28日，宁德核电站一期1号机组并网发电。

【中国并网风电跃居世界第一】 截至2012年6月，中国并网风电装机达5258万kW，取代美国成为世界第一风电大国。预计2012年底风电并网装机将超过6000万kW，发电量超过1000亿kWh，成为继火电、水电之后的中国第三大电源。当年印发的《风电发展“十二五”规划》提出到2015年，中国投入运行的风电装机容量达到1亿kW，年发电量达到1900亿kWh，风电发电量在全部发电量中的比重超过3%；到2020年，风电总装机容量超过2亿kW，年发电量达到3900万kWh，力争风电发电量在全国发电量中的比重超过5%。

【光伏产业遭遇欧美双反重击，中国扶持措施密集出台】 2012年11月7日，在美国对中国光伏产品作出“双反”终裁的同时，欧盟委员会继2012年9月对中国光伏电池发起反倾销调查后，又正式启动了反补贴调查。11月底，印度也加入了对华光伏反倾销的阵营。2012年底，国务院常务会议确定了以充分发挥市场机制为导向的促进光伏产业健康发展五大政策措施，包括加快产业结构调整和技术进步；规范产业发展秩序；积极开拓国内光伏应用市场；完善支持政策；减少政府干预，禁止地方保护。此前，国家能源局多次上调“十二五”光伏发电装机目标规模，国家电网公司发布《关于做好分布式光伏发电并网服务工作的意见》，对适用范围内的分布式光伏发电项目并网给予免费支持。

【特高压电网发展加快，一批重点联网工程投运】 2012年12月12日，国家电网公司锦屏—苏南特高压直流输电工程正式建成投运，这也是中国继云广、向上两条特高压直流输电工程之后，又一次登上世界直流输电技术的巅峰。以此为代表，中国电网建设步伐继续加快：哈密南—郑州±800kV特高压直流输电工程开工、高岭直流背靠背扩建工程投运、新都桥—甘孜—石渠工程投运、玉树与青海主网联网开工，藏中电网220kV主网架开工建设；南方电网公司开工建设的“两渡”工程——云南普洱—广东江门±800kV直流输电工程和溪洛渡右岸电站送电广东双回±500kV直流输电工程也在稳步推进中。

【《火电厂大气污染物排放标准》正式实施】 2012年1月1日，被称为“世界最严火电环保标准”的《火电厂大气污染物排放标准》正式实施，中国火电机组节能减排任务更加繁重，并正式进入“脱硝时代”。而国家发改委下发的通知明确，在京、津、冀等14个省市自治区试行脱硝电价补贴政策，标准暂定每千瓦时0.8分。此外，国务院2012年印发的《节能减排“十二五”规划》中，对电力行业减排提出了明确要求：到2015年，火电行业二氧化硫排放量800万t，较2010年下降16%；火电行业氮氧化物排放量750t，较2010年下降29%。同时完成4亿kW现役燃煤机组脱硝设施建设，对7000万kW燃煤机组实施低氮燃烧技术改造。到2015年燃煤机组脱硫效率达到95%，脱硝效率达到75%以上。

【水电发展形势向好，一批重点水电项目投产】 2012年，中国水电保持较快的发展势头。上半年，水电装机规模突破2.3亿kW，居世界首位。截至11月底，全国新增装机容量1028万kW。一批重点水电项目建设和投产：7月4日，三峡电站最后一台机组正式交付并网，世界最大水电站全部建成；2月，国家发改委核准金沙江鲁地拉水电站和龙开口水电站建设；11月5日，向家坝水电站首批两台机组相继投产发电，标志着当今世界上单机容量最大的80万kW水轮发电机组的设计、制造、安装取得了巨大成功；12月30日，锦屏二级水电站首台机组投产。全年核准新开工项目超过1600万kW。

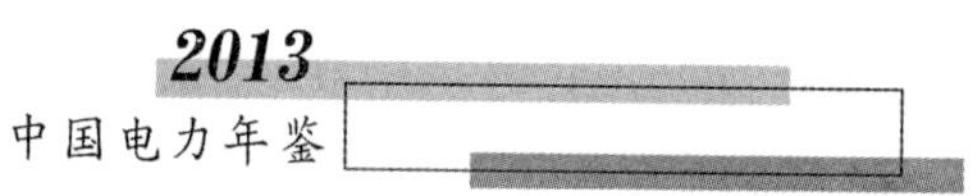

主　要　事　件

【国家电力监管委员会主要事件】

1月10日　国家电监会2012年工作会议在北京召开。

1月16日　全国电力安全生产工作会议在北京召开。

1月17日　国家电监会办公厅、国家发改委办公厅、国家能源局综合司联合印发《关于江苏省开展电力直接交易试点的通知》。

2月15日　“十一五”期间投产电力工程项目造价情况发布会在北京召开。

3月8日　国家电监会印发《关于进一步支持甘肃经济社会发展有关问题的批复》。

4月24日　国家电监会颁布《电工进网作业许可证续期注册办法》。

5月3日　国家电监会主席吴新雄同欧盟委员会能源委员奥廷格，在布鲁塞尔签署《关于促进电力市场相关合作的联合声明》。

5月15日　国家电监会印发《关于进一步加强电力设施安全保护工作的通知》。

同日　国家电监会颁发《承装（修、试）电力设施许可证监督管理实施办法》。

5月28日　国家电监会首届电力监管论坛在北京举行。

6月4日　2012年全国电力可靠性监督管理工作会议暨电力可靠性指标发布会在北京召开。

6月5日　国家电监会颁布《电力安全事故调查程序规定》。

6月14日　国家电监会印发《关于加强电力监管支持民间资本投资电力的实施意见》。

7月5日～8月10日　电力监管工作座谈会在除西藏外的30个省（自治区、直辖市）先后召开。

7月27日　国家电监会办公厅出台《关于云南建设面向西南开发重要桥头堡落实意见和建议的函》。

同日　国家电监会发布《重点区域风电消纳监管报告》。

8月8日　国家电监会发布《2012年上半年12398热线投诉举报情况监管报告》。

同日　国家电监会发布《2012年上半年解决电

力争议纠纷情况通报》。

8月16日 供电常态化监管工作会在四川成都召开。

9月11日 国家电监会第二届电力监管论坛在北京举行。

9月13日 国家电监会在北京召开风电座谈会。

9月24日 国家电监会印发《关于贯彻落实国务院〈关于支持河南省加快建设中原经济区的指导意见〉的实施意见》。

10月1日 《供电服务规范》(GB/T 28583—2012)国家标准正式实施。

10月9日 国家电监会在北京召开保证十八大电力安全工作动员会议。

10月18日 国家电监会印发《关于支持四川省建设西部经济发展高地的实施意见》。

10月24日 国家电监会发布《电力行业2012年前三季度节能减排情况通报》。

10月31日 国家电监会在北京召开新闻发布会，通报电力行业2012年前三季度节能减排情况。

11月1日 《电力企业节能降耗主要指标的监管评价》(GB/T 28557—2012)和《发电机组并网安全条件及评价》(GB/T 28566—2012)两项电力监管国家标准正式实施。

11月4日 国家电监会印发《关于支持山东建设经济文化强省的实施意见》。

11月10日 国家电监会主办的绿色电力创新国际论坛在广州举办。

11月22日 第一届全国电力监管标准化技术委员会2012年年会在贵阳召开。

12月6日 国家电监会办公厅、发改委办公厅、能源局综合司联合印发《关于黑龙江省开展电力直接交易试点的通知》。

同日 华中电监局西藏自治区业务办在拉萨揭牌成立，标志着全国31个省(自治区、直辖市)全部有了电力监管机构，电力监管业务在全国范围内实现了覆盖。

12月19日 国家电监会正式决定准予海南电网公司三沙供电局供电类电力业务许可。

12月28日 国家电监会印发《关于贯彻落实国务院支持广东先行先试加快转型升级政策的实施意见》。

【中国电力企业联合会主要事件】

1月11日 召开中电联本部2011年总结表彰大会。总结2011年工作成果，部署2012年重点工作，表彰2012年度先进集体和优秀职工。

1月21日 召开理事长办公会议，审议了2012年本部重点工作计划和财务预算安排，审定了2012年会议活动及出国考察访问等事项。

2月1日 召开中电联本部2012年职工大会。

2月15日 国家电监会史玉波副主席一行到中电联调研工作，并就充分利用《中国电力报》行业媒体优势做好电力行业对外信息发布工作举行专题座谈。

2月23日 2012中国清洁电力峰会暨中国国际清洁能源博览会(以下简称CEEC 2012)在北京开幕。CEEC 2012以“助力中国清洁能源的可持续发展”为主题，涉及风能、太阳能等领域。包括中国国际风能设备展览会等六个主题展、“清洁发电与智能管控分论坛”等七个分论坛。王志轩主持开幕式，孙玉才致开幕辞。

2月26日 2012经济形势与电力发展分析预测会在北京召开。王志轩主持会议，孙玉才出席会议并讲话。

2月27日 中国电力企业联合会与中国水利水电建设股份有限公司、中国水电建设集团国际工程有限公司合作完成的“英文版中国电力行业水电施工技术标准基本体系及应用”项目获得2011年度中国电力科学技术二等奖。

2月 《电力工业“十二五”规划滚动研究报告》、9个大型能源基地调研报告等正式上报国家发改委、能源局、电监会等政府部门，并送理事长、副理事长和常务理事单位参阅。

3月29日 中电联节能环保分会在重庆召开成立大会。

3月 《我国新能源发电发展研究报告》上报国家能源局、电监会，并送各理事长、副理事长单位参阅。

4月6日 王志轩会见韩国电力公社社长金重谦一行8人代表团。

4月22日 中电联2012年第一次理事长会议在无锡召开，刘振亚主持会议并就当前电力发展形势和进一步发挥中电联的作用等问题发表重要讲话。会议审议《中电联本部近期工作》、《关于编制全国三年电力供需分析预测报告工作》、《关于开展电力行业同业对标工作方案》和《关于电力体制改革研究》的报告。

4月28日 举办聘请高级顾问仪式。聘请史大桢、柴松岳、汪恕诚、李荣融、张国宝为中电联高级顾问。

6月4日 2012年全国电力可靠性监督管理工作会议暨电力可靠性指标发布会在北京召开。发布2011年度全国电力可靠性指标，表彰全国电力可靠性监督管理先进单位和个人以及2011年度电力可靠性金牌发电机组和金牌供电企业。孙玉才致辞，魏昭峰作可靠性监督管理工作报告。

7月26日 举办全国首个“电力主题日”活动，向全国电力企业发出《关于开展“中国电力主题日”活动的倡议书》，倡议将每年的7月26日作为“中国电力主题日”。

8月12～24日 魏昭峰就欧洲电力体制改革调研俄罗斯、捷克及欧盟相关机构。

9月4日 与工信部运行监测协调局就工业领域电力需求侧管理签订战略合作协议，启动了全国185个省级工业园区的电力需求侧管理试点工作。

9月6日 王志轩会见欧洲电力工业联盟秘书长汉斯·腾·伯格一行，并签署交流合作谅解备忘录。

9月15日 国家能源局印发《电力工程质量监督体系调整方案》（国能电力〔2012〕306号），委托中电联承担全国电力工程质量监督管理工作。

9月12～21日 中国电力企业联合会与中国就业培训技术指导中心、中国能源化学工会全国委员会，在江苏省苏州市举办第八届全国电力行业职业技能竞赛继电保护工（发电企业）决赛。

9月26日 孙玉才会见ABB全球智能电网副总裁约亨克鲁塞尔先生，并签署合作备忘录。

9月27日 在北京组织召开“走近中国电力2012”驻华使节及商务人员座谈会。

9月 完成《电力对外投资合作发展报告（2011～2012）》，并纳入商务部《中国对外投资合作发展报告（2011～2012）》正式出版。

10月10日 全国政协常委、经济委员会副主任张国宝一行到中电联进行座谈调研。

同日 中电联向全国人大常委会法制工作委员会反映了电力行业对《中华人民共和国环境保护法修正案（草案）》的意见。

10月15日 中电联批复同意中电联火电分会挂靠在大唐国际发电股份有限公司，曹景山任会长。

10月15～19日 完成“第十九届亚太电协大会暨电力展”的参会、参展组织工作。孙玉才率中国电力行业代表团出席大会。

10月16日 中电联与国家能源局、中国摄影家协会等在北京举办第一届全国电力职工摄影大展。

10月19日 魏昭峰带队参加电监会直属机关创先争优活动总结交流会议。

10月29日 魏昭峰会见法国电力公司集团总裁科学顾问班姆伯格一行。

10月30日～11月1日 王志轩率团访问法国电力集团和匈牙利电力公司。

11月10～18日 中电联与中国就业培训技术指导中心、中国能源化学工会全国委员会联合，在浙江省建德市举办第八届全国电力行业职业技能竞赛高压线路带电检修工决赛。

11月12日 经民政部批准，电力工程质量监督管理部作为中电联本部的内设职能部门。

11月22～23日 2012年全国电力行业统计年报工作会议在深圳召开，总结2012年电力行业统计工作，部署2012年电力行业年度统计快报工作和2013年电力行业统计重点工作，魏昭峰出席会议并讲话。

12月9日 中电联2012年第二次理事长会议、第五届理事会第四次常务理事会暨2012年电力企业高峰会议在北京召开。孙玉才作2012年工作报告，魏昭峰作2012年度预算执行和2013年度预算草案报告，王志轩报告有关议案，刘振亚主持会议并作总结讲话。会议审议通过了《关于发展中电联会员和增补理事的议案》和《关于授权中电联本部发布会员退会公告的议案》。

12月19日 孙玉才出席中国能源化学工会与中电联联席会议。

【国家电网公司主要事件】

1月5～7日 国家电网公司召开第二届职工代表大会第二次会议暨2012年工作会议，中共中央政治局常委、国务院副总理李克强，中共中央政治局委员、国务院副总理张德江，国家发改委主任张平，国资委主任王勇，电监会主席吴新雄等同志分别对公司工作做出重要批示。电监会主席吴新雄、中华全国总工会副主席张鸣起等出席会议并讲话，国家电网公司总经理、党组书记刘振亚做了题为《全面深化“两个转变”，加快创建世界一流电网、国际一流企业》的工作报告。

1月12日 国家电网公司举行《公司的价值》白皮书发布会，副总经理曹志安、王敏出席。

1月13日 国家电网公司驻香港办事处成立。

1月18日 国家电网公司举行智能电网科技研发交流中心奠基仪式，刘振亚总经理、曹志安副总经理、李汝革总会计师、王敏副总经理出席。

2月2日 葡萄牙政府正式宣布国家电网公司中标葡萄牙国家能源网公司（REN公司）股权私有化项目。在本次收购中，国家电网公司出资约3.87亿欧元收购REN公司25%股份，并购后将派出高级管理人员参与REN公司的经营管理。

2月21日 国家电网公司举行《国家电网公司2011社会责任报告》发布会，副总经理曹志安、王敏出席。

2月28日 国家电网公司与俄罗斯联邦工业和能源部能源署、俄罗斯燃料股份公司在俄罗斯工业和能源部共同签署了《生物质能源合作总协议》。中国驻俄罗斯大使李辉、俄罗斯联邦能源部能源署署长伊万诺夫、俄罗斯工业和能源部煤炭及泥煤司司长阿列克谢耶夫、国际司司长加尔金、俄罗斯燃料股份公司总经理斯瓦尔茨曼出席了签字仪式。

4月9日 国家电网公司第一个国际直流输电项目——中俄直流联网黑河背靠背换流站工程结束第二阶段试运行，工程整体移交运行。

4月9～10日 民政部在京举办第七届“中华慈善奖”表彰大会，国家电网公司第五次获评“中华慈善奖”最具爱心捐赠企业。

4月14～15日 国家电网公司在京召开2012年第二季度工作会议，会议总结了公司第一季度工作，分析了形势，安排部署了第二季度工作。总经理刘振亚出席会议并作重要讲话。

4月24日 “在京央企知识产权领先工程启动仪式”在京举行，国家电网公司被授予“首批央企知识产权领先工程实施单位”称号。

5月9日 国家电网公司总经理刘振亚参加2012中国能源年度人物颁奖典礼暨中国电力与能源研讨会并当选为“2012中国能源年度人物”，在研讨会上接受了人民日报社社长张研农的颁奖，曹志安、帅军庆副总经理参加。

5月13日 国家电网公司在新疆举行哈密南—郑州±800kV特高压直流输电工程、新疆—西北主网联网750kV第二通道工程开工仪式，中共中央政治局常委、中央政法委书记周永康宣布工程正式开工，新疆自治区党委书记张春贤，新疆自治区主席努尔·白克力，国资委主任王勇等领导在主会场出席仪式。总经理刘振亚、副总经理郑宝森在主会场参加，副总经理帅军庆在河南分会场参加。

5月25日 国家电网公司完成收购葡萄牙国家能源网公司（REN公司）25%股权的交割工作。

6月5日 在国家主席胡锦涛和俄罗斯总统普京的见证下，国家电网公司总经理刘振亚与俄罗斯统一电力国际公司总裁科瓦利丘克在人民大会堂签署了《关于扩大电力合作的谅解备忘录》。双方将在扩大从俄罗斯向中国供电规模、加强对俄罗斯电网改造，以及开拓第三国电力市场等方面继续开展合作。

同日 在第七届企业社会责任国际论坛暨“2011金蜜蜂企业社会责任·中国榜”发布典礼上，国家电网公司荣获“金蜜蜂企业”奖。

6月6日 国家电网公司在青海玉树举行玉树与青海主网联网330kV输变电工程开工仪式，副总经理帅军庆出席并讲话。

6月10日 青藏交直流联网工程正式投入商业运行。

6月10～17日 国家电网公司副总经理舒印彪赴美国参加国际电工委员会（IEC）会议，并当选IEC市场战略局召集人。

6月15日 中共中央政治局常委、中央精神文明建设指导委员会主任李长春考察许继集团。李长春对国家电网公司在特高压远距离输电等领域取得的成绩给予高度评价，对国家电网公司近年来通过实施“走出去”战略，带动中国装备制造产业发展的做法给予充分肯定，要求进一步加大研发投入，攻克核心技术，实现自主创新，李汝革总会计师陪同。

同日 国家电网公司荣获“国资委2011年度保密工作先进单位”称号。

6月16日 由全国安全生产月活动组委会（中宣部、国家安全监管总局、公安部、国家广电总局、中华全国总工会、共青团中央、全国妇联）主办，新华网承办的2012安全发展高峰论坛在京举行，国家电网公司荣获安全生产责任感企业奖。

6月19～20日 中共中央政治局常委、全国人大常委会委员长吴邦国考察金寨抽水蓄能电站项目。吴邦国对国家电网公司积极推进皖电东送特高压工程建设、加快金寨抽水蓄能电站项目建设、服务革命老区经济社会发展给予了充分肯定，要求国家电网公司认真组织，高质量完成金寨抽水蓄能电站项目的建设，舒印彪副总经理陪同。

6月28日 由世界品牌实验室组织的2012年第九届世界品牌大会暨中国500最具价值品牌发布会在京召开，国家电网公司以2239.66亿元的品牌价值，名列“中国500最具价值品牌排行榜”第二名。

7月8日 向家坝—上海±800kV特高压直流输电示范工程实现安全稳定运行两周年，系统验证了中国特高压直流输电的技术可行性、设备可靠性、系统安全性和环境友好性，对特高压直流输电工程大规模建设和快速发展具有重要的示范和推动作用。

7月9日 美国《财富》杂志发布了2012年财富世界500强企业最新排名。国家电网公司以2591.42亿美元的营业额，再次名列第7。

7月12日 锦屏—苏南±800kV特高压直流输电工程双极低端直流系统正式投入试运行。7月19日12时，转入正式运行。

7月13日 中共中央政治局常委、全国政协主席贾庆林到国家风光储输示范工程运行现场调研。贾庆林对国家电网公司在工程建设和推动新能源产业发展中取得的成绩表示肯定。他强调，工程建设和运行中要加强科技创新，注重环境保护，推动新能源产业健康发展，刘振亚总经理陪同。

7月15～17日 国家电网公司召开2012年年中工作会议，刘振亚总经理做了题为《深化改革提升管理以优异成绩迎接党的十八大胜利召开》的讲话。

7月25日 国资委公布中央企业负责人2011年度经营业绩考核结果。国家电网公司连续第8年获得

A 级。

7月28日 国家电网公司在杭州举行溪洛渡左岸—浙江金华±800kV特高压直流输电工程开工仪式，总经理刘振亚、副总经理舒印彪参加。

8月6～7日 国家电网公司在南京举行客户服务中心南方基地项目投资协议签字仪式，副总经理杨庆出席。

8月中上旬 受台风“苏拉”、“达维”、“海葵”影响，中国多个省份遭遇台风暴雨袭击。灾害发生后，国家电网公司党组第一时间启动重大气象灾害应急响应，经全力抢修，完成抗击台风的各项任务，确保了电网安全稳定运行。

8月15日 国家电网公司举行促进风电等新能源发展新闻发布会，宣布中国已取代美国成为世界第一风电大国，国家电网成为全球接入风电规模最大、发展最快的电网，副总经理舒印彪出席并讲话。

9月1日 由中国企业联合会、中国企业家协会主办的2012中国企业500强发布暨中国大企业高峰会在吉林举行，国家电网公司以2011年营业收入16 753.6亿元位列第三，并位居2012中国服务业企业500强榜首。

9月4日 全国政协副主席、国家科技部部长万钢赴河北张北考察国家能源大型风电并网系统研发（实验）中心张北风电试验基地和国家风光储输示范工程，国家电网公司总经理刘振亚、副总经理栾军陪同。

9月10日 全国政协副主席郑万通在巴西里约热内卢考察国家电网巴西控股公司，对国家电网公司实施国际化战略、加强国际合作所取得的成绩给予高度评价，对国网巴西公司两年来的经营业绩给予充分肯定。

9月19日 国家电网公司在四川举行四川藏区电网新都桥—甘孜—石渠电网联网工程通电投运仪式，总经理刘振亚参加。

9月23日 国家电网公司提出的《电动汽车换电站安全性要求》国际标准提案获IEC高票通过。

9月25日 国家电网公司召开履行社会责任、服务三农、建设公益品牌新闻发布会，副总经理曹志安出席。

10月20～21日 国家电网公司召开2012年第四季度工作会议。总经理刘振亚出席会议并讲话。

10月26日 国家电网公司举行加强分布式光伏发电并网服务电视电话会议暨新闻发布会，副总经理舒印彪出席。

11月5日 中国中共党史学会、中共中央党史研究室宣传教育局、国资委宣传工作局举行“回顾辉煌历程喜迎党的十八大”——悦达学习杯读书竞赛活动抽奖颁奖仪式，国家电网公司荣获读书竞赛活动集体奖。

11月6日 国家电网公司举行东北—华北联网高岭背靠背直流扩建工程投运仪式，副总经理郑宝森、舒印彪出席。

11月7日 国家电网公司举行宁东—浙江特高压直流输电工程关键设备研制技术规范书发布会，副总经理郑宝森出席。

11月8～15日 国家电网公司高标准、高质量完成党的十八大保电任务。

11月21日 国家工程建设质量奖审定委员会下发文件，对2011～2012年度国家优质工程进行表彰，公司10项工程获国家优质工程奖。

11月26日 在中国社科院经济学部、中国社科院社会发展研究院和社会科学文献出版社共同发布的《企业社会责任蓝皮书（2012）》上，国家电网公司排名中国100强企业社会责任发展指数第二名、电力行业企业第一名。

11月28日 由联合国环境规划基金会、中国环境保护协会、香港环境保护协会、澳门环境保护协会、台湾环境保护协会联合主办“绿色中国·2012环保成就奖”颁奖典礼在香港举行。公司特高压电网工程获得“杰出绿色环保工程奖”。

同日 国家电网公司全面社会责任管理和青藏联网工程实践荣获“2012全球契约中国最佳实践奖”。

11月29日 澳大利亚昆士兰州电联公司宣布中国国家电网公司通过竞标赢得该公司所持南澳输电网公司股权。12月18日，国家电网公司与澳大利亚昆士兰州电联公司就南澳输电网公司41.11%股权收购进行交割。

12月3日 由国资委研究局指导，《21世纪经济报道》与中国社科院企业社会责任研究中心联合主办的央企和谐发展战略与社会责任管理提升暨央企社会责任调研报告发布仪式在京举行。会议发布了中央企业社会责任调研报告，国家电网公司排名中央企业社会责任管理体系第一名。

12月9日 世界上海拔最高的输变电工程——青藏联网工程经受住高寒缺氧、低气压、大风、强辐射等恶劣环境的考验，安全稳定运行一周年，各项运行指标均达到设计标准和要求。

12月12日 国家电网公司举行锦屏—苏南±800kV特高压直流输电工程投运仪式，副总经理郑宝森、栾军出席。

12月14日 国家电网公司与西班牙ACS集团在里约热内卢国网里约大厦举行巴西ACS输电特许权项目第一阶段交割仪式。

12月19日 国家档案局公布首批“全国建设项

目档案管理示范工程”名单，并予以通报表彰。国家电网公司11项工程获奖。

同日 国家电网巴西控股公司与巴西COPEL公司、FURNAS公司组成的联营体成功中标巴西2012年第7号输电特许权项目G标段。

12月23日 中国扶贫基金会在人民大会堂召开新长城项目十周年纪念表彰大会，国家电网公司获得“新长城教育扶贫突出贡献单位”奖。

12月24日 外交部在北京召开外交扶贫20周年工作总结会，对支持外交扶贫工作的单位进行表彰，国家电网公司获“优秀合作伙伴奖”。

12月25日 世界上最大的集风力发电、光伏发电、储能装置及智能输电于一体的新能源综合示范工程——国家风光储输示范工程，安全稳定运行一周年。

12月27日 2011～2012年度国家优质工程颁奖大会在北京举行，宁东—山东±660kV直流输电示范工程获得国家优质工程金奖。

【中国南方电网有限责任公司主要事件】

1月13日 中国南方电网有限责任公司（简称南方电网公司）与深圳市政府签署紧密合作协议。

1月16～17日 南方电网公司召开了2012年工作会议暨一届五次职工代表大会，公司董事长、党组书记赵建国在会上就加强公司队伍建设做了专题讲话，总经理钟俊做了工作报告和总结讲话。

1月18日 南方电网公司召开反腐倡廉建设工作会议，总结2011年反腐倡廉建设工作，分析形势，部署2012年反腐倡廉工作任务。

2月14日 2011年度国家科学技术奖励大会隆重举行，南方电网公司申报的“高压直流输电工程成套设计自主化技术开发与工程实践”获得国家科学技术进步奖一等奖，这是公司成立以来科技创新获得的最高荣誉。

2月22日 南方电网公司隆重举行广州供电局有限公司、深圳供电局有限公司成立授牌仪式，两家单位正式成为南方电网公司直属子公司。

2月 首笔1.5亿元资金划入中国南方电网超高压输电公司银团贷款专用账户，由南网财务公司作为牵头行组织的“两渡”工程银团贷款项目进入实施阶段。南网财务公司组织中国工商银行、中国农业银行、中国建设银行等7家银行与南方电网公司签订银团贷款合同256.66亿元。这是南方电网公司首次引入银团资金为大型电网项目提供融资服务。

3月5～6日 贵州电网公司、广西电网公司成立董事会。

4月27日 第二届“感动南网”颁奖典礼在广州举行，推选了11位感动人物和3个感动团队。

5月4日 南方电网公司董事长、党组书记赵建国拜会国家开发银行党委书记、董事长陈元，双方签署了战略合作协议。

5月10日 南方电网公司通过审批的首个大电网层面的国家高技术研究发展计划（863计划）课题——“含大规模新能源的交直流互联大电网智能运行与柔性控制关键技术”启动，课题由南方电网超高压输电公司牵头，南网电力调度控制中心、南方电网科学研究院和华南理工大学为课题组成员单位。

5月16日 南方电网公司在广州发布了2011年社会责任报告，全面系统地披露了公司履行社会责任的理念、实践和成果。

5月27～28日 由南方电网公司主办的第二届粤港澳电力企业高峰座谈会在云南举行，南方电网公司、香港中电控股公司、澳门电力股份公司、中国广东核电集团有限公司出席会议。

6月4日 国家电监会在北京发布2011年全国电力可靠性指标，南方电网公司下属佛山、广州、中山供电局获A级金牌企业称号，东莞、珠海、江门获B级金牌企业称号。

6月5日 南方电网公司颁发《南方电网公司技能专家管理办法》，技能人员有了畅通的成长通道，其中特级技能专家的岗级将达到正处级。

7月13日 国家电监会和安全监管总局联合召开2012年电力安全生产科技成果表彰大会，南方电网公司申报的“安全生产风险管理体系”荣获一等奖。

8月16日 南方电网公司召开党组会议，研究并原则通过《南方文化理念》。

8月28日 中国最南端的供电局——海南电网公司三沙供电局揭牌成立，海南省副省长李国梁、公司总经理钟俊为三沙供电局揭牌。

9月25日 南方电网公司与中山大学在广州签订了校企战略合作框架协议，标志双方在战略合作关系上迈出了崭新一步。

10月11日 南方电网公司决定在综合计划管理系统的基础上，开展“企业级决策支持系统”建设，作为公司信息化建设“6+1”工程中“1”的内容。

10月30日 随着云南丽江大水村70户人家用上了电，南方电网公司无电地区通电工程提前两个月全面完成，南方电网实现了电网覆盖范围内“户户通电”。

11月20日 南方电网公司召开十八大保供电暨2012年迎峰度夏总结表彰会，公司十八大保电工作圆满完成。

11月23日 南方电网公司首届“金点奖”大赛颁奖典礼在广州举行，大赛颁出金点创意奖、金点方案设计各 12 个。

12 月 4 日 南方电网公司印发了《公司所属建立董事会单位董事长、党组（党委）书记、总经理岗位职责（试行）》。

12 月 5 日 南方电网公司董事长、党组书记赵建国主持召开专题会议，听取南方电网"十二五"规划优化及中长期目标网架研究相关成果的汇报，会议同意南方电网未来西电东送输电网发展的技术路线以直流输电技术为主。

12 月 10 日 根据国资委通知，国家电网公司所持南方电网 26.4%的股权调整至国资委持有，暂时由中国国新控股有限责任公司代持。

12 月 22 日 广东省岭南文化艺术促进基金会揭牌仪式在广州举行，该基金会由南方电网公司、粤电集团牵头联合 13 家企业出资设立，南方电网公司被推选为基金会首届理事长单位，公司副总经理肖鹏被推选为理事长。

12 月 27 日 在北京召开的创建国家优质工程总结表彰大会上，中国南方电网超高压输电公司负责建设管理的云广直流工程获得国家优质工程金奖，这是迄今为止南方电网工程建设质量方面所获的最高荣誉。

12 月 29 日 南方电网公司在广州隆重召开成立十周年总结大会，系统回顾总结公司成立十年以来的工作。公司董事长、党组书记赵建国出席会议并作重要讲话，公司老领导、原董事长袁懋振同志莅临会议，公司总经理钟俊主持会议，公司其他领导班子成员出席会议。

【中国华能集团公司主要事件】

1 月 11 日 华能云南龙开口水电站获国务院常务会议审议通过。2 月 10 日，华能龙开口水电站正式通过国家发改委核准。该电站是澜沧江公司在金沙江中游建设的第一个水电项目，也是中国华能集团公司实施跨流域发展战略的标志性工程。

1 月 13 日 全国企业管理现代化创新成果审定委员会公布了"第十八届全国企业管理现代化创新成果"。华能海门电厂的《大型火电厂示范工程建设与运行的全面创优管理》荣获全国企业管理现代化创新成果一等奖，摘取全国管理最高荣誉挂冠，实现了华能该奖项一等奖"零"的突破。

2 月 13 日 在国家副主席习近平访美期间，作为中美贸易促进活动及合作项目，华能清洁能源研究院与美国杜克能源公司在华盛顿签署了《杜克能源公司 Gibson 电厂二氧化碳捕集项目技术合作协议》。根据协议，双方将以清洁能源研究院的二氧化碳捕集技术为基础，完成百万吨二氧化碳捕集装置的技术方案和可行性研究。此外，清洁能源研究院还与美国 Emberclear 公司签署了《美国宾州煤基 MTG 项目煤气化技术合作协议》。根据协议，清洁能源研究院将承担煤气化工艺包设计和相关技术支持。

2 月 29 日 西安热工研究院自主研发的"带二次再热的 700℃以上参数超超临界锅炉"技术通过国家知识产权发明专利审核并公告。该技术的成功研发，填补了中国超超临界二次再热机组的空白。

3 月 8 日 内蒙古华电非公开定向增发获得足额认购，以 7.76 元/股的发行价格发行 6 亿股 A 股，成功募集 46.6 亿元股权资金。

3 月 21 日、23 日 中国华能集团公司分别成功发行 2012 年度第一期短期融资券（12 华能集 CP001，40 亿元）和 2012 年度第二期短期融资券（12 华能集 CP002，30 亿元）。

3 月 29 日 清洁能源研究院自主开发的熔融碳酸盐燃料电池实验取得成功。

4 月 6 日 中共中央政治局常委、全国政协主席贾庆林参观了第十二届中国国际核工业展览会的华能展台。

4 月 23 日 中国环境保护领域最高的社会性奖项——中华宝钢环境奖第七届颁奖典礼在北京举行，中国华能集团公司荣获第七届中华宝钢环境（企业环保类）优秀奖。

5 月 14～16 日 世界核电运营者协会（WANO）第 84 届理事会会议在莫斯科召开。会上，中国华能集团公司签署了 WANO 章程，正式加入 WANO。

5 月 23 日 新疆最大扶贫惠民工程——华能别迭里水电站举行投产发电庆典仪式。

6 月 10 日 全国政协副主席、国家科技部部长万钢，副部长王伟中到华能天津 IGCC 示范工程视察。

6 月 21 日 华能功果桥水电站最后一台机组（1 号机组）顺利通过 72h 满负荷试运行投产发电，提前 9 天完成投产计划目标。至此，功果桥水电站 4 台 22.5 万 kW 机组全部建成。

7 月 9 日 财富中文网同步发布 2012 年财富世界 500 强排行榜，中国华能集团公司排名第 246 位，比 2011 年上升了 30 位。

7 月 10 日 中共中央政治局委员、全国政协副主席王刚视察了华能伊敏煤电公司、红花尔基水电公司。

7 月 25 日 国务院国资委公布 2011 年度中央企业负责人经营业绩考核结果，中国华能集团公司获评 A 级企业。这是自 2004 年国资委实施业绩考核以来，华能第七次获得年度业绩考核 A 级荣誉。

8 月 8 日 华能天津临港经济区燃气热电联产项目启动仪式在天津市滨海新区临港经济区举行。

8月25日 在无锡举行的“千人计划”专家创新创业成果展上，中共中央政治局委员、中央书记处书记、中央组织部部长李源潮参观了华能展台模型。

9月1～3日 “华能伊敏煤电杯”第一届全国煤炭行业露天专业职业技能竞赛在伊敏煤电公司隆重举行。代表中国华能集团公司参赛的伊敏煤电公司荣获团体冠军，伊敏煤电公司三位选手分别获得矿用重型汽车司机比赛第一名、露天采剥机械电修工比赛第二、三名。伊敏煤电公司被竞赛组委会授予“特别贡献奖”。

9月6日 国家“西电东送”和“云电外送”重大工程——华能糯扎渡水电站首台机组投产发电仪式在电站现场隆重举行。9月28日，糯扎渡电站第二台机组——8号机组正式投产发电。12月3日，糯扎渡电站7号机组完成72h试运行，正式投入商业运行。

9月12日 华能澜沧江公司向云南彝良地震灾区捐款318万元。其中，澜沧江公司捐款300万元，公司职工捐款18万元。

9月15日 全国人大常委会副委员长华建敏在中国（太原）煤炭交易中心巡视了第四届国际能源产业博览会主场馆，参观了华能展区。

10月9日 华能西藏墨脱电力有限公司筹备处揭牌仪式在西藏拉萨市隆重举行，标志着华能“十二五”电力援藏工作全面展开。

10月30日 由中国华能集团公司自主研发的中国首个超400℃太阳能热发电科技示范项目在海南省三亚市华能南山电厂举行投产仪式。

11月2日 华能昌图风力发电有限公司成立暨太平风场一期工程竣工剪彩仪式在辽宁省昌图县太平乡举行。

11月13日 在中国内部审计协会国有企业内部审计经验总结交流大会暨表彰大会上，中国华能集团公司被授予“内部审计领军企业”荣誉称号。

11月14日 在中国共产党第十八次全国代表大会上，华能集团总经理曹培玺当选为党的十八届中央纪律检查委员会委员。

11月30日 华能北京热电厂等4家单位被国家电监会授予“十八大保电突出贡献奖”，华能上都电厂、华能杨柳青热电厂等25家单位被授予“十八大保电先进单位奖”。

12月12日 华能天津IGCC电站示范工程投产暨基于IGCC的绿色煤电国家863计划研究开发示范基地成立大会在天津滨海新区召开。标志着中国洁净煤发电技术取得了重大突破。会上，华北电监局为该电站颁发了发电许可证。科技部决定在天津IGCC电站建立基于IGCC的绿色煤电国家863计划研究开发示范基地。

12月18日 中国企业联合会、中国企业家协会授予华能国际电力股份有限公司“全国企业文化示范基地”称号。

12月21日 国家科技重大专项——华能山东石岛湾核电厂高温气冷堆核电站示范工程核岛底板第一层混凝土浇筑圆满完成。该电站是世界首台模块式高温气冷堆核电站，是中国在核电领域的重大自主创新工程。工程由清华大学核研院设计，中国华能集团公司控股建设和运营。2012年12月3日，国家发改委印发了该项目批准文件；12月4日，国家核安全局颁发了工程建造许可证。

【中国大唐集团公司主要事件】

1月6日 大唐集团党组成员、副总经理邹嘉华在总部会见了来访的泰国能源部常务秘书诺昆·塞施朋一行。双方就老挝萨拉康、北本水电项目电力销售等事宜进行了会谈。

1月15～16日 大唐集团2012年工作会议在京召开。会议全面总结了大唐集团2011年工作，深入分析了大唐集团面临的内外部环境和形势，确定了大唐集团2012年工作的总体思路、奋斗目标和重点工作。会议确定2012年为“管理提升年”。

2月9日 大唐集团党组成员、副总经理王森会见了阿尔斯通集团执行副总裁菲利浦·库谢一行。双方就深化富氧燃烧以及二氧化碳捕集与封存等领域的合作交换了意见。

2月14日 大唐集团副总经理金耀华会见了西门子能源领域火力发电集团副总裁、仪控电气部全球总裁卡尔黑·斯普灵格一行。双方就技术问题和合作事宜进行了交流探讨。

2月21日 大唐集团董事长、党组书记刘顺达在总部会见印度信实集团董事长阿尼尔·艾姆巴尼。双方就合作事宜交换了意见。

3月6日 大唐集团董事长、党组书记刘顺达，总经理陈进行在全国“两会”山东代表团驻地，与山东省委书记、省人大常委会主任姜异康，省委副书记、省长姜大明进行了会晤。双方就山东能源发展进行了会谈。

同日 中共中央政治局委员、广东省委书记汪洋在全国“两会”广东省代表团驻地会见了大唐集团公司董事长、党组书记刘顺达，总经理陈进行。双方就加快推进广东省能源项目建设等事宜进行了交谈。

3月7日 大唐集团董事长、党组书记刘顺达在大唐集团公司总部会见了来访的埃森哲公司资深董事、总经理唐大卫一行。

3月12日 大唐集团与江西省政府在总部签署

《共同推进鄱阳湖生态经济区建设合作框架协议》，并就如何优势互补、共同发展等问题进行交流。

3月15日 大唐集团董事长、党组书记刘顺达在总部会见了来访的三一集团董事、三一重工总裁向文波一行。

3月21日 大唐集团董事长、党组书记刘顺达在总部会见了来访的IBM全球副总裁布拉德·加蒙斯一行。双方就信息化建设、能源与公用事业行业发展战略等问题进行了探讨。

3月23日 大唐国际发电公司发布了《2011年社会责任报告》。

3月22～24日 国家能源局副局长刘琦来到龙滩水电开发公司，就龙滩水电站二期工程及新能源和可再生能源发展情况进行调研。

3月26日 大唐国际发电公司2011年度业绩发布会在香港举行。

3月27日 国务院国资委与广西壮族自治区合作备忘录签字仪式暨“央企广西行”活动启动仪式在南宁举行。集团公司总经理陈进行出席仪式并讲话。

同日 大唐华银攸县能源有限公司柳树冲矿井开工仪式在湖南省株洲市攸县黄丰桥镇隆重举行。作为大唐集团公司首个井工矿井，柳树冲矿井的开工建设标志着攸县煤电一体化项目进入实质性全面基建阶段。

3月30～31日 中央纪委第一纪检监察室到大唐集团调研。大唐集团董事长、党组书记刘顺达，总经理陈进行出席相关座谈会。

3月31日 哈萨克斯坦总理马西莫夫访华期间，在中国贸促会会长万季飞陪同下出席了与中方企业家代表的见面会。大唐集团公司党组成员、副总经理邹嘉华作为电力企业代表出席会议并作了主题发言。

4月6日 中国大唐集团环境技术有限公司与国家开发银行签署开发性金融合作协议仪式在北京举行。

同日 中共中央政治局常委、全国政协主席贾庆林来到北京国家会议中心，参观正在这里举办的第十二届中国国际核工业展览会。在大唐集团公司展区，贾庆林观看了大唐集团的展板内容和核电模型。

4月19日 国务院国资委与吉林省政府合作备忘录签字暨“央企走进吉林”活动启动仪式在吉林省长春市举行。大唐集团董事长、党组书记刘顺达，总经理陈进行应邀出席启动仪式。

4月20日 国务院国资委副主任、国资委援疆工作协调小组组长姜志刚一行来到大唐新疆发电公司托克逊风电场检查指导工作。

4月24日 大唐集团董事长、党组书记刘顺达，总经理陈进行到集团公司首个燃机工程项目——大唐吴江燃机热电公司基建工地调研。

5月4日 国务院派驻大唐集团监事会主席李志群在大唐集团董事长、党组书记刘顺达陪同下，到大唐黑龙江发电公司调研。

5月8日 大唐集团党组成员、副总经理邹嘉华到宝钢集团调研，就全面风险管理和内部控制建设工作，与宝钢集团董事会秘书王力进行了全面深入的交流。

5月18日 浙江省副省长毛光烈到浙江大唐乌沙山发电公司调研生产经营情况、二期项目和海水淡化工程推进情况。

同日 大唐集团举办第六届企业开放日，位于北京、江苏等9个省、市、自治区的16家大唐电厂邀请社会各界人士走进企业，“零距离”观察电力生产过程，感受“大唐文化景观”和大唐“同心文化”。

6月4日 2012年全国电力可靠性监督管理工作会议暨电力可靠性指标发布会在北京召开，大唐集团有8台机组获得2011年度“金牌机组”称号，占全国22台获奖机组的36.4%，“金牌机组”在行业内无论是数量上，还是排名上都创造了历史最好水平。

6月8日 中国大唐海外（香港）有限公司在香港成功发行了10亿元3年期人民币债券，发行利率为4.5%，成为2012年度国内第一个在香港发行人民币债券的中国电力企业，标志着大唐集团公司正式迈入国际债券市场。

6月14日 大唐集团党组成员、副总经理邹嘉华在总部会见了巴克莱银行全球董事、总经理兼清洁能源委员会主席西奥多·罗斯福四世一行。

7月2～7日 大唐集团董事长刘顺达访问日本，并于7月5～6日在横滨出席了博鳌亚洲论坛中日企业家交流会。

7月23日 大唐集团党组成员、副总经理王森在总部会见了加拿大博斐斯煤业集团首席执行官兼董事会主席约翰·李一行。双方就大唐集团与博斐斯煤业集团在蒙古电力项目的合作进行了探讨与交流，并初步达成一致意见。

8月26日 中共中央政治局常委、全国政协主席贾庆林到大唐玉门昌马第一风电场考察。

8月29～31日 由中国核学会和大唐集团共同主办、大唐国际发电公司承办的大唐庄河核电“院士行”活动在辽宁省大连市成功举行。

10月10日 大唐集团召开领导干部大会。中央组织部副部长王尔乘宣布关于中国大唐集团公司主要领导同志职务变动的决定并做重要讲话。党中央、国务院决定，刘顺达同志任国有重点大型企业监事会主席，免去其中国大唐集团公司董事长、党组书记职务。同时，为了确保大唐集团各项工作的正常开展，经中央领导同意，由陈进行同志暂时主持中国大唐集团公司全面工作。

10月24日 大唐集团与中国平安保险（集团）股份有限公司在京签署全面战略合作协议。大唐集团公司总经理陈进行，平安集团副董事长、平安银行董事长孙建一出席签字仪式。

11月5日 大唐集团与中国农业银行股份有限公司在北京中国农业银行总行签订了银企战略合作协议。大唐集团公司总经理陈进行、中国农业银行股份有限公司行长张云出席签约仪式。

11月21日 中共中央政治局委员、广东省委书记汪洋在大唐集团总经理陈进行的陪同下，到广东大唐国际潮州发电公司调研。

11月20日 大唐集团党组成员、副总经理邹嘉华出席了在武汉举行的湖北省与中央企业战略合作框架协议签约仪式，并代表大唐集团与副省长许克振就在湖北省投资项目及"十二五"投资规划签署战略合作框架协议。

12月8日 大唐集团优秀高层次技能人才杰出代表、"全国技术能手"、兰州西固热电公司高级技师马晓东荣获第十一届"中华技能大奖"。

12月10日 大唐集团总经理陈进行、中国建设银行行长张建国共同出席并见证了大唐集团与建设银行银企战略合作协议签字仪式。

【中国华电集团公司主要事件】

1月9～10日 中国华电集团公司2012年工作会议在北京召开。中共中央政治局常委、国务院副总理李克强，中共中央政治局委员、国务院副总理张德江分别对华电集团公司工作做出重要指示。国务院国资委主任王勇、国家电监会主席吴新雄分别做出批示。华电集团总经理云公民做了题为《加快战略转型，全力提升效益，为创建世界一流能源集团而努力奋斗》的工作报告，华电集团党组书记李庆奎做了总结讲话。

4月12日 中央企业精神文明建设经验交流会在北京召开。中国华电集团公司总部被中央文明委授予"全国文明单位"荣誉称号。

4月20日 中国华电集团公司召开媒体见面会，发布国内首份城镇供热报告——《中国华电城镇供热报告》。会议同期发布了华电集团公司2011社会责任报告，这是华电集团公司连续第五年发布社会责任报告。

6月13日 中央创先争优活动领导小组办公室《深入开展创先争优活动简报》第2289期以《创先争优成为企业科学发展的强大动力——中国华电集团公司以创先争优为动力推动企业科学发展》为题，专题刊发了华电集团创先争优促进科学发展的情况。

6月28日 在香港即将迎来回归15周年之际，中国唯一拥有多元化发电资产的清洁能源公司——华电福新能源股份有限公司（00816.HK）成功在香港联交所主板上市。

7月9日 美国《财富》杂志官方网站全球发布2012年《财富》世界五百强排行榜，中国华电集团公司首次上榜，以252.7亿美元的营业收入位列第433位。

7月25日 中国华电集团公司2012年年中工作会议在北京召开。华电集团总经理云公民做了题为《全力以赴抓落实，管理效益双提升，以优异成绩迎接党的十八大》的工作报告。华电集团党组书记李庆奎做了总结讲话。

11月4日 华电莱州一期（2×1000MW）工程1号机组圆满完成168h满负荷试运行，正式投入商业运营。试运期间，各项经济指标均达到国内领先水平。

11月12日 科技部、国务院国资委和中华全国总工会联合发布通知，确定中国华电集团公司为第五批国家创新型试点企业。

11月21日 在中国社会科学院经济学部、中国社会科学院社会发展研究所和社会科学文献出版社共同举办的"2012年《企业社会责任蓝皮书》发布会"上，中国华电集团公司社会责任发展指数排名中国一百强企业第八位。

12月18日 中国华电集团公司在山东莱州召开发电装机突破1亿kW暨华电莱州一期2×1000MW级机组工程竣工投产大会。以华电莱州2号百万千瓦机组投产为标志，华电集团装机容量突破1亿kW。

【中国国电集团公司主要事件】

1月5日 中国国电集团公司（简称国电集团）单期容量最大的光伏电站工程——国电内蒙古电力有限公司四子王旗40MW光伏发电项目投产暨四子王旗光伏发电公司揭牌仪式在内蒙古乌兰察布市四子王旗举行，标志着国电内蒙古电力有限公司在加快企业转型、大力发展新能源的道路上迈出了坚实步伐。

1月6～7日 国电集团总经理、党组副书记朱永芃到四川慰问集团公司在川、藏企业干部员工与离退休职工，并深入国电大渡河公司龚嘴水电站和国电四川发电有限公司岷江电厂生产一线调研。

2月15～17日 中国国电集团一届四次职工代表大会暨2012年工作会议在北京召开。

2月20日 国电集团与云南省人民政府在昆明市举行实施"桥头堡"建设战略合作框架协议签字仪式。

2月28～29日 由中央宣传部主办的第九届中国公民道德论坛在北京举行。国电集团党组书记、副总经理乔保平出席论坛，并代表中央企业做了《深入推进职工道德建设，促进中国国电转型发展和谐发展》的专题发言。

3月1日 海南省人民政府与国务院国资委合作备忘录签字仪式暨海南省与中央企业深化合作座谈会在北京市举行。国电集团总经理、党组副书记朱永芃出席会议并与海南省委副书记、省长蒋定之签署《海南省人民政府、中国国电集团公司关于进一步推进海南电力能源项目合作建设的会谈纪要》。

4月5日 国电集团与中国石油天然气集团公司在北京市签署战略合作框架协议。

4月5~8日 国务院派驻国有重点大型企业监事会主席武保忠到大渡河流域水电开发有限公司调研。

4月10日 国电集团党组书记、副总经理乔保平，副总经理、党组成员米树华在国电科技环保集团有限公司（简称国电科环）会见了来访的吉尔吉斯斯坦社会民主党考察团一行。

4月12日 中央企业精神文明建设经验交流会在北京召开。国电集团本部继续保持“全国文明单位”荣誉称号，国电电力发展股份有限公司本部荣获“第三批全国文明单位”荣誉称号并作为代表领取奖牌。

4月26日 中央组织部副部长、中央人才工作协调小组副组长李智勇带队到位于北京市昌平区未来科技城国电新能源技术研究院项目现场考察工作。

5月7~9日 国电集团党组书记、副总经理乔保平率调研组赴集团公司东北区域所属企业调研，重点考察了东北公司、东北环保产业集团、沈阳热电有限公司、吉林分公司、长春热电一厂和延吉热电公司。

5月26日 由中国工业经济联合会主办的“2012中国工业经济行业企业社会责任报告发布会”在北京举行。国电集团公司等74家企业集中发布2011年度社会责任报告。这是国电集团连续第五次发布年度社会责任报告，也是第二次参加中国工业经济行业企业社会责任报告发布会。

7月9日 美国《财富》杂志公布了2012年度世界五百强企业最新排名，国电集团第三次上榜，以325.8亿美元的营业收入位列第341位，较2011年大幅上升了64位。

7月13日 2012年中国企业五百强排行榜发布，榜单显示国电电力以505.58亿元的营业收入位列第99位，国电科环以187.59亿元的营业收入排名第215位，龙源电力以161.91亿元的营业收入排名第238位，长源电力以79.08亿元的营业收入排名第418位。

7月25日 国电集团荣获2011年度中央企业负责人经营业绩考核A级，这是国电集团2009年以来第三度获此殊荣。

7月30~31日 国电集团总经理、党组副书记朱永芃到国电电力大同第二发电厂（国电电力大同发电有限责任公司）调研。

8月7日 《经济日报》“迎接党的十八大特刊”推出国电集团专版，从多角度对国电集团公司绿色转型之路进行了解读，全面展示了集团成立10年来，尤其是近年来以大力发展新能源引领企业转型，以建设创新型企业推动发展方式转变所取得的辉煌成就。

8月16日 国电集团总经理、党组副书记朱永芃，副总经理、党组成员米树华在昆明市会见了云南省委书记、省人大常委会主任秦光荣，省委副书记、省长李纪恒，双方就加快集团在云南转型发展及缓解火电经营困难等问题进行深入交流，达成了一致意见。

8月22日 国电集团与延安市人民政府在陕西省延安市签署战略合作框架协议。

9月3日 国电集团总经理、党组副书记朱永芃，副总经理、党组成员米树华在国电集团公司本部会见了由黑山共和国社会主义者民主党主席米洛·久卡诺维奇（Milo Djukanovic）率领的黑山社会主义者民主党代表团一行。

9月14日 国电集团总经理、党组副书记朱永芃，副总经理、党组成员米树华在北京会见了由波兰外交部经济合作司副司长凯帕奇克，波兰财政部战略项目司司长马杰兰诺斯基，波兰大使馆经济处一秘伊万妮卡，以及波兰能源企业界组成的波兰能源代表团一行。双方就加强能源领域的合作进行了深入交流。

9月14~15日 中央媒体记者采访报道“国有企业带头人”国电江苏电力有限公司、江阴苏龙发电公司总经理陶建华的先进事迹。

9月15~16日 国电集团总经理、党组副书记朱永芃到太原参加第四届中国（太原）国际能源产业博览会系列活动。

9月19日 国电泰州发电厂二期百万千瓦超超临界二次再热燃煤发电示范项目奠基。该项目是目前世界上参数最高、热效率最高、应用新技术最多的科技创新示范项目，已列入“十二五”节能减排国家科技支撑计划。泰州电厂二期工程项目是国内首台超超临界二次再热火电机组。

9月24日 《人民日报》“迎接党的十八大”特刊以8个版面的容量隆重推出第39期——能源。其中，“心路十年”、“亮点十年”、“十年之最”、“相伴十年”4个栏目对国电集团进行了报道。

9月26日 国电集团总经理、党组副书记朱永芃，副总经理、党组成员杨海滨，副总经理、党组成员米树华在拉萨市会见了西藏自治区党委书记陈全国，自治区主席、自治区党委副书记白玛赤林等，双方就进一步加快集团公司在藏能源项目开发建设交换了意见。

9月28日 国电集团与中国石油化工集团公司在集团本部签署煤电化一体化项目合作框架协议。

10月19日 国电集团党组书记、副总经理乔保平在集团本部会见了来访的英国华誉风险管理公司总裁沙学文，副总裁沙舒华。双方围绕企业“走出去”风险控制作了深入交谈。

10月23日 国电集团总经理、党组副书记朱永芃，副总经理、党组成员米树华在集团本部会见了来访的罗马尼亚经济部国务秘书罗丹·特伊库一行。双方就加强电力领域的合作深入交换了意见。

10月30日 “中国国电十年企业文化建设优秀成果巡展”首展仪式在国电集团本部举行。启动了“家园文化之星”，为企业文化巡展揭幕。

10月31日 《中国电力报》第一版“十八大代表访谈录”专栏刊登了中国电力报记者专访国电集团党组书记、副总经理乔保平的文章。在题为《建设一流综合性电力集团》的文章中，乔保平就国电集团近年来“取得的重要成绩”、“主要做法和经验”、“党员干部和党建工作发挥的作用”、“电力央企承担的重要使命和责任”、“未来发展目标和路径”等问题回答了记者的提问。

11月6日 国电科环所属联合动力技术有限公司自主研发的国内首台扫风面积最大的6MW风电机组在山东潍坊顺利完成吊装。是目前国内自主设计和生产的最长的风力发电机组叶片，代表了中国大型风力发电机组制造技术的最高水平。

11月22日 由国电联合动力技术有限公司发起的中国风电装备制造业高峰座谈会在国电科技环保集团有限公司科研大楼举行。

11月23日 随着龙源江苏如东150MW海上（潮间带）示范风电场二期50MW工程竣工，龙源江苏如东150MW海上（潮间带）示范风电场全部投产发电，加之2010年9月底投产的江苏如东32MW（潮间带）试验风电场，国电集团在如东县建成全国规模最大的海上风电场，总装机容量达到182MW。

12月9日 中国电力企业联合会第五届理事会第四次常务理事会议暨2012年电力企业高峰会在北京市召开。国电集团党组书记、副总经理乔保平出席会议并做了题为《全面深化转型升级　推动能源生产和消费革命》的主旨演讲。

12月11日 国电集团党组书记、副总经理乔保平在集团本部会见了来访的印度GVK集团副总裁桑杰·雷迪（Sanjay Reddy）一行。双方就深化在煤炭、电源方面的合作交换了意见。

12月12日 国电集团总经理、党组副书记朱永芃，副总经理、党组成员米树华在集团本部会见了法国电力集团公司董事长兼首席执行官亨利·普格里奥，高级执行副总裁兼亚太区总裁马识路一行。双方续签了合作框架协议。

12月13～18日 国电集团总经理、党组副书记、国电科环董事长朱永芃率调研组一行到国电科环及所属企业调研。调研期间，朱永芃听取了科环所属企业及科环本部工作汇报，并考察了联合动力、龙源技术等企业。

12月19日 “第十一届中国公司治理论坛”在上海举行。国电电力发展股份有限公司获得“2012年度董事会奖”，成为获此殊荣的10家上市公司之一。

12月28日 第一财经日报“前瞻2013：全球思想领袖百人谈”专题刊发国电集团总经理、党组副书记朱永芃专访。在题为《中国国电集团总经理朱永芃：加快“走出去”》的访谈中，朱永芃就国电集团2012年经营管理情况、电力企业“走出去”、电价改革等回答了记者提问。

同日 由中国能源报社组织评选的全球新能源企业五百强榜单发布，国电集团2家企业上榜，其中国电科环排名第25位，龙源电力排名第34位。

12月31日 龙源电力西藏阿里微网光伏电站一期正式并网发电。阿里微网光伏电站位于西藏阿里地区狮泉河镇，是世界上海拔最高的微网光伏项目。该项目配置10.64MWh磷酸铁锂蓄电池组及相关设备，是目前国内容量最大的光电存储系统。

【中国电力投资集团公司主要事件】

2月3日 中央第三企业金融巡视组向中电投集团领导班子反馈巡视情况会议在北京召开。

2月21日 中电投集团与美国铝业高端铝加工项目合资公司签约仪式在北京人民大会堂举行。

3月9日 中电投集团与美国杜克能源公司在北京签订合作谅解备忘录。

4月6日 中共中央政治局常委、全国政协主席贾庆林，参观了在京举行的第十二届中国国际核工业展览会中电投集团展区。

6月16日 国务委员兼国务院秘书长马凯在山东省委书记、省人大常委会主任姜异康，山东省委副书记、省长姜大明陪同下，视察了海阳核电项目现场。

6月18日 中电投集团新疆能源化工集团有限责任公司揭牌成立。

6月25日 中电投四川电力有限公司揭牌仪式

在成都举行。

6月29日 中电投集团召开创先争优活动总结表彰大会。

11月19日 中电投集团党组理论学习中心组召开扩大学习会，专题传达学习党的十八大精神。

12月13日 中电投集团新建锦赤铁路赤峰至朝阳北段建成通车。

【中国核能电力股份有限公司主要事件】

1月11～12日 中国核电2012年度工作会议在北京召开，会议讨论公司十二五规划，安排2012年度生产经营工作，与各成员单位签订绩效考核责任书。

3月1日 中核运行核应急体系正式开始运作。

3月7日 中国核电2012年第一期中期票据正式发行，金额15亿元。

3月17日 方家山工程1号机组首台蒸汽发生器顺利吊装就位。

3月20日 国家电力监管委员会华东电监局批准秦山二期扩建工程4号机组从2011年12月30日开始转入商业运行。

同日 福清核电1号机组二环路主泵泵壳顺利吊装就位。

同日 三门核电1号机组顺利完成除盐水可用里程碑节点。

3月23日 三门核电1号机组实现220kV倒送电里程碑节点。

3月30日22时09分 田湾核电站1号机组提前7.1天完成第五次换料大修。

4月8日 秦山核电二期4号提前计划60天正式投入商业运行。

4月30日19时23分 秦山二核1号机组109大修提前8.3天顺利结束，大修期间完成各类工作共计8141项，有效提高了机组设备的安全性和可靠性。

6月3日 福清核电2号机组反应堆压力容器筒体吊装就位。

6月7日6时12分 田湾核电2号机组T205大修比内控计划提前3.76天完成。

6月26日19时40分 秦山二核2号机组提前3天7小时完成208大修。

6月28日 海南省委书记罗保铭在中核集团董事长、党组书记孙勤等陪同下视察海南一号能源工程海南昌江核电工程现场，并亲切看望慰问奋战在工程一线的党员代表。

7月11～12日 中国核电公司与Exelon ENP公司在京召开交流研讨会，双方就公司管理提升及对标咨询评价领域的合作进行坦诚地深入研讨。就后续合作的层次和领域达成了进一步意见，并对后续长期合作规划也做了初步交流。

8月7日 中国核电公司获国务院安委办2012年全国“安全生产月”先进单位。

同日 中国核电公司首份社会责任报告发布，总经理陈桦代表公司向社会郑重承诺：对国家负责、对公众负责、对事业负责、对历史负责。

9月25日 海南昌江核电工程2号机组成功吊装，标志着双机组全面进入安装阶段。

12月3日 田湾核电厂3、4号机组“两评”报告正式获得批复。

12月6日 在国务院总理温家宝与俄罗斯总理梅德韦杰夫的共同见证下，中俄两国政府正式签署《关于在中国合作建设田湾核电站3、4号机组的议定书》。

12月27日 田湾核电二期工程正式开工。

【中国长江三峡集团公司主要事件】

1月10日 中国三峡集团在中央扶贫开发工作会议上获“全国扶贫开发先进集体”称号。

1月16日 中国三峡集团获得2011年度中央企业经营业绩考核工作先进单位。

2月10～12日 中国三峡集团在宜昌三峡坝区召开2012年工作会暨一届二次职代会。

2月17日 中国三峡集团控股的上市公司中国长江电力股份有限公司入选英国《金融时报》评出的2011年度全球五百强。

3月25日 中共中央政治局委员、中央书记处书记、中央组织部部长李源潮考察三峡工程。

5月26日 中国三峡集团控股的上市公司中国长江电力股份有限公司荣列“2012中国上市公司资本品牌价值百强”榜（第29位，电力行业第1位）。

6月17日 三峡船闸安全高效运行达到9周年。

7月4日 三峡右岸地下电站最后一台机组27号机组正式投产发电，标志着三峡电站建设任务提前一年全部完工，三峡电站总装机容量最终达到2250万kW设计值。

7月6日 三峡—葛洲坝梯级电站历年累计发电量超过1万亿kWh，达到10 001.56亿kWh。其中，三峡电站累计发电5681.31亿kWh，葛洲坝电站累计发电4320.25亿kWh。

7月12日 三峡电站34台机组（32台70万kW机组和2台5万kW电源电站机组）首次全部投入运行，实现了2250万kW满负荷发电。

7月24～25日 中共中央政治局委员、国务院副总理、国家防汛抗旱总指挥部总指挥回良玉来到三峡工地考察长江汛情和三峡工程运行情况，指导防汛抗洪工作。

7月24日 三峡水库迎来建库以来最大洪峰考

验，洪峰峰值达到 71 200m³/s。通过拦洪错峰，控制最大出库流量不超过 45 000m³/s，保证了长江中下游的防洪安全。

8 月 2 日 中共中央政治局常委、国务院总理温家宝到三峡工地考察防汛工作和工程运行情况。

8 月 25 日 三峡工程（坝区）被评为“国家水土保持生态文明工程”。

8 月 29 日 三峡地下电站最后一台机组 27 号机组顺利通过启动验收，三峡地下电站发电设备全部通过运行考核。

9 月 19 日 三峡保险经纪公司在北京揭牌。

9 月 21 日 金沙江向家坝工程左岸大坝全线浇筑到坝顶高程 384m。

9 月 28 日 金沙江向家坝水电站下闸蓄水通过国家验收。

10 月 10 日 金沙江向家坝水电站开始正式下闸蓄水，向家坝水力发电厂揭牌。

10 月 15 日 三峡工程电站重大装备国产化研讨会在京召开。

10 月 16 日 金沙江向家坝水电站顺利蓄水至初期蓄水位 354m，成功实现电站初期蓄水目标。

10 月 30 日 三峡工程 175m 试验性蓄水第三次成功蓄水至 175m 水位。

11 月 5 日 金沙江向家坝水电站首台机组 7 号机组（单机容量为 80 万 kW）正式投入运行，是目前世界上投运的单机容量最大的水轮发电机组。

11 月 14 日 中国三峡集团董事长、党组书记曹广晶当选为中国共产党第十八届中央委员会候补委员。

11 月 16 日 金沙江溪洛渡水电站最后一条导流洞顺利下闸，溪洛渡大坝开始全面挡水。

11 月 19 日 金沙江向家坝水电站 8 号机组投产发电。

12 月 8 日 长江三峡集团传媒有限公司在北京揭牌。

12 月 18 日 中国三峡集团荣获“中国妇女慈善奖”典范奖。

12 月 24 日 金沙江向家坝电站 6 号机组投产发电。

12 月 30 日 金沙江溪洛渡水电站 1 号、6 号导流底孔顺利下闸。

【神华集团公司主要事件】

1 月 8 日 神华集团荣获 2011 年度“中国企业诚信大奖”。

2 月 7 日 神华集团与中国北车集团公司签署战略合作框架协议。

2 月 24 日 神华集团与空军后勤部在北京签署《推进煤基喷气燃料军民融合发展战略合作协议》。

3 月 9 日 神华集团与广东省珠海市政府在北京签署神华南方总部大厦土地出让协议。

3 月 18 日 神华陕西甲醇下游加工项目 DMTO 技术许可及工艺设计合同在北京签署。

3 月 22 日 神华集团与中国电子科技集团公司在北京签署战略合作框架协议。

3 月 27 日 “神华爱心行动”获得第三届中国社工年会发布的 2011 年度社会工作十大事件荣誉。

3 月 28 日 神华集团公司准池铁路项目全线开工典礼仪式隆重举行。

3 月 30 日 神华煤直接液化项目 EPC 合同最终接收证书颁发仪式在内蒙古鄂尔多斯隆重举行。

3 月 31 日 世界煤炭协会（简称 WCA）战略委员会会议在神华集团公司召开。

同日 神华集团荣获由人民网主办和人民在线承办的“首届中国产业舆情高峰论坛”2011 年度舆情管理贡献奖。

4 月 10 日 神华集团荣获第七届中华慈善奖“最具爱心捐赠企业”荣誉称号。

4 月 24 日 神华集团荣获“企业知识产权教育基地”和“在京央企知识产权领先工程”二奖项。

5 月 10 日 神华煤制油化工公司与通用电气（中国）有限公司合资组建的通用电气神华气化技术有限公司在上海举行揭牌仪式并宣布成立。

5 月 20 日 神华国华港电万吨级船舶试航顺利靠泊。

5 月 24 日 神华集团董事长张喜武当选为世界煤炭协会主席。

6 月 26 日 神华集团与宝钢集团在上海签订战略合作协议。

7 月 4 日 神华集团在西藏自治区聂荣县启动援藏“双百工程”。

7 月 12～15 日 中共中央政治局常委、中央纪委书记贺国强视察神宝能源公司露天矿现场。

7 月 13 日 神华国华广投（北海）发电有限责任公司揭牌仪式在广西南宁举行。

7 月 15 日 中共中央政治局常委、全国政协主席贾庆林视察国华沧东发电厂。

7 月 17 日 神华集团与内蒙古自治区人民政府在呼和浩特市签署《关于神华集团投资内蒙古铁路建设会谈纪要》。

7 月 19 日 神华集团承办的全国煤矿安全生产经验交流现场会在宁夏银川隆重召开。

7 月 28 日 神华集团万州港电一体化项目开工奠基仪式在重庆万州区新田镇举行。

8 月 17 日 神华集团与中国化工集团在北京举

行战略合作框架协议签字仪式。

9月8日 神华神皖安庆电厂二期扩建工程（2×1000MW机组）前期工作启动奠基仪式在安徽安庆隆重举行。

同日 神华集团荣获中国科协求是杰出青年科技成果转化奖。

9月12日 国华投资公司——澳洲塔州水电公司马斯洛风电项目股权交易签约仪式在北京举行。

9月14日 神华集团首条国际运煤大通道——甘泉铁路全线顺利贯通。

9月18日 神华黄骅机车车辆检修中心开工奠基仪式在河北沧州举行。

9月26日 神华76 000t系列散货船项目开工仪式在河北秦皇岛举行。

9月27日 神华集团与江苏省镇江市签署战略合作协议，神华国华高资煤炭储备基地项目开工仪式举行。

10月9日 神华集团与江西省政府在江西南昌签署战略合作落地项目——神华国华江西吉安发电项目、赣州发电项目合作意向协议。

10月12日 神华集团第十二届（煤制油化工）职工技能大赛决赛在包头煤化工分公司召开。

10月14～15日 神华国华电力公司与广东宝丽华新能源公司在广东广州签署战略合作框架协议。

10月19日 神华集团投资内蒙古铁路首批项目启动仪式在内蒙古乌兰察布举行。

10月21～22日 神华福建罗源湾港储中转发电一体化项目奠基仪式在福州市连江县举行。

10月27～28日 神华集团与贵州省人民政府在贵州签署战略合作框架协议。

11月12日 神华集团与江苏省连云港市人民政府在北京签署战略合作框架协议。

11月30日 神华集团"一种煤炭直接液化的方法"发明专利荣获第十四届中国专利奖金奖。

12月12日 神华黄骅港务公司港煤三期工程重载试车成功。

同日 神华煤直接液化项目一期工程第二、三条生产线开工典礼在内蒙古鄂尔多斯举行。

12月19日 由中国工程院、国家能源局主办，神华集团承办的"第二届能源论坛"在北京召开。

同日 神华准池铁路公司举行铁路铺架开工仪式。

12月27日 神华神东煤炭集团自产原煤总量首次突破2亿t。

同日 神华朔黄铁路首列2万t重载试验列车成功开行。

12月28日 国能集团就煤矿专业化服务托管与神东煤炭集团、神宁煤业集团、神新能源公司在北京签署协议。

12月29日 神华甘泉铁路圆满完成首列蒙古洗精煤的外运任务。

【中国广核集团有限公司主要事件】

1月1日 美亚电力公司韩国栗村电厂燃料电池电厂二期项目正式投入商运。该项目采用美国燃料电池能源公司技术，为全球最大、最先进的燃料电池机组。

1月2日 中广核自主研发的具有完全自主知识产权的控制棒驱动系统研制成功，打破了国外技术封锁和垄断，实现了控制棒驱动系统的自主化和国产化。

3月29日 在巴黎举行的法国电力公司（EDF）2011年度安全业绩挑战赛颁奖仪式上，中广核荣获"核安全/自动停堆"、"能力因子"两项第一名。

4月13日 西部首座核电站——广西防城港核电站一期1号机组穹顶吊装成功，标志着该机组建设全面由土建阶段进入安装调试阶段。

4月17日 环境保护部副部长、国家核安全局局长李干杰考察了福岛核事故后大亚湾核电基地各电站安全改进措施落实情况。

4月22日 中广核太阳能开发有限公司与新疆农三师图木舒克市签署10万kW太阳能项目合作协议。该项目是新疆单期建设容量最大的太阳能光伏并网发电项目。

4月28日 中广核"郭明义爱心团从"暨中广核青年志愿行动爱心基金正式成立。

5月10日 中广核云南分公司在昆明揭牌，标志着云南省成为中广核继广东、湖北、新疆、青海之后的又一重要战略基地。

5月23日 中广核代表机构挂牌上岗，首批大市场平台包括4个分公司（新疆、湖北、青海、云南）和10个省级代表处（广州、四川、甘肃、吉林、山东、福建、辽宁、浙江、广西、江苏）。

6月8日 中广核风电公司和金风科技有限公司签订收购澳洲Morton's Lane风电项目股权协议书，该项目是中广核第一个"走出去"的风电项目。

7月12日 中广核发布首份《企业社会责任报告》。

7月25日 第85届WANO理事会、第23届WANO年度会员会议在巴黎召开。集团公司党组书记、董事长贺禹由WANO巴黎中心推荐当选为WANO理事，这是中广核第一次代表所属地区中心在WANO组织中担任理事。

8月13日 中广核与中国能源建设集团在深圳签署战略合作框架协议。双方将在国内核电、风电、水电、太阳能等清洁能源以及火力发电等领域全面开展战略合作。

8月23日 中广核所属七大核电基地同时举办核电站公众开放日活动。大亚湾、台山、阳江、红沿河、宁德、防城港6个在运在建核电基地和拟建的咸宁核电基地，以“开放、透明、诚信”的姿态，迎来周边地区的中小学师生、社区居民、农村科普人员近900人参加核电开放日活动。

9月5日 中广核在百万千瓦级核电站堆芯设计核心领域的又一重大科技创新成果，“中国压水堆核电站百万千瓦机组首循环堆芯装载方法”获得国家知识产权局发明专利授权。

9月6日 中广核能源公司四川尼日河玉田水电站清洁发展机制（CDM）项目在联合国注册成功。这是中广核第一个自主开发并成功注册的CDM水电项目。

10月18日 惠誉国际评级有限公司和穆迪投资者服务公司对中广核本币主体评级结果分别为AA－和A3，对香港人民币债评级结果分别为A＋和A3。

10月19日 贺禹董事长在法国与EDF总裁普格里奥、AREVA总裁吴赛签署了“新型反应堆（ACE1000）研发谅解备忘录”。ACE1000是三方以国际市场为目标，充分借鉴福岛核事故经验反馈，利用各自的优势共同打造的三代核电品牌。

10月29日 中广核集团公司文化宣传中心正式成立运作。

11月8日 中广核铀业发展有限公司下属的Swakop铀公司与AMEC公司、Bateman公司在北京签署了湖山项目EPCM合同。该合同的签署，标志着全球第三大铀矿——湖山铀矿的矿山建设正式启动。

11月17日 阳江核电4号机组核岛主体工程正式开工，是国务院核电审批解冻后的首台开工机组。

11月22日 中国核能行业协会在深圳组织召开了中广核ACPR1000＋技术方案评审会。专家评审认为，ACPR1000＋技术方案总体水平达到了三代核电技术水平，可以作为中国后续核电发展的技术选择之一，为中国核电“走出去”战略提供了有效技术支撑。

12月19日 中广核与中国科学院在深圳续签科技合作框架协议。双方自2006年签署科技合作框架协议以来，在大亚湾中微子实验项目等多方面开展了深入合作。

12月24～27日 由中广核与中央电视台联合摄制的国内第一部反映核电工程建设全过程的专题片《核电工程风云录》在第十频道“走进科学”栏目播出。

12月26日 防城港核电一期2号机组穹顶吊装成功，工程建设全面进入设备安装调试阶段。

12月28日 宁德核电1号机组主控室大屏幕上显示1号机组带初始负荷运行，宁德1号机首次并网一次性成功。

【中国电力建设集团公司主要事件】

1月10日 中国电力建设集团有限公司（简称中国电建）董事长、党委副书记范集湘在中国电建所属水电股份公司总部会见采访的刚果（金）总统顾问、中刚合作跟踪协调办公室执行秘书穆易斯先生一行。

1月13～15日 中国电建董事长、党委副书记范集湘随同中共中央政治局委员、中央书记处书记，中共中央组织部部长李源潮访问苏丹，并出席由水电股份公司捐建的中国南苏丹友谊学校供水系统及学习用具移交仪式。

1月28日 由中国电建所属水电股份公司在苏丹承建的141公路项目营地遭到苏丹反政府武装的袭击，项目76名中方员工中有29人被劫持，17人被困。中国电建迅速反应，周密安排，遵照外交部的工作指示和要求妥善处置相关工作。最终除1人在苏丹军方与反政府军交火过程中中流弹牺牲外，项目其余75人成功获救，并随后安全回国妥善安置。

2月9日 中国电建海外特殊伤害救助基金正式设立。

同日 中国电建党委书记晏志勇等领导在首都机场举行仪式，热烈欢迎29名在苏丹遭劫持的公司员工和中国政府工作组、中国电建应急领导小组前方工作组成员回国。

2月16～17日 中国电建2012年工作会议在北京召开。董事长、党委副书记范集湘做题为《突出发展质量，坚持做强做优，努力建设具有较强国际竞争力的世界一流企业》的讲话；总经理、党委常委马宗林做题为《提升管理水平，推进转型升级，确保集团公司平稳较快发展》的总经理工作报告。

3月6～8日 中国电建董事长、中国水电股份公司董事长范集湘在马来西亚进行考察并参加马来西亚丰盛港填海项目签约仪式。

3月9日 中国电建在北京举行企业标识启用发布会。

3月12～15日 中国电建董事长、党委副书记范集湘随水利部部长陈雷率领的中国政府代表团参加在法国马赛举行的第六届世界水论坛暨世界水展。

3月20日 中国电建总经理、党委常委马宗林在总部会见来访的卡特比勒集团董事长兼首席执行官欧博赫曼先生一行。

4月10～13日 中国电建董事长、党委副书记范集湘等领导出席“中国-赞比亚水电项目开发融资洽谈会”，并赴集团公司赞比亚项目工地考察，听取企业和项目的工作汇报。

4月12日 中国电建董事长、党委副书记范集湘在赞比亚首都卢萨卡出席由中国银行主办的“中国-赞比亚水电项目开发融资洽谈会”。

范集湘在赞比亚首都卢萨卡拜会赞比亚国土、能源和水利发展部长克里斯。

4月12～18日 中国电建总经理、党委常委马宗林赴马来西亚进行考察并出席马来西亚丰盛港填海项目开工仪式。

4月13日 国家水能风能研究中心和国家能源水电工程技术研发中心授牌仪式在北京举行，标志着“两中心”的各项工作全面启动。“两中心”经国家能源局批准，依托中国电建所属中国水电工程顾问集团设立，是国家水能风能发展政策和技术支撑的重要服务机构。

4月19日 中国电建董事长、党委副书记范集湘在钓鱼台国宾馆拜会泰国总理英拉·西那瓦。

4月23日 中国电建董事长、党委副书记范集湘在公司总部会见青海省副省长张光荣一行，就中国水电玉树灾后重建合作事宜进行会谈。

4月30日 中国电建董事长、党委副书记范集湘在总部会见来访的委内瑞拉石油矿业部部长拉米雷斯一行，双方就委内瑞拉项目合作事宜进行友好会谈并签订委内瑞拉卡拉波波石油工业园项目框架协议。

5月10日 中国电建董事长、党委副书记范集湘应邀访问美国通用电气集团（GE）总部，与GE董事长兼CEO杰夫·伊梅尔特（Jeff Immelt）等人会谈，并签署GE和中国电建集团战略合作备忘录。

同日 中国电建总经理、党委常委马宗林，副总经理李跃平一行在昆明拜会云南省副省长孔垂柱，并就深入贯彻云南省委省政府“央企入滇”战略，推进中国电建集团参与云南桥头堡建设进行座谈。

5月11日 中国电建党委书记、副董事长晏志勇在芜湖出席安徽省青弋江分洪道工程开工仪式。

5月13日 中国电建董事长、党委副书记范集湘一行赴厄瓜多尔辛克雷项目检查指导工作，并分别拜会了厄瓜多尔副总统莫雷诺、战略协调部部长格拉斯、电力部部长阿尔布诺兹和辛克雷项目业主总经理卢西亚诺。

5月21日 中国电建董事长、党委副书记范集湘，在洛杉矶与美国东岸电力公司前首席执行官菲利普及瑞银全球电力及公共事业部执行董事艾利克斯等人会谈，就美国电力市场形势和合作进行深入交流，并就具体工程项目的合作进行了探讨。当日，范集湘一行还会见了洛杉矶郡郡长迈克，并听取了中国电建所属湖北宏源公司在美投标项目的进展情况汇报。

5月28日 中国电建董事长、党委副书记范集湘在北京拜会了来华访问的肯尼亚副总统卡隆左·穆西约卡一行。

5月29日 中国电建总经理、党委常委马宗林在总部会见IBM全球公共事业行业高级副总裁加里·科恩。

5月30日 中国电建总经理马宗林在总部会见以色列IDE海水淡化公司CEO沙龙·费尔博。

6月4日 中国电建总经理、党委常委马宗林在集团总部会见来访的美国TRES AMIGAS公司董事长哈里斯一行。

6月6日 中国电建董事长、党委副书记范集湘在钓鱼台国宾馆会见塔吉克斯坦共和国总统埃莫马利·拉赫蒙。

6月10～12日 中国电建董事长、党委副书记范集湘对老挝进行市场考察，分别拜会老挝国家主席和总理，并出席南欧江流域梯级水电站项目（一期）特许经营协议和购电协议签约仪式。

7月1日 中国电建所属水电股份公司在京召开中水电海外投资有限公司成立大会。

7月10日 中国电建总经理、党委常委马宗林在集团公司总部会见阿尔斯通公司执行副总裁兼新能源总裁裴柯斯（Jerome Pecresse）一行。

7月18日 中国电建董事长、党委副书记范集湘在北京拜会了肯尼亚总理拉伊拉·奥廷加一行。

8月8～9日 中国电建党委书记、副董事长晏志勇在上海出席国内首台1000MW机组超超临界锅炉给水泵交付仪式并讲话，并赴集团在沪四家成员企业进行调研。

8月9～10日 中国电建董事长、党委副书记范集湘来到苏丹检查指导工作。期间，先后拜会了苏丹电力大坝部部长奥萨玛、中国驻苏丹大使罗小光，并在西亚北非区域部主持召开苏丹区域项目群工作会。

8月30日 中国电建所属中国水利水电建设股份有限公司与黑山共和国政府在京就黑山莫拉查和科莫尼查水电站项目签署合作谅解备忘录。

9月4日 中国电建董事长、党委副书记范集湘在北京出席集团公司首个欧洲EPC项目——波黑尤乐高（Ulog）水电站项目签约仪式。

9月24日 中国电建党委书记、副董事长晏志勇在河南出席中欧水资源交流平台高层对话会议，并作为中国水利企业代表在会上发言。

9月28日 中国电建董事长、党委副书记范集湘在集团总部出席集团首份社会责任报告发布仪式并致辞。

10月22日 中国电建沙特建筑施工项目监事会

监督检查进点会在中国电建集团公司本部召开。

12月10日 中国电建与中国进出口银行在京签署战略合作协议。

12月30日 中国电建党委书记、副董事长晏志勇等领导在西藏昌都出席集团公司设计施工的果多水电站截流仪式和西藏自治区水电发展工作座谈会。

【中国能源建设集团有限公司主要事件】

1月12日 国家能源局依托电力规划设计总院在北京成立国家电力规划研究中心。

2月16～17日 中国能源建设集团有限公司（简称中国能建）在北京召开2012年工作会议。

4月24日 中国能建协办的第三届国际基础设施投资与建设高峰论坛在澳门举办，主办了能源基础设施投资建设平行论坛，并与厄瓜多尔签署合作意向书。

5月9日 中国能建投资60亿元兴建的四川内江—资阳—遂宁高速公路提前8个月全线通车。

6月3日 中国能建EPC总承包的马鞍山电厂扩建工程一期2×66万kW火电机组在安徽建成投产。

6月3～6日 中国能建职工刘仔才在国务院国资委举办的2012北京"嘉克杯"国际焊接技能大赛中获得"钨极氩弧焊"第一名，被国务院国资委授予"中央企业技术能手"和"中央企业青年岗位能手"称号。

7月4日 中国能建承建的三峡地下电站27号机组投产发电，标志着总装机34台、2250万kW的世界最大水电站全部机组投产。

9月3日 中国能建集团装备有限公司在北京挂牌成立。

9月29日 中国能建在北京召开成立一周年大会，发布《中国能源建设集团有限公司中长期发展战略纲要》。

11月12日 中国能建总体设计、参建的我国首个"绿色煤电"项目——华能（天津）1×25万kW整体煤气化—燃气—蒸汽联合循环（IGCC）示范工程正式移交生产。

12月10日 中国能建在北京召开国际业务优先发展推进会，发布《关于加快国际业务优先发展的若干意见》。

12月12日 中国能建设计和参建的世界上输送容量最大、送电距离最长、电压等级最高的锦屏—苏南±800kV特高压直流输电工程投运。

12月13日 中国能建职工培训中心在湖北宜昌挂牌成立。

12月26日 中国能建葛洲坝财务有限公司在北京揭牌成立。

12月28日 中国能建在北京发布《品牌视觉形象管理规范》。

重　要　文　献

国务院文件

国务院办公厅关于继续深入扎实开展“安全生产年”活动的通知

（国办发〔2012〕14号）

各省、自治区、直辖市人民政府，国务院各部委、各直属机构：

近年来，各地区、各部门、各单位深入贯彻落实科学发展观，按照党中央、国务院的决策部署，大力推进科学发展、安全发展，持续开展“安全生产年”活动，取得积极进展和明显成效，各类事故总量和重特大事故大幅度下降，事故伤亡人数大幅度减少。为进一步加强安全生产工作，有效防范和坚决遏制重特大事故，切实维护人民群众的生命财产安全，经国务院同意，现就继续深入扎实开展“安全生产年”活动有关事项通知如下。

一、总体要求

全面贯彻落实党的十七大和十七届三中、四中、五中、六中全会及中央经济工作会议精神，以邓小平理论和“三个代表”重要思想为指导，深入贯彻落实科学发展观，认真贯彻落实《国务院关于坚持科学发展安全发展促进安全生产形势持续稳定好转的意见》（国发〔2011〕40号）精神，坚持以人为本，以科学发展安全发展为总要求，以深入扎实开展“安全生产年”活动为载体，以强化预防、落实责任、依法治理、应急处置、科技支撑、基础建设为主要措施，以进一步减少事故总量、有效防范和坚决遏制重特大事故为工作目标，切实把各项责任落实到位，把各项政策措施落到实处，全力以赴做好安全生产各项工作，全面促进全国安全生产形势持续稳定好转，以安全生产的新成效迎接党的十八大胜利召开。

二、牢固树立科学发展安全发展理念，夯实安全生产的思想基础

（一）大力宣传落实科学发展安全发展理念。各地区、各部门、各单位要积极组织宣传、认真贯彻落实国发〔2011〕40号文件精神，围绕以“科学发展、安全发展”为主题的“安全生产年”活动，切实把科学发展安全发展的理念落实到生产经营建设的每一个环节和岗位，使之成为衡量本地区、本行业领域和各生产经营单位安全生产工作的基本标准。各级政府和部门要把安全生产工作作为重中之重，各级领导干部要自觉践行科学发展安全发展理念，大力实施安全发展战略，切实坚持安全第一，正确处理好发展与安全的关系，实现安全与发展的有机统一。各企业要大力推进安全生产，企业负责人要始终把安全作为企业发展的前提和基础，全面提高职工的安全意识、技能和素养，以安全发展促进企业健康可持续发展。

（二）深入推进安全文化建设。积极开展安全发展示范城市、安全文化示范企业、安全校园、安全社区等创建活动和第11个“安全生产月”活动，大力推动安全生产、应急避险和职业健康知识进企业、进学校、进乡村、进社区、进家庭，努力提升全民安全素质。广泛组织多种形式的安全发展公益宣传活动，不断创新宣传教育方式，大力营造“关爱生命、安全发展”的社会氛围，进一步提高全社会安全意识，使科学发展安全发展成为凝聚共识、汇集力量、推动安全生产工作的文化源泉和思想动力。

三、坚持预防为主，切实抓好隐患排查治理

（一）全面推进隐患排查治理体系建设。牢固树立“隐患就是事故”的预防理念，充分发挥制度和机制效能，强化事故防范，紧紧抓住煤矿、非煤矿山、道路交通、铁路交通、建筑施工、火灾、工商贸其他，以及危险化学品、烟花爆竹、冶金、渔业船舶等事故多发行业领域，全面推进与规范生产经营建设相结合、与强化科学管理相协调的隐患排查治理体系建设，加强目标考核和示范推动，深化专项治理行动。有关部门要注重运用信息化手段，增强危险源监控和隐患排查治理实效。

（二）进一步强化煤矿安全工作。严格矿井建

设项目审批和安全核准，继续推进煤矿整顿关闭、整合技改和兼并重组，加强安全监管，提升煤矿安全生产水平。进一步加大煤矿瓦斯抽采利用和综合治理政策支持力度，严格执行煤矿安全监管监察规定，切实落实煤与瓦斯突出综合防治措施，深入开展煤矿防治水、防灭火等专项治理。加强煤矿风险预控管理，加快小煤矿机械化改造，继续抓好井下安全避险系统建设。

（三）深化交通运输安全整治。加快研究制定进一步加强道路交通安全工作的政策措施，以长途客运、校车安全、危险品运输管理为重点，完善技术标准和监管措施，加强重点路段安全防护设施建设，强制安装动态监控装置，严格交通执法，严厉整治超速、超载、超限以及酒后驾车、疲劳驾驶、违规停车等各类违法违规行为。深入排查治理铁路特别是高速铁路、城市轨道交通、水上交通、民用航空等领域安全隐患。

（四）加强其他行业领域的安全监管。依法强化危险化学品、烟花爆竹、民用爆炸物品等安全管理，继续推进生产工艺及装置自动化改造，深入开展“三超一改”（超范围、超定员、超药量和擅自改变工房用途）和礼花弹等高危产品专项治理。进一步完善矿产资源开发整合常态化管理制度，严肃整治矿山井下工程非法外包、以采代探等突出问题，加强尾矿库综合利用和安全监控，严格石油天然气勘探开采安全管理。研究实施建筑施工、设备制造等企业安全质量终身负责制，严禁违反客观规律压缩工期、违规简化程序。深入开展冶金煤气、受限空间作业、高温液态金属吊运等安全专项整治。大力实施社会消防安全“防火墙”工程，加强特种设备、渔业船舶、农业机械、电力和人员密集场所等安全管理。

四、坚持落实责任，切实肩负起安全使命

（一）强化企业安全生产主体责任。落实企业主要负责人和实际控制人安全生产第一责任人的责任，强化岗位、职工的安全责任，立足于加大投入、治理隐患、防范事故，认真落实完善各项规章制度，严格领导干部现场带班责任，严查违章指挥、违章作业、违反劳动纪律行为，严禁超能力、超强度、超定员组织生产，切实做到不安全不生产。

（二）切实落实政府和部门安全监管责任。严格落实地方行政首长安全生产第一责任人的责任和政府领导班子成员安全生产“一岗双责”，强化部门综合监管、行业安全管理和监督，完善落实安全生产分级属地管理制度。着力发挥各级安全生产委员会的职能作用，健全完善道路交通、瓦斯防治、煤矿整顿关闭、危险化学品和烟花爆竹监管等部际联席会议制度，加强工作协调和督促指导。

（三）加强安全生产责任考核追究。完善与经济发展、社会管理、文明建设及领导干部政绩业绩相关联的安全生产考核机制，严格“一票否决”制度。坚持科学严谨、依法依规、实事求是、注重实效的原则，严肃事故查处，严格追究相关责任人的责任，及时公布事故调查进展和查处结果，强化事故警示教育作用。加大对事故企业的处罚力度，加快建立与项目核准、用地审批、证券融资、银行贷款等挂钩的企业安全生产失信惩戒制度。

五、坚持依法治理，规范生产经营建设秩序

（一）进一步完善安全生产法律法规。加快推动修订《中华人民共和国安全生产法》，将国务院有关文件规定和各地区、各部门创新性经验做法吸收纳入法律法规范畴。要紧密结合经济社会发展、转变发展方式、调整产业结构的新要求，抓紧制定完善高速铁路、高速公路、大型桥梁隧道、超高层建筑、城市轨道交通和地下管网等建设、运行、管理方面的安全法规规章，加快修订制定国家和行业安全技术标准，建立完善与科学发展安全发展相适应的安全生产法律法规和标准制度体系。

（二）持续依法严厉打击非法违法行为。加强地方、部门、区域间日常执法、重点执法和跟踪执法，建立完善跨地区、多部门联合执法机制，依法强化停产整顿、关闭取缔、从重处罚和厉行问责的惩治措施，严厉打击各类非法违法生产经营建设行为。对非法违法行为等造成事故及谎报、瞒报事故的相关责任人，要及时移交司法机关，构成犯罪的，要依法严肃追究刑事责任。要深挖、严打非法违法行为背后的“保护伞”和黑恶势力，切实维护法律的严肃性、政府的公信力。

（三）切实加强职业危害防治工作。认真贯彻落实新修订的《中华人民共和国职业病防治法》，地方各级人民政府要抓紧理顺安监、卫生、社保等部门职责，建立健全专业队伍和技术支撑体系，积极推进企业职业危害申报工作，严格职业卫生许可制度，重点加强对粉尘、高温、高毒物质等职业危害的监测检测，加大现场预防性整治力度。要进一步加强对职业病患者的诊断、鉴定和治疗，切实做好相应的社会保障，维护从业人员生命安全和健康权益。

六、强化科技支撑，提升安全保障能力

（一）加快实施安全科技重点工程。全面实施“十二五”安全生产规划和安全科技规划，尽快

实施一批对安全生产有重大推进作用的科研项目和重点工程。积极整合优化安全科研资源，建立完善以企业为主体、以市场为导向、产学研用相结合的安全技术创新体系，大力组织科技攻关，力争取得重大突破。

（二）加大安全科技政策支持力度。运用国家振兴装备制造业政策支持安全生产专用设备的研发制造，积极培育发展安全产业。把安全科技纳入国家技术创新的重点支持内容，通过规划计划、专项基金、奖励评审等推动鼓励安全技术装备和工艺产品研发利用。强化政策的引导和带动作用，完善落实安全费用提取使用、安全技术改造、安全产品所得税优惠、自主创新装备增值税即征即返等经济政策，进一步加大安全专项投入。

（三）继续做好先进适用技术装备推广应用。突出高危行业领域，实施安全更新工程，强制淘汰落后安全技术装备。做好“百项”先进适用技术、“千项”新型适用产品的推广应用工作，继续抓好矿山井下安全避险、煤矿瓦斯高效抽采利用、尾矿库在线监测监控、危险化学品重大危险源监控预警等安全技术示范工程。积极研究通过安全生产物联网示范建设等手段，提高事故预防预警、综合防治、应急处置和执法监管等智能化水平。

七、强化应急处置，提高安全救援水平

（一）推进安全生产应急管理体系建设。建立健全省、市、重点县三级安全生产应急管理体系。加快建设国家、省、市、县四级重大危险源动态数据库和分级监管系统，建立完善企业安全生产动态监控及预警预报体系。进一步完善应急预案，搞好企业预案与地方政府、行业部门和相关专业机构预案之间的衔接，提高预案的严谨性、针对性和操作性。

（二）加强应急救援能力建设。继续抓好国家和区域矿山应急救援基地建设，年内全面建成7个国家级矿山救援队，依托地方和重点企业加快建立高水平的14个区域矿山救援基地及其他行业性专业救援队。要大力改善应急救援装备，健全完善应急物资储备体系和调用机制，提高应急处置效率。

（三）进一步完善应急联动机制。要强化应急救援协调联动和事故联合处置机制，搞好应急救援演练，增强应急处置的科学性、及时性和有效性。加强安全监管与气象、海洋、地震、环保等相关部门协调配合，完善预警信息发布网络平台，严防自然灾害引发事故灾难。进一步加强和改进突发事件新闻发布工作，做到事故发生后及时、准确、连续发布消息，主动引导舆论。

八、强化基础建设，增强安全监管监察能力

（一）着力推进企业安全生产达标创建。加快制定和完善重点行业领域、重点企业安全生产的标准规范，以工矿商贸和交通运输行业领域为主攻方向，全面推进安全生产标准化达标工程建设。对一级企业要重点抓巩固、二级企业着力抓提升、三级企业督促抓改进，对不达标的企业要限期抓整顿，经整改仍不达标的要责令关闭退出，促进企业安全条件明显改善、管理水平明显提高。

（二）进一步加强安全教育培训。完善安全培训体系，着力提高全员培训、技能培训、重点岗位培训质量和水平。要大力推进安全学科建设，加强职业安全教育培训，在摸清需求的基础上扩大对口招生，大力培养专业化安全技术人才和技能型操作员工。要加强安全培训工作执法检查，对企业培训不足、职工不具备应知应会知识和技能要求的，要依法严肃查处。

（三）大力推进安全监管监察工作创新。进一步完善省、市、县三级安全执法和包括乡镇在内的四级安全监管体系，推进安全监管监察能力建设，打造一支作风扎实、业务精通、严格执法、廉洁奉公的安全监管队伍，不断探索创新与新形势新任务相适应的安全管理和监督模式。切实加强安全生产专业服务机构管理，推动安全评价、检测检验、培训咨询等专业机构规范发展。要进一步加强对地方各级安全生产委员会工作的指导，强化部门协调配合，建立健全安全生产激励约束机制。

国务院办公厅（印）
2012年2月14日

国务院办公厅关于深化电煤市场化改革的指导意见

（国办发〔2012〕57号）

各省、自治区、直辖市人民政府，国务院各部委、各直属机构：

为深入贯彻落实党的十八大精神，加快完善社会主义市场经济体制，更大程度更广范围发挥市场在资源配置中的基础性作用，形成科学合理的电煤运行和调节机制，保障电煤稳定供应，促进经济持续健康发展，经国务院同意，现就深化电煤市场化改革提出以下指导意见：

一、抓住有利时机深化电煤市场化改革

煤炭是中国的基础能源，占一次能源生产和消费的70%左右。电煤是煤炭消费的主体，占消费总量的一半以上。深化电煤市场化改革，搞好产运需衔接，对保障电煤稳定供应和电力正常生产，满足经济发展和群众生活需求具有十分重要的意义。20世纪90年代以来，中国煤炭订货市场化改革不断推进，价格逐步放开，对纳入订货范围的电煤实行政府指导价和重点合同管理，对保障经济发展曾经发挥了积极的作用。但由于重点合同电煤与市场煤在资源供给、运力配置和价格水平上存在着明显差异，限制了市场机制作用的发挥，造成不公平竞争，合同签订时纠纷不断，执行中兑现率偏低，不利于煤炭的稳定供应，越来越不适应社会主义市场经济发展的要求，改革势在必行。今年（2012年）以来，煤炭供需形势出现了近年来少有的宽松局面，重点合同电煤与市场煤价差明显缩小，一些地方还出现倒挂，电力企业经营状况有所改善，改革的条件基本成熟。为此，应抓住当前有利时机，坚定不移地推进改革。

二、主要任务

电煤市场化改革是能源领域的一项重要改革。要坚持市场化取向，充分发挥市场在配置煤炭资源中的基础性作用，以取消重点电煤合同、实施电煤价格并轨为核心，逐步形成合理的电煤运行和调节机制，实现煤炭、电力行业持续健康发展，保障经济社会发展和人民生活的能源需求。

（一）建立电煤产运需衔接新机制。自2013年起，取消重点合同，取消电煤价格双轨制，发展改革委不再下达年度跨省区煤炭铁路运力配置意向框架。煤炭企业和电力企业自主衔接签订合同，自主协商确定价格。鼓励双方签订中长期合同。地方各级人民政府对煤电企业正常经营活动不得干预。委托煤炭工业协会对合同的签订和执行情况进行汇总。运输部门要组织好运力衔接，对落实运力的合同由发展改革委、铁道部、交通运输部备案。

（二）加强煤炭市场建设。加快健全区域煤炭市场，逐步培育和建立全国煤炭交易市场，形成以全国煤炭交易中心为主体、区域煤炭市场为补充，与中国社会主义市场经济体制相适应的统一开放、竞争有序的煤炭交易市场体系，为实施电煤市场化改革提供比较完善的市场载体。煤炭工业协会在发展改革委指导下做好衔接协调，研究制定交易规则，培育和发展全国煤炭交易市场体系。

（三）完善煤电价格联动机制。继续实施并不断完善煤电价格联动机制，当电煤价格波动幅度超过5%时，以年度为周期，相应调整上网电价，同时将电力企业消纳煤价波动的比例由30%调整为10%。鉴于当前重点合同电煤与市场煤价格接近，此次电煤价格并轨后上网电价总体暂不作调整，对个别问题视情况个别解决。

（四）推进电煤运输市场化改革。铁道部、交通运输部要加强对有关路局、港航企业的指导，完善煤炭运力交易市场，依据煤炭供需双方签订的合同和运输能力，合理配置运力并保持相对稳定，对大中型煤电企业签订的中长期电煤合同适当优先保障运输。对签订虚假合同、造成运力浪费或不兑现运力、影响资源配置的行为要依法依规加大惩罚力度。铁道部要周密制定电煤铁路运输管理办法，进一步建立公开公平的运力配置机制。

（五）推进电力市场化改革。鼓励煤电联营，增强互保能力。改进发电调度方式，在坚持优先调度节能环保高效机组的基础上，逐步增加经济调度因素，同等条件下对发电价格低的机组优先安排上网，促进企业改善管理、降低能耗和提高技术水平，为实行竞价上网改革探索经验。

三、完善调控监管体系

依法加强和改善市场调控监管，创造公平公正的市场竞争环境。制定电煤价格异常波动的应对预案，在电煤价格出现非正常波动时，依据价格法有关规定采取临时干预措施。充分利用国内国外两个市场、两种资源，加强煤炭进出口调节，促进供需平衡。加强煤炭应急储备建设，完善供应保障应急预案。加强煤炭经营监管和电煤合同履行检查，规范流通秩序，进一步清理和取消不合理收费，严肃查处乱涨价、乱收费以及串通涨价等违法行为。煤炭、电力行业协会要加强与政府部门的沟通配合，加强企业诚信体系建设，做好行业自律工作。

四、切实加强组织协调

电煤市场化改革涉及重大利益调整，社会关注度高。各地区、各有关部门要统一思想，提高认识，增强大局观念，加强协调配合，形成工作合力。发展改革委要会同有关部门充分发挥煤电油气运保障工作部际协调机制作用，及时协调解决电煤市场化改革中的重大问题，指导做好煤炭产运需衔接工作。同时，继续加强对电价形成机制改革、电力体制改革、煤炭期货市场建设等重大问题研究。

国务院办公厅（印）
2012年12月20日

国家发展和改革委员会文件

关于组织推荐国家重点节能技术的通知

（发改办环资〔2012〕206号）

各省、自治区、直辖市及计划单列市、新疆生产建设兵团发改委、经贸委（经委、经信委、工信委、工信厅、工信局），有关行业协会，中央企业：

为贯彻落实《中华人民共和国节约能源法》和国务院《"十二五"节能减排综合性工作方案》，引导企业采用先进的节能新工艺、新技术和新设备，提高能源利用效率，促进"十二五"期间节能减排目标的实现，拟于近期开展《国家重点节能技术推广目录（第五批）》的编制工作。现请你们组织筛选、推荐重点节能技术：

一、推荐要求

（一）推荐技术范围

煤炭、电力、钢铁、有色金属、石油石化、化工、建材、机械、纺织等工业行业，交通运输、建筑、农业、民用及商用等领域的节能新技术、新工艺。《国家重点节能技术推广目录（第一批）》（国家发改委公告2008年第36号）、《国家重点节能技术推广目录（第二批）》（国家发改委公告2009年第24号）、《国家重点节能技术推广目录（第三批）》（国家发改委公告2010年第33号）、《国家重点节能技术推广目录（第四批）》（国家发改委公告2011年第34号）已公布或全行业普及率在80%以上的技术不在推荐范围之内。

（二）推荐技术要求

推荐技术要求先进适用，能够反映节能技术最新进展；节能潜力大，预期可获得明显的节能效果；应用范围广，在全行业应用前景广阔。

二、上报要求

各地发改委、经贸委（经委、经信委、工信委、工信厅、工信局）、有关行业协会和中央企业应充分发挥各自优势，认真组织、遴选符合条件的重点节能技术，并按照要求仔细填写重点节能技术推荐表和汇总表（详见附件）。原则上每个单位推荐重点节能技术不超过10项。

请各地发改委、经贸委（经委、经信委、工信委、工信厅、工信局）、有关行业协会和中央企业于2012年4月15日前，将推荐材料文字版和电子版（电子版需刻制光盘）各1套上报国家发改委（环资司）。

联 系 人：高×　金××

联系电话：010-68505844 68505589

附件1　重点节能技术推荐汇总表（略）

附件2　重点节能技术推荐表（略）

附件3　推荐表填写说明（略）

国家发改委办公厅（印）

2012年2月1日

关于完善垃圾焚烧发电价格政策的通知

（发改价格〔2012〕801号）

各省、自治区、直辖市发展改革委、物价局：

为引导垃圾焚烧发电产业健康发展，促进资源节约和环境保护，决定进一步完善垃圾焚烧发电价格政策。现将有关事项通知如下：

一、进一步规范垃圾焚烧发电价格政策

以生活垃圾为原料的垃圾焚烧发电项目，均先按其入厂垃圾处理量折算成上网电量进行结算，每吨生活垃圾折算上网电量暂定为280kWh，并执行全国统一垃圾发电标杆电价每千瓦时0.65元（含税，下同）；其余上网电量执行当地同类燃煤发电机组上网电价。

二、完善垃圾焚烧发电费用分摊制度

垃圾焚烧发电上网电价高出当地脱硫燃煤机组标杆上网电价的部分实行两级分摊。其中，当地省级电

网负担每千瓦时 0.1 元，电网企业由此增加的购电成本通过销售电价予以疏导；其余部分纳入全国征收的可再生能源电价附加解决。

三、切实加强垃圾焚烧发电价格监管

（一）省级价格主管部门依据垃圾发电项目核准文件、垃圾处理合同，以及当地有关部门支付垃圾处理费的银行转账单等，定期对垃圾处理量进行核实。电网企业依据省级价格主管部门核定的垃圾发电上网电量和常规能源发电上网电量支付电费。

（二）当以垃圾处理量折算的上网电量低于实际上网电量的 50%时，视为常规发电项目，不得享受垃圾发电价格补贴；当折算上网电量高于实际上网电量的 50%且低于实际上网电量时，以折算的上网电量作为垃圾发电上网电量；当折算上网电量高于实际上网电量时，以实际上网电量作为垃圾发电上网电量。

（三）各级价格主管部门要加强对垃圾焚烧发电上网电价执行和电价附加补贴结算的监管，做好垃圾处理量、上网电量及电价补贴的统计核查工作，确保上网电价政策执行到位。各发电企业和电网企业必须真实、完整地记载和保存垃圾焚烧发电项目上网电量、价格、补贴金额和垃圾处理量等资料，接受有关部门监督检查。

（四）对虚报垃圾处理量、不据实核定垃圾处理量和上网电量等行为，将予以严肃查处，取消相关垃圾焚烧发电企业电价补贴，并依法追究有关人员责任。

（五）电网企业应按照《可再生能源法》和有关规定，承担垃圾焚烧发电项目接入系统的建设和管理责任。

四、执行时间

本通知自 2012 年 4 月 1 日起执行。2006 年 1 月 1 日后核准的垃圾焚烧发电项目均按上述规定执行。

国家发改委（印）
2012 年 3 月 28 日

关于下达首批国家天然气分布式能源示范项目的通知

（发改能源〔2012〕1571 号）

北京市、天津市、江苏省、湖北省发改委，中国华电集团、中国海洋石油总公司：

为提高能源利用效率，促进结构调整和节能减排，根据国家发改委、财政部、住房和城乡建设部、国家能源局联合印发的《关于发展天然气分布式能源的指导意见》（发改能源〔2011〕2196 号）的有关要求，现将首批国家天然气分布式能源示范项目通知如下：

一、首批国家天然气分布式能源示范项目共安排 4 个。

二、请项目业主抓紧做好首批示范项目前期准备工作，尽快完成项目规划选址、土地预审、环评、节能、用水、电网接入许可等各项工作。同时，请尽快编制设备自主化实施方案，上报国家能源局。

三、请有关省市积极支持首批示范项目建设，协助办理相关配套文件。同时抓紧办理项目核准手续，确保 2012 年内开工建设。

四、中央财政将对首批示范项目给予适当支持。

五、项目业主和有关省市要加强示范项目的组织协调和监督管理，确保示范项目建设进度、质量和示范效果。项目实施过程中，有关重大问题及时向有关部门报告。

国家发改委
财政部
住房和城乡建设部（印）
国家能源局
2012 年 6 月 1 日

附件：

首批天然气分布式能源示范项目清单

序号	项目名称	项目地址	项目规模
1	华电集团泰州医药城楼宇型分布式能源站工程	江苏	4000kW
2	中海油天津研发产业基地分布式能源项目	天津	4358kW
3	北京燃气中国石油科技创新基地（A-29 地块）能源中心项目	北京	13312kW
4	华电集团湖北武汉创意天地分布式能源站项目	湖北	19160kW

关于开展燃煤电厂综合升级改造工作的通知

（发改厅〔2012〕1662 号）

各省、自治区、直辖市、新疆生产建设兵团发改委（能源局）、经信委（经贸委、工信委、经委）财政厅，国家电网公司、南方电网有限责任公司、华能、大塘、华电、国电、中电投、华润、神华集团公司、国家开发投资公司、中国国际工程咨询公司、中国电力工程顾问集团公司、西安热工研究院有限公司：

目前，全国煤电装机约7亿kW，消耗煤炭占全社会消费总量的一半。近年来，通过“上大压小”、技术进步和加强管理等措施，全国平均供电煤耗较“十一五”初期下降了10%。另一方面，部分机组仍存在技术粗放、管理不善、能耗偏高等问题。实施在役煤电机组综合升级改造，是能源“十二五”规划和电力“十二五”规划提出的一项重要任务，对于提高能源资源利用效率，推进电力行业加快转变发展方式，建设资源节约型、环境友好型社会具有重要意义。现将有关事项通知如下：

一、原则和目标

按照“市场运作、政策扶持、试点先行、有序实施”的原则，“十二五”期间，采用成熟可靠、经济适用的先进发电技术和管理办法（详见附件1），对在役煤电机组进行综合升级改造，首批启动1000万kW示范项目，待取得经验后，再逐渐扩大改造规模。

二、范围和重点

鼓励对供电煤耗高出同类机组平均水平5g/kWh以上的煤电机组实施综合升级改造。重点支持满足下列条件的机组申报国家燃煤电厂综合升级改造项目年度实施计划。

（一）单机容量大于10万kW、小于100万kW。

（二）投产运行2年以上。对20万kW级及以下纯凝机组，除供热改造外，服役运行年限在15年以内。

（三）供热改造项目，单台机组供热能力达到工业热负荷70t/h或采暖热负荷240万m^2以上。

（四）单台机组预计年节能量超过7500t标准煤。

综合升级改造项目的年节能量包括发电降耗、供热改造提效两部分（具体计算详见附件2）。

三、支持政策

（一）支持发展。对煤耗指标领先、积极实施燃煤电厂综合升级改造并取得显著成效的企业，优先支持其火电项目建设。综合升级改造项目年节能量每形成1万t标准煤，相应增加业主单位所在企业集团3万kW火电建设规模，用于该企业集团全国范围内规划建设的火电项目。

（二）奖励资金。对纳入国家燃煤电厂综合升级改造项目年度实施计划的项目，中央财政根据实际改造成果，按照《节能技术改造财政奖励资金管理办法》（财建〔2011〕367号）给予奖励，并鼓励地方积极给予支持。

（三）优惠贷款。经商国家开发银行同意，纳入国家燃煤电厂综合升级改造项目年度实施计划的项目享受优惠信贷支持，原则上贷款利率在基准利率基础上下浮10%，期限10年以上。具体金融产品、审批手续由国家开发银行另行规定。鼓励其他金融机构给予优惠贷款支持。

（四）优先调度。对完成综合升级改造的机组，省级有关部门要会同电网公司，根据相关规定及时调整节能发电调度序位；未实行节能发电调度的地区，要加大计划电量支持力度。

四、工作要求

（一）项目申报。符合第二条规定的项目，业主单位应编制燃煤电厂综合升级改造项目申请报告（详见附件3），并按程序报送项目所在地省级能源主管部门。

省级能源主管部门对项目进行筛选，于每年1月底前，将年度备选项目汇总表（详见附件4）及具体项目申请报告报送国家能源局。附件5所列项目仅供相关地区和企业在申报首批示范项目时参考。

（二）性能测试。国家能源局、财政部委托有资质的咨询中介等机构，在改造前后，分别开展机组性能测试。性能测试费用由中央财政按相关规定支付。承担项目性能测试的咨询中介等机构，其自身及关联单位不得为该项目提供设计、施工等服务。

（三）计划下达。国家能源局根据有关机构出具的机组性能测试指标，对申报材料进行审核并下达国家燃煤电厂综合升级改造项目年度实施计划，明确各项目主要能效指标、年节能量、实施期限、总投资等内容。

（四）资金申请。符合奖励条件的项目单位可按照《节能技术改造财政奖励资金管理办法》（财建〔2011〕367号）要求，提出奖励资金申请报告，经法人代表签字后，报项目所在地节能主管部门和财政部门。省级节能主管部门、财政部门根据有关机构出具的机组性能测试指标，将符合条件的项目资金申请报告汇总上报国家发改委、财政部。

（五）资金下达。国家发改委、财政部组织专家对地方上报的资金申请报告进行复审，国家发改委根据复审结果下达项目实施计划。财政部根据国家发改委的项目实施计划，按照奖励金额的60%下达预算；项目完工后，再根据项目实际节能效果与省级财政部门进行清算。清算奖励资金由省级财政部门负责拨付或扣回。

（六）加强管理。省级能源主管部门会同节能主管部门、财政部门负责本地区燃煤电厂综合升级改造工作。发电企业要做好所属燃煤电厂改造的计划管理、技术指导、资金筹措、过程控制。业主单位要认真编制改造方案，加强工程管理，确保实现预期目标。省级电网企业应按项目年度实施计划，合理安排机组检修，积极配合完成机组性能测试，确保优先调度原则落到实处。

（七）监督检查。国家能源局、财政部、国家发改委组织有关单位对燃煤电厂综合升级改造工作进行抽查。对弄虚作假、骗取政策支持的单位，一经查实，将追缴奖励资金、建设规模和鼓励电量，并依法追究相关人员的责任。

国家能源局、财政部、国家发改委将及时总结示范项目经验，不断完善管理办法，确保“十二五”燃煤电厂综合升级改造目标如期实现。

《国家能源局 财政部关于开展燃煤电厂综合升级改造工作的通知》（国能电力〔2012〕25号）撤销，现重新印发，请按照执行。

附件1 燃煤电厂综合升级改造主要参考技术（略）

附件2 煤电机组主要能效指标及年节能量计算（略）

附件3 燃煤电厂综合升级改造项目申请报告（编制提纲）（略）

附件4 燃煤电厂综合升级改造备选项目汇总表（样表）（略）

附件5 燃煤电厂综合升级改造示范项目表（仅供参考）（略）

国家发改委
国家能源局（印）
财政部
2012年6月12日

关于可再生能源电价补贴和配额交易方案（2010年10月～2011年4月）的通知

（发改价格〔2012〕3762号）

各省、自治区、直辖市发改委、物价局、电监办，各区域电监局，国家电网公司、南方电网公司、内蒙古电力公司：

根据《可再生能源发电价格和费用分摊管理试行办法》（发改价格〔2006〕7号）和《可再生能源电价附加收入调配暂行办法》（发改价格〔2007〕44号），现就2010年10月～2011年4月可再生能源电价附加调配、补贴等有关事项通知如下：

一、电价附加补贴的项目和金额

可再生能源电价附加资金补贴范围为2010年10月～2011年4月可再生能源发电项目上网电价高于当地脱硫燃煤机组标杆上网电价的部分、公共可再生能源独立电力系统运行维护费用、可再生能源发电项目接网费用。具体补贴项目和金额见附件1、2、3。

二、配额交易与电费结算

（一）继续通过配额交易方式实现可再生能源电价附加资金调配，不足部分通过2011年5～12月征收的附加资金中预支，具体配额交易方案见附件4。配额卖方向买方出售配额证，配额买方应在收到配额证后10个工作日内，按额度将款项汇入卖方账户，完成交易。

（二）可再生能源发电项目上网电价在当地脱硫燃煤机组标杆上网电价以内的部分，由省级电网负担；高出部分，通过本次电价附加补贴解决。

（三）2010年10月～2011年4月电价附加有结余的省级电网企业，应在本通知下发之日起10个工作日内，对可再生能源发电项目结清2010年10月～2011年4月电费（含接网费用补贴）。2010年10月～2011年4月电价附加存在资金缺口的内蒙古、黑龙江等电网企业，应在配额交易完成10个工作日内，对可再生能源发电项目结清2010年10月～2011年4月电费（含接网费用补贴）。

（四）对2010年10月～2011年4月公共可再生能源独立电力系统的电价附加补贴，按本通知附件2所列的项目和金额，由所在省（区）的价格主管部门会同省级电网企业负责组织实施。

三、有关要求

各省（区、市）政府价格主管部门、电力监管机构和各区域电力监管机构要加强对可再生能源电价附加征收、配额交易、电费和补贴结算行为的监管，坚决纠正和查处违反本通知规定的电费结算行为，确保可再生能源电价附加补贴按时足额到位。

附件1 2010年10月～2011年4月可再生能源发电项目补贴表（略）

附件2 2010年10月～2011年4月公共可再生能源独立电力系统补贴表（略）

附件3 2010年10月～2011年4月可再生能源发电接网工程补贴表（略）

附件4　2010年10月～2011年4月可再生能源电价附加配额交易方案（略）

国家发改委
国家电监会（印）
2012年11月26日

关于加强万家企业能源管理体系建设工作的通知

（发改环资〔2012〕3787号）

各省、自治区、直辖市及计划单列市、新疆生产建设兵团发改委、经信委（经贸委、经委、工信委、工信厅）、质量技术监督局、出入境检验检疫局，有关企业：

为贯彻落实《“十二五”节能减排综合性工作方案》和《万家企业节能低碳行动实施方案》有关要求，推动万家企业建立健全能源管理体系，持续改进能源管理水平，不断提高能源利用效率，确保万家企业完成“十二五”节能目标任务，现就加强万家企业能源管理体系建设工作通知如下：

一、充分认识加强万家企业能源管理体系建设的意义

管理节能是促进企业提高能源利用水平的有效手段，当前，部分企业仍存在对能源管理工作重视不够，管理不规范，方法不科学，法规政策落实不到位，节能潜力没有得到充分挖掘等问题，影响了企业节能工作的深入推进。能源管理体系建设，是运用现代管理思想，借鉴成熟管理模式，将过程分析方法、系统工程原理和策划、实施、检查、改进（PDCA）循环管理理念引入企业能源管理，建立覆盖企业能源利用全过程的管理体系，对强化结构节能与技术节能，促进万家企业构建长效节能机制具有重要意义。

“十一五”以来，国家有关部门和部分地区积极引入能源管理系统方法，开展企业能源管理体系建设和认证试点工作，国家颁布了《能源管理体系　要求》（GB/T 23331）标准（2012年根据国际标准ISO 50001进行了修订），推动企业建立能源管理体系，取得了积极成效。试点企业通过建立实施能源管理体系，节能工作机制不断完善，能源管理水平大幅提高。实践证明，能源管理体系建设能够有效促进企业提高能源利用效率。各级节能主管部门和万家企业要充分认识加强能源管理体系建设的重要性，强化组织领导，完善政策措施，推动万家企业加快建立健全能源管理体系，切实提高节能管理水平，确保实现“十二五”节能目标。

二、加强万家企业能源管理体系建设工作指导

（一）万家企业能源管理体系建设的目标是，到“十二五”末，万家企业基本建立符合《能源管理体系　要求》（GB/T 23331）要求的企业能源管理体系，在企业内部逐步形成自觉贯彻节能法律法规与政策标准，主动采用先进节能管理方法与技术，实施能源利用全过程管理，注重节能文化建设的长效节能管理机制，做到节能工作持续改进、节能管理持续优化、能源利用效率持续提高。

（二）各省级节能主管部门要结合当地实际情况，制定辖区内万家企业能源管理体系建设推进计划，强化工作措施，推动万家企业加快建立健全能源管理体系。要总结最佳实践和典型案例，组织开展能源管理体系建设经验交流活动，通过现场会、研讨会等形式，推广能源管理体系建设与实施经验。要充分发挥行业协会专业优势，为企业能源管理体系建设提供技术支持。

（三）各级地方节能主管部门要组织具备相应能力的咨询机构为企业能源管理体系建设提供培训、指导和咨询服务。咨询机构应具备为企业开展能源管理体系培训、指导等服务的专业人员、技术水平和工作能力。

三、积极推动万家企业加强能源管理体系建设

（一）万家企业要高度重视能源管理体系建设工作，将能源管理体系建设作为企业发展的战略选择，成立企业主要负责人挂帅的能源管理体系建设领导小组，组建专门工作团队，落实经费等工作条件。要认真分析企业能源管理现状，制定体系建设工作方案，明确职责、任务、措施、进度等要求。要开展相关业务培训，使能源管理有关人员全面掌握能源管理体系建立、实施和改进的方法。要组织制定能源管理体系相关文件，认真做好能源管理体系文件的发布、学习、执行、监视测量等重点工作，完善能源利用过程控制措施，确保能源管理体系持续有效运行。要定期开展能源管理体系评价审核，检查分析体系运行情况，评价能源管理体系建设目标实现程度，验证相关管理措施是否到位。针对发现的问题，及时采取纠正和预防措施，不断改进能源管理体系，持续优化能源管理，提高企业能源利用效率。

（二）加强政策激励引导。国家发改委将把各地区万家企业能源管理体系建设推进情况纳入对地方政

府节能目标责任考核内容。对万家企业能源管理体系建设工作成效显著的地区，考核时予以加分。对积极推进能源管理体系建设的企业，在安排中央预算内节能项目、财政奖励节能技改项目、重大节能技术产业化示范、节能产品补贴推广等方面，给予优先支持。鼓励地方设立节能管理奖，对能源管理体系建设工作表现突出的企业和个人给予表彰奖励。

四、开展万家企业能源管理体系建设效果评价

（一）省级节能主管部门要将企业建立能源管理体系情况纳入对万家企业节能目标责任考核内容，开展企业能源管理体系建设效果评价。国家鼓励万家企业自愿开展能源管理体系认证，并在相关工作中，对认证结果予以采信。对不选择能源管理体系认证的企业，地方节能主管部门要制定统一的评价标准，组织有关机构或专家通过评价等方式，确认企业能源管理体系建设效果。省级节能主管部门每年向国家发改委报告万家企业能源管理体系建设情况及能源管理体系认证情况。

（二）从事能源管理体系认证的机构（以下简称认证机构）应当符合《中华人民共和国认证认可条例》和《认证机构管理办法》等法规规章规定的条件，并依法设立。认证机构应当具备开展能源管理体系认证活动的相关能力，并符合国家有关标准或规则中关于能源管理体系认证机构能力的通用要求以及认证机构认可准则的要求。

（三）国家认监委会同国家发改委制定能源管理体系认证基本规范和认证规则，统一认证依据、认证规则和认可要求。认证机构要按照认证认可相关规定、能源管理体系认证基本规范和认证规则，公正、独立和客观开展认证，并对认证的有效性负责。要加强行业自律，不断提高服务能力和服务质量，为企业提供高水平认证服务，合理收取费用。

（四）加强能源管理体系咨询和认证活动监管。国家认监委会同国家发改委加强对能源管理体系认证机构的资质管理，向社会公布认证机构名单。地方节能主管部门和地方认证监督管理部门要根据职责分工，加强对万家企业能源管理体系建设情况和咨询、认证机构工作情况的监督检查。对在认证活动中存在弄虚作假、乱收费等违法、违规行为的咨询、认证机构，依照《中华人民共和国节约能源法》、《中华人民共和国认证认可条例》和《认证机构管理办法》等相关规定进行处罚，直至取消认证机构资格。

国家发改委
国家认监委 （印）
2012年11月28日

关于解除发电用煤临时价格干预措施的通知

（发改价格〔2012〕3956号）

各省、自治区、直辖市发改委、物价局、经贸委（经信委），中国煤炭工业协会，神华集团公司、中煤能源集团公司，华能、大唐、华电、国电、中电投集团公司：

为进一步深化煤炭市场化改革，充分发挥市场配置资源的基础性作用，根据当前发电用煤（以下简称“电煤”）供需形势和价格变化情况，决定解除自2012年1月1日起实施的电煤临时价格干预措施。现将有关事项通知如下：

一、解除电煤临时价格干预措施

鉴于当前电煤供需逐步趋缓、电煤价格在全国范围内基本稳定，根据《中华人民共和国价格法》第三十二条规定，决定从2013年1月1日起，解除对电煤的临时价格干预措施，即取消《国家发展改革委关于加强发电用煤价格调控的通知》（发改电〔2011〕299号）中对合同电煤价格涨幅和市场交易电煤最高限价的有关规定，电煤由供需双方自主协商定价。

二、进一步做好煤炭价格监测工作

解除对电煤临时价格干预措施后，各省级价格主管部门要进一步加强煤炭价格监测工作，特别是电煤价格监测，进一步完善电煤生产经营情况监测制度，建立电煤价格监测、预警制度。山西、内蒙古、陕西等主要产煤省（区）价格主管部门要按月监测主要煤炭生产企业的电煤结算价格、产量、热值、成本等情况。若电煤价格出现非正常变化，要及时向我委报告。

三、切实加强电煤市场监管

各省级价格主管部门要继续加强对电煤市场的监管，切实做好对煤炭生产、销售过程中各类违规设立的涉煤基金和收费项目的清理整顿工作，并开展监督检查。地方各级政府不得采取行政手段不正当干预企业煤炭供销等经营活动。严禁企业之间达成价格垄断协议控制煤价；不得采取降低热值、降低煤质、以次充好等手段变相涨价；不得哄抬煤炭价格。对煤炭经营中的价格违法行为，各级价格主管部门将依法予以严肃查处。

国家发改委（印）
2012年12月18日

关于扩大脱硝电价政策试点范围有关问题的通知

（发改价格〔2012〕4095号）

各省、自治区、直辖市发展改革委、物价局，国家电网公司、南方电网公司、内蒙古电力公司，华能、大唐、华电、国电、中电投、神华集团公司：

为加快燃煤机组脱硝设施建设，提高发电企业脱硝积极性，减少氮氧化物排放，促进环境保护，决定进一步加大脱硝电价政策试行力度。现将有关事项通知如下：

一、扩大脱硝电价试点范围。自2013年1月1日起，将脱硝电价试点范围由现行14个省（自治区、直辖市）的部分燃煤发电机组，扩大为全国所有燃煤发电机组。燃煤发电机组安装脱硝设施、具备在线监测功能且运行正常的，持国家或省级环保部门出具的脱硝设施验收合格文件，报省级价格主管部门审核后，执行脱硝电价。脱硝电价标准为每千瓦时8厘钱。

二、脱硝电价资金暂由电网企业垫付。发电企业执行脱硝电价后，电网企业增加的购电资金暂由其垫付，今后择机在销售电价中予以解决。

三、加强对脱硝电价政策执行的监管。各省、自治区、直辖市价格主管部门要及时对已安装脱硝设施的燃煤机组执行脱硝电价，调动发电企业脱硝积极性；会同有关部门加强对发电企业脱硝设施运行情况的监管，督促发电企业提高脱硝效率。同时，要注意总结脱硝电价政策实施情况，妥善处理出现的问题，并及时向我委报告。

国家发改委（印）
2012年12月28日

关于贯彻落实国务院办公厅关于深化电煤市场化改革的指导意见做好产运需衔接工作的通知

（发改运行〔2012〕4103号）

各省、自治区、直辖市发改委、经贸委（经委、经信委、工信委）、工信厅、物价局、煤炭厅（局、办），煤炭、电力、冶金、化肥行业协会，国家电网公司、有关产运需企业：

为贯彻落实《国务院办公厅关于深化电煤市场化改革的指导意见》（国办发〔2012〕57号）精神，深入推进电煤市场化改革，指导做好产运需衔接工作，提高供应保障水平，促进经济持续健康发展。现就有关事项通知如下：

一、实施电煤产运需衔接新机制

（一）自2013年起，取消重点合同，取消电煤价格双轨制，我委不再下达年度跨省区煤炭铁路运力配置意向框架。

（二）凡依法生产经营的煤炭、电力企业，均可公平自主参与衔接。严禁未经国家核准(审批)、违规建设的煤矿和电厂，以及非法违规的经营企业参加衔接。

（三）煤炭企业依据生产许可能力、参考实际煤炭发运量，电力企业依据实际需要，自主衔接，协商定价，签订内容规范完整、具有法律效力的合同。煤电双方签订合同时，应在矿点、电厂以及供货渠道等方面保持相对稳定。鼓励双方签订中长期合同，建立长期稳定的供需关系，鼓励直购直销，减少中间环节。

（四）供需双方签订的年度、中长期煤炭合同，须登录中国煤炭市场网（www.cctd.com.cn）中煤炭网络交易系统进行录入，中国煤炭工业协会对合同签订和执行情况进行汇总。

（五）交通运输部、铁道部组织好运力衔接，加强对有关铁路局、港航企业的指导，依据汇总的电煤合同和运输能力，合理配置运力并保持相对稳定。对大中型煤电企业签订的中长期电煤合同适当优先保障运输。有条件的运输企业应与货主签订运输合同。

（六）我委会同有关部门充分发挥煤电油气运保障工作部际协调机制作用，及时协调解决改革中的重大问题，指导做好煤炭产运需衔接工作。

二、加强和改善调控监管

（一）对产运需三方认可的年度、中长期电煤合同由发改委、交通运输部、铁道部备案，作为日常监督检查的依据。对签订虚假合同、造成运力浪费或不兑现运力、影响资源配置的行为要依法依规加大惩罚力度。

（二）继续实施并不断完善煤电价格联动机制，当电煤价格波动幅度超过5%时，以年度为周期，相应调整上网电价，同时将电力企业消纳煤价波动的比例由30%调整为10%。在电煤价格出现非正常波动时，依据价格法有关规定采取临时干预措施。

（三）进一步清理和取消不合理收费，严肃查处乱涨价、乱收费以及串通涨价等违法违规行为。

（四）加快煤炭市场体系建设，形成以全国煤炭交易中心为主体、区域煤炭市场为补充，与社会主义市场经济体制相适应的煤炭交易市场体系。煤炭工业协会在我委指导下做好衔接协调，研究制定交易规则，培育和发展全国煤炭交易市场体系。

三、努力做好改革衔接的各项工作

（一）电煤市场化改革是能源领域的一项重要改革，是贯彻落实党的十八大精神的重要举措。各有关部门和单位要认真贯彻国务院办公厅文件精神，做到统一思想、提高认识，加强协调配合，更大程度更广范围发挥市场在资源配置中的基础性作用，确保改革和衔接工作的顺利进行。

（二）各地方政府有关部门要规范行政行为，不得干预企业签订合同，切实维护企业经营自主权，为顺利完成改革和衔接工作创造良好环境。

（三）煤炭产运需企业和有关协会等单位要深刻认识改革的重要意义，密切配合，努力做好电煤产运需衔接工作，确保改革平稳过渡和衔接工作的平稳进行。衔接期间必须保证取暖供热企业的煤炭供应和正常生产。

（四）煤电企业要抓紧开展煤炭产运需衔接工作，力争在1月15日前完成2013年度电煤合同的签订。交通运输部、铁道部要尽快完成运力衔接工作，以保障电煤运行有序、稳定供应。化肥、居民生活用煤衔接可参照执行。

国家发改委（印）
2012年12月31日

财 政 部 文 件

关于印发《可再生能源电价附加补助资金管理暂行办法》的通知

（财建〔2012〕102号）

各省、自治区、直辖市财政厅（局）、发展改革委、能源局、物价局，新疆生产建设兵团财务局、发展改革委、能源主管部门、价格主管部门，国家电网公司、中国南方电网有限责任公司、内蒙古自治区电力有限责任公司：

为促进可再生能源开发利用，规范可再生能源电价附加资金管理，提高资金使用效率，根据《中华人民共和国可再生能源法》和《财政部 国家发展改革委 国家能源局关于印发〈可再生能源发展基金征收使用管理暂行办法〉的通知》（财综〔2011〕115号），财政部、国家发展改革委、国家能源局共同制定了《可再生能源电价附加补助资金管理暂行办法》，现印发给你们，请遵照执行。

财政部 国家发改委 国家能源局（印）
2012年3月14日

附件：

可再生能源电价附加补助资金管理暂行办法

第一章 总 则

第一条 根据《中华人民共和国可再生能源法》和《财政部 国家发展改革委国家能源局关于印发〈可再生能源发展基金征收使用管理暂行办法〉的通知》（财综〔2011〕115号），制定本办法。

第二条 本办法所称可再生能源发电是指风力发电、生物质能发电（包括农林废弃物直接燃烧和气化发电、垃圾焚烧和垃圾填埋气发电、沼气发电）、太阳能发电、地热能发电和海洋能发电等。

第二章 补助项目确认

第三条 申请补助的项目必须符合以下条件：

（一）属于《财政部 国家发展改革委 国家能源局关于印发〈可再生能源发展基金征收使用管理暂行办法〉的通知》规定的补助范围。

（二）按照国家有关规定已完成审批、核准或备案，且已经过国家能源局审核确认。具体审核确认办法由国家能源局另行制定。

（三）符合国家可再生能源价格政策，上网电价已经价格主管部门审核批复。

第四条 符合本办法第三条规定的项目，可再生能源发电企业、可再生能源发电接网工程项目单位、公共可再生能源独立电力系统项目单位，按属地原则向所在地省级财政、价格、能源主管部门提出补助申请（格式见附1）。省级财政、价格、能源主管部门初审后联合上报财政部、国家发展改革委、国家能源局。

第五条 财政部、国家发展改革委、国家能源局对地方上报材料进行审核，并将符合条件的项目列入可再生能源电价附加资金补助目录。

第三章 补 助 标 准

第六条 可再生能源发电项目上网电量的补助标准，根据可再生能源上网电价、脱硫燃煤机组标杆电价等因素确定。

第七条 专为可再生能源发电项目接入电网系统而发生的工程投资和运行维护费用，按上网电量给予适当补助，补助标准为：50km以内每千瓦时1分钱，50～100km每千瓦时2分钱，100km及以上每千瓦时3分钱。

第八条 国家投资或者补贴建设的公共可再生能源独立电力系统的销售电价，执行同一地区分类销售电价，其合理的运行和管理费用超出销售电价的部分，通过可再生能源电价附加给予适当补助，补助标准暂定为每千瓦每年0.4万元。

第九条 可再生能源发电项目、接网工程及公共可再生能源独立电力系统的价格政策，由国家发展改革委根据不同类型可再生能源发电的特点和不同地区的情况，按照有利于促进可再生能源开发利用和经济合理的原则确定，并根据可再生能源开发利用技术的发展适时调整。

根据《中华人民共和国可再生能源法》有关规定通过招标等竞争性方式确定的上网电价，按照中标确定的价格执行，但不得高于同类可再生能源发电项目的政府定价水平。

第四章 预算管理和资金拨付

第十条 按照中央政府性基金预算管理要求和程序，财政部会同国家发展改革委、国家能源局编制可再生能源电价附加补助资金年度收支预算。

第十一条 可再生能源电价附加补助资金原则上实行按季预拨、年终清算。省级电网企业、地方独立电网企业根据本级电网覆盖范围内的列入可再生能源电价附加资金补助目录的并网发电项目和接网工程有关情况，于每季度第三个月10日前提出下季度可再生能源电价附加补助资金申请表（格式见附2），经所在地省级财政、价格、能源主管部门审核后，报财政部、国家发展改革委、国家能源局。

公共可再生能源独立电力系统项目于年度终了后随清算报告一并提出资金申请。

第十二条 财政部根据可再生能源电价附加收入、省级电网企业和地方独立电网企业资金申请等情况，将可再生能源电价附加补助资金拨付到省级财政部门。省级财政部门按照国库管理制度有关规定及时拨付资金。

第十三条 省级电网企业、地方独立电网企业应根据可再生能源上网电价和实际收购的可再生能源发电上网电量，按月与可再生能源发电企业结算电费。

第十四条 年度终了后1个月内，省级电网企业、地方独立电网企业、公共可再生能源独立电力系统项目单位，应编制上年度可再生能源电价附加补助资金清算申请表（格式见附3），报省级财政、价格、能源主管部门，并提交全年电费结算单或电量结算单等相关证明材料。

第十五条 省级财政、价格、能源主管部门对企业上报材料进行初步审核，提出初审意见，上报财政部、国家发展改革委、国家能源局。

第十六条 财政部会同国家发展改革委、国家能源局组织审核地方上报材料，并对补助资金进行清算。

第五章 附 则

第十七条 本办法由财政部会同国家发展改革委、国家能源局负责解释。

第十八条 本办法自发布之日起施行。2012年可再生能源电价附加补助资金的申报、审核、拨付等按本办法执行。

附：1. 可再生能源电价附加资金补助目录申报表（略）

2. 可再生能源电价附加补助资金季度申报表（略）

3. 可再生能源电价附加补助资金清算申报表（略）

关于印发《电力需求侧管理城市综合试点工作中央财政奖励资金管理暂行办法》的通知

（财建〔2012〕367号）

各省、自治区、直辖市、计划单列市财政厅（局）、电力运行主管部门，新疆生产建设兵团财务局、发展改革委：

为加强中国电力需求侧管理工作，保障电力供需总体平衡，促进发展方式转变，推动“十二五”节能减排目标实现，按照《国务院关于印发“十二五”节能减排综合性工作方案的通知》（国发〔2011〕26号）精神，中央财政安排专项资金，按实施效果对以城市为单位开展电力需求侧管理综合试点工作给予适当奖励。为加强财政资金管理，提高资金使用效益，我们制定了《电力需求侧管理城市综合试点工作中央财政奖励资金管理暂行办法》。现印发你们，请遵照执行。

财政部　国家发改委（印）
2012年7月3日

附件：

电力需求侧管理城市综合试点工作中央财政奖励资金管理暂行办法

第一章　总　　则

第一条　为规范和加强电力需求侧管理城市综合试点工作中央财政奖励资金（以下简称奖励资金）管理，提高奖励资金使用效益，特制定本办法。

第二条　奖励资金按照公开、透明原则安排使用，并接受社会监督。

第三条　财政部和国家发展改革委选择部分符合一定条件的城市开展电力需求侧管理综合试点工作。具体办法另行制定。

第四条　中央财政对奖励资金使用方向提出总体要求，奖励资金的具体使用和安排由地方有关部门负责。

第五条　地方有关部门在奖励资金安排上要体现加强政府引导，充分发挥市场机制的原则。

第二章　支持范围和奖励标准

第六条　奖励资金支持范围：

（一）建设电能服务管理平台；

（二）实施能效电厂；

（三）推广移峰填谷技术，开展电力需求响应；

（四）相关科学研究、宣传培训、审核评估等。

第七条　奖励资金奖励标准：

（一）对通过实施能效电厂和移峰填谷技术等实现的永久性节约电力负荷和转移高峰电力负荷，东部地区每千瓦奖励440元，中西部地区每千瓦奖励550元；

（二）对通过需求响应临时性减少的高峰电力负荷，每千瓦奖励100元。

第三章　试点方案申报和资金下达

第八条　根据相关要求，试点城市将电力需求侧管理城市综合试点工作实施方案及相关材料报送省级财政部门和电力运行主管部门审定；

经省级政府同意后，省级财政部门和电力运行主管部门将上述材料报送财政部和国家发改委；

财政部、国家发改委组织评审后进行批复并与试点城市和其所在省份签署协议，明确试点工作目标、投资安排、地方配套资金、年度工作计划和奖励资金需求等内容。

第九条　中央财政按照“分年预拨、事后清算”方式下达奖励资金。

第十条　试点工作结束后，试点城市所在省份省级财政和电力运行主管部门按规定对试点城市资金使用情况进行审核，并于一个月内向财政部、国家发改委申请清算奖励资金。

第四章　绩效考核和监督管理

第十一条　试点工作结束后，财政部会同国家发改委对试点工作进行评估和验收，如果实际完成的节约、转移和减少电力负荷量低于试点方案任务值的80%，中央财政将全额扣回已预拨的奖励资金。

第十二条　对试点项目已获得中央财政其他奖励或补贴资金的，清算奖励资金时将相应扣减。其中，电机系统节能改造和高效电机、照明产品、变压器、空调等的推广，按照《节能技术改造财政奖励资金管理办法》（财建〔2011〕367号）、《合同能源管理财政奖励资金管理暂行办法》（财建〔2010〕249号）、《财政部 国家发展改革委关于开展节能产品惠民工程的通知》（财建〔2009〕213号）的有关规定执行。

第十三条　财政部、国家发改委对试点地区奖励资金使用管理和试点工作开展情况实施监督检查。

第五章　附　　则

第十四条　本办法由财政部、国家发改委负责解释。

第十五条　本办法自印发之日起实施。

关于完善可再生能源建筑应用政策及调整资金分配管理方式的通知

（财建〔2012〕604号）

各省、自治区、直辖市、计划单列市财政厅（局）、住房城乡建设厅（委、局），新疆生产建设兵团财务局、建设局：

为积极推进太阳能等新能源产品进入公共设施及家庭，进一步放大可再生能源建筑应用政策效应，提高财政资金使用的安全性、规范性与有效性，财政部、住房城乡建设部决定进一步完善可再生能源建筑应用政策，调整资金分配管理方式。现将有关事项通知如下：

一、稳定可再生能源建筑应用示范市县政策，更好地发挥示范带动作用

自可再生能源建筑应用示范市县（以下简称示范市县）政策实施以来，有效带动了可再生能源在建筑领域的应用规模，提升了应用水平，取得了良好的示范效果。考虑到已批准示范市县的数量已经达到一定规模，为了充分发挥示范带动作用，集中力量将现有示范市县工作做深做透，将严格控制新增示范市县，今后不再组织申报，对2012年（含）以前提出示范申请的市县，如条件成熟、经核查达到条件要求的可列入示范。此后，其他个别推广潜力大、工作基础好、条件成熟的市县，在经过核查、验收等程序后，可增补为示范市县。中央财政继续支持完成任务的示范市县扩大推广应用规模，根据新增推广任务面积拨付相应补助资金。同时，两部将进一步加大对示范市县的监督考核力度。

二、大力推进集中连片推广，更好地发挥政策整体效应

（一）选择条件适宜的重点区域确定为集中连片推广示范区。在部分可再生能源资源丰富、应用基础条件好、配套政策落实的区域，进一步加大集中连片推广的工作力度。可再生能源建筑应用集中推广区一般应包括若干相邻市县，并与国家综合配套改革试点、区域发展规划、生态城或生态社区规划等国家战略政策相衔接。各省、自治区、直辖市（以下简称各省）要精心组织、统筹规划，选择推荐1～2个集中连片推广区。财政部、住房城乡建设部将根据地方编制的工作方案、可再生能源建筑应用工作的总体安排，选择确定予以重点支持的集中连片推广示范区。

（二）签订省部级协议，共同推动集中连片发展。对选定的集中连片推广示范区，财政部、住房城乡建设部将与所在省签订共建协议，明确推广任务目标、实施方案、保障措施及中央财政资金支持计划等。财政部、住房城乡建设部将切实加大对集中连片推广的支持力度，补助资金安排优先向集中连片推广示范区倾斜，将补助资金拨付至省（自治区、直辖市），并加强指导、监督与考核。各地也应将集中连片推广区作为优先发展的重点区域，抓好组织实施。要注重可再生能源建筑集中连片推广应用与发展绿色建筑相结合，将集中连片推广区打造成为生态低碳先导示范区。

三、支持可再生能源建筑应用省级推广，加快规模化推广进程

（一）实施省级推广，资金切块下达。为了从整体上推动可再生能源在建筑领域应用，更好地调动地方积极性，财政部、住房城乡建设部将实施可再生能源建筑应用省级（包括省、自治区、直辖市、计划单列市）推广，将部分可再生能源建筑应用补助资金切块下达到省，由省级财政、住房城乡建设部门统筹安排用于非示范市县可再生能源建筑应用，资金安排优先向工作任务完成情况好、积极性高、保障性住房及公益性行业推广比例高、地方财政安排资金情况好的地区倾斜。各省分配的中央财政补助资金具体计算公式如下：

各省补助资金量＝省级推广补助总资金量×[（各省工作进展/∑各省工作进展）×0.4 ＋（各省核定任务量/∑各省核定任务量）×0.3＋(各省保障性住房及公益性建筑推广量/∑各省保障性住房及公益性建筑推广量)×0.15＋(各省财政安排资金量/∑各省财政安排资金量)×0.15]

其中，省级推广补助总资金量，主要根据年初可再生能源建筑应用预算安排扣减当年可再生能源建筑应用示范市县及集中连片推广财政补助资金量后计算确定；各省工作进展，主要根据示范市县工作任务完成情况分档、经实地核查及专项检查等程序核定的上一年度实际工作量确定；各省核定任务量以及保障性住房、公益性建筑推广量，主要根据各省申报推广面积，结合地方资源状况、技术标准、能力建设等方面情况，由住房城乡建设部负责审核确定；各省财政安排资金量，主要根据地方实际出台的资金支持政策确定。资金分配因素及权重将根据可再生能源产业发展等情况适时调整。

对2012年省级推广补助资金的分配，财政部、住房城乡建设部将根据各省2012年上报的太阳能建筑应用推广方案以及提出示范申请但此次未列入示范的市县推广应用方案、各省示范工作进展情况等因素，将资金分配至省。各省统筹用于行政区域内可再生能源推广应用，并重点向已提出示范申请、制订了完备工作方案的市县倾斜。从2013年起，财政部、住房城乡建设部将严格按照上述因素法公式计算和分配补助资金，具体申报要求另行通知。

（二）强化省级责任，切实加强资金管理。省级财政、住房城乡建设部门应切实负起责任，用好、管

好中央财政补助资金，充分发挥资金使用效益。财政补助资金要专项用于符合《关于进一步推进可再生能源建筑应用的通知》（财建〔2011〕61号）等文件规定的可再生能源建筑应用技术的推广应用。各省要积极编制和完善可再生能源建筑应用发展规划，提出年度实施方案。要及时制定资金管理及工程管理具体办法，以确保财政资金使用的安全、规范、高效，更好推动可再生能源建筑应用工作的开展。各省资金分配方案要及时上报财政部、住房城乡建设部，并以适当方式公开，接受社会监督。

（三）加强能力建设，建立长效机制。各省要切实加强相关能力建设，要进一步摸清本省可再生能源资源分布状况及建筑应用潜力，对经过实践证明已经成熟、效果良好的应用技术、产品、工艺，要抓紧制定标准、规范等。要加大对太阳能光热建筑一体化应用等成熟技术的推广力度，凡全年日照时数大于2200h的地区，都应在2014年前出台措施，在具备条件的民用建筑上进行强制推广。要加强对可再生能源建筑应用全过程的质量安全控制。对投入使用的工程，要加强运行管理，探索创新运营模式，确保实际效果。

四、大力推进实施太阳能浴室等重点工程，切实推动新能源更好地惠及民生

在上述政策框架内，财政部、住房城乡建设部将优先支持太阳能光热应用等成熟技术的推广，启动和实施一系列重点工程，使财政补助资金向农村地区、公益性建筑和保障性住房等方面倾斜，支持有关地方推广太阳能海水淡化技术。鼓励各省在编制实施方案时优先纳入重点工程实施内容。

（一）太阳能浴室工程。主要内容是以村为单位，建设公共太阳能浴室，解决农村特别是北方地区农村冬季洗浴难的问题。各省应对本行政区域内村庄建设公共太阳能浴室工程的需求进行调查摸底，编制建设计划，并对浴室选址、设计、产品采购及施工加强指导、监督和政策支持，确保建设质量。北方地区建设的太阳能浴室必须同步采取建筑节能措施，进一步提高舒适性。要积极探索太阳能浴室建成后的后续管理模式，确保长期高效使用。

（二）保障性住房太阳能推广工程。主要内容是有条件地区在保障性住房建设中，同步规划、设计、安装应用太阳能，为居民提供生活热水等。各省应根据地区实际及保障性住房建设规划，合理安排推广计划，与保障性住房建设同步实施、同步投入使用。

（三）农村被动式太阳能暖房工程。主要内容是在新农村民居建设工程、牧民定居工程等集中建设农村住宅的过程中，同步采用被动式应用太阳能技术，部分的解决冬季采暖问题。各省要统筹考虑本地区气候特点、居民生活习惯、农居建筑形式等因素，合理选择被动式太阳能技术，并统一进行设计、施工。

（四）阳光学校、阳光医院工程。主要内容是在寄宿制中小学、卫生院等公益性公共建筑中大力推广应太阳能，包括建设太阳能浴室及集中太阳能热水系统，解决生活热水需求；建设太阳能房，解决教室、病房的采暖问题等。各省要及时摸清学校、医院太阳能应用需求，编制建设计划及具体工作方案。

五、加快组织实施

各省接此通知后，要抓紧完善可再生能源建筑应用规划，确定省级推广实施计划，编制工作方案，划定省内的集中连片推广区，广泛调动各市县推广应用可再生能源的积极性，进一步挖掘应用潜力，积极推进太阳能浴室等重点工程的建设。要加强对可再生能源建筑应用的组织领导，注重与相关部门加强协调配合，形成工作合力。要加强指导和监督，确保施工质量与安全，加快工作进度，将可再生能源建筑应用工作持续推向深入。具体申报和管理要求另行通知。

财政部　住房城乡建设部（印）
2012年8月21日

关于印发《节能产品惠民工程高效节能配电变压器推广实施细则》的通知

（财建〔2012〕854号）

各省、自治区、直辖市、计划单列市财政厅（局）、发改委、工业和信息化主管部门，新疆生产建设兵团财务局、发改委、工业和信息化主管部门：

为促进节能家电等产品消费，经国务院同意，根据《财政部　国家发展改革委关于开展节能产品惠民工程的通知》（财建〔2009〕213号）规定，我们制定了《节能产品惠民工程高效节能配电变压器推广实施细则》，现印发给你们，请遵照执行。

财政部
国家发改委
工业和信息化部（印）
2012年11月6日

附件：

节能产品惠民工程
高效节能配电变压器推广实施细则

一、推广产品范围及条件

（一）推广产品为三相 10kV 电压等级、无励磁调压、额定容量 30～1600kVA 的油浸式配电变压器和额定容量 30～2500kVA 的干式配电变压器。

（二）申请高效节能配电变压器（以下简称高效节能变压器）推广的产品必须满足以下要求：

（1）变压器能效为 2 级及以上水平，具体能效指标要求见表 1、表 2；

（2）通过国家认可的第三方机构能效检测和节能产品认证（进入第一批推广目录的产品应在目录公布后 3 个月内通过节能认证）；

（3）在中国大陆境内生产和使用；

（4）近 3 年内国家产品质量监督抽查中，该品牌产品无不合格。

二、推广企业条件

申请高效节能变压器推广的生产企业必须满足以下条件：

（1）为中国大陆境内注册的独立法人；

（2）年推广高效节能变压器容量不少于 10 万 kVA，且企业变压器产品年销售额 1 亿元以上；

（3）拥有所申请推广产品的自主品牌或品牌合法使用权，同一品牌只能由一家生产企业申请推广；

（4）具有完善的销售网络和产品销售、售后服务及用户信息管理系统；

（5）具备完善的质量管理体系和环境管理体系。

三、推广期限

推广期限暂定为 2012 年 11 月 1 日～2013 年 10 月 31 日。

四、推广补贴标准

高效节能变压器推广财政补贴标准具体为：

产品类型	能效水平	铁芯材料	补贴标准（元/kVA）
油浸式	能效 1 级	非晶合金	30
		电工钢带	20
	能效 2 级	非晶合金	4
		电工钢带	10
干式	能效 1 级	非晶合金	40
		电工钢带	25
	能效 2 级	非晶合金	6
		电工钢带	15

五、推广资格申请

申请高效节能变压器推广的企业，将申请报告（具体格式见附件 2）及下述材料（复印件加盖公章）逐级上报，经省级节能主管部门、财政部门、工业和信息化部门审核后，报国家发改委、财政部、工业和信息化部。

（1）营业执照和税务登记证；

（2）推广产品能效检测报告和节能产品认证证书；

（3）质量管理体系和环境管理体系认证证书；

（4）商标注册证明及授权书；

（5）其他相关材料。

国家发改委会同财政部、工业和信息化部组织专家对上报材料进行审核，公示推广企业、产品规格型号、流通企业及销售网点目录，并根据推广企业销售网点变化、产品规格型号调整等情况对目录实行动态管理。

六、补贴资金申请和拨付

（1）省级节能主管部门、工业和信息化部门对本地区年度推广使用情况进行调查摸底，组织用户推广高效节能变压器，将有关情况告知同级财政部门，并上报国家发改委、工业和信息化部。

（2）财政部根据调查摸底和各省需求情况测算补贴资金规模，并将补贴资金预拨到省级财政部门。

（3）有关单位、企业购买并安装国家公布的目录内高效节能变压器后，填报购买安装情况、补贴资金申报表（具体要求见附件 3），并提供购买发票复印件等证明材料，到企业所在地财政部门申请补贴资金。具体资金拨付办法由省级财政部门制订。

（4）各地财政部门根据购买安装单位、企业提供的相关材料及时拨付补贴资金，并会同节能主管部门、工业和信息化部门及时将相关信息录入“节能产品惠民工程”信息管理系统。

（5）月度终了后 10 日内，省级财政部门、节能主管部门、工业和信息化部门将本地区上月推广使用和资金拨付情况进行汇总审核，并上报财政部、国家发改委、工业和信息化部（具体要求见附件 4）。

（6）工业和信息化部会同财政部、国家发改委组织有关机构对推广使用情况进行监督检查。

（7）年度终了后 30 日内，省级财政部门提出年度补贴资金清算报告，上报财政部、工业和信息化部、国家发改委。

（8）财政部将根据地方上报的补贴资金清算报告及工信部出具的监督检查意见，对补贴资金进行清算。

七、罚则

（1）对企业弄虚作假，采取通报批评、取消高效节能变压器推广资格、列入诚信“黑名单”并在媒体上曝光、追缴补贴资金并加倍处罚等方式予以处罚。

（2）对未按规定进行检测或出具虚假检测报告的第三方能效检测机构，将采取通报批评、取消其节能产品惠民工程能效检测资格等方式予以处罚，并追究相关责任。

（3）地方相关部门对申请材料的真实性负责。一经查出有弄虚作假行为，将依照相关规定予以处罚。

表 1 油浸式配电变压器能效等级

额定容量（kVA）	2级				1级					
	空载损耗（W）		负载损耗（W）		电工钢带			非晶合金		
					空载损耗（W）	负载损耗（W）		空载损耗（W）	负载损耗（W）	
	电工钢带	非晶合金	Dyn11/Yzn11	Yyn0		Dyn11/Yzn11	Yyn0		Dyn11/Yzn11	Yyn0
30	80	33	630	600	80	505	480	33	565	540
50	100	43	910	870	100	730	695	43	820	785
63	110	50	1090	1040	110	870	830	50	980	935
80	130	60	1310	1250	130	1050	1000	60	1180	1125
100	150	75	1580	1500	150	1265	1200	75	1420	1350
125	170	85	1890	1800	170	1510	1440	85	1700	1620
160	200	100	2310	2200	200	1850	1760	100	2080	1980
200	240	120	2730	2600	240	2185	2080	120	2455	2340
250	290	140	3200	3050	290	2560	2440	140	2880	2745
315	340	170	3830	3650	340	3065	2920	170	3445	3285
400	410	200	4520	4300	410	3615	3440	200	4070	3870
500	480	240	5410	5150	480	4330	4120	240	4870	4635
630	570	320	6200		570	4960		320	5580	
800	700	380	7500		700	6000		380	6750	
1000	830	450	10 300		830	8240		450	9270	
1250	970	530	12 000		970	9600		530	10 800	
1600	1170	630	14 500		1170	11 600		630	13 050	

表 2 干式配电变压器能效等级

额定容量（kVA）	2级					1级							
	空载损耗（W）		负载损耗(W)			电工钢带				非晶合金			
						空载损耗（W）	负载损耗(W)			空载损耗（W）	负载损耗(W)		
	电工钢带	非晶合金	B(100℃)	F(120℃)	H(145℃)		B(100℃)	F(120℃)	H(145℃)		B(100℃)	F(120℃)	H(145℃)
30	150	70	670	710	760	135	605	640	685	70	635	675	720
50	215	90	940	1000	1070	195	845	900	965	90	895	950	1015
80	295	120	1290	1380	1480	265	1160	1240	1330	120	1225	1310	1405
100	320	130	1480	1570	1690	290	1330	1415	1520	130	1405	1490	1605
125	375	150	1740	1850	1980	340	1565	1665	1780	150	1655	1760	1880
160	430	170	2000	2130	2280	385	1800	1915	2050	170	1900	2025	2165
200	495	200	2370	2530	2710	445	2135	2275	2440	200	2250	2405	2575

续表

额定容量(kVA)	2级					1级								
	空载损耗(W)		负载损耗(W)			电工钢带				非晶合金				
						空载损耗(W)	负载损耗(W)			空载损耗(W)	负载损耗(W)			
	电工钢带	非晶合金	B(100℃)	F(120℃)	H(145℃)		B(100℃)	F(120℃)	H(145℃)		B(100℃)	F(120℃)	H(145℃)
250	575	230	2590	2760	2960	515	2330	2485	2665	230	2460	2620	2810
315	705	280	3270	3470	3730	635	2945	3125	3355	280	3105	3295	3545
400	785	310	3750	3990	4280	705	3375	3590	3850	310	3560	3790	4065
500	930	360	4590	4880	5230	835	4130	4390	4705	360	4360	4635	4970
630	1070	420	5530	5880	6290	965	4975	5290	5660	420	5255	5585	5975
630	1040	410	5610	5960	6400	935	5050	5365	5760	410	5330	5660	
800	1215	480	6550	6960	7460	1095	5895	6265	6715	480	6220	6610	7085
1000	1415	550	7650	8130	8760	1275	6885	7315	7885	550	7265	7725	8320
1250	1670	650	9100	9690	10 370	1505	8190	8720	9335	650	8645	9205	9850
1600	1960	760	11 050	11 730	12 580	1765	9945	10 555	11 320	760	10 495	11 145	11 950
2000	2440	1000	13 600	14 450	15 560	2195	12 240	13 005	14 005	1000	12 920	13 725	14 780
2500	2880	1200	16 150	17 170	18 450	2590	14 535	15 455	16 605	1200	15 340	16 310	17 525

2013
中国电力年鉴

国务院国有资产监督管理委员会文件

关于2013年中央企业开展全面风险管理工作有关事项的通知

（国资厅发改革〔2012〕89号）

各中央企业：

2013年是落实中央企业“十二五”改革发展“一五三”总体思路的重要一年，也是中央企业管理提升活动的关键阶段。为进一步提升中央企业适应复杂经济环境和市场形势的能力，不断提高全面风险管理水平，促进企业持续、健康、稳定发展，现就2013年中央企业开展全面风险管理工作的有关事项通知如下。

一、提升风险研判能力

各中央企业要紧密围绕企业发展战略，结合“做强做优、培育具有国际竞争力的世界一流企业”核心目标的要求，加强对未来中长期所面临风险的全局性、趋势性研判，准确定位风险管理工作的方向和重点，切实为企业实现经营目标提供支撑和保障。要及时把握并深入分析国内外形势的变化，提高企业对经营环境变化的敏锐性和对发展趋势的预判能力，及时调整当期经营策略和应对措施，合理控制纯粹风险，稳妥把握机会风险。要认真总结近期企业内外部发生的各类重大风险损失事件和典型案例，从中汲取经验教训，举一反三，采取切实有效措施，杜绝类似事件在本企业重复发生。

二、加强重大风险的全过程管理

各中央企业要以重大风险管理为抓手，不断提升全面风险管理工作的实效性。要紧密围绕企业战略目标和当期经营目标开展风险评估，建立常态化风险评估机制，不断完善风险评估方法和流程，切合实际地制定重大风险评判标准。要进一步完善重大风险的管理策略，明确风险偏好和风险承受度，据此制定重大风险的解决方案，明确重大风险的责任主体和应对措施，并合理配置资源，确保重大风险管理措施落到实处。要建立重大风险的监控预警机制，科学设置监控指标，及时掌握、分析重大风险的变化趋势，动态调整管理策略，实现对重大风险的动态管理和有效管控。

三、将风险管理与日常经营管理有机融合

各中央企业要将全面风险管理与日常经营管理有机融合，特别要提高全面风险管理服务于重大事项决策的能力。要注重营造良好风险管理文化氛围，加强企业风险管理政策的宣贯力度，建立风险管理工作宣传和培训常态化机制，倡导将风险意识和风险管理思想融入日常经营管理活动中，尤其是战略决策、投资并购、“三重一大”等重大事项决策过程中。要进一步明确董事会、经理层的风险管理责任，风险管理职能部门的风险管理业务指导责任，以及审计部门的风险管理工作监督责任。要注重发挥制度和流程的规范性作用，通过固化流程将风险管理理念、方法和技术嵌入日常经营管理和重大事项决策过程中，特别是要建立重大事项的专项风险评估制度，构建风险管理服务于日常经营管理和重大事项决策的长效机制。

四、提升风险管理工作制度化、规范化水平

各中央企业要进一步健全、完善全面风险管理工作机制，提高风险管理工作的制度化、规范化水平。要建立健全风险管理报告制度，强化风险管理信息沟通机制，确保风险信息传递准确、顺畅，处理及时、有效。要积极探索建立风险管理评价与考核制度，制定科学可行的风险管理评价办法和标准，将风险管理纳入企业绩效考核指标体系中，建立风险责任追究机制。要建立风险管理专业人才培养体系，明确风险管理岗位的专业能力要求，建立持续教育和业务考核机制，打造专业化风险管理团队。要进一步健全以风险管理为导向的内部控制系统，营造良好内部控制环境，通过强化制度建设，规范业务流程，确保内部控制的有效性，切实发挥内部控制对防范风险的重要基础作用。

2013 年，中央企业在深入开展全面风险管理专项提升工作的基础上，可自愿向我委报送全面风险管理年度报告，我委将继续编制汇总分析报告，供委领导、各厅局、监事会及各中央企业负责人参考。拟报送年度报告的中央企业请于 2013 年 4 月 30 日前将经董事会（总经理办公会议）审议通过的报告纸质版 2 份（附光盘电子版）报送我委企业改革局。工作基础较好的企业，可自愿向我委报送半年度、季度全面风险管理工作进展情况报告。

附件：2013 年度中央企业全面风险管理报告（模本）

国资委办公厅（印）
2012 年 11 月 23 日

附件：

2013 年度中央企业全面风险管理报告（模本）

一、2012 年度企业全面风险管理工作回顾

企业全面风险管理工作计划完成情况。简要说明本企业 2012 年度全面风险管理工作计划执行情况，以及企业董事会或经理办公会议对年度全面风险管理工作成效的评价。

企业重大风险管理情况。逐一简要说明 2012 年度本企业重大风险的管理情况。如有重大风险事件发生，请至少就 1 件已有调查结论的事件，说明产生原因、事件经过、对本企业目标产生的影响、处理措施及效果，防范类似风险事件（仅限纯粹风险）再次发生或者降低影响程度的应对措施。

风险管理体系建立运行情况。

1. 组织体系建立及运行情况。请简要说明本企业（含所属二级单位）风险管理组织架构设置情况（提供风险管理组织架构图），董事会和经理层的风险管理责任，风险管理职能部门的职能定位和业务内容等。

2. 常态化风险评估机制建立及运行情况。简要说明本企业定期和不定期风险评估制度的建立及运行情况，重大事项专项风险评估制度的建立及运行情况，风险量化分析工具应用情况等。

3. 风险管理沟通与报告制度的建立与执行情况。全面风险管理报告制度建立与执行情况，风险信息数据库建立情况，重大风险的监控、预警、报告等机制的建立与运行情况。

4. 内部控制建立与实施情况。简要说明本企业根据财政部《企业内部控制基本规范》建立并实施以风险管理为导向的内部控制工作情况（上市公司可以用在资本市场披露的内部评价报告代替此部分

内容）。

5. 风险管理评价或考核工作情况。简要说明本企业开展风险管理工作评价的评价范围、评价标准、评价方法与程序，以及评价结果纳入绩效考核体系的有关情况。

6. 风险管理文化建设情况。简要说明本企业风险管理政策的宣贯情况，风险管理工作的宣传培训机制，风险管理文化与业务发展融合情况等。

风险管理信息化有关情况。

简要说明本企业风险管理信息系统的覆盖范围、主要功能、重大风险监控、与现有管理信息系统对接情况等。

全面风险管理专项提升工作情况。

将全面风险管理作为管理提升活动重点领域开展专项提升的企业，简要说明专项提升方案（计划）的制定及执行情况。

二、2013 年度企业风险评估情况

（一）结合 2013 年度本企业经营目标，简要描述本企业 2013 年面临的内外部环境因素的变化，并就其对经营目标的影响进行总体研判和简要分析。

（二）企业开展 2013 年度风险评估的范围、方式及参与人员等有关情况。

（三）按照企业风险分类，列示企业 2013 年度风险评估的结果（参见附件：企业风险分类示例），以及经评估确定的重大风险。（以附件形式说明风险评估的方法和重大风险的评判标准。）

（四）按照风险事件发生的可能性和发生后对企业目标的影响程度两个维度，将企业评估出的 2013 年度重大风险绘制成风险坐标图。

（五）企业 2013 年度重大风险同 2012 年度相比的变动情况及原因。

（六）简要说明企业对重大风险关键成因进行量化分析的情况（包括建立分析、预测模型等）。

2013 年度全面风险管理工作安排。

（一）2013 年度全面风险管理工作计划。

请简要说明董事会、经理办公会议或年度工作会议对本企业 2013 年度全面风险管理工作提出的安排部署和工作要求，以及落实相关部署和要求的年度工作计划。

（二）2013 年度重大风险管理工作安排。

1. 重大风险描述。请从风险类别、风险源（要求具体到产生的单位、项目、业务、管理活动）、风险成因、风险发生后对企业目标的影响等方面，逐一对本企业 2013 年度重大风险进行简要描述。

2. 重大风险管理策略和解决方案。

（1）风险管理策略。请简要说明本企业对每项重大风险的风险偏好、风险承受度及据此确定的风险预警指标等。

（2）风险解决方案。请简要说明每项重大风险的管理现状（已有的相关制度、流程、控制措施的设计与执行情况）、责任主体，拟采取的应对措施、风险管理工具、应急处理计划等。

3. 监督保障机制。请简要说明企业对执行重大风险管理策略和解决方案的监督保障机制。

三、有关意见和建议

需要国资委协调解决的有关重大风险问题。

对国资委推动中央企业全面风险管理工作的意见和建议。

企业风险分类示例

一级风险	二级风险	三级风险
战略风险	投资风险	投资决策风险
		投资实施风险
		投资中止退出风险
	政策风险	
	国际化经营风险	境外投资风险
		国际工程承包风险
		海外市场开拓风险
	战略管理风险	战略规划风险
		战略实施风险
		战略调整风险
	宏观经济风险	
	产业结构风险	
	改制风险	
	并购重组风险	估值与定价风险
		尽职调查风险
		执行与整合风险
	公司治理风险	
	组织结构风险	
	集团管控风险	
	社会责任风险	
	企业文化风险	企业文化建设风险
		廉政建设风险
		职业道德风险
	公共关系风险	政府关系风险
		媒体关系风险
		危机沟通风险
		社会舆情风险
	业务合作伙伴风险	业务合作伙伴关系风险
		业务合作伙伴信用风险

续表

一级风险	二级风险	三级风险
市场风险	竞争风险	
	价格风险	
	汇利率风险	
	市场供求风险	市场供应风险
		市场需求风险
	衍生品交易风险	
	市场营销风险	
	行业前景风险	
	客户风险	客户信用风险
		客户关系维护风险
		客户商业模式风险
	品牌与声誉风险	品牌策略风险
		品牌推广及维护风险
		声誉风险
财务风险	现金流风险	融资风险
		资金短缺风险
		债务风险
		应收/预付账款风险
	资金管理风险	资金使用风险
		资金安全风险
	预算管理风险	预算编制风险
		预算执行风险
		预算考核风险
	会计与报告风险	会计核算风险
		财务报告风险
	成本费用风险	
	担保风险	
	税务管理风险	税务操作风险
		税务筹划风险
		税金缴纳风险
	关联交易风险	
	资本运作风险	
法律风险	合同管理风险	
	法律纠纷风险	
	合规风险	
	知识产权风险	
	重大决策法律风险	

续表

一级风险	二级风险	三级风险
运营风险	健康安全环保风险	安全生产风险
		职业健康风险
		环境保护风险
		节能减排风险
	人力资源风险	人力资源规划风险
		招聘与留任风险
		人员配置风险
		关键人才流失风险
		人才储备风险
		培训与发展风险
		绩效考核风险
		薪酬与福利风险
		劳动关系管理风险
	其他项目管理风险	
	技术风险	技术变革风险
		技术停滞、落后风险
		技术引进风险
		技术应用风险
		技术创新风险
	产品风险	产品结构/规划风险
		产品生命周期风险
		产品质量风险
	资源保障风险	
	保密风险	
	研发与开发风险	产品研发风险
		技术研发风险
	存货风险	
	信息系统风险	信息系统安全风险
		信息系统规划风险
		信息系统架构风险
		信息系统运行风险

续表

一级风险	二级风险	三级风险
运营风险	运行控制风险	
	稳定风险	
	执行力风险	
	采购风险	
	业务伙伴风险	
	生产管理风险	
	销售风险	销售渠道风险
		产品交付风险
		退货风险
		销售实施风险
	供应链风险	
	物流管理风险	
	贸易风险	

续表

一级风险	二级风险	三级风险
运营风险	工程项目管理风险	工程设计风险
		工程造价风险
		工程概预算风险
		工程招投标风险
		工程分包风险
		工程进度风险
		工程质量风险
		工程安全风险
		工程竣工风险
	资产管理风险	有形资产管理
		无形资产管理
	审计监察风险	审计计划风险
		审计执行风险
		审计报告风险
	新业务开发风险	
	退市风险	

国家能源局文件

国家能源局综合司关于同意成立能源行业液流电池标准化技术委员会的批复

（国能综科技〔2012〕77号）

中国电器工业协会：

报来《关于上报能源行业液流电池标准化技术委员会组建材料的函》（中电协〔2012〕017号）收悉。经研究，现批复如下：

一、同意成立能源行业液流电池标准化技术委员会。编号为NEA/TC23，标委会秘书处由中国电器工业协会承担。

二、同意第一届能源行业液流电池标准化技术委员会由30名委员组成（名单见附件），张华民任主任委员，衣宝廉任顾问，杨启明、来小康、林弘宇、俞振华、胡里清任副主任委员，卢琛钰任秘书长。

三、同意能源行业液流电池标准化技术委员会主要负责液流电池及储能技术领域的相关标准化工作。

四、同意中国电器工业协会负责能源行业液流电池标准化技术委员会的日常管理及其标准立项、报批等业务的指导工作。请按照《能源领域行业标准化技术委员会管理实施细则（试行）》进行管理。

附件：第一届能源行业液流电池标准化技术委员会（NEA/TC23）委员名单（略）

国家能源局（印）
2012 年 3 月 31 日

国家能源局关于进一步加强能源技术装备质量管理工作的通知

（国能科技〔2012〕121 号）

各省、自治区、直辖市及新疆建设兵团能源行业主管部门，有关中央管理企业，各有关行业协会，各有关单位：

近年来，伴随中国能源产业快速发展，技术装备取得了长足进步，但质量一致性差、产品可靠性低等已成为严重制约能源高效、安全发展的问题，能源技术装备产品试验、检测等环节的工作亟需完善。同时，能源技术革新带来的能源新技术、新装备快速涌现，现有质量管理体系已不能完全满足能源技术装备发展的需要。因此，构建清洁、高效、安全能源保障体系，加强公共技术服务平台建设，完善质量管理体系日益紧迫。为贯彻落实 1 月 11 日国务院常务会议部署的进一步加强质量工作的精神，加强能源技术装备质量管理工作，现将有关事项通知如下：

一、完善能源技术装备质量管理体系。加强能源装备制造业发展的引导和规范，提高能源技术装备质量管理水平，提高产品质量，提高制造工艺水平，保证材料质量。

二、严格企业质量主体责任。企业要建立健全质量管理体系，加强全员、全过程、全方位的质量管理，做到严格按标准组织生产经营，严格质量控制、质量检验和计量检测。要严格执行重大质量事故报告及应急处理制度，依法承担质量损害赔偿责任。

三、强化质量安全监管。完善生产许可、强制性产品认证、特种设备安全监察等监管制度。加强对重点产品、重点行业和重点地区的质量安全风险监测和分析评估。切实抓好生产源头治理，强化市场监督管理。

四、加快国家能源技术装备行业标准体系建设。依据《能源领域行业标准化管理办法》，加快现有国家标准和行业标准的修订、整合和完善，适时制定新的行业标准，形成统一、完善、符合我国国情的能源技术装备标准体系，提高标准的先进性，充分发挥标准的引导作用。

五、建立和完善国家能源技术装备质量评定工作体系。按照统筹规划、合理布局、择优选用、重点支持的原则，组织建立一批“国家能源技术装备评定中心”（管理办法见附件），加强国家能源装备质量管理。

六、建立“国家能源技术装备指导目录”（以下简称指导目录）发布机制，适时发布指导目录，对于列入指导目录的能源技术装备，国家核准的能源重大工程建设优先选用。

联 系 人：张×× 王××

联系电话：010-68505550 68502539

附件：国家能源技术装备评定中心管理办法（略）

国家能源局
2012 年 4 月 14 日（印）

国家能源局关于下达 2012 年核电标准研究与制（修）订计划的通知

（国能科技〔2012〕122 号）

各有关单位：

为提高中国核电产业的自主创新能力，加快核电标准体系建设，尽快形成适合中国国情并与国际接轨的核电标准体系，经研究，现将 2012 年核电标准研究与制修订计划（具体项目见附件）下达你们，请尽快组织相关单位开展工作，并于 2013 年底前完成标准研究与制修订任务。

国家能源局
2012 年 4 月 14 日（印）

附件：

2012年度能源行业核电标准研究与制修订计划清单

序号	体系表编号	制定/修订	项目名称	主编单位	建议参编单位	备注
1	13	制定	核电厂建设工程常规岛建筑安装工程费用定额	中广核工程有限公司、中国核电工程有限公司、电力规划设计总院、中国国际工程咨询公司		
2	16	制定	核电厂建设工程预算定额　核岛装饰工程	中国核电工程有限公司、中广核工程有限公司、电力规划设计总院		
3	22	制定	核电厂建设工程预算定额　核岛通信设备安装工程	中国核电工程有限公司、中广核工程有限公司、电力规划设计总院		
4	24	制定	核电厂建设工程预算定额　核岛钢结构工程	中国核电工程有限公司、中广核工程有限公司、电力规划设计总院		
5	25	制定	核电厂建设工程预算定额　常规岛建筑工程	中广核工程有限公司、中国核电工程有限公司、电力规划设计总院		
6	26	制定	核电厂建设工程预算定额　常规岛热力设备安装工程	中广核工程有限公司、中国核电工程有限公司、电力规划设计总院		
7	27	制定	核电厂建设工程预算定额　常规岛电气设备安装工程	中广核工程有限公司、中国核电工程有限公司、电力规划设计总院		
8	30	制定	核电厂建设工程概算定额　核岛装饰工程	中国核电工程有限公司、中广核工程有限公司、电力规划设计总院		
9	36	制定	核电厂建设工程概算定额　核岛通信设备安装工程	中国核电工程有限公司、中广核工程有限公司、电力规划设计总院		
10	38	制定	核电厂建设工程概算定额　核岛钢结构工程	中国核电工程有限公司、中广核工程有限公司、电力规划设计总院		
11	39	制定	核电厂建设工程概算定额　常规岛建筑工程	电力规划设计总院、中广核工程有限公司、中国核电工程有限公司	华东电力设计院、安徽电力建设第二工程公司	

续表

序号	体系表编号	制定/修订	项目名称	主编单位	建议参编单位	备注
12	40	制定	核电厂建设工程概算定额 常规岛热力设备安装工程	电力规划设计总院、中广核工程有限公司、中国核电工程有限公司	华东电力设计院、东北电业管理局	
13	41	制定	核电厂建设工程概算定额 常规岛电气设备安装工程	电力规划设计总院、中广核工程有限公司、中国核电工程有限公司	华东电力设计院、东北电业管理局	
14	110	制定	非能动核电厂工程设计图形符号和文字代号	上海核工程研究设计院	苏州热工研究院有限公司、建议增加中国核动力研究设计院、中国核电工程有限公司、中广核工程有限公司	
15	134	制定	核电厂可行性研究阶段厂址安全分析技术规范	中国核电工程有限公司、上海核工程研究设计院	中广核工程有限公司	
16	149	修订 EJ/T 451—1989	压水堆核电厂地下金属构筑物区域性阴极保护设计规范	上海核工程研究设计院	中广核工程有限公司、苏州热工研究院有限公司	
17	161	制定	核电厂初步设计文件内容与格式要求	中国核电工程有限公司	中广核工程有限公司、上海核工程研究设计院、中国核动力研究设计院	
18	179	制定	压水堆核电厂安全降压和排气系统设计准则	中国核动力研究设计院	中广核工程有限公司、中科华核电技术研究院有限公司、上海核工程研究设计院、中国核电工程有限公司	
19	197	制定	非能动压水堆核电厂设备冷却水系统设计准则	中国核电工程有限公司	上海核工程研究设计院、中科华核电技术研究院有限公司、中广核工程有限公司、中国核动力研究设计院	非能动
20	198	制定	非能动压水堆核电厂正常余热排出系统设计准则	上海核工程研究设计院	中国核电工程有限公司、中广核工程有限公司、中科华核电技术研究院有限公司、中国核动力研究设计院	非能动
21	201	制定	核电厂汽轮机防进水和冷蒸汽设计准则	中科华核电技术研究院有限公司	国核电力规划设计研究院	
22	202	制定	核电厂二回路水化学设计规范	中广核工程有限公司	中科华核电技术研究院有限公司、中国核动力研究设计院、上海核工程研究设计院	
23	203	制定	核电厂汽轮发电机组及蒸汽动力设备水汽质量	中科华核电技术研究院有限公司		
24	207	修订 NB/T 20026—2010	核电厂安全重要仪表和控制系统总体要求	中广核工程有限公司	上海核工程研究设计院、中国核动力研究设计院	

续表

序号	体系表编号	制定/修订	项目名称	主编单位	建议参编单位	备注
25	216	修订 EJ/T 529—1990	核电厂安全重要系统数字计算机硬件设计要求	北京中核东方控制系统工程有限公司	国核自仪系统工程有限公司、北京广利核系统工程有限公司	
26	219	制定	核电厂安全重要仪表和控制系统执行 A 类功能系统的 HDL 编程的集成电路开发	北京广利核系统工程有限公司	上海自动化仪表股份有限公司、中国核动力研究设计院	
27	240	修订 EJ/T 737—1992	反应堆噪声分析一般原则	中国核动力研究设计院	上海核工程研究设计院	
28	243/785	制定	核电厂地震响应及运行管理	上海核工程研究设计院、中核核电运行管理有限公司	中国核动力研究设计院、中国核电工程有限公司、大亚湾核电运营管理有限责任公司、国核电站运行服务技术有限公司	
29	249	修订 EJ/T 642—1992	核电厂电热跟踪系统的设计和安装	中国核电工程有限公司	上海核工程研究设计院	
30	256	制定	核电厂软件配置管理计划	国核自仪系统工程有限公司	上海核工程研究设计院、北京广利核系统工程有限公司	
31	260	制定	核电厂软件验证和确认计划	北京中核东方控制系统工程有限公司	北京广利核系统工程有限公司、国核自仪系统工程有限公司	
32	261	制定	核电厂软件生命周期过程	北京广利核系统工程有限公司	上海核工程研究设计院、中国核动力研究设计院、国核自仪系统工程有限公司	
33	262	制定	核电厂烟囱和管道气载放射性物质的取样	上海核工程研究设计院	中国辐射防护研究院、国核自仪系统工程有限公司	
34	286	修订 EJ/T 452—1989	压水堆核电厂地下金属构筑物阴极保护系统调试运行准则	上海核工程研究设计院	中广核工程有限公司、苏州热工研究院有限公司	
35	298	制定	压水堆核电厂特种门 第 1 部分：设计	中广核工程有限公司 中国核工业华兴建设有限公司	深圳中广核设计有限公司	
36	323	修订 NB/T 20004—2010	核电厂核岛机械设备材料理化检验方法	上海核工程研究设计院、上海发电设备成套设计研究院		
37	360	制定	压水堆核电厂装卸料机设计制造规范	中国核电工程有限公司	上海核工程研究设计院、中国核动力研究设计院、中广核工程有限公司、中科华核电技术研究院有限公司	
38	379	制定	核空气和气体处理规范 通风、空调与空气净化 第 18 部分：制冷设备	中广核工程有限公司、中国核电工程有限公司、上海核工程研究设计院		

续表

序号	体系表编号	制定/修订	项目名称	主编单位	建议参编单位	备注
39	417	制定	压水堆核电厂螺柱焊接规范	上海核工程研究设计院	中国核电工程有限公司、中国核动力研究设计院、东方电气股份有限公司	非能动
40	420	制定	A240（S32101）双相不锈钢焊接技术条件	上海核工程研究设计院	苏州热工研究院有限公司、中国核电工程有限公司、东方电气股份有限公司	非能动
41	422	修订 EJ/T 660—1992	核电厂安全重要仪表堆芯热电偶	中国核动力研究设计院	上海核工程研究设计院	
42	439	修订 EJ/T 706—1992	核电厂安全级继电器抗震鉴定	上海核工程研究设计院	中广核工程有限公司、中国核动力研究设计院	
43	447	制定	核电厂安全级金属包封的动力开关装置抗震鉴定	上海核工程研究设计院	中国核动力研究设计院	
44	612/621	制定	压水堆核电厂用不锈钢 第×部分：安全壳用022Cr19Ni10不锈钢锻件	上海核工程研究设计院、上海重型机器厂有限公司	中广核工程有限公司、中国核电工程有限公司、上海第一机床厂、上海电气核电设备有限公司	非能动
45	613	制定	压水堆核电厂用不锈钢 第×部分：安全壳用022Cr19Ni10不锈钢管	上海核工程研究设计院、中国核电工程有限公司	中广核工程有限公司、浙江久立特材科技有限公司	非能动
46	616	制定	压水堆核电厂用不锈钢 第×部分：反应堆冷却剂管道用022Cr17Ni12Mo2N不锈钢管	上海核工程研究设计院、中国第二重型机械集团公司	中国核动力研究设计院、中广核工程有限公司、东方电气股份有限公司	非能动
47	619	制定	压水堆核电厂用不锈钢 第×部分：模块用04Cr22Mn5Ni2CuMoN双相不锈钢板	上海核工程研究设计院、中国核电工程有限公司	太原钢铁（集团）有限公司、宝钛股份有限公司、中广核工程有限公司	非能动
48	622	制定	压水堆核电厂用不锈钢 第×部分：安全壳机械贯穿件用06Cr18Ni11Ti不锈钢板	上海核工程研究设计院、上海重型机器厂有限公司、中广核工程有限公司		非能动
49	628/638	制定	压水堆核电厂用碳钢和低合金钢 第×部分：安全壳用15Mn锻件	上海核工程研究设计院、中国核电工程有限公司	上海第一机床厂、上海电气核电设备有限公司	非能动
50	629	制定	压水堆核电厂用碳钢和低合金钢 第×部分：安全壳用15Mn钢板	上海核工程研究设计院、中科华核电技术研究院有限公司	中国核电工程有限公司	非能动
51	630	制定	压水堆核电厂用碳钢和低合金钢 第×部分：安全壳用15Mn钢管	上海核工程研究设计院、中国核电工程有限公司	中科华核电技术研究院有限公司	非能动
52	631	制定	压水堆核电厂用碳钢和低合金钢 第×部分：安全壳用碳钢栓钉材料	上海核工程研究设计院		非能动

续表

序号	体系表编号	制定/修订	项目名称	主编单位	建议参编单位	备注
53	650	制定	压水堆核电厂用合金钢 第×部分：安全壳用10MnNiMo钢板	上海核工程研究设计院、中国核电工程有限公司、中广核工程有限公司	鞍钢股份有限公司、山东核电设备制造有限公司、东方电气股份有限公司	非能动
54	677	制定	压水堆核电厂用焊接材料 第×部分：安全级设备用碳钢手工电弧焊焊条	上海核工程研究设计院、中国核电工程有限公司	中广核工程有限公司、中国核动力研究设计院、上海发电设备成套设计研究院、四川大西洋焊接材料股份有限公司、东方电气股份有限公司	非能动
55	681	制定	压水堆核电厂用焊接材料 第×部分：安全级设备用碳钢气体保护电弧焊药芯焊丝	上海核工程研究设计院、中广核工程有限公司	上海发电设备成套设计研究院、苏州热工研究院有限公司、中国核动力研究设计院、中国核电工程有限公司、东方电气股份有限公司、东方电气（广州）重型机器有限公司	非能动
56	682	制定	压水堆核电厂用焊接材料 第×部分：安全级设备用碳钢气体保护电弧焊焊丝	上海核工程研究设计院、苏州热工研究院有限公司	中国核电工程有限公司、中国核动力研究设计院、上海发电设备成套设计研究院、东方电气股份有限公司、东方电气（广州）重型机器有限公司	非能动
57	685	制定	压水堆核电厂用焊接材料 第×部分：安全级设备埋弧焊用碳钢焊丝和焊剂	上海核工程研究设计院、中国核动力研究设计院	中国核电工程有限公司、苏州热工研究院有限公司、上海发电设备成套设计研究院、东方电气股份有限公司、东方电气（广州）重型机器有限公司	非能动
58	691	制定	压水堆核电厂用焊接材料 第×部分：钢制安全壳用低合金钢焊条	上海核工程研究设计院、四川大西洋焊接材料股份有限公司	中国核电工程有限公司、中国核动力研究设计院、苏州热工研究院有限公司、上海发电设备成套设计研究院	非能动
59	703	制定	压水堆核电厂核安全有关的混凝土结构施工及验收规范	中广核工程有限公司、中国核工业华兴建设有限公司		
60	750	制定	压水堆核电厂核岛超级管道安装及验收技术规程	中国核工业第五建设有限公司、上海核工程研究设计院、中广核工程有限公司	中国核工业中原建设有限公司	
61	751	制定	非能动压水堆核电厂蒸汽发生器安装技术规程	上海核工程研究设计院、中国核工业第五建设有限公司		非能动

续表

序号	体系表编号	制定/修订	项目名称	主编单位	建议参编单位	备注
62	752	制定	非能动压水堆核电厂反应堆堆顶结构安装技术规程	中国核工业第五建设有限公司、上海核工程研究设计院		非能动
63	763	制定	压水堆核电厂钢制安全壳结构整体性试验	国核电站运行服务技术有限公司	中广核工程有限公司、上海核工程研究设计院、国核工程有限公司	非能动
64	803	制定	核电厂安全重要电阻温度计响应时间在线测量	中国核动力研究设计院	上海核工程研究设计院、上海工业自动化仪表研究院	
65	804	制定	非能动堆芯冷却系统定期试验要求	上海核工程研究设计院		非能动
66	805	制定	非能动安全壳冷却系统定期试验要求	上海核工程研究设计院		非能动
67	811	制定	重水堆核电厂压力管老化管理指南	中核核电运行管理有限公司、上海核工程研究设计院	中国核动力研究设计院、苏州热工研究院有限公司、核动力运行研究所	
68	812	制定	重水堆核电厂热传输支管老化管理指南	中核核电运行管理有限公司、上海核工程研究设计院	中国核动力研究设计院、苏州热工研究院有限公司、核动力运行研究所	
69	833	制定	核电厂退役需要的文件和记录的维护与保存要求	中核核电运行管理有限公司	苏州热工研究院有限公司	
70	新增	制定	核电厂控制室数字化运行规程系统准则	大亚湾核电运营管理有限责任公司		
71	新增	制定	压水堆核电厂用不锈钢 第×部分：3级耐海水腐蚀奥氏体-铁素体双相不锈钢承压铸件	中国核电工程有限公司、安徽应流集团	大连深蓝泵业有限公司、中广核工程有限公司、上海核工程研究设计院	
72	新增	制定	压水堆核电厂用不锈钢 第×部分：泵用奥氏体-铁素体双相不锈钢A、B、C级非承压铸件	中广核工程有限公司、安徽应流集团	沈阳透平股份有限公司、中国核电工程有限公司、上海核工程研究设计院	
73	新增	制定	核电厂屏蔽混凝土配合比设计规程	中国核工业第二四建设有限公司、中广核工程有限公司		
74	新增	制定	核电厂驱动机构电机绝缘结构耐热性评定方法	桂林电器科学研究院	机械工业北京电工技术经济研究所	
75	新增	制定	核电厂安全级低压三相异步电动机技术条件	上海电器科学研究所（集团）有限公司	佳木斯电机股份有限公司	
76	新增	制定	核电厂安全级中压电动机技术条件	上海电器科学研究所（集团）有限公司	佳木斯电机股份有限公司	

续表

序号	体系表编号	制定/修订	项目名称	主编单位	建议参编单位	备注
77	新增	制定	核电厂软件评审和审核	北京广利核系统工程有限公司	北京中核东方控制系统工程有限公司、国核自仪系统工程有限公司	
78	新增	制定	压水堆核电厂特种门 第2部分：施工技术规程	中国核工业华兴建设有限公司、中广核工程有限公司		
79	新增	制定	核电厂自密实混凝土应用技术规程	中广核工程有限公司、中国核工业第二四建设有限公司、中核混凝土股份有限公司	中国核工业第二二建设有限公司 深圳中广核设计有限公司、中国核工业华兴建设有限公司	
80	新增	制定	压水堆核电厂安全壳预应力技术规程 第1部分：材料	中国核工业华兴建设有限公司、中广核工程有限公司	深圳中广核设计有限公司	
81	新增	制定	压水堆核电站核岛被动防火保护装置安装及验收技术规程	中广核工程有限公司	喜立得（中国）有限公司	
82	新增	制定	核电厂安全级热缩电缆附件技术条件	中广核工程有限公司	深圳长园集团股份有限公司、上海核工程研究设计院	
83	新增	制定	蒸汽发生器排污系统设计准则	中广核工程有限公司	中国核电工程有限公司、上海核工程研究设计院	
84	新增	制定	核电厂和其他核设施计算机化规程系统人因应用指南	上海核工程研究设计院	国核自仪系统工程有限公司	
85	新增	制定	核电厂安全系统仪表触发整定值的不确定度	上海核工程研究设计院		
86	新增	修订 EJ/T 637—1992	核电厂通信设计规范	中国核电工程有限公司	上海核工程研究设计院、中广核工程有限公司	
87	新增	制定	压水堆核电厂用碳钢和低合金钢 第×部分：主蒸汽系统用推制弯头	中国核电工程有限公司、扬州华宁管件有限公司	中广核工程有限公司、上海核工程研究设计院	
88	新增	制定	核电厂工程物探技术规范	郑州中核岩土工程有限公司	中国核电工程有限公司（参编单位适当增加）	
89	新增	制定	压水堆核电厂安全壳预应力技术规程 第2部分：试验	中广核工程有限公司、中国核工业华兴建设有限公司	中国核电工程有限公司	
90	新增	制定	压水堆核电厂核岛厂房用孔洞封堵材料和嵌缝材料技术要求	中国核工业华兴建设有限公司	中国核电工程有限公司、上海核工程研究设计院	
91	新增	制定	压水堆核电厂安全壳永久性仪表系统的安装和试验技术规程	中国核工业华兴建设有限公司	中广核工程有限公司	

续表

序号	体系表编号	制定/修订	项目名称	主编单位	建议参编单位	备注
92	新增	制定	压水堆核电厂安全壳预应力技术规程　第3部分：施工	中国核工业华兴建设有限公司、中广核工程有限公司	中国核电工程有限公司	
93	新增	制定	核电厂清水混凝土施工技术规程	中国核工业华兴建设有限公司	中广核工程有限公司、中国核工业第二二建设有限公司、中国核工业第二四建设有限公司	
94	新增	制定	压水堆核电厂反应堆堆腔水池与乏燃料水池中的不锈钢构件制造技术规程	中国核工业华兴建设有限公司	中广核工程有限公司	
95	新增	制定	非能动压水堆核电厂质量保证分级和管理要求	上海核工程研究设计院		非能动
96	新增	制定	核电厂用铁素体钢韧脆转变区参考温度 T_0 的测试方法	上海核工程研究设计院、华东理工大学	中广核工程有限公司、中国核动力研究设计院	非能动
97	新增	制定	核电厂核岛机械设备无损检测另一规范　第1部分：通用要求	国核电站运行服务技术有限公司、中国第一重型机械集团公司、东方电气股份有限公司、上海电气核电设备有限公司	核动力运行研究所、中广核检测技术有限公司	非能动
98	新增	制定	核电厂核岛机械设备无损检测另一规范　第2部分：超声检测	国核电站运行服务技术有限公司、中国第一重型机械集团公司、东方电气股份有限公司、上海电气核电设备有限公司	核动力运行研究所、中广核检测技术有限公司	非能动
99	新增	制定	核电厂核岛机械设备无损检测另一规范　第3部分：射线检测	国核电站运行服务技术有限公司、中国第一重型机械集团公司、东方电气股份有限公司、上海电气核电设备有限公司	核动力运行研究所、中广核检测技术有限公司	
100	新增	制定	核电厂核岛机械设备无损检测另一规范　第4部分：渗透检测	国核电站运行服务技术有限公司、中国第一重型机械集团公司、东方电气股份有限公司、上海电气核电设备有限公司	核动力运行研究所、中广核检测技术有限公司	非能动
101	新增	制定	核电厂核岛机械设备无损检测另一规范　第5部分：磁粉检测	国核电站运行服务技术有限公司、中国第一重型机械集团公司、东方电气（广州）重型机器有限公司、上海电气核电设备有限公司	核动力运行研究所、中广核检测技术有限公司	非能动
102	研究项目	研究项目	核电厂火灾自动报警系统设计标准的研究	中广核工程有限公司	中核核电运行管理有限公司、西安核仪器厂	
103	研究项目	研究项目	核电厂实时信息监控系统建设准则研究	中广核工程有限公司		
104	研究项目	研究项目	物联网技术在核电厂实体保卫中的应用研究	中广核工程有限公司	北京东方正通科技有限公司	
105	研究项目	研究项目	核电厂建设项目安全文明施工措施费计费办法	中广核工程有限公司		

续表

序号	体系表编号	制定/修订	项目名称	主编单位	建议参编单位	备注
106	研究项目	研究项目	核电厂建设项目人民币价差预备费调整办法	中广核工程有限公司		
107	研究项目	研究项目	核电厂老化与寿命管理标准体系研究	苏州热工研究院有限公司	中核核电运行管理有限公司、核动力运行研究所、国核电站运行服务技术有限公司、上海核工程研究设计院、大亚湾核电运营管理有限责任公司	
108	研究项目	研究项目	高温气冷堆核电站标准体系研究	清华大学核能与新能源技术研究院、核工业标准化研究所		
109	研究项目	研究项目	核电厂人机接口设计导则	上海核工程研究设计院	中国核动力研究设计院、中广核工程有限公司	
110	研究项目	研究项目	核电厂人因工程设计和评审准则	上海核工程研究设计院	中国核动力研究设计院、中广核工程有限公司	
111	研究项目	研究项目	核电厂安全级电气设备通用鉴定规范	中科华核电技术研究院有限公司	中国核动力研究设计院、上海核工程研究设计院	
112	研究项目	研究项目	核电厂DCS控制室运行人员防人因失效的运行导则研究	大亚湾核电运营管理有限责任公司		

国家能源局关于印发《国家能源科技重大示范工程管理办法》的通知

（国能科技〔2012〕130号）

各省、自治区、直辖市、新疆生产建设兵团发改委（经委、能源局），有关能源企业，有关科研院所、高等院校，相关行业协会：

为更好地实施《国家能源科技“十二五”规划》，完善“重大技术研究、重大技术装备、重大示范工程、技术创新平台”四位一体的能源科技创新体系，加强和规范重大示范工程管理，充分发挥重大示范工程在加快能源科技成果转化为现实生产力过程中的关键作用，我局组织编制了《国家能源科技重大示范工程管理办法》，现印发给你们，请认真贯彻执行。

国家能源局（印）

2012年4月19日

附件：

国家能源科技重大示范工程管理办法

第一章 总 则

第一条 为充分发挥科技创新在推动能源生产和利用方式变革、构建安全、稳定、经济、清洁的现代能源体系中的关键性作用，加快能源领域先进技术的研发及产业化，切实做好国家能源科技重大示范工程（以下简称“示范工程”）的管理工作，特制定本办法。

第二条 本办法所称示范工程是指应用自主化的先进能源科技和装备，能够开拓能源发展新领域，创新能源发展新模式，显著提升能源产业现有技术水平、经济性和核心竞争力，由国家核准的能源工程改造或建设项目。

第三条 本办法适用于示范工程的申请、实施、验收等工作。

第二章 项 目 申 请

第四条 国家能源行业主管部门将通过国家能源

科技规划、各能源子行业发展规划、产业政策以及科技示范指南等方式，明确示范工程的重点方向和内容。

第五条 示范工程申报单位在提交项目核准申请报告时，一并提交示范方案。计划单列企业集团和中央管理企业可直接提交示范方案，其他企业通过工程所在地省级政府能源行业主管部门提交示范方案。

第六条 示范方案具体内容包括：示范工程概况、工程技术方案、示范内容及目标、示范工作基础、实施方案以及知识产权管理等内容。

第七条 国家能源行业主管部门组织专家或委托有资质的咨询机构对示范方案进行评估，对于示范内容相同或类似的工程项目，通过比选论证确定拟推荐的示范工程。接受委托的咨询机构应在国家能源行业主管部门规定时间内提出评估报告，并对评估结论承担责任。

第八条 国家能源行业主管部门主要根据以下条件对示范方案进行审查：

一、符合国家相关法律法规的规定，有利于推动我国能源产业转变发展方式，进行产业升级和结构调整。

二、符合能源科技示范方向和要求，要在资源利用、节能减排、装置规模、装备制造、环保指标、经济效益等方面有大的提升或突破。

三、示范的技术或装备未实现商业化应用，但具有扎实的研究开发基础，或经过中间试验或工业性试验的验证，能够较快地实现产业化。

四、具有良好的推广应用前景，对区域经济和相关产业发展具有明显的带动作用。

五、申请单位应在相关领域的技术开发、项目建设、生产管理等方面经验丰富，具备安全实施示范方案的能力。

第九条 示范方案经审查同意后，国家在项目核准文件中对示范工程进行确认，同时明确示范工作的目标、内容和要求。对示范方向经审查同意，但示范方案需在获得核准批复文件后进一步细化和完善的工程项目，待示范方案完善并经审查同意后作为示范工程的核准内容之一。

第三章 项目实施和管理

第十条 示范工程承担单位应严格按照批准的示范方案开展示范工作，并定期向国家能源行业主管部门报告进展情况。

第十一条 如需对原有示范方案作重大调整，承担单位应报请国家能源行业主管部门批准。国家能源行业主管部门同意调整方案的批复作为工程检查验收的依据。

第十二条 对于示范任务重、难度大的领域，国家能源行业主管部门可组建成立该领域的示范工程建设工作组，协调解决示范工程在技术开发、设计审查、设备采购、项目建设、开车运行等环节出现的问题。

第四章 项目验收和考核评价

第十三条 示范工程建成并具备验收条件后，由示范工程承担单位提出验收申请，并提交示范方案、示范工程验收报告等相关文件。

第十四条 国家能源行业主管部门组织专家或委托咨询机构对示范工程进行现场考核，测算各项技术经济指标，对示范工程实施、运行及成果进行总结，对未来推广应用前景和条件进行分析判断，在此基础上完成《国家能源科技重大示范工程考核评价报告》。

第十五条 《国家能源科技重大示范工程考核评价报告》将作为推广应用工作的重要指导，同时也作为制定能源领域战略、规划、政策以及规章制度的重要参考。

第十六条 示范工程取得的科技成果的知识产权归属按照相关法律法规的规定执行。

第五章 政 策 支 持

第十七条 符合示范工程相关政策导向的工程项目将作为能源领域投资调控的重点鼓励和支持对象，优先列入国家能源行业相关规划。

第十八条 示范工程相关的核心技术研发纳入《国家能源应用技术研究及工程示范科研项目》专项，关键装备自主化纳入能源技术装备中央预算内投资计划，酌情给予必要的资金支持。示范工程能源技术装备关键零部件及材料进口可按《关于调整重大技术装备进口税收政策的通知》（财关税〔2009〕55 号）等文件要求，优先办理减免税手续。优先支持示范工程建设单位、相关技术开发机构和装备制造企业建设国家能源重大技术创新平台。

第十九条 对在示范工程建设中有突出贡献的企业，国家投资、能源及相关部门在项目核准、考核评价、成果推广、表彰奖励以及标准化建设等方面给予优先支持。

第六章 项 目 监 督

第二十条 建立示范工程申请单位档案和诚信评级制度，统计和记录历次申报情况、已承担的示范工程及完成情况、科技创新方面的贡献、违法违规行为等信息，作为同一单位在申请其他许可事项、政策资金支持以及表彰奖励的重要参考。

第二十一条 示范工程在建设过程中具有下列情形之一的，取消其示范工程资格，予以公告，并纳入示范工程申请单位档案。

一、未按示范方案实施的；

二、工程建设过程中有违法违规行为的。

第七章　附　　则

第二十二条　参与评估、比选论证、考核评价等示范工程管理工作的专家原则上从能源领域专家库中选择，咨询机构包括国家发改委确定的具有建设项目评估资质的单位，国家能源研发（实验）中心以及国家能源行业主管部门认定的其他单位。承担某一事项咨询评估任务的评估机构，与同一事项的编制单位、行业（部门）审查单位、项目申报单位之间不得存在重大关联关系。

第二十三条　本办法由国家能源行业主管部门负责解释。

第二十四条　本办法自发布之日（2012年4月19日）起施行。

国家能源局关于加强风电并网和消纳工作有关要求的通知

（国能新能〔2012〕135号）

各省（区、市）发展改革委（能源局）、国家电网公司、南方电网公司、华能集团公司、大唐集团公司、华电集团公司、国电集团公司、中电投集团公司、神华集团公司、中广核集团公司、中国节能环保集团公司、水电水利规划设计总院：

随着风电装机的快速增长，局部地区的弃风限电问题日趋严重。2011年度，全国风电弃风限电总量超过100亿kWh，平均利用小时数大幅减少，个别省（区）的利用小时数已经下降到1600h左右，严重影响了风电场运行的经济性，风电并网运行和消纳问题已经成为制约中国风电持续健康发展的重要因素。为进一步做好风电发展工作，提高风电开发利用效率，现将2011年各省（区、市）风电年平均利用小时数予以公布，并就加强风电建设和运行管理、保障风电并网和消纳的有关要求通知如下：

一、把保障风电运行作为当前风电管理的重要工作。各省（区、市）发展改革委（能源局）要高度重视风电项目的并网运行和市场消纳工作。三北（华北、东北、西北）地区等风电并网运行矛盾突出的省（区）要深入分析本地区电力系统的运行特性和调峰潜力，提出保障风电并网运行的整体方案和针对性措施。积极鼓励风能资源丰富地区开展采用蓄热电锅炉、各类储能技术等促进风电就地消纳的试点和示范工作，加快建立风电场与供热、高载能等大电力用户和电力系统的协调运行机制。

二、认真落实并网接入等风电场建设条件。并网接入与电力消纳是目前影响风电发展的重要因素，各省（区、市）发展改革委（能源局）要把落实年度风电开发方案中确定的各风电项目的接入电网建设和电力市场消纳作为当前支持风电建设的重要任务，加强协调，明确目标，落实责任，确保所核准的风电项目顺利建设并发挥效益。今后，各省（区、市）风电并网运行情况将作为新安排风电开发规模和项目布局的重要参考指标，风电利用小时数明显偏低的地区不得进一步扩大建设规模。

三、进一步做好风电场运行调度管理工作。国家电网公司和南方电网公司要进一步加强电力运行管理工作，统筹协调系统内调峰电源配置，深入挖掘电力系统调峰潜力，把保障风电优先上网作为电力运行管理的重要内容，采取有效措施缓解夜间负荷低谷时段风电并网运行困难。要科学安排风电场运行，采取技术措施确保风电特许权项目的并网运行和所发电量的全额收购，不得限制特许权项目和国家能源主管部门批复的示范项目的出力。同时，要加强新建风电项目的并网审查工作，不得因新建风电项目限制已建成风电项目的出力。

四、着力提高风电场建设和运行水平。各风电开发企业要进一步加强风电场建设前期工作，在认真做好风能资源评价、风电场选址、设备选型等设计工作的同时，要更加重视并网条件的论证和电力市场的研究，深化风电场建设的可行性研究工作。要合理安排项目建设进度，协调好风电项目开发与配套电网建设进度。高度重视风电场运行管理工作，提高风电功率预测预报水平，积极开拓风电的用电市场，不断提高风电建设和运行管理水平，共同促进风电产业持续健康发展。

附件：2011年度各省级电网区域风电利用小时数统计表（略）

国家能源局（印）
2012年4月24日

国家能源局关于申报新能源示范城市和产业园区的通知

（国能新能〔2012〕156号）

各省（区、市）发展改革委（能源局）、新疆生产建设兵团发展改革委：

城市是人类活动和经济社会发展的重要载体，也是能源终端消费最为集中的区域，城市能源的清洁高效利用对城市可持续发展影响重大。为落实可再生能源发展“十二五”规划，提高城市清洁能源比例，促进资源节约型和环境友好型社会建设，国家能源局将组织开展新能源示范城市和产业园区的申报工作。现将有关事项通知如下：

一、指导思想和工作思路

新能源示范城市是指在城市区域能源发展中，充分利用当地丰富的太阳能、风能、地热能、生物质能等可再生能源，使可再生能源在能源消费中达到较高比例或较大利用规模的城市。

新能源示范城市建设的指导思想是：全面贯彻落实科学发展观，以优化能源结构、建立现代能源利用体系为目标，按照“清洁高效、多能互补、分布利用、综合协调”的原则，积极探索各类新能源技术在城市供电、供热、供暖和建筑节能中的应用，减少城市发展对化石能源的依赖，提高新能源利用在城市能源消费中的比重，增强城市可持续发展能力。

新能源示范城市建设的主要内容是：促进各类可再生能源及技术在城市推广应用，重点推进太阳能热利用和分布式太阳能光伏发电系统、分布式风力发电、生物质清洁燃料利用、城市生活垃圾能源化利用、地热能及地表水和空气能量利用、新能源动力交通等。促进适应新能源利用的技术进步，建立适应城市新能源发展的管理体系和政策机制等。

新能源示范城市的申报主体为：地级市和县级市（不包括已申请绿色能源县的县级市）。副省级以上特大型城市可选择其中的一个城区申请，具备较大可再生能源利用潜力的产业园区可申报新能源示范园区。新能源示范城市由各省（区、市）能源主管部门统一组织申报。

二、基本条件和评价指标

（一）基本条件

新能源示范城市应符合以下基本条件：

1. 综合能力达标。按期完成国家和省（区、市）政府下达的主要污染物总量削减任务；规模以上单位工业增加值能耗小于全省（区、市）平均水平，或“十一五”期间规模以上单位增加值能耗下降幅度大于全省平均下降幅度；新建建筑满足所在地区对建筑节能的要求；上年城市环境综合整治定量考核不低于全省（区、市）平均得分。

2. 有较好新能源利用基础。至少有两类新能源利用具有良好条件。城市新能源消费量占能源消费总量的比重不小于3%，或新能源年利用量达到10万t标准煤。可利用的新能源主要包括城区的太阳能、风能、生物质能、地热能，以及城市区域消费的当地生产的其他可再生能源。

（二）评价指标

新能源示范城市评价指标包括3类：

1. 新能源利用量指标。规划期末城市新能源占能源消费比重达到6%以上。规划期为2011～2015年。

2. 分类新能源利用指标。分类指标是评价某一种新能源利用方式在城市的利用程度，包括太阳能、风能、生物质能、地热能等指标。申报城市可根据自身资源特点至少选择2类。

（1）太阳能利用指标包括两类：即太阳能热利用量指标和光伏发电安装量指标，两类指标可任选其一。指标要求分别为：累计太阳能热水器集热面积达到100万 m^2，或人均太阳能集热面积大于每千人360m^2；累计城市太阳能分布式光伏发装机规模大于2万kW。

（2）风能利用主要指接入所在城市配电网且电量在当地消纳的分布式风电，指标要求是累计分布式风电装机容量大于10万kW。

（3）生物质资源利用指标包括2项：一是生物质替代城市能源消费量大于10万t标准煤，选择该类指标的此项为必选项；二是具有科学合理的城市沼气、污泥资源化利用方案，此项为任选项。

（4）地热能源利用（包括地表水和空气能量）指标要求是新增地热（热泵）供暖或制冷建筑面积大于300万 m^2。

（5）其他新能源利用。上述利用方式之外的其他新能源利用，其年利用量达到5万t标准煤。

3. 组织管理和激励政策指标。主要包括3项，包括地方政策支持、公共服务平台建设、配套设施建设和宣传教育等。前3项为必选项，后1项为参考项。

三、基本要求

（一）高度重视规划编制工作。从城市可持续发展的角度，提高对新能源示范城市建设的认识，以规划编制为抓手，落实城市新能源发展思路和重点措施。申报城市能源主管部门要在所在地政府支持和有关部门配合下，组织编制新能源示范城市发展规划，挖掘新能源发展潜力，明确城市新能源发展目标、项目布局、运营模式和政策措施等。各省级能源主管部门要积极做好本地区新能源示范城市规划编制的组织、指导和协调工作。

（二）综合协调开发新能源利用。合理选择具有优势的新能源资源，以适宜规模化应用、技术成熟和经济合理为原则，在整体规划和系统组织的前提下，统筹利用各类新能源，形成较大规模利用和整体配套的产业体系。鼓励开展有特色的新能源利用项目示范，支持智能电网、新型储能、新能源交通等技术在城市的利用，为新能源的规模化利用创新条件。

（三）探索分布式新能源发电的发展方式和政策机制。从分布式新能源发电的发展规律出发，根据电网网架结构和电力负荷特点，因地制宜发展城市分布式新能源发电，所发电量主要用当地用户自用或在本地电网内消纳。探索适应分布式新能源发电的政策机制，建立用户侧分布式发电与网供电相互竞争的政策和管理机制，提高分布式发电的市场竞争力。

（四）创新城市新能源发展模式。通过促进城市新能源的规模化利用，着力构建城市新能源供应模式创新。按照“政府扶持、企业负责、市场运作、多方支持”的原则，探索城市新能源发展的新型运营管理模式。鼓励专业化投资、经营企业参与城市新能源建设，鼓励同类项目由同一项目法人投资建设和运营管理，形成城市新能源利用的规模效益。

（五）加强组织协调和政策支持。新能源示范城市应建立统筹协调的开展新能源利用的管理体系和工作机制，各部门应密切配合，协调推进城市新能源利用，使各类新能源互相补充，形成良好的整体发展效果。鼓励各省（区、市）及申报城市结合本地实际，制定有利于城市新能源发展的经济扶持政策。

请各省（区、市）发展改革委（能源局）按照上述要求，选择本地区新能源资源条件和发展基础较好的城市，组织开展新能源示范城市规划和推荐申报工作。各申请城市要按照有关要求，加强组织协调，做好规划编制工作，查明本地新能源资源条件、明确发展思路、发展目标和实施方案，经省级能源主管部门初审后上报国家能源局。国家能源局将组织专家对新能源示范城市规划等申请材料进行评审，并根据专家评审意见提出新能源城市规划批复意见，作为新能源示范城市编制实施方案的主要依据。

附件1　新能源示范城市发展规划编制大纲（略）

附件2　新能源示范城市评价指标体系及说明（略）

国家能源局（印）

2012年5月25日

国家能源局关于鼓励和引导民间资本进一步扩大能源领域投资的实施意见

（国能规划〔2012〕179号）

各省、自治区、直辖市和新疆生产建设兵团发展改革委（能源局）、煤炭行业管理部门，有关中央企业，有关行业协会：

在中央“必须坚持毫不动摇地巩固和发展公有制经济，必须毫不动摇地鼓励、支持和引导非公有制经济发展”方针政策引导下，能源领域民间投资不断发展壮大，已经成为促进能源发展的重要力量。目前，非国有煤矿产量约占全国的40%，民营水电站装机约占全国的26%，民营风电装机约占全国的20%，民营炼油企业加工能力约占全国的18%，火电、水电、煤炭深加工等领域已经涌现出一批非公有制骨干企业。民间资本在太阳能热利用、生物质能开发以及晶体硅材料、太阳能热水器、太阳能电池制造等领域居于主导地位，在风电设备制造产业发挥着重要的作用。民间资本已经进入西气东输三线等国家“十二五”重点项目建设领域。中国已经是世界能源生产和消费大国，但发展方式粗放的矛盾比较突出。进一步鼓励和引导民间资本扩大能源领域投资，有利于深化改革、完善竞争有序的能源市场体系；有利于促进能源结构调整、推动能源产业由大到强的转变；有利于降低能源生产利用成本、提高能源效率和普遍服务水平。为深入贯彻落实《国务院关于鼓励和引导民间投资健康发展的若干意见》（国发〔2010〕13号），促进能源领域民间投资健康发展，制定本实施意见。

一、拓宽民间资本投资范围

（一）鼓励民间资本参与能源项目建设和运营。列入国家能源规划的项目，除法律法规明确禁止的以外，均向民间资本开放，鼓励符合条件的民营企业以多种形式参与国家重点能源项目建设和运营。

（二）鼓励民间资本参与能源资源勘探开发。继续支持民间资本以多种形式参与煤炭资源勘探、开采和煤矿经营，建设煤炭地下气化示范项目。支持民间资本进入油气勘探开发领域，与国有石油企业合作开展油气勘探开发，以多种形式投资煤层气、页岩气、油页岩等非常规油气资源勘探开发项目，投资建设煤层气和煤矿瓦斯抽采利用项目。

（三）鼓励民间资本发展煤炭加工转化和炼油产业。支持民间资本继续投资煤炭洗选加工产业。鼓励符合条件的民营企业以多种形式投资建设和运营煤制气等煤基燃料示范项目。鼓励民间资本参股建设大型炼油项目，以多种形式建设和运营大型炼油项目中的部分装置或特定生产环节。

（四）鼓励民间资本参与石油和天然气管网建设。支持民间资本与国有石油企业合作，投资建设跨境、跨区石油和天然气干线管道项目；以多种形式建设石油和天然气支线管道、煤层气、煤制气和页岩气管道、区域性输配管网、液化天然气（LNG）生产装置、天然气储存转运设施等，从事相关仓储和转运服务。

（五）鼓励民间资本参与电力建设。支持民间资本扩大投资，以多种形式参与水电站、火电站、余热余压和综合利用电站，以及风电、太阳能、生物质能等新能源发电项目建设，参股建设核电站。鼓励民营企业参与火电站脱硫、脱硝装置的建设、改造和运营。鼓励民间资本参与电网建设。

（六）鼓励民间资本在新能源领域发挥更大作用。继续支持民间资本全面进入新能源和可再生能源产业，鼓励民营资本扩大风能、太阳能、地热能、生物质能领域投资，开发储能技术、材料和装备，参与新能源汽车供能设施建设，参与新能源示范城市、绿色能源示范县和太阳能示范村建设。

二、营造公平和规范的市场环境

（七）完善资源配置机制。深化能源领域体制改革，加快机制创新，为民间资本进入能源领域营造良好的市场环境。加强规划、政策和标准的引导，发挥市场配置资源的基础性作用，保障民间资本公平获得资源开发权利。鼓励符合条件的民营企业，依法合规成为大型煤炭矿区开发主体以及煤层气、页岩气、油页岩等非常规油气开发主体。水电、风电等特许开发权的配置，不得设定限制民间资本进入的歧视性条件。

（八）提高行政服务效率。不断改进能源项目核准（审批）管理，推动管理内容、标准和程序的规范化、公开化，为各类投资主体提供公平、全面、及时、便捷的政策咨询服务，进一步提高服务水平。

（九）加大资金支持力度。支持能源发展的基本建设投资、专项建设资金、创业投资引导资金等财政资金，以及国际金融组织贷款和外国政府贷款等，要明确规则、统一标准，对包括民间投资在内的各类投资主体同等对待。

（十）完善价格支持政策。理顺能源价格，引导民营资本在发展新能源和可再生能源、调整能源结构中发挥更大作用。支持民营企业公平享受可再生能源发电、煤层气（瓦斯）综合利用发电上网电价政策。支持符合条件的民营企业参与大用户直接交易。在具备条件的地区积极开展竞价上网试点。放开页岩气、煤层气、煤制气出厂价格，由供需双方协商确定价格。

（十一）优化企业融资环境。鼓励各类金融机构创新和灵活运用多种金融工具，加大对能源领域民间投资的融资支持，加强对民间投资的金融服务。不断完善民间投资融资担保制度，继续支持符合条件的民营能源企业通过股票、债券市场进行融资，通过促进股权投资基金和创业投资基金规范发展，保护民间投资者权益。

三、提高民营能源企业发展水平

（十二）推动民营能源企业加快向现代能源企业转变。加强市场引导和行业指导，推动民营能源企业加快建立现代企业制度，完善法人治理结构，依法健全企业财务、劳动用工等管理制度，提高企业管理水平。

（十三）支持民营能源企业增强科技创新能力。支持具备条件的骨干民营企业承建国家能源研发中心（重点实验室）。鼓励民营能源企业加大科研投入和人才培训，开展重点领域技术攻关和设备研发，提高自主创新能力。

（十四）促进民营能源企业加快产业升级。鼓励和支持民营能源企业积极发展新能源等战略性新兴产业，改造提升现有产业，淘汰落后产能。支持民营企业以产权为纽带，参与煤炭资源整合和煤矿企业兼并重组；按照“上大压小”等淘汰落后产能的相关政策，关停落后的小火电机组、小煤矿、小炼油装置，整合能力和资源，建设清洁高效、技术先进的大型项目。

（十五）鼓励民营能源企业实施“走出去”战略。加强引导和统筹协调，支持符合条件的民营企业“走出去”，在境外投资建设能源开发与利用项目，承建境外能源建设工程。

四、加强对民间投资的引导和规范管理

（十六）加强投资引导和监管。能源事关国家安全和经济社会发展大局，能源行业具有安全生产要求高、生态环境影响大等特点，特别是当前提高能源开发转化利用效率、调结构转方式的任务紧迫而艰巨。因此，进入能源领域的市场主体，必须树立高度的责任感，严格遵守国家有关法律法规和产业政策要求，不断提高走新型工业化道路的自觉性和主动性。有关政府部门要切实负起责任，规范行业管理，引导民营

企业依法合规开展能源生产和经营活动。

（十七）提高信息服务水平。加强能源市场形势分析和预警预测，及时向全社会公开发布能源产业政策、发展规划、市场准入标准、市场动态等信息，引导民间投资正确判断形势，减少盲目投资。建立能源领域投资项目和科研成果转化信息服务平台，促进民间资本与项目、市场、新技术的有效对接。

（十八）加强技术咨询服务。有关行业协会（学会）和中介机构要充分发挥服务职能，为民营能源企业提供技术、管理、政策等咨询服务。能源科研、设计机构和大专院校要积极与民营企业合作，提供技术和管理支撑。

（十九）严格行业自律。各类投资主体要不断提高自身素质和能力，树立诚信意识、风险意识和责任意识，履行社会责任。严格按照有关规定，计提和规范使用安全生产、环境保护等费用，支付劳动工资报酬，参加社会保险。

各级能源管理部门、中央管理的大型能源企业、有关行业协会要根据本实施意见要求，切实采取有效措施，鼓励和支持民间资本以多种形式扩大能源领域投资。各地要跟踪了解本地区能源领域民间投资发展动态、效果、存在的问题，及时将有关情况和建议反馈国家能源局。

国家能源局（印）
2012 年 6 月 18 日

国家能源局综合司关于成立能源行业电力应急标准化技术委员会的批复

（国能综科技〔2012〕191 号）

中国电力企业联合会：

报来《关于报送能源行业电力应急标准化技术委员会组建材料的请示》（中电联标准函〔2012〕66 号）收悉。经研究，现批复如下：

一、同意成立能源行业电力应急标准化技术委员会（以下简称标委会），编号为 NEA/TC25，标委会秘书处设在中国电力科学研究院。

二、同意第一届标委会由 36 名委员组成（名单见附件），郭剑波任主任委员，蒋锦峰、王利群、牛保红和杜灿勋任副主任委员，陈希任秘书长。

三、标委会主要负责能源行业电力应急预案、电力应急指挥中心、电力应急培训演练、电力应急物资、电力应急平台、发电厂应急、电网应急、电力应急能力评估和电力应急产品等相关的标准化工作。

四、请你会按照《能源领域行业标准化技术委员会管理实施细则（试行）》负责管理标委会，秘书处负责日常管理及标准立项、报批等工作。

附件：第一届能源行业电力应急标准化技术委员会（NEA/TC25）委员名单（略）

国家能源局综合司（印）
2012 年 8 月 8 日

国家能源局关于新疆自治区无电地区电力建设有关工作安排的通知

（国能新能〔2012〕206 号）

新疆自治区发改委，国家电网公司，华能、大唐、华电、国电、中电投、中广核、中节能集团公司，中兴能源有限公司，中科院、水规总院，国家可再生能源中心：

为加快解决新疆无电人口基本用电问题，根据《国民经济和社会发展第十二个五年规划纲要》提出的“创新公共服务供给方式”的要求，我局决定按照“电网延伸供电与可再生能源独立供电相结合、电网企业与其他能源企业共同建设”的原则，组织新疆无电地区电力建设，在“十二五”时期全面解决新疆无电人口用电问题。现将有关工作安排通知如下：

一、工作任务

新疆无电地区电力建设包括电网延伸供电工程和光伏独立供电工程（包括光伏独立电站、光伏户用系统）两种方式。新疆自治区发展改革委要依据新疆无电地区电力建设规划和实施方案，明确划分两种方式解决无电人口用电的范围以及项目法人单位所负责建设运营管理的区域。

电网延伸供电工程。国家电网公司及新疆电力公司作为大电网延伸供电工程的建设管理责任主体，以 2015 年底前全部解决电网延伸区域内无电人口用电问题为目标，2012 年底前落实全部项目建设方案，2013～2015 年分年度实施，2015 年底前完成全部建设任务。

光伏独立供电工程。对于电网延伸供电范围之外的无电地区，由华能、大唐、华电、国电、中电投、中广核、中节能集团以及中兴能源公司作为项目法人，承担所分配区域无电人口光伏独立供电工程建设、运营管理责任。在具备条件的地区可建设以可再生能源为主的微电网为区域内用户供电。2012 年 9 月底前，启动区域内首批供电工程建设，2013 年 3 月底前全部项目开工建设，2013 年底前全部建成。2014～2015 年，完善有关工程建设和运行管理，实现区域内可靠供电。

二、有关政策

电网延伸供电工程。无电地区电力建设电网延伸供电工程执行现行国家投资补助政策，对新疆自治区 54 个贫困县、边境县的投资补助比例为 50%，其他地区为 20%。国家电网公司及新疆电力公司要积极履行社会普遍服务责任，优先安排新疆无电人口供电工程投资。除了中央预算内投资补助资金，电网企业应加大筹集资金力度，保障完成服务区域内无电人口供电工程建设任务。

光伏独立供电工程。以无电人口集中的县域为单位，采用独立光伏电站、户用光伏系统，以及风光互补电站、风光互补户用系统，申报国家“金太阳工程”支持，国家利用可再生能源基金给予定额补助，其余资金由项目法人以援助新疆建设的方式出资。项目法人可经县级有关部门批准收取符合国家规定的电费，电费收入无法弥补建设投资和后期运行维护费用的部分，纳入国家可再生能源基金补助范围。

三、有关要求

（一）加强组织协调。新疆自治区发改委要做好无电地区电力建设的各项协调和衔接工作，会同各地州（市）人民政府、自治区有关部门建立新疆无电地区电力建设工作协调机制，支持各项目法人的工程建设和管理工作。要制定可再生能源独立供电的管理办法，明确地方政府和项目法人的责任和义务。与项目法人签订责任书，明确供电服务标准、服务区域、服务年限等。

（二）建立管理体系。各企业要将新疆无电地区电力建设作为年度工作重点，明确负责人和专门机构，制定工作计划和管理制度，落实资金和有关建设条件。制定项目规划建设、运行维护和长期服务的有关管理规定和技术规范，特别是用户培训、建立运行维护基地、定期巡检等，确保电力设施持续可靠运行和发挥效益。

（三）建立技术专家组。由国家可再生能源中心、水规院牵头，中科院电工所、鉴衡认证中心、龙源集团等单位参加，组织有关专家组建可再生能源供电技术专家组，对新疆光伏项目建设和管理等提供技术咨询。各项目法人派一名技术负责人参加技术专家组工作。

请各有关单位按照以上要求开展工作，2012 年 9 月底前落实建设方案，并于 7 月底前上报新疆无电地区电力建设联系人名单。

联系人：韩×× 010-68555039 13810363365
方 × 010-68555043 13810009802
010-68555045（传真）
hanjz@ndrc. gov. cn

国家能源局（印）
2012 年 7 月 13 日

附件：

新疆无电地区电力建设光伏独立供电工程任务安排表

地州	县市名称	光伏供电工程建设任务		项目法人单位
		无电户	无电人口	
喀什	麦盖提县	9	22	华电新疆发电公司、华能新疆能源有限公司、中兴能源有限公司（具体任务区域由新疆自治区发改委确定）
	塔什库尔干县	133	675	
	巴楚县	181	870	
	英吉沙县	300	1500	
	岳普湖县	168	724	
	叶城县	4013	15 230	
	莎车县	500	2944	
	合计	5304	21 965	
克州	阿图什市	523	2274	
	乌恰县	398	1804	
	阿克陶县	1270	5242	
	阿合奇县	2704	12 024	
	合计	4895	21 344	
和田	民丰县	451	1539	中电投新疆能源有限公司
	和田县	878	2470	
	于田县	116	410	
	皮山县	641	2257	
	策勒县	781	2168	
	合计	2867	8844	
巴州	和静县	2493	8284	大唐新疆发电公司
	且末县	1111	4301	
	若羌县	217	777	
	合计	3821	13 362	

续表

地州	县市名称	光伏供电工程建设任务		项目法人单位
		无电户	无电人口	
阿克苏	库车县	159	631	中电投新疆能源有限公司
	沙雅县	93	453	
	柯坪县	17	57	
	合计	269	1141	
阿勒泰	阿勒泰市	1749	8187	中广核新疆分公司
	布尔津县	611	2814	
	哈巴河县	804	3543	
	吉林乃县	1001	3763	
	福海县	467	1972	
	青河县	152	607	
	富蕴县	211	899	
	合计	4995	21 785	
塔城	乌苏市	441	1589	国电集团、中兴能源有限公司（具体任务区域由新疆自治区发改委确定）
	塔城市	248	1033	
	托里县	3778	16 625	
	和丰县	1218	4239	
	合计	5685	23 486	
伊犁州	察布查尔县	402	2010	
	霍城县	293	1233	
	尼勒克县	75	394	
	新源县	337	1461	
	特克斯县	2626	10 481	
	昭苏县	1863	8721	
	合计	5596	24 300	
博州	博乐市	578	2212	
	精河县	231	729	
	温泉县	345	1225	
	合计	1154	4166	
哈密	哈密市	334	1125	中节能太阳能科技有限公司
	巴里坤县	467	1903	
	合计	801	3028	
昌吉州	昌吉市	46	230	
	吉木萨尔县	43	194	
	合计	89	424	
总计		35 476	143 845	

注 本表中无电户和无电人口数为新疆自治区无电地区电力建设规划数，以实际调查数为准。

国家能源局 财政部关于印发燃煤电厂综合升级改造机组性能测试有关规定的通知

（国能电力〔2012〕280号）

各省、自治区、直辖市、新疆生产建设兵团发改委（能源局）、财政厅，国家电网公司、南方电网公司、华能、大唐、华电、国电、中电投集团公司：

按照国家发改委、国家能源局、财政部《关于开展燃煤电厂综合升级改造工作的通知》（发改厅〔2012〕1662号）要求，为进一步规范机组性能测试，确保测试结果真实可信，特制定《燃煤电厂综合升级改造机组性能测试管理细则》、《燃煤电厂综合升级改造机组性能测试技术要求》、《燃煤电厂综合升级改造实施前机组性能测试报告（提纲）》和《燃煤电厂综合升级改造实施后机组性能测试暨实施效果报告（提纲）》，并公布20家燃煤电厂综合升级改造机组性能测试机构名单。

现印发你们，请遵照执行。

联系人：

国家能源局电力司 王×× 68555063/68555073（传真）zhsjgz@163.com

财政部经建司 谢×× 68552977/68552870（传真）nengyuanchu@126.com

国家能源局
财政部（印）
2012年8月31日

附件1：

燃煤电厂综合升级改造机组性能测试管理细则

为规范燃煤电厂开展综合升级改造的机组性能测试和效果审核管理工作，制定本细则。

一、确定机组测试机构。国家能源局、财政部按照机组测试机构回避该公司系统和所在省（区、市）的原则，从机组测试机构名单中委托有关机构对燃煤电厂综合升级改造项目进行性能测试。中央财政按照相关规定支付性能测试费用。

二、制定改前测试方案。省级能源主管部门负责本地区机组性能测试的全过程协调服务，组织省级电网公司、项目单位和测试机构等制定机组改造前性能测试方案，明确测试方法、测点、条件、时限和相关责任，并报送国家能源局电力司（方案扫描版发指定邮箱）。

三、开展改前现场测试。按照测试方案，项目单位应落实测试条件；电网调度机构做好机组性能测试配合工作，妥善安排电力系统运行；测试机构在省级电网公司、项目单位配合下，独立、公正开展改造前现场测试工作。

四、编制改前测试报告。测试完成后，测试机构应按照《燃煤电厂综合升级改造实施前机组性能测试报告（提纲）》要求，编制测试报告，在5个工作日内报送国家能源局电力司、财政部经建司，抄送省级能源主管部门、财政部门和项目单位（报告扫描版发指定邮箱）。项目单位确认相关单位收到测试报告后，5个工作日内未接到抽查通知的，即可实施停机改造。

五、制定改后测试方案。机组改造完成后，省级能源主管部门组织省级电网公司、项目单位和测试机构等制定机组改造后性能测试方案，并报送国家能源局电力司（方案扫描版发指定邮箱）。除供热项目外，改造后性能测试应在改造后2个月内完成。

六、开展改后现场测试。按照测试方案，项目单位应落实测试条件，使其与改造前测试基本一致；电网调度机构做好测试配合工作，妥善安排电力系统运行；测试机构原则上应安排改造前试验人员、使用相同仪器和设备，在省级电网公司、项目单位配合下，独立、公正开展改造后现场测试工作。

七、编制改后测试报告。测试完成后，测试机构应按照《燃煤电厂综合升级改造实施后机组性能测试暨实施效果报告（提纲）》要求，编制测试报告，比对改造前、后的测试结果，进行能量平衡和能效校核，对机组改造后的能效、实际年节能量等做出结论，并在5个工作日内将测试报告报送国家能源局电力司、财政部经建司，抄送省级能源主管部门、财政部门和项目单位（报告扫描版发指定邮箱）。

八、供热项目测试报告。纯凝机组改供热和热电机组扩大供热能力的改造项目，项目单位应做好关停替代分散小锅炉的调查、记录。供热满一年（工业负荷）或一个采暖季（居民采暖负荷）后，通知测试机构校核供热量。测试机构应在补充完成供热量校核后，5个工作日内提交机组改造后性能测试报告。

九、加强监督检查。测试机构、项目单位应按档案管理相关规定，留存机组性能测试、校核、改造实施的详细资料以备检查。国家能源局将视情况委托有关机构抽查审核项目改前、改后测试报告，必要时复测机组能效。

任何单位和个人不得妨碍测试机构独立、公正开展工作。对弄虚作假、骗取政策支持的项目单位，一经查实，将收回奖励资金，取消奖励规模，并建议有关部门依法追究相关人员的责任。

测试机构应保证机组能效测试、审核报告的真实性和准确性。对弄虚作假的测试机构，一经查实，将收回测试费用，取消燃煤电厂综合升级改造从业资格，建议主管部门撤销其电力行业相关资质，并依法追究相关人员的责任。

附件2：

燃煤电厂综合升级改造机组性能测试技术要求

一、锅炉性能试验及修正

（一）锅炉性能试验应执行最新版《电站锅炉性能试验规程》（GB/T 10184）或《锅炉机组性能试验规程》（ASME PTC 4.1）、《磨煤机试验规程》（ASME PTC 4.2）、《空气预热器试验规程》（ASME PTC 4.3）等规程，原则上执行高标准规程。

（二）锅炉性能试验应优先采用反平衡法，在额定工况下至少开展两次，在修正到相同条件后，两次试验结果（锅炉热效率）的偏差不大于0.35个百分点。

（三）改造前后锅炉性能试验煤种，原则上应采用设计煤种。采用其他煤种时，改造前后试验煤种收到基低位发热量（$Q_{net.ar}$）偏差不超过1200kJ/kg、收到基挥发分（V_{daf}）偏差不大于3个百分点、收到基灰分（A_{ar}）偏差不大于5个百分点。变更设计煤种的综合升级改造，改造前后锅炉性能试验煤种应分别采用对应的设计煤种。

（四）锅炉性能试验结果应按相应规程修正。若进行空气预热器、省煤器、低温省煤器等改造，应通过试验确定改造后锅炉排烟温度、空气预热器漏风率、锅炉热效率和供电煤耗变化量。若进行制粉系统、燃烧器等改造，应通过试验确定改造后磨煤机出力、制粉单耗、锅炉飞灰和底渣可燃物、锅炉排烟温度、锅炉热效率和供电煤耗变化量。

二、汽轮机性能试验及修正

（一）汽轮机性能试验执行最新版《汽轮机热力性能验收试验规程　第1部分：方法A—大型凝汽式汽轮机高准确度试验》（GB/T 8117.1）、汽轮机热力性能验收试验规程　第2部分：方法B—各种类型和容量的汽轮机宽准确度试验》（GB/T 8117.2）。原则上执行高标准规程。

（二）汽轮机性能试验应在额定工况下开展，不明泄漏量不大于新蒸汽流量的0.3%，试验结果不确定度不大于0.5%；汽轮机性能试验应开展两次，在修正到相同条件后，两次试验结果（汽轮机热耗率）的偏差不大于0.25%。

（三）汽轮机性能试验结果原则上应合理修正主蒸汽压力、主蒸汽温度、再热蒸汽温度、再热器减温水流量（或过热减温水流量）和凝汽器压力（或凝汽器入口循环水温度）等参数。变更设计主蒸汽压力、主蒸汽温度、再热蒸汽温度、再热器减温水量（或过热器减温水流量）的综合升级改造，可不修正相应参数。汽轮机冷端系统改造，可参考相应标准，通过试验确定凝汽器压力及循环水泵功耗变化后，再确定供电煤耗变化，并计算节能量。

三、厂用电率和辅机功耗试验及修正

（一）厂用电率和辅机功耗试验参照执行最新版《火力发电厂技术经济指标计算方法》(DL/T 904)。

（二）电动机变频改造或高低速改造的辅机功耗试验在75%负荷下进行，其他节省厂用电相关改造在100%负荷下进行；试验煤种要求同锅炉性能试验。

（三）厂用电率和辅机功耗试验应开展两次，在修正到相同条件后，两次试验结果（厂用电率）的偏差不大于0.1个百分点。

（四）多台机组公用系统的公用负荷原则上按原工程设计分摊，并考虑公用负荷所带系统或设备的投运情况。

（五）改造前、后厂用电率和辅机功耗试验的工况和辅机投运数量不同时，原则上应将改造前、后的试验结果均修正到机组设计运行工况，或使改造前、后实际运行工况相同。

若改造前、后的试验工况不同，应修正相关辅机功耗变化。例如，改造前、后试验中的汽轮机排汽压力不相同，导致主蒸汽流量存在差别，引起凝结水和给水流量变化，宜考虑修正相关辅机的功耗变化；改造前、后环境温度或主蒸汽流量不相同，导致锅炉给煤量和送风量存在差异，应修正磨煤机、一次风机、除尘器、送风机、引风机、脱硫系统等相关辅机的功耗变化。

若改造前、后试验的辅机投运数量不同，宜考虑修正其功耗变化对厂用电率的影响。例如，循环水泵（或空冷风机）运行数量不同，宜考虑修正该部门设备的功耗变化对厂用电率的影响。

四、供热机组试验及修正

对纯凝机组改供热或热电机组扩大供热能力的项目，机组性能试验只进行纯凝汽额定工况试验，不进行供热工况试验。其中，简单打孔抽汽供热改造项目若不涉及锅炉、汽机系统和重要辅机的升级改造，可不进行改造后性能测试。其他要求同前。

其他相关未尽技术要求适时另行明确。

附件3：

××××电厂综合升级改造实施前×号机组性能测试报告（提纲）（略）

附件4：

××××电厂综合升级改造实施后×号机组性能测试暨实施效果报告（提纲）（略）

国家能源局关于申报分布式光伏发电规模化应用示范区的通知

（国能新能〔2012〕298号）

各省（自治区、直辖市）发改委（能源局）、新疆生产建设兵团发展改革委：

近年来，太阳能光伏发电技术迅速进步，相关制造产业和开发利用规模逐渐扩大，已经成为可再生能源发展的重要领域。光伏发电适合结合电力用户用电需要，在广大城镇和农村的各种建筑物和公共设施上推广分布式光伏系统。特别在用电价格较高的中东部地区，分布式光伏发电已经具有较好的经济性，具备了较大规模应用的条件。为落实可再生能源发展“十二五”规划，促进太阳能发电产业可持续发展，我局将组织分布式光伏发电应用示范区建设。现就有关事项通知如下：

一、根据全国可再生能源发展“十二五”规划和太阳能发电发展“十二五”规划，请各省（区、市）选择具有太阳能资源优势、用电需求大和建设条件好的城镇区域，提出分布式光伏发电规模化应用示范区的建设方案。

二、示范区的分布式光伏发电项目应具备长期稳定的用电负荷需求和安装条件，所发电量主要满足自发自用。优先选择电力用户用电价格高、自用电量大的区域及工商企业集中开展应用示范。同时，选择具备规模化利用条件的城镇居民小区或乡镇（村）开展集中应用试点。

三、鼓励采用先进技术并创新管理模式，特别是采用智能微电网技术高比例接入和运行光伏发电，不

断创新微电网建设和运营管理模式。

四、国家对示范区的光伏发电项目实行单位电量定额补贴政策，国家对自发自用电量和多余上网电量实行统一补贴标准。项目的总发电量、上网电量由电网企业计量和代发补贴。分布式光伏发电系统有关技术和管理要求，国家能源局将另行制定。

五、电网企业要配合落实示范区分布式光伏发电项目接入方案并提供相关服务，本着简化程序、便捷服务的原则，规范并简化分布式光伏发电接入电网标准和管理程序，积极推进分布式光伏发电的规模化应用。

六、各省（区、市）可结合新能源示范城市、绿色能源县和新能源微电网项目建设，抓紧研究编制示范区实施方案。首批示范区在若干城市相对集中安排。每个省（区、市）申报支持的数量不超过3个，申报总装机容量原则上不超过50万千瓦。

七、鼓励各省（区、市）利用自有财政资金，在国家补贴政策基础上，以适当方式支持分布式光伏发电示范区建设。

八、请各省（区、市）能源主管部门于10月15日前上报分布式光伏发电示范区实施方案。国家能源局将根据专家评审结果确定并批复示范区名单及实施方案。电网企业按批复的示范区实施方案落实相应电网接入和并网服务。

国家能源局（印）
2012年9月14日

国家能源局关于印发电力工程质量监督体系调整方案的通知

（国能电力〔2012〕306号）

各省（区、市）发改委、能源局，中国电力企业联合会，国家电网公司、中国南方电网有限责任公司、中国华能集团公司、中国大唐集团公司、中国华电集团公司、中国国电集团公司、中国电力投资集团公司、中国长江三峡集团公司、中国核工业集团公司、中国广东核电集团有限公司、中国国际工程咨询公司、中国电力建设集团有限公司、中国能源建设集团有限公司：

为加强电力工程质量监督管理，促进电力工业健康发展，我局制定了《电力工程质量监督体系调整方案》。现印发你们，请遵照执行。

国家能源局（印）
2012年9月15日

附件：

电力工程质量监督体系调整方案

工程质量监督是中国工程建设质量管理的一项基本制度，也是政府部门实施行业管理的重要手段。为进一步理顺电力工程质量监督管理体系，根据国务院《建设工程质量管理条例》有关规定，特制定本方案。

一、工作原则

电力工程质量监督工作应坚持“独立、规范、公正、公开”的原则，健全规章制度，规范工作流程，完善检测手段，严格控制质量关口，认真开展监督检查等工作。

二、工作范围

主要开展火电、核电和输变电等电力项目（水电和可再生能源除外）具体工程的质量监督工作。

三、工作机构

设立电力工程质量监督管理委员会，负责重大事项的议事决策。管理委员会下设办公室作为具体办事机构。具体方案另行制定。

电力工程质量监督机构实行“总站—中心站—项目站”三级管理体系。总站设在中国电力企业联合会；各中心站由总站统一规划，相应机构可挂靠在规模以上电力企业；各项目站应符合规定条件，按省区或专业设置。

四、工作职责

管理委员会：负责审议电力工程质量监督规章制度、机构设置、年度工作计划和经费收支等重大事项。

总站：编制《电力工程质量监督工作规定》和《电力工程质量监督检查工作大纲》等规章制度，研究提出三级管理体系具体方案，考核下级机构的工作，认定工程质量检测机构，负责工程质量监督人员的培训、考核和资格认证，统计工程质量信息，参与解决重大工程质量纠纷、重大质量事故调查处理，以及工程竣工验收，完成国家能源局委托的其他任务。

中心站：根据总站委托，负责重大电力工程的质量监督，考核所辖范围内各项目站的工作，按规定向总站报送工程质量信息资料，完成总站交办的其他任务。

项目站：执行工程项目的质量监督检查工作，协调解决一般性工程质量争端，参与质量事故的调查处理，完成总站和中心站交办的其他工作。

五、工作规则

（一）对国家核准（审批）的电力建设项目，按照项目核准（审批）文件和工程建设管理规定，同步开展质量监督工作。各级电力工程质量监督机构、项目法人和有关责任单位要切实履行各自职责，确保电力工程建设质量。

（二）未经国家核准（审批）的电力工程项目，各级工程质量监督机构不得受理其质量监督申请。未通过电力工程质量监督机构监督检查的电力工程，不得投入运行。

（三）严格电力工程质量监督与企业内部质量管理和工程监理工作界限，依法界定相关责任和义务。

（四）电力工程质量监督要充分发挥专家和第三方检测机构作用。不得将工程质量监督职责委托给建设项目业主或设计施工单位。

（五）各级工程质量监督机构开展电力工程质量监督检查工作时，应接受工程项目所在省（自治区、直辖市）能源主管部门的监督和指导。

六、工作经费

电力工程质量监督检测工作经费通过申请财政预算内资金解决。在预算内资金落实前，可暂由质量监督机构与项目单位签订技术服务合同，收取技术服务费。技术服务费在工程概算中列支。

七、其他

电力工程质量监督组织管理体系调整过程中，原体系下各级质量监督站已经承担的质量监督任务，可继续履行至工程项目竣工投产。

自本方案颁布实施之日起，所有新开工电力工程项目均应按照新的工作体系和规则开展质量监督工作。

国家能源局关于青海省无电地区电力建设任务安排的通知

（国能新能〔2012〕356号）

青海省发改委、能源局，国家电网公司，华能、大唐、华电、国电、中电投集团公司、中广核、三峡集团公司，中兴能源有限公司，中科院、水规总院，国家可再生能源中心：

为在“十二五”时期全面解决青海无电人口用电问题，我局按照《国民经济和社会发展第十二个五年规划纲要》提出的“创新公共服务供给方式”的要求和“电网延伸供电与可再生能源独立供电相结合、电网企业与其他能源企业共同建设”的原则，组织实施青海无电地区电力建设。现将有关工作安排通知如下：

一、有关任务

青海无电地区电力建设包括电网延伸供电工程和光伏独立供电工程（包括光伏独立电站、光伏户用系统）。青海省发改委要依据青海无电地区电力建设规划和实施方案，明确划分解决无电人口用电的方式、范围和项目法人负责建设运营管理的区域。

电网延伸供电工程。青海省电力公司是青海主电网延伸供电工程的建设管理责任主体，青海省水利水电集团公司是玉树地区及果洛州玛多、久治、班玛三县电网延伸供电工程的建设管理责任主体，以2015年底前全部解决电网延伸区域内无电人口用电问题为目标，2012年底前落实全部项目建设方案，2013～2015年分年度实施，2015年底前全部建成。

光伏独立供电工程。对电网延伸供电范围之外的无电地区，华能、大唐、华电、国电、中电投、中广核、三峡集团和中兴能源公司作为项目法人，分别承担所分配区域无电人口光伏独立供电工程的建设任务，有条件的地区可建设以可再生能源为主的微电网为用户供电。项目建成后，转交青海省三新农电有限公司负责运营管理。2012年底前，启动区域内首批供电工程建设，2013年3月底前全部项目开工，2013年底前全部建成。2014～2015年，完善有关工程建设和运行管理，实现区域内可靠供电。

二、有关政策

电网延伸供电工程。无电地区电力建设电网延伸供电工程执行现行国家投资补助政策，对青海省藏区的投资补助比例为50%，其他地区为20%。青海省电力公司和青海省水利水电集团公司要积极履行社会普遍服务责任，优先安排青海无电人口供电工程投资。除中央预算内投资补助资金外，电网企业应加大筹集资金力度，保障完成服务区域内无电人口供电工程建设任务。

光伏独立供电工程。以无电人口集中的县域为单位，采用独立光伏电站、户用光伏系统，以及风光互补电站、风光互补户用系统，申报国家“金太阳工程”支持，国家利用可再生能源基金按工程总投资的70%给予补助，其余资金由项目法人以援助青海建设的方式出资。承担项目运营管理的责任主体可经县级有关部门批准收取符合国家规定的电费，电费收入无法弥补建设投资和后期运行维护费用的部分，纳入国家可再生能源基金补助范围。

三、有关要求

（一）加强组织协调。青海省发改委要做好无电地区电力建设的各项协调和衔接工作，会同各地州（市）人民政府、省有关部门建立青海无电地区电力建设工作协调机制，支持各项目法人的工程建设和管理。要制定可再生能源独立供电的管理办法，明确地方政府和项目法人的责任和义务。分别与负责项目建设和项目运行管理的法人签订责任书，明确任务分工和建设要求、供电服务标准和服务年限等。

（二）建立管理体系。负责项目建设的各项目法人要将青海无电地区电力建设作为年度工作重点，明确负责人和专门机构，制定工作计划和管理制度，落实资金和有关建设条件。负责项目运行管理的项目法人要制定项目运行维护和长期服务的有关管理规定和技术规范，特别是用户培训、建立运行维护基地、定期巡检等，确保电力设施持续可靠运行和发挥效益。

（三）建立技术专家组。由国家可再生能源中心、水规院牵头，中科院电工所、鉴衡认证中心、承担建设任务的企业等单位参加，组织有关专家组建可再生能源供电技术专家组，对青海光伏项目建设和管理等提供技术咨询。

请各有关单位按照以上要求开展工作，于2012年11月底前落实建设方案。

联系人：韩×× 010-68555039 13810363365
方 × 010-68555043 13810009802
010-68555045（传真）
hanjz@ndrc.gov.cn

国家能源局（印）
2012年11月2日

附件：

青海无电地区电力建设光伏独立供电工程任务安排表

州	县	无电户	无电人口	项目法人
海西州	天峻县	2719	12 236	三峡新能源格尔木发电有限公司
	乌兰县	662	2979	
	都兰县	1206	5427	
	格尔木	449	2021	
	德令哈	739	3326	
	冷湖行委			
	合计	5775	25 988	

续表

州	县	无电户	无电人口	项目法人
黄南州	河南县	3931	17 690	华能集团公司青海分公司
	尖扎县	1676	7542	
	泽库县	1567	7052	
	同仁县	1374	6183	
	合计	8584	38 466	
果洛州	玛多县	1837	8267	国电龙源格尔木新能源有限公司
	甘德县	4577	20 597	
	达日县	2427	10 922	国电集团公司青海分公司
	班玛县	2040	9180	
	久治县	3421	15 395	国电电力青海新能源开发有限公司
	玛沁县	7123	32 054	中兴能源有限公司
	合计	21 425	96 413	
海北州	刚察县	1845	8303	华电集团公司格尔木太阳能发电有限公司
	海晏县	430	1935	
	祁连县	1102	4959	
	门源县	124	558	
	合计	3501	15 755	
海南州	共和县	1119	5036	大唐格尔木太阳能发电有限公司
	贵南县	1614	7263	中广核青海分公司
	贵德县	669	3011	
	同德县	4500	20 250	大唐德令哈新能源有限公司
	兴海县	3500	15 750	青海大唐国际格尔木光伏发电有限公司
	合计	11 402	51 309	
玉树州	玉树县	1200	5400	中电投集团公司黄河上游水电开发有限公司
	称多县	1400	6300	
	囊谦县	1500	6750	
	杂多县	2500	11 250	
	治多县	2800	12 600	
	曲麻莱	3000	13 500	中兴能源有限公司
	合计	12 400	55 800	
总计		63 051	283 730	

注 本表中无电户和无电人口数青海省无电地区电力建设规划数，以实际调查数为准。

国家能源局关于印发可再生能源发电工程质量监督体系方案的通知

（国能新能〔2012〕371号）

各省（区、市）发改委、能源局，水电水利规划设计总院，国家电网公司、中国南方电网有限责任公司、中国华能集团公司、中国大唐集团公司、中国华电集团公司、中国国电集团公司、中国电力投资集团公司、中国长江三峡集团公司、国家开发投资公司、中国核工业集团公司、中国广东核电集团有限公司、中国国际工程咨询公司、中国电力建设集团有限公司、中国能源建设集团有限公司：

为规范和加强可再生能源发电工程质量监督管理，促进可再生能源健康发展，我局制定了《可再生能源发电工程质量监督体系方案》。现印发你们，请遵照执行。

国家能源局（印）
2012年11月20日

附件：

可再生能源发电工程质量监督体系方案

工程质量监督是中国工程建设质量管理的一项基本制度，也是政府部门实施行业管理的重要手段。为进一步规范水电工程质量监督管理，加强可再生能源发电工程质量监督管理，根据国务院《建设工程质量管理条例》有关规定，特制定本方案。

一、体系方案

组建国家可再生能源发电工程质量监督总站，同时保留按国能新能〔2011〕156号文设立的水电工程质量监督总站，负责我国水电、风电等可再生能源发电工程的质量监督工作。总站均设在水电水利规划设计总院。

二、工作范围

主要开展水电、风电、太阳能、生物质能等可再生能源发电项目具体工程的质量监督工作。

三、工作原则

可再生能源发电工程质量监督工作应坚持“独立、规范、公正、公开”的原则，健全规章制度，规范工作流程，完善检测手段，严格控制质量关口，认真开展监督检查等工作。

四、机构设置

国家可再生能源发电工程质量监督机构实行“总站一分站一项目站”三级管理体系。分站是总站派出机构，由总站统一规划，按省或区域合理设置。水电工程和其他可再生能源发电工程根据实际情况，可按项目、流域、大型基地设立项目站（流域站、基地站）。

五、工作职责

总站：负责全国可再生能源发电工程质量监督工作的归口管理，编制《可再生能源发电工程质量监督工作规定》和《可再生能源发电工程质量监督检查工作大纲》等规章制度，研究提出三级管理体系具体方案，考核下级机构的工作，认定工程质量检测机构，负责工程质量监督人员的培训、考核和资格管理，统计工程质量信息，参与解决重大工程质量纠纷、重大质量事故调查处理，以及工程竣工验收。完成国家能源局委托的其他任务。

分站：根据总站委托，负责大型可再生能源发电工程的质量监督，考核所辖范围内各项目站的工作，按规定向总站报送工程质量信息资料，完成总站交办的其他任务。

项目站（流域站、基地站）：承担具体工程项目的质量监督检查工作，协调解决一般性工程质量争端，参与质量事故的调查处理，完成总站和分站交办的其他工作。流域站负责流域内各水电工程的质量监督检查工作，基地站负责可再生能源基地内各发电工程的质量监督检查工作。

六、工作规则

（一）国家核准（审批）或列入核准计划管理的可再生能源发电工程项目，按照项目核准（审批）文件和工程建设管理规定，同步开展质量监督工作。各级工程质量监督机构、项目法人和有关责任单位要切实履行各自职责，确保可再生能源发电工程质量。

（二）未经核准（审批）的可再生能源发电工程项目，各级可再生能源发电工程质量监督机构不得受理其质量监督申请。工程各阶段验收和竣工验收前，均应通过可再生能源发电工程质量监督机构的监督检查，未通过可再生能源发电工程质量监督机构监督检查的项目，不得投入运行。

（三）严格可再生能源发电工程质量监督与企业内部质量管理和工程监理工作界限，依法界定相关责任和义务。

（四）可再生能源发电工程质量监督要充分发挥专家和第三方检测机构作用。不得将工程质量监督工作委托给建设、设计、施工、监理单位。

（五）各级工程质量监督机构开展可再生能源发电工程质量监督检查工作时，应接受工程项目所在省（自治区、直辖市）能源主管部门的监督和指导。

（六）质量监督总站要定期向国家能源局报送质量监督工作总结，提出存在问题和建议，重大质量问题要及时报告。

七、工作经费

可再生能源发电工程质量监督检测工作经费可由质量监督机构与项目业主签订技术服务合同，收取技术服务费。技术服务费在工程概算中列支。

八、其他

可再生能源发电工程质量监督总站组建后，原体系下监督机构已开展质量监督工作的可再生能源发电工程中，未完成蓄水验收的水电工程交由水电工程质量监督总站承担，已完成蓄水验收的水电工程可由原监督机构继续履行相关工作或双方协商确定；其他可再生能源发电项目可继续履行至工程项目竣工投产。

自本方案颁布实施之日起，所有新开工可再生能源发电工程项目均应按照新的工作体系和规则开展质量监督工作。

本方案由国家能源局负责解释。

国家电力监管委员会文件

电力安全事故调查程序规定

（国家电力监管委员会第 31 号令）

《电力安全事故调查程序规定》已经 2012 年 6 月 5 日国家电力监管委员会主席办公会议审议通过，现予公布，自 2012 年 8 月 1 日起施行。

主席　吴新雄
2012 年 6 月 13 日

电力安全事故调查程序规定

第一条　为了规范电力安全事故调查工作，根据《电力安全事故应急处置和调查处理条例》和《生产安全事故报告和调查处理条例》，制定本规定。

第二条　国家电力监管委员会及其派出机构（以下简称电力监管机构）组织调查电力安全事故（以下简称事故），适用本规定。

国务院授权国家电力监管委员会（以下简称电监会）组织调查特别重大事故，国家另有规定的，从其规定。

第三条　事故调查应当按照依法依规、实事求是、科学严谨、注重实效的原则，及时、准确地查清事故原因，查明事故性质和责任，总结事故教训，提出整改措施和处理意见。

第四条　任何单位和个人不得阻挠和干涉对事故的依法调查。

第五条　电力监管机构调查事故，应当及时组织事故调查组。

第六条　下列事故由电监会组织事故调查组：

（一）国务院授权组织调查的特别重大事故；

（二）重大事故；

（三）电监会认为有必要调查的较大事故。

第七条　较大事故、一般事故由事故发生地派出机构组织事故调查组。

较大事故、一般事故跨省（自治区、直辖市）的，由事故发生地电监会区域监管局组织事故调查组；较大事故、一般事故跨区域的，由电监会指定派出机构组织事故调查组。

电监会认为必要的，可以指令派出机构组织事故调查组调查一般事故。

第八条　组织事故调查组应当遵循精简、高效的原则。根据事故的具体情况，事故调查组由电力监管机构、有关地方人民政府、安全生产监督管理部门、负有安全生产监督管理职责的有关部门派人组成。

事故有关人员涉嫌失职、渎职或者涉嫌犯罪的，电力监管机构应当邀请监察机关、公安机关、人民检察院派人参加。

电力监管机构可以聘请有关专家参加事故调查组，协助事故调查。

第九条 事故有关单位、人员涉嫌违法，电力监管机构依法予以立案的，电力监管机构稽查工作部门应当派人参加事故调查组。

第十条 事故调查组成员应当具有事故调查所需要的知识和专长，与所调查的事故、事故发生单位及其主要负责人、主管人员、有关责任人员没有直接利害关系。

第十一条 事故调查组成员名单和组长建议人选由电力监管机构安全监管部门提出，报电力监管机构负责人批准。

事故调查组组长主持事故调查组的工作。

第十二条 根据事故调查需要，电力监管机构可以重新组织事故调查组或者调整事故调查组成员。

第十三条 事故调查组应当制定事故调查方案。事故调查方案包括事故调查的职责分工、方法步骤、时间安排等内容。

第十四条 事故调查组进行事故调查，应当制作事故调查通知书。事故调查通知书应当向事故发生单位、事故涉及单位出示。

第十五条 事故调查组勘查事故现场，可以采取照相、录像、绘制现场图、采集电子数据、制作现场勘查笔录等方法记录现场情况，提取与事故有关的痕迹、物品等证据材料。事故调查组应当要求事故发生单位移交事故应急处置形成的有关资料、材料。

第十六条 事故调查组可以进入事故发生单位、事故涉及单位的工作场所或者其他有关场所，查阅、复制与事故有关的工作日志、工作票、操作票等文件、资料，对可能被转移、隐匿、销毁的文件、资料予以封存。

第十七条 事故调查组应当根据事故调查需要，对事故发生单位有关人员、应急处置人员等知情人员进行询问。询问应当制作询问笔录。

事故发生单位负责人和有关人员在事故调查期间不得擅离职守，并随时接受事故调查组的询问，如实提供有关情况。

第十八条 事故调查组进行现场勘查、检查或者询问知情人员，调查人员不得少于 2 人。

第十九条 事故调查需要进行技术鉴定的，事故调查组应当委托具有国家规定资质的单位进行。必要时，事故调查组可以直接组织专家进行。技术鉴定所需时间不计入事故调查期限。

第二十条 事故调查组应当收集与事故有关的原始资料、材料。因客观原因不能收集原始资料、材料，或者收集原始资料、材料有困难的，可以收集与原始资料、材料核对无误的复印件、复制品、抄录件、部分样品或者证明该原件、原物的照片、录像等其他证据。

现场勘查笔录、检查笔录、询问笔录和鉴定意见应当由调查人员、勘查现场有关人员、被询问人员和鉴定人签名。

事故调查组应当依照法定程序收集与事故有关的资料、材料，并妥善保存。

第二十一条 事故调查组成员在事故调查工作中应当诚信公正，恪尽职守，遵守纪律，保守秘密。

未经事故调查组组长允许，事故调查组成员不得擅自发布有关事故的信息。

第二十二条 事故调查组应当查明下列情况：

（一）事故发生单位的基本情况；

（二）事故发生的时间、地点、现场环境、气象等情况，事故发生前电力系统的运行情况；

（三）事故经过、事故应急处置情况，事故现场有关人员的工作内容、作业时间、作业程序、从业资格等情况；

（四）与事故有关的仪表、自动装置、断路器、继电保护装置、故障录波器、调整装置等设备和监控系统、调度自动化系统的记录、动作情况；

（五）事故影响范围，电网减供负荷比例、城市供电用户停电比例、停电持续时间、停止供热持续时间、发电机组停运时间、设施设备损坏等情况；

（六）事故涉及设施设备的规划、设计、选型、制造、加工、采购、施工安装、调试、运行、检修等方面的情况；

（七）电力监管机构认为应当查明的其他情况。

第二十三条 事故调查组应当查明事故发生单位执行国家有关安全生产规定，加强安全生产管理，建立健全安全生产责任制度，完善安全生产条件等情况。

第二十四条 涉及人身伤亡的事故，事故调查组除应查明本规定第二十二条、第二十三条规定的情况外，还应当查明：

（一）人员伤亡数量、人身伤害程度等情况；

（二）伤亡人员的单位、姓名、文化程度、工种等基本情况；

（三）事故发生前伤亡人员的技术水平、安全教育记录、从业资格、健康状况等情况；

（四）事故发生时采取安全防护措施的情况和伤亡人员使用个人防护用品的情况；

（五）电力监管机构认为应当查明的其他情况。

第二十五条 事故调查组应当在查明事故情况的基础上，确定事故发生的直接原因、间接原因和其他原因，判断事故性质并做出责任认定。

第二十六条 事故调查组应当根据现场调查、原因分析、性质判断和责任认定等情况，撰写事故调查报告。

事故调查报告的内容应当符合《电力安全事故应急处置和调查处理条例》的规定，并附具有关证据材料和技术分析报告。

第二十七条 事故调查组成员应当在事故调查报告上签名。事故调查组成员对事故调查报告的内容有不同意见的，应当在事故调查报告中注明。

第二十八条 事故调查报告经电力监管机构负责人办公会议审查同意，事故调查工作即告结束。事故发生地派出机构组织调查的较大事故，事故调查报告应当先经电监会安全监管部门审核。

由事故发生地派出机构组织调查的一般事故和较大事故，事故调查报告应当报电监会安全监管部门备案。

第二十九条 事故调查应当按照《电力安全事故应急处置和调查处理条例》规定的期限进行。

第三十条 事故调查涉及行政处罚的，应当符合行政处罚案件立案、调查、审查和决定的有关规定。

第三十一条 电力监管机构应当依据事故调查报告，对事故发生单位及其有关人员依法给予行政处罚。

第三十二条 电力监管机构应当依据事故调查报告，制作监管意见书，对有关人员提出给予处分或者其他处理的意见，送达有关单位。有关单位应当依据监管意见书依法处理，并将处理情况报告电力监管机构。

第三十三条 事故调查过程中发现违法行为和安全隐患，电力监管机构有权予以纠正或者要求限期整改。要求限期整改的，电力监管机构应当及时制作整改通知书。

被责令整改的单位应当按照电力监管机构的要求进行整改，并将整改情况以书面形式报电力监管机构。

第三十四条 电力监管机构应当加强监督检查，督促事故发生单位和有关人员落实事故防范和整改措施，必要时进行专项督办。

第三十五条 电力生产或者电网运行过程中发生发电设备或者输变电设备损坏，造成直接经济损失的事故，未影响电力系统安全稳定运行以及电力正常供应的，由电力监管机构依照本规定组织事故调查组对重大事故、较大事故和一般事故进行调查。

第三十六条 未造成供电用户停电的一般事故，电力监管机构委托事故发生单位组织事故调查的，电力监管机构应当制作事故调查委托书，确定事故调查组组长，审查事故调查报告。事故发生单位组织事故调查，参照本规定执行。

第三十七条 本规定自2012年8月1日起施行。

关于开展跨省跨区电能交易价格专项检查工作的通知

（办价财〔2012〕16号）

各区域电监局，河南、四川、云南、贵州电监办，国家电网公司，南方电网公司，有关发电企业：

根据2012年成本与价格监管工作方案（电监价财〔2012〕4号）的要求，电监会拟于近期组织开展部分跨省跨区电能交易价格专项检查，对东北送华北，西北送华中，四川送华东，贵州、云南送广东等跨省跨区线路（以下简称四条线路）2011年电能交易的上网（送电）价格、输电价格、电能计量、线损、受电价格、电费结算及相关交易等情况进行检查，现将有关事项通知如下：

一、检查内容

（一）四条线路电能交易的总体情况。包括：

1. 交易组织、计划和电量。交易的组织者、参与主体、组织方式、电量来源、年度交易计划安排及实际执行情况（年度实际交易电量、年利用小时数）等，与上一年度对比情况及变化原因。

2. 电价电量电费情况。线路（项目）的电价、电量、线损率、年输电电费收入、年运行成本及分项成本等，与上一年度对比情况及变化原因。

（二）四条线路送端价格及相关情况。包括：

1. 送出电量。参与送出的发电企业名称、年送出电量计划、交易合同、电量类型（政府计划、挂牌交易等等）、年送出电量，在送端结算关口计量点的电量，与上一年度对比，送出电量的变化情况及说明。

2. 送出价格。

（1）参与送出的发电企业上网结算电价，价格主管部门批复的上网电价等；

（2）送端电网所在省当年平均上网电价和电网公司购电价、销售电价；

（3）在送端结算关口计量点的价格（按电量来源列出电价、电量）。

3. 输电价格。

（1）在跨省跨区电能交易中，送端区域电网公司、省级电网公司是否都收取输电费用，目前输电价格（收费标准）、线损费用实际收取情况和政策依据等；

（2）电网公司之间如何进行结算，结算电价如何确定，输电费用是按照合同电量收取还是按照实际的物理交易电量收取等。

4. 其他问题。由各派出机构根据当地具体情况确定。

（三）四条线路受端价格及相关情况。包括：

1. 受端电量。年度受端电量分配计划，在受端结算关口计量点的电量，受端电网的落地（下网）电量，与上一年度对比情况及变化原因。

2. 受电价格。

（1）在受端结算关口计量点的价格，受端电网的受电价格（购电价格），输电费用支付情况（包括输电价格、输电费用的政策依据和收费环节，支付给各电网公司的输电费用分别是多少，结算方式及计算依据，年终区域电网公司组织的输电费用清算情况等），与上一年度对比情况及变化原因；

（2）受端电网所在省当年平均上网电价（包括平均标杆电价和平均上网电价）和电网公司购电价、销售电价；

（3）跨省跨区输电价格在销售电价中的疏导情况等。

3. 线损情况。国家批复的线损率、实际线损率和线损折价分别是多少，送端、受端电网的线损如何确定、分摊原则和实际情况及说明。

4. 其他问题。由各派出机构根据当地具体情况确定。

（四）意见和建议

针对目前跨省跨区电能交易情况和价格执行中存在的问题，提出规范价格行为的意见和完善价格政策的建议。

二、检查组织

本次专项检查由国家电监会价格与财务监管部（以下简称为电监会价财部）统一组织，电监会派出机构参与实施检查。

电监会价财部负责对国家电网公司、南方电网公司涉及四条线路的跨省跨区电能交易价格总体情况进行检查，并视情况选择部分线路（省份）进行督查。

送端、受端所在地区域电监局分别负责对四条线路送端、受端电网企业、发电企业参与跨省跨区电能交易的价格情况进行检查，各相关省电监办予以配合；河南、四川、云南、贵州电监办分别负责对本省电网企业、发电企业参与跨省跨区电能交易的价格情况进行检查。其中，华中电监局、四川、河南电监办要分别对受、送价格情况进行检查。

检查采取听取汇报与实地检查相结合的方式进行，分别与有关电网企业、发电企业及政府有关部门座谈，查阅有关文件、合同、结算单、财务报表等资料，详细了解有关情况，听取各方意见和建议。

三、进度安排

（一）企业自查阶段

3月上中旬，电网企业组织对四条线路2011年度电能交易价格及相关情况开展自查并上报有关材料。国家电网公司、南方电网公司侧重检查内容中的（一）、（四）部分，并填报附件1《跨省跨区电能交易输电线路（项目）基本情况表》、附件2《跨省跨区输电线路（项目）价格情况表》；送端电网企业侧重检查内容中的（二）、（四）部分，并填报附件3《跨省跨区电能交易送端价格情况表》；受端电网企业侧重检查内容中的（三）、（四）部分，并填报附件4《跨省跨区电能交易受端价格情况表》；发电企业根据电监会各派出机构的要求配合开展检查。各派出机构可结合检查工作实际开展的需要，要求企业补充有关数据和资料。电力企业书面汇报材料和相关数据资料，于3月14日17时前报送电力监管机构（书面材料和电子文档同时报送）。其中，国家电网公司、南方电网公司报电监会价财部，南方电网公司同时报南方电监局，各区域电网企业、省级电网企业和发电企业报所在地派出机构。

（二）现场检查阶段

3月中下旬，电监会价财部组织对国家电网公司、南方电网公司上报的汇报材料和相关数据资料进行分析研究，并开展实地检查核实和重点督查。

各派出机构对企业上报的汇报材料和相关数据资料进行分析研究，组织开展实地检查，具体行程安排由各派出机构另行通知。各派出机构在3月底完成检查工作，检查报告于4月6日前报电监会价财部（书面材料和电子文档同时报送）。

（三）汇总总结阶段

4月上中旬，由电监会价财部组织，受端所在地区域电监局分别牵头对四条线路的检查情况进行汇总分析，就有关问题和数据，与有关单位、企业进一步沟通核实，交换意见。在此基础上，4月底形成专项监管报告。

四、有关要求

1. 各派出机构要组织力量，根据本地区实际情况，制定具体的检查方案，按要求完成所负责区域（省）的跨省跨区电能交易价格专项检查工作和汇总分析工作，按时提交检查报告。

2. 各电网企业要高度重视专项检查工作，要明确分管领导，协调财务、交易、营销、调度、发展计划等相关部门按要求认真准备相关材料，并指定专人具体负责此项工作。

3. 各电网企业、发电企业要按时按要求提供材料和数据，并对所提供材料和数据的真实性负责，确保数据真实、准确。

附件：跨省区电能交易检查表格（略）

国家电监会（印）
2012 年 3 月 2 日

关于电力行业继续深入扎实开展“安全生产年”活动的通知

（电监安全〔2012〕20 号）

各派出机构，国家电网公司，南方电网公司，华能、大唐、华电、国电、中电投集团公司，各有关单位：

为全面贯彻落实党中央、国务院关于安全生产工作的总体部署，进一步加强电力安全监督管理，深化落实企业主体责任，做好 2012 年电力安全生产工作，按照《国务院关于坚持科学发展安全发展促进安全生产形势持续稳定好转的意见》（国发〔2011〕40 号）精神和《国务院办公厅关于继续深入扎实开展“安全生产年”活动的通知》（国办发〔2012〕14 号，以下简称《通知》）要求，现就电力行业继续深入扎实开展“安全生产年”活动有关事项通知如下：

一、总体要求和工作目标

（一）总体要求。全面贯彻落实党的十七大和十七届三中、四中、五中、六中全会及中央经济工作会议精神，以邓小平理论和“三个代表”重要思想为指导，深入贯彻落实科学发展观，坚持以人为本，以科学发展安全发展为总要求，以强化预防、落实责任、依法治理、应急处置、科技支撑、基础建设为主要措施，在电力行业继续深入扎实开展“安全生产年”活动，着力构建电力安全生产和应急管理的长效机制，努力保持全国电力安全生产形势持续稳定。

（二）工作目标。通过在电力行业继续深入扎实开展“安全生产年”活动，努力实现 2012 年电力安全生产目标。杜绝重大以上电力生产人身伤亡责任事故、杜绝造成电网大面积停电的重大以上电力安全事故、杜绝电厂垮坝事故，防止重大以上环境污染事故、防止主设备严重损坏事故、防止对社会造成重大影响事故，维护电力系统安全稳定运行，确保党的第十八次全国代表大会期间电力可靠供应，为社会经济发展提供安全可靠的电力保障。

二、坚持科学发展、安全发展，夯实安全生产思想基础

（三）切实落实科学发展安全发展理念。坚持科学发展安全发展是对安全生产实践经验的科学总结、是解决安全生产问题的根本途径、是经济发展社会进步的必然要求，各单位要充分认识坚持科学发展安全发展的重大意义，积极组织学习宣传、认真贯彻落实国发〔2011〕40 号文件精神，围绕以“科学发展、安全发展”为主题的“安全生产年”活动，切实把科学发展安全发展的理念落实到生产经营建设的每一个环节和岗位。各单位要把安全生产工作作为各项工作的重中之重，各级领导干部要牢固树立“安全第一”的思想，大力实施安全发展战略，正确处理好安全与发展的关系，实现安全与发展的有机统一。各电力企业要始终把安全作为企业发展的前提和基础，确保安全投入和各项安全措施落实到位，全面提高企业安全生产管理水平，以安全发展促进企业健康可持续发展。

（四）努力营造安全生产良好氛围。各单位要深入推进安全文化建设，结合国家“六五”普法工作和全国第 11 个“安全生产月”活动，面向基层、贴近实际，组织开展形式多样的宣传教育活动，广泛宣传《电力安全事故应急处置和调查处理条例》和有关配套规章，以及国家关于安全生产方面的方针政策，努力提高电力行业从业人员遵章守法意识和安全生产基本素质。“安全生产月”活动期间，电监会将继续组织开展安全生产主题征文、安全生产知识网络竞赛等活动，营造有利于安全生产的良好氛围。电力行业各新闻媒体要充分发挥新闻宣传的舆论导向作用，加强电力安全知识和安全生产先进个人、先进事迹的宣传报道，弘扬科学发展安全发展理念，夯实安全生产的思想基础。

三、坚持依法治理，规范电力安全生产秩序

（五）完善电力安全生产规章制度。电力企业要进一步强化企业内部管理，及时编制修订安全管理制度和考核标准，健全安全生产制度、安全责任、风险管控和监督保证体系。电力监管机构要继续推进《电力安全事故应急处置和调查处理条例》相关配套规章及规范性文件的制定和修订工作，完善电力二次系统、水电站大坝安全监管规章制度，积极推动电力安全标准规范的制定和完善。通过建立门类齐全、配套完备、针对性强的电力安全生产法规规章体系，提高电力行业依法依规安全生产能力。

（六）严格落实和遵守安全生产规章制度。安全生产规章制度是安全生产长期实践工作的积累和总结，严格执行安全生产规章制度是做好安全生产工作的根本保障。电力企业要进一步规范安全生产行为，特别要加强现场安全生产管理，严格执行《电力安全工作规程》等国家标准，落实安全生产技术措施，确保人身安全和电力系统运行安全。要继续坚持深入开展“查三违、防事故”活动，严格查处违章指挥、违规作业、违反劳动纪律的“三违”行为，加大对“三违”行为的考核处罚力度，确保生产现场安全。

四、坚持预防为主，深入排查整改安全隐患

（七）继续深入开展隐患排查治理工作。各单位要认真贯彻落实电监会《关于深入开展电力安全生产隐患排查治理工作的通知》，针对电力安全生产中的重要环节和重要领域，深入开展隐患排查治理工作。要在近年来电力安全生产隐患排查治理工作的基础上，以防范人身伤亡事故、电网大面积停电、保障电力系统安全稳定运行为主要目的，重点排查治理跨省跨区重要输电通道和典型受端电网的安全隐患，百万千瓦级机组和大电厂、大规模集中接入地区风电场的安全隐患，超高压及特高压输电工程、超临界及超超临界机组、自然条件恶劣的水电站等电力建设项目中的安全隐患，重要电力二次设备和系统的安全隐患，确保电力安全可靠供应。

（八）全面推进隐患排查治理长效机制建立。各单位要将隐患排查治理作为日常安全生产工作的重要内容，切实做到整改措施、责任、资金、时限和预案“五到位”，实现隐患排查治理经常化、制度化。要以国家有关法律法规、标准规范为依据，建立健全安全生产隐患排查治理长效机制和电力安全生产风险管控体系，实现电力安全生产的隐患排查、有效治理和持续改进的全过程管理，提高企业本质安全水平，有效防范和遏制重特大电力事故。

五、强化责任落实，有序推进安全生产工作

（九）落实电力企业安全生产主体责任。做好安全生产工作的关键在于落实安全生产责任。电力企业主要负责人是本企业安全生产第一责任人，要亲自抓好安全生产，重大问题要亲自过问，重大措施要亲自督查落实到位；分管负责人要集中精力具体抓好安全生产各项措施的落实到位。要强化安全生产责任考核，一级抓一级，层层抓落实。各级电力企业主要负责人和分管安全生产负责人等领导班子成员要经常深入生产现场，掌握电力生产和建设施工现场安全生产情况，按照职责分工，及时解决安全生产中遇到的突出问题。

（十）落实电力安全监督管理职责。电力监管机构要依法履行安全监管职责，加强对电力安全生产工作的指导协调和监督检查。要进一步健全网厂协调机制，组织电网和发电企业定期会商电力安全生产情况，协调解决影响电力安全生产的重大问题；要加强与地方政府有关部门的沟通，为电力安全生产创造良好的外部环境。要采取明查暗访、随机抽查等方式加强现场安全检查，督促企业落实安全生产责任；要继续深入推进发电机组并网安全性评价和风电场并网安全性评价工作，确保电网和并网机组安全运行。要严格执行责任追究制度，对电力企业存在的重大隐患要实行挂牌督办，对因隐患整改不力造成事故的企业，要从重追究企业和相关人员责任。

六、强化应急管理，提高电力应急处置能力

（十一）加强应急预案管理和演练。各单位要按照《安全生产应急管理“十二五”规划》和《国家综合防灾减灾规划（2011～2015年）》的有关要求，进一步规范编制和完善应急预案，严格执行预案评审和备案制度，定期开展各类电力突发事件应急演练。要重点完善现场处置方案，明确生产现场应急处置权限和应急处置程序，进一步提高预案的可操作性。电力监管机构要继续会同地方政府和电力企业，推进电力突发事件联合应急演练，重点推动华中区域开展电网大面积停电联合应急演练。

（十二）加强应急救援队伍和应急保障能力建设。要按照国家关于应急工作的要求，进一步加强电力应急救援队伍建设，提高事故救援和应急处置能力。电力企业要对已建成的电力应急培训基地进行完善，以提高人员实际应急技能为重点，扩展基地功能，提高培训质量，在完成本企业培训任务的同时，为电力行业各单位应急救援队伍培训提供支持。电力监管机构要会同电力企业继续推进电力应急专家队伍建设、电力应急专业装备器材配备、电力企业应急能力评估等方面工作，不断提高电力应急救援技术和装备保障能力。

（十三）完善电力应急联动机制。各单位要注重完善应急救援联动机制和联络员制度，建立地方政府、电力监管机构和电力企业之间高效的应急联动和事故联合处置机制。电力监管机构要会同电力企业，按照《关于贯彻落实国务院关于加强地质灾害防治工作决定重点工作分工方案》的要求，建立与气象、地震、国土资源等部门的重大突发事件信息通报机制，有效防范重大地质灾害对电力系统的影响。

七、强化科技兴安，提高电力安全保障能力

（十四）做好先进适用技术装备推广应用工作。要建立完善与电力工业发展要求相适应的电力安全科技支撑体系，提高技术装备的安全保障能力。要针对当前大电网、高电压、大机组以及新能源发电大规模接入的电力系统运行特点，研究解决保障电网和发电安全运行的关键技术，提高电力系统安全运行水平。电力监管机构要组织开展好电力安全生产科技成果评审和表彰工作，通过发布推广目录、召开示范现场会等形式，推广电力安全科技优秀成果，提升电力安全科技水平。

（十五）提高大坝安全技术保障能力。要不断推进水电站大坝安全技术创新，促进新技术在电力系统水电站大坝安全注册和定期检查、大坝补强加固、风险管理等工作中的应用，提高水电站大坝本质安全水平。要加快水电站大坝信息化建设，继续完善大坝安全信息管理系统，推进信息化成果在大坝安全常态工作机制中的应用，提高水电站大坝安全的信息化管理水平。

（十六）继续发挥电力可靠性管理的安全科技支撑作用。要继续做好发电设备、输变电设施、城市用户供电可靠性的统计评价工作，扩大风力发电设备和环保辅助设备可靠性管理工作覆盖面，开展输电网、低压用户供电和太阳能电站可靠性统计评价的研究试点工作，充分发挥可靠性在生产管理工作中的辅助决策作用。电监会将召开2012年电力可靠性指标发布会和可靠性监督管理工作会议，发布2011年度可靠性指标，部署下一阶段可靠性监督管理工作，提高电力可靠性监督管理工作水平。

（十七）加强电力行业网络与信息安全工作。要认真组织开展网络与信息安全检查，落实“十八大”信息安全保障要求。要继续推动电力行业信息安全等级保护工作，组织开展电力生产控制系统安全等级保护测评，开展电力二次系统安全防护评估，提高电力行业重要信息系统安全等级防护能力。要进一步健全电力行业信息通报和应急处置机制，加强对电力重要信息网络和关键信息系统在线监控，及时发现信息安全风险，及时预报预警，及时进行处置，提高信息安全风险管控和应急处置能力。

八、强化基础建设，提升电力安全生产水平

（十八）继续推进电力安全生产标准化工作。各单位要按照电监会和国家安全监管总局联合印发的《关于深入开展电力安全生产标准化工作的指导意见》要求，加强标准化工作的组织领导，积极稳妥地推进电力安全生产标准化建设和达标评级工作。电力监管机构要结合日常安全监管工作，督促电力企业加强安全生产标准化建设。要结合专项安全监管工作，开展评审机构现场评审质量的监督检查，组织专家对已进行现场评审的电力企业进行抽查；会同安全生产监督管理部门做好达标评级的审核工作，加强对未按规定要求开展标准化工作、未达标的企业的专项跟踪督查及安全考核。

（十九）加强电力企业安全生产教育和专业技术培训。电力企业要建立健全安全生产教育培训制度，加大教育培训投入力度，重点开展对企业负责人和安全管理人员、特殊岗位人员和临时用工人员的安全培训教育。要针对目前风电场安全管理薄弱、人员专业技术能力较低的状况，开展风电安全管理和技术培训，提高风电场安全管理水平；组织开展电力应急管理培训和应急技能实训，提高从业人员应急能力；组织电力企业班组长安全管理培训，促进班组安全管理水平的提升，切实保证电力生产安全。

国家电监会（印）
2012年3月21日

关于深入开展电力安全生产隐患排查治理工作的通知

（办安全〔2012〕21号）

各派出机构，国家电网公司、南方电网公司，中国华能、大唐、华电、国电、中电投集团公司，中国电建、能建集团公司，各有关电力企业：

为贯彻落实《国务院关于坚持科学发展安全发展促进安全生产形势持续稳定好转的意见》（国发〔2011〕40号）、《国务院办公厅关于继续深入扎实开展“安全生产年”活动的通知》（国办发〔2012〕14号），深入扎实开展电力行业“安全生产年”活动，防范各类电力事故，依据《安全生产事故隐患排查治理暂行规定》（安全监管总局令第16号），就深入开展电力安全生产隐患排查治理工作通知如下：

一、工作目标

全面落实电监会《关于电力行业继续深入扎实开展“安全生产年”活动的通知》精神，牢固树立科学发展安全发展理念，坚持“安全第一、预防为主、综合治理”的方针，以国家有关法律法规、标准规范为依据，开展安全生产检查，建立健全安全生产隐患排

查治理长效机制和电力安全生产风险管控体系，实现电力安全生产的隐患排查、有效治理和持续改进的全过程管理，提高企业本质安全水平，有效防范和遏制重特大电力安全事故，保持全国电力安全生产形势持续稳定的良好局面，确保电力系统安全稳定运行和电力可靠供应，为党的“十八大”胜利召开创造安全和谐的社会环境。

二、主要内容

在近年来电力安全生产隐患排查治理工作的基础上，重点排查治理跨省跨区重要输电通道和典型受端电网的安全隐患，防范电网大面积停电；排查治理百万千瓦级机组和大电厂、大规模集中接入地区风电场安全隐患，防止机组非计划停运和全厂停电；排查治理超高压及特高压输电工程、超临界及超超临界机组、自然条件恶劣的水电站等电力建设隐患，防范电力人身伤亡事故；排查治理电力二次设备和系统安全隐患，防止因二次系统隐患管控不当引发的电力安全事故。具体排查内容包括：

1. 安全生产法律法规、标准规范的贯彻执行情况；电力安全生产责任制的建立和落实情况；人员安全教育培训、持证上岗情况；电力事故和电力安全事件的报告、调查处理及责任追究情况。

2. 重要电力设施设备的日常管理维护、运行及检测检验情况；重点环节、部位、重大危险源的普查建档、风险辨识、监控预警及措施落实情况；作业现场设施安全生产标准化建设情况。

3. 新建、改建、扩建工程项目安全“三同时”执行情况；安全生产费用提取使用情况；临时用工安全管理情况；建设工期管理情况；建设工程专项安全施工方案管理情况；施工起重机械和脚手架等设备设施安全管理情况；企业周边或作业过程中存在的易引发事故灾难的危险点排查、防范和治理情况。

4. 电力应急预案（方案）制定、演练情况，应急救援物资设备配备及维护情况，事故应急救援处置情况。

三、工作重点

各单位要在全面开展隐患排查治理工作的基础上，突出做好以下重点工作：

（一）电网安全隐患排查治理

1. 跨省跨区域输电通道安全隐患排查治理。开展远距离、大容量、跨区域输电通道安全隐患排查，重点对集中落点直流输电系统、同塔双回、多回路及处于同一输电走廊双回、多回输电系统等安全情况进行督查检查和隐患治理。

2. 区域电网交直流混联运行的安全风险管控。加强交直流输电线路的协调运行与控制，重点对直流线路闭锁与换相失败情况及导致的切机、切负荷等情况进行督查检查，强化重要设备的运行维护，落实安全防护措施。

3. 典型受端电网安全隐患排查治理。开展以长三角、珠三角和京津唐等负荷密集、外受电比例高的受端电网安全隐患排查治理，重点对输电大通道中断运行安全状况和安全措施进行检查和风险评估，对可能引发受端电网安全风险的短路电流超标、局部配电网薄弱等问题进行排查治理。

（二）发电厂安全隐患排查治理

1. 大型发电企业安全隐患排查治理。重点对大型水电站、火力发电和燃气电厂的危险化学品管理、特种设备管理、重大隐患监控、水电站大坝和贮灰场大坝安全管理等情况进行督查检查和隐患治理。

2. 百万千瓦级机组隐患排查治理。重点针对百万千瓦级大型火力发电机组主辅设备运行安全、控制系统及热工和继电保护装置、运行规程制定和落实等情况进行督查检查和隐患治理。

3. 发电厂安全事件监督管理。加强百万千瓦以上容量的发电厂全厂对外停电安全事件调查工作，开展百万千瓦级机组的可靠性管理和非计划停运考核管理工作。

（三）电力建设安全隐患排查治理

1. 大型输变电和火力发电建设项目隐患排查治理。开展超高压及特高压输电工程、超临界及超超临界机组等电力建设项目督查检查，重点对坍塌、高坠、机械伤害等事故隐患进行排查治理。

2. 水电站建设工程隐患排查治理。开展对作业环境恶劣、地质灾害多发区在建和新建水电工程督查检查，重点对泥石流、山体滑坡、岩爆、洪水等自然灾害安全隐患进行排查治理。

3. 电力建设项目施工单位资质管理。开展电力建设项目施工单位资质管理专项督查检查，重点对工程非法分包、违法转包、无证施工、超越许可范围施工、无证上岗等情况进行排查治理。

（四）电力二次系统安全隐患排查治理

1. 重要电力二次设备和系统隐患排查治理。落实电力二次系统安全管理各项规章制度，重点对主网继电保护装置、安全自动装置等二次设备和系统存在的安全隐患以及新建项目图实相符等情况开展督查检查和隐患治理。

2. 电力二次系统安全事件监督管理。开展省级以上电力调度机构调管范围内电力二次系统安全事件监督管理工作，以安全稳定控制装置拒动或误动、330kV以上线路主保护拒动或误动等电力安全事件为重点开展督查检查和隐患治理。

3. 风电场、配电网二次系统安全防护隐患排查治理。针对风电场和配电网二次系统安全防护管理的薄弱环节，开展风电场、配电网二次系统安全防护隐患排查治理，防止因二次系统遭受攻击而引发的电力系统事故。

（五）风电场安全隐患排查治理

1. 大规模集中接入地区风电场隐患排查治理。贯彻落实电监会《关于印发加强风电安全工作意见的通知》，强化风电设计、建设、并网、运行和调度全过程安全管理，重点对华北、西北、东北以及东南沿海风电大规模集中接入地区新建风电场进行督查检查和隐患整改。

2.《风电安全监管报告》披露问题整改。继续跟踪电监会《风电安全监管报告》中披露问题和隐患的整改情况，以机组并网技术性能改造和风电场运行管理为重点，加大督办力度，按计划完成已排查出风电隐患的整改任务。

四、总体安排

将安全隐患排查治理工作贯彻安全生产工作始终，结合电力安全生产实际，统筹兼顾、突出重点、自下而上地全面深入开展安全生产隐患排查治理工作。

1. 部署启动阶段（3 月）。电力企业要按照本方案要求，制定年度隐患排查治理专项实施方案，明确工作重点，落实人员责任、经费保障、目标考核等各项措施；要进一步健全安全隐患管理制度，做好隐患整改效果评价，完善隐患分级管理、风险监控和整改闭环管理机制。电监会派出机构要根据所辖地区实际，加强监督和指导，明确隐患排查治理工作要求，切实将各项措施落到实处。

2. 企业自查及隐患治理阶段（4～9 月）。电力企业全面开展安全生产隐患排查工作，及时完成一般隐患的整改，对排查出的重大隐患，凡能够在短期完成整改的尽快整改到位；暂时难以完成整改的，要加强监控，制定计划，做到责任、措施、资金、时间、预案五到位。电力企业自查总结报告及隐患排查治理情况（含统计表）请于 9 月 30 日前报电监会安全监管局。

3. 电监会派出机构督查阶段（7～9 月）。在企业全面自查的基础上，各派出机构结合迎峰度夏、防洪度汛以及“十八大”保电工作，开展专项督查。重点督查企业隐患排查治理工作开展情况，重要电力建设项目、水电站大坝安全隐患和重要输电通道、重要发电厂、枢纽变电站等电力设施安全隐患的排查治理情况，对重大隐患实施挂牌督办，督促企业落实事故防范措施；对整改不到位导致事故的企业，要严肃追究责任。各派出机构督查情况报告及辖区电力企业隐患排查治理情况（含统计表）请于 9 月 30 日前报电监会安全监管局。

4. 电监会抽查阶段（10～11 月）。在派出机构督查的基础上，电监会将组成督查组选取部分重要电力企业或电力建设项目进行隐患排查治理工作情况抽查，并对近两年来发生较大以上事故和重大隐患未治理的电力企业进行重点检查。编制隐患排查治理工作总结报告，对各单位工作开展情况进行总结和评价，提出改进措施和要求。

五、工作要求

1. 落实企业主体责任。电力企业是安全生产隐患排查治理的责任主体，企业主要负责人是第一责任人。要牢固树立科学发展安全发展理念，切实加强领导，精心组织，将隐患排查治理与规范生产经营相结合，与强化科学管理相协调，加强目标考核和示范推动，不走过场、不留死角，对排查出的重大隐患要实行一隐患一专报制度，确保隐患排查治理取得实效。

2. 完善长效工作机制。隐患排查治理是电力企业安全管理工作的重要内容，隐患排查治理重在建立完善长效工作机制。要将其与电力安全生产标准化建设结合起来，强化标准建设和现场管理，确保安全投入，推进安全技术改造，夯实安全基础；要与加强应急管理结合起来，健全应急管理制度，完善应急救援预案体系，落实隐患治理责任与监控措施，严防事故发生。

3. 强化电力安全监管。电力监管机构要加强对企业安全生产隐患排查治理工作的督促指导，结合所辖地区实际，进一步明确工作要求，认真履行监管责任；要加大隐患整改跟踪督导力度，发现问题要及时下达整改通知，督促整改措施落实；对重大隐患要协助当地人民政府实行公告公示、挂牌督办和跟踪治理，依法监管，严厉打击非法违法建设、生产、经营等行为。

4. 加强信息管理和工作交流。电监会将适时召开隐患排查治理工作通气会，编发工作简报，通报隐患排查治理工作进展情况，交流工作经验，研究解决突出问题。各单位要加强隐患排查治理信息管理，建立隐患数据库，完善隐患管理和报送制度，加强隐患排查治理工作基础。

附件：2012 年电力安全生产隐患排查治理情况统计表（略）

国家电监会（印）

2012 年 3 月 19 日

关于加强电力企业班组安全建设的指导意见

（电监安全〔2012〕28号）

各派出机构，国家电网公司、南方电网公司，华能、大唐、华电、国电、中电投集团公司，中国电建、能建集团公司，有关电力企业：

为贯彻落实《国务院关于进一步加强企业安全生产工作的通知》（国发〔2010〕23号）和《国务院关于坚持科学发展安全发展促进安全生产形势持续稳定好转的意见》（国发〔2011〕40号）精神，进一步加强电力企业班组安全管理工作，切实把安全生产责任、安全生产防范措施、宣传教育培训等工作落实到生产一线班组，全面夯实安全生产基层基础，有效防范各类电力事故，确保电力系统安全稳定运行和电力可靠供应，现提出如下意见。

一、高度重视企业班组安全建设工作

1. 提高对班组安全建设工作的认识。班组是电力企业的基层组织，是电力安全生产工作的基础。安全生产是班组的根本任务，是一切工作的出发点和落脚点。加强班组安全建设是强化安全管理、夯实安全基础的核心内容，是实现企业规范化管理、标准化建设，实现企业科学发展、安全发展的关键环节。电力企业要深刻认识加强班组安全建设的重要性和必要性，进一步巩固安全生产在班组工作的中心地位，不断强化班组安全建设，为安全生产奠定更加坚实的基础。

2. 加强班组安全建设的组织工作。电力企业要认真贯彻“安全第一，预防为主，综合治理”方针，牢固树立科学发展安全发展理念，始终把班组安全建设作为企业安全生产工作的重点，纳入企业发展总体规划，有序、有力、有效扎实推进；要加强班组安全建设的组织领导，安全生产第一责任人要亲自抓班组安全建设，形成党委领导、行政主导、工会督导、职能部门协调，党政工团齐抓共管的工作格局。电力监管机构要结合本地区实际，加强指导，督促企业切实把班组安全建设落到实处，抓出实效。

二、落实班组安全生产责任

3. 建立健全班组安全生产责任制。班组的岗位安全责任制，是企业各级安全责任制的基础。电力企业必须建立健全班组安全生产责任制，把企业安全生产目标层层分解到班组，明确到岗位，落实到个人。电力企业要根据工作实际，合理确定班组安全目标，努力实现班组控制未遂和异常、不发生人身轻伤和障碍，保证生产安全。

4. 落实班组长安全生产责任。班组长是本班组的安全第一责任人。电力企业班组长要加强安全检查和督导，开展经常性的安全教育，落实员工职业健康措施，定期组织安全活动，提高成员主动参与安全管理意识。班组长对本班组作业现场实施安全生产决策和组织指挥，督促落实安全措施，规范设备操作和使用工器具及个人防护用品。在安全隐患没有排除或安全生产条件不具备时，班组长应当拒绝开工或决定停止生产。

5. 落实班组安全监督责任。班组安全离不开班组自身的安全监督。班组成员要严格遵守安全生产规章制度和劳动纪律，执行安全技术操作规程，履行岗位职责。电力企业班组要设置安全员，协助班组长全面行使安全监督职责。要维护班组成员对安全生产的参与权与监督权，在生产中要相互进行安全监督，在作业过程中做到不伤害自己、不伤害他人、不被他人伤害、保护他人不受伤害，拒绝违章指挥，阻止他人的违章行为，有效避免电力事故的发生。

三、落实班组安全规章制度和措施

6. 建立健全班组安全生产制度。电力企业要加强班组安全生产制度建设，建立健全安全生产标准化管理、隐患排查治理、事故报告和处理、安全检查与奖惩、安全教育培训、现场安全文明生产、安全绩效考核等方面的规程标准和制度，不断完善班组安全生产制度体系，并根据企业实际情况对制度进行及时修订完善，有效规范和保障班组安全建设。

7. 严格执行“两票三制”制度。“两票三制”是电力企业安全生产保证体系中最基本的工作制度，是电力行业多年发展中形成的保证电力生产安全的重要手段和措施。要严格执行工作票、操作票和交接班制度、巡回检查制度、设备定期试验轮换制度，加强安全风险管控，落实各项措施；要定期分析“两票”执行情况，积极创新管理手段，推广应用信息化管理技术，将“两票三制”落到实处。

8. 深入开展反“三违”活动。班组要深入地开展反“三违”活动，健全反违章制度，规范安全生产行为，切实做到杜绝违章指挥、违章作业和违反劳动纪律行为。要经常性开展安全生产检查，落实安全措施和反事故措施，从源头制止违章作业行为。要把“三违”现象当作未遂事故进行分析处理，做到防患于未然。要严格执行国家标准《电力安全工作规程》建立完善班组自我约束、相互监督、持续改进的现场安全管理常态机制，努力创建无违章班组。

9. 加强隐患排查治理。班组是排查治理隐患、防范电力事故的前沿阵地。电力企业要严格执行隐患管理制度，落实班组治理责任。班组要对生产作业场所、设备设施进行定时、定点、定项目巡回检查，及时排查治理现场隐患；对发现的隐患要及时上报；对限期整改的隐患，要严格落实防范措施。要积极开展作业安全风险辨识和防范，落实安全组织、技术和应急措施，实现安全隐患闭环管理，确保作业安全。

10. 推进班组安全生产标准化建设。电力企业要积极开展班组安全生产标准化建设，逐步实行作业程序和生产操作标准化、生产设备和安全设施管理标准化、作业环境和工具管理标准化、安全用语和安全标志标准化、个人防护用品使用标准化，不断规范班组安全生产行为，实现粗放管理向精益管理、传统管理向现代管理的转变。

11. 强化班组安全生产绩效考核。电力企业要建立班组安全生产绩效考核标准和班组安全生产目标考核奖惩制度，切实加强班组安全考核管理，考核结果要与班组成员的待遇、收入、晋级和使用挂钩。要加强班组长工作考核，将安全生产管理水平作为选拔任用班组长的首要条件，实施“一票否决”；对安全生产工作不称职或有严重失误的班组长，要及时进行调整。要健全人才成长和使用机制，利用一线班组培养安全管理优秀人才。

四、加强班组安全宣传教育和培训

12. 加强班组安全生产教育培训。电力企业要坚持以人为本，结合企业、班组和岗位的特点，大力开展岗位技术培训和班组安全教育活动，增强员工遵章守纪的自觉性；要加强班组安全警示教育和全员安全知识培训，做到应知应会、主动防范；所有新进、转岗等人员必须先培训并经考试合格后上岗，特殊作业人员必须持证上岗，员工外部工作环境发生变化时必须开展针对性技能训练和安全培训，从根本上提高职工安全素质和操作技能。

13. 加强外协队伍和劳务派遣人员安全培训。电力企业要严格外协队伍和劳务派遣人员管理，将外协队伍和劳务派遣人员安全教育培训工作纳入企业统一管理范围，有针对性地组织开展安全生产知识技能教育培训。对外协队伍与正式员工实行同样的培训内容、培训时间和培训标准，做到统一要求、统一考核、统一奖惩，使安全管理不留死角，全面提高班组安全生产管理水平，积极构筑和谐电力企业。

14. 积极开展班组安全文化活动。电力企业要通过多种形式、多种载体，面向基层班组、职工群众，加强安全宣传工作，营造人人关心、人人参与安全的浓厚舆论氛围。要坚持开展班组安全日活动，丰富活动内容，保证活动时间，确保活动效果。要加强班组安全文化建设，大力倡导“事故可防可控”观念，强化员工安全生产责任意识，培养树立正确的安全价值观，增强安全生产内在动力，真正实现“我要安全”、“我会安全”、“我能安全”的转变。

15. 广泛开展班组安全生产劳动竞赛。电力企业要按照国家有关要求，以创建“工人先锋号”、开展“安康杯”竞赛等活动为载体，以预防事故、消除隐患、提高质量、技术革新为重点，开展主题鲜明的安全生产劳动竞赛，引导班组成员争当安全生产工作的先锋和推动安全发展的楷模。要定期组织开展班组安全管理先进经验交流活动，开展评比竞赛，对安全管理先进班组和优秀员工要给予表彰奖励和宣传，不断提高班组安全生产工作的执行力、创新力和凝聚力。

五、提高班组应急能力

16. 加强班组应急能力建设。电力企业要重视班组应急能力建设，将班组应急工作纳入企业应急体系建设，将应急建设要求落实到班组。要加大班组应急投入，配备必要的装备物资，完善应急保障条件，为班组第一时间开展应急救援创造条件。班组长在突发事件应急情况下，要按预案要求履行现场指挥、决策等职责，确保一旦发生险情，能够及时采取措施，最大可能减少事故损失，避免人员伤亡和事态扩大。

17. 加强班组应急管理。班组要加强自身应急管理，在执行企业制度和应急救援预案的基础上，进一步细化现场处置方案，制定落实应急救援措施，明确应急处置流程和班组成员职责。班组要结合实际定期开展应急演练，增强人员对设备操作、应急程序、应急职能的熟练程度。班组要注重通过演练发现问题，及时对现场处置方案和应急救援措施进行完善，切实提高方案措施的针对性和实效性。

18. 提高班组成员应急技能。电力企业和班组要加强作业人员的触电急救、医疗救护、消防、应急避险、安全保卫等的应急知识教育和技能培训，组织员工开展岗位应急训练，确保员工正确使用应急装备、应急工器具、个人应急防护用品，积极推广应用电力专业应急新技术和新装备，不断提高员工个人应急自救互救能力。

国家电监会（印）
2012年5月16日

关于印发《电力行业集中开展安全生产“打非治违”专项行动工作方案》的通知

（办安全〔2012〕45号）

各派出机构，国家电网公司，南方电网公司，华能、大唐、华电、国电、中电投集团公司，各有关单位：

为全面贯彻落实党中央、国务院关于安全生产的工作部署，严厉打击电力行业非法违法生产经营建设、治理纠正违规违章行为，按照《国务院办公厅关于集中开展安全生产领域“打非治违”专项行动的通知》（国办发明电〔2012〕10号）要求，我会制定了《电力行业集中开展安全生产“打非治违”专项行动工作方案》，现印发给你们，请依照执行。

集中深入开展“打非治违”专项行动，是深入贯彻落实党中央、国务院决策部署，坚持科学发展、安全发展的重要举措；是落实以人为本，有效防范和坚决遏制重特大事故，维护人民群众生命财产安全的客观要求；是突出预防为主，消除安全隐患，夯实安全生产基础行之有效的措施。各单位要高度重视，以坚决的态度、严密的机制、有力的措施，深入扎实推进“打非治违”专项行动，促进电力安全生产形势持续稳定好转。

国家电监会（印）
2012年4月19日

电力行业集中开展安全生产“打非治违”专项行动工作方案

为全面贯彻落实党中央、国务院关于安全生产的工作部署，严厉打击电力行业非法违法生产经营建设、治理纠正违规违章行为，按照《国务院办公厅关于集中开展安全生产领域“打非治违”专项行动的通知》（国办发明电〔2012〕10号）要求，制定本工作方案。

一、总体要求

深入贯彻落实科学发展观，认真落实《国务院关于进一步加强企业安全生产工作的通知》(国发〔2010〕23号)和《国务院关于坚持科学发展安全发展促进安全生产形势持续稳定好转的意见》(国发〔2011〕40号)等文件精神，以及电监会《关于电力行业继续深入扎实开展“安全生产年”活动的通知》(电监安全〔2012〕20号)和《关于深入开展电力安全生产隐患排查治理工作的通知》(办安全〔2012〕21号)等文件要求，扎实开展“打非治违”专项行动，集中严厉打击电力安全生产非法违法生产经营建设行为，坚决治理纠正违规违章行为，及时发现和整改安全隐患，有效防范和坚决遏制非法违规行为导致的重特大安全事故，努力保持全国电力安全生产形势持续稳定，为党的十八大胜利召开创造良好的社会环境。

二、工作目标

通过电力行业集中开展安全生产“打非治违”专项行动，非法违法行为得到遏制，防范重特大事故能力进一步提高；违规违章现象得到有效治理，事故总量进一步下降；电力企业安全生产主体责任得到全面落实，企业安全生产管理水平进一步提升；电力监管机构监管责任切实得到强化，电力安全保障水平进一步提高；电力安全生产良好氛围更加浓厚，安全生产法治秩序进一步完善。

三、重点范围

在电力行业勘探（勘测）、设计、建设施工、安装调试及生产运行管理等领域全面开展“打非治违”专项行动。以电网、发电、电力建设为重点，集中打击有法不依、有章不循、违法生产经营等行为，严肃查处和整治管理性违章、行为性违章、装置性违章等现象。

四、重点内容

（一）共性内容

1. 未取得电力业务许可证从事电力生产的；

2. 未取得电力设施承装（修、试）许可证或超越许可范围从事电力设施承装（修、试）业务的，以及涂改、倒卖、出租、出借或者以其他形式非法转让承装（修、试）电力设施许可证的；

3. 不执行电力调度命令，对电力系统安全稳定运行构成威胁，性质较为恶劣的；

4. 不执行有关电力网络与信息安全规定，电力二次系统安全防护不符合要求的；

5. 未按国家有关规定开展安全生产教育培训，以及非法用工、无证上岗的；

6. 迟报、瞒报、谎报电力安全生产事故（事件）的；

7. 作业规程不完善，缺乏针对性和可操作性，以及现场管理混乱、违章作业、违章指挥和违反劳动纪律的；

8. 危险化学物品生产、储存、使用不满足安全要求，重大危险源未进行评估、备案的；

9. 安全生产工艺系统、技术装备、监控设施、作业环境、劳动防护用品配备不符合规定要求，安全设备设施、安全防护装置不完善的；

10. 隐患排查治理制度不健全、责任不明确、措施不落实，重大隐患隐瞒不报和不按规定期限整治的；

11. 应急救援队伍、装备不健全，应急预案制定修订演练不及时，以及自救装备配备不足、使用培训不够的；

12. 新材料、新设计、新装备、新技术未经安全检测核准投入使用的；

13. 其他违反安全生产法律、法规、规章的行为。

（二）专业内容

1. 电网。电力设施不符合抗灾能力标准的；外力破坏或威胁电力系统安全稳定运行的；电力设备设施未按规定进行预防性试验的；继电保护和安全自动装置不符合规程要求的。

2. 发电。未按规定开展发电机组并网安全性评价或虽已通过并网安全性评价但存在问题没有按期整改的；水电站大坝未按要求注册（含备案）、定检和开展信息化建设的；水电站大坝、燃煤发电厂贮灰场除险加固不符合要求的；主要发电设备、重要辅助设备及公用系统存在较大缺陷影响机组安全稳定运行的；锅炉、压力容器及起重机械等特种设备未按期检验或安全检测的。

3. 电力建设。违反建设项目安全设施"三同时"规定的；转包、违法分包电力建设工程的；未按规定提取安全费用的；将工程发包给不具备相应资质的单位承担的；违反规定擅自压缩建设工期的；重大施工方案未经审查或论证的；特种设备和脚手架使用、管理不符合规定的。

五、总体安排

坚持电力企业自查自纠与电力监管机构督查相结合，全面排查治理与重点整治相结合，监督检查与联合执法相结合。从 2012 年 4 月中旬开始，到 9 月底结束，分四个阶段进行：

（一）制定方案、自查自纠阶段（4 月中旬～5 月底）

各单位要结合本地区、本企业实际，制定"打非治违"实施方案，并报送全国电力安全生产委员会办公室。各电力企业要按照实施方案要求，迅速动员部署，结合"安全生产年"活动和隐患排查治理工作，集中时间、集中力量，立即开展自查自纠工作，切实治理纠正非法违规行为，特别是反复发生、长期未能根治的顽症痼疾等突出问题，要及时采取有力措施，从现场管理、隐患排查、技术改造等方面彻底消除安全隐患。有关自查自纠工作报告于 6 月 10 日前报所地在电监会派出机构。

（二）联合执法、集中整治阶段（6～7 月）

电监会派出机构结合电力行业迎峰度夏和防洪防汛工作，督查电力企业在防范洪水、台风、泥石流等自然灾害和夏季大负荷可能引发电力事故的风险预测、隐患排查治理、应急管理等方面存在的非法违规行为，将排查出的问题逐一登记，建档立案。存在安全生产制度不健全，作业规程不完善，违章作业、违章指挥、违反劳动纪律，以及隐患排查治理不到位、安全设施配备不规范等行为，要责令限期整改，并加强跟踪督查，严防事故发生；存在无资质、无证照或证照不全，不具备安全生产条件，存在重大安全隐患、严重危及人民群众生命安全，以及拒不执行安全监管指令、抗拒安全执法等行为，会同当地人民政府有关部门，采取联合执法，责令停产整顿或依法取缔关闭。

（三）全面检查、重点抽查阶段（8 月）

各电力企业通过采取交叉检查、跟踪检查等方式，对基层电力企业开展"打非治违"专项行动情况进行全面检查，及时发现解决工作中存在的突出问题，堵塞漏洞，推动"打非治违"专项行动深入开展。电监会派出机构根据对重要输电通道、重要电力设备、百万千瓦级机组和大型发电厂的专项检查情况，重点对近两年因非法违规行为被处罚处理过的企业、安全生产事故（事件）多发企业、重大隐患未完成整改的企业进行督查，推动电力行业"打非治违"工作取得实效。

（四）督查总结、巩固提高阶段（9 月）

各电力企业、电监会各派出机构对开展电力安全生产"打非治违"专项行动情况进行总结汇总，于 9 月 10 日前报送全国电力安全生产委员会办公室。全国电力安全生产委员会将结合党的"十八大"保电工作，组织督查组对重点地区、重要电力设施进行督查检查，确保"十八大"期间电力系统安全稳定运行和电力可靠供应。同时，召开专题会议，总结交流"打非治违"专项行动的做法和经验，对相关工作进一步作出部署。

六、工作要求

（一）加强组织领导和协调。各单位要设立"打非治违"专项行动领导小组，统一组织领导本单位"打非治违"专项行动。电力企业主要负责人要切实负起安全生产第一责任人的责任，认真组织开展自查自纠，针对存在的问题，做到整改方案、责任、时限、措施和资金"五落实"，全面提高电力企业依法依规生产经营水平。

（二）搞好宣传动员。各单位要结合"安全生产月"和"安全生产万里行"活动，采取制作专题节目、印发宣传资料、开展讲座论坛、以案说法等多种形式，对"打非治违"专项行动进行广泛的宣传报道，引导广大企业职工积极参与、支持"打非治违"工作，主动举报非法违规行为，切实增强安全自律意识。

（三）依法依规开展工作。各单位要将查处非法违规行为与统筹解决相关善后问题结合起来，稳妥处理事关人民群众切身利益的具体问题，切实维护社会稳定。要严格事故查处，认真执行事故查处挂牌和跟踪督办制度，对非法违规行为造成事故的企业，以及谎报瞒报事故的，要依法从重处罚。

（四）切实做到统筹兼顾。要将集中开展“打非治违”专项行动与日常安全监管、市场准入监管工作相结合、与安全生产隐患排查治理相结合、与企业安全生产标准化建设相结合，全面加强安全生产各项重点工作，切实提高安全保障能力，推动“安全生产年”活动扎实深入开展。要强化法规制度落实，坚持标本兼治，紧紧抓住安全生产工作中存在的薄弱环节和突出问题，及时研究采取有效措施，强化治本之策，构建安全生产长效机制。

关于印发《电力业务许可证注销管理办法》的通知

（电监资质〔2012〕47号）

各派出机构，国家电网公司，南方电网公司，华能、大唐、华电、国电、中电投集团公司，有关电力企业：

为规范电力业务许可证注销管理，保护被许可人的合法权益，保障电力系统安全、稳定运行，维护公共利益，国家电监会依据有关法规制定了《电力业务许可证注销管理办法》，现印发你们，请依照执行。

国家电监会（印）

2012年9月5日

电力业务许可证注销管理办法

第一章　总　　则

第一条　为规范电力业务许可证注销管理，保护被许可人的合法权益，保障电力系统安全、稳定运行，维护公共利益，根据《中华人民共和国行政许可法》、《电力监管条例》、《电力业务许可证管理规定》等法律、法规、规章，制定本办法。

第二条　电力业务许可证注销的实施，适用本办法。

本办法所称电力业务许可证是指发电类、输电类、供电类电力业务许可证。

本办法所称电力业务许可证注销是指被许可人已经取得的电力业务许可被依法撤回、撤销，或者电力业务许可证被依法吊销，以及存在其他法定情形电力业务许可被依法终止，并依法办理注销手续的过程。

第三条　电力业务许可证注销的实施，应当遵循依法、公开、公正的原则。

第四条　电力监管机构应当依照本办法实施撤回、撤销电力业务许可和吊销电力业务许可证，办理许可证注销手续。法律、法规另有规定的，从其规定。

第二章　电力业务许可的撤回、撤销

第五条　有下列情形之一的，应当作出撤回电力业务许可的决定：

（一）电力业务许可依据的法律、法规、规章修改或者废止导致电力业务许可项目依法被终止的；

（二）准予电力业务许可所依据的客观情况发生重大变化，导致电力业务许可被终止的；

（三）有关部门根据国家产业和环境保护等政策，做出停止被许可人经营电力业务的决定的；

（四）依法应当撤回电力业务许可的其他情形。

第六条　被许可人有下列情形之一的，应当作出撤销电力业务许可的决定：

（一）以欺骗、贿赂等不正当手段取得电力业务许可的；

（二）已经取得电力业务许可但不能持续保持应当具备的许可条件，且逾期未改正的；

（三）依法应当撤销电力业务许可的其他情形。

第七条　电力监管机构或工作人员有下列情形之一的，可以作出撤销电力业务许可的决定：

（一）滥用职权、玩忽职守作出准予电力业务许可决定的；

（二）超越法定职权作出准予电力业务许可决定的；

（三）违反法定程序作出准予电力业务许可决定的；

（四）对不具备申请资格或者不符合法定条件的申请人准予电力业务许可的；

（五）依法可以撤销电力业务许可的其他情形。

撤销电力业务许可可能对公共利益造成重大损害的，不予撤销。

第八条　撤回、撤销电力业务许可的决定，由准予电力业务许可的电力监管机构作出。其他电力监管机构发现应当撤回、撤销许可情形的，可以向准予电力业务许可的电力监管机构提出处理建议。

第九条　作出撤回、撤销电力业务许可决定前，电力监管机构应当告知被许可人撤回、撤销电力业务许可的事实、理由和处理意见，听取被许可人的陈述和申辩。

对被许可人提出的陈述和申辩，电力监管机构应当进行核实；被许可人提出的陈述和申辩成立的，电力监管机构应当采纳。

第三章 电力业务许可证的吊销

第十条 被许可人有下列情形之一，可以作出吊销电力业务许可证的决定：

（一）不遵守电力市场运行规则，情节严重的；

（二）发电厂并网、电网互联不遵守有关规章、规则，情节严重的；

（三）不向从事电力交易的主体公平、无歧视开放电力市场或者不按照规定公平开放电网，情节严重的；

（四）依法可以吊销电力业务许可证的其他情形。

第十一条 吊销电力业务许可证的行政处罚，由电监会按规定程序实施。

第十二条 作出吊销电力业务许可证行政处罚决定前，被许可人有陈述、申辩和要求举行听证的权利；被许可人在规定期限内要求听证的，由电监会组织听证。

第十三条 在听取被许可人陈述、申辩或者听证活动结束后，电监会认为被许可人违法事实清楚、证据确凿的，应当及时作出吊销电力业务许可证的决定。

第四章 注销手续的办理

第十四条 有下列情形之一的，应当依法办理电力业务许可证的注销手续：

（一）电力业务许可被依法撤回、撤销，或者电力业务许可证被依法吊销的；

（二）电力业务许可证有效期届满未延续的，或者延续申请未被批准的；

（三）被许可人申请停业、歇业被批准的；

（四）被许可人因解散、破产、倒闭等原因而依法终止的；

（五）被许可人不再具有发电机组、输电网络或者供电营业区的；

（六）经核查，被许可人已丧失从事许可事项活动能力的；

（七）法律、法规规定应当注销电力业务许可证的其他情形。

第十五条 发生第十四条第（一）项情形的，由电监会在撤回、撤销、吊销决定生效后20日内办理注销手续。被许可人应当积极配合并在规定时限内交回电力业务许可证正本、副本。

第十六条 发生第十四条第（二）至（七）项情形的，被许可人应当在相关事项发生30日内向电监会提出注销申请，并提交以下材料：

（一）法定代表人签署的电力业务许可证注销申请书；

（二）法定代表人身份证原件及复印件，如需代理人办理的，提供代理人身份证原件及复印件，以及法定代表人签字并加盖申请单位公章的《授权委托书》原件；

（三）电力业务许可证正本、副本；

（四）需办理注销事项的证明材料；

（五）法律、法规、规章、规范性文件规定的其他材料。

被许可人申请材料齐全的，电监会在20日内办理许可证注销手续。

第十七条 电监会可以将第十五条、第十六条明确的电力业务许可证注销手续的具体办理工作委托有关派出机构办理。

第十八条 被许可人未按照第十五条规定配合电监会办理注销手续并交回电力业务许可证的，或未按照第十六条规定提出注销申请的，电监会经核实相关情况后可在媒体上发布注销公告。公告期为30日，公告期满后办理注销手续。

第十九条 电监会负责定期公告注销电力业务许可证的被许可人名单及注销原因。

第五章 附 则

第二十条 本办法自印发之日（2012年9月5日）起实施。

关于开展2012年电力安全生产专项检查的通知

（办安全〔2012〕49号）

各派出机构，大坝中心：

为进一步加强电力安全生产监督管理，按照《2012年电力安全监管工作方案》（电监安全〔2012〕2号）要求，现将2012年电力安全生产专项检查有关事项通知如下：

一、检查时间

5月10日～6月30日。有关派出机构根据工作安排确定具体检查时间。

二、检查内容

（一）“安全生产年”活动开展情况；

（二）电力安全生产隐患排查治理工作情况；

（三）防洪度汛安全工作准备及开展情况；

（四）迎峰度夏电力安全工作准备及开展情况；

（五）电力安全生产“打非治违”工作开展情况；

（六）各派出机构认为需要检查的其他内容。

三、检查对象

（一）调度机构：华北、华东、华中电力调控分中心，南方电网电力调度控制中心，上海、江苏、湖北、湖南、广东省级电力调度机构。

（二）变电站：河北（北网）500kV万全变电站，河北（南网）500kV石北变电站，山西1000kV晋东南变电站、500kV雁同变电站，山东500kV闻韶变电站；上海500kV杨行变电站，安徽500kV肥西变电站，江苏500kV武南变电站，浙江500kV王店变电站，福建500kV福州变电站；河南1000kV南阳变电站、500kV郑州变电站、灵宝换流站，湖北1000kV荆门变电站，湖南500kV复兴变电站，江西500kV永修电站，四川500kV西昌变电站，重庆500kV张家坝变电站；广东500kV广南变电站、±800kV穗东换流站。

（三）火电厂：北疆发电厂，大唐托克托电厂，阳城电厂，德州电厂；神华国华绥中发电厂；灵武电厂，水洞沟发电厂，甘肃平凉发电厂，新疆天山电力股份有限公司；国华浙能发电厂，国电谏壁电厂，华电宿州发电厂；华能井冈山电厂，郑州裕中发电厂，华电长沙发电厂；国华台山电厂，粤电平海电厂，黔北发电总厂。

（四）水电站：十三陵抽水蓄能电厂，天桥水电站，泰山抽水蓄能电站；丰满水电站；刘家峡水电厂，拉西瓦水电站，大山口水电站；响水涧抽水蓄能电站，新安江水电站，天荒坪抽水蓄能电站，水口水电站，棉花滩水电站；三峡水电厂，官地水电站，冶勒水电站，彭水水电站，西酬水电站，河南宝泉抽水蓄能电站，东江水电站，柘溪水电站；新丰江水电站，龙滩水电站，乌江电厂，浮石水电站，小湾水电站。

（五）风电场：河北佳鑫风电场，张北中宝风电场，内蒙煤窑山风电场，内蒙亿合公风电场，大唐（通辽）扎北风电场，京能辉腾锡勒风电场，华能通辽开鲁建华风电场，大唐扎鲁特风电场；华能通榆风电场，国电龙源同发风电场，神华富裕风电场，华能同江风电场；甘肃桥西第一风电场，甘肃干河口西第二风电场，甘电投汇能桥西第三风电场，中广核大梁风电场，龙源天润风电场；慈溪长江风电场，龙源启东风电场；河南南阳方城风电场，珠海高栏风电场。

（六）在建项目：向家坝至上海±800kV直流输电工程，糯扎渡送广东±800kV直流输电工程，云南至广东±800kV直流输电工程，溪洛渡送广东±500kV直流输电工程，各省主网架重要输变电工程；布连电厂，武安电厂，霍州电厂，莱州电厂；中国风电辽宁建平万家营子风电场；榆横电厂，神化准东五彩湾电厂，中广核酒泉风电场；淮北电厂（上大压小），句容发电厂；华电渠东发电厂，锦屏一、二级水电站；华润蒲析电厂，国电汉川电厂，华润富川电厂，海南东方电厂，糯扎渡电厂，桐梓电厂。

四、检查方式

本次检查由各派出机构具体负责组织实施，安全监管局根据检查工作情况派人参与。请各派出机构于5月18日前将检查计划报安全监管局。

五、工作要求

（一）注重检查实效。各单位要结合今年以来部署的各项电力安全生产监督管理工作任务，细化检查方案，全面开展专项检查工作，确保检查取得实效。大坝中心要积极协助有关派出机构做好水电站大坝安全检查相关工作。

（二）保证汛期安全。2012年汛期将至，各单位要高度重视汛期强降雨、洪水、台风、泥石流等自然灾害对电力安全生产工作带来的不利影响，督促电力企业切实做好汛期电力安全生产各项准备工作，落实防汛抢险的各项措施和要求，全面深入开展汛前检查，及时解决检查发现的问题，确保汛期电力安全生产形势稳定。

（三）抓住监管重点。针对检查中发现的重大安全隐患和重大安全问题，有关派出机构要挂牌督办，督促电力企业落实整改措施、责任、资金、时限和预案，切实保证电力生产安全。

（四）认真总结经验。各单位要全面总结安全检查工作情况，深入分析当前及今后一段时间内电力安全生产工作存在的问题，提出进一步加强电力安全生产监督管理工作的意见和建议，于6月30日前将检查报告报安全监管局。

国家电监会（印）
2012年5月2日

关于开展2012年电力行业“安全生产月”活动的通知

（办安全〔2012〕50号）

各派出机构，国家电网公司，南方电网公司，华能、大唐、华电、国电、中电投集团公司，各有关电力企业：

为进一步加强电力安全生产宣传教育工作，营造“科学发展，安全发展”、“关爱生命，关注安全”的舆论环境和社会氛围，根据中共中央宣传部、国家安全生产监督管理总局、公安部、国家广播电影电视总局、中华全国总工会、共青团中央、中华全国妇女联合会联合印发的《关于开展2012年全国“安全生产月”活动的通知》（安监总政法〔2012〕30号）和电监会《关于电力行业继续深入扎实开展“安全生产年”活动的通知》（电监安全〔2012〕20号），现就电力行业开展2012年（第十一个）全国“安全生产月”活动有关事宜通知如下。

一、总体要求

全面落实全国安全生产电视电话会议和全国电力安全生产工作会议的部署，深入学习和宣传贯彻《国务院关于坚持科学发展安全发展促进安全生产形势持续稳定好转的意见》（国发〔2011〕40号，以下简称国务院《意见》）、《国务院关于进一步加强企业安全生产工作的通知》（国发〔2010〕23号，以下简称国务院《通知》）、《安全生产“十二五”规划》（国办发〔2011〕47号），以及《电力安全事故应急处置和调查处理条例》（国务院第599号令，以下简称《条例》）及其配套规章，牢固树立科学发展安全发展理念，全面落实电力安全生产责任，加强安全文化建设，夯实电力安全生产基础，提高安全保障能力，有效防范和坚决遏制重特大电力事故的发生，促进全国电力安全生产形势持续稳定好转，为迎接党的十八大胜利召开、促进社会和谐提供坚实的电力安全保障。

二、活动主题和时间

1. 活动主题：科学发展，安全发展。

2. 活动时间：2012年6月1日至30日。

三、活动内容

“安全生产月”期间，电监会将组织开展以下活动。

1. 开展电力安全生产科技成果表彰活动。为促进电力安全生产科技水平的提升，依靠科技进步和技术创新解决电力安全生产中的重大问题和关键问题，电监会将在前期开展的电力安全生产科技成果申报推荐和评审工作基础上，在“安全生产月”期间，会同国家安全生产监督管理总局对评选出的电力安全科技成果进行表彰，充分发挥电力企业在科技进步和技术创新工作中的主体作用以及电力监管机构的引导作用，为促进电力行业科学发展、安全发展提供强有力的科技支撑。

2. 开展全国电力安全生产知识网络竞赛活动。为广泛宣传和学习《条例》及其配套规章和国标《电力安全工作规程》（发电厂和变电站电气部分、电力线路部分、高压试验室部分），促进电力安全生产法规标准的学习和应用，提高电力职工安全生产及应急处置能力，电监会决定在“安全生产月”期间，组织开展第二届全国电力安全生产知识网络竞赛活动。活动由电监会安全监管局主办，中国电力安全管理网承办。活动面向全国电力企业职工。活动结束后，将对优秀组织单位和获奖个人进行表彰（具体事宜详见竞赛通知）。

3. 开展以“科学发展，安全发展”为主题的征文活动。“安全生产月”期间，电监会将组织开展“科学发展，安全发展”为主题的征文活动，促进全员安全生产意识不断提高，推动电力行业切实将党中央、国务院关于加强安全生产工作的方针政策落到实处。征文活动由电监会主办，中国电力报协办（活动方案将在《中国电力报》上刊登）。各单位要结合实际，开展专题讨论和学习交流，自下而上地开展征文活动，充分调动广大干部职工参与安全生产的积极性，营造有利于安全生产的良好氛围。

4. 大力开展班组安全建设。为进一步加强电力行业安全生产基层基础建设，我会将印发《关于加强电力企业班组安全建设的指导意见》，进一步加强电力企业班组安全管理，切实把电力安全生产责任、安全管理和防范措施、安全文化建设工作落实到生产一线班组，有效防范事故发生。届时将出版图书《电力行业班组安全建设典型经验汇编》，供电力企业安全管理人员和班组学习借鉴。

5. 开展电监会系统突发事件应急响应演练。为贯彻落实《国家电力监管委员会突发事件应急响应工作制度》，加强电力安全信息报送工作和应急响应工作，我会将组织开展电力突发事件应急响应演练活动，不断完善电监会系统应急响应工作机制，明确工作要求，落实人员责任，提高突发事件的应急处置能力。

四、活动要求

1. 高度重视“安全生产月”工作。各单位要充分认识开展“安全生产月”活动的重要意义，切实加强组织领导，周密安排，精心组织，把“安全生产月”活动与日常电力安全生产宣传教育工作相结合、与当前电力安全生产隐患排查工作和电网安全调研工作相结合，将“安全生产月”活动作为电力行业落实国务院《意见》和《通知》精神、继续深入扎实开展“安全生产年”活动的重要内容抓实抓好。

2. 开展好“安全生产月”各项活动。各单位要按照第十一个全国“安全生产月”组委会统一部署，突出“科学发展，安全发展”的主题，结合安全生产实际，深入生产一线、贴近职工，采取多种形式，充分利用各种媒体和基层文化阵地，有效开展安全生产事故警示教育周、安全生产宣传咨询日、应急预案演练周活动等活动，营造浓厚的安全生产氛围，不断提高安全生产和应急管理水平。

3. 组织好相关书籍的学习。为丰富电力行业“安全生产月”活动内容，电监会组织编制了《〈电力安全事故应急处置和调查处理条例〉释义》、《电力建设施工作业人员基础安全教育手册》、《电力行业班组安全建设先进事迹汇编》等图书，各单位要认真组织学习，提高电力职工知法守法执法意识，交流和总结好的安全生产工作经验，夯实电力安全生产的思想基础，提高安全生产管理水平。

请各单位将 2012 年“安全生产月”活动总结于 7 月 4 日前以文件和电子文本两种方式报送电监会安全监管局。

国家电监会（印）
2012 年 5 月 7 日

关于印发《发电企业财务经营信息报送暂行办法》的通知

（电监价财〔2012〕57 号）

各派出机构，相关电力企业：

为加强发电企业财务经营监测预警，规范发电企业财务经营信息报送行为，依据《会计法》、《电力监管条例》、《电力企业信息报送规定》及有关法律法规，国家电监会制定了《发电企业财务经营信息报送暂行办法》，经电监会主席办公会审议通过，现印发你们，请依照执行，执行中有何问题请及时向电监会反映。

国家电监会（印）
2012 年 10 月 15 日

发电企业财务经营信息报送暂行办法

第一条 为加强发电企业财务经营监测预警，规范发电企业财务经营信息报送行为，依据《会计法》、《电力监管条例》、《电力企业信息报送规定》及有关法律法规，制定本办法。

第二条 全国省级及以上统调发电企业（非独立核算电厂除外）向国家电监会及其派出机构（以下简称电力监管机构）报送财务经营信息，适用本办法。

其他发电企业向电力监管机构报送财务经营信息，参照本办法执行。

第三条 发电企业向电力监管机构报送财务经营信息，必须遵循真实、及时、准确、完整的原则。

第四条 发电企业向电力监管机构报送财务经营信息，包括报表和文字说明，报送类型分为定期报送和不定期报送两类。

定期报送的财务经营信息应当包含（但不限于）以下内容：

（一）企业基本情况，现行的主要会计制度和使用的会计政策和方法；

（二）财务状况：资产、负债、所有者权益情况；

（三）经营情况：上网电量、电价、收入、成本、财务费用、利润情况；

（四）固定资产投资情况；

（五）年度财务会计报告，包括年度财务情况说明书、审计报告、经会计事务所审计的年度会计报表及附注；

（六）对企业经营存在重大影响的其他财务经营信息。

不定期报送的财务经营信息，包括（但不限于）重大的投融资情况、股权投资变化情况、执行会计制度变更及重大事项调整情况。

第五条 电力监管机构根据监管工作需要，要求发电企业另行报送有关信息的，发电企业应当按照要求报送。

第六条 发电企业向电力监管机构定期报送的财务经营信息（年度财务会计报告除外）通过电力监管统计分析系统报送，具体内容及时间要求按照电力监管统计报表制度的规定执行。

年度财务会计报告在下一年 4 月 30 日前以书面形式（加盖公章）报送。

不定期报送的财务经营信息在事项发生后 10 个工作日内以书面形式（加盖公章）报送。

第七条 建立重大事项事前报告和事后报送制度。发电企业的投融资、兼并重组、执行会计制度变更及其他等影响企业经营情况、成本费用变动情况的重大事项，应在实施前将相关工作方案向电力监管机构报告，在实施后 10 个工作日内将执行情况书面报送电力监管机构。

第八条 发电企业向电力监管机构报送财务经营信息，应当按照合并口径分电力业务和非电业务分别填报。

第九条 发电企业按照属地原则向所在省电力监管机构报送，所在省未设立电力监管机构的，发电企业直接向所在区域电力监管机构报送。

中央发电集团公司向国家电监会报送，总部未设在北京的中央发电集团公司，同时抄报所在地电力监管机构。

中央发电集团公司下属各区域、省、市级分公司向所在省（区）的电力监管机构报送。

第十条 发电企业应当指定具体负责信息报送的机构和人员，并报电力监管机构备案。经备案的机构和人员发生变更的，应及时报备。

第十一条 电力监管机构统计分析发电企业报送的财务经营信息，依法监管发电企业财务经营行为，并提出监管意见。

第十二条 发电企业未按照本办法报送信息、提供虚假信息或者隐瞒重要事实的，由电力监管机构依照《电力监管条例》、《电力企业信息报送规定》等法规进行处置；构成犯罪的，依法追究刑事责任。

第十三条 本办法自颁布之日起施行。2009 年 6 月 29 日颁布的《关于进一步加强电力企业财务经营信息报送工作的通知》同时废止。

关于印发《输配电成本信息报送暂行办法》的通知

（电监价财〔2012〕58 号）

各派出机构，国家电网公司、南方电网公司、内蒙电力公司，相关电力企业：

为加强输配电成本监管，规范电网企业输配电成本信息报送行为，切实履行电价监管职责，保护电力投资者、经营者、使用者的合法权益，根据《电力监管条例》、《电力企业信息报送规定》、《输配电成本监管暂行办法》及有关法规规定，国家电监会制定了《输配电成本信息报送暂行办法》，经电监会主席办公会审议通过，现印发你们，请依照执行，执行中有何问题请及时向电监会反映。

国家电监会（印）

2012 年 10 月 15 日

输配电成本信息报送暂行办法

第一条 为加强输配电成本监管，规范电网企业输配电成本信息报送行为，根据《电力监管条例》、《电力企业信息报送规定》等法规规章，制定本办法。

第二条 电网企业向国家电力监管委员会及其派出机构（以下统称电力监管机构）报送输配电成本信息，适用本办法。

第三条 本办法所称输配电成本信息，包括月度财务快报、月度成本报表和年度财务会计报告；输配电成本核算政策变更，影响输配电成本变化的投融资、兼并重组、资产处置以及内部关联交易等事项的专项报告；与输配电成本相关的其他信息。

第四条 电网企业报送输配电成本信息，应当遵循真实、及时、准确、完整的原则，不得隐瞒或者提供虚假的输配电成本信息。

第五条 电网企业应当向电力监管机构报送月度财务快报、月度成本报表和年度财务会计报告，年度财务会计报告应当包括有资质的会计师事务所出具的审计意见、经审计的会计报表及其附注。

第六条 省级及以上电网企业报送财务及成本报表，应当包括合并成本报表和母公司成本报表。电力监管机构可以根据工作需要，要求省级电网企业明细到所属市、县电网企业和直属单位。

第七条 电网企业向电力监管机构报送月度财务快报、月度成本报表和年度财务会计报告，其报表格式、内容、程序、时限等，按照《电力监管统计报表制度》的规定执行，年度财务会计报告应在次年 4 月 30 日之前报送。

第八条 电网企业采用以下主要会计政策，应当报送电力监管机构备案。

1. 划分输配电业务成本与电网企业经营的其他业务成本之间的标准，共同费用的分配方法。

2. 从事电网业务的人员薪酬制度和电网企业设备采购、材料领用制度。

3. 应收账款坏账的确认标准、坏账损失的核算方法以及坏账准备的确认标准、计提方法和计提比例。

4. 委托贷款计价，利息确认方法以及委托贷款减值准备的确认标准、计提方法。

5. 固定资产的标准、分类、计价方法和折旧方法；固定资产减值准备的确认标准、计提方法。

6. 在建工程减值准备的确认标准、计提方法。

7. 借款费用资本化的确认原则和计算方法。

8. 无形资产的计价方法、摊销方法、摊销年限；无形资产减值准备的确认标准、计提方法。

9. 长期待摊费用的摊销方法、摊销年限。

第九条 电网企业发生涉及输配电成本重大变化的会计政策变更或会计估计变更，应当报送电力监管机构备案，书面报告会计政策或会计估计变更的性质、内容、原因、对当期的影响和调整金额。

第十条 电网企业建立的费用开支范围、标准和报销审批制度，应当报送电力监管机构备案。

费用开支应该在《输配电成本核算办法》中明确的成本项目下核算。发生的输电费和委托运行维护费，应当在输配电成本项下增设输电费和委托运行维护费。

电网企业应当明确研发费用的开支范围和标准，严格审批程序，明确资本性支出与费用性支出的标准，并按照研发项目或者承担研发任务的单位，设立台账归集核算研发费用。在年度财务会计报告中，向电力监管机构报送研发费用相关财务信息，包括研发费用支出规模及其占销售收入的比例，集中收付研发费用情况等。

第十一条 电网企业实行成本定额管理、全员管理和全过程控制的相关制度，应当报送电力监管机构备案。

第十二条 电网企业发生对输配电成本产生重大影响的投资、融资、资产处置及关联方交易行为，电网企业应当向电力监管机构报送专项报告。

（一）按国家现行投资管理规定，需由国务院批准的，或者需由国务院有关部门批（核）准的输配电投资项目，电网企业应当在上报国务院或国务院有关部门的同时，将可行性研究方案及有关文件、资料等抄送电力监管机构；项目批（核）准的结果及时报送电力监管机构；对交易金额在1亿元以上的兼并重组或者涉及输配电业务以外的重大投资，应将投资额、对电力业务的影响报电力监管机构。

（二）电网企业依法以吸收直接投资、发行股份等方式筹集权益资金的，应当将筹资方案、筹资结果报电力监管机构。

（三）电网企业依法以借款、发行债券、融资租赁等方式筹集债务资金的，应将筹资方案、筹集资金结果报电力监管机构。

（四）企业以出售、抵押、置换、报废等方式处理资产时，应当报电力监管机构。

（五）电网企业关联方之间转移资源、劳务或义务的行为，无论是否收取价款，都属于关联方交易。电网企业发生关联方交易的，应当向电力监管机构书面报送关联方交易协议或合同，说明关联方交易性质、交易类型及交易要素。

第十三条 涉及输配电成本变化的会计政策制定和变更、费用支出、审批规定以及成本管理制度，在制度完成后20个工作日内报送。

第十四条 涉及输配电成本变化的电网投资、融资可行性研究方案，在投资、筹资方案确定后10个工作日内报送；涉及输配电成本变化的电网投资、融资结果，在投资、筹资结果明确后20个工作日内报送；资产处置及关联方交易行为，在资产处置完成及交易行为形成后10个工作日内报送。

第十五条 电力监管机构根据履行监管职责的需要，要求电网企业即时报送有关输配电成本信息，电网企业应当按照要求报送。

第十六条 本办法自颁布之日起施行。

关于加强电力安全工作防范电网大面积停电的意见

（电监安全〔2012〕60号）

电监会各派出机构、信息中心、大坝中心、可靠性中心，国家电网公司、南方电网公司，华能、大唐、华电、国电、中电投集团公司，中国电建、能建集团公司，有关电力企业：

为深刻汲取国外大停电事故教训，进一步加强中国电网安全管理，保证电力系统安全稳定运行，防范电网大面积停电事故的发生，提出如下意见。

一、充分认识加强电力安全工作、防范电网大面积停电的重要意义

（一）电力工业是关系国计民生的重要基础产业和公用事业，经济社会和人民生活对于电力的依赖程度越来越大，电力工业的安全科学发展关系国家能源安全和经济安全。随着电力快速发展，电网规模的迅速扩大，电网结构的日益复杂、风电等新能源的大规模接入以及新技术和新装备的广泛使用，影响电网安全的诸多新问题逐步显现，大电网安全风险不容忽视，防范电网大面积停电责任重于泰山。

（二）电力企业要认真贯彻“安全第一、预防为主、综合治理”方针，牢固树立科学发展安全发展理念，进一步提高对防范电网大面积停电重要意义的认识，切实做好电力安全各项工作，防止发生稳定破坏事故和电网大面积停电事故，为促进经济社会可持续发展提供安全可靠的电力保障。

二、夯实电力安全工作基础

（三）各电网企业、发电企业，电力调度、规划设计、电力建设和科研单位要切实落实安全主体责任，健全完善电力安全工作责任制，逐级落实责任，保证电力安全工作目标明确到岗，落实到人；要加大安全目标考核和事故责任追究力度，确保电力安全工作保障体系和监督体系协调运转。

（四）要建立健全电力企业与政府有关部门、电力监管机构、其他有关单位之间的协调配合机制，共同做好电网电源规划建设、有序用电管理、电力设施保护、应急管理等相关工作，确保电网的安全稳定运行。

（五）要加强电力安全法规标准体系建设。结合我国电网实际，深入研究分析电力快速发展中出现的新问题和新风险，适时组织研究制（修）订相关电力

安全法规、安全管理制度和技术标准，不断完善电力安全法规标准体系。

（六）要结合安全生产标准化工作，建立完善设备设施安全隐患和安全管理隐患的排查治理机制。要积极推进安全生产风险管理体系建设，深入开展电网安全风险辨识与电网脆弱性评估，各省级以上电网企业要定期向电力监管机构报告电网重大安全风险及管控措施落实情况。

（七）要加强电力安全生产监督管理队伍建设，健全各级安全监督管理机构，切实落实安全监督管理责任。要进一步健全和完善安全生产教育和专业技术培训制度，加大教育培训投入，不断提高从业人员的安全意识和专业技能。要加强班组安全建设，促进班组安全管理水平的持续提升，切实加强电网安全基础。

（八）要进一步加强电力技术监督工作，建立健全监督工作的目标考核与责任追究机制，切实落实电力企业、监督机构等有关各方的责任；要不断完善监督标准，加强信息共享和技术交流，充分发挥电力技术监督对电力安全工作的技术保障作用。

（九）要加大科技投入，加强对引进技术和设备的消化和吸收，大力推动科技自主创新，建立完善与电力发展要求相适应的电力安全科技支撑体系，提高技术装备的安全保障能力。要针对当前交直流大电网远距离输电、新能源大规模集中接入等电网运行新特点，研究解决保障大电网安全运行的关键技术，提高电网安全稳定运行水平。

三、加大薄弱电网的建设和改造力度

（十）电网企业要进一步加大薄弱电网的建设与改造力度，特别要加强边远地区薄弱电网和部分供电能力偏弱城市电网的改造，及时更换老旧设备，着力解决部分电网不满足“三道防线”要求，部分受端电网电源支撑不强，部分送端电网输电能力偏弱，部分电网短路电流水平超标、输变电设备重载、调峰调频能力不足、局部电磁环网情况严重等问题，提高电网整体安全水平。规划设计单位应加强电网结构和薄弱环节的研究论证，从规划设计上消除和改进电网结构性缺陷。

（十一）电网企业要认真落实《国务院批转发改委电监会关于加强电力系统抗灾能力建设若干意见的通知》（国发〔2008〕20号）要求，针对局部地区自然灾害频发状况，研究制定和实施电网差异化改造方案，提高电网整体抗灾能力，减少因自然灾害引发的电网大面积停电事故。规划设计单位要在线路路径走向、杆塔选择、电气设备绝缘水平、输电线路防覆冰和防舞动等方面，提出输变电设备抵御自然灾害能力的差异化设计准则的具体意见，要加强电力工程设计前期的技术资料收集分析工作，综合考虑微地形、小气候等条件对设计方案的影响，特别要开展输电通道集中地区的灾害水平的风险评估，加强方案论证和比选，适当提高输变电设备设施标准。

（十二）电网企业要积极研究、推广和应用新技术，提高输变电设备设施的在线监测水平，及时发现设备故障、外力破坏和自然灾害破坏等异常情况，提升电网安全水平。

（十三）加强电力建设工程质量监督管理工作。建设、施工、监理单位要严格执行《建设工程安全生产管理条例》、《建设工程质量管理条例》以及《工程建设标准强制性条文》（电力工程部分）等法律、法规和标准的有关要求，加强施工质量管理，严格质量安装验收程序，强化电力建设工程质量监督工作，确保从建设源头上消除电网安全隐患。

（十四）地方政府相关部门应为电网建设与改造提供支持，对重要输电通道走廊、重要变电站的建设征地问题应及时协调到位，保证电网建设与改造工作的顺利进行，不断完善电网结构，强化电网安全基础。

四、加强电网调度运行管理

（十五）要坚持“统一调度、分级管理”的调度管理体制，强化电力调度在电网运行指挥中的权威。要严肃调度纪律，加强调度考核，对于拒绝或者拖延执行调度指令的行为要给予严肃处理，切实防止调度指令执行不力引发和扩大电网事故。

（十六）要强化电力调度系统能力建设，提升装备水平，强化对调度系统人员的技术培训和技能考核，不断提高专业素质。切实防止误方式、误整定、误调度和误操作等情况的发生，提高电网整体安全运行水平。

（十七）要加强电力调度机构建设，科学确定各级调度机构的职权及其管辖范围，因工作需要确需调整的，应报相应电力行政主管部门和电力监管机构备案。

（十八）要按照《电力系统安全稳定导则》要求加强电网安全分析，做好电网运行方式安排，优化电力设备检修计划，特别要加强特殊和临时运行方式的安全校核，确保系统安全运行裕度，有效防止电网稳定破坏事故的发生。

（十九）电网企业要配合政府有关部门做好有序用电方案的编制。在电网实施有序用电方案情况下，任何地区（单位）均不得超过用电计划使用电力电量。在电网出现有功功率不能满足需求、超稳定极限、电力系统故障、持续的频率降低或者电压越下限、备用容量不足等情况时，电力调度机构应按照有关地方人民政府批准的事故限电序位表和保障电力系统安全的限电序位表进行限电操作，防止电网大面积停电事故发生或扩大。

五、加强电力二次系统安全管理

（二十）电力调度机构要加强电力二次专业管理，加大电力二次人员培训力度，扩大技术交流。各单位要确保电力二次机构和专业人员数量质量，保持人员相对稳定。要加快覆盖全国的继电保护统计分析系统的重建，实现信息共享，不断强化电力二次安全基础。

（二十一）要加强电网安全稳定的“三道防线”建设，重视电力二次风险管理，认真梳理分析电力系统继电保护和安全自动装置等二次系统的配置和策略，及时查找和消除二次设备、二次回路、保护定值和软件版本等方面的隐患，特别要重视发电厂和电力用户涉网二次系统的安全管理工作，有效防范二次系统不正确动作引发电网事故或导致电网事故的扩大。

（二十二）要严格落实《电力二次系统安全防护规定》（电监会第5号令）“安全分区、网络专用、横向隔离、纵向认证”的要求，强化对电力调度数据网络、电力调度自动化系统和发电厂计算机监控系统的安全防护，重点要对留有后门的引进设备进行安全风险评估，采取有效措施，防范黑客、病毒及恶意代码等的攻击侵害，确保电力生产监控系统的可靠运行。

六、加强电网隐患排查治理和风险管控

（二十三）要按照《关于加强电力设备（设施）安全隐患管理工作的指导意见》（电监安全〔2012〕43号）的要求，深入开展隐患排查治理，加强设备寿命周期全过程安全管理，重点强化电力设备家族性缺陷、典型缺陷管理以及新投产设备的安全隐患管理，加强运行监控，及时落实整改措施消除隐患，防止电力设备故障引发电网事故。

（二十四）要加强重载输变电设备、重要输送通道的巡视维护，防止因重要通道失去引发重大电网事故；要重点加强对电力通道集中、直流落点集中等情况的电网风险评估和电力设施设备的运行监控和维护，避免多回直流同时（相继）闭锁故障的发生，防止直流闭锁引发交流系统故障，保障电网安全运行。

（二十五）要加强和完善作业现场安全风险管控体系，实现闭环管理。要针对系统、设备和作业过程存在的风险，采取有针对性的防范措施，避免因防范措施不到位引发电网事故。

（二十六）电网企业要按照《电力设施保护条例》等相关法律法规要求，加强电力设施保护工作，防止因电力线路保护区内的违章建筑、违规作业以及树障等危及电网的安全稳定运行。

（二十七）发电企业要加强对大容量发电设备的隐患排查治理和风险管控，重点对发电设备辅机的低电压穿越等问题进行认真排查梳理，采取有效措施，切实防止系统故障过程中发电机组辅机非正常跳闸引发发电设备停运进而导致电网事故。

七、加强电厂、电力用户并网安全管理

（二十八）发电企业要严格遵守市场准入的有关规定，严格执行并网调度协议，未经调度许可不得擅自并入或者解列发电机组；涉及电网运行安全的发电机组调频、励磁等装置应按照调度要求整定和投退，不得擅自更改；新（改、扩）建的发电机组应在通过并网安全性评价后方可并网运行；发电机组至调度机构应具备两个以上可用的独立路由的通信通道；除部分特殊类型的机组外，发电厂应按照调度机构的要求参与系统调峰、调频、调压。

（二十九）电网企业要指导电力用户加强内部电力设备的安全管理，特别要加强继电保护与电网配合的管理，防止用户端故障衍生为电网事故。要督促重要用户按照《关于加强重要电力用户供电电源及自备应急电源配置监督管理的意见》（电监安全〔2008〕43号）等有关规定要求，配置必要的应急电源，满足电网事故条件下保安负荷的用电需求，防止电网供电中断引发事故和次生灾害。

八、强化电力应急管理

（三十）要贯彻落实《国家突发事件应急体系建设“十二五”规划》（国办发〔2012〕43号）要求，将电力应急体系建设纳入企业发展规划，不断深化电力应急管理工作。要按照《国家处置电网大面积停电事件应急预案》要求，针对自然灾害、设备故障、外力破坏等可能造成电网解列、电网大面积停电等情况，制定专项应急预案。加强电网孤岛方式分析和研究，完善“黑启动”方案，定期或不定期进行“黑启动”电源的实际启动测试，提高电力系统恢复速度和能力。

（三十一）电网企业要配合各级地方政府完善各地电网大面积停电应急处置预案，建立与电力监管机构、政府有关部门、媒体和社会公众的应急协调联动机制，做到快速响应，及时、准确发布信息，有效维护社会秩序。要定期组织开展应急演练，协同电力监管机构积极推动地方政府开展电力应急联合演练，增强应急保障能力，不断提高应对电网大面积停电事件的能力。

九、强化电力安全监督管理

（三十二）电力监管机构要督促电力企业加强电力安全工作，切实落实企业主体责任，健全电力安全管理体系和工作机制。

（三十三）电力监管机构要组织电力企业深入分析总结国内外各种电力安全事故的经验教训，积极组织或推动相关技术标准、规程规范以及重点反事故措施等的制（修）订工作。

（三十四）电力监管机构要督促电力企业加大隐患排查治理力度，推进电网安全风险分析和脆弱性评估工作。要重点关注大输电通道安全、负荷密度集中地区受端电网安全、交直流混合电网安全和局部薄弱电网安全。要督促电力企业将风险管控措施落实到位，实现重点安全隐患的闭环监管，防范电网大面积停电事故的发生。

（三十五）电力监管机构要加强安全基础监督管理。要协调厂网关系，加强厂网界面安全监管，督促电网重大安全技术措施和重点反事故措施的落实。要督促电力企业加强与政府有关部门、媒体和社会公众的协调联动，进一步做好电力应急管理工作。要加强电力建设工程质量监督、电力技术监督和电力二次专业管理等专业监管工作，筑牢电网安全工作基础。

（三十六）电力监管机构对电网停电事故（事件）要及时调查处理并依规进行责任追究。对因拒绝或者拖延执行调度指令，以及违反有序用电计划造成后果的单位或个人，要按照相关规定及时进行处理。对因隐患整改不力影响电网安全稳定运行的企业，要按照相关规定追究企业和有关人员责任。

国家电监会（印）
2012 年 10 月 26 日

关于实行电力安全生产事故隐患排查治理情况月报告的通知

（办安全〔2012〕70 号）

各派出机构，国家电网公司、南方电网公司，中国华能、大唐、华电、国电、中电投集团公司，中国电建、能建集团公司，各有关电力企业：

按照《国务院安委会办公室关于实行安全生产事故隐患排查治理情况月通报的通知》（安委办〔2012〕23 号）和《电监会关于深入开展电力安全生产隐患排查治理工作的通知》（办安全〔2012〕21 号）要求，现就电力安全生产事故隐患排查治理情况月报告工作有关事项通知如下：

电监会各派出机构和电力企业（总部）每月汇总上报本地区、本企业开展电力安全生产隐患排查治理情况，对开展隐患排查治理企业和单位、重大隐患排查治理以及挂牌督办、治理资金等情况进行重点分析，查找存在问题，制定工作措施。电力监管机构和电力企业要根据实际，每月对所辖地区和所属单位隐患排查治理工作情况进行通报。

各单位要进一步完善本地区、本企业安全生产事故隐患排查治理信息统计工作体系，落实责任和要求，切实加强信息统计和报送工作，真实反映隐患排查治理工作进展情况，加强隐患排查治理跟踪督导力度，保证整改工作取得实效。

各单位电力安全生产事故隐患排查治理情况月报表（详见附件）和总结分析材料于每月 10 日前报电监会安全监管局。同时，办安全〔2012〕21 号文中的“2012 年电力安全生产隐患排查治理情况统计表”从即日起停止使用。

国家电监会（印）
2012 年 7 月 4 日

关于加强电网运行管理防范大面积停电事故的紧急通知

（办安全〔2012〕83 号）

各派出机构，国家电网公司、南方电网公司，华能、大唐、华电、国电、中电投集团公司，各有关电力企业：

印度电网 7 月 30 日、7 月 31 日连续发生二次大面积停电事故，损失负荷约 5000 万 kW，约 6.7 亿人受到影响，造成巨大经济损失和社会影响，事故暴露出印度电网运行管理等方面的诸多问题。电监会高度重视，吴新雄主席作出重要批示，要求各单位务必高度重视印度停电事故给我们的深刻教训，始终把安全工作放在首位。认真排查可能发生大面积停电事故的薄弱环节和隐患，特别是针对用电高峰、自然灾害情况下可能引发大面积停电的薄弱环节和隐患，落实责任制，认真整改，彻底消除事故隐患。

当前正值迎峰度夏和防汛防台风的关键时期，各单位要加强电网运行管理，把防止大面积停电事故作为一项突出的重点工作来抓，为此，电监会紧急通知如下：

（一）加强电网调度运行管理。加强电力调度管理，严肃调度纪律，作到令行禁止，共同维护电力系统安全。电力调度机构要加强运行方式分析和安全校核，合理安排运行方式，强化电网运行控制，有效防止电网稳定破坏事故的发生。

（二）加强电力需求侧管理。电网企业要强化电力需求侧管理，加强与各级政府部门的沟通协调，制定、完善并认真落实各项需求侧管理措施，在保居民生活用电、保重点地区和重要单位用电的基础上，严格执行有序用电方案，防止电网超负荷运行引发电网安全事故。

（三）加强电力设施设备管理。重点加强重载输变电设备、重要输送通道特巡特维，防止因重要通道失去引发重大电网事故。要重视加强电网风险评估工作，针对直流多落点地区，加强电力设施设备的运行维护和监控，避免多回直流同时闭锁故障的发生，保障电网安全运行。

（四）强化隐患排查治理工作。各电力企业要深入开展隐患排查治理，做到排查不留死角。要加强设备生命周期全过程安全管理，重点强化电力设备家族性缺陷、典型缺陷管理，加强风险评估和运行监控，及时落实整改措施消除隐患，防止电力设备故障引发电网事故。

（五）加强电力二次系统安全管理。加强电力系统安全自动装置和继电保护等二次系统配置和策略的梳理分析，针对系统、设备和作业过程存在的风险，采取有针对性的防范措施，完善安全风险管控闭环管理机制。及时查找和消除二次设备、二次回路、保护定值和软件版本等方面的隐患，有效防范二次系统和设备误动、拒动引发电网事故或导致电网事故的扩大。

（六）加强发电安全运行管理。加强发电设备和电煤管理，特别是百万机组的安全管理。加强水电站运行管理，加强水电站大坝、水工设施运行管理，确保水电站大坝安全度汛，防止垮坝、漫坝等事故的发生。加强发电设备运行维护，防止因发电设备故障引发电网事故。

（七）做好防汛防台风各项工作。要严格执行国家有关部门制定的防汛方案。及时掌握雨情、水情，加强防汛值班力量；积极与地方防汛部门联系，协调配合，共同做好各项防汛工作。当前正值台风多发季节，各电力企业要及时做好抵御台风的各项准备工作，保障电力系统安全稳定运行和电力的可靠供应。

（八）加强电力应急管理。加强电力应急组织工作，要针对极端气候和地质灾害，细化和完善各级应急预案，完善应急响应机制，改善应急技术装备，提高应急处置、抢险、救援的能力和水平。加强与地方政府的沟通协调，实现信息资源共享，健全应急联动机制，提高应对电力重大突发事件的综合处置能力。

（九）加强对电力安全生产工作的监管。电监会各派出机构要加强对电力迎峰度夏和防汛防台风工作的监管，加大隐患排查治理监管力度，督促企业加强电网运行管理，深入开展隐患排查治理工作，强化电力需求侧管理，及时落实风险管控措施，整改设备缺陷和安全隐患，确保电网安全稳定运行和电力的可靠供应。

国家电监会（印）
2012 年 8 月 2 日

关于印发《供电企业可靠性评价实施办法》的通知

（办安全〔2012〕113 号）

各派出机构，国家电网公司，南方电网公司，各有关单位：

《供电企业可靠性评价实施办法》经修订现予印发，请依照执行。《关于印发〈供电企业可靠性评价实施办法（试行）〉的通知》（办安全〔2010〕1 号）同时废止。

国家电监会（印）
2012 年 10 月 12 日

供电企业可靠性评价实施办法

第一条 为了促进供电企业提高用户供电可靠性管理水平，保障电力系统的安全稳定运行，依据《电力监管条例》、《电力可靠性监督管理办法》、《供电系统用户供电可靠性评价规程》制定本办法。

第二条 本办法适用于我国境内地市级及以上供电企业（以下简称供电企业）的可靠性评价。

第三条 供电企业可靠性评价应当坚持公开、公平、公正的原则。

第四条 评价涉及的指标为供电企业所辖范围内 10（6、20）kV 供电系统全部用户的供电可靠性指标，包括市中心＋市区＋城镇＋农村。

第五条 本办法采用供电可靠性指标进行评价，指标评分规则：

（一）综合性指标：60 分

1. 用户平均停电时间

$$实际得分=15\times\left(1-\frac{AIHC_{-1}}{2\times 全国平均值}\right)+25\times\left(1-\frac{AIHC_{-3}}{2\times 全国平均值}\right)$$

2. 用户平均停电次数

$$实际得分=5\times\left(1-\frac{AITC_{-1}}{2\times全国平均值}\right)+5\times\left(1-\frac{AITC_{-3}}{2\times全国平均值}\right)$$

3. 总用户数

$$实际得分=10\times\left(1-\frac{全国平均值}{2\times N}\right)$$

其中：N为被评价单位的等效总用户数。

（二）故障停电指标：30分

4. 故障停电平均持续时间

$$实际得分=15\times\left(1-\frac{MID_{-F}}{2\times全国平均值}\right)$$

5. 故障停电平均用户数

$$实际得分=15\times\left(1-\frac{MIC_{-F}}{2\times全国平均值}\right)$$

（三）预安排停电指标：10分

6. 预安排停电平均持续时间

$$实际得分=5\times\left(1-\frac{MID_{-S}}{2\times全国平均值}\right)$$

7. 预安排停电平均用户数

$$实际得分=5\times\left(1-\frac{MIC_{-S}}{2\times全国平均值}\right)$$

上述各项实际得分中如出现负值，该项得分为零。

第六条 评价采取全国与区域相结合的方式，电监会电力可靠性管理中心按供电企业评价总分值确定入选企业，企业应提交评价年度内供电可靠性技术报告及相关情况说明。其内容包括：

（一）供电企业评价年度可靠性指标情况；

（二）供电企业评价年度基础信息、综合停电和故障停电事件等情况分析。

第七条 电监会派出机构负责对入选供电企业的可靠性信息进行核查，电监会电力可靠性管理中心视情况进行抽查。经核查确认指标信息不完整、不准确、不真实的，在可靠性评价期内发生人员责任电力事故或电力安全事件的，取消本年度评价资格。

第八条 核查后对评价企业情况进行公示。公示结束后，确定年度全国综合评价供电可靠性金牌企业（A级）10个，六个区域年度供电可靠性金牌企业（B级）各3个。

第九条 供电企业可靠性评价结果由电监会发布。

第十条 本办法由电监会负责解释。

第十一条 本办法自发布之日起执行。

附录

供电评价指标含义说明

根据《供电系统用户供电可靠性评价规程》（DH/T 836—2012），现将各指标注解如下：

1. 用户平均停电时间：用户在统计期间内的平均停电小时数，记作$AIHC_{-1}$（h/户）。

$$用户平均停电时间=\frac{\sum(每户每次停电时间)}{总用户数}$$

若不计系统电源不足限电时，则记作$AIHC_{-3}$（h/户）。

$$\begin{array}{c}用户平均停电时间\\(不计系统电源不足限电)\end{array}=\frac{\sum 每户每次停电时间-\sum 每户每次限电停电时间}{总用户数}$$

2. 用户平均停电次数：供电用户在统计期间内的平均停电次数，记作$AITC_{-1}$（次/户）。

$$用户平均停电次数=\frac{\sum(每次停电用户数)}{总用户数}$$

若不计系统电源不足限电时，则记作$AITC_{-3}$（次/户）。

$$\begin{array}{c}用户平均停电次数\\(不计系统电源不足限电)\end{array}=\frac{\sum 每次停电用户数-\sum 每次限电停电用户数}{总用户数}$$

3. 故障停电平均持续时间：在统计期间内，故障停电的每次平均停电小时数，记作MID_{-F}（h/次）。

$$故障停电平均持续时间=\frac{\sum 故障停电时间}{故障停电次数}$$

4. 故障停电平均用户数：在统计期间内，平均每次故障停电的用户数，记作MIC_{-F}（户/次）。

$$故障停电平均用户数=\frac{\sum 每次故障停电户数}{故障停电次数}$$

5. 预安排停电平均持续时间：在统计期间内，预安排停电的每次平均停电小时数，记作MID_{-S}（h/次）。

$$预安排停电平均持续时间=\frac{\sum 预安排停电时间}{预安排停电次数}$$

6. 预安排停电平均用户数：在统计期间内，平均每次预安排停电的用户数，记作MIC_{-S}（户/次）。

$$预安排停电平均用户数=\frac{\sum 每次预安排停电户数}{预安排停电次数}$$

7. 总用户数"全国平均值"为该项指标评价年度的全国算术平均值，其余公式中的"全国平均值"为该项指标评价年度的全国加权平均值。

8. 评价中涉及的县级供电企业包括直管、控股、代管企业。

关于印发《火力发电机组可靠性评价实施办法》的通知

（办安全〔2012〕114 号）

各派出机构，华能、大唐、华电、国电、中电投集团公司，各有关单位：

《火力发电机组可靠性评价实施办法》经修订现予印发，请依照执行。《关于印发〈火力发电机组可靠性评价实施办法〉的通知》（办安全〔2010〕2 号）同时废止。

国家电监会（印）
2012 年 10 月 12 日

火力发电机组可靠性评价实施办法

第一条 为了提高发电机组运行可靠性水平，保障电力系统安全稳定可靠运行，依据《电力监管条例》、《电力可靠性监督管理办法》、《发电设备可靠性评价规程》制定本办法。

第二条 本办法适用于中国境内 300MW 级、600MW 级和 1000MW 级常规火电机组（以下简称机组）的可靠性评价。

第三条 火力发电机组可靠性评价工作应当坚持公开、公平、公正的原则。

第四条 机组可靠性评价采用机组年度可靠性综合评价系数（*GRCF*）作为评价指标。

第五条 机组可靠性综合评价系数是反映机组综合出力能力的指标，其公式为：

$$GRCF = EAF + B_F + B_{MT} + B_R$$

式中：EAF 为机组台年平均等效可用系数；B_F 为机组强迫停运次数影响值：$B_F = -FOT \times C_F$，FOT 为机组台年平均强迫停运次数，C_F 为强迫停运影响系数，第一类非计划停运取值 0.6%，第二类非计划停运取值 0.5%，第三类非计划停运取值 0.4%。

B_{MT} 为机组最长连续运行时间影响值：

$$B_{MT} = \frac{SH_{MT} - \frac{2}{3}SH_{DA}}{\frac{2}{3}SH_{DA}}$$

式中：SH_{MT} 为最长连续运行时间（小时），SH_{DA} 为机组所在电网统调大型火电机组年度平均运行小时。机组最长连续运行时间从评价年度的上一年度算起，上一年度为候选机组的，则只取评价年度的时间；若跨年度连续运行事件在评价年度内的时间不足 30%的，则该事件按年度内时间比例占 30%计算持续时间。最长连续运行时间大于 $\frac{2}{3}SH_{DA}$ 的，其值按 $\frac{2}{3}SH_{DA}$ 计算。

B_R 为备用时间权重影响值：

$$B_R = -\max\left(RH - \frac{2}{3}RH_{DA}, 0\right) / PH \times C_R$$

式中：max（ ）为取最大值函数，RH 为机组备用时间，RH_{DA} 为机组所在电网统调大型火电机组年度平均备用小时，PH 为机组的统计期间小时，C_R 为备用时间权重修正系数，取值 10%。

评价年度机组平均备用次数超过 5 次的，不参与评价。机组因配合电网建设、检修、试验的备用次数不计在内。

机组停用时间超过 300h 的不参与评价。

第六条 电监会电力可靠性管理中心按照可靠性综合评价系数确定 300MW 级、600MW 级及 1000MW 级入选机组，入选机组所在企业应提交机组运行、主要辅助设备、输变电设施的可靠性分析报告及相关情况说明。其内容包括：

（一）机组评价年度可靠性指标情况；

（二）机组评价年度运行事件情况分析，包括非计划停运、计划停运、降出力（运行及备用的计划、非计划降出力）事件的分析。

第七条 电监会派出机构负责对入选机组的可靠性信息进行核查，电监会可靠性管理中心视情况进行抽查。机组所在企业可靠性信息（非计划停运、非计划降出力等）报送不完整、不准确、不真实的，取消本年度及下一年度参评资格。对没有开展辅助设备、输变电设施可靠性评价工作、在可靠性评价期内和评价当年发生人员责任电力事故和电力安全事件的，取消本年度参评资格。

第八条 核查后对 300MW 级、600MW 级可靠性综合评价系数各前 20 名机组，1000MW 级可靠性综合评价系数前 5 名机组的结果进行公示。公示结束后，确定各容量等级年度可靠性金牌机组。

第九条 机组可靠性评价结果由电监会发布。

第十条 本办法由电监会负责解释。

第十一条 本办法自发布之日起执行。

附录

机组评价指标含义说明

GRCF 可靠性综合评价系数

EAF 等效可用系数

B_F 强迫停运次数影响值

FOT 强迫停运次数

C_F 强迫停运影响系数

PH 统计期间小时

B_{MT} 最长连续运行时间影响值

SH_{MT} 最长连续运行时间(小时)

B_R 备用时间权重影响值

RH 备用时间

C_R 备用时间权重修正系数

RH_{DA} 机组所在电网统调大型火电机组年度平均备用小时

SH_{DA} 机组所在电网统调大型火电机组年度平均运行小时

300MW 级 容量为 300～399MW 的机组

600MW 级 容量为 600～699MW 的机组

1000MW 级 容量为 1000MW 及以上容量的机组

关于印发《跨省跨区电能交易基本规则（试行)》的通知

（办市场〔2012〕151 号）

各派出机构，国家电网公司、南方电网公司、内蒙古电力公司，华能、大唐、华电、国电、中电投集团公司，各有关电网企业、发电企业：

为进一步规范跨省跨区电能交易行为，发挥市场在资源优化配置中的基础作用，保障交易主体合法权益，我会制定了《跨省跨区电能交易基本规则（试行)》，现印发你们，请依照执行。执行中有何问题和建议，请及时告国家电监会。

各区域电监局可根据本规则，商省电监办制订本区域跨省电能交易实施细则，报国家电监会备案。

国家电监会（印）
2012 年 12 月 7 日

附件：

跨省跨区电能交易基本规则（试行）

第一章 总 则

第一条 为落实国家能源战略，进一步规范跨省跨区电能交易行为，充分发挥市场在资源配置中的基础性作用，保障市场主体合法权益，依据《电力监管条例》和有关法律、行政法规制定本规则。

第二条 跨省跨区电能交易坚持以市场为导向、以电网安全和公平开放为基础，坚持科学调度、余缺调剂、交易公平、价格合理、结算及时，充分利用电网互联优势，促进资源配置和节能减排，保障电力平衡和安全供应。

第三条 跨省跨区电能交易市场主体分为售电主体、输电主体和购电主体。售电主体主要为已取得发电业务许可证的发电企业，以及受发电企业委托的电网企业；输电主体为已取得输电业务许可证的电网企业；购电主体为省级电网公司，以及符合条件的独立配售电企业和电力用户。

第四条 国家电力监管委员会及其派出机构（以下简称电力监管机构)，依据有关法律法规对跨省跨区电能交易实施监管。

第五条 依据本基本规则，跨区域电能交易的相关规定由国家电力监管委员会组织制定；区域内跨省电能交易实施细则由相应区域电监局会同省电监办组织制定，报国家电力监管委员会备案。

第六条 电力监管机构应定期组织市场主体对电力交易、调度机构的工作进行评价，适时向社会公布评价结果。

第七条 电力企业不得自行制定约束其他市场主体行为的跨省跨区电能交易管理文件。

第二章 交易组织和申报

第八条 电力交易机构依据规则负责跨省跨区电能交易的具体组织和实施，并负责相应交易平台的建设、运营和维护。

第九条 跨省跨区电能交易实行注册管理制度。参与交易的市场主体应当向电力交易机构提交注册申请。

第十条 发电企业应直接在电力交易平台上参与跨省跨区电能交易，省电网企业一般不得代理省内发电企业参与跨省跨区电能交易。

根据各地电能交易组织的具体情况，有以下情形之一的，可委托送出省电网公司代理交易，委托和代理双方一般应签订委托代理协议，报电力监管机构备案。

（一）小水电、风电等打捆外送电交易；

（二）月度以内的短期或临时交易；

（三）其他必要的跨省跨区电能交易。

第十一条 省级电网企业，在申报外购电需求时，应充分考虑省内电力电量平衡实际情况，听取各方面意见，向省内发电企业和电力监管机构通报外购电量测算方案。

省电网公司通报的交易参数应包括：购电量（年度交易应分解到月)、购电价格、输电费用（含网损)、所在地区发电设备平均负荷率及系统备用率等。(通报格式参见附表 1)

第十二条 发电企业进行跨省跨区电能交易，原则上以单个机组为单位在交易平台上进行申报。经批准，同一发电厂的多个机组可集中申报。

发电企业申报的交易参数应包括：售电量（年度交易应分解到月）、机组容量、供电煤耗、上网电价、脱硫脱硝设施投运情况、冷却方式等。（申报格式参见附表2）

第十三条 购售电主体应保证所注册信息及交易参数真实、准确。必要时，电力监管机构应对申报信息进行核查，发现虚报、瞒报等违规行为及时处理。

第十四条 跨区、跨省电能交易同时组织时，年度交易原则上应在保证清洁能源消纳利用的前提下，区域内优先平衡；月度及月度以内交易应以保障系统安全稳定运行和电力可靠供应为前提，在更大范围内实现资源优化配置和余缺调剂。

第三章 交易方式及排序原则

第十五条 除国家明确的年度跨省跨区电量交易以外，跨省跨区电能交易原则上均应采取市场化的交易方式。

第十六条 市场化的交易方式主要分为集中撮合方式和双边协商方式：

（一）集中撮合方式是指购、售电主体通过跨省跨区交易平台直接进行购售需求申报，由交易系统按照规定的排序原则进行交易匹配，形成无约束交易意向，经电力调度机构安全校核后，形成有约束交易结果。

（二）双边协商方式是指购、售电主体根据自愿原则，自主协商确定交易电量和价格，形成无约束交易意向，经电力调度机构安全校核后，形成有约束交易结果。

当购电主体主要为省级电网企业时，跨省跨区电能交易原则上以集中撮合方式为主，双边协商方式为辅。

第十七条 集中撮合方式组织的跨省跨区电能交易，应按照以下原则进行交易排序和匹配：

（一）售电侧，按照节能环保的原则进行排序，原则上先清洁能源机组后火电机组；对于火电机组，结合机组申报的售电量、供电煤耗、脱硫脱硝效率、上网电价等权重因素，计算售电量分配序列。同一价区内，高效环保机组优先。

（二）购电侧，按照资源优化配置和余缺调剂的原则进行排序，结合申报购电量、购电价格、输电费用（含网损）、所在地区发电设备平均负荷率及系统备用率等权重因素，计算购电量分配序列。

（三）当购电侧与售电侧电量平衡时，按照分配序列依次进行购、售主体匹配；当购电侧与售电侧电量不平衡时，按照序列中的权重比例在购、售电主体间进行分摊。

（四）同一区域内，购电侧与售电侧电量分配权重标准应该统一。

第十八条 经电力调度机构安全校核的有约束交易排序成交结果，由电力交易机构或电力调度机构及时向市场主体发布。（格式参见附表3、4）

第十九条 跨省跨区电能交易的输电方应公平开放输电网，并向相关市场主体、电力监管机构披露输电环节相关收费信息（见附表5）。

第二十条 市场主体应当签订跨省跨区电能交易合同，明确结算方式、输电费用和违约责任等。月内完成的临时交易，应在事后补充签订合同。

第四章 合同执行与调整

第二十一条 市场主体签订的跨省跨区交易合同是交易执行与结算的法律依据。

第二十二条 交易合同执行与结算的优先级，由高到低依次为：

（一）跨省跨区事故应急支援交易；

（二）年度跨省跨区电能交易；

（三）月度跨省跨区电能交易；

（四）月内短期或临时跨省跨区电能交易。

当实际跨省跨区电能交易供需发生变化，需对交易合同进行调整时，合同调整的次序与上述相反。

第二十三条 年度跨省跨区电能交易合同的分月合同电量原则上不进行滚动调整。确有需要调整的，调整情况应事先向市场主体发布，并报区域电力监管机构备案。

第二十四条 当实际需求与合同电量出现偏差时，经交易相关主体（含输电方）协商一致，可自愿选择合同转让或合同回购等方式进行调整；协商不一致时，按照合同中约定的违约条款执行。

（一）合同转让，是指在购电省需求发生变化，自身无法履行原有合同时，由购电方将已生效的原购电交易合同全部或部分转让给第三方，不影响送电侧的合同执行和结算。如因发电企业原因导致无法履行原有合同时，可通过发电权交易将合同转让给其他发电企业，不影响购电侧的合同执行和结算。

（二）合同回购，是指在售电省或购电省需求发生变化，或因售电方原因导致无法履行原有合同时，经合同有关各方同意，可由售电方将已生效的原售电交易合同全部或部分从原购电方购回。

（三）合同调整须签订相应补充合同。

第二十五条 月内短期或临时交易合同原则上不进行转让和回购，交易无法完成时，执行约定的违约条款。

第二十六条 跨省区电能交易合同及转让、回购合同须按规定报相应电力监管机构备案。

第二十七条 参与跨省跨区交易的售电主体，应按照辅助服务考核与补偿的相关规定，承担必要的跨省跨区辅助服务义务。

第五章 交易价格与输电费用

第二十八条 跨省跨区交易中的上网侧电价及输电环节收费标准，按照国家有关规定执行。支持具备条件的地区，逐步探索形成市场化的价费形成机制。

第二十九条 输电费用按照实际物理输送电量收取，电能计量关口的设置应向市场主体公布。同一断面输电费用应按一定周期内物理输送电量互抵后的净值收取。输电断面划分及互抵周期在实施细则中明确。

第三十条 输电损耗在输电价格中已明确包含的，不再单独或另外收取。由于潮流穿越而引起的省级电网输电损耗，按国家核定的标准执行；未经核定的，可按前三年220kV及以上线路平均输电损耗水平执行，应向市场主体通报，并报电力监管机构备案。

第三十一条 跨省跨区电能交易合同转让和回购，原则上不另行收取输电费用。

第六章 附 则

第三十二条 本规则自2013年1月1日起试行。

附录：电能交易表格（略）

2013 中国电力年鉴

其 他 文 献

人力资源社会保障部等四部门关于表彰“十一五”时期全国节能减排先进集体和先进个人的决定

（人社部发〔2012〕72号）

各省、自治区、直辖市及新疆生产建设兵团人力资源社会保障厅(局)、发改委、经贸委(经信委、工信委、工信厅)、环保厅(局)、财政厅(局)，中央和国家机关有关部门办公厅，解放军总政治部组织部、总后勤部司令部，有关社会团体、行业协会、中央发电企业办公厅(室)：

“十一五”时期，在党中央、国务院的正确领导下，各地区、各部门和社会各界的广大干部职工坚持以邓小平理论和“三个代表”重要思想为指导，深入贯彻落实科学发展观，把节能减排作为调整经济结构、转变发展方式的重要抓手，作为建设资源节约型和环境友好型社会的重要举措，通过采取一系列强有力的政策措施，节能减排取得显著成效，为保持经济平稳较快发展提供了有力支撑，促进了经济结构调整和技术进步，提高了能源利用效率，成为贯彻落实科学发展观的一大亮点，同时为应对全球气候变化作出了重要贡献。在此过程中，涌现出一大批先进集体和先进个人，他们攻坚克难、开拓创新，为实现“十一五”节能减排约束性目标做出了突出贡献。

为表彰先进，树立典型，进一步推动节能减排工作，确保实现“十二五”节能减排目标。经中央批准，人力资源社会保障部、国家发改委、环境保护部、财政部决定，授予北京市发改委资源节约和环境保护处等280个单位“全国节能先进集体”荣誉称号，授予北京市财政局经济建设一处等250个单位“全国减排先进集体”荣誉称号，授予张玉梅等217名同志“全国节能先进个人”荣誉称号，授予马静等250名同志“全国减排先进个人”荣誉称号。希望受到表彰的先进集体和先进个人珍惜荣誉，再接再厉，更好地发挥示范带头作用，继续做出更大的贡献。

全国节能减排战线的广大干部职工要以受表彰的先进集体和先进个人为榜样，高举中国特色社会主义伟大旗帜，进一步树立绿色、低碳发展理念，不断加大工作力度，为实现“十二五”节能减排目标、促进经济发展方式转变做出更大贡献。

附件1 全国节能先进集体名单(略)
附件2 全国减排先进集体名单(略)
附件3 全国节能先进个人名单(略)
附件4 全国减排先进个人名单(略)

人力资源社会保障部
国家发展和改革委员会
环境保护部 （印）
财政部
2012年11月23日

统 计 资 料

2013
中国电力年鉴

电力行业统计资料[1]

2012 年电力统计基本数据一览表

	单 位	2012 年	2011 年	同比增长（%）
一、发电量	亿 kWh	49 865	47 306	5.41
水电	亿 kWh	8556	6681	28.06
其中：抽水蓄能	亿 kWh	93	109	－14.56
火电	亿 kWh	39 255	39 003	0.65
核电	亿 kWh	983	872	12.75
风电	亿 kWh	1030	741	39.15
太阳能发电	亿 kWh	36	6	494.22
其他	亿 kWh	5	2	117.20
6000kW 及以上火电厂发电量	亿 kWh	39 160	38 893	0.69
燃煤	亿 kWh	37 104	36 961	0.38
其中：煤矸石发电	亿 kWh	746	672	11.02
燃油	亿 kWh	54	59	－9.01
燃气	亿 kWh	1092	1088	0.39
其中：煤层气发电	亿 kWh	15	18	－16.74
其他	亿 kWh	911	785	16.09
其中：余温、余气、余压发电	亿 kWh	594	552	7.70
垃圾焚烧发电	亿 kWh	120	97	23.78
秸秆、蔗渣、林木质发电	亿 kWh	196	135	44.78
二、全社会用电量	亿 kWh	49 657	47 022	5.60
A. 全行业用电合计	亿 kWh	43 429	41 401	4.90
第一产业	亿 kWh	1003	1014	1.12
第二产业	亿 kWh	36 733	35 282	4.11
其中：工业	亿 kWh	36 122	34 710	4.07
1. 轻工业	亿 kWh	6114	5825	4.96
2. 重工业	亿 kWh	30 008	28 885	3.89
第三产业	亿 kWh	5693	5105	11.52
B. 城乡居民生活用电合计	亿 kWh	6228	5621	10.79

[1] 本统计资料未包含香港、澳门地区及台湾省资料。

续表

	单 位	2012 年	2011 年	同比增长（%）
其中：城镇居民	亿 kWh	3562	3202	11.25
乡村居民	亿 kWh	2666	2419	10.18
三、发电装机容量	万 kW	114 676	106 253	7.93
水电	万 kW	24 947	23 298	7.08
其中：抽水蓄能	万 kW	2033	1838	10.61
火电	万 kW	81 968	76 834	6.68
核电	万 kW	1257	1257	
风电	万 kW	6142	4623	32.86
太阳能发电	万 kW	341	212	60.63
其他	万 kW	20.5	19.0	7.84
6000kW 及以上火电厂装机容量	万 kW	81 426	76 302	6.71
燃煤	万 kW	75 382	70 929	6.28
其中：煤矸石发电	万 kW	1574	1295	21.54
燃油	万 kW	301	328	−8.23
燃气	万 kW	3717	3415	8.84
其中：煤层气发电	万 kW	29	38	−23.92
其他	万 kW	2025	1631	24.19
其中：余温、余气、余发电	万 kW	1256	1072	17.23
垃圾焚烧发电	万 kW	251	210	19.91
秸秆、蔗渣、林木质发电	万 kW	518	349	48.12
四、35kV 及以上输电线路回路长度	km	1 479 963	1 409 698	4.98
1000kV	km	639	639	
±800kV	km	5466	3334	63.96
750kV	km	10 088	10 005	0.83
±660kV	km	1400	1400	
500kV	km	146 250	140 263	4.27
其中：±500kV	km	9145	8837	3.49
±400kV	km	1051	1051	
330kV	km	22 701	22 267	1.95
220kV	km	318 217	295 978	7.51
110kV(含 66kV)	km	517 983	491 322	5.43
35kV	km	456 168	443 440	2.87
五、35kV 及以上变电设备容量	万 kVA	445 899	408 398	9.18
1000kV	万 kVA	1800	1800	
±800kV	万 kVA	4360	2669	63.34
750kV	万 kVA	5320	5320	
±660kV	万 kVA	946	946	

续表

	单 位	2012年	2011年	同比增长（%）
500kV	万kVA	90 625	82 109	10.37
其中：±500kV	万kVA	7230	6011	20.27
±400kV	万kVA	141	71	98.86
330kV	万kVA	7714	7424	3.91
220kV	万kVA	144 228	131 060	10.05
110kV(含66kV)	万kVA	149 231	137 776	8.31
35kV	万kVA	41 534	39 223	5.89
六、新增发电装机容量	万kW	8315	9436	−11.88
水电	万kW	1676	1283	30.63
其中：抽水蓄能	万kW	165	175	−5.71
火电	万kW	5236	6241	−16.10
其中：燃煤	万kW	4788	5837	−17.97
其中：煤矸石发电	万kW	156	183	−14.75
燃油	万kW			
燃气	万kW	247	237	4.38
其中：煤层气发电	万kW	1		
其他	万kW	201	168	19.57
其中：余温、余气、余压	万kW	105	77	35.72
垃圾焚烧发电	万kW	20	26	−22.04
秸秆、蔗渣、林木质发电	万kW	75	65	14.98
核电	万kW		175	
风电	万kW	1296	1528	−15.18
太阳能发电	万kW	107	196	−45.23
其他	万kW		13.1	
七、火电机组退役和关停容量	万kW	616	955	−35.52
八、年底主要发电企业电源在建规模	万kW	16 235	17 084	−4.97
水电	万kW	6648	7121	−6.64
火电	万kW	5166	5558	−7.05
核电	万kW	3383	3347	1.08
风电	万kW	971	1047	−7.23
九、新增110kV及以上输电线路长度	km	66 269	66 903	−0.95
1000kV	km		1.4	
±800kV	km	2090		
750kV	km	741	2740	−72.96
±660kV	km			
500kV	km	4747	7331	−35.24
其中：±500kV	km			

续表

	单　位	2012年	2011年	同比增长(%)
±400kV	km		1038	
330kV	km	219	965	−77.32
220kV	km	26 431	24 129	9.54
110kV(含66kV)	km	32 040	30 698	4.37
十、新增110kV及以上变电设备容量	万kVA	28 835	31 713	−9.07
1000kV	万kVA		1200	
±800kV	万kVA	1440		
750kV	万kVA		1660	
±660kV	万kVA		400	
500kV	万kVA	7650	6465	18.33
其中：±500kV	万kVA	450	600	−25.00
±400kV	万kVA		120	
330kV	万kVA	372	614	−39.41
220kV	万kVA	11 269	12 032	−6.34
110kV(含66kV)	万kVA	9994	9222	8.37
十一、电力投资当年完成	亿元	7393	7614	−2.90
1. 电源投资	亿元	3732	3927	−4.98
水电	亿元	1239	971	27.64
火电	亿元	1002	1133	−11.55
核电	亿元	784	764	2.69
风电	亿元	607	902	−32.70
太阳能发电	亿元	99	155	−36.18
其他	亿元		2.5	
2. 电网投资	亿元	3661	3687	−0.69
送变电	亿元	3458	3498	−1.13
其中：直流	亿元	278	222	25.19
交流	亿元	3180	3275	−2.90
其他	亿元	203	189	7.38
十二、单机6000kW及以上机组平均单机容量				
水电：单机容量	万kW/台	5.77	5.66	0.11
机组台数	台	3530	3328	202
机组容量	万kW	20 377	18 834	1543
火电：单机容量	万kW/台	11.80	11.40	0.40
机组台数	台	6805	6595	210
机组容量	万kW	80 302	75 215	5087
十三、6000kW及以上电厂供热量	万GJ	307 749	297 859	3.32
十四、6000kW及以上电厂发电标准煤耗	g/kWh	305	308	−3

续表

	单 位	2012 年	2011 年	同比增长（%）
十五、6000kW 及以上电厂供电标准煤耗	g/kWh	325	329	－4
十六、6000kW 及以上电厂厂用电率	%	5.10	5.39	－0.29
水电	%	0.33	0.36	－0.03
火电	%	6.08	6.23	－0.15
十七、6000kW 及以上电厂发电设备利用小时	h	4579	4730	－151
水电	h	3591	3019	572
其中：抽水蓄能	h	592	619	－27
火电	h	4982	5305	－323
核电	h	7855	7759	96
风电	h	1929	1875	54
十八、6000kW 及以上电厂燃料消耗				
发电消耗标准煤量	万 t	114 770	114 400	0.32
发电消耗原煤量	万 t	178 968	182 382	－1.87
供热消耗标准煤量	万 t	12 247	11 854	3.32
供热消耗原煤量	万 t	18 447	18 262	1.01
十九、6000kW 及以上火电厂热效率				
电厂热效率	%	41.91	41.76	0.15
电厂供热效率	%	85.74	85.74	
电厂能源转换总效率	%	46.10	44.37	1.73
二十、供、售电量及线损				
供电量	亿 kWh	44 798	42 768	4.75
售电量	亿 kWh	41 781	39 980	4.51
线损电量	亿 kWh	3018	2788	8.23
线路损失率	%	6.74	6.52	0.22
二十一、发用电设备比				
发电装机容量：用电设备容量		1∶3.47	1∶3.31	
二十二、电力弹性系数				
电力生产弹性系数		0.69	1.28	－0.58
电力消费弹性系数		0.72	1.29	－0.57

注 1. 2012 年，全国基建新增生物质发电装机容量 99 万 kW，同比增长 8.51%；年底 6000kW 及以上电厂生物质装机容量 769 万 kW，同比增长 37.57%；全年 6000kW 及以上电厂生物质发电量 316 亿 kWh，同比增长 35.62%；

2. 本年 35kV 及以上变电设备容量包含换流站两端变压器容量，2011 年同期数据相应调整。

全国分地区发电装机容量

单位：万 kW

地区	合计			水电			火电			核电			风电			太阳能发电			其他
	2012	2011	同比(%)	2012	2011	同比(%)	2012	2011	同比(%)	2012	2011	同比(%)	2012	2011	同比(%)	2012	2011	同比(%)	2011
全国	**114 676**	**106 253**	**7.93**	**24 947**	**23 298**	**7.08**	**81 968**	**76 834**	**6.68**	**1257**	**1257**	**0.00**	**6142**	**4623**	**32.86**	**341**	**212**	**60.63**	**20**
北京	731	634	15.33	102	105	−2.75	614	514	19.49	0	0		15	15	0.00	0.0	0.0		0.0
天津	1134	1097	3.39	0.5	0.5	0.00	1110	1083	2.50	0	0		23	13	73.88	0.2	0.0		0.0
河北	4868	4450	9.37	179	179	0.06	3999	3810	4.98	0	0		675	447	50.90	0.0	0.0		15
山西	5455	4987	9.38	243	243	−0.07	5011	4651	7.75	0	0		198	90	118.84	1.5	1.5	0.00	1.2
内蒙古	7840	7506	4.45	108	85	27.06	6019	5955	1.07	0	0		1693	1457	16.16	21	8.7	135.92	0.0
辽宁	3807	3400	11.96	272	147	85.38	3058	2851	7.26	0	0		476	402	18.21	1.0	0.0		0.0
吉林	2399	2305	4.05	442	433	2.00	1627	1587	2.54	0	0		330	285	15.59	0.0	0.0		0.0
黑龙江	2173	2087	4.09	97	96	1.98	1752	1737	0.90	0	0		323	255	26.59	0.0	0.0		0.0
上海	2146	1966	9.18	0	0		2118	1943	8.97	0	0		27	21	28.66	0.7	0.7	0.00	0.8
江苏	7544	7004	7.71	114	114	−0.01	6982	6480	7.74	212	212	0.00	193	158	22.35	43	33	30.03	0.0
浙江	6164	6063	1.67	984	971	1.35	4705	4626	1.72	433	433	0.00	40	32	23.20	1.2	0.0		0.7
安徽	3532	3179	11.11	278	200	38.62	3223	2959	8.94	0	0		30	20	49.24	1.9	0.0		0.1
福建	3885	3717	4.53	1140	1125	1.29	2632	2510	4.87	0	0		113	82	38.40	0.1	0.0		0.0
江西	1947	1806	7.77	420	411	2.37	1505	1382	8.91	0	0		20	13	50.56	1.6	0.0		0.0
山东	7315	6805	7.49	107.7	106.9	0.79	6818	6448	5.74	0	0		382	246	55.03	6.6	3.5	89.29	0.0
河南	5765	5324	8.27	395	395	−0.05	5355	4919	8.87	0	0		15	11	41.86	0.0	0.0		0.0
湖北	5787	5314	8.90	3595	3386	6.18	2174	1918	13.37	0	0		17	10	64.54	1.2	0.0		0.0
湖南	3297	3112	5.96	1372	1337	2.69	1906	1765	7.99	0	0		18.9	11	78.81	0.0	0.0		0.0
广东	7810	7624	2.44	1306	1302	0.33	5752	5635	2.07	612	612	0.00	139	74	88.23	0.8	0.8	0.00	0.3
广西	3037	2707	12.20	1536	1526	0.72	1491	1177	26.72	0	0		10	5	100.00	0.0	0.0		0.0
海南	502	423	18.57	81	81	0.79	388	315	23.43	0	0		30	25	18.85	2.0	2.0	0.00	0.0
重庆	1340	1296	3.37	611	598	2.16	724	694	4.44	0	0		5	5	0.00	0.0	0.0		0.0
四川	5459	4787	14.02	3964	3342	18.61	1493	1444	3.43	0	0		2	2	0.00	0.0	0.0		0.0
贵州	4010	3901	2.80	1728	1866	−7.41	2186	2030	7.66	0	0		96	4	2196.67	0.0	0.0		0.0
云南	4825	4047	19.21	3306	2842	16.35	1385	1136	21.88	0	0		131	67	93.99	3.0	2.0	50.00	0.0
西藏	102	97	4.97	54	54	0.00	37	37	1.98	0	0		0	0		8.0	4.0	99.75	2.7
陕西	2494	2460	1.40	250	232	7.91	2227	2216	0.50	0	0		15	10	51.03	2.1	2.0	5.00	0.0
甘肃	2916	2745	6.22	730	655	11.44	1551	1524	1.77	0	0		597	555	7.51	38	11	244.14	0.0
青海	1470	1422	3.34	1101	1096	0.45	230	230	0.00	0	0		2	2	0.00	136	94	45.31	0.0
宁夏	1972	1848	6.69	43	43	0.00	1640	1640	0.00	0	0		236	117	102.54	53	49	8.04	0.0
新疆	2952	2138	38.08	385	327	17.68	2257	1623	39.05	0	0		292	188	55.71	18	0.0		0.0

全国分地区发电量

单位：亿 kWh

地区	合计			水电			火电			核电			风电			太阳能发电			其他
	2012	2011	同比(%)	2012	2011	同比(%)	2012	2011	同比(%)	2012	2011	同比(%)	2012	2011	同比(%)	2012	2011	同比(%)	2011
全国	**49 865**	**47 306**	**5.41**	**8556**	**6681**	**28.06**	**39 255**	**39 003**	**0.65**	**983**	**872**	**12.75**	**1030**	**741**	**39.15**	**36**	**6.0**	**494.22**	**4.8**
北京	293	266	10.30	7	4	59.00	283	258	9.56	0	0		3.1	3.1	1.07	0.0	0.0		0.0
天津	587	613	−4.26	0.2	0.1	39.46	582	612	4.82	0	0		4.7	1.4	230.54	0.0	0.0		0.0
河北	2316	2250	2.97	10	9	13.23	2178	2151	1.23	0	0		126	89	41.75	0.0	0.0		2.5
山西	2535	2344	8.13	44	35	26.35	2454	2296	6.87	0	0		36	13	174.39	0.2	0.006	3574.14	0.6
内蒙古	3344	3135	6.69	29	18	58.52	3029	2889	4.86	0	0		284	227	25.05	1.7	0.1	1168.91	0.0
辽宁	1488	1423	4.53	64	41	54.53	1345	1316	2.22	0	0		79	66	19.25	0.0001	0.0		0.0
吉林	714	705	1.21	79	74	7.38	591	592	−0.17	0	0		44	40	10.13	0.0	0.0		0.0
黑龙江	842	834	0.87	18	16	15.12	772	775	−0.32	0	0		51	44	16.82	0.0	0.0		0.0
上海	973	1026	5.19	0	0		967	1022	−5.44	0	0		6.3	4.0	56.48	0.1	0.1	2.29	0.1
江苏	4158	3933	5.73	12	13	−4.80	3943	3731	5.66	162	161	1.06	37	27	35.74	4.2	0.8	450.55	0.0
浙江	2847	2790	2.03	220	156	40.80	2273	2343	−2.98	346	286	21.09	7.8	5.6	38.47	0.1	0.0		0.2
安徽	1808	1655	9.25	36	28	27.49	1767	1624	8.81	0	0		4.6	2.5	85.70	0.1	0.0		0.001
福建	1623	1579	2.76	476	285	66.96	1118	1272	−12.07	0	0		28	22	27.87	0.02	0.0		0.0
江西	760	742	2.33	146	75	94.38	610	665	−8.25	0	0		3.2	2.2	47.55	0.1	0.0		0.0
山东	3306	3172	4.20	1.2	1.1	8.26	3241	3129	3.58	0	0		63	42	49.50	0.7	0.4	68.12	0.0
河南	2597	2598	0.06	128	98	30.65	2465	2498	−1.33	0	0		3.3	1.7	92.84	0.0	0.0		0.0
湖北	2245	2102	6.82	1380	1167	18.25	863	933	−7.50	0	0		2.0	1.5	30.50	0.1	0.0		0.0
湖南	1214	1204	0.80	446	304	46.67	765	899	−14.97	0	0		2.7	0.5	445.17	0.0	0.0		0.0
广东	3644	3696	1.41	298	209	42.44	2848	3046	−6.50	474	425	11.56	24	16	49.75	0.03	0.01	109.79	0.04
广西	1172	1052	11.45	524	415	26.34	647	637	1.63	0	0		0.8	0.1	790.92	0.0	0.0		0.0
海南	211	189	11.77	24	26	5.42	182	158	15.30	0	0		4.7	5.3	10.16	0.3	0.04	612.78	0.0
重庆	547	534	2.49	210	146	44.49	336	387	13.25	0	0		0.8	1.0	18.13	0.0	0.0		0.0
四川	2129	1857	14.67	1545	1261	22.57	584	596	−2.06	0	0		0.4	0.2	136.57	0.0	0.0		0.0
贵州	1610	1416	13.74	560	393	42.45	1046	1022	2.30	0	0		4.9	0.6	762.02	0.0	0.0		0.0
云南	1748	1555	12.39	1240	1009	22.86	480	536	10.49	0	0		28	10	187.59	0.3	0.3	12.17	0.0
西藏	21	23	−6.88	15	17	−11.03	5	5	−0.66	0	0		0.0	0.0		0.8	0.4	92.87	1.3
陕西	1233	1179	4.54	81	94	14.05	1149	1084	5.97	0	0		2.6	0.9	187.27	0.3	0.0		0.0
甘肃	1107	1068	3.66	344	282	22.27	666	714	−6.84	0	0		94	71	32.02	3.1	0.6	398.80	0.0
青海	592	490	20.78	458	367	24.79	120	122	1.88	0	0		0.2	0.03	439.08	14	1.4	924.62	0.0
宁夏	1013	999	1.38	19	17	14.35	952	967	1.51	0	0		33	13	152.06	7.8	1.9	309.75	0.0
新疆	1188	875	35.77	140	122	14.61	998	725	37.57	0	0		49	28	74.66	1.7	0.0		0.0

全社会用电量情况

地　区	用电量 （亿 kWh）	同比增长 （%）
全国	**49 657**	**5.60**
北京	874	6.40
天津	722	3.93
河北	3078	3.11
山西	1766	6.99
内蒙古	2017	8.19
辽宁	1900	2.06
吉林	637	1.09
黑龙江	828	3.25
上海	1353	1.03
江苏	4581	6.99
浙江	3211	3.00
安徽	1361	11.46
福建	1579	4.20
江西	868	3.90
山东	3795	4.38
河南	2748	3.33
湖北	1508	3.94
湖南	1347	4.10
广东	4619	5.01
广西	1154	3.74
海南	210	12.83
重庆	723	1.59
四川	1831	4.53
贵州	1047	10.87
云南	1316	9.28
西藏	28	16.80
陕西	1067	8.58
甘肃	995	7.70
青海	602	7.41
宁夏	742	2.38
新疆	1151	37.23

全国新增发电装机容量

单位：万 kW

地区	合计	其中															
		水电		火电										核电	风电	太阳能发电	其他
		合计	其中：抽水蓄能	合计	其中												
					燃煤	其中：煤矸石发电	燃气	其中：煤层气发电	燃油	其他	其中：余温、余气、余压发电	其中：垃圾焚烧发电	其中：秸秆、蔗渣、林木质发电				
全国	**8315**	**1676**	**165**	**5236**	**4788**	**156**	**247**			**201**	**105**	**20**	**75**		**1296**	**107**	
北京					0		0			0							
天津	31			27	27		0			0					5		
河北	334			175	153	60	0			22	0.6	4	18		158	0.1	
山西	422			318	317	30	0.5			0					103	0.8	
内蒙古	234	1		71	71		0			0					152	11	
辽宁	421	95	90	257	221		0			36	25		11		69	1.0	
吉林	159	9		111	104	66	0			8	6		2		39		
黑龙江	87	0.4		16	0		2			13	8		5		71		
上海	42			42	42		0			0							
江苏	584	0.0		540	399		117			24	18	0.8	5		37	7	
浙江	139			131	4		127			0					8		
安徽	352	77	75	269	263		0			6	2	0.1	3		5	1.5	
福建	137			127	127		0			0					10		
江西	138	4		130	130		0			0					3		
山东	521	0.7		381	337		0.4			45	28	5	11		132	7	
河南	620			615	613		0			2			2		5		
湖北	441	196		239	203		0.2			35	17	6	13		5	0.9	
湖南	95	17		72	66		0			6			6		5		
广东	533			496	496		0			0					36	2	
广西	275	4		266	266		0			0					5		
海南	75			70	70		0			0					5		
重庆	17	17			0		0			0							
四川	797	730		67	62		0			5	0.2	5					
贵州	182	11		126	126		0			0					45		
云南	708	397		180	180		0			0					130	1	
西藏	4				0		0			0						4	
陕西	90			66	66		0			0					22	3	
甘肃	156	40		12	12		0			0					75	29	
青海	27	4			0		0			0					0.2	23	
宁夏	95				0		0			0					92	3	
新疆	600	73		433	433		0			0					79	14	

全国 6000kW 及以上电厂发电技术经济指标

地区	利用小时(h)					厂用电率(%)			发电消耗标准煤量（万 t）	发电标准煤耗（g/kWh）	供电标准煤耗（g/kWh）	发电消耗原煤量（万 t）
	合计	水电	火电	核电	风电	合计	水电	火电				
全国	**4579**	**3591**	**4982**	**7855**	**1929**	**5.1**	**0.3**	**6.1**	**114 770**	**305**	**325**	**178 968**
北京	3982	411	4627	0	2091	5.3	0.8	5.4	685	246	260	643
天津	5265	0	5331	0	2078	6.3	0.0	6.3	1745	302	323	2604
河北	5014	462	5621	0	2255	6.3	1.6	6.4	6653	312	332	9869
山西	4790	1793	5046	0	1767	7.4	0.3	7.6	7427	314	340	12 536
内蒙古	4389	2701	5074	0	1857	6.8	0.4	7.4	9433	315	339	18 886
辽宁	4119	2954	4558	0	1762	6.5	1.5	6.9	4042	303	326	7387
吉林	3126	1759	3854	0	1420	6.5	0.7	7.5	1722	300	324	3584
黑龙江	3962	1803	4436	0	1780	6.2	1.4	6.6	2446	321	344	4681
上海	4551	0	4574	0	2572	4.5	0.0	4.5	2758	289	303	3403
江苏	5617	1012	5734	8121	2112	5.0	1.5	5.0	11 040	296	311	15 268
浙江	5004	2011	5268	7878	2311	4.9	0.4	4.9	6470	290	305	8335
安徽	5299	1262	5571	0	1761	4.8	0.6	4.9	5044	298	313	7714
福建	4258	4171	4341	0	2794	4.1	0.2	4.7	3086	290	304	4218
江西	4319	3345	4521	0	1687	4.8	0.6	5.4	1746	301	318	2657
山东	4749	29	4962	0	1975	5.7	0.0	5.7	9346	310	329	13 831
河南	4724	3215	4847	0	2250	5.7	0.4	6.0	7091	298	317	11 126
湖北	4120	3989	4364	0	1621	2.1	0.1	5.4	2268	303	320	3326
湖南	3814	3216	4176	0	2076	4.3	0.5	6.0	2271	309	328	3355
广东	4958	2515	4977	7752	2109	5.3	0.6	5.8	8500	299	317	11 293
广西	3982	3321	4698	0	1408	3.7	0.4	6.7	1557	304	326	2381
海南	4735	2965	5325	0	1568	6.9	0.4	7.6	504	289	314	611
重庆	4220	3617	4671	0	1773	5.3	0.5	8.0	979	326	354	1697
四川	4259	4352	4048	0	2463	2.1	0.2	6.0	1442	315	335	2618
贵州	4189	3077	5073	0	1543	5.0	0.2	7.2	3119	310	335	5438
云南	4012	4125	3852	0	2760	2.4	0.2	7.5	1323	315	339	2772
西藏	2100	2682	1257	0	0	2.0	1.6	3.2	16	344	355	0
陕西	4978	3229	5166	0	2070	6.8	0.7	7.1	3449	310	333	5321
甘肃	3891	4923	4337	0	1661	4.6	1.3	6.5	2079	312	334	3272
青海	4151	4191	5187	0	1031	2.1	0.6	7.9	391	328	356	582
宁夏	5344	4545	5808	0	2047	0.0	0.0	0.0	2732	308	330	4666
新疆	5145	3662	5767	0	2584	7.1	0.4	8.1	3407	342	372	4894

全国 6000kW 及以上电厂供热情况

地区	供热容量（万 kW）	供热量（GJ）	供热厂用电		供热消耗标准煤量（万 t）	供热标准煤耗（kg/GJ）	供热消耗燃料原煤（万 t）
			厂用电量（万 kWh）	厂用电率（百 kWh/GJ）			
全国	**22 075**	**3 077 491 786**	**2 515 232**	**8.2**	**12 247**	**39.8**	**18 447**
北京	456	81 831 444	70 776	8.7	315	38.5	284
天津	635	71 179 699	62 224	8.7	271	38.1	347
河北	2005	185 994 378	172 964	9.3	764	41.1	1115
山西	1463	50 283 222	56 939	11.3	202	40.2	295
内蒙古	2559	201 440 979	210 178	10.4	823	40.8	1670
辽宁	1599	298 762 691	291 639	9.8	1195	40.0	1938
吉林	1238	177 718 518	192 279	10.8	700	39.4	1282
黑龙江	999	192 077 867	168 808	8.8	760	39.6	1373
上海	420	60 615 503	43 400	7.2	229	37.8	253
江苏	2362	534 058 346	368 673	6.9	2143	40.1	3084
浙江	547	362 183 405	202 108	5.6	1417	39.1	1921
安徽	485	45 096 214	27 303	6.1	192	42.5	280
福建	454	37 906 522	28 103	7.4	147	38.8	214
江西	0	0	0	0.0	0	0.0	0
山东	3288	473 558 559	371 500	7.8	1867	39.4	2720
河南	1097	14 100 089	11 992	8.5	61	43.5	101
湖北	379	8 217 439	5921	7.2	33	40.5	46
湖南	188	35 623 863	25 603	7.2	142	39.8	193
广东	328	46 140 504	25 008	5.4	175	38.0	190
广西	0	0	0	0.0	0	0.0	0
海南	0	0	0	0.0	0	0.0	0
重庆	14	46 891 072	46 496	9.9	187	39.9	217
四川	16	6 772 648	4495	6.6	41	60.6	82
贵州	0	0	0	0.0	0	0.0	0
云南	0	0	0	0.0	0	0.0	0
西藏	0	0	0	0.0	0	0.0	0
陕西	247	22 504 040	17 912	8.0	92	41.0	140
甘肃	480	45 453 504	43 094	9.5	184	40.6	275
青海	0	0	0	0.0	0	0.0	0
宁夏	147	0	0	0.0	0	0.0	0
新疆	671	79 081 281	67 818	8.6	307	38.8	425

全国 35kV 及以上输电线路回路长度

计量单位：km

地区	合计	1000kV	±800kV	750kV	±660kV	500kV	其中：±500kV	±400kV	330kV	220kV	110kV（含 66kV）	35kV	电缆
全　国	1 479 963	639	5466	10 088	1400	146 250	9145	1051	22 701	318 217	517 983	456 168	36 756
北　京	9639					1419				2661	3465	2095	1577
天　津	9309					769				2346	2878	3317	4993
河　北	81 759				202	9066				17 608	23 752	28 130	805
山　西	54 456	116			305	7496				11 577	15 692	19 269	285
内蒙古	63 983					8009	715			17 869	25 294	11 811	82
辽　宁	51 203					6869	193			14 790	29 504	39	927
吉　林	30 985					2605				9791	18 545	44	210
黑龙江	51 003					4470				12 103	21 834	12 595	239
上　海	9427		106			1231	81			3475	800	3814	8327
江　苏	79 861		65			9684	147			22 942	26 384	20 787	3885
浙　江	54 551		269			7019	472			13 895	18 520	14 848	3535
安　徽	54 155		771			5701	1611			11 630	13 904	22 149	874
福　建	41 064					3384				10 490	14 071	13 119	518
江　西	40 506					3195				8800	12 038	16 473	315
山　东	81 416				415	5626				18 742	24 092	32 541	3350
河　南	65 952	343				6922			140	14 895	20 703	22 949	445
湖　北	62 389	180	972			10 755	1461			12 000	18 784	19 699	643
湖　南	65 799		509			4624	857			12 424	22 154	26 089	285
广　东	66 955					8057				20 147	30 868	7883	2797
广　西	58 704					1302				12 750	16 777	27 874	242
海　南	8240									2605	3170	2465	36
重　庆	30 134		575			2744				6627	8907	11 281	272
四　川	76 825		823			9967	265			17 036	24 391	24 608	908
贵　州	40 304					3076				8756	13 052	15 420	61
云　南	75 003					8724				12 992	22 511	30 776	295
西　藏	7866							423		798	2839	3806	2
陕　西	41 572			1667	308	565	294		7912		19 707	11 414	576
甘　肃	56 201			3630					7905	880	24 080	19 705	30
青　海	22 292			2143				628	4444		9987	5090	84
宁　夏	13 075			610	169				2299	1898	5074	3025	
新　疆	60 787			2038						15 490	20 204	23 055	94
跨　区	14 546		1375			12 972	3049			200			63

全国35kV及以上变压器情况(含公用变压器和自备变压器)

地区	合计			1000kV			±800kV			750kV			±660kV		
	座数(座)	组数(组)	铭牌容量(万kVA)	座数(座)	组数(组)	铭牌容量(万kVA)	座数(座)	组数(组)	铭牌容量(万kVA)	座数(座)	组数(组)	铭牌容量(万kVA)	座数(座)	组数(组)	铭牌容量(万kVA)
全国	**60 170**	**117 613**	**445 899**	**3**	**6**	**1800**	**6**	**112**	**4360**	**23**	**29**	**5320**	**2**	**24**	**946**
北京	642	1453	9634												
天津	1114	2635	7533												
河北	3658	7580	27 236												
山西	2357	4811	15 719	1	2	600									
内蒙古	1638	2824	13 662												
辽宁	2380	4500	19 744												
吉林	1214	1963	5834												
黑龙江	1918	3211	7303												
上海	1573	3388	15 276				1	24	713						
江苏	4888	10 284	42 210				1	24	818						
浙江	2820	5474	29 218												
安徽	2644	5157	12 823												
福建	1385	2448	11 950												
江西	1469	2582	7844												
山东	5636	11 578	32 040										1	12	464
河南	2934	5614	22 107	1	2	600									
湖北	2189	4029	15 839	1	2	600									
湖南	2280	4022	11 486												
广东	2719	5694	41 929												
广西	2367	4737	9717												
海南	281	464	1268												
重庆	880	1758	8438												
四川	2316	4014	19 459				2	48	1643						
贵州	1590	3045	8789												
云南	2193	4714	11 551												
西藏	152	202	352												
陕西	1080	1955	8226							5	7	1470			
甘肃	1425	2865	8189							6	7	1350			
青海	378	784	3754							4	6	1020			
宁夏	530	1227	5517							3	4	780	1	12	482
新疆	1494	2531	5665							5	5	700			
跨区	26	70	5585				2	16	1186						

地区	500kV			其中：±500kV			±400kV			330kV		
	座数(座)	组数(组)	铭牌容量(万kVA)	座数(座)	组数(组)	铭牌容量(万kVA)	座数(座)	组数(组)	铭牌容量(万kVA)	座数(座)	组数(组)	铭牌容量(万kVA)
全国	**521**	**1286**	**90 625**	**21**	**556**	**21 569**	**2**	**8**	**141**	**142**	**312**	**7714**
北京	9	38	2521									
天津	6	14	1245									
河北	28	63	5165									
山西	17	33	2466									
内蒙古	27	60	3934	1	24	714						
辽宁	22	52	4790	2	20	2120						
吉林	10	48	1481									
黑龙江	14	18	1396	1	4	358						
上海	14	39	3825	3	68	2998						
江苏	42	104	8290	1	72	2317						
浙江	33	83	7025		4	14						
安徽	16	25	1910									
福建	15	25	2230									
江西	14	69	1750									
山东	30	60	4425		24	927						
河南	27	54	4425		24	533				2	6	133
湖北	25	90	4658	5	108	3149						
湖南	18	39	2490	1	24	681						
广东	41	95	8785									
广西	7	12	925									
海南												
重庆	11	75	2051									
四川	37	76	5607	1	120	4000						
贵州	13	23	1700									
云南	21	35	2775									
西藏					12	141	1	6	71			
陕西		2	357		4	714				49	105	2622
甘肃										48	107	2630
青海					4	141	1	2	71	24	54	1422
宁夏					24	963				19	40	907
新疆												
跨区	24	54	4399	6	20	1799						

地区	220kV			110kV(含66kV)			35kV		
	座数(座)	组数(组)	铭牌容量(万kVA)	座数(座)	组数(组)	铭牌容量(万kVA)	座数(座)	组数(组)	铭牌容量(万kVA)
全国	**4535**	**9411**	**144 228**	**22 746**	**41 964**	**149 231**	**32 190**	**64 461**	**41 534**
北京	67	169	3112	336	810	3692	230	436	310
天津	77	179	2846	200	405	1674	831	2037	1768
河北	261	552	8930	1136	2230	9498	2233	4753	3643
山西	184	380	5227	740	1507	5402	1415	2889	2025
内蒙古	194	401	5370	899	1505	3649	518	858	709
辽宁	223	456	6637	2130	3985	8303	5	7	15
吉林	90	155	1917	1111	1757	2436	3	3	1
黑龙江	115	205	2420	977	1626	2665	812	1362	823
上海	114	287	5165	162	336	1410	1282	2702	4163
江苏	465	888	14 591	1913	3310	14 967	2467	5958	3544
浙江	275	568	9732	1180	2232	10 019	1332	2591	2442
安徽	170	328	4594	599	1042	4326	1859	3762	1993
福建	155	297	4542	616	1145	4529	599	981	649
江西	121	208	2759	433	747	2519	901	1558	816
山东	327	677	10 716	1388	2581	10 880	3890	8248	5555
河南	239	516	7654	1001	1875	7200	1664	3161	2095
湖北	167	322	4637	840	1474	4958	1156	2141	987
湖南	156	320	3983	794	1349	4014	1312	2314	999
广东	350	824	15 665	1806	3762	17 080	522	1013	399
广西	140	300	3834	504	891	3408	1716	3534	1551
海南	21	35	491	110	192	649	150	237	128
重庆	86	197	2986	337	648	2830	446	838	571
四川	188	382	5471	799	1426	5478	1290	2082	1260
贵州	94	197	2797	504	1018	3332	979	1807	961
云南	128	293	3996	518	951	3620	1526	3435	1160
西藏	4	7	105	30	50	143	117	139	34
陕西				520	963	3307	506	878	470
甘肃	13	59	557	408	804	2804	950	1888	848
青海				163	289	980	186	433	261
宁夏	33	75	1480	196	395	1481	278	701	387
新疆	78	134	2016	396	659	1980	1015	1733	969
跨区									

全国 35kV 及以上公用换流站变压器情况

地区	合计			800kV			660kV			500kV			400kV			330kV			220kV			110kV（含 66kV）			35kV		
	换流站（座）	换流变组数（组）	换流变容量（万kVA）	换流站（座）	换流变组数（组）	换流变容量（万kVA）	换流站（座）	换流变组数（组）	换流变容量（万kVA）	换流站（座）	换流变组数（组）	换流变容量（万kVA）	换流站（座）	换流变组数（组）	换流变容量（万kVA）	换流站（座）	换流变组数（组）	换流变容量（万kVA）	换流站（座）	换流变组数（组）	换流变容量（万kVA）	换流站（座）	换流变组数（组）	换流变容量（万kVA）	换流站（座）	换流变组数（组）	换流变容量（万kVA）
全国	**37**	**304**	**12 871**	**6**	**112**	**4360**	**2**	**24**	**946**	**21**	**145**	**7230**	**2**	**8**	**141**	**2**	**6**	**133**		**3**	**43**	**1**	**2**	**7**	**3**	**4**	**11**
北京																											
天津																											
河北																											
山西																											
内蒙古	1	12	357							1	12	357															
辽宁	2	10	1060							2	10	1060															
吉林																											
黑龙江	1	2	179							1	2	179															
上海	7	34	1499	1	24	713				3	6	775										1	2	7	2	2	4
江苏	2	36	1158	1	24	818				1	12	340															
浙江	1	2	7																						1	2	7
安徽																											
福建																											
江西																											
山东	1	12	464				1	12	464																		
河南	2	12	266								3	90				2	6	133		3	43						
湖北	5	54	1574							5	54	1574															
湖南	1	12	340							1	12	340															
广东																											
广西																											
海南																											
重庆																											
四川	3	60	2000	2	48	1643				1	12	357															
贵州																											
云南																											
西藏	1	6	71										1	6	71												
陕西		2	357								2	357															
甘肃																											
青海	1	2	71										1	2	71												
宁夏	1	12	482				1	12	482																		
新疆																											
跨区	8	36	2985	2	16	1185				6	20	1799															

2012年纳入可靠性统计的10万kW及以上各容量常规火电机组主要运行可靠性指标

机组容量分类（万kW）	统计台数（台）	运行系数（%）	等效可用系数（%）	等效强迫停运率（%）	非计划停运次数（次/台年）
10～19.9	227	76.03	93.77	0.55	0.50
20～29.9	201	71.33	93.90	0.45	0.48
30～39.9	725	78.69	93.06	0.52	0.53
50	8	83.98	93.14	0.11	0.87
60～69.9	392	81.88	92.79	0.65	0.80
70	8	84.00	93.66	0.79	0.88
80	2	59.27	94.67	0.06	0.50
90	2	81.89	88.75	0.03	0.50
100	41	86.06	91.44	0.23	0.80
全部	1606	79.89	92.93	0.55	0.60

2012年纳入可靠性统计的4万kW及以上各容量水电机组主要运行可靠性指标

指标分类	统计台数（台）	运行系数（%）	等效可用系数（%）	等效强迫停运率（%）	非计划停运次数（次/台年）
水电轴流机组	136	61.29	92.18	0.05	0.26
4万～9.9万kW	65	53.46	92.57	0.09	0.43
10万～19.9万kW	63	65.92	91.94	0.01	0.08
20万～29.9万kW	7	68.27	91.55	0.00	0.28
30万kW及以上	1	36.79	94.16	0.71	1.00
水电混流机组	510	55.24	92.93	0.05	0.12
4万～9.9万kW	220	54.80	92.77	0.00	0.06
10万～19.9万kW	104	48.86	91.68	0.01	0.15
20万～29.9万kW	64	52.98	94.18	0.21	0.17
30万kW及以上	122	57.31	92.95	0.03	0.15
抽水蓄能机组	72	16.15	90.01	0.62	2.04
4万～9.9万kW	7	22.42	91.04	2.15	1.00
10万～19.9万kW	6	18.95	93.79	0.00	0.00
20万～29.9万kW	17	13.01	92.67	0.03	0.23
30万kW及以上	42	16.73	88.85	0.74	3.23
全部	718	50.71	92.47	0.07	0.34

2012年纳入可靠性统计的20万kW及以上容量火电机组5种辅助设备的主要可靠性指标

辅助设备分类	运行系数 SF（%）	可用系数 AF（%）	非计划停运率 UOR（%）	非计划停运小时（h/台年）	计划停运小时（h/台年）
磨煤机	64.89	93.95	0.23	13.36	516.43
给水泵组	52.82	94.96	0.15	6.80	436.12
送风机	79.03	94.78	0.01	0.70	456.42
引风机	78.91	94.86	0.03	2.22	447.72
高压加热器	78.56	94.88	0.11	7.81	440.76

2012年纳入可靠性统计的220kV及以上电压等级架空线路、变压器、断路器主要运行可靠性指标

设施类型	电压等级（kV）	统计数量*	强迫停运率**	可用系数（%）	非计划停运次数（次）	非计划停运时间***	计划停运次数（次）	计划停运时间***
架空线路	220	3003.618	0.048	99.979	187	0.11	748	1.71
	330	229.971	0.052	99.964	21	0.08	59	3.10
	500	1565.165	0.081	99.549	135	12.02	330	27.46
	660	16.466	0.000	97.717	0	0.00	2	199.99
	750	97.767	0.000	99.944	0	0.00	19	4.93
	800	68.338	0.044	98.372	3	7.75	13	134.84
	1000	6.410	0.156	99.455	1	0.77	2	46.94
变压器	220	82.341	0.097	99.877	12	0.15	823	10.58
	330	3.111	0.643	99.951	3	0.04	23	4.25
	500	30.431	0.132	99.779	12	0.22	435	19.14
	660	0.060	0.000	100.000	0	0.00	0	0.00
	750	1.309	0.764	99.874	3	3.94	15	7.13
	800	0.050	0.000	100.000	0	0.00	0	0.00
	1000	0.140	0.000	99.194	0	0.00	9	70.57
断路器	220	295.586	0.037	99.973	28	0.02	2.055	2.37
	330	14.224	0.141	99.988	5	0.40	89	0.67
	500	60.893	0.334	99.918	39	0.11	830	7.05
	750	1.706	1.172	99.977	2	0.16	23	1.82
	1000	0.040	0.000	99.862	0	0.00	3	12.09

* 架空线路、电缆线路单位为百千米年，其他设备单位为百台(段)年。

** 架空线路、电缆线路单位为次每百千米年，其他设备单位为次每百台(段)年。

*** 架空线路、电缆线路单位为小时每百千米年，其他设备单位为小时每台(段)年。

2012年纳入可靠性统计的220kV及以上电压等级13类输变电设施主要运行可靠性指标

类　别	可用系数(%)	强迫停运率	非计划停运时间	计划停运时间
架空线路	99.813	0.057	3.95	12.45
变压器	99.853	0.128	0.21	12.65
电抗器	99.821	0.205	0.24	15.42
断路器	99.965	0.092	0.05	3.03
电流互感器	99.973	0.012	0.01	2.37
电压互感器	99.969	0.033	0.09	2.60
隔离开关	99.983	0.010	0.01	1.48
避雷器	99.972	0.006	0	2.42
耦合电容器	99.978	0	0	1.91
阻波器	99.982	0	0	1.59
电缆线路	99.990	0	0	0.91
组合电器	99.994	0.015	0.02	0.49
母线	99.974	0.020	0.01	2.23

注　强迫停运率单位:架空线路、电缆线路为次每百千米年,其他设备为次每百台(段)年;非计划停运、计划停运时间单位:架空线路、电缆线路为小时每百千米年,其他设备为小时每台(段)年。

2012年纳入可靠性统计的直流输电系统可靠性指标

直流输电系统	能量可用率(%)	能量利用率(%)	强迫能量不可用率(%)	强迫停运次数(次)
葛南	93.639	53.99	1.323	1
天广	97.084	54.24	0.009	2
龙政	97.482	37.45	0.069	2
高肇	99.315	39.81	0.002	1
江城	96.542	59.23	0.005	1
宜华	96.025	46.77	0.000	0
兴安	96.494	49.34	0.012	2
德宝	96.771	47.77	0.169	1
伊穆	93.904	54.32	1.216	1
银东	97.113	79.87	0.015	1
林枫	94.224	26.63	0.372	1
楚穗	96.256	48.14	0.089	2
复奉	91.063	21.47	0.038	3
灵宝	98.016	90.97	0.000	0
高岭	94.222	73.34	0.000	0
全国合计	95.581	47.87	0.174	18

“十二五”时期主要节能指标

指　标	单位	2010年	2015年	变化幅度/变化率
工业				
单位工业增加值(规模以上)能耗	%			[−21%左右]
火电供电煤耗(标准煤)	g/kWh	333	325	−8
火电厂厂用电率	%	6.33	6.2	−0.13
电网综合线损率	%	6.53	6.3	−0.23
吨钢综合能耗(标准煤)	kg	605	580	−25
铝锭综合交流电耗	kWh/t	14 013	13 300	−713
铜冶炼综合能耗(标准煤)	kg/t	350	300	−50
原油加工综合能耗(标准煤)	kg/t	99	86	−13
乙烯综合能耗(标准煤)	kg/t	886	857	−29
合成氨综合能耗(标准煤)	kg/t	1402	1350	−52
烧碱(离子膜)综合能耗(标准煤)	kg/t	351	330	−21
水泥熟料综合能耗(标准煤)	kg/t	115	112	−3
平板玻璃综合能耗(标准煤)	kg/箱	17	15	−2
纸及纸板综合能耗(标准煤)	kg/t	680	530	−150
纸浆综合能耗(标准煤)	kg/t	450	370	−80
日用陶瓷综合能耗(标准煤)	kg/t	1190	1110	−80
建筑				
北方采暖地区既有居住建筑改造面积	亿 m^3	1.8	5.8	4
城镇新建绿色建筑标准执行率	%	1	15	14
交通运输				
铁路单位运输工作量综合能耗(标准煤)	$\times 10^{-6}$t/(t·km)	5.01	4.76	[−5%]
营运车辆单位运输周转量能耗(标准煤)	kg/(t·km)	7.9	7.5	[−5%]
营运船舶单位运输周转量能耗(标准煤)	kg/(t·km)	6.99	6.29	[−10%]
民航业单位运输周转量能耗(标准煤)	kg/(t·km)	0.450	0.428	[−5%]
公共机构				
公共机构单位建筑面积能耗(标准煤)	kg/m^2	23.9	21	[−12%]
公共机构人均能耗(标准煤)	kg/人	447.4	380	[15%]
终端用能设备能效				
燃煤工业锅炉(运行)	%	65	70～75	5～10
三相异步电动机(设计)	%	90	92～94	2～4
容积式空气压缩机输入比功率	kW/(m^3·min^{-1})	10.7	8.5～9.3	−1.4～−2.2
电力变压器损耗	kW	空载：43 负载：170	空载：30～33 负载：151～153	−10～−13 −17～−19
汽车(乘用车)平均油耗(每百千米)	L	8	6.9	−1.1
房间空调器(能效比)	—	3.3	3.5～4.5	0.2～1.2
电冰箱(能效指数)	%	49	40～46	−3～−9
家用燃气热水器(热效率)	%	87～90	93～97	3～10

注　[　]内为变化率。

“十二五”时期主要减排指标

指　标	单位	2010年	2015年	变化幅度/变化率
工业				
工业化学需氧量排放量	万t	355	319	[−10%]
工业二氧化硫排放量	万t	2073	1866	[−10%]
工业氨氮排放量	万t	28.5	24.2	[−15%]
工业氮氧化物排放量	万t	1637	1391	[−15%]
火电行业二氧化硫排放量	万t	956	800	[−16%]
火电行业氮氧化物排放量	万t	1055	750	[−29%]
钢铁行业二氧化硫排放量	万t	248	180	[−27%]
水泥行业氮氧化物排放量	万t	170	150	[−12%]
造纸行业化学需氧量排放量	万t	72	64.8	[−10%]
造纸行业氨氮排放量	万t	2.14	1.93	[−10%]
纺织印染行业化学需氧量排放量	万t	29.9	26.9	[−10%]
纺织印染行业氨氮排放量	万t	1.99	1.75	[−12%]
农业				
农业化学需氧量排放量	万t	1204	1108	[−8%]
农业氨氮排放量	万t	82.9	74.6	[−10%]
城市				
城市污水处理率	%	77	85	8

注 [　]内为变化率。

企 业 风 采

企业风采专栏特约编委

本哈特.杨森博士

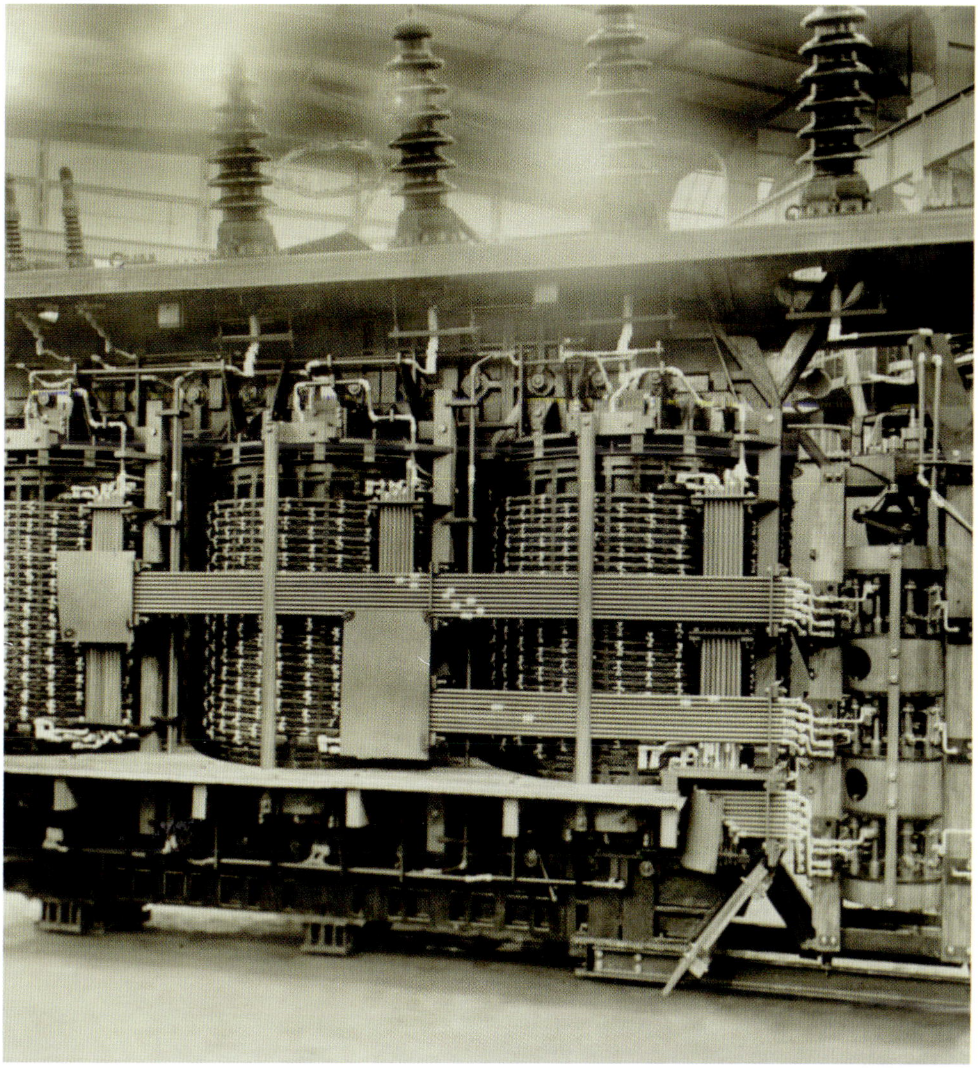

技术无国界，但分境界

MR 不断创新，缔造变压器分接开关新世界

从 1926 年本哈特.杨森博士 (Dr. Bernhard Jansen) 发明电阻式快速有载分接开关时起，MR 为实现在负载下无间断改变变压器的变比研制出许多经典的分接开关，如 OILTAP® 系列油浸式有载分接开关，VACUTAP® 系列真空有载分接开关等。80 多年来，MR 始终引领着这一领域的技术革新，已在全世界销售超过 15 万台 "MR 制造" 的各类分接开关。

www.reinhausen.com

MR China Ltd.

开德贸易 (上海) 有限公司
中国上海浦东新区浦东南路 360 号
新上海国际大厦 4 楼 E 座
邮编：200120
电话：+86 21 6163 4588
传真：+86 21 6163 4582
邮件：mr-sales@cn.reinhausen.com

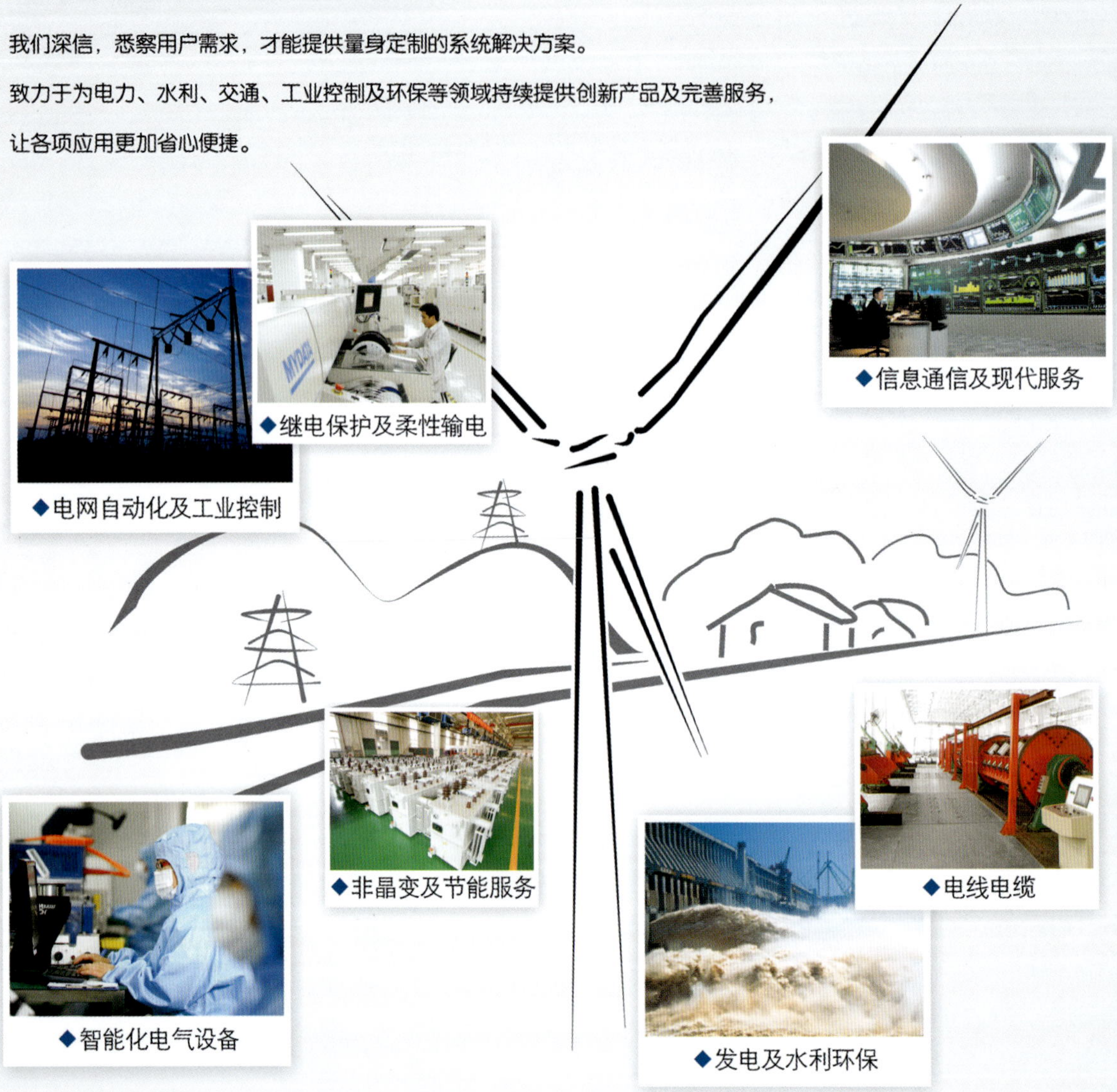

附　　录

第八届全国电力行业职业技能竞赛获奖名单

电力行业技术能手名单（共40名）

一、继电保护工（发电企业）决赛项目

序号	单位名称	姓 名
1	中国电力投资集团公司	胡 磊
2	中国华能集团公司	苏方伟
3	中国华能集团公司	王福晶
4	中国华能集团公司	杨胜利
5	中国大唐集团公司	尹宇鹏
6	中国华能集团公司	杨更发
7	中国华能集团公司	牟宗华
8	中国华能集团公司	赵 峰
9	浙江省能源集团有限公司	龚恺恺
10	福建省电力有限公司 水口发电集团有限公司	余永龙
11	中国大唐集团公司	王 超
12	中国电力投资集团公司	汪 洋
13	浙江省能源集团有限公司	章良健
14	浙江省能源集团有限公司	王迎迎
15	中国电力投资集团公司	李显丰
16	中国华能集团公司	郭凯华
17	浙江省能源集团有限公司	钱迪江
18	中国华能集团公司	赖雪华
19	中国电力投资集团公司	朱小浩
20	中国电力投资集团公司	何葵东

二、高压线路带电检修工决赛项目

序号	单位名称	姓 名
1	浙江省电力公司	蒋卫东
2	山东电力集团公司	李 敏
3	山东电力集团公司	胡春生
4	浙江省电力公司	蒋其武
5	安徽省电力公司	曹宗山
6	江西省电力公司	熊浩然
7	河北省电力公司	刘洪吉
8	河北省电力公司	梁利辉
9	浙江省电力公司	王洪海
10	辽宁省电力有限公司	徐中凯
11	安徽省电力公司	廖志斌
12	重庆市电力公司	常 伟
13	江西省电力公司	涂洪波
14	湖北省电力公司	刘继承
15	天津市电力公司	付 明
16	江西省电力公司	龚玉德
17	天津市电力公司	李海瑞
18	湖南省电力公司	陈坚平
19	山东电力集团公司	蔡俊鹏
20	河南省电力公司	孙惠涛

电力行业优秀技能选手名单（共40名）

一、继电保护工（发电企业）决赛项目

序号	单位名称	姓 名
1	中国电力投资集团公司	潘平衡
2	中国电力投资集团公司	张传贵
3	中国大唐集团公司	孙艳红
4	中国大唐集团公司	董小磊
5	中国电力投资集团公司	王劲松
6	中国电力投资集团公司	汪 磊
7	中国华能集团公司	张伟伟
8	中国大唐集团公司	潘高峰
9	中国华能集团公司	朱春飞
10	中国大唐集团公司	杨云龙
11	浙江省能源集团有限公司	许林波
12	国网能源开发有限公司	游中文
13	中国国电集团公司	陈钢强
14	中国大唐集团公司	胡 罡
15	浙江省能源集团有限公司	韩航杰
16	中国大唐集团公司	赵 攀
17	广东省粤电集团有限公司	衡 印
18	中国电力投资集团公司	孙 洵
19	中国大唐集团公司	杜喜来
20	中国华电集团公司	高 爽

二、高压线路带电检修工决赛项目

序号	单位名称	姓 名
1	安徽省电力公司	单德森
2	江苏省电力公司	谢伦军
3	河南省电力公司	郭文博
4	江苏省电力公司	王昌幼
5	湖南省电力公司	喻 晖
6	河北省电力公司	李吉林
7	江苏省电力公司	许 玮
8	河南省电力公司	尹 飞
9	辽宁省电力有限公司	苑爱国
10	辽宁省电力有限公司	刘思汗
11	内蒙古东部电力有限公司	王巍瀚
12	天津市电力公司	盛瑞鹏
13	重庆市电力公司	但汉冬
14	湖南省电力公司	曾雅君
15	冀北电力有限公司	马国强
16	山西省电力公司	闫志宏
17	湖北省电力公司	孙继雄
18	南方电网超高压输电公司	唐 勇
19	冀北电力有限公司	谷伯寅
20	福建省电力有限公司	蔡永春

团体奖名单（共 12 个）

一、继电保护工（发电企业）决赛项目

团体一等奖　中国华能集团公司代表队四队

团体二等奖　中国华能集团公司代表队五队、中国华能集团公司代表队一队

团体三等奖　中国电力投资集团公司代表队四队、浙江省能源集团限公司代表队三队、中国大唐集团公司代表队一队

二、高压线路带电检修工决赛项目

团体一等奖　浙江省电力公司代表队

团体二等奖　冀北电力有限公司代表队、湖南省电力公司代表队

团体三等奖　江西省电力公司代表队、重庆市电力公司代表队、山东电力集团公司代表队

优秀组织奖名单（共 39 个）

一、继电保护工（发电企业）决赛项目（顺序不论先后）

中国华能集团公司　中国大唐集团公司　中国华电集团公司　中国国电集团公司　中国电力投资集团公司　广东省粤电集团有限公司　浙江省能源集团有限公司　中国电建集团山东电力建设第二工程公司　中国能建集团浙江省火电建设公司　中国能建集团安徽电建一公司　中国能建集团黑龙江省火电第一工程公司　国网能源开发有限公司　福建省电力有限公司水口发电集团有限公司

二、高压线路带电检修工决赛项目（按拼音顺序排序）

安徽省电力公司　北京市电力公司　重庆市电力公司　福建省电力有限公司　广东电网公司　广西电网公司　贵州电网公司　河北省电力公司　河南省电力公司　黑龙江省电力有限公司　湖北省电力公司　湖南省电力公司　冀北电力有限公司　江苏省电力公司　江西省电力公司　辽宁省电力有限公司　内蒙古电力（集团）有限责任公司　内蒙古东部电力有限公司　南方电网超高压输电公司　山东电力集团公司　山西省电力公司　上海市电力公司　四川省电力公司　天津市电力公司　云南电网公司　浙江省电力公司

2012 年发布的电力国家标准

序号	标准编号	标准名称	开始实施日期	代替标准
1	GB/T 7603—2012	矿物绝缘油中芳碳含量测定法	2012-11-01	GB/T 7603—1987
2	GB/T 28536—2012	核电厂机械设备老化管理大纲编制导则	2012-11-01	
3	GB/T 28548—2012	核电厂主回路水压试验技术导则	2012-11-01	
4	GB/T 28549—2012	核电厂调试阶段核岛管道与主设备支吊装置验证要求	2012-11-01	
5	GB/T 28550—2012	核电厂调试阶段管道验证要求	2012-11-01	
6	GB/T 28551—2012	核电厂离心泵组调试技术导则	2012-11-01	
7	GB/T 28552—2012	变压器油、汽轮机油酸值测定法（BTB 法）	2012-11-01	
8	GB/T 28557—2012	电力企业节能降耗主要指标的监管评价	2012-11-01	
9	GB/T 28566—2012	发电机组并网安全条件及评价	2012-11-01	
10	GB/T 28583—2012	供电服务规范	2012-10-01	
11	GB/T 28569—2012	电动汽车交流充电桩电能计量	2012-11-01	
12	GB/T 8905—2012	六氟化硫电气设备中气体管理和检测导则	2013-02-01	GB/T 8905—1996
13	GB/T 28813—2012	±800kV 直流架空输电线路运行规程	2013-02-01	
14	GB/T 28814—2012	±800kV 换流站运行规程编制导则	2013-02-01	
15	GB/T 28815—2012	电力系统实时动态监测主站技术规范	2013-02-01	
16	GB/T 19964—2012	光伏发电站接入电力系统技术规定	2013-06-01	GB/Z 19964—2005
17	GB/T 29316—2012	电动汽车充换电设施电能质量技术要求	2013-06-01	
18	GB/T 29317—2012	电动汽车充换电设施术语	2013-06-01	

续表

序号	标准编号	标准名称	开始实施日期	代替标准
19	GB/T 29318—2012	电动汽车非车载充电机电能计量	2013-06-01	
20	GB/T 29319—2012	光伏发电系统接入配电网技术规定	2013-06-01	
21	GB/T 29320—2012	光伏电站太阳跟踪系统技术要求	2013-06-01	
22	GB/T 29321—2012	光伏发电站无功补偿技术规范	2013-06-01	
23	GB/Z 29328—2012	重要电力用户供电电源及自备应急电源配置技术规范	2013-06-01	
24	GB/T 50775—2012	±800kV 及以下换流站换流阀施工及验收规范	2012-12-01	
25	GB 50777—2012	±800kV 及以下换流站构支架施工及验收规范	2012-12-01	
26	GB 50774—2012	±800kV 及以下换流站干式平波电抗器施工及验收规范	2012-12-01	
27	GB 50776—2012	±800kV 及以下换流站换流变压器施工及验收规范	2012-12-01	
28	GB 50172—2012	电气装置安装工程　蓄电池施工及验收规范	2012-12-01	GB 50172—1992
29	GB 50171—2012	电气装置安装工程　盘、柜及二次回路接线施工及验收规范	2012-12-01	GB 50171—1992
30	GB 50729—2012	±800kV 及以下直流换流站土建工程施工质量验收规范	2012-10-01	
31	GB 50762—2012	秸秆发电厂设计规范	2012-10-01	
32	GB 50766—2012	水电水利工程压力钢管制作安装及验收规范	2012-12-01	
33	GB 50764—2012	电厂动力管道设计规范	2012-10-01	
34	GB 50745—2012	核电厂常规岛设计防火规范	2012-10-01	
35	GB 50741—2012	1000kV 架空输电线路勘测规范	2013-01-01	
36	GB 50797—2012	光伏发电站设计规范	2012-11-01	
37	GB 50794—2012	光伏发电站施工规范	2012-11-01	
38	GB/T 50795—2012	光伏发电工程施工组织设计规范	2012-11-01	
39	GB/T 50796—2012	光伏发电工程验收规范	2012-11-01	
40	GB/T 50789—2012	±800kV 直流换流站设计规范	2012-12-01	

2012 年发布的电力行业标准

序号	标准编号	标准名称	开始实施日期	代替标准
1	DL/T 495—2012	电力行业单位类别代码	2012-03-01	DL/T 495—1992
2	DL/T 437—2012	高压直流接地极技术导则	2012-03-01	DL/T 437—1991
3	DL/T 517—2012	电力科技成果分类与代码	2012-03-01	DL/T 517—1993
4	DL/T 518.1—2012	电力生产人身事故伤害分类与代码	2012-03-01	DL/T 518.1—1993
5	DL/T 544—2012	电力通信运行管理规程	2012-03-01	DL/T 544—1994
6	DL/T 545—2012	电力系统微波通信运行管理规程	2012-03-01	DL/T 545—1994
7	DL/T 546—2012	电力线载波通信运行管理规程	2012-03-01	DL/T 546—1994

续表

序号	标准编号	标准名称	开始实施日期	代替标准
8	DL/T 548—2012	电力系统通信站过电压防护规程	2012-03-01	DL 548—1994
9	DL/T 619—2012	水电厂自动化元件（装置）及其系统运行维护与检修试验规程	2012-03-01	DL/T 619—1997
10	DL/T 622—2012	立式水轮发电机弹性金属塑料推力轴瓦技术条件	2012-03-01	DL/T 622—1997
11	DL/T 676—2012	带电作业用绝缘鞋（靴）通用技术条件	2012-03-01	DL/T 676—1999
12	DL/T 679—2012	焊工技术考核规程	2012-03-01	DL/T 679—1999
13	DL/T 793—2012	发电设备可靠性评价规程	2012-03-01	DL/T 793—2001
14	DL/T 794—2012	火力发电厂锅炉化学清洗导则	2012-03-01	DL/T 794—2001
15	DL/T 815—2012	交流输电线路用复合外套金属氧化物避雷器	2012-03-01	DL/T 815—2002
16	DL/T 836—2012	供电系统用户供电可靠性评价规程	2012-03-01	DL/T 836—2003
17	DL/T 837—2012	输变电设施可靠性评价规程	2012-03-01	DL/T 837—2003
18	DL/T 869—2012	火力发电厂焊接技术规程	2012-03-01	DL/T 869—2004
19	DL/T 890.402—2012	能量管理系统应用程序接口（EMS-API）　第402部分：公共服务	2012-03-01	
20	DL/T 1080.13—2012	电力企业应用集成配电管理系统接口　第13部分：配电CIM RDF模型交换格式	2012-03-01	
21	DL/T 273—2012	±800kV特高压直流设备预防性试验规程	2012-03-01	
22	DL/T 274—2012	±800kV高压直流设备交接试验	2012-03-01	
23	DL/T 275—2012	±800kV特高压直流换流站电磁环境限值	2012-03-01	
24	DL/T 276—2012	高压直流设备无线电干扰测量方法	2012-03-01	
25	DL/T 277—2012	高压直流输电系统控制保护整定技术规程	2012-03-01	
26	DL/T 278—2012	直流电子式电流互感器技术监督导则	2012-03-01	
27	DL/T 279—2012	发电机励磁系统调度管理规程	2012-03-01	
28	DL/T 280—2012	电力系统同步相量测量装置通用技术条件	2012-03-01	
29	DL/T 281—2012	合并单元测试规范	2012-03-01	
30	DL/T 282—2012	合并单元技术条件	2012-03-01	
31	DL/T 283—2012	电力视频监控系统及接口　第1部分：技术要求	2012-03-01	
32	DL/T 284—2012	输电线路杆塔及电力金具用热浸镀锌螺栓与螺母	2012-03-01	DL/T 764.4—2002
33	DL/T 285—2012	矿物绝缘油腐蚀性硫检测法　裹绝缘纸铜扁线法	2012-03-01	
34	DL/T 286—2012	发电厂循环水系统进水流道水力模型试验规程	2012-03-01	
35	DL/T 287—2012	火电企业清洁生产审核指南	2012-03-01	
36	DL/T 288—2012	架空输电线路直升机巡视技术导则	2012-03-01	
37	DL/T 289—2012	架空输电线路直升机巡视作业标志	2012-03-01	
38	DL/T 290—2012	电厂辅机用油运行及维护管理导则	2012-03-01	
39	DL/T 291—2012	营销业务信息分类与代码编制导则	2012-03-01	
40	DL/T 305—2012	抽水蓄能可逆式发电电动机运行规程	2012-03-01	
41	DL/T 308—2012	中性点不接地系统电容电流测试规程	2012-03-01	

续表

序号	标准编号	标准名称	开始实施日期	代替标准
42	DL/T 321—2012	水力发电厂计算机监控系统与厂内设备及系统通信技术规定	2012-03-01	
43	DL/T 1140—2012	电气设备六氟化硫激光检漏仪通用技术条件	2012-03-01	
44	DL/T 1144—2012	火电工程项目质量管理规程	2012-03-01	
45	DL/T 1150—2012	火电厂烟气脱硫装置验收技术规范	2012-03-01	
46	DL/T 5038—2012	灯泡贯流式水轮发电机组安装工艺规程	2012-03-01	DL/T 5038—1994
47	DL/T 5070—2012	水轮机金属蜗壳现场制造安装及焊接工艺导则	2012-03-01	DL/T 5071—1997
48	DL/T 5071—2012	混流式水轮机转轮现场制造工艺导则	2012-03-01	DL/T 5071—1997
49	DL/T 5113.3—2012	水电水利基本建设工程　单元工程质量等级评定标准　第3部分：水轮发电机组安装工程	2012-03-01	SDJ 249.3—1988
50	DL/T 5113.4—2012	水电水利基本建设工程　单元工程质量等级评定标准　第4部分：水力机械辅助设备安装工程	2012-03-01	SDJ 249.4—1988
51	DL/T 5113.5—2012	水电水利基本建设工程　单元工程质量等级评定标准　第5部分　发电电气设备安装工程	2012-03-01	SDJ 249.5—1988
52	DL/T 5113.6—2012	水电水利基本建设工程　单元工程质量等级评定标准　第6部分：升压变电电气设备安装工程	2012-03-01	SDJ 249.6—1988
53	DL/T 5113.10—2012	水电水利基本建设工程　单元工程质量等级评定标准　第10部分：沥青混凝土工程	2012-03-01	
54	DL/T 5148—2012	水工建筑物水泥灌浆施工技术规范	2012-03-01	DL/T 5148—2001
55	DL/T 5173—2012	水电水利工程施工测量规范	2012-03-01	DL/T 5173—2003
56	DL 5190.2—2012	电力建设施工技术规范　第2部分：锅炉机组	2012-03-01	DL 5047—1995
57	DL 5190.3—2012	电力建设施工技术规范　第3部分：汽轮发电机组	2012-03-01	DL 5011—1992
58	DL 5190.4—2012	电力建设施工技术规范　第4部分：热工仪表及控制装置	2012-03-01	DL/T 5190.5—2004
59	DL 5190.5—2012	电力建设施工技术规范　第5部分：管道及系统	2012-03-01	DL 5031—1994
60	DL 5190.6—2012	电力建设施工技术规范　第6部分：水处理及制氢设备和系统	2012-03-01	DL/T 5190.4—2004
61	DL 5190.8—2012	电力建设施工技术规范　第8部分：加工配制	2012-03-01	
62	DL/T 5267—2012	水电水利工程覆盖层灌浆技术规范	2012-03-01	
63	DL/T 5268—2012	混凝土面板堆石坝翻模固坡施工技术规程	2012-03-01	
64	DL/T 5269—2012	水电水利工程砾石土心墙堆石坝施工规范	2012-03-01	
65	DL 5270—2012	核子法密度及含水量测试规程	2012-03-01	
66	DL/T 5446—2012	电力系统调度自动化工程可行性研究报告内容深度规定	2012-03-01	
67	DL/T 5447—2012	电力系统通信系统设计内容深度规定	2012-03-01	
68	DL/T 5448—2012	输变电工程可行性研究内容深度规定	2012-03-01	
69	DL 5449—2012	20kV配电设计技术规定	2012-03-01	
70	DL/T 5450—2012	20kV配电设备选型技术规定	2012-03-01	

续表

序号	标准编号	标准名称	开始实施日期	代替标准
71	DL/T 5451—2012	架空输电线路工程初步设计内容深度规定	2012-03-01	
72	DL/T 5452—2012	变电工程初步设计内容深度规定	2012-03-01	
73	DL/T 5453—2012	串补站设计技术规程	2012-03-01	
74	DL/T 5187.3—2012	火力发电厂运煤设计技术规程　第3部分：运煤自动化	2012-03-01	
75	DL 5454—2012	火力发电厂职业卫生设计规程	2012-03-01	DL 5053—1996
76	DL 5053—2012	火力发电厂职业安全设计规程	2012-03-01	DL 5053—1996
77	DL/T 5103—2012	35～220kV无人值班变电站设计规程	2012-03-01	DL/T 5103—1999
78	DL/T 5041—2012	火力发电厂厂内通信设计技术规定	2012-03-01	DL/T 5041—1995
79	DL/T 5158—2012	电力工程气象勘测技术规程	2012-03-01	DL/T 5158—2002
80	DL/T 5094—2012	火力发电厂建筑设计规程	2012-03-01	DL/T 5094—1999
81	DL 5022—2012	火力发电厂土建结构设计技术规定	2012-03-01	DL 5022—1993
82	DL/T 414—2012	火电厂环境监测技术规范	2012-07-01	DL/T 414—2004
83	DL/T 627—2012	绝缘子用常温固化硅橡胶防污闪涂料	2012-07-01	DL/T 627—2004
84	DL/T 684—2012	大型发电机变压器继电保护整定计算导则	2012-07-01	DL/T 684—1999
85	DL/T 701—2012	火力发电厂热工自动化术语	2012-07-01	DL/T 701—1999
86	DL/T 744—2012	电动机保护装置通用技术条件	2012-07-01	DL/T 744—2001
87	DL/T 770—2012	变压器保护装置通用技术条件	2012-07-01	DL/T 770—2001
88	DL/T 775—2012	火力发电厂除灰除渣控制系统技术规程	2012-07-01	DL/T 775—2001
89	DL/T 810—2012	±500kV及以上电压等级直流棒形悬式复合绝缘子技术条件	2012-07-01	DL/T 810—2002
90	DL/T 866—2012	750kV电力系统继电保护技术导则	2012-07-01	DL/Z 886—2004
91	DL/T 985—2012	配电变压器能效技术经济评价导则	2012-07-01	DL/T 985—2005
92	DL/T 272—2012	220～750kV油浸式电力变压器使用技术条件	2012-07-01	SD 326—1989
93	DL/T 271—2012	330～750kV油浸式并联电抗器使用技术条件	2012-07-01	SD 327—1989
94	DL/T 270—2012	钢弦式位移计	2012-07-01	
95	DL/T 269—2012	钢弦式锚索测力计	2012-07-01	
96	DL/T 268—2012	工商业电力用户应急电源配置技术导则	2012-07-01	
97	DL/T 267—2012	油浸式全密封卷铁心配电变压器使用技术条件	2012-07-01	
98	DL/T 266—2012	接地装置冲击特性参数测试导则	2012-07-01	
99	DL/T 265—2012	变压器有载分接开关现场试验导则	2012-07-01	
100	DL/T 264—2012	油浸式电力变压器（电抗器）现场密封性试验导则	2012-07-01	
101	DL/T 263—2012	变压器油中金属元素的测定方法	2012-07-01	
102	DL/T 262—2012	火力发电机组煤耗在线计算导则	2012-07-01	
103	DL/T 261—2012	火力发电厂热工自动化系统可靠性评估技术导则	2012-07-01	
104	DL/T 260—2012	燃煤电厂烟气脱硝装置性能验收试验规范	2012-07-01	
105	DL/T 259—2012	六氟化硫气体密度继电器校验规程	2012-07-01	

续表

序号	标准编号	标准名称	开始实施日期	代替标准
106	DL/T 258—2012	煤中游离二氧化硅的测定方法	2012-07-01	
107	DL/T 257—2012	高压交直流架空线路用复合绝缘子施工、运行和维护管理规范	2012-07-01	
108	DL/T 256—2012	城市电网供电安全标准	2012-07-01	
109	DL/T 255—2012	燃煤电厂能耗状况评价技术规范	2012-07-01	
110	DL/T 254—2012	燃煤发电企业清洁生产评价导则	2012-07-01	
111	DL/T 253—2012	直流接地极接地电阻、地电位分布、跨步电压和分流的测量方法	2012-07-01	
112	DL/T 252—2012	高压直流输电系统用换流变压器保护装置通用技术条件	2012-07-01	
113	DL/T 251—2012	±800kV 直流架空输电线路检修规程	2012-07-01	
114	DL/T 250—2012	并联补偿电容器保护装置通用技术条件	2012-07-01	
115	DL/Z 249—2012	变压器油中溶解气体在线监测装置选用导则	2012-07-01	
116	DL/T 248—2012	输电线路杆塔不锈钢复合材料耐腐蚀接地装置	2012-07-01	
117	DL/T 247—2012	输变电设备用铜包铝母线	2012-07-01	
118	DL/T 245—2012	发电厂直接空冷凝汽器单排管管束	2012-07-01	
119	DL/T 244—2012	直接空冷系统性能试验规程	2012-07-01	
120	DL/T 243—2012	继电保护及控制设备数据采集及信息交换技术导则	2012-07-01	
121	DL/T 242—2012	高压并联电抗器保护装置通用技术条件	2012-07-01	
122	DL/T 241—2012	火电建设项目文件收集及档案整理规范	2012-07-01	
123	DL/T 5113.8—2012	水电水利基本建设工程单元工程质量等级评定标准　第 8 部分：水工碾压混凝土工程	2012-07-01	DL/T 5113.8—2000
124	DL/T 5210.1—2012	电力建设施工质量验收及评价规程　第 1 部分：土建工程	2012-07-01	DL/T 5210.1—2005
125	DL 5190.1—2012	电力建设施工技术规范　第 1 部分：土建结构工程	2012-07-01	SDJ 69—1987
126	DL 5190.9—2012	电力建设施工技术规范　第 9 部分：水工结构工程	2012-07-01	SDJ 280—1990
127	DL/T 5271—2012	水电水利工程砂石加工系统施工技术规程	2012-07-01	
128	DL/T 5272—2012	大坝安全监测自动化系统实用化要求及验收规程	2012-07-01	
129	DL/T 5273—2012	水工混凝土掺用天然火山灰质材料技术规范	2012-07-01	
130	DL/T 5274—2012	水电水利工程施工重大危险源辨识及评价导则	2012-07-01	
131	DL/T 5275—2012	±800kV 及以下直流输电系统接地极施工质量检验及评定规程	2012-07-01	
132	DL/T 5276—2012	±800kV 及以下换流站母线、跳线施工工艺导则	2012-07-01	
133	DL 5277—2012	火电工程达标投产验收规程	2012-07-01	

续表

序号	标准编号	标准名称	开始实施日期	代替标准
134	DL 5278—2012	水电水利工程达标投产验收规程	2012-07-01	
135	DL 5279—2012	输变电工程达标投产验收规程	2012-07-01	
136	NB/T 31021—2012	风力发电企业科技文件归档与整理规范	2012-07-01	
137	NB/T 31022—2012	风力发电工程达标投产验收规程	2012-07-01	
138	DL/T 476—2012	电力系统实时数据通信应用层协议	2012-12-01	DL 476—1992
139	DL/T 485—2012	电力企业标准体系表编制导则	2012-12-01	DL/T 485—1999
140	DL/T 646—2012	输变电钢管结构制造技术条件	2012-12-01	DL/T 646—2006
141	DL/T 666—2012	风力发电场运行规程	2012-12-01	DL/T 666—1999
142	DL/T 681—2012	燃煤电厂磨煤机耐磨件技术条件	2012-12-01	DL/T 681—1999
143	DL/T 689—2012	输变电工程液压压接机	2012-12-01	DL/T 689—1999
144	DL/T 694—2012	高温紧固螺栓超声检测技术导则	2012-12-01	DL/T 694—1999
145	DL/T 748.6—2012	火力发电厂锅炉机组检修导则　第6部分：除尘器检修	2012-12-01	DL/T 748.6—2001
146	DL/T 760.3—2012	均压环、屏蔽环和均压屏蔽环	2012-12-01	DL/T 760.3—2001
147	DL/T 768.7—2012	电力金具制造质量　钢铁件热镀锌层	2012-12-01	DL/T 768.7—2002
148	DL/T 776—2012	火力发电厂绝热材料	2012-12-01	DL/T 776—2001
149	DL/T 777—2012	火力发电厂锅炉耐火材料	2012-12-01	DL/T 777—2001
150	DL/T 796—2012	风力发电场安全规程	2012-12-01	DL/T 796—2001
151	DL/T 797—2012	风力发电场检修规程	2012-12-01	DL/T 797—2001
152	DL/T 800—2012	电力企业标准编制规则	2012-12-01	DL/T 800—2001
153	DL/T 822—2012	水电厂计算机监控系统试验验收规程	2012-12-01	DL/T 822—2002
154	DL/T 860.6—2012	电力企业自动化通信网络和系统　第6部分：与智能电子设备有关的变电站内通信配置描述语言	2012-12-01	DL/T 860.6—2008
155	DL/T 899—2012	架空线路杆塔结构荷载试验	2012-12-01	DL/T 899—2004
156	DL/T 1151.1—2012	火力发电厂垢和腐蚀产物分析方法　第1部分：通则	2012-12-01	SD 202—1986
157	DL/T 1151.2—2012	火力发电厂垢和腐蚀产物分析方法　第2部分：试样的采集与处理	2012-12-01	SD 202—1986
158	DL/T 1151.3—2012	火力发电厂垢和腐蚀产物分析方法　第3部分：水分的测定	2012-12-01	SD 202—1986
159	DL/T 1151.4—2012	火力发电厂垢和腐蚀产物分析方法　第4部分：灼烧减（增）量的测定	2012-12-01	SD 202—1986
160	DL/T 1151.5—2012	火力发电厂垢和腐蚀产物分析方法　第5部分：三氧化二铁的测定	2012-12-01	SD 202—1986
161	DL/T 1151.6—2012	火力发电厂垢和腐蚀产物分析方法　第6部分：三氧化二铝的测定	2012-12-01	SD 202—1986

续表

序号	标准编号	标准名称	开始实施日期	代替标准
162	DL/T 1151.7—2012	火力发电厂垢和腐蚀产物分析方法　第 7 部分：铜的测定　分光光度法	2012-12-01	SD 202—1986
163	DL/T 1151.8—2012	火力发电厂垢和腐蚀产物分析方法　第 8 部分：铜的测定　碘量法	2012-12-01	SD 202—1986
164	DL/T 1151.9—2012	火力发电厂垢和腐蚀产物分析方法　第 9 部分：氧化钙和氧化镁的测定	2012-12-01	SD 202—1986
165	DL/T 1151.10—2012	火力发电厂垢和腐蚀产物分析方法　第 10 部分：二氧化硅的测定	2012-12-01	SD 202—1986
166	DL/T 1151.11—2012	火力发电厂垢和腐蚀产物分析方法　第 11 部分：氧化锌的测定	2012-12-01	SD 202—1986
167	DL/T 1151.12—2012	火力发电厂垢和腐蚀产物分析方法　第 12 部分：磷酸酐的测定	2012-12-01	SD 202—1986
168	DL/T 1151.13—2012	火力发电厂垢和腐蚀产物分析方法　第 13 部分：硫酸酐的测定　硫酸钡光度法	2012-12-01	SD 202—1986
169	DL/T 1151.14—2012	火力发电厂垢和腐蚀产物分析方法　第 14 部分：硫酸酐的测定　铬酸钡光度法	2012-12-01	SD 202—1986
170	DL/T 1151.15—2012	火力发电厂垢和腐蚀产物分析方法　第 15 部分：水溶性垢待测试液的制备	2012-12-01	SD 202—1986
171	DL/T 1151.16—2012	火力发电厂垢和腐蚀产物分析方法　第 16 部分：水溶性垢中碱、碳酸盐及重碳酸盐的测定	2012-12-01	SD 202—1986
172	DL/T 1151.17—2012	火力发电厂垢和腐蚀产物分析方法　第 17 部分：水溶性垢样中氯化物的测定	2012-12-01	SD 202—1986
173	DL/T 1151.18—2012	火力发电厂垢和腐蚀产物分析方法　第 18 部分：水溶性垢样中氧化钠的测定	2012-12-01	SD 202—1986
174	DL/T 1151.19—2012	火力发电厂垢和腐蚀产物分析方法　第 19 部分：水溶性垢样中其他成分的测定	2012-12-01	SD 202—1986
175	DL/T 1151.20—2012	火力发电厂垢和腐蚀产物分析方法　第 20 部分：碳酸盐垢中二氧化碳的测定	2012-12-01	SD 202—1986
176	DL/T 1151.21—2012	火力发电厂垢和腐蚀产物分析方法　第 21 部分：金属元素的测定　等离子发射光谱法	2012-12-01	SD 202—1986
177	DL/T 1151.22—2012	火力发电厂垢和腐蚀产物分析方法　第 22 部分：X-射线荧光光谱和 X-射线衍射分析	2012-12-01	SD 202—1986
178	DL/T 5111—2012	水电水利工程施工监理规范	2012-12-01	DL/T 5111—2000
179	DL/T 5145—2012	火力发电厂制粉系统设计计算技术规定	2012-12-01	DL/T 5145—2002
180	DL/T 283.2—2012	电力视频监控系统及接口　第 2 部分：测试方法	2012-12-01	
181	DL/T 860.7420—2012	电力企业自动化通信网络和系统　第 7-420 部分：基本通信结构　分布式能源逻辑节点	2012-12-01	

续表

序号	标准编号	标准名称	开始实施日期	代替标准
182	DL/T 890.403—2012	能量管理系统应用程序接口（EMS-API）　第403部分：通用数据访问	2012-12-01	
183	DL/T 890.453—2012	能量管理系统应用程序接口（EMS-API）　第453部分：基于CIM的图形交换	2012-12-01	
184	DL/T 1152—2012	电压互感器二次回路电压降测试仪通用技术条件	2012-12-01	
185	DL/T 1153—2012	继电保护测试仪校准规范	2012-12-01	
186	DL/T 1154—2012	高压电气设备额定电压下介质损耗因数试验导则	2012-12-01	
187	DL/T 1155—2012	非传统互感器技术条件	2012-12-01	
188	DL/T 1156—2012	串联补偿装置用金属氧化物限压器	2012-12-01	
189	DL/T 1157—2012	配电线路故障指示器技术条件	2012-12-01	
190	DL/T 1158—2012	火电厂烟气脱硫装置可靠性评定导则	2012-12-01	
191	DL/T 1159—2012	火电厂烟气脱硫装置经济性评价导则	2012-12-01	
192	DL/T 1160—2012	电站锅炉受热面电弧喷涂施工及验收规范	2012-12-01	
193	DL/T 1161—2012	超超临界机组金属材料及结构部件检验技术导则	2012-12-01	
194	DL/T 1162—2012	火电厂金属材料高温蒸汽氧化试验方法	2012-12-01	
195	DL/T 1163—2012	隐极发电机在线监测装置配置导则	2012-12-01	
196	DL/T 1164—2012	汽轮发电机运行导则	2012-12-01	
197	DL/T 1165—2012	炉底干式排渣破碎及关断装置	2012-12-01	
198	DL/T 1166—2012	大型发电机励磁系统现场试验导则	2012-12-01	
199	DL/T 1167—2012	同步发电机励磁系统建模导则	2012-12-01	
200	DL/T 1168—2012	高压直流输电系统保护运行评价规程	2012-12-01	
201	DL/T 1169—2012	电力调度消息邮件传输规范	2012-12-01	
202	DL/T 1170—2012	电力调度工作流程描述规范	2012-12-01	
203	DL/T 1171—2012	电网设备通用数据模型命名规范	2012-12-01	
204	DL/T 1173—2012	电力线载波机接口技术要求	2012-12-01	
205	DL/T 1174—2012	抽水蓄能电站无人值班技术规范	2012-12-01	
206	DL/T 1175—2012	火力发电厂锅炉烟气袋式除尘器滤料滤袋技术条件	2012-12-01	
207	DL/T 1176—2012	1000kV油浸式变压器、并联电抗器运行及维护规程	2012-12-01	
208	DL/T 1177—2012	1000kV交流输变电设备技术监督导则	2012-12-01	
209	DL/T 1178—2012	1000kV交流输电线路金具电晕及无线电干扰试验方法	2012-12-01	
210	DL/T 1179—2012	1000kV交流架空输电线路工频参数测量导则	2012-12-01	
211	DL/T 1180—2012	1000kV电气设备监造导则	2012-12-01	
212	DL/T 1181—2012	1000kV交流棒形悬式复合绝缘子技术规范	2012-12-01	

续表

序号	标准编号	标准名称	开始实施日期	代替标准
213	DL/T 1182—2012	1000kV变电站110kV并联电容器装置技术规范	2012-12-01	
214	DL/T 1183—2012	1000kV非接触式验电器	2012-12-01	
215	DL/T 1184—2012	1000kV输电线路铁塔、导线、金具和光纤复合架空地线监造导则	2012-12-01	
216	DL/T 1185—2012	1000kV输变电工程电磁环境影响评价技术规范	2012-12-01	
217	DL/T 1186—2012	1000kV罐式电压互感器技术规范	2012-12-01	
218	DL/T 1187—2012	1000kV架空输电线路电磁环境控制值	2012-12-01	
219	DL/T 1188—2012	1000kV变电站电磁环境控制值	2012-12-01	
220	DL/T 1189—2012	火力发电厂能源审计导则	2012-12-01	
221	DL/T 1190—2012	额定电压10kV及以下绝缘穿刺线夹	2012-12-01	
222	DL/T 1191—2012	电力作业用手持式电动工具安全性能检验规程	2012-12-01	
223	DL/T 1192—2012	架空输电线路接续管保护装置	2012-12-01	
224	DL/T 1193—2012	柔性输电术语	2012-12-01	
225	DL/T 1194—2012	电能质量术语	2012-12-01	
226	DL/T 1195—2012	火电厂高压变频器运行与维护规范	2012-12-01	
227	DL/T 1196—2012	互感器负荷箱通用技术条件	2012-12-01	
228	DL/T 1197—2012	水轮发电机组状态在线监测系统技术条件	2012-12-01	
229	DL/T 5280—2012	水电水利工程施工机械安全操作规程凿岩台车	2012-12-01	
230	DL/T 5281—2012	水电水利工程施工机械安全操作规程平地机	2012-12-01	
231	DL/T 5282—2012	水电水利工程施工机械安全操作规程塔式起重机	2012-12-01	
232	DL/T 5283—2012	水电水利工程施工机械安全操作规程混凝土泵车	2012-12-01	
233	DL/T 5284—2012	碳纤维复合芯铝绞线施工工艺及验收导则	2012-12-01	
234	NB/T 32001—2012	光伏发电站环境影响评价技术规范	2012-12-01	
235	DL/T 5029—2012	火力发电厂建筑装修设计标准	2012-12-01	DL/T 5029—1994
236	DL/T 5084—2012	电力工程水文技术规程	2012-12-01	DL/T 5084—1998
237	DL/T 5142—2012	火力发电厂除灰设计技术规程	2012-12-01	DL/T 5142—2002
238	DL/T 5159—2012	电力工程物探技术规程	2012-12-01	DL/T 5159—2002
239	DL/T 5218—2012	220～750kV变电站设计技术规程	2012-12-01	DL/T 5218—2005
240	DL/T 5455—2012	火力发电厂热工电源及气源系统设计技术规程	2012-12-01	
241	DL/T 5456—2012	火力发电厂信息系统设计技术规定	2012-12-01	
242	DL/T 5457—2012	变电站建筑结构设计技术规程	2012-12-01	
243	NB/T 20195—2012	压水堆核电厂堆芯热功率测量规程	2013-03-01	
244	NB/T 25009—2012	压水堆核电厂能量统计规程	2013-03-01	
245	DL/T 5136—2012	火力发电厂、变电站二次接线设计技术规程	2013-03-01	DL/T 5136—2001
246	DL/T 5154—2012	架空输电线路杆塔结构设计技术规定	2013-03-01	DL/T 5154—2002
247	DL/T 5157—2012	电力系统调度通信交换网设计技术规程	2013-03-01	DL/T 5157—2002
248	DL/T 5458—2012	变电工程施工图设计内容深度规定	2013-03-01	

续表

序号	标准编号	标准名称	开始实施日期	代替标准
249	DL/T 5459—2012	换流站建筑结构设计技术规程	2013-03-01	
250	DL/T 5460—2012	换流站站用电设计技术规定	2013-03-01	
251	DL/T 5461.1—2012	火力发电厂施工图设计文件内容深度规定　第1部分：总的部分	2013-03-01	
252	DL/T 5462—2012	架空输电线路覆冰观测技术规定	2013-03-01	
253	DL/T 5463—2012	110～750kV架空输电线路施工图设计内容深度规定	2013-03-01	

索　　引

内容索引

说　明

本索引是全书条目和条目内容的主题分析索引。索引主题按先数字大小，再字母顺序，最后汉语拼音字母的顺序，并辅以汉字笔画、起笔笔形顺序排列。同音时，按汉字笔画由少到多的顺序排列，笔画数相同的按起笔笔形一（横）、丨（竖）、丿（撇）、丶（点）、㇕（折，包括㇆ ㇄ ㇂等）的顺序排列。第一字相同时，同原则按第二字排列，余类推。

A

B

C

D

E

F

G

H

K

L

M

N

P

Q

R

S

T

W

X

Y

Z

《中国电力年鉴》编辑出版人员

责任编辑　肖　兰　胡顺增　穆智勇

　　　　　于小然　刘利军

封面设计　杨晓东

版式设计　张　娟

责任校对　黄　蓓　罗凤贤

出版印制　蔺义舟